D1930073

Kohlhammer

Meister-Eckhart-Jahrbuch
Beihefte

Herausgegeben von Regina D. Schiewer

Heft 6

Michael Hopf

# Mystische Kurzdialoge um Meister Eckhart

## Editionen und Untersuchungen

Verlag W. Kohlhammer

Das Meister-Eckhart-Jahrbuch und die Beihefte werden herausgegeben im Auftrag der Meister-Eckhart-Gesellschaft.

Meister-Eckhart-Gesellschaft
Interdisziplinäre wissenschaftliche Gesellschaft
zur Erforschung und Darstellung von Leben und Werk Meister Eckharts



Die vorliegende Arbeit wurde von der Philologisch-Historischen Fakultät der Universität Augsburg als Dissertation angenommen und für die Drucklegung geringfügig überarbeitet. Tag der mündlichen Prüfung: 26.09.2016
Gutachter: Erstgutachter: Prof. Dr. Freimut Löser; Zweitgutachter: Prof. Dr. Klaus Wolf; Drittgutachter: Prof. Dr. Rudolf Kilian Weigand.

Gedruckt mit Unterstützung des Förderungsfonds Wissenschaft der VG WORT.

1. Auflage 2019


Reproduktionsvorlage: Moritz Ahrens, Dortmund
Gesamtherstellung: W. Kohlhammer GmbH, Stuttgart

Print:
ISBN 978-3-17-036432-5

E-Book-Format:
pdf: ISBN 978-3-17-036433-2

Inhalt

# Vorwort

Die vorliegende Arbeit wurde im Sommersemester 2016 von der Philologisch-Historischen Fakultät der Universität Augsburg als Dissertation angenommen. Für die Drucklegung wurde sie geringfügig überarbeitet und um zwischenzeitlich neu erschienene Forschungsliteratur ergänzt.

Mein besonderer Dank gebührt meinem Doktorvater Prof. Dr. Freimut Löser, der mich an das faszinierende Denken Meister Eckharts heranführte und meinen Forschungen ein stets geduldiger und umsichtiger Begleiter war. Daneben gilt mein Dank meinem Zweitgutachter Prof. Dr. Klaus Wolf für seine Hinweise zum Frühneuhochdeutschen und zur geistlichen Welt des späten Mittelalters sowie Prof. Dr. Bernd Oberdorfer für seine Bereitschaft, bei meiner Disputatio als Prüfer zu fungieren. Darüber hinaus bin ich dem gesamten Team des Lehrstuhls für Deutsche Sprache und Literatur des Mittelalters in Augsburg für zahlreiche konstruktive Gespräche in Seminaren und Kaffeepausen sowie für das freundschaftliche Miteinander auch über die Arbeit hinaus dankbar.

Einen besonderen Anteil am Zustandekommen der vorliegenden Untersuchung hat ferner die Theophrastus-Stiftung, deren Stipendium mir einen großen Freiraum für meine Arbeit eröffnete. Ebenso möchte ich den Mitgliedern der Meister-Eckhart-Gesellschaft danken, die mir bei Tagungen und Workshops wertvolle Anregungen mit auf den Weg gaben und mir die Veröffentlichung meiner Dissertation als Sonderband in der Reihe des Meister-Eckhart-Jahrbuchs ermöglichten. Besonders erwähnen möchte ich hier Frau Dr. Regina D. Schiewer, die als Reihenherausgeberin die Drucklegungsphase sachkundig und stets hilfsbereit begleitete.

Zu guter Letzt gebührt mein Dank meinen Freunden und meiner Familie, die auf ihre Art zum Gelingen meiner Arbeit beitrugen. Hervorheben möchte ich hier meine Freundin Iris Salmen, die sich in vielen Gesprächen mit Geduld und Interesse auf die Welt Meister Eckharts einließ, und meine Eltern, Christel und Dieter Hopf, die mir in allen Lebenslagen, nicht nur im Zusammenhang der Dissertation, stets zur Seite stehen und mich auf meinem Weg unterstützen.

Dachau, im April 2019 Michael Hopf

# 1. Einleitung

»Reine geistliche märchen: legendarische visionen von herber kürze und hoher leuchtkraft der anschauung«[1]. So beschrieb vor inzwischen über hundert Jahren der Germanist ADOLF SPAMER eine kleine Gruppe von Texten, die sich am Ende der Abteilung ›Sprüche‹ in FRANZ PFEIFFERS Eckhartausgabe finden. Die enthusiastischen Worte SPAMERS fanden in der wissenschaftlichen Diskussion allerdings kaum ein Echo und so blieben diese »Märchen«, wie er sie nannte, ein Randthema in der literarischen Mystikfoschung. Dass in diesen Texten der Dominikaner Meister Eckhart, eine der großen Gestalten, die Theologie und Philosophie um 1300 zu bieten haben, als literarische Figur auftritt, hat ihnen immerhin eine Erwähnung in der Eckhart-Monographie von KURT RUH und in der Mystikgeschichte von BERNHARD MCGINN eingebracht: Sie firmieren dort als ›Eckhart-Legenden‹[2], ein Titel, der, wenn er auch als Ausweis einer gewissen Behelfsmäßigkeit wie hier oft in Anführungszeichen gesetzt ist, doch reizvolle Assoziationen freisetzt: Meister Eckhart, so scheint er zu sagen, wurde für seine Lehre nicht nur diffamiert und verurteilt, sondern gleichzeitig auch geschätzt, gefeiert und vielleicht sogar verehrt. Freilich weiß man seit langen Jahren intensiver Forschungsarbeit, dass Eckharts Denken der kirchlichen Verurteilung zum Trotz von verschiedenen Gruppen und Autoren rezipiert und weiterverarbeitet wurde,[3] aber diese ›Eckhart-Legenden‹ geben dem Dominikaner auf ihre Weise etwas Plastisches und Unmittelbares, sie lassen ihn gewissermaßen als Person auferstehen: Sie zeigen Eckhart im Gespräch mit einfachen Frauen und armen Menschen, die seine Lehre aus der Ferne philosophischen Denkens in ihr Leben hineingeholt haben und sich dadurch manchem Gelehrten als überlegen erweisen. Damit ist in diesen Texten wahr geworden, was der historische Eckhart – wie wir heute gerne annehmen wollen – stets angestrebt oder geglaubt hat: Zum einen, dass seine anspruchsvolle Lehre nicht auf einen elitären Kreis beschränkt bleiben, sondern *ungelêrte liute* erreichen

---

1 SPAMER, Überlieferung der Pfeiffer'schen Eckharttexte, S. 403. Die ursprüngliche Orthographie ist beibehalten.

2 Vgl. RUH, Meister Eckhart, S. 164, und MCGINN, Mystik im Abendland IV, S. 575.

3 Zu Eckharts Einfluss auf die Gelehrten seiner Zeit vergleiche die grundlegenden Studien von KOCH, Meister Eckharts Weiterwirken, und STURLESE, Meister Eckharts Weiterwirken, sowie DERS., Kölner Eckhartisten. Die letztgenannte Untersuchung legt einen speziellen Fokus auf dominikanische Kreise, die sich der Pflege und Bewahrung von Eckharts lateinischen Werken annahmen. Einen Überblick über die wesentlich diffusere Lage von Eckharts Weiterwirken im volkssprachlichen Bereich bietet GOTTSCHALL, Eckhart and the Vernacular Tradition. Der Rezeption Meister Eckharts speziell im 14. und 15. Jahrhundert widmet sich auch der von FREIMUT LÖSER, HANS-JOCHEN SCHIEWER und REGINA D. SCHIEWER herausgegebene 11. Band des Meister-Eckhart-Jahrbuchs: Meister Eckharts Werk und seine Wirkung.

und sie zu *gelêrten* machen sollte.[4] Zum anderen, dass eine gelebte Wahrheit besser ist als eine bloß gewusste Wahrheit oder mit den Worten eines ihm angehängten Dictums: *Ez sprichet meister Eckehart: wêger wêre ein lebemeister denne tûsent lesemeister.*[5]

So verlockend es sein mag, die sogenannten ›Eckhart-Legenden‹ in solche Zusammenhänge zu stellen, so dürftig ist die Grundlage dafür: Es fehlt an verlässlichen Editionen ebenso wie an Untersuchungen zu ihren literatur- und frömmigkeitsgeschichtlichen Kontexten. Die vorliegende Arbeit nimmt es sich vor, dieses Fundament zu legen und darüber hinaus auf ein größeres Feld von Texten aufmerksam zu machen, dessen Erkenntnischancen von der Forschung bislang ungenutzt geblieben sind. Die Fragen und Interessenshorizonte, die sich damit verbinden können, seien hier in vier Punkten umrissen:

1. Wo sich die Forschung bislang mit den ›Eckhart-Legenden‹ auseinandergesetzt hat, geschah dies unter rezeptionsgeschichtlichem Vorzeichen: Man las sie als Hinweise auf bestimmte Gruppen, in denen Meister Eckhart besonderes Ansehen genossen haben könnte, und als Hinweise auf bestimmte Themen, die der Nachwelt besonders eindrücklich erschienen sein mussten. Dieser Umgang mit den Texten ist berechtigt und notwendig, ist aber sowohl was die soziale als auch die ideelle Seite anbelangt über erste Ansätze nicht hinausgekommen. Um die Gefahr einer einfachen Übersetzung der Fiktionalität der Texte in historische Realität zu vermeiden – etwa: Die Texte müssen aus Laienkreisen stammen, weil in ihnen Laien eine herausgehobene Rolle spielen –, lohnt es sich, die Rezeptionsfrage auch einmal in anderer Formulierung zu stellen: Wie wird Meister Eckhart in den ›Legenden‹ als literarische Figur inszeniert? Wie wird seine Lehre inszeniert? Welche literarischen Traditionen und Muster könnten dieser Inszenierweise zugrunde liegen? Die Würdigung der Literarizität dieser Texte kann unter Einbindung überlieferungsgeschichtlicher Erwägungen schließlich wieder zu historischen Zusammenhängen zurückführen, indem man etwa fragt, für welche Gruppen mögliche Mustertexte, auffällige Verfahren der Textgestaltung, bestimmte Wissensinhalte und ähnliches mehr als bekannt vorausgesetzt werden können.

2. Mit der Würdigung der Literarizität der ›Eckhart-Legenden‹ geht auch die bislang nicht gestellte Frage nach ihrer literarischen Qualität einher. Sie erweisen sich bei ihrer Kürze in je unterschiedlicher Art als logisch aufgebaute Lehrstücke und planvoll angelegte Textkonstrukte. Dabei

---

4 Vgl. die sog. ›Apologie‹ im ›Buch der göttlichen Tröstung‹: BgT, DW V, S. 60,25–61,9.

5 Spr. Pf. 8, S. 599,19 f.; eigene Übersetzung: »Meister Eckhart sagt: Ein Lebemeister wäre besser als tausend Lesemeister.«

spricht aus ihnen auch ein Bewusstsein für Sprache, insbesondere die Mehrdeutigkeit von Sprache, und die Fähigkeit, sie zu Zwecken der Leser- und Interessenslenkung rhetorisch geschickt einzusetzen: Ein elender und bemitleidenswerter Mensch, der behauptet, nie einen schlechten Morgen erlebt zu haben, und eine Klosterbesucherin, die auf die Frage »Wer bist du?« keine Antwort zu geben vermag – mit diesen, wie sich in beiden Fällen zeigen wird, scheinbaren Paradoxien kreieren die ›Eckhart-Legenden‹ Verblüffungseffekte, sie spielen mit der Erwartungshaltung ihrer Rezipienten und führen ihnen einprägsame Bilder vor Augen, die dann Schritt für Schritt expliziert werden. Sie zeigen, wie viel Sorgfalt und literarisches Können mitunter auf Kurztexte verwendet wurde, und können damit ein Recht auf eigene Würdigung auch jenseits des dominanten Interesses an Meister Eckhart beanspruchen.

3. An den ›Eckhart-Legenden‹ kann aber auch beobachtet werden, wie sich im Laufe der Textüberlieferung Strukturen umgestalten oder gar auflösen, weil sich die Stücke in einem permanenten Prozess der Weiterverarbeitung befinden. Die Bandbreite der Bearbeitungsverfahren reicht dabei von kurzen interpretativen Ergänzungen über die Interpolation neuer Passagen und die Kompilation mit anderen Texten bis hin zu einer umfassenden Neugestaltung, einer *ré-écriture* bestehenden Materials. Je nach Verlauf durchleben die ›Eckhart-Legenden‹ ganz eigene Text-Geschichten, Geschichten, die sich als kontinuierliche und zusammenhängende Folgen einzelner Ereignisse erzählen lassen oder auch solche, bei denen man nur die Gleichzeitigkeit verschiedener Textgestalten beschreiben kann. Aus dieser Situation entstehen neue Fragen: Was lehrt die Auseinandersetzung mit den ›Eckhart-Legenden‹ über die mittelalterliche Textualität? Über Verfahren und Techniken der Textbearbeitung, aber auch die Bedingungen, die gewissermaßen hinter ihnen stehen: Welche Voraussetzungen schafft etwa eine bestimmte Gattung für Texteingriffe? Macht es für einen Redaktor nicht einen erheblichen Unterschied, ob er einen Traktat, eine Erzählung oder einen Dialog bearbeiten möchte? Wie wirken sich daneben individuelle Strukturen eines Textes auf die Möglichkeiten bewusster Eingriffe aus? Gibt es Texte, die aufgrund ihrer Machart für eine feste oder unfeste Überlieferung prädestiniert sind? Welche Voraussetzungen schafft ein Überlieferungsträger wie eine geistliche Sammelhandschrift für den ›Festigkeistgrad‹ eines einzelnen Textes? Welchen Einfluss haben schließlich eingeübte Textbearbeitungspraktiken in bestimmten kulturellen und frömmigkeitsgeschichtlichen Umfeldern? Diese Fragen werden methodisch zu reflektieren und editorisch zu bewältigen sein. Die Vielschichtigkeit des Fragehorizonts wird sich in einem auf jede ›Eckhart-Legende‹ eigens angepassten Editionskonzept niederschlagen.

4. Schließlich kann man sich den ›Eckhart-Legenden‹ auch unter literatur- und frömmigkeitsgeschichtlicher Perspektive nähern: Man betrachtet sie dann als Vertreter eines umfassenderen Phänomens, theologische Konzepte auf einige Kernbegriffe und -formeln zu verdichten und sie in die anschauliche Form eines Gesprächs, oft zwischen einem Geistlichen und einem Laien, zu gießen. In dieser Hinsicht sind die ›Eckhart-Legenden‹ auch mit Texten verwandt, die auf den ersten Blick nur sehr bedingt mit Meister Eckhart in Verbindung stehen. Welche literarischen Zusammenhänge sich hier auftun und inwiefern aus ihnen größere frömmigkeitsgeschichtliche Entwicklungen wie die religiöse Emanzipation der Laien im ausgehenden Mittelalter oder, spezifischer, die ›Demokratisierung‹ und ›Säkularisierung‹ der Mystik spricht, wird zu fragen sein.

Die vorliegende Arbeit wird diese Horizonte in unterschiedlichen Zusammenhängen aufgreifen und behandeln, ohne erschöpfende Antworten geben zu können. In diesem Sinn will der Fragenkatalog sowohl zu den nachfolgenden Untersuchungen hin als auch schon über sie hinausführen. Den Ausgangspunkt dafür bilden eine systematische Beschreibung dessen, was ›Eckhart-Legenden‹ überhaupt sind, und eine Reflexion der Vorannahmen, die sich mit diesen Texten verbinden.

## *1.1 Gegenstand der Untersuchung: Mystische Kurzdialoge um Meister Eckhart*

Mit den ›Eckhart-Legenden‹ scheint, wie der entsprechende Artikel Kurt Ruhs im Verfasserlexikon suggeriert, ein klar umrissener Untersuchungsgegenstand vorzuliegen, der sowohl hinsichtlich des Korpus zugehöriger Texte als auch des terminologischen Zugriffs gesichert ist. Beide Annahmen erweisen sich jedoch als revisionsbedürftig: Die bisherige Korpusbildung entbehrt einer stichhaltigen Begründung und muss, zumindest für den Moment, in eine offene Arbeitsauswahl von Texten überführt werden. Im Zusammenhang damit wird sich auch der Terminus der ›Eckhart-Legenden‹ als hinfällig und – im Vorausgriff auf die später anschließenden philologischen Untersuchungen – mitunter sogar als irreführend erweisen. Die nachfolgenden Ausführungen sollen in Auseinandersetzung mit der Forschungstradition diesen Problemhorizont explizieren und eine tragfähige Grundlegung für die nachfolgenden Untersuchungen bieten.

### *1.1.1 Begründung des Textkorpus*

Gemeinhin sind fünf Texte als ›Eckhart-Legenden‹ bekannt,[6] die hier in aller Kürze vorgestellt seien: In ›Meister Eckharts Tochter‹ verlangt eine junge Frau beim Pförtner eines Klosters eine Audienz bei Meister Eckhart, kann aber auf die scheinbar banale Frage, wer sie sei, keine Antwort geben. Indem sie von sich selbst nur in Negationen spricht und alles ablehnt, was sie von anderen unterscheidbar machen würde, entwirft sie ein Identitätskonzept, das dem Pförtner Staunen und Meister Eckhart Bewunderung abverlangt. Die Dialogversionen ›Meister Eckhart und der arme Mensch I‹ und ›Meister Eckhart und der arme Mensch II‹[7] präsentieren mit je eigenen Nuancen ein Gespräch, in dem die Begrüßungsfloskel »Gott schenke dir einen guten Morgen« unversehens in die Diskussion existentieller Fragen hineinführt: Ein offensichtlich von Leid und Armut geprüfter Mann erklärt hier seinem Gegenüber, dass er nie einen schlechten Morgen erlebt habe. In einer Haltung der bedingungslosen Affirmation ergibt er sich in jedwedes Schicksal und gewinnt dabei eine Kraft, die ihm aus der Einheit mit Gott zufließt. ›Meister Eckhart und der nackte Knabe‹ schildert die Begegnung Eckharts mit einem nackten Knaben, bei der der Dominikaner zu spät bemerkt, dass das kluge Kind vor ihm niemand anderes als Gott selbst ist. ›Meister Eckharts Wirtschaft‹ schließlich berichtet vom Kölner Tischgespräch eines armen Menschen, einer *junckvrouwe* und eines anonymen Meisters, die durch wechselseitiges Fragen und Antworten die Wahrheit über ein frommes, gottgefälliges Leben zu ergründen suchen.

Ruh hat dieses Korpus nicht selbst abgesteckt, sondern nur festgeschrieben, was bereits andere vor ihm als Einheit behandelt hatten: Den Grund legte Franz Pfeiffer in seinem zweiten Band der ›Deutschen Mystiker des 14. Jahrhunderts‹ aus dem Jahre 1857, in dem er die fünf Texte als Sprüche 66 bis 70 abdruckte.[8] Damit bildeten sie den Abschluss der dritten, ›Sprüche‹ genannten Abteilung, einer Sammlung von Eckhart zugeschriebenen Dicta verschiedener Herkunft. In dieser Position waren sie einerseits noch nicht klar vom übrigen Textmaterial abgegrenzt, durch die bloße Anordnung aber schon in einen gewissen Zusammenhang gebracht. So hatte Pfeiffer als bis dahin jüngstes Glied in einer langen Überlieferungskette geschaffen, was man in den

6 Vgl. Ruh, ›Eckhart-Legenden‹, Sp. 350–353. Der neuere Lexikonartikel von Sabina Foidl, Eckhart-Legenden, S. 328–330 bietet lediglich eine knappe Zusammenfassung des genannten Artikels von Ruh.

7 Die philologische Untersuchung wird zeigen, dass die Titelgebung ›Meister Eckhart und der arme Mensch I‹ sowie ›Meister Eckhart und der arme Mensch II‹ auf einer in mehrerer Hinsicht unzureichenden Kenntnis der Textgeschichte der beiden Stücke beruht und durch eine treffendere Bezeichnung ersetzt werden muss. Bis zur Begründung der Umbenennung (vgl. S. 165 f.) werden die bisher gebräuchlichen Bezeichnungen beibehalten.

8 Vgl. Spr. Pf. 66–70, S. 623–627.

mittelalterlichen Textzeugen, zumindest soweit sie heute bekannt sind, vergeblich suchen wird: eine Zusammenstellung von ›Eckhart-Legenden‹ und damit einen überlieferungsgeschichtlichen Hinweis darauf, dass die Texte je in einem genuinen Tradierungs- oder gar Entstehungszusammenhang gestanden haben könnten.[9] Von einigen wenigen Ausnahmen abgesehen[10] findet sich nie mehr als einer dieser Texte in einer Handschrift.

PFEIFFER selbst hat seine Sprüche 66 bis 70 nicht explizit als Einheit ausgewiesen und ihre Anordnung auch nicht näher begründet, doch schien sie nachfolgenden Generationen offensichtlich so plausibel, dass sich die Stücke nach und nach zu einem zusammengehörigen Textkorpus verfestigten. In seiner groß angelegten Untersuchung ›Zur Überlieferung der PFEIFFERschen Eckharttexte‹ fasste ADOLF SPAMER die fünf Texte bereits als eine Einheit auf und sprach von ihnen, wie eingangs zitiert, als »reine geistliche märchen: legendarische visionen von herber kürze und hoher leuchtkraft der anschauung«[11]. Von da an war den ›Eckhart-Legenden‹ ein fester Platz in den frühen Ausgaben ausgewählter und ins Neuhochdeutsche übertragener Eckharttexte reserviert: 1914 nahm JOSPEH BERNHART[12] die Sprüche 67 bis 70 in seine Anthologie auf und bezeichnete sie erstmals mit dem Kompositum ›Eckhart-Legenden‹, gefolgt von WALTER LEHMANN[13] 1919 und FRIEDRICH SCHULZE-MAIZIER 1925,

9 Vgl. dazu die Handschriftenbeschreibungen mit den zugehörigen Angaben zum Inhalt, die jeder der nachfolgenden Edition vorangehen.

10 Zwar überliefern die Handschriften Kn2, M2 und S1 ›Meister Eckharts Wirtschaft‹ zusammen mit ›Meister Eckhart und der arme Mensch‹ und die Handschriften He3 und M4 ›Meister Eckharts Wirtschaft‹ zusammen mit ›Meister Eckhart und der nackte Knabe‹, doch handelt es sich dabei um zufällige Überlieferungsgemeinschaften: Die Texte folgen nie direkt aufeinander und betreffen auch – um auf die Ergebnisse der philologischen Untersuchungen vorauszugreifen – stemmatisch nicht näher verwandte Textzeugen. Die in manchen Handschriften begegnende unmittelbare Überlieferungsgemeinschaft der beiden Versionen von ›Meister Eckhart und der arme Mensch‹ ist auf textgeschichtliche Entwicklungen zurückzuführen und sollte daher ebenfalls nicht als Anzeichen für eine historische Korpusbildung gewertet werden (vgl. dazu den textgeschichtlichen Überblick S. 170–176). Daraus, dass eine spätere Redaktion von ›Meister Eckharts Tochter‹ fälschlicherweise mit der Überschrift von ›Meister Eckharts Wirtschaft‹ überliefert ist, könnte man auf eine heute nicht mehr erhaltene Überlieferungsgemeinschaft der beiden Texte schließen (vgl. S. 74). Die hier verwendeten Handschriftensiglen entsprechen den in der Eckhartphilologie gebräuchlichen Siglen. Die zugehörigen Bibliothekssignaturen finden sich bei den Handschriftenbeschreibungen in den jeweiligen Kapiteln dieser Arbeit.

11 SPAMER, Überlieferung der Pfeiffer'schen Eckharttexte, S. 403. Die ursprüngliche Orthographie ist beibehalten.

12 BERNHART, Meister Eckhart, S. 185–192. Spruch 66 kommt in dieser Zusammenstellung wohl deshalb nicht vor, weil ihm der Name ›Eckhart‹ fehlt.

13 LEHMANN, Meister Eckehart, S. 307–310. Im Abschnitt ›Legenden‹ bietet LEHMANN ohne Begründung der Zusammenstellung ›Meister Eckharts Tochter‹, ›Meister Eckhart und der arme Mensch I‹ sowie ›Meister Eckhart und der nackte Knabe‹.

der diese Zusammenstellung um den Auftritt Eckharts im ›Buoch von den drien durchbrüchen‹ sowie um ›Meister Eckharts Bericht vom Traum des Bruders Eustachius‹ erweiterte.[14] Im Anschluss an seine Vorgänger stellte auch JOSEF QUINT eine Abteilung von ›Eckhart-Legenden‹ an den Schluss seiner Auswahlausgabe ›Meister Eckhart. Deutsche Predigten und Traktate‹ aus dem Jahr 1955, reduzierte ihren Umfang allerdings wieder auf die Sprüche 67 bis 70.[15] Als RUH also seinen Verfasserlexikonartikel über d i e ›Eckhart-Legenden‹ schrieb, besiegelte er damit einen langen Prozess moderner Überlieferungsgeschichte und bestätigte ein Textkorpus, dessen Existenz bis heute durch kein handschriftliches Indiz belegt ist und das auch nicht kritisch reflektiert wurde.

Auch wenn man sich von der Vorstellung eines ›Eckhart-Legendars‹ wird verabschieden müssen, so ist doch damit ebensowenig gesagt, dass die fraglichen Texte in überhaupt keiner Verbindung zueinander stehen. Die Begründung eines Textkorpus muss und darf nicht nur von überlieferungsgeschichtlichen Daten abhängen – die heute noch greifbare handschriftliche Überlieferung mittelalterlicher Texte setzt oft erst Jahrzehnte nach deren Entstehung ein und hat sich oft schon von den Ursprüngen entfernt –, sondern sollte genauso textimmanente Beobachtungen zu Struktur, Motiven und formalen Eigenheiten berücksichtigen. Auf dieser Ebene werden sich auch die Argumente bewegen, die die PFEIFFERsche Zusammenstellung der Sprüche 66–70 teils erhärten, teils auflösen können.

Wenn im Folgenden einige grundsätzliche Überlegen zum Textkorpus ›Eckhart-Legenden‹ und zu Perspektiven seiner Umbildung angestellt werden, so ist dies als arbeitstechnisch notwendiger Vorgriff auf die nachfolgenden textgeschichtlichen und inhaltlichen Analysen zu verstehen. Definitive Aussagen zur Zusammengehörigkeit der Texte, soweit sie überhaupt möglich sind, können beim derzeitigen Stand der Editionen und der inhaltlichen Aufarbeitung (vgl. dazu den Forschungsüberblick in Kap. 1.2) nur Ergebnis, nicht aber Ausgangspunkt einer Studie zu den ›Eckhart-Legenden‹ sein.

Alle ›Eckhart-Legenden‹ teilen dieselbe Grundstruktur: Auf eine kurze narrative Einleitung zur Vorstellung der Handlungsträger und zur Verortung des Geschehens folgt ein Dialog, dem sowohl hinsichtlich des Umfangs als auch der Aussagekraft das Achtergewicht zukommt. Man könnte die Texte deskriptiv als ›szenische Kurzdialoge‹ fassen. Aber schon jeder weitere Versuch, über diese Qualifizierung hinausgehende Gemeinsamkeiten der ›Eckhart-Legen-

---

14 SCHULZE-MAIZIER, Predigten und Traktate, S. 397–412. Dem Nachwort zufolge stimmt die hier benutzte zweite Auflage aus dem Jahr 1934 in der Textauswahl mit der ersten aus dem Jahr 1927 überein (vgl. a. a. O., S. 446). Die Ausweitung der Textzusammenstellung macht deutlich, dass es keineswegs von vornherein ausgemacht war, was als ›Eckhart-Legende‹ gelten konnte und was nicht.

15 QUINT, Meister Eckehart, S. 443–448, mit Kommentar auf S. 528–531.

den‹ festzustellen, muss bei näherer Betrachtung ins Leere gehen. Einige Beispiele sollen dies veranschaulichen:[16]

- Der Terminus ›Eckhart-Legende‹ suggeriert, dass Meister Eckhart als literarischer Figur in dem vorgestellten Geschehen jeweils eine tragende Rolle zukommt. Dagegen steht der Befund, dass der Dominikanertheologe in ›Meister Eckhart und der arme Mensch I‹ schlichtweg nicht auftritt[17] – hier liegt PFEIFFERS Edition richtig (vgl. auch die Neuedition S. 215–220) – und in ›Meister Eckharts Wirtschaft‹ ursprünglich nur über eine textexterne Zuschreibung greifbar ist – hier führt PFEIFFERS Edition in die Irre (vgl. auch die textkritischen Untersuchungen S. 377–379)[18].

- Auch eine Auslegung des Terminus ›Eckhart-Legende‹ in dem Sinn, dass die fraglichen Texte eckhartische Lehre transportieren, führt kaum weiter: Zwar tauchen in ihnen durchaus Gedankensplitter und Schlagworte auf, die man mit der Lehre des Dominikaners verbunden sehen mag, doch fehlt ihnen zum einen eine gemeinsame thematische Mitte[19] und zum anderen sind die Parallelen nicht dermaßen zwingend, dass sie nicht auch über etwaige pseudo-eckhartische Texte oder durch von Eckhart unabhängige Quellen vermittelt worden sein könnten. Außerdem wird man auch andere szenische Kurzdialoge namhaft machen können, in denen sich Spuren eckhartischen Denkens nachweisen lassen (vgl. Kap. 7.1.1),

---

16 Es wurde nie unternommen, das Korpus der ›Eckhart-Legenden‹ auf Basis klarer Kriterien zu begründen. Zumindest einige Hinweise für solche Kriterien liefert RUH indes indirekt, wenn er in seinem Verfasserlexikonartikel den Vorschlag SPAMERS zurückweist (vgl. DERS., Überlieferung der Pfeiffer'schen Eckharttexte, S. 407 f.), auch ›Meister Eckharts Bericht vom Traum des Bruders Eustachius‹ (vgl. den Textabdruck bei SPAMER, Texte, S. 150 f.) in die Textreihe mitaufzunehmen. Er lehnt dies ab unter Verweis auf den Inhalt (ein Mirakel sei untypisch für die Gattung), auf die Rolle der literarischen Eckhartfigur (er sei nur Berichterstatter) und auf die abschließende Lehre (die ihm nicht eckhartisch genug scheint) (vgl. RUH, Eckhart-Legenden, Sp. 350). Die nachfolgenden Beispiele greifen diese Gedanken zum Teil auf.

17 Dafür will RUH in diesem Text eine »authentische E.-Aussage«, ein angebliches Zitat aus dem lateinischen Sermo 34 in deutscher Übertragung, entdeckt haben. Vgl. DERS., Eckhart-Legenden, Sp. 351 und wohl im Anschluss an RUH auch GOTTSCHALL, Eckhart and the Vernacular Tradition, S. 542, die von »authentic Eckhartian teachings« spricht. Zur Problematik dieser Annahme vgl. S. 231–234.

18 In der PFEIFFERschen Ausgabe übernimmt Eckhart eine eigenartige Doppelrolle als Erzähler und gleichzeitig als Teilnehmer des Gesprächs. Damit ist durch die bisher gängige Textausgabe eine Sondervariante, nämlich die des Kölner Taulerdrucks, irrtümlich zur verbindlichen Lesart erhoben (vgl. S. 364 f.).

19 Als gemeinsamen thematischen Nenner der ›Eckhart-Legende‹ schlug RUH Eckharts »Lebenslehre« vor (vgl. DERS., Eckhart-Legenden, Sp. 350). Der Begriff scheint mir zu unspezifisch, um damit arbeiten zu können.

die bisher aber nicht als ›Eckhart-Legenden‹ im eigentlichen Sinne registriert wurden. Dieses Kriterium könnte also, wie später zu zeigen sein wird, eher zu einer Erweiterung als zu einer Begrenzung des Korpus führen.

– Wenn schon nicht die literarische Figur ›Eckhart‹ eine Verbindung zwischen den Texten stiften kann, so möglicherweise das weitere am Dialog beteiligte Personal: Es handelt sich vornehmlich um Laien[20], eine *tohter*, einen *armen man*, eine *junckvrouwe*, die nicht, wie man es von ihrem Stand her erwarten würde, der seelsorgerlichen Betreuung bedürfen, sondern als versierte Kenner theologisch-philosophischer Lehren auftreten. Aber auch dieses Kriterium ist nicht geeignet, die bisher gezogenen Grenzen um das Korpus der ›Eckhart-Legenden‹ zu festigen: Zum einen hat Eckhart in ›Meister Eckhart und der nackte Knabe‹, wie sich am Ende herausstellt, niemand geringeren als Gott selbst vor sich und zum anderen weist auch eine Reihe weiterer Kurztexte eine durchaus vergleichbare Personenkonstellation mit selbstbewusst agierenden Laien auf.

– Man könnte, um eine vierte und vorläufig letzte Option ins Spiel zu bringen, nach Übereinstimmungen im strukturellen Aufbau der Stücke fragen. Tatsächlich zeigt sich eine auffallende Kongruenz im Ablauf von ›Meister Eckhart und der arme Mensch I‹ und ›Meister Eckharts Tochter‹: Beide Dialoge folgen einem klaren Schema, bestehend aus einem verrätselten ersten Redegang, einer Bitte um Deutung in einer Art Gelenkfunktion und einem klärenden zweiten Redegang (vgl. für ›Meister Eckharts Tochter‹ S. 96 f. und für ›Meister Eckhart und der arme Mensch I‹ S. 222 f.). Davon heben sich ›Meister Eckharts Wirtschaft‹ mit seiner kunstvollen Abfolge von ineinandergeschobenen Dreiereinheiten (vgl. S. 397–399) und ›Meister Eckhart und der nackte Knabe‹ mit seiner linearen Frage-Antwort-Sequenz (vgl. S. 149) deutlich ab. Wie die zuvor skizzierten Kriterien wirkt also auch dieses letzte desintegrierend: Wenn sich auch eine engere Zusammengehörigkeit zweier Texte abzeichnet, so lässt sich doch kein für alle Stücke gültiges Schema abstrahieren, um damit eine sichere Abgrenzung vornehmen zu können.

---

20 Der Begriff ›Laie‹ meint in dieser Untersuchung die heterogene Gruppe der Nicht-Kleriker, zu der kirchenrechtlich auch Ordensangehörige, Beginen und Drittordensmitglieder zu zählen sind. Speziell in der vorliegenden Untersuchung dient der Begriff als Sammelbezeichnung für die in den ›Eckhart-Legenden‹ auftretenden Männer- und Frauenfiguren, die ohne Weihen und ohne erwartbare schulische Bildung eine vorbildliche Frömmigkeit und Weisheit an den Tag legen. Zum mittelalterlichen Laien-Begriff vergleiche etwa Ritter, Laie, S. 379 f., oder Steer, Die Stellung des Laien, S. 764–768, als Studie zur Verwendung des Wortes in volkssprachigen Texten.

Die Suche nach Kriterien, mit denen sich ein Korpus von ›Eckhart-Legenden‹ im Sinne des Verfasserlexikonartikels begründen ließe, führt also zu einem doppelten Ergebnis: nach innen zur Auflösung der bisherigen Textzusammenstellung und nach außen zur Öffnung auf andere Texte hin. Da sich, was die hier zu untersuchenden Stücke angeht, in den handschriftlichen Textzeugen keine festen Überlieferungsgemeinschaften etabliert haben, wird man nur über literarische Kriterien neue Zusammenhänge entdecken können. Die Stücke, die dabei besondere Aufmerksamkeit verdienen, sind vornehmlich ›Die fromme (selige) Müllerin‹, ›Das Frauchen von 22 (21) Jahren‹[21] und einige von CORNELIS GERRIT NICOLAAS DE VOOYS publizierte mittelniederländische Texte, darunter ›Van enen rebaut‹ und ›Exemplum duorum pauperum‹[22], allesamt Kurzdialoge mit einem auf das nötigste reduzierten narrativen Kern. Solche Überlegungen müssen an den Schluss der Arbeit verschoben werden (vgl. Kap. 7.1.1) und können auch dort nur angedeutet werden, weil zu keinem dieser Texte bisher textgeschichtliche oder inhaltliche Untersuchungen vorliegen.

Es ist also folgende Einsicht festzuhalten: Das Korpus der ›Eckhart-Legenden‹ entbehrt einer plausiblen philologischen Grundlegung und kann nur als heuristische Größe dienen, bis sich neue Textzusammenhänge abzeichnen werden. In diesem Sinn sind hier die Texte ›Meister Eckharts Tochter‹, die bisher bekannten Versionen von ›Meister Eckhart und der arme Mensch‹, ›Meister Eckhart und der nackte Knabe‹ sowie ›Meister Eckharts Wirtschaft‹ nicht als vorgegebene Einheit zur Untersuchung ausgewählt, sondern als paradigmatische Beispiele für ein weiter und offener gefasstes, sich aber erst langsam abzeichnendes Feld mystischer Kurzdialoge. Methodisch hat das zur Konsequenz, dass die anschließenden Untersuchungen zu den ›Eckhart-Legenden‹ – zumindest zunächst – je einen Einzeltext zur Grundlage haben müssen.

### *1.1.2 Abgrenzung von den Begriffen ›Legende‹ und ›Exempel‹*

Neben dem Korpus ist auch die bisher gängige Bezeichnung ›Eckhart-Legenden‹ fragwürdig. Nach einem Blick auf den in diesem Zusammenhang problematischen Begriff der ›Legende‹ und einer kurzen Diskussion der konkurrierenden Bezeichnung ›Exempel‹ soll der Terminus ›mystische Kurzdialoge‹ als Sammelbegriff für die hier zu untersuchenden Texte eingeführt werden.

---

21 RUH scheint bereits eine gewisse Zusammengehörigkeit zwischen den Texten ›Die fromme (selige) Müllerin‹, ›Das Frauchen von 22 (21) Jahren‹ und den ›Eckhhart-Legenden‹ erkannt zu haben, man vergleiche dazu nur die Anfänge der jeweils von ihm stammenden Artikel im Verfasserlexikon: »Dialogisierte Beispielerzählung des 14. Jh.s aus Mystikerkreisen« (DERS., Müllerin, Sp. 974), »Dialogisiertes Exempel aus Mystikerkreisen« (DERS., Frauchen, Sp. 858) sowie »in Mystikerkreisen ausgebildete, spruchartige, häufig dialogisierte Exempelgeschichten« (DERS., Eckhart-Legenden, Sp. 350).

22 Diese beiden Texte sind abgedruckt bei DE VOOYS, Nederlandse Mystiek I, S. 62–64.

### ›Legende‹

Dass es sich bei den ›Eckhart-Legenden‹ um Legenden im eigentlichen Sinn des Wortes, also um hagiographische Erzählungen, handelt, wurde so nie behauptet[23] und kann daher auch in aller Kürze zurückgewiesen werden: Meister Eckhart wurde zwar nicht, wie es wohl seine Gegner zu Beginn des Prozesses in Köln noch angestrebt hatten, als Häretiker verurteilt,[24] doch war er selbstredend weit davon entfernt, von der Kirche als Heiliger kanonisiert zu werden. So fehlt denn auch jeglicher Hinweis auf ein historisches Verständnis dieser Texte als Legenden, sei es in Form von Heiligkeit evozierenden Zusätzen oder von entsprechenden Gattungsbezeichnungen in Handschriften oder von Überlieferungsgemeinschaften mit hagiographischem Schrifttum. Auch wenn der Begriff ›Legende‹ nur im Sinn einer biographischen Anekdote über eine berühmte Persönlichkeit verstanden wird,[25] so setzt er immer noch einen falschen Fokus auf die Person Eckharts: In mehr als der Hälfte aller Textzeugen kommt der Dominikaner in den betreffenden ›Legenden‹ nicht vor und wo er vorkommt, fungiert er als weitgehend passiver Gesprächspartner einer viel zentraleren Laienfigur. Dass sich in den ›Eckhart-Legenden‹ eine Art vom Volk ausgehender Verehrung für den Dominikaner dokumentiert, ist also vom philologischen Standpunkt aus zweifelhaft. Genauso unbegründet wie der Fokus auf die Person Eckharts ist auch die Annahme, dass sich die hier untersuchten Texte auf irgendeine Weise an die literarische Form der Legende anlehnen würden:[26] Mit der von EDITH FEISTNER aus mittelalterlichen Heiligenlegenden, vornehmlich jenen der ›Legenda aurea‹, extrahierten Morphologie ergeben sich keine Überschneidungspunkte, weder zur Märtyrerlegende mit

---

23 Nachdem die Texte in der Edition PFEIFFERS noch als ›Sprüche‹ deklariert waren, bezeichnete sie SPAMER in seiner umfassenden Überlieferungsuntersuchung aus dem Jahr 1909 erstmals als ›Legendarische‹ Texte (vgl. S. 1). In der Zusammenstellung der Gattungsbegriffe ›Märchen‹, ›Legende‹ und ›Vision‹ zeigt sich dort die terminologische Unschärfe, die von Anfang an mit der Bezeichnung ›Legende‹ verbunden war.

24 Die grundlegende Arbeit WINFRIED TRUSENS zum Eckhartprozess hat gezeigt, dass das Verfahren in Köln als Ketzerprozess gegen die Person Eckharts begonnen wurde. In Avignon wurde es in ein allein auf Lehrsätze und ihre Formulierung bezogenes Zensurverfahren umgewandelt, in dem die Rechtgläubigkeit des Angeklagten nicht mehr zur Diskussion stand. Die *narratio* der Verurteilungsbulle, zwar rechtlich unbedeutend, durch die öffentliche Bekanntmachung aber durchaus von einiger Wirkmacht, stellt ihn als Irrlehrer hin (vgl. TRUSEN, Prozess 1988, und DERS., Prozess 1992).

25 In diesem Sinn verwendet der von CLELIA ARCELLI herausgegebene Sammelband ›The Medieval Legends of Philosophers and Scholars‹ den Begriff ›Legende‹. Darin widmen sich insgesamt drei Studien Eckharts Ordensbrüdern Albertus Magnus und Thomas von Aquin, wobei deren ›Legenden‹ in keinem näheren Zusammenhang mit den hier untersuchten Texten stehen.

26 So suggeriert es die Umschreibung der Texte als »legendary narratives« bei GOTTSCHALL, Eckhart and the Vernacular Tradition, S. 540.

ihrem ›Basisnexus‹ aus Verhör, Haft und Hinrichtung, noch zur Bekennerlegende mit Motiven wie Rückzug aus der Welt, Wunder, Tugenddemonstrationen oder Versuchung durch dämonische Mächte.[27] Gemeinsamkeiten mögen sich bestenfalls auf der Ebene der Textpragmatik ergeben, wo Legenden und ›Eckhart-Legenden‹ in ihrem appellativen Charakter, in der Aufforderung zur *imitatio* übereinkommen – bei letzteren bezeichnenderweise einer *imitatio* nicht von Heiligen, sondern von namenlos bleibenden Laien. Diese Übereinstimmung ist zu unspezifisch, um davon ausgehend eine literarische Verwandtschaft behaupten zu können.

### ›Exempel‹

Während die Diskussion des Begriffs ›Legende‹ allein von der Forschungstradition her aufgegeben ist und keine Anhaltspunkte in der Überlieferungssituation hat, lassen sich für die oft umschreibend gebrauchte Bezeichnung ›Exempel‹ durchaus auch einige historische Belege auf verschiedenen Ebenen beibringen: Die beiden Handschriften *B und Str13 tradieren ›Meister Eckhart und der arme Mensch I‹ jeweils innerhalb umfassender Exempelsammlungen und dokumentieren damit, dass das Stück durchaus in solche literarische Zusammenhänge eingeordnet werden konnte.[28] Noch deutlicher machen das gelegentlich vorkommende Paratexte, die, meist in Form kurzer Überschriften, explizite Gattungsbegriffe anbieten: so etwa *exemplum* für eine spätere Ausformung von ›Meister Eckhart und der arme Mensch‹ in Ge9 und Mai11,[29] *beispil* für ›Meister Eckharts Tochter‹ in St7 und He2[30] oder *een exempel der armoeden* in der mittelniederländischen ›Meister Eckharts Wirtschaft‹-Handschrift Le2.[31] Auch Verwendungszusammenhänge, wie man sie typischerweise für Exempla erwarten würde, lassen sich in der Überlieferung nachweisen: In

27 Vgl. FEISTNER, Typologie der deutschen Heiligenlegende, S. 26–49. FRANZ JOSEF SCHWEITZER versucht hingegen die Typisierung als Legende für ›Meister Eckharts Tochter‹ unter Berufung auf eine mehr subjektiv-emphatische als objektiv feststellbare Kategorie zu legitimieren: Er bescheinigt dem Stück eine »innerliche Verborgenheit des Heiligen«, wobei seine Formulierung die mangelnde Nachprüfbarkeit des Arguments selbst schon aussagt (vgl. DERS., Freiheitsbegriff der deutschen Mystik, S. 167).

28 MONIKA STUDER hat mit ihrer Dissertation eine umfassende Studie der Exempelsammlung in *B vorgelegt (vgl. DIES., Exempla im Kontext) und geht dort vergleichend auch auf die Exempelsammlung in Str13 ein (vgl. a. a. O., S. 190–192). Zu den Handschriften vgl. S. 195 f. für *B und S. 203 für Str13 in der vorliegenden Arbeit. Der Asterisk gibt zu erkennen, dass für die erstgenannte Handschrift keine Sigle aus der Eckhartphilologie zur Verfügung steht und deswegen eine eigene Benennung gewählt werden musste.

29 Vgl. die Edition von ›Der arme Mensch IV‹, S. 300.

30 Vgl. die Edition von ›Meister Eckharts Tochter‹, Redaktion B, S. 94 im Variantenapparat.

31 Vgl. die Edition von ›Meister Eckharts Wirtschaft‹, Gruppe B1, in Anhang 3, S. 506, Nr. 10.

der Handschrift W12 hat ein lateinkundiger Prediger ›Meister Eckhart und der arme Mensch I‹ als *exemplum quod in quodam antiquissimo libro repperi*[32] in seine Predigt ›De vitiis et virtutibus‹[33] integriert und ganz ähnlich verfährt der Basler Taulerdruck, der dasselbe Stück als Illustration an eine Predigt, den sog. ›Salzburger Armutstext‹ angliedert.[34] Einen solchen Verwendungszusammenhang evoziert werkimmanent schon der Erzählrahmen von ›Meister Eckhart und der arme Mensch I‹, indem er die Binnenerzählung als ein von einem Meister vorgetragenes Predigtexempel ausgibt.[35]

Zunächst scheint es also nicht verkehrt, die irreführende Bezeichnung ›Eckhart-Legenden‹ in irgendeiner Form durch ›Exempel‹ zu ersetzen, kann sich dieser Terminus doch zumindest auf die mittelalterliche Textüberlieferung stützen und damit eine historische Begründung für sich reklamieren. Doch gegen eine unkritische Übernahme der historischen Terminologie sprechen vor allem zwei Argumente: Erstens gibt Klaus Grubmüller zu bedenken, dass das volkssprachliche Mittelalter »keine praeskriptive und nicht einmal eine deskriptive Gattungspoetik«[36] kennt und gattungsbezogene Termini nur »undeutlich, unpräzise, oft auch widersprüchlich«[37] gebraucht. Es ist also mit einer Unterbestimmung des mittelalterlichen Exempelbegriffs zu rechnen, der unter Umständen außer der Möglichkeit einer Neuetikettierung nur wenig Gewinn für die hier vorliegende Arbeit bedeuten würde. Dem unscharfen Gebrauch des Begriffs im Mittelalter steht eine intensive Forschungsdiskussion in der Gegen-

---

32 Eigene Übersetzung: »Eine Beispielerzählung, die ich in einem gewissen sehr alten Buch gefunden habe«. Vgl. die Transkription in Anhang 1, S. 502 sowie die Beschreibung der Handschrift auf S. 196 f.

33 Eigene Übersetzung: »Über Laster und Tugenden«.

34 Vgl. die Beschreibung des Basler Taulerdrucks auf S. 199–201. Dass die Zuordnung von ›Meister Eckhart und der arme Mensch‹ zum ›Salzburger Armutstext‹ ganz bewusst erfolgte, macht die kurze Einleitung des Stücks im Anschluss an die Predigt deutlich: *In disem nachuolgenden exempel wirt angezeigt ein bild reiche form eins volkomnen menschen nach dem sich ein yeglicher christ richten solt das er gleich lernte stan vnd sich lassen in allen dingen wie es gott über in angesehen hett als in vorgeender predig gelert wirt* (BT, fol. 191$^{rb}$), (eigene Übersetzung: »In der nachfolgenden Beispielerzählung wird ein anschauliches Muster eines vollkommenen Menschen gezeigt, an dem sich jeder Christ orientieren soll. Denn er soll lernen, in Gleichmut zu leben und sich in alle Geschehnisse zu fügen, ganz so, wie Gott es für ihn bestimmt hat, wie es auch die vorausgegangene Predigt lehrt.«).

35 Vgl. die Edition von ›Der arme Mensch I‹, S. 215. Der Erzählrahmen hält darüber hinaus weitere Bezeichnungen für das Stück bereit, so etwa *mer* in M2 und G3, *lere* in Ba2 oder *glichnússe eines byspels* in Ka9 (vgl. S. 215).

36 Grubmüller, Gattungskonstitutionen im Mittelalter, S. 195. Christoph Daxelmüller präzisiert diesen Befund auf die spezielle Situation des Exempels hin: »Dem Mittelalter fehlte nicht nur eine allseits verbindliche Exempeldefinition, sondern vor allem eine ausführliche Theorie« (ders., Auctoritas, S. 75). Die mittelalterlichen theoretischen Aussagen über Exempel kamen bei aller Heterogenität vor allem dort überein, wo es um den hohen didaktischen Wert dieser Texte ging (vgl. ebd.).

37 Grubmüller, Gattungskonstitutionen im Mittelalter, S. 196.

wart gegenüber, in der unter Rückgriff auf antike rhetorische Traditionen sein Bedeutungsspektrum eingehend beschrieben wurde. In der gebotenen Kürze seien die Grundpositionen dieser Diskussion skizziert, wonach sich – und dies ist das zweite Argument – die Anwendung des Exempelbegriffs ebenfalls als unpassend erweisen wird:

Aus der Definition JEAN THIÉBAUT WELTERS, eines Pioniers der Exempelforschung, lassen sich die beiden Pole ersehen, zwischen denen sich das Verständnis des Begriffs heute bewegt:

> »Par le mot exemplum, on entendait, au sens large du terme, un récit ou une historiette, une fable ou une parabole, une moralité ou une description puvant servir de preuve à l'appui d'un exposé doctrinal, religieux ou moral.«[38]

Seine Definition von ›Exempel‹ setzt sich einerseits aus einer gattungstypologischen Beschreibung, die bezeichnenderweise zu einer Aufzählung verschiedener Gruppen von Kurztexten gerät, und andererseits aus einer Funktionsbestimmung zusammen. Diese zweiteilige Definition wurde in der weiteren Forschungsdiskussion zu der Fragestellung zugespitzt, ob man unter ›Exempel‹ eine Gattungsbezeichnung o d e r eine Funktionsbezeichnung zu verstehen habe,[39] wobei sich schon seit Längerem eine Dominanz der zweiten Position abzeichnet.[40] So gibt es auch keine allgemein anerkannte Zusammenstellung von Kriterien auf formaler oder inhaltlicher Ebene, anhand derer man die Zugehörigkeit der ›Eckhart-Legenden‹ zu einer etwaigen Gattung ›Exempel‹ überprüfen könnte.[41] Nicht einmal die Minimalbestimmung als narrative

---

38 WELTER, L'exemplum dans la littérature, S. 1.

39 So etwa STUDER, Exempla im Kontext, S. 28 f., oder OPPEL, Exemplum und Mirakel, S. 97. Eine Integration der beiden Aspekte ist schon bei RUDOLF SCHENDA nur noch möglich, wenn man den Gattungsbegriff von jeglichen Konkretionen löst und ihm damit seine Aussagekraft nimmt. So schreibt er in seinem Forschungsbericht aus dem Jahr 1969: »›Exemplum‹ ist also sowohl ein Sammelbegriff für die verschiedensten literarischen Gattungen als auch gleichzeitig ein Funktionsbegriff, keineswegs eine selbstständige Gattungsbezeichnung.« (DERS., Exemplaforschung, S. 81). PETER VON MOOS lässt in einem Aufsatz aus dem Jahr 1988 noch Gattungs- und Funktionsbegriff nebeneinander gelten (DERS., Das argumentative Exemplum, S. 45), votiert in einer späteren Arbeit aus dem Jahr 1998 aber unmissverständlich für den Funktionsbegriff (DERS., Das Exemplum und die Exempla der Prediger, S. 111).

40 Vgl. etwa das Vorwort zu dem von BURGHART WACHINGER und WALTER HAUG herausgegebenen Band ›Exempel und Exempelsammlungen‹: »Wie immer man dabei das Exempel definieren mag [...] immer lässt sich das Exempel am ehesten von seiner Funktion, seinem tatsächlichen oder intendierten Gebrauch her fassen« (S. V), oder in jüngerer Zeit SCHÜRER, Die erzählte Institution, S. 53 und 56.

41 STUDER scheut sich zwar, von einer literarischen Gattung ›Exempel‹ zu sprechen, versucht aber für ihre Zwecke prototypische Strukturen einer entsprechend offen gefassten Textreihe zu definieren. Sie nennt in diesem Zusammenhang Narrativität, Kürze, Wahrheitsanspruch und Erbauungs- oder Belehrungsfunktion (vgl. DIES., Exempla im

Texteinheiten konnte sich als absolut konsensfähig durchsetzen.[42] Ob sich die ›Eckhart-Legenden‹ mit dem Begriff ›Exempel‹ in seiner gegenwärtig dominierenden Bedeutung adäquat fassen lassen, muss sich also an der Frage ihrer Funktionsbestimmung entscheiden.

Unter ›Funktion‹ sind, je nach kontextueller Einbettung und freilich nicht immer trennscharf unterscheidbar, zwei Bezugsformen eines Textes auf einen konkret vorliegenden Verwendungszusammenhang zu verstehen:[43] Zum Ersten der rhetorisch-argumentative Bezug, bei dem das Exempel der Stützung einer These und der Überzeugung der Rezipienten dient. Exempla in dieser Funktion waren im Mittelalter vor allem bei – meist juristischen – Streitfällen zu erwarten, die durch die Anführung eines Präzedenzfalles in Verbindung mit historisch bedeutsamen Persönlichkeiten einer Entscheidung zugeführt werden sollten. Davon zu unterscheiden ist der zweite, der illustrative Bezug zum Kontext, bei dem das Exempel einer als sicher geltenden These oder Lehre eine gewisse Anschaulichkeit verleihen soll. Sein Ort war in erster Linie die Predigt, in der ein auf seine Wirkung bedachter Prediger seine Botschaft mit anschaulichen Bildern unterlegte und seiner Gemeinde damit Anreiz zur *imitatio* gab.[44] Bei einem entsprechenden Zielpublikum konnte es dabei von Vorteil sein, alltägliches Personal in einem »paränetischen Jedermanns-Exemplum«[45] auftreten zu lassen, um ein möglichst offenes Identifikationsangebot zu schaffen. Die ›Eckhart-Legenden‹ wurden, wie die zu Beginn der Exempel-Diskussion angeführten Beispiele gezeigt haben, durchaus im Sinne der illustrativen Funktion in bestimmte Zusammenhänge integriert. Diese Einzelfälle zu verallgemeinern und die Verwendungsbezeichnung ›Exempel‹ metonymisch zur Bezeich-

---

Kontext, S. 30–32). Gegen die Übernahme dieses Exempelbegriffs für die ›Eckhart-Legenden‹ steht die Dominanz des Dialogischen vor dem Narrativen.

42 Vgl. dazu Palmer, Exempla, S. 583, der an der Beschränkung des Terminus auf »short narratives« zwar noch festhält, aber auch Gegenstimmen anführt, oder Daxelmüller, der den Exempelbegriff auch auf Zitate, Namensnennungen u. ä. als maximale Reduktionsstufen erweitert sehen will (vgl. ders., Narratio, Illustratio, Argumentatio, S. 90–92).

43 Die nachfolgende Differenzierung zwischen einer rhetorisch-argumentativen und einer illustrativen Funktion des Exempels folgt von Moos, Das Exemplum und die Exempla der Prediger, S. 123; ähnlich Dicke, Exempel, S. 534, und Schürer, Die erzählte Institution, S. 51.

44 In einer von Pfeiffer geprägten Terminologie bezeichnet man Exempla und andere Kurztexte in diesem Verwendungszusammenhang auch als ›Predigtmärlein‹ (vgl. Pfeiffer, Predigtmärlein, S. 407). Solche narrativen Einlagen kennzeichnen vor allem die Predigtkunst der Bettelorden im 13. und 14. Jahrhundert (vgl. von Moos, Das argumentative Exemplum, S. 45).

45 von Moos, Geschichte als Topik, S. 123. Nach von Moos dominiert im Mittelalter gerade dieses Jedermanns-Exemplum aufgrund seiner vielseitigen Verwendbarkeit in der Volksseelsorge gegenüber den in der antiken Literatur beliebten Exempla mit Bezug auf historische Größen (vgl. ebd.).

nung der Texte selbst zu machen, würde aber einer Verzerrung gleichkommen. Um dies zu erklären, muss wieder auf spätere Untersuchungsergebnisse vorausgegriffen werden: Ob ein Text in einem bestimmten Verwendungszusammenhang steht, lässt sich in erster Linie aus der Art und Weise seiner Überlieferung erschließen. Der Regelfall in der Überlieferung der ›Eckhart-Legenden‹ ist die geistliche Sammelhandschrift mit ihren zahlreichen heterogenen Kleintexten, die oft genug ohne erkennbares Gliederungsprinzip und scheinbar jedes Mal neu und individuell zusammengestellt wurden. Angesichts solch willkürlich anmutender Textensembles kann man kaum noch davon sprechen, dass sich eine der ›Eckhart-Legenden‹ in einer näher bestimmbaren illustrativen Funktion auf ihre Umgebung beziehen würde. Solche Zusammenhänge lassen sich allenfalls in Einzelfällen nachweisen und bleiben Ausnahmen.

Dazu stellt sich das Problem, dass heute vorliegende Überlieferungsgemeinschaften nicht einfach mit mittelalterlichen Rezeptionsbedingungen identisch sind: Dagegen stehen die Probleme der Kodikologie, etwa die Neuzusammenstellung von Codices durch Verbindung oder Trennung selbstständiger Faszikel, aber auch die Lektürepraxis des mittelalterlichen Lesers, der durch seine je eigenen Lesegewohnheiten – selektive und sprunghafte Auswahl von Einzelstücken oder Rezeption von Blöcken unterschiedlichen Zuschnitts – die tatsächlichen Textzusammenhänge überhaupt erst konstituierte.

Auch die Option, dass die ›Eckhart-Legenden‹ zwar nicht im Rahmen frommer Privatlektüre, dafür aber durch okkasionelle Integration in Predigten ihren funktionalen Zusammenhang erhielten, scheint mit Blick auf die Textzeugen unwahrscheinlich: Von Einzelfällen abgesehen eignet sich keine der Handschriften zur Predigtvorbereitung – es fehlen Register, Gliederungselemente und thematische Gruppierungen, die die gezielte Auswahl eines Einzeltextes überhaupt erst ermöglichen würden.[46] Für den systematischen Einsatz von Exempla standen dagegen eigens zu diesem Zweck angelegte Exempelkompendien zur Verfügung,[47] die aber bezeichnenderweise in der Überlieferung der hier zu untersuchenden Texte keine Rolle spielen.

Bleibt noch die Mutmaßung, dass die ›Eckhart-Legenden‹ zumindest ursprünglich als Illustrationen für theologische Lehren konzipiert waren, dieser

---

46 Am ehesten im Kontext der Predigtvorbereitung zu sehen ist die Handschrift Se, die ein Exzerpt aus ›Meister Eckharts Wirtschaft‹ enthält (vgl. S. 356 f.).

47 Vgl. etwa die für Predigtgebrauch und die Unterweisung von Novizen erstellten dominikanischen Kompendien aus dem 13. Jahrhundert, den ›Tractatus de diversis materiis praedicabilibus‹ des Stephan von Bourbon, den davon abgeleiteten ›Liber de habundancia exemplorum‹ des Humbertus de Romanis oder das ›Bonum universale de apibus‹ des Thomas von Cantimpré. Auch Caesarius von Heisterbach mit seinem äußerst erfolgreichen ›Dialogus miraculorum‹ ist in diesem Zusammenhang zu nennen. Als Ordnungskriterien dienten oft Tugenden und Laster. Für einen Überblick über Exempelsammlungen des Mittelalters vgl. CHESNUTT, Exempelsammlungen, Sp. 592–604.

Zusammenhang aber bereits in einer frühen Phase der Überlieferung verloren ging. Beweise dafür gibt es nicht.

Kurz zusammengefasst: Die Überlieferungssituation legt die Annahme nahe, dass die Texte aus sich selbst heraus verstanden wurden – wie sie verstanden wurden, ist dabei eine andere, später zu behandelnde Frage – und auch ohne einen spezifischen Zusammenhang so viel Interesse fanden, dass sie immer wieder abgeschrieben und bearbeitet wurden. Mit dem funktionalen Bezug auf einen übergeordneten Text entfällt das entscheidende Kriterium einer modernen Definition des mittelalterlichen Exemplums,[48] so dass man besser auf diese Bezeichnung verzichten, beziehungsweise sie für konkrete Überlieferungsfälle reservieren sollte.

### *1.1.3 Erläuterung des Begriffs ›Mystischer Kurzdialog‹*

Die bisher gebräuchlichen Benennungen ›Legende‹ und ›Exempel‹ erwiesen sich als ungeeignet, weil sie Vorannahmen bezüglich des Inhalts und der Funktion der Texte provozieren, die sich nur in Einzelfällen bestätigen. Gegen diese problematische Terminologie setzt die vorliegende Arbeit eine neue Begrifflichkeit an. Angesichts der Vorläufigkeit des Textkorpus und der erst noch zu leistenden Editions- und Untersuchungsarbeit soll es sich dabei um einen deskriptiven Zugriff handeln, der wesentliche Merkmale der bisherigen ›Eckhart-Legenden‹ erfasst und gegebenenfalls auch auf andere Texte angewandt werden kann. Für diesen Zweck eignet sich der Terminus ›mystischer Kurzdialog‹, der eine formale mit einer inhaltlichen Kategorie verknüpft. Mit ihm soll es gelingen, auf bislang vernachlässigte Texte aufmerksam zu machen, Zusammenhänge zwischen ihnen aufzudecken und damit den Zugang zu einem verbreiteten literarischen Phänomen in der Mystik- und Frömmigkeitsgeschichte des Spätmittelalters zu öffnen. Seine Bestandteile sind wie folgt zu verstehen:

›Kurzdialog‹

Der Dialog als literarische Form hat seinen Ursprung in der Antike, wo zuerst in der paganen Kultur mit den Werken Platons und Ciceros, später in der christlichen Kultur mit bestimmten Schriften des Augustinus und vor allem mit Boethius' ›De consolatione philosophiae‹ die großen Vorbilder der Gattung

48 Vgl. etwa DAXELMÜLLER: »das exemplum ist eine funktionale Einheit, die sich durch den Kontext definiert« (DERS., Narratio, Illustratio, Argumentatio, S. 80) oder GRUBMÜLLER: »Ohne dass es etwas illustrierte, gibt es das Exempel nicht.« (DERS., Exemplarisches Erzählen, S. 71 f.).

entstanden.[49] Vor allem für das Mönchtum bedeutend wurden die ›Collationes patrum‹ des Johannes Cassianus, die in stilisierten Gesprächen zwischen ihm selbst, seinem Freund Germanus und 15 ägyptischen Einsiedlern die Grundlagen des Anachoretentums erörtern. Das Mittelalter brachte dann eine beachtliche Vielfalt an Dialogen hervor, Texte, die in Form von Personensprache und Wechselrede jede Art von wissenschaftlichen, lebenspraktischen und religiösen Inhalten darboten.[50] Ziel war es, einen Stoff zugänglicher, unterhaltsamer und leichter memorierbar zu machen, als es in der monologischen Traktatform möglich gewesen wäre.[51] Den Charakter des mittelalterlichen Dialogs als einer fiktiven Kunstform mit didaktischer Zielsetzung veranschaulicht eine kurze Passage aus Heinrich Seuses ›Büchlein der Ewigen Weisheit‹, einer den ›Eckhart-Legenden‹ zeitlich und gedanklich nahestehenden Schrift:

> *Und die lere git er also vúr in vragwise, dar umb daz si dest begirlicher sie, nút daz er der si, den es an gehôret, oder daz er es von im selber hab gesprochen. Er meint dar inne ein gemein lere geben, da beidú, er und ellú menschen, mugen an vinden, ein ieklicher daz, daz in an gehôret.*[52]

Dabei galt der Dialog zunächst nicht als eigenständige Gattung, sondern als eine in allen Gattungen zur Verfügung stehende literarische Form, deren Theorie in der antiken Dreiteilung der Redegrade – Autorsprache, Personensprache

---

49 Vgl. BERNT, Dialog, Sp. 951. Die genannten Schriftsteller sind im Prolog des ›Clavis Physicae‹ des Honorius Augustoduniensis als Autoritäten im Feld der Dialogliteratur genannt. Mit dem von BERNT und anderen verfassten Artikel liegt ein guter Überblick über die Geschichte des Dialogs im Mittelalter vor. Das umfassende Werk von RUDOLF HIRZEL vom Ende des 19. Jahrhunderts (DERS., Der Dialog) hat bisher noch keine Überarbeitung erfahren, was vor allem für seinen knappen Abriss zum Mittelalter dringend benötigt würde (zu diesem Problem vgl. VON MOOS, Gespräch, S. 6 und Anm. 5).

50 Vgl. VON MOOS, Gespräch, S. 4. Für einen Überblick über die wichtigsten dialogisch abgefassten Werke des lateinischsprachigen Mittelalters vergleiche beispielsweise HANNES KÄSTNER, der unter anderem auf die Dialogform in grammatischen und literaturwissenschaftlichen Elementarbüchern, in den frühen scholastischen Werken des Anselm von Canterbury und des Petrus Abaelardus sowie in Exempelsammlungen eingeht (vgl. DERS., Mittelalterliche Lehrgespräche, S. 256–272), und CARMEN CARDELLE DE HARTMANN, Lateinische Dialoge, deren Darstellung von einer Dialogtypologie ausgeht und zudem ein ausführliches Repertorium bietet. Eine Überblicksdarstellung über die deutschsprachige Dialogliteratur gibt SCHMITT in DERS., Dialog, Sp. 958–960.

51 Zu Ansichten über die Wirkweise von Dialogen vgl. KÄSTNER, Mittelalterliche Lehrgespräche, S. 221–229, und DE HARTMANN, Lateinische Dialoge, S. 40 f. sowie dort die Zitatensammlung aus mittelalterlichen Werken auf S. 44 f. und 47.

52 BIHLMEYER, Heinrich Seuse, S. 197,26–30; eigene Übersetzung: »Er gestaltet seine Lehre als Frage-Antwort-Spiel, um sie dadurch lebendiger und angnehmer zu machen und nicht etwa deswegen, weil sie ihm gehört oder weil er sie aus sich selbst heraus gesprochen hat. Er beabsichtigt auf diese Weise eine allgemeine Lehre festzuhalten, in der sowohl er selbst als auch alle anderen Menschen jeweils das finden mögen, was sie betrifft.«

und Mischsprache – grundgelegt war.[53] Der dialogischen Darbietungsform war ein solcher Erfolg beschieden, dass sie in den unterschiedlichsten Lebens- und Literaturzusammenhängen Einzug hielt: Schüler wurden im Umschreiben, im ›Dialogisieren‹ von Texten ausgebildet.[54] An den Universitäten entstand die Quästionenliteratur als Reflex des täglichen Wissenschaftsbetriebs und der scholastischen Methode mit ihrer dialektischen Gegenüberstellung von These und Antithese.[55] Die Volkssprachen schließlich boten in Anlehnung an lateinische Vorbilder vor allem Lehrdialoge zu den verschiedensten Themengebieten und Streitgespräche, in denen sich fiktive Personen oder Allegorien im Wettkampf der Meinungen gegenüberstanden. Bei all dem hatte der literarische Dialog des Mittelalters nicht die Nachahmung eines authentischen Gesprächsverlaufs zur Norm, sondern zeigte sich als eine künstliche Form autoritärer, asymmetrischer Kommunikation im Korsett eines bisweilen sehr zeremoniellen Diskursrituals[56] – und gerade auch in dieser Hinsicht geben die hier zu untersuchenden Texte besonders lohnende Studienobjekte ab.[57] Diese Spezifika führten bisweilen zu der Ansicht, dass das Mittelalter keine ›echten‹ Dialoge hervorgebracht habe – ein Urteil, dass freilich von neuzeitlichen Idealen wie dem ›herrschaftsfreien Diskurs‹ oder dem Auftreten individueller Gesprächspartner abhängig ist.[58]

---

53 Die Unterscheidung zwischen diesen Darbietungsformen geht bereits auf Platon zurück und wurde dem Mittelalter vor allem durch Diomedes, einen oströmischen Grammatiker der Spätantike, aber auch durch Servius und Isidor von Sevilla vermittelt (von Moos, Gespräch, S. 213–215, und Curtius, Europäische Literatur, S. 437–439).

54 Von Moos, Gespräch, S. 216.

55 Zum Ablauf einer oralen *disputatio ordinaria* im Studienbetrieb, zu Formen und Aufbau literarischer Quästionen und zu deren möglichem Einfluss auf die volkssprachige Literatur vgl. Traninger, Disputation, Deklamation, Dialog, S. 242–255.

56 Während die Methodik der platonischen Dialoge in der gemeinsamen Wahrheitsfindung besteht, werden mittelalterliche Dialoge üblicherweise von einer Autoritätsperson beherrscht, die die an sie herangetragenen Fragen letztgültig beantwortet. Wahrheit liegt hier immer schon vor und braucht lediglich enthüllt zu werden (vgl. Bernt, Dialog, Sp. 951). Symptomatisch für all diese Beobachtungen ist die Form des Meister-Schüler-Gesprächs. Zum Diskursritual allgemein vgl. von Moos, Gespräch, S. 210.

57 Vgl. etwa die Grundstruktur von Rätselrede und Auflösung in ›Meister Eckharts Tochter‹ (vgl. S. 96 f.) und ›Meister Eckhart und der arme Mensch I‹ (vgl. S. 222 f.) sowie das Prinzip der ineinandergeschobenen Dreiereinheiten in ›Meister Eckharts Wirtschaft‹ (vgl. S. 397–399).

58 Vgl. diesen Vorwurf schon bei Hirzel: »Die Freude am Dialog fehlte somit auch dem Mittelalter nicht [..., Anm.]. Auch das Talent zu dialogischer Darstellung wird nicht abgestritten werden können, wenigstens Vorübungen zu einer solchen wurden angestellt. Trotzdem hat es das Mittelalter zu keinem rechten Dialoge gebracht.« (Ders., Dialog, S. 384.). Siehe die Diskussion dazu bei von Moos, Aspekte der Dialogform, S. 5–7, und Traninger, Disputation, Deklamation, Dialog, S. 238–241.

Wie dieser kurze Abriss gezeigt hat, steht die dialogische Literatur des Mittelalters in einer langen literarischen und bildungsgeschichtlichen Tradition. Die hier zu untersuchenden Texte in diesen Zusammenhang einzuordnen, ist vor allem aus zwei Gründen gerechtfertigt. Erstens: Auch wenn alle Stücke über einige durchaus relevante narrative Elemente verfügen – meist handelt es sich um eine Einleitung zur Situierung des Gesprächs und zur Charakterisierung seiner Teilnehmer –, so bieten sie ihre zentralen Inhalte doch ausschließlich im dramatischen Modus von Rede und Gegenrede. Ihr Ziel liegt in der dialogischen Entfaltung bestimmter Gedanken, nicht im Vorantreiben einer ohnehin nur spärlich vorhandenen äußeren Handlung.[59] Die Sinnstiftung erfolgt nicht durch die übergeordnete Instanz eines Erzählers oder eines Epimythions, sondern durch die sprechenden Figuren selbst. In Anlehnung an VON MOOS und mit Blick auf die behandelten Themen könnte man diese Darstellungsform als »dramatisierte Theologie«[60] bezeichnen.

Das zweite Argument leitet sich aus der Textgeschichte der Stücke ab und zeigt, dass die Redaktoren im Umgang mit ihnen Möglichkeiten nutzten, die zwar im Dialog, nicht aber im Exempel zur Verfügung stehen. Während nämlich das Exempel zur Illustration einer bestimmten These auf eine Pointe hin erzählt sein muss, kann der Dialog – wie es für das mündliche Gespräch selbstverständlich ist – von einem Thema zum nächsten voranschreiten, ohne dass ihm dabei eine Beschränkung auferlegt wäre. Genau dieses Phänomen eines additiven Wachstums lässt sich in der Textgeschichte der Stücke beobachten: Die thematisch konzentrierte Ausgangsform des Dialogs ›Meister Eckhart und der arme Mensch‹ wird sukzessive um weitere Gesprächsbausteine erweitert und schwillt dabei zu einer umfassenden geistlichen Unterweisung an.[61] Der Dialogbegriff trifft anders als der Exempelbegriff auf alle Stufen dieser Entwicklung zu und hält damit zusammen, was textgeschichtlich zusammengehört. Bei ›Meister Eckharts Tochter‹ beweist immerhin ein Textzeuge die Möglichkeit einer solchen Entwicklung[62] und bei ›Meister Eckharts Wirtschaft‹ scheint die thematische Vielfalt von Anfang an zum Programm des Stücks zu gehören.[63] Für die literarische Einordnung von Texten sind nicht nur die Merkmale einer einzigen statischen Textform entscheidend, sondern ebenso die Textgeschichte und das Textverständnis der Redaktoren, das darin zum Vorschein kommt.

---

59 Eine ähnliche Verhältnisbestimmung von narrativen und dramatischen Elementen beschreibt auch DE HARTMANN in ihrem Merkmalskatalog mittelalterlicher Dialoge (vgl. DIES., Lateinische Dialoge, S. 261–265).

60 Vgl. VON MOOS, Aspekte der Dialogform, S. 8. In diesem Begriff liegt eine wertvolle Ergänzung des Konzepts der ›narrativen Theologie‹, der erzählerischen Darbietung von Glaubensinhalten in biblischen und außerbiblischen Texten.

61 Vgl. den Überblick über die Textgeschichte S. 170–175.

62 Gemeint ist der Frankfurter Taulerdruck, der am Ende des Stücks einen thematisch und textgeschichtlich eigenständigen Baustein bietet (vgl. S. 92).

63 Vgl. die inhaltliche Analyse S. 403–415.

Die formale Beschreibung der ›Eckhart-Legenden‹ als Dialoge ist angesichts der überreichen und vielgestaltigen Dialogliteratur des Mittelalters für eine präzise Benennung aber noch nicht hinreichend. Deswegen soll im Anschluss der Terminus ›Mystik‹, bzw. das Adjektiv ›mystisch‹, als zweite, inhaltliche Kategorie hinzugezogen und mit Blick auf die intensiv geführte Forschungsdiskussion um diesen Begriff für den hiesigen Verwendungszweck präzisiert werden. Diese Darlegung wird schließlich zur literarischen Form des Dialogs zurückführen, weil die Stilisierung von Texten als Wechsel- und Personenrede innerhalb des mystischen Schrifttums eine gewisse Tradition mit durchaus bekannten Exponenten aufzuweisen hat.

### ›Mystisch‹

Die Klassifizierung der hier behandelten Dialogtexte als ›mystisch‹ geht dieser Arbeit voraus und dürfte sich nicht zuletzt wieder der modernen Überlieferungsgeschichte verdanken: In der bisher maßgeblichen Ausgabe durch PFEIFFER befanden sie sich als Sprüche 66–70 in enger Überlieferungssymbiose[64] mit den Werken Meister Eckharts, der lange Zeit fraglos als Mystiker verstanden wurde.[65] In ihrer Eigenschaft als ›Eckhart-Legenden‹ schienen sie über eine kritische Überprüfung ihrer Zugehörigkeit zum mystischen Schrifttum erhaben und so gilt in der spärlichen Forschungsliteratur eine Herkunft der Texte aus ›Mystikerkreisen‹[66], wie auch immer man sich diese vorzustellen hat, als unstrittig.

Eine eingehende Studie muss eine unkritische Einordnung in die Mystik hinter sich lassen, nicht aber den Begriff selbst. Man mag sich fragen, ob Kategorisierungen dieser Art nicht vielleicht entbehrlich sind und man sich nicht besser auf die deskriptive Arbeit am jeweiligen Text beschränken sollte. Gerade das Wort ›Mystik‹ weist, wie ALOIS HAAS zu bedenken gibt, ja »eine solche Fülle möglicher Inhalte auf, dass man an einer tauglichen und operationa-

64 Sicher hat RUH recht, wenn er die Überlieferungsgeschichte einen »gute[n] Führer« bei der Identifizierung von mystischem Schrifttum nennt (DERS., Vorbemerkungen, S. 11), doch kann diese Funktion schnell auch eine neuzeitliche Anthologie übernehmen, ohne dass man ihr dieselbe kritische Aufmerksamkeit widmet wie einer mittelalterlichen Sammelhandschrift.

65 Zur Forschungsdiskussion vgl. S. 27–29.

66 RUH, Eckhart-Legenden, Sp. 350. STUDER widmet eine ihrer beiden Fallstudien zur Überlieferung deutscher Prosaexempel den mystischen Exempeln und listet in diesem Zusammenhang unter anderem die ›Eckhart-Legenden‹, ›Das Frauchen von 22 (21) Jahren‹ und ›Die fromme (selige) Müllerin‹ auf (vgl. DIES., Exempla im Kontext, S. 223). Den Terminus ›mystisch‹ benutzt sie in diesem Kontext ohne eingehende Erklärung und legt dann auch überlieferungsgeschichtliche Untersuchungen zu zwei Texten vor, die man besser als ›moraldidaktisch‹ oder ›aszetisch‹ bezeichnen sollte (a. a. O., S. 225–246).

lisierbaren Fassung des Begriffs verzweifeln möchte.«[67] Ein Verzicht wäre ein eleganter Weg, sich einer energisch geführten Wissenschaftsdebatte zu entziehen, doch würde er auch mit dem Verlust einer wichtigen Erkenntnismöglichkeit einhergehen: die Ebene der werkimmanenten Analysen und die damit verbundene Isolierung der Texte zu überschreiten, um vielleicht ein gemeinsames übergeordnetes Bezugssystem ausfindig zu machen, etwa eine gemeinsame Form der Spiritualität. Diese Möglichkeit scheint es wert, sich der Diskussion um den Mystikbegriff zu stellen und zu erproben, ob er sich zur Erfassung bestimmter inhaltlicher Merkmale einer Reihe von Kurzdialogen eignet. Das Ziel der nachfolgenden Ausführungen soll nicht in erster Linie eine Definition, sondern die Suche nach allgemeinen Kriterien sein, die für eine Qualifikation von Texten als ›mystisch‹ gegeben sein müssen und die für den hiesigen Zusammenhang relevant sein könnten. Eine detaillierte Argumentation bleibt den Einzeluntersuchungen vorbehalten, denn, um mit RUH zu sprechen, »was ›Mystik‹ ist, erweist sich immer erst am konkreten Text.«[68]

Um die Zugehörigkeit eines Textes zum mystischen Schrifttum festzustellen, bediente man sich bisher vor allem zweier Methoden: Die eine besteht darin, auf einen traditionsgeschichtlich gebildeten Kanon mystischer Literatur zu rekurrieren und nach Anschlussmöglichkeiten zu suchen, die andere, von einer definitorischen Festlegung des Begriffs ›Mystik‹ auszugehen.[69]

Den ersten Ansatz zur Abgrenzung mystischen Schrifttums verfolgte besonders prominent KURT RUH in seiner vierbändigen ›Geschichte der abendländischen Mystik‹.[70] In der Einführung zum ersten Band und in seinem Vortrag ›Vorbemerkungen zu einer neuen Geschichte der abendländischen Mystik im Mittelalter‹ legt er Rechenschaft über die leitenden Prinzipien seiner Textauswahl ab: Sein methodischer Ansatzpunkt ist dabei nicht ein spezifisches Verständnis von Mystik, ja er lehnt eine eingehende Auseinandersetzung mit diesem Begriff unter der Zielsetzung einer Definition geradezu ab, sondern ein

67 HAAS, Was ist Mystik, S. 319.

68 RUH, Geschichte I, S. 26.

69 Vgl. LANGER, Geschichtsschreibung der Mystik, S. 86–88, der hier verschiedene Kriterien zur Abgrenzung mystischen Schrifttums, wie sie vor allem geschichtlichen Abrissen zugrunde liegen, diskutiert. Er behandelt darunter auch die Analyse von Wort- und Begriffsgeschichte, die hier nur in einem kurzen Vorspann zum Bedeutungsspektrum von ›Mystik‹ berücksichtigt werden können (vgl. S. 24, dort auch Hinweise zu weiterführender Literatur). DINZELBACHER verbindet in seiner Darstellung explizit beide Möglichkeiten zur Textabgrenzung (vgl. DERS., Mystik des Mittelalters, S. 11). RUH schlägt drei Kriterien zur Abgrenzung mystischen Schrifttums vor: das thematische – es geht wie das definitorische von bestimmten Inhalten aus –, das sprachliche – es bezieht sich ähnlich wie das traditionsgeschichtliche auf eine zusammengehörige Gruppe von Texten – und das überlieferungsgeschichtliche (vgl. DERS., Geistliche Prosa, S. 586 f.).

70 Ähnlich und unter dezidierter Bezugnahme auf RUH verfährt auch VOLKER LEPPIN in seiner Überblicksdarstellung ›Die christliche Mystik‹ (S. 8 f.).

traditionsgeschichtlich entstandener Kanon von Texten, bei dem nur die Ränder, nicht jedoch der Kern unscharf seien.[71] Diese mystischen Texte sind nun keineswegs schlicht mit ›Mystik‹ – den Begriff möchte RUH für Erfahrungsinhalte reserviert wissen[72] – identisch, sondern können in einem weiten Feld von Wegen, Vorstufen und Übungen hin zu dieser Erfahrung, man spräche dann von Mystagogik, oder von Reflexionen und philosophischen Erörterungen über diese Erfahrung, man spräche dann von Mystologie, angesiedelt sein. Entscheidend ist, ob sich ein Text aufgrund seiner Traditionszusammenhänge in das Geflecht dieses Kanons einordnen lässt: Wenn es gelingt, so darf man hoffen, einen Text zu Recht als ›mystisch‹ klassifiziert zu haben.[73]

Eine Anwendung dieser Methode auf die Kurzdialoge scheint vor allem deshalb berechtigt, weil sich die Texte über die Namensnennung ›Eckhart‹ – so problematisch sie aus philologischer Perspektive im Einzelfall auch sein mag – bereits selbst in einen Traditionsrahmen einordnen und man nicht in die Verlegenheit gerät, nach bloßen Vorannahmen ausgewählte Texte zum Vergleich heranziehen zu müssen. Verschiedentlich meinte man in ihnen bereits Zitate aus dem Werk Eckharts identifiziert zu haben, so dass bereits erste Anhaltspunkte für weitere Untersuchungen vorliegen.[74] Zwei Aspekte sind im Zusammenhang mit dieser Untersuchungsstrategie aber zu bedenken: Zum einen impliziert schon die von RUH gebrauchte Metapher des Traditionsgeflechts, dass ein Text Einflüsse von ganz verschiedenen Seiten in sich aufnehmen kann und kaum eindeutig auf eine einzige Quelle rückführbar ist. SPAMER, der sich als einer der ersten mit der Überlieferung mystischer Texte auseinandergesetzt hat, hat dieses Problem seinerzeit so formuliert:

> »Im ganzen und großen ist jene Literatur herrenloses Gemeingut. Wie sie für alle ist, so ist sie auch für jeden einzelnen. Und darum hat jeder Einzelne das Recht, den überkom-

---

71 Vgl. RUH, Vorbemerkungen, S. 9, und DERS., Geschichte I, S. 14. Andererseits liest man bei RUH auch Passagen, die ein inhaltlich bestimmtes Verständnis von Mystik erkennen lassen und die in keinem eindeutigen Verhältnis zu seinem Kanon-Argument stehen, etwa wenn er die ›Mystica theologia‹ des Pseudo-Dionysius Areopagita zum entscheidenden Maß für die Benutzung dieses Begriffs erklärt (DERS., Vorbemerkungen, S. 10). LANGER sieht darin eine nicht gerechtfertigte Engführung und erinnert an die aus biblischen Schriften erwachsene Christus-Mystik (DERS., Christliche Mystik, S. 39).

72 Vgl. RUH, Geschichte I, S. 13.

73 Vgl. RUH, Vorbemerkungen, S. 14. Er exemplifiziert dieses Verfahren unter anderem am Dialogtraktat ›Eckhart und der Laie‹, den er in einer Traditionslinie mit Eckharts Denken sieht (vgl. ebd., S. 11).

74 Zwar wird RUHS Annahme, ›Meister Eckhart und der arme Mensch I‹ enthalte ein Zitat aus dem lateinischen Sermo 34 (DERS., Eckhart-Legenden, Sp. 351) nicht zu halten sein, dafür werden sich aber andere Parallelen zeigen (vgl. S. 231–239). STEER wies bereits darauf hin, dass sich ›Meister Eckharts Wirtschaft‹ in mehreren Formulierungen an Eckharts ›Armutspredigt‹ (Pr. 52) anlehne (vgl. DERS., Armutsgedanke, S. 295 und dazu die Diskussion in der vorliegenden Arbeit S. 416 f.).

menen Stoff nach seinem Belieben umzuformen, wie es ihm sein persönliches Gefühl, sein Spieltrieb und seine Vernunft vorschreiben«[75].

Es wird also darauf zu achten sein, den Untersuchungsradius nicht vorschnell auf Parallelen zum eckhartischen Denken zu verengen, sondern auch Schriften aus seinem geistigen Umfeld im Blick zu behalten. Zum anderen stellt sich angesichts der Forschungskontroverse um den Mystikbegriff die Frage, was mit dem Nachweis von Parallelen zu Eckhart terminologisch gewonnen ist. Vor allem von philosophischer Seite, unter anderen von KURT FLASCH und BURKHARD MOJSISCH als Vertreter der ›Bochumer Schule‹, wird sein Status als Mystiker bestritten[76] – scheinbar ist also der Kanon nicht nur an seinen Rändern, sondern auch in seinem Inneren nicht so fest, wie man denken könnte. Man wird also nicht umhinkommen, zu diesem Begriff Stellung zu beziehen, und gelangt damit zur zweiten der eingangs genannten Untersuchungsstrategien.

Der Grundgedanke dieser zweiten Strategie besteht darin, eine Defintion des Begriffs ›Mystik‹ vorzunehmen und zu fragen, inwiefern die zu untersuchenden Texte damit in Übereinstimmung gebracht werden können. Dabei ist bewusst zu halten, dass der Terminus ›Mystik‹ in der Neuzeit in einer Weise geprägt wurde, wie sie dem Mittelalter gänzlich unbekannt ist und wie sie auch kein mittelalterlicher ›mystischer‹ Text als Leitkategorie für sich in Anspruch nehmen würde. Wo in mittelalterlichem Schrifttum das Wort *mystice* zur Anwendung kommt, bezieht es sich in aller Regel nicht auf eine besondere Form von Spiritualität, sondern auf ein hermeneutisches Phänomen, den *sensus mysticus*, den verborgenen und durch exegetische Arbeit erst zu erschließenden Sinn der biblischen Texte.[77] Im Anschluss an die gleichnamige Schrift des Pseudo-Dionysius Areopagita sprechen einige mittelalterliche Autoren auch schon von einer *mystica theologia* und meinen damit zumeist die philosophische Reflexion des Einen in neuplatonischer Tradition.[78] Bezeichnend ist jedenfalls, dass der Begriff ›Mystik‹ gerade bei den heute typischerweise damit assoziierten Autoren entweder fehlt oder in einer völlig anderen Weise gebraucht ist.[79]

Noch weniger eindeutig als der mittelalterliche präsentiert sich der neuzeitliche Mystikbegriff. Aufgrund seines großen Bedeutungsspektrums und seines

---

75 SPAMER, Zersetzung und Vererbung, S. 14.

76 Zur Forschungsdiskussion vgl. S. 27–29.

77 Zur Wortgeschichte, die hier nur angedeutet werden kann, vgl. BOUYER, Mystisch, S. 57–75 (dort eine Untersuchung patristischer Belege); HAAS, Was ist Mystik, S. 323–325; HEIDRICH, Mystik, Sp. 268–273.

78 Vgl. FLASCH, Das philosophische Denken, S. 89–93.

79 HEIDRICH, Mystik, Sp. 270. Eckhart verwendet *mystice* weitgehend synonym zu *spiritualiter* im Kontext der Schriftauslegung, so dass hier nichts für die Frage nach einer etwaigen Mystik Eckharts zu gewinnen ist (vgl. WINKLER, Exegetische Methoden bei Meister Eckhart, S. 58).

verwässerten Gebrauchs in der Alltagssprache würde er von vielen Forschern am liebsten gemieden, ist mangels tragfähiger Alternativen und angesichts einer langen wissenschaftlichen Tradition aber nach wie vor unersetzt, vielleicht auch unersetzbar. Ein kurzer Abriss soll die wesentlichen Elemente dieses Begriffs rekapitulieren, um dann erste Präzisierungen im Hinblick auf den Untersuchungsgegenstand vornehmen zu können.

Mystik lässt sich im weitesten Sinne als eine gnadenhaft gewährte Erfahrung[80] beschreiben, die durch eine vorübergehende Überwindung der Differenz von erfahrendem Subjekt und erfahrenem Objekt, in diesem Fall dem Göttlichen oder einem Numen, in der sog. *unio* bestimmt ist.[81] Bei Bonaventura und Thomas von Aquin findet sich dafür die bekannte Formel *cognitio dei quasi experimentalis*[82], Erkenntnis Gottes im Modus der Erfahrung. Ein solches Erfahren von Einheit ereignet sich nicht in einer von Raum und Zeit losgelösten Reinform, sondern nur innerhalb eines bestimmten Bezugssystems – einer Kultur, einer Religion, einer Philosophie, einer Sprache und das noch dazu unter den Maßgaben der eigenen Individualität –, das diesem Erleben seine spezifische Form verleiht. In diesem Sinn empfängt die christliche Mystik des Mittelalters, und um sie allein soll es hier gehen, ihre Gestalt im Wesentlichen aus zwei traditionsgeschichtlichen Quellen:[83] dem neuplatonischen Konzept eines Aufstiegs zum Einen, das aufgrund seiner absoluten Undifferenziertheit

80 ›Erfahrung‹ erscheint zwar als eine Grundkonstante in den gängigen Definitionen von ›Mystik‹, ist aber kein unproblematisches Kriterium: Nicht nur, dass es zu Erfahrungen, welcher Art sie auch seien, keinen unmittelbaren Zugang gibt, ja man kann wohl nicht einmal von einem einhelligen Verständnis des Erfahrungsbegriffs selbst ausgehen. McGinn schlägt deshalb vor, besser von einem unmittelbaren Bewusstsein der Gegenwart Gottes zu sprechen, die der Gläubige hier direkter und intensiver empfindet als bei anderen Formen der religiösen Praxis. Zwar leidet der Begriff ›Bewusstsein‹ letztlich an denselben Problemen (keine direkte Zugänglichkeit, fehlende begriffliche Schärfe), doch läuft er wohl nicht Gefahr, wie der Erfahrungsbegriff vorschnell mit Visionen, Auditionen, Verzückungen oder ähnlichem gleichgesetzt zu werden (McGinn, Mystik im Abendland I, S. 17–19).

81 Aus der großen Zahl von Definitionsversuchen und Erklärungen des Begriffs ›Mystik‹ sollen hier nur einige ausgewählte Beispiele als Belege angeführt werden: Dinzelbacher, Mystik des Mittelalters, S. 7–10; Enders, Das mystische Wissen, S. 19; Haas, Was ist Mystik, S. 319 f.; McGinn, Mystik im Abendland I, S. 11–20; Mieth, Mystik, S. 135–145; Quint, Mystik; Tobin, Meister Eckhart, S. 186 f.; Zum Mystikbegriff in Ruhs geschichtlicher Darstellung vgl. in der vorliegenden Arbeit S. 22 f. und S. 23, Anm. 71.

82 Bonaventura: Sent. III, Sent. d. 35 q. 1, conc. 5. Ähnlich definiert sein Zeitgenosse Thomas von Aquin: Summa Theologica, II/II (3) q. 97, a. 2 ra.

83 Langer, Christliche Mystik, S. 655 und den Grundriss des ersten Teils seiner Mystikgeschichte, in der Langer erst die antik-philosophischen, dann die christlich-biblischen Grundlagen der Mystik und schließlich ihre Integration in der Väterzeit behandelt.

jeder begrifflichen Annäherung entzogen ist,[84] und dem neutestamentlichen, genauer in den Paulusbriefen und im Johannesevangelium formulierten Ideal, sich mit Christus als inkarniertem Gott zu verbinden.[85] Aus dieser idealtypischen und in der Rezeption vielfach überwundenen Unterscheidung lassen sich die verschiedenen Kompositumsbildungen und Attribuierungen des Begriffs ›Mystik‹ als Versuche ableiten, seinen Gegenstandsbereich präziser zu fassen und bestimmte Aspekte hervorzuheben: Wo mystisches Denken in erster Linie auf einer philosophischen Grundlegung, zum Neuplatonismus kommen dabei gerade für das Mittelalter noch aristotelische Elemente hinzu, aufbaut, spricht man etwa von ›Wesensmystik‹ oder ›spekulativer Mystik‹. Wo dagegen der Fokus auf dem personalen Bezug zu Christus liegt, behilft man sich, je nach vorliegender Spielart, mit einer Einordnung des Phänomens in die ›Brautmystik‹, in die ›Passionsmystik‹ oder allgemeiner in die ›affektive Mystik‹. Andere Einteilungsversuche orientieren sich an bestimmten geographischen Räumen – so etwa der Terminus ›rheinische Mystik‹, der das im Rheintal entstandene Schrifttum von der Schweiz bis in die Niederlande zusammenfasst[86] – oder an einem bestimmten Sitz im Leben, wie es für die Differenzierung der Mystik nach verschiedenen Orden charakteristisch ist.[87] Diese Teilaspekte und Konkretionen der Mystik zu erläutern, ist Aufgabe systematischer Überblicksdarstellungen und wäre für das Erkenntnisinteresse der vorliegenden Arbeit nicht zielführend. Gleichwohl wird auf diese schematische Typologie zurückzukommen sein, wenn es um die Frage geht, inwiefern die behandelten Dialogtexte als ›mystisch‹ gelten können.

Unabhängig davon, vor welchem Denkhorizont sich das Erleben der Einheit mit dem Göttlichen vollzieht, gibt es doch eine wichtige Konstante: Die *unio* selbst bleibt immer das geistige Eigentum des erfahrenden Subjekts und kann nur gebrochen im Medium der Sprache – negativ gesehen: eingezwängt in die Form tradierter und konventionalisierter Ausdrucksmuster – kommuniziert werden. Die wissenschaftliche Beschäftigung mit ›Mystik‹ hat auf das

---

84 Vgl. dazu Beierwaltes, Denken des Einen, und daraus besonders das Kapitel ›Henosis‹. Für Beierwaltes ist Plotins Konzept der Henosis, verstanden als die Einung des Individuums mit dem Einen selbst inklusive der darauf vorbereitenden Reflexion, »als der zentrale Gedanke einer philosophischen Mystik einzuschätzen« (a. a. O., S. 147 f.).

85 Um nur eine Perspektive anzudeuten, inwiefern man bei diesen Schriften von ›Mystik‹ sprechen kann, sei zum einen auf den Gedanken des In-Christus-Seins bei Paulus (vgl. etwa Gal 2,19 f. und dazu Schweitzer, Die Mystik des Apostels Paulus, bes. S. 1–26) und zum anderen auf die sog. ›Einheitsformeln‹ im Johannesevangelium (bspw. Io 6,56.15,5.17,21) hingewiesen. Vgl. zu Ansatzpunkten der Mystik im Neuen Testament auch McGinn, Mystik im Abendland I, S. 108–124.

86 Zur rheinischen Mystik siehe etwa Vannier, Mystique Rhénane, S. 827–829, und de Libera, Mystique rhénane.

87 Ein Beispiel dafür ist die Gliederung von Ruhs Mystikgeschichte, in der Autoren desselben Ordens jeweils zusammengefasst sind.

eigentliche Phänomen also keinen unmittelbaren Zugriff, sondern muss da ansetzen, wo es, in aller Regel als Text, in Sprache umgesetzt ist. Typische Elemente solch verschrifteter Mystik sind beispielsweise Berichte von Auditionen und Visionen, die einen Menschen mitunter in ganz alltäglichen Situationen überfallen und ihn in einem *raptus* aus der Welt der sinnlich wahrnehmbaren Dinge herausreißen. Dabei ist den Texten oft anzumerken und nicht selten thematisieren sie es sogar, wie sehr sie um die richtigen Worte ringen und um Strategien bemüht sind, mit denen das per definitionem Unsagbare doch gesagt werden kann.[88] Nun machen Ruh und mit ihm viele andere darauf aufmerksam, dass es »kaum einen Text [gibt], der nur dieses Eine auszusprechen versucht. Mystisches Schrifttum umschließt mit dem Ziel auch den Weg«[89]. Gemeint sind Texte, die in bestimmter Weise auf die *unio* bezogen sind, ohne sie nacherzählen oder beschreiben zu wollen: Dazu zählt das mystagogische Schrifttum, das mit seinen Belehrungen und Systematisierungen den Weg zur *unio* weisen will,[90] und das mystologische Schrifttum, das die Bedingung der Möglichkeit einer *unio* rational und philosophisch verantwortet darzulegen sucht. Es handelt sich dabei oft um Mystik auf der Grundlage einer Metaphysik, die sich durchaus unabhängig von der Kategorie der Erfahrung mit dem Einen als Grund allen Seins und seiner Relation zum Vielen auseinandersetzt. Sie wird in der Spätantike durch die neuplatonisch inspirierten Schriften des Dionysius Areopagita ins Christentum eingeführt[91] und erfährt innerhalb der hochmittelalterlichen Scholastik durch die Arbeiten des Albertus Magnus und Texte wie den ›Liber de causis‹ oder den ›Liber XXIV philosophorum‹ eine erneute intensive Rezeption.[92] Charakteristisch für diese Rezeption ist die teils durch irrtümliche Autorzuschreibungen bedingte, teils durch einflussreiche theologisch-philosophische Kommentare vorgegebene Vermischung des neuplatonischen mit aristotelischem Gedankengut.[93]

In diesen Traditionszusammenhang ist auch das Denken Meister Eckharts einzuordnen, das für die Dialogtexte – wie zu zeigen sein wird – einen entscheidenden Bezugspunkt bildet. Den Dominikaner als ›Mystiker‹ zu bezeichnen, wurde vor allem vonseiten philosophischer Fachgelehrter wie Heribert

---

88 Zum Verhältnis von Mystik und Sprache vgl. Quint, Mystik und Sprache, S. 48–76; Haas, Sermo mysticus, (zum Problem generell vor allem das Kapitel ›Mystische Erfahrung und Sprache‹, S. 19–36) und mit kritischem Bezug auf Quint: Haug, Theorie des mystischen Sprechens, S. 494–508.

89 Ruh, Geschichte I, S. 25.

90 Vgl. etwa das auf Dionysius Areopagita zurückgehende Konzept eines Stufenweges, das mit den Schritten von Reinigung, Erleuchtung und Vollendung den Weg zur Transzendenzerfahrung methodisch durchdringt.

91 Vgl. Beierwaltes, Philosophische Mystik, und Haas, Was ist Mystik, S. 328.

92 Vgl. dazu das Kapitel ›Die Grundlegung mystischer Theologie durch die Hochscholastik‹ in Ruh, Geschichte III, S. 19–212.

93 Flasch, Geburt der ›Deutschen Mystik‹, S. 122 f.

Fischer, Carl Franklin Kelley, Kurt Flasch und Burkhard Mojsisch entschieden abgelehnt,[94] während andere eine entsprechende Prädikation, wie Kurt Ruh, für zulässig oder, wie Alois Maria Haas, für unentbehrlich hielten. Diese Diskussion in ihrem Verlauf zu rekapitulieren, wurde bereits von anderen unternommen,[95] so dass es für die vorliegende Untersuchung genügen mag, in aller Kürze einige wesentliche Argumente zu benennen. Gegen ein Verständnis von Meister Eckhart als Mystiker machte man vor allem seine Verankerung im philosophischen Denken seiner Zeit stark: Sie äußert sich etwa in Eckharts ›Selbstauslegung‹ im Vorwort zum Johanneskommentar, in der er die Intention seines Schaffens als ein *exponere per rationes naturales philosophorum*[96], als ein vernunftgegründetes Darlegen von Glaubensinhalten, beschreibt.[97] Dazu kommen die Metaphysik seiner lateinischen Werke, deren Erforschung gegenüber den deutschen Werken allein schon zeitlich zurückgeblieben war, und seine erst allmählich überwundende Isolierung von der ›deutschen Dominikanerschule‹ in Köln,[98] von Denkern wie Albertus Magnus und Dietrich von Freiberg. So wichtig diese Einsichten für sich genommen auch sind, gegen ein Verständnis von Eckhart als Mystiker wirken sie vor allem dann, wenn der Mystikbegriff auf das Irrationale, Übersinnliche und Verstandesfeindliche, auf eine Gegenbewegung zur Scholastik eingeengt wird. Diese Position war forschungsgeschichtlich vorhanden und hat zu falschen Vorannahmen und irreführenden Kontextualisierungen geführt, aber sie ist keinesfalls notwendig mit dem Begriff der Mystik verbunden.[99]

---

94 Die Ausführungen zu dieser Position stützen sich unter anderem auf nachfolgende Publikationen: Fischer, Grundgedanken, insbesondere S. 56–59; Kelley, Meister Eckhart, S. 106–113 und insbesondere Anm. 58; Flasch, Procedere ut imago, S. 131; ders., Meister Eckhart und die ›Deutsche Mystik‹; ders., Versuch, S. 100–110; Mojsisch, Meister Eckhart, S. 6–18; ders., Dynamik der Vernunft, S. 138 f.

95 Vgl. etwa den Forschungsbericht zu dieser Diskussion Largier, Perspektiven der Forschung, S. 52–64, sowie die Überblicksdarstellungen in Steer, Eckhart der *meister*, S. 714–720; Ruh, Geschichte III, S. 227–231, und Panzig, *Gelâzenheit*, S. 15–34.

96 In Ioh. n. 2, LW III, S. 4,6; Übersetzung S. 4: »mit Hilfe der natürlichen Gründe der Philosophen auszulegen.«

97 Zu dieser und weiteren Stellen, die man als Eckharts »Selbstauslegungen« – den Begriff übernehme ich von Flasch – bezeichnen kann, vgl. Flasch, Philosoph des Christentums, S. 49–65.

98 Die Erforschung der ›deutschen Dominikanerschule‹ und ihrer Exponenten ist vor allem Loris Sturlese, Ruedi Imbach, Alain de Libera, Kurt Flasch und Burkhard Mojsisch zu verdanken. Einen Überblick über zentrale Motive dieser Denkrichtung, kritische Bemerkungen zum Konzept einer ›Schule‹ und weiterführende Literaturhinweise finden sich in der Überblicksdarstellung von Largier, Dominikanerschule.

99 Zur unsachgemäßen Verengung des Begriffs ›Mystik‹ auf seine ekstatischen und irrationalen Elemente und den Folgen, die diese Verengung in der Diskussion um Meister Eckhart als Mystiker mit sich gebracht hat, vgl. McGinn, Mystik im Abendland III, S. 191. Beierwaltes plädiert ebenfalls dafür, sich nicht durch einen verfälschten Gebrauch des Mystik-Begriffs das Attribut ›Mystiker‹ für Eckhart nehmen zu lassen. Er

»Den Gelehrten und den Spiritualen nicht im Gegensatz, sondern als personale Einheit zu verstehen«[100], ist der Ansatz RUHS, für den er sich auf die Biographie Eckharts berufen kann: Der Dominikaner war nicht nur Magister an der Pariser Universität, sondern auch Seelsorger und Prediger. Als solcher kam er mit einer äußerst lebendigen laikalen Spiritualität in Berührung, ließ sich vielleicht gar von ihr beeinflussen, und war seinerseits bemüht, seine philosophischen Überzeugungen in angemessener Darstellung an ein nicht-universitäres Publikum zu vermitteln. Anders versöhnt HAAS den Mystiker Eckhart mit dem Philosophen: Wenn der Dominikaner metaphysisch über die Bedingung der Möglichkeit einer Wiedervereinigung von Schöpfer und Geschöpf reflektiert, dann zielt diese Reflexion, vor allem in den deutschen Predigten, auch auf eine lebenspraktische Verwirklichung.[101] Eine Dissoziation der beiden Pole, dem theoretischen und dem praktischen, hält HAAS für unsachgemäß: »Eckharts philosophische und theologische Denkanstrengungen haben eine innerste Antriebskraft in der Vorstellung der Wiedergewinnung einer unvordenklich gegebenen, d. h. geschehenden Einheit des Geschöpfes mit seinem Schöpfer. Nichts anderes will christliche Mystik immer schon.«[102]

Diese Diskussion um den Status Meister Eckharts als Mystiker kann und braucht hier keiner Entscheidung zugeführt werden. Für die vorliegende Untersuchung sei daraus lediglich die Erkenntnis abgeleitet, dass das Wort ›Mystik‹ im Zusammenhang mit einem von Eckhart inspirierten Denken zwar der Präzisierung bedarf, aber keineswegs ohne jede Berechtigung ist.

Inwiefern können also die hier zu besprechenden Dialogtexte in das breite Spektrum aus Denktraditionen und religiösen Erfahrungsformen eingefügt werden, das sich mit dem Begriff der ›Mystik‹ verbindet? Gerade das am ehesten verbindend wirkende Element in der Vielzahl heterogener Definitionen, die erfahrene oder reflektierte Einheit, scheint gerade nicht in ihrem Zentrum

---

spricht vom Denken Eckharts als »philosophischer Mystik« (DERS., Platonismus im Christentum, S. 103).

100 RUH, Geschichte III, S. 231. Eine Synthese und Korrelation dieser beiden Pole schlägt auch PANZIG vor und behauptet »Eckhart war beides: philosophisch argumentierender Theologe und mystagogisch predigender Seelsorger« (DERS., *Gelâzenheit*, S. 37).

101 HAAS, Was ist Mystik, S. 330. Der These, dass es im Denken Eckharts um die Überwindung eines Gegensatzes gehe und er deshalb als Mystiker zu qualifizieren sei, widerspricht MOJSISCH mit dem Argument, dass für Eckhart der Gegensatz zwischen Gott und Mensch schon immer überwunden sei (DERS., Dynamik der Vernunft, S. 330 f. und Anm. 39). Mit KARL ALBERT ließe sich wiederum fragen, ob Meister Eckhart nicht zumindest für eine ›Oberflächenschicht‹ von einer Trennung zwischen Geschöpf und Schöpfer ausgehe und damit das Attribut ›Mystiker‹ doch gerechtfertigt sei (so ein Beitrag zur Diskussion des Abendvortrags von HAAS, ›Was ist Mystik?‹, auf dem Engelberger Kolloquium von 1984; so nachzulesen bei KIRCHERT, Diskussionsbericht, S. 343).

102 HAAS, Meister Eckhart als Maßstab, S. 58.

zu stehen: Abgesehen vom armen Menschen in einer späteren Fassung von ›Meister Eckhart und der arme Mensch‹[103] gibt keine der Figuren Anlass anzunehmen, dass sie mit besonderen, die Wirklichkeit transzendierenden Erfahrungen begnadet wäre. Sie sprechen von persönlichen Lebenseinstellungen, in ›Meister Eckharts Wirtschaft‹ geradezu im Gestus allgemeingültiger Maximen, nicht aber von ihrem Erleben. Dennoch spielen die Dialoge immer wieder auf Konzepte an, die typischerweise dem Gedankengut der Mystik zugerechnet werden: In ›Meister Eckharts Tochter‹ wird etwa die Gottesgeburt in der Seele thematisiert[104], in ›Meister Eckhart und der arme Mensch I‹ die Einheit mit Gott im Wollen[105] und in ›Meister Eckharts Wirtschaft‹ die Einung mit Gott im Zusammenhang einer Werktheologie.[106] Diese Stichproben – die Untersuchungen werden die genannten Punkte vertiefen und weiteres Material hinzufügen – deuten bereits an, dass die Dialoge weniger der Erlebnis- oder Christusmystik als eher der philosophisch-spekulativen Mystik zuzurechnen sind. Sie erinnern an eine Terminologie, wie sie in den deutschen Werken Meister Eckharts geprägt wurde und eine breite Rezeption in volkssprachlichen Texten gefunden hat. Dabei bleiben die Dialoge aber immer heterogen: Ihre philosophisch-theologischen Elemente sind verbunden mit moralischen und asketischen Lehrstücken und bilden so ein enges Ineinander von im strengeren Sinn mystischen Aussagen und solchen, die sich auf eine allgemein religiös vorbildliche Lebensführung beziehen. Solche Verbindungen stehen einer Verwendung des Prädikats ›mystisch‹ nicht unbedingt im Wege: Zum einen sind sie Reflex einer lebendigen Frömmigkeit, die keine terminologische Abgrenzungen kennt, zum anderen sind sie überlieferungsgeschichtliche Realität in den zahllosen geistlichen Sammelhandschriften, die mystische Schriften wie selbstverständlich mit katechetischen, legendarischen oder sonst frömmigkeitsbildenden Texten zusammenbringen. Im Bewusstsein der Forschungsdiskussion und der inhaltlichen Heterogenität der Untersuchungsobjekte, verwende ich das Wort ›mystisch‹, wie FLASCH es im Rahmen literaturwissenschaftlicher Arbeiten für legitim hält, also als eine »nachträgliche Nomenklatur [..., Anm.] zum Zweck abgekürzten Redens«[107].

Die Mystik – und damit schließt die inhaltliche Vororientierung wieder an die formal-literarische an – entfaltet im 14. und 15. Jahrhundert in den Volksspra-

---

103 Nur hier ist von einer *unio* mit Gott die Rede, vgl. die Edition des Dialogs ›Der arme Mensch III‹, S. 281, Z. 16 f.

104 Vgl. die Edition des Dialogs ›Meister Eckharts Tochter‹, S. 88, Z. 44–46.

105 Vgl. die Edition des Dialogs ›Der arme Mensch I‹, S. 218, Z. 18–20.

106 Vgl. die Edition des Dialogs ›Meister Eckharts Wirtschaft‹, S. 391 f., Nr. 53.

107 FLASCH, Meister Eckhart und die ›Deutsche Mystik‹, S. 442. Die von FLASCH vorgeschlagenen Alternativen »Predigt«, »erbaulicher Traktat« und »Vita« (ebd.) können deshalb nicht als adäquater Ersatz dienen, weil sie formale Kategorien sind, ›Mystik‹ aber eine inhaltliche.

chen und unter ihnen besonders im Deutschen einen großen Reichtum an Gattungen. McGinn sieht sich nicht zuletzt dadurch veranlasst, von einer »Fülle der Mystik«[108] in Bezug auf diese Zeit zu sprechen.

Im breiten Spektrum dieser Ausdrucksformen sind neben Predigten und Predigtsammlungen, Biographien, Briefen, Traktaten und Gedichten[109] auch Dialogtexte prominent vertreten, von denen hier einige herausragende Beispiele genannt seien: Noch in der zweiten Hälfte des 13. Jahrhunderts integriert Mechthild von Magdeburg in ihr ›Fließendes Licht der Gottheit‹, ohnehin ein Panoptikum der literarischen Ausdrucksmöglichkeiten dieser Zeit, zahlreiche Dialogpassagen. Wenige Jahrzehnte später verfasst die Begine Marguerite Porète ihren ›Miroir des simples âmes‹ schon ganz in Gesprächsform. Während es in diesen beiden Werken allegorische Figuren sind, die das Wort aneinander richten – neben himmlischen Instanzen sprechen etwa die Minne, die Seele, die Vernunft oder die Kirche –, geben sich spätere Texte realitätsnäher: Im elsässischen Dialogtraktat ›Schwester Katrei‹, entstanden in der ersten Hälfte des 14. Jahrhunderts, unterhält sich eine Beichttochter mit ihrem Beichtvater, eine Situation, wie sie im Rahmen der damals üblichen seelsorgerlichen Praxis geradezu alltäglich gewesen sein dürfte. Der bald darauf entstandene mittelniederländische Dialog ›Eckhart und der Laie‹ inszeniert mit seinen beiden im Titel genannten Gesprächspartnern ebenfalls eine wirklichkeitsnahe Gesprächssituation. Aufschlussreich für die Erforschung unserer Texte verspricht auch ein bislang wenig beachteter Dialog zu werden, der oft in Symbiose mit einer umso bekannteren Predigt überliefert ist: Einige Handschriften bieten unmittelbar vor Eckharts ›Armutspredigt‹, andere auch gänzlich unabhängig von ihr, ein kurzes dialogisches Stück mit einem eigentümlich verrätselten Anfang – ein Zug, der auch den hier untersuchten Dialogen nicht fremd ist.[110] Dieser Anfang sei nach dem ältesten Textzeugen, Br9 aus den Niederlanden, zitiert: *Meester eggaert vraghede enen mensche, wat hem ghebrake. – ›aremoede.‹ Doe vraghedi: ›wat es armoede, da in ghebrect?‹ hi sprach: ›drierande armoede.‹*[111]

---

108 McGinn, Mystik im Abendland III, S. 505.

109 Einen Überblick über die Vielfalt an literarischen Formen innerhalb des mystischen Schrifttums gibt McGinn, Mystik im Abendland III, S. 527–612. Zu einzelnen Gattungen sind bereits umfangreichere selbstständige Publikationen erschienen, zur Lyrik etwa Theben, Die mystische Lyrik, zu biographischen Texten etwa Ringler, Viten- und Offenbarungsliteratur, zur Briefliteratur, insbesondere dem bekannten Briefwechsel zwischen Margarethe Ebner und Heinrich von Nördlingen, Federer, Mystische Erfahrung im literarischen Dialog. Eine vergleichbare Studie zu dialogischen Texten steht noch aus.

110 Zu diesem ›Armutsdialog‹ vgl. jetzt auch Hopf, Eckhartrezeption und Eckhartinszenierung, mit Untersuchungen zur Überlieferung des Textes, zu seinem theologischen Gehalt und zu seiner Bedeutung für die Eckhartrezeption.

111 Anhang II zu Pr. 52, DW II, S. 524,1–3; eigene Übersetzung: »Meister Eckhart fragte einen Menschen, woran es ihm fehle. ›Armut.‹ Da fragte er: ›Was ist das für eine Armut, an der es dir fehlt?‹ Er sagte: ›Eine dreifache Armut.‹« Largier weist in seinem

Über eine eingehende Analyse des Zusammenhangs von Dialog und Predigt, gerechtfertigt durch die Überlieferungsgeschichte, ließe sich etwa die Umsetzung eines bestimmten Wissenskomplexes von einer Gattung in eine andere studieren – ein literarisches Bearbeitungsverfahren, das auch zur Entstehung der sog. ›Eckhart-Legenden‹ geführt haben mag?

Das mystische Schrifttum, so deutet es sich hier an und so wird es weiter auszuführen sein, bildet also einen Hintergrund, vor dem man sich die Entstehung der hier zu untersuchenden Texte sowohl in inhaltlicher wie auch in formaler Hinsicht durchaus vorstellen kann. Es zeichnen sich bereits jetzt vielfältige Verbindungen ab: Dialogform, Personenkonstellation und – wieder im Vorgriff auf spätere Untersuchungen – thematische Parallelen, womöglich Zitate, legen es nahe, ausgehend von einigen intensiven Einzeluntersuchungen ein größeres literarisches Phänomen ins Auge zu fassen. Es bietet sich dabei an, mit Blick auf den Umfang der Texte zwar keine Grenzziehung, aber doch eine gewisse Abstufung zwischen so umfangreichen Texten wie ›Schwester Katrei‹ und ›Eckhart und der Laie‹ einerseits und den sog. ›Eckhart-Legenden‹ andererseits vorzunehmen: Ihre gedrungene, straff durchkomponierte Form rechtfertigt es, von ihnen als ›Kurzdialoge‹ zu sprechen und in diese Bezeichnung auch andere eingangs genannte Stücke wie ›Die fromme (selige) Müllerin‹, ›Das Frauchen von 22 (21) Jahren‹ und einige mittelniederländische Texte einzuschließen.

›Mystische Kurzdialoge‹ – nach den Ausführungen zur literarischen Form und zum Inhalt soll diese Bezeichnung an die Stelle des alten Terminus ›Eckhart-Legenden‹ treten. Um den Bezug der hier behandelten mystischen Kurzdialoge zu Meister Eckhart zu kennzeichnen – wenngleich sein Name längst nicht in allen Textzeugen sicher überliefert ist, so spielt er doch in der Textgeschichte der Stücke immer eine gewisse Rolle – lässt sich spezifizierend ›um Meister Eckhart‹ hinzusetzen. Die alte Bezeichnung wird fortan nur noch dort gebraucht, wo auf die Forschungsgeschiche Bezug genommen wird.

## *1.2 Forschungsüberblick*

Die bisher vorgestellten Überlegungen zum Untersuchungsgegenstand, die Problematisierung des Textkorpus und die Frage nach einer adäquaten Textbenennung, haben bereits folgenreiche Grundannahmen der Forschung aufgegriffen und diskutiert. Dieses Bild soll nun durch eine systematische Zusammenstellung weiterer Thesen aus der Sekundärliteratur abgerundet werden.

---

Kommentar zur Predigt 52 bereits auf die strukturelle Nähe dieses Dialogs zu den ›Eckhart-Legenden‹ hin (vgl. DERS., EW I, S. 1050).

Zunächst gilt für die mystischen Kurzdialoge dasselbe, was DAGMAR GOTTSCHALL für die große Menge zumeist anonymer Texte aus der Eckhart-Nachfolge – es hat sich dafür der Begriff ›Pseudo-Eckhartiana‹ eingebürgert – festgestellt hat: »Since there has scarcely been any research into the reception of Eckhart in the late Middle Ages, it is not possible to identify precisely the position of these texts in the history of ideas.«[112] Die Suche nach dem ›echten‹ Eckhart, so berechtigt und notwendig sie war und ist, ließ eine Vielzahl geistig verwandter Texte ins Abseits geraten, sobald sie als unecht, als nicht aus der Feder Eckharts kommend, entlarvt waren.[113] Die mystischen Kurzdialoge geben dafür ein geradezu paradigmatisches Beispiel ab, denn von entsprechenden Artikeln im Verfasserlexikon abgesehen wurde nur ›Meister Eckharts Wirtschaft‹ mit einem eigenen Aufsatz, einer Publikation von EVA LÜDERS aus dem Jahr 1956,[114] bedacht. Erst in jüngster Zeit sind zwei Untersuchungen, die eine von CORA DIETL, die andere vom Verfasser der vorliegenden Untersuchung, hinzugekommen, die mit unterschiedlichen Schwerpunktsetzungen und in Zusammenschau mit jeweils anderen Texten auf den Dialog ›Meister Eckharts Tochter‹ eingehen.[115] Gelegentliche Beachtung erfuhren die Texte sonst nur im Rahmen von Studien zum Weiterwirken Eckharts in verschiedenen Kreisen, wovon schon die Titel der jeweiligen Arbeiten ein beredtes Zeugnis ablegen: So etwa CORNELIS GERRIT NICLAAS DE VOOYS, ›Meister Eckart en de neder-

---

112 GOTTSCHALL, Eckhart and the Vernacular Tradition, S. 511, und ähnlich in ihrer Untersuchung zum ›Geistbuch‹: »Unser Text gehört in die unübersichtliche und überlieferungs- und geistesgeschichtlich kaum erschlossene Gruppe der volkssprachlichen Traktate des 14. Jahrhunderts, die sich in irgendeiner Weise mit Eckhart auseinandersetzen, indem sie ihn imitieren, ihn kritisieren oder verteidigen« (DIES., Das Geistbuch, S. XCII). Auf dieses Forschungsdefizit hatte Jahre zuvor bereits RUH hingewiesen (DERS., Eckhart, Sp. 331). Die grundlegenden Arbeiten von JOSEF KOCH und LORIS STURLESE zum Weiterwirken Eckharts beschränken sich hauptsächlich auf namentlich bekannte Autoren, die sich über biographische Daten in soziale und bildungsgeschichtliche Kontexte einordnen lassen (vgl. KOCH, Meister Eckharts Weiterwirken, und STURLESE, Meister Eckharts Weiterwirken). Über die Rezeption Eckharts unter einfachen Gläubigen bemerkt KOCH: »Im Grunde wissen wir nichts darüber, weil wir mehr von an die Laien gerichteten Warnungen vor Eckharts Lehre hören als von Äusserungen der Laien selbst« (a. a. O., S. 153). Die Masse der pseudo-eckhartischen Schriften bleibt von diesen beiden Untersuchungen unberührt.

113 Vgl. dazu etwa STEER über den pseudo-eckhartischen Traktat ›Von den zwölf nutzen unsers herren lîchames‹, von PFEIFFER als Traktat 1 abgedruckt: »Das Interesse am Traktat ›Von den zwölf nutzen unsers herren lîchames‹ erlahmte in dem Augenblick, als erwiesen war, dass dieser in seiner Konzeption nicht von Eckhart stammt« (DERS., Echtheit und Authentizität, S. 42). Ebenso erging es dem Traktat ›Diu zeichen eines wârhaften grundes‹ (vgl. MECKELNBORG, Traktat, S. 308).

114 Vgl. LÜDERS, Wirtschaft.

115 Vgl. CORA DIETL, Eckharts Sprache, und MICHAEL HOPF, Meister Eckharts Tochter trifft den armen Menschen.

landse mystiek‹[116] (1904 und 1905), MARIA ALBERTA LÜCKER, ›Meister Eckhart und die Devotio Moderna‹[117] (1950), INGEBORG DEGENHARDT, ›Studien zum Weiterwirken Meister Eckharts‹[118] (1967), RIJKERT ALEX UBBINK, ›De receptie van Meister Eckhart in den Nederlanden gedurende de middeleeuwen‹[119] (1978) oder zuletzt GOTTSCHALL, ›Eckhart and the Vernacular Tradition: Pseudo-Eckhart and Eckhart-Legends‹[120] (2013). Für die Probleme und Defizite solcher rezeptionsgeschichtlichen Studien steht die in diesem Punkt nach wie vor aktuelle Bemerkung LARGIERS zur Erforschung von Eckharts Weiterwirken:

> »Die Rekonstruktion dieser Nachwirkungen und Diskussionen, zu denen auch die Auseinandersetzung mit Eckhartschem Gedankengut bei Heinrich von Friemar, in den Niederlanden bei Ruusbroec und Jan van Leeuwen, die sogenannte freigeistige Bewegung und der Schwester Katrei-Traktat, die Eckhart-Legenden und der Dialog ›Eckhart und der Laie‹ zu zählen sind, wird zweifellos, ich habe darauf bereits hingewiesen, erst dort gelingen, wo die Überlieferungsgeschichte der Texte in einzelnen Zügen nachgezeichnet werden kann und gleichzeitig in systematischer Hinsicht über die diskutierten philosophischen und theologischen Probleme Klarheit herrscht.«[121]

Das weitgehende Desinteresse der Forschung – man beachte nur die großen zeitlichen Abstände zwischen den genannten Publikationen – steht in einem auffälligen Missverhältnis zu der großen Beliebtheit, derer sich die hier behandelten mystischen Kurzdialoge in den mehr als zweihundert Jahren ihrer vormodernen Überlieferungsgeschichte erfreuten. Zur Veranschaulichung ein kurzer Blick auf die Zahl der überkommenen Handschriften: Mit ca. 15–35 Stück gibt es von diesen Dialogen mindestens ebensoviele, meist aber mehr Textzeugen als von den am reichsten überlieferten deutschen Predigten Eckharts.[122]

Die Forschungslage speziell zu den ›Eckhart-Legenden‹ gleicht eher einer Ansammlung versprengter Bemerkungen als einer kontinuierlichen Diskussion mit Stimmen und Gegenstimmen. Oft beschränken sich die Beiträge zudem auf die Reproduktion und Anpassung des Verfasserlexikonartikels von RUH, ohne Ansprüche auf neue Erkenntnisse zu erheben.[123] Es scheint daher angebracht, die einzelnen Autoren nicht separat abzuarbeiten, sondern ihre wesentlichen Fragen und Ansichten nach thematischen Einheiten getrennt zu rekapitulie-

---

116 DEVOOYS, Nederlandse Mystiek I, S. 58–61.

117 LÜCKER, Devotio Moderna, S. 44–46.

118 DEGENHARDT, Wandel des Eckhartbildes, S. 25–28.

119 UBBINK, Receptie van Meister Eckhart, S. 207–209.

120 GOTTSCHALL, Eckhart and the Vernacular Tradition, S. 540–546.

121 LARGIER, Perspektiven der Forschung, S. 49.

122 Vgl. die Zahlen zur Überlieferung der Werke Eckharts bei STEER, Schriften Meister Eckharts, S. 233–235, und bei RUH, Geschichte III, S. 223.

123 So etwa FOIDL, Eckhart-Legenden.

ren. Es sind dies das Verhältnis der ehemals sogenannten ›Eckhart-Legenden‹ zu Eckhart im philologischen Sinn, damit eng verbunden die Frage nach ihren zentralen Inhalten und schließlich die Suche nach ihrem möglichen Entstehungsumfeld. Diese Bereiche wurden in je unterschiedlicher Weise auf das übergeordnete Interesse an einer Eckhartrezeption hin perspektiviert.

Was das erste der genannten Themen anbelangt, so fand PFEIFFER mit seinem pauschalen Urteil »die sprüche [darunter befinden sich in seiner Ausgabe auch die ›Eckhart-Legenden‹, Anm.] tragen, bis auf wenige, die echtheit in sich selbst und bedürfen keiner weiteren beglaubigung«[124] keine Nachfolger. Schon DE VOOYS meldete Zweifel an einer Autorschaft Eckharts an[125], noch entschiedener sprach ihnen LÜDERS jede Echtheit aufgrund ihrer »äusseren Anlage«[126] ab und STEER wies in ›Meister Eckharts Wirtschaft‹ eine Reihe von Formulierungen nach, die so in keiner Schrift des Dominikaners zu finden sind.[127] Dennoch war man weiterhin bemüht, in den Texten authentisches Material oder doch zumindest Anlehnungen an Eckhart ausfindig zu machen: So wollte RUH in ›Meister Eckhart und der arme Mensch I‹ ein Zitat aus der lateinischen Eckhartpredigt 34 identifiziert haben,[128] FREIMUT LÖSER sah ›Meister Eckharts Tochter‹ »durchdrungen von kurzgefassten Sentenzen Meister Eckharts«[129] und STEER unternahm es, die Aussagen des armen Menschen in ›Meister Eckharts Wirtschaft‹ auf entsprechende Wendungen der ›Armutspredigt‹ zurückzuführen.[130] Den letztgenannten Arbeiten gebührt der Verdienst, den geistigen Standort der Texte aufgezeigt und damit Anhaltspunkte für künftige Interpretationen geliefert zu haben, auch wenn gerade im Bereich mystischer Kleinliteratur ein philologisch zwingender Nachweis von Zitaten nur selten gelingen kann. Auch über die vielfach und bisher unbestritten geäußerte These, dass die ›Eckhart-Legenden‹ eine gewisse Verehrung des Dominikaners in Laien-

---

124 Pf., S. XII. Wie PFEIFFER in seiner Einleitung schreibt, macht er die Echtheit eines Stückes im Wesentlichen davon abhängig, ob es Meister Eckhart namentlich zugeschrieben ist oder nicht (Pf., S. XI). Zwar erklärt er sich nicht zu seiner Einschränkung »bis auf wenige«, doch da mit Ausnahme von ›Meister Eckhart und der arme Mensch I‹ – bei PFEIFFER Spruch 66 – alle ›Eckhart-Legenden‹ nach seinen Editionen auch den Namen ›Eckhart‹ enthalten, dürfte er sie als echt angesehen haben.

125 DEVOOYS, Nederlandse Mystiek I, S. 58–59 und 61.

126 LÜDERS, Wirtschaft, S. 86. Nähere Ausführungen dazu, was unter der »äusseren Anlage« verstanden werden soll, gibt LÜDERS nicht.

127 Vgl. STEER, Der Armutsgedanke der deutschen Mystiker, S. 294f. STEER kann zwar aus seiner großen Kennerschaft der Werke Eckharts schöpfen, doch sind seine Argumente insofern auf den Prüfstand zu stellen, als er für ›Meister Eckharts Wirtschaft‹ eine sehr unzuverlässige Textgrundlage benutzte (vgl. dazu S. 416).

128 RUH, Eckhart-Legenden, Sp. 351.

129 LÖSER, Eckhart, S. 67.

130 Vgl. STEER, Der Armutsgedanke der deutschen Mystiker, S. 295.

kreisen bezeugen[131] und dass sie »wesentliche Bestandteile des zeitgenössischen Eckhartbildes«[132] ausmachen würden, muss zuallererst philologisch geurteilt werden, was bisher nicht unternommen wurde. Entscheidend ist dafür der textkritische Status des Namens ›Eckhart‹: Nur wenn dieser Name fester Textbestandteil ist – hier verbergen die PFEIFFERschen Abdrucke einige Unsicherheiten – darf man mit Sicherheit davon ausgehen, dass die Rezipienten die Dialoge mit dem Dominikaner assoziieren konnten.

Von dieser Fokussierung auf Eckhart ging die Forschung auch bei der Frage aus, wie man die Inhalte der ›Eckhart-Legenden‹ beschreiben sollte. Aber schon vor dem eigentlichen Beginn einer historisch-kritischen Auseinandersetzung mit Eckhart zitiert der Philosoph Arthur Schopenhauer eine Zeile aus ›Meister Eckharts Wirtschaft‹, um zu veranschaulichen, wie sich das Denken des Dominikaners von der Tradition des Theismus abhebt.[133] In der Folge wurden die Texte meist den von Eckhart her bekannten Theoremen zugeordnet und weil detaillierte Einzeluntersuchungen ausblieben, fielen diese Zuordnungen sehr pauschal aus: RUH sah in ihnen die eckhartische ›Lebenslehre‹[134] – was immer damit gemeint sein mag – illustriert und speziell in ›Meister Eckhart und der arme Mensch‹ und ›Meister Eckharts Wirtschaft‹ erkannte er die Armutslehre[135] wieder. Spätere Arbeiten schlossen sich dem meist ohne zu hinterfragen an.[136] Gerade am Beispiel der Armutslehre wird sich zeigen, dass es sich dabei um eine zu stark vereinfachende Herangehensweise handelte: Wenn man

---

131 GOTTSCHALL, Meister Eckhart and the Vernacular Tradition, S. 540; LÜDERS, Wirtschaft, S. 108. Am deutlichsten wohl DEGENHARDT: »Nach Art der Heiligenviten wird hier Eckharts Gestalt in frommer einfältiger Verehrung als leuchtendes Vorbild herausgestellt« (DIES., Wandel des Eckhartbildes, S. 26).

132 DEGENHARDT, Wandel des Eckhartbildes, S. 27.

133 Gemeint ist die Nr. 23 der hier vorgelegten Neuedition von ›Meister Eckharts Wirtschaft‹: *Dat ander is, dat hey usz yme selver got nyet ensoeken* bzw. im Zusammenhang bei Schopenhauer: »Der Theismus [...] setzt den Urquell des Daseyns außer uns, als ein Objekt: alle Mystik [...] zieht ihn [...] allmälig wieder ein, in uns, als das Subjekt, und der Adept erkennt zuletzt, mit Verwunderung und Freude, daß er es selbst ist. Diesen, aller Mystik gemeinsamen Hergang, finden wir von Meister Eckhard, dem Vater der Deutschen Mystik, nicht nur in Form einer Vorschrift für den vollendeten Asketen ausgesprochen, ›daß er Gott außer sich selbst nicht suche‹« (aus Schopenhauers Hauptwerk ›Die Welt als Wille und Vorstellung‹ von 1859; nachzulesen in Schopenhauer, Werke Band II, S. 711 f.). Den Hinweis auf diese Stelle verdanke ich WOLFGANG ERB, der in seinem Vortrag zur Vorstellung des 4. Bandes der Beihefte zum Meister Eckhart Jahrbuch, ›Meister Eckhart als Denker‹, diese Stelle zitiert.

134 RUH, Eckhart-Legenden, Sp. 350.

135 RUH, Eckhart-Legenden, Sp. 351 und 353.

136 Vgl. LÖSER, Eckhart, S. 67, und ebenso GOTTSCHALL, Meister Eckhart and the Vernacular Tradition, S. 541, über ›Meister Eckhart und der arme Mensch I‹. LÜCKER fasst den Inhalt der beiden Fassungen von ›Meister Eckhart und der arme Mensch‹ mit einem anderen Schlagwort eckhartischer Theologie, dem der ›Gelassenheit‹, zusammen (DERS., Devotio Moderna, S. 44).

die Armutslehre Eckharts mit der Predigt 52 identifizieren möchte, so kommt ihr die Protagonistin aus ›Meister Eckharts Tochter‹ in ihrem Nicht-Sein viel näher als die armen Menschen der anderen Texte – und zwar ohne ein einziges Mal ›arm‹ genannt zu werden. Notwendig ist eine Textanalyse, die Verbindungen zur Lehre Eckharts, so sie sich wahrscheinlich machen lassen, allenfalls als Ergebnisse benennt und sie nicht schon als Analysekategorien voraussetzt.

Schließlich wurde auch darüber gemutmaßt, in welchen Kreisen die ›Eckhart-Legenden‹ entstanden sein könnten. Dabei reicht die Spanne der Vorschläge von Frauenklöstern[137] über die Gottesfreunde[138] bis hin zu Beginen[139], Begarden[140] und den Anhängern der Sekte des freien Geistes[141], wobei für keine dieser Optionen bisher nähere Begründungen beigebracht wurden. Zwei Probleme sind hier übergangen worden: Zum Ersten sind sozialhistorische Zuordnungen gerade im Bereich spätmittelalterlicher Frömmigkeit mit einer Vielzahl von Unsicherheiten behaftet: Gab es Gottesfreunde und Freigeister überhaupt im Sinn fester Zusammenschlüsse oder handelt es sich bei ihnen eher um Frömmigkeitsideale, denen man auch ohne formelle Zugehörigkeit zu einer Gemeinschaft anhängen konnte? Und wenn es diese Gemeinschaften gegeben haben sollte, konnten ihre Anhänger nicht unterschiedlichen gesellschaftlichen Schichten und Professionen entstammen, so dass mit einer entsprechend großen religiösen und literarischen Heterogenität zu rechnen ist? Zum Zweiten zog keine der bisherigen Untersuchungen die Literarizität der Texte in Betracht: Ist etwa die exponierte Rolle von Laien allein schon ein hinreichendes Kriterium, um von einem laikalen Entstehungsumfeld auszugehen? Muss man nicht auch mit literarischen Vorbildern und Traditionen rechnen, die in eine andere Richtung weisen könnten? Nicht zu Unrecht sprach Ruh in seinem Verfasserlexikonartikel vorsichtig von »Mystikerkreisen«[142] und enthielt sich weiterer Präzisierungen.

Die hier angedeuteten Probleme befreien nicht von der Aufgabe, sich mittels wesentlicher Inhalte, literarischer Parallelen zu anderen Texten und Gattungstraditionen ein Bild möglicher Entstehungskreise zu machen und sei es auch nur, um leichtfertige Zuordnungen zu verhindern. Während aber die Frage nach der Entstehung der Texte nicht mit letzter Sicherheit zu beantworten sein wird, so liegt die Materialbasis für eine ähnlich gelagerte Frage günstiger, die Frage nach den Rezipienten dieser Texte. Für dieses bisher vernachlässigte

137 Spamer, Überlieferung der Pfeiffer'schen Eckharttexte, S. 403. Ein klösterliches Entstehungsmilieu nimmt Gottschall speziell für den Dialog ›Meister Eckhart und der nackte Knabe‹ an (vgl. dies., Meister Eckhart and the Vernacular Tradition, S. 540).

138 Spamer, Überlieferung der Pfeiffer'schen Eckharttexte, S. 403, und Gottschall, Meister Eckhart and the Vernacular Tradition, S. 540.

139 Ebd.

140 deVooys, Nederlandse Mystiek I, S. 59.

141 Lücker, Devotio Moderna, S. 44, und deVooys, Nederlandse Mystiek I, S. 59.

142 Ruh, Eckhart-Legenden, Sp. 350.

Feld hält die Überlieferungsgeschichte zumindest einige Anhaltspunkte bereit, um sich ein Bild vom Sitz (oder den ›Sitzen‹) im Leben dieser Texte zu machen. Beide Perspektiven, die der Produktion und die der Weitergabe der hier behandelten Dialoge, sind eng mit der Frage der Eckhartrezeption verbunden, sowohl was das Weiterwirken seiner Gedanken als auch das Bild von Eckhart als Person betrifft.

Es zeigt sich, dass die Forschung zu den mystischen Kurzdialogen über erste tastende Ansätze noch nicht hinausgekommen ist. Man mag diesen Umstand fehlendem Interesse zuschreiben, man mag ihn aber auch damit erklären, dass es bisher an einer soliden Grundlage für eingehende Untersuchungen, einer verlässlichen Edition der Texte, gemangelt hat. Dazu hier nur einige grundlegende Bemerkungen; nähere Informationen zur bisherigen Editionslage geben entsprechende Abschnitte im Vorfeld der einzelnen Neueditionen.

Ihre für die bisherige Forschung maßgebliche Gestalt erhielten die ›Eckhart-Legenden‹ durch PFEIFFER, der die Texte jeweils nach einer einzigen oder wenigen unkommentiert kompilierten Handschriften abdruckte. Die Mangelhaftigkeit dieser schmalen Materialbasis trat umso deutlicher hervor, je stärker die Zahl der bekannten Eckharthandschriften und damit auch die Zahl der ›Legenden‹-Textzeugen anwuchs. Jede eingehende Beschäftigung mit den Texten wäre bei diesem Missverhältnis auf unsicheren Füßen gestanden: Ohne Kenntnis der Überlieferungslage und der textgeschichtlichen Entwicklungen hätte sich nie sagen lassen, ob die Abdrucke PFEIFFERS im konkreten Fall eine originalnahe oder stark redigierte, eine singuläre oder eine weitverbreitete Textform bieten und dementsprechend zweifelhaft wären auch Aussagekraft und Geltungsbereich der Analysen gewesen. Eine Ausnahme bildet hier lediglich das Stück ›Meister Eckharts Wirtschaft‹, dessen handschriftliche Überlieferung von LÜDERS bereits in größerem Umfang gesichtet und in einem Filiationsversuch geordnet wurde[143], ohne dass diese Vorarbeiten einschließlich ihres Konzepts für eine Neuedition zu Ende geführt worden wären.

Kurz zusammengefasst: Die bisherige Forschung zu den ›Eckhart-Legenden‹ kann als erste Orientierung und als Anreiz für bestimmte Fragestellungen dienen, für darüberhinausgehende Zwecke erweist sie sich in ihren Thesen aber als zu undifferenziert und in ihrem Fundament, der Textgrundlage, als zu unsicher. Nach einer von der Eckhartforschung inzwischen umfangreich geleisteten Handschriftenheuristik sind die Voraussetzungen geschaffen, um einen neuen Zugang zu diesem Forschungsgegenstand zu schaffen: eine Neuedition der Texte, die auf der gesamten bisher bekannten Überlieferung beruht und sich auf textgeschichtliche Modelle stützen kann. Die skizzierten Fragen werden auf dieser Grundlage neu zu stellen sein.

---

143 LÜDERS, Wirtschaft, S. 87–102 (Aufstellung der damals bekannten Textzeugen) und S. 111–121 (textkritische Untersuchung).

## *1.3 Zum Aufbau der Arbeit*

Die nachfolgende Studie beginnt mit einer Darstellung der spezifischen Arbeitsbedingungen im Umgang mit den mystischen Kurzdialogen und leitet daraus Konsequenzen für das methodische Vorgehen in verschiedenen Untersuchungszusammenhängen ab. Im Zentrum steht dabei der Begriff der *mouvance*, mit dem die einzelnen Problemfelder beschrieben sind (Kapitel 2).

Die anschließenden Einzeluntersuchungen zu ›Meister Eckharts Tochter‹, ›Meister Eckhart und der nackte Knabe‹, den Dialogen um den armen Menschen und ›Meister Eckharts Wirtschaft‹ (Kapitel 3–6), folgen einem einheitlichen Aufbau, der sich aus zwei Einheiten zusammensetzt: der Konstitution des Textes und einem darauf aufbauenden Untersuchungsteil.

Ziel der ersten Einheit ist es, aus der handschriftlichen Überlieferung einen kritischen Text oder auch mehrere Fassungstexte zu gewinnen, die als verlässliche Grundlage für weiterführende Untersuchungen dienen können. Auf einige einleitende Bemerkungen zur bisherigen Editionslage und der Begründung der Neuedition folgt zunächst eine stemmatisch geordnete Aufstellung der Textzeugen mit den jeweiligen kodikologischen Daten, einem kurzen Inhaltsüberblick und gegebenenfalls weiterführenden Informationen über Besitzer, schreibsprachliche Auffälligkeiten, Einträge in mittelalterlichen Bibliothekskatalogen und ähnliches mehr. Die Handschriften- und Druckbeschreibungen stehen damit in einer doppelten Zweckbestimmung sowohl im Dienst der philologischen wie der überlieferungsgeschichtlichen Arbeit. Im Anschluss folgt die Untersuchung der Handschriftenrelation mit einer philologischen Kommentierung der Varianz, woraus die Wahl einer Leithandschrift für die Neuedition begründet wird. Die Übersetzung des jeweiligen Dialogs ins Neuhochdeutsche schließt die Textkonstitution ab.

In der zweiten Einheit sind die Untersuchungen zusammengestellt, die dem Verständnis des edierten Kurzdialogs dienen. Die Textanalyse als erster Bestandteil gliedert sich in eine Skizze der Textstruktur und eine kommentierende Auslegung des Inhalts. Die frömmigkeitsgeschichtliche Einordnung setzt dann den jeweiligen Text zu seinem literarischen Umfeld, zumeist den Schriften Meister Eckharts und seines Wirkungskreises, in Bezug, und stellt damit die notwendige Ergänzung zur immanenten Lektüre dar. Die literarhistorische Einordnung leitet schließlich aus den bisher erarbeiteten überlieferungsgeschichtlichen und inhaltlichen Erkenntnissen Thesen zur zeitlichen, räumlichen und personalen Entstehungssituation der Kurzdialoge ab.

Dieses Schema liegt allen Einzeltextuntersuchungen zugrunde, wird aber, je nach Datenlage und spezifischen Anforderungen, an den jeweiligen Kurzdialog angepasst. Im konkreten Fall kann sich dies in einer Zusammenfassung, einer Umstellung oder einer Ergänzung von Untersuchungsschritten auswirken. Vorab ist noch auf zwei Besonderheiten hinzuweisen. Zum Ersten: Um Wiederholungen zu vermeiden, ist die literarhistorische Einordnung von ›Meister Eckharts Tochter‹, gerade was die Darstellung frömmigkeitsgeschichtlich relevanter Gruppen und Strömungen anbelangt, umfangreicher und allgemeiner angelegt und dient damit den anderen Einordnungskapiteln als Bezugspunkt. Zum Zweiten: Dass ›Meister Eckhart und der nackte Knabe‹ zwischen die Untersuchungen der beiden verwandten Kurzdialoge ›Meister Eckharts Tochter‹ und ›Der arme Mensch‹ eingeschoben ist, liegt in textgeschichtlichen Entwicklungen begründet: ›Meister Eckhart und der nackte Knabe‹ wird in einem späteren Stadium der Überlieferungsgeschichte mit dem ›Armen Menschen‹ kompiliert und gehört damit in das Vorfeld einer Untersuchung zum ›Armen Menschen‹.

Das Kapitel zur Einordnung in größere Forschungszusammenhänge (Kapitel 7) erweitert den Fokus vom Einzeltext auf übergreifende Zusammenhänge und Fragestellungen. Der erste Teil macht unter Einschluss weiterer Texte auf Kurzdialoge als eigenständiges Phänomen im spätmittelalterlichen mystischen Schrifttum aufmerksam. Im zweiten Teil sind unter dem Stichwort der ›Eckhartinszenierung‹ verschiedene Überlegungen dargeboten, wie Kurzdialoge, Dicta und andere Texte mehr für die Frage der Eckhartrezeption fruchtbar gemacht werden können.

Eine Zusammenfassung (Kapitel 8) rundet die Darstellung ab.

## 2. Die Bewältigung der *mouvance*: zum methodischen Vorgehen

Die im Forschungsüberblick vorgestellten Problemfelder, angefangen bei der Neuedition der Texte bis hin zu den Fragen nach ihrem Sitz im Leben und ihren frömmigkeitsgeschichtlichen Zusammenhängen, können nicht angemessen bearbeitet werden, ohne dass zuvor eine Orientierung über geeignete Arbeitsmethoden gegeben wurde. Die Wahl dieser Methoden hängt neben dem Erkenntnisinteresse vor allem davon ab, vor welche Herausforderungen der Untersuchungsgegenstand stellt und wie diese am besten bewältigt werden können. Das nachfolgende Kapitel verfolgt daher das Ziel, die spezifischen Arbeitsbedingungen im Umgang mit den hier ausgewählten mystischen Kurzdialogen zu benennen und zu reflektieren.

Gegenstand dieser Arbeit ist eine paradigmatische Auswahl mystischer Kurzdialoge in Gestalt ihrer handschriftlichen Überlieferung. Dabei sollte man besser im Plural von ›den Gestalten‹ sprechen, denn genau darin liegt eine entscheidende Herausforderung: Die Texte sind in einem erheblichen Maß ›unfest‹, um ein berühmtes Schlagwort zu bemühen,[1] wobei dieser Befund von bloß iterierenden Varianten über Redaktionen mit individuellem Profil bis hin zu eigenständigen Fassungen reicht. Genauso unfest wie die Texte selbst ist auch ihre Umgebung in den Handschriften: In der langen Zeit ihrer Tradierung hat sich kein stabiler, regelmäßig wiederkehrender Überlieferungsverbund herausgebildet, vielmehr scheinen die Texte nach Belieben in jedes Umfeld geistlicher Literatur integrierbar gewesen zu sein. Dieses Charakteristikum der Überlieferung, unfeste Texte in unfesten Textverbänden, wird im Folgenden unter verschiedenen Aspekten des Begriffs der *mouvance* diskutiert. Gegenüber Adjektiven wie ›unfest‹ oder ›offen‹ kann dieser Terminus nicht nur die Fluktuation und Variabilität eines Textes bezeichnen, sondern, wenn man die Ableitung vom Verb ›se mouvoir‹ ernst nimmt, auch den Aspekt der Bewegung, genauer einer nachvollziehbaren Textbewegung von einem Ausgangs- zu einem Endpunkt.[2] Mit diesem Verständnis von *mouvance* lassen sich die Überlieferungsbefunde der einzelnen Kurzdialoge in ihren verschiedenen Ausprägungen – ein schwer zu durchschauendes Nebeneinander von Redaktionen im

---

1 Die Rede vom ›unfesten‹ Text prägte Hans Fromm in seinem Vortrag ›Die mittelalterliche Handschrift und die Wissenschaft vom Mittelalter‹ (ders., Die mittelalterliche Handschrift, S. 361). Er gewinnt diesen Begriff in Auseinandersetzung mit den spezifischen Gegebenheiten spätmittelalterlicher Gebrauchscodices, wie sie in Abschnitt 2.2 dieses Methodenkapitels reflektiert werden.

2 Ich verwende den Begriff der *mouvance* ohne die textontologischen Implikationen der Postmoderne als Bezeichnung für ein Überlieferungsphänomen. In dem hier beschriebenen und von den Kurzdialogen exemplifizierten Sinn scheint er mir, auch wenn er ursprünglich in der *New Philology* beheimatet gewesen sein mag, auch als Beschreibungskategorie für textgeschichtliche Arbeiten geeignet.

Fall von ›Meister Eckharts Tochter‹ und ›Meister Eckharts Wirtschaft‹ einerseits und eine weitgehend linear verlaufende Textgenese bei ›Meister Eckhart und der arme Mensch‹ andererseits – in einem Begriff bündeln. Wie sich die Lage im Einzelfall auch gestaltet, *mouvance* ist hier in dreifacher Hinsicht eine Herausforderung: Erstens im Hinblick auf den Text selbst, zweitens im Hinblick auf seine Mitüberlieferung und drittens im Hinblick auf jegliche Form der Exegese.

## *2.1* Mouvance *des Textes*

PAUL ZUMTHOR brachte als erster den Begriff der *mouvance* auf. In seinem umfangreichen ›Essai de poétique médiévale‹ spricht er im Abschnitt ›Anonymat et mouvance‹ davon, dass das mittelalterliche Werk – er setzt dieses Wort in Anführungszeichen – einem ununterbrochenen, regellos ablaufenden Prozess der Veränderung unterworfen sei: »L'›œuvre‹ flotte, s'entoure moins de frontières que d'un halo où se produisent d'incessantes mutations«[3]. Er gilt mit diesen Ansichten als einer der Wegbereiter der *New Philology*,[4] einem auf Diskurstheorie und Theoriebildungen der Postmoderne begründeten Ansatz, der vor allem die von KARL LACHMANN und seinen Nachfolgern entwickelte textkritische Methode grundsätzlich in Frage stellte. Eine Auseinandersetzung mit dem Begriff der *mouvance* macht also eine knappe Positionierung innerhalb der Diskussion um die *New Philology* nötig.[5]

Die *New Philology* wandte sich ausgehend von ihren beiden Gründungsdokumenten, der ›Éloge de la Variante‹ des französischen Sprachwissenschaftlers BERNARD CERQUIGLINI[6] und dem Speculum-Heft 65 aus dem Jahr 1990, vor allem gegen zwei Prämissen, die sie als richtungsweisend für die bishe-

3 ZUMTHOR, Essai, S. 71f; weitere Arbeiten ZUMTHORS zum Begriff *mouvance* sind in Anm. 19 auf S. 45 genannt. Zum Begriff der *mouvance* vergleiche auch: PICKENS, Jaufré Rudel et la poétique de la mouvance (mit einer Interpretation des Phänomens als »processus générateur«, S. 324); CRAMER, Mouvance (dort die Anwendung des Begriffs in Bezug auf variierende Strophenfolgen im Minnesang); SPEER, Wrestling with change (mit der Vorstellung einzelner Editionen als Beispiele für den Umgang mit *mouvance*). Im Bezug auf einschneidende Abweichungen in der Minnesang-Überlieferung greift HUBERT HEINEN das Konzept der *mouvance* zwar auf, zieht aber den Terminus ›Mutabilität‹ vor, weil damit andere Konsequenzen verbunden sind (vgl. DERS., Mutabilität im Minnesang, S. iii f.).

4 WANDHOFF, STARKEY, New Philology, S. 46, Anm. 1.

5 Zur Diskussion um die *New Philology* in der germanistischen Mediävistik vergleiche etwa STACKMANN, Neue Philologie?; BENNEWITZ, Alte ›Neue‹ Philologie?; LÖSER, Postmodernes Mittelalter?; MÜLLER, Neue Altgermanistik, S. 448–451; SCHNELL, Was ist neu an der *New Philology*?. Die Fragezeichen in den Titeln dieser Beiträge signalisieren eine grundsätzliche Skepsis am Neuheitspostulat der *New Philology*.

6 CERQUIGLINI, Éloge.

rige mediävistische Editionspraxis ansah. Dies war zum einen die Annahme eines ganzheitlichen Werkes und zum anderen die Annahme eines dafür verantwortlichen Autors, wie sie beide maßgeblich in der subjektzentrierten Genie-Ästhetik des 18. Jahrhunderts ausgebildet und im 19. Jahrhundert von der germanistischen Wissenschaft übernommen worden waren. Beide Konzepte, so der Einwand, würden der mittelalterlichen Literatur nicht gerecht, da sie kein Autorbewusstsein kenne und die Integrität eines literarischen Werkes augenscheinlich keine Maxime mittelalterlicher Überlieferungsprozesse gewesen sei.[7] Die Forderung war ein grundsätzliches Umdenken in der Editionsarbeit: Es ginge nicht mehr an, Textzeugen als verderbt anzusehen und sie nur als Grundlage für die Rekonstruktion eines verlorenen Originals zu benutzen, vielmehr müsse man das handschriftliche Material als solches ernst nehmen[8] und einen Text in seiner gesamten Varianz darbieten.[9] Da sich vom theoretischen Ansatz her jede Klassifikation dieser Varianz – etwa als vom Autor oder vom Redaktor verantwortet, als bloßer Schreibfehler oder als bewusster Eingriff – genauso verbot wie alle Versuche, die Varianz in eine genetische Abfolge zu bringen, war das editorische Ideal ein egalitäres Nebeneinander aller erhaltenen Textformen. Nur so glaubte man das Wesen mittelalterlicher Schriftlichkeit adäquat abbilden zu können, wie es CERQUIGLINI in einem berühmt gewordenen Diktum beschrieben hatte: »L'écriture médiévale ne produit pas des variantes, elle est variance«[10].

Kaum eine Replik von germanistischer Seite ließ sich zumindest einen Hinweis darauf entgehen, dass die *New Philology* nicht in dem Maße neu war, wie sie es für sich in Anspruch nahm:[11] Unabhängig von und zeitlich vor der vor allem im französischen und amerikanischen Raum aufgekommenen Debatte um die ›Neue Philologie‹ hatte bereits KARL STACKMANN die rekonstruierende

---

7 Zur Kritik an diesen Annahmen vergleiche die verdichteten Anmerkungen von SCHNELL in DERS., Was ist neu an der *New Philology*?, S. 90–92. Vom selben Autor stammt auch eine umfassende Auseinandersetzung mit dem mittelalterlichen Autor- und Werkbegriff und der *New Philology*: DERS., ›Autor‹ und ›Werk‹.

8 So etwa die programmatische Aussage von STEPHEN NICHOLS in seinem Beitrag zum Speculum-Heft: »It is that manuscript culture that the ›new‹ philology sets out to explore in a postmodern return to the origins of medieval studies« (DERS., Philology in a Manuscript Culture, S. 7). In einem späteren Beitrag zieht er bereits die Bezeichnung *Material Philology* der *New Philology* vor und macht damit klar, dass für ihn die Handschrift selbst wichtigster Gegenstand der Philologie sein muss (DERS., Why Material Philology, S. 10 f.).

9 Diese Forderung wäre bei komplex überlieferten Texten mit den Möglichkeiten einer Print-Edition kaum mehr umzusetzen und so fordert CERQUIGLINI, den Computer als neues Editionsmedium zu nutzen. Die Rekonstruktion des Originals auf dem Papier ist zu ersetzen durch die Reproduktion der Varianz am Bildschirm (DERS., Éloge, S. 112–116). Kritisch dazu LÖSER, Postmodernes Mittelalter?, S. 220 f.

10 DERS., Éloge, S. 111.

11 Vergleiche etwa die unter Anm. 5 dieses Kapitels genannten Beiträge.

Textkritik LACHMANNscher Prägung problematisiert, indem er die Bedingungen, die sie notwendig voraussetzen musste, mit einer oft anders gearteten mittelalterlichen Textüberlieferung konfrontierte.[12] HANS FROMM brachte dann die Rede vom ›unfesten‹[13] und JÜRGEN KÜHNEL die Rede vom ›offenen‹[14] Text auf. Das Oszillieren mittelalterlicher Texte zwischen Schriftlichkeit und vortrags- oder aufführungsbedingter Mündlichkeit mache, so KÜHNEL, eine allein dem Original verpflichtete Textkritik obsolet.[15] Das Interesse am historischen Text, das heißt an der Vielzahl seiner handschriftlich bezeugten Gestalten und ihrer Verschiedenheit, beförderte dann vor allem die Würzburger Forschergruppe zur überlieferungsgeschichtlichen Prosaforschung um KURT RUH.[16] Varianz wurde hier als ein Symptom untersucht, in dem sich die Anpassung von Texten an die Erfordernisse spezifischer Gebrauchssituationen zeigte. Diese neue Wertschätzung der Differenz brachte auch neue Konzepte überlieferungsgerechter Editionsarbeit hervor:[17] Varianz sollte als Ausweis eines lebendigen Textes sichtbar gemacht und, so weit möglich, in eine genealogische Abfolge gebracht werden – setzt doch die Rede von Anpassung stets die Vorstellung von einem Vorher und einem Nachher eines Textes voraus. Die großangelegte, letztlich literaturgeschichtliche Perspektive der überlieferungsgeschichtlichen Forschung[18] bezog über die konkreten Texte hinaus alle Daten mit ein, die sich aus den Handschriften als historischen Objekten gewinnen ließen, und führte damit auf anderem Wege als die *New Philology* zurück zu den Quellen mittelalterlicher Schriftlichkeit.

Die ausgewählten mystischen Kurzdialoge bieten sich in mehrer Hinsicht als Material an, um die Ansätze der *New Philology* und der Überlieferungsgeschichte zu erproben: Es handelt sich um geistliche Kurztexte, anzusiedeln im Grenzbereich von frömmigkeitsbildender Gebrauchsliteratur und ›schöner‹ Literatur, mit einer Vielzahl an Textmutationen und ohne eine greifbare Autorinstanz. Die Bedingung ihrer *mouvance* dürfte dabei kaum in einem Oszil-

12 STACKMANN, Mittelalterliche Texte als Aufgabe. STACKMANN verwies in diesem Zusammenhang vor allem auf die Phänomene der kontaminierten Überlieferung, der Präsumtivvarianten und der Autorvarianten hin.

13 FROMM, Die mittelalterliche Handschrift.

14 KÜHNEL, Text. Das Stichwort vom ›offenen‹ Text greift beispielsweise THOMAS BEIN in einem Aufsatz erneut auf und reflektiert es ausgehend vom besonders ›offenen‹ Genre des Minnesangs (vgl. DERS., Der ›offene‹ Text).

15 KÜHNEL, Der ›offene‹ Text, S. 313 f.

16 Grundlegend dazu die Programmschrift »Spätmittelalterliche Prosaforschung«, die über Ziele, Methodik und Arbeitsgegenstand der Forschergruppe Aufschluss gibt.

17 Die Grundsätze einer überlieferungsgeschichtlichen Editionspraxis sind in wenigen Seiten zusammengefasst bei RUH, Votum. Klassische Beispiele sind die aus den Arbeiten der Würzburger Forschergruppe hervorgegangenen Editionen der ›Rechtssumme‹ Bruder Bertholts, der ›Elsässischen Legenda aurea‹ und des ›Vocabularius Ex quo‹.

18 Vgl. RUH, Überlieferungsgeschichte mittelalterlicher Texte.

lieren zwischen mündlicher Darbietung und schriftlicher Tradierung liegen,[19] wie es für andere Gattungen zutreffen mag, sondern muss in der kontinuierlichen Weiterarbeit am Text im Medium der Schriftlichkeit gesucht werden. Zu diesem Schluss führt das Studium der Überlieferungsträger: In aller Regel finden sich die mystischen Kurzdialoge in kleinformatigen geistlichen Sammelhandschriften, die auf engstem Raum eine Vielzahl geistlicher Texte versammeln, ohne sie über ein Register oder andere Gliederungselemente systematisch zugänglich zu machen. Damit entfallen wichtige Voraussetzungen für eine gezielte Darbietung der Texte vor einem – möglicherweise klösterlichen – Publikum, für die es auch sonst keine Hinweise in Form von Randglossen oder Einträgen in Tischlesungsverzeichnissen gibt. Als dominante Rezeptionsform hat man sich also die private Lektüre vorzustellen.

Es ist vielmehr die literarische Verfasstheit der Texte selbst, die hier der *mouvance* den Weg bereitet hat:[20] Die Form des Dialogs, die den ›Eckhart-Legenden‹ bei all ihrer Unterschiedlichkeit gemein ist, gestattet eine einfache Angliederung von Redegängen und Themenblöcken an den jeweiligen Ausgangstext, ebenso wie Kürzungen oder Interpolationen. Der schriftliche Dialog gleicht in dieser Beziehung dem Gespräch als seinem Vorbild in der zwischenmenschlichen Kommunikation: Beide können bei Themen verweilen, sie ausführlich behandeln oder auch nur kurz streifen und jederzeit zu einem anderen Gegenstand wechseln, ohne dass dadurch die Möglichkeiten der Form gesprengt würden. Paradigmatisch lässt sich diese Offenheit der Dialogform an der Überlieferung von ›Meister Eckhart und der arme Mensch‹ studieren, in der einzelne Gesprächselemente bald additiv aneinandergereiht, bald aus anderen Texten importiert oder in andere Texte exportiert werden. Das Ganze löst sich auf in eine Zahl mehr oder minder frei beweglicher Bausteine, die von den Redaktoren zur Vervollkommnung ihrer Texte aus dem großen Materialvorrat geistlicher Sammelhandschriften immer neu kombiniert werden.[21] In diesen Fällen deutet die Art und Weise der *mouvance* selbst darauf hin, dass sie sich im Medium der Schriftlichkeit vollzogen haben muss, und die Untersuchungen der Einzeltexte werden dafür jeweils weitere Belege erbringen: Die stilistische Eigenart von ›Meister Eckharts Wirtschaft‹, formelhafte Dialogelemente

---

19 ZUMTHOR dagegen sah *mouvance* auf das engste mit den Aspekten der Mündlichkeit und der Performanz verbunden (DERS., La lettre et la voix, S. 160 f., und später nochmals in DERS., Die Stimme und die Poesie, S. 94 f.).

20 Ähnliche Überlegungen finden sich bei HEINEN für den Minnesang: Er stellt eine »inhärente Offenheit der mittelalterlichen Lyrik für Umstellungen und motivische Variation« (DERS., Mutabilität im Minnesang, S. iv) fest, sieht dieses Phänomen aber in Abhängigkeit von Aufführungssituationen.

21 Zur Kompilation von Textbausteinen als Prinzip der Textherstellung vgl. auch THEBEN, Die mystische Lyrik, S. 11, und SUERBAUM, Mouvance in mystischen Liedern, mit einer speziellen Untersuchung des Liedes ›Es kommt ein Schiff, geladen‹ unter der Perspektive der *mouvance*.

nach einem bestimmten Muster zu wiederholen, schafft die Voraussetzug für Homoioteleutonfehler und Vertauschungen von Redebeiträgen.[22] In ›Meister Eckhart und der arme Mensch‹ sowie ›Meister Eckharts Tochter‹ sind es bestimmte Aussagen, die aufgrund inhaltlicher Spannungen oder der Nähe zu anderen bekannten Theoremen Anlass zu Eingriffen in den Text geben. In diesem Sinn ist *mouvance* nicht nur als etwas zu verstehen, was gewissermaßen über den Text kommt, sondern auch als Entfaltung eines Potentials, das er durch seine Gattung, seine Struktur, seine Sprache und seine Inhalte selbst in sich trägt. In Umkehrung des bekannten Gedankens, dass die Varianz ein Schlüssel zu einem Text sei, kann man also auch den Text als Schlüssel zu seiner Varianz begreifen.

An der Frage, wie mit der *mouvance* nun konkret umzugehen sei, scheiden sich *New Philology* und Überlieferungsgeschichte. Dem erstgenannten Ansatz zufolge sind die Aggregatszustände der Texte als Ausformungen einer »récriture incessante«[23] gleichrangig nebeneinanderzustellen, um sie bestenfalls zu vergleichen, nicht aber um sie in eine genealogische Ordnung zu bringen. In diesem Sinn fordert CERQUIGLINI: »L'analyse doit être comparative, et non pas archéologique. Et ceci d'autant plus que l'archéologie réduit à l'unique ce qui prend sens de sa différence.«[24]. Dazu sind zwei kritische Bemerkungen anzubringen: Zum Ersten bedeutet ›Textarchäologie‹ zu betreiben nicht, Bedeutung zu reduzieren, sondern, sofern sie überzeugend gelingt, Bedeutung überhaupt erst erkennbar zu machen. Varianten werden dabei aus einem unverbindlichen Nebeneinander in ein relationales Nacheinander überführt[25] und gewinnen dabei mitunter dialogische Qualität: Eine Lesart folgt gewissermaßen als Reaktion, als Antwort auf eine vorausgegangene Lesart und verstärkt sie, berichtigt sie, führt sie fort, interpretiert sie, füllt eine Leerstelle, löst eine Spannung auf und was darüber hinaus an Verhältnisbestimmungen denkbar ist. Zum Zweiten hieße die Ablehnung jeglicher ›Archäologie‹ die Gestalt der Texte nicht ernst zu nehmen: Denn *mouvance* greift nicht nur in das bloße Material der Texte, sondern auch in ihre Tiefenstruktur ein, verändert ihre Kohärenz und hinterlässt

---

22 Zur Beschaffenheit eines Textes als Bedingung für seine *mouvance* vgl. auch die Darlegungen zu ›Meister Eckharts Wirtschaft‹, S. 359–362.

23 CERQUIGLINI, Éloge, S. 111.

24 CERQUIGLINI, Éloge, S. 68. Vgl. zu diesem Zitat auch FLEISCHMAN, Discourse of the Medieval Text, S. 25. Die große Kluft zwischen den Positionen macht ein Zitat von STEER sichtbar, das sich geradezu als expliziter Widerspruch zu CERQUIGLINI und FLEISCHMAN liest: »Die Textform, die letztlich als Fassung angesprochen werden kann, muss in textarchäologischer [Hervorhebung von STEER] Feinarbeit aus dem Chaos der Varianten eines Textes herausgelöst werden« (DERS., Textkritik und Textgeschichte, S. 117).

25 Hier ist an die Forderung STEERS zu erinnern, bei der Edition eines ›unfesten‹ Textes »zunächst einmal die ›Unfestigkeit‹ des Textes in seine Geschichte aufzulösen« (DERS., Textgeschichtliche Edition, S. 38).

dabei ihre ganz eigenen Spuren: Dopplungen, Stilwechsel, plötzliche Sprünge in der Gedankenfolge und Brüche mit vorgängigen Mustern, um nur einige mögliche Erscheinungsformen zu nennen. Gerade die hier zu besprechenden Dialoge zeichnen sich durch eine jeweils eigene Struktur aus, die man sich bei der textgeschichtlichen Untersuchung zu Nutze machen kann: Sie bildet eine Folie, vor der Fehler im Abschreibeprozess als solche erkennbar werden – etwa der Ausfall von strukturell notwendigen Segmenten als Folge von Homoioteleutonfehlern – und vor der Zusätze deutlich als Fremdkörper herausstechen. So kann man auch ohne Kontrollüberlieferung und Quellen durchaus Kriterien gewinnen, die eine Einstufung von Lesarten als primär oder sekundär ermöglichen und rechtfertigen.[26]

Die Kurzdialoge bringen also die nötigen Voraussetzungen mit, um an ihnen die Möglichkeiten einer diachronen Analyse im Sinne der Überlieferungsgeschichte zu erproben. Ziel dieses Unterfangens soll es nicht sein, eine Textform als besonders ursprünglich herauszustellen und ihr gegenüber andere abzuwerten, sondern eine Genealogie des Textes zu entwickeln, eine Text-Geschichte im eigentlichen Sinn des Wortes. Als Ideal einer Neuedition der Kurzdialoge soll demnach gelten, den Text »im Prozess seiner historischen Ausformung«[27] zugänglich zu machen. Dies kann nur soweit gelingen, wie es die Überlieferung als Materialbasis zulässt, und die Untersuchung der Dialoge wird letztlich auch ein Spiegel für die Möglichkeiten und Grenzen solcher Analysen sein: Eine etappenreiche, aber relativ klar nachvollziehbare Textgeschichte im Fall von ›Meister Eckhart und der arme Mensch‹ und ein bestenfalls punktuell und grob entwirrbares Nebeneinander von Redaktionen im Fall von ›Meister Eckharts Wirtschaft‹ bilden die beiden Pole. *Mouvance* zu bewältigen kann also sowohl heißen, eine diffuse Überlieferungslage als solche ernst zu nehmen, als auch die ihr inhärenten Strukturen herauszuarbeiten und nach adäquaten Darstellungsmöglichkeiten für beide Szenarien zu suchen.

---

26 Man wird einwenden können, dass die Methode, Textstrukturen als Mittel zur Qualifikation von Varianten zu nutzen, letztlich auf einer apriorischen Annahme beruht (wie man es auch den klassischen textkritischen Argumenten der *lectio brevior* und der *lectio difficilior* vorhalten könnte): der Annahme, dass am Anfang eines Tradierungsprozesses eine integre Textstruktur steht, die durch bewusste und unbewusste Eingriffe mehr und mehr verunklart wird. Wäre nicht auch der umgekehrte Prozess denkbar, dass also anfangs nur angedeutete oder partiell realisierte Strukturmuster im Lauf der Überlieferung erkannt und deutlicher herausgearbeitet oder vervollständigt werden? Das so getroffene Urteil wird also immer ein Wahrscheinlichkeitsurteil bleiben, das nach Möglichkeiten durch weitere Faktoren abzusichern ist: Alter und regionale Verteilung der entsprechenden Überlieferungsträger, inhaltliche Kohärenz, Herkunftsnachweise für einzelne Textblöcke und ähnliches mehr. Hier sehe ich letztlich auch die Verantwortung des Philologen, aus seiner Kenntnis der Überlieferung heraus ein entsprechendes Urteil zu fällen und sich damit der fachwissenschaftlichen Diskussion zu stellen.

27 Steer, Textkritik, S. 119.

Als Orientierung für die Editionen der nachfolgenden Kapitel gilt: Maßgeblich ist im Sinn einer überlieferungsgeschichtlichen Editionspraxis die Arbeit nach dem Leithandschriftenprinzip, wobei die Leithandschriften jeweils so ausgewählt sind, dass sie einen bestimmten Aggregatszustand des Textes repräsentieren. Die ausgewählten Aggregatszustände dürfen deswegen ein besonderes Interesse für sich beanspruchen, weil sie beispielsweise mit ihren Varianten für das historische Verständnis des Textes besonders aufschlussreich sind, weil sie einen sprachgeographischen Raum dominieren, weil sie einen wichtigen Schritt in einer längeren Entwicklungsgeschichte eines Textes markieren oder rezeptionsgeschichtlich von Bedeutung sind. Um die *mouvance* für die Benutzung durch den Exegeten aufzubereiten, wird gegebenenfalls auf die Darstellungsform der Synopse zurückgegriffen: Sie kann sowohl das Nebeneinander unabhängiger Redaktionen festhalten,[28] wie auch textgenetische Prozesse sichtbar machen.[29] Jeder Edition geht eine Untersuchung der Handschriftenverhältnisse und ein zusammenfassendes Stemma voraus, die dem Benutzer Auskunft über den Ort der Leithandschrift im Überlieferungsprozess und Anhaltspunkte zur Wertung der Varianz geben, in keinem Fall aber zur Rekonstruktion eines Originals oder idealtypischer Redaktionsstufen[30] herangezogen werden. Infolge der Kürze der Dialoge ist die textliche Materialbasis bisweilen zu schmal, um die Handschriftenrelationen bis ins letzte Detail festlegen zu können. In solchen Fällen wird unter Hinweis auf die Problematik auf weiterführende Differenzierungen verzichtet.

## 2.2 Mouvance *der Mitüberlieferung*

Einen Text in seiner historisch bezeugten Gestalt ernst zu nehmen, bedeutet auch, das Einzelstück als Teil eines vorgegebenen Überlieferungskomplexes

---

28 Vgl. dazu die synoptische Edition von ›Meister Eckharts Wirtschaft‹ S. 382–393.

29 Vgl. dazu die synoptisch-textgenetische Darstellung des Dialogs ›Der arme Mensch‹ S. 181–189.

30 Ein Beispiel für diesen Editionstypus ist die Edition der ›Rechtssumme‹ Bruder Bertholds, bei der der »editorische Schnitt [...] in der ›Mitte‹, auf der Ebene der Redaktionen« (Steer, Textgeschichtliche Edition, S. 46) angesetzt wurde. Die Neuedition der Kurzdialoge versucht dem einerseits nahe zu kommen, indem nach Möglichkeit der ›redaktionsnächste‹ Textzeuge als Leithandschrift gewählt wurde. Der textgenealogische Zusammenhang der so gewählten Leithandschriften und der dazu angegebenen Varianten, den Steer bei dieser Editionsform vermisst (ebd.), ist über das Stemma und die Untersuchung der Handschriftenfiliation herstellbar. Andererseits wahrt das Leithandschriftenprinzip die Historizität des Editionstextes und umgeht die risikobehafteten Rekonstruktionsversuche, die mit einem »sekundär auktorialen Prinzip« (Mertens, Zum wissenschaftlichen Werk von Kurt Ruh, S. 56, über die ›Rechtssumme‹-Edition) immer noch verbunden sind.

zu behandeln.[31] Eine solche Einbeziehung der Mitüberlieferung kann unter verschiedenen Zielsetzungen erfolgen, unter denen die Frage nach den Leitprinzipien der Textzusammenstellung besonders prominent ist: Lag dem Verantwortlichen an einem bestimmten Autor, an einer Gattung, an bestimmten Themen, an Gebrauchstexten für einen bestimmten Zweck und so fort. Methodisch gilt es dabei gerade auf die Aspekte eines Stückes zu achten, die mit anderen Texten des Verbandes in Korrelation gesetzt werden können.[32] In vielen Fällen mag uns eine solche hermeneutische Vermittlung von Einzelstück und Textverband – BURKHARD HASEBRINK spricht auch von der »diskurssteuernde[n, Anm.] Funktion der Mitüberlieferung«[33] – dem Textverständnis der historischen Rezipienten näher bringen als forschungsgeschichtliche Vorannahmen. Darüber hinaus lässt sich eine Untersuchung der Mitüberlieferung auch für textkritische Fragestellungen fruchtbar machen, denn manch eine Variante geht auf ein generelles, nur aus der Summe der Texte erkennbares Bearbeitungsprinzip zurück und kann auch nur aus dieser übergeordneten Perspektive richtig beurteilt werden.[34]

Eine solche Auswertung der Mitüberlieferung ist in der überlieferungsgeschichtlichen Forschung fest verankert und hat ihre Leistungsfähigkeit in entsprechenden Einzelstudien bereits hinlänglich erwiesen.[35] Besonderes Interesse haben in diesem Zusammenhang vor allem Mären-, Exempel- und Predigtsammlungen sowie Epik- und Lyrikhandschriften gefunden, aus denen man ein bestimmtes Gattungsbewusstsein oder thematisches Interesse abstra-

---

31 So etwa KORNRUMPF: »Zu jedem Text gehört der Kontext, in dem er überliefert ist« (DIES., Handschriftenkataloge und Überlieferungsgeschichte, S. 18). Die Forderung nach Berücksichtigung der Mitüberlieferung wurde bereits im Jahr 1888 von KONRAD BURDACH erhoben (DERS., Vorspiel, S. 98 f.) und seitdem vielfach wiederholt und eingelöst. Vgl. dazu die in den folgenden Anmerkungen genannte Literatur.

32 Dies führt beispielsweise die Studie von CHRISTOPH GERHARDT über Konrads von Würzburg ›Der Welt Lohn‹ vor (vgl. DERS., ›Der Welt Lohn‹, S. 385–387).

33 HASEBRINK, Der Rebdorfer Eckhartkommentar, S. 216.

34 Vgl. WESTPHAL, Sammelhandschrift, S. 693. Ein Beispiel aus der geistlichen Literatur ist die Predigtsammlung ›Paradisus anime intelligentis‹, in der das übergeordnete Redaktionsprinzip, die Betonung des *intellectus* in dominikanischer Tradition und mitunter sogar gegen den ›Hauptprediger‹ Eckhart, als solches erst aus der Zusammenschau der Texte erkenn- und philologisch auswertbar wird (vgl. dazu LÖSER, Einzelpredigt und Gesamtwerk, S. 56–60, und HASEBRINK, Dialog der Varianten.). Gleiches gilt für den Laienbruder Lienhart Peuger, der ein Corpus von Eckhartpredigten für seine Mitbrüder im Kloster Melk bearbeitet und dabei eine durchaus planvolle und deshalb textkritisch nutzbare Vorgehensweise an den Tag legt (vgl. Näheres bei LÖSER, Meister Eckhart in Melk, S. 273–302).

35 Einen Überblick über Möglichkeiten und Zielsetzungen der Untersuchung von Überlieferungssymbiosen gibt HELMUT WECK in seiner Studie zur ›Rechtssumme‹ Bruder Bertholds (vgl. DERS., Rechtssumme, S. 257–265).

hieren konnte.[36] Die Arbeit mit den geistlichen Sammel- oder Miszellenhandschriften[37], in denen die mystischen Kurzdialoge überliefert sind, stellt aber vor ganz eigene Herausforderungen: Sie zeichnen sich durch äußerst heterogene Textensembles aus, die verschiedenste Gattungen – Predigten, Exempel, Traktate, Gebete – und verschiedenste Inhalte – Katechese, Sakramentenlehre, Messauslegungen, Mystik, Marien- und Passionsfrömmigkeit – vereinen können und ihre Einheitlichkeit in erster Linie aus dem Gebrauch im Rahmen der individuellen Frömmigkeitspraxis beziehen. Damit haben diese Handschriften einen denkbar weit gefassten Gegenstand, der anders als die ›schöne‹ Literatur oder die zweckgebundene Gebrauchsliteratur keinem bestimmten Teilbereich des Lebens zuordenbar ist, sondern von seinem Selbstverständnis her das Leben als Ganzes durchdringen möchte und in den vielfältigen religiösen und semi-religiösen Lebensmodellen des Spätmittelalters auch durchdrungen hat. Heterogenität ist so betrachtet geradezu ein notwendiges Charakteristikum einer geistlichen Sammelhandschrift und ihrem Gegenstand in höchstem Maße angemessen.

Obwohl Handschriften dieses Typs den mit Abstand größten Teil der volkssprachlichen Literaturproduktion des Spätmittelalters ausmachen,[38] fehlt es an ausführlichen Studien zum adäquaten Umgang mit ihnen als historischen Objekten und als Überlieferungsträger einzelner Texte. Die nachfolgenden Überlegungen beziehen sich mit einigen notwendigen Verallgemeinerungen auf die Textzeugen der zu untersuchenden Kurzdialoge, die im Rahmen der nachfolgenden Editionen beschrieben werden und in ihrer nicht zu geringen Zahl eine gewisse Basis für einige prinzipielle Beobachtungen bieten.

Vor allem ein Aspekt stellt die überlieferungsgeschichtliche Arbeit an den mystischen Kurzdialogen vor eine besondere Herausforderung: Die ›Unfestigkeit‹ der Mitüberlieferung oder, in Übertragung eines bereits gebrauchten Begriffes von der Ebene des Einzeltextes auf die Ebene der Textgemeinschaften, die

---

36 Es seien hier beispielhaft einige Untersuchungen genannt: Für die Märendichtung: FISCHER, Märendichtung, und MIHM, Mährendichtung; für die Exempelliteratur neuerdings: STUDER, Exempla im Kontext; für die Epik: BECKER, Handschriften und Frühdrucke mittelhochdeutscher Epen. Für die Sammlung des ›Paradisus anime intelligentis‹ als Beispiel aus der Predigtüberlieferung vgl. die unter Anm. 34 auf S. 49 genannte Literatur.

37 Diese Differenzierung geht auf HUGO KUHN zurück, der zwischen den an Gattungen orientierten Sammelhandschriften und den thematisch und formal breit gefächerten Miszellenhandschriften unterscheidet (DERS., Versuch einer Literaturtypologie, S. 263 f.). In diesem Sinn könnte man einen Großteil der Textzeugen der mystischen Kurzdialoge unter dem – allerdings wenig gebräuchlichen – Terminus der ›Miszellenhandschrift‹ fassen.

38 Nach Schätzungen von RUH beträgt der Anteil der geistlichen Prosa etwa 70%–80% der gesamten Literaturproduktion des späten Mittelalters, in den Niederlanden womöglich noch mehr (DERS., Geistliche Prosa, S. 565).

*mouvance* der Mitüberlieferung.[39] Dieses Phänomen gilt es mit einem Blick auf die Entstehungs- und Benutzungszusammenhänge dieser Handschriften zu explizieren.

Geistliche Sammelhandschriften werden in aller Regel von einem unbekannten Kompilator – oder mehreren unbekannten Kompilatoren – zur religiösen Unterweisung und Erbauung für ein heute nur noch in Umrissen erkennbares Zielpublikum zusammengestellt.[40] Die Variationen dieses Szenarios sind vielfältig: Kompilator und Adressat können identisch sein. Oft sind die Handschriften erst nach und nach aus selbstständigen Faszikeln zusammengewachsen,[41] für die die Frage nach Kompilator und Adressat jeweils eigens zu stellen wäre, und natürlich wechselt das Lesepublikum im Lauf der Handschriftengeschichte. Kolophone und Besitzeinträge erlauben zwar eine gewisse historische Verortung, doch auch ihre Auswertung ist mit Problemen behaftet: Beziehen sie sich auf eine Handschrift als Ganzes oder nur auf einen Teil, auf den Erstbesitzer oder einen späteren Eigentümer und so fort. Die Personen, die im Fall von kostenintensiven Handschriftenprojekten als Auftraggeber, Sammler, Redaktor, Schreiber oder intendiertes Publikum bisweilen konkret greifbar sind, bleiben hier weitgehend im Dunkeln.

Genauso undurchsichtig wie die historischen Entstehungszusammenhänge geistlicher Sammelhandschriften sind oft auch die Prinzipien, die bei ihrer Textzusammenstellung leitend waren.[42] Im Unterschied zu Epik- oder Lieder-

---

39 Auf das grundlegende Problem, dass zwei Texte in einer Handschrift natürlich auch zufällig nebeneinander zu stehen kommen können und daher nicht ohne Weiteres als Überlieferungssymbiose interpretiert werden sollten, wiesen bereits MIHM (DERS., Mährendichtung, S. 118) und WECK (DERS., Rechtssumme, S. 262) hin. Um die vielfach singulären Überlieferungsgemeinschaften doch auswerten zu können, veranschlagen beide Autoren eine Typologie (etwa ›überliefert im Kontext von weltlicher Prosa oder höfischem Roman‹).

40 Das betrifft vornehmlich den Versuch, geistliche Prosa einem klösterlichen oder nicht-klösterlichen Publikum zuzuweisen. SCHNEIDER betont, dass gerade die Handschriften der Erbauungsliteratur eine solche Unterscheidung, sowohl was die Seite der Produzenten als auch die der Rezipienten betrifft, in aller Regel nicht gestatten (vgl. DIES., Handschriften aus bayerischen Klosterbibliotheken).

41 Mit der Feststellung, dass mehrere Faszikel zu einer Handschrift zusammengebunden sind, geht oft die Forderung einher, nur diese ehemals selbstständigen Einheiten als Überlieferungsgemeinschaften zu analysieren. Dagegen weist MIHM zurecht darauf hin, dass das Zusammenbinden mehrerer Faszikel dieselben Beweggründe haben kann wie die Zusammenstellung von Texten und sie in diesem Sinn als sekundäre Überlieferungsgemeinschaften durchaus ernst zu nehmen sind (DERS., Mährendichtung, S. 126, und im Anschluss auch WECK, Rechtssumme, S. 260 f.).

42 Vgl. VIZKELETY, Aspekte spätmittelalterlicher Sammelhandschriften, S. 385 f., und den Diskussionsbericht zu SCHIEWER, Weiterwirken mystischen Gedankenguts, S. 600 f., mit Bemerkungen über die fehlende Kohärenz volkssprachlicher Kompilationen. Die nachfolgenden Ausführungen zeigen, dass das Merkmal fehlender Kohärenz auch geistliche Sammelhandschriften als Ganzes betrifft.

handschriften dürfte in vielen Fällen nicht das Interesse an und die Suche nach bestimmten Texten ausschlaggebend gewesen sein – bei der oft unüberschaubaren Masse anonymer, kaum bekannter Kurztexte scheint das zumindest wenig wahrscheinlich –, vielmehr schöpften der oder die Verantwortlichen aus dem gerade verfügbaren Textmaterial und wählten aus, was Interesse und Bedarf entsprach. Eine anschauliche Beschreibung für die Entstehung einer solchen Handschrift liefert die ›Vita‹ Heinrich Seuses, als von der Sammel- und Schreibpraxis der Nonne Elsbeth Stagel, Seuses Beichttochter, die Rede ist:

> *Alle ir fliz waz stellen nah geischlicher lere, mit der si mǒhte gewiset werden zů einem seligen volkomen lebene, dar na ellú ir begirde rang. Si screib an, wa ir út lustliches werden mohte, daz si und endrú menschen gefúrdren mohte zů gǒtlichen tugenden. Si tet als dú gewirbigú binlú, dú daz sůss hong uss den menigvaltigen blůmen in tragent.*[43]

Elsbeth Stagel folgt bei der Zusammenstellung ihrer Handschrift, wie Seuse es hier beschreibt, weder einem thematischen oder gattungstypologischen Selektionsprinzip noch legt sie Wert auf eine bestimmte Anordnung der Texte. Wenn ein Text Aufnahme in die Sammlung findet, dann weil er in den Augen der Redakteurin eine bestimmte Funktion erfüllt: Er leitet in irgendeiner Form zu einem vollkommenen Leben an. Bei dieser Maßgabe besteht freilich keine Notwendigkeit, die Vorlagen als unantastbare Einheiten zu behandeln. Sie fungieren vielmehr als Materialvorrat, aus dem man sich nach eigenem Gutdünken bedienen kann. Elsbeth Stagels Handschrift entsteht also in einem Zusammenspiel aus gerade verfügbarem Material, persönlichen Interessen und spontanen Entscheidungen.[44] Angesichts eines solch subjektiven Umgangs mit

---

43 Bihlmeyer, Heinrich Seuse, S. 96; eigene Übersetzung: »Ihr ganzer Fleiß war darauf gerichtet, geistliche Lehren zu sammeln, die sie zu einem seligen vollkommenen Leben führen konnten. Danach nämlich verzehrte sich ihr Herz. Sie schrieb alles auf, was sie Wertvolles entdeckte, das ihr und anderen Menschen dabei helfen konnte, göttliche Tugenden zu erlangen. Sie tat es den fleißigen Bienen gleich, die den süßen Honig aus vielerlei Blumen zusammentragen.« Einen anderen Hinweis auf die Schreibpraxis seiner Zeit gibt Seuse in der Vorrede des ›Exemplar‹, der von ihm selbst verantworteten Gesamtausgabe seiner Werke, die er unter anderem als Reaktion auf gewisse Gefahren des handschriftlichen Überlieferungsprozesses zusammengestellt hat: *Wan aber daz selb bůchli und etlichú me siner bůcher nu lange in verren und in nahen landen von mengerley unkunnenden schribern und schriberin ungantzlich abgeschriben sind, daz ieder man dur zů leite und dur von nam nach sinem sinne, dar umb hat sú der diener der ewigen wisheit hie zů samen gesezzet* (a. a. O., S. 4; eigene Übersetzung: »Dieses Buch wie auch andere Bücher von ihm wurden über einen langen Zeitraum nah und fern von vielen ungelehrten Schreibern und Schreiberinnen mit wenig Sorgfalt abgeschrieben, wobei ein jeder dazufügte und wegließ, wie ihm der Sinn stand. Aus diesem Grund hat sie der Diener der ewigen Weisheit hier zusammengestellt.«). Weitere Beispiele für vergleichbare Aussagen zur Herstellung geistlicher Sammelhandschriften bietet Spamer, Zersetzung und Vererbung, S. 22.

44 Diese offene Form der Entstehung von Handschriften ist vor allem im geistlichen Bereich häufig anzutreffen und mag auf den ersten Blick einen gewissen Kontrapunkt zu

den Vorlagen insgesamt verwundert es nicht, wenn auch der konkrete Einzeltext ganz dem Gestaltungswillen des Redaktors unterworfen ist: Genausowenig wie ein vorliegendes Textensemble gilt der Einzeltext als verbindlich und im einen wie im anderen Fall können dieselben Arbeitstechniken der Selektion, der Kompilation und der Umgestaltung angewandt werden.

Ebenso wie die Produktion geistlicher Sammelhandschriften stellt auch ihre Rezeption vor Probleme: Es gibt keine gesicherten Ansichten darüber, wie man sich Art und Weise der Lektüre eines solchen Buches vorzustellen hat, ob sein Inhalt fortlaufend oder selektiv gelesen wurde, ob man sich an bestimmten (liturgischen) Anlässen orientierte oder wahllos Texte herausgriff. Aber konstituiert nicht erst die Lektürepraxis tatsächliche Text- und Verstehensgemeinschaften? Ein Indiz dafür, dass ein mittelalterlicher Leser tatsächlich eine Verbindung zwischen einem Einzeltext und seiner Mitüberlieferung herstellte und auch für wichtig hielt, wäre – von expliziten Lektürehinweisen abgesehen[45] – die Tatsache, dass dieser Überlieferungsverbund sich in mehreren Handschriften wiederfinden ließe.[46] Im Fall der hier behandelten Kurzdialoge aber gibt es selbst bei den stemmatisch eng zusammengehörenden Textzeugen in dieser Hinsicht keine Übereinstimmungen und so deutet alles darauf hin, dass sie als in sich geschlossene Einheiten verstanden und behandelt wurden.[47]

Aus der *mouvance* der Mitüberlieferung ist als Konsequenz für die weitere Arbeit zu ziehen: Die Kurzdialoge sind, von wenigen besonders herauszustellenden Einzelfällen abgesehen, aus sich selbst heraus zu deuten, weil die Mitüberlieferung angesichts ihrer permanenten Fluktuation offenbar keine konstitutive Rolle für ihr Verständnis gespielt haben kann.

---

Fischers These bilden, dass Sammelhandschriften »in der Regel unter bestimmten Symbiosegesetzen« stehen (ders., Märendichtung, S. 89). Die Spannung lässt sich aber auflösen, wenn man nicht nur literarische Gesichtspunkte – Autor, Gattung und ähnliches – sondern auch außerliterarische – etwa eine bestimmte lebensweltliche Funktion – als Symbiosegesetze gelten lässt.

45 Dafür lassen sich aus dem Bereich der hier behandelten mystischen Kurzdialoge nur wenige Beispiele gewinnen. Sie betreffen den Dialog ›Meister Eckhart und der arme Mensch I‹ in den Textzeugen BT (vgl. S. 199–201) und W12 (vgl. S. 196 f.).

46 Ein Rückschluss von der Schreib- auf die Lesepraxis könnte sich darauf stützen, dass Schreiber gerade im klösterlichen und privaten Kontext in aller Regel auch Leser waren (vgl. Westphal, Sammelhandschrift, S. 692 f.).

47 Ähnlich gestaltet sich die Überlieferungslage im Fall der mittelhochdeutschen Übersetzungen der Werke Bonaventuras, die Ruh grundlegend aufgearbeitet hat. Diese Texte erscheinen »in allen Nachbarschaften, die sich im Umkreis geistlicher Literatur denken lassen« (ders., Bonaventura deutsch, S. 299) und Ruh folgert daraus, dass der wirkmächtige Franziskaner »im Bewusstsein der Schreiber und Leser nicht als spezifischer Vertreter eines bestimmten Ordens und einer bestimmten theologischen Richtung betrachtet wurde« (a. a. O., S. 301).

### 2.3 Mouvance *als Herausforderung für die Textexegese*

Oft genug beschränkt sich die Debatte über das Problem der *mouvance* allein auf den Bereich der Edition und spart jene Fragestellungen aus, die in Folge der *mouvance* eine besondere Herausforderung für den Exegeten darstellen. Wenn sowohl der Text selbst als auch die Mitüberlieferung als eine essentielle Informationsquelle unfest sind, wie lassen sich dann methodisch gesicherte Erkenntnisse über diesen Text gewinnen? Jede Form der Deutung, gleich ob sie Entstehungszusammenhänge, Rezeption oder inhaltliche Aspekte zum Gegenstand hat (und letztlich müssen diese Bereiche auch zusammengesehen werden), muss sich zuallererst danach richten, was auf philologischem Weg über das Textmaterial ermittelt werden konnte. Wo sich – wie im Fall des Dialogs ›Meister Eckhart und der arme Mensch‹ – eine kontinuierliche Textentwicklung rekonstruieren lässt, ist der weiteren Arbeit die Richtung gewiesen: An der Textgeschichte entlang kann, soweit es die verfügbaren Daten zulassen, der Weg des Dialogs von seinen räumlichen, zeitlichen und sozialen Ursprüngen durch verschiedene Rezeptionsstadien nachgezeichnet werden. In diesem Fall können nachfolgende Fassungen inhaltlich einer doppelten Lektüre unterzogen werden: Aus der in aller Regel begrenzten Sicht der historischen Rezipienten stellt jede Ausformung eines Textes eine in sich geschlossene Sinneinheit dar, die sinnvoll für sich gedeutet werden kann und muss. LÖSER bemerkt dazu: »Dem mittelalterlichen Leser oder gar Hörer war – anders als uns – die *mouvance* des Textes nicht präsent. Er hatte es mit e i n e m Text zu tun.«[48] Mit Hilfe einer textgenetischen Edition kann der Exeget aber auch den Standpunkt der jeweiligen Redaktoren einnehmen und eine bestimmte Fassung als literarische Reaktion auf eine vorausgehende interpretieren. Wenn auch von Fall zu Fall eine der beiden Zugangsweisen ertragreicher sein wird als die andere, so bilden sie doch ein sinnvolles Ganzes und können nur zusammen das Bedeutungspotential eines Textes ans Licht bringen.

Wo die Überlieferungslage eine klare Rekonstruktion der Textgeschichte verwehrt – ›Meister Eckharts Tochter‹ und ›Meister Eckharts Wirtschaft‹ sind die beiden Beispiele dafür – hängen wesentliche Grundannahmen über einen Text oft von einzelnen unsicher bezeugten Lesarten ab. Was in so einem Fall etwa die Einordung in bestimmte Entstehungskontexte anbelangt, empfiehlt es sich, auf die Darstellung verschiedener Szenarien auszuweichen und die textkritischen Bedingungen festzuhalten, unter denen sie Geltung beanspruchen können. Um die *mouvance* des Textes im Hinblick auf seine inhaltliche Deutung zu bewältigen, schlägt ALBRECHT HAUSMANN einen ›offenen‹ Interpretationstyp vor: Ein stabil überlieferter Kerntextbestand wird zur Varianz in Bezug gesetzt, wobei auf eine textkritische Einordnung dieser Varianz bewusst

48 LÖSER, Postmodernes Mittelalter?, S. 220.

verzichtet wird. Am Beispiel von Laudines Kniefall in Hartmanns von Aue ›Iwein‹ führt er vor, wie sich durch ein Spiel mit verschiedenen Überlieferungsszenarien grundlegende Aporien aufdecken lassen, die seiner Meinung nach für die Integrität eines Textes zentraler sind als ein bestimmter Wortlaut. Die Varianz wäre damit zum Signum für die Festigkeit des Textes umgedeutet.[49] Ein solches Verfahren wird vor allem an ›Meister Eckharts Tochter‹ zu erproben sein.

In jedem Fall verlangt eine gründliche Exegese bei diesen wie bei allen Texten die Auswertung einer Vielzahl von Informationsquellen, die hier abschließend nur noch angesprochen seien – da es sich durchweg um etablierte Verfahren handelt, kann auf eingehende Beschreibungen verzichtet werden: Im Sinne überlieferungsgeschichtlichen Arbeitens werden die Handschriften in verschiedenster Hinsicht auszuwerten sein, angefangen von ihrer räumlichen und zeitlichen Distribution über Besitzvermerke und Nachweise in Bibliothekskatalogen bis hin zu konkreten Rezeptionshinweisen wie Überschriften, Unterstreichungen und Randglossen.[50] Ebenso wertvoll sind intertextuelle Bezüge, die die mystischen Kurzdialoge aus ihrer literarischen Isolation herausheben und erlauben, das gesammelte Wissen über andere Texte auch für sie fruchtbar zu machen. Die Methoden werden in den nachfolgenden Untersuchungen zweckmäßigerweise nicht für sich durchexerziert, sondern sind den jeweiligen Erkenntniszielen zu- und untergeordnet.

---

49 Vgl. HAUSMANN, Laudines Kniefall, S. 86–93. HAUSMANN hat hier einen glücklichen Fall vor Augen, in dem sich Varianz tatsächlich als Hinweis auf die oder zumindest eine zentrale Problemstellung eines Textes deuten lässt. In vielen anderen Fällen wird Varianz eher zu divergierenden Deutungperspektiven oder zu einer additiven Erweiterung des ursprünglichen Bedeutungspotentials in andere Richtungen führen.

50 Zu Handschriften als Informationsträger vgl. etwa die knappe Zusammenfassung bei GRUBMÜLLER, Gegebenheiten deutschsprachiger Textüberlieferung, S. 314 f.

## 3. Der Kurzdialog ›Meister Eckharts Tochter‹ – Entwurf einer entgrenzten Identität

Der Dialog ›Meister Eckharts Tochter‹ inszeniert die Begegnung des Dominikaners Eckhart mit einer *tohter,* einer Frau, die über sich selbst nur weiß, was sie nicht ist. Ihr ist ein Identitäts- und Seinskonzept eingeschrieben, das nicht auf Unterscheidbarkeit und Unterschiedenheit von anderen Geschöpfen, sondern auf der Einheit mit ihnen beruht.

Der Text ist in 13 Handschriften und einem Druck aus dem mittelhochdeutschen und zwei Handschriften aus dem mittelniederländischen Sprachraum überliefert. Sein heute gebräuchlicher Titel ist durch den Inhalt des Stückes selbst, aber auch durch die Titelgebung in einigen Handschriften abgesichert und gerechtfertigt.[1]

### *3.1 Textkonstitution*[2]

Zur bisherigen Editionslage und Begründung einer Neuedition: Bisher ist der Dialog ›Meister Eckharts Tochter‹ in zwei Ausgaben zugänglich: Die bekanntere, die auch stets als Grundlage für die Auseinandersetzung mit dem Text in der Forschung herangezogen wurde, ist der Abdruck bei PFEIFFER in seinem zweiten Band der ›Deutschen Mystiker‹ als Spruch Nr. 69.[3] Der Text ist dort wortgetreu nach der Handschrift Stuttgart, Württembergische Landesbibliothek, Cod. theol. et phil. 2° 283 (St7) wiedergegeben,[4] wobei auf zwei Problemstellen hinzuweisen ist: Möglicherweise infolge eines Homoioteleutons übergeht PFEIFFER die Auslegung des Attributs ›Herr‹ (vgl. die Neuedition S. 90, Z. 59 f.), so dass die Struktur des Textes – eine Aufzählung von neun Attributen, denen neun deutende Kommentare entsprechen – nur noch unvollständig zu erkennen ist. Zudem lässt er das zwischen *lautersten* und *menschen* eingeschobene Adjektiv *demůtigesten* aus (vgl. die Neuedition S. 94, Redaktion B, Z. 76 f.), was vielleicht auf eine Unachtsamkeit, vielleicht aber auch auf eine absichtliche Bereinigung des Textes im Sinne eckhartischer Terminologie zurückgehen könnte.

Textgeschichtlich aufschlussreicher, wenngleich nahezu unberücksichtigt geblieben ist SPAMERS Ausgabe in seiner Mystikanthologie ›Texte aus der deut-

---

1 Vgl. in der Edition die Titelgebung der Handschriften P1 auf S. 82, Nr. 1 und St7 auf S. 94, Nr. 79.

2 Für alle nachfolgenden Textwiedergaben aus Handschriften vgl. die Editionsrichtlinien auf S. 78–80.

3 Spr. Pf. 69, S. 625,3–29.

4 Pf., S. X.

schen Mystik des 14. und 15. Jahrhunderts‹[5]. Er legt seinem Text die Handschrift München, Bayerische Staatsbibliothek, Cgm 5249/64 (M31) zugrunde und gibt in einem Apparat die Varianten der Handschriften St7 und Heidelberg, Universitätsbibliothek, Cod. Sal. VIII 77 (He2) bei. Der Vorzug dieser Ausgabe besteht darin, dass sie, wie aber erst die nachfolgende Untersuchung zeigen kann, mit den ausgewählten Textzeugen einen Einblick in die zwei Hauptüberlieferungszweige von ›Meister Eckharts Tochter‹ bietet.

Eine Neuedition ist aus verschiedenen Gründen gerechtfertigt: Beide Ausgaben beruhen nur auf einem Bruchteil der heute bekannten Überlieferung und verzichten – angesichts der großen Menge der jeweils edierten Texte verständlicherweise – auf textgeschichtliche Untersuchungen. Die Herangehensweise einer modernen Editionspraxis, die sich für die Vielfalt der historischen Ausformungen eines Textes interessiert und ihre Dynamik sichtbar zu machen sucht, konnten sie noch nicht im Blick haben.

## Handschriftenbeschreibungen

Der folgenden Liste von Textzeugen – wie auch den entsprechenden Listen in den nachfolgenden Kapiteln – liegt die von Eckhart Triebel auf der Seite www.eckhart.de gebotene Zusammenstellung von Eckharthandschriften zugrunde, die wiederum auf dem von Wolfgang Klimanek erstellten ›Verzeichnis der in DW IV benutzten Textzeugen und Siglen‹[6] beruht. Für ›Meister Eckharts Tochter‹ fand ich die Angaben bei Triebel korrekt, zu ergänzen war allerdings der Frankfurter Taulerdruck. Die verwendeten Siglen entsprechen den in der Eckhart-Philologie gebräuchlichen Siglen dieser Handschriften.

Die Beschreibungen beschränken sich auf grundlegende kodikologische Angaben und gegebenenfalls solche weiterführenden Informationen, die für den zu untersuchenden Text und seine Geschichte von Belang sind. Für ausführlichere Darstellungen sei auf die angegebene Sekundärliteratur verwiesen. Falls vorhanden, wird auch auf Einträge zu den Handschriften in den Datenbanken ›Predigt im Kontext‹, ›Berliner Repertorium der Hymnenhandschriften‹ und ›Handschriftencensus. Eine Bestandsaufnahme der handschriftlichen Überlieferung deutschsprachiger Texte des Mittelalters‹ verwiesen.

Die Reihenfolge der Handschriftenbeschreibungen orientiert sich nicht an der alphabetischen Ordnung der Siglen, sondern an textkritischen Verhältnissen: Filiatorisch zusammengehörende Textzeugen (vgl. S. 70–78) stehen zusammen.

---

5 Spamer, Texte, S. 152–154.

6 Das Verzeichnis ist einsehbar auf der Homepage der Meister-Eckhart-Gesellschaft unter http://www.meister-eckhart-gesellschaft.de/Hss-DW.htm (zuletzt eingesehen am 04.01.2019).

## Gruppe x:

### M31: München, Bayerische Staatsbibliothek, Cgm 5249/64

Papier · 6 Blatt (Fragment) · 146×100 mm · 2. Viertel 15. Jh. · versch. Hände von Schwestern des Katharinenklosters: 1. fol. $1^r$–$2^r$, 2. fol. $2^v$–$5^v$, 3. fol. $6^{r-v}$ · nordbairisch / alemannisch · Nürnberg, Dominikanerinnenkonvent St. Katharina

Inhalt: fol. $1^r$–$2^r$ ›Meister Eckharts Tochter‹; fol. $2^v$–$5^v$ Mariengrüße; fol. $6^{r-v}$ Mönch von Salzburg: G41, lateinisch-deutsche Fassung, unvollständig

Literatur: SCHNEIDER, München 5,8, S. 115 f.; Berliner Repertorium: http://opus.ub.hu-berlin.de/repertorium/browse/manuscript/6417?_bc=S110.S66.S117 [04.01.2019], Handschriftencensus: http://www.handschriftencensus.de/4570 [04.01.2019]

Das Fragment M31, dessen Blätter 1–5 und 6 als nicht unmittelbar aufeinander folgende Einheiten zu unterscheiden sind, war Teil einer Handschrift, die im Bibliothekskatalog des Nürnberger Katharinenklosters unter der Sigle ›N II‹ geführt wird. Heute befindet sich der Hauptteil dieser Handschrift unter der Signatur ›Ms. germ. oct. 137‹ in der Staatsbibliothek zu Berlin – Preußischer Kulturbesitz.[7] Die Eintragung im alten Katalog bietet neben einem expliziten Hinweis auf ›Meister Eckharts Tochter‹ – *wie ein tochter kom zu einem predigcloster*[8] – einige Hinweise zur Entstehungsgeschichte des Codex:

> *Das vor geschriben puch das erst teil hat swester Katherina Tucherin selig in das closter procht und das ander teil haben die swester hynnen geschriben und das III. teil haben uns die swester von Steinpach geschickt oder gegeben.*[9]

SCHNEIDER ordnet die Hand von fol. $1^r$–$2^r$ einer zwischen 1440 und 1450 im Katharinenkloster aktiven anonymen Schreiberin zu, in ihrer Zählung die dritte anonyme Hand.[10] ›Meister Eckharts Tochter‹ wird also mit einer gewissen Sicherheit zu jenem *ander teil* der Handschrift gehört haben. Darüber hinaus ist eine Rekonstruktion des ursprünglichen Überlieferungszusammenhangs des Dialogs nur bedingt möglich: SCHMIDTKE verweist in seiner Beschreibung zu Ms. germ. qu. 1929 der Berliner Staatsbibliothek (B25, vgl. S. 60 f.) darauf, dass in Ms. germ. oct. 137 nach Blatt 195 einige Blätter ausgerissen sind. Damit hätten die Blätter 1–5 mit dem Exempel und den Mariengrüßen ihren ursprüng-

---

7 Vgl. die Beschreibungen der Handschrift bei DEGERING, Verzeichnis III, S. 54–55, sowie PRILLWITZ, ›Barlaam und Josaphat‹, S. 93–95.

8 MBK 3, S. 628.

9 Ebd.; eigene Übersetzung: »Den ersten Teil des gerade beschriebenen Buches hat die selige Schwester Katharina Tucher in das Kloster mitgebracht. Den zweiten Teil haben die Schwestern hier geschrieben und den dritten Teil haben uns die Schwestern aus dem Kloster Schönensteinbach geschrieben oder gegeben.«

10 SCHNEIDER, München 5,8, S. XXV und S. 115.

lichen Platz zwischen einem Traktat über das jüngste Gerichte und einer Neujahrspredigt.[11]

Auffällig sind einige schreibsprachliche Besonderheiten, die auf eine alemannische Vorlage hindeuten könnten: Im Bereich des Haupttonvokalismus stehen neben zahlreichen diphthongierten Formen wie *weip, lauterkait* und *treu* einige scheinbar nicht diphthongierte Formen wie *miner, luͤttersten* und *úch*. Die Normalgraphie für den Diphthong /ou/ ist, wie für das Bairische üblich, <au>: *frawͤ, haubt, lauff*. Die häufige Verdumpfung des Langvokals /a:/ zu /o:/, so in *gon, ston,*[12] *lond, underloz, worer* und anderen Fällen, weist auf oberrheinisches Gebiet. Das nebentonige /ə/ im Auslaut ist durch Apokope weitgehend beseitigt und hält sich nur in der Form *were*. Bairische Anlautverhärtung begegnet einmal bei *prüdern*, sonst stehen im Anlaut aber stimmhafte Konsonanten: *bin, dag, dohter*, wobei vor allem die letzten beiden Beispiele der rheinfränkischen oder südrheinfränkischen Schreibsprache zuzurechnen sind. Konsequent verwendet der Schreiber den alemannischen Einheitsplural auf {-nt} für die 2. Person Plural Indikativ – *ir sint, ir wissent* – und für den Imperativ – *koment, biettent, sprechent*. Es ergibt sich damit eine bairisch-alemannische Mischsprache, die eingedenk der Reformierung des Katharinenklosters durch das elsässische Kloster Schönensteinbach im Jahr 1428 auf eine elsässische Vorlage deuten könnte.

## B25: Berlin, Staatsbibliothek zu Berlin – Preußischer Kulturbesitz, Ms. germ. qu. 1929

Papier · 242 Blatt · 215 x 160 mm · 2. Hälfte 15. Jh. · sechs Hände · nürnbergisch (Becker) / westbairisch (Schnell) · Mödingen, Dominikanerinnenkonvent Maria Medingen

Inhalt: Sammelhandschrift mit Texten zum klösterlichen Leben sowie katechetischen und erbaulichen Schriften; darunter: fol. $1^{r}$–$14^{v}$ Traktat vom Lob klösterlichen Lebens; fol. $15^{r}$–$18^{r}$ Nikolaus von Nürnberg: Predigt zur Einsegnung einer Schwester; fol. $33^{r}$–$98^{v}$ Thomas Peuntner: ›Büchlein von der Liebhabung Gottes‹; fol. $126^{r}$–$162^{v}$ Heinrich von St. Gallen: ›Passionstraktat *Extendit manum*‹; fol. $164^{r}$–$172^{v}$ ›Eine geistliche Geißel‹; fol. $189^{v}$–$190^{r}$ ›Meister Eckharts Tochter‹

Literatur: Becker, Verzeichnis, S. 49–54; Schiller, Augustinus, S. 172; Schmidtke, Geistliche Schifffahrt, S. 118–126; Schnell, Liebhabung Gottes, S. 159–162; Handschriftencensus: http://www.handschriftencensus.de/4555 [04.01.2019]

11 Schmidtke, Geistliche Schifffahrt, S. 121.

12 Zu einer Verdumpfung kann es nur ausgehend von den alemannischen Formen dieser beiden Verben, also von *gân* und *stân*, kommen, nicht jedoch von den bairischen Formen *gên* und *stên*.

Die Zusammenstellung der Texte legt nahe, dass die Handschrift speziell für den Bedarf von Nonnen hergestellt wurde. Zwei Handschriften aus dem Nürnberger Katharinenkloster wurden von SCHMIDTKE mit hoher Wahrscheinlichkeit als unmittelbare Vorlagen identifiziert: Nürnberg, Stadtbibliothek, Cod. Cent VII, 1 (N23), und Berlin, Staatsbibliothek zu Berlin – Preußischer Kulturbesitz, Ms. germ. oct. 137, einschließlich des Fragments M31.[13] Für den Dialog ›Meister Eckharts Tochter‹ kann dieser Befund insofern bestätigt werden, als M31 und B25 einen nahezu identischen Text bieten, B25 aber eine einheitlich bairische Sprachform ohne die Unregelmäßigkeiten von M31 zeigt. Die Entstehung der Handschrift B25 sieht SCHMIDTKE insgesamt im Zusammenhang mit der Reform des Medinger Klosters durch Schwestern aus Pforzheim und Nürnberg in der zweiten Hälfte des 15. Jahrhunderts.[14]

### S4: Salzburg, Stiftsbibliothek St. Peter, Cod. a II 2

Papier · 97 Blatt · 142 × 150 mm · 1471–1489 · 5 Hände · bairisch-österreichisch · Salzburg, Benediktinerinnenkloster St. Peter

Inhalt: fol. 1r–47r Gebete und Gebetsbetrachtungen zu Passion, Wunden Christi, Messe, Maria, Kommunion und anderen Themen; fol. 61r–86r katechetische Texte: Auslegungen der Glaubensbekenntnisse, des Vaterunsers und eine Messerklärung; fol. 86r–87r Fürbitten; fol. 87v–90r Christliche Lebensregel; fol. 90r–94r Traktat über II Tim 2,5; fol. 94r–95r ›Daz geistliche closter der selen von tugenden gemacht‹ (Nonnenfassung); fol. 95v–96v ›Meister Eckharts Tochter‹

Literatur: HAYER, Salzburg S. 7–10; QUINT, Untersuchungen II, S. 43 (mit Abdruck); Handschriftencensus: http://www.handschriftencensus.de/7873 [04.01.2019]

Die Handschrift wurde, so HAYER, für Nonnen geschrieben. Als Schreiber des Dialogs vermutet er Wolfgang Walcher, seit 1490 Beichtvater der Petersfrauen.[15]

13 SCHMIDTKE, Geistliche Schifffahrt, S. 122–125. Dort zeigt SCHMIDTKE noch weitere Verbindungen von B25 zu Nürnberger Handschriften auf.

14 SCHMIDTKE, Geistliche Schifffahrt, S. 125, und ebenso BECKER, Verzeichnis, S. 49.

15 Zu Wolfgang Walcher und seiner Tätigkeit als Übersetzer und Schreiber siehe HÖVER, Walcher, S. 143–148, und KLUETING, Petersfrauen, S. 416–417. KLUETING nennt ›Meister Eckharts Tochter‹ zusammen mit der geistlichen Klosterlehre unter Walchers Übersetzungen aus dem Lateinischen. Für die Existenz einer solchen lateinischen Fassung des Exempels konnten bislang allerdings keine Hinweise gefunden werden und auch der Text von S4 selbst lässt in keiner Weise eine lateinische Vorlage erkennen.

## Gruppe y:

### B9: Berlin, Staatsbibliothek zu Berlin – Preußischer Kulturbesitz, Ms. germ. qu. 1132

Papier · 212 Blatt · 218 x 150 mm · 1. Hälfte 15. Jh. (1430–1450) · eine Hand · ostalemannisch · Buxheim, Kartause

Inhalt: Zahlreiche Predigten Meister Eckharts sowie Predigten, Traktate, Fragen und Sprüche aus seinem geistigen Umfeld; vieles fragmentarisch. Der Dialog ›Meister Eckharts Tochter‹ findet sich auf fol. 62$^r$–63$^v$, davor eine Betrachtung über andächtiges Beten, danach ein Traktat über zweierlei Vernunft.

Literatur: Degering, Verzeichnis II, S. 193–195; Eis / Vermeer, Eckhart-Handschrift Bra1, S. 385–391; Skutella, Beiträge, S. 106 f.; Handschriftencensus: http://www.handschriftencensus.de/11947 [04.01.2019]; Predigt im Kontext: http://pik.ku-eichstaett.de/6030/ [04.01.2019]

Von derselben Hand wie dieser Codex stammt auch die umfängliche Einheit von Eckhartpredigten fol. 55$^r$–162$^r$ in der Handschrift Cologny-Genf, Biblioteca Bodmeriana, Cod. Bodmer. 59 (Bra3).[16] Aufgrund weiterer Schreiberidentitäten, identischem Papier und stemmatischer Verwandtschaften der überlieferten Texte kommen dazu noch die Codices Reading, Universitätsbibliothek, Ms. 137 (Bra2) und Berlin, Staatsbibliothek zu Berlin – Preußischer Kulturbesitz, Ms. germ. fol. 986 (B38), die laut Nigel Palmer zusammen »als eine feste Gruppe angesehen werden können, die ein reges Interesse am Abschreiben mystischer Predigten und Spruchsammlungen des 14. Jahrhunderts [...] bezeugt«[17]. Einen weiteren Beitrag zum Entstehungszusammenhang von B9 liefern Gerhard Eis und Hans Josef Vermeer, die für fol. 74$^r$–106$^r$ dieses Codex eine weitgehende textliche Übereinstimmung mit dem Fragment Heidelberg, Privatsammlung Eis, Hs. 106 (Bra1), festgestellt haben und von einer gemeinsamen Vorlage ausgehen.[18]

Ungeklärt ist nach wie vor die Frage, in welchem Umfeld diese Handschriftengruppe – oder zumindest einzelne Teile von ihr – entstanden sein könnte. Palmer ging zunächst von einem reformierten Frauenkloster aus,[19] erwog in einer späteren Untersuchung aber auch eine kartäusische Provenienz.[20] René

16 Zu Bra3 vgl. Wetzel, Bodmeriana, S. 47–49.

17 Palmer, Rezension Blumrich, S. 122. Die im Folgenden genannten Untersuchungen bieten detaillierte Angaben zu den inneren Zusammenhängen der Handschriftengruppe, die hier nur summarisch benannt werden können.

18 Vgl. Eis / Vermeer, Eckhart-Handschrift Bra1, S. 383–391.

19 Palmer, Rezension Blumrich, S. 122.

20 Palmer, Schwäbische Mystik-Handschriften, S. 612 f.

Wetzel nahm mit Werner Fechter zunächst eine weltliche Werkstatt an,[21] zog später aber ebenfalls die Entstehung in einer Kartause in Betracht.[22]

### G12: St. Gallen, Stiftsbibliothek, Cod. 586

Papier · II + 494 + II Seiten · 225/215 x 155 mm · 1430–36 · eine Hand mit einer Nachtragshand des 15. Jh.s (S. 475 f.) und einer des 15./16. Jh.s (S. 478–491) · ostalemannisch mit mitteldeutschen Einschlägen (Stocker) · wahrscheinlich St. Gallen, Benediktinerinnenkloster

Inhalt: S. 1–62 *Leben sant Gallen*; S. 63–117 *Wunder sant Gallen*; S. 117–175 *Leben sant Magnen*; S. 176–197 *Leben sant Othmars*; S. 198–229 *Wunderzaichen sant Othmars*; S. 231–305 *Leben sant Wybrad*; S. 305–322 *Von den wunderzaichen sant Wibrad*; S. 327–474 *Von den spruchen der altvatter*; S. 475–476 ›Meister Eckharts Tochter‹; S. 478–484 Stücke zum Leiden Christi; S. 485–491 Von der Aufnahme und Mitgift einer Nonne

Literatur: Scarpatetti, St. Gallen I, S. 114–118; Stocker, Colner, S. 12–16; Williams, Vitaspatrum, S. 35*, Illustrierte Handschriften 6,3/4, S. 301–303; Handschriftencensus: http://www.handschriftencensus.de/13379 [04.01.2019]

Im Kolophon auf Seite 322 nennt sich Friedrich Kölner, der zwischen 1430 und 1436 mit einer Gruppe von Mitbrüdern aus dem hessischen Benediktinerkloster Hersfeld die Reform in St. Gallen einführte, als Schreiber der Handschrift.[23] Seine Schreibtätigkeit stand nach Stocker ganz im Dienst der Seelsorge für einen weiblichen Leserkreis.[24] Die von anderen Händen nachgetragenen Texte, unter ihnen ›Meister Eckharts Tochter‹, passen sich gut in das Konzept eines für eine geistliche Frauengemeinschaft bestimmten Buches ein.

›Meister Eckharts Tochter‹ ist in alemannischer Schreibsprache geschrieben, doch fällt die zweimalige Graphie <ai> für mhd. /a:/ bei *hait* und *hain* auf. Vielleicht weist diese Besonderheit auf eine westmitteldeutsche Vorlage oder einen Schreiber aus diesem Gebiet hin, in dem <i> als Längenzeichen verwendet wurde.

---

21 Wetzel, Bodmeriana, S. 47 f., und Fechter, Thalbacher Handschrift, S. 331.

22 Wetzel, Eberhart, S. 323 und S. 324 f. Dort auch Beobachtungen zum inhaltlich-literarischen Profil von B9. Vgl. dazu auch Hopf, Mystik in Schwaben, S. 46–53, mit einer Spezifizierung von Wetzels Überlegungen für den Dialog ›Meister Eckharts Tochter‹ in B9.

23 Zum Wirken Friedrich Kölners in St. Gallen vgl. Näf / Wetzel, die die Handschrift G12 in »reformerischem Sinne« interpretieren (dies., Kölner, S. 334).

24 Stocker, Colner, S. 7.

## P1: Paris, Nationalbibliothek, Ms. allem. 222

Papier · II + 313 Blatt · 220 x 110 mm · um 1430 (Frühmorgen-Voss), 1410–1425 (Mossman / Palmer) · eine Hand (Nemes), zwei Hände: 1. fol. 1r–227r, 2. fol. 227r–312v (Mossman / Palmer) · alemannisch/elsässisch · Straßburg, Dominikanerinnenkonvent St. Nikolaus in undis

Inhalt: fol. 1r–124v Heinrich Seuse: ›Exemplar‹; fol. 125r–131v Ulrich vom Grünenwörth: Predigt über Ct 2,10; fol. 131v–156r Johannes Tauler: Predigten; fol. 164v–221v Marquard von Lindau: ›Dekalogerklärung‹; fol. 227r–233r ›Zweimannenbuch‹; fol. 233r–239v ›Christus und die sieben Laden‹; fol. 239v–243r Anreiz zum beschauenden Leben; fol. 243r–249r Meister Eckhart: Pr. 6 (DW I), Pr. 1 (DW I), Pr. 5b (DW I) (jeweils Auszüge); fol. 249r Jostes, Meister Eckhart und seine Jünger, Tr. Nr. 54; fol. 249v–251v Pr. Pf. 37; fol. 251v–252v ›Die fromme (selige) Müllerin‹; fol. 253r–286v Passionstraktat; fol. 286v–287r ›Meister Eckharts Tochter‹; fol. 287r–292r ›Schwester Katrei‹; fol. 307v–312r Johannes Tauler: Pr. V9; fol. 312rv ›Sechs Stücke einer wahren Nachfolge Christi‹

Literatur: Bodemann, Katalog IV,1, S. 171–174; Huet, Catalogue, S. 121; Mayer, Vulgata, S. 264 f.; Mossman / Palmer, Ulrich der Johanniter, S. 493–495; Nemes, Der ›entstellte‹ Eckhart, S. 83–88; Studer, Exempla im Kontext, S. 104–106; Handschriftencensus: http://www.handschriftencensus.de/4139 [04.01.2019]; Predigt im Kontext: http://pik.ku-eichstaett.de/2321/ [04.01.2019]

Zwei Einträge geben Auskunft über die Besitzer der Handschrift. Zunächst heißt es *S. margred zŏrnin hŏr jch von weg S maria hellin* (Av)[25]. Bei Maria Hell – die Lesung des Nachnamens ist allerdings unsicher – könnte es sich um eine sonst nicht bezeugte Schwester aus der Straßburger Familie Hell handeln. Margareta Zorn ist vielleicht identisch mit einer 1410 urkundlich bezeugten Dominikanerin aus Straßburg, möglicherweise Angehörige eines elsässischen Adelsgeschlechts, die später im Kloster Schönensteinbach lebte.[26] Im ›Buch der Reformatio Predigerordens‹ des Dominikaners Johannes Meyer liest man von einer Margareta Zorn, die sowohl bei der Reformation des Steinenklosters in Basel (1423) als auch der des Klosters Himmelskron bei Worms (1429) mitwirkte und dort auch zur Priorin aufstieg.[27] Ein zweiter, auf das Jahr 1468 datierter Besitzeintrag bezeugt das Buch als Eigentum des Klosters St. Nikolaus in undis in Straßburg.

25 Nemes, Der ›entstellte‹ Eckhart, S. 85.
26 Zu Maria Hell und Margareta Zorn vergleiche Nemes, Der ›entstellte‹ Eckhart, S. 85, und Mossman / Palmer, Ulrich der Johanniter, S. 494.
27 Vgl. Reichert, Reformacio Predigerordens, S. 52 f. und S. 78–80.

## St7: Stuttgart, Württembergische Landesbibliothek, Cod. theol. et phil. 2° 283

Papier · 320 Blatt · 310 × 215 mm · 1445 · eine Hand · ostschwäbisch · Inzigkofen, Augustinerchorfrauenstift

Inhalt: fol. $1^{ra}$–$225^{ra}$ Johannes Tauler: Predigten (›Großer Tauler‹); fol. $227^{ra}$–$263^{vb}$ ›Meisterbuch‹; fol. $263^{vb}$–$316^{ra}$ Predigten, Traktate und Lehren anderer Verfasser, darunter: fol. $263^{vb}$–$265^{rb}$ ›Sendbrief vom Leiden‹; fol. $265^{rb}$–$272^{rb}$ Klausnerinnenpredigt (zum ›Meisterbuch‹ gehörend); fol. $284^{rb}$–$285^{vb}$ ›Traum eines Gottesfreundes‹; fol. $285^{vb}$–$291^{vb}$ ›Ein verstantlich beschouwunge‹; fol. $291^{vb}$–$292^{ra}$ ›Meister Eckharts Tochter‹; fol. $292^{ra}$–$293^{rb}$ Auszug aus ›Von abegescheidenheit‹; fol. $299^{vb}$–$301^{va}$ ›Von den drîn fragen‹; fol. $301^{ra}$–$305^{ra}$ Lehren zur Vereinigung der Seele mit Gott; fol. $305^{ra}$–$307^{vb}$ Mystischer Traktat von der Seele; fol. $307^{vb}$–$308^{rb}$ ›Von der Geburt des Sohnes‹; fol. $308^{rb}$–$316^{ra}$ ›Vom Grunde aller Bosheit‹

Literatur: Fechter, Inzigkofen, S. 76–79; Mayer, Vulgata, S. 48–63; Handschriftencensus: http://www.handschriftencensus.de/16814 [04.01.2019]; Predigt im Kontext: http://pik.ku-eichstaett.de/5202/ [04.01.2019]

Über die Herkunft der Vorlagen für St7 sind unterschiedliche Meinungen geäußert worden: Während Ringler im Kloster Pillenreuth bei Nürnberg den Geber sieht,[28] gehen Fechter und Mayer aufgrund dialektgeographischer und textgeschichtlicher Argumente von Vorlagen aus dem Augsburger Raum aus.[29] Der Kurzdialog ›Meister Eckharts Tochter‹ aus St7 kann letztere Position insofern stützen, als seine Textgestalt den schwäbisch-alemannischen Handschriften P1, He2, M45 und Mai10 näher steht als den Pillenreuther Textzeugen M32 und W03 (vgl. die nachfolgenden textkritischen Untersuchungen, insbesondere S. 74 f.). Mayer kehrt ausgehend von einer Bemerkung in St7, dass das Buch nach Pillenreuth geschickt werden sollte, Ringlers Überlieferungsweg um und behauptet einen Austausch von Inzigkofen nach Pillenreuth. Er bezieht diese These sowohl auf den ›Großen Tauler‹ wie auch auf die mitüberlieferten Texte.[30] Für die Überlieferungsgeschichte von ›Meister Eckharts Tochter‹ kann diese These durchaus fruchtbar gemacht werden, wie zu zeigen sein wird (vgl. S. 75 f.).

---

28 Ringler, Viten- und Offenbarungsliteratur, S. 57.

29 Mayer, Vulgata, S. 59–61, und Fechter, Inzigkofen, S. 180 f.

30 Vgl. Mayer, Vulgata, S. 60 f. Dazu gibt es verschiedene Korrekturen und Marginalien in St7, die nach Fechter wohl von Beichtvätern aus dem Nürnberger Raum vorgenommen wurden (Fechter, Inzigkofen, S. 181).

## He2: Heidelberg, Universitätsbibliothek, Cod. Sal. VIII 77

Papier · 110 Blatt · 220 x 150 mm · um 1450/60 · zwei gleichzeitige Hände: 1. fol. 1$^{r}$–62$^{r}$, 91$^{r}$–110$^{v}$; fol. 2. 63$^{r}$–83$^{v}$ · schwäbisch/alemannisch · Salem, Zisterzienserinnenkloster (?)

Inhalt: fol. 2$^{r}$–21$^{v}$ Traktat von Geduld; fol. 21$^{v}$–48$^{r}$ Marquard von Lindau: ›Hiob-Traktat‹; fol. 49$^{v}$–62$^{v}$ Raimund von Capua: ›Vita Catharinae Senensis‹ (Auszug, dt.); fol. 63$^{r}$–73$^{v}$ Straßburger Augustinereremit: Predigt vom Feigenbaum (Lc 13,6 ff.); fol. 73$^{v}$–83$^{v}$ Johannes Tauler: Pr. V66 und V42; fol. 91$^{r}$–108$^{v}$ ›Geistliches Würfelspiel‹; fol. 109$^{rv}$ ›Meister Eckharts Tochter‹

Literatur: Bartsch, Universitätsbibliothek in Heidelberg, S. 204 f.; Greifenstein, Hiob-Traktat, S. 65–67; Werner, Salem, S. 143–145; Handschriftencensus: http://www.handschriftencensus.de/4962 [04.01.2019]; Predigt im Kontext: http://pik.ku-eichstaett.de/1341/ [04.01.2019]

## Mai10: Augsburg, Universitätsbibliothek, Cod. III.2.8° 9

Papier · 343 Blatt · 140 x 96 mm · 2. Hälfte des 15. Jh.s, Nachträge aus dem 1. Viertel des 16. Jh.s · Haupthand: 2$^{r}$–106$^{v}$ und 119$^{r}$–338$^{v}$ mit Nachträgen anderer Hände · nordbairisch (Völker), für ›Meister Eckharts Tochter‹ ostschwäbisch · Kirchheim am Ries, Zisterzienserinnenkloster

Inhalt: Verschiedene Betrachtungen und Andachten, darunter: fol. 2$^{r}$–18$^{r}$ Betrachtung zum Fest Fronleichnam; fol. 18$^{r}$–90$^{r}$ Passionsbetrachtung; fol. 90$^{v}$–104$^{v}$ Passionsbetrachtung mit Gebeten; fol. 104$^{v}$–106$^{v}$ ›Meister Eckharts Tochter‹; fol. 107$^{v}$–115$^{r}$ *Von xlj messen zu lesen*; fol. 115$^{v}$–118$^{r}$ Gebet des Thomas von Aquin; fol. 119$^{r}$–127$^{v}$ Thomas Peuntner: ›Büchlein von der Liebhabung Gottes‹; fol. 127$^{v}$–187$^{v}$ Betrachtung; fol. 187$^{v}$–194$^{v}$ Seelenandacht; fol. 194$^{v}$–220$^{r}$ Betrachtung zur Messe mit Gebeten; fol. 220$^{v}$–257$^{v}$ Passsionsbetrachtung; fol. 257$^{v}$–338$^{v}$ Nikolaus von Dinkelsbühl: ›Speculum artis bene moriendi‹; fol. 339$^{r}$–342$^{v}$ Nachtrag, Gebete

Literatur: Löser, Augsburg, S. 195–199; Schromm, Kirchheim, S. 244 f.; Völker, Bömlin, S. 68–72; Handschriftencensus: http://www.handschriftencensus.de/18825 [04.01.2019]

## M45: München, Bayerische Staatsbibliothek, Cgm 8122

Papier · 281 Blatt · 204 x 145 mm · 1462–1498 (Hofmann), 1452–1462 (Stauffacher) · viele Hände · schwäbisch · Kaufbeuren

Inhalt: Zahlreiche Traktate und Exzerpte verschiedener Länge, darunter: fol. 1$^{r}$–53$^{r}$ Thomas Peuntner: ›Büchlein von der Liebhabung Gottes‹; fol. 54$^{r}$–59$^{v}$ Engelberger Predigten; fol. 65$^{r}$–105$^{r}$ Heinrich von St. Gallen: ›Passionstraktat *Extendit manum*‹; fol. 144$^{r}$ ›Meister Eckharts Tochter‹; fol. 144$^{v}$–147$^{r}$ ›Von der Keuschheit‹; fol. 147$^{v}$–156$^{r}$ Engelberger Predigten; fol. 157$^{r}$–235$^{v}$ Marquard von Lindau: ›Dekalogerklärung‹; fol. 236$^{r}$–248$^{v}$ ›Meditationes vitae Christi‹ (dt.); fol. 250r–254r ›Vom Grunde aller Bosheit‹; fol. 254r–273v Marquard von Lindau: ›Eucharistietraktat‹; fol. 274r–276r ›Wie Gott die Keuschheit liebt‹

Literatur: HOFMANN, Eucharistie-Traktat, S. 157–160; SCHNEIDER, Handschriften aus dem Bayerischen Nationalmuseum, S. 318; STAUFFACHER, Engelberger Prediger, S. 9/36–37; Handschriftencensus: http://www.handschriftencensus.de/3882 [04.01.2019]

Laut HOFMANN ist die Handschrift mit einiger Wahrscheinlichkeit in einem Kloster entstanden, da zwei Hände jeweils zu verschiedenen Zeiten und in verschiedenen Texten begegnen. Von derselben Hand wie ›Meister Eckharts Tochter‹ stammen auch die beiden Texten zur Keuschheit und ein Teil der ›Dekalogerklärung‹.

## Wo3: Wolfenbüttel, Herzog-August-Bibliothek, Cod. 17.9 Aug. 4°

Papier · 258 Blatt · 220 x 155 mm · 1455/1456 · mehrere Faszikel zusammengebunden · bairisch · Pillenreuth, Augustinerchorfrauenstift

Inhalt: geistliche Sammelhandschrift, darin: fol. 13r–23v Predigten des Augustinus (dt.); fol. 23v–24v ›Meister Eckharts Tochter‹; fol. 29v–32r Johannes von Marienwerder: ›Septilium venerabilis dominae Dorotheae‹, Tr. 1 ›De caritate‹ (dt.); fol. 32r–35v ›Zwölf Grade der Demütigkeit nach der Regel des heiligen Benedikt‹ mit Erklärung; fol. 36r–43v ›Von den fünfzehn Lesmeistern‹; fol. 60v–67r Leben der heiligen Dorothea in Preußen; fol. 82v–207v Sammlung von Heiligenlegenden; fol. 208r–260r Hoheliedauslegung; fol. 261r–272v Sammlung von Urkunden und offiziellen Briefen

Literatur: HEINEMANN, Wolfenbüttel, S. 209–212; QUINT, Untersuchungen I, S. 229–231; WILLIAMS-KRAPP, Legendare des Mittelalters, S. 232; WILLIAMS-KRAPP, ›Der Heiligen Leben‹, S. 290; Handschriftencensus: http://www.handschriftencensus.de/12849 [04.01.2019]

Wo3 ist *Fraw Ebin Anders puchlein* (fol. 1r), auf das höchstwahrscheinlich die Rede von einem *roten puch da etlich heyligen an steen* in M32 (s. u.), fol. 14v, zu beziehen ist.[31] Umgekehrt könnte sich eine Bemerkung in Wo3 auf M32 beziehen, wenn in Wo3 auf fol. 24r über den Kurzdialog ›Meister Eckharts Tochter‹ gesagt wird: *daz stet an eim andern puch auch* – das Stück findet sich in M32 auf fol. 80v–81v in nahezu identischer Form.

›Meister Eckharts Tochter‹ stammt, wie es der Schriftvergleich mit M32 nahelegt, aus der Hand der Anna Ebin, der seit 1461 gewählte Pröpstin von Pillenreuth, die sich als Abschreiberin und Übersetzerin von Mystika und Schriften zum rechten Klosterleben hervortat.[32]

31 RINGLER, Ebin, Sp. 295.
32 Zu Anna Ebin vgl. ebd., Sp. 295 f.

## M32: München, Bayerische Staatsbibliothek, Cgm 750

Papier · IV + 281 Blatt · 213 × 150 mm · 1454–68 · 3 Hände: 1. Anna Ebin fol. 1$^{r}$–269$^{r}$, fol. 275$^{r}$–281$^{r}$; 2. fol. 269$^{v}$–274$^{v}$; 3. fol. II$^{r}$–IV$^{r}$ · nordbairisch · Pillenreuth, Augustinerchorfrauenstift

Inhalt: fol. II$^{r}$–IV$^{r}$ Pfingstpredigt; fol. 1$^{r}$–2$^{r}$ Heinrich von Langenstein: ›De discretione spirituum‹, Kap. 10 (dt.); fol. 2$^{r}$–14$^{v}$ ›Predigt von zehn Graden der Liebe‹; fol. 14$^{v}$–24$^{r}$ Johannes von Marienwerder: ›Septililium venerabilis dominae Dorotheae‹, Tr. 1 ›De caritate‹ (dt.); fol. 24$^{v}$–30$^{r}$ Traktat von der göttlichen Liebe; fol. 30$^{r}$–45$^{r}$ ›Sendbrief vom Betrug teuflischer Erscheinungen‹; fol. 45$^{r}$–48$^{v}$ Ulrich Horant: ›Vom geistlichen Menschen‹; fol. 49$^{r}$–58$^{r}$ Eberhard Mardach: ›Sendbrief von wahrer Andacht‹; fol. 59$^{r}$–78$^{v}$ Schwesternbuch von Weiler; fol. 80$^{rv}$ Exempel von Gehorsam; fol. 80$^{v}$–81$^{v}$ ›Meister Eckharts Tochter‹; fol. 81$^{v}$–99$^{v}$ Exempelsammlung; 100$^{r}$–105$^{r}$: Nikolaus von Nürnberg: Predigt zur Einsegnung einer Schwester; fol. 105$^{r}$–107$^{v}$ Nikolaus von Nürnberg: Aderlasspredigt; fol. 109$^{r}$–143$^{r}$ Vita der heiligen Margarete von Ungarn; fol. 145$^{r}$–174$^{v}$ Vita der heiligen Eufrasia; fol. 174$^{v}$–181$^{r}$ Vita der heiligen Adelheid; fol. 185$^{r}$–194$^{v}$ Predigt zu Mariae Verkündigung; fol. 194$^{v}$–231$^{v}$ Predigt zu Christi Geburt; fol. 233$^{r}$–252$^{v}$ Lob des Klosterlebens; fol. 252$^{v}$–274$^{v}$ Bonaventura: ›De quinque festivitatibus pueri Jesu‹ (dt.); fol. 275$^{r}$–279$^{v}$ Hans der Bekehrer: Predigt vom Namen Jesu; fol. 279$^{v}$–281$^{r}$ Vaterunser-Paraphrase

Literatur: Ruh, Bonaventura deutsch, S. 172–174; Schneider, München 5,5, S. 247–254; Handschriftencensus: http://www.handschriftencensus.de/3732 [04.01.2019]; Predigt im Kontext: http://pik.ku-eichstaett.de/12372/ [04.01.2019]

Ringler benennt verschiedene Codices aus dem Nürnberger Katharinenkloster als mögliche Vorlagen von M32, stellt aber für ›Meister Eckharts Tochter‹ und einige weitere Texte das Fehlen von Parallelen fest.[33] So ist wieder an Mayers These zu erinnern, dass man in der Handschrift St7 auch einen Literaturtransfer von Inzigkofen nach Pillenreuth greifen kann und der Ausgangspunkt der Überlieferung möglicherweise dort liegt (vgl. die textkritischen Untersuchungen auf S. 75 f.).

## B24: Berlin, Staatsbibliothek zu Berlin – Preußischer Kulturbesitz, Ms. germ. oct. 559

Papier · 288 Blatt · Oktavformat · 15. Jh. · bairisch · Nürnberg, Dominikanerinnenkonvent St. Katharina

Inhalt: fol. 2$^{r}$ Predigt über Lc 10,27; fol. 17$^{v}$ Predigt über Lc 10,23; fol. 27$^{r}$–28$^{r}$ ›Meister Eckharts Tochter‹; fol. 28$^{v}$ Theologische Betrachtung

---

33 Ders., Viten- und Offenbarungsliteratur, S. 50–52. Der Dialog ist im Konvent St. Katharina zwar im heutigen Fragment M31 und in der Handschrift B24 nachweisbar, jedoch kommt keiner dieser beiden Textzeugen als Vorlage in Frage (vgl. die nachfolgenden textkritischen Untersuchungen, insbesondere S. 70 f. und S. 76).

Literatur: DEGERING, Verzeichnis III, S. 186; Handschriftencensus: http://www.handschriftencensus.de/9334 [04.01.2019]

## FT¹: Frankfurter Taulerdruck, Lukas Jannis (verwendetes Exemplar: München, Bayerische Staatsbibliothek, 4 P. lat. 1188)

Papier · 216 Seiten · 1621 · Lukas Jannis für Daniel Sudermann · Frankfurt

Am Ende der von Daniel Sudermann besorgten Frankfurter Taulerausgabe, die unter anderem auch das pseudo-eckhartische ›Buch von geistiger Armut‹ enthält, finden sich zwei Stücke *auß einer vralten Schrifft von Wort zu Wort nachgetrucket* (FT¹, S. 173). Es handelt sich um die Dialoge ›Das Frauchen von 22 (21) Jahren‹ (FT¹, S. 173 f.) und ›Meister Eckharts Tochter‹ (FT¹, S. 174 f.), die beide in bairischer Schreibsprache verfasst sind und, was ›Meister Eckharts Tochter‹ angeht, auch zur bairischen Überlieferungsgruppe um W03 und M32 gehört (vgl. S. 75 f.). Es ist dies keine selbstverständliche Beobachtung, als Sudermann seinen Tätigkeitsschwerpunkt im rheinischen Gebiet, vor allem in Straßburg und Köln, hatte und für den Frankfurter Druck hauptsächlich aus einer Handschrift des Straßburger Dominikanerinnkonvents St. Nikolaus in undis schöpfte.[34]

## Br12: Brüssel, Königliche Bibliothek, ms. 11797

Papier · 256 Blatt · 140 × 105 mm · ca. 1465 (STOOKER/VERBEIJ) · verschiedene Hände · mittelniederländisch und lateinisch · Bergen-op-Zoom (STOOKER/VERBEIJ)

Inhalt: fol. 5ʳ–14ʳ ›Legenda minor‹; fol. 14ʳ–17ᵛ ›Testamentum S. Patris Francisci‹; fol. 17ᵛ–69ᵛ ›Spiegel der Vollkommenheit‹; fol. 70ʳ–101ᵛ Wunderbare Werke; fol. 101ᵛ–106ᵛ Worte der Ermahnung; fol. 108ʳ–215ʳ ›S. Franziskus Gesellen‹; fol. 215ᵛ–218ʳ leer; fol. 218ᵛ–219ᵛ Hymnus ›Vexilla regis prodeunt‹; fol. 220ʳ–234ᵛ *Dit is een spieghel oft een regel der voirtgaende menscen*; fol. 235ʳ–256 Gebete und Exempel, darunter: fol. 248ʳ–249ʳ ›Meister Eckharts Tochter‹[35]

Literatur: AXTERS, Bibliotheca Dominicana, S. 162 f.; RUH, Bonaventura deutsch, S. 220; STOOKER/VERBEIJ, Collecties op orde, S. 60 f; WILLIAMS, Legendare des Mittelalters, S. 63; Handschriftencensus: http://www.handschriftencensus.de/18553 [04.01.2019]

---

34 GNÄDINGER, Johannes Tauler, S. 423.

35 Der Dialog wird von STOOKER/VERBEIJ fälschlich als Exzerpt aus ›Schwester Katrei‹ beschrieben.

## Br13: Brüssel, Königliche Bibliothek, ms. II 1302

Papier · 303 Blatt · 301 x 203 mm · 1592 · geschrieben von *suster Catherine Wouters* · flämisch · Brüssel, Augustinerchorfrauenstift S. Elisabeth van de berg Sion

Inhalt:[36] fol. 3–297: Mechthild von Hackeborn: ›Liber specialis gratiae‹; fol. $146^{ra}$ ›Meister Eckharts Tochter‹; fol. 299–301 *Een schoon onghehoert mirakel van S. Katherinen heylighen reliquien*; fol. 301–302 *Een schoon mirakel van sinte Katherinen reliquien*; fol. 302–303 *Een mirakel welck gheschiet es int jaer ons heern XVc.lii*

Literatur: Axters, Bibliotheca Dominicana, S. 147; van den Gheyn, Bibliothèque Royale, S. 268–269; Stooker/Verbeij, Collecties op orde, S. 92; Handschriftencensus: http://www.handschriftencensus.de/18554 [04.01.2019]

### Handschriftenrelation

Vorbemerkung: Die folgenden Zeilenangaben beziehen sich auf die Zeilenzählung in der Edition des Dialogs ›Meister Eckharts Tochter‹ auf S. 82–94 und dienen der Nachprüfbarkeit der zu beschreibenden Handschriftenverhältnisse. Die Angaben können auch auf den textkritischen Apparat zur genannten Stelle verweisen.

In der Textüberlieferung des Dialogs ›Meister Eckharts Tochter‹ sind keine allen Textzeugen gemeinsame Fehler oder Unklarheiten auszumachen, die auf Verderbnisse im Archetyp rückführbar wären. Zu unterscheiden ist eine überschaubare x-Gruppe mit den Handschriften M31, B25 sowie S4 und eine umfangreiche y-Gruppe mit den Handschriften G12, B9, P1, St7, He2, Mai10, M45, W03, M32, B24, $FT^1$, Br12 sowie Br13. Diese Einteilung beruht auf folgenden Varianten (x zitiert nach M31, y nach P1; Abweichungen einzelner Handschrifen sind mit den entsprechenden Siglen vermerkt):

Z. 9: *enwissent ir nit wer ir sint* x] *wo von wissent ir sin nút* y
Z. 11 f.: *bekennt ich mich so bekant ich alle creatur* x] fehlt y
Z. 43: *ersten lauterkait* x] *ersten vnschulden* y
Z. 57 f.: *jungkfraẘlichem dinst ze allen zitten* x] *vo͛rhtlichen* (*frölichem* G12, Mai10, B9)[37] *dienste* y

36 Der Dialog ›Meister Eckharts Tochter‹ stünde, wenn die Folioangaben van den Gheyns verlässlich sind, mitten im Werk der Mechthild. Zu diesem Problem vgl. Stooker/Verbeij, Collecties op orde, S. 92. Die Identifizierung des Stücks geht allerdings nicht auf van den Gheyn selbst, sondern auf Walther Dolch zurück (vgl. ders., Verbreitung oberländischer Mystikerwerke, S. 47).

37 Zur Vermeidung lexikalischer Probleme eine Anmerkung zu den Attribuierungen von *dienste* in den niederländischen Handschriften: Br13 liest *ontsienden* (›ehrfürchtig‹) und stimmt darin mit der y-Überlieferung überein, Br12 liest abweichend *wonderliker* (›gewohnheitsmäßig‹).

Z. 60 f.: *gewalt alle dag tugend ze wúrcken* x] *gewalt aller gǒttelichen tugende* y
Z. 66: *starken dienst* x] *starcken werken* y
Z. 69: *leyder keines* x[38]] *eines niht* (*eines niht*] *ains noch enkains* G12, B9; *keins nicht* Mai10) y

Wie sind diese Unterschiede einzuschätzen? Keiner der beiden Hauptzweige der Überlieferung kann für sich beanspruchen, durchweg originalnäher als der andere zu sein, aber aufs Ganze gesehen spricht in dieser Frage doch mehr für die x-Gruppe. Die relevanten Argumente hierzu erwachsen aus stilistischen und inhaltlichen Überlegungen und sollen im Folgenden zur Diskussion gestellt werden – nicht, um rekonstruierend dem Urtext näherzukommen, sondern um mit Blick auf die inhaltliche Auseinandersetzung mit dem unfest überlieferten Dialog die Textformen besser einschätzen zu können.

Die Rede von der *jungfraw* in *jungkfraẘlichem dinst* im x-Text (vgl. Z. 56–58) scheint als tautologische Aussage inhaltlich nicht recht überzeugend zu sein, doch vielleicht ist sie genau daran als ursprüngliche Lesart zu erkennen: Ist es nicht plausibler, dass sich ein Redaktor genau an dieser redundanten Formulierung stören und sie in irgendeiner Weise verbessern würde, als dass er sie selbst erst herstellte?

Zur Opposition in Z. 43 ist zu bemerken, dass beide Nomen in der Zuordnung zu *magt* (Z. 42) sinnvoll in den Kontext passen, dass aus inhaltlicher Hinsicht die x-Variante aber sowohl einen theologisch anspruchsvolleren Text ergibt – man denke an die komplexen Implikationen von *laẘterkait* im mystischen Schrifttum – als auch eckhartischer Diktion nähersteht (vgl. dazu die Ausführungen auf S. 100 mit entsprechenden Überlegungen und Nachweisen).

Der nur in x-Handschriften überlieferte Satz in Z. 11 f. fügt sich, so ist zunächst festzustellen, gut in das Textganze ein: Sein Thema, die Verbindung oder gar Einheit von Eigenem und Fremden, kehrt in der Schlusswendung *Ich bin ein dink als ein ander dingk* (Z. 72) wieder, so dass eine Art Rahmung entsteht. Noch wichtiger ist aber, dass mit dem Satz *bekennt ich mich so bekant ich alle creatur* eine auffällige Parallele zum Dialogtraktat ›Schwester Katrei‹ vorliegt. Der Beichtiger erklärt dort gegenüber seiner Beichttochter (in ›Meister Eckharts Tochter‹ verhält es sich umgekehrt): *Ich weis wol, kantte ich mich selbs, als ich solte, vff das nechste, so kant ich alle creature vff das aller höchste.*[39] Überhaupt ist die Szenerie im Kurzdialog wie in der betreffenden Episode des Dialogtraktates ganz ähnlich aufgebaut, denn beide Gespräche enden damit, dass Eckhart bzw. der Beichtvater nach kurzem Wortwechsel in den Konvent zurückkehren und die Frau vor der versammelten Klostergemeinschaft loben.[40] Bei solchen literarischen Verbindungen fällt es schwer, sich die x-Lesart als spätere Ergänzung

38 Zur S4-Lesart *der ding aller bin ich ein ding* vgl. S. 73.
39 Schweitzer, Freiheitsbegriff der deutschen Mystik, S. 331, Z. 24–26.
40 Diese Episode aus ›Schwester Katrei‹ ist vollständig zitiert auf S. 107.

vorzustellen, noch dazu, wo sie sich sowohl inhaltlich als auch strukturell gut in den Dialog einfügt.

Eine gewisse Inkohärenz zeigt der x-Text in Z. 69, wo entgegen der Logik des Textes – das Nicht-Sein der *tohter* wird von der diskursmächtigen Eckhart-Figur eindeutig positiv gewertet – ein *leyder* steht. Innerhalb der y-Gruppe bieten G12, B9 und noch die niederländische Handschrift Br12 stattdessen *aines noch enhaines* (zitiert nach B9), das mit seiner *negatio negationis* als theologisch anspruchsvollere Lesart zu gelten hat. Möglich, dass an diesem Punkt der y-Zweig eine Lesart des Originals bewahrt hat.

Zu diesen Argumenten für eine also nicht in jedem Detail, aber für eine insgesamt große Nähe des x-Textes zum Original werden noch weitere hinzukommen, wenn Lesarten zu besprechen sind, die die x-Handschriften mit den y-Handschriften G12 und B9 gegen die weiteren y-Vertreter teilen.

Zunächst aber zur Binnengliederung des x-Zweiges: Hier stehen sich die Handschriften M31 und B25 auf der einen Seite und S4 auf der anderen Seite gegenüber. Die ersten beiden Codices bezeugen einen nahezu identischen Text und so ist an SCHMIDTKES These zu erinnern, dass die Berliner Handschrift mgo 137 die direkte Vorlage für B25 gewesen sein könnte (vgl. S. 61). Für den konkreten Fall von ›Meister Eckharts Tochter‹ würde das bedeuten, dass der B25-Text aus M31, einem Fragment aus mgo 137, abgeschrieben wäre, und dem steht textkritisch auch nichts im Wege, im Gegenteil: Da, wie in den Beschreibungen dargelegt, beide Codices im Nürnberger Raum entstanden, ist die Vereinfachung der (vorlagenbedingten?) bairisch-alemannischen Mischsprache von M31 zum einheitlichen Bairisch von B25 wahrscheinlicher als der umgekehrte Fall.

Während M31 und B25 denselben in sich stimmigen Text bieten, zeigt der S4-Text einige Auffälligkeiten, die man teils als Schreiberfehler, teils als bewusste Eingriffe deuten wird. Als Fehler oder Missverständnisse sind zu werten:

Z. 3: *predigercloster* M31] *prediger* S4
Z. 38: *liebs kint* M31] *wes begynnt* (!) S4
Zudem verwendet S4 konsequent die Namensform *erhart*.

Daneben stehen einige Unterschiede, hinter denen man intentionale Eingriffe eines Redaktors vermuten könnte: Die Auslassung der Stücke Z. 14–19 sowie Z. 28–32 in S4 diente möglicherweise der Beseitigung überflüssig erscheinenden Textmaterials. Andere Stellen sollten durch Zusätze wohl in ihren Aussagen akzentuiert werden:

Z. 52: *treu* M31] *treu vor allen dingen* S4
Z. 55: *lieben* M31] *lieb tag und nacht* S4

Bewusst redaktionelle Tätigkeit darf man auch in der Umformulierung von *der aller bin ich leyder keines ich bin ein dink alz ein ander dingk* (Z. 69 und 72) zu *der ding aller bin ich ein ding* in S4 sehen mit dem Ziel, den moralischen Aussagewert des Textes zu stärken (vgl. dazu den Enstehungskontext von S4 im Rahmen der *cura monialium*, S. 61).

Dass S4 nicht einfach eine Bearbeitung des M31/B25-Textes darstellt, darauf könnte eine Übereinstimmung mit einer y-typischen Lesart hinweisen: Bei der Auslegung zu *knebt* bietet S4 zunächst übereinstimmend mit den beiden anderen x-Handschriften *so stund ich in meinem starckhen dienst meins obristen herrn zu wurckhen all tugent*, um dann übereinstimmend mit y fortzufahren *und dienst* (!) *meinem hern an all widerred* (S4, fol. 96$^{v}$; vgl. Z. 65–68). Der Befund ließe sich so erklären, dass S4 hier eine noch in der x-Vorlage vorhandene Lesart bewahrt oder – das ist zumindest nicht ausschließbar – dass an dieser Stelle eine Kontamination mit der y-Tradition stattgefunden hat. Am wahrscheinlichsten scheint, dass S4 unabhängig von M31 und B25 auf die Vorstufe x zurückgeht.

Der y-Zweig teilt sich in den von B9 belegten Text einerseits und in eine y1-Tradition andererseits, der alle weiteren Handschriften angehören. Grund für diese Unterscheidung sind einige Übereinstimmungen des B9-Textes mit der x- gegen die y1-Gruppe, die auf den y-Archetyp zurückgehen müssen: B9 bietet mit einigen vernachlässigbaren individuellen Abweichungen die sonst nur in x überlieferte Bitte des Pförtners *und lǎnd mich hǒren was dú wunderlich creatur mit úch reden welli* (Z. 30 f.) und spricht von *jamer* anstelle von *senen* (Z. 54). Zumindest eine strukturelle Übereinstimmung liegt in der Eingangsfrage des Pförtners vor, die sowohl in x als auch in B9 als Doppelfrage formuliert ist (vgl. Z. 6 f.). Bei diesen drei Fällen handelt es sich jeweils um Textmaterial, das inhaltlich nichts Essentielles zum Text beiträgt, zum Teil gar redundant ist, und so könnte man wiederum annehmen, dass spätere Redaktoren diesen ursprünglichen, aber sprachlich ungeschickt wirkenden Wortlaut bereinigt haben.[41] Zur relativen Nähe von B9 zum y-Archetyp kommen überdeutliche redaktionelle Eingriffe, durch die der Dialog grundlegend umgestaltet wurde: Ein *arm mensch* ersetzt hier die *tohter* als Gesprächspartner Eckharts (Z. 2), die umfängliche Aufzählung dessen, was sie bzw. er nicht ist, wird auf *ain maister etc* (Z. 13) reduziert, die Selbstbeschreibung *aines noch enhaines* erfährt eine ganz eigene theologische Fundierung (vgl. Z. 70 f.) und die abschließende Lobrede vor dem Konvent entfällt.

---

41 In diesem Zusammenhang sind die Varianten in Z. 54 besonders aufschlussreich: Nimmt man hier die x-Lesart *eyn stetes sennendes jomer* als ursprünglich und noch im y-Archetyp als vorhanden an, so lassen sich die B9 Lesart *sǒlich jamer* und die y1-Lesart *stetes senen* als je unterschiedliche stilistische Vereinfachungs- und Verbesserungsversuche erklären.

Innerhalb der y1-Gruppe steht die Handschrift G12 dem Überlieferungszweig y2 mit den Handschriften P1, M45, St7, Mai10, He2, Br13, Br12, B24, Wo3, M32 und dem Frankfurter Taulerdruck gegenüber. Der G12-Text weist gegenüber der y2-Tradition verschiedene Übereinstimmungen mit B9 und der x-Gruppe auf, Lesarten, die in den Vorstufen y und y1 noch vorhanden gewesen sein müssen. Dazu gehören die wiederholte Wendung *so bin ich nit* (Z. 14–21) gegenüber der kürzeren Konstruktion mit *noch* in y2, die Steigerung des Adjektivs *wunderlich* durch *aller* (Z. 25) sowie die sonst ausgefallenen Adverbialen *durch got* (Z. 27), *wider hin in* (Z. 74) und *in zit* (Z. 78). Aufgrund dieser Befunde kann man annehmen, dass der G12-Text dem y1-Archetyp näher steht als der y2-Text.

Der y2-Zweig umfasst Handschriften aus dem alemannischen, schwäbischen, bairischen und mittelniederländischen Sprachgebiet und konstituiert sich als zusammengehörige Gruppe durch drei typische Lesarten: durch die Verbindung der von der *tohter* zurückgewiesenen Attribute mittels der Konjunktion *noch* (Z. 14–21), durch die Verbindung von *lutersten* mit *demůtigesten* (Z. 76) und durch die präpositionale Fügung *noch minem duncken* am Textende (Z. 78 f.). Zur Lesart in Z. 76 ist anzumerken, dass im Zusammenhang mit der Auslegung von *diern* die *tohter* das Attribut der Demütigkeit bereits von sich gewiesen hatte (vgl. Z. 62–64), so dass die y2-Lesart zwangsläufig zu Inkohärenzen im Text führt. Möglicherweise geht sie auf eine moralisierende Ergänzung des y2-Redaktors zurück.

Innerhalb der y2-Tradition lassen sich wiederum drei Gruppen voneinander unterscheiden. An erster Stelle sind die alemannisch-schwäbischen Handschriften P1, Mai10, St7 und He2 zu nennen, deren Zusammengehörigkeit zu einer gemeinsamen Vorstufe y3 aus einem charakteristischen Bindefehler ersichtlich wird: Sie betiteln in einer Art Unterschrift den Dialog ›Meister Eckharts Tochter‹ als ›Meister Eckharts Wirtschaft‹. So heißt es beispielsweise in P1 am Textende *Dis bispel ist meister eckarts wurtschaft genant* (Z. 79), ein Fehler, der sich möglicherweise aus einer früheren Überlieferungssymbiose der beiden Texte und einer missverstandenen Zuordnung des Titels ergeben haben könnte.[42] Während Mai10 diesen Fehler treu als Unter- und Überschrift tradiert (vgl. Z. 1 und 79), ist in He2 und St7 – schon mit Korrekturwillen? – *wurtschaft* zu *wirt* gekürzt und in St7 durch eine andere Hand noch weiter verbessert, indem *dohter* am Rand und *es* über *wirt* ergänzt wurde. So ergibt sich in St7 eine Formulierung, deren gestörte Syntax noch vom Ringen um eine treffende Bezeichnung des Dialogs zeugt: *dicz beispil ist maister eckhartz dochter wirt es genant*

42 Neben seiner textkritischen Relevanz ist dieser Fehler noch in zweierlei Hinsicht von Interesse: Erstens stellt er einen weiteren Beleg für die nicht ganz eindeutige namentliche Verbindung von ›Meister Eckharts Wirtschaft‹ zu Meister Eckhart dar (vgl. S. 377–379), zweitens ist er der einzige Hinweis darauf, dass es einmal einen Überlieferungsverbund der beiden Texte gegeben haben könnte.

(Z. 79). Man könnte hier unter Vernachlässigung der Korrekturen eine Übereinstimmung von He2 und St7 feststellen und eine gemeinsame Vorlage annehmen, doch fehlt es in diesem Fall wie auch bei den anderen Handschriften für eine differenzierte Binnengliederung der y3-Gruppe an aussagekräftigem Variantenmaterial. Obwohl M45 den gruppentypischen Bindefehler nicht teilt, so wird man auch diese Handschrift am besten in die y3-Gruppe einordnen, stimmt doch ihr Text von wenigen individuellen Ausnahmen abgesehen mit dem der anderen Handschriften überein. In der stemmatischen Zusammenfassung erscheinen aus den genannten Gründen die y3-Textzeugen als gleichgeordnet.

Die zweite Untergruppe innerhalb des y2-Zweiges, y4, bilden die bairischen Handschriften W03, M32, B24 und der Frankfurter Taulerdruck, der ›Meister Eckharts Tochter‹ ebenfalls in bairischer Sprachform bietet. Die erstgenannten beiden Codices sind allein schon durch die Daten der äußeren Überlieferungsgeschichte eng miteinander verbunden: Der Dialog wurde beide Male von Anna Ebin im Kloster Pillenreuth geschrieben und beide Handschriften verweisen wechselseitig aufeinander (vgl. die Beschreibungen auf S. 67 f.). Den äußeren Daten entspricht der textkritische Befund: Beide Texte sind überschrieben mit *von einer swester ein gutz gesprech daz sy tete zu meister Eckhart prediger ordens* (Z. 1, zitiert nach W03), dazu kommen einige weitere Gemeinsamkeiten, die die Pillenreuther Handschriften mit FT[1] und B24 teilen. Eine allen vier Textzeugen gemeine Variante ist etwa die Auslassung von *und bietent uwer hŏbet hin fúr* (Z. 28) und mit Ausnahme des FT[1], der an dieser Stelle ohnehin individuell verfährt, ist in allen das direkte *wer vordert mich* in das indirekte *wer euch vorder* umformuliert (Z. 29). Zwar überliefern weder B24 noch der FT[1] einen Titel, doch führt der FT[1] die Hauptperson nicht als *tohter*, sondern – in auffälliger Parallele zur Überschrift von W03 und M32 – als *guete schwester* (Z. 2) ein. Textgeschichtlich ist der FT[1] darüber hinaus vor allem wegen eines größeren Zusatzstücks von Interesse: *der maister fragt sy wo ir herberg war sy antburt unnd sprach wo man mir wol thut da fleuch ich wo man mich verschmecht da beleib ich wo man vil von got redt das ist mein speiß* (Z. 74), das deutliche Parallelen zum sechsten Punkt des ›Exempels von zehn Punkten‹ aufweist: *Das sechste, daz ich nie die stat schüchte, da man mich versmechte. Wan wa man mir ere bott, da floch ich, vnd wa man mich versmachte, da blib ich*[43].

Für die Verortung der Gruppe y4 innerhalb des y2-Zweiges ist MAYERS Hinweis von besonderem Wert, dass die y3-Handschrift St7 von Inzigkofen

43 SCHWEITZER, Freiheitsbegriff der deutschen Mystik, S. 371. Ähnlich findet sich dieses Stück überliefert in einem Exzerpt aus ›Schwester Katrei‹ im ›Buch der Vollkommenheit‹, das auch im bairischen Raum gut bezeugt ist (vgl. SCHNEIDER, Buch der Vollkommenheit, Nr. 44, Z. 8 f.). Zum ›Exempel von den zehn Punkten‹ und seinem Zusammenhang mit ›Schwester Katrei‹ vgl. LERNER, Free Spirit, S. 218 f.

nach Pillenreuth geschickt wurde, wo sie als Vorlage für die Abschrift von Taulerpredigten diente (vgl. S. 65). Nun liegt es nahe, dass St7 auch Vorlage für ›Meister Eckharts Tochter‹ gewesen sein könnte, wie es eine wohl kaum zufällig entstandene Auffälligkeit in der Texteinrichtung der Inzigkofer Handschrift und den Pillenreuther Handschriften W03 und M32 bestätigt: In allen drei Textzeugen sind die Auslegungen der neun Attribute der *tohter* durch spezielle Markierungen hervorgehoben, in St7 und W03 durch arabische Ziffern, in M32 durch Caputzeichen (vgl. Z. 44–65). Gerade weil diese Markierungen vom Text her so wenig naheliegen – immerhin geht es darum, welche geistlichen und moralischen Qualitäten die *tohter* gerade nicht besitzt! –, lassen sie sich als Zeichen für eine direkte Abhängigkeit lesen.[44] Die Lesarten des y4-Zweigs gehen demnach auf eine Bearbeitung im Kloster Pillenreuth zurück, der B24 und FT[1] nachgeordnet sind.[45] Alle weiteren Angaben zur Binnengliederung der y4-Gruppe müssen mangels aussagekräftigen Materials sehr vage bleiben: W03 könnte der Vorlage St7 am nächsten stehen, weil beide Handschriften Ziffern zur Markierung der Attribute verwenden, während M32 Caputzeichen gebraucht und in Z. 75 *und sprach* auslässt. Daraus lässt sich aber nichts für die Frage gewinnen, ob M32 von W03, von St7 oder einer verlorenen weiteren Abschrift abgeschrieben wurde. Um diesen Unsicherheiten Rechnung zu tragen, werden W03 und M32 im Stemma als Ausgangsform des y4-Textes zusammengefasst. Für B24 und FT[1] gibt es keine spezifischen Bindevarianten zu verzeichnen und es lässt sich auch keine direkte Abhängigkeit eines Textzeugen vom anderen erkennen.

Die mittelniederländischen Textzeugen Br12 und Br13 überliefern ›Meister Eckharts Tochter‹ in sehr uneinheitlicher, mit jeweils individuellen Lesarten durchsetzter Form, so dass die Zugehörigkeit zu einer gemeinsamen Überlieferungsgruppe y5 nur an einigen wenigen Bindevarianten festgemacht werden kann (die mittelniederländischen Zitate folgen Br13, die Vergleiche mit der übergeordneten Gruppe y2 P1): An keiner Stelle fällt der Name ›Eckhart‹ (für den y2-Zweig wäre das in Z. 4 und 23 zu erwarten), statt *er det also* lesen Br13 und Br12 in Z. 32 *die meester ghinc totter dochter* (*porten* Br12) und in beiden mittelniederländischen Handschriften fehlt Z. 28 mit *und bietent uwer hŏbet hin fúr*. Gerade die letzte Variante lässt zunächst an eine Verwandtschaft der mittelniederländischen mit der bairischen Überlieferungsgruppe y4 denken, doch ist dieser Schluss keineswegs zwingend und kann aus verschiedenen Gründen abgelehnt werden: Zum einen ist der Transfer zwischen dem

44 Zur Deutung dieser Markierungen vgl. S. 112 f.

45 Im Fall von B24 belegen zudem mehrere Übereinstimmungen von W03 und M32 mit der y3-Gruppe gegen B24 (vgl. etwa Z. 3, 8, 51 und 76–77), dass die Pillenreuther Textzeugen vorausgehen. Auffällig ist, dass B24 in Z. 75 mit der y3-Gruppe *iungern* statt des für die y4-Überlieferung typischen *průdern* liest.

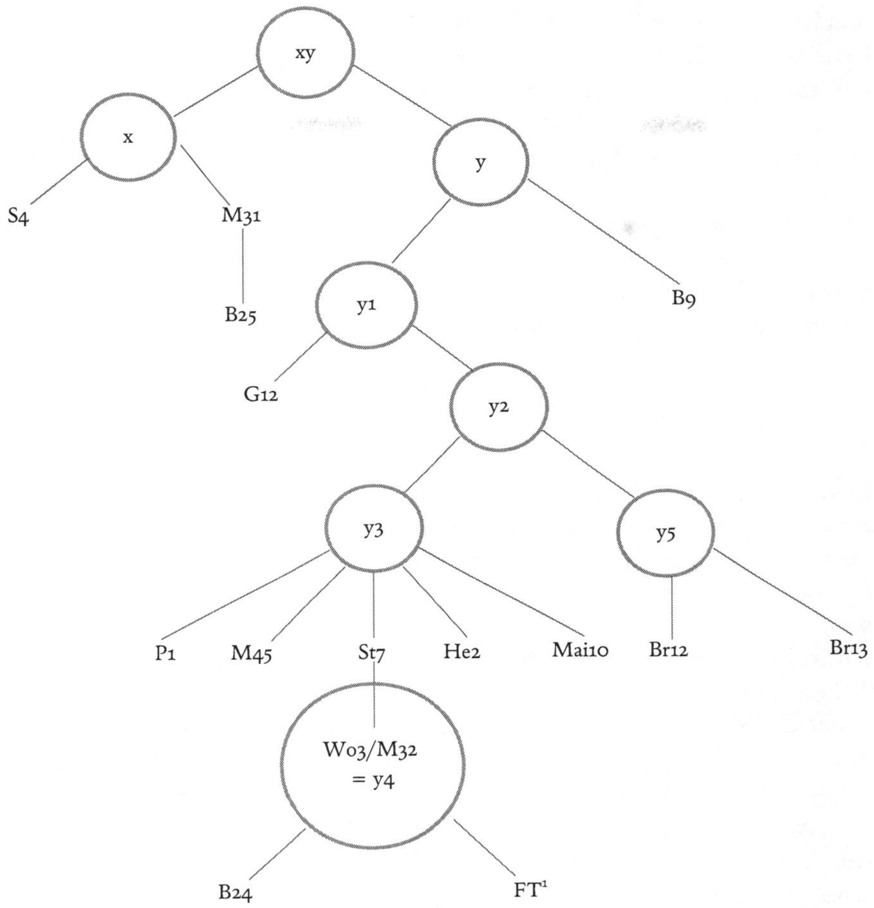


Abb. 1: Stemma des Dialogs ›Meister Eckharts Tochter‹

mittelniederländischen und dem bairischen Gebiet sowohl sprachlich als auch räumlich wesentlich schwerer zu bewältigen als etwa der Transfer entlang der Rheinschiene, wenngleich er natürlich auch nicht ausschließbar ist. Zum anderen verbietet die weitere Varianz, von der man aufgrund des handschriftlichen Materials ausgehen muss, die Annahme einer Abhängigkeit: Würde sich die bairische Textform von der niederländischen ableiten, dann dürfte sie nicht den Namen ›Eckhart‹ bieten und ebensowenig in der Reihenfolge der Auslegungen mit der gesamten weiteren Überlieferung übereinstimmen. Die niederländische Textform kann ihrerseits nicht von der bairischen abgeleitet sein, weil Br12 in Z. 69 *enbin ic een noch engheen* (anders, aber von der bairischen Überlieferung dennoch deutlich unterschieden, ist Br13 mit *nu ben ic een eenich niet*) liest, eine auffällige Variante, die weder in y4 noch in y3, sondern nur in G12 und B9 zu finden ist.[46] Dieselbe Konstellation ist für das Wort *gherne* (Z. 41) in Br12 zu verzeichnen, das in diesem Kontext nur in den x-Handschriften und in G12 steht. Es liegt daher nahe, die gemeinsame Auslassung der niederländischen und der bairischen Textform als zufällig entstandene Übereinstimmung zu werten und die Gruppe y5 in direkter Abhängigkeit zur y2-Vorlage in das Stemma einzuordnen. Eine Abhängigkeit der Handschrift Br13 von Br12 ist unter anderem wegen des Fehlens des Attributs *dirne* (Z. 20) in Br12 auszuschließen und ebensowenig kann Br12 von Br13 abhängen, weil beispielsweise Br12 die indivudelle Lesart von Br13 in Z. 54 f. – *rouwe om eenich lief sonder vergheten* statt *stetes senen noch minem einigen lieben* – nicht teilt.

## Edition: ›Meister Eckharts Tochter‹

In Übereinstimmung mit den im methodischen Teil vorgestellten Grundsätzen (vgl. vor allem S. 48) wird hier auf den Versuch verzichtet, über die in den Handschriften belegten historischen Textformen hinauszugehen und Redaktionsstufen oder den Archetyp der Überlieferung rekonstruieren zu wollen. Die nachfolgende Edition ist als Synopse angelegt, die den x-Zweig nach der Handschrift M31 bietet (nachfolgend Spalte A; im Untersuchungsteil als ›Redaktion A‹ bezeichnet) und aus dem y-Zweig die besonders verbreitete Redaktion y3 in der Gestalt von P1 (nachfolgend Spalte B; im Untersuchungsteil als ›Redaktion B‹ bezeichnet) sowie die für das Verständnis des Dialogs aufschlussreiche Textgestalt von B9 (nachfolgend Spalte C) präsentiert. Eingriffe werden nur bei einzelnen offensichtlichen Schreibfehlern vorgenommen und sind durch Kursivierung gekennzeichnet. Wie die inhaltliche Analyse zeigen wird (vgl. Kap. 3.2), ist diese Auswahl von Textzeugen zusammen mit der im Apparat verzeichneten Varianz und den dargelegten textkritischen Überlegungen geeignet, das Bedeutungspotential des Kurzdialogs ›Meister Eckharts Tochter‹ in seiner historischen Entfaltung zu erschließen.

Editionsrichtlinien: Für alle von mir angefertigten Textwiedergaben aus Handschriften und Drucken gelten nachfolgende Regeln:

Die Graphie der jeweiligen Originaldokumente wird mit ihren schreibsprachlichen und sonstigen individuellen Eigenarten grundsätzlich beibehalten. Eine Vereinheitlichung in normalisiertes Mittelhochdeutsch wird entgegen prominenter Beispiele aus der Eckhart-Philologie – man denke an das normalisierte Mittelhochdeutsch der Editionen Quints und Pfeiffers – aus zwei Gründen nicht vorgenommen: Zum Ersten fehlt es für die hier zu edierenden spätmittelalterlichen, zum Teil frühneuhochdeutschen Texte an einer sprach-

46 Die Formulierung *der allesament bin ich eines niht* in Z. 69 lässt sich ohne Weiteres als vereinfachenden Eingriff des y3-Redaktors deuten.

lichen Grundlage, die in ihrer überregionalen Geltung der mittelhochdeutschen ›Dichtersprache‹ der Zeit um 1200 zu vergleichen wäre und als Orientierungsgröße für eine Vereinheitlichung dienen könnte. Zum Zweiten würden durch die sprachliche Bereinigung der Texte wertvolle Informationen über die Geschichte einzelner Textzeugen, aber auch Informationen über die regionale Verbreitung ganzer Textgruppen oder -fassungen (vgl. dazu vor allem die regionale Distribution der ›Meister Eckharts Wirtschaft‹-Redaktionen mit den entsprechenden editorischen Konsequenzen auf S. 379 f.) verlorengehen.

Im Einzelnen gilt:

- Abbreviaturen sind stillschweigend aufgelöst.
- Die Groß- und Kleinschreibung folgt dem Usus des jeweiligen Originaldokuments. Bei den Leittexten der kritischen Editionen erfolgt zur besseren Lesbarkeit Großschreibung von Eigennamen und Wörtern am Satzanfang. Stets groß geschrieben ist der akademische Titel ›Meister‹, wo er als Epitheton zu ›Eckhart‹ gebraucht ist.
- Interpunktion ist nur in den Editionstexten als Lesehilfe gesetzt. Sie entspricht heutigen Gepflogenheiten.
- Die Zusammen- bzw. Getrenntschreibung von Komposita und Wörtern mit Präfixen folgt dem Usus der jeweiligen Handschrift.
- Die Buchstaben <u>, <v>, <w> sowie <i> und <j> der Handschriften werden gemäß ihres jeweiligen Lautwertes wiedergegeben. <y> wird beibehalten.
- Schaft-<ſ> und rundes <s> werden als <s> wiedergegeben. Die Ligatur von Schaft-<ſ> und <z> erscheint als <ß>.
- Superskripte sind beibehalten.
- Die Kursivierung eines Wortes oder Buchstabens zeigt einen Eingriff in den Leittext an. Die entsprechende Lesart der Leithandschrift ist in diesem Fall in den Apparat gesetzt.
- Besonders ungewöhnlich scheinende Schreibweisen und Fehler in Handschriften sind zur Vermeidung von Missverständnissen durch nachgestelltes »(!)« gekennzeichnet.
- Eckige Klammern in den Editionstexten verweisen auf den entsprechenden Ort des Textes im Originaldokument.
- Zur Erleichterung der Zitation ist eine am Rand notierte Zeilenzählung bzw. eine Nummerierung syntaktischer Einheit im Falle von ›Meister Eckharts Wirtschaft‹ eingeführt. Zeilenzählungen und Nummerierung dienen allein der Erfassung des überlieferten Textmaterials und haben keine Bedeutung in dem Sinn, dass leerstehende Zeilen bzw. Nummern automatisch fehlendes Textmaterial bezeichneten.

Zur Apparatgestaltung:
Der Apparat verzeichnet alle Abweichungen vom Leittext mit Ausnahme von graphematisch und dialektal bedingter Varianz.

Die Gestaltung des Apparates erfolgt nach allgemeinen Gepflogenheiten, so dass hier einige Hinweise genügen können:

- Die Graphie der Varianten folgt stets der zuerst genannten Handschrift.
- Runde Klammern werden gesetzt, wenn innerhalb einer vom Leittext in gleicher Weise abweichenden Gruppe von Textzeugen wiederum Abweichungen auftreten. Die runden Klammern beziehen sich, sofern nicht anders angegeben, auf das unmittelbar vorausgehende Wort. Sollten von der Abweichung mehrere Wörter betroffen sein, so werden diese innerhalb der runden Klammern durch Lemmaklammern angegeben.
- Sollte in einer Zeile oder sonstigen Einheit ein Wort oder eine Wendung mehrfach vorkommen, dient eine Zählung durch eine hochgestellte Ziffer nach dem Lemma zur Vereindeutigung.

# Edition: Der Kurzdialog ›Meister Eckharts Tochter‹

| A<br>Leithandschrift: M31 | B<br>Leithandschrift: P1 |
|---|---|
| | [286$^{v}$] Meister Eckehardes bihtedohter |
| [1$^{r}$] Ein dohter khom zu eym | Ein dohter kam zů eime |
| predigercloster und fodert meyster | predigercloster und vorderte meister |
| Eckharten. | Eckart. |
| Der portner sprach: | Der portener sprach: |
| »Wer sint yr | |
| oder vo*n* we*m* sol ich ym sagen?« | »Von weme sol ich ime sagen?« |
| Sy sprach: »Ich enwais.« | Sú sprach: »Ich enweis.« |
| Er sprach: »Enwissent ir nit, wer ir sint?« | Er sprach: »Wo von wissent ir sin nút?« |
| Si sprach: | Sú sprach: |
| »Bekennt ich mich, so bekant ich alle creatur. | |

**2** khom] kam eins mals *S4* **3** predigercloster] prediger *S4* **4** Eckharten] erhart heraus *S4* **5** sprach] sprach zu ir *S4* **7** von wem] vom wenn *M31;* von wenn *B25* oder von wem … sagen] und von wann so will ich im das sagen *S4* **8** enwais] wais sein nit *S4* **9** Enwissent ir nit] wist ir sein nit *S4*

**1** *Überschrift:* Meister Eckehardes bihtedohter] diß hernach geschriben haist maister Ekkartz wirtschafft *Mai10;* von einer (einer guten *M32*) swester ein gutz gesprech daz sy tete zu meister Eckhart prediger ordens (prediger ordens *fehlt M32*) *W03, M32; fehlt G12, M45, B24, St7, He2, FT$^{1}$* **2** dohter] guete schwester *FT$^{1}$* kam] kam eins mals *W03, M32, B24* **3** vorderte] fodert zu ir an dy porten *B24* **4** Eckart] eckart und *M45* **7** ime] nůn *He2;* ym das *B24; fehlt Mai10* **8** enweis] enweiß sein nit *B24;* wais nicht *FT$^{1}$* **9** sprach] antbert *FT$^{1}$* Wo von] war um *Mai10, M45; fehlt G12* sin] es *G12;* es den *M45*

**1** *Überschrift:* Meister Eckehardes bihtedohter] van oetmoedicheit een exempel *Br13; fehlt Br12* **2** zů] voer *Br13* **3–4** predigercloster … Eckart] cloester vander predicaren (predicker *Br13*) oerdinen ende vraechde den portier (den portier *fehlt Br12*) om (na *Br12*) eenen meester *Br13, Br12* **5** portener] portier die *Br12* **7** Von weme … sagen] wie (van wien *Br12*) will ic segghen wie (*fehlt Br12*) dat ghi syt *Br13, Br12* **8** enweis] enweets niet *Br13, Br12* **9** Wo von … nút] waerom enweetes niet *Br13;* waer aff wetti dan *Br12*

## C
Leithandschrift: B9

[62r] Es kam ain arm mensch an ain port
da was maister Ekart in aim closter und vordret
in umb den portar.
Der portar sprach:
»Wie haissest du gůt kint?
Zů wem sol ich in haissen komen?«
Er sprach: »Ich enwaiß.«
»Wie waist du gůt kint?«

Ich bin nit eyn magt,
so bin ich nit ein weip,
so bin ich nit ein man,
so bin ich nit ein frawͤ,
so bin ich nit ein wytteb,
so bin ich nit eyn herr,
so bin ich nit ein diern,
so bin ich nit eyn kneht,
so bin ich nit eyn junckfrawͤ.«
Der portner gieng hyn ein
zu meyster Eckhartten und sprach:
»Meyster, koment her usß
zu der aller wunderlichsten creatur,

»Do bin ich nút ein maget
noch ein wip,
noch ein man,
noch ein froͧwe,
noch ein wittewe,
noch ein juncfroͧwe,
noch ein herre,
noch ein dirne,
noch ein kneht.«
Der portener ging
zů meister Eckart und sprach:
»Kument her us
zů der wunderlichesten creaturen,

---

**14–19** so bin ich nit ein weip ... so bin ich nit ein diern *fehlt S4* **23** Eckhartten] erhart *S4*

**13** Do] nain *G12; fehlt B24* bin ich nút ein] ich bin nit ain *G12;* ich pin kain *B24* maget] diern *$FT^1$* **14** noch] so bin ich nit *G12* ein] kein *B24* **15** noch] so bin ich nit *G12* ein] kein *B24* **16** noch] so bin ich nit *G12* ein] kein *B24* **17** noch ein wittewe] so bin ich nit ein dúrn *G12* ein] kein *B24* **18** noch ein juncfroͧwe] so bin ich nit ain witow *G12; am oberen Rand der Seite:* ¶ daz stet an eim andern puch auch *Wo3* ein] kein *B24* **19** noch ein herre] so bin ich nit ain knecht *G12* ein] kein *B24* **20** noch ein dirne] so bin ich nit ain herr *G12; fehlt $FT^1$* ein] kein *B24* **21** noch ein kneht] so bin ich nit ain iunkfrow *G12* ein] kein *B24* **22** gieng] gieng in *G12* **23** meister Eckart] dem maister *G12* und sprach *fehlt He2, St7* **25** wunderlichesten] aller wunderlichen *G12*; wunderlichen *He2, Mai10*; aller wunderleichisten *$FT^1$*

**13** Do bin ich nút] hier omme (hier omme *fehlt Br12*) ic enben niet *Br13, Br12* ein] niet een *Br13;* gheen *Br12* **14** ein] ic enbin *Br12* **15** ein *fehlt Br12* **16** ein *fehlt Br12* **17** ein *fehlt Br12* **18** ein juncfroͧwe] joncwijff noch ioffrouwe *Br12* **19** ein herre] een deerne *Br13;* here *Br12* **20** noch ein dirne] noch een heere *Br13; fehlt Br12* **21** noch ein kneht] knecht *Br12* **23** zů meister Eckart] totten meester *Br13, Br12* sprach] s (!) hi sprac *Br13* **24** Kument her us] lieve meester comt *Br13;* coemt doch hier buten *Br12* **25** zů der wunderlichesten creaturen] en siet een die wonderlijcxte creatuere *Br13;* tot eender wonderliker creaturen *Br12*

»Da bin ich nit ain maister.« etc

Der portener gieng in hin
und růft dem maister und sprach:
»Komend, maister,
zů der wunderlichen creatur,

| | |
|---|---|
| die ich yͤ gehoͦrt, | die ich ie gehorte, |
| und lond mich durch got mit úch gon | und lont mich mit úch gon |
| und biettent daz haubt hin fur | und bietent uwer hőbet hin fúr |
| und sprechent: [1$^{v}$] ›Wer fodert mich?‹ | und sprechent: ›Wer vordert mich?‹« |
| und lond mich hören, | |
| waz sye nuͦ rede.« | |
| Meyster Eckhart, der tett also. | Er det also. |
| | |
| Do sprach si zu dem meister, | Sú sprach zuͦ ime, |
| alz si vor zu dem portner gesprochen hett. | also sú zuͦ dem portener gesprochen hette. |
| | |
| Er sprach: »Liebs kint, | Er sprach: »Liebes kint, |
| dein red ist seltsen und behend. | din rede ist worhaft und behende. |
| Bericht mich, wie du es meynest.« | Berihte mich bas, wie du daz gemeinest.« |

---

**26** ich yͤ gehoͦrt] ir ie erhort habt *S4* **27** durch got mit úch gon] durch gotz willen mit euch das ich hor was sy sagt *S4* **28–32** und biettent daz haubt ... der tett also *fehlt S4* **31** sye *am Rand nachgetragen M31* **34** Do sprach si zu dem meister] do er zu ir kam do sprach sy *S4* **35** si vor *durch Umstellungszeichen gebessert aus* vor si *M31* zu dem portner *fehlt S4* **38** Liebs kint] wes begynnt (!) *S4* **39** ist] dy ist *S4*

**26** ie] nie *He2, B24;* ie *gestrichen, darüber* nie *St7* gehorte] gehört hab *G12, FT*[1] **27** und *fehlt B24* mich] mich durch got *G12* gon *fehlt FT*[1] **28** und bietent ... hin fúr *fehlt Wo3, M32, B24, FT*[1] uwer] daz *G12* fúr] in *He2; fehlt St7* **29** und sprechent] und fragend *G12, Wo3, M32, B24;* das thet er und sprach *FT*[1] Wer vordert mich] wer euch vorder *Wo3, M32;* wer euch gefodert hab *B24* **32** Er det also] er tett es also und *He2;* das tet er *B24; fehlt G12, FT*[1] **34** Sú sprach zuͦ ime] do sprach si zuͦ dem maister *G12;* da sprach sy zu ym *B24;* sy sprach *FT*[1] **35** sú] for *B24* zuͦ dem portener gesprochen hette] vor gesprachen (!) hait zuͦ dem portner *G12;* zu dem portner het gesprochen *Wo3, M32* **39** din] dez *M45* worhaft] selczam warhaftig *B24;* wunderhafftig *FT*[1] **40** daz gemeinest] es meinest *G12, He2, St7, Mai 10, M45, Wo3, M32, B24, FT*[1]

**26** ie] oyt *Br13;* nye *Br12* **27** úch *fehlt Br13, Br12* **28** und ... fúr *fehlt Br13, Br12* **29** sprechent ... mich] vraghet hare wye sy is *Br12; fehlt Br13* **32** Er det also] die meester ghinc totter dochter (porten ende vraechde haer wye sy ware *Br12*) *Br13, Br12* **34** Sú] ende si *Br13* **34–35** sprach zuͦ ime ... gesprochen hette] antwoerde als sy den portier ghedaen hadde *Br12* **38** Er] ende hi *Br13;* die meester *Br12* **39** din rede ist] u woerde sijn *Br12* worhaft und behende] beheyndich ende waerachtich *Br12* **40** bas] dat bat *Br13; fehlt Br12* du] dat ghi *Br13*

die ich ie gehort,
und tůnt es durch got ind durch minen willen.
So ir zů der port komint,
so sprechent: ›Wer ist hie, der mich will?‹
und laͧnd mich hoͤren,
was dú wunderlich creatur mit úch reden welli.«
Der maister was gehorsam
und sprach: »Wer ist hie, der mich will?«
Es trat hin fúr vnd sprach:
»Ich enwaisse.«
Er sprach: »Wie haist du gůt kint?«
»Da bin ich nit [63v] ain maister
Do sprach er: »Gůt kint,
din sinne sint gar ze behende.
Bericht mich, was du mainest in dinem sinne.«

Si sprach: »Ich tůn es gern.
Wer ich ein magt,
so stünd ich in miner ersten lauterkait.
Were ich ein weip,
so gebere ich daz ewig wort
on underlos in miner sele.
Were ich ein man,
so hett ich ein krefftiges widerston
allen gebresten.
Were ich denn eyn frawͤ,
so hielt ich minem einigem lieben gemahel
rehte gantze treu.

Sú sprach: [287$^{r}$] »Ich tůn.
Were ich ein maget,
so stúnde ich in miner ersten unschulden.
Were ich denne ein wip,
so gebere ich daz ewige wort
on underlos in miner selen.
Wer ich ein man,
so hette ich ein kreftiges widerston
wider allen gebresten.
Wer ich denne eine frŏwe,
so hielte ich minem einigen lieben gemechde
truwe.

---

**43** in *am Rand nachgetragen mit Einfügungszeichen M31* **44** Were] were aber *S4* **45** ewig wort *fehlt S4* **49** gebresten] grossen gepresten *S4* **50** denn] aber *S4* **51** hielt] hiet *S4* minem einigem lieben] ainen aingen *S4* **52** treu] treu vor allen dingen *S4*

**41** Ich tůn] ich tůn es gern *G12; fehlt He2, St7, M45, W03, M32, B24, FT*$^{1}$ **43** miner] meiner *am Rand:* 1 *W03* unschulden] unschuld *am Rand:* 1 *St7* **44** Were] und wer *G12;* wer *am Rand:* ¶ *M32* **45** so] so *am Rand:* 2 *St7* gebere] geber *am Rand:* 2 *W03* ich] sich *G12* **47** Wer] wer *am Rand:* ¶ *M32* ich] ich den *G12, He2, M45, W03, M32, B24;* ich (*am Rand:* 3) dan *St7* **48** ein *fehlt Mai10, B24* widerston] widersten *am Rand:* 3 *W03* **49** wider allen] aller anderen *Mai10;* allen *M45* gebresten] gebrechen *M45, B24* **50** Wer] und wer *G12;* wer *am Rand:* 4 *St7;* wer *am Rand:* ¶ *M32* denne] dann *St7, Mai10* **51** so] so *am Rand:* 4 *W03* einigen lieben] lieb aigen *G12;* lieben ainigen *He2, St7, Mai10, W03, M32;* einigen *B24;* ewigen *M45* gemechde] gemachelschaft *G12;* gemachel *He2, St7, Mai10, M45, W03, M32, B24* **52** truwe] und rechti trüw und *G12;* treue *am Rand:* 5 *St7;* sin trú *M45;* treu *am Rand:* ¶ *M32*

**41** Ich tůn] dat doe ic gherne *Br12;* doen sprac sy totten meester *Br13* **42** Were ich ein maget] waer ic seyde si een maecht *Br13* **43** in] noch in *Br13* **44** denne] oec *Br13; fehlt Br12* **46** on] sonder *Br13* on underlos ... selen] in mijnder zielen sonder onderlaet *Br12* **47** ein man] oec een man *Br13;* een meester *Br12* **49** gebresten] ghebreckelijcheit *Br13;* gebreke *Br12* **50** denne] oec *Br13; fehlt Br12* **51** hielte ich] haddic *Br12* **51–52** einigen ... truwe] eeneghen gheminden gheheelijc trouwe *Br13;* gheminde getrouwe *Br12*

Es sprach:
»Wåͤr ich ain maister magt
so stůͤnd ich in miner erster unschulde.
Wåͤr ich ain wip,
so gebåͤr si daz ewig wort
åͧne underlåͧß in mich.
Wåͤr ich ain man,
so tåͤtt ich und volbråͤch den willen gottes
åͧne alles hindernússe.
Wåͤr ich ain efro̊ͧwe,
so hielt ich
ståͤte trúwe zů minem ainigen lieb.

Were ich denn ein wyttiwe,
so hett *ich* eyn stetes sennendes jomer
nach minem eynigen lieben.
Were ich denn ein jungfrau
so stůnd ich im in einem jungkfrawͤlichem
dinst ze allen zitten.
Were ich denn ein herr,
so hett ich gewalt alle dag tugend ze
wúrcken.
Were ich denn ein diern,
so hett ich einen demütigen underwurff
unter gott und unter alle creaturn.

Were ich denne ein wittewe,
so hette ich ein stetes senen
noch minem einigen *lieben*.
Were ich denne ein juncfrŏwe
so stúnde ich in eime voͤrhtlichen
dienste.
Wer ich denne ein herre,
so hette ich gewalt aller goͤttelichen tugende.
Wer ich denne ein dirne,
so hette ich ein demůtigen underwurf
under got und alle creaturen.

---

**53** denn *fehlt S4* **54** ich *B25, S4*] ich ich *M31* eyn stetes sennendes jomer] ain ymmer ain staͤtigs senen *S4* **55** lieben] lieb tag und nacht *S4* **57** im *fehlt S4* **58** dinst] leben und dienst *S4* **59** denn] aber *S4* **60** hett ich gewalt] gewaltigt ich mich *S4* **62** denn] dann *S4* **64** unter gott] an den willen gotz *S4*

**53** denne] dann *St7* **54** ich *fehlt M45* senen] sinnen *G12, He2;* senen *am Rand:* 6 *Wo3* **55** einigen] ewigen *M45* lieben] lieben gemechede truwe *P1;* lieb *G12, He2, St7, Mai10, M45, Wo3, M32, B24* **56** Were] (*am Rand:* ¶) und wer *M32* denne] (*am Rand:* 6) dann *St7* juncfrŏwe] junckfraw *am Rand:* 7 *Wo3* **57** ich *fehlt M45* in] in *am Rand:* 7 *St7* voͤrhtlichen] frölichem *G12, Mai10* **59** Wer] und wer *G12;* wer *am Rand:* 8 *St7;* (*am Rand:* 8) wer *Wo3;* (*am Rand:* ¶) wer *M32* denne] dann *St7* **62** Wer] und wär *G12;* (*am Rand:* 9) wer *St7;* (*am Rand:* ¶) wer *M32* denne] dann *St7* dirne] diener dierne *St7;* dienerin *M45* **63** hette] (*am Rand:* 9) het *Wo3* ich *fehlt M45* ein *fehlt B24* **64** und alle] und under alle (allen *M45*) *G12, M45;* und alle *am Rand:* 10 *St7;* und allenn *Mai10* creaturen] creatur *G12, He2, St7, Wo3, M32, B24*

**53–55** Were ich ... lieben *fehlt Br12* denne] oec *Br13* **54–55** senen ... lieben] rouwe om eenich lief sonder vergheten *Br13* **56** denne] oec *Br13; fehlt Br12* **57** voͤrhtlichen] ontsienden *Br13;* wonderliker *Br12* dienste] dienst dat gheen dinc ontsien ensoude dat my tot mijnen lieven leyden mochte *Br13* **59** denne] oec *Br13; fehlt Br12* **60** hette ... tugende] soud ic over my selven hebben ghewelt alle duechden te doene *Br12* aller] over alle *Br13* **62** denne] oec *Br13; fehlt Br12* dirne] knecht *Br12* **63–64** so ... creaturen] soe stond ic in stervene *Br12* **64** alle creaturen] onder alle menschen ende onder alle creatueren *Br13*

Waͤr ich ain witwe,
so hette ich ain soͤlich jamer
nach minem gemінten gemahelen.
Waͤr ich ain herre,
so hette ich gewalt aller göttlicher tugende.

Waͤre ich ain junkfroͧwe,
so stuͤnd ich in ainem froͤlichen dienst.

Waͤre ich ain dirne,
so hett ich ain minnenklich naigen
under got und under alle creatur.

Were ich denn ein kneht,
so stuͤnd ich in eymen starken dienst
mins oͤbirsten herren
ze wúrken alle tugend.
Der aller bin ich leyder keines.

Ich bin ein dink alz ein ander dingk
und lauff nuͦ da hyn.«
Meyster Eckhart gieng hin wider ein
zu den prüdern und sprach:

Wer ich denne ein kneht,
so stúnde ich in starcken werken
und diende mime herren
noch allen sime willen one widerrede.
Der allesament bin ich eines niht

und bin ein ding also ein ander ding
und loͧffe do hin.«
Der meister ging do hin in
und sprach zuͦ sinen iungern:

---

**65** denn *fehlt S4* **66** eymen] meinem *S4* **68** tugend] tugent und dienst meinem hern an al widerred *S4* **69–72** Der aller ... ander dingk] der ding aller bin ich ein ding *S4* **73** nuͦ *fehlt S4* **74** Eckhart] erhart *S4* wider ein *fehlt S4*

**65** Wer] wer *am Rand:* ¶ *M32;* und wer *G12, He2, St7, Wo3, M32, B24* kneht] kneht *am Rand:* 10 *Wo3* **66** ich] ich dann *Mai10* **67–68** und diende ... one widerrede *fehlt G12* **67** mime] meinem liebenn (!) $FT^1$ **68** sime] meinem $FT^1$ widerrede] underlauß *M45* **69** Der allesament] der *G12;* der aller *M32, B24,* $FT^1$ eines niht] ains noch enkains *G12;* keins nicht *Mai10;* ein miet (!) $FT^1$ **72** ander *fehlt Mai10* **74** Der meister] der maister fragt sy wo ir herberg war sy antburt unnd sprach wo man mir wol thut da fleuch ich wo man mich verschmecht da beleib ich wo man vil von got redt das ist mein speiß der maister $FT^1$ do hin in] wider hin in *G12;* hin *He2, St7, Wo3;* hinein $FT^1$*; fehlt M45, M32, B24* **75** und sprach *fehlt M32, B24* iungern] pruͤdern und sprach *Wo3, M32;* bruedern $FT^1$

**65** denne ein kneht] oec een knecht *Br13;* ic een dienst knecht mijns heren *Br12* **66** so stúnde ... starcken werken *fehlt Br12* in starcken werken] oec in eene sterken werke *Br13* **67–68** und diende ... one widerrede] waer ic een ioncwijff soe hadd ic een oetmoedich onderworp onder god ende onder alle creaturen *Br12* **68** one widerrede] sonder eenich wederspreken *Br13* **69** Der allesament ... niht] nu ben ic een eenich niet *Br13;* des enbin ic een noch engheen *Br12* **72** und bin ... ander ding] ende ic ben een dinck *Br13;* mer ic bin een dinc *Br12* **73** und loͧffe do hin] ende ic lope daer henen als een ander dinck *Br13;* ende loep vast henen *Br12* **74–75** Der meister ... sinen iungern] doen sprack die meester *Br13;* die meester sprac tot sinen poertiere *Br12*

Waͤr ich ain kneht,
so stuͤnd ich in starken werken.

Dirre enbin ich aines noch enhaines
und bin doch ain waz
das selb was ist weder diß noch daz
und bin also ain ding als ain ander dink
und lof hie.« Etc

»Ich han den lůttersten
menschen gesehen und geho̊rt,
den ich in zitt funden han.«

»Ich han den aller lutersten demůtigesten
menschen geho̊rt,
den ich ie funden han noch minem
duncken.«

---

**76** lůttersten] durchleichtigisten *S4* **78** in zitt] in zeiten *S4* funden han] ye gehört hab *S4* han] han etc (*in neuer Zeile:*) in rechter worer götlicher demůt werden alle tugent vor got nůtz und gůt *M31*

**76–77** Ich han ... demůtigesten menschen] den aller leutersten demutigen menschen hab ich *B24* demůtigesten] den můttigosten *He2; fehlt G12* **77** geho̊rt] gesehen *G12, M45* **78** ich] ich in zit *G12* ie] nie *He2, St7, Wo3* **78–79** noch minem duncken] noch miner ton (!) amen *M45;* amen *G12, B24* **79** duncken] duncken dis bispel ist meister eckarts wurtschaft (wirt *He2*) genant *P1, He2;* duncken dicz beispil ist maister eckhartz (*am Rand:* dochter) wirt (*angehängt:* es) genant *St7;* geduncken etc etc hie hat maister eckharts wirttschafft ein ennde etc *Mai10*

**76–79** Ich han ... minem duncken] mij dunckt dat ic noeyt oetmoedigher mensch ensach *Br13* lutersten] ondersten *Br12* **78–79** ie funden ... minem duncken] ye gehoerde soe my dunct die ic ye gesach *Br12*

Übersetzung: ›Meister Eckharts Tochter‹ nach Redaktion A

Eine junge Frau kam zu einem Kloster des Predigerordens und verlangte an der Pforte nach Meister Eckhart. Der Pförtner fragte sie: »Wer seid Ihr? Wen soll ich ihm melden?«

Sie sagte: »Ich weiß es nicht.« Er antwortete: »Ihr wisst nicht, wer Ihr seid?« Sie sagte: »Würde ich mich kennen, so würde ich alle Geschöpfe kennen. Ich bin weder ein Mädchen noch eine Frau noch ein Mann noch eine Ehefrau noch eine Witwe noch ein Herr noch eine Magd noch ein Knecht noch bin ich eine Jungfrau.«

Der Pförtner ging nach drinnen zu Meister Eckhart und sagte zu ihm: »Meister, kommt mit hinaus zu dem wunderlichsten Geschöpf, mit dem ich je gesprochen habe, und lasst mich Euch um Gottes willen begleiten! Zeigt Euch und fragt: ›Wer verlangt nach mir?‹ und lasst mich hören, was es dann antwortet!«

Meister Eckhart tat wie geheißen. Da sagte die Frau dem Meister dasselbe, was sie zuvor dem Pförtner gesagt hatte. Eckhart antwortete: »Liebes Kind, deine Worte sind ungewöhnlich und klug. Erkläre mir, wie du sie meinst!«.

Sie sagte: »Das mache ich gerne. Wäre ich ein Mädchen, so stünde ich in meiner ursprünglichen Reinheit. Wäre ich eine Frau, so würde ich das ewige Wort ohne Unterlass in meiner Seele gebären. Wäre ich ein Mann, so würde ich allen Verlockungen kräftig widerstehen. Wäre ich eine Ehefrau, so würde ich meinem einzigen lieben Ehemann von Herzen die Treue halten. Wäre ich eine Witwe, so würde ich mich in stetem Kummer nach meinem einzigen Geliebten sehnen. Wäre ich eine Jungfrau, so würde ich ihm unablässig tugendhaft dienen. Wäre ich ein Herr, so hätte ich die Kraft, jeden Tag tugendhaft zu handeln. Wäre ich eine Magd, so würde ich mich Gott und allen Kreaturen demütig unterwerfen. Wäre ich aber ein Knecht, so würde ich meinem obersten Herrn aus ganzer Kraft dienen und würde dabei tugendhafte Werke vollbringen. Von denen allen bin ich leider keines. Ich bin ein Wesen wie jedes andere und laufe vor mich hin.«

Meister Eckhart ging hinein, zurück zu den Brüdern, und sagte: »Ich habe den reinsten Menschen gesehen und gehört, den ich je gefunden habe.«

## *3.2 Untersuchungen zum Text*

Die nachfolgende Analyse untersucht ›Meister Eckharts Tochter‹ unter besonderer Berücksichtigung von strukturellen, inhaltlichen und literarhistorischen Aspekten. Den Ausgangspunkt dazu bildet – in Anlehnung an die methodischen Überlegungen HAUSMANNS (vgl. S. 454 f.) – eine Deutung des Kerntextbestandes, die um eine Untersuchung der verschiedenen Redaktionen zu vervollständigen sein wird. Ein solches Vorgehen empfiehlt sich vor allem deshalb, weil es Redundanzen vermeidet und die oft nur punktuelle Varianz in der Textüberlieferung als Entfaltung oder Umdeutung des grundlegenden Bedeutungspotentials des Dialogs verstehbar macht. Wo nötig werden hier bereits überlieferungsgeschichtliche, intertextuelle und historische Überlegungen einfließen, um Kerntext und Redaktionen in größere Verstehenszusammenhänge einzubetten. Darauf folgen in einem zweiten größeren Abschnitt Überlegungen zur zeitlichen und räumlichen Einordnung des Textes sowie zu seinem Sitz im Leben.

### Analyse des Kerntextbestandes[47]

Struktur: ›Meister Eckharts Tochter‹ erweist sich als ein klar komponierter Dialog: Er setzt mit einer auktorial erzählten Situierung des Geschehens ein, in der Ort und beteiligte Figuren vorgestellt werden (vgl. Z. 1–7), und endet mit einer begrifflichen Verdichtung des Gesprächsinhalts in den Worten der Figur Meister Eckharts[48] (vgl. Z. 74–79). Die Unterredung der *tohter* mit Klosterpförtner und Eckhart als aufeinanderfolgenden Dialogpartnern bildet den Hauptteil des Stücks (vgl. Z. 8–73) und lässt sich in drei Abschnitte untergliedern: Auf die verrätselte Selbstvorstellung der *tohter* (vgl. Z. 8–21), folgt ein Brückenelement, in dem der Pförtner seine Ratlosigkeit eingesteht und Eckhart hilfesuchend hinzubittet (vgl. Z. 22–40), bis es schließlich zur Auflösung des Rätsels in Form einer Allegorese kommt (vgl. Z. 41–73). Nachfolgende Strukturskizze veranschaulicht den Aufbau des Dialogs:

---

47 Generell folgen Zitate, wo es nicht auf Unterschiede zwischen den Redaktionen ankommt, dem in der Spalte A der synoptischen Edition dargebotenen Text von M31 aus Redaktion x.

48 Dass die Meister Eckhart-Figur des Dialogs auf jemand anderen als den historischen Pariser Lehrstuhlinhaber, Ordensfunktionär und Prediger gleichen Namens Bezug nimmt, lässt sich mit großer Sicherheit ausschließen: Das Attribut ›Meister‹ als Titel und Namensbestandteil ist allein für diesen Eckhart bezeugt, an den sich das Stück auch inhaltlich anlehnt. Ausführlich ist die Problematik um den Namen ›Meister Eckhart‹ diskutiert bei SENNER, Ordensauftrag, S. 30 f.

| | |
|---|---|
| 1–7 | Situierung des Dialogs |
| 8–73 | Haupttteil, bestehend aus: |
| 8–21 | allegorische Selbstvorstellung der *tohter* |
| 22–40 | Bitte um Deutung als Brückenelement |
| 41–73 | Allegorese der Selbstvorstellung |
| 74–79 | Resümee Eckharts |

In einer Vorausschau auf kommende Untersuchungsergebnisse sei hier schon angemerkt: Das vorgestellte Strukturschema ist nicht nur dem Dialog ›Meister Eckharts Tochter‹ zu eigen, sondern liegt auch der ersten Fassung von ›Meister Eckhart und dem armen Menschen‹ zugrunde (vgl. S. 222 f.) und kehrt zumindest in Grundzügen auch in anderen mystischen Kurzdialogen wieder (vgl. S. 436 f. und 438). Abstrahierend lässt es sich als Abfolge eines allegorischen Rätsels, einer Bekundung von Unverständnis und/oder einer Bitte um Deutung und schließlich einer Auflösung durch Allegorese beschreiben. Solche strukturellen Gemeinsamkeiten sind möglicherweise Spuren einer entstehungsgeschichtlichen Verwandtschaft von Texten und werden bei entsprechenden Fragestellungen zu berücksichtigen sein.

Situierung des Dialogs (vgl. Z. 1–7): Die ersten Zeilen stellen Personal und Raum des nachfolgenden Gesprächs vor und erfüllen damit die Aufgabe einer Exposition. Die Szene wird an der Pforte eines Predigerkonvents (vgl. Z. 2 f.), eines Ordenshauses der Dominikaner, lokalisiert und damit in den Horizont eines städtischen Umfelds gestellt. Eine *tohter* verlangt nach Meister Eckhart, wobei aber weder hier noch aus dem sich scheinbar zufällig entwickelnden Gespräch ersichtlich wird, welches Ziel sie dabei verfolgt. Die Erwartungshaltung eines historischen Rezipienten mag dahin gegangen sein, dass die Frau Beichte ablegen oder sonst um geistlichen Beistand ersuchen wollte. Wer oder was die *tohter* genau ist, lässt sich ebensowenig mit Sicherheit klären: Der mittelhochdeutsche Begriff meint sowohl ›Tochter‹ im neuzeitlichen Sinn, kann aber auch allgemein als ›Mädchen‹, ›junge Frau‹ oder eben, gerade im geistlichen Kontext, als ›Beichttochter‹ übersetzt werden.[49] Die Tatsache, dass die *tohter* zum Kloster kommt, sich also frei in der Stadt bewegen kann (vgl. auch ihren Schlussatz in Z. 73: *und lauff nů da hyn*), schließt weitgehend aus, dass bei ihr an eine Ordensschwester zu denken ist, wäre sie doch in diesem Fall zumindest der Regel nach an die Klausur gebunden. Wir haben es womöglich mit einer Begine oder einer weltlich lebenden Bürgersfrau zu tun.

Die *tohter* wird vom Pförtner empfangen, demjenigen, der für den Kontakt des Klosters mit der Außenwelt zuständig ist und der gemäß der Ordensregel

49 HWB, Bd. 2, Sp. 1457, und DWB, Bd. 21, Sp. 532–536. Für den Gebrauch von *tohter* im Sinne von ›Beichttochter‹ liefern etwa der Dialogtraktat ›Schwester Katrei‹ und die ›Vita‹ Heinrich Seuses (hier für seine Beichttochter Elsbeth Stagel) zahlreiche Belege.

des Benedikt »gesetzten Alters und erfahren ist, der Rede und Antwort zu stehen weiß und den ein reifer Charakter hindert herumzuschweifen«[50]. In Ausübung seiner Pflicht, die Identität und Absicht eines jeden Klosterbesuchers festzustellen, fragt er nach ihrem Namen (vgl. Z. 6 f.).

Bis zu diesem Punkt hat die Situation nichts Ungewöhnliches an sich und scheint aus historischer Perspektive durchaus plausibel. Eine Parallele bietet eine Episode aus der Vita Gertruds von Ortenberg aus der Mitte des 14. Jahrhunderts: Gertrud und ihre Vertraute Heilke, beides weltliche Frauen ohne Einbindung in eine institutionalisierte geistliche Gemeinschaft, bitten nach ihrer Ankunft in Straßburg den Pförtner eines Franziskanerkonvents um eine Audienz bei einem bekannten Lesemeister, der zugleich ihr Beichtvater ist.[51] Über das Gespräch selbst schweigt sich die Vita zwar aus, aber der Vergleich zeigt deutlich, wie Frauen initiativ werden konnten, um spirituellen Beistand einzufordern.

Hauptteil 1: Allegorische Selbstvorstellung der *tohter* (vgl. Z. 8–21): Die Antwort der *tohter* reißt die Szene aus ihrer Banalität und markiert damit die entscheidende Zäsur im Übergang zum Hauptteil: Die Frau an der Pforte weiß nicht, wer sie ist (vgl. Z. 8). War die Frage des Pförtners nach dem Namen der Besucherin im Grunde nichts weiter als eine Formalität, so wird sie doch im Lichte dieser Antwort zum Kernthema des ganzen Dialogs: Es geht um die Identität der *tohter*, um ihr Sein, über das sie – zumindest mit den Mitteln der affirmativen Rede – keine Auskunft geben kann. In diesem Spiel mit den Bedeutungsebenen von Sprache und den Erwartungshaltungen des Publikums zeigt sich die literarische Qualität des Dialogs und zugleich ein literarisches Verfahren, das auch im Kurzdialog ›Meister Eckhart und der arme Mensch I‹ Anwendung findet (vgl. S. 227 f.).

Auf die überraschte Reaktion des Pförtners hin expliziert die *tohter* ihre Antwort in einer anaphorisch formulierten Aufzählung von neun Prädikaten (vgl. Z. 13–21), die allesamt nicht auf sie zutreffen. Charakteristisch für diese Passage ist die wiederholte Negation des Verbum substantivum *sîn*, in Redaktion A an jeder Position, in Redaktion B durch den Negationspartikel *noch* immer erneut aufgegriffen, die zu einer Beschreibung der *tohter* ex negativo führt: Sie kann von sich nur sagen, was sie nicht ist. Es lohnt sich ein genauerer Blick auf die Art dieser Prädikate: Es sind durchweg Substantive, die ein bestimmtes Geschlecht bezeichnen, sechsmal das weibliche und dreimal das männliche, und in einigen Fällen dazu auch einen gesellschaftlichen Stand anzeigen, sowohl den

50 HOLZHERR, Benediktsregel, S. 387. Zu den persönlichen Voraussetzungen und den Aufgaben eines Pförtners im Spiegel benediktinischer Regeltexte vgl. SCHEIBA, Klosterpforte.

51 Vgl. die englischsprachige Übersetzung der Vita Gertruds in ANNEKE MULDER BAKKER, Upper Rhine Noble Women, S. 216.

herrschenden (vgl. Z. 16 sowie in Redaktion A Z. 18 und in B Z. 19) als auch den dienenden (vgl. Z. 13 sowie in Redaktion A Z. 19 f. und in B Z. 20 f.). Zum einen streben die Prädikate also so etwas wie Totalität an. Zum anderen wecken sie schon die Ahnung eines verborgenen Sinns, eines *sensus spiritualis*, denn in ihrer Zusammenstellung und in ihrem Bezug auf eine offensichtlich weibliche Person müssen sie dem Rezipienten als widersinnig erscheinen: Weshalb sollte eine *tohter* dreimal von sich behaupten, kein Mann zu sein?

Hauptteil 2: Brückenelement mit Deutungsbitte (vgl. Z. 22–40): Zwischen der verrätselten Selbstvorstellung der *tohter* und der zugehörigen Auflösung ist ein längeres Brückenelement eingeschaltet, das der Einführung Meister Eckharts in den Dialog dient. Der Pförtner weiß sich nach der Rätselrede nicht anders zu helfen, als den gewünschten Meister zur Pforte zu bringen, um vielleicht auf einem Umweg zu erfahren, was der Gast ihm vorenthält. Es wiederholt sich die bereits bekannte Situation mit anderem Personal: Jetzt ist es Eckhart, der – auf die Bitte seines Mitbruders hin – die Frage nach der Identität der Besucherin stellt (vgl. Z. 28) und darauf eine unerwartete Antwort erhält (Z. 34 f.). Aber anders als sein Vorgänger versteht Eckhart die Worte des Gastes und beruteilt sie als *behend* (Z. 39), was so viel bedeutet wie ›klug‹, ›weise‹[52], aber auch – wie man von anspruchsvollen theologischen Lehren sagte – ›subtil‹[53]. Im Fall von Redaktion A kommt dazu die Qualifikation *seltsen*, ›ungewöhnlich‹, ›fremdartig‹,[54] bzw. im Fall von Redaktion B die Qualifikation *worhaft* (Z. 38), ›wahr‹, ›aufrichtig‹[55]. Ist dieses spontane Einvernehmen zwischen dem Meister und der *tohter* so zu deuten, dass die beiden Verwandte im Geiste sind und dieselben Ansichten teilen? Das überschwängliche Lob, mit dem Eckhart den Gast schließlich vor seinen Mitbrüdern bedenkt (Z. 74–79), legt diesen Schluss jedenfalls nahe. Nichtsdestotrotz bittet er um eine Auslegung der Rätselrede.

Hauptteil 3: Allegorese der Selbstvorstellung (vgl. Z. 41–73): Die *tohter* greift nun alle zuvor genannten neun Prädikate auf und legt deren verborgene Bedeutung offen. Im Rückblick wird ihre Selbstvorstellung damit als Allegorie und die Prädikate selbst als Chiffren für spirituelle und ethische Qualitäten erkennbar. Die Auslegung ist methodisch an die mittelalterliche Hermeneutik des vierfachen Schriftsinns angelehnt, insofern als jedem Punkt zumindest eine

---

52 So das Mittelhochdeutsche Wörterbuch Online mit entsprechenden Belegen bei Eckhart, Tauler und Seuse (letzter Aufruf 04.01.2019).

53 Nach Steer ist *behendechait* das volkssprachliche Äquivalent zum lateinischen *subtilitas* (Steer, Der Prozess Meister Eckharts, S. 48). Diefenbach gibt als Übersetzung zu *subtilitas* neben *behendekeit* unter anderem auch *spiczfindigkait* an (ders., Glossarium, S. 562).

54 HWB, Bd. 2, Sp. 872.

55 BMZ, Bd. 4, Sp. 520a.

übertragene Bedeutung zugeordnet wird. Die scheinbare Widersprüchlichkeit der Prädikate ist damit beseitigt.

Das Wesen der *tohter* bleibt zwar auch in der Allegorese nur aus der Verneinung heraus greifbar – was in der ersten Redepartie die Negation war, ist jetzt der in allen Sätzen verwendete Irrealis – aber es ist nichtsdestotrotz aufschlussreich, was alles nicht auf sie zutrifft. Für den Exegeten stellt sich dabei das Problem, dass ihre Rede zwar zuvor Gesagtes deutet, aber ihrerseits genauso der Deutung bedarf.

Den Anfang in der Reihe macht das Prädikat *magt* (vgl. Z. 42–43), für das die Überlieferung zwei unterschiedlich nuancierte Explikationen bereithält: Redaktion A liest *in miner ersten lauterkait*, wörtlich »in meiner ersten Reinheit / Bloßheit«. Im Kontext mystischer Theologie, wie sie mit der Figur Eckharts dem Dialog eingeschrieben ist, bezeichnet das Adjektiv ›lauter‹ auch den ontologischen Zustand einer völligen Ununterschiedenheit und eines Ledigseins von jeglicher Eigenschaft, die zugleich Ab- und Eingrenzung bedeuten würde. Diese Seinsform ist in neuplatonischer Tradition die Seinsform Gottes, kann aber auch von den Kreaturen vor ihrem Ausfluss aus dem Schöpfer ausgesagt werden (vgl. dazu die näheren Ausführungen auf S. 115–118). In dieser Hinsicht wäre dann die Beifügung *ersten* als »am Anfang seiend« oder als »vor dem Ausgang in die Welt der Einzeldinge« zu verstehen – eine Beifügung, die auch bei Meister Eckhart in Verbindung mit *lûterkeit* belegt ist.[56]

Die Redaktion B und als Teil von ihr auch der B9-Text bieten an dieser Stelle *in miner ersten unschulden* (Z. 43) und geben der Stelle damit eine moralische Konnotation. Die Verknüpfung von *maget* und *unschulde* mag für den mittelalterlichen Leser insofern eingängig gewesen sein, als *maget* nicht nur eine unberührte Frau bezeichnen konnte, sondern traditionell auch mit der Gottesmutter Maria und ihrer Sündlosigkeit assoziiert war.

---

56 Die Wendung *êrste lûterkeit* findet sich recht häufig in den Schriften Meister Eckharts wieder: In den Predigten 3 (DW I), 13 (DW I), 23 (DW I) und 57 (DW II) ist sie je einmal, in Predigt 22 (DW I) siebenmal belegt. Daraus seien zwei Verwendungszusammenhänge herausgegriffen, die in gedanklicher Nähe zu ›Meister Eckharts Tochter‹ stehen: *Dô sprach ich: ez ist wunderlîcher, wie alle grasspier sô glîch sint, und sprach: wie alle engel ein engel in der êrsten lûterkeit sint al ein, alsô sint alle grasspier in der êrsten lûterkeit ein, und alliu dinc sint dâ ein* (Pr. 22, DW I, S. 384,7–385,3; Übersetzung S. 519: »Ich aber sagte damals: Es ist erstaunlicher, woher alle Grashalme so gleich sind, und sagte: So wie alle Engel in der ersten Lauterkeit ein Engel sind, ganz Eins, so auch sind alle Grashalme in der ersten Lauterkeit Eins, und alle Dinge sind da Eins.«) und *Ich hân ez ouch mê gesprochen, daz diu sêle niht lûter enmac werden, si enwerde widergetriben in ir êrste lûterkeit, als si got geschaffen hât* (Pr. 57, DW II, S. 599,1–3; Übersetzung S. 747: »Ich habe es schon öfter gesagt, dass die Seele nicht rein werden kann, wenn sie nicht zurückgetrieben wird in ihre erste Lauterkeit, wie Gott sie geschaffen hat.«). Die *êrste lûterkeit* kann bei Eckhart also einen – erstes Beispiel – ontologischen Zustand jenseits kreatürlicher Differenzierung beschreiben, wie er – zweites Beispiel – im Zustand der Schöpfung in Gott gegeben war und in den jede Kreatur zurückzukehren bestrebt ist.

Die Auslegung des Prädikats *weip* (vgl. Z. 44–46) zitiert die traditionsreiche Lehre von der immerwährenden Geburt Gottes in der Seele.[57] Das Gebären bezieht sich hier auf das *ewig wort* (Z. 45), die zweite göttliche Person, den Logos und Gottessohn. Damit ist ein eigentlich innertrinitarischer Prozess, das Aussprechen des Wortes als Hervorbringung des Sohnes, in das Innerste des gläubigen Menschen verlegt.

Die Verknüpfung des Prädikats *weip* mit der Lehre von der Gottesgeburt könnte als Anspielung auf die Eckhartpredigt 2 gelesen werden, die zentral über die beiden Begriffe *juncvrouwe* und *wîp* handelt und an ihnen das Verhältnis von *vita activa* und *vita contemplativa* diskutiert. Wie im Dialog ›Meister Eckharts Tochter‹ steht auch in der Predigt das *wîp*-Sein für das Gebären Gottes:

> *Nû merket und sehet mit vlîze! Daz nû der mensche iemermê juncvrouwe wære, sô enkæme keiniu vruht von im. Sol er vruhtbære werden, sô muoz daz von nôt sîn, daz er ein wîp sî. Wîp ist daz edelste wort, daz man der sêle zuo gesprechen mac, und ist vil edeler dan juncvrouwe. Daz der mensche got enpfæhet in im, daz ist guot, und in der enpfenclicheit ist er maget. Daz aber got vruhtbærlich in im werde, daz ist bezzer; wan vruhtbærkeit der gâbe daz ist aleine dankbærkeit der gâbe, und dâ ist der geist ein wîp in der widerbernden dankbærkeit, dâ er gote widergebirt Jêsum in daz veterlîche herze.*[58]

In dieser Predigtstelle begegnet auch der Begriff *maget*, der synonym zu *juncvrouwe* gebraucht ist und in Opposition zu *wîp* steht. Geht man zu weit, wenn man nun im Prädikat *maget* aus dem Dialog ebenfalls eine Anspielung auf die Eckhartpredigt sieht? Mit *juncvrouwe* beschreibt die Predigt einen Menschen, *der von allen vremden bilden ledic ist, alsô ledic, als er was, dô er niht enwas*[59], was man durchaus als eine Entsprechung zur *ersten lauterkait* des Dialogs in der Redaktion A verstehen könnte. Beide Formulierungen beschreiben einen Zustand der völligen Eigenschaftslosigkeit, wie es der Urzustand vor dem Eintritt in die Geschöpflichkeit ist. Sowohl in der Predigt als auch im Dialog folgt auf den Aspekt dieser Eigenschaftslosigkeit und der Passivität der Aspekt des Fruchtbarwerdens und der Gottesgeburt, beide Male gefasst im Begriff *wîp*, so dass auch an eine strukturelle Parallele zwischen den beiden Texten zu denken wäre. Ob es sich dabei aber um bewusst hergestellte Anspielungen, vage Anlehnungen an

---

57 Zur Gottesgeburtslehre vgl. Rahner, Symbole, S. 13–87.

58 Pr. 2, DW I, S. 27,1–9; Übersetzung S. 434: »Nun gebt acht und seht genau zu! Wenn nun der Mensch immerfort Jungfrau wäre, so käme keine Frucht von ihm. Soll er fruchtbar werden, so ist es notwendig, dass er Weib sei. ›Weib‹ ist der edelste Name, den man der Seele zulegen kann, und ist viel edler als ›Jungfrau‹. Dass der Mensch Gott in sich empfängt, dass ist gut, und in dieser Empfänglichkeit ist er Jungfrau. Dass aber Gott fruchtbar in ihm werde, das ist besser; denn Fruchtbarwerden der Gabe, das allein ist Dankbarkeit für die Gabe, und da ist der Geist Weib in der wiedergebärenden Dankbarkeit, wo er Jesum wiedergebiert in Gottes väterliches Herz.«

59 Pr. 2, DW I, S. 25,1 f.; Übersetzung S. 434: »der von allen fremden Bildern ledig ist, so ledig, wie er war, da er noch nicht war.«

einmal Gehörtes oder nur um ein Zeichen gleicher Traditionszusammenhänge handelt, wird sich nicht mit letzter Sicherheit klären lassen.

Beim nächsten Prädikat, *man,* wechselt die Allegorese über in den Bereich der Moral (Z. 47 f.). Es geht darum, den *gebresten,* also den Schwächen, dem Mangel, vielleicht auch dem moralischen Mangel, Widerstand leisten zu können, wobei der Irrealis wieder klar signalisiert, dass die *tohter* nicht über diese Fähigkeit verfügt.

Die beiden folgenden Prädikate, *fraŭ* (Z. 50–52) und *wyttiwe* (Z. 53–55), stehen mit ihren Auslegungen in engem Bezug zueinander und können daher zusammenfassend behandelt werden. Auf erster Ebene thematisieren sie die unverbrüchliche Liebe einer Frau zu einem Mann: Die *fraŭ* hält ihm die Treue, die *wyttiwe* bezeugt ihm über seinen Tod hinaus ihre Zuneigung durch beständige Trauer. Möglich, dass damit bereits alles gesagt und nicht mehr intendiert ist, als die Rolle der Frau im Geschlechterverhältnis anzusprechen. Das Sehnen nach dem Liebsten und die Treue gegenüber dem Gemahl könnten aber auch auf eine alte Tradition theologischen Sprechens rekurrieren, die das semantische Feld der Liebe als Bildbereich auf die Beziehung zwischen Gott und Mensch überträgt. Grundgelegt war dieses Sprechen im alttestemantlichen ›Hohelied der Liebe‹, das Bernhard von Clairvaux in seinen Predigten als Text über die Liebe zwischen Gott und Mensch und ihre Vereinigung auslegte.[60] Beide Prädikate beschreiben im Sinne solcher braut- und liebesmystischer Vorstellungen eine bedingungslos in Gott ergebene Seele – und genau das ist die *tohter,* wie der Irrealis zu verstehen gibt, nicht.

Man könnte schließlich noch in einer anderen Weise über den konkreten Wortlaut hinausdenken: Jenseits von Geschlechterrollen und traditioneller Bildsprache bezeichnet die Auslegung der Prädikate *fraŭ* und *wyttiwe* auch das Bezogensein eines Individuums auf ein anderes und führt damit die Kategorie der Relation in den Dialog ein. Auch einige der nachfolgenden Prädikate, allen voran *jungfrau, diern* und *kneht,* ließen sich unter diesem Aspekt fassen und hätten demnach dieselbe Botschaft: Die *tohter* lebt ohne Bezug auf ein Gegenüber, sei es Gott oder eine Kreatur, und ruht in völliger Abgeschlossenheit in sich selbst.

Ob auch die Auslegung des folgenden Prädikats, der *jungfrau* (vgl. Z. 56–58 und in der Textform von B9 Z. 59 f.), als Beschreibung eines spezifischen Gottesverhältnisses zu lesen ist, sei dahingestellt. Die *jungfrau* leistet einen Dienst, doch es bleibt im Dunkeln, worin dieser Dienst besteht und wem er gilt. Eine Spezifizierung erfolgt zwar über ein Attribut, doch herrscht hier sowohl zwischen den Redaktionen als auch innerhalb der Redaktionen Unsicherheit über den Wortlaut (vgl. die textkritische Besprechung auf S. 71). Damit muss letztlich offenbleiben, wie diese Auslegung zu verstehen ist: Geht es schlicht um

60 Einen Überblick zu Bernhards Hoheliedpredigten und ihrem Einfluss auf die volkssprachliche Literatur gibt Ruh, Geschichte I, S. 249–268.

sittsames Verhalten, um den Aspekt der Unterordnung oder doch um mehr? Die *tohter* findet sich jedenfalls auch in diesem Aspekt nicht wieder.

Das Prädikat *herr* wird wieder in Hinblick auf moralisches Verhalten ausgelegt (Z. 59 f., in Redaktion C Z. 56 f.): Es steht für die Tugenden, die in Redaktion A jeden Tag vollbracht werden und in Redaktion B und in der Handschrift B9 als »göttlich« näher bestimmt sind.

Mit *diern* ist der Aspekt der Unterordnung und der Ergebenheit angesprochen (Z. 62–64). Demut gegenüber Gott und seinen Geschöpfen kann als religiöse Grundhaltung angesehen werden, die in vielen Formen der Spiritualität fest verankert ist. Die Handschrift B9 setzt hier insofern einen besonderen Akzent, als sie mit der Lesart *minnenklich naigen* (Z. 63) weniger von Unterwürfigkeit als von liebevoller Zuneigung spricht.

Das letzte in der Reihe der neun Prädikate, der *kneht*, setzt die Thematik des Dienens und der Unterordnung fort (Z. 65–68): Die Auslegung beschreibt ihn als treuen Untergebenen seines Herrn, der sich durch tugendhaftes Handeln auszeichnet (Redaktion A) oder widerspruchslos Werke im Namen seines Herrn vollbringt (Redaktion B). Auch hier ließe sich wieder die Auseinandersetzung mit einem bestimmten Element religiöser Lebenspraxis mitlesen: der *kneht* als Gläubiger, der mit guten Werken Gott Ehre erweisen will und sich im Gegenzug besondere Zuwendung im Diesseits und eine angemessene Vergütung im Jenseits erhofft. Aber gleich, ob hier eine solche ›Werkfrömmigkeit‹ oder ein rein innerweltlich vorbildliches Verhalten angesprochen ist – die *tohter* nimmt es nicht für sich in Anspruch.

Damit ist die Reihe der Auslegungen ans Ende gekommen und es bleibt zu fragen, wie das vorgestellte Nicht-Sein zu bewerten ist. Die *tohter* hat neun Prädikate von sich gewiesen, die durchweg positive Verhaltensweisen und Einstellungen beschreiben und von denen ein guter Teil mit Sicherheit, vielleicht sogar die gesamte Reihe, als Kennzeichen einer erstrebenswerten Frömmigkeit gelesen werden kann. Es gäbe also gute Gründe, die *tohter* als einen in höchstem Maße defizitären Charakter zu beurteilen, vielleicht zu verurteilen. Wie wird im Text selbst über den Gast an der Klosterpforte entschieden?

Die *tohter* beschließt ihre Rede mit einem kurzen Resümee, in dem sie ihr Selbstbild zusammenfasst. Die Varianz in der Textüberlieferung ist dabei von solcher Bedeutung, dass nicht mehr von einem einheitlichen Text ausgegangen werden kann und in der Darstellung notwendigerweise differenziert werden muss.

In Redaktion A negiert die *tohter* noch einmal das bereits Gesagte, setzt aber ein *leyder* hinzu (Z. 69), als sähe sie sich selbst als unvollkommen an. Weitere Indizien für eine solche Interpretation liefert der Text allerdings nicht. Innerhalb der Redaktion B muss differenziert werden: Die Redaktionsstufe y3 und die davon abhängige Stufe y4 lesen *Der allesament bin ich eines niht* (Z. 69) – ein Fazit ohne erkennbare Wertung. Die dem y-Archetyp näher stehenden Handschriften B9 und G12 sowie die mittelniederländische Handschrift Br12 des y5-Zweiges bieten *dirre enbin ich aines noch enhaines* (zitiert nach der Textform von B9, Z. 69), womit möglicherweise die ursprünglichste, sicher aber die anspruchsvollste Lesart in dieser Zeile vorliegt. Wörtlich besagt sie, dass auf die *tohter* keines der aufgezählten Attribute zutrifft und zugleich keines nicht – eine paradoxale Zuspitzung ihrer Selbstbeschreibung zu einer doppelten Negation. Nicht einmal die Verneinung, die *via negativa*, wäre in diesem Sinne noch ein adäquates Mittel, um die Besucherin an der Klosterpforte zu beschreiben. Welche theologischen Gedankengänge damit verbunden sein können, wird in der Diskussion der stärker von eckhartischem Denken geprägten Textgestalt von B9 noch genauer zu erörtern sein (vgl. dazu S. 113–121).

Die Zeilen 72 f., die beiden letzten des Resümees der *tohter*, sind wieder weitgehend einheitlich überliefert. Sie stellen die einzigen affirmativen Aussagen der Besucherin über ihr eigenes Wesen dar und sind doch so formuliert, dass aus ihnen nichts Individuelles und Eigenes zu gewinnen ist: Sie nennt sich ein *dink alz ein ander dingk* (Z. 72), ein Ding wie jedes andere Ding auch. Es gibt nichts, woran man sie von einem anderen Wesen unterscheiden könnte, und so dient denn die einzig positive Aussage auch nicht der Abgrenzung vom Anderen, sondern der Entgrenzung auf das Andere hin.[61] Aus ihrem letzten Satz, *und lauff nů da hyn* (Z. 73), spricht noch einmal die völlige Absichts- und Ziellosigkeit, mit der sich die *tohter* durch das Leben bewegt. Damit verschwindet sie wie auch der Pförtner aus dem Dialog.

Resümee Eckharts (vgl. Z. 74–79): Der Fokus ist nun ganz auf Meister Eckhart gerichtet, der wieder ins Kloster zurückkehrt und seinen Mitbrüdern (Redaktion A) bzw. seinen *iungern*, möglicherweise Novizen[62] (Redaktion B), von der Besucherin berichtet. Er nennt sie superlativisch den *lůttersten menschen* (Z. 76 f.), der ihm je begegnet sei, und liefert damit als diskursmächtige Figur eine verbindliche Wertung für das, was sich soeben an der Klosterpforte zugetragen hat. Lauterkeit bezeichnet, es wurde bereits im Zusammenhang mit der Auslegung von *maget* angesprochen, so viel wie ›Reinheit‹, ›Klarheit‹ und in mystischer Literatur oft auch ›Losgelöstsein von Bildern, von Vorstellungen, Eingrenzungen‹, ›Eigenschaftslosigkeit‹ und ›Ununterschiedenheit‹. Die Ablehnung der Prädikate nimmt sich von diesem Punkt betrachtet wie eine Illustration oder eine Exemplareihe aus mit dem Zweck, den Begriff der Lauterkeit zu veranschaulichen – so weit dies eben möglich ist. Um ein in diesem Sinn ›reines‹ Wesen zu beschreiben, erscheinen Negation und Irrealis als die einzig adäquaten sprachlichen Mittel, denn wo es keine Ausformungen und keine

61 In höchstem Maß verdichtet findet sich dieser Gedanke auch in einem Spruch der etwa in der Mitte des 14. Jahrhunderts entstandenen Textsammlung ›Buch der Vollkommenheit‹: *Als verre dú ungescheiden bist von allen dingen, als verre bistu got und allú ding* (Schneider, Buch der Vollkommenheit, S. 36, Nr. 66; eigene Übersetzung: »In dem Maße, wie du von allen Dingen ununterschieden bist, in dem Maße bist du Gott und alle Dinge.«).

62 Vgl. HWB, Bd. 1, Sp. 1490.

Konturen mehr gibt, da versagen die Möglichkeiten der affirmativen Sprache.[63] Eckharts lobende Worte lassen keinen Zweifel mehr daran, dass das Wesen der *tohter* in jedem Fall als vorbildlich, ja als vollkommen zu gelten hat, scheint es doch nicht einmal in der Klostergemeinschaft etwas Vergleichbares zu geben.

## Redaktion A: ›Meister Eckharts Tochter‹ und ›Schwester Katrei‹

Die Deutung des Kerntextbestandes gilt es nun durch Einzelanalysen der Hauptredaktionen zu ergänzen und zu differenzieren. In diesem Zusammenhang soll auf bislang unberücksichtigte Lesarten eingegangen bzw. die bereits dargestellten in Bezug zueinander gesetzt werden, um so die Textformen als geschlossene Sinneinheiten würdigen zu können. Dabei wird auch die Varianz innerhalb der Redaktionen Berücksichtigung finden.

Bei aller Unterschiedlichkeit lassen sich im Folgenden doch zwei idealtypische Gruppen von Lesarten bzw. Bearbeitungstendenzen unterscheiden: solche, die das theologisch-philosophische Potential des Dialogs, die Frage nach Wesen und Identität der *tohter,* in den Vordergrund stellen und solche, die mit unterschiedlichen Mitteln auf eine moralisierende Umdeutung des Dialogs zielen. Um diese Lektüreperspektiven historisch und literarisch zu kontextualisieren, werden im Folgenden auch die Daten der textexternen Überlieferungsgeschichte miteinbezogen.

Redaktion A hebt sich insofern von den anderen Ausformungen von ›Meister Eckharts Tochter‹ ab, als hier der theologisch-philosophische Gehalt des Dialogs stärker im Vordergrund steht als in Redaktion B und dabei nicht sekundär überformt wirkt wie im Text von B9. Die charakteristischen Lesarten von A sind sprachlich und inhaltlich fest im Textganzen verankert und akzentuieren, was bereits in der Analyse des Kerntextbestandes herausgearbeitet wurde: Das Stück stellt ein spezifisches Konzept von Identität vor, das sich durch die konsequente Negation von Eigenschaften und individuellen Merkmalen konstituiert.

Schon die Eingangssequenz von Redaktion A kann unter dieser Perspektive gelesen werden: Der Pförtner stellt die Frage nach der Identität der Besucherin doppelt: *Wer sint yr oder von wem sol ich ym sagen?* (Z. 6 f.) – eine erste Vorbereitung auf den Kerngedanken des Dialogs oder eine rein stilistische Auffälligkeit? Die Reaktion des Pförtners auf die Antwort *Ich enwais* (Z. 8) verrät Verblüffung und Unverständnis: *Enwissent ir nit, wer ir sint?* (Z. 9). Damit ist das Skandalon hervorgehoben, dass die scheinbar banale Frage nach der Identi-

63 Zum Verhältnis von Mystik und Sprache vgl. die auf S. 27 in Anm. 88 genannte Literatur.

tät oder – als Minimalform dessen – nach dem Namen der *tohter* unerwartet ins Leere gelaufen ist.

Spätestens der Ausspruch in Z. 11 f., die wohl markanteste Stelle der Redaktion A, zwingt den Leser zur Auseinandersetzung mit dem außergewöhnlichen Identitätskonzept des Dialogs: *Bekennt ich mich, so bekant ich alle creatur.*[64] Selbsterkenntnis ist in eins zu setzen mit der Erkenntnis der Schöpfung. So etwas lässt sich nur dann behaupten, wenn das Selbst nicht als eine Ansammlung spezifischer Eigenschaften gedacht ist, die ihren Träger von seiner Umwelt abgrenzen. In diesem Fall wäre Selbsterkenntnis dadurch zu erlangen, dass sich ein Subjekt seiner Andersheit bewusst wird. Hier scheint aber genau das Gegenteil der Fall zu sein: Die Erkenntnis des Selbst wirkt entgrenzend, weil in diesem Selbst alles andere immer schon enthalten war. Vor welchem gedanklichen, genauer ontologischen Hintergrund dies zu verstehen ist, wird noch zu klären sein (vgl. S. 115 f.).

Für den weiteren Verlauf des Dialogs hat dieser Satz eine geradezu programmatische Bedeutung: Er bildet mit dem Resümee der *tohter* – *Ich bin ein dink alz ein ander dingk* (Z. 72) – eine Klammer um den Mittelteil und definiert mit ihm Selbsterkenntnis und Identität als zentrale Themen des Stücks. Beide Male liegt dabei die Annahme einer wesentlichen Gleichheit oder Ununterschiedenheit des wahren Ich und seiner Umwelt zugrunde. Die Zurückweisung der Prädikate mit ihren Auslegungen verhalten sich dazu wie die Begründung zu einer These: Weil die *tohter* nichts Eigenes hat und ist, kann sie mit allem eins sein. In diesem Sinn bietet Redaktion A eine in sich stimmige Textgestalt.

Es wurde bereits darauf hingewiesen, dass der Dialog ›Meister Eckharts Tochter‹ in enger Verbindung zum Dialogtraktat ›Schwester Katrei‹ steht. Dies bemerkte bereits Franz Josef Schweitzer in einem Vergleich der beiden Texte:

> »Dem auch im Tr. [mit ›Tr.‹ ist der Traktat ›Schwester Katrei‹ bezeichnet, Anm.] als real vorgestellten Rahmen nach, vor allem aber auf Grund der zumindest der Form nach

---

64 Eine Parallele mit einem zumindest vagen Hinweis auf die Herkunft dieses Satzes liegt in einem von Franz Jostes aus der Handschrift N1 (vgl. zu dieser Handschrift S. 350 f.) abgedruckten Textstück vor: *Ditz spricht ein heidenisser meister: Bechant sich die sel selb, so wechant sie alle ding* (Jostes, Meister Eckhart und seine Jünger, S. 1, Nr. 3, Z. 24 f.; eigene Übersetzung: »Dies spricht ein Gelehrter der Heiden: Wenn sich die Seele selbst erkennt, so erkennt sie alle Dinge.«). Wer dieser heidnische Gelehrte sein könnte, bleibt ungewiss. Das Stück als Ganzes nimmt insgesamt dreimal Bezug auf Pseudo-Dionysius Areopagita und es erscheint durchaus nicht unwahrscheinlich, dass er oder ein Autor in seiner Nachfolge diesen Gedanken geprägt haben könnte. In der Schrift ›De divinis nominibus‹ des Areopagiten findet sich folgende vergleichbare Aussage: »Indem also die göttliche Weisheit sich selbst erkennt, kennt sie alles, auf immaterielle Weise das Materielle, auf ungeteilte Weise das Geteilte, auf einfache Weise das viele, und so erkennt und erschafft sie alles in einem einzigen« (Suchla, Namen Gottes, Kap. VII (2), S. 79, Z. 23–26).

entsprechenden dialogischen Vermittlung des ›Wunders‹ in seinem zweiten lehrhaften Teil ergibt sich bisher eine unübersehbare Parallele zwischen diesem legendären ›Spruch‹ [gemeint ist ›Meister Eckharts Tochter‹, Anm.] und dem Tr.. Eine zweite diesmal inhaltliche Gemeinsamkeit findet sich in der mystischen Überflügelung der spekulativen Autorität der ›Meister Eckhart‹-Figur.«[65]

Die von Schweitzer festgestellten Parallelen zwischen den beiden Texten treffen zwar weitgehend zu – ob die *tohter* Meister Eckhart im Kurzdialog wirklich »überflügelt« sei dahingestellt –, sind aber unspezifisch und könnten so auch von anderen Texten behauptet werden.[66] Die Verbindung erhärtet sich und wird philologisch überzeugender, wenn man erstens nicht ›Schwester Katrei‹ als Ganzes ins Auge fasst, sondern eine bestimmte Episode daraus: Nach einem Gespräch mit seinem weiblichen Gegenüber kehrt der namenlose Beichtvater des Traktats wie der Meister Eckhart des Dialogs zurück zu den Klosterbrüdern und rühmt vor ihnen die Besucherin in überschwänglichen Worten. In diesem Gespräch ist – zweitens – ein Satz gefallen, der fast wörtlich auch in der A-Redaktion von ›Meister Eckharts Tochter‹ begegnet: Es ist der ›Kennsatz‹ der A-Redaktion, die eben besprochene Lesart *bekennt ich mich, so bekant ich alle creatur* (Z. 11 f.) – eine Parallele, die man nicht bemerken konnte, solange die von Pfeiffer abgedruckte und zur Redaktion B gehörige Textgestalt des Kurzdialogs maßgeblich war.

Zur Veranschaulichung sei hier die fragliche Episode aus ›Schwester Katrei‹ als Ganze zitiert. Die Voraussetzung für den folgenden Abschnitt bildet ein anderes Gespräch zwischen Beichttochter und -vater, in dem sie von ihren *dryer leye schulde*[67] gegenüber Gott spricht. Die dritte Schuld besteht im Lassen ihrer selbst[68] und soll durch die Nachfolge Christi in die Fremde und damit verbunden in die gesellschaftliche Ächtung eingelöst werden. Das Zitat setzt ein, als die Beichttochter von ihrer Wanderschaft wieder zurückgekehrt ist:

*Nv kumpt die vorgenant tochter zů ir bichter vnd sprach jn an: »Herre, hörent mich durch got!« Er sprach: »Wannan komestu?« Si sprach: »Von feren landen.« Er sprach: »Von was landen bistu?« Si sprach: »Herre, kennend ir mich nitt?« Er sprach: »Weist got, nein ich!« Si sprach:*

---

65 Schweitzer, Freiheitsbegriff der deutschen Mystik, S. 167 f.

66 Vgl. neben den verschiedenen Fassungen des Dialogs ›Der arme Mensch‹ vor allem die in Kap. 7.1.1 vorgestellten mystischen Kurzdialoge.

67 Schweitzer, Freiheitsbegriff der deutschen Mystik, S. 328, Z. 25–S. 331, Z. 14.

68 Schweitzer, Freiheitsbegriff der deutschen Mystik, S. 328, Z. 24 f. Der Beichtvater versteht das Lassen und die Nachfolge Christi als Aufgabe alles weltlichen Besitzes und aller menschlichen Beziehungen, doch weil alles äußere Gut letztlich nie ihr gehört hat, will die Beichttochter noch einen Schritt weiter gehen: *Er sprach: »Was soltu laussen?« Sie sprach: »Das sol ich mich selber! Wen ich mich gelaussen an allen stucken, do ich mich vinde, so mag ich sprechen, das ich gelaussen habe.«* (Schweitzer, Freiheitsbegriff der deutschen Mystik, S. 329, Z. 30–34; eigene Übersetzung: »Was musst du dann lassen?« Sie sagte: »Ich muss mich selbst lassen. Wenn ich all das gelassen habe, worin ich mich erkenne, dann erst darf ich zu Recht behaupten, dass ich gelassen habe.«).

*»Daz ist mir ein zeichen, das ir úch selber nie bekantend.« Er sprach: »Das ist war! Ich weis wol, kantte ich mich selbs, als ich solte, vff das nechste, so kant ich alle creature vff das aller höchste.« Si sprach: »Daz ist war! Dise rede lassent wir bliben. Hörent mich durch gott!« Er sprach: »Gerne, sag an!« Die tochter tůt ir bichte zů dem erbern bichter, also als es nu in ir ist, das sin sele jn jm selber erfröwet wirt. Er sprach: »Liebe tochter, komme schiere zů mir!« Si sprach: »Füget es got, es ist mir lieb!« Er gat hin zu sinen brüdern vnd sprach: »Ich han einen menschen gehört, ich enweis und zwifel dar an, ob er ein mensch oder ein engel si. Ist er ein mensch, so wissent, das aller siner selen krefte wonent mitt den engeln jn dem himelriche, won sin sele hett enpfangen ein engelschlichs leben vnd wesen. Si bekennet vnd minnet úber alle menschen, der ich ie kunde gewan.« Die brüder sprachen: »Gelobt si got!«*[69]

Dass ›Meister Eckharts Tochter‹ nach der Redaktion A und die zitierte Episode aus ›Schwester Katrei‹ in ihrem Schluss sinngemäß, in einem bedeutungsschweren und ungewöhnlichen Satz nahezu wörtlich übereinstimmen, geht über das Maß an erwartbaren Zufälligkeiten hinaus. Beide Stücke beschäftigen sich mit der Frage der Identität – der kurze Dialog in höchst gedrängter und verdichteter Form, die Episode aus ›Schwester Katrei‹ vielleicht etwas weniger explizit. Es dürfen aber auch die Unterschiede nicht übersehen werden: ›Meister Eckharts Tochter‹ erweist sich als ein nach strengem formalen Muster komponierter allegorischer Text und läuft auf eine bestimmte Pointe zu, während ›Schwester Katrei‹ wesentlich freier aufgebaut ist und thematisch ein viel breiteres Spektrum abdeckt. Wie also ist das Verhältnis zwischen dem Kurzdialog und dem Textausschnitt zu verstehen und welche Konsequenzen sind daraus zu ziehen?

Denkbar wäre, dass der Schöpfer des Dialogs ›Meister Eckharts Tochter‹ ›Schwester Katrei‹ kannte und sich von besagter Stelle zu seinem eigenen Text

69 Schweitzer, Freiheitsbegriff der deutschen Mystik, S. 331, Z. 15–S. 332, Z. 8; eigene Übersetzung: »Daraufhin kam die Frau, von der gerade die Rede war, zu ihrem Beichtvater und sagte zu ihm: ›Herr, hört mir zu, bei Gott!‹ Er fragte: ›Woher kommst du?‹ Sie antwortete: ›Von weit her.‹ Er fragte: ›Aus welchem Land kommst du?‹ Sie sagte: ›Herr, kennt Ihr mich etwa nicht mehr?‹ Er sagte: ›Nein, bei Gott, ich kenne dich nicht!‹ Sie sagte: ›Das zeigt mir, dass Ihr Euch selbst noch nicht richtig erkannt habt.‹ Er sagte: ›Das ist richtig! Ich weiß genau, wenn ich mich selbst vollkommen kennen würde, wie ich es eigentlich sollte, dann würde ich alle Geschöpfe in der höchsten Art und Weise kennen.‹ Sie sagte: ›Ihr habt recht! Wir wollen es dabei bewenden lassen. Hört mir zu, bei Gott!‹ Er sagte: ›Das will ich tun, sprich!‹ Die Frau legte ihre Beichte bei dem ehrwürdigen Beichtvater ab, ohne etwas von ihrem Innersten zurückzuhalten. Dadurch empfand er in seinem Herzen große Freude. Er sagte: ›Liebe Frau, komm bald wieder zu mir!‹ Sie antwortete: ›Wenn Gott es will, sei mir das recht!‹ Er ging zu seinen Brüdern im Kloster zurück und sagte: ›Ich habe mit einem Menschen gesprochen, bei dem ich mir nicht sicher bin, ob er ein Mensch oder ein Engel ist. Wenn er ein Mensch ist, so lasst euch gesagt sein, dass seine Seelenkräfte mit den Engeln im Himmel wohnen. Dort hat seine Seele ein Leben und ein Wesen wie die Engel empfangen. Sie erkennt und liebt in einer höheren Weise als alle Menschen, denen ich je begegnet bin.‹ Die Brüder sagten: ›Gelobt sei Gott!‹«

inspirieren ließ. Auch der umgekehrte Fall, der Einfluss des kurzen Textes auf den langen, ist zwar nicht auszuschließen, wirft aber einige schwer zu beantwortende Fragen auf: Warum wurden die Prädikate der *tohter* und ihre Auslegungen übergangen? Warum wurde die geschlossene Struktur aufgelöst? Hätten sich im Fall einer Interpolation nicht Brüche im Textgefüge von ›Schwester Katrei‹ ergeben müssen? Abgesehen von solchen Erwägungen scheint das Vorausgehen des Dialogtraktates auch deswegen wahrscheinlicher, weil die handschriftliche Überlieferung von ›Schwester Katrei‹ wesentlich weiter zurückreicht – mit der Handschrift München, Bayerische Staatsbibliothek, Cgm 133 (Eckhartsigle M1) bis in die erste Hälfte des 14. Jahrhunderts –, während die Überlieferung von ›Meister Eckharts Tochter‹ mit M31 und P1 erst zu Beginn des 15. Jahrhunderts einsetzt. Damit ist zumindest ein Hinweis gegeben, dass ›Schwester Katrei‹ mit einiger Wahrscheinlichkeit der ältere der beiden Texte sein dürfte. Die Annahme einer literarischen Abhängigkeit des Kurzdialogs in der ursprungsnahen Textform A von ›Schwester Katrei‹ zieht methodische Konsequenzen nach sich: Die nachfolgenden Überlegungen zu den geographischen, zeitlichen und sozialen Entstehungskontexten des Dialogs können und müssen die entsprechenden Daten zum ›Schwester Katrei‹-Traktat berücksichtigen (vgl. S. 121–133).

Schließlich sei noch auf einige Varianten hingewiesen, die sich in der weiteren Überlieferung der Redaktion A ergeben und insofern von Interesse sind, als der inhaltlichen Tendenz nach vergleichbare Lesarten auch in Redaktion B begegnen. Es handelt sich in der Regel um singuläre Abweichungen, die aber zusammengenommen einen wichtigen Hinweis auf die historische Rezeptionsweise des Dialogs ›Meister Eckharts Tochter‹ und die Weiterarbeit daran liefern könnten.

In dieser Hinsicht ist vor allem die Handschrift S4 mit ihrer stark bearbeiteten Textgestalt von ›Meister Eckharts Tochter‹ aufschlussreich. Einerseits wurde radikal gekürzt: Im ersten Teil der Rede der *tohter* sind von insgesamt neun Prädikaten fünf ausgelassen (vgl. Z. 13–21). An zwei anderen Stellen finden sich dagegen Zusätze: *treu* ist erweitert um *vor allen dingen* (Z. 52) und *lieben* um *tag und nacht* (Z. 55). Eine Interpretation dieses Befundes fällt nicht leicht – schon allein die Frage, ob die genannten Abweichungen auf mehrere zufällige Eingriffe oder auf einen einzigen planvollen Redaktionsschritt zurückgehen, wird man nicht mit Sicherheit beantworten können. Im Ergebnis sind jedoch zwei Dinge festzustellen: Zum einen ist die allegorische Verweisstruktur des Dialogs größtenteils aufgelöst – erschien sie vielleicht als zu kompliziert oder in ihrem ersten Teil als überflüssig? Zum anderen intensivieren die Zusätze gerade nicht die sinntragenden Elemente des Textes, so wie sie bisher herausgearbeitet wurden, sondern die Aussagen, die die *tohter* von sich zurückweist. Sollte dadurch eine Umakzentuierung des Textes erreicht werden, etwa in der Weise, dass Tugend und Frömmigkeit gegenüber der abstrakt-theologischen Identitätsproblematik stärker in den Vordergrund rücken sollten? Die Handschrift S4 wurde für die Salzburger Benediktinerinnen der Abtei St. Peter angelegt und der darin enthaltene Dialog ›Meister Eckharts Tochter‹ stammt aus der Hand ihres Beichtvaters und Seelsorgers Wolfgang Walcher (vgl. S. 61). Natürlich können die Eingriffe in den Text auch an einem oder mehreren anderen Punkten der Überlieferungsgeschichte stattgefunden haben, aber die historische Situation von S4 stellt immerhin ein Szenario vor, das sie plausibel machen kann und das keinen Einzelfall in der Überlieferungsgeschichte darstellt.[70] Im Dienste der Seelsorge wird nach Möglichkeiten gesucht, die problematischen Aussagen von ›Meister Eckharts Tochter‹ zu Tugend und Frömmigkeit zu entschärfen und den Dialog für ein an spekulativen Fragen wenig interessiertes Publikum interessant zu machen.

Eine solche ›Ethisierung‹ des Textes ist auch in der Leithandschrift der Redaktion A, M31, zu beobachten: In einem Zusatz unter dem Haupttext heißt es *in rechter worer götlicher demůt werden alle tugent vor got nůtz und gůt* (Z. 78 im Variantenapparat). Beim Leser bleibt damit der Eindruck zurück, dass ihn der Dialog über Demut und Tugend belehren wolle und nicht über die Frage seiner Identität.

M31 und S4 weisen mit ihren je individuellen Lesarten darauf hin, dass die in der Besprechung des Kerntextbestandes herausgearbeitete und an der Redaktion A weiter vertiefte theologische Deutung des Dialogs nur eine mögliche Lektüreperspektive darstellt und sich im Laufe des Überlieferungsprozesses auch ein anders akzentuiertes Textverständnis herausgebildet hat. Die Historizität dieser Lektüreperspektiven, der theologisch und der moralisch akzentuierten, lässt sich anhand der Redaktion B und des B9-Textes weiter belegen und vertiefen.

## Redaktion B: Sprachliche Bereinigung und Moralisierung

Die meisten Textzeugen des Dialogs ›Meister Eckharts Tochter‹ – insgesamt 12 von 16 – überliefern die hier als Redaktion B bezeichnete Textgestalt. Was sie von Redaktion A unterscheidet, ist auf der inhaltlichen Ebene vor allem das Fehlen des theologisch gewichtigen Satzes in Z. 11 f. und auf der stilistischen Ebene eine für heutiges Empfinden einfachere Formulierungsweise. Spätere Entwicklungsstufen von B dokumentieren dann auch die bereits in Redaktion A beobachtete Akzentverschiebung im Sinne einer Moralisierung des Textes.

Die stilistischen Unterschiede der beiden Redaktionen lassen sich an einigen markanten Beispielen veranschaulichen:

70 Vgl. etwa die nachfolgenden Überlegungen zu Redaktion B auf S. 110–113.

| Redaktion A | | Redaktion B | |
|---|---|---|---|
| 6 | *Wer sint yr* | 6 | |
| 7 | *oder von wem sol ich ym sagen?* | 7 | *Von weme sol ich ime sagen?* |
| 54 | *stetes sennendes jomer* | 54 | *stetes senen* |
| 56 | *Were ich denn ein jungfrau* | 56 | *Were ich denne ein juncfröwe* |
| 57 | *so stůnd ich im in einem jungkfraẘlichem* | 57 | *so stúnde ich in eime vo̊rhtlichen* |
| 58 | *dinst* | 58 | *dienste* |

In den Zeilen 6f. und 54 steht der Formulierung aus A jeweils eine ähnlich lautende, aber doch prägnantere Entsprechung aus B gegenüber. Die Tautologie in der Zuordnung von *jungfrau* und *jungkfraẘlichen dinst* in Z. 56–58. findet sich in B nicht wieder, weil sie, so legt es die Übereinstimmung von G12 und B9 nahe, schon im y-Archetyp durch Einsetzen des Adjektivs *fro̊lichen* (Z. 60 im B9-Text), später dann *vo̊rhtlichen,* beseitigt wurde (vgl. S. 71). Zusammengenommen ergibt sich das Bild von B als einer sprachlich eleganteren Redaktion oder – wenn man mit den bisherigen Erkenntnissen Redaktion A als die tendenziell ältere Textgestalt ansieht – als einer sprachlichen Überarbeitung und Vereinfachung des Dialogs ›Meister Eckharts Tochter‹. Im Rahmen einer solchen Textvereinfachung könnte es auch zur Tilgung der komplexen Aussage in Z. 11f. und zur Ersetzung von *in miner ersten laẘterkait* durch *in miner ersten unschulden* (Z. 43) gekommen sein.

Die Tendenz, Frömmigkeit und Tugend auf Kosten der Identitätsthematik aufzuwerten, macht sich innerhalb der Redaktion B spätestens mit der Textstufe y2 (vgl. dazu die textkritische Untersuchung auf S. 74–76) bemerkbar. Dort setzt der Redaktor dem Prädikat *lutersten* die Bestimmung *demůtigesten* (Z. 76) hinzu und öffnet damit den Weg für eine Umdeutung der *tohter*-Figur: Ihr Nicht-Sein ist nicht länger Ausweis einer absoluten Ununterschiedenheit und Einheit, sondern ein Zeichen vollkommener Bescheidenheit, Demut und Selbstverachtung. Dass dieses Deutungsangebot zu ›Meister Eckharts Tochter‹ vom historischen Publikum nicht nur angenommen, sondern auch weiter ausgebaut wurde, belegen die beiden niederländischen Textzeugen Br12 und Br13 als Vertreter der Textstufe y5. Beide Handschriften bieten an der fraglichen Stelle nur noch die textgeschichtlich sekundäre Lesart ›Demut‹ und lassen von der ursprünglichen ›Lauterkeit‹ nichts mehr erahnen: Br13 liest *oetmoedigher mensch* (Z. 76f.), also demütiger Mensch, und überschreibt entsprechend das ganze Stück mit *van oetmoedicheit een exempel* (Z. 1), Br12 liest *ondersten oetmoedighen mensche* (Z. 76f.), also niederster demütiger Mensch. Ein Zusammenhang zwischen diesen Lesarten und dem historischen Ort der sie überliefernden Handschriften kann nur vermutet werden: Beide Textzeugen stammen aus einem klösterlichen Milieu, in dem der Tugend der Demut naturgemäß ein hoher Stellenwert beigemessen wird.

Die Moralisierung des Dialogs zeigt sich auch in den Handschriften St7, Wo3 und M32, wenn auch auf andere Weise als in den bisher beschriebenen Fällen. Vorab sei daran erinnert, dass die drei Codices in einem engen überlieferungsgeschichtlichen Verhältnis zueinander stehen: St7 aus dem Augustinerchorfrauenstift Inzigkofen bildete womöglich die direkte Vorlage für die im Pillenreuther Stift entstandenen Handschriften Wo3 und M32 (vgl. S. 75 f.). Augenfällig wird diese Verwandtschaft vor allem in einem Detail der Texteinrichtung, das – so die These – zugleich einen Einblick in das Textverständnis eröffnet: Die Auslegungen der neun Prädikate im zweiten Teil der Rede der *tohter* sind jeweils durch neben dem Schriftspiegel angebrachte Zeichen markiert – fortlaufende Ziffern in St7 und Wo3, Caput-Zeichen in M32 (vgl. Z. 44–65). Mit diesen Markierungen könnte der verantwortliche Redaktor zu verstehen gegeben haben, was ihm an ›Meister Eckharts Tochter‹ als besonders wichtig erschien und worauf er die Aufmerksamkeit seiner Leser lenken wollte: auf die auf Frömmigkeit und Moral bezogenen Prädikatsauslegungen, die die *tohter* allesamt negiert. Er wollte damit wohl kaum zu moralischem Libertinismus aufrufen, sondern ganz im Gegenteil den Dialog zu einer Liste der frommen Werke umfunktionieren, in der die Identitätsthematik nur noch am Rande eine Rolle spielte. Man muss sich dazu nur vergegenwärtigen, wo und wozu die Praxis der numerischen Strukturierung in geistlichen Texten eingesetzt wurde: Sie ist in den Hauptstücken der Glaubens- und Morallehre, etwa dem Dekalog, der Lehre von den Sieben Werken der Barmherzigkeit und den sieben Todsünden und anderem mehr, grundgelegt und erreicht einen quantitativen Höhepunkt in den unzähligen namenlosen Kurztexten, die viele Seiten volkssprachlicher geistlicher Sammelhandschriften füllen. Zur Veranschaulichung seien hier zwei Beispiele aus dem ›Buch der Vollkommenheit‹, einer weithin verbreiteten Spruchsammlung aus der Mitte des 14. Jahrhunderts, aufgeführt:

*An drien sullen wir mŏrken, ob wir gotes ingesinde sin.*
*Daz erste ist, daz wir got alle zit vor augen sollen haben*
*Und alle ding durch in lan*
*Und auch tůn.*[71]

*Drú ding, dú dich innerlich in got ziehen.*
*Daz erste, daz dú ane genuge alle gůten werg wirkest.*
*Daz ander, daz dú alle ding mit geluste mit den engeln minnest.*
*Daz dritte, daz dú got an underloz in hertzen oder in sele tragest, ob dú halt wol userú werg tůst.*[72]

---

71 Schneider, Buch der Vollkommenheit, S. 94, Nr. 210; eigene Übersetzung: »An drei Punkten können wir erkennen, ob wir zum Hofstaat Gottes gehören: Der erste ist, dass wir Gott allzeit vor Augen haben. Der zweite, dass wir alles um seinetwillen lassen. Der dritte, dass wir auch alles um seinetwillen tun.«

72 Ebd., S. 48, Nr. 101; eigene Übersetzung: »Es sind drei Dinge, die dich innerlich zu Gott bringen: Das erste ist, dass du alle guten Werke vollbringst, ohne dich zufriedenzugeben.

Wahrscheinlich versprach man sich von solchen Verfahren der Textstrukturierung – wie bereits THOMAS LENTES vermutet hat – eine verbesserte Erfass- und Lernbarkeit,[73] aber auch der Wunsch nach einer gewissen Operationalisierung des Heilswegs und nach Möglichkeiten der Selbstkontrolle dürften eine Rolle gespielt haben, wie gerade die Einleitungsformel des ersten Beispiels zeigt.

Aus den Handschriften lässt sich zwar nicht ablesen, wann und in welchem Kontext ›Meister Eckharts Tochter‹ mit besagten Markierungen versehen wurde, aber zumindest zeigt sich, dass man sie als sinnstiftend empfand – warum sonst wären sie gleich mehrmals zusammen mit dem Text abgeschrieben worden? Für eine weibliche Leserschaft, wie sie in den Klöstern Inzigkofen und Pillenreuth zu bedienen war, mochte die *tohter* im Lichte dieser moralisierenden Interpretation jedenfalls eine gute Identifikationsfigur abgeben, eben eine *gute* [guten, Anm.] *swester* (Z. 1), wie es in der Überschrift von M32 heißt.

## Die Textform B9: ›Meister Eckharts Tochter‹ mit Eckhart gelesen

Der B9-Text bietet dem Leser ›Meister Eckharts Tochter‹ in einer Textgestalt voller Widersprüche: Einerseits sind ganze Passagen des Dialogs durch ein schlichtes *etc* ersetzt oder so fehlerhaft überliefert, dass man sich fragen muss, ob das Stück in dieser Form überhaupt noch verständlich war. Andererseits verraten einige bemerkenswerte Varianten, dass hier ein Redaktor (oder mehrere Redaktoren?) mit theologischem Sachverstand, höchst wahrscheinlich mit Kenntnis eckhartischen Denkens, am Werk war und dem Text seine eigene Interpretation einschrieb. Das Kapitel über diese Textform von ›Meister Eckharts Tochter‹ ersetzt gewissermaßen einen weiterführenden inhaltlichen Vergleich des Dialogs mit dem Denken Meister Eckharts, denn dieser Vergleich, so die zentrale These der nachfolgenden Ausführungen, wurde vom Redaktor bereits selbst geleistet.

---

Das zweite, dass du wie die Engel alles mit Freude liebst. Das dritte, dass du Gott ohne Unterlass im Herzen oder in der Seele trägst, auch wenn du äußere Werke vollbringst.« Vergleichbar sind auch die Texte ›Der Bruder mit den sieben Säckchen‹ (vgl. die Edition bei SPAMER, Texte, S. 155–159, und die Beschreibung bei RUH, Bruder mit den sieben Säckchen, Sp. 1045–1047), das ›Exempel von den zehn Punkten‹ (zu Edition und Literatur vgl. S. 75, Anm. 43) oder auch ›Meister Eckharts Wirtschaft‹ (vgl. in dieser Arbeit S. 400–402), denen allesamt eine Zahlenfolge als Strukturgerüst zugrundeliegt.

73 LENTES, Gezählte Frömmigkeit, S. 62–64. LENTES untersucht die Funktion des Zählens vor allem an Katechismustafeln und an Passionsbetrachtungen. Stücke wie die aus dem ›Buch der Vollkommenheit‹ zitierten Sprüche behandelt er nicht, doch scheinen sie mir aufgrund ihrer massenhaften Verbreitung und der Funktionsangaben in ihren Einleitungsphrasen einer angemessenen Berücksichtigung in jedem Falle wert.

Was die Textgestalt der Handschrift B9 so schwer verständlich macht, sind zuallererst zwei umfängliche Kürzungen des ohnehin schon kurzen Dialogs: Die Liste der neun negierten Prädikate ist im ersten Durchgang auf ein *Da bin ich nit ain maister etc*[74] (Z. 13) reduziert, so dass man das Erstaunen des Pförtners über den Besucher kaum noch nachvollziehen kann. Am Ende entfällt der abschließende Kommentar Meister Eckharts vor seinen Klosterbrüdern (vgl. Z. 74–78) und damit auch eine wichtige Orientierung darüber, wie der Gast und seine ungewöhnliche Selbstdarstellung zu werten sind. Mag der Zweck dieser beiden Eingriffe darin zu suchen sein, alles überflüssig scheinende Textmaterial abzustoßen und den Fokus ganz auf die explizit theologischen Aussagen, vor allem ihren Kulminationspunkt in Z. 69–73 zu richten? Während sich für die Kürzungen noch Erklärungen finden lassen, scheinen manche der von den Redaktionen A und B abweichenden Formulierungen umständlich (vgl. etwa Z. 2–4: *Es kam ain arm mensch an ain port da was maister Ekart in aim closter*[75] gegenüber dem A-Text: *Ein dohter khom zu eym predigercloster und fodert meyster Eckharten*) oder gar sprachlich falsch (*Wie waist du gůt kint*[76], Z. 9). Auffällig ist auch die dreimalige Verwendung des in keiner anderen Redaktion belegten Prädikats *maister*, das anstelle von (vgl. Z. 13, 37) oder sogar zusammen mit *magt* (vgl. Z. 42) verwendet wird, ohne dass es eine eigene Auslegung erfährt. Weist dieses *maister* als Bezeichnung eines akademischen Grades zusammen mit den gleich vorzustellenden theologisch fundierten Zusätzen und dem anspruchsvollen inhaltlichen Profil der Handschrift B9 darauf hin, dass diese Redaktion in einem gebildeten Umfeld anzusiedeln ist?

In diesem Sinn lassen sich verschiedene weitere Lesarten der Redaktion C deuten. Den Anfang in dieser Reihe macht die Tatsache, dass die *tohter* als Hauptfigur des Dialogs durch einen *arm mensch* (Z. 2) ersetzt wurde. Der Redaktor mag sich dafür entschieden haben, weil er vielleicht ein männliches Zielpublikum zur Identifikation ermuntern wollte, doch würde das noch nicht erklären, warum der neue Protagonist auch *arm* sein musste. Von materieller Armut ist jedenfalls in dieser Redaktion genauso wenig wie in jeder anderen die Rede und wenn das Attribut nicht nur schmückendes Beiwerk sein sollte, muss es in übertragenem Sinn zu verstehen sein. Wird der Mann etwa deshalb arm genannt, weil er keine Eigenschaften besitzt? Und hängt damit auch zusammen, dass er zweimal mit dem neutralen Personalpronomen *es* (Z. 34 und 41)

---

74 Das *etc* erscheint nur dann sinnvoll, wenn der verantwortliche Schreiber noch einen vollständigen Text vor sich liegen hatte; bei einer bereits gekürzten Vorlage wäre es unverständlich gewesen. Man mag darin ein Indiz sehen, dass der Schreiber von B9 auch als Redaktor tätig geworden sein muss.

75 Eigene Übersetzung: »Es kam ein armer Mensch an ein Tor, dort war Meister Eckhart in einem Kloster.«

76 Eigene Übersetzung: »Wie weißt (!) du, gutes Kind?«

bezeichnet ist – weil darin noch weniger Bestimmungen enthalten sind als in ›er‹ oder ›sie‹? Ein metaphorisches Verständnis von *arm* eröffnet Interpretationsräume und theologisch-literarische Zusammenhänge, die vom Schluss der Redaktion C her deutlicher zu erkennen sind und deswegen auf später verschoben seien.

Zumindest eine kurze Bemerkung scheint auch eine andere lexikalische Auffälligkeit wert: Für den Pförtner verwendet der B9-Text neben der allgemein üblichen und auch in den anderen Redaktionen gebrauchten Form *portener* (Z. 22) auch *portar* (Z. 4). Möglicherweise hatte der Verantwortliche dabei das lateinische *portarius* im Kopf und gibt durch die Benutzung dieser Form eine zumindest grundlegende Vertrautheit mit dem Lateinischen zu erkennen.

Was den B9-Text gegenüber den Redaktionen A und B vor all den bereits beschriebenen Unterschieden besonders interessant macht, ist ein kurzer, aber bedeutungsschwerer Ausspruch am Ende der Rede der *tohter* bzw. hier des armen Menschen. Heißt es dort zuerst noch in relativer Übereinstimmung mit der weiteren Überlieferung *Dirre enbin ich aines noch enhaines* (Z. 69), folgen darauf allein in B9 die beiden Zeilen *und bin doch ain waz das selb was ist weder diß noch daz* (Z. 70 f.). Zunächst hören sich diese Worte wie eine Summe all dessen an, was bisher gesagt wurde: Der Gast, gleich wie man ihn nennt, ist mit keinem Prädikat adäquat zu fassen und doch ist er nicht einfach nichts, sondern hat seine ganz eigene Existenzform der absoluten Unbestimmtheit. Im Kontext mittelalterlicher Theologie und Philosophie lässt sich diese Interpretation der beiden Zeilen aber noch präziser fassen, gemahnen sie doch an eine auch bei Eckhart wiederzufindende ontologische Formel. So sagt er beispielsweise vom Seelenfunken des Menschen: *underwîlen hân ich gesprochen, ez ist ein vünkelîn. Ich spriche aber nû: ez enist weder diz noch daz; nochdenne ist ez ein waz, daz ist hoeher boben diz und daz dan der himel ob der erden*[77].

Das ›Dies und das‹-Sein ist ein von Eckhart sowohl in seinen deutschen wie in seinen lateinischen Werken – dort als *hoc et hoc* – intensiv bearbeitetes Konzept, das in neuplatonischer Tradition wurzelt.[78] Es beschreibt das Sein der Kreaturen in der Welt, das durch Differenzierung, Unterschiedenheit und Begrenztheit gekennzeichnet und als solches dem absolut unbestimmten und unbestimmbaren Sein Gottes entgegengesetzt ist. So sagt Eckhart im ›Prologus in opus propositionum‹:

---

77 Pr. 2, DW I, S. 39,3–6; Übersetzung S. 437: »bisweilen habe ich gesagt, es sei ein Fünklein. Nun aber sage ich: Es ist weder dies noch das; trotzdem ist es ein Etwas, das ist erhabener über dies und das als der Himmel über der Erde.«

78 Zum *esse hoc et hoc* vgl. HEINZMANN, Philosophie des Mittelalters, S. 274–276.

*Hoc de primo inter quattuor, scilicet quod solus deus est ens, unum, verum, bonum proprie, reliquorum autem singulum est ens hoc, puta lapis, leo, homo et huiusmodi, et unum hoc, verum hoc, bonum hoc, puta bonus animus, bonus angelus et huiusmodi.*[79]

Die Unterscheidung zwischen dem reinen göttlichen Sein und dem Sein der Kreaturen nennt KARL ALBERT gar »Eckharts eigentlich philosophischen Grundgedanken«[80] und macht damit auf den hohen Stellenwert dieses Axioms aufmerksam. Der Unterschied von Gott und Kreatur ist aber nicht einfach mit dem Unterschied der beiden Seinsweisen gleichzusetzen: Das ›Dies und das‹-Sein, die Zerstreuung des Seins in das Viele, entsteht durch die Wirkung der Zweitursachen, die im Schöpfungsprozess die Formen wirken.[81] Eckhart spricht hier vom *esse formale*. Das Sein selbst aber verdankt sich allein der Erstursache Gott, der mit dem reinen Sein, so wie es ungeschaffen und ohne jede Differenzierung in sich selbst besteht, identisch ist. Dieses göttliche Sein ist und bleibt aller Zerstreuung zum Trotz auch den Kreaturen als zweite – oder besser: als eigentliche – Seinsweise zu eigen,[82] es ist ihr *esse virtuale*.[83]

---

79 Prol. op. prop. n. 8, LW I, S. 170,10–13; Übersetzung S. 170: »Soviel über den ersten der vier Sätze, dass nämlich allein Gott im eigentlichen Sinn Seiendes, Eines, Wahres und Gutes ist. Von den übrigen Dingen aber ist jedes einzelne dieses Seiende, nämlich Stein, Löwe, Mensch und dergleichen, und dieses Eine, dieses Wahre, dieses Gute, nämlich ein guter Geist, ein guter Engel und dergleichen.« Vgl. auch Prol. op. prop. n. 3, LW I, S. 166,12–S. 167,1; Übersetzung S. 166 f.: *Secundo praenotandum est quod aliter sentiendum est de ente et aliter de ente hoc et hoc. Similiter autem de esse absolute et simpliciter nullo addito et aliter de esse huius et huius.* (»Zweite Vorbemerkung. Man muss anders urteilen über das Seiende [als solches] als über dieses und jenes Seiende. Desgleichen anders über das Sein an sich und schlechthin ohne nähere Bestimmung als über das Sein dieses und jenes [Seienden].«)

80 ALBERT, Der philosophische Grundgedanke Meister Eckharts, S. 321.

81 Vgl. HEINZMANN, Philosophie des Mittelalters, S. 275.

82 Prol. op. prop. n. 4, LW I, S. 167,9–S. 168,4; Übersetzung S. 167 f.: *Notandum ergo prooemialiter primo quod solus deus proprie est ens, unum, verum et bonum. Secundo quod ab ipso omnia sunt, unum sunt, vera sunt et bona sunt. Tertio quod ab ipso immediate omnia habent quod sunt, quod unum sunt, quod vera sunt, quod bona sunt. Quarto: cum dico hoc ens aut unum hoc aut unum istud, verum hoc et istud, li hoc et istud nihil prorsus addunt seu adiciunt entitatis, unitatis, veritatis aut binitatis super ens, unum, verum, bonum.* (»Einleitend ist also zu bemerken: erstens, dass Gott allein im eigentlichen Sinne Seiendes, Eines, Wahres und Gutes ist; zweitens, dass von ihm alles Sein, Einheit, Wahrheit und Gutheit hat; drittens, dass alles von ihm unmittelbar hat, dass es ist, dass es eines, wahr und gut ist. Viertens, wenn ich sage: dieses Seiende oder dies und das Eine oder dies und das Wahre, so fügen oder legen ›dies‹ und ›das‹ nichts weiter an Seinsgehalt, Einheit, Wahrheit oder Gutheit zum Seienden, Einen, Wahren und Guten hinzu.«)

83 Von diesen beiden Seinsweisen der Kreaturen spricht Eckhart ganz explizit in seiner ersten Auslegung des Buches Genesis: *Nota quod omnis creatura duplex habet esse. Unum in causis suis originalibus, saltem in verbo dei; et hoc est esse firmum et stabile.* […] *Aliud est esse rerum extra in rerum natura, quod habent res in forma propria* (In Gen. I n. 77, LW I, S. 238,2–7; Übersetzung S. 238: »Merke: jedes Geschöpf hat ein zwiefaches Sein. Das eine in seinen ursprünglichen Ursachen, jedenfalls im Wort Gottes, und das ist ein stetes

Im Konzept dieses *esse virtuale* könnte auch die ontologische Begründung dafür zu suchen sein, dass sich der Gast nicht durch die Abgrenzung vom Anderen definiert, sondern sich ganz im Gegenteil als mit ihm identisch ansieht. In Redaktion A, daran sei hier kurz erinnert, hatte die *tohter* behauptet, dass die Erkenntnis ihrer selbst, besser ihres undifferenzierten Seins in Gott, zur Erkenntnis aller Kreaturen führen würde (vgl. Z. 11 f.), weil dieses Sein allem Geschaffenen gleichermaßen zu eigen ist. Eckhart sagt: *ie me er* [der Mensch, Anm.] *abgeschaiden ist von allen dingen vnd in sich selber gekeret, ie me er ållú ding clarlich vnd vernunfteklich bekennet in im selber sunder uskeren.*[84] Und gleich in welcher Redaktion man den Text liest, nennt sie sich am Ende ihrer Rede ein *ding alz ein ander dingk* (Z. 72). Genau so führt auch der historische Meister Eckhart das reine, undifferenzierte Sein und die Einheit aller Geschöpfe in eben diesem Sein zusammen, wenn er in Predigt 77 sagt:

> *Diz wesen oder daz enist niht alliu dinc, wan, sô lange ich diz und daz bin oder diz und daz hân, sô enbin ich niht alliu dinc noch enhân niht alliu dinc. Scheit abe, daz dû noch diz noch daz sîst noch diz noch daz habest, sô bist dû alliu dinc und hâst alliu dinc; und alsô: bist dû noch hie noch dâ, sô bist dû allenthalben. Und alsô: bist dû noch diz noch daz, sô bist dû alliu dinc.*[85]

Das göttliche Sein liegt jenseits aller Differenzierungen und kennt damit weder den Unterschied zwischen Kreatur und Gott noch den zwischen den Kreaturen.[86]

---

und beständiges Sein. […] Das andere (Sein) ist das Sein, das die Dinge in der äußeren Wirklichkeit, in der ihnen eigentümlichen Form haben.«). Zum *duplex esse* vgl. Kern, Philosophische Brocken bei Meister Eckhart, S. 197–202; Tobin, Meister Eckhart, S. 56–62; Büchner, Gottes Kreatur, S. 131–141, sowie Ruh, Geschichte III, S. 298 f.

84 Pr. 15, DW I, S. 250,7–10; Übersetzung S. 489: »Je mehr er losgelöst ist von allen Dingen und in sich selbst gekehrt, je mehr er alle Dinge klar mit seiner Vernunft in sich selbst erkennt ohne Hinwendung nach außen.« Vgl. dazu auch die konzise Erklärung von Albert: »Dass die Selbsterkenntnis der Vernunft eine Seinserkenntnis ist, ergibt sich aus der Wendung, der Mensch sei in der Lage, ›in sich‹ mit Hilfe des Intellekts alle Dinge zu erkennen. Unmöglich wäre es, jegliches Seiende in seinem ›esse hoc et hoc‹ zu erfassen. Gemeint ist daher die Erkenntnis des ›esse purum‹, das zugleich das Sein alles Seienden ist. In der Einfalt dieses reinen Seins ist die Vielheit des Einzelseins enthalten. Wer das reine Sein erkennt, erkennt alles Seiende« (Ders., Der philosophische Grundgedanke Meister Eckharts, S. 338).

85 Pr. 77, DW III, S. 336,1–3; Übersetzung S. 566: »Dieses zu sein oder jenes bedeutet nicht alles ‹zu sein›, denn, solange ich dies und jenes bin oder dies und das habe, bin ich nicht *alles* noch habe ich *alles*. Scheide ab, dass du entweder dies oder das bist oder dies oder das hast, so bist du *alles* und hast *alles*; und ebenso: Bist du weder hier noch dort, so bist du *allenthalben*. Und so denn: Bist du weder dies noch das, so bist du *alles*.«

86 Mit Flasch sei darauf hingewiesen, dass Eckhart die Vorstellung, dass die Rückbesinnung auf das wahre Sein die Grenzen der eigenen Existenz auflöst, mit Vertretern der arabischen Philosophie, insbesondere Avicenna, teilt. In dieser Tradition gelte die Seele, so Flasch, als »existierende Ent-Naturalisierung und als solche auch Ent-Individuali-

Wie weit reicht diese ›eckhartische‹ Lektüre des B9-Textes? Zwei Lesarten seien noch angesprochen, zu denen man die Theologie des Dominikaners ebenfalls als Schlüssel verwenden könnte und die in diesem Sinne gelesen eng an die bisher besprochenen ontologischen Fragestellungen anschließen. Da ist zunächst *Dirre enbin ich aines noch enhaines* (Z. 69), das auch in den y-Handschriften G12 und Br12 begegnet und damit schon rein textgeschichtlich besondere Beachtung verdient (vgl. dazu S. 72). Was den theologischen Gehalt angeht, so übertrifft diese Variante ihre Konkurrenten: »Von dem allen bin ich weder eines noch keines« – hier wird die schon reichlich gebrauchte Negation nicht einfach nur fortgeführt, sondern in einer *negatio negationis* noch überboten. Keines der genannten Prädikate trifft zu und keines von ihnen trifft nicht zu – wie ist das zu verstehen? Der Ansatzpunkt ist wieder in jenem besonderen göttlichen Sein zu suchen, das der Gast am Ende seiner Selbstauslegung beschreibt: Das reine Sein schließt jedes ›Dies und das‹-Sein genauso aus wie jedes Nicht-Sein, das auf seine Weise ja ebenfalls Begrenzung und Differenzierung bedeuten würde. Um das Sein also in seiner Formlosigkeit und absoluten Fülle hervortreten zu lassen, muss ihm auch alles abgesprochen werden, was es nicht sein könnte. In den Worten Eckharts: *Praeterea, sicut supra tactum est, enti sive de ente nihil negari potest sive nullum esse negari potest, sed competit ipsi negatio negationis esse. Ita uni nihil unum sive nulla unitas negari potest nisi negatione negationis unitatis aut unius.*[87] Damit wäre dann auch der letzte Schritt getan, um den Gast an der Pforte zu einem Sinnbild absoluten Seins, des Seins Gottes zu machen, dem allein die Negation der Negation zukommt.[88]

Die zweite noch zu behandelnde Lesart wurde bereits kurz angesprochen, ihre ganze Bedeutungsfülle kann aber erst vom Ende des Textes her erfasst werden: Warum handelt der B9-Text des Dialogs nicht von einer *tohter*, sondern von einem *arm mensch* (Z. 2)? Dass es sich bei der Armut dieses Besuchers

---

sierung« (DERS., Geburt der ›Deutschen Mystik‹, S. 134 f.) oder als »Selbstaufhebung ins Allgemeine« (ebd.).

87 Prol. op. prop. n. 12, LW I, S. 172,6–9; Übersetzung S. 172: »Überdies, wie oben berührt, kann dem oder vom Seienden nichts oder kein Sein verneint werden, ihm kommt vielmehr die Verneinung der Verneinung des Seins zu. So kann dem Einen nichts Eines oder keine Einheit abgesprochen werden, es sei denn durch die Verneinung der Verneinung der Einheit oder des Einen.« Ähnlich In Ioh. n. 209, LW III, S. 175,2–10; In Sap. n. 148, LW II, S. 486,2–9, und Pr. 21, DW I, S. 363,7: *Aber got hât ein versagen des versagennes*; Übersetzung S. 514: »Gott aber hat ein Verneinen des Verneinens.« Dazu HASEBRINK: »Um die Einheit mit Gott zu realisieren, muss der Mensch die Merkmale der geschaffenen Welt wie Körperlichkeit, Zeitlichkeit und Vielfalt überwinden. Erst in dieser umfassenden Negationsbewegung, die in der negatio negationis gipfelt, wird der Mensch identisch mit seinem Innersten, mit dem Wesen seiner Seele, mit dem Seelengrund. Mit anderen Worten: Das Andere tritt wieder in die ursprüngliche Identität mit dem Absoluten ein, indem es die Merkmale seiner Andersheit negiert« (DERS., Rebdorfer Eckhartkommentar, S. 208).

88 Vgl. KERN, Philosophische Brocken bei Meister Eckhart, S. 178–186.

um eine metaphorische handeln dürfte, wurde bereits angedeutet. Die bisher freigelegten Spuren zu Meister Eckhart rechtfertigen es nun, zumindest versuchsweise die Brücke vom *arm mensch* des B9-Textes zum Konzept des ›armen Menschen‹ Meister Eckharts zu schlagen, wie er es in Pr. 52 entwirft. Dort ist Armut ein Bild für einen bestimmten ontologischen Zustand, für eine Seinsform, die jenseits der kreatürlichen Ausdifferenzierung und Vielheit liegt,[89] und in eben dieser Bedeutung könnte sie auch im Dialog gebraucht sein. Beide Texte bedienen sich der Negation als zentralem sprachlichen Ausdrucksmittel: Der Gast an der Pforte zählt neun Prädikate auf, die nicht auf ihn zutreffen, und der arme Mensch der Predigt ist einer, *der niht enwil und niht enweiz und niht enhât*[90]. Die Auslegung dieser Negationen macht jeweils den Hauptteil von Predigt und Dialog aus, wo sich weitere Übereinstimmungen inhaltlicher Art aufzeigen lassen: Der Klosterbesucher leistet dem *niht enwil* der Armutspredigt Genüge,[91] indem er keinerlei Tugendübung oder Demutsbezeugungen unternimmt, um durch solcherlei Äußerlichkeiten Gefallen vor den Menschen oder vor Gott zu finden. Die Auslegungen der Prädikate *fraẘ* (Z. 50–52) und *wyttiwe* (Z. 53–55) haben erstmals den Aspekt der Relation aufgerufen: Der Protagonist von ›Meister Eckharts Tochter‹ scheint in keinerlei Beziehung zu einem Wesen außerhalb seiner selbst zu stehen und gleicht darin dem armen Menschen Eckharts, der von sich behaupten kann: *Do wolte ich mich derselben und enwolte kein ander dinc; daz ich wolte, daz was ich, und daz ich was, das wolte ich, und hie stuont ich ledic gotes und aller dinge*[92]. Diese einzelnen Gedanken fügen sich in beiden Texten in die Beschreibung einer Seinsform ein, die keine Unterschiedenheit kennt und in der Gott, das Andere und das Ich in eins fallen. Es ist dies das *esse virtuale*, das der Differenzierung der Schöpfung vorausgeht und immer in ihr bleibt, das Sein, *dô er niht enwas*[93].

Dass das Denken Eckharts nicht nur ideen-, sondern auch überlieferungsgeschichtlich der entscheidende Bezugspunkt für den B9-Text ist, erweist der Blick auf die Textsymbiose in dieser Handschrift. Im Vergleich zu den anderen

---

89 Kern führt in seiner Untersuchung zum Armutsbegriff der Predigt 52 aus, wie jede einzelne der drei dort beschriebenen Armutsformen auf eine Beschreibung des vorgeschöpflichen Seins hinzielt (ders., Der ›Arme‹ bei Meister Eckhart, S. 3.6.9.13).

90 Pr. 52, DW II, S. 488,4–6; Übersetzung S. 727: »der nichts will und nichts weiß und nichts hat.«

91 Ebd., S. 489,2–S. 494,3.

92 Ebd., S. 492,4 f.; Übersetzung S. 728: »Da wollte ich mich selbst und wollte nichts sonst; was ich wollte, das war ich, und was ich war, das wollte ich, und hier stand ich Gottes und aller Dinge ledig.«

93 Ebd., S. 494,3; Übersetzung S. 729: »als er ‹noch› nicht war.« Vergleichbare Formulierungen finden sich in derselben Predigt auf S. 495,4 und S. 499,3. Zum Zusammenhang von Pr. 52 und der Lehre vom *duplex esse* vgl. Langer, Negation und ›Ich-Theorie‹ bei Meister Eckhart, S. 334.

Überlieferungsträgern von ›Meister Eckharts Tochter‹ zeichnet sich B9 durch seine große entstehungsgeschichtliche und konzeptionelle Einheitlichkeit aus (zum Folgenden vgl. die Handschriftenbeschreibung auf S. 62 f.): Die Handschrift stammt von einem einzigen Schreiber und ist als umfangreiche Sammlung von Predigten Eckharts und Texten aus seinem Umkreis angelegt – man findet hier allein 35 Predigten ganz oder fragmentarisch, die in den ›Deutschen Werken‹ von Quint und Steer herausgegeben worden sind. Von derselben Hand stammt auch eine stattliche Zusammenstellung von Eckhartpredigten innerhalb der Handschrift Bra3 und dazu kommt noch eine Reihe weiterer Indizien, die B9 mit anderen bedeutenden Eckhart-Handschriften verbinden. Allein von der Textform B9 kann man also behaupten, dass hier der Kurzdialog in einem von eckhartischer Theologie durchdrungenen Umfeld überliefert ist. Es legt sich die Vermutung nahe, dass der B9-Schreiber auch als Redaktor von ›Meister Eckharts Tochter‹ anzusehen ist und mit seinen nachweislich vorhandenen Kenntnissen den Text in eckhartischem Sinn redigiert hat. In diese Richtung deutet auch die Art und Weise der Textüberlieferung in diesem Codex, wie sie Quint in seiner Untersuchung zur Überlieferung der deutschen Predigten Eckharts und dann wieder in seiner mehrbändigen Eckhart-Edition beschrieben hat. Zur Predigt 35 merkt Quint beispielsweise an:

> »Wie man sieht, sind die Abweichungen des B9-Textes von der übrigen hsl. Überlieferung recht zahlreich und inhaltlich bedeutend. Schon für die Predigten 6, 8 und 15 bot B9 einen mit vielen Sondervarianten durchsetzten Text, der sich durch Vergleich mit den anderen Hss. als unursprünglich und unverläßlich erwies.«[94]

Ähnlich kritisch beurteilt er die Überlieferung der Predigten in Bra3, die vom selben Schreiber wie B9 stammen: Predigt 76 falle durch Lücken und sekundäre Interpolationen auf,[95] die Predigten 66 und 72 böten einen ausnehmend schlechten Text mit zahlreichen Auslassungen.[96] Es zeichnet sich hier das Bild eines Redaktors ab, der einerseits ein großes Interesse für Eckhartpredigten hegte, andererseits aber keinen Wert auf einen besonders treuen Umgang mit ihnen legte und sie durch Interpolationen und Auslassungen nach eigener Maßgabe umgestaltete. In dieses Profil passt nun auch die Textgestalt des Dialogs ›Meister Eckharts Tochter‹, wie sie in B9 überliefert ist.

›Meister Eckharts Tochter‹ in der Handschrift B9, so lassen sich die Ergebnisse dieses Kapitels zusammenfassen, ist eine Interpretation des Textes im Sinne

---

94 Quint, Überlieferung der Deutschen Predigten Meister Eckeharts, S. 333. Des Weiteren vermerkt er Plusstücke in Pr. 39 (Pr. 39, DW II, S. 246) und Pr. 54a (Pr. 54a, DW II, S. 542).

95 Vgl. Pr. 76, DW III, S. 305, und vor allem Quint, Überlieferung der Deutschen Predigten Meister Eckeharts, S. 120.

96 Vgl. Pr. 66, DW III, S. 105, und Pr. 72, DW III, S. 235.

eckhartischen Denkens, die in den Text selbst eingeschrieben wurde. Sie zeigt, dass der Dominikaner in diesem Kurzdialog nicht nur in seinem Namen, sondern in zentralen Elementen seiner Theologie gegenwärtig ist und dass es nicht erst der modernen Forschung bedarf, um das zu erkennen. RUH meinte, dass ›Eckhart und der arme Mensch‹ die Armutslehre des Dominikaners von allen sog. ›Eckhart-Legenden‹ am deutlichsten spiegeln würde[97] – wer ›Meister Eckharts Tochter‹ liest und sich von der Textgeschichte dieses Stücks in seinem Verständnis anleiten lässt, wird dieses Urteil revidieren.

## Literarhistorische Einordnung

Die nachfolgende literarhistorische Einordnung trägt zusammen, was aus der Textanalyse und den überlieferungsgeschichtlichen Daten der Handschriftenbeschreibungen über das zeitliche, räumliche und soziale Entstehungsumfeld des Kurzdialogs ›Meister Eckharts Tochter‹ erschlossen werden kann. Auch wenn es dabei nur wenige Fixpunkte zu benennen gibt, scheint es angesichts verschiedentlich in der Sekundärliteratur geäußerter Vermutungen (vgl. im Forschungsüberblick S. 37) doch angebracht, das Feld der Möglichkeiten abzustecken und methodische Probleme zu benennen.

### Zeitliche Einordnung

Einen zumindest vagen *terminus ante quem* für die Entstehung von ›Meister Eckharts Tochter‹ liefern die ältesten Handschriften M31, G12, P1 und B9, die mit gewissen Spielräumen in die erste Hälfte des 15. Jahrhunderts, vielleicht ins erste Drittel zu datieren sind (vgl. die entsprechenden Beschreibungen auf S. 59–64). Alle in der synoptischen Edition dargebotenen und in der Analyse besprochenen Textformen sind damit etwa zur selben Zeit ersmals handschriftlich belegt.

Nach vorne lässt sich das Zeitfenster über die Nennung des Namens ›Meister Eckhart‹ eingrenzen:[98] Sein Wirken vom Ende des 13. bis zum ersten Drittel des 14. Jahrhunderts, wahrscheinlicher die Zeit nach seinem zweiten Pariser Magisterium von 1311–1313 (vgl. S. 123), kann als *terminus post quem* angesetzt werden.

---

97 RUH, Meister Eckhart, S. 164.

98 Zwar ist der Name ›Eckhart‹ zur fraglichen Zeit mehrfach belegt, WALTHER SENNER kann aber nachweisen, dass das Epitheton ›Meister‹, wie es auch im Dialog gebraucht ist, nur dem Prediger, Ordensfunktionär und zweimaligen Pariser Lehrstuhlinhaber ›Meister Eckhart‹ zukam (DERS., Ordensauftrag, S. 30 f.).

Weitergehende Präzisierungen sind nur auf Grund von literarischen und inhaltlichen Parallelen möglich. Beachtung verdient dabei der identisch strukturierte Kurzdialog ›Der arme Mensch I‹ (vgl. zu dieser Beobachtung S. 97): Wenn man davon ausgeht, dass die Parallelität in diesem Punkt auf ein gemeinsames zeitliches und personelles Entstehungsumfeld zurückgeht, dann können Anhaltspunkte für die Datierung des einen Textes auch für den anderen zur Geltung gebracht werden. Ergebnis wäre in diesem Fall, dass ›Meister Eckharts Tochter‹ möglicherweise schon um einiges früher, vielleicht um die Mitte des 14. Jahrhunderts entstanden sein könnte – hierhin fällt die erste Bezeugung des Dialogs ›Der arme Mensch I‹ durch die Handschrift Ba2 (vgl. die Handschriftenbeschreibung auf S. 192–194). Die Option einer solchen Frühdatierung wird auch durch die enge inhaltliche Berührung zwischen ›Meister Eckharts Tochter‹ und einer Episode aus ›Schwester Katrei‹ gestützt, wie sie in der Besprechung der Redaktion A dargelegt wurde (vgl. S. 105–110): Der Traktat ›Schwester Katrei‹ entsteht nach der Annahme SCHWEITZERS nach 1317[99] bzw. um 1320[100] und könnte schon wenig später dem Autor des Kurzdialogs als Inspiration gedient haben. Schließlich empfiehlt auch die Nähe zum Denken Meister Eckharts die Entstehung von ›Meister Eckharts Tochter‹ nicht zu spät innerhalb des beschriebenen Zeitfensters anzusetzen, vielleicht um die Mitte des 14. Jahrhunderts oder früher.

### Räumliche Einordnung

Da der Text selbst keine unmittelbar verwertbaren Hinweise auf seinen Entstehungsraum liefert, ist man in dieser Frage zuallererst auf die Textzeugen und ihre sprachgeographische Einordnung zurückverwiesen: Der Überlieferungsraum des Dialogs ›Meister Eckharts Tochter‹ erstreckt sich nach dem handschriftlichen Befund von den Niederlanden nach Süden über das Elsass und die Schweiz und von dort nach Westen in den schwäbischen und bairischen Sprachraum. Es zeichnet sich damit ein Verbreitungsgebiet in Form eines Dreiecks ab, wie es auch für andere Texte der mystischen Literatur konstatiert wurde.[101] Einige Indizien legen nun die Annahme nahe, dass der Ausgangspunkt dieses Dreiecks im deutschen Südwesten, im Gebiet von Schweiz und Elsass, liegen könnte: Die oben bereits genannten ältesten Handschriften sind

99 SCHWEITZER, Freiheitsbegriff der deutschen Mystik, S. 193.

100 SCHWEITZER, ›Schwester Katrei‹, Sp. 949.

101 So beschreibt etwa THEBEN ein vergleichbares überlieferungsgeographisches Dreieck für die mystische Lyrik (DIES., Die mystische Lyrik, S. 111, Anm. 297). Zum Austausch mystischer Literatur speziell zwischen Oberrhein- und Niederrheingebiet vergleiche SCHEEPSMA, Überregionale Beziehungen, S. 267–275, sowie TERVOOREN, Van der Masen, S. 65–69, demzufolge der Norden in diesem Kontext nicht ausschließlich, aber doch überwiegend Rezeptionsraum war (ebd., S. 68).

diesem Raum zuordenbar, wobei B9 als früher Vertreter einer später intensiven Verbreitung in Schwaben zu deuten ist. Besondere Beachtung verdient in diesem Zusammenhang das Fragment M31, das, obwohl nach Ausweis KARIN SCHNEIDERS im Katharinenkloster Nürnberg entstanden, eindeutige Kennzeichen der alemannisch-elsässischen Schreibsprache aufweist – möglicherweise ein Hinweis auf eine im Zuge der Reform des Katharinenklosters durch das elsässische Kloster Schönensteinbach im Jahr 1428 mitgebrachte Vorlage (vgl. S. 59 f.)? Das Kloster Schönensteinbach begegnet darüber hinaus auch im Zusammenhang mit der Handschrift P1, deren Besitzerin Margareta Zorn, eine Straßburger Dominikanerin, zumindest zeitweise dort lebte und im Dienste der Reformbewegung auch verschiedene andere Konvente entlang des Rheins besuchte (vgl. S. 64). Lediglich als Perspektive sei noch angefügt, dass Nonnen aus Schönensteinbach ab dem Jahr 1405 den Konvent Maria Magdalena in Wijk bij Duurstede in der Diözese Utrecht besiedelten und so auch Vernetzungen in die Niederlande gegeben wären.[102]

Die Spuren der Überlieferung weisen also in den deutschsprachigen Südwesten und kommen darin mit einigen anderen Hinweisen überein, die die These einer Entstehung des Textes in diesem Raum weiter erhärten: Literarische Parallelen verbinden ›Meister Eckharts Tochter‹ mit dem Kurzdialog ›Der arme Mensch I‹, der seinen Überlieferungsschwerpunkt ebenfalls im oberrheinischen Raum hat (vgl. S. 239), und mit dem Traktat ›Schwester Katrei‹, für den eine Entstehung auch in eben dieser Region, möglicherweise in Straßburg, angenommen wird.[103] Schließlich ist hier auch die notwendig vorauszusetzende Bedingung erfüllt, dass der historische Eckhart, sei es direkt durch sein persönliches Wirken oder indirekt durch die Verbreitung seiner Schriften, in einem solchen Maße bekannt war, dass es zu einer Stilisierung als literarische Figur kommen konnte: Auch wenn RUHS These von einem Straßburger Jahrzehnt mit dem Ordensauftrag der *cura monialium* inzwischen durch die Arbeiten STURLESES, SENNERS und LÖSERS widerlegt ist, so ist doch zumindest eine okkasionelle Tätigkeit nach dem zweiten Pariser Magisterium in diesem Raum ebenso unzweifelbar wie die dortige Verbreitung bestimmter Schriften.[104]

---

102 Von der Gründung des Dominikanerinnenkonvents in Wijk und seiner Besiedlung durch Schwestern aus Schönensteinbach berichtet der Dominikaner Seraphin Dietler in seiner 1707 fertiggestellten Chronik des Klosters Schönensteinbach (vgl. SCHLUMBERGER, Seraphin Dietlers Chronik, S. 263–265.272–276 sowie S. 286–288 zur Gründung eines Tochterkonvents von Wijk).

103 SCHWEITZER, Freiheitsbegriff der deutschen Mystik, S. 197.

104 Aus den überkommenen Lebenszeugnissen Eckharts für den Zeitraum von 1314–1324 – drei datierte Urkunden aus dem Zeitraum von 1314 bis 1322 (Acta Echardiana 38 [LW V, S. 182–184], 39 [LW V, S. 184–186] und 40 [LW V, S. 186 f.]) sowie Erwähnungen in den Schwesternbüchern von Töss (Acta Echardiana 41, [LW V, S. 187 f.] und Ötenbach [Acta Echardiana 42 [LW V, S. 188]) – meinte RUH ein geschlossenes ›Straßburger Jahrzehnt‹ mit der primären Aufgabe der *cura monialium* ableiten zu können

## Überlegungen zum Entstehungsumfeld

Der deutschsprachige Südwesten, der also mit einiger Wahrscheinlichkeit als Entstehungsraum von ›Meister Eckharts Tochter‹ angesehen werden darf, erlebt in der ersten Hälfte des 14. Jahrhunderts und darüber hinaus eine religiös bewegte Zeit: Eckhart, Tauler und Seuse treten hier als Prediger auf, unter Leitkonzepten wie der ›Gottesfreundschaft‹ oder dem ›Freien Geist‹ suchen Menschen nach religiöser Orientierung und die institutionalisierte Kirche geht gewaltsam gegen Ansichten und Lebensformen vor, die sie als Angriff auf ihre Machtposition wahrnimmt. Dies hat die Forschung immer wieder veranlasst, die ehemals als ›Eckhart-Legenden‹ bekannten Texte spezifischen Gruppen zuzuordnen, wobei es in aller Regel bei nicht näher begründeten Hypothesen geblieben ist. Es scheint daher schon allein forschungsgeschichtlich geboten, sich mit solchen Zuordnungen zu Beginen, Freigeistern und Gottesfreunden (vgl. Forschungsüberblick S. 37) auseinanderzusetzen – auch wenn es aus guten Gründen bei einer Formulierung einzelner Argumente und, vielleicht noch wichtiger, bei der Reflexion methodischer Schwierigkeiten bleiben muss.

Methodische Schwierigkeiten, um mit diesem Punkt zu beginnen, ergeben sich sowohl von Seiten des zuzuordnenden Textes selbst als auch von Seiten der ›Gruppen‹, zu denen eine Zuordnung in Frage käme. Von Seiten des Textes wären etwa die Handschriften als historische Objekte in Erwägung zu ziehen, doch wenn die Überlegungen zur Datierung von ›Meister Eckharts Tochter‹ zutreffen, so klafft eine beachtliche Lücke zwischen der Entstehungszeit des Textes und dem Einsetzen seiner Überlieferung. Unter Umständen ist also mit erheblichen Verschiebungen vom ursprünglichen Entstehungsumfeld zu späteren Tradentengruppen zu rechnen. In diesem Sinne hilft auch die Mitüberlieferung, von der man vielleicht ein ›gruppenspezifisches‹ Profil erwarten könnte, kaum weiter:[105] Wie die kurzen Inhaltsübersichten bei den Handschriftenbeschreibungen zeigen, bilden sich in der Überlieferung von ›Meister Eckharts Tochter‹ keine festen Textverbände heraus, die verallgemeinernde Rückschlüsse zuließen. Aus der Überlieferungssituation sind also bestenfalls

---

(DERS., Meister Eckhart, S. 108 und 136). Im Meister-Eckhart-Jahrbuch ›Meister Eckharts Straßburger Jahrzehnt‹ wehrten STURLESE und SENNER jedoch entschieden einer Überbewertung der Dokumente und gaben zu bedenken, dass aus diesen vereinzelten Nachrichten kein geschlossenes Zeit- und Tätigkeitsfeld konstruiert werden dürfe (vgl. STURLESE, Meister Eckhart und die *cura monialium*, sowie SENNER, Ordensauftrag). LÖSER wiederum wies auf die Schwierigkeit, wenn nicht gar die Unmöglichkeit, hin, aus dem Predigtoeuvre Eckharts spezifisch Straßburgische Predigten abgrenzen zu wollen (vgl. DERS., Straßburger Predigten).

105 Dass die Textzusammenstellung in geistlichen Sammelhandschriften nur in den seltensten Fällen Aufschluss darüber geben kann, ob ein Buch beispielsweise in monastischem oder laikalem Umfeld entstanden ist, stellte neben anderen SCHNEIDER heraus (DIES., Handschriften aus bayerischen Klosterbibliotheken, S. 54–56).

Informationen über die Rezipienten des Kurzdialogs zu gewinnen, nicht aber über seine Produzenten.

Der Inhalt des Textes könnte in zweierlei Hinsicht für die Spezifizierung des Entstehungsumfelds von Bedeutung sein: Zum Ersten wäre zu prüfen, ob die in den Auslegungen der neun Prädikate formulierten Aussagen in Übereinstimmung mit dem zu bringen sind, was man heute über bestimmte ›Gruppen‹ zu wissen glaubt. Zugespitzt und mit Blick auf die anstehenden Vergleiche formuliert stehen hier vor allem ein gewisser Antinomismus – im Selbstverständnis der *tohter* spielen Tugenden und gute Werke keine Rolle – und ein antihierarchisches Element – die *tohter* scheint sich keiner übergeordneten Instanz (mit der auch Gott gemeint sein könnte) unterwerfen zu wollen – zur Diskussion. Allerdings basieren diese Schlagworte selbst auf Interpretationen, die keineswegs über Zweifel erhaben sind. Zum Zweiten bedingt die Dialogform, dass Aussagen stets personalisiert, also einer literarischen Figur in den Mund gelegt sind, in deren Konzeption und Beziehungen zu anderen Figuren historische Konstellationen gespiegelt sein könnten. Die *tohter* ließe sich etwa als Identifikationsfigur für ein laikales, vielleicht weibliches Zielpublikum deuten, deren ungewöhnliche Spiritualität von der Autorität Meister Eckharts approbiert und positiv gegenüber der Spiritualität der Mönche herausgestellt werden sollte. Oder ist das eigentliche Zielpublikum vielleicht gerade in diesen Brüdern zu suchen, die ja durch die Erzählung Meister Eckharts bereits intradiegetisch zu Rezipienten des Textes stilisiert sind? Annahmen solcher Art müssen immer bewusst halten, dass ein Text wie ›Meister Eckharts Tochter‹, der sich ja ausführlich des Mittels der uneigentlichen Ausdrucksweise bedient und im hohen Maße durchkonstruiert ist, nicht einfach in historische Wirklichkeit übersetzt werden kann.

Auf Seiten der genannten ›Gruppen‹ steht als zentrales methodisches Problem, dass die Forschung heute weitgehend davon abgerückt ist, unter Freigeistern oder Gottesfreunden einheitliche, geschweige denn institutionalisierte Bewegungen zu sehen. Die Quellen scheinen die fraglichen Begriffe und Etiketten oft nur im Sinne von Frömmigkeitsidealen zu gebrauchen oder stammen – gerade was Häresien anbelangt – aus dem Lager der Amtskirche, die oft gar kein Interesse an einer objektiven Erfassung abweichender Ideologien zeigte. Daher verwundert es auch nicht, wenn Zuordnungen literarischer Werke zu solchen ›Gruppen‹ bisher kaum überzeugen konnten. Die Lage ließe sich wie folgt skizzieren:

Die Beginen, die von den diskutierten Optionen am ehesten als eine – wenn auch nicht homogene – religiöse Bewegung fassbar sind[106] und zur fraglichen

106 Innerhalb des Beginentums ist etwa nach verschiedenen Formen des Gemeinschaftslebens, nach der materiellen Versorgung, der sozialen Herkunft der Beginen usw. zu differenzieren. Übergeordnete Strukturen haben sich nicht ausgebildet. Die Vielfalt des

Zeit im fraglichen Raum durchaus zahlreich vertreten waren,[107] suchten zumeist eine Einheit von *vita activa* und *vita contemplativa* zu leben:[108] Dienst für Kranke, handwerkliche Arbeiten, etwa die Herstellung von Textilien und Kerzen, bestimmten ihren Alltag ebenso wie eine intensive Marienfrömmigkeit, die Beichte und semi-monastische Handlungen.[109] Ob es darüber hinaus eine spezifische Beginenspiritualität gegeben hat, ist genauso ungeklärt wie die Frage nach der Verbreitung mystischer Texte in Beginenhäusern.[110] Zwar werden immer wieder einzelne herausragende Beispiele für Beginenliteratur genannt – Hadewijchs Texte, Mechthilds von Magdeburg ›Fließendes Licht der Gottheit‹ und Marguerite Porètes ›Miroir des simples âmes‹ gelten als wichtigste Exponenten, die Ruh über das zentrale Motiv der Liebe zwischen Seele und Gott verbunden sah[111] – aber keines dieser Werke avancierte zu einer allgemein verbreiteten ›Grundschrift‹ der Beginenbewegung. Die Aussagen der *tohter* scheinen jedenfalls den Annahmen über die Lebensform ›herkömmlicher‹ Beginen mehr entgegenzustehen als auf sie hinzuweisen und auch zu der von Beginen verfassten Literatur sind keine Parallelen zu sehen, die spezifisch genug für weiterführende Schlussfolgerungen wären: Der Kurzdialog handelt weder vom Liebesband zwischen Seele und Gott – die *tohter* scheint es geradezu zu zerschneiden – noch von frommen Werken oder Andachtsübungen.

Neben den sesshaft lebenden gab es auch die wandernd und bettelnd umherziehenden Beginen und, als männliches Pendant dazu, Begarden, die aufgrund ihrer kaum kontrollierbaren Lebensweise in besonderem Maße den Argwohn der institutionalisierten Kirche auf sich zogen. Während die erste Gruppe trotz gelegentlicher Übergriffe von offizieller Seite gebilligt wurde, wurde die zweite

---

Beginentums ist konzis zusammengefasst bei Langer (vgl. ders., Christliche Mystik, S. 229).

107 Vgl. etwa die kartographische Übersicht bei Reichstein, Beginenwesen in Deutschland, S. 379, die zahlreiche Beginenniederlassungen im deutschen Südwesten verzeichnet (wobei Reichstein diese Region aufgrund ungleicher Erschließungsverhältnisse nicht als Schwerpunkt verstanden wissen will und von einer gleichmäßigen Verbreitung in Deutschland ausgeht, ebd., S. 49 f.). Von einem zahlenmäßigen Gefälle von West nach Ost spricht dagegen Unger, Beginen, S. 54.

108 Unger, Beginen, S. 89.

109 Detaillierte Angaben zum Tätigkeitsspektrum der Beginen bietet Reichstein, Beginenwesen in Deutschland, S. 166–174.

110 Zur Frage der Beginenspiritualität vgl. den Forschungsüberblick bei Reichstein, Beginenwesen in Deutschland, S. 182 f. Dass Beginen keine anderen spirituellen Bedürfnisse als Ordensschwestern gehabt hätten, betont etwa Peters, Vita religiosa, S. 93. In den Hausordnungen verschiedener Beginenniederlassungen findet sich zumindest immer wieder die Forderung nach regelmäßigen Gebeten und Meßbesuchen (vgl. dazu die Beispiele bei Reichstein, Beginenwesen in Deutschland, S. 175–179, und Unger, Beginen, S. 77–88), was freilich kaum als Spezifikum angesehen werden kann.

111 Ruh, Beginenmystik, S. 272–276.

vor allem in Folge des Edikts ›Ad nostrum‹ des Konzils von Vienne (1311/12) zunehmend mit der Häresie des Freien Geistes assoziiert.[112] Neuere Forschungen haben gezeigt, dass es sich bei dem Freien Geist nicht um eine geschlossene Bewegung, sondern eher um einen »state of mind«[113], ein Bündel von teils traditionell Ketzern zugeschriebenen Irrtümern, teils an Positionen spekulativer Mystik erinnernden Ansichten handelte. Die verschiedenen Quellen werfen dieser Denkrichtung in variierender Form Pantheismus, Autotheismus, Antiklerikalismus und -nomismus, sexuelle Freizügigkeit, die Leugnung von Himmel und Hölle sowie die Annahme vor, der einmal mit Gott vereinte Mensch sei zur Sünde unfähig.[114] Versuchen, dieses Bild durch Selbstaussagen der Angeklagten zu bestätigen oder zu widerlegen, fehlt es meist an einer sicheren Argumentationsbasis: Die von LERNER zu einem Katalog zusammengestell-

---

112 Grundlegend zur Häresie des Freien Geistes vgl. LEFF, Heresy; LERNER, Free Spirit; MCGINN, Mystik im Abendland IV, S. 94–148; SCHWEITZER, Freiheitsbegriff der deutschen Mystik, S. 88–129, sowie DERS., Freiheit jenseits von Gut und Böse?. Die Assoziation wandernder Beginen und Begarden mit antinomistischen Anschauungen begegnet erstmals in einem Dekret des Kölner Bischofs Heinrich von Virneburg aus dem Jahr 1307 (LERNER, Free Spirit, S. 65 f., und ebenso LEFF, Heresy, S. 317 f.) und wird vom Dekret ›Ad nostrum‹, das Begarden als Träger von acht freigeistigen Irrtümern nennt, festgeschrieben (MCGINN, Mystik im Abendland IV, S. 119). Die Bedeutung dieses Dekrets für die Geschichte des Freien Geistes fasst LERNER sehr anschaulich zusammen: Es handelt sich um »a birth certificate without it being fully clear whether there was any child« (DERS., Free Spirit, S. 83) und so interpretiert er es auch eher als Leitfaden künftiger Ketzerverfolgungen denn als Beschreibung existenter Gruppen (vgl. ebd., S. 84).

113 LEFF, Heresy, S. 400, dem hier LERNER trotz scharfer Kritik in anderen Fragen zustimmt (DERS., Free Spirit, S. 8), ebenso VAUCHEZ, Zeit der Zerreisproben, S. 333, und LAMBERT, Häresie im Mittelalter, S. 193. Einen kurzen Überblick über die Forschungsgeschichte mit Verweisen auf Vertreter der älteren Ansicht, dass der Freie Geist eine weithin verbreitete Bewegung gewesen sei, bietet MCGINN, Mystik im Abendland IV, S. 104 f., Anm. 24.

114 Die Sicht der Amtskirche auf den Freien Geist dokumentieren neben dem bereits erwähnten Dekret ›Ad nostrum‹ vor allem einige Schriftstücke, die im Zusammenhang mit der ersten Straßburger Beginenverfolgung zwischen 1317 und 1319 entstanden. Darunter gebührt dem Publikationsschreiben des Straßburger Bischofs Johann I. (kritische Edition bei PATSCHOVSKY, Straßburger Beginenverfolgungen, S. 127–142) und einer Liste der im Zuge seiner Untersuchungen aufgedeckten Irrtümer besondere Beachtung (kritische Edition ebd., S. 144–148). Der Bischof versichert, seine Erkenntnisse beruhten auf authentischen Aussagen von Verhörten und PATSCHOVSKY hält diese Beteuerung grundsätzlich auch für glaubwürdig (ebd., S. 99). Im Umgang mit diesen Dokumenten ist jedoch insofern Vorsicht geboten, als sie nicht oder nicht nur auf ›empirischen‹ Daten beruhen, sondern häufig auf tradiertes Material – im Fall von ›Ad nostrum‹ etwa auf die Gutachten aus dem Prozess gegen Marguerite Porète und ihr Buch (vgl. dazu VOIGT, Margarete Porete als Vertreterin eines freigeistig-häretischen Beginentums?, S. 31–40) oder auf die ›Compilatio de novo spiritu‹ Alberts des Großen über Ketzer im schwäbischen Ries (vgl. dazu LERNER, Free Spirit, S. 82 f., Edition bei WATTENBACH, Secte der Brüder vom freien Geiste, S. 529–537) – zurückgreifen.

ten freigeistigen Schriften, darunter etwa ›Schwester Katrei‹, ›Eckhart und der Laie‹ oder der ›Miroir des simples âmes‹[115], sind in ihrer Provenienz mehr als umstritten[116] und auch über den Zeugniswert des berühmten Inquisitionsprotokolls des angeblichen Freigeists Johannes von Brünn herrschen kontroverse Ansichten.[117]

Von den typischerweise als freigeistig angesehenen Positionen ließe sich in ›Meister Eckharts Tochter‹ bestenfalls ein gewisser Antinomismus und die Ablehnung von Tugendübungen wiederfinden, während die bei weitem überwiegende Mehrheit der genannten Charakteristika ohne Entsprechung im Kurzdialog bleibt. Die wenigen erkennbaren Berührungspunkte (und darüber hinaus manch andere der freigeistigen Positionen) sind wiederum so unspezifisch, dass sie im Grunde nicht für eine Argumentation zu gebrauchen sind: Kritik an einer veräußerlichten, zweckrationalen Werkgerechtigkeit etwa übten auch Meister Eckhart und andere mit ihm.[118] Wie schwer Orthodoxie und Heterodoxie im 14. Jahrhundert gerade im Einflussbereich mystischen Denkens voneinander zu trennen waren, dokumentiert das Bemühen geistlicher Autoren, ihr Denken gegenüber häresieverdächtigen Ansichten abzugrenzen – wobei ihnen nicht selten nur mäßiger Erfolg beschieden war.[119]

---

115 Vgl. Lerner, Free Spirit, S. 200–227. Lerner rückt hier stark verallgemeinernd die pseudo-eckhartische Literatur in die Nähe des Freien Geistes. Auf die ›Eckhart-Legenden‹ selbst geht er zwar nicht ein, doch werden sie traditionell diesem Schrifttum zugerechnet. Dass sich als häretisch angesehene Gruppen durchaus über Texte definiert haben könnten, lässt die Anweisung Bischof Johanns im Rahmen der Straßburger Beginenverfolgung vermuten, dass die Verdächtigen innerhalb von 15 Tagen ihre Bücher abzugeben hätten (Patchovsky, Straßburger Beginenverfolgungen, S. 139).

116 Vgl. etwa die Diskussion um den Dialogtraktat ›Schwester Katrei‹, den mehrere Fachgelehrte und nicht zuletzt sein Editor Schweitzer für freigeistig halten, während McGinn die fraglichen Aussagen auf dem Boden mystisch-spekulativer Theologie verankert sieht (McGinn, Mystik im Abendland IV, S. 576–584 mit einem kurzen Forschungsüberblick auf S. 576, Anm. 226). Auch für den Autor des Dialogtraktats ›Eckhart und der Laie‹ wurde eine Vielzahl von Vorschlägen geäußert, von denen sich bislang keiner durchzusetzen vermochte (vgl. den Überblick bei Schweitzer, Meister Eckhart und der Laie, S. LXII–LXV).

117 Senner sieht darin in Bezug auf die Häresie des Freien Geistes »the most detailed and explicit surviving evidence for this underground movement« (ders., Rhineland Dominicans, S. 123) mit einem Überblick über andere Positionen in Anm. 15. Vgl. auch die kritische Diskussion des Textes bei Lerner (ders., Free Spirit, S. 110–112).

118 Zu Eckharts Kritik an einer letztlich egoistischen Werk- und Tugendpraxis vgl. etwa Pr. 1, DW I, S. 6,6–S. 7,11. Gleichzeitig wehrt Eckhart, möglicherweise unter Bezugnahme auf freigeistige Positionen, einem moralischen Libertinismus etwa in Pr. 29, DW II, S. 79,1–S. 80,3. Zur Auseinandersetzung Eckharts mit freigeistigen Positionen vgl. Senner, Meister Eckhart in Köln, S. 226–232.

119 Man vergleiche etwa das Schicksal Heinrich Seuses, der im sechsten Kapitel seines ›Büchleins der Wahrheit‹ gegen häresieverdächtige Interpretationen eckhartischer Theologie, vertreten durch das ›namenlose Wilde‹, explizit Stellung bezog und dennoch mit der Amtskirche um seine Position als rechtgläubiger Lehrer kämpfen musste

Auch der Versuch, nicht ideen- sondern sozialgeschichtlich zu argumentieren, trägt hier keine Früchte: Vielleicht mag die Figur der *tohter* in Anlehnung an das Lebensmodell umherziehender Beginen geschaffen worden sein, doch im Hinblick auf Anhänger des Freien Geistes aussagekräftigere Hinweise – das Betteln, die Verfolgung durch offizielle Stellen – gibt es nicht. Der Text hält sich mit sozialgeschichtlich auswertbaren Hinweisen letztlich so bedeckt, dass auch hier nicht über Spekulationen hinauszukommen ist.

Das Fazit muss also so ausfallen, dass es zwischen dem heute noch rekonstruierbaren Bild einer freigeistigen Häresie und ›Meister Eckharts Tochter‹ zu wenig Ähnlichkeiten gibt, um eine Verbindung postulieren zu können. Genauso wenig beweisbar ist freilich auch die gegenteilige Annahme, dass es eine solche Verbindung nicht gegeben habe.

Genauso wie die Anhänger des Freien Geistes entwinden sich auch die sog. Gottesfreunde, eine weitere ›Gruppierung‹, die von der Forschung in Zusammenhang mit den ›Eckhart-Legenden‹ gebracht wurde, dem Zugriff des (Literar-)Historikers.[120] Der Terminus ›Gottesfreunde‹ wurde zum einen begriffsgeschichtlich untersucht und dabei bis auf seine biblischen Ursprünge hin zurückverfolgt,[121] zum anderen widmeten sich ihm synchrone Studien mit einem besonderen Fokus auf das 14. Jahrhundert. Diese sind für die hier verfolgte Fragestellung von besonderer Wichtigkeit und seien in ihren wichtigsten Ergebnissen kurz zusammengefasst: Nach GORCEIX bezeichnet ›Gottesfreund‹ bei Eckhart und Ruusbroec ein ideelles Konstrukt im Sinne der für sie jeweils maßgeblichen theologischen Konzepte, bei Tauler und Seuse darüber hinaus auch ein soziales Konstrukt, das vor allem in einer Gruppe von untereinander vernetzten Gläubigen zwischen Basel, Straßburg, Köln, dem schwäbischen Mödingen und möglicherweise auch niederländischen Regionen wie

---

(vgl. dazu RUH, Geschichte III, S. 418 f., sowie WEHRLI-JOHNS, Eckharts Freiheitsbegriff, insbesondere S. 254–258. Die Lehre des ›namenlosen Wilden‹ deckt sich, so arbeitet es WEHRLI-JOHNS heraus, mit den Ansichten des zu Beginn des 13. Jahrhunderts verurteilten Pariser Magisters Amalrich de Bena und besteht zentral darin, jede Unterscheidung zwischen Gott und Mensch zu leugnen.). Wie fließend die Übergänge zwischen Orthodoxie und Häresie sein konnten, machen auch die Angriffe Jans van Leeuwen auf Eckhart deutlich, den er in der Schrift ›Van den tien gheboden‹ sogar zum Begründer des Freien Geistes erklärt (RUH, Geschichte IV, S. 116). Zum Zusammenhang von Mystik und Häresie vgl. auch LERNER, Free Spirit, S. 182–199; MCGINN, Mystik im Abendland III, S. 144, sowie SENNER, Meister Eckhart und der ›Freie Geist‹, speziell zu Eckharts Stellung zu freigeistigen Lehren.

120 Über die Gottesfreunde vgl. die neueren Studien von GORCEIX, Amis de Dieu; MCGINN, Mystik im Abendland III, S. 674–711; RAPP, Gottesfreunde am Oberrhein; SCHIEWER, Gottesfreunde des 14. Jahrhunderts, und STEER, Die Stellung des Laien.

121 Vgl. etwa den auf biblische und frühmittelalterliche Belege konzentrierten Überblick bei HAAS, Mystik im Kontext, S. 195–202.

Brabant zu suchen ist.[122] Dass eine solche Differenzierung grundsätzlich möglich ist, inhaltlich aber durchaus anders gefüllt werden kann, zeigt die Untersuchung von REGINA SCHIEWER: Sie legt als ersten Beitrag zu einer von ihr angemahnten neuerlichen Beschäftigung mit der Gottesfreundschaft eine Studie zur Verwendung des Begriffs bei Seuse und Tauler vor. Ersterer fasse darunter vor allem diejenigen Menschen, die sich durch Leidensfähigkeit, Gelassenheit und die Begnadung mit Visionen auszeichneten, letzterer erweitere das Bedeutungsspektrum etwa um die Begabtheit mit dem heiligen Geist oder um die Anfeindung durch die Umwelt als konstitutive Erkennungsmerkmale.[123] Gewisse Annahmen über ein soziales Profil der als ›Gottesfreunde‹ bezeichneten Personen seien daraus zwar ableitbar, doch Hinweise auf tatsächlich existente Kreise literarisch interessierter Personen und deren Vernetzung böten nur die Briefe Heinrichs von Nördlingen an Margarethe Ebner.[124]

Wie immer man die Trennlinie zwischen ideeller und personenbezogener Verwendung des Begriffs auch ziehen mag: Die genannten Briefe Heinrichs von Nördlingen dürften zusammen mit den Dokumenten aus der von Rulman Merswin gegründeten Lebensgemeinschaft auf dem Grünenwörth die belastbarsten Quellen dafür sein, dass sich unter denjenigen Frommen, die für sich das Ideal der Gottesfreundschaft in Anspruch nahmen, auch soziale Strukturen oder zumindest engere Kontakte gebildet haben. Es ergibt sich das Bild einer Gruppe von Edlen und Patriziern zwischen Basel, Straßburg, Köln und den Niederlanden, die durch das Wirken Einzelner wie Heinrich von Nördlingen verbunden waren und das Gedankengut der Mystik – sie standen etwa mit Johannes Tauler und über ihn möglicherweise auch mit Jan van Ruusbroec

---

122 GORCEIX, Amis de Dieu, S. 72 f. Zu niederländischen Frömmigkeitskreisen, die sich als ›Gottesfreunde‹ verstanden haben könnten vgl. WARNAR, Mystik in der Stadt, und WÜNSCHE, Hadewijch am Oberrhein. Zur Verwendung des Terminus bei Eckhart vgl. GOTTSCHALL, Basel als Umschlagplatz, S. 138–145.

123 SCHIEWER, Gottesfreunde des 14. Jahrhunderts, S. 233–244. Eine Studie zum Gottesfreund-Begriff bei Tauler legten auch MARIE-ANNE VANNIER – allerdings ohne die soziale Verfasstheit der Gruppe zu problematisieren (vgl. DIES., Jean Tauler et les Amis de Dieu) – und GNÄDINGER (vgl. DIES., Johannes Tauler, S. 98–103) vor. Zu dem Ergebnis, dass der Gottesfreund-Begriff den geistlich Vollkommenen und nicht den Anhänger einer bestimmten Gemeinschaft bezeichnet, kommt auch MOSSMAN in seiner Studie zu Marquard von Lindau und dessen – offensichtlich nicht nachweisbaren – Beziehungen zum Grünenwörth (vgl. DERS., Gottesfreundschaftsbegriff). Ähnliche Befunde deuten sich wohl für die ›Theologia Deutsch‹ und Ottos von Passau ›Die 24 Alten‹ an, obwohl hierzu noch keine eingehenderen Studien vorliegen (vgl. SCHIEWER, Gottesfreunde des 14. Jahrhunderts, S. 229 und dort Anm. 10 und 11; wobei VON HINTEN unter Berufung auf den Prolog für die ›Theologia Deutsch‹ einen »Verfasser aus dem Kreis der Gottesfreunde« annimmt [DERS., Theologia, Sp. 802]).

124 SCHIEWER, Gottesfreunde des 14. Jahrhunderts, S. 245. Die Briefe sind ediert bei STRAUCH, Margaretha Ebner.

in Kontakt[125] – auf ihre Weise rezipierten.[126] Die genannten Quellen lassen es darüberhinaus geraten erscheinen, innerhalb dieser Gruppe zwischen zwei zwar personell verbundenen, aber geographisch und zeitlich doch auseinanderliegenden Kreisen zu differenzieren: Einem früheren in Basel um Heinrich von Nördligen und einem späteren, von Basel aus begründeten in Straßburg um Rulman Merswin.[127]

Für die Frage nach dem Entstehungsumfeld von ›Meister Eckharts Tochter‹ könnte ein Blick auf diese Personenkreise insofern lohnen, als bei ihnen der Austausch und die Produktion geistlicher Literatur eine nicht unbedeutende Rolle gespielt haben dürften:[128] Die Briefe Heinrichs von Nördlingen erwähnen das ›Fließende Licht der Gottheit‹ der Mechthild von Magdeburg, den ›Liber specialis gratiae‹ der Mechthild von Hackeborn, Gebets- und liturgische Gesangstexte, einfache geistliche Traktate sowie natürlich die ›Offenbarungen‹ der Margarethe Ebner, die man sich gegenseitig schickte und zur Lektüre empfahl.[129] Auf dem Grünenwörth in Straßburg legte man lateinische und deutsche ›Memorialbücher‹ an, in denen die meist auf Basis bereits vorliegender mystisch-spekulativer Schriften hauptsächlich von Merswin kompilierten romanhaften Texte gesammelt wurden.[130] Als bekannteste und gleichzeitg am wei-

---

125 Dass es zu einem persönlichen Treffen der beiden gekommen sein könnte, wird von WARNAR stark bezweifelt. Gleichzeitig macht er den intensiven gedanklichen Austausch zwischen dem Dominikaner, dem Groenendaaler Kanoniker und dem Kreis um Rulman Merswin anhand literarischer Beispiele wie dem ›Meisterbuch‹ stark (vgl. DERS., Tauler in Groenendaal).

126 Was die Beschreibung der Gottesfreunde als soziales Phänomen so schwierig macht, ist zum einen das Fehlen jeglicher Hinweise auf feste Organisationsformen – zumindest von übergreifenden Organisationsformen, denn die Gemeinschaft auf dem Grünenwörth als Teilelement dieser ›Bewegung‹ weist ja durchaus eine strukturelle Verfasstheit auf. Zum anderen sind wir aber über die Briefe Heinrichs von Nördlingen über die personelle Zusammensetzung des um ihn entstandenen Kreises recht gut informiert und kennen besonders prominente Mitglieder sogar namentlich (vgl. etwa den in dieser Hinsicht besonders ergiebigen Brief XLV [STRAUCH, Margareta Ebner, S. 249 f.]). Dieser unklare Zustand spricht auch aus den Beschreibungen von RAPP, Gottesfreunde am Oberrhein, und JANOTA, Volkssprachliche Schriftlichkeit, S. 129–140.

127 Vgl. GOTTSCHALL, die das Ende des Basler Gottesfreundekreises mit dem dortigen Ausbruch der Pest um 1350 gekommen sieht, während der Straßburger Kreis erst ab 1370 aktiv wurde (DIES., Basel als Umschlagplatz, S. 147.162).

128 WÜNSCHE spricht von ihnen als einer »reading community« (DERS., Hadewijch am Oberrhein, S. 97).

129 Eine Zusammenstellung der in den Briefen Heinrichs identifizierbaren Schriften mit Verweisen auf die jeweiligen Belegstellen bietet GOTTSCHALL, Basel als Umschlagplatz, S. 140 und dort insbesondere die Anmerkungen 12–14.

130 Die ›Memorialbücher‹ wurden in der Zeit nach dem Tode Merswins 1382 von seinem engsten Mitarbeiter, dem Johanniterpriester Nikolaus von Löwen, angelegt, der dabei möglicherweise auch als Redaktor der einzelnen Texte tätig wurde. Vgl. dazu

testen verbreitete Exponenten der dort entstandenen Literatur seien hier das ›Meisterbuch‹ und das ›Neunfelsenbuch‹ genannt.[131] Dazu stand man in gegenseitigem literarischem Austausch mit den Niederlanden, wobei der Transfer Richtung Norden weitaus stärker ausgeprägt war als der in die umgekehrte Richtung.[132]

Die Entstehung von ›Meister Eckharts Tochter‹ in einem solchen Umfeld anzusiedeln, ist also grundsätzlich nicht undenkbar, zumal die Personenkonstellation aus einem spirituell begabten Laien und einem Geistlichen in Merswins ›Meisterbuch‹ und anderen seiner Schriften durchaus Parallelen hat. Gegen eine Verbindung des Dialogs mit dem Kreis vom Grünenwörth sprechen aber bedeutende Argumente: Wäre es nicht zu erwarten gewesen, dass sich der Kurzdialog wie alle Schriften dieses Kreises in einem der überkommenen ›Memorialbücher‹ oder zumindest in enger Überlieferungsgemeinschaft mit deren Texten wiederfindet?[133] Passt der streng strukturierte, rational durchdachte Text zu dem als schwärmerisch geltenden Schrifttum der Gottesfreunde mit ihren Vorlieben für Frömmigkeitsübungen, Stufenwege, Bekehrungsgeschichten und asketische Praktiken?[134] Untypisch wäre weiterhin, dass ›Meister Eckharts Tochter‹ – und mit ihr die anderen hier behandelten mystischen Kurzdialoge – eine relativ intensive und weitreichende Verbreitung erfuhren, während doch die im Grünenwörth entstandenen Schriften als Hausliteratur

---

mit Überblicksdarstellungen der ›Memorialbücher‹ und die in ihnen versammelten Schriften JANOTA, Volkssprachliche Schriftlichkeit, S. 130–139, sowie STEER, Merswin, Sp. 422–437; beide greifen zurück auf RIEDER, der in einer umfangreichen Untersuchung die Existenz einiger heute verlorener ›Memorialbücher‹ überhaupt erst ans Licht brachte und aus verstreuten Bemerkungen ihren Inhalt rekonstruieren konnte (vgl. DERS., Gottesfreund vom Oberland, S. 15–73.). Vergleiche dazu auch die Studie von KRUSENBAUM-VERHEUGEN, Figuren der Referenz, mit umfassenden Handschriftenbeschreibungen sowie Untersuchungen zur Textualität und Überlieferung der Literatur vom Grünenwörth. Zur bis heute umstrittenen Frage, wer für die dem Gottesfreund vom Oberland zugeschriebenen Schriften verantwortlich zeichnet, vgl. STEER, Merswin, Sp. 437.

131 Als erste Orientierung zum ›Meisterbuch‹ vgl. ebd., Sp. 435–437, zum ›Neunfelsenbuch‹ vgl. ebd., 427–429.

132 WILLIAMS-KRAPP, Rezeption von mystischem Schrifttum.

133 Ein Überlieferungsverbund von ›Meister Eckharts Tochter‹ mit Schriften von Autoren, die dem Grünenwörth zumindest nahestanden, findet sich in den 15 bekannten Handschriften lediglich zweimal: P1 tradiert den Dialog unter anderem mit Seuses ›Exemplar‹, einigen Taulerpredigten und dem ›Zweimannenbuch‹, einem dem Gottesfreund vom Oberland zugeschriebenen Text (vgl. S. 64); St7 bietet den Dialog zusammen mit dem ›Meisterbuch‹ und zahlreichen mystischen Kurztexten (vgl. S. 65). In Bezug auf ›Meister Eckharts Tochter‹ gehören beide Handschriften demselben Überlieferungszweig y3 an.

134 Zur literarischen Eigenart der Gottesfreunde-Schriften vgl. RAPP, Gottesfreunde, S. 98–100, sowie STEER, Merswin, Sp. 437–440.

angelegt waren und es von wenigen Ausnahmen abgesehen auch blieben.[135] Aber auch zur Literatur des Basler Gottesfreundekreises, in dem man offenbar ein besonderes Interesse an Visionsberichten hegte, zeichnen sich keine spezifischen Parallelen ab. Noch dazu wissen wir in diesem Zusammenhang nur von Literaturrezeption und -austausch, nicht aber von der Produktion eigener Werke. Schließlich hat auch das, was mit der Gottesfreundschaft als Frömmigkeitsideal verbunden ist, mit der Selbstdarstellung der *tohter* kaum etwas gemein oder berührt sie nur im Rahmen dessen, was ohnehin im mystisch-spekulativen Schrifttum des 14. Jahrhunderts allgemein verbreitet war. Eine besondere Nähe zu Gott, die ja die Gottesfreunde gleich welchen Kreises anstrebten oder für sich in Anspruch nahmen, zeichnet die *tohter* jedenfalls nicht aus, um nur ein Beispiel zu nennen.[136] Angesichts dieser zahlreichen Unsicherheiten ist also auch da Skepsis angebracht, wo ›Meister Eckharts Tochter‹ mit den bekannten gottesfreundlichen Kreisen in einen entstehungsgeschichtlichen Zusammenhang gebracht wird.

Es lässt sich festhalten, dass die bisher pauschal zu d e n ›Eckhart-Legenden‹ vorgetragenen Entstehungshypothesen einer konkreten Einzeltextüberprüfung an ›Meister Eckharts Tochter‹ weder überlieferungsgeschichtlich noch inhaltlich standhalten. Bisher kaum erwogen wurde eine Herkunft des Textes aus monastischem, vielleicht dominikanischem Umfeld, für das doch einige Gründe namhaft gemacht werden könnten: Die Kenntnis eckhartischem Denkens, das monastische setting des Dialogs und literarische Traditionen, insbesondere Parallelen zu den ›Vitaspatrum‹, die in diese Richtung deuten könnten. Die Behandlung dieser Aspekte soll allerdings auf ein späteres Kapitel verschoben werden (vgl. Kap. 7.1 und dort insbesondere S. 440–448), weil es in diesem Zusammenhang Texte zu berücksichtigen gilt, die – wie etwa die Dialoge um den armen Menschen – erst noch zu untersuchen sind.

---

135 Steer, Merswin, Sp. 438, und die detaillierten Angaben zur geographischen Verbreitung der Gottesfreundeliteratur bei Krusenbaum-Verheugen, Figuren der Referenz, S. 294–308.

136 Vgl. etwa die Auslegung der Attribute ›Frau‹ und ›Witwe‹ auf S. 102.

## 4. Der Kurzdialog ›Meister Eckhart und der nackte Knabe‹[1] – Gottes Spiel mit Meister Eckhart

Im Kurzdialog ›Meister Eckhart und der nackte Knabe‹ erweist Gott selbst dem Dominikaner die Ehre und unterhält sich mit ihm in verwandelter Gestalt über Grundthemen einer mystisch-aszetischen Frömmigkeit. Die Überlieferung dieses Textes setzt in der Mitte des 14. Jahrhunderts im nordwürttembergisch-südrheinfränkischen Raum ein und erstreckt sich von dort über nahezu den gesamten oberdeutschen Sprachraum mit dem Leipziger Lotter-Druck als nordöstlichem Ausläufer. Dabei ist das Stück in allen der heute bekannten 13 Textzeugen in einen festen Überlieferungsverbund integriert: Es ist Teil des ›Buches der Vollkommenheit‹, einer umfangreichen geistlichen Spruchsammlung, als deren Kompilator lange Zeit ein Konventuale aus dem fränkischen Zisterzienserkloster Ebrach angenommen wurde. Karin Schneider hat diese These im Rahmen ihrer Edition des ›Buches der Vollkommenheit‹ endgültig widerlegen können und mit ihren grundlegenden Untersuchungen auch den Boden für die nachfolgende philologische Untersuchung des Dialogs bereitet.[2]

### *4.1 Textkonstitution*

Zur bisherigen Editionslage und Begründung einer Neuedition: Von den verschiedenen Ausgaben des Dialogs ›Meister Eckhart und der nackte Knabe‹ verdienen vor allem zwei hier kurz besprochen zu werden, die erste aufgrund ihrer breiten Rezeption, die zweite aufgrund ihrer wissenschaftlichen Gründlichkeit.[3]

Wenn der Dialog bisher von der Forschung bearbeitet wurde, dann auf der Basis von Pfeiffers Abdruck im zweiten Band seiner ›Deutschen Mystiker‹ als Spruch Nr. 68.[4] Ihr liegt die Handschrift M3 zugrunde, die eine spätere Re-

---

1 Die nachfolgenden Textwiedergaben und Zeilenangaben beziehen sich, falls nicht anders vermerkt, auf die Edition des Dialogs ›Meister Eckhart und der nackte Knabe‹ auf S. 146. Zur Bezeichnung der Handschriften werden die gängigen Siglen der Eckhart-Philologie verwendet.

2 Vgl. Schneider, Buch der Vollkommenheit. Zur Diskussion um die Verfasserschaft der Spruchsammlung vgl. ebd., S. IX f., und zur einzigen Handschrift, die einen Engelhart von Ebrach nennt, vgl. ebd., S. XXIX–XXXII. Noch Honemann hielt es für möglich, dass es sich bei Engelhart um den Kompilator der Sammlung handeln könnte (Honemann, Engelhart von Ebrach, Sp. 555).

3 Nicht behandelt werden folgende Abdrucke: Euling, Mittelhochdeutsche Erzählungen, S. 150 f., nach Wo5; Spamer, Texte, S. 143 f., nach He3 u. a.; Stammler, Gottsuchende Seelen, S. 85, nach He3 und Traunbauer, Beiträge zum mystisch-aszetischen Schrifttum, S. 180, nach W13.

4 Spr. Pf. 68, S. 624,31–S. 625,2.

daktion des ›Buches der Vollkommenheit‹ – von SCHNEIDER als ›Redaktion C‹ bezeichnet – und damit auch des Dialogs vertritt. Die wesentlichen Merkmale dieser Redaktion, vor allem die Namensform *erhart* (Z. 1), beseitigt PFEIFFER stillschweigend.

Eine Neuedition auf Basis einer repräsentativen Handschriftenauswahl und einer eingehenden Untersuchung ihrer Filiationsverhältnisse legte SCHNEIDER im Rahmen ihrer bereits erwähnten Edition des ›Buches der Vollkommenheit‹ vor.[5] ›Meister Eckhart und der nackte Knabe‹ folgt dort der Handschrift M44 und damit der älteren und textkritisch besseren Redaktion A der Textsammlung.[6] Der dazugehörige Apparat verzeichnet Varianten mehrerer Handschriften, darunter auch solcher der Redaktion C.

Diese Edition SCHNEIDERS bietet zwar eine verlässliche Grundlage für die Beschäftigung mit dem Dialog ›Meister Eckhart und der nackte Knabe‹, kann und muss hier aber um die Varianten des ihr unbekannt gebliebenen Textzeugen B21 und dreier von ihr nicht benutzter Textzeugen – M14, W13 und des Leipziger Lotter-Drucks – ergänzt werden. Ein vollständiges Bild der Überlieferung ist umso wichtiger, als eine bestimmte Textgestalt des Stücks – es wird zu Fragen sein: welche? – in die Dialogkompilation ›Der arme Mensch III‹ integriert wurde (vgl. Kap. 5.4) und davon ausgehend mehrere Umarbeitungen erfahren hat. Die nachfolgende textkritische Untersuchung bestätigt SCHNEIDERS Filiationsverhältnisse für den speziellen Fall des Kurzdialogs und erbringt für die Gesamtüberlieferung des ›Buches der Vollkommenheit‹ neue Einsichten in die bislang nur aus einer einzigen Handschrift bekannte Redaktion B.

## Handschriftenbeschreibungen

Auf www.eckhart.de führt ECKHART TRIEBEL 14 Handschriften und zwei Drucke an (letzter Aufruf 04.01.2019). Diese Angaben sind insofern zu berichtigen, als die Handschrift Lö und die Drucke KT und ST ›Meister Eckhart und der nackte Knabe‹ nicht als selbstständigen Text überliefern, sondern als Teil einer späten Fassung des Dialogs ›Der arme Mensch‹ (vgl. dazu die Kapitel 5.5 und 5.6 mit den entsprechenden Editionen; dort sind auch die genannten Textzeugen berücksichtigt). Den Verweis SPAMERS auf eine Handschrift aus der Bibliothek der Grafen zu Törring-Jettenbach[7] konnte ich wie auch schon TRIEBEL nicht verifizieren. Zudem ist in TRIEBELS Aufstellung der Druck von Melchior Lotter, Leipzig 1505, zu ergänzen (vgl. S. 139).

---

5 SCHNEIDER, Buch der Vollkommenheit, S. 64, Nr. 144.

6 Zu den Redaktionen des ›Buches der Vollkommenheit‹ und ihrer textkritischen Qualität vgl. SCHNEIDER, Buch der Vollkommenheit, S. X f. und S. LIII–LV.

7 SPAMER, Texte, S. 143.

Mit Ausnahme der Handschrift Ho, die mir leider nicht zur Verfügung gestellt wurde, sind alle nachfolgend aufgeführten Textzeugen bei der Erstellung des Editionstextes berücksichtigt. Da SCHNEIDER in ihrer Edition des ›Buches der Vollkommenheit‹ bereits ausführliche Informationen zu den meisten Handschriften bietet, sind die folgenden Auskünfte knapp gehalten. Die Abfolge der Handschriften orientiert sich an den im Anschluss skizzierten Filiationsverhältnissen.

Redaktion A:

### M44: München, Bayerische Staatsbibliothek, Cgm 181

Pergament · 114 Blatt · 150 x 90 mm · Mitte des 14. Jh.s · eine Hand · (nord)alemannisch

Inhalt: fol. 1$^{r}$–112$^{v}$ ›Buch der Vollkommenheit‹ (Redaktion A), darin: fol. 54$^{r}$ ›Meister Eckhart und der nackte Knabe‹; fol. 112$^{v}$–114$^{v}$ Passionsbetrachtung

Literatur: SCHNEIDER, Buch der Vollkommenheit, S. XII–XV; Handschriftencensus: http://www.handschriftencensus.de/9535 [04.01.2019]

SCHNEIDER weist darauf hin, dass M44 von derselben Hand geschrieben wurde wie die heute in der Freisinger Dombibliothek verwahrte Handschrift Fs (vgl. S. 344). Dort findet sich wiederum der Besitzvermerk einer Frau von Hirschhorn, von deren Hand möglicherweise beide Codices stammen könnten.

### He3: Heidelberg, Universitätsbibliothek, Cpg 418

Papier · 63 Blatt · 193 x 143 mm · 2./3. Viertel des 14. Jh.s · eine Hand · ostfränkisch mit ostmitteldeutschen Formen (BARTSCH) / südrheinfränkisch mit westmitteldeutschen Formen (SCHNEIDER)

Inhalt: fol. 1$^{r-v}$ ›Goldene Kette St. Bernhards‹; fol. 1$^{v}$–5$^{r}$ ›Meister Eckharts Wirtschaft‹; fol. 5$^{r}$–63$^{v}$ ›Buch der Vollkommenheit‹ (Redaktion A), darin: fol. 58$^{r-v}$ ›Meister Eckhart und der nackte Knabe‹

Literatur: BARTSCH, Universitätsbibliothek in Heidelberg, S. 135; SCHNEIDER, Buch der Vollkommenheit, S. XV–XVII; Marburger Repertorium: http://www.mr1314.de/2352 [15.03.2018]; Predigt im Kontext: http://pik.ku-eichstaett.de/3738/ [04.01.2019]

SCHNEIDER weist in ihrer sprachlichen Analyse ebenfalls auf ostmitteldeutsche Elemente in He3 hin, so dass sich die unterschiedlichen Angaben in der Sekundärliteratur relativieren.

## M14: München, Bayerische Staatsbibliothek, Cgm 702

Papier · I + 175 Blatt · 220 × 152 mm · Mitte des 15. Jh.s · 5 Hände: 1. Hand fol. 1r–71r, 2. Hand fol. 71v–78v, 3. Hand fol. 79r–107r, 4. Hand fol. 108r–116r, 5. Hand fol. 116r–166v · ostschwäbisch · Augsburg, Benediktinerkloster St. Ulrich und Afra

Inhalt: Die Handschrift ist aus zwei ehemals selbstständigen Faszikeln zusammengebunden: 1. Faszikel: fol. 1r–71r ›Reformatio Sigismundi‹; fol. 71v–78v ›Frankfurter Landfrieden Friedrichs III.‹; fol. 79r–107r Johannes Tortsch: ›Bürde der Welt‹; 2. Faszikel: fol. 108r–142v Sammlung geistlicher Kurztexte, darunter: fol. 114v–115r ›Der arme Mensch II‹; fol. 143r–166v ›Buch der Vollkommenheit‹ (Redaktion A), darin: fol. 162v–163r ›Meister Eckhart und der nackte Knabe‹

Literatur: Koller, Reformation Kaiser Siegmunds, S. 34; Löser, Augsburg, S. 44 (Nr. 29) und S. 72–76; Schneider, Buch der Vollkommenheit, XVIIf., Schneider, München 5,5, S. 40–47; Handschriftencensus: http://www.handschriftencensus.de/6257 [04.01.2019]; Marburger Repertorium der Freidank-Überlieferung: http://mrfreidank.de/139.html [04.01.2019]

## B21: Berlin, Staatsbibliothek zu Berlin – Preußischer Kulturbesitz, Ms. germ. qu. 1586

Papier · 99 Blatt · 15. Jh. · schwäbisch

Inhalt: Die Handschrift wurde noch nicht eingehend beschrieben. Laut Degering bietet sie eine Spruchsammlung und im Anschluss einige Exempla; fol. 50v ›Meister Eckhart und der nackte Knabe‹

Literatur: Degering, Verzeichnis II, S. 295; Handschriftencensus: http://www.handschriftencensus.de/12006 [04.01.2019]

Vermutlich handelt es sich bei dieser Spruchsammlung um eine (Teil-?)Überlieferung des ›Buches der Vollkommenheit‹, die weder von Schneider noch einem anderen bisher als solche erkannt wurde. Auf den mir zur Verfügung stehenden Folioseiten 32v, 33r, 50r und 50v konnte ich die Stücke – die Nummerierung folgt der Edition des ›Buches der Vollkommenheit‹ durch Schneider – 35 (entspricht Spr. Pf. 17), 36, 37 (entspricht Spr. Pf. 18) sowie 139–144 identifizieren. Dass es sich dabei wahrscheinlich um die ältere und bessere Redaktion A handelt, legt die Verwendung der korrekten Namensform ›Eckhart‹ nahe, die in Redaktion C zu ›Erhart‹ verlesen ist.[8] Die Zugehörigkeit von B21 zur Redaktion A erweisen ferner die Varianten, die der kritischen Edition beigegeben sind.

---

8 Vgl. Schneider, Buch der Vollkommenheit, S. XI.

## Redaktion B:

### *LD[9]: Leipziger Druck des ›Legatus divinae pietatis‹ der Gertrud von Helfta (verwendetes Exemplar: Universitätsbibliothek Leipzig, Off. Lips.: Lo. 54)

Papier · 167 Blatt · 1505 · Melchior Lotter der Ältere für Paul von Weida im Auftrag der Sidonie von Böhmen (fol. 167$^{r}$) · Leipzig

Inhalt: Der Druck mit dem Titel *Das buch der botschafft ader legation gotlicher guttikeit. durch ein sonderliche andechtige selige closteriunckfraue. des closters Helffede etwan bey Eißleben ym lande czu Sachssenn. aus gotlicher eingebunge gemacht* (fol. 1$^{r}$)[10] enthält eine Verdeutschung des ›Legatus divinae pietatis‹ der Gertrud von Helfta, zahlreiche geistliche Prosastücke sowie eine kleine Auswahl aus dem ›Buch der Vollkommenheit‹ (fol. 117$^{v}$–122$^{r}$), darunter ›Meister Eckhart und der nackte Knabe‹ auf fol. 119$^{r}$.

Literatur: SCHNEIDER, Buch der Vollkommenheit, S. LIII; WIELAND, Gertrud von Helfta, S. 9–11

## Redaktion C:

### M30: München, Bayerische Staatsbibliothek, Cgm 172

Pergament · I + 71 Blatt · 208 x 147 mm · 2. Hälfte des 14. Jh.s · Hand des Bruder Engelhart von Ebrach · ostfränkisch · Regensburg, Benediktinerkloster St. Emmeram

Inhalt: fol. 1$^{v}$–71$^{r}$ ›Buch der Vollkommenheit‹ (Redaktion C), darin: fol. 42$^{v}$ ›Meister Eckhart und der nackte Knabe‹

Literatur: SCHNEIDER, Buch der Vollkommenheit, S. XXIX–XXXII; Handschriftencensus: http://www.handschriftencensus.de/9540 [04.01.2019]

### Ka11: Karlsruhe, Badische Landesbibliothek, Cod. St. Georgen 78

Papier · I + 283 Blatt · 210 x 140 mm · 20er–30er Jahre des 15. Jh.s · zusammengebunden aus vier Teilen, die von je einer Hand stammen · nordbairisch · Villingen, Benediktinerkloster St. Georgen

---

9 Die Sigle wurde von mir vergeben, weil der Druck von der Eckhart-Philologie noch nicht berücksichtigt wurde. Um diesen Status zu markieren, ist der Sigle ein Asterisk beigegeben.

10 Eigene Übersetzung: »Das Buch von der Botschaft oder Sendung der göttlichen Güte. Verfasst gemäß göttlicher Eingebung von einer besonders andächtigen seligen Klosterjungfrau aus dem Kloster Helfta in der Nähe von Eisleben in Sachsen.«

Inhalt: fol. 94–166 (Teil II der Handschrift): ›Buch der Vollkommenheit‹ (Redaktion C), darin: fol. 135$^{r}$ ›Meister Eckhart und der nackte Knabe‹; des Weiteren ein mystischer Predigtzyklus (Teil I), Taulerpredigten (Teil III) und eine Vaterunserauslegung (Teil IV)

Literatur: Mayer, Vulgata, S. 238; Schneider, Buch der Vollkommenheit, S. XXXV–XXXVI; Handschriftencensus: http://www.handschriftencensus.de/9542 [04.01.2019]; Predigt im Kontext: http://pik.ku-eichstaett.de/5024/ [04.01.2019]

## Mai2: Augsburg, Universitätsbibliothek, Cod. III.1.4° 32

Papier · 182 Blatt · 215 × 155 mm · letztes Viertel des 15. Jh.s · aus zwei Teilen zusammengebunden: Teil I: fol. 1–89 (drei Hände: 1. Hand: fol. 2$^{r}$–79$^{v}$, 2. Hand: fol. 80$^{r}$–88$^{v}$, 3. Hand: fol. 89$^{v}$), Teil II: fol. 90–182 (zwei wiederholt wechselnde Hände) · ostschwäbisch (beide Teile) · Teil I mit Besitzvermerk der Margret von Lichen aus dem Zisterzienserinnenkloster Kirchheim am Ries

Inhalt: fol. 2$^{r}$–79$^{v}$ ›Buch der Vollkommenheit‹ (Redaktion C), darin: 47$^{r-v}$ ›Meister Eckhart und der nackte Knabe‹; fol. 80$^{r}$–88$^{v}$ Heinrich Seuse: ›Büchlein der Ewigen Weisheit‹; Teil II bietet verschiedene Predigten von Eckhart und Tauler sowie mystische Traktate

Literatur: Löser, Augsburg, S. 191–194; Schneider, Buch der Vollkommenheit, S. XXXVI f.; Handschriftencensus: http://www.handschriftencensus.de/9543 [04.01.2019]; Predigt im Kontext: http://pik.ku-eichstaett.de/17/ [04.01.2019]

## M3: München, Bayerische Staatsbibliothek, Cgm 116

Pergament · II + 149 Blatt · 130 × 94 mm · Anfang des 15. Jh.s · zwei Hände: I: fol. 1$^{r}$–48$^{r}$, II: fol. 48$^{r}$–149$^{r}$ · nordbairisch · Tegernsee, Benediktinerkloster

Inhalt: fol. 1$^{r}$–135$^{v}$: ›Buch der Vollkommenheit‹ (Redaktion C), darin: fol. 71$^{r-v}$ ›Meister Eckhart und der nackte Knabe‹; im Anschluss verschiedene Gebete

Literatur: Löser, Augsburg, S. 43; Schneider, Buch der Vollkommenheit, S. XXXII–XXXIV; Handschriftencensus: http://www.handschriftencensus.de/9541 [04.01.2019]; Predigt im Kontext: http://pik.ku-eichstaett.de/6764/ [04.01.2019]

## M4: München, Bayerische Staatsbibliothek, Cgm 411

Papier · I + 199 Blatt · 210 × 140 mm · 1436 · zwei Hände (zweite Hand nur auf fol. 191$^{rb}$–192$^{va}$ und fol. 194$^{ra}$–197$^{vb}$) · ostschwäbisch

Inhalt: Die Handschrift bietet neben dem ›Buch der Vollkommenheit‹ (Fassung C) (fol. 85$^{ra}$–150$^{va}$, darin: fol. 130$^{ra-rb}$ ›Meister Eckhart und der nackte Knabe‹), Predigten und kurzen katechetischen Texten vor allem geistliche Dialoge: fol. 49$^{ra}$–50$^{va}$ ›Christus als Koch‹; fol. 50$^{vb}$–51$^{vb}$ ›Die geistliche Hausmagd‹; fol. 57$^{vb}$–60$^{ra}$ ›Der Bruder mit den sieben

Säckchen‹; fol. $75^{va}$–$81^{rb}$ ›Die fromme (selige) Müllerin‹; fol. $165^{rb}$–$177^{va}$ ›Christus und die sieben Laden‹; fol. $185^{ra}$–$189^{ra}$ ›Meister Eckharts Wirtschaft‹

Literatur: Löser, Augsburg, S. 96–101; Schneider, Buch der Vollkommenheit, S. XXXVIII f.; Schneider, München 5,3, S. 192–199; Handschriftencensus: http://www.handschriftencensus.de/6130 [04.01.2019]; Predigt im Kontext: http://pik.ku-eichstaett.de/8665/ [04.01.2019]

Die Handschrift wurde im Jahr 1436 vom dreizehnjährigen Hieronymus Müller geschrieben, der 1457 in Augsburg als Lohnschreiber bezeugt ist.

### Ho: Hohenfurt (Böhmen), Stiftsbibliothek, Ms. 15

Papier · 262 Blatt · 15. Jh.

Inhalt: fol. $170^{r}$–$171^{v}$ ›Meister Eckhart und der nackte Knabe‹

Literatur: Kraß, Stabat Mater, S. 176 f.; Pavel, Hohenfurt, S. 233–235; Handschriftencensus: http://www.handschriftencensus.de/3758 [04.01.2019]

### Wo5: Wolfenbüttel, Herzog-August-Bibliothek, Cod. 2.4 Aug. 2°

Pergament und Papier · 253 Blatt · 360 × 265 mm · Ende des 15. Jh.s mit späteren Nachträgen · fünf mehrfach wechselnde Hände · nordbairisch/ostfränkisch · Nürnberg?

Inhalt: Die Handschrift bietet unter anderem Boners Exempelsammlung ›Der Edelstein‹ (fol. $15^{ra}$–$52^{rb}$), Sprüche Freidanks, Mären sowie eine Versbearbeitung ausgewählter Stücke aus dem ›Buch der Vollkommenheit‹ (Redaktion C), außerhalb davon eine Reimpaarversion von ›Meister Eckhart und der nackte Knabe‹ (fol. $208^{rb-va}$)

Literatur: von Heinemann, Wolfenbüttel, S. 68 f.; Euling, Erzählungen, S. V–XVIII; Schneider, Buch der Vollkommenheit, S. LIII; Illustrierte Handschriften 4/1, S. 257–261; Handschriftencensus: http://www.handschriftencensus.de/7024 [04.01.2019]

### W13: Wien, Österreichische Nationalbibliothek, Cod. 2969

Papier · II + 308 Blatt · 207 × 142 mm · 1. Drittel des 15. Jh.s (Teil I) · drei ursprünglich selbstständige Faszikel: I: fol. $1^{r}$–$192^{v}$, II: fol. $193^{r}$–$268^{v}$, III: fol. $269^{r}$–$306^{v}$ · bairisch-österreichisch

Inhalt: fol. $1^{r}$–$192^{v}$ Sammlung erbaulicher und mystischer Kurztexte, u. a. mit Auszügen aus dem ›Buch der Vollkommenheit‹ (Redaktion C), darin: fol. $14^{r}$ ›Meister Eckhart und der nackte Knabe‹; fol. $193^{r}$–$268^{v}$ Pseudo-Albertus-Magnus: ›Paradisus animae‹ (dt.); fol. $269^{r}$–$306^{v}$ Peter Suchenwirt: zwei geistliche Reimreden

Literatur: SCHNEIDER, Buch der Vollkommenheit, S. XLI; Handschriftencensus: http://www.handschriftencensus.de/9545 [04.01.2019]

## Handschriftenrelation

Mit SCHNEIDER lassen sich die beschriebenen Handschriften zunächst in zwei Gruppen einteilen:[11] Die ursprungsnahe und textkritisch insgesamt zu bevorzugende Redaktion A des ›Buches der Vollkommenheit‹ vertreten M44, M14, He3 und der bisher nicht in diesem Kontext bekannte Codex B21, die durch zwei aufeinander aufbauende Umarbeitungen entstandene Redaktion C vertreten M3, M30, Ka11, W13, M4, Mai2 und Wo5[12]. SCHNEIDER weist *LD nun ebenfalls der C-Tradition zu,[13] doch scheinen an diesem Punkt Zweifel angebracht: Der Druck bietet ›Meister Eckhart und der nackte Knabe‹ in einer Textgestalt, die typische A- und typische C-Lesarten vereint. Ihm könnte damit der Status einer Übergangsstufe zukommen, wie SCHNEIDER sie für die Spruchsammlung insgesamt in der Redaktion B vermutet, einer Redaktion, die noch wesentlich näher bei der ursprünglichen Fassung A als bei der Weiterbearbeitung C steht.[14] Es scheint lohnenswert, den textgeschichtlichen Status von *LD über den Kurzdialog hinaus in einem Exkurs zu untersuchen, kann SCHNEIDER doch bisher nur einen einzigen Zeugen für die B-Redaktion, die Handschrift Augsburg, Universitätsbibliothek, Cod. II.1.2° 149 (im Folgenden abgekürzt mit der Eckhartsigle Au3) mit ihren 58 Nummern des ›Buches der Vollkommenheit‹ (ohne ›Meister Eckhart und der nackte Knabe‹), benennen.

Die Unterscheidung von A- und C-Redaktion, von der zunächst ausgegangen werden soll, beruht in Bezug auf ›Meister Eckhart und der nackte Knabe‹ auf folgenden Varianten (A ist nach M44, C nach M30 zitiert):

Z. 1: *Meister Eckarten* A] *Meister Erharten* C
Z. 3: *do er alle creature liez* A] *da ich alle creature liezze* C
Z. 6: *mit im gekúrtzwilet* A] *het mit im da ein kůrtzwile* C

---

11 Vgl. SCHNEIDER, Buch der Vollkommenheit, S. X f.

12 Bei der Zuordnung der Handschrift Wo5 zur Redaktion C folge ich SCHNEIDER (DIES., Buch der Vollkommenheit, S. LIII). Aus dem Text von ›Meister Eckhart und der nackte Knabe‹, der hier in einer Reimpaarfassung vorliegt, geht diese Zugehörigkeit allerdings nicht sicher hervor. Die Verwendung der korrekten Namensform ›Eckhart‹ lässt sogar eher an Redaktion A denken, doch könnte hier auch korrigiert worden sein. Die übrigen zur Unterscheidung der Hauptredaktionen dienenden Lesarten sind nach metrisch bedingten Umformulierungen wertlos geworden oder ganz verschwunden.

13 SCHNEIDER, Buch der Vollkommenheit, S. LIII.

14 SCHNEIDER, Buch der Vollkommenheit., S. XXVII.

*LD widersetzt sich einer glatten Einordnung in diese Redaktionen, indem er in Z. 1 mit C die Namensform ›Erhart‹ bietet, in Z. 3 und 6 jedoch die Lesart von A. Hinzu kommen zahlreiche individuelle Varianten, zum größten Teil Ergänzungen von *inquit*-Formeln und ein umgestalteter Einleitungssatz, die aber für die textgeschichtliche Untersuchung nicht von Belang sind. Dass hier eine subtile Kompilation der beiden Redaktionen vorliegt, scheint gerade angesichts der Kürze des Textes ebenso unwahrscheinlich wie eine rein zufällig zustandegekommene Mischform. Es liegt die Annahme nahe, einen Vertreter der Übergangsredaktion B vor sich zu haben.

---

Exkurs: *LD als Vertreter der B-Redaktion des ›Buches der Vollkommenheit‹

*LD kann dann der Übergangsredaktion B zugerechnet werden, wenn sich wie für ›Meister Eckhart und der nackte Knabe‹ auch für andere Stücke aus dem ›Buch der Vollkommenheit‹ – *LD überliefert davon in dieser Reihenfolge die Nummern 25, 33, 121, 144, 236, 240, 241, 69 – eine Mischung aus A- und C-Lesarten feststellen lässt. Ein gesonderter Vergleich mit der bisher einzigen B-Handschrift Au3 ist nur im Fall einiger weniger Sprüche möglich (Nr. 25, 33 und 69) und wird in den seltensten Fällen zu B-typischen Lesarten führen, da B entweder mit A übereinstimmt oder die durch B vorgenommenen Änderungen von C übernommen wurden. Es ergibt sich folgender Befund:

| | |
|---|---|
| Nr. 25, Z. 2: | *mit gedenken rûfen* A] *mit den gedancken geruffen mogen* *LD, Au3, C |
| Nr. 33, Z. 8: | *la daz liden biten* A, *LD, Au3] *la daz liden besten auf dir* C |
| Nr. 33, Z. 8: | *me* A, *LD, Au3] *mer lones* C |
| Nr. 121, Z. 5: | *daz du got wirdest gelich* (*wirdest gelich*] *gleich wirst* *LD) A, *LD] *daz er got wirt* C |
| Nr. 121, Z. 7: | *bihte* A, *LD] *schulde* C |
| Nr. 240, Z. 6: | *Wie bistú denne gen dem* A] *wy bistu den mit dem menschen* *LD, C |
| Nr. 241, Z. 14: | *frunt werden* A] *freunde wollen seyn* *LD, C |
| Nr. 241, Z. 18: | *an ende* A] *ewiglich* *LD, C |
| Nr. 69, Z. 2: | *inwendig* A, Au3] *wen inwendig* *LD, C |
| Nr. 69, Z. 11: | *es* A, *LD, Au3] *die gnade* C |

Die ausgewählten Beispiele zeigen, dass *LD textgeschichtlich zwischen den Redaktionen A und C des ›Buches der Vollkommenheit‹ einzuordnen ist und damit als zweiter Repräsentant der Redaktion B neben Au3 tritt. Für ›Meister Eckhart und der nackte Knabe‹ ist damit von einem zweistufigen Entwicklungsmodell auszugehen, demzufolge die Veränderung des Namens *Eckhart* zu

*Erhart* auf den B-Redaktor zurückgeht,[15] die beiden anderen der oben genannten Varianten auf den C-Redaktor.

---

Die Varianten in den Zeilen 1 und 6 zeigen, dass Redaktion A die bessere Textqualität bietet: Dass *Erharten* der ursprüngliche Name des Meisters im Dialog sein könnte, ist wenig wahrscheinlich und erweist sich dadurch als Fehler oder bewusste Änderung, dass auch die Eckhart-Sprüche 17 und 18 (in der Spruchsammlung die Nummern 35 und 37) ebenfalls diese Namensform bieten. In Z. 6 hat sich der C-Redaktor wahrscheinlich gegen die wenig geläufige Verbform *kurtzwilen* entschieden und sie durch eine Formulierung mit dem entsprechenden Substantiv ersetzt.

Schwieriger liegt der Fall in Zeile 3: Mit *er*, der Lesart der Redaktionen A und B, ist dort Gott gemeint und so ergibt sich eine theologisch nur schwer nachvollziehbare Aussage: Muss etwa Gott die Kreaturen hinter sich lassen – wo er doch ohnehin jenseits aller Bestimmungen des Geschaffenen steht –, damit man ihn finden kann? Wenn man A und B hier nicht den Rang einer besonders aparten *lectio difficilior* einräumen möchte, so wird man dieses *er* als gedanklichen Fehler bewerten, der dann vom C-Redaktor ausgeräumt wurde.

Ein vergleichender Blick auf den Dialog ›Der arme Mensch III‹, der als Kompilation einer frühen Fassung des ›Armen Menschen‹ und dem hier zu diskutierenden Stück entstanden ist (vgl. die Edition S. 279–281), eröffnet Spielräume für Spekulationen: Die Namensform im ›Armen Menschen III‹ ist die der Redaktion A, das fragliche Pronomen das der Redaktion C. So, wie ›Meister Eckhart und der nackte Knabe‹ in den Dialog ›Der arme Mensch III‹ eingegangen ist, ist das Stück in keiner der drei Redaktionen überliefert. Gab es weitere Zwischenstufen oder korrigierte Textformen? Oder besserte der für die Kompilation verantwortliche Redaktor seine Vorlage selbst? In dieser Frage wird keine Klarheit mehr zu gewinnen sein.

Eine weitergehende Differenzierung der Überlieferung über die Unterscheidung der drei Hauptredaktionen hinaus ist bei der Kürze des Textes nur in Ansätzen möglich und hat zudem die Filiationsverhältnisse des ›Buches der Vollkommenheit‹ zu berücksichtigen. Innerhalb der Redaktion A nimmt Schneider für die Handschriften M44 und He3 eine gemeinsame Vorlage an, während die um einiges jüngere Handschrift M14 ihrer Meinung nach auf eine andere, dem A-Archetyp noch näher stehende Vorlage zurückgeht.[16] Für diese Unterscheidung lassen sich aus der schmalen Textbasis von ›Meister Eckhart

---

15 Auch Au3 liest *Erhart* statt *Eckhart* (Schneider, Buch der Vollkommenheit, Nr. 35, Z. 1 und Nr. 37, Z. 1).

16 Schneider, Buch der Vollkommenheit, S. XXII–XXIV.

und dem nackten Knaben‹ einige unterstützende Beispiele beibringen, die zudem eine Verwandtschaft von B21 mit M14 nahelegen:

Z. 1: *Meister Eckarten bekam ein schoner nackender bůbe* M44, He3] *Mayster Eckart bechom ainen nackenden bůben* M14, B21
Z. 2: *In tugenthaften hertzen* M44, He3] *in tugentlichem herczen* M14, B21
Z. 5–6: *waz es got selber* M44, He3] *was er got selber* M14, B21

Redaktion C spaltet sich nach Schneider in einen Überlieferungszweig mit den Handschriften M30, Ka11 und Mai2 und in einen anderen mit den Handschriften M3 und M4.[17] Diese Unterscheidung zeigt sich an ›Meister Eckhart und der nackte Knabe‹ allein an dem Faktum, dass die erste Gruppe in der für sie typischen Manier eine Überschrift zu dem Stück bietet, die andere nicht.[18]

Auf eine Zusammenfassung der Filiationsverhältnisse in einem Stemma wird hier aufgrund der Einbindung des Dialogs in den größeren Zusammenhang der Spruchsammlung und der allzu schmalen Textbasis verzichtet.

Als Leithandschrift für die Edition empfiehlt sich die Handschrift M44, die kaum individuelle Lesarten aufweist. Der vermutliche Fehler der A-Redaktion in Z. 3 ist nach B gebessert. Im Apparat werden sämtliche Varianten der weiteren Überlieferung mit Ausnahme der Handschrift Wo5 geboten, deren Reimpaarfassung der Edition separat beigegeben ist. Zu den Editionsrichtlinien vgl. S. 78–80.

17 Schneider, Buch der Vollkommenheit, S. LV–LVII.
18 Die Überschriften in W13 und *LD sind eigenständige Zutaten dieser Textzeugen und tragen zu den Filiationsverhältnissen nichts bei.

## Edition: ›Meister Eckhart und der nackte Knabe‹

Leithandschrift: M44

[54$^{r}$] Meister Eckarten bekam ein schoner nackender bůbe. Do fraget er in, wannan er koͤme. Er sprach: »Ich kum von gote.« »Wo liesse dú in?« »In tugenthaften hertzen.« »War wiltu?« »Zů got.« »Wo vindestu in?« »Do *ich* alle creature liez.« »Wer bistu?« »Ein kunig.« »Wo ist din kunigrich?« »In minem hertzen.« »Huͤte, daz es ieman mit dir besitze.« »Ich tůn.« Do fůrt er in in sin celle. »Nim, welhen rog dú wilt.« »So were ich nit ein kunig« und verswant. Do waz es got selber gewesen und het got mit im gekúrtzwilet.

---

*Überschrift:* wie unser herre in eines schoͤnen (*fehlt Mai2*) nakenden puben wise meister erharten erschein und (*fehlt Mai2*) in aller siner frage gar beschiede *M30, Ka11, Mai2;* nu merkch von ainem nakten kindlein ein gut peyspil *W13;* von bruder Erhart ist das **LD* **1** Meister ... bůbe] Unßer herre kom enys mols czu meister Erhart in der weiße als eyn schoner nackender jungeling **LD* Eckarten] erharten *M30, M3, Ka11, W13, M4, Mai2* bekam] zu choͤm *W12* ein schoner nackender bůbe] ainen nackenden bůben (!) *M14, B21;* ain schoner pueb *Ka11;* ein schoͤns nakchtes chindlein *W13* er in] yn meister Erhart **LD* in] es *W13* wannan] von wann *W13, Mai2* er$^{2}$] es *W13* er koͤme] komestu **2** Er] es *W13* gote] gote do sprach meister Erhart **LD* liesse dú in] hastu den got gelaßen **LD* In] es antbůrt im und sprach ich liess in in *W13;* er sprach in **LD* tugenthaften] tůgenthaftem *He3;* tugentlichem *M14, B21;* tugent haft du (!) *M4;* allen tugenthafftigen **LD* wiltu] wild du hin *W13;* **LD* **3** Zů] es sprach zuͤ Wo$^{1}$] er sprach wo *W13* Do] es antburt im und sprach *W13* ich *M30, M3, Ka11, W13, M4, Mai2*] er *M44, M14, He3, B21, *LD* Ein] es sprach ich pin ein *W13* **4** minem] deynem **LD* Huͤte] er sprach huͤt dich *W13;* nu hutt dich **LD* es *fehlt* **LD* ieman] niemant *B21, Ka11* mit dir *fehlt Ka11* Ich tůn] es antbůrt ich enrůch *W13;* er sprach ich thu es **LD* fůrt] ruffet *M3* **5** in$^{1}$] es *W13* in in] in *He3* celle] cellen und sprach *M30, M3, Ka11, M4, Mai2, *LD* Nim] nym dir do **LD* So] es antbůrt im so *W13;* do sprach der herre **LD* **5–6** und verswant ... gekúrtzwilet] do mit vorswandt der herre und hett mit ym alßo gekurczweilt **LD* **5** Do] daz *He3* **5–6** Do waz es got selber] wenn es got selber was *W13* **6** es] er *M14, B21* gewesen *fehlt He3, M14, M30, M3, Ka11, W13, M4, Mai2* got *fehlt He3, M14, B21, M30, M3, Ka11, W13, M4, Mai2* mit im] da mit im *He3, M14, B21;* mit im da *M30, M3, Ka11, M4, Mai2* gekúrtzwilet] kůrczewilt (!) *He3;* ein kůrtzwile *M30, M3, Ka11, M4, Mai2;* ein churczweil gehabt *W13, M4*

## Transkription der Reimpaarfassung der Wolfenbüttler Priamelhandschrift Wo5:

[26$^{rb}$] Wie meister Eckhart kam ein schoner nackender pub
Meyster Eckhart, dem kam wachet
ein schoner nackender pub, der lachet.
Eckhart sprach: »Wan kumstu so spot?«
Der knab sprach: »Ich kum von got.«
»Wie liestu got an allen scherczen?«
Der pub sprach: »In allen reinen herczen.
Do wil ich ycz zu got wider hin.«
Eckhart sprach: »Wo finstu in?«
»Pey allen creaturen.« Eckhart: »Wistu,
so sag mir hie, mein knab, wer pistu?«
»Ich pin ein kunigk, das sag ich dir.«
»Wo ist dein kunigreich, sag du mir.«
[26$^{va}$] Der knab sprach: »In dem herczen mein.«
»Mags ymant mit dir besiczen sein?«
Er sprach: »Ich entu mit gutem gemach.«
Er furt in in sein zell und sprach:
»Nym welches cleid und cleid dich mit.«
Er sprach: »So wer ich kein kunick nit.«
Do mit verswant er in kurczer eil.
Got het Eckhart gemacht ein kurczweil.

## Übersetzung: ›Meister Eckhart und der nackte Knabe‹

Ein schöner nackter Knabe kam zu Meister Eckhart. Da fragte ihn Eckhart, woher er komme. Der Knabe antwortete: »Ich komme von Gott.«
»Wo hast du ihn gelassen?« – »In tugendhaften Herzen.«
»Wohin willst du?« – »Zu Gott.«
»Wo findest du ihn?« – »Dort, wo ich alle Geschöpfe gelassen habe.«
»Wer bist du?« – »Ein König.«
»Wo ist dein Königreich?« – »In meinem Herzen.«
»Hüte dich davor, es mit jemandem zu teilen.« – »Das werde ich.«
Dann führte Eckhart den Knaben in seine Zelle und sagte: »Nimm dir ein Kleidungsstück, das dir gefällt.« »Dann wäre ich kein König mehr«, sagte der Knabe und verschwand. Der Knabe aber war Gott selbst und so hatte Gott mit Meister Eckhart ein erfüllendes Gespräch geführt.

## *4.2 Untersuchungen zum Text*

»Eine mystische Erzählung voll anmutigen Ernstes«[19] nennt Irmgard Traunbauer den Kurzdialog ›Meister Eckhart und der nackte Knabe‹ und beschreibt das dort inszenierte Zusammentreffen von Gott und Mensch als »heiliges Spiel und spielender Ernst«[20]. Es sei dahingestellt, ob solche kunstvoll-pathetischen Formeln auf dieses Stück tatsächlich zutreffen, aber spielerische, vielleicht gar ironische Elemente sind dem Text, wie zu zeigen sein wird, durchaus zu eigen.

Den ersten Schritt der nachfolgenden Untersuchung bildet eine inhaltliche Analyse, wobei diesmal weniger die verhandelten Themen selbst als vielmehr die Rollengestaltung und das Spiel mit ihr Beachtung verdienen. Zum Zweiten ist ein Blick auf die Mitüberlieferung des Dialogs geboten, die sich – in deutlichem Gegensatz zu den anderen hier besprochenen mystischen Kurzdialogen – nicht in *mouvance*, sondern in bemerkenswerter Festigkeit zeigt. Drittens schließlich bedient sich ›Meister Eckhart und der nackte Knabe‹ an Erzählformen und literarischen Motiven seiner Zeit, deren Untersuchung und kontrastive Gegenüberstellung das ihrige zum Verständnis des Textes beitragen werden. Auf dieser Basis können dann auch literarhistorische Fragen nach Entstehungszeit und -umfeld erörtert werden.

### Textanalyse

›Meister Eckhart und der nackte Knabe‹ führt den Leser ins Kloster – zu erschließen ist diese Situierung aus der Erwähnung der *celle* (Z. 5) – und lässt ihn dort an einem stichischen Wortwechsel zwischen Meister Eckhart und einem nackten Knaben teilhaben. Dabei bleibt sowohl für den Dominikaner wie auch für den Leser die wahre Identität dieses Knaben bis zum Schluss im Dunkeln: Zwar dürften schon allein sein unerwartetes Erscheinen und noch mehr seine wenig knabenhaften Worte das Außergewöhnliche dieser Begegnung signalisiert haben, aber dass es sich bei dem Besucher um Gott selbst handelt,[21] gibt erst der letzte Satz – und zwar nur dem Leser – bekannt.

---

19 Traunbauer, Beiträge zum mystisch-aszetischen Schrifttum, S. 339.

20 Traunbauer, Beiträge zum mystisch-aszetischen Schrifttum, S. 348. Die zitierten Stellen mögen einen ersten Eindruck von dem Enthusiasmus geben, der Traunbauers umfangreiche Interpretation (vgl. ebd., S. 336–355) zu ›Meister Eckhart und der nackte Knabe‹ durchzieht. Ihre Gedanken zeugen von großer Begeisterung für das Stück, sind aber oftmals assoziativer Natur und lassen sich nur schwer am Text belegen, wie ihre Erklärung des Dialogs auf Basis der Trinitätslehre des nicäno-konstantinopolitanischen Glaubensbekenntnisses (vgl. S. 148, Anm. 21).

21 Traunbauer erwägt, ob der Besucher, der von Gott ausgeht und zu Gott zurückkehrt, nicht vielleicht auch der Gottessohn sein könnte: »Trinitätsmystik klingt auf, Geheimnis der zweiten göttlichen Person, ›lumen de lumine, Deum verum de Deo vero, geni-

In stilistischer Hinsicht fällt das Stück durch eine Gesprächskonstruktion auf, die mehr artifiziellen als psychologischen Gesetzen verpflichtet scheint: Die erste Frage Meister Eckharts an den Knaben – *wannan er kôme* (Z. 1) – ist zwar nur allzu verständlich, doch die im Grunde staunenswerte Antwort *Ich kum von gote* (Z. 2) zeitigt wie alle folgenden keinerlei Kommentar oder emotionale Reaktion. Vielmehr ist sie nur die notwendige Voraussetzung für die nachfolgende Frage und so reihen sich Fragen und Antworten wie Glieder einer Kette aneinander, von denen jedes aus dem vorausgegangenen erwächst und seinerseits das nächste nach sich zieht.[22]

Diese Frage-Antwort-Sequenz endet in Z. 4 mit der Antwort *In minem hertzen* und hat bis dahin gängige Motive frömmigkeitsbildender Literatur aufgerufen: Die neuplatonische, in der volkssprachlichen Mystik breit rezipierte Vorstellung vom Ausgang aus der Gottheit und der Rückkehr zu ihr, die Bedeutung der *tugenthaften hertzen* (Z. 2), das Königreich im Innern und das Lassen aller Kreaturen. Dem letzten dieser Gedanken dürfte dabei die Schlüsselrolle zukommen, ist doch die Abkehr von allem Äußeren sowohl die Voraussetzung für die Rückkehr zu Gott wie auch für die Herrschaft im inneren Reich der Seele. Die Nacktheit des Knaben ist in diesem Zusammenhang nicht nur Element üblicher Christkinderscheinungen,[23] sondern weist symbolisch über sich hinaus und auf die – in eckhartischem Sinn gesprochen – ›Gelassenheit‹ des Kindes hin.[24] So gesehen überrascht es nicht, dass das Angebot eines Kleidungsstücks[25] ausgeschlagen wird, würde es doch den Rückfall in die Äußerlichkeit der geschaffenen Dinge und damit das Ende des inneren Königreichs bedeuten. Gleichzeitig zeigt sich hier eine Parallele zu bestimmten Predigten Meister Eckharts, in denen das Einkleiden der nackten Gottheit als Metapher für eine vom Menschen bewirkte unfreiwillige Entfernung von Gott begegnet:

---

tum, non factum, consubstantialem Patri: per quem omnia facta sunt‹« (der in einfache Anführungszeichen gesetzte Text ist das von Traunbauer zitierte nicäno-konstantinopolitanische Glaubensbekenntnis). Für solche Spekulationen scheint das Glaubensbekenntnis ein wenig geeigneter Bezugstext zu sein, näher läge etwa die Christologie des Johannesevangeliums mit ihrem Schema vom Ausgang des Logos vom und seiner Rückkehr zum Vater (vgl. etwa Io 1,1–5 und 13,1). Zu warnen ist aber davor, das Stück zu sehr in dogmatische Zusammenhänge zu rücken und dabei seine spielerischen Elemente, die Maskerade Gottes, zu übersehen.

22 Eine vergleichbare Gesprächskonstruktion findet sich etwa im ›Vader-Discipel-Dialog‹, S. 331, Z. 10–16, wo jede Frage aus dem Schlüsselbegriff der vorausgegangenen Antwort hervorgeht.

23 Zur literarischen Tradition von Jesus- oder Gotteserscheinungen in Knabengestalt vgl. S. 154–158.

24 Ähnlich schon Schulze-Maizier in seinem Kommentar zu dem Stück, »das mit der Figur des jeden Rock verschmähenden nackten Buben die ›Bloßheit‹ des göttlichen Wesens versinnbildlichen will« (ders., Mystische Dichtung, S. 372).

25 Unter *rog* (Z. 5) ist in diesem Kontext »eine kleidung (oberkleid) für männer wie für frauen« (BMZ, Bd. 2, Sp. 757a) zu verstehen.

*Wan wærlîche, swer gotes mê wænet bekomen in innerkeit, in andâht, in süezicheit und in sunderlicher zuovüegunge dan bî dem viure oder in dem stalle, sô tuost dû niht anders dan ob dû got næmest und wündest im einen mantel umbe daz houbet und stiezest in under einen bank.*[26] Das Kleidungsstück steht in dieser Bildlichkeit für den Versuch des Menschen, sich absichtlich und unter Anwendung bestimmter Techniken Gott zu nähern. Während eine solche Herangehensweise scheitern muss, führt der Verzicht auf alles Methodische zur Begegnung mit Gottes unverstelltem Wesen, mit dem ›nackten‹ Gott also: *diz selbe lieht nimet got sunder mittel und sunder decke und blôz, als er in im selben ist.*[27] Setzt man diese Ansichten des historischen Eckhart wiederum zum Kurzdialog in Bezug, so erscheint der literarische Eckhart als einer, der in guter Absicht und in einer Haltung der liebevollen personalen Zuwendung Gott begegnet[28] und genau deshalb sein Ziel verfehlen muss.

Alles in allem setzt ›Meister Eckhart und der nackte Knabe‹ also Grundthemen eckhartischen, aber darüber hinaus auch allgemein mystischen Denkens ins Bild und bedient sich dazu einer Metaphorik, die man ebenfalls von Eckhart vorgeprägt sehen kann.

Der Reiz des Dialogs liegt aber nicht nur in seinen Inhalten, sondern auch in der Art und Weise, wie die Dialogpartner durch ihr Tun und Reden charakterisiert sind und wie sie miteinander agieren. Möglicherweise deutet sich hier ein

26 Pr. 5b, DW I, S. 91,3–6; Übersetzung S. 450: »Denn wahrlich, wenn einer wähnt, in Innerlichkeit, Andacht, süßer Verzückheit und in besonderer Begnadung Gottes mehr zu bekommen als beim Herdfeuer oder im Stalle, so tust du nicht anders, als ob du Gott nähmest, wändest ihm einen Mantel um das Haupt und schöbest ihn unter eine Bank.« Vgl. dazu auch das folgende Zitat aus Pr. 9, das die intellekttheoretische Dimension der Kleidungsmetapher deutlich macht: *Ich spriche aber, daz vernünfticheit edeler ist dan wille. Wille nimet got under dem kleide der güete. Vernünfticheit nimet got blôz, als er entkleidet ist von güete und von wesene. Güete ist ein kleit, dâ got under verborgen ist, und wille nimet got under dem kleide der güete.* [...] *Der einen künic kleiden wolte an dem tage, als man in ze künige machete, und kleidete in in grâwiu kleit, der enhæte in niht wol gekleidet* (Pr. 9, DW I, S. 153,3–9; Übersetzung S. 464: »Ich aber sage, dass die Vernunft edler ist als der Wille. Der Wille nimmt Gott unter dem Kleide der Gutheit. Die Vernunft nimmt Gott bloß, wie er entkleidet ist von Gutheit und von Sein. Gutheit ist ein Kleid, darunter Gott verborgen ist, und der Wille nimmt Gott unter diesem Kleide der Gutheit. [...] Wer einen König kleiden wollte am Tage, da man ihn zum König machte, und kleidete ihn in graue Kleider, der hätte ihn nicht wohl gekleidet.«

27 Pr. 48, DW II, S. 418,3 f.; Übersetzung S. 713: »dieses selbe Licht nimmt Gott unmittelbar und unbedeckt und entblößt auf, so wie er in sich selbst ist.«

28 Während der historische Eckhart die Vorstellung des Einkleidens in negativem Sinn gebraucht, genießt das ganz konkret gemeinte Bekleiden eines Nackten als eines der Sieben Werke der Barmherzigkeit in biblischer Tradition einen hohen Stellenwert. So sagt der König in Jesu Gleichnis vom Weltgericht zu den Geretteten zu seiner Rechten: *nudus et operuistis me* (Mt 25,36; Übersetzung: »Ich bin nackt gewesen und ihr habt mich gekleidet.«).

humorvoller und – unabsichtlich? – ironischer Umgang mit der Figur Eckharts an, wie er sonst kaum zu finden ist.

Zunächst aber zur Darstellung Gottes: Auch wenn seine Worte vielleicht nicht die eines Kindes sind, eine kindliche Neigung zum Spiel darf man dem Gott-Knaben doch unterstellen. Mit seiner äußeren Gestalt führt er sein Gegenüber ebenso in die Irre wie mit seiner Behauptung, *von gote* (Z. 2) zu kommen und *zů got* (Z. 3) zu gehen – beides muss von seiner wahren Identität ablenken. Er versetzt Eckhart mit seinem Auftritt in den Glauben, einen Fürsorger und Ratgeber zu brauchen, wo er doch insgeheim selbst der Überlegene ist, und so könnte man denn auch meinen, dass er den Dominikaner gar auf die Probe stellen möchte.[29] Wenn dem so ist, besteht Eckhart diese Probe mehr schlecht als recht: Er rät dem Knaben, sein inneres Königreich für sich zu behalten, was im Kontext des Stücks und der Lehre des historischen Meisters wohl als eine Warnung vor den Dingen der Welt zu verstehen ist. Doch schon im nächsten Moment bietet er dem Knaben gerade ein solches verbotenes Weltding, ein Kleidungsstück, an, damit er seine Blöße bedecken kann. Eine Wendung mit ironischer Qualität: Der Meister verstößt gegen seine eigene, gerade erst vorgetragene Lehre und erkennt nicht, dass er mit seinem gutgemeinten Geschenk die in der Nacktheit angezeigte Innerlichkeit des Knaben zerstören würde.

Aus eben diesem Grund lehnt Gott das Angebot auch ab und beendet unmittelbar darauf das Gespräch durch sein Verschwinden. Trotz dieses abrupten, vielleicht auch ein wenig unglücklichen Endes scheint er das Zusammensein mit dem gelehrten Dominikaner aber als positiv empfunden zu haben: Gott hat, wie der Erzähler im letzten Satz erklärt, *mit im gekúrtzwilet* (Z. 6). Wie ist das zu verstehen? Hat Gott sich durch ein erbauliches Zusammensein mit Meister Eckhart genüsslich die Zeit vertrieben, wie es das Verb im Kontext höfischer Literatur besagen würde?[30] Eine dem historischen Verständnis angemessene Deutung dieser Stelle scheint mir allein aus dem vorliegenden Text nicht sicher ableitbar. Aufschlussreiche Parallelen bieten bestimmte Erzählungen in den ›Schwesternbüchern‹, die an späterer Stelle zu besprechen sein werden (vgl. S. 157 f.), und so sei im Vorgriff nur so viel gesagt: Das gemeinsame Gespräch wird als eine erfüllte, freudvolle Zeit gewertet.

Am Schluss der Textanalyse bleibt zu fragen, ob das, was einem modernen Leser hier als augenzwinkernd, humorvoll oder ironisch erscheinen mag, auf ein historisches Publikum gerade bei dem immer unterstellten religiösen Eifer des

29 Zu weiteren Kurztexten, in denen ein Mensch von Gott auf die Probe gestellt wird, vgl. die literarische Kontextualisierung von ›Meister Eckhart und der nackte Knabe‹ auf S. 158–160.

30 Das Verb *kurzwîlen* wird in den Wörterbüchern übersetzt als »sich die lange zeit verkürzen, eine kurzweil machen, lustwandeln, unterhalten« (HWB, Bd 1, Sp. 1800) oder »mache mir ein vergnügen, unterhalte mich« (BMZ, Bd. 4, Sp. 671a).

Spätmittelalters auch so wirken konnte. Dazu ist zum einen grundsätzlich zu bemerken, dass das Lachen in der christlichen Literatur des Mittelalters, sei es im geistlichen Spiel oder sogar in der Legende, durchaus seinen Platz hatte und dass man sich auch im Bereich der Mystik nicht zu gut für das »erbauliche Vergnügen an Kontrafakten war«[31]. Zum anderen bietet die Reimpaarfassung der Handschrift W05, eine spätere Bearbeitung des ursprünglich in Prosa abgefassten Dialogs, einen in dieser Hinsicht aufschlussreich umgeformten Textanfang: *Meyster Eckhart, dem kam wachet / ein schoner nackender pub, der lachet* (vgl. S. 147). Der Redaktor lässt den Gott-Knaben lachen – ein Zusatz, der, wenn er nicht einfach Reimzwängen geschuldet ist, das kindlich-spielerische Element des Gesprächs betont und anzeigen könnte, dass auch ein historischer Rezipient in diesem Text mehr sehen konnte als »eine mystische Erzählung voll anmutigen Ernstes«[32].

## ›Meister Eckhart und der nackte Knabe‹ im Kontext des ›Buches der Vollkommenheit‹

›Meister Eckhart und der nackte Knabe‹ ist im Unterschied zu den anderen hier behandelten Dialogen in einen geschlossenen Überlieferungsverbund geistlicher Texte integriert: Es handelt sich um die Spruchsammlung ›Das Buch der Vollkommenheit‹, das Werk eines unbekannten Kompilators oder auch mehrerer unbekannter Kompilatoren.[33] Etwa 250 Einzelstücke aus unterschiedlichsten Quellen sind hier zu einem vielgestaltigen geistlichen Potpourri verbunden, in dessen Anlage sich zwar thematisch abgrenzbare Blöcke, aber kein übergeordnetes Aufbauprinzip ausmachen lassen.[34] Seit diese Spruchsammlung um die Mitte des 14. Jahrhunderts erstmals handschriftlich nachweisbar ist, gehört ›Meister Eckhart und der nackte Knabe‹ als fester Bestandteil zu ihr. Mit seiner

---

31 Wehrli, Literatur im Deutschen Mittelalter, S. 283, mit Bezug auf möglicherweise in Frauenklöstern entstandene mystische Fastnachts-, Bade-, Trink- und Tagelieder. Zur Komik in christlicher Literatur vgl. ebd., S. 163–181, und ders., Christliches Lachen, S. 17–31.

32 Vgl. S. 148, Anm. 19.

33 Vgl. dazu Honemann, Engelhart von Ebrach, Sp. 555 f., sowie die Edition der vollständigen Sammlung durch Schneider, Buch der Vollkommenheit. In der Einleitung fasst Schneider den gegenwärtigen Kenntnisstand über die Spruchsammlung zusammen und weist endgültig die Annahme zurück, der Laienbruder Engelhart aus dem fränkischen Zisterzienserkloster Ebrach sei ihr Autor oder besser Kompilator gewesen: Von ihm stammt nur »eine sekundäre Bearbeitung der Spruchsammlung, von der eine ursprünglichere Fassung in älterer Überlieferung existiert« (ebd., S. X). Gunhild Roth ergänzt in ihrer Rezension zu Schneider, »dass in der Zisterze Ebrach bei Würzburg kein für diesen Zeitraum ›passender‹ Engelhart nachweisbar ist« (dies., Rezension zu Schneider, S. 265).

34 Roth, Rezension zu Schneider, S. 268.

prägnanten Kürze und seinem mystisch-aszetischen Gehalt fügt sich der Dialog harmonisch in das Gesamtbild der Sammlung ein.

Nach der Zählung SCHNEIDERS (an die sich die nachfolgenden Ausführungen generell halten) ist ›Meister Eckhart und der nackte Knabe‹ der 144. Spruch der Sammlung und eröffnet an dieser Position einen möglicherweise später angeschlossenen zweiten Teil.[35] Die Grenze zwischen den beiden Teilsammlungen ist aber denkbar schwach gezogen und spielt in der Überlieferung kaum eine Rolle: Allein die Handschrift M44, einer der ältesten Textzeugen und die von SCHNEIDER für ihre Edition gewählte Leithandschrift, liest zwischen den Nummern 143 und 144 in roter Schrift *Hie endet sich daz bůch der vollekumenheit*[36]. Dass diese Trennung schon sehr früh in der Überlieferung des ›Buches der Vollkommenheit‹ aufgegeben wurde – weder findet sich die Schlussschrift ein zweites Mal noch kennen wir eine eigenständige Überlieferung einer der beiden Hälften – mag nicht zuletzt an einer inhaltlich sehr homogenen Übergangszone liegen: Unter den letzten Stücken der ersten Teilsammlung finden sich verteilt auf die Nummern 139 und 142 mehrere kurze anonyme Zitate aus der Eckhartpredigt 5b (DW I), die vom Lassen alles Kreatürlichen handeln. Zwei weitere Sprüche betreffen die Geburt des Wortes in der Seele und die Gelassenheit als Bedingung einer Einheit mit Gott (Nr. 140 und 141). Inhaltlich nahtlos und bestenfalls durch seine dialogische Form unterschieden schließt daran ›Meister Eckhart und der nackte Knabe‹ als erstes Stück der zweiten Teilsammlung an, gefolgt von einem Eckhart namentlich zugeschriebenen Spruch (Nr. 145, entspricht Spr. Pf. 19). Es ergibt sich so über den entstehungsgeschichtlichen Einschnitt hinweg ein enger thematischer und, wenn man die anonymen Zitate aus der Predigt 5b damals noch mit Eckhart assoziieren konnte, auch personeller Zusammenhang in dieser Übergangszone, der jede Grenzziehung unverständlich und überflüssig erscheinen lassen musste. Für die Redaktionsgeschichte des ›Buches der Vollkommenheit‹ darf man folgern, dass die für die Erweiterung Verantwortlichen bemüht waren, trotz neuer Quellen und Themen ihre Zusätze sinnvoll an den bereits vorhandenen Grundstock anzubinden, und dass ihnen dies offensichtlich auch gelang.

Diese hier skizzierte engere Textgemeinschaft um ›Meister Eckhart und der nackte Knabe‹, ist, das verdient bei der durch Umstellungen und Auslassungen einzelner Nummern gekennzeichneten Überlieferungssituation des ›Buches der Vollkommenheit‹ eine Bemerkung, in acht von elf bekannten Handschriften des Dialogs genau in der beschriebenen Reihenfolge gegeben.[37] Eine Lek-

---

35 Zu den zwei Teilen der Sammlung vgl. SCHNEIDER, Buch der Vollkommenheit, S. X.

36 Ebd., S. 64, Nr. 143, Z. 3; eigene Übersetzung: »Hier endet das Buch der Vollkommenheit.«

37 Eine Ausnahme bilden die Handschriften M14, W05, Ho sowie der Leipziger Lotterdruck: In der Handschrift M14 gehen ›Meister Eckhart und der nackte Knabe‹ die Nummern 123 und 124 des ›Buches der Vollkommenheit‹ voraus, beide mit unspezifisch

türe des Stücks in diesem Kontext dürfte die Aufmerksamkeit des Rezipienten weniger auf die ironischen und spielerischen, als vielmehr auf gewisse inhaltliche Aspekte des Dialogs gelenkt haben: Der Leser begegnet dem zentralen Gedanken von ›Meister Eckhart und der nackte Knabe‹, dem Lassen der äußerlichen, kreatürlichen Welt, bereits in den unmittelbar vorausgehenden Kurztexten und ist dadurch für die Aussagen des Dialogs sensibilisiert.

## ›Meister Eckhart und der nackte Knabe‹ in seiner literarischen Tradition

Nicht unmittelbar greifbar, aber ebenso bedeutsam wie die überlieferungsgeschichtlichen Zusammenhänge des Dialogs sind die literar- und motivgeschichtlichen. Die Begegnung Eckharts mit dem unerkannten Gott in Knabengestalt scheint einerseits angelehnt an die in den sog. ›Schwesternbüchern‹ häufig geschilderten Erscheinungen des Jesuskindes vor besonders frommen Klosterfrauen, andererseits teilt sie mit vielen anderen Texten das Motiv vom Erkennen Gottes im Nachhinein. Beide Traditionen sollen im Folgenden kurz skizziert werden, um ›Meister Eckhart und der nackte Knabe‹ in seine literarischen Zusammenhänge einbetten zu können.

Von insgesamt neun süddeutschen Frauenklöstern sind uns Schriften überliefert, in denen die Geschichte des jeweiligen Konvents sowie das Leben und die besonderen Gnadenerlebnisse seiner besten Schwestern geschildert werden, die sog. ›Schwesternbücher‹ oder ›Nonnenviten‹.[38] Sie entstanden im Zeitraum zwischen 1310 und 1350 und dienten nach innen der Stiftung von Identität sowie der Darstellung nachahmenswerter Spiritualität und nach außen dem Ausweis eines vorbildlichen Glaubenslebens. Unter den oft stereo-

---

aszetischem Inhalt, Nummer 124 teilt mit unserem Text lediglich die Dialogform. Im Anschluss folgen dann die zu erwartende Nummer 145 mit der Namensnennung Eckharts und Nummer 47 ohne engeren thematischen Bezug. In Wo5, der ›Wolfenbütteler Priamelhandschrift‹, ist das Stück eingebunden in eine Sammlung kurzer geistlicher Reimsprüche, die moraldidaktische Mahnungen oder Meditationen über das Leiden Gottes zum Inhalt haben. Es sind in der Handschrift zwar zahlreiche Versbearbeitungen von Sprüchen des ›Buches der Vollkommenheit‹ aufgenommen (vgl. SCHNEIDER, Buch der Vollkommenheit, S. LIII), ›Meister Eckhart und der nackte Knabe‹ wurde aber aus diesem Zusammenhang herausgelöst. Die bei SCHNEIDER nicht erwähnte Handschrift Ho stellt den Dialog mit den Sprüchen 89, 90, 91 sowie 132 (vorausgehend) und 24–26 sowie 28 und 29 (nachfolgend) aus dem ›Buch der Vollkommenheit‹ zusammen, ohne dass sich dabei thematische Bezüge feststellen ließen. Die Spruchsammlung in *LD zeigt sich inhaltlich ebenfalls sehr disparat, wobei die aufeinander folgenden Nummern 144, 236, 240 und 241 immerhin über die gemeinsame literarische Form, das Zwiegespräch zwischen Gott und Mensch, verbunden sind.

38 Einen ersten Überblick zu den ›Schwesternbüchern‹ bieten: LANGER, Mystische Erfahrung; LEWIS, Sister-books, sowie RINGLER, Viten- und Offenbarungsliteratur.

typ wiederkehrenden Bausteinen der Kurzbiographien finden sich auch immer wieder Schilderungen, wie eine Schwester aufgrund innständigen Begehrens oder eines vorbildlichen Lebenswandels mit einer Erscheinung Gottes oder Christi in Knabengestalt begnadet wurde.[39] Einen Überblick über solche Berichte verschafft die Typisierung RINGLERS: Er unterscheidet Epiphanien des Jesuskindes zu einem bestimmten Anlass des Kirchenjahres (in aller Regel natürlich zum Weihnachtskreis), Erscheinungen des Jesuskindes mit seiner Mutter Maria, Erscheinungen, in denen das Jesuskind mit der Seele im *spil* zu sehen ist und die unter dem Vorzeichen der Gottesgeburt in der Seele stehen, sowie Erscheinungen des Jesuskindes im Rahmen der Messfeier, insbesondere der Eucharistie.[40] Der Versuch, ›Meister Eckhart und der nackte Knabe‹ in dieses Schema einzuordnen, liegt nahe, gelingt aber nicht ohne weiteres: RINGLERS dritte Kategorie, die sich am ehesten anbieten würde, zielt auf Texte, die ein inneres mystisches Geschehen in einer Vision ins Bild setzen, nicht aber mystagogische Grundthesen verhandeln wie der untersuchte Dialog. Ohnehin wird man solche thematischen Abhandlungen in den Visionsschilderungen vergeblich suchen. Einen Hinweis wert ist daneben eine kleine Gruppe von Erscheinungsberichten, die in RINGLERS Typologie nicht eigens aufgeführt sind: Erzählungen, in denen eine Schwester den göttlichen Knaben zunächst für ein außergewöhnlich schönes, aber doch menschliches Kind hält und fragt, wer es sei, woher es komme und wer seine Eltern seien. Sie erhält ihre Antworten in verrätselter Form und noch bevor die Wahrheit offen ausgesprochen werden

39 Zur Erzähltradition mittelalterlicher Kind-Jesu-Visionen allgemein vgl. RODE, Kind-Jesu-Visionen. In ihrer volkskundlich orientierten Untersuchung spannt sie einen weiten Bogen von frühchristlichen Erzählungen über Legenden- und Exempelsammlungen bis hin zu den hier schwerpunktmäßig behandelten ›Schwesternbüchern‹. Gerade bestimmte Erzählungen im ›Dialogus miraculorum‹ des Caesarius von Heisterbach zeigen, dass es auch außerhalb der Nonnenviten eine nicht zu unterschätzende Tradition von entsprechenden Erscheinungsberichten gab (vgl. Caesarius von Heisterbach, ›Dialogus miraculorum‹, darin ›Distinctio Octava. De diversis visionibus‹, ein Abschnitt, in dessen ersten acht Kapiteln mehrere Berichte vom Erscheinen des Gottesknabens versammelt sind).

40 Vgl. RINGLER, Viten- und Offenbarungsliteratur, S. 187–189, sowie MEYER, St. Katharinentaler Schwesternbuch, S. 184–185, die RINGLERS Schema um eine Einteilung nach funktionalen Gesichtspunkten mit entsprechendem Belegmaterial ergänzt; KREBS, Mystik in Adelhausen, S. 41, mit zahlreichen Belegstellen für Gotteskindvisionen und zeitgenössische Reaktionen darauf sowie LEWIS, Sister-books, S. 100–105. Psychologisierende Deutungen solcher Visionsberichte als Hinweise auf unerfüllte Mutterschaftswünsche der Schwestern sind nach den Arbeiten RINGLERS durch literar- und frömmigkeitsgeschichtliche Deutungsansätze verdrängt worden (RINGLER, Viten- und Offenbarungsliteratur, S. 188 f.). ›Meister Eckhart und der nackte Knabe‹ untermauert dies insofern, als die Erzählung hier einen Mann zum Protagonisten hat und damit einen mutmaßlichen Zusammenhang zwischen Geschlecht und Visionstyp unterläuft.

kann, ist der Knabe schon verschwunden.[41] Dazu ein Beispiel aus dem lateinischen Schwesternbuch des Klosters Unterlinden:

> *Nempe quodam tempore ad portam monsterii ex iniuncto sibi officio properauit; quam apperiens protinus conspexit paruulum pulcherimum supramodum speciosum et decorum, solum in ianuis stantem. Quem intuens diligenter, eius pulrichtudinem ammirans plurimum delectabatur, estimans quod tantillus puer uerba adhuc aliqua depromere non ualeret. Alludens tamen ipsi requisiuit dicens: »Amantissime paruule, unde es tu? Et quis est, aut quomodo uocatur pater tuus et mater tua?« Qui statim perfectis uerbis respondens illi dixit: »Pater noster ipse est pater meus, et aue Maria mater mea est.« Quibus dictis puer ille beatissimus ab occulis eius continuo sublatus est, et ulterius non comparuit.*[42]

In der weit überwiegenden Mehrheit der Kindesvisionen ist sich die Nonne jedoch über die Identität ihres Gegenübers im Klaren und wird auch nicht, wie es dem inszenierten Eckhart widerfährt, auf die Probe gestellt. Dass das Erzählschema der Jesusvision auch auf herausragende männliche Personen angewandt werden konnte, beweist ein Text, in dem Wichmann von Arnstein, einem etwa 50 Jahre vor Eckhart geborenen Dominikaner, eine Erscheinung des – allerdings erwachsenen – Gottessohnes zu Teil wird.[43]

Der Vergleich zwischen ›Meister Eckhart und der nackte Knabe‹ und den Kindeserscheinungen in den Schwesternbüchern bringt zahlreiche Gemein-

---

41 Vgl. speziell zu diesem Typ von Visionsberichten LEWIS, Sister-books, S. 101 f., und RINGLER, Viten- und Offenbarungsliteratur, S. 90 f. Beide Autoren verweisen auf weitere Beispiele.

42 ANCELET-HUSTACHE, ›Vitae Sororum‹, S. 407, Z. 34–S. 408, Z. 8; eigene Übersetzung: »Einmal eilte sie aufgrund einer ihr auferlegten Aufgabe zur Pforte des Klosters. In dem Moment, als sie die Tür öffnete, erblickte sie einen kleinen Knaben, wünderschön und über die Maßen herrlich und bezaubernd anzusehen, der allein in der Tür stand. Sie betrachtete ihn eingehend, bewunderte seine Schönheit und empfand dabei große Freude. Sie schätzte, dass der Knabe noch so klein war, dass er noch nicht sprechen konnte. Dennoch lachte sie ihn an und fragte ihn: ›Du liebenswürdiger Knabe, woher kommst du? Und wer bist du und wer sind dein Vater und deine Mutter?‹ Der Knabe antwortete ihr sogleich mit den schönsten Worten: »Vater unser‹ ist mein Vater und ›Ave Maria‹ ist meine Mutter.‹ Unmittelbar nachdem er das gesagt hatte, wurde der selige Knabe vor ihren Augen emporgehoben und seitdem nicht wieder gesehen.« Von einer ähnlichen Erzählung berichtet DE VOOYS, Legenden en exempelen, S. 139: Ein Knabe verlangt von einer Nonne, das ›Ave Maria‹ zu beten, um sich bei der Schlussformel ›Jesus Christus. Amen‹ als Christus zu erkennen zu geben und zu verschwinden.

43 Der als ›Miraculum primum‹ bekannte Text, der von Wichman selbst verfasst worden sein könnte, ist in einer urpsprünglichen lateinischen Fassung und einer späteren deutschen Übersetzung überliefert. Diese Übersetzung wiederum ist Teil einer aus dem alemannischen Dominikanerinnenkonvent St. Katharinental stammenden Predigtsammlung der 1. Hälfte des 14. Jahrhunderts und steht den aus den Schwesternbüchern bekannten Visionserscheinungen deutlich näher als die lateinische Vorlage. REGINA SCHIEWER hat einen eingehenden Vergleich der beiden Texte mit einer Deutung ihrer Unterschiede vorgelegt (vgl. DIES, Eine deutschsprachige Überlieferung des ›Miraculum I‹).

samkeiten ans Licht, angefangen vom Ereigniskern bis hin zu einzelnen Gesprächselementen, lässt aber auch die kreative Eigenleistung des Dialogs deutlicher hervortreten. Er schöpft zusammen mit den Schwesternbüchern aus derselben Erzähltradition, vermengt sie aber mit der Erinnerung an Eckhart und typischen Schlagworten seiner Lehre.

Zwei Kindesvisionen und eine damit vergleichbare allgemeinere Bemerkung aus verschiedenen Schwesternbüchern seien hier noch angefügt, die das Gesagte weiter veranschaulichen, in erster Linie aber zur Klärung eines noch ungelösten Verständnisproblems beitragen sollen: Alle Texte verwenden wie der Dialog – und darin zeigt sich einmal mehr die gemeinsame Erzähltradition – den Begriff *kurzwîle* im Zusammenhang mit der Gotteserscheinung. Der Vergleich mag hilfreich sein, um den bisher unbestimmt gebliebenen Begriff zu kontextualisieren und eine historisch plausible Semantik abzuleiten.

Das erste Beispiel stammt aus dem Gotteszeller Schwesternbuch und handelt von der Nonne Wilbrich von Offingen:

> *Sie het grosse mynne zu got, und was in so grosser andacht, und in so hoher betrachtung, das sie etwen recht als ein kint wart, und nahet die sinn het verloren, und man must sie unterweilen besliessen, das ir das haubt wider kam. Nach diser krankeit must sie sich bekumern mit unsers herrn kintheit, das sie hoher betrahtung nicht mer mocht erleiden. In diser ubung tet ir got grosse genad, und erschein ir dick und vil als ein kleines kindlein, und het von seiner grossen gut und milt vil freud und kurczweil mit ir.*[44]

Das zweite Beispiel ist ein Ausschnitt aus der Vita der Schwester Adelheid aus dem Kloster Katharinental:

> *Ein swester dú hiess swester Adelheit dú Hůterin. Dú was kellerin vnd was eins tages nach der none jn den kore gangen an ir gebett. Do erschain ir ýnser herre als er ein kindli was, vnd si hat vil kurtzwil mit dem kindlin. Vnd do si in ir genǻd was, do kam dú portnerin nach ir von ampt wegen. Do gedacht si: ›Herr, nv will ich dich lassen in rechter gehorsami‹, vnd gieng vsser dem kor. Vnd do si in die kuche kam, do sach si aber daz kindli als vor jn dem kor.*[45]

---

44 ROTH, Aufzeichnungen über das mystische Leben der Nonnen von Kirchberg, S. 113; eigene Übersetzung: »Sie empfand große Liebe für Gott und hielt so innig Andacht und war so sehr versunken, dass sie bisweilen genau wie ein Kind wurde und beinahe das Bewusstsein verloren hätte, sodass man sie einstweilen einschließen musste, damit sie wieder zu sich kam. Nachdem sie solche Schwäche überkommen hatte, musste sie sich mit der Kindheit unseres Herrn beschäftigen, damit sie nicht wieder in solche Versunkenheit verfallen würde. Bei dieser Übung erwies ihr Gott große Gnade und erschien ihr sehr oft als kleines Kind und verbrachte aufgrund seiner großen Güte und Großzügigkeit eine freudvolle und erfüllte Zeit mit ihr.«

45 MEYER, St. Katharinentaler Schwesternbuch, S. 104; eigene Übersetzung: »Eine Schwester hieß Schwester Adelheid, die Hüterin. Sie war Aufseherin über die Vorräte und war eines Tages nach der Non in den Chor gegangen, um zu beten. Da erschien ihr unser Herr in Gestalt eines kleinen Kindes und sie verbrachte eine erfüllte Zeit mit ihm. Und als sie ganz von Gnade erfüllt war, kam die Pförtnerin von Amts wegen zu ihr. Da dachte sie sich: ›Herr, nun will ich dich verlassen, um meine Pflichten gehorsam zu

Im Schwesternbuch des Gotteszeller Dominikanerinnenkonvents heißt es in allgemein gehaltenem Ton:

> *Und also machet des himelischen vaters eben ewiges und natürliches kint so mangerley leutselige kurczweil seinen auserwelten freunden mit seinem gotlichen trost auch hie auf ertrich, das alle die, die in gotes mynn sint, wol jamer und belangen mugen haben nach der vorgehalten kunftigen ewigen freud* […].[46]

Die *kurzwîle,* von der in diesen drei Beispielen die Rede ist, beschreibt eine von göttlicher Nähe und gnadenhafter Freude erfüllte Zeit und geht damit in spezifischer Weise über die im höfischen Kontext übliche, ganz auf das Diesseits konzentrierte Semantik hinaus.[47] Ob nun Gott mit dem Menschen – so im Dialog und im ersten hier angeführten Beispiel – oder der Mensch mit Gott – so in den beiden letzten Beispielen – diese *kurzwîle* verlebt, scheint dabei nicht von entscheidender Bedeutung, lässt sich das *mit* in allen Fällen auch und am besten als ein ›zusammen mit‹ lesen. Dass *got mit im gekúrtzwilet* (Z. 6) hat, darf im Licht dieser Parallelen aus den Schwesternbüchern als positie Wertung des Gesprächs insgesamt und wohl auch des Verhaltens Eckharts im speziellen gelesen werden, war dessen ›Fehler‹ doch nur Ausdruck einer übergroßen Fürsorglichkeit.

Erzählungen des Typs, dass Gott einem Menschen in bestimmter Gestalt begegnet, sich unerkannt mit ihm unterhält und verschwindet, als oder noch bevor seine wahre Identität gelüftet ist, sind in den Schwesternbüchern nur ausnahmsweise anzutreffen (vgl. das Beispiel aus Unterlinden). Es handelt sich um ein beliebtes und in zahlreichen Varianten realisiertes narratives Schema, dessen Wurzeln weit zurückreichen und das über die Jahrhunderte hinweg immer wieder neu aufgegriffen wurde. Eine eingehende Studie dazu kann hier nicht geleistet werden und so müssen denn einige versprengte und mehr zufällige Hinweise genügen, um sich ein erstes Bild von dieser Erzähltradition zu machen: Ein frühes Beispiel findet sich bereits im Lukasevangelium in der Perikope von den beiden Emmausjüngern, die ihren Wegbegleiter erst als den

---

erfüllen‹ und verließ den Chor. Als sie in die Küche kam, da sah sie das Kind abermals wie zuvor im Chor.«

46 Roth, Aufzeichnungen über das mystische Leben der Nonnen von Kirchberg, S. 125; eigene Übersetzung: »Und so bereitete das Kind des himmlischen Vaters, das ihm in seiner Ewigkeit und seinem Wesen gleich ist, seinen auserwählten Freunden durch seine göttliche Zuwendung auch hier auf Erden manch eine wohlgefällige erfüllte Zeit. So können alle, die in Gottes Liebe stehen, getrost die Sehnsucht und das Verlangen nach der künftigen ewigen Freude im Jenseits ertragen.«

47 Ebenso versteht Ringler die Verwendung von *kurczwil* im ›Gnadenleben‹ des Friedrich Sunder (ders., Viten- und Offenbarungsliteratur, S. 262), was Meyer dann für ihren Kommentar zur zitierten Stelle aus dem Katharinentaler Schwesternbuch übernimmt (dies., St. Katharinentaler Schwesternbuch, S. 207).

auferstandenen Jesus erkennen, als er mit ihnen das Brot bricht – aber da ist er auch schon verschwunden.[48] Papst Gregor der Große erzählt in einer Predigt vom Mönch Martyrius, der einen Leprakranken auf dem Rücken trug und sofort ins ewige Leben einging, als er von anderen erfuhr, dass es sich bei dem Aussätzigen um Jesus handelte.[49] Dieses kurze Predigtexempel wurde im 14. Jahrhundert erneut produktiv, als man es mit dem ›Bruder mit den sieben Säckchen‹ zu einer mehrgliedrigen Kurzerzählung kompilierte.[50] Die Verbindung dieser beiden Texte dürfte naheliegend gewesen sein, weil der ›Bruder mit den sieben Säckchen‹ demselben Erzähltypus angehört: *Vnser lieber here*[51] will in *eyns gueden menschen gestalt*[52] einem wandernden Bruder dessen mit sieben geistlichen Tugenden gefüllten Säcke abkaufen, erhält sie aber für keine weltliche und keine himmlische Gegengabe, die nicht Gott selbst ist. Schließlich gibt der Herr seine Identität preis und verschwindet. Der ›Bruder mit den sieben Säcken‹ ist in mehreren Fassungen auf mittelhochdeutsch, mittelniederländisch und lateinisch überliefert[53] und zeigt mit seinen zahlreichen Varianten – die niederländische Tradition etwa macht den Bruder zum Kaufmann – wie produktiv und beliebt dieses Stück Frömmigkeitsliteratur gewesen sein muss. Im 15. Jahrhundert findet sich mit ›Christus und die sieben Laden‹ eine ihrerseits wieder variantenreich überlieferte Umkehrung dieses Textes:[54] Christus stellt hier einen in die Welt zurückgekehrten Einsiedler auf die Probe, indem er ihm – allerdings erfolglos – sieben Dinge der Welt im Austausch für die Tugenden der Seligpreisungen zu verkaufen sucht. Um diesen kurzen Überblick zu beschließen, sei noch auf die zum Teil wörtlich übereinstimmenden Erzäh-

---

48 Lc 24,13–35. Vgl. vor allem Lc 24,31: *et aperti sunt oculi eorum et cognoverunt eum et ipse evanuit ex oculis eorum* (Übersetzung: »Da wurden ihre Augen geöffnet, und sie erkannten ihn. Und er verschwand vor ihnen.«).

49 PL 76, Sp. 1300.

50 Diese Kompilation ist auch in einer nochmals erweiterten Textgestalt überliefert, an deren Anfang die Hugo-Variante des Dialogs ›Der arme Mensch‹ steht (zur Genese des Stücks vgl. Ruh, Bruder mit den sieben Säckchen, Sp. 1045–1047, und in der vorliegenden Untersuchung S. 171 f.). Spamer hat diese Dreifach-Kompilation nach einer einzigen Handschrift ediert (ders., Texte, S. 155–159) und damit die gängige Grundlage für die Bechäftigung mit dem Dialog ›Der Bruder mit den sieben Säckchen‹ geschaffen. Aufschlussreich, auch im Hinblick auf frömmigkeitsgeschichtliche Entwicklungen, wäre eine textgeschichtliche Untersuchung des Stücks unter Berücksichtigung der (eigenständigen?) lateinischen Fassung in Basel, Universitätsbibliothek, Cod. B X 8, fol. $46^{vb}$ sowie der niederländischen Fassungen (vgl. dazu beispielsweise die Abdrucke bei de Vooys, Nederlandse Mystiek III, S. 271–276) mit dem Ziel einer Neuedition.

51 Spamer, Texte, S. 157, Z. 4; eigene Übersetzung: »Unser lieber Herr«.

52 Ebd., Z. 5; eigene Übersetzung: »in der Gestalt eines guten Menschen«.

53 Ruh, Bruder mit den sieben Säckchen, Sp. 1046. Ruh macht hier einige vorsichtige Bemerkungen zum Verhältnis der Fassungen zueinander, doch fehlt es bis heute an einer eingehenden Untersuchung dazu.

54 Das Stück ist abgedruckt bei Bachmann / Singer, Deutsche Volksbücher, S. 247–258 und 390–398. Vgl. auch Ruh, Christus und die sieben Laden, Sp. 1241–1243.

lungen ›Die zwölf guten Menschen und der Jüngling‹[55] sowie ›Christus als Koch‹[56] hingewiesen, in denen Christus in verwandelter Gestalt einer Gruppe von zwölf Männern im ersten, von zwölf Frauen im zweiten Fall begegnet und sich durch ebensoviele Selbstbestimmungen zu erkennen gibt.[57]

In vielen dieser Texte gewinnt man den Eindruck, als würde die göttliche Instanz den Menschen auf die Probe stellen wollen: Dadurch, dass der Mensch sein Gegenüber für gewöhnlich hält, gibt er sich unverstellt und offenbart im Angesicht des Unscheinbaren seinen wahren Charakter. Es gibt für ihn keinen Anlass für geheuchelte Frömmigkeit und keine Aussicht, sich durch eine vorteilhafte Selbstdarstellung etwas zu verdienen. Dieser Zug des Auf-die-Probe-Stellens ist auch dem Dialog ›Meister Eckhart und der nackte Knabe‹ eingeschrieben, wie in der Textanalyse gezeigt wurde (vgl. S. 151): Meister Eckhart trifft Gott in seiner denkbar schwächsten und verletzlichsten Gestalt an und lässt sich durch seine Fürsorglichkeit dazu verleiten, seinen eigenen Rat und seine eigene Lehre vom Lassen alles Äußeren zu missachten. Einerseits hat der Dominikaner in diesem ›Test‹ zwar einen Fehler begangen, andererseits geht dieser Fehler aber auf ein geradezu beispielhaftes Mitgefühl zurück.

Der Dialog ›Meister Eckhart und der nackte Knabe‹, so das Fazit der hier vorgestellten Überlegungen, hat an verschiedenen literarischen Traditonen teil, von denen aber keine in die Richtung der anderen sog. ›Eckhart-Legenden‹ weist – genausowenig wie die Untersuchung seines Überlieferungsumfeldes. Man wird den Text am besten als eine Verschmelzung verschiedener narrativer Grundmuster mit Erinnerungen an Meister Eckhart beschreiben können.

## Literarhistorische Einordnung

Wie schon im Fall von ›Meister Eckharts Tochter‹ erlaubt die Materiallage auch bei ›Meister Eckhart und dem nackten Knaben‹ keine sicheren Aussagen über Zeit, Raum und soziales Umfeld der Entstehung des Dialogs. Zu groß sind die Unsicherheiten bei diesem anonymen Stück Frömmigkeitsliteratur, das in sei-

55 Abgderuckt bei Spamer, Texte, S. 145. Vgl. dazu auch Ruh, Die zwölf guten Menschen und der Jüngling, Sp. 1634 f. Dort stellt Ruh fest: »Beziehungen bestehen zum Frage-Antwort-Dialog ›Meister Eckhart und der nackte Knabe‹«, wenngleich diese Beziehungen dort nicht näher spezifiziert sind. Eine gewisse Ähnlichkeit der Stücke behauptete auch schon Spamer, Überlieferung der Pfeiffer'schen Eckharttexte, S. 406 f.

56 Abgedruckt bei Spamer, Texte, S. 146–149.

57 Für weitere Beispiele von Erzählungen, in denen Christus einem Menschen in veränderter Gestalt begegnet, vergleiche die Kurzbeschreibungen der Exempla Nr. 985, 987, 988, 990, 1018, 1048 und 2694 in Tubach, Index Exemplorum. Die genannten Texte belegen die Beliebtheit dieses Typus von Erzählungen, ohne dass ein engerer literarischer Bezug zu ›Meister Eckhart und der nackte Knabe‹ behauptet werden kann.

nen wenigen Worten bestenfalls einige vage Hinweise auf diese Fragen enthält. Es wird also darauf ankommen, die bisher gewonnenen Einsichten zum Text selbst sowie zu seinen überlieferungsgeschichtlichen und literarischen Zusammenhängen zu einem stimmigen Gesamtbild zu bündeln.

Zeitliche Einordnung: Der *terminus ante quem* für die Entstehung des Dialogs liegt mit den frühesten Textzeugen – M44 sowie, nur wenig später entstanden, He3 und M30, zugleich die drei frühesten Textzeugen des ›Buches der Vollkommenheit‹ – etwa in der Mitte des 14. Jahrhunderts. Der *terminus post quem* ist aus dem notwendig vorauszusetzenden Wirken Eckharts abzuleiten und man wird gut daran tun, dabei eher an eine spätere Schaffensperiode zu denken: Dass die Eckhartfigur den Titel *meister* trägt, setzt zumindest das erste Pariser Magisterium voraus. Wenn man zudem noch bedenkt, wann der historische Eckhart im mutmaßlichen Entstehungsraum des Dialogs, dem deutschen Südwesten, tätig war, wird man eher die Zeit nach dem zweiten Pariser Magisterium veranschlagen wollen. Für die Entstehung von ›Meister Eckhart und der nackte Knabe‹ ergibt sich damit ein Zeitfenster, das um 1313 beginnt und um 1350 endet.

Räumliche Einordnung: Genauso wie die Entstehungszeit kann auch der Entstehungsraum von ›Meister Eckhart und der nackte Knabe‹ nur über indirekte Hinweise erschlossen werden: Im Überlieferungsverbund des ›Buches der Vollkommenheit‹ verbreitet sich der Dialog über den gesamten süddeutschen Sprachraum, ohne dabei – zumindest nach Ausweis der heute bekannten Textzeugen – die Niederlande zu erreichen. Die nach SCHNEIDER ursprünglichere Redaktion A dieser Spruchsammlung ist mit ihren ältesten Handschriften – mit Eckhartsiglen M44 und He3 – in den nordwürttembergisch-südrheinfränkischen Raum einzuordnen.[58] Ein Raum, in dem man sich auch die Entstehung des Kurzdialogs denken könnte, kommen hier doch einige günstige Faktoren zusammen: Unumstritten ist, dass der historische Eckhart hier verschiedene Aufgaben wahrgenommen hat, wenngleich wir davon nur punktuelle Zeugnisse besitzen.[59] Zudem konzentriert sich hier die Überlieferung der ›Schwesternbücher‹ und auch andere Texte aus dem oben beschriebenen literarischen Umfeld des Dialogs sind hier zum Teil mit ihren frühesten Textzeugen vertreten.[60] Diese Argumente hat der Südwesten anderen Großlandschaften aus dem

58 DIES., Buch der Vollkommenheit, S. X.

59 Vgl. dazu die Ausführungen zur räumlichen Einordnung von ›Meister Eckharts Tochter‹ auf S. 122 f. und dort insbesondere Anm. 104.

60 Der älteste bekannte Textzeuge für den ›Bruder mit den sieben Säckchen‹ in der durch die Edition SPAMERS bekannten Textgestalt ist die südalemannische Handschrift Ba2 aus der Mitte des 14. Jahrhunderts (vgl. S. 192–194). In Bezug auf ›Die zwölf guten Menschen und der Jüngling‹ ist auf fol. $97^r$–$97^v$ der südalemannischen Handschrift

Verbreitungsgebiet des ›Buches der Vollkommenheit‹, etwa dem Bairischen oder dem Ostfränkischen, bei der Diskussion um den Entstehungsraum von ›Meister Eckhart und der nackte Knabe‹ sicher voraus.

Überlegungen zum Entstehungsumfeld: Für die Frage, in welchem sozialen Umfeld man sich die Entstehung von ›Meister Eckhart und der nackte Knabe‹ zu denken hat, ist aus dem Text zumindest ein Ansatzpunkt zu gewinnen: Die Bemerkungen über die *tugenhaften hertzen* (Z. 2) und das Lassen der Kreaturen sind zwar zu unspezifisch für Zuordnungsversuche, aber die Situierung der Szene in einem Kloster weist zusammen mit den literarischen Bezügen zu den ›Schwesternbücher‹ deutlich auf ein monastisches Umfeld hin. Diese These hat bereits GOTTSCHALL geäußert: »›Meister Eckhart and the naked boy‹ belongs rather to the traditional miracle stories in the monastic sphere«[61]. Zumindest versuchsweise lässt sich diese ›monastic sphere‹ vielleicht noch genauer fassen: Die überkommenen ›Schwesternbücher‹ stammen allesamt aus Frauengemeinschaften des Dominikanerordens, in denen man eine gewisse Hochachtung für Meister Eckhart, wie sie sich im Erzähltypus der Gotteserscheinungen äußert, durchaus vermuten darf. Die Schwesternbücher aus Katharinental und Ötenbach berichten etwa von Besuchen Meister Eckharts in diesen Konventen und von der seelsorgerlichen Betreuung, die er den Schwestern Anna von Ramswag und Elisabeth von Beggenhofen zu Teil werden ließ.[62] In den dominikanischen Frauenklöstern des deutschen Südwestens waren also die Voraussetzungen für die Entstehung des Dialogs, die Vertrautheit mit bestimmten Erzählmustern und zumindest eine vage Kenntnis eckhartischer Lehre, in idealer Weise erfüllt.

Es sei abschließend noch darauf hingewiesen, dass auch die Mitüberlieferung von ›Meister Eckhart und der nackte Knabe‹ im ›Buch der Vollkommenheit‹ einen gewissen Einfluss dominikanischer Ordenstraditionen spüren lässt. Unter den Quellen der Spruchsammlung befindet sich eine große Zahl von Texten dominikanischer Autoren, so etwa im ersten Teil namentlich Eckhart (Nr. 35, 37, 134, 139, 142), Heinrich Seuse (Nr. 124), Johannes von Sterngassen (Nr. 138), Elsbeth von Oye (Nr. 48), dazu Erwähnungen eines Dietrich, gemeint ist wahrscheinlich Dietrich von Freiberg, (Nr. 40) und des Thomas von Aquin (Nr. 40, 60). Im zweiten Teil begegnet neben Eckhart und vor allem Hugo Ripelin, Dominikaner aus ältester Generation, der dort mit umfangrei-

---

Karlsruhe, Badische Landesbibliothek, Cod. Donaueschingen 115, aus dem 1. Viertel des 14. Jahrhunderts zu verweisen.

61 GOTTSCHALL, Eckhart and the Vernacular Tradition, S. 543.

62 Zu Anna von Ramswag vgl. Acta Echardiana n. 41, LW V, S. 187–188, und zu Elisabeth von Beggenhofen, Acta Echardiana n. 42, LW V, S. 188. Hinzu kommt eine lateinische Urkunde, in der der dominikanische Ordensgeneral Hervaeus die Maßnahmen bestätigt, die Eckhart zusammen mit einem Ordensbruder anlässlich einer Visitation für den Konvent Unterlinden bei Colmar erlassen hatte (vgl. Acta Echardiana n. 40, LW V, S. 186–187).

chen Verdeutschungen aus seinem ›Compendium theologicae veritatis‹ präsent ist. Die These, dass der Dialog ›Meister Eckhart und der nackte Knabe‹ aus einer dominikanischen (Frauen-)Gemeinschaft hervorgegangen ist, stellt also ein Entstehungszenario dar, das dem Text selbst wie auch seiner Überlieferungsgemeinschaft durchaus gerecht würde.

## 5. Die Dialoggruppe ›Der arme Mensch‹

Von einem Gespräch, bei dem die formelhafte Begrüßung »Gott schenke dir einen guten Morgen« unversehens eine Erörterung existentieller Fragen anstößt, berichten zwei von PFEIFFER als Sprüche 66 und 67 abgedruckte Kurzdialoge.[1] Sie tragen dort noch keinen Titel, sind aber seit dem Artikel von RUH im Verfasserlexikon als ›Meister Eckhart und der arme Mensch I‹ und ›Meister Eckhart und der arme Mensch II‹ bekannt.[2] Ihre komplexe Entstehungs- und Entwicklungsgeschichte, die über diese beiden Fassungen hinaus noch um andere Textformen zu ergänzen ist, soll in diesem Kapitel aufbereitet werden und als Grundlage für eine an der Textgeschichte orientierte Edition dienen. Auf dieser Basis kann eine inhaltliche und literarhistorische Analyse vorgelegt werden, die die prozessuale Entfaltung des Textes kommentierend begleitet. Den Untersuchungen vorangestellt ist ein Hinführungskapitel mit Überlegungen zu einer angemessenen Benennung der Dialoge, mit einem Bericht über ihre bisherige Editionslage sowie einer Überblicksdarstellung ihrer Textgeschichte.

### *5.1 Hinführung*

#### Zum Titel und zur bisherigen Editionslage

Zum Titel ›Der arme Mensch‹: Der von RUH geprägte Titel ›Meister Eckhart und der arme Mensch‹ beruhte seinerzeit auf zwei Argumenten: zum Ersten auf der Beobachtung, dass in Spruch 67 – aber auch nur dort – der Gesprächspartner des armen Menschen den Namen ›Eckhart‹ trägt, und zum Zweiten auf der Annahme, dass in den Dialogfassungen typisch eckhartische Theologie verarbeitet sei. RUH verwies in diesem Zusammenhang speziell auf die Armutslehre aus Predigt 52 und ein Zitat aus Sermo 34, wobei diese Spezifikationen im Laufe der vorliegenden Untersuchung noch zu problematisieren sein werden (vgl. S. 231 f. und S. 234).

Sowohl das Namens- als auch das Inhaltskriterium sind in ihrer Gültigkeit aber auf bestimmte Ausformungen des Dialogs beschränkt: Während in allen Fassungen die Rolle des weisen Seelenführers durch einen armen Menschen besetzt ist, wird die seines Gesprächspartners von wechselndem Personal – einem namenlosen Mann, einem namenlosen Gelehrten, dem Theologen Hugo von St. Viktor und eben auch Eckhart – übernommen. Der Dominikaner steht dabei nicht einmal am Anfang der Reihe, sondern betritt die Bühne erst in einem fortgeschrittenen Stadium der Überlieferung, um sie dann alsbald auch wieder zu verlassen. Ebenso wie die Gesprächspartner erweisen sich auch die

1 Spr. Pf. 66, S. 623,12–S. 624,6, und Spr. Pf. 67, S. 624,7–30.

2 RUH, Eckhart-Legenden, Sp. 350 f.

Inhalte des Stücks als äußerst flexibel und können nicht pauschalisierend mit eckhartischer Theologie gleichgesetzt werden. Gerade in späteren Fassungen haben moralisierende oder katechetische Inhalte die ursprünglich stärker am Denken des Dominikaners orientierten Aussagen verdrängt. RUHS Titelgebung provoziert also Vorannahmen, die auf bestimmte Momentaufnahmen der Textgeschichte zwar zutreffen mögen, in den anderen Fällen aber einer unvoreingenommenen Lektüre im Wege stehen.

Einen geeigneteren Titel könnte man in den Handschriften selbst suchen, doch bieten die Textzeugen dafür nur wenige Anhaltspunkte: Ba3 überschreibt den Text mit *de quoddam paupere*[3] und einigen Zusätzen, *von einem armen man* nennen das Stück die Handschrift Str13[4] und der mit ihr verwandte Textzeuge B23 (vgl. zu diesen drei Beispielen die Überschriften im Variantenapparat auf S. 215). Neben anderen vereinzelt vorkommenden Überschriften bringt allein M47 noch Meister Eckhart ins Spiel und betitelt das Stück *von maister eckhart wie er fragt einem (!) armen menschen* (vgl. im Apparat auf S. 279).

Die einzige Konstante, die sich durch alle Fassungen hindurchzieht und damit alle Textformen des Dialogs in einem Titel zusammenschließen könnte, bildet die Figur des armen Menschen und so wird das Stück in Übereinstimmung mit den obigen handschriftlichen Zeugnissen fortan als ›Der arme Mensch‹ bezeichnet. Die unterschiedlichen Fassungen sind mit dem Zusatz römischer Ziffern gekennzeichnet.

Zur bisherigen Editionslage und Begründung der Neuedition: Dass es bislang kaum zu einer wissenschaftlichen Auseinandersetzung mit diesem Dialog gekommen ist, mag nicht zuletzt mit einer unzureichenden Editionslage zusammenhängen: Wohl weil sie im Rahmen der ersten umfassenden Eckhart-Ausgabe erschienen waren, avancierten die PFEIFFERschen Sprüche 66 und 67 zur maßgeblichen Textgestalt und fungierten als Referenztexte für spätere Abdrucke aus Einzelhandschriften. In der Regel erfolgte dabei eine Zuordnung zu einem der beiden Sprüche, häufig verbunden mit dem Hinweis auf starke Abweichungen.[5] Dabei können PFEIFFERS Texte nicht mehr Autorität für sich beanspruchen als jeder dieser Abdrucke auch, basieren sie doch alle auf einer unzureichenden handschriftlichen Grundlage: Spruch 66 entnahm PFEIFFER der Handschrift M2, wobei er wenige einzelne Wörter unkommentiert nach dem Basler Taulerdruck änderte, und Spruch 67 legte er St9 zu Grunde, wobei

3 Eigene Übersetzung: »Über einen armen Menschen«.

4 In die Untersuchung des Dialogs ›Der arme Mensch‹ sind Handschriften einbezogen, die bislang keine Sigle im Rahmen der Eckhart-Philologie erhalten haben. Ich teile ihnen eigene Siglen zu und kennzeichne sie durch vorgesetzten Asterisk.

5 Vgl. etwa QUINT, Untersuchungen I, S. 268 f., mit einem Abdruck aus Lö; BRETHAUER, Texte aus dem Umkreis Meister Eckharts, S. 162 f. mit einem Abdruck aus Ha10 oder DE VOOYS, Nederlandse Mystiek I, S. 59 im Vorspann zu Abdrucken aus H3 (ebd., S. 86) und Ge2 (ebd., S. 89 f.).

die ebenfalls unter den benutzten Zeugen genannte Handschrift St8 keinen Einfluss auf die Textkonstitution nahm.[6] Demgegenüber zeigt die in der Liste von ECKHART TRIEBEL aufgeführte stattliche Zahl von über 40 Handschriften[7] – ihre Zuordnung zu bestimmten Fassungen wird im Folgenden anders ausfallen als dort – deutlich die Unzulänglichkeit des bisher verfügbaren Materials.

PFEIFFER hatte mit seiner Ausgabe nicht nur die Textgestalt des ›Armen Menschen‹ festgeschrieben, sondern auch die Einteilung des Dialogs in zwei Fassungen, wie sie RUH für seinen Verfasserlexikonartikel übernommen hat. Nicht weiter berücksichtigt wurde der Ansatz WALTER DOLCHS: Er hatte in seiner auf die Niederlande konzentrierten Studie drei mittelniederländische (B22, Ha10, Ge2) und einen lateinischen (Ge9) Textzeugen vor Augen, die er aufgrund ihrer Divergenzen jeweils als Fassungen einstufte und ihre Unterschiede »aus der lateinischen Fassung, durch die das Stück durchging«[8] erklärte. Seine Unterscheidung in vier Fassungen kann für die vorliegende Untersuchung genausowenig übernommen werden wie die PFEIFFERS in zwei, sie zeigt aber, dass man schon früh auf die Problematik der Textüberlieferung aufmerksam geworden war.

Die Neuedition muss von einem aus der gesamten bekannten Überlieferung entwickelten Modell der Textgeschichte ausgehen, das die Zuordnung jedes Textzeugen zu einem bestimmten Entwicklungsstadium erlaubt. Diese Stadien sind dann kritisch zu edieren als Texte, die einerseits für sich bestanden und rezipiert werden konnten, andererseits aber auch in ein Geflecht von Prä- und Hypotexten eingebunden waren und sich erst aus diesem Zusammenhang heraus voll erschließen lassen.

## Überblick über die Textgeschichte mit synoptisch-textgenetischer Edition

Die Textgeschichte des Dialogs ›Der arme Mensch‹ lässt sich im eigentlichen Sinn des Wortes als eine Text-Geschichte erzählen, als einen beschreibbaren Prozess von Textumformungen, der sich von einem Anfangspunkt in der Mitte des 14. Jahrhunderts über verschiedene Zwischenstadien bis zu einem vorläufigen Endpunkt im 16. Jahrhundert erstreckt. Diesen Prozess darf man sich nun nicht im Bild eines Staffellaufs vorstellen, bei dem der Einzeltext sein kreatives Potential gewissermaßen an einen Folgetext weitergibt, um dann selbst aus dem Lauf auszuscheiden. Durch die kontinuierliche Weiterüberlieferung jedes Einzeltextes entstand vielmehr ein Pool miteinander verwandter und dadurch leicht kombinierbarer Bausteine, aus dem sich ein Redaktor je nach zur Ver-

---

6 Pf., S. X (Nr. 31 und 45).

7 Vgl. die von ECKHART TRIEBEL betreute Internetseite www.eckhart.de unter dem Reiter ›Eckhart-Legenden‹ (letzter Aufruf am 04.01.2019).

8 DOLCH, Verbreitung oberländischer Mystikerwerke im Niederländischen, S. 47. Zur Überlieferung des Dialogs ›Der arme Mensch‹ in den Niederlanden siehe ebd., S. 46 f.

fügung stehendem Material bedienen konnte. So blieben auch bereits ›überholte‹ Textformen weiterhin produktiv. Diese Geschichte des Dialogs gilt es im Folgenden zu erzählen, wobei statt von Ereignissen von Fassungen die Rede sein wird. Da sich um den Fassungsbegriff gerade in der jüngeren Forschung eine intensive wissenschaftliche Kontroverse gebildet hat, seien eine kurze Zusammenfassung wichtiger Standpunkte und eine eigene Positionierung dazu vorausgeschickt.

Vorbemerkungen zum Fassungsbegriff: Die grundsätzliche Schwierigkeit im Umgang mit dem Fassungsbegriff besteht darin, dass bislang keine Definition allein auf Basis ›harter‹ Kriterien und ohne Rückbindung an das subjektiv-ästhetische Werturteil des Lesers bzw. Interpreten vorgelegt werden konnte. BODO PLACHTA etwa beschreibt Fassungen in einem allgemein literaturwissenschaftlichen Sinn als »unterschiedliche Ausführungen eines insgesamt als identisch wahrgenommenen Werkes«, die »durch partielle Textidentität aufeinander beziehbar und durch Textvarianz voneinander unterschieden« sind.[9] Er erkennt dabei an, dass der Übergang von stark divergierenden Fassungen zu selbstständigen Werken fließend ist und eine Unterscheidung letztlich im Ermessen des Editors oder Interpreten liegt. Aber nicht nur die Abgrenzung ›nach oben‹, so wäre zu ergänzen, sondern auch die ›nach unten‹ gerät zu einer Gratwanderung: Ab welchem Maß an Varianz wird etwa aus der bloßen Redaktion eines Textes eine eigene Fassung?[10]

JOACHIM BUMKE hat in seiner Studie zur Nibelungenklage eine Definition des Fassungsbegriffs aus den Gegebenheiten der Epiküberlieferung entwickelt, die auf zwei Säulen beruht: Fassungen konstituieren sich zum einen durch einen erkennbar eigenen »Formulierungs- und Gestaltungswillen«[11] bei gleichzeitigen Merkmalen der Originalität, zum anderen durch stemmatische Unabhängigkeit oder in anderen Worten durch jeweils direkte Ableitung aus dem anzunehmenden, aber nicht mehr vorhandenen Ursprungstext.[12] Für die Ableitung eines Textes aus einem bereits bekannten schlägt er dagegen den Begriff der »Bearbeitung« vor[13].

Beide von BUMKE ins Feld geführten Kriterien sind nicht über Kritik erhaben und haben sie in der Forschungsdiskussion auch erfahren. Im ersten kann man zwar eine notwendige Voraussetzung für die Anwendung des Fassungsbegriffs sehen, ein hinreichendes Argument ist es aber keineswegs: Besteht

---

9 PLACHTA, Fassung, S. 567.

10 Das Reallexikon der deutschen Literaturwissenschaft bietet unter dem Lemma ›Redaktion‹ bezeichnenderweise keine Erklärung, sondern nur einen Verweis auf ›Fassung‹. Dort wird der Begriff der ›Redaktion‹ allerdings nicht behandelt.

11 BUMKE, Nibelungenklage, S. 32.

12 Ebd. S. 32.

13 Ebd. S. 45.

nicht gerade darin die spezifische Tätigkeit eines jeden planvoll vorgehenden Redaktors, dass er eine Vorlage nach eigenen Maßgaben umarbeitet und dabei grundlegende Aussagen genauso ändern kann wie stilistische Merkmale? ›Fassung‹ und ›Bearbeitung‹ wären dann also Ergebnisse ein und desselben Prozesses – nämlich der Arbeit eines eigenständigen Gestaltungswillens an einem Text –, müssten aber unterschiedlich benannt werden, weil in einem Fall eine Vorlage nur vorausgesetzt, im anderen Fall tatsächlich bekannt ist. Zu denken gibt auch die Anfrage HAUSMANNS, wie man einen Text als Ergebnis eines bestimmten Gestaltungswillens ansehen könne, ohne sich über seine Vorlage im Klaren zu sein.[14]

Mit seinem zweiten Kriterium scheint BUMKE die Formulierung eines objektivierbaren Kriteriums zur Fassungsdefinition gelungen zu sein, doch hat hier HANS-JOCHEN SCHIEWER auf ungelöste Probleme hingewiesen: Die Bindung des Terminus an eine bestimmte stemmatische Position führt insofern zu einem labilen Zustand, als ein neuer Handschriftenfund jederzeit eine bisher nicht existent gedachte Vorlage ans Licht bringen und damit »morgen aus der Fassung von heute eine Bearbeitung machen«[15] kann. Zudem sollte man ein Stemma nicht einfach als gegebene Tatsache verstehen, sondern als eine zwar begründete, aber – wie die bisweilen beobachtbare Vielzahl unterschiedlicher Stemmata zu ein und demselben Text zeigt – durchaus verhandelbare Interpretation eines Überlieferungsbefunds.

Um zu einer solideren begrifflichen Definition zu kommen, führt SCHIEWER selbst zwei Parameter ein »zur Bewertung der editorischen und literaturgeschichtlichen bzw. -wissenschaftlichen Bedeutung der überlieferten Versionen eines Textes«[16]: Er nennt sie »überlieferungsgeschichtliche und literaturgeschichtliche Relevanz«[17] und erklärt, dass sich Fassungen »durch thematisch-semantische Veränderungen auf der Ebene der Textkohärenz [auszeichnen, Anm.], die zu Neufokussierungen bzw. Fokusverschiebungen führen«[18]. Mit dem Verzicht auf eine von der stemmatischen Position abhängige Festlegung des Fassungsbegriffs gibt er konsequenterweise auch den Terminus ›Bearbeitung‹ auf, um nur noch von ›Fassungen‹ zu sprechen. Da sich die entscheidenden Größen der ›Relevanz‹ und des ›Fokus‹ schwerlich messen lassen, unterwirft SCHIEWER den Fassungsbegriff wieder der Argumentationskunst des Interpreten und schlägt lediglich Untersuchungsfelder vor, aus denen heraus Argumente gewonnen werden können.

Notwendig ist letztlich, wie PETER STROHSCHNEIDER formuliert hat, ein »Kriterium zur Unterscheidung der Unterschiede zwischen den Handschriften

---

14 Vgl. HAUSMANN, Laudines Kniefall, S. 79.
15 SCHIEWER, Fassung, S. 40.
16 Ebd., S. 40.
17 Ebd., S. 40.
18 Ebd., S. 41.

einer Fassung von den Unterschieden zwischen verschiedenen Fassungen«[19] – man darf bezweifeln, ob es sich in allgemeiner Form finden und formulieren lässt. Gerade bei kurzen, auf eine Pointe hin geschriebenen Texten, wie sie hier untersucht werden, ist das Herausarbeiten von Fassungen ein heikles Unterfangen, denn unter Umständen genügen schon minimale Differenzen für eine grundlegende Verschiebung der Aussage.[20] Im Fall des Dialogs ›Der arme Mensch‹ soll Folgendes ohne Anspruch auf Verallgemeinerbarkeit gelten: Um begrifflich zum Ausdruck zu bringen, dass sich die Texte bei aller thematischen Gemeinsamkeit durchaus in struktureller als auch inhaltlicher Hinsicht unterscheiden und diese Unterschiede im Rezeptionsprozess zu anderen Ergebnissen führen können,[21] werden sie als ›Fassungen‹ angesprochen. Ihre literarische und frömmigkeitsgeschichtliche Individualität wird in der nachfolgenden Skizze der Textgeschichte immerhin in Grundzügen aufgezeigt, kann in angemessenem Umfang aber erst in interpretatorischen Einzeluntersuchungen herausgearbeitet werden. In deutlicher Abgrenzung zu Bumke konstituieren sich die nachfolgenden Fassungen gerade nicht durch eine direkte Relation zum mutmaßlichen Original und durch stemmatische Unabhängigkeit, sondern dadurch, dass sie notwendige Stufen und Bausteine eines sich dynamisch entfaltenden Textes bilden. Im Rahmen einer Text-Geschichte könnte man fast an eine narrative Begründung des Fassungsbegriffs denken: Fassungen sind die Erzähleinheiten, aus denen sich die Text-Geschichte zusammensetzt. Der Begriff wird hier also in einem funktionalen Sinn gebraucht, um Etappen eines textgeschichtlichen Prozesses abzugrenzen und zu beschreiben.

Überblick über die Textgeschichte: Der folgende Überblick über die Textgeschichte des ›Armen Menschen‹ setzt sich aus drei Teilen zusammen: Erstens einer Beschreibung der wichtigsten Prozesse und Produkte der Textumformung, zweitens ihrer Veranschaulichung in einer Graphik und drittens einer synoptisch-textgenetischen Edition, die die Darlegungen veranschaulicht und überprüfbar macht.

---

19 Strohschneider, Rezension zu Joachim Bumke, S. 115.

20 Vgl. etwa die verschiedenen Redaktionen von ›Meister Eckharts Tochter‹, bei denen der Fokus teils auf moralischer Unterweisung, teils auf metaphysischen Aussagen liegt (vgl. die Analysen auf S. 105–121). Im Sinne der Fokusverschiebung könnte man also auch hier von ›Fassungen‹ sprechen, wenngleich die Textstruktur – anders als beim ›Armen Menschen‹ – stets weitgehend identisch bleibt.

21 Damit ist eine Kritik Hausmanns an Bumkes Begriff des ›Gestaltungswillens‹ aufgenommen: Gegen die Annahme eines Subjekts, das einen Text in einen anderen überführt und dabei einer bestimmten Idee folgt, steht die Möglichkeit einer Vielzahl von Zwischenredaktionen mit möglicherweise unterschiedlichen Zielsetzungen, die nur nicht mehr greifbar sind. Fassungen sind in diesem Sinn nicht mehr als Produkte, sondern als Rezeptionsvorgaben zu verstehen (Hausmann, Laudines Kniefall, S. 79).

Die heute noch greifbare Textgeschichte des Dialogs setzt in der Mitte des 14. Jahrhunderts mit der Handschrift Ba2 und der in ihr tradierten Fassung ›Der arme Mensch I‹, in etwa PFEIFFERS Spruch 66 entsprechend, ein (zu Handschriften, Handschriftenrelation, Edition und inhaltlicher Untersuchung vgl. Kap. 5.2). Darin liest man von einem Mann, der auf seiner Suche nach Wahrheit von Gott an einen armen Menschen verwiesen wird. Er findet ihn elend und verarmt vor einer Kirche sitzend und erhält auf seinen Gruß »Gott gebe dir einen guten Morgen« völlig unerwartet eine brüske Zurückweisung. Es kommt zu einem Gespräch, das in seinem schematischen Ablauf von großer struktureller Geschlossenheit zeugt: Insgesamt vier Segenswünsche weist der arme Mensch kommentarlos zurück, um dann auf Bitten seines ratlosen Gegenübers jeden Wunsch aufzugreifen und Stellung dazu zu beziehen. Er endet mit der Aussage, dass er seinen Willen ganz in den Willen Gottes gegeben habe und deswegen alle Geschehnisse gleichachte, ja sogar die Hölle aus Gottes Hand annehmen wolle. Dem Dialog geht ein knapper extradiegetischer Rahmen voraus, der ihn in eine fiktive Kommunikationssituation, die Predigt eines Lesemeisters vor Ordensangehörigen, hineinstellt. Die kompositorische Geschlossenheit dieser Fassung lässt einen hohen Grad von Originalität vermuten, zumal in anderen Textformen zumindest noch Grundzüge dieser Struktur zu erkennen sind. Dieser Einschätzung stehen die überlieferungsgeschichtlichen Daten zumindest nicht im Wege, denn während Fassung I neben der sehr frühen Handschrift Ba2 auch noch einige Textzeugen um 1400 aufzuweisen hat, begegnen alle anderen Ausformungen erst im fortgeschrittenen 15. Jahrhundert.

Von dieser mutmaßlich ersten Stufe der Textgeschichte ausgehend kommt es zur Verbindung des ›Armen Menschen I‹ mit der Erzählung ›Der Bruder mit den sieben Säckchen‹ und dem Exempel über einen Mann, der Jesus auf dem Rücken trug, zu einer Textfolge mit klar erkennbaren Schnittstellen.[22] In einer weiteren Bearbeitungsstufe dieses Konglomerats erhielt der Wahrheitssuchende dann den Namen ›Hugo‹, womit wohl Hugo von St. Viktor, ein bedeutender Theologe des 12. Jahrhunderts, gemeint sein sollte. Mit Blick auf den Gesamttext könnte man hier insofern für den Status einer eigenen Fassung argumentieren, als die Aneinanderreihung der drei ehemals selbstständigen Texte eine additive Erweiterung der Themen, in Anlehnung an die Terminologie SCHIEWERS eine ›Fokuserweiterung‹, mit sich bringt. Wenn hier dennoch von einer ›Redaktion‹ die Rede sein soll, dann aus den folgenden Gründen: Zum einen bleibt sowohl die kohärenzstiftende Struktur der ehemals selbstständi-

---

22 Die Textverbindung ist als Ganzes abgedruckt bei SPAMER, Texte, S. 155–159. Zur Textgeschichte des Lehrstücks ›Der Bruder mit den sieben Säckchen‹ und den mit ihm verbundenen Texten vgl. RUH, Bruder mit den sieben Säckchen, Sp. 1046. RUH beschreibt die Zusammenstellung mit dem ›Armen Menschen I‹ und dem Exempel dort zu Recht als »wenig organisch« (ebd., Sp. 1047).

gen Fassung ›Der arme Mensch I‹ genauso unverändert wie ihr Wortlaut, wenn man von einigen inhaltlich unbedeutenden Bindevarianten absieht. Zum anderen kommt dieser Zusammenstellung für die weitere Textgeschichte offensichtlich keine Bedeutung zu, da nach Ausweis der bisher bekannten Überlieferung keine neuen Textformen mehr aus ihr hervorgegangen sind. Es scheint also gerechtfertigt, die Textverbindung, so weit sie den hier zu untersuchenden Dialog betrifft, im Zusammenhang mit dem ›Armen Menschen I‹ zu behandeln.

Weder in den Abdrucken PFEIFFERS noch im Verfasserlexikonartikel von RUH erscheint eine Textform, die sich sowohl in inhaltlicher wie auch in struktureller Hinsicht deutlich vom ›Armen Menschen I‹ abhebt: Es gibt hier keine extradiegetische Rahmung, die Rolle des Wahrheitssuchenden ist mit einem Lesemeister besetzt und statt mit einer Wunsch-für-Wunsch-Auslegung erläutert der arme Mensch seine Lebenshaltung mit einer theologischen Programmaussage und einer daran anschließenden Reihe von Beispielen. Mit deutlich anderem Akzent ist auch die Frage nach der Hölle abgehandelt. Diese inhaltlichen Unterschiede einerseits und die produktive Weiterverarbeitung in der Geschichte des Dialogs andererseits begründen für diese Textform den Status einer eigenen Fassung als ›Der arme Mensch II‹ (vgl. Handschriften, Edition und Untersuchungen in Kap. 5.3).

Nicht leicht zu klären ist das Verhältnis der ersten zur zweiten Dialogfassung des ›Armen Menschen‹: Denkbar wäre, dass beide als gleichursprünglich anzusehen sind und dass beide mit je eigenen Abweichungen auf ein verlorenes Original zurückgehen. Diese Konstellation könnte sowohl die Übereinstimmungen in der Grobstruktur der beiden Texte als auch ihre unterschiedliche inhaltliche Ausführung erklären. Einige Divergenzen lassen sich aber besser so interpretieren, dass Fassung I die Vorstufe für Fassung II bildete: Dass ›Der arme Mensch II‹ keinen Erzählrahmen hat, mag etwa daran liegen, dass er schlicht als überflüssig empfunden wurde – immerhin trägt er zum Verständnis des Gesprächs selbst nichts bei und fehlt bereits in einer Reihe von ›Der arme Mensch I‹-Handschriften. Gleichwohl gibt es Anzeichen dafür, dass der Rahmen Spuren hinterlassen haben könnte: Während in Fassung I ein nicht näher bezeichneter Mann mit dem armen Menschen spricht, ist es in Fassung II ein Lesemeister. Denkbar, dass diese markante Figur aus dem ursprünglich vorauszusetzenden Erzählrahmen in den Binnentext importiert worden ist und damit zumindest in diesem Punkt Fassung II von Fassung I abhängt.[23] In

23 Die umgekehrte Option, die Verschiebung des Lesemeisters aus der Binnenerzählung in einen nachträglich vorangestellten Erzählrahmen, vermag nicht zu überzeugen. Als Motiv müsste man sich ein gewisses Unbehagen mit der Figur eines unwissenden und verunsicherten Lesemeisters vorstellen, doch zum einen kann man daraus nicht die Konstruktion eines Rahmens ableiten und zum anderen gibt es genügend literarische Parallelen, das ›Meisterbuch‹, das ›Frauchen von 22 (21) Jahren‹ oder ›Schwester Katrei‹

dieselbe Richtung deutet auch eine Beobachtung zur Feinstruktur der Dialoge: ›Der arme Mensch I‹ präsentiert sich durch die Wunsch-für-Wunsch-Auslegung mit steigerndem Aufbau in großer formaler Geschlossenheit, einer Geschlossenheit, wie sie in ›Meister Eckharts Tochter‹ in der sukzessiven Explikation der Prädikate in vergleichbarer Form zu beobachten war (vgl. S. 96 f.). Es scheint wahrscheinlicher, dass diese strukturellen Parallelen Zeichen eines gemeinsamen ursprünglichen Formwillens sind, als etwa das Ergebnis einer Umformung des wesentlich freier aufgebauten ›Armen Menschen II‹. Für die unterschiedliche Ausgestaltung der Höllenfrage werden aus der Inhaltsanalyse Überlegungen hervorgehen, die die Variante des ›Armen Menschen II‹ als Beseitigung einer – scheinbaren – Inkohärenz in Fassung I verständlich machen (vgl. S. 229–231).

Nach den hier skizzierten Argumenten scheint die Abhängigkeit der Fassung II von Fassung I als das wahrscheinlichere Szenario im Verhältnis der beiden Dialogformen.

Pfeiffers Spruch 67, der hier als Dialogfassung ›Der arme Mensch III‹ behandelt werden soll, kompiliert die Fassung I oder II – für ein sicheres Urteil ist die Textbasis zu schmal – in stark verkürzter Paraphrase mit dem Dialog ›Meister Eckhart und der nackte Knabe‹ zu einem geschlossenen Text:[24] Auf den Guten-Morgen-Wunsch mit einer leicht erweiterten Antwort folgt der Gesprächsteil aus ›Meister Eckhart und der nackte Knabe‹, wobei der arme Mensch den Gesprächspart des Gott-Knaben übernimmt. Einige neu hinzugekommene Redestücke beschließen den Text.

Der Fokus erweitert sich in dieser Textkompilation von der konzentrierten Thematik des Leidens und der demütigen Selbstüberantwortung in den Willen Gottes um allgemein frömmigkeitsbildende Konzepte wie den Rückzug ins Innere oder die Praxis einer *vita contemplativa*. Bezeichnenderweise heißt erst in dieser Fassung der Gesprächspartner des armen Menschen ›Meister Eckhart‹ – ein Ergebnis der Verbindung mit ›Meister Eckhart und der nackte Knabe‹, wo der Name stabil überliefert ist (zu Edition und Analyse des ›Armen Menschen III‹ vgl. Kap. 5.4).

Die Fassungen II und III wurden im weiteren Verlauf der Überlieferungsgeschichte in eine unmittelbare Abfolge gebracht, ohne dass dabei ihre Selbstständigkeit aufgegeben worden wäre: Die fünf Handschriften, die heute dieses Entwicklungsstadium dokumentieren, bieten nacheinander die Dialoge ›Der

etwa, in denen eine ebensolche Darstellung eines Gelehrten in der Textgeschichte ohne Weiteres hingenommen wurde.

24 Den kompilatorischen Charakter dieses Textes beschrieb bereits Eva Lüders (dies., Meister Eckehartes Wirtschaft, S. 109), die damals aber nur Fassung I des ›Armen Menschen‹ kannte.

arme Mensch II‹ und ›Der arme Mensch III‹, wobei beide durch Initialen, freigelassene Zeilen und zum Teil auch eigene Überschriften deutlich als eigenständige Texte markiert sind (zu diesem Stadium der Textgeschichte vgl. die mittlere Spalte der synoptisch-textgenetischen Edition, die genau diesen Zustand nach der Handschrift Kn2 dokumentiert).

In eben dieser Überlieferungssymbiose dürfte die Voraussetzung für die spätere Fassung ›Der arme Mensch IV‹ zu sehen sein: Sie bot mit Fassung II zunächst einen in sich geschlossenen Text, um dann mit dem Guten-Morgen-Wunsch aus Fassung III gewissermaßen wieder von vorne einzusetzen. Diese Irritation ließ sich nun einfach beseitigen, indem der erste Teil des ›Armen Menschen III‹ – die verkürzte Paraphrase von Fassung I oder II – gestrichen wurde, um seine weiteren Elemente dann an den vorausgegangenen Dialog anzuhängen. Das Ergebnis war eine Kompilation aus ›Der arme Menschen II‹, ›Meister Eckhart und der nackte Knabe‹ sowie den Zusatzstücken aus ›Der arme Mensch III‹ in Gestalt eines alles umspannenden Dialogtextes. Möglicherweise weil der Name ›Eckhart‹ genau in der gestrichenen Passage enthalten war, ist dabei der Gesprächspartner des armen Menschen wieder anonym geworden.

Den spezifischen Charakter dieser vierten Fassung prägen zudem einige Umformulierungen und Ergänzungen, die auf einen theologisch bewanderten Redaktor schließen lassen. Dies umso mehr, als man aufgrund einiger später zu erläuternden Lesarten einen lateinischen Text am Anfang dieser Tradition vermuten darf (zu Edition und Analyse des ›Armen Menschen IV‹ vgl. Kap. 5.5).

Das in ›Der arme Mensch IV‹ vorliegende Textmodell ging im 16. Jahrhundert in den Kölner Taulerdruck ein, wobei die Redaktoren auch ältere Fassungen aus der inzwischen reichen Textgeschichte heranzogen. So ersetzten sie den ersten Teil der Textkombination, den ›Armen Mensch II‹, durch den ›Armen Mensch I‹, den sie einer ihrer Hauptquellen, dem Basler Taulerdruck, entnehmen konnten. Es begegnen punktuell auch einige ältere, von Fassung IV nicht mehr überlieferte Lesarten, die eine Benutzung etwa der Textfolge aus Fassung II und III wahrscheinlich machen. Die im Kölner Taulerdruck fixierte Textgestalt zeigt zwar keinerlei eigene kreative Kraft, entfaltet aber durch die zahlenmäßig weitaus größere Drucküberlieferung, durch die Aufnahme in den lateinischen Surius-Tauler und durch die davon ausgehenden Übersetzungen in andere europäische Sprachen eine große überlieferungsgeschichtliche Relevanz. Als Dialogfassung ›Der arme Mensch V‹ ist diese Textgestalt in Kap. 5.6 ediert und textgeschichtlich aufgeschlüsselt, in die synoptische Darstellung ist sie aus pragmatischen Gründen nicht aufgenommen.

Nur in niederländischen Handschriften überliefert ist ein Nebenprodukt der Textgeschichte des Dialogs vom ›Armen Menschen‹, das schon auf der Schwelle zu einem eigenen Text angesiedelt werden muss: Es handelt sich dabei um ein Gespräch zwischen einem heiligen Vater und dem Schüler eines anderen heiligen Vaters. Die Unterredung beginnt mit dem Guten-Morgen-Wunsch, der allerdings nicht mehr zurückgewiesen wird und auch keine Erörterung der Leid-Problematik mehr anstößt. Es folgt eine Reihe von Fragen, die dem Dialog ›Meister Eckhart und der nackte Knabe‹ entstammen und in die Fassung ›Der arme Mensch III‹ eingegangen sind. Den weitaus größten Teil des Gesprächs bilden dann aber solche Redesegmente, die aus gänzlich anderen Texten entnommen oder neu geschaffen wurden. Als Quelle dieses ›Vader-Discipel-Dialogs‹ muss unter anderem ›Der arme Mensch III‹, entweder in der Einzelüberlieferung oder im Verbund mit Fassung II, gedient haben (zu Edition und einigen inhaltlichen Bemerkungen vgl. Kap. 5.7).

Die vorgetragenen Überlegungen sind in nachfolgender Grafik zusammengefasst. Dabei stehen die Kreise – falls nicht anders angegeben – für Textfassungen, die Kästen zeigen die jeweils zugehörigen Überlieferungsträger, die Pfeile bezeichnen Textumformungen oder -zusammenstellungen, wobei die Strichelung mögliche Alternativen anzeigt. Handschriften ohne Sigle in der Eckhartphilologie sind mit Asterisk gekennzeichnet und in kursiv gesetzten Handschriften heißt einer der Gesprächspartner ›Eckhart‹.

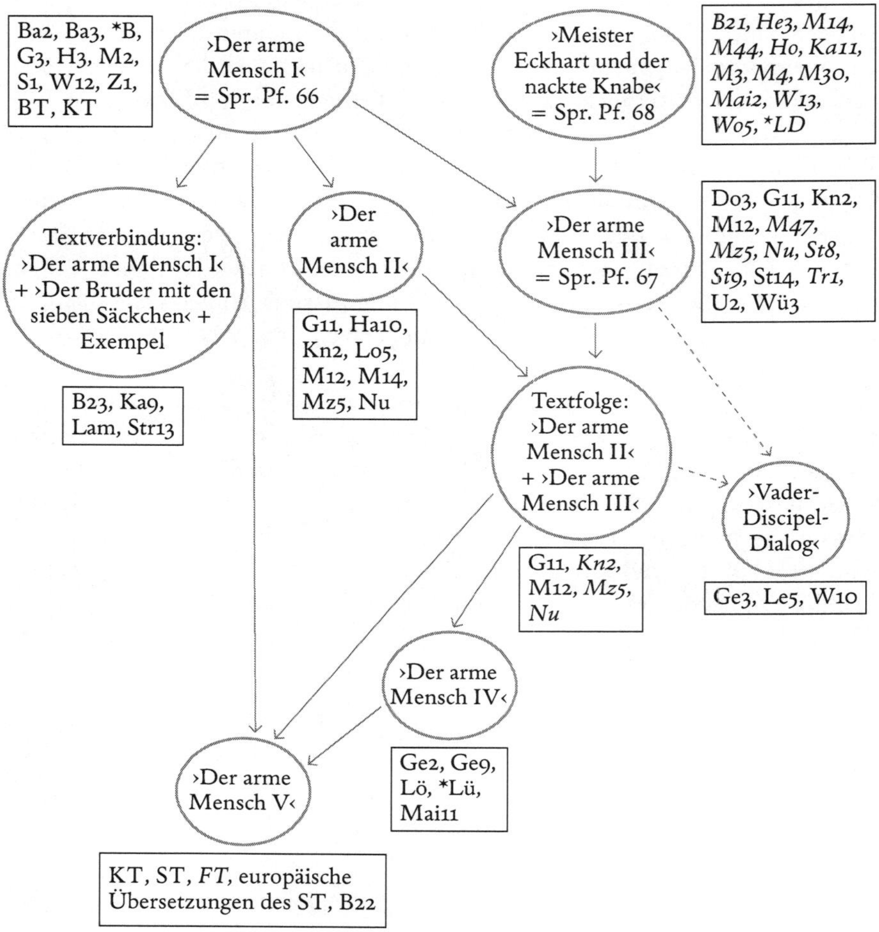


Abb. 2: Textgeschichte der Dialoggruppe ›Der arme Mensch‹

Tabellarischer Überblick über die Handschriften der Dialoggruppe in alphabetischer Reihenfolge:

| ›Der arme Mensch I‹ | | | |
|---|---|---|---|
| *B | Berlin, Staatsbibliothek zu Berlin – Preußischer Kulturbesitz, Ms. germ. fol. 863 | fol. $195^{rb}$–$196^{ra}$ | vgl. S. 195 f. |
| Ba2 | Basel, Öffentliche Bibliothek der Universität, Cod. B IX 15 | fol. $209^{ra-va}$ | vgl. S. 192–194 |
| Ba3 | Basel, Öffentliche Bibliothek der Universität, Cod. A X 117 | fol. $241^{r}$–$242^{r}$ | vgl. S. 197 f. |
| BT | Basler Taulerdruck | fol. $191^{rb-vb}$ | vgl. S. 199–201 |
| G3 | St. Gallen, Stiftsbibliothek, Cod. 966 | S. 50–52 | vgl. S. 195 |
| H3 | Hamburg, Staats- und Universitätsbibliothek, Cod. Theol 2194 | fol. $188^{r}$–$189^{r}$ | vgl. S. 199 |
| KT | Kölner Taulerdruck | fol. $338^{ra}$–$338^{va}$ | vgl. S. 201 f. |
| Lo5 | nicht erhalten | | |
| M2 | München, Bayerische Staatsbibliothek, Cgm 365 | fol. $166^{r}$–$168^{r}$ | vgl. S. 194 |
| S1 | Salzburg, Universitätsbibliothek, Cod. M I 476 | fol. $222^{r-v}$ | vgl. S. 198 f. |
| W12 | Wien, Österreichische Nationalbibliothek, Cod. 3845 | fol. $123^{r}$–$124^{r}$ | vgl. S. 196 |
| Z1 | Zürich, Zentralbibliothek, Ms. A 131 | fol. $54^{v}$–$55^{r}$ | vgl. S. 195 |

| ›Der arme Mensch I‹ in Verbindung mit ›Der Bruder mit den sieben Säckchen‹ | | | |
|---|---|---|---|
| B23 | Berlin, Staatsbibliothek zu Berlin – Preußischer Kulturbesitz, Ms. germ. oct. 328 | fol. $294^{r}$–$299^{r}$ | vgl. S. 203 f. |
| Ka9 | Karlsruhe, Badische Landesbibliothek, Cod. Lichtenthal 87 | fol. $202^{v}$–$206^{r}$ | vgl. S. 202 f. |

| | | | |
|---|---|---|---|
| Lam | Lambach, Stiftsbibliothek, Cod. Chart. 247 | fol. 267$^{r}$–270$^{v}$ | vgl. S. 203 |
| Str13 | Straßburg, National- und Universitätsbibliothek, ms. 2122 | fol. 77$^{v}$–79$^{v}$ | vgl. S. 203 |

›Der arme Mensch II‹

| | | | |
|---|---|---|---|
| G11 | St. Gallen, Stiftsbibliothek, Cod. 1854 | fol. 93$^{v}$–98$^{r}$ | vgl. S. 247 |
| Ha10 | Den Haag / ’s-Gravenhage, Königliche Bibliothek, Cod. 133 F 22 | fol. 84$^{r}$–85$^{v}$ | vgl. S. 246 |
| Kn2 | Köln, Historisches Archiv der Stadt, Best. 7004 (GB 4°) 32 | fol. 61$^{r}$–61$^{v}$ | vgl. S. 246 f. |
| M12 | München, Bayerische Staatsbibliothek, Cgm 861 | fol. 65$^{r}$–67$^{v}$ | vgl. S. 248 |
| M14 | München, Bayerische Staatsbibliothek, Cgm 702 | fol. 162$^{v}$–163$^{r}$ | vgl. S. 138 |
| Mz5 | Mainz, Martinus-Bibliothek, Hs. 33 | fol. 83$^{v}$–85$^{r}$ | vgl. S. 247 |
| Nu | Maastricht, Regionaal Historisch Centrum Limburg, Ms. 479 | fol. 269$^{r}$–270$^{r}$ | vgl. S. 245 |

›Der arme Mensch III‹

| | | | |
|---|---|---|---|
| Do3 | Karlsruhe, Badische Landesbibliothek, Cod. Donaueschingen 365 | fol. 79$^{v}$–81$^{r}$ | vgl. S. 271 |
| G11 | St. Gallen, Stiftsbibliothek, Cod. 1854 | fol. 98$^{r}$–101$^{r}$ | vgl. S. 247 |
| Kn2 | Köln, Historisches Archiv der Stadt, Best. 7004 (GB 4°) 32 | fol. 61$^{v}$–62$^{r}$ | vgl. S. 246 f. |
| M12 | München, Bayerische Staatsbibliothek, Cgm 861 | fol. 67$^{v}$–69$^{v}$ | vgl. S. 248 |
| M47 | München, Bayerische Staatsbibliothek, Cgm 4476 | fol. 94$^{r}$–96$^{v}$ | vgl. S. 269 |
| Mz5 | Mainz, Martinus-Bibliothek, Hs. 33 | fol. 85$^{r}$–86$^{r}$ | vgl. S. 247 |

| | | | |
|---|---|---|---|
| Nu | Maastricht, Regionaal Historisch Centrum Limburg, Ms. 479 | fol. 270$^{r}$–271$^{r}$ | vgl. S. 245 |
| St8 | Stuttgart, Württembergische Landesbibliothek, Cod. theol. et phil. 4° 50 | fol. 103$^{r}$–103$^{v}$ | vgl. S. 268 |
| St9 | Stuttgart, Württembergische Landesbibliothek, Cod. theol. et phil. 8° 18 | fol. 204$^{v}$–205$^{r}$ | vgl. S. 268 |
| St14 | Stuttgart, Württembergische Landesbibliothek, Cod. Don. A III 54 | fol. 32$^{v}$–33$^{r}$ | vgl. S. 269–271 |
| Tr1 | Trier, Stadtbibliothek, Hs. 769/823 8° | fol. 138$^{r}$ | vgl. S. 267 f. |
| U2 | Utrecht, Universitätsbibliothek, Ms. 8 L 6 | S. 293–295 | vgl. S. 267 |
| Wü3 | Würzburg, Staatsarchiv, Ms. fol. 31 | fol. 11$^{v}$ | vgl. S. 272 |

›Der arme Mensch IV‹

| | | | |
|---|---|---|---|
| Ge2 | Gent, Universitätsbibliothek, Hs. 1344 | fol. 34$^{v}$–38$^{r}$ | vgl. S. 289 |
| Ge9 | Gent, Universitätsbibliothek, Hs. 1376 | fol. 245$^{r}$–246$^{r}$ | vgl. S. 288 f. |
| Lö | Löwen, Universitätsbibliothek, Cod. G 71 (verbrannt) | fol. 130$^{v}$–132$^{v}$ | vgl. S. 289 |
| *Lü | Lüttich, Universitätsbibliothek, ms. 321 | fol. 130$^{v}$–132$^{v}$ | vgl. S. 290 |
| Mai11 | Augsburg, Universitätsbibliothek, Cod. III.1.4° 36 | fol. 158$^{v}$–160$^{r}$ | vgl. S. 290 |

›Der arme Mensch V‹

| | | | |
|---|---|---|---|
| B22 | Berlin, Staatsbibliothek zu Berlin – Preußischer Kulturbesitz, Ms. germ. fol. 243 | fol. 61$^{ra}$–61$^{va}$ | vgl. S. 322 |
| FT$^{2}$ | Frankfurter Taulerdruck 1670 | S. 470–473 | vgl. S. 322 |
| KT | Kölner Taulerdruck | fol. 338$^{ra}$–338$^{va}$ | vgl. S. 201 f. |

| | | | |
|---|---|---|---|
| Ndl. T 1 | Niederländische Übersetzung des Kölner Taulerdrucks 1557 | Kap. 66 (ohne Seitenzählung) | vgl. S. 320 f. |
| Ndl. T 2 | Niederländische Übersetzung des Kölner Taulerdrucks 1565 | fol. 261$^{v}$–262$^{r}$ | vgl. S. 321 f. |
| ST | Surius-Tauler | S. cviii | vgl. S. 319 f. |

| ›Vader-Discipel-Dialog‹ | | | |
|---|---|---|---|
| Ge3 | Gent, Universitätsbibliothek, Hs. 1305 | S. 125–126 | vgl. S. 328 |
| Le5 | Leiden, Universitätsbibliothek, Cod. Ltk. 261 | fol. 261$^{v}$–263$^{v}$ | vgl. S. 328 |
| W10 | Wien, Österreichische Nationalbibliothek, Cod. Ser. nova 12875 | fol. 152$^{r}$–153$^{r}$ | vgl. S. 328 f. |

Die nachfolgend dargebotene synoptisch-textgenetische Darstellung will die beschriebenen Prozesse am konkreten Textmaterial nachvollziehbar und überprüfbar machen. Von links nach rechts gelesen erlaubt sie ein diachrones Studium der Entwicklung der Dialoggruppe von Fassung I bis Fassung IV, sowohl was konkrete Inhalte als auch Techniken der Textbearbeitung – hier vor allem das Umschreiben, Kompilieren und Zusammenführen von Textbausteinen – anbelangt. Dazu einige Hinweise zur Benutzung:

- Die synoptisch gesetzten Texte entsprechen den Leittexten der jeweiligen Einzeleditionen der nachfolgenden Kapitel.
- Wo möglich, wurde eine zeilengenaue Entsprechung hergestellt, ansonsten eine sinngemäße.
- Die erste Spalte von links bietet zur besseren Orientierung eine Benennung von Sinnabschnitten.
- Die Zusammenstellung der Dialoge ›Der arme Mensch I‹ und ›Meister Eckhart und der nackte Knabe‹ in der zweiten Spalte von links ist eine darstellerische Notwendigkeit und so in keiner Handschrift bezeugt.
- Die Zusammenstellung der Dialoge ›Der arme Mensch II‹ und ›Der arme Mensch III‹ in der dritten Spalte von links findet sich genau so in Kn2 und einigen anderen Handschriften und gibt damit exakt die in den Erläuterungen und in der Grafik beschriebene Textfolge wieder.

## Synoptisch-textgenetische Edition der Dialoggruppe ›Der arme Mensch‹

| | ›Der arme Mensch I‹<br>nach M2, fol. $188^{r}$–$189^{r}$ |
|---|---|
| Titel | |
| Erzählrahmen | Ain hocher lesmaister sprach ain mer an ainer predig zu ainem capitel, das ain man was, von dem liset man in der heyligen geschrift, |
| Bitte um Weisung | das er begert het acht iar, das im got zayget ainen menschen, der in weiste den weg der warhait. |
| Antwort Gottes | Und do er was in ainer grossen begerung do kam ain stymm von got und sprach zu im: »Gee für die kürchen, do vindestu ainen menschen, der dich sol den weg der warhait weysen.« |
| Armer Mensch | Und er gieng weg und vand ainen armen man, dem sein fúesz zerschrunden waren und voll kotes und alle seine klaider waren nit dreyer pfenning wert. |
| Segens-Wünsche und ihre Abweisung | Er grůst in und sprach: »Got geb dir gueten morgen!« Und er sprach: »Ich gewan nie poͦsen morgen.«<br><br>Er sprach: »Das dir got gelůck geb! Wie antwurtest du mir so?«<br>Und er sprach: »Ich gewan nie ungelůck.«<br><br>Er sprach aber: »Daz du selig seist! Wie antwurtest du mir so?«<br><br>Er sprach: »Ich ward nye unselig.«<br><br>Do sprach er: »Das dir got hail geb! Berichte mich dicz, wan ich kan sein nit versten.« Er sprach: »Das tůn ich. |

| ›Der arme Mensch II‹ nach Kn2, fol. $61^{r}$–$61^{v}$ | ›Der arme Mensch IV‹ nach Ge9, fol. $245^{r}$–$246^{r}$ |
|---|---|
| | Exemplum edificativum et mirabile |
| Id was eyn grois lesemeyster, der begerde van gode zo wissen, wilche die alre neiste wairheyt were, da der mensche zo komen moichte in der zijt. Des begerde hey viij yair mit grosser begerden ind ernst | Legitur quod fuit quedam magister qui desideravit a deo scire que via esset conpendiosior ac brevior perveniendi ad deum in hac vita. Pro hac re octo annis ingenti et ardenti desiderio dominum suppliciter exoravit ut sibi dignaretur hoc revelare. |
| ind in dem eichten yar, do wart eme geantwort van gode: »Du salt gain vur die kirche, da vintzstu eynen armen menschen, der sal dir sagen die wairheyt. Der hait an syme lyve kume dryer penninck wert goides.« | In octavo autem anno responsum accepit a deo ut iret ante ecclesiam et ibi inveniret hominem pauperem suum desiderium sibi indicaturum. |
| Der meyster quam ind vant den armen menschen ind do waren eme sine voisse zospalden, man moechte eme gerstenkorner hain dar in geleyt. | Venit ergo ille magister ante ecclesiam et invenit ibi pauperem vilissimis vestibus et pauperibus indutum nudum pedibus valde confractis et vulneratis. |
| Der meyster sprach: »Got geve dir guiden morgen.« Der arme mensche sprach: »Ich engewan nye bo̊sen morgen.«<br><br>Der meyster sprach: »Dat dich got selich mache! Wie antwortz du mir also?«<br>Der arme mensche sprach: »Ich enwart nye unselich.«<br>Der meister sprach: »Dat dir got gelucke geve! Wie antwortz du mir so? Antworde mir recht!«<br>Der arme mensche sprach: »Ich engewan nye ungelucke. | Magister ergo salutavit eum dicens: »Deus concedat tibi bonum mane.« Ad quem pauper: »Ego numquam habui malum mane.«<br>Magister ait: »Deus te felicem faciat. Quomodo mihi sic respondes?«<br>Cui pauper: »Ego numquam fui miser nec miserabilis.«<br>Ad quem iterum magister: »Deus concedat tibi bonam fortunam. Quomodo mihi sic respondes?«<br>Respondit pauper: »Ego numquam habui malam fortunam |

| | |
|---|---|
| Begründung der Abweisung | Du spracht zu mir, das mir got gueten morgen geb. Do sprach ich: ›Ich gewan nie posen morgen‹: Hungert mich, darumb lob ich got. Freuszt mich, darumb lob ich got. Pin ich ellend und versmåht, so lob ich got. Und darumb, so gewan ich nie poͤsen morgen.<br><br>Do du spracht, das mir got geluck geb, do sprach ich: ›Ich gewan nye ungelůck‹, wann was mir got gab oder uber mich verhengte, ez wer lieb oder laid, saur oder süesz, das nam ich alles von got für das pest. Darumb gewan ich nye ungeluck. Du sprachst, daz mich got selig mache. Do sprach ich: ›Ich ward nye unselig‹, wann ich hab meinen willen also gegeben in gotes willen alz genczleichen, was got wil, daz wil auch ich. Und darumb ward ich nye unselig, wan ich wold alain gotes willen und sin ere.« |
| Hölle | »Ach lieber mensch, ob dich nu got wolt in dy hell werffen, was woltestu darzu sprechen?«<br>Do sprach er: »Mich in dy hell werffen? Daz trucz im in sein aug! |
| Zwei Arme | Noch dann wurff er mich in dy hell, so han ich czwen arm da mit ich in umb vienge: Ain arm der demůtikait, den leget ich under in, und umb vieng in mit dem arm der minne.«<br><br>Also sprach er: »Ich wil lieber in der hell sein und das ich got hab, dann in dem himmelreich, und daz ich got nit enhab.« |
| Schlussformel | |

| | |
|---|---|
| Mer, ich hain mich gode also gelaissen, allit, dat hey deit, dat donckt mich goit: | quia scio sic cum deo conversari quod omnia prospera et adversa equanimiter libenter et gratanter sustineo et intelligo ab eo omnia bene fieri. |
| Bin ich sieche, in gotz namen. Bin ich gesont, ever in gotz namen. Bin ich arme, in gotz namen. Bin ich rich, ever in gotz namen. | Quia si voluit ut sim infirmus vel sanus in nomine domini, si pauper vel dives in nomine domini, |
| | si vitam dederit vel mortem in nomine domini, |
| Sterven mir myne vrunt, in gotz namen. Bliven sy mir leven, ever in gots namen. Is it schone weder, in gots namen. Is it ungeneytlich weder, ever in gotz namen.« | si vixerint amici vel obierint in nomine domini, sive sit aura serena sive turbida in nomine domini.« |

| | |
|---|---|
| Doe sprach der meyster: »Sage mir, lieve mensche, wulde dich got in die helle haven, wie wuldestu dann dem doin?« Do sprach der arme mensche: »Als mere in der helle as in dem hemel. Wulde got, hey machde mir wail eyn hemelrich in der helle. | Tunc interrogavit eum magister: »Quod diceres si deus te vellet ponere in inferno?« Respondit pauper: »Tam libenter essem in inferno sicut in celo. |
| Ich hain zwene armen: Myt myme lurtzen arme hain ich sine mynnicliche mynscheyt umbvangen also gar, dat ich van eme nyet enmach, ind myt mynem rechten arme sine gotheyt. Ind ich bin myt eme also vereyniget, dat ich nyet enmach willen anders, dan dat got wilt. Mer, ich sagen eme, sal ich in die helle, hey mois ouch dar in.« | Quia ita coniunctus sum deo per sinistrum brachium ad eius humanitatem quod ab eo separari non possum et per dextrum brachium ita unitus sum ad eius deitatem ut omnino aliud velle non possum quam quod deus vult. Quapropter dico ei fiducialiter si omnino decreverit me ponere in inferno quod oportet eum me sequi et esse mecum ibi.« |
| Der grosse lesemeyster ginck heym ind was underwijset der neister wairheyt myt der grosser gelaissenheyt, so man in der zijt haven mach. | Tunc intellexit magister ille quod vera submissio deo in omnibus est via proximior et conpendiosior ad deum perveniendi que possit inveniri in hac vita. |

Eckhart und der arme Mensch

›Meister Eckhart und der nackte Knabe‹
nach M44, fol. $54^{r}$

Meister Eckarten bekam ein schoner nackender bůbe.

---

Fragereihe ›Gott‹

Do fraget er in, wannan er ko̊me.

Er sprach: »Ich kum von gote.« »Wo liesse dú in?«
»In tugenthaften hertzen.«
»War wiltu?« »Zů got.«
»Wo vindestu in?«
»Do ich alle creature liez.«

---

Fragereihe ›König‹

»Wer bistu?«
»Ein kunig.«

»Wo ist din kunigrich?«

›Der arme Mensch III‹
nach Kn2, fol. 61$^{v}$–62$^{r}$

Meyster Eckart sprach zo eyme armen menschen: »Got geve dir guiden morgen.« Der arme mensche sprach: »Here, den hait selver, want ich engewan nye geynen boesen morgen. Want allet, dat mir got zo liden ye gegaiff, dat leyt ich vroilichen durch got ind duichte mich des unwirdigh sin ind darumb wart ich nye truerich noch bedroeft.«

| | |
|---|---|
| Der meyster sprach: »Wanne komestu?« | Tunc interrogauit eum magister: »Unde huc venisti?« |
| Hey antwort: »Van gode.« | Respondit pauper: »A deo.« |
| Hey vraigde: »Wae vinstu got?« Hey antwort: »Da ich alle creaturen liesz, da vant ich got.« | Dixit ei magister: »Unde invenisti eum?« Respondit pauper: »Ubi dimisi omnes creaturas ibi inveni deum quia semper oportet quod homo reperiat creatorem vel creaturam.« |
| Hey sprach: »Wa hais du dan got gelaissen?« Hey antwort: »In allen reynen luteren hertzen.« | Dicit ei magister: »Ubi dimisisti deum?« Respondit pauper: »In mundis cordibus et hominibus bone voluntatis.« |
| Hey sprach: »Wat mans bistu?« Hey antwort: »Ich bin eyn konynck.« Der meister sprach: »Warover bistu eyn konynck?« Hey antwort: »Over myn vleische, want alle, des myn geist ye begerde, darzo was myn vleische noch behender ind snelre zo wirken ind zo liden, dan myn geyst zo ontfangen.« | Dicit ei magister: »Qualis homo es tu et cuius conditionis?« Ad quem pauper: »Ego sum rex.« |
| Der meyster sprach: | Dicit ei magister: »Quomodo es tu rex cum sis ita pauper? |
| »Eyn koninck mois eyn konynckrich haven. Wae is dan dyne riche?« | Rex habet regnum. Si ergo es rex ubi est regnum tuum?« |

»In minem hertzen.«

»Hůte, daz es ieman mit dir besitze.« »Ich tůn.« Do fůrt er in in sin celle. »Nim, welhen rog dú wilt.« »So were ich nit ein kunig« und verswant. Do waz es got selber gewesen und het got mit im gekúrtzwilet.

---

Sinne und Seele

---

Heiligkeit

| | |
|---|---|
| Hey antwort: »In myner selen.« | Respondit pauper: »In anima mea.« |
| Der meister sprach, wie hey so antworde. »Wanne dat ich die porten mynre vonff synne beslossen hain | Dicit ei magister: »Quomodo?« Respondit pauper: »Quia scio sic regere sensus meos tam interiores quam exteriores quod omnis appetitus meus et vires anime mee scilicet concupiscibilis irascibilis et rationalis sunt sub me |
| inde also gotz myt gantzem ernste begeren, so vinden ich got in mynre selen also cleirlichen inde also vroelichen, als hey is in dem ewigen leven.« | et sic quando quero deum toto affectu reperio eum in anima mea per gratiam et semper letus sum quando de deo cogito.« |
| Der meyster sprach: »Du machs heilig sin. Wer hait dich heilig gemacht?« Hey antwort: »Dat hait gedain myn stille swigen ind myn hoge gedencken ind myn vereynungen myt gode. Dat hait mich in den hemel getzoegen, want ich enkonde nye gerasten in eynchen dingen, dat mynner was dan got. Nu hain ich got gefonden ind hain raste ind vreden ewiclichen in got ind dat geyt in zijt over alle konynkrich.« | Et istud est regnum maius omni regno quia numquam corrumpetur unde servire deo regnare est. |

## *5.2 Der Kurzdialog ›Der arme Mensch I‹ – Wollen, was Gott will*

Aus einer scheinbaren Paradoxie heraus entwickelt der Kurzdialog ›Der arme Mensch I‹ sein Thema: Ein offensichtlich vom Leid schwer geprüfter Mann erklärt hier, warum er nie einen schlechten Morgen erlebt hat, und entfaltet dabei eine Theologie der Schicksalsaffirmation, der Gerechtigkeit und der Demut. Nicht trotz, sondern gerade wegen seiner bedingungslosen Ergebenheit hat er aber eine solche Macht gewonnen, dass Gott selbst ihm bis in die Hölle nachfolgen müsste.

Die Überlieferung des Dialogs erstreckt sich nach Ausweis der überkommenen Textzeugen von der zweiten Hälfte des 14. Jahrhunderts bis weit ins 17. Jahrhundert hinein. Den geographischen Schwerpunkt bildet dabei der alemannische Raum mit drei Handschriften vor oder um 1400, zu denen spätere Textzeugen aus dem niederländischen und dem bairischen Sprachraum kommen. Dasselbe weitläufige Gebiet deckt auch die Textverbindung aus ›Der arme Mensch I‹, ›Der Bruder mit den sieben Säckchen‹ und dem Exempel vom Mann, der Jesus auf dem Rücken trug, ab, wie aus den vier bekannten Textzeugen zu ersehen ist.

### *5.2.1 Textkonstitution*

Handschriftenbeschreibungen

Die folgende Aufstellung von Handschriften basiert auf ECKHART TRIEBELS Textzeugenliste zu Spr. Pf. 66, der weitgehend dem Dialog ›Der arme Mensch I‹ entspricht.[25] Es ergeben sich dazu folgende Anmerkungen und Korrekturen: Die textgeschichtliche Differenzierung der Überlieferung in verschiedene Fassungen erlaubt jetzt eine präzisere Zuordnung von Handschriften, wonach Lo5, Ha10, Kn2, M12, M14 sowie Nu Fassung II und Ge2, Ge9, Lö sowie Mai11 Fassung IV bezeugen – sie sind also nicht mehr im Zusammenhang mit dem ›Armen Menschen I‹ zu behandeln. Fälschlich als Textzeugen von ›Der arme Mensch I‹ aufgeführt sind bei TRIEBEL die Handschriften Den Haag / ’s-Gravenhage, Koninklijke Bibliotheek, Cod. 73 G 29 (Ha8)[26], Staatsbibliothek zu

---

25 Vgl. www.eckhart.de unter dem Reiter Texte / Eckhart-Legenden (letzter Aufruf am 04.01.2019). Berücksichtigt wurde auch die über einen separaten Link zugängliche Liste weiterer Textzeugen zu Spr. Pf. 66.

26 Die Identifikation erfolgte durch QUINT, Neue Funde zur handschriftlichen Überlieferung, S. 380. Auf den dort angegebenen Seiten findet sich in der Handschrift ein geistlicher Kurztext mit der Überschrift *Dit sijn neghen scoen punten die ghetoent waren enen heylighen man* (fol. 73r); eigene Übersetzung: »Hier folgen neun fromme Weisungen, die einem heiligen Mann offenbart wurden.« Es lassen sich keine Verbindungen mit ›Der arme Mensch I‹ feststellen.

Berlin – Preußischer Kulturbesitz, Ms. germ. fol. 823 (B49)[27] sowie Staatsbibliothek zu Berlin – Preußischer Kulturbesitz, Hdschr. 411 (B39)[28]. Eine Überprüfung war infolge fehlender Stellenangaben nicht möglich für die Handschriften Staatsbibliothek zu Berlin – Preußischer Kulturbesitz, Ms. germ. fol. 1313 (B44) und Brügge, Stadtbibliothek, Cod. 408 (Bru)[29]. Die Handschriften Straßburg, LI 89[30] und Den Haag / 's-Gravenhage, Königliche Bibliothek, Cod. 73 E 23[31] wurden mir zur Überprüfung und Verarbeitung nicht zur Verfügung gestellt, ebensowenig wie Assen, Drents Archief, Oldenhuis Gratama 929 (As), wobei es sich hierbei nach dem bei LÜCKER zitierten Initium nicht um einen Textzeugen des ›Armen Menschen I‹ handelt, wie man durch TRIEBELS Zuordnung zu Spr. Pf. 66 vermuten könnte, sondern um einen Textzeugen des ›Vader-Discipel-Dialogs‹.[32] Zu ergänzen ist die Handschrift Staatsbibliothek zu Berlin – Preußischer Kulturbesitz, Ms. germ. fol. 863, die innerhalb der Eckhart-Philologie keine Sigle hat und deshalb in dieser Arbeit unter der Bezeichnung ›*B‹ geführt wird. Alle nachfolgend aufgelisteten Handschriften sind sowohl in die Untersuchung der Handschriftenrelation als auch in die Edition eingegangen.

Die Anordnung der Handschriften erfolgt nicht alphabetisch, sondern, im Vorausgriff auf die Ergebnisse der auf S. 204–214 untersuchten Filiationsverhältnisse, nach der Zugehörigkeit zu den Hauptsträngen der Überlieferung.

---

27 Die bei TRIEBEL angegebenen Seiten dieses Codex (fol. 79$^{ra}$–81$^{vb}$) enthalten einen mit zahlreichen Autoritätenzitaten angereicherten Traktat ohne Bezug zu ›Der arme Mensch I‹. Ob sich der Dialog an einer anderen Stelle der Handschrift finden lässt, muss offenbleiben.

28 Die bei TRIEBEL angegebenen Seiten dieses Codex (fol. 82$^{rb}$–81$^{vb}$) enthalten den Dialog ›Der Bruder mit den sieben Säckchen‹ ohne Verbindung mit dem Dialog ›Der arme Mensch I‹.

29 Dass Bru den Dialog ›Der arme Mensch‹ überhaupt enthält, scheint unwahrscheinlich, weil die detaillierte Beschreibung bei STOOKER/VERBEIJ, Collecties op orde, S. 71 f., nichts Entsprechendes verzeichnet.

30 Identifiziert ebd., S. 156. Die Bibliothek ist bei LÜCKER nicht genannt.

31 Identifiziert ebd., S. 156. Es ist fraglich, ob diese Handschrift, die LÜCKER noch unter der alten Signatur ›Den Haag / 's-Gravenhage, Königliche Bibliothek, Cod. V. 52‹ kennt, überhaupt einen Text aus der Dialoggruppe um den armen Menschen enthält. BORCHLINGS detaillierte Angaben zu dieser Handschrift mit zahlreichen Incipits und Explicits lassen jedenfalls nicht darauf schließen (vgl. DERS, Mittelniederdeutsche Handschriften, S. 254–263).

32 LÜCKER, Devotio Moderna, S. 162.

## Gruppe x:

### Ba2: Basel, Öffentliche Bibliothek der Universität, Cod. B IX 15

Pergament · 287 Blatt + 1 Vorsatzblatt (verbunden) · 175/177 × 130 mm · um 1350 (SCHNEIDER) · eine Hand · hochalemannisch · Basel, Kartause (gestiftet 1401, ursprüngliche Herkunft unbekannt)

Inhalt: Für eine umfassende Beschreibung der überaus zahlreichen Florilegien, Exzerpte und Traktate dieser Handschrift sei auf die Katalogbeschreibung von MEYER/BURCKHARDT verwiesen. Ich führe hier nur einige ausgewählte Textstücke auf, die im Zusammenhang der vorliegenden Untersuchung von Interesse sind: fol. $1^{ra}$–$29^{ra}$ Meister Eckhart: ›Liber Benedictus‹; fol. $209^{ra-va}$ ›Der arme Mensch I‹ in einer Umgebung von Exzerpten aus Eckhartpredigten; fol. $264^{rb-vb}$ ›Die fromme (selige) Müllerin‹; fol. $265^{rb-va}$ ›Der Bruder mit den sieben Säckchen‹. Dazwischen immer wieder umfangreiche Zusammenstellungen von Auszügen aus der Bibel, den ›Vitaspatrum‹, Kirchenväterschriften, Predigten und anderen Quellen.

Literatur: MEYER/BURCKHARDT, Universitätsbibliothek Basel 2, S. 219–270; OCHSENBEIN, Seneca-Dicta, S. 30–37; SCHMIDTKE, Erbauungsliteratur, S. 34; SCHNEIDER, Die oberdeutschen Schriften, S. 149 f.; SEIDEL, St. Georgener Predigten, S. 49–54; WILLIAMS, Verba und Dicta, S. 180–184; WILLIAMS, Vitaspatrum, S. 22*; Marburger Repertorium: http://www.mr1314.de/7369 [04.01.2019]

Eine Hand des 15. Jahrhunderts fasst den Inhalt der Handschrift auf einem Vorsatzblatt folgendermaßen zusammen: *Diß kostlich bůch Innhalt uß der massen vil trostung wider allerhant betrůpniß so den menschen anfallent an sinem gůt an sinen frúnden vnd Im selber an schmacheit an ungemacht vnd an schmertzen des libs vnd hertzleid Gezogen vß vilerlei sprúch der gotlichen lerer vnd der heiligen exempel geteilt in dry teil etc.*[33] Ganz ähnlich liest sich der entsprechende Eintrag aus dem Bibliothekskatalog des 16. Jahrhunderts, wohl eine reduzierte Abschrift der älteren Inhaltsangabe: *Das bůch von der Trostung uß vilerelej spruch der götlichen lerer und exempel der heiligen.*[34] Die Formulierung legt nahe, dass das Buch insgesamt als Trostbuch verstanden wurde und nicht nur – wie man auch vermuten könnte

33 MEYER/BURCKHARDT, Universitätsbibliothel Basel 2, S. 270; eigene Übersetzung: »Der Inhalt dieses vorzüglichen Buches spendet über die Maßen viel Trost im Hinblick auf unterschiedliche Sorgen, die den Menschen bekümmern, etwa hinsichtlich seines Besitzes, seiner Freunde und seiner selbst wie Verachtung, Leid oder körperliche und seelische Schmerzen. [Der Inhalt ist] Entnommen aus zahlreichen Weisungen der göttlichen Lehrer und aus Beispielerzählungen von Heiligen. [Der Inhalt ist] Gegliedert in drei Teile.«

34 Ebd., S. 270; eigene Übersetzung: »Das Buch der Tröstung, bestehend aus zahlreichen Weisungen der göttlichen Lehrer und Beispielerzählungen von Heiligen.«

– sein erster Teil mit dem ›Liber Benedictus‹.[35] Der Band lag vermutlich in der Bibliothek der Laienbrüder.

Der Dialog ›Der arme Mensch I‹ ist in eine Sammlung von Autoritätendicta integriert, die allesamt Eckhartpredigten entnommen sind. Dabei zeigt der Kompilator keinerlei Interesse für den Dominikaner selbst und benutzt dessen Texte lediglich als Steinbruch für Zitate dort namentlich genannter Kirchenlehrer wie Gregorius, Augustinus und Dionysius.[36] Dass der Dialog in diese Sammlung aufgenommen wurde, dürfte er der Zuweisung des Textes an einen anonymen großen Meister im Erzählrahmen zu verdanken haben.

Schneider, die den Codex in die Mitte des 14. Jahrhunderts datieren konnte, deutet einen paläographischen Zusammenhang zwischen Ba2 und der Handschrift Einsiedeln, Stiftsbibliothek, Cod. 277 (Eckhartsigle E1) aus dem Kreis der Basler Gottesfreunde an.[37] Diese Beobachtung mag insofern für die Geschichte der Handschrift Ba2 relevant sein, als sie frühestens 1401 in die Basler Kartause gekommen sein kann – in diesem Jahr wurde die Kartause gestiftet – und es keine Nachrichten oder Hinweise über die Zeit davor gibt.

---

35 Vgl. hierzu die Untersuchung von Ulla Williams, die den Codex als ein »nach dem Prinzip des Aufstiegs als Vollkommenheitslehre und Trostbuch zugleich« komponiertes Werk beschreibt (dies., Verba und Dicta, S. 183).

36 Dieses Schweigen über Eckhart steht gegen Wilhelm Pregers These, dass der Schreiber von Ba2 »kein anderer als ein Schüler Eckharts« und zwar »ein von der Größe seines Meisters durchdrungener, von ihm begeisterter Schüler« gewesen sei (ders., Studien zu Meister Eckhart, S. 462). Er zählt zwölfmal die für Autoritätendicta auffällige Einleitung »der Meister spricht« mit bestimmtem Artikel statt gewöhnlich unbestimmtem Artikel und kann für acht davon nachweisen, dass sie aus Eckhartpredigten stammen. Daraus folgert er, dass »der Meister« Eckhart sein muss und dass auch die gelegentlich benutzten Wendungen »großer Meister« oder »göttlicher Meister« auf ihn zu beziehen sind. Das träfe dann auch auf ›Der arme Mensch I‹ zu, in dessen Rahmen ja von einem »großen Meister« die Rede ist. Pregers Überlegungen sind aber keineswegs zwingend: Warum sollte der Schüler seinen Meister nicht beim Namen nennen wollen, wenn er ihn doch so verehrte? Und wie können wir wissen, dass sich der Kompilator über den Autor der ihm vorliegenden Texte überhaupt im Klaren war?

37 Als Beleg führt sie unter anderem folgende Beobachtung an: Der c-Haken in den häufig verwendeten Abbreviaturen *dc* und *wc* »hat die gleiche Höhe wie das d und überragt das w« (Schneider, Die oberdeutschen Schriften, S. 150). Darüber hinaus begegnen weitere Abbreviaturen, die Schneider in ihrer Beschreibung von Ba2 als »ungewöhnlich und eigenwillig« (ebd., S. 150) einstuft, in E1 wieder: So etwa das geschwänzte *z* für die Nachsilben *-et* und *-heit* (vgl. die Form *wishʒ* für *wisheit* in Ba2, fol. $210^{rb}$, und die Form *einekʒ* für *einekeit* in E1, fol. $183^{rb}$, sowie *sp̓ʒ* für *sprichet* in Ba2, fol. $210^{rb}$, und *wirkʒ* für *wirket* in E1, fol. $183^{va}$; *ſꝑ* für *sprichet* in Ba2, fol. $207^{vb}$, und in E1, fol. $186^{vb}$; *g*$^{t}$ für *got* in Ba2, fol. $209^{rb}$, und in E1, fol. $185^{rb}$; *m*$^{t}$ für *mit* in Ba2, fol. $212^{rb}$, und E1, fol. $185^{rb}$). Die Liste ließe sich bei einer breiteren Untersuchungsgrundlage – mir standen von Ba2 nur fol. $206^{v}$–$212^{r}$ zur Verfügung – womöglich noch erweitern. Es liegt daher nahe, für den Schreiber von Ba2 und die Schreiber von E1 – das Belegmaterial stammt hauptsächlich von jenen Händen nach dem ›Fließenden Licht der Gottheit‹ – ähnliche Bildungsvoraussetzungen und womöglich auch ein ähnliches Publikum zu vermuten.

Texte, die auf ein spezifisch klösterliches Zielpublikum hindeuten, enthält der Codex jedenfalls nicht.

## M2: München, Bayerische Staatsbibliothek, Cgm 365

Papier · 205 Blatt · 217 × 155 mm · 2. Hälfte 15. Jh. · verschiedene Hände: 1. fol. 2$^{r}$–152$^{v}$ (datiert auf 1464), 2. fol. 153$^{r}$–159$^{v}$ und fol. 199$^{v}$–201$^{v}$, 3. fol. 160$^{r}$–199$^{v}$ · mittelbairisch · Tegernsee, Benediktinerkloster

Inhalt: fol. 2$^{r}$–152$^{v}$ Marquard von Lindau: ›Dekalogerklärung‹; fol. 153$^{r}$–159$^{v}$ Johannes Schlitpacher: Beichttraktat; fol. 160$^{r}$–199$^{v}$ Sammlung mystischer Predigten und Textstücke, darunter folgende Eckhartpredigten: Pr. 46 (DW II), Pr. 40 (DW II), Pr. 54a (DW II), Pr. Pf. 71,2, Pr. 81 (DW III), Pr. 76 (DW III), Pr. 62 (DW III), Pr. Pf. 57, Pr. Pf. 111, Pr. 6 (DW I), Pr. 1 (DW I), Pr. 66 (DW III), Pr. 5b (DW I), Pr. 16b (DW I); fol. 188$^{r}$–189$^{r}$ ›Der arme Mensch I‹, Pr. 39 (DW II), Pr. 30 (DW II); fol. 193$^{v}$–196$^{v}$ Auszüge aus dem ›Liber positionum‹; fol. 196$^{v}$–198$^{r}$ ›Diu zeichen eines wârhaften grundes‹; fol. 198$^{r}$–199$^{v}$ ›Meister Eckharts Wirtschaft‹; fol. 199$^{v}$–201$^{r}$ Gebete; fol. 201$^{rv}$ Elf Eigenschaften der Beichte

Literatur: Schneider, München 5,3, S. 60–66; Handschriftencensus: http://www.handschriftencensus.de/9655 [04.01.2019]; Predigt im Kontext: http://pik.ku-eichstaett.de/10101/ [04.01.2019]

Der 2. Teil der Handschrift, fol. 153–205, ist laut Bauer im Kloster Tegernsee nach 1471 entstanden.[38] Der 3. Schreiber hat darin ein Corpus von Texten angelegt, das ein spezifisches Interesse an eckhartischem Denken bezeugt[39] und das auch namentlich mit dem Dominikaner verbunden ist. So heißt es auf fol. 199$^{v}$ am Ende der Textsammlung: *dicz ist maister ekkartz predig vnd frag wer sy hoͤr oder sag dem geb got ain guet end vnd nach seinem leben ain froleich vrstend amen.*[40] Dieses Interesse könnte aus dem für eckhartische Theologie offenen Geist im Kloster Tegernsee entsprungen sein und dokumentiert ihn zugleich: Zu nennen wären etwa Bernhard von Waging, Prior des Klosters von 1452–1465 und selbst Autor mystischer Schriften mit Beziehungen zu Nikolaus von Kues, aber auch die Codices München, Bayerische Staatsbibliothek, Cgm 133 (Eckhartsigle M1) und die Handschrift mit der alten Sigle PP 19 der dortigen Bibliothek als reichhaltige Grundlagen einer Eckhartrezeption[41].

---

38 Vgl. Bauer, Geistliche Prosa im Kloster Tegernsee, S. 133.

39 Zur Entstehungsgeschichte des Codex vgl. Schnell, Überlegungen zur Katalogisierung, S. 449 f.

40 Eigene Übersetzung: »Dies waren Meister Eckharts Predigten und Quästionen. Wer sie hört oder vorträgt, dem gebe Gott ein seliges Ende und nach seinem Leben eine freudvolle Auferstehung.«

41 Vgl. Bauer, Geistliche Prosa im Kloster Tegernsee, S. 149 f. Zur Mystikrezeption in Tegernsee insgesamt vgl. ebd., S. 137–159.

## G3: St. Gallen, Stiftsbibliothek, Cod. 966

Papier · 235 Seiten · 210 × 146 mm · um 1400 · eine Hand · hochalemannisch

Inhalt: S. 3–13 Spruchsammlung; S. 13–18 David von Augsburg: ›Traktat über den Nutzen der Krankheit‹; S. 18–19 Anselm von Canterbury: ›Admonitio moriendi‹ (dt.); S. 19–54 Spruchsammlung, darin S. 50–52 ›Der arme Mensch I‹; S. 54–76 Traktate; S. 76–87 Johannes Franke: ›Von zweierlei Wegen‹; S. 87–98 Meister Eckhart: Pr. 8 (DW I), Pr. Pf. 76,1, Pr. 55 (DW II); S. 98 f. Elsbeth von Oye: ›Offenbarungen‹; S. 103 ›Herzklosterallegorie‹; S. 104–108 Predigten; S. 108–109 ›Die zwölf guten Menschen und der Jüngling‹; S. 109–112 Zwei Traktate über Wahrheit; S. 112–114 Predigt; S. 114–115 Sprüche; S. 115–121 *Hie lies von einer guter closnerin*; S. 122–129 Berthold von Regensburg: Predigt ›Von zehn Helbelingen und zehn Pfennigen‹; S. 129–169 ›St. Galler Weihnachtsspiel‹; S. 170–233 Marquard von Lindau: ›De Nabuchodonosor‹ (dt.)

Literatur: ADAM, Vaterunserauslegungen, S. 34–40; HORWEGE, De Nabuchodonosor, S. 26–30; KLAPPER, Spiel von der Kindheit Jesu, S. 24–31; SCHERRER, St. Gallen, S. 361 f.; Handschriftencensus: http://www.handschriftencensus.de/5712 [04.01.2019]; Predigt im Kontext: http://pik.ku-eichstaett.de/6284/ [04.01.2019]

## Z1: Zürich, Zentralbibliothek, Ms. A 131

Papier · II + 182 Blatt · 202 × 143 mm · 1393 (180$^{v}$) · eine Hand · alemannisch · Ötenbach, Dominikanerinnenkonvent (?), danach Bruderhaus Nessental

Inhalt: Die Handschrift bietet vornehmlich erbauliche und katechetische Texte (vgl. die angegebenen Katalogbeschreibungen): Auszüge aus den ›St. Georgener Predigten‹, Exempel, Dicta und kurze Traktate zu Themen wie Fasten, Leiden, Schweigen, Sakramente und Klostertugenden. ›Der arme Mensch I‹ findet sich auf fol. 54$^{v}$–55$^{r}$ im Kontext kurzer Abhandlungen ohne strengen thematischen Zusammenhang.

Literatur: SEIDEL, St. Georgener Predigten, S. 117–121; MOHLBERG, Zürich, S. 7 und 345 f.; WACKERNAGEL, Altdeutsche Predigten, S. 259–262; QUINT, Untersuchungen I, S. 232–237; Marburger Repertorium: http://www.mr1314.de/4005 [04.01.2019]; Predigt im Kontext: http://pik.ku-eichstaett.de/4349/ [04.01.2019]

## *B: Berlin, Staatsbibliothek zu Berlin – Preußischer Kulturbesitz, Ms. germ. fol. 863

Papier · 352 Blatt · 280 × 210 mm · 1430er Jahre · eine Hand · drei Teile: 1.Teil: fol. 1–112, 2. Teil: fol. 113–316, 3. Teil: fol. 317–352 · elsässisch · Straßburg, Konvent der Reuerinnen von St. Maria Magdalena

Inhalt: fol. 3$^{ra}$–176$^{rb}$ ›Vitaspatrum‹ (bis fol. 112: Viten, ab fol. 113: Exempla, dt.); fol. 176$^{rb}$–247$^{va}$ Exempelsammlung, darin: fol. 195$^{rb}$–196$^{ra}$ ›Der arme Mensch I‹; fol. 196$^{ra}$–201$^{vb}$ Caesarius von Heisterbach: ›Dialogus miraculorum‹ (Auszug, dt.); fol. 227$^{va}$–233$^{rb}$ Thomas von Cantimpré: ›Bonum universale de apibus‹ (Auszug, dt.); weitere Exempel

Literatur: Bär, Marienlegenden, S. 1–37; Burmeister, Judenknabe, S. 130–140; Derron, Des Strickers ernsthafter König, S. 163–165; Studer, Antonius, S. 171 f. und 193 f.; Studer, Exempla im Kontext, S. 9–28; Palmer, Perikopenhandschrift, S. 273 f.; Handschriftencensus: http://pik.ku-eichstaett.de/4349/ [04.01.2019]

Burmeister nimmt im Anschluss an Pfeiffer an, dass die hier vorliegende Exempelsammlung aus tatsächlich gehaltenen Predigten kompiliert worden sei und stützt ihre These auf die unsystematische Anordnung der Texte und auf explizite Mündlichkeitssignale. Diese Behauptung mag zwar für einzelne Teile der Handschrift zutreffend sein, doch ist genauso auf größere zusammenhängende Textcorpora mit höchstwahrscheinlich schriftlichen Vorlagen hinzuweisen[42] und auf die Möglichkeit, dass Mündlichkeitssignale Teil einer literarischen Fiktion sein könnten. Der Beginn des ›Armen Menschen I‹ etwa, den Burmeister in die Liste ihrer Beispiele aufgenommen hat, inszeniert zwar eine Vortragssituation, ist als Erzählrahmen aber ein fester Textbestandteil und kann nicht als Indiz für einen mündlichen Tradierungsprozess gewertet werden.

Die Handschrift dürfte, so folgert Derron aus der breiten erzählerischen Ausgestaltung der Exempla, für die gemeinsame oder private Lektüre in einem Frauenkloster angefertigt worden sein.

## W12: Wien, Österreichische Nationalbibliothek, Cod. 3845

Papier · II + 415 Blatt · 160 x 105 mm · 1490–1500 · 7 Hände · lateinisch und südbairisch · Mondsee, Benediktinerkloster

Inhalt: Lateinische Predigtsammlung: *Sermones de tempore et Sanctis*. Der Katalog von Menhardt verzeichnet nur die deutschen Stücke aus dieser Handschrift, die zum Teil auf den Vorsatzblättern, am Rand oder in Lücken eingetragen sind und in keiner erkennbaren Beziehung zum Dialog ›Der arme Mensch I‹ (fol. 123$^r$–124$^r$ als Teil einer lat. Predigt) stehen.

Literatur: Menhardt, Verzeichnis, S. 952–955; Tabulae codicum, S. 100

Die Überlieferung des ›Armen Menschen I‹ in dieser Handschrift ist in zweierlei Hinsicht von besonderem Interesse: Zum einen finden wir es nur hier als Inserat in einer Predigt, der Predigt ›De vitiis et virtutibus‹[43] zum Schriftwort *deverte a malo et fac bonum*[44] (Ps[G] 33,15 und Ps[G] 35,27). Es wird explizit als Exempel angekündigt: *quoad tertium inferam exemplum quod in quodam anti-*

42 Studer geht, ohne die These einer auf Mündlichkeit basierenden Entstehungsgeschichte der Handschrift zu diskutieren, gerade auch für den inhomogenen 2. Teil der Handschrift von »physischen Vorlagen« aus (dies., Exempla im Kontext, S. 154).

43 Eigene Übersetzung: »Über Laster und Tugenden«.

44 Übersetzung: »Lass ab vom Bösen und tue Gutes«.

*quissimo libro repperi quo haec omnia iam dicta confirmatur.*[45] Zum anderen ist der Text hier zu einem kunstvollen Wechsel von erzählerischen Partien in Latein und dialogischen Partien in der Volkssprache stilisiert, möglicherweise um dem Ganzen eine gewisse Lebendigkeit zu verleihen. Die Erläuterungen zur Zurückweisung der Segenswünsche und damit die theologisch relevanten Aussagen sind allerdings lateinisch. Der Text ist als Anhang 1 dieser Untersuchung beigegeben (vgl. S. 502).

Von wem die Predigt stammt, lässt sich heute nicht mehr mit Sicherheit sagen. Die Praxis, volkssprachliche Sätze in lateinische Predigten zu inserieren und sogar innerhalb eines Satzes zwischen den Sprachen zu wechseln, ist im Kloster Mondsee aber nachweisbar und noch dazu mit einem bekannten Namen verbunden:[46] Hieronymus von Mondsee. Ehemals Professor an der Wiener Universität tritt er 1451 in das Mondseer Kloster ein, wird 1463 sein Prior und entfaltet eine reiche Predigttätigkeit. Seine lateinischen Ansprachen enthalten immer wieder deutsche Einsprengsel wie etwa in folgendem Beispiel aus einer Predigt über Kleidertracht: *et specialiter peccant in longitudine vestium, quas trahunt post se in terra, da man den tiefel mit raitschupft vnd also hossen furt.*[47] Ein direkter Zusammenhang zwischen der Predigt ›De vitiis et virtutibus‹ und Hieronymus von Mondsee kann allerdings nicht nachgewiesen werden.

## Gruppe y1:

### Ba3: Basel, Öffentliche Bibliothek der Universität, Cod. A X 117

Papier · 261 Blatt · 215/220 x 145 mm · Anfang 16. Jh. · 5 verschiedene Hände, drei davon als Mönche in der Basler Kartause nachweisbar · alemannisch · Basel, Kartause

Inhalt: fol. 2$^{r}$–149$^{v}$ Ludwig Moser: ›Migrale‹ (dt.); fol. 150$^{r}$–168$^{r}$ Heinrich Seuse: ›Büchlein der Wahrheit‹ (Auszug); fol. 172$^{r}$–185$^{v}$ Heinrich Seuse: ›Vita‹ (Auszüge); fol. 186$^{r}$–208$^{v}$ Thomas Peuntner: ›Büchlein von der Liebhabung Gottes‹; fol. 213$^{v}$–253$^{r}$ Predigten (teils fragmentarisch) und Sprüche Meister Eckharts, darunter Pr. 4 (DW I), Pr. 5b (DW I), Pr. 66 (DW II), Pr. 109 (DW IV,2), Pr. 62 (DW III), Pr. 2 (DW I), Pr. 114 (DW IV,2), Pr. 101 (DW IV,1) sowie Pr. Pf. 111 und Pr. Pf. 76,1; fol. 241$^{r}$–242$^{r}$ ›Der arme Mensch I‹; fol. 253$^{r}$–260$^{v}$ ›Devota contemplatio totius vitae et praesertim passionis Christi‹ (dt.)

Literatur: Binz, Basel, S. 152–156; Nemes, Der entstellte Eckhart, S. 45; Scarpatetti, Handschriften in der Schweiz, S. 105; Handschriftencensus: http://www.handschriften-

45 Eigene Übersetzung: »Zum dritten Punkt führe ich ein Exempel an, das ich in einem sehr alten Buch gefunden habe, das alles bisher Gesagte bestätigt.«

46 Zu Hieronymus von Mondsee vgl. Glückert, Hieronymus, S. 142 f., und Stohlmann, Johannes de Werdea.

47 Vgl. Glückert, Hieronymus, S. 143 mit weiteren Beispielen; eigene Übersetzung: »Und insbesondere sündigen sie durch die Länge ihrer Kleidung, die sie auf dem Boden hinter sich herziehen.«

census.de/7365 [04.01.2019]; Predigt im Kontext: http://pik.ku-eichstaett.de/10102/ [04.01.2019]

Von der 5. Hand stammen die Blätter 210–260, die wahrscheinlich erst später mit den anderen Teilen zusammengebunden wurden[48] und die ursprüngliche Textumgebung des Dialogs ›Der arme Mensch I‹ bilden. Alle Stücke in diesem Bereich tragen lateinische Überschriften, die wohl erst von späterer Hand nachgetragen wurden. Sie stehen meist in kleinerer Schrift im Leerraum zwischen zwei Texten und ragen gelegentlich über den Schriftblock hinaus. Die Überschrift des ›Armen Mensch I‹ ist beim Zurechtschneiden der Seite teilweise verloren gegangen, lesbar ist noch: *De quodam paupere nimis afflicto attamen patientissimo dicta e<…> et non deba<…> devoto* (vgl. in der Edition S. 215).[49]

## S1: Salzburg, Universitätsbibliothek, Cod. M I 476

Papier · 287 Blatt · 200 × 147 mm · 1441 · Hand des Jörg Gartner · elsässisch · Lahr (Elsaß), später Franziskanerkonvent in Basel

Inhalt: Für eine ausführliche Darstellung dieser Sammelhandschrift mit ihren zahlreichen mystischen und asketischen Texten und Exzerpten vergleiche Jungreithmayer, Salzburg, S. 69–135. Die unmittelbare Umgebung des Dialogs ›Der arme Mensch I‹ (fol. $222^{rv}$), die Palmer in seiner Inhaltszusammenfassung als Sektion G,2 (fol. $219^{r}$–$226^{v}$) bezeichnet, besteht im Wesentlichen aus Auszügen von Predigten Eckharts und Taulers sowie Eckhartsprüchen und kurzen Traktaten.

Literatur: Jungreithmayer, Salzburg, S. 69–135; Mayer, Vulgata, S. 12 f., 267 f.; Palmer, Visio Tnugdali, S. 305–313; Quint, Untersuchungen I, S. 169–205; Steer, Schriften Meister Eckharts, S. 268–270; Handschriftencensus: http://www.handschriftencensus.de/6997 [04.01.2019]

Die Handschrift bietet einen »Querschnitt durch die deutschsprachige geistliche Literatur des späten Mittelalters«[50], wobei ihr Schreiber Jörg Gartner vor allem kürzend, teils auch vereinfachend in seine Vorlagen eingriff.[51] Gottschall nimmt an, Gartner hatte »den Auftrag, eine ganze Bibliothek zu kopieren bzw. ein Handbuch dominikanischer Mystik zusammenzustellen, ausge-

---

48 Sexauer geht davon aus, dass gerade in den Laienbrüderbibliotheken in Basel und Buxheim vornehmlich dünne Bände standen, um mehr Konventsmitgliedern die Nutzung zu ermöglichen. Ab dem 17. Jahrhundert wurden dann viele dieser Codices zusammengebunden (Sexauer, Kartäuserbibliotheken, S. 174 f.).

49 Eigene Übersetzung: »Über einen armen Menschen, der über die Maßen zu leiden hatte, aber dennoch unerschütterlich […] demütig«.

50 Mayer, Vulgata, S. 12 f.

51 Zur Arbeitsweise Gartners vgl. Steer, Meister Eckharts Schriften, S. 269.

richtet an der Person Seuses.«[52] Wie schon die inhaltliche Gliederung PALMERS in Sektionen zeigt, geht er bei der Zusammenstellung seines Materials keinesfalls beliebig vor, sondern schafft thematische oder auch an Autoren orientierte Blöcke.[53] Ausgehend von dieser Beobachtung kann man unterstellen, dass auch der ›Der arme Mensch I‹ nicht zufällig platziert wurde: Mit seiner Theologie des Leidens und der Selbstüberlassenheit steht er in engem Zusammenhang mit dem nachfolgenden Exzerpt aus der Eckhartpredigt 62 (DW III), das von der demütigen Annahme aller Geschehnisse handelt.

## H3: Hamburg, Staats- und Universitätsbibliothek, Cod. theol. 2194

Papier · III + 271 + III Blatt · 125×95 mm · sieben Teile · 1532–57 · brabantisch · südliche Niederlande

Inhalt: Die Inhaltsangabe beschränkt sich auf die ursprüngliche Textumgebung des Dialogs, den zweiten von sieben ehemals selbstständigen Faszikeln: fol. $90^r$–$102^r$ ›Von der Passion des Herrn‹; fol. $102^r$–$161^r$ Klage über Säumigkeit und die Wege zu Gott; fol. $161^r$–$164^v$ Predigt von Jesu Durst; fol. $164^v$–$166^r$ Von der Minne Gottes; fol. $166^r$–$168^r$ ›Der arme Mensch I‹ (von KRÜGER fälschlicherweise als ›Exempel von den sieben Sachen‹ bezeichnet). Daneben finden sich Anweisungen zum christlichen Leben, Tugendlehren, Gebete, Passionstexte und Andachten für die Wochentage.

Literatur: KRÜGER, Hamburg, S. 234–238; Handschriftencensus: http://www.handschriftencensus.de/3493 [04.01.2019]

## BT: Basler Taulerdruck, Adam Petri (verwendetes Exemplar: München, Bayerische Staatsbibliothek, 2 P. lat. 1451)

Papier · XX + 318 Blatt · 285×200 mm · August 1521 · Adam Petri für Johann Rynmann · oberrheinisch · Basel

Literatur: HAMBERGER, Taulers Predigten, S. XIf.; GNÄDINGER, Johannes Tauler, S. 413–417; LÖSER, Augsburg, S. 118 f.; SCHMIDT, Johannes Tauler von Straßburg, S. 68–70; STEER, Eckharts Schriften, S. 264–268

Im Zuge der Corpuserweiterung der Leipziger und Augsburger Taulerausgabe für die Basler Neuauflage fand auch der Dialog ›Der arme Mensch I‹ Aufnahme in die Sammlung.[54] Er kam nicht im dritten, Eckhart gewidmeten Teil zu stehen, sondern wurde im zweiten Teil auf fol. $191^{rb-vb}$ an eine Predigt zum

52 GOTTSCHALL, Mystik in Zerstreuung, S. 250.

53 Vgl. LÖSER, Texte Meister Eckharts zur Armutslehre, S. 410 f.

54 Zur Geschichte der frühen Taulerdrucke vgl. GNÄDINGER, Johannes Tauler, S. 411–421, und speziell zum Basler Taulerdruck STEER, Schriften Meister Eckharts, S. 264–266.

Schriftwort *auferte ista hinc nolite facere domum Patris mei domum negotiationis* (Io 2,16)[55] (fol. 188$^{vb}$–191$^{rb}$) angeschlossen, die ihren liturgischen Ort am Montag nach Mitfasten[56] hat. Es handelt sich hierbei um den sog. ›Salzburger Armutstext‹, benannt nach dem Standort der Handschrift S1, der von Löser über einen Rückverweis in der ›Rede der underscheidunge‹ für Eckhart gesichert wurde.[57] Die Predigt gehört in Eckharts Erfurter Zeit noch vor die ›Rede der underscheidunge‹.

Die hier vorliegende Textverbindung lässt sich aufgrund bestimmter Aussagen der Predigt, die sich eng mit der Theologie des Dialogs berühren, gut nachvollziehen: *Also das der mensch so ser sůch vnd begere deß aller liebsten willen gottes das im wol gefall was gott mit im vnd mit allen creaturen thůt* (fol. 191$^{rb}$)[58] oder *einem recht lieb habenden menschen gefellt alles das wol das got will es sey lieb oder leid an im selber vnd an allen creaturen* (fol. 191$^{rb}$)[59].

Bereits Steer hat erwogen, dass Adam Petri für die Erweiterung des Basler Taulerdrucks Material von den Basler Kartäusern bezogen haben könnte, möglicherweise vermittelt über seine Bekanntschaft mit dem dortigen Bibliothekar Georg Carpentarius.[60] Dieser Zusammenhang lässt sich auch für den Dialog ›Der arme Mensch I‹ plausibel machen: Die Textgestalt von BT stimmt weitgehend mit der von Ba3 aus der Kartause (vgl. die Beschreibung dieser Handschrift auf S. 197 f.) überein, wobei sich einige wenige Abweichungen als Umformulierungen oder Verbesserungen eines BT-Redaktors interpretieren lassen (vgl. dazu die Filiationsverhältnisse auf S. 208 f.). Man könnte in Ba3 also die direkte Vorlage für den Dialog im Taulerdruck sehen. Ebenfalls in Ba3 ist die im Taulerdruck dem ›Armen Menschen I‹ vorausgehende Predigt, wenn auch in gekürzter Form und anderer Umgebung, überliefert.[61] Wenn hier Ba3

---

55 Übersetzung: »Tragt das weg und macht nicht meines Vaters Haus zum Kaufhaus!«

56 ›Mitfasten‹, auch ›Mittfasten‹, bezeichnet die ungefähre Mitte der Fastenzeit und wird für gewöhnlich an einem Mittwoch oder Donnerstag begangen. Es folgt der Sonntag Laetare.

57 Vgl. Löser, Texte Meister Eckharts zur Armutslehre, S. 399–409, und ders., Salzburger Armutstext, S. 85–96. Der ›Salzburger Armutstext‹ wird auch in den Handschriften S1 und Ba3 zusammen mit dem ›Armen Menschen I‹ überliefert, aber nur der BT stellt beide Texte in eine unmittelbare Abfolge.

58 Eigene Übersetzung: »Nämlich so, dass der Mensch den allerliebsten Willen Gottes so sehr sucht und begehrt, dass ihm gut gefällt, was immer Gott mit ihm und allen Geschöpfen tut«.

59 Eigene Übersetzung: »Einem wahrhaft liebenden Menschen gefällt alles gut, was Gott an ihm und an allen Geschöpfen vollbringen will, egal ob es angenehm oder leidvoll ist.«

60 Vgl. Steer, Schriften Meister Eckharts, S. 265; Otto sieht in Carpentarius sogar den Bearbeiter des Basler Drucks (ders., Tauler-Rezeption, S. 40 f.) und ähnlich schon Sexauer, Kartäuserbibliotheken, S. 197.

61 Vgl. Nemes, Der entstellte Eckhart, S. 45–49. Dort verweist Nemes auf die Ähnlichkeit von Ba3, S1 und BT in Textbestand und Textgeschichte.

auch nicht als Vorlage gedient haben dürfte, so bezeugt diese Handschrift doch die Bekanntheit der Predigt bei den Basler Kartäusern.

Die Nachdrucke des Basler Taulerdrucks, der Halberstädter Taulerdruck von 1523 und der Hamburger Taulerdruck von 1621, bieten den Dialog ›Der arme Mensch I‹ in identischer Textgestalt, so dass sie allenfalls rezeptionsgeschichtlich von Interesse sein können. Sie werden in den nachfolgenden Untersuchungen nicht berücksichtigt.

### KT: Kölner Taulerdruck, Jaspar von Gennep (verwendetes Exemplar: München, Bayerische Staatsbibliothek, 2 P. lat. 1448)

Papier · 348 Blatt – 315 x 203 mm · 4. Juni 1543 · Jaspar von Gennep für Petrus Noviomagus (auch Petrus von Nijmwegen oder Petrus Canisius)[62] · Kölner Schreibsprache · Köln

Literatur: HAMBERGER, Taulers Predigten, S. XVIIf.; GNÄDINGER, Johannes Tauler, S. 417–419; OTTO, Tauler-Rezeption, S. 341f.; SCHMIDT, Johannes Tauler von Straßburg, S. 70 f.

Petrus Noviomagus stellte aus dem Grundstock der 84 Predigten aus dem Leipziger, Augsburger und Basler Druck (ohne dessen Erweiterungen) eine eigene Taulerausgabe zusammen und gab ihr weitere 25 Predigten und andere unter Taulers Namen tradierte Texte bei. Dabei integrierte er den Dialog ›Der arme Mensch I‹, wie er ihn aus dem Basler Druck kannte, in den aus verschiedenen Vorgängerfassungen zusammengesetzten Text ›Der arme Mensch IV‹, indem er es anstelle von ›Der arme Mensch II‹ an den Anfang seines Stückes setzte. Doch begnügte er sich nicht mit einer Neukombination der Stücke, sondern interpolierte an verschiedenen Stellen einzelne Sätze aus anderen Fassungen, so dass ein textkritisch kompliziertes Gebilde aus vielen Elementen der bisherigen Texttradition entstand, das in dieser Arbeit als ›Der arme Mensch V‹ behandelt wird. (vgl. dazu Kap. 5.6 mit einer ausführlichen Erläuterung und einer Edition dieser Textform). Diese engagierte redaktionelle Tätigkeit ist auch für seinen Umgang mit den Predigten bezeugt.[63]

Der so redigierte Dialog wurde aus dem Predigtcorpus herausgenommen und in das von Petrus Noviomagus in 77 Kapitel eingeteilte Zusatzmaterial aus *Leren / Epistolen / Cantilenen / Prophetien* (Vorsatzblatt I) integriert. Chris-

---

62 Ob Petrus Noviomagus identisch ist mit Petrus Canisius, galt einige Zeit als umstritten. Zur Argumentation beider Seiten mit einer ausführlichen Begründung der Identität vgl. DE PELSEMAEKER, Canisius, S. 102–108. Zuletzt zu diesem Problem ROB VAN DE SCHOOR, der Canisius die Herausgeberschaft abspricht (DERS., Canisius, S. 183).

63 »Er kürzte oder interpolierte Taulers Predigten nach seinem Gutdünken oder im Hinblick auf die von ihm intendierte Leserschaft« (GNÄDINGER, Johannes Tauler, S. 418).

tian Hohburger betitelte diese Textsammlung in seinem Druck von 1644 als ›Medulla Animae‹. Der Dialog kommt dort nach zwei kurzen Lehrtraktaten und dem Dialog ›Meister Eckharts Wirtschaft‹ am Ende des 74. Kapitels auf fol. $338^{ra}$–$338^{va}$ zu stehen.

Verwiesen sei an dieser Stelle noch auf die zweite Auflage des Frankfurter Taulerdrucks, die im Jahr 1670 von Hermann von Sand veranstaltet wurde und den Dialog vom armen Menschen in derselben Textgestalt bietet wie der Kölner Taulerdruck.[64] Erwähnenswert ist sie, weil der Dialog hier zum ersten Mal für diese Textform namentlich mit Eckhart verbunden ist: *Meister Eckhard weiset Allhie Ein Exemplarische Form eines vollkommenen Menschen / daß wir gleich stehen / vnd vns in allen Dingen als es Gott beliebet / lassen lernen* (S. 470)[65]. Da der Frankfurter Taulerdruck wie auch der Surius-Tauler und andere Textzeugen in der Nachfolge des KT lediglich den Text ihres Vorgängers wiedergeben, werden sie in der Untersuchung der Handschriftenverhältnisse und in der Edition des Dialogs ›Der arme Mensch I‹ nicht berücksichtigt. Nähere Informationen zu dieser späten Überlieferung sind im Kapitel zu ›Der arme Mensch V‹ (vgl. Kap. 5.6) zusammengestellt.

### Gruppe y2:

Die Handschriften der Gruppe y2 überliefern den Dialog ›Der arme Mensch I‹ als Einheit mit dem ›Bruder mit den sieben Säckchen‹ und dem Exempel vom Mann, der Jesus auf dem Rücken trug. Die Folioangaben beziehen sich stets auf die Textverbindung als Ganzes.

#### Ka9: Karlsruhe, Badische Landesbibliothek, Cod. Lichtenthal 87

Papier · 234 Blatt · 215 × 147 mm · um 1450–54 · eine Hand · alemannisch · Straßburg, später Zisterzienserinnenkloster Lichtenthal

Inhalt: fol. $1^r$–$145^r$ Sammlung von Legenden weiblicher Heiliger; fol. $145^r$–$153^r$ Exempla von den 11000 Jungfrauen; fol. $153^v$–$186^v$ Betrachtung des Leidens Christi; fol. $186^v$–$189^r$ Mariengebete zu den 7 Tagzeiten; fol. $189^r$–$193^r$ Predigt über das Leiden Christi; fol. $193^r$–$198^r$

64 Die zweite Auflage des Frankfurter Taulerdrucks weicht im Bereich der am Schluss zusätzlich beigegebenen Texte von der ersten Auflage ab, die unter den Textzeugen von ›Meister Eckharts Tochter‹ beschrieben wurde (vgl. S. 69). Zur zweiten Auflage des Drucks vgl. Gnädinger, Johannes Tauler, S. 423.

65 Verwendetes Exemplar: BSB, 1117371 P.lat. 1874 d .; eigene Übersetzung: »Meister Eckhart gibt hier ein Beispiel für einen vollkommenen Menschen, damit wir lernen, gleichmütig zu sein und uns in alle Dinge zu fügen, wie es Gott beliebt.« Zur entsprechenden Überschrift des Kölner Taulerdrucks, aus dem die zitierten Zeilen abgeleitet sind, vgl. die Edition des ›Armen Menschen I‹, S. 215, Z. 0).

Meister Eckhart: ›Die rede der underscheidunge‹ (DW V); fol. 189$^r$–202$^v$ ›Vom Grunde aller Bosheit‹; fol. 202$^v$–206$^r$ Dialogverbindung mit ›Der arme Mensch I‹; fol. 206$^r$–213$^v$ ›Christus und die sieben Laden‹; fol. 213$^v$–214$^v$ Aszetische Lehren; fol. 215$^r$–220$^v$ ›Mantel Unserer Lieben Frau‹; fol. 220$^v$–223$^r$ Gebet zu Maria und Johannes; fol. 223$^v$–224$^v$ Mechthild von Hackeborn: ›Liber specialis gratiae‹, Kap. I, 43 (dt.); fol. 224$^v$–232$^v$ Feigenbaumpredigt

Literatur: Heinzer / Stamm, St. Peter, S. 204–208; Köster, Elisabeth von Schönau, S. 303; Handschriftencensus: http://www.handschriftencensus.de/9492 [04.01.2019]

## Str13: Straßburg, National- und Universitätsbibliothek, ms. 2122

Papier · 102 Blatt · 287 x 205 mm · 1463 · größtenteils eine Hand · alemannisch

Inhalt: fol. 1$^r$–16$^v$ Dialog zwischen Meister und Jünger über Beichte und Sakrament; fol. 17 f. Ermahnungen zu Gottesfurcht und zum Bitten um Gnade; fol. 19$^r$–102$^r$ Sammlung von Exempeln (nach Beckers Zählung 193 Stück, dort auch eine Auflistung der Incipits), integriert in die Fortsetzung des Meister-Jünger-Dialogs; fol. 77$^v$–79$^v$ Dialogverbindung mit ›Der arme Mensch I‹

Literatur: Becker, Straßburg, S. 60–69; Studer, Exempla im Kontext, S. 190–192; Wickersheimer, Strasbourg, S. 446 f.; Handschriftencensus: http://www.handschriftencensus.de/13661 [04.01.2019]

## Lam: Lambach, Stiftsbibliothek, Cod. Chart. 247

Pergament · 272 Blatt · 210 x 150 mm · Anfang des 15. Jh.s · lateinisch / bairisch

Inhalt: fol. 2$^r$–212$^r$ ›Gesta Romanorum‹; fol. 213$^r$–257$^v$ *Exzerpta ex libro visionum*; fol. 257$^v$–261$^r$ Register zu den vorausgegangenen Texten; fol. 261$^r$–266$^r$ ›De poenitentia‹; fol. 267$^r$–270$^v$ Dialogverbindung mit ›Der arme Mensch I‹

Literatur: Newald, Archivbeschreibung, 5 Seiten; Rabensteiner, Lambach, S. 215 f.; Handschriftencensus: http://www.handschriftencensus.de/18925 [04.01.2019]

## B23: Berlin, Staatsbibliothek zu Berlin – Preußischer Kulturbesitz, Ms. germ. oct. 328

Papier · 331 Blatt · 136 x 98 mm · 15. Jh. · zahlreiche Hände · rheinfränkisch (Mayer, Seidel) / ripuarisch (Schmidt) · Aachen, Franziskanerkonvent (Mayer) / Köln, Frauenkonvent (Schmidt)

Inhalt: Gebets- und Andachtsbuch. Eine Auswahl der zahlreichen kleinen Stücke dieser Handschrift gibt Degering an, eine vollständige Auflistung findet sich in der Datenbank

›Predigt im Kontext‹. Die Dialogverbindung (fol. 294r–299r) ist hier im Kontext einiger Exempel überliefert.

Literatur: Degering, Verzeichnis III, S. 103–108; Mayer, Vulgata, S. 215; Schiller, Augustinus, S. 175; Schmidt, Erbauungsliteratur, S. 445; Seidel, St. Georgener Predigten, S. 134; Handschriftencensus: http://www.handschriftencensus.de/4581 [04.01.2019]; http://pik.ku-eichstaett.de/543/ [04.01.2019]

## Handschriftenrelation

Die filiatorischen Verhältnisse der beschriebenen ›Armer Mensch I‹-Textzeugen sind nur schwer ermittelbar: Aus der ohnehin geringen Textsubstanz des Dialogs sind nur wenige eindeutige Bindefehler zur Definition von Überlieferungsgruppen zu gewinnen und gleichzeitig ist mit solchen Stellen zu rechnen, deren identischer Wortlaut auf voneinander unabhängige Bearbeitungsschritte zurückgehen könnte. In Einzelfällen wird die Standortbestimmung einer Handschrift durch spezifische Eigenheiten erschwert, wie etwa die partielle, zum Teil freie Übersetzung ins Lateinische in W12 oder durch die offensichtliche Kontamination mit anderen Dialogfassungen im Fall von Ka9 oder B23 – beides geschieht unter anderem auf Kosten der für die Filiation brauchbaren Textsubstanz. Eingedenk dieser Schwierigkeiten geht die folgende Beschreibung der Handschriftenverhältnisse nicht von der Spitze des Überlieferungsweges, sondern von der Mitte, von gut konturierbaren Redaktionen und, so weit feststallbar, ihrer Binnengliederung aus. Ein möglicher Ausdifferenzierungsprozess dieser Gruppen zu Beginn der Überlieferung soll im Anschluss lediglich als Option geboten werden, weil mit nur minimal unterschiedenen, präredaktionellen Vorlagen zu rechnen ist.

Unterschieden werden im Folgenden zunächst vier Texttraditionen: die Ka9-Gruppe mit Ka9, B23, Str13 und Lam, die Ba3-Gruppe mit Ba3, S1, BT, KT und H3, die M2-Gruppe mit M2, G3, Z1, *B und W12 und – zuerst für sich stehend – Ba2.

Am deutlichsten hebt sich innerhalb der ›Armer Mensch I‹-Überlieferung die Handschriftengruppe Ka9, B23, Lam und Str13 ab: Sie konstituiert sich durch die Verbindung des ›Armen Menschen I‹ mit dem ›Bruder mit den sieben Säckchen‹ und dem Exempel vom Mann, der Jesus auf dem Rücken trug, zu einer Textfolge, die mit Sicherheit auf eine gemeinsame Vorlage schließen lässt. Dieser Vorlage dürfte Ka9, wie zu zeigen sein wird, noch relativ nahe stehen, weshalb hier behelfsmäßig von der Ka9-Gruppe die Rede sein soll. Die Textzeugen innerhalb dieser Gruppe erweisen sich als sehr inhomogen und eigenwillig in ihren Formulierungen, so dass sich sonst nur wenige weitere Gemeinsamkeiten gegen den Rest der Überlieferung finden lassen bzw. diese Gemeinsamkeiten wieder in sich variieren (in diesem Fall sind die entscheidenden Wörter unterstrichen). Zu nennen sind (im Folgenden steht der Ka9-Text, falls keine anderen Handschriften genannt sind, repräsentativ für die ganze Gruppe; die restliche Überlieferung ist stellvertretend nach M2 zitiert):

Z. 10: *daz du selig seist* M2] *das dich got selig tů* (*mach* Str13, Lam, B23) Ka9
Z. 11: *das dir got hail geb* M2] fehlt Ka9

Beim nächsten Beispiel kommt es auf die für die Ka9-Gruppe typischen Formen von *bresten* an. Die Unregelmäßigkeiten in der Überlieferung könnten ihren Grund darin haben, dass das Wort als ungebräuchlich empfunden und daher entweder paraphrasiert (Lam) oder ausgelassen wurde (B23).

Z. 13: *hungert mich* M2] *wan hungerte mich oder was mir gebrast* Ka9; *wenn mich hungret oder turstet oder ander bresten des lips hatte* Str13; *das ist war dann wenn ich hab gehabt hunger oder durst hytz oder kelt oder sunst mangel notturftiger ding* Lam; *wan mich enhungert noch endorstet nye* B23
Z. 14: *pin ich ellend und versmåht* M2] fehlt Ka9
Z. 22: *mich in dy hell werffen* M2] fehlt Ka9

Die Binnengliederung der Ka9-Gruppe stellt sich folgendermaßen dar: Die Handschrift Ka9 selbst stimmt in einigen Lesarten mit dem Rest der Überlieferung gegen die mit ihr verwandten Handschriften überein, so dass man sie in relative Nähe zum Archetyp dieser Gruppe verorten kann: In Ka9 sind die Arme des armen Menschen wie in den anderen Gruppen auch als *arm der mynnen* und als *arm der demůtikeit* beschrieben (Z. 23 f.), in den anderen Handschriften der Ka9-Gruppe dagegen als *miltikeit* und *diemütikeit* (Z. 24, zitiert nach Str13). Zudem bietet Ka9 anders als der Rest seiner Gruppe den – wenn auch deutlich frei gestalteten – Erzählrahmen und stimmt darin mit den meisten Vertretern der anderen Gruppen überein (vgl. Z. 1 f.).

Dass Ka9 selbst nicht direkte Vorstufe für die restlichen Handschriften der Gruppe gewesen sein kann und auch ihren Archetyp nur bedingt bewahrt, zeigen einige aus der Fassung ›Der Arme Mensch II‹ kontaminierte Sätze, die Ka9 deutlich von allen anderen Handschriften des ›Armen Menschen I‹ abheben. Sie sind zu finden in den Zeilen 3 f., 22 f. und 24, wo bei den Einträgen zu Ka9 im Apparat auf die entsprechenden Stellen in ›Der arme Mensch II‹ verwiesen ist.

Dass die drei Handschriften Str13, Lam und B23 auf eine gemeinsame Vorlage zurückgehen, lässt sich ferner aus folgenden Bindevarianten schließen: Als einzige identifizieren sie den sonst anonymen wahrheitssuchenden Mann mit ›Hugo‹ (vgl. Z. 1 f.), nennen den armen Menschen mehrfach ›Bruder‹ (vgl. Z. 11, Z. 12, Z. 21) und erweitern das Stichwort ›Hunger‹ um den Komplementärbegriff ›Durst‹ (vgl. Z. 13 [oben zitiert]). Die erste dieser drei Varianten könnte, das sei zumindest als Möglichkeit angedeutet, bereits in der Vorlage der Ka9-

Gruppe vorbereitet gewesen sein, wie eine Umgestaltung des Erzählrahmens in Ka9 vermuten lässt. Dort heißt es *es was ein lerer götlicher kunst der seit eins mols ein glichnüsse eines byspels an einer bredigen das liset man v o n i m* (Z. 1 f., Hervorhebung von mir). Der gelehrte Prediger ist hier als homodiegetischer Erzähler mit dem Wahrheitssuchenden des Binnentextes gleichgesetzt. In dieser Situation bedurfte es nur noch eines kleinen Schrittes, um den jetzt hochstehenden Gesprächspartner des armen Menschen mit dem Namen einer weithin bekannten Autoritätsfigur wie Hugo von St. Viktor, eines wirkmächtigen Theologen des 12. Jahrhunderts, zu beehren.[66] Ruhs These, dass der Gelehrte ursprünglich ›Eckhart‹ hieß, in Folge des Prozesses aber durch einen angesehenen Kirchenlehrer ersetzt wurde,[67] hat dagegen keinen Anhaltspunkt in der Textüberlieferung.

Eine weitere Untergliederung der Ka9-Gruppe kann nur auf einer äußerst dünnen Basis, vor allem ausgehend von Textlücken, erfolgen: Denkbar wäre, dass Lam und Str13 auf eine gemeinsame Vorlage zurückgehen, denn in beiden Texten fehlt der in B23 und fast der gesamten restlichen Überlieferung enthaltene Satz *daz trucz im in sein aug* (Z. 22)[68] – vielleicht ein Versuch, die provokative Haltung des armen Menschen zurückzunehmen. Aufgrund von individuellen Sonderlesarten darf man mit Sicherheit folgende Konstellationen innerhalb der drei verbliebenen Handschriften ausschließen: Die Abhängigkeit eines Textzeugen von B23 – dagegen steht die dortige Kontamination mit Fassung II (vgl. Z. 1–7; weil die Kontamination hier umfangreicher ausfällt als die vergleichbare Kontamination in Ka9, muss von zwei unabhängigen Redaktionsprozessen ausgegangen werden) – sowie die Abhängigkeit eines Textzeugen von Lam – vergleiche etwa die nur dort zu findende Lesart *übel geklaydt und geschücht* (Z. 6–7). Mit der gebotenen Vorsicht also werden in der stemmatischen Zusammenfassung (vgl. S. 213) die Handschriften Lam und Str13 als voneinander unabhängige, aber auf eine gemeinsame Vorlage zurückgehende Textformen neben der von B23 verzeichnet.

Neben der Ka9-Gruppe steht die Gruppe der Handschriften Ba3, H3 und S1 einschließlich der Drucke BT und KT sowie ihrer jeweiligen Neuauflagen.

---

66 Zu den Schriften Hugos von St. Viktor sowie zu seinem Bekanntheitsgrad – er erhält etwa einen kurzen Bericht in der ›Legenda aurea‹, wird von späteren Theologen in höchsten Tönen gepriesen und in den volkssprachlichen Texten Eckharts und seines Umfelds zumindest gelegentlich zitiert – vgl. Ruh, Hugo, Sp. 282–292. Zwar ist es nicht auszuschließen, dass auch ein anderer ›Hugo‹ als Hugo von St. Viktor gemeint sein könnte, etwa der Dominikaner Hugo Ripelin von Straßburg aus dem 13. Jahrhundert, doch dürfte Hugo von St. Viktor der mit Abstand bekannteste Träger dieses Namens sein.

67 Ebd., S. 292.

68 Ka9 scheidet an dieser Stelle aufgrund einer Kontamination mit Fassung II für den Vergleich aus.

Diese Textzeugen seien nach der augenscheinlich wirkmächtigsten Textausformung als ›Ba3-Gruppe‹ bezeichnet und lassen sich im Vergleich mit der restlichen Überlieferung – dafür steht wieder stellvertretend M2 – aufgrund folgender Lesarten zusammenfassen:

Z. 1 f.: *das ain man was von dem liset man in der heyligen geschrift* M2] *man liset von einem man* Ba3[69]
Z. 16 f.: *das nam ich alles von got* M2] *des was* (fehlt H3) *ich alles frölich* (*blide ende vrolic* H3; *des … frölich*] fehlt KT) *und nam es frölich* (*minlic* H3; fehlt S1) *von got* (*von got*] fehlt H3) Ba3

Trotz der Abweichungen innerhalb der Ba3-Gruppe – H3 und S1 zeigen punktuelle Eigenheiten, die größere Auslassung in KT wird aus dem Folgenden als Kürzung der Vorlage BT verständlich – fällt hier der zusätzliche Aspekt der Fröhlichkeit auf.

Z. 18: *ich hab* M2] *ich wolt allein in gottes willen sin und ich het* Ba3
Z. 26: *enhab* M2] *hett darum merk das die sele nit mit got so vast noch so sere mag vereinet werden das* (*da* S1) *ir pein lustlich syg aber der fry will* (*wille wil* S1) *was gott wil amen* Ba3

H3 überliefert diesen Schlussatz nicht, was an einer Kürzung in einer Zwischenstufe der Texttradierung oder auch daran liegen mag, dass H3 seinen Schluss aus der Fassung ›Der arme Mensch IV‹ übernommen hat (vgl. Z. 26). BT steht, wie später zu zeigen sein wird, mit großer Wahrscheinlichkeit in direkter Abhängigkeit von Ba3 – wie seinerseits KT von BT –, so dass für das Fehlen dieses Schlusssatzes in den beiden Drucken der BT-Redaktor verantwortlich zeichnen dürfte.

Die Ba3-Gruppe lässt sich wiederum in zwei Gruppen untergliedern: Ba3, BT, KT und H3 stehen der Handschrift S1 gegenüber.

S1 fällt vor allem durch zwei Besonderheiten auf: Zum einen fehlt in S1 der noch in Ba3 und BT vorhandene Erzählrahmen, ein Eingriff, der ohne Zwang zu weitergehenden Umformulierungen möglich war. Ein Vergleich von S1 und Ba3/BT macht dies deutlich:

---

69 Z1, zur M2-Gruppe gehörig, gestaltet den Beginn des Dialogs frei und fällt damit für die stemmatische Bestimmung an dieser Stelle aus. Innerhalb der Ba3-Gruppe gibt es auch Textzeugen ohne Erzählrahmen, die – wie wahrscheinlich gemacht werden kann – auf redaktionelle Kürzungen zurückgehen. Zur sachlichen Diskussion der ›Quellenangabe‹ *in der heyligen geschrift* vgl. S. 225 f.

Z. 1 f.: *ein hoher lesmeister der redt in einer predige in einem capitel ein byspil und sprach man liset von einem man* Ba3, BT] *man liset von einem man* S1

Am deutlichsten hebt sich die S1-Textform von den anderen Handschriften der Ba3-Gruppe und darüber hinaus von der ganzen ›Armer Mensch I‹-Überlieferung aber dadurch ab, dass sie den Dialog in durchaus überlegter Weise umstrukturiert: Der arme Mensch erklärt die Zurückweisung der Wünsche nicht erst auf die Bitte seines Gesprächspartners hin in einem geschlossenen Block, sondern ungefragt im direkten Anschluss an jeden Wunsch. Die auf Steigerung und Spannungsaufbau angelegte Struktur des ›Armen Menschen I‹ verliert dadurch an erzählerischer Finesse, mag in den Augen des Redaktors dafür aber klarer und didaktisch wirkungsvoller geworden sein. Da Jörg Gartner, der Schreiber von S1, im Ruf steht, keine Scheu im Umgang mit seinen Vorlagen gehabt zu haben, könnte diese Umstrukturierung durchaus auf ihn zurückgehen (zur Arbietsweise Jörg Gartners vgl. S. 198 f.) – beweisbar ist dies nicht.

Die verbreitetere Textgestalt innerhalb der Ba3-Gruppe geht mit hoher Wahrscheinlichkeit auf die Handschrift Ba3 selbst zurück, die aufgrund eines kennzeichnenden Abschreibefehlers und äußerer Daten der Überlieferungsgeschichte als direkte Vorlage der weiteren Textzeugen in Betracht kommt. Der Fehler unterlief dem Schreiber bei der Erklärung des Wunsches *Ich ward nye unselig* (vgl. Z. 18–19) und führte zu einer Textdopplung:

> *du sprecht ouch daz mich gott selig machte do sprach ich ich ward nie unselig*[1] *wand ich wolt allein in gottes willen sin und ich hett minen willen geben in gottes willen also genczlichen waz got wil daz wil ich ouch und darum ward ich nie unselig*[2] *wann ich wolt allein in sinem willen sin und ich hett minen willen geben in gottes willen also genczlichen waz gott wil daz wil ich ouch und darum ward ich nie unselig ach du gůter…* (Ba3, fol. 241v) [hochgestellte Ziffern und Sperrung von mir]

Zum Vergleich hier die entsprechende Stelle nach M2:

> *Z. 18–20: du sprachst daz mich got selig mache do sprach ich ich ward nye unselig wann ich hab meinen willen also gegeben in gotes willen alz genczleichen was got wil daz wil auch ich und darumb ward ich nye unselig wan ich wold alain gotes willen*

Offensichtlich ist der verantwortliche Schreiber, als er bei *unselig*[2] angekommen war, mit den Augen nach oben verrutscht und hat den Text ab *unselig*[1] nochmals abgeschrieben (vgl. den gesperrten Text). Dass sich dieser Fehler – wenn auch in anderer Gestalt – in der Überlieferung fortsetzt, zeigt die entsprechende Stelle im BT:

> *du sprecht auch daz mich got selig machte do sprach ich ich ward nye vnselig wann ich wolt allein in gottes willen sein und ich hett meinen willen geben in gottes willen also gantz daß was got will das will ich auch und darum ward ich nye unselig wann ich wolt allein in seinem*

> *w i l l e n  s e i n  u n d  i c h  h e t  m e i n  w i l l e n  i m  g a n t z  ü b e r g e b e n* (BT, fol. $191^{va}$–$191^{vb}$) [Sperrung von mir]

Der BT stimmt im ersten Teil mit der Dopplung aus Ba3 überein – *wann ich wolt allein in seinem willen sein* – der zweite Teil liest sich allerdings anders: *und ich het mein willen im gantz übergeben*. Dieser Befund ist am wahrscheinlichsten dadurch zu erklären, dass der BT-Redaktor die Handschrift Ba3 aus der Basler Kartause als Vorlage für den ›Armen Menschen I‹ benutzte (vgl. dazu die Beschreibung des BT auf S. 199–201), dabei die eine Hälfte des Abschreibefehlers übernahm und die andere durch Umformulierung zu bessern suchte. Die späteren Drucke hängen ihrerseits vom BT ab und überliefern diese Stelle genau wie die späte niederländische Handschrift H3 in Übereinstimmung mit dem BT.

Der BT-Redaktor nahm noch einige weitere kleine Änderungen an seiner Vorlage Ba3 vor, von denen hier nur zwei herausgegriffen seien: In Ba3 sind die Füße des armen Menschen *vol hůrwes* (Z. 6 f.), eine Lesart, die auf den Archetyp der Gesamtüberlieferung zurückgehen dürfte, da man sie sowohl in der M2-Gruppe (*B, M2 selbst setzt das vermutlich geläufigere Wort *kot*), in Ba2 als auch in der Ka9-Gruppe (Str13) findet. Die Redaktoren des BT ersetzten das alte Wort durch *staubs und ungeseufers* und darin folgten ihnen H3, der KT und die weiteren vom BT abhängigen Drucke. Schließlich ist die Wendung *do vindestu* (Z. 4), so zu lesen in Ba3, aber auch in S1 und der gesamten M2-Gruppe, im BT, im KT und in H3 umformuliert zu *so wirstu* (*seldi* H3) *finden*.

Es bleibt also festzuhalten: Dadurch, dass Ba3 noch in einigen Lesarten mit der M2-Gruppe gegen den Rest seiner eigenen Gruppe übereinstimmt, kommt die Handschrift aus der Basler Kartause der Ba3-Vorlage wohl recht nahe. Der Redaktor des BT, der gemäß des aktuellen Wissensstandes über die außertextliche Überlieferungsgeschichte Handschriften aus der Basler Kartause bezog, griff teils modernisierend, teils bessernd in Ba3 ein und schuf damit die Textgrundlage für den KT und H3. Zur weiteren Gliederung der Gruppe ist Folgendes anzumerken:

Der KT benutzte zwar den BT auch für den ›Armen Menschen I‹ als Vorlage, zog aber noch weitere Fassungen heran, so dass ein komplexes Gebilde mit Elementen aus der gesamten Textgeschichte entstand (vgl. dazu ausführlich Kap. 5.6). An dieser Stelle dazu nur so viel, dass die KT-Redaktoren den einleitenden Rahmen des Dialogs, wie er ihnen aus dem BT bekannt gewesen sein muss, nicht übernommen haben, sondern ihn ähnlich wie, aber unabhängig von S1 kürzten (vgl. das Beispiel auf S. 207). Obwohl der KT mit seinen zahlreichen Eingriffen, Umstrukturierungen und Ergänzungen eine eigenständige Fassung des Dialogs vom armen Menschen, hier ›Der arme Mensch V‹, zeigt, ist er in die Edition des ›Armen Menschen I‹ aufgenommen, um die Unterschiede im

Detail sichtbar zu machen. Die vom KT abhängigen Drucke einschließlich der als Abschrift des KT entstandenen Handschrift B22 werden im Kapitel zum ›Armen Menschen V‹ vorgestellt (vgl. Kap. 5.6).

Die Handschrift H3 überliefert, wie der KT und S1, den Dialog ohne den einleitenden Rahmen, steht aber vor allem dem KT durch eine Lesart nahe: Nur in diesen beiden Textzeugen heißt es *man lißt von einem geleirtten man* (KT) bzw. einem *hoech geleerden man* (H3) (vgl. Z. 1–2) [Sperrungen von mir]. Diese Attribuierung könnte man sich so entstanden denken, dass es bei der Kürzung des Rahmens durch die KT-Redaktoren zu einer Art Vermischung zwischen dem Lesemeister und dem wahrheitssuchenden Menschen kam, wodurch letzterer zum Gelehrten avancierte. Die Annahme einer – zeitlich und räumlich durchaus vorstellbaren – Abhängigkeit der Handschrift H3 vom KT scheidet jedoch aufgrund anderer Stellen aus: So liest H3 für das stabil überlieferte *daz trucz im in sein aug* in Z. 22 *des tert ic hem*, wo KT eine Lücke hat, und noch dazu teilt H3 auch nicht die Einschübe und Erweiterungen aus anderen Fassungen im KT (H3 ist in anderer Weise mit Fassung II und IV kompiliert, vgl. Z. 17 f.). Es ist also davon auszugehen, dass H3 und KT unabhängig voneinander auf den BT oder eine Abschrift von ihm zurückgehen.

Die letzte Gruppe bilden die Handschriften M2, G3, *B, Z1 und W12. Als zusammengehörig konstituieren sie sich nicht durch Bindefehler wie die Ba3-Gruppe oder einen sekundären Bearbeitungsschritt wie die Textverbindung der Ka9-Gruppe, sondern dadurch, dass sie dort, wo eine dieser beiden Gruppen eine Sonderlesart aufzuweisen hat, mit der jeweils anderen übereinstimmen. Als deutlichste gemeinsame Lesart ist die ›Quellenangabe‹ *in der heyligen geschrift* (Z. 2) zu nennen, die schwerlich anders als durch eine gemeinsame Vorlage zu erklären sein wird.

Innerhalb der Gruppe bieten M2, *B und G3 einen weitgehend übereinstimmenden Text. M2 als jüngste dieser Handschriften zeigt einige wenige Wortumstellungen und -ersetzungen, die im Vergleich mit der Gesamtüberlieferung zwar sekundär, inhaltlich betrachtet aber nicht mehr als Unachtsamkeiten sind. Eine gewisse Ausnahme bildet hier das fehlende Element *und sin ere* (Z. 20), das in den anderen M2-Handschriften wie auch in den anderen Gruppen sicher bezeugt ist. G3 zeigt gelegentlich Abschreibefehler, etwa eine Homoioteleutonlücke in Z. 14 oder das unsinnige *vol hungers* statt *voll kotes* (Z. 6 f.), sowie einige weitere Eigenheiten in der Wortstellung und der Wortwahl, etwa *das ich sålig wår* statt *daz mich got selig mache* (Z. 18). *B fällt durch eine theologisch nicht uninteressante Lesart auf: Anstelle von *und das ich got hab* (Z. 25) liest die Handschrift *und gottes antlit sehen*, wohl eine Anspielung auf die *visio beatifica* als höchste Form der Seligkeit. Von einigen vernachlässigbaren Einzelheiten abgesehen ist sonst nur noch auf das zweimalige Fehlen der Formel *darumb lob ich got* in Z. 13 f., möglicherweise eine bewusste Kürzungsmaßnahme, hinzuweisen. Im Vergleich zu diesen drei Handschriften überliefert Z1 einen stärker abweichenden Text, unter anderem mit einem eigenständigen Eingang ohne Erzählrahmen (vgl. Z. 1 f.) und einem ebenfalls eigenständigen Schluss (vgl. Z. 24–26). W12 setzt ebenfalls ohne Erzählrahmen ein – was nicht zwingend auf eine Verwandtschaft mit Z1 hindeuten muss – und liefert in seinem freien lateinisch-deutschen Text keinen Hinweis auf eine nähere Verwandtschaft mit einer anderen Handschrift dieser Gruppe. Neben der Mischsprache ist das markanteste Merkmal von W12 der nur hier überlieferte Zusatz *quia hoc felicitas est idem velle cum domino et nolle*[70] (siehe Transkription S. 502).

Mit diesen Charakteristika sind keine Bindevarianten gegeben, die eine weitergehende Gruppierung dieser fünf Handschriften erlaubten – abgesehen von der Feststellung, dass wohl keine direkt von einer anderen abhängt. So ist die Gleichordnung der Handschriften im Stemma auch eher als eine Verlegenheitslösung denn als filiatorisch gesicherte Aussage zu verstehen.

Der M2-Gruppe im Verhältnis zu den anderen beiden Gruppen und in der ›Quellenangabe‹ *in der heyligen geschrift* (Z. 2) verbunden, aber gleichzeitig aufgrund zahlreicher individueller Lesarten für sich gestellt ist Ba2, der älteste Textzeuge des Dialogs ›Der arme Mensch I‹. Dieser besondere Charakter sei anhand einiger Beispiele dokumentiert, wobei die zitierte M2-Lesart jeweils auch die ursprungsnahen Textzeugen der anderen Gruppen vertritt:

Z. 1: *ain hocher lesmaister sprach ain mer an ainer predig zu ainem capitel* M2] *ein gros meister seit ein lere zuo einem male in siner reden unt sprach also* Ba2
Z. 2 f.: *ainen menschen der in weiste* M2] *einen menschen der ime erceigiti und lerti* Ba2
Z. 12: *do sprach ich* M2] *antwúrte ich unt seit* Ba2
Z. 16: *saur oder süesz* M2] *wol oder we* Ba2

70 Eigene Übersetzung: »Denn darin besteht Seligkeit: dasselbe zu wollen und nicht zu wollen wie Gott.« Es könnte sich damit um ein gelehrtes Zitat der Freundschaftsdefinition des Aristoteles handeln, wie eine Stelle aus dem ›Buch von geistiger Armut‹ vermuten lässt: *Zů dem andern male so machet daz ein frúntschaft, daz ist wellen und nit wellen. Als der meister von natur sprichet, daz gewar frúnde hant ein wellen und ein nitwellen*; eigene Übersetzung: »Was den zweiten Punkt anbelangt, so entsteht Freundschaft aus Wollen und Nicht-Wollen. So sagt der Philosoph, dass wahre Freunde ein einziges Wollen und ein einziges Nicht-Wollen haben.« (Denifle, Buch von geistlicher Armuth, S. 46, Nr. 100; zum ›Buch von geistiger Armut‹ vgl. die in Anm. 175 auf S. 419 genannte Literatur). Belegt fand ich diesen Ausspruch beim römischen Geschichtsschreiber Sallust in ›De Coniuratione Catilinae‹, Nr. 20 (die im Literaturverzeichnis angegebene Ausgabe von Alfred Ernout verzeichnet weitere Parallelen bei anderen Schriftstellern): *nam idem velle atque idem nolle, ea demum firma amicitia est*; eigene Übersetzung: »Denn dasselbe zu wollen und dasselbe nicht zu wollen, dies macht eine wahrhaft starke Freundschaft aus.«

Aufmerksamkeit verlangt zudem eine Stelle, die bei der bisherigen Editionslage bestenfalls als strukturelle Unregelmäßigkeit auffallen konnte, durch die Handschrift Ba2 aber zum textkritischen Problem geworden ist: Der arme Mensch erläutert in allen Handschriften mit Ausnahme von Ba2 jeden Wunsch bis auf den vierten und letzten, *das dir got hail geb* in Zeile 11. Allein Ba2 bietet zu diesem Wunsch eine Deutung bzw. eine begründete Zurückweisung und führt damit als einziger Textzeuge das dem Dialog eingeschriebene Strukturprinzip konsequent zu Ende. Die Erklärung lautet: *zuo dem iungsten mal sprecht du das mir got heile gebe ich sagen dir das got al min troste und alles min heile ist in dem ich dis alles úberwunden han* (Z. 20).[71]

Ausgehend von dieser Variante könnte man Ba2 für den besten Textzeugen des Dialogs ›Der arme Mensch I‹ halten und argumentieren, dass allein Ba2 die ursprünglich intakte Dialogstruktur bewahrt habe. Umgekehrt wäre aber auch denkbar, dass der Ba2-Redaktor eine ursprünglich vorhandene Unregelmäßigkeit erkannt und sie mit eigenen Worten gebessert hätte. Eine Hilfestellung bei dieser Frage können die Beobachtungen QUINTS zu Ba2 bieten, die er im Rahmen der Edition von Eckharts ›Buch der göttlichen Tröstung‹ anstellte:

> »Wiewohl der M-Text auch sonst Verderbnisse aufweist, die auf mangelnde Sorgfalt und oberflächliches und verständnisloses Abschreiben der Vorlage schließen lassen, ist M doch im Vergleich zu Ba2 im ganzen verlässlicher und ursprünglicher als der Baseler Text, der zu bestimmten Eingriffen neigt: zu leichten Texterweiterungen durch Aufschwellung von eingliedrigem, zu zwei- oder dreigliedrigem Ausdruck, zumal an Text-Abschnitt-Schlüssen«.[72]

Es ist nicht gänzlich unwahrscheinlich, dass der ›Arme Mensch I‹ in ähnlicher Weise redigiert wurde, wie QUINT es für das ›Buch der göttlichen Tröstung‹ festgestellt hat, immerhin stammt Ba2 von einer einzigen Hand. Texterweiterungen im Sinne QUINTS könnte man etwa in den Verbdopplungen der oben zitierten Beispiele Z. 2 f. und Z. 12, aber eben auch in der Explikation des Heils-Wunsches sehen. Die spezifische Gestalt des Erzählrahmens in Ba2 ließe sich als Beseitigung von Fachtermini aus der monastischen Lebenswelt, *lesmaister* und *capitel* (zu diesen Termini vgl. die Ausführungen zum Erzählrahmen auf S. 223–226), mit Blick auf die Verständnisvoraussetzungen eines Laienpublikums erklären. Für den umgekehrten Fall, also eine Spezifizierung der Begrifflichkeit auf ein monastisches Umfeld hin, scheint weder aus dem

---

71 Eigene Übersetzung: »Schließlich sagtest du, dass Gott mir Heil schenken solle. Dazu sage ich dir, dass Gott meine ganze Hoffnung und mein ganzes Heil ist, in dem ich dies alles überwunden habe.«

72 DW V, S. 2. Ähnliches bemerkt QUINT auch zu Ba2 als Textzeuge der Predigt ›Vom edlen Menschen‹ (vgl. DW V, S. 106). Vgl. auch HAMMERICH, Trostbuch, S. 87, der schon einige Jahre vor QUINT in Ba2 bewusste Umgestaltungen der beiden Schriften erkannt hatte.

Text selbst noch aus der Überlieferungssituation des Dialogs heraus ein Grund gegeben. Beim Ba2-Text dürfte es sich also um eine frühe, gleichzeitig stark bearbeitete Form des Textes der Gruppe M2 handeln.

In welchem Verhältnis also könnten die Ka9-, die Ba3-, die M2-Gruppe und Ba2 zueinander stehen? Durchaus möglich erscheint nach den vorangegangenen Analysen, dass Ba2 und die M2-Gruppe zusammen eine Texttradition x überliefern, die ohne erkennbare Fehler oder Unstimmigkeiten dem Original relativ nahe stehen dürfte. Die Textform x ist dabei in der M2-Gruppe, abgesehen von den jeweils individuellen Lesarten der Handschriften, relativ treu tradiert, während Ba2 als freie Bearbeitung zu gelten hat. Eine Untergliederung dieses x-Zweiges ist mangels belastbarer Bindevarianten nicht möglich.

Dass sich die Ka9- und die Ba3-Gruppe von einer gemeinsamen Vorstufe y ableiten, ließe sich aufgrund feiner Übereinstimmungen im Erzählrahmen der Handschriften Ka9 sowie Ba3 und BT behaupten: Beide Male ist der nachfolgende Dialog dort als *byspil* (Z. 1; zitiert nach Ba3) bezeichnet, die Berufung auf die heilige Schrift fehlt, dafür heißt es in vergleichbarer Weise *man liset von einen man* (Z. 1f., zitiert nach Ba3) bzw. *das liset man von im* (Z. 1f.; zitiert nach Ka9). Es ist also von einer Traditionsstufe y auszugehen, die sich anfangs nur sehr punktuell von x unterscheidet und sich dann in zwei deutlich individuelle Zweige y1, die Ba3-Gruppe, und y2, die Ka9-Gruppe, aufspaltet.

Die Übersetzung der jeweiligen Binnengliederungen der Textgruppen in das Stemma führt zu folgendem Überlieferungsschema:

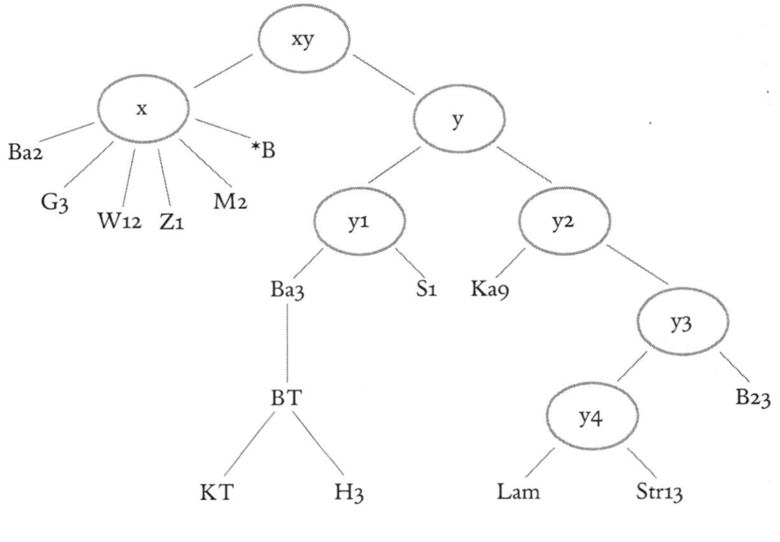


Abb. 3: Stemma des Dialogs ›Der arme Mensch I‹

Als Leithandschrift für eine Neuedition des Dialogs ›Der arme Mensch I‹ kommt nur eine Handschrift aus der – leider wenig differenzierbaren – x-Gruppe in Frage, weil nur hier ein historisch verbürgter Texte ohne allzu große Abweichungen von der Vorstufe x und damit vom mutmaßlichen Archetyp der Überlieferung zu finden ist (die der y-Vorlage am nächsten stehenden Handschriften Ba3, S1 und Ka9, tragen bereits, wie gezeigt wurde, deutliche Redaktionsspuren). Z1, W12 und Ba2 scheiden aufgrund ihres jeweils deutlich bearbeiteten Textes für diesen Zweck aus. Gegenüber *B und G3 kommt M2 der Vorteil zu, trotz sprachlicher Modernisierung und kleinerer Abweichungen sowohl die stilistische Eigenart des Dialogs mit seinen stereotypen Formulierungen als auch alle inhaltlich relevanten Aussagen zu bieten. Von einzelnen offensichtlichen Fehlern ist nur die Wendung *und sin ere* (Z. 20) nach G3 zu ergänzen, weil sie in allen Hauptsträngen der Überlieferung vorzufinden und damit höchstwahrscheinlich ursprünglich ist.

Um den umfangreichen Variantenapparat möglichst übersichtlich zu halten, sind die Lesarten der y2-Gruppe, also der Textverbindung des ›Armen Menschen I‹ mit zwei weiteren Stücken, in einen abgesetzten zweiten Apparat eingetragen. So kann diese Textgruppe etwa im Rahmen einer Untersuchung zum ›Bruder mit den sieben Säckchen‹ gezielt analysiert werden. Der lateinisch-deutsche Mischtext in W12 ist als Anhang 1 dieser Arbeit beigegeben – zum einen, weil eine genaue Angabe von Varianten durch die lateinische Übersetzung unmöglich ist, zum anderen, weil der Text im Rahmen von sprachlichen oder autorbezogenen Untersuchungen interessant sein könnte und dafür als Ganzes vorliegen sollte. Der KT ist nur soweit in den Variantenapparat aufgenommen, wie er den Dialogteil ›Der arme Mensch I‹ überliefert; vollständig findet sich sein Text in Kap. 5.6. Bei kompilierten Textzeugen ist jeweils in nachgestellten runden Klammern angegeben, woher die Fremdstücke entnommen sind. Die Grundlagen der Editionspraxis sind auf S. 78–80 dargestellt.

## Edition: ›Der arme Mensch I‹

Leithandschrift: M2

Ain hocher lesmaister sprach ain mer an ainer predig zu ainem capitel, das ain man was, von dem liset man in der heyligen geschrift, das er begert het acht iar, das im got zayget ainen menschen, der in weiste den weg der warhait. Und do er was *in* ainer grossen begerung do kam ain stymm von got und sprach zu im: »Gee für die kürchen, do vindestu ainen menschen, der

---

0 *Überschriften*: De quodam paupere nimis afflicto attamen patientissimo dicta e<...> deba <...> devoto (*Textverlust nach Zuschneiden der Seite*) *Ba3;* In disem nachvolgenden exempel wirt angezeigt (In disem ... angezeigt *fehlt KT*) ein bild reiche form eins volkomnen menschen nach dem sich ein yeglicher christ richten solt (nach dem ... solt *fehlt KT*) das er gleich lernte stan (er ... stan] wir leren gleich stan *KT*) und sich (uns *KT*) lassen in allen dingen wie es gott über in (uns *KT*) angesehen hett als in vorgeender predig gelert wirt (als in ... wirt *fehlt KT*) *BT, KT* 1–2 Ain hocher lesmaister ... in der heyligen geschrift *fehlt Z1, KT, ST, H3, S1* 1 hocher lesmaister] gros meister *Ba2* sprach ain mer] seit ein lere zuo einem male *Ba2;* der (*fehlt BT*) redt *Ba3, BT* an] in *G3, Ba3, BT* an ... capitel] zů eime Capittele an einer bredigen und seite **B* ainer predig] siner reden *Ba2* zu ainem capitel] unt sprach also *Ba2;* in einem capitel ein byspil und sprach *Ba3, BT* 1–2 das ain man ... heyligen geschrift] man liset von einem man (geleirtten man *KT;* hoech geleerden man *H3*) *Ba3, BT, KT, H3, S1* 2 das er] ein mensch *Z1;* der *Ba3, BT, KT, H3, S1* begert het] begert von got *Z1;* begert *Ba2, Ba3, *B, BT, KT, H3, S1* acht] wol aht *Z1, Ba3, KT, H3, S1* das im got] das er im *Z1* zayget] erzoͤgte *G3, Ba2, *B;* soude toenen *H3* 3 in weiste] ime erceigiti und lerti *Ba2* weg] rechten weg *G3, *B* Und *fehlt *B* Und do ... begerung] und uff ein zit *S1* in *G3*] *fehlt M2* ainer *fehlt *B* 4 von got *fehlt S1* und sprach zu im] unt seit ime *Ba2;* und sprach *S1* Gee] gang hin us *Z1, BT, KT;* ut *H3* do vindestu] so wirstu (seldi *H3*) finden *BT, KT, H3*

0 *Überschriften*: von dem heiligen brůder mit den sùben secklin etc *Ka9;* von einem armen man der vij secklin by im trug uff die kilchwy *Str13;* dye siben secclein *Lam;* van eynem armen menschen myt seven sechelgyn eyne schone marie *B23* 1–2 Ain hocher lesmaister ... in der heyligen geschrift] Es was ein lerer götlicher kunst der seit eins mols ein glichnùsse eines byspels an einer bredigen das liset man von im *Ka9; fehlt Str13, Lam* 1–7 Ain hocher lesmaister ... dreyer pfenning wert] It was eyn groiß lesemeister und lerer genant hugo der begerde van gode zo wijßen wilche die aller neste warheit were da der mensche zu komen mochte in der tzijt des begerde er echte jaer myt groissem ernste und in dem echten jare do wart yme geantwart van gode du salt gaen vur die kirche dae fyndes du eynen armen menschen der sal dir sagen die warheit der hait an syme lijbe kumme drijer pennynck wert guetz der meister quam und fant den armen menschen dem warent syne fuysse zu spalden man mochte yme gersten gersten (!) korner hain dar yne gelacht *B23 (entspricht ›Der arme Mensch II‹, Z. 1–7)* 2 das er begert het acht iar] das er lange zit hette begert *Ka9;* hugo der groß lerer begert lang zitt *Str13;* der gros maister hugo begerett lang *La247* das im got zayget] von gott das er im solt weysen *Lam* 3 weiste] leret *Lam* der warhait] der nechsten worheit *Ka9* (*entspricht ›Der arme Mensch II‹, Z. 1–2*); zu dem ewigen leben *Lam* 3–4 Und do er was ... sprach zu im] und do er das lange zit in grosser begirde wol viij iore begerende was mit fliß und ernste do wart im geantwurt von gotte also *Ka9 (entspricht ›Der arme Mensch II‹, Z. 2 f.)*; also hort er ein stimme die sprach *Str13;* do hört er eines mals ein stym dye sprach zu im *Lam* 4 für die kürchen] für die kirchtùr *Ka9;* hin zu der kirchen *Lam* do vindestu] do wurstu finden *Lam* menschen] armen menschen *Ka9*

dich sol den weg der warhait weysen.«
Und er gieng weg und vand ainen armen man, dem sein fúesz zerschrunden waren und voll kotes und alle seine klaider waren nit dreyer pfenning wert. Er grůst in und sprach: »Got geb dir gueten morgen!« Und er sprach: »Ich gewan nie poͤsen morgen.« Er sprach: »Das dir got gelůck geb! Wie antwurtest du mir so?« Und er sprach: »Ich gewan nie ungelůck.« Er sprach

---

5 dich sol] sol dich wissen *G3, Z1, Ba3, BT, KT, S1;* dir sol wisen *Ba2;* u wisen sel *H3* den weg der warhait weysen] wissen den rehten weg der worheite **B* weysen *fehlt G3, Z1, Ba2, Ba3, BT, KT, H3, S1* **6** Und er gieng weg] und gieng bald für die túr *Z1;* und er gieng *Ba3, BT, KT, H3; fehlt S1* und vand] also fand er *Ba3* armen *fehlt G3* man] menschen *BT, KT, H3* dem sein fúesz] dem waren sine fůss *S1* zerschrunden] sere horwige *Ba2;* verserecht *H3* **6–7** und voll kotes] von vol hungers (!) *G3;* und die schrunden waren vol horwes *Z1;* und vol hůrwes *Ba3, *B;* und vol staubs unnd ungeseufers *BT, KT;* ende vol stofs ende onrein *H3;* und unsuber *S1* **7** alle *fehlt *B* alle seine klaider ... pfenning wert] und in boͤsen cleidern *S1* klaider] cleider die nit] kaum *Ba3, BT, KT;* nauwe *H3* pfenning] d. *Ba3;* heller *BT, KT* Er] und er *Ba3* Er grůst in und sprach] und er sprach zů im *S1* Got] got der *Ba3* **8** gueten] ain guten *G3, Ba2, Ba3, BT, KT, S1* Und er sprach] do sprach er *Z1, Ba3, BT, KT, H3;* do seit er ime *Ba2;* er antwurt *S1* nie] doch nie *Ba3, *B, BT, KT, S1* poͤsen] kein boͤsen *BT, KT* morgen] morgen wenn so mich hungert so lobe ich got frúrt mich so lob ich got bin ich ellend und versmeht so lob ich aber got *S1 (vorgezogen von Z. 13 f.)* Er sprach] do sprach diser *G3;* do sprach dirre mensche *Z1;* do seit er ime *Ba2;* und der man sprach **B;* die meester seide *H3;* er sprach aber zů im *S1* Das] ach das *G3, Z1, Ba2* **9** so *fehlt S1* Und er sprach] der arm sprach *Z1, *B;* und der arm man seit *Ba2;* er sprach *Ba3, BT, KT;* die arme mensche sprac *H3* Ich gewan nie ungelůck] ic enheb nie quaet geluc gehadt *H3* nie ungelůck] doch nie unglúck wenn was mir got gab oder nam oder über mich verhenget es wer lieb oder leid sur oder süss des was ich allweg froͤlich und nam es von got für das aller beste und dar umb so gewan ich nie unglúk noch nie kein boͤsen morgen *S1 (vorgezogen von Z. 15–17)* Er sprach] diser sprach *G3, Ba3, BT, KT;* do sprach der mensch *Z1;* die meister seide *H3*

5 dich sol] sol dir *Ka9;* sol dich wissen *Str13;* zayget dir *Lam* **5–7** den weg der warhait ... dreyer pfenning wert] die gantze worheit sagen der het an sinem libe kume dryer pfenning wert an im worent ouch sine füsse also sere zerspalten das man im möchte gerten dar in haben geleit *Ka9* (*entspricht ›Der arme Mensch II‹, Z. 4–7*) **6** Und er gieng weg] er gieng *Str13;* also gieng er in die kürchen *Lam* vand] vand do *Lam* armen man] armen mönschen *Str13;* armen ellenden menschen *Lam* **6–7** dem sein fúesz ... dreyer pfenning wert] dem waren sin füß zerschrunden und vol horwes und sin cleider warent ellend *Str13;* übel geklaydt und geschüet *Lam* **7** Er grůst in] do grůste er in *Str13;* den grüset der maister *Lam* Er grůst in und sprach] der meister sprach *B23* **8** morgen] moͤnschen (!) morgen *Str13* Und er sprach ich] do sprach der arme moͤnsch ich *Str13;* do sprach der arm ich *Lam;* der arme mensche sprach so loben ich got want ich *B23* Und er sprach ... morgen *fehlt Ka9* gewan] het *Lam* Er sprach] do sprach der meister (meister hugo *B23*) *Ka9, Str13, Lam, B23* **9** so *fehlt Ka9, Str13* Und er sprach] do sprach der arme mensche *Ka9, B23;* sprach der arme *Str13;* do antwurtet der arm *Lam* **9–10** Er sprach aber] do sprach aber (*fehlt Str13, Lam, B23*) der meister *Ka9, Str13, Lam, B23*

aber: »Daz du selig seist! Wie antwur*te*st du mir so?« Er sprach: »Ich ward nye unselig.« Do sprach er: »Das dir got hail geb! Berichte mich dicz, wan ich kan sein nit versten.«
Er sprach: »Das tůn ich. Du spracht zu mir, das mir got gueten morgen geb. Do sprach ich: ›Ich gewan nie posen morgen‹: Hungert mich, darumb lob ich got. Freuszt mich, darumb lob ich got. Pin ich ellend und versmåht, so lob ich got. Und darumb, so gewan ich nie pôsen

---

**10** Daz du selig seist] god geue u salicheit *H3* antwurtest *G3*] antwurst *M2;* redest *Z1;* gibstu mir antwůrt *BT, KT* du mir so] du so *Z1, H3;* du mir nů sus **B; fehlt BT, KT* Er sprach] der sprach arme (!) *Z1;* und er seit aber *Ba2;* der arme der sprach **B* nye] doch nie *Ba3, *B, BT, KT, S1* **10–11** Do sprach er] diser sprach *G3;* do sprach aber der mensche *Z1;* do bat er in unt sprach *Ba2;* diser sprach aber *BT, KT* **10–11** Er sprach ... sein nit versten] die meester begeerde hier of onderwesen sijn *H3* **10–18** Er sprach ... Ich ward nye unselig *fehlt S1* **11** hail] ewig heil *Z1* dicz] diss bas *G3, Ba2, Ba3, BT, KT;* diser rede bas *Z1;* bas **B* wan *fehlt *B* kan sein nit versten] verstan ir nit *Z1* sein] es *Ba3, BT, KT* **12** Er sprach] der arme sprach *Z1;* unt er seit ime *Ba2;* und er sprach **B;* doe sprac die arme mensche *H3* Das tůn ich] das tůn ich gern *Z1;* gern *Ba3, BT, KT, H3* zu mir] des ersten *Z1; fehlt G3, Ba2, Ba3, *B, BT, KT, H3* Du spracht ... Do *fehlt H3* gueten] einen guoten *Ba2, Ba3, BT, KT* sprach ich] antwúrte ich unt seit *Ba2;* ic sprac *H3* **13** Ich gewan nie posen morgen] dat ic geen quade morgen enhad *H3* **13** Hungert mich] wan hungert mich *Z1, Ba2;* wan so (als *H3*) mich hungert *Ba3, BT, KT, H3* darumb[1]] so *Ba2, Ba3, BT, KT, H3* darumb ... got *fehlt *B* Freuszt] und vror *Ba2* Freuszt mich] freürt mich es hagel es schney es regen es sei gůt oder bôß wetter *KT* (*entspricht ›Der arme Mensch II‹, Z. 14 f.*) **13–14** darumb lob ich got] so lob ich got *Z1, Ba2, Ba3, BT, KT;* ic love god *H3; fehlt *B* **14** Pin ich ellend ... got *fehlt G3 (Hom.)* und[1]] arm *Z1;* oder **B* so[1]] darumb *Z1;* unt darumb so *Ba2* got[2]] got allewegent **B* Und darumb] und davon *Z1;* unt herumb *Ba2;* darum *Ba2, BT, H3* so[2] *fehlt G3, Z1, BT, H3* gewan] enhad *H3* nie] nye kein *BT;* geen *H3*

**10** aber] zuo dem tritten male *Ba2; fehlt G3, Z1, *B, BT, KT, H3* Daz] ach das *Z1, Ba2* Daz du selig seist] das dich got selig tů (mach *Str13, Lam, B23*) *Ka9, Str13, Lam, B23* antwurtest du mir] redestu *Lam* so *fehlt B23* Er sprach] do sprach der arme mensche (*fehlt B23*) *Ka9, B23;* sprach der arme *Str13;* und der arm *Lam* **10–11** Do sprach er] do sprach der meister (meister hugo *B23*) *Ka9, Str13, Lam, B23* Das dir got hail geb] gůter mensche *Ka9;* guter brüder *Str13, B23;* lieber bruder *Lam* Berichte mich dicz] leg mir deine wort aus *Lam* dicz] der rede *Ka9;* disser (der *B23*) antwurt *Str13, B23* wan ich kan sein nit versten] ich verston ir nit was meinest du hie mit *Ka9;* wen ich verstan ir (dich *Lam*) nüt *Str13, Lam;* wan ich yrer nyt enversteyn *B23* **12** Er sprach] do sprach der arme mensche *Ka9;* entwurt (do antwort *B23*) im der brůder *Str13, B23;* also sprach der bruder *Lam* Das tůn ich] ich bericht dich ir gerne *Ka9; fehlt Str13, Lam, B23* Du spracht zu mir] du sprech *Ka9;* ir sprachent *Str13, B23;* mayster ir wunschet *Lam* das mir got ... geb] mir ein guetten morgen *Lam* sprach[2]] antwurt *Lam* **13** gewan] het *Lam* **13–14** Hungert mich ... ellend und versmåht] wan hungerte mich oder was mir gebrast *Ka9;* wenn mich hungret oder turstet oder ander bresten des lips hatte *Str13;* das ist war dann wenn ich hab gehabt hunger oder durst hytz oder kelt oder sunst mangel notturftiger ding *Lam;* wan mich enhungert noch endorstet nye *B23* **14** so[1]] darumb *Str13, B23* lob ich got] lopte ich got *Ka9, Str13;* hab ich alczeit got gelobt *Lam* Und darumb so] darumb so *Ka9, Lam;* da von *Str13, B23*

morgen. Do du spracht, das mir got geluck geb, do sprach ich: ›Ich gewan nye ungelůck‹, wann was mir got gab oder uber mich verhengte, ez wer lieb oder laid, saur oder süesz, das nam ich alles von got für das pest. Darumb gewan ich nye ungeluck.

Du sprachst, daz mich got selig mache. Do sprach ich: ›Ich ward nye unselig‹, wann ich hab meinen willen also gegeben in gotes willen alz genczleichen, was got wil, daz wil auch ich.

---

**15** Do du spracht] darnach sprechend ir *G3;* darnach (und darnach *Ba2*) sprach du *Z1, Ba2;* du sprecht ouch *Ba3, BT, KT;* so du spreche **B* Do du spracht ... do sprach ich *fehlt H3* ewan] enhad oec *H3* nye] doch nie **B* **16** wann] wann ich weiß mit got zů leben und weiß was er thůt das ist das beste unnd *KT* (*entspricht ›Der arme Mensch IV‹, Z. 28–32*) oder uber mich verhengte *fehlt Z1* saur oder süesz] sur oder sůsse das got geben wolt ald über mich verhengen *Z1;* wol oder we *Ba2;* sůr oder süß des was (*fehlt H3*) ich alles frölich (blide ende vrolic *H3*) *Ba3, BT, H3* **16–17** das nam ich alles] das name ich alles dankberlichen *Ba2;* und nam es frölich *Ba3, BT;* ende ic ontfinct minlic *H3;* das nam ich fro̊lich *KT* **17–18** von got ... Do sprach ich] want ic weet dat alle dingen wel van hem gescieden wil hi dat ic sieck sy of gesont rijc of arme ic ontfanget al in den name goeds leven mij vrienden of sterven zij in goeds name *H3* (*entspricht ›Der arme Mensch IV‹, Z. 32–39*) **17** für] unt für *Ba2* pest] aller best *G3, Z1, Ba3, *B, BT, KT* Darumb] und darumb *G3, Ba2, Ba3, *B BT, KT;* und da von *Z1* gewan] so gewan *G3, Z1, Ba3, BT, KT* **18** Du] unt du *Ba2* sprachst] sprach ouch *Z1, Ba3, BT, KT* mich got selig mache] ich sålig wår *G3* sprach ich] seit ich dir *Ba2* ward] ward doch *G3;* was oec *H3* ich hab] ich wolt allein in gottes willen sin und ich (*fehlt H3*) het *Ba3, BT, KT, H3, S1* hab] han alle zit *Z1* **19** also] also gar **B; fehlt G3, Z1, Ba3, BT, KT, H3, S1* gegeben in gotes willen] in gottes willen geben *G3;* in gottes willen geworffen und gegebin **B* alz genczleichen] als gänczlich und gar (als gar *Z1;* so gar *Ba2*) *G3, Z1, Ba2;* also gantz daß *BT, KT, H3* wil auch ich] wolt ich o̊ch *G3, Ba3, BT, KT, H3, S1;* o̊ch ich das wil *Z1, *B;* ich ouch das wolt *Ba2*

**15** Do du spracht] do spreche du *Ka9;* do sprachet ir *Str13;* darnach spracht ir *Lam, B23* got *fehlt B23* sprach] antwurt *Lam* **16** wann] was *Str13, B23;* das ist auch wår dann was *Lam* mir got gab oder] got *Ka9;* mir got ye gab oder *Str13, B23;* got ye *Lam* erhengte] verhengt hat *Lam* wer] were mir *Ka9* saur oder süesz] sueß oder sauer *Lam* **16–17** das nam ich ... das pest] das hab ich alczeit im pesten von im auffgenummen *Lam* **17** alles *fehlt Str13, Lam, B23* von got für das pest] für das beste von got *Ka9;* für das aller beste uff *Str13;* das hab ich alczeit im pesten von im auffgenummen *Lam;* vur das aller suyßeste ader das aller beste uff *B23* **17** Darumb] und do von *Ka9, Str13;* davan *B23* **18** Du sprachst] do spreche du *Ka9;* do sprachent ir *Str13;* zum letzsten spracht ir zu mir *Lam;* dar nach sprechent yr *B23* mich] dich *Lam* mache] dete *Ka9* sprach ich] antwurtet ich *Lam* wann] das ist auch wår wann *Lam* hab *fehlt B23* **19** also] also gar *Ka9, Str13;* so gantze *B23* gegeben in gotes willen] in got gegeben *Ka9;* in got geleit *Str13;* gesetzt in gottes willen *Lam;* in gottes willen gelacht hait (!) *B23* alz genczleichen] gentzlich *Str13; fehlt Ka9, Lam, B23* wil] wolt *Ka9, Str13, B23* daz wil auch ich] des tett ich auch *Str13;* dat will ich auch *Lam, B23*

Und darumb ward ich nye unselig, wan ich wold alain gotes willen *und sin ere*.«

»Ach lieber mensch, ob dich nu got wolt in dy hell werffen, was woltestu darzu sprechen?« Do sprach er: »Mich in dy hell werffen? Daz trucz im in sein aug!

Noch dann wurff er mich in dy hell, so han ich czwen *arm* da mit ich in umb vienge: Ain

---

**20** Und darumb] darumb *G3;* und da von *Z1* ward] werde *H3* wan ich wold ... und sin ere *fehlt S1* wold] wolt unt suochte *Ba2* gotes] sin *Ba2;* in sinem *Ba3, BT, KT, H3* und sin ere *G3*] *fehlt M2;* und sin ere wan alle gaben gottes sint gůt und swas er tůt das ist das best *Z1;* unt sin ere zuo dem iungsten mal sprecht du das mir got heile gebe ich sagen dir das got al min troste und alles min heile ist in dem ich dis alles úberwunden han *Ba2;* in sinem willen sin und ich hett minen willen geben in gottes willen also genczlichen was gott wil das wil ich ouch und darum ward ich nie unselig *Ba3;* in seinem willen sein und ich het meinen willen im gantz übergeben *BT, KT, H3* **21** Ach lieber mensch] och du gůter mensch *G3, Ba3, *B, S1;* ach gůter man *Z1;* ach guoter mensche *Ba2;* diser sprach *BT, KT;* doe sprac die meister *H3* nu got] got nu *Ba2;* aber gott *BT, KT;* god oec *H3* wolt in dy hell werffen] in die helle woelte werfen *Ba2, *B* sprechen] reden *Ba3, BT, KT, S1;* sagen **B, H3* **21–22** Do sprach er mich] do sprach er *G3;* do antwurt der arme man also er mich *Z1;* mich *Ba2;* hi antwoerde mi *H3;* er sprach mich *S1* **22** in dy hell werffen] werffen in die hell *Ba3, BT, KT, S1* Daz trucz ... aug *fehlt KT* trucz] trutze si *Ba2;* tert ic *H3* in sein aug] sin ougen *Ba3, BT; fehlt *B, H3* **23** Noch dann] aber *Z1;* aber noch denne *Ba2;* und dannocht *Ba3, BT, H3, S1* mich] mich ioch *Z1* so] noch denne so *Z1* **23–24** czwen arm ... minne] zwen arm der demütikait ist ainer der ander ist der minn da mit ich in umfieng *G3* arm *G3*] *fehlt M2* da mit] mit den *Z1* umb vienge] umb vienge das er mit mir in die helle můst *Z1*

**20** Und darumb] und do von *Ka9, Str13;* dar umb *Lam* ward] so wart *Ka9, B23* wold] will *Lam* alain gotes willen und sin ere] allein gottes willen *Ka9;* alle zitt den willen gottes und sin ere *Str13, B23;* alczeit den willen und dye ere gotz *Lam* **21** Ach lieber mensch] do sprach der meister *Ka9;* do sprach der meister gutter bruder *Str13, B23;* dar über sprach der mayster liber bruder *Lam* ob dich nu got wolt] ob dich got *Ka9;* ob dich den gott (got wolde *B23*) *Str13, B23;* wolt dich got *Lam* werffen] haben wollte *Ka9;* werfen *Lam;* haerffen (!) *B23* sprechen] sagen *Ka9, Str13, B23;* thwen oder sagen *Lam* **21–22** Do sprach er] do sprach der mensche *Ka9;* sprach er *Str13;* do antwurt der bruder *Lam; fehlt B23* **22–23** Mich in dy hell werffen ... Noch dann] also mer in der hellen als in dem himel wollte er er machte mir wol ein himelrich in der helle *Ka9* (*entspricht ›Der arme Mensch II‹, Z. 17f.*); des troiscze (!) yme an sin auge und dan noch *B23; fehlt Str13, Lam* **23** wurff er mich in dy hell] welt er mich in die hellen werffen *Str13;* wolt mich gott in dy hell werfen *Lam; fehlt Ka9* so han ich] ich han *Ka9* da mit ich in umb vienge] mit den wolt ich in umphahen *Lam* **23–24** Ain arm der demůtikait] einen arm der mynnen und einen andern arm der demůtikeit *Ka9;* der ein (erst *Lam, B23*) arm ist miltikeit der ander ist (arme *B23*) diemütikeit *Str13, Lam, B23* arm der demůtikait, den leget ich under in, und umb vieng in mit dem arm der minne.« Also sprach er: »Ich wil lieber in der hell sein und das ich got hab, dann in dem himmelreich, und daz ich got nit enhab.«

---

**24** der[1]] ist *Z1;* ist (ist der *S1*) ware (waren *S1*) *Ba3, BT, KT, H3, S1*  demůtikait] demůtikeit der ander arm ist dú minne *Z1;* diemůtikeit unt ein (den andern **B*) arn der minne *Ba2, *B*  den] unt den arn der diemůtikeit *G3, Z1, Ba2, *B;* und den *Ba3, BT, KT*  leget] den leiti *Z1*  **24–25** under in … Ich wil] under jn und da mit byn ich vereinet mitt seyner heilige menscheit und mitt dem rechten arm der liebe der vereinicht ist mitt seyn heilige gotheyt umfahe ich im (!) daz er mit mir můst in die hel darumb will ich *KT* (*entspricht ›Der arme Mensch II‹, Z. 19–22*)  **24** umb vieng] umb slůg *Z1*  minne] liebe *Ba3, BT, H3*  Also] unt also *Ba2;* und *Ba3, BT, S1;* ende hi *H3*  **24–26** Also sprach er … got nit enhab] also wa ich bin ald wa er mich hin tůt das ŏch er da sin můs *Z1*  **25** sprach er] sprich ich *G3, Ba2;* sprach *Ba3, BT, H3;* sprach da *S1*  lieber] vil lieber *Ba2*  in der hell sein] sin in der helle *Ba2*  und das] unt *Ba2;* das *Ba3, BT, KT, H3, S1*  und das … hab] und gottes antlit sehen **B*  in dem himmelreich] ich im himelrich sy *G3;* das ich in dem himil were *Ba3, BT, KT;* in dem hemel *H3*  **25–26** und daz] unt *G3, Ba3, *B, BT, KT, H3;* und ich *Ba2;* das *S1*  **26** enhab] hett darum merk das die sele nit mit got so vast noch so sere mag vereinet werden das (da *S1*) ir pein lustlich syg aber der fry will (wille wil *S1*) was gott wil amen *Ba3, BT, S1;* enhebbe waer om wil hi mi in die helle werpen soe moet hi volgen ende mit mij daer zyn doe verstont die meester dat warachtige onderdanicheit in alle dingen tot gods wille is die naeste ende die corste wech tot god te comen *H3* (*entspricht ›Der arme Mensch IV‹, Z. 58–63*); het do verstont diser meister das ware gelassenheit mit gruntlige demüticheit ist der nåchste weg zů got *KT* (*entspricht ›Der arme Mensch IV‹, Z. 61 f.*)

**24** den leget ich … minne] mit minem lincken arme so habe ich sin minnecliche menscheit also gar umbfangen das ich von ime nit enmag mit minem rechten arme sine gotheit ich bin mit im also gar vereiniget das ich nit mag wellen denn das got wil *Ka9* (*entspricht ›Der arme Mensch II‹, Z. 19 f.*)*;* die (den *B23*) leite ich (*fehlt B23*) umb in *Str13, B23;* und wolt in mit mir zyhen *Lam*  **24–25** Also sprach er *fehlt Ka9, Str13, Lam, B23*  **25–26** Ich wil lieber…got nit enhab] ich sage im eins sol ich in die helle er můß ouch mit mir dar in *Ka9*  **25** Ich wil lieber] nochtin welte ich lieber *Str13, B23;* und wolt lieber *Lam*  in der hell sein] mit im in der hell sein *Lam*  und das ich got hab] das ich got hette *Str13;* myt gode *B23; fehlt Lam*  dann in dem himmelreich] wann das ich in dem himelrich wer *Str13;* dann on in sein in dem hymel *Lam*  **25–26** und daz ich got nit enhab] und got nit enhette *Str13;* ane got *B23; fehlt Lam*

## Übersetzung: ›Der arme Mensch I‹

Ein hoher Lesemeister trug in einer Predigt anlässlich einer Kapitelversammlung folgende Beispielgeschichte vor:
Es lebte ein Mann, von dem man in der heiligen Schrift liest, dass er acht Jahre lang einen sehnlichen Wunsch hegte: Gott solle ihm einen Menschen zeigen, der ihm den Weg der Wahrheit weisen könne. Und als er einmal von besonders großem Verlangen erfüllt war, da kam eine Stimme von Gott und sagte zu ihm: »Gehe vor die Kirche, dort findest du einen Menschen, der dir den Weg der Wahrheit weisen wird.«
Und er ging dorthin und fand einen armen Menschen vor, dessen Beine zerschunden und voll Dreck waren und dessen Kleider keine drei Pfennig wert waren. Der Mann grüßte ihn und sagte: »Gott gebe dir einen guten Morgen.« Und der arme Mensch antwortete: »Ich hatte noch nie einen schlechten Morgen.« Der Mann sagte: »Möge Gott dir Glück schenken. Wie kannst du mir nur so antworten?« Der arme Mensch sagte: »Mir ist nie Unglück widerfahren.« Der Mann sagte wiederum: »Mögest du selig sein. Wie kannst du mir nur so antworten?« Der arme Mensch sagte: »Ich war nie unselig.« Daraufhin sagte der Mann: »Möge Gott dir Seelenheil schenken. Erkläre mir deine Worte, weil ich sie nicht verstehen kann.«
Der arme Mensch erwiderte: »Das mache ich. Du sagtest zu mir, Gott solle mir einen guten Morgen geben. Daraufhin sagte ich: ›Ich hatte noch nie einen schlechten Morgen‹. Leide ich nämlich Hunger, dann lobe ich Gott dafür. Friere ich, dann lobe ich Gott dafür. Bin ich fremd und verachtet, dann lobe ich Gott. Deshalb hatte ich noch nie einen schlechten Morgen. Als du sagtest, Gott solle mir Glück geben, da sagte ich: ›Mir ist nie Unglück widerfahren‹, denn was mir Gott gegeben oder mir auferlegt hat – war es schön oder schlecht, süß oder bitter –, das alles nahm ich von Gott als das Beste an. Deshalb ist mir nie Unglück widerfahren. Du sagtest, Gott solle mich selig machen. Daraufhin antwortete ich: ›Ich war nie unselig‹, denn ich habe meinen Willen so vollkommen in den Willen Gottes gelegt, dass ich sagen kann: Was Gott will, das will auch ich. Deshalb war ich nie unselig, denn ich wollte immer nur Gottes Willen und seine Ehre.«
»Ach, lieber Mensch, wenn Gott dich nun in die Hölle werfen wollte, was würdest du dazu sagen?« Da sagte der arme Mensch: »Mich in die Hölle werfen? Das könnte ihm so passen! Denn wenn er mich in die Hölle wirft, dann umklammere ich ihn mit meinen beiden Armen: Den Arm der Demut würde ich unter ihn legen und ihn mit dem Arm der Liebe umfangen.« Und weiter sagte er: »Ich will lieber in der Hölle sein und Gott haben, als im Himmel sein und Gott nicht haben.«

### 5.2.2 Untersuchungen zum Text

Als mutmaßlicher Ausgangspunkt einer von Erweiterungen, Umgestaltungen und Kompilationen geprägten Textgeschichte verdient der Kurzdialog ›Der arme Mensch I‹ eine intensive inhaltliche Aufarbeitung: Hier ist das – nach Ausweis der lebendigen Überlieferung offenbar besonders herausfordernde – Thema ebenso grundgelegt wie die literarische Eigenart der Dialogform. Die traditionell bedeutsamen Fragen nach dem historischen und geistesgeschichtlichen Ursprung der Dialoggruppe sind auf der Basis dieser ersten Fassung zu behandeln.

Der nachfolgende Untersuchungsteil geht von einem *close reading* des Textes aus, um dann durch Hinzuziehen anderer Texte den literarisch-theologischen Standort des ›Armen Menschen I‹ zu bestimmen. Überlegungen zu Entstehungszeit und -umfeld runden die Analyse ab.

#### Textanalyse

Struktur: Der Dialog ›Der arme Mensch I‹ setzt sich aus einem extradiegetischen Rahmen, der der Vorstellung von Erzählerfigur und Erzählsituation dient (Z. 1–2), und einer Binnenhandlung, der Begegnung eines Wahrheitssuchenden und eines armen Menschen (Z. 2–26), zusammen. Die Binnenhandlung wiederum gliedert sich in eine einleitende Partie zur Einführung der Dialogpartner (Z. 2–7) und in einen kompositorisch klar strukturierten Gesprächsteil (Z. 7–26), der in auffälliger Weise dem entsprechenden Abschnitt von ›Meister Eckharts Tochter‹ gleicht (vgl. S. 96 f.): Auf einen verrätselten ersten Redegang, in dem der arme Mensch aus noch unerfindlichen Gründen drei gutgemeinte Segenswünsche zurückweist (Z. 7–10), folgt eine Bitte um Erklärung in der Funktion eines Brückenelements (Z. 11) und schließlich ein zweiter Redegang, in dem der arme Mensch jeden Wunsch erneut aufgreift, seine abweisende Haltung begründet und dabei eine Philosophie des Erleidens und der Selbstüberlassenheit entwickelt (Z. 12–20). Man könnte in dieser Struktur Parallelen zu professionellen Verfahren der Textbearbeitung sehen, etwa zur Praxis des *litteram punctare,*[73] der Punkt für Punkt oder Wort für Wort Auslegung, wie sie in der scholastischen Predigt geübt wurde. Nahe verwandt scheint auch die Technik der Allegorese, bei der das wörtlich Gesagte nach und nach in das eigentlich Gemeinte überführt wird. Verunklart wird diese geschlossene Struktur nur durch den vierten Wunsch *Das dir got hail geb* (Z. 11), der nur in der Hand-

73 Zur Praxis des *litteram punctare* vgl. Ruh, Meister Eckhart, S. 70, und Gottschall, Zum Umgang Meister Eckharts mit Wörtern, S. 446. Eckhart selbst gebraucht diesen Fachausdruck der Textauslegung in der ersten Lectio über Ecclesiasticus (In Eccli. n. 19, LW II, S. 247,11).

schrift Ba2 eine – vermutlich sekundär ergänzte – Replik erhält (zur Textkritik vgl. S. 211 f.), und durch die außerhalb des Schemas stehende ›Höllenfrage‹ mit zugehöriger Antwort als Höhepunkt und Abschluss des Stücks (Z. 21–26). Der Aufbau des Dialogs ist in nachfolgendem Schema veranschaulicht:

1–2 Extradiegetischer Rahmen
2–26 Binnenhandlung, bestehend aus:
  2–7 Einführung des Wahrheitssuchenden und des armen Menschen
  7–26 Gesprächsteil, bestehend aus:
    7–11 Verrätselter erster Redegang
    11 Bitte um Deutung als Brückenelement
    12–20 Erklärung des armen Menschen
21–26 ›Höllenfrage‹

Rahmen (Z. 1–2): Vielleicht ist es schon die Einleitung, die mit ihren nicht einmal zwei Zeilen in der Edition die größte Herausforderung für die Exegese des Dialogs ›Der arme Mensch I‹ bedeutet. Besonders interessant ist sie, weil sie den nachfolgenden Dialog in eine spezifische Erzähl- und Kommunikationssituation hineinstellt, die möglicherweise transparent für die historische Entstehungs- und / oder Gebrauchssituation des Stückes sein könnte. Die folgenden Ausführungen erläutern die in der Einleitung verwendeten Fachtermini und entwickeln Perspektiven für einen daraus ableitbaren Sitz im Leben.

Der extradiegetische Rahmen situiert den Dialog in einer *predig zu ainem capitel* (Z. 1), wobei unter *capitel* eine konventsinterne, aber auch eine konventsübergreifende soziale Einrichtung verstanden werden kann.[74] Im ersten Sinn bezieht sich der Begriff auf die – zumindest der Idee nach – täglich stattfindenden Zusammenkünfte der Mitglieder eines Konvents im Anschluss an die Feier der Prim im Sommer bzw. der Terz im Winter.[75] Für den liturgischen Teil einer solchen Versammlung war als erste Handlung eine Lesung aus einem Martyrologium, einem »Verzeichnis der nach dem Jahreslauf geordneten Gedenktage der Heiligen (primär der Märtyrer) für den liturgischen Gebrauch im

74 Der Begriff ›Kapitel‹ leitet sich von der Lesung eines Kapitels aus der Lebensregel, vorzüglich natürlich der Benediktsregel, der jeweiligen geistlichen Gemeinschaft ab. Er ging später sowohl auf die Versammlung selbst, wie auch auf den Ort der Versammlung (›Kapitelsaal‹) über. Als ›Kapitel‹ bezeichnet man daneben auch die an einem Stift oder Dom ansässige Gemeinschaft von Kanonikern, »geistliche Körperschaften, denen die Durchführung des feierlichen Gottesdienstes in ihrer Kirche obliegt« (May, Kapitel, Sp. 1215). In Verbindung mit dem terminus technicus *lesemeister* (siehe dazu unten) ist hier die Spezifikation auf eine monastische Gemeinschaft vorzuziehen.

75 Für diese und die folgenden Angaben zur konventsinternen Kapitelversammlung vgl. Bonniwell, Dominican Liturgy, S. 142, und Senner, Ordensmann, S. 13 f. Die Verwendung des volkssprachigen Wortes *capitel* für diese Art der Versammlung ist belegt im Text ›Eine gute Klosterlehre‹ (Spamer, Texte, S. 78–81).

Offizium (Prim)«[76], vorgesehen. Dazu kamen die Ankündigung des an diesem Tag zu feiernden Festes, das Singen des Psalmverses *pretiosa in conspectu Domini mors sanctorum eius* (Ps[G] 115,15)[77], eine Lesung aus der Regel begleitet von einem Kommentar oder in selteneren Fällen einer Predigt und die Verteilung der anstehenden Aufgaben, um die wichtigsten Elemente zu nennen. Bei dieser Art konventsinterner Kapitelversammlung handelte es sich um eine Praxis, die ordensübergreifend gepflegt wurde: »The reading of the martyrology and the recitation of *pretiosa* in the chapter-room, especially after prime, was the common practice of the monastic Orders in the Middle Ages«[78]. Gegen eine Assoziierung des Erzählrahmens mit einer solchen Kapitelversammlung spricht allerdings, dass dort in aller Regel nicht gepredigt wurde.[79]

Daneben dient der Begriff des ›Kapitels‹ zur Bezeichnung konventsübergreifender, der Selbstorganisation und -verwaltung dienender Versammlungen, die auf der Ebene einer Ordensprovinz als ›Provinzkapitel‹ oder auf der Ebene des gesamten Ordens als ›Generalkapitel‹ abgehalten wurden. Dass man sich eine Kommunikationssituation wie die des Erzählrahmens etwa auf einem Provinzkapitel vorstellen könnte, belegt – wenngleich nicht ohne Zweifel – das Beispiel des Dominikaners Nikolaus von Straßburg: Er soll nach dem Zeugnis der Überlieferung auf dem Provinzkapitel in Löwen im Jahr 1324 die volkssprachige ›Predigt vom Goldenen Berg‹ gehalten haben und zwar in seiner Funktion als Lesemeister von Köln.[80]

Auf einer, um vorsichtig zu formulieren, Versammlung im monastischen Kontext also tritt ein *lesmaister* (Z. 1) auf und bettet den Dialog als *mer* (Z. 1) in seine Predigt ein. Diese Zuweisung verleiht dem Text zuallererst eine gewisse wissenschaftlich-theologische Dignität, denn *lesemeister* oder *lectores* waren in den Konventen der Bettelorden für die Aus- und Weiterbildung der Ordensmitglieder zuständig und hatten dafür selbst ein profundes Studium absolviert.[81] Dass ein Prediger zur Veranschaulichung seiner Botschaft ein *mære*,

76 Heinzer, Martyrologium, S. 80.

77 Übersetzung: »Der Tod seiner Heiligen wiegt schwer vor dem Herrn.«

78 Bonniwell, Dominican Liturgy, S. 142.

79 Ich danke Walter Senner (OP) für diese Einschätzung, die er mir gegenüber in einem persönlichen Gespräch auf der Eckharttagung 2015 in Freiburg im Breisgau äußerte.

80 Vgl. etwa Senner, Sterngassen, S. 134. Christoph Burger weist allerdings auf das Fehlen spezifischer Angaben in den Quellen hin, ob es sich bei diesem Kapitel um ein Provinzkapitel oder »nur um ein Schuldkapitel« (ders., Predigt über den Goldenen Berg, S. 68, und zur weiteren Diskussion vgl. ebd., S. 68–71) handelte. Würde es bei diesem historischen Fall tatsächlich um ein Schuldkapitel gehen, so wäre damit die These vom konventsinternen Kapitel gestützt, zu dem das Schuldkapitel als Sonderform gehört.

81 Ein eindrückliches Beispiel dafür, dass mit dem volkssprachigen Begriff des *lesemeisters* das Amt des Lektors einer Ordensschule bezeichnet wurde, bietet die Titulierung der Prediger in der dominikanischen Predigtsammlung ›Paradisus anime intelligentis‹ (vgl. etwa Löser, Predigen in dominikanischen Konventen, S. 238 f.). Zur Organisation

ein Exempel, einsetzt, entspricht wiederum den Empfehlungen der zeitgenössischen Predigtrhetorik[82] wie auch die Angabe, dass es der *heyligen geschrift*, der Bibel, entnommen sei, galt sie doch als beste und würdigste Quelle für Exempel.[83]

Doch so stimmig diese Angaben des Erzählrahmens auf den ersten Blick auch scheinen mögen, ganz unhinterfragt kann man sie nicht annehmen. Vor allem die angebliche Ableitung des Dialogs aus der Bibel bereitet Probleme, denn zu keinem biblischen Text lassen sich zwingende Bezüge herstellen. Man könnte am ehesten noch vermuten, dass der arme Mensch in seinem Elend etwa dem schwer geprüften Hiob nachempfunden ist: Aus den Kommentaren dieses großen Leidenden der christlichen Tradition – *Dominus dedit Dominus abstulit sit nomen Domini benedictum* (Iob 1,21)[84] oder *si bona suscepimus de manu Domini quare mala non suscipiamus* (Iob 2,10)[85] – spricht eine ähnliche Selbstüberlassenheit in den Willen Gottes wie aus den Worten des armen Menschen im Dialog und beide scheinen ihren Gesprächspartnern an Weisheit und Gottesnähe letztlich überlegen. Über solch analoge Strukturen und Gedanken wird man aber im Fall Hiobs genausowenig hinauskommen[86] wie bei verschiedenen Perikopen aus dem Neuen Testament, in denen ein Leidender zwar im Zentrum steht, sein Leid aber überwinden möchte und dies durch ein göttliches Wunder meist auch gelingt. Zumindest denkbar wäre, dass mit der *geschrift* nicht die Bibel selbst, sondern Bücher gemeint sind, »die in die Nähe

---

des Konventsstudiums im Dominikanerorden vgl. SCHÜTZ, Hüter der Wirklichkeit, S. 79–88, und zur Ausbildung der dominikanischen Lektoren ebd., S. 122–140.

82 Zur Predigtrhetorik, der *ars praedicandi*, vgl. auch S. 402 f. und die dort angegebene Sekundärliteratur sowie SCHÜRER, Die erzählte Institution, S. 77–90, mit einer Zusammenstellung von Reflexionen der Dominikaner Humbertus de Romanis und Stephan von Bourbon über den Wert von Exempla in unterschiedlichen Kommunikationszusammenhängen.

83 Vgl. ebd., S. 88–90. Dort bespricht SCHÜRER Ausführungen des Humbertus de Romanis zum Gebrauch exemplarischer Rede, unter anderem im Hinblick auf ihre autoritative Absicherung. Als vertrauenswürdige Quellen sind dort berühmte Lehrer und Magister – der Erzähler des Dialogs ist ein *lesemeister*! –, Kirchenväter, Legenden, die ›Vitaspatrum‹ und an höchster Stelle die Bibel genannt.

84 Übersetzung: »Der Herr hat's gegeben, der Herr hat's genommen; der Name des Herrn sei gelobt!«

85 Übersetzung: »Haben wir Gutes empfangen von Gott und sollten das Böse nicht auch annehmen?«

86 Die Schwierigkeit eines Vergleichs vom armen Menschen des Dialogs und der Hiobfigur besteht zudem darin, dass es in Folge der komplexen Wachstums- und Entwicklungsgeschichte des Buches keine einheitliche Hiobfigur gibt, auf die man sich beziehen könnte: Dem Mann der Rahmengeschichte, der sein Schicksal im Namen des Herrn demütig annimmt, steht der Rebell des Dialogteils gegenüber, der lauthals gegen Gott Klage führt.

oder in die Folge, Fortsetzung der Bibel gestellt werden«[87] und die bisweilen auch das Attribut ›heilig‹ führen konnten. Wenn eine solche freie Verwendung des Terminus möglich war, ist es zumindest nicht auszuschließen, dass in der Einleitung nicht von der Bibel, sondern von einem Legendar oder einem Martyrologium, also, in einer syntaktisch zumindest möglichen Lesart, von einer ›Schrift der Heiligen‹ die Rede ist.[88] Eine solche Lesart ist zum einen deshalb eine Überlegung wert, weil die Lesung aus dem Martyrologium,[89] wie oben dargelegt, als integraler Bestandteil zum Ablauf einer konventsinternen Kapitelversammlung gehörte, und zum anderen, weil natürlich auch solche Textsammlungen zu Heiligen als Quellen für Exempel genutzt wurden.[90] Ob sich aber im Bereich von Legendaren und Martyrologien ein konkreter Vorlagentext wird finden lassen, scheint gerade bei dem theologisch sehr spezifisch ausgebildeten Dialog ›Der arme Mensch I‹ und der immer gegebenen Möglichkeit einer freien Bearbeitung mindestens ebenso fraglich wie bei der Bibel.

Die Einleitung des ›Armen Menschen I‹ könnte also eine Reminiszenz an eine konkrete historische Situation sein, die man eingedenk der skizzierten Unsicherheiten minimalistisch als Predigt eines gelehrten Ordensmitglieds vor Ordensmitgliedern im Rahmen einer institutionalisierten Versammlung beschreiben könnte. Der Rahmen scheint dabei in seiner Terminologie zu spezifisch, um allein der autoritativen Absicherung des Textes zu dienen: Wozu wäre dann etwa der Verweis auf das *capitel* nötig gewesen? Er wird bei der Frage nach einem möglichen Entstehungsumfeld des Dialogs gebührend zu berücksichtigen sein.

Einführung des Wahrheitssuchenden und des armen Menschen (Z. 2–7): Die Binnenhandlung wird durch eine göttliche Audition in Gang gesetzt. Ein

---

87 Vgl. FWB: ›geschrift‹ 8, Bd. 7, Sp. 1369. Von den dort angeführten Beispielen seien zwei zur Veranschaulichung herausgegriffen: *wilt du mich lernn die hailgen geschriftt, die unß Sant Bernhart hät gestifft* (15. Jh.; eigene Übersetzung: »willst du mich in der heiligen Schrift unterweisen, die uns St. Bernhard hinterlassen hat«) und *die auserwelten heiligen, die da geleücht haben als die sunn in der verganngen zeit mit den guten ebenpilden vnd noch leüchten durch die heiligen geschrifft* (1464; eigene Übersetzung: »die auserwählten Heiligen, die in der Vergangenheit wie die Sonne leuchteten als gute Vorbilder und die noch heute leuchten durch die heiligen Schriften«).

88 Die Bezeichnung *der heyligen geschrift* für ein spezifisches Legendar oder Martyrologium konnte ich zwar nicht finden, gängig war aber die Bezeichnung *der heiligen leben*, die auch das beliebteste volkssprachige Legendar des Mittelalters trägt (vgl. Williams-Krapp, Legendare des Mittelalters, S. 9).

89 In diesem Zusammenhang ist von Interesse, dass Martyrologien sich teils minimalistisch auf die Nennung von Namen und Orten beschränken konnten, teils aber auch narratives Material aus Legenden und anderen Quellen aufnahmen und dadurch zu ›historischen‹ Martyrologien anwuchsen. Einen Überblick über die Tradition der Martyrologien gibt Duboi, Martyrologes, S. 13–70.

90 Vgl. S. 225, Anm. 83.

Mann, von dem man nichts weiter erfährt, als dass er seit acht Jahren den *weg der warhait* (Z. 3) sucht, erhält durch den Mund Gottes eine lang ersehnte Weisung: Die Antwort auf seine Frage liege bei einem Mann, der vor der Kirche sitzt. Der Wahrheitssuchende folgt dem Rat und findet an besagtem Ort eine heruntergekommene Gestalt vor, einen Mann, der – das macht die Beschreibung seiner äußeren Erscheinung deutlich – sowohl in materiellem als auch in physischem Elend lebt. Welche Assoziationen dieser ›arme Mensch‹ bei den Rezipienten des Textes provoziert haben mag, kann nur gemutmaßt werden: Dachte man an einen Bettler oder einen Kranken, der auf seinem Platz vor der Kirche auf das Mitleid der Menge hofft? Dachte man an bestimmte Figuren wie den biblischen Hiob, der von Gott von der Fußsohle bis zum Scheitel mit Geschwüren geschlagen wurde und im Staub saß (vgl. Iob 2,7)? Eine spätere Fassung des Dialogs schreibt diese Leerstelle aus, indem sie die Irritation betont, die von dem armen Menschen ausging: »Wie kann dieser elende Mensch nur den Weg zur Wahrheit kennen?«, wird dort gefragt (vgl. ›Der arme Mensch IV‹ nach Ge2, Z. 15 f.).

In der späteren Überlieferung zeigt sich die Tendenz, den anonymen Wahrheitssuchenden mit bekannten Gestalten des geistlichen Lebens zu identifizieren und damit dem Dialog größere Autorität zu verleihen: Die Handschriften der Gruppe y3 setzen den Mann mit Hugo von St. Viktor gleich, der Surius-Taulerdruck stellt mit der Überschrift *Colloquium theologi <si vetustis exemplaribus creditur, ioannis thauleri> et mendici* (S. cviij, vgl. S. 319 f.)[91] eine Verbindung zu Johannes Tauler her und im 17. Jahrhundert schlägt die Zweitauflage des Frankfurter Taulerdrucks in einem Vorspann zumindest indirekt die Brücke zu Meister Eckhart: *Meister Eckhard weiset Allhie Ein Exemplarische Form*[92] (vgl. S. 202). Den ersten beiden Beispielen nach zu urteilen, genügte die bloße Nennung einer berühmten Persönlichkeit und die damit verbundene Stilisierung zur biographischen Anekdote, um den Text zu autorisieren, denn der eigentliche Vortrag der Lehre bleibt in jedem Fall die Sache des armen Menschen.

Verrätselter erster Redegang (Z. 7–11): Auf die erste folgt die zweite Irritation: Der arme Mensch weist den Guten-Morgen-Wunsch seines Gegenübers mit der Behauptung zurück, nie einen bösen Morgen erlebt zu haben (Z. 8) – ganz so, als hätte er sein eigenes Elend noch gar nicht bemerkt. Dieses Spiel aus Segenswunsch und zunächst noch unverständlicher Zurückweisung wiederholt

---

91 Eigene Übersetzung: »Das Gespräch eines Theologen (bei dem es sich um Johannes Tauler handelt, wenn man den altehrwürdigen Abschriften glaubt) und eines Bettlers«. Die Berufung auf alte Handschriften dürfte bloße Fiktion sein: Der Surius-Taulerdruck hält sich für den Dialog vom armen Menschen genau an seine Vorlage, den Kölner Taulerdruck, der in diesem Zusammenhang nichts von Johannes Tauler vermeldet. Der Kölner Taulerdruck macht seinerseits Meister Eckhart zum Erzähler von ›Meister Eckharts Wirtschaft‹ (vgl. S. 364 f.).

92 Eigene Übersetzung: »Meister Eckhart gibt hier ein anschauliches Beispiel.«

sich zwei weitere Male, wobei jedes Mal eine Steigerung festzustellen ist: vom *gelůck* (Z. 9), das neben der neuhochdeutschen Entsprechung auch ein allgemeines Wohlergehen und ein gnädiges Schicksal bezeichnen kann, über das *selig* (Z. 10) als religiöse Kategorie bis hin zum *hail* (Z. 11) als jenseitiger Zielperspektive christlicher Existenz. Das wiederholte *wie antwurtest du mir so* (Z. 9, 10) zeigt dabei das ungläubige Staunen des Wahrheitssuchenden über die Reaktion seines Gesprächspartners an.

Bitte um Deutung (Z. 11): Schließlich verlangt der Wahrheitssuchende – ganz ähnlich wie Meister Eckhart in ›Meister Eckharts Tochter‹ (vgl. dort Z. 40) – eine Erklärung für die eigenartigen Worte seines Gegenübers. Das Gespräch ist bis zu diesem Punkt gänzlich anders verlaufen, als es zu erwarten war: Der Suchende hatte keine Gelegenheit, die Frage nach dem *weg der warhait* (Z. 3), die ihm doch so viele Jahre keine Ruhe gelassen hatte, zu stellen. Stattdessen hat ein vielleicht nur als Begrüßungsfloskel gemeinter Wunsch ein Gespräch ganz eigener Art angestoßen, das seinen Reiz aus der Spannung zwischen dem äußeren Elend des armen Menschen und seiner Einstellung dazu bezieht. Die Lösung dieser Spannung, wie sie der zweite Redegang bringen wird, führt ins Innere des armen Menschen und wird auf diesem (Um-)Weg auch eine Antwort auf die Ausgangsfrage des Stücks liefern.

Erklärung des armen Menschen (Z. 12–20): Der arme Mensch greift nun in einem längeren Monolog die drei ersten Segenswünsche – den vierten, das *hail* (Z. 11), nur im Text von Ba2 – auf und erklärt, warum er sie zurückgewiesen hat. Um den zentralen Gedanken voranzustellen: Die Aufspaltung der Wirklichkeit in von einem subjektiven Standpunkt aus als gut oder schlecht bewertete Erfahrungen und das damit verbundene Streben, die einen zu bekommen und den anderen zu entgehen, existiert für den armen Menschen nicht. Dieser grundlegende Gedanke wird Schritt für Schritt entfaltet, wobei jeder Abschnitt den vorausgehenden weiter vertieft und abstrahiert, so dass in diesem zweiten Redegang das Prinzip der Steigerung gewahrt bleibt.

Den Guten-Morgen-Wunsch, den ersten in der Reihe, kommentiert der arme Mensch damit, dass er Gott auch für leidvolle Erfahrungen loben wolle (vgl. Z. 13 f.), gleich ob sie nun physischer Art – Hunger und Kälte – oder sozialer Art – *ellend und versmåht* (Z. 14), also Ausgrenzung und Verachtung – sind. Diese Aussage generalisiert er in der Erklärung, warum er *nye ungelůck* (Z. 15) erfahren hat: Was immer Gott ihm zukommen lässt, nimmt der arme Mensch bereitwillig als das Beste an. Die unbedingte Affirmation des eigenen Schicksals gilt nach dieser Aussage nicht nur für das Leid, sondern auch für jegliche Form der Freude – eine Aussage, die angesichts einer im Spätmittelalter bisweilen exzessiv betriebenen Leidensfrömmigkeit und einem gewissen Misstrauen gegen Erfahrungen irdischen Glücks vielleicht gar nicht so selbstverständlich ist. Man kann in diesem armen Menschen einen mittelalterlichen Stoiker sehen, der seine Leidenschaften abgelegt und sich seinem Schicksal überlassen hat, gleich was es für ihn bereithält. Dieses stoische Element überbietet er aber zuletzt durch ein mystisches: *Nye unselig* (Z. 18) war der arme Mensch, weil er in Willensunio mit Gott lebt. Es kann nur geschehen, was Gott will, und wenn der Mensch will, was Gott will, dann will er, was geschieht – so die Logik seiner Argumentation. Ereignisse werden nicht mehr nach ihren Auswirkungen auf das Subjekt, sondern nach ihrem Ursprungsgrund bewertet. Der kann in der monistischen Weltsicht des armen Menschen immer nur Gott sein und deshalb sind alle Ereignisse als gleich – oder besser: als gleich gut – anzusehen. Diese Haltung fasst der arme Mensch in der Formel zusammen, *alain gotes willen und sin ere* (Z. 20) zu wollen, und die Handschrift Z1 setzt verdeutlichend hinzu: *wan alle gaben gottes sint gůt und swas er tůt das ist das best* (Z1, Z. 20).

In nahezu allen Handschriften ist an dieser Stelle der zweite Redegang abgeschlossen, womit freilich der arme Mensch die Replik auf den vierten, den Heils-Wunsch schuldig und die Struktur des Dialogs insgesamt unvollständig bleibt. Allein Ba2 bietet die erwartete Antwort an: Der arme Mensch bekennt hier Gott als das Fundament, auf dem allein sein Leben und seine Hoffnung gegründet sind und aus dem heraus er *dis alles úberwunden* (Ba2, Z. 20) hat. Dabei bleibt der syntaktische Bezug von *dis alles* mehrdeutig: Hat man darunter das Schicksal der Kreaturen zu verstehen, die einem ständigen Auf und Ab ausgesetzt sind? Oder bezieht es sich auf die Geschöpfe in dem Sinn, dass bei ihnen weder Trost noch Hoffnung zu finden ist?

›Höllenfrage‹ (Z. 21–26): Der Wahrheitssuchende reagiert auf die Ausführungen des armen Menschen mit einer letzten Frage, mit der er die scheinbar vollkommene Gottesergebenheit seines Gegenübers gleichsam auf die Probe stellt: *Ob dich nu got wolt in dy hell werffen, was woltestu darzu sprechen* (Z. 21)? Die Hölle, um das Bedeutungsspektrum dieses Begriffs kurz zu skizzieren, kann im Mittelalter als Ort grausamer körperlicher Qualen, als Folterkammer ohne Entrinnen vorgestellt werden und ließe damit das irdische Leid des armen Menschen als geradezu lächerlich erscheinen.[93] Neben konkret-körperlichen Höllenvorstellungen stehen aber auch stärker abstrakte Konzepte, die das jenseitige Reich als Symbol eines Zustandes unvorstellbaren seelischen Leids, nämlich der absoluten Gottverlassenheit deuten.[94] In diesem Fall wäre durch

93 Vgl. etwa die Höllenvorstellungen in der Anfang des 14. Jahrhunderts entstandenen ›Divina Comedia‹ des italienischen Dichters Dante Aligheri.

94 Vgl. etwa die Aussage aus dem in der Nachfolge Dietrichs von Freiberg stehenden Traktat ›Von der wirkenden und möglichen Vernunft‹: *Vrâget man danne, waz pîne ist und waz helle ist? Sô antwürtet man aber sus dar zuo und sprichet gemeineclîche, daz viur sî in der helle. Daz ist niht wâr, man muoz ez sagen groben liuten, die ez niht baz verstân. Sol ich aber sprechen, waz helle sî, sô spriche ich alsus, daz ein iegelich tôtlich sünde ist ein êwig mittel, daz beroubet der gesiht gotes unde des gebrûchens gotes, dâ von ich saelec solte sîn* (Winkler, Vernunft, S. 44, Z. 17–22; eigene Übersetzung: »Manch einer fragt, was es dort für einen

den Wurf in die Hölle also die Einheit mit Gott, auf die der arme Mensch doch sein Leben gegründet hat, unwiederbringlich zerstört. Vielleicht aber klingt in dieser Frage auch noch etwas anderes mit: Demütiges Leiden gilt in der geistlichen Literatur des 14. Jahrhunderts – man vergleiche nur die Schwesternbücher oder die Gnadenviten – als ein Zeichen der Auserwähltheit und als verdienstvolles Werk, durch das man sich das jenseitige Heil zu sichern sucht. Nach einem Leben, wie es der arme Mensch auf sich genommen hat, würde der Wurf in die Hölle einen geradezu zynischen Akt der Willkür bedeuten, der dem religiösen Wertesystem Hohn spräche. Nimmt der arme Mensch sein Schicksal vielleicht nur so bereitwillig auf sich, weil er sich eine entsprechende Belohnung erhofft, und wie sähe sein Verhalten aus, wenn er nichts als ewige Pein zu erwarten hätte? Die ›Höllenfrage‹ schließt also eine Vielzahl von Aspekten ein, die sie zu einer Provokation des armen Menschen und einer Infragestellung seiner Gottesergebenheit machen.

Der arme Mensch begegnet dieser Provokation, anders als man es nach seinen bisherigen Ausführungen erwarten würde, seinerseits mit einer Provokation: *Mich in dy hell werffen? Daz trucz im in sein aug!* (Z. 22) Diese Worte klingen wie eine Drohung, wie eine ›trotzige‹ Auflehnung gegen sein Schicksal, mit der die so demonstrativ zur Schau gestellte Demut gegenüber Gott wie weggewischt scheint. Ausgerechnet mit den Armen der Liebe und der Demut will er Gott umschlingen (Z. 23 f.),[95] aber doch wohl nur, um sich an ihm festzuhalten und ihn mit hinab in die Hölle zu ziehen. Er ist zwar bereit, in die Hölle zu gehen, doch nur unter der Bedingung, dass Gott ihm dorthin folgt – leicht gesagt, denn was wäre das noch für eine Hölle, in der der Mensch die Gegen-

---

Schmerz gibt und was die Hölle eigentlich ist. Darauf antwortet man im Allgemeinen, dass es in der Hölle Feuer gebe. Dies ist aber so nicht wahr. Man sagt es einfachen Menschen, die es nicht besser verstehen. Wenn ich erklären soll, was die Hölle ist, so antworte ich folgendermaßen: Jede Todsünde ist ein ewiges Hindernis, das einem den Anblick Gottes und die Freude an Gott nimmt, wodurch ich doch eigentlich selig sein sollte.«). Ähnlich versteht Eckhart die Qualen der Hölle nicht als physische Einwirkung, sondern als Erfahrung der Differenz und der Verschiedenheit von Gott (vgl. Pr. 5b, DW II, S. 88,8–S. 89,11). Zu Höllenvorstellungen im Umfeld mittelalterlich-scholastischen Denkens vgl. Vorgrimler, Hölle, S. 191–213, der etwa auf die Unterscheidung zwischen einem physischen Höllenort und einem seelischen inneren Höllenzustand bei Albertus Magnus hinweist (ebd., S. 199).

95 Dass das *umbevân* Gottes als Akt der liebevollen Zuwendung zu verstehen ist – man denke nur an den Gebrauch des Wortes in der höfischen Literatur – scheint im vorliegenden Kontext nicht als wahrscheinlich: Der arme Mensch handelt in der Absicht, Gott mit in die Hölle zu stürzen, um dort mit ihm vereint zu sein. Vgl. dazu auch die Variante in Ka9 *ich sage im eins sol ich in die helle er müß ouch mit mir dar in* (Ka9, Z. 25 f.; eigene Übersetzung: »Ich sage ihm eines: Wenn ich in die Hölle soll, dann muss er mit mir dort hinein!«), die das gewaltsame Element noch stärker in den Vordergrund rückt.

wart Gottes genießen und, wie es in *B heißt, *gottes antlit sehen* (*B, Z. 25)[96] kann? Die Unio mit Gott, die der arme Mensch nur wenige Sätze zuvor so intensiv beschworen hat, ist seinem Eigenwillen gewichen, seinem *Ich wil lieber* (Z. 25) als Selbstbehauptung gegen den Willen Gottes.

Sollte sich der Kurzdialog ›Der arme Mensch I‹ mit seinem logisch strukturierten Gesprächsverlauf und der stetig voranschreitenden Vertiefung seiner Gedanken zuletzt in Widersprüchen verfangen haben? Zwei Möglichkeiten bieten sich an, um mit der interpretatorischen Crux der ›Höllenfrage‹ weiter zu verfahren: Aus textgeschichtlicher Perspektive empfiehlt sich der Vergleich mit der – wohl als Überarbeitung anzusehenden – Fassung ›Der arme Mensch II‹, wo das fragliche Stück tatsächlich anders und zwar ganz im Sinn der bisher vorgestellten Demutshaltung des armen Menschen abgehandelt ist. Mag also sein, dass auch ein späterer Redaktor Anstoß an dem unvermittelten Bruch in der Logik des Textes genommen und ihn entsprechend beseitigt hat (vgl. S. 257 f.). Vielleicht ist zum Verständnis der ›Höllenfrage‹ aber auch nur ein anderer Deutungsschlüssel notwendig, den der ›Arme Menschen I‹ mehr voraussetzt als mitliefert. Diese Überlegung führt dazu, den Dialog im Kontext seiner frömmigkeitsgeschichtlichen Umwelt zu lesen, wie es Ruh getan hat, als er im fraglichen Schlussteil ein Zitat aus einer lateinischen Eckhartpredigt identifiziert zu haben glaubte.

## Frömmigkeitsgeschichtliche Einordnung

Den Dialog ›Der arme Mensch I‹ mit eckhartischer Theologie zu konfrontieren, wie es in der – freilich sehr übersichtlichen – Sekundärliteratur gemacht wurde, liegt aus mehreren Gründen nahe: Zum einen gemahnt die Verbindung der Schlüsselbegriffe ›Armut‹ und ›Wille‹ an die Armutslehre des Dominikaners, zum anderen heißt der Gesprächspartner in der späteren Fassung ›Der arme Mensch III‹ (bisher Spr. Pf. 67) ja tatsächlich auch ›Meister Eckhart‹. Im Folgenden sollen ausgehend von der zuletzt behandelten ›Höllenfrage‹ die bisher gezogenen Parallelen zwischen dem Dialog und den Schriften des Dominikaners auf den Prüfstand gestellt, erweitert und nicht zuletzt auch mit vergleichbaren Stellen aus der weiteren ›pseudo-eckhartischen‹ Literatur kontextualisiert werden.

Es war Ruh, der den Kurzdialog erstmals in eine enge thematische Verbindung mit Eckhart stellte, als er in der Aussage des armen Menschen *Ich wil lieber in der hell sein und das ich got hab, dann in dem himmelreich, und daz ich got nit*

96 Eigene Übersetzung: »Gottes Angesicht sehen.« Die Variante spielt auf die *visio beatifica*, die Schau Gottes, als Inbegriff der Seligkeit an.

*enhab* (Z. 25 f.) ein Zitat aus dem lateinischen Sermo 34 identifiziert zu haben glaubte.[97] Er verwies auf folgende Stelle:

> *Vel dic quod nemo potest duobus dominis servire, verbi gratia: iustus iustitiae serviens plus eam amat quam se ipsum, ut si iustum portaret in se infernum vel diabolum, ipsum amaret, ipsi saperet, ipsum delectaret; et e converso: si iniustum portaret secum paradisum, deum ipsum, ipsi non saperet. Sicut autem amat iustum esse, sic odit et grave est iusto omne iniustum, omne non iustum.*[98]

Dass bestimmte Sentenzen aus lateinischen Werken Eckharts in volkssprachlichen Texten auch außerhalb des deutschen Predigtkorpus begegnen können, ist zunächst nicht ganz von der Hand zu weisen: Die bei PFEIFFER abgedruckten Eckhartsprüche 31–48 beispielsweise gehen, so hat KOCH anknüpfend an DENIFLE gezeigt, auf einen anonymen heute verlorenen Mosaiktraktat zurück, in dem mehrere Sätze aus verschiedenen Schriftkommentaren Eckharts und dem Sermo 33 übersetzt und zu einem lockeren Ganzen zusammengefügt waren.[99] RUHs These scheint angesichts solcher analoger Fälle also grundsätzlich vorstellbar, doch fehlt es ihr letztlich an der notwendigen philologischen Überzeugungskraft: Zum einen basiert sie keineswegs auf einer zwingenden wörtlichen Übereinstimmung – im Sermo heißt die Alternative zugespitzt ›lieber in der Hölle und gerecht als bei Gott und ungerecht‹, im Dialog aber ›lieber in der Hölle mit Gott als im Himmel ohne Gott‹ – und blendet noch dazu die Kontexte der beiden Sätze weitgehend aus. Zum anderen lassen sich Parallelen der Art, wie sie hier RUH als authentisches Zitat interpretiert, durchaus auch in anderen Texten finden. Man vergleiche etwa nachfolgenden Auszug aus dem

---

97 RUH, Eckhart-Legenden, Sp. 351, sowie DERS., Bruder mit den sieben Säckchen, Sp. 1046, wo er spezifiziert, dass er genau diese Stelle des Dialogs für ein »authentisches Eckhartwort« hält, und ebenso GOTTSCHALL, Eckhart and the Vernacular Tradition, S. 541. In den genannten Beiträgen wird nicht erwogen, welche Konsequenzen die Identifikation eines solchen Zitats für weiterführende Fragestellungen haben könnte, wäre sie denn zutreffend. Man könnte dann beispielsweise nicht mehr ohne weiteres annehmen, dass der Text aus Laienkreisen stammt – wären beim Autor doch Lateinkenntnisse und der Zugang zu Predigten oder Predigtentwürfen Eckharts für ein akademisches Publikum vorauszusetzen.

98 Sermo XXXIV,2 n. 343, LW IV, S. 298,9–14; Übersetzung S. 298: »Oder sage so: niemand kann zwei Herren dienen, zum Beispiel: der Gerechte, der der Gerechtigkeit dient, liebt sie mehr als sich selbst, so dass, trüge das Gerechte die Hölle oder den Teufel in sich, er es dennoch lieben und es ihm dennoch schmecken und ihn erfreuen würde. Und umgekehrt: wenn das Ungerechte das Paradies, ja Gott selbst mit sich brächte, so würde es ihm doch nicht schmecken. Wie nun der Gerechte das Gerechtsein liebt, so hasst er alles Ungerechte, alles nicht Gerechte, und es ist ihm zur Last.« Sermo 34 handelt über die Perikope Mt 6,24–33 und bezieht sich im fraglichen Abschnitt in erster Linie auf das Dictum, dass niemand zwei Herren dienen könne.

99 Vgl. KOCH, Meister Eckharts Weiterwirken, S. 148 f., und GOTTSCHALL, Eckhart and the Vernacular Tradition, S. 535.

mittelniederländischen Traktat ›Eckhart und der Laie‹, mit dem der ›Arme Mensch I‹ auch über das Motiv der Willensaufgabe und der bedingungslosen Affirmation jedweden Schicksals verbunden ist:

> *Die saleghe minnende siele die es alsoe ghegaen wt haers selfs wille inden wille gods, dat si noch anders en <wil noch en begeert>, dan dat god wille. Het es haer alleens: eest te leuen, eest te steruen, eest helle, eest hemel! Sy es des al versekert, dat sy ewelijke gode minnen sal, oec waer, dat hise doot. Die minnende siele heeft dicke gode gheboden, dat hise werpt (oft worpt) in den afgront van der hellen, als sie sijns niet quyt en mochte wesen ende sy geerne hadde gherust. Die godlike minne heeft alsoe ghemaect van tween een, dat sy nemmermeer en moghen scejden – god ende die saleghe siele – sy en sellen ewelijc minnen, al waer sy in die helle. Achter dien, dat die minnende siele ghesmaect heeft, wat god es, soe waert haer een helle, dat sy soude laten gode onghemint!*[100]

Sehr ähnlich liest sich auch eine Passage aus dem ›Miroir des simples âmes‹ der Begine Marguerite Porète:

> *Je vous certiffie, Raison, dit Amour, que telles Ames, lesquelles Fine Amour demaine, ont aussi cher honte comme honneur, et honneur comme honte, et pouvreté comme richisse, et richesse comme pouvreté, et tourment de Dieu et de ses creatures comme confort de Dieu et de ses creatures, et ester amee comme hayé, et hayé comme amme, et enfer comme en paradis, et en paradis comme en enfer* [...] *Et ce scet bien Verité, et aussi qu'elles ne veullent ne desveulent nullez de ces properitez ne de ces adversitez; car telles Ames n'ont point de voulenté, fors ce que Dieu veult en elles* [...].[101]

Beispiele wie diese zeigen, dass gerade im Bereich der mystischen Literatur bestimmte Gedanken und Ausdrucksweisen so verbreitet waren, dass man

---

100 Schweitzer, Meister Eckhart und der Laie, S. 35, Z. 31–39; eigene Übersetzung: »Die selige liebende Seele hat auf solche Weise ihren Eigenwillen hinter sich gelassen und sich dem Willen Gottes unterstellt, dass sie weder etwas anderes will noch begehrt als das, was Gott will. Sie achtet alles gleich: sei es zu leben oder zu sterben, sei es Himmel oder Hölle! Sie ist sich dessen vollkommen sicher, dass sie Gott auf ewig lieben wird, selbst wenn er sie töten sollte. Die liebende Seele hat Gott oft angefleht, dass er sie in den Abgrund der Hölle werfen solle, weil sie sich von ihm nicht lossagen kann und sie gerne zur Ruhe kommen würde. Die göttliche Liebe hat aus zweien eines gemacht, so dass sie nie mehr voneinander scheiden können. Gott und die selige Seele, sie sollen sich ewig lieben, auch wenn sie in der Hölle ist. Nachdem die liebende Seele Gott erfahren hat, wurde es für sie zur Hölle, Gott nicht lieben zu dürfen.« Auch Schweitzer sieht in diesem Abschnitt eine Parallele zu ›Der arme Mensch I‹ und weist im Stellenkommentar auf S. 196 entsprechend auf den Kurzdialog hin.

101 Guarnieri, Marguerite, 13. Kapitel, S. 58, Z. 57–68. Übersetzung bei Gnädinger, Spiegel der einfachen Seelen, S. 39: »Ich versichere euch, Vernunft, spricht die Liebe, dass solche Seelen, in denen die edle Liebe wohnt, zudem Schmach wie Ehre und Ehre wie Schmach, auch Armut wie Reichtum und Reichtum wie Armut, auch Drangsal von Gott und von seinen Kreaturen wie Trost von Gott und seinen Kreaturen, auch Geliebtsein wie Verhasstsein und Verhasstsein wie Geliebtsein, auch in der Hölle-Sein wie im Paradies-Sein [...] gleich lieb haben. Und die Wahrheit weiß genau, dass sie auch Wohlergehen und Widerwärtigkeiten weder wollen noch verschmähen. Denn solcherlei Seelen haben keinerlei Willen mehr, abgesehen von dem, was Gott in ihnen will.«

ein Höchstmaß an Übereinstimmung verlangen muss, um eine Textstelle mit Sicherheit als Zitat einer anderen ausweisen zu können. RUH hätte sich, was seinen Verweis auf Sermo 34 anbelangt, seine eigene Erkenntnis zur Warnung nehmen können:

»Die Beziehungen der Texte der nacheckhartischen Mystik sind, so viel ich sehe, derart verflochten, dass sich die Vorstellung eines gegenseitigen Nehmens und Gebens unmittelbar aufdrängt. Wir haben uns Kreise vorzustellen, die in regem Kontakt standen; vieles wurde mündlich, in Predigten, Kollationen, Diskussionen, vermittelt.«[102]

Dass der ›Arme Mensch I‹ seine Pointe aus dem Sermo 34 entlehnt haben soll, wird sich nicht halten lassen – und dennoch bleibt RUHS Vorschlag von Wert. Er ist eine erste Spur, die vom Kurzdialog zu Meister Eckhart führt und die weiter zu verfolgen sich lohnen könnte. Es soll in diesem Sinne auf verschiedene andere Stellen aus den Werken des Dominikaners aufmerksam gemacht werden, die, ohne den Status von Quellen beanspruchen zu können, zeigen, wie nah der Kurzdialog seinem Denken steht und wie dieses Denken zum Verständnis des Dialogs beitragen kann.

RUHS Hinweis auf Sermo 34 führt insofern weiter, als die lateinische Predigt wie nicht wenige andere Eckharttexte und auch der ›Arme Menschen I‹ die bedingungslose Hingabe an ein übergeordnetes Prinzip thematisieren, das keine Rücksicht auf das Eigene duldet. Es handelt sich hierbei um die Gerechtigkeit, die dem Begriff nach schon Gegenstand der zitierten Stelle aus Sermo 34 war und in Predigt 6 in Worten beschrieben wird, die denen des Dialogs unübersehbar ähnlich sind. Wenn man für den ›Armen Menschen I‹ eine Quelle in eckhartischen Texten suchen möchte, dann kommt diese deutsche Predigt jedenfalls viel eher dafür in Betracht als die lateinische:

*und in einem andern sinne sô sint die gereht, die alliu dinc glîch enpfâhent von gote, swaz ez joch sî, ez sî grôz oder klein, liep oder leit, und al glîch, noch minner noch mêr, einz als daz ander. Wigest dû daz ein iht mêr dan daz ander, sô ist im unreht. Dû solt dînes eigen willen alzemâle ûzgân.* [...] *Die gerehten enhânt zemâle keinen willen; waz got will, daz ist in allen glîch, swie grôz daz ungemach sî.* [...] *und stânt alsô vaste in der gerehticheit und sint ir selbes alsô gar ûzgegangen, daz sie niht enahtent pîne der helle noch vröude des himelrîches noch keines dinges.*[103]

---

102 RUH, Vita c. 52, S. 167f. Das Problem ist erneut reflektiert bei GOTTSCHALL, Das Geistbuch, S. XCIVf.

103 Pr. 6, DW I, S. 102,1–5.12–14, und S. 103,2–4; Übersetzung S. 452f.: »aber in einem andern Sinne sind die gerecht, die alle Dinge von Gott als gleich hinnehmen, was immer es sei, groß oder klein, lieb oder leid, und zwar ganz gleich, ohne Weniger oder Mehr, das eine wie das andere. Schlägst du das eine irgendwie höher an als das andere, so ist es verkehrt. Du sollst dich deines eigenen Willens entäußern. [...] Die Gerechten haben überhaupt keinen Willen; was Gott will, das gilt ihnen alles gleich, wie groß das Ungemach auch sei. [...] und sie stehen so fest in der Gerechtigkeit und haben sich so gänzlich ihrer selbst entäußert, dass sie weder die Pein der Hölle noch die Freude des

Die hier beschriebene Gerechtigkeitsvorstellung[104] zielt im Gegensatz zu juristischen und anderen philosophischen Konzepten nicht etwa auf Distribution, sondern auf eine besondere Weise des Empfangens, die keine Differenzierung kennt. Sie folgt aus der Aufgabe des Eigenwillens und des Ichs, als der Instanz, die die Erfahrungswirklichkeit beurteilt und ihr ihren Wert beimisst. Dieses eckhartische Theorem könnte im ›Armen Menschen I‹ in eine sehr sorgfältig durchdachte Dialogform übersetzt worden sein, die von den Konsequenzen der Gerechtigkeit – der bedingungslosen Affirmation des Schicksals – zu ihrer Ursache – der Aufgabe des Eigenwillens – voransteigt. Veranschlagt man also das Denken und die Sprache Eckharts als Bezugspunkt des Dialogs, dann ist auch die Behauptung des armen Menschen, *alain gotes willen und sin ere* (Z. 20) zu suchen, mehr als nur eine zufällige schöne Schlussformel zur Erklärung seiner Rätselworte. In Predigt 6 charakterisiert Eckhart die Lebenshaltung des

---

Himmelreiches noch irgend etwas beachten.« Eine andere Stelle aus Predigt 6 zieht Gottschall zum Vergleich heran (dies., Meister Eckhart and the Vernacular Tradition, S. 541, Anm. 137): *Jâ, wære alliu diu pîne, die die hânt, die in der helle sint…* [Auslassung Gottschalls] *wære diu besat bî der gerehticheit, sie enahteten sîn niht einen bast; sô vaste stânt sie an gote und an der gerehticheit* (Pr. 6, DW I, S. 103,4–8; Übersetzung S. 453: »Ja, wäre alle Pein, die jene haben, die in der Hölle sind, […] wäre die mit der Gerechtigkeit verknüpft, sie würden es nicht im mindesten beachten; so fest stehen sie zu Gott und zur Gerechtigkeit.«). Vgl. aus den Predigten Eckharts auch folgende Passagen, die in ähnlicher Weise die Haltung des armen Menschen spiegeln: *Ez sî siechtage oder armuot oder hunger oder durst oder swaz ez sî, waz got über dich verhenget oder niht verhenget, oder swaz dir got gibet oder niht engibet, daz ist dir allez daz beste* […] *Nû möhtest dû vil lîhte sprechen: waz weiz ich, ob ez sî der wille gotes oder niht? Daz wizzet: enwære ez gotes wille niht, sô enwaere ez ouch niht* (Pr. 4, DW I, S. 61,7–S. 62,1.5 f.; Übersetzung S. 442: »Es sei ‹nun› Krankheit oder Hunger oder Durst oder was immer es sei, das Gott über dich verhängt oder nicht verhängt oder was dir Gott gibt oder nicht gibt, das alles ist für dich das Beste; […] Nun könntest du vielleicht sagen: Woher weiß ich, ob es der Wille Gottes sei oder nicht? Wisset: Wäre es Gottes Wille nicht, so wäre es auch nicht.«); *Alsô ist dem, dem gottes wille behaget: allez daz, daz im got gibet, ez sî siechtage oder armuot oder swaz ez ist, daz hât er lieber dan iht anders. Wan ez got will, dar umbe smacket ez im baz dan iht anders* (Pr. 41, DW II, S. 296,11–S. 291,2; Übersetzung S. 691: »So auch steht es mit einem, dem Gottes Wille gefällt: alles, was ihm Gott zuteilt, sei's Krankheit oder Armut oder was es auch sei, das hat er lieber als irgend etwas anderes. Eben weil Gott es will, darum schmeckt es ihm besser als irgend etwas anderes.«).

104 Im Sinne einer konzentrierten Argumentation beschränke ich mich auf die Aspekte des Gerechtigkeitskonzepts, die im Zusammenhang mit dem ›Armen Menschen I‹ von Bedeutung sind. Als ersten Überblick über die Vielschichtigkeit und die Bedeutung dieses Themas vgl. die Auslegung zu Predigt 6 von Kurt Flasch (ders., Predigt 6). Er bietet dort auch eine kurze Gegenüberstellung des eckhartischen mit anderen mittelalterlichen Gerechtigkeitsbegriffen – etwa dem verbreiteten *suum cuique tribuere* – und geht auf das Verhältnis von Gerechtigkeit und Gerechtem, einer zentralen Denkfigur des Dominikaners, ein. Zur Gerechtigkeit als einer Form des unterschiedslosen Empfangens aller Widerfahrnisse und ihrem ontologischen Fundament, dem Sein aller Dinge in Gott, vgl. Faden, Metaphysik der Gerechtigkeit, S. 246.

gerechten Menschen damit, dass er Gott Ehre erweist, und erklärt diese Ehrerweisung in einem Sinn, der exakt zu den Aussagen des armen Menschen im Dialog passt:

> *Ein geschrift sprichet: »der ist gereht, der einem ieglîchen gibet, daz sîn ist.«* [...] *Gotes ist diu êre. Wer sint, die got êrent? Die ir selbes alzemâle sint ûzgegangen und des irn alzemâle niht ensuochent an keinen dingen, swaz ez joch sî, noch grôz noch klein, die niht ensehent under sich noch über sich noch neben sich noch an sich, die niht enmeinent noch guot noch êre noch gemach noch lust noch nuz noch innicheit noch heilicheit noch lôn noch himelrîche und dis alles sint ûzgegangen, alles des irn«.*[105]

Wie in diesem Predigtzitat der Gerechte sein Schicksal annimmt, so nimmt auch der arme Mensch sein Schicksal an, ohne darin etwas für sich zu suchen, er nimmt es sozusagen *sunder warumbe* an und erweist damit Gott Ehre. In dieser Hinsicht gibt die eckhartische Gerechtigkeitslehre also den besseren Verständnisrahmen für den Dialog ab als die von RUH herausgestellte Armutslehre.

Dass solche Verbindungen zwischen dem ›Armen Menschen I‹ und der Lehre Eckharts nicht erst der modernen Forschung aufgefallen sind, beweist die Überlieferung des Dialogs im Basler Taulerdruck: Er folgt dort unmittelbar auf den sog ›Salzburger Armutstext‹, einen durch LÖSER als Eckhartpredigt identifizierten Text,[106] wobei ein neu geschaffener Dialogvorspann den Bezug zwischen beiden Stücken explizit macht:

> *In disem nachvolgenden exempel wirt angezeigt ein bild reiche form eins volkomnen menschen nach dem sich ein yeglicher christ richten solt das er gleich lernte stan und sich lassen in allen dingen wie es gott über in angesehen hett als in vorgeender predig gelert wirt* (›Der arme Mensch I‹, BT, Z. 0).[107]

Dass dieser Bezug keineswegs unbegründet ist, zeigen einige Aussagen im letzten Teil der Predigt, die deutlich an die Haltung des armen Menschen erinnern:

---

105 Pr. 6, DW I, S. 99,5–S. 100,6; Übersetzung S. 452: »Eine Schrift sagt: ›Der ist gerecht, der einem jeden gibt, was sein ist‹ [...] Gottes ist die Ehre. Wer sind die, die Gott ehren? Die aus sich selbst gänzlich ausgegangen sind und des Ihrigen ganz und gar nichts suchen in irgendwelchen Dingen, was immer es sei, weder Großes noch Kleines; die auf nichts unter sich noch über sich noch neben sich noch an sich sehen; die nicht nach Gut noch Ehre noch Gemach noch Lust noch Nutzen noch Innigkeit noch Heiligkeit noch Lohn noch Himmelreich trachten und sich alles dieses entäußert haben, alles Ihrigen.« Hier nimmt Eckhart also das Gerechtigkeitskonzept des *suum cuique tribuere* auf, um es in seinem Sinn als Haltung der Selbstaufgabe und des unterschiedslosen Annehmens zu interpretieren (vgl. dazu WITTE, Leben aus dem Grunde, S. 261–264).

106 Zum ›Salzburger Armutstext‹ vgl. S. 199 f.

107 Eigene Übersetzung: »Im nachfolgenden Exempel wird ein anschauliches Beispiel für einen vollkommenen Menschen gezeigt, an dem sich jeder Christ orientieren soll. Er soll dabei lernen, gleichmütig zu sein und sich in jeglicher Hinsicht dem zu überlassen, wie Gott es für ihn bestimmt hat, wie in der vorangegangenen Predigt gelehrt wird.«

> *Sol der mensch diß überkommen und erlangen so můß er ler und eytel sein alles eigenwillens Also das der mensch so ser sůch und begere deß aller liebsten willen gottes das im wol gefall was gott mit im und mit allen creaturen thůt* [...] *einem recht lieb habenden menschen gefellt alles das wol das got will es sey lieb oder leid an im selber und an allen creaturen* (BT, fol. 191$^{rb}$).[108]

Damit wäre also ein denkerischer Ansatzpunkt gefunden, der den zweiten Redegang des ›Armen Menschen I‹ zu erhellen hilft, aber die Crux der ›Höllenfrage‹ noch immer nicht beseitigen kann. Im Zusammenhang mit der Gerechtigkeit ist in den Werken Eckharts – die Beispiele aus Predigt 6 und Sermo 34 zeigen es – öfter davon die Rede, dass der vollkommene Mensch keinen Unterschied zwischen Himmel und Hölle macht oder dass er im speziellen Fall die Hölle dem Himmel sogar vorziehen würde. Aber Gott gewaltsam in die Hölle mitzuziehen, wie es der arme Mensch im Dialog beabsichtigt, ist eine Vorstellung, die auch in den zitierten Beispielen der pseudo-eckhartischen Literatur keine Parallele findet. Ein Erklärungsansatz dafür, wie diese ›Drohung‹ zu verstehen ist, deutet sich im Begriff der ›Demut‹ an: Im Dialog ist die *demůtikait* (Z. 24) neben der Minne einer der beiden Arme, mit denen Gott in die Tiefe gezogen werden soll. Dieser in seiner physischen Konkretheit etwas befremdliche Vorgang – man denkt an eine Art Kampf – lässt sich im Licht der Eckhartpredigt 15 als Bild für ein im Grunde metaphysisches Geschehen lesen:

> *Ja, der demůtig mentsch bedarf dar umb nit bitten, sunder er mag im* [Gott, Anm.] *wol gebieten. wan die hôhi der gothait kann es anders nit an gesehen denn in der tieffen der demůtikait; wán der demůtig mentsch vnt got sind ain vnd nit zwai. Dirre demutig mentsch ist gottes also gewaltig, als er sin selbs gewaltig ist;* [...] *Ja bi got: war dirre mentsch in der hell, got můst zů im in die hell, vnd die hell must im ain himelrich sin. er můss dis von not tůn, er wurdi bezwungen dar zů, das er es tůn můsti; wan da ist dirre mentsch gǒtlich wesen, vnd gǒtlich wesen ist dirre mentsch.*[109]

Das eckhartische Verständnis von Demut[110] geht, wie die Textstelle zeigt, über die bloße Selbstunterwerfung des Menschen unter Gott und das Anerkennen

---

108 Eigene Übersetzung: »Wenn der Mensch dorthin kommen und dies erlangen möchte, so muss er leer sein von seinem Eigenwillen, so dass er den Willen Gottes so sehr sucht und begehrt, dass es ihm gefällt, was immer Gott mit ihm und allen Geschöpfen tut. Einem wahrhaft liebenden Menschen gefällt sowohl an sich selbst wie auch an allen Geschöpfen alles gut, was Gott will, sei es erfreulich oder leidvoll.«

109 Pr. 15, DW I, S. 246,10–14.18–S. 247,10; Übersetzung S. 488 f.: »Ja, der demütige Mensch braucht darum Gott nicht zu bitten, sondern er kann ihm wohl gebieten, denn die Höhe der Gottheit kann es auf nichts anderes absehen als auf die Tiefe der Demut; denn der demütige Mensch und Gott sind Eins und nicht Zwei. Dieser demütige Mensch ist Gottes so gewaltig, wie er seiner selbst gewaltig ist; [...] Ja, bei Gott! wäre dieser Mensch in der Hölle, Gott müsste zu ihm in die Hölle, und die Hölle müsste für ihn ein Himmelreich sein. Er (= Gott) muss dies notwendig tun, er würde gezwungen dazu, es tun zu müssen; denn da ist dieser Mensch das göttliche Sein, und das göttliche Sein ist dieser Mensch.«

110 Witte behandelt das Demutskonzept Eckharts ausführlich anhand der Predigt 14 und geht dabei auch auf die Einbindung der Demut in die eckhartische Transzendentalienlehre ein (vgl. ders., Demutslehre).

einer unendlichen Unterlegenheit weit hinaus und wurde in seiner Radikalität schließlich auch Gegenstand des Prozesses.[111] Es besagt, dass dort, wo der Mensch sich seiner selbst vollkommen entäußert hat und ihm nichts Eigenes geblieben ist, seine Ohnmacht gegenüber Gott in uneingeschränkte Macht über Gott umschlägt. Die Bedingung der Möglichkeit für diesen Umschlag liegt in der Gottheit selbst begründet: Ihr Wesen ist die Selbstmitteilung, die sie im Sinne einer metaphysischen Notwendigkeit dazu zwingt, in den Menschen einzugehen, wenn dieser aus sich herausgeht. Um es in den Worten Eckharts aus der ›Rede der underscheidunge‹ zu sagen: *Swâ der mensche in gehôrsame des sînen ûzgât und sich des sînen erwiget, dâ an dem selben muoz got von nôt wider îngân.*[112] Dieser quasi naturgesetzlich ablaufende Prozess könnte nun im ›Armen Menschen I‹ in ein Bild transformiert worden sein, das die in der Demut liegende metaphysische Macht als tatkräftigen Arm versinnbildlicht. Es ergäbe sich so eine Gesamtlesart des Textes, die durch die ›Höllenfrage‹ stimmig abgerundet wäre: Weil der arme Mensch sich selbst in radikaler Weise aufgegeben hat, kann sich Gott ihm nicht länger entziehen und muss, gezwungen durch die ihm eigene Natur, bis zur äußersten Konsequenz bei ihm und eins mit ihm sein.[113] Die ›Höllenfrage‹ ist so verstanden kein apartes Anhängsel mehr, sondern bildet den logischen Abschluss eines bis zu Ende geführten Gedankengangs.

Der ›Arme Mensch I‹ vor dem Hintergrund der vorgestellten Konzepte von Gerechtigkeit und Demut gelesen – so das Fazit der Überlegungen – zeigt sich als eine äußerst stimmig komponierte Verdichtung bestimmter eckhartischer Theoreme. Zwar begegnen einzelne Gedanken und Formulierungen durchaus

---

111 Eckhart zitiert die Stelle aus Predigt 15 als gegen ihn gerichteten Anklagepunkt und rechtfertigt sie in seiner Antwort auf die zweite Kölner Liste aus dem Jahr 1326 (Proc. Col. II 29 f., LW IV, S. 324,19–S. 325,9 und Acta Echardiana n. 47, LW V, S. 229).

112 RdU, DW V, S. 187,1 f.; Übersetzung S. 505: »Wo der Mensch in Gehorsam aus seinem Ich herausgeht und sich des Seinen entschlägt, ebenda muss Gott notgedrungen hinwiederum eingehen.« Zum Wesen Gottes als Selbstmitteilung vgl. etwa FLASCH, Philosoph des Christentums, S. 85 f.

113 Damit läge im Dialog ›Der arme Mensch I‹ eine auf eckhartischer Theologie basierende Interpretation des Motivs der *resignatio ad infernum* vor. Die Bereitschaft bzw. gar der Wunsch, als Ausdruck der Demut und der eigenen Sündhaftigkeit in die Hölle zu gehen, reicht bis auf die Bibel zurück und wird unter anderem von Wichmann von Arnstein, Mechthild von Magdeburg, Johannes Tauler, dem ›Frankfurter‹ und später von Martin Luther aufgegriffen. Dabei erscheint der Aufenthalt in der Hölle meist als eine zeitlich begrenzte Phase, aus der der Mensch von Gott gewissermaßen als Lohn und Anerkennung für seine Opferbereitschaft herausgerufen wird. Das Bild, dass der Mensch in einem Akt der Selbstbehauptung Gott mit sich in die Tiefe reißt, scheint mir in diesem Zusammenhang neu zu sein und bedarf zu seiner Deutung eines größeren theologischen Rahmens. Zur Gestaltung des Motivs der *resignatio ad infernum* bei den genannten Autoren und seiner Wendung bei Eckhart vgl. SCHIEWER, Der *zagel* Luzifers.

auch in der weiteren zeitgenössichen Literatur, aber die stetig voranschreitende Vertiefung und die konsequente Durchführung des einen zentralen Themas heben diesen Kurzdialog doch aus der Masse der geistlichen Kleintexte heraus.

## Literarhistorische Einordnung

Nach der Analyse des Dialogs und dem Blick auf seinen frömmigkeitsgeschichtlichen Horizont stellt sich die Frage nach den näheren Entstehungsbedingungen des ›Armen Menschen I‹. Während sich Entstehungszeit und -raum noch relativ gut umreißen lassen, bereitet – wie auch schon bei ›Meister Eckharts Tochter‹ – die Suche nach einem möglichen sozialen Entstehungsumfeld besondere Probleme. So schwierig dieses Thema zu behandeln ist, so bedeutsam ist es doch für die Erforschung der Nachwirkung eckhartischer Theologie im volkssprachlichen geistlichen Schrifttum und soll deshalb auch hier nicht ausgespart bleiben.

Zeitliche Einordnung: Die Entstehung des ›Armen Menschen I‹ lässt sich zeitlich auf die 1. Hälfte des 14. Jahrhunderts eingrenzen. Den *terminus ante quem* markiert dabei der älteste Textzeuge Ba2, der um 1350 datiert wird (vgl. S. 192). Für die Suche nach dem *terminus post quem* bleibt nur der Inhalt des Stücks, der, wie im vorangegangenen Kapitel dargelegt, eckhartisches Denken vermutlich voraussetzt, aber eingedenk der Parallele zum ›Miroir des simples âmes‹ auch unabhängig davon entstanden sein könnte. Ob der Dialog, wie der Großteil der pseudo-eckhartischen Literatur, erst nach Eckharts mutmaßlichem Todesjahr 1328 oder noch zu seinen Lebzeiten entstanden ist, muss also offenbleiben.

Räumliche Einordnung: Nach Ausweis der schreibsprachlichen Einordnung der Überlieferungsträger, die in dieser Hinsicht die einzige Informationsquelle darstellen, kann man für den ›Armen Menschen I‹ wie schon für ›Meister Eckharts Tochter‹ (vgl. S. 122 f.) den deutschen Südwesten als Entstehungsraum wahrscheinlich machen. Die drei ältesten und, was ihre textkritische Einstufung anbelangt, mutmaßlich originalnächsten Handschriften sind die zwischen 1350 und 1400 entstandenen x-Repräsentanten Ba2, G3 und Z1. Mutmaßlich wanderte der Text vom alemannischen Sprachraum aus dann nach Norden und Osten, wobei noch in der ersten Hälfte des 15. Jahrhunderts mit S1 und *B seine Verbreitung im Elsass nachweisbar ist. Mit dem elsässisch-alemannischen Raum ist auch das Gebiet abgesteckt, in dem die Hauptzweige der Überlieferung – x, y1 und y2 – jeweils am frühesten belegt sind.

Überlegungen zum Entstehungsumfeld: Um über diese Daten hinaus zu Einsichten in das Entstehungsumfeld des Kurzdialogs zu kommen, bieten sich zwei Wege an: Zum einen könnten die Überlieferungsträger als historische

Artefakte erwägenswerte Hinweise beisteuern, zum anderen ist es der Text selbst, der auf entsprechende Anhaltspunkte hin zu untersuchen ist.

Die Handschriften geben nun zuallererst einen Eindruck davon, welch breites Publikum der ›Arme Mensch I‹ gefunden hat und in welch unterschiedlichen literarischen und sozialen Kontexten das Stück rezipiert wurde. Die Reuerinnen von St. Magdalena in Straßburg lasen es in *B im Rahmen bekannter Exempelsammlungen, in der Handschrift Lam ist es integriert in ein Gesamtcorpus lateinischer Exempel und Traktate, für die Basler Kartäuser mit Ba3 und die Benediktiner von Tegernsee mit M2 stand es in enger Textsymbiose mit eckhartischen Predigten und die Benediktiner von Mondsee wiederum konnten es als lateinisch-deutsches Inserat innerhalb einer lateinischen Predigt hören und lesen. Aus diesen Überlieferungssituationen lassen sich allerdings weder Rückschlüsse auf die Zugehörigkeit des Stücks zu einem bestimmten Orden noch zu einer bestimmten durch ihren Bildungsgrad definierten Gruppe ziehen. Beachtung verdient der Hinweis Schneiders, dass der älteste ›Armer Mensch I‹-Textzeuge Ba2 eine enge paläographische Verwandtschaft mit der Handschrift E1 (Einsiedeln, Stiftsbibliothek, Cod. 277) zeigt (vgl. S. 193), befand sich E1 doch im Besitz der Baslerin Margaretha zum Goldenen Ring, die wiederum mit Heinrich von Nördlingen in Kontakt stand. Die Interpretation dieses Hinweises ist aber mit Fragen behaftet, auf die keine sichere Antwort zu finden sein wird: Handelt es sich nur um eine vergleichbare, womöglich weiter verbreitete Schreibpraxis oder war das Stück tatsächlich im Kreis um Margaretha und Heinrich bekannt? Wenn letzteres der Fall sein sollte: Waren diese frommen Laien ›nur‹ Rezipienten und Redaktoren des Textes oder hatten sie auch mit seiner Entstehung zu tun? Aus den Überlieferungsträgern des ›Armen Menschen I‹ und den über sie greifbaren Informationen sind also keine sicheren Rückschlüsse auf ein bestimmtes Entstehungsumfeld möglich.

Die Schwierigkeit, im Feld der mystischen Literatur einen Text ausgehend von seinen Inhalten einem bestimmten Personenkreis zuzuordnen, wurde beispielhaft bereits am Fall von ›Meister Eckharts Tochter‹ aufgezeigt und stellt sich genauso für den ›Armen Menschen I‹. Dass der Dialog mittelbar oder unmittelbar aus der Theologie Meister Eckharts geschöpft ist, hat die Einordnung in den theologiegeschichtlichen Kontext zwar plausibel zu machen versucht, doch ist damit noch nichts gewonnen – zu breit gestreut war die Wirkung des Dominikaners unter Laien und Geistlichen. Dennoch sollen die verschiedenen Spuren einmal zusammengetragen werden und sei es auch nur, um die Vielschichtigkeit des Problems und das Spektrum der zu berücksichtigenden Aspekte aufzuzeigen. Um Wiederholungen zu vermeiden, werden die behandelten Gruppen nicht mehr als Ganzes vorgestellt – dafür sind gegebenenfalls Verweise auf die entsprechenden Ausführungen im Kapitel über ›Meister Eckharts Tochter‹ gesetzt –, sondern nur die jeweils relevanten Aspekte.

Entgegen der pauschalisierenden Ansicht, die sog. ›Eckhart-Legenden‹ müssten aus Laienkreisen stammen (vgl. dazu im Forschungsüberblick S. 35–37), ließe sich beim ›Armen Menschen I‹ durchaus auch für ein geistliches Entstehungsumfeld argumentieren: Gerade der Erzählrahmen deutet auf einen genuinen Sitz im Leben innerhalb einer monastischen Gemeinschaft hin. Hier könnte man sich potentielle Autoren vorstellen, die sowohl über die nötigen theologischen Kenntnisse als auch über die nötigen Techniken der Textstrukturierung verfügten. Denkbar wäre etwa, dass der Text zur Unterweisung von Ordensmitgliedern gedient haben mag – ein ähnliches Publikum wie es am Schluss von ›Meister Eckharts Tochter‹ auftritt (vgl. dort Z. 74 f.) und als fiktive Adressatengruppe aus dem Erzählrahmen zu erschließen ist – oder dass er im Rahmen der Seelsorge Trost spenden und den rechten Umgang mit dem Leid lehren sollte.

Üblicherweise wollte die Forschung im Autor des ›Armen Menschen I‹ aber keinen Geistlichen, sondern einen Laien sehen. Abgesehen davon, dass solche Dichotomien ohnehin von historischen Kommunikationsprozessen überspielt werden – Geistliche, die für Laien schreiben, oder Laien, die durch Seelsorge und Predigt von Geistlichen theologische Grundkenntnisse erworben haben – fielen die Begründungen dafür dürftig aus. Lücker berief sich etwa auf die angeblich besondere Personenkonstellation, dass hier ein einfacher Mensch einen Gelehrten in Angelegenheiten des Glaubens und der rechten Lebensführung unterweist – etwas, das sie als kennzeichnend für freigeistige Literatur verstand.[114] Diese Argumentation basiert auf einer unzureichenden Kenntnis der Textgeschichte, denn der Wahrheitssuchende ist im ›Armen Menschen I‹ noch genauso ›gewöhnlich‹ wie der arme Mensch selbst und wird erst im späteren Verlauf der Textgeschichte – möglicherweise durch die Identifikation mit dem *lesmaister* (Z. 1) des Rahmens – zum Gelehrten gemacht. Lassen sich bessere Argumente finden? Der deutschsprachige Südwesten ist als wahrscheinliches Entstehungsgebiet des Dialogs auch ein Raum, in dem das Laientum im 14. Jahrhundert eine gewisse religiöse Emanzipation erlebte. Hier einen Zusammenhang anzunehmen, ist nicht völlig von der Hand zu weisen, doch alles, was sich an Argumenten für eine nähere Spezifizierung aufbieten lässt, beschränkt sich auf unsichere literarische Analogien.

Für die Gottesfreunde – oder besser für bestimmte Personenkreise, die dieses Ideal für sich in Anspruch nahmen[115] – ließe sich neben dem zweifelhaften Argument einer paläographischen Ähnlichkeit von Ba2 und E1 ins Feld führen, dass etwa das ›Meisterbuch‹, der wohl berühmteste literarische Exponent aus

---

114 Lücker, Devotio Moderna, S. 44. Zur Verankerung dieses Personenverhältnisses in der geistlichen Literatur vgl. Kap. 7.1.1.

115 Zu den Gottesfreunden vergleiche den entsprechenden Abschnitt in der Untersuchung von ›Meister Eckharts Tochter‹ auf S. 129–133.

dem Kreis um Rulman Merswin,[116] eine dem ›Armen Menschen I‹ vergleichbare Personenkonstellation aufzuweisen hat: Hier wie dort übernimmt ein Laie die Aufgabe eines spirituellen Mentors, wobei der Geführte im ›Meisterbuch‹ – und nur dort – als gelehrter Geistlicher qualifiziert ist. Auch thematische Berührungspunkte lassen sich ausmachen, etwa wenn in der Gottesfreundeschrift der Laie die *zu grunde grosse demuetige gotte gelossenheit*[117] mit den Worten beschreibt:

> *es si sure oder suesse, es tuo wol oder we, also das ir mit worheit sprechen múgent: ach min herre und min got, were es denne din wille das ich in diseme lebende in diseme getrenge untze an den iúngesten tag leben sollte, noch denne so wolte ich dir nút abegon, ich wolte stete an dir bliben.*[118]

Auch wenn sich weitere solche Ähnlichkeiten aus anderen Schriften des Gottesfreundekreises vom Grünenwörth beibringen ließen, so blieben doch immer grundlegende Zweifel bestehen: Wäre im Fall eines entstehungsgeschichtlichen Zusammenhangs – die Frage wurde auch schon für ›Meister Eckharts Tochter‹ gestellt – nicht ein Hinweis auf eine spezielle Überlieferungsgemeinschaft des ›Armen Menschen I‹ mit der sonst so geschlossen überlieferten Gottesfreundeliteratur aus Straßburg zu erwarten? Welchen Aussagewert haben inhaltliche Parallelen wie die aus dem eben zitierten ›Meisterbuch‹ methodisch gesehen überhaupt, wenn doch weder Personenkonstellation noch Aussagen als eindeutiges Signum einer bestimmten Gruppe gelten können? Die Entstehung des Kurzdialogs also solchen Kreisen aus literarisch interessierten Laien und Geistlichen zuzuschreiben, bleibt eine These, die genausowenig ausgeschlossen wie bestätigt werden kann.

Ähnlich problematisch fällt der Vergleich des Dialogs mit den Überzeugungen aus, die die Zeitgenossen der Häresie des ›Freien Geistes‹ unterstellten.[119] Auch hier lassen sich literarische Parallelen zu solchen Texten ziehen, die angeblich eine gewisse Bedeutung in solchen Kreisen gehabt haben mögen[120] – der

---

116 Das ›Meisterbuch‹ wurde aus verschiedenen ehemals selbstständigen Texten von einem unbekannten Redaktor kompiliert. Zugeschrieben ist es der fiktiven Gestalt des ›Gottesfreund vom Oberland‹. Vgl. dazu Steer, Merswin, Sp. 436 f., und ausführlich Krusenbaum, Figuren der Referenz, S. 486–517, die eine Aufstellung der Textbausteine und ihrer mutmaßlichen Herkunft bietet.

117 Schmidt, Bericht von der Bekehrung Taulers, S. 22; eigene Übersetzung: »bis zum Grund reichende Demut, in der man sich Gott ganz überlässt«.

118 Schmidt, Bericht von der Bekehrung Taulers, S. 22; eigene Übersetzung: »[die sich darin äußert, dass] Ihr aus voller Überzeugung sagen könnt, egal ob etwas bitter oder angenehm ist, ob es Freude oder Leid bereitet: Ach mein Herr und mein Gott, wäre es auch dein Wille, dass ich in den Widrigkeiten dieses Lebens bis zum Jüngsten Tag leben sollte, selbst dann würde ich mich nicht von dir abwenden, sondern beständig bei dir bleiben.«

119 Zur angeblichen Häresie des ›Freien Geistes‹ vergleiche den entsprechenden Abschnitt in der Untersuchung von ›Meister Eckharts Tochter‹ auf S. 127–129.

120 Zum Problem der Zuordnung von Texten zu dieser Häresie vgl. S. 128.

›Miroir des simples âmes‹ wurde bereits zitiert (vgl. S. 233), weitere Beispiele liefern das ›Neunfelsenbuch‹ und die Reimpaarverse ›Von dem frîen geiste‹ –, doch da diese Texte im Wortlaut dem ›Armen Menschen II‹ näherstehen als der ersten Fassung, sei ihre Untersuchung auf ein späteres Kapitel verschoben (vgl. Kap. 5.3). Grundsätzlich klingen manche Themen und Formulierungen des ›Armen Menschen I‹, so viel sei vorausgeschickt, dem nicht ganz unähnlich, was man mit einer ›freigeistigen‹ Häresie assoziieren konnte: die Einheit mit dem Willen Gottes etwa oder die absolute Indifferenz gegenüber dem Schicksal.[121] Eine kurze Bemerkung, die in den Textzeugen Ba3, S1 und BT als Zusatz am Ende des Dialogs zu lesen ist, könnte ein beachtenswerter Hinweis für eine Verbindung vom ›Armen Menschen I‹ und solchen Kreisen sein, die sich mit dem Ideal des ›Freien Geistes‹ identifizierten: *darum merk das die sele nit mit got so vast noch so sere mag vereinet werden das ir pein lustlich syg aber der fry will was gott wil* (Ba3, Z. 26).[122] Der Zusatz, der auf die Vorlage des y1-Astes zurückgehen dürfte, warnt zunächst davor, Leid als Lust der Seele misszuverstehen – angesichts einer vielfach bezeugten Bereitschaft, sich aus religiösem Antrieb heraus zu kasteien, mag dies ein nachvollziehbares Anliegen sein –, und spricht dann vom ›Freien‹, der in Willensunio mit Gott lebt. Der verantwortliche Redaktor hat offensichtlich das Verhalten des armen Menschen und seine Selbstaussagen mit dem Schlagwort *fry* assoziiert, das im Text selbst keine Rolle spielt und dadurch als historische Interpretationskategorie umso aussagekräftiger wird. Freilich ist damit nicht erwiesen, dass mit dem *fry* auch ein ›Freigeist‹ gemeint ist, und zudem können aus der Bindevariante einer deutlich sekundären Überlieferungsgruppe selbstredend keine entstehungsgeschichtlichen Rückschlüsse für den Text an sich gezogen werden. Es deutet sich aber zumindest ein Rezeptionsszenario an: Möglich, dass der Dialog im Lauf seiner Überlieferung in freigeistigen Kreisen gelesen wurde und dass der fragliche Zusatz als ein textliches Indiz dieser Rezeption erhalten blieb.

---

121 Vgl. etwa den 24. Satz einer mit *Nota XXIX articulos de heresi novi spiritus* (eigene Übersetzung: »Beachte diese 24 Artikel über den Irrglauben des Neuen Geistes«) überschriebenen Liste in der Handschrift München, Bayerische Staatsbibliothek, Clm 311 aus dem 2. Viertel des 14. Jahrhunderts: *quod homo de malo tantum gaudeat quantum de bono et de omni quod acciderit ei, quia dominus sic ordinavit* (Wattenbach, Secte der Brüder vom freien Geiste, S. 522 f., Anm. 2; eigene Übersetzung: »dass sich der Mensch über das Schlechte genauso freut wie über das Gute und über alles, was ihm widerfährt, da es ja der Herr so angeordnet hat«). Zu dieser Liste, ihrer Überlieferung und ihrem Zusammenhang mit der Albertus Magnus zugeschriebenen Irrtümerliste der Rieser Ketzer und dem Straßburger Inquisitionsprotokoll von 1317 vgl. Wehrli-Johns, Mystik und Inquisition, S. 236 f. mit weiterführender Literatur.

122 Eigene Übersetzung: »Darum merke, dass die Seele nicht so eng oder so sehr mit Gott vereint werden kann, dass Schmerz ihr Lust bereitet, aber der Freie will, was Gott will.«

Der Rückblick auf die vorgetragenen Entstehungshypothesen macht einmal mehr bewusst, wie eng die literarischen Formen und die theologischen Ansichten der Kreise miteinander verwandt waren, die in der Nachfolge eckhartischen Denkens standen oder aus demselben Traditionsgut schöpften. Ein Grund dafür mag nicht zuletzt auch in einer engen personalen Verflochtenheit von Geistlichen, Mitgliedern von Gottesfreundekreisen und Anhängern freigeistiger Positionen liegen, die eine Einordnung anonymer Texte in ein bestimmtes Entstehungsumfeld vor so große Probleme stellt.

## *5.3 Der Kurzdialog ›Der arme Mensch II‹ – Die Wahrheit der Gelassenheit*

Der Kurzdialog ›Der arme Mensch II‹ liefert eine Neuerzählung seines Vorgängertextes und zugleich eine gedankliche Zuspitzung auf das Konzept der Gelassenheit hin: Wer sich ohne Rücksicht auf das eigene Wohlergehen dem Willen Gottes überlässt, so besagt es hier, der darf sich der unverbrüchlichen Verbundenheit mit Gott sicher sein. Dass solche Ansichten, je nach Ausprägung und Formulierung, eine Gratwanderung am Rande der Häresie bedeuten konnten, machen Parallelen aus literarischen wie historischen Zeugnissen deutlich.

Die Textfassung ›Der arme Mensch II‹ ist in sieben Handschriften überliefert, wovon fünf Handschriften – Kn2, Nu, M12, Mz5 und G11 – direkt im Anschluss, aber klar als selbstständigen Text erkennbar, die Fassung ›Der arme Mensch III‹ tradieren. Dazu kommen die Textzeugen Ka9 und B23, die jeweils einzelne Sätze aus ›Der arme Mensch II‹ in ihre je eigene Version von ›Der arme Mensch I‹ integriert haben. Alle Handschriften fallen ins 15. Jahrhundert und lassen sich aufgrund ihrer Schreibsprache in einen weitgespannten Überlieferungsraum einordnen, der sich von den Niederlanden über den mittelfränkischen und alemannischen Raum bis nach Schwaben erstreckt. Außerhalb der Handschriften war dieser Dialog bislang nur in einer Abschrift Brethauers nach Ha10 zugänglich.[123]

### *5.3.1 Textkonstitution*

Handschriftenbeschreibungen

Da der Kurzdialog ›Der arme Mensch II‹ bisher nicht als eigenständiger Text bzw. als eigenständige Textfassung wahrgenommen wurde, kam es auch noch

123 Vgl. Brethauer, Texte, S. 162 f.

nicht zu einer systematischen Aufstellung seiner Textzeugen. Sie finden sich bei TRIEBEL teils PFEIFFERS Spruch 66, teils Spruch 67 zugeordnet.[124] Die nachfolgende Aufstellung versammelt alle bisher bekannten Textzeugen mit Ausnahme der Handschrift London, University College, MS Germ. 18 (Lo5)[125], die mir leider nicht zugänglich gemacht wurde, und ordnet sie nach der Zugehörigkeit zu den Hauptzweigen der Überlieferung an. Alle beschriebenen Textzeugen wurden sowohl bei der Untersuchung der Handschriftenverhältnisse als auch bei der Edition berücksichtigt.

## Gruppe x1:

### Nu: Maastricht, Regionaal Historisch Centrum Limburg, Ms. 479

Papier · 286 Blatt · 142 × 105 mm · 1470–1480 · eine Hand · mittelniederländisch · Maastricht, Begardenkonvent von St. Bartholomäus

Inhalt: Die Handschrift besteht zu einem großen Teil aus Predigten Taulers, dazu kommen Predigten Eckharts und Auszüge aus dem ›Großen Briefbuch‹ Seuses. Auf fol. 218$^{v}$–274$^{r}$ sind vor allem anonyme geistliche Kurztexte versammelt, darunter befinden sich auf fol. 269$^{r}$–270$^{r}$ ›Der arme Mensch II‹ und auf fol. 270$^{r}$–271$^{r}$ ›Der arme Mensch III‹. Für eine detaillierte Inhaltsangabe vgl. etwa LIEVENS, Evangelie.

Literatur: AXTERS, Bibliotheca Dominicana, S. 141 f. und S. 150; KORS, Brieven, S. 35 f.; LIEVENS, Evangelie, S. 6–42; LIEVENS, Handschrift Everts, S. 1–33; MAYER, Vulgata, S. 243; Middelnederlandse preken in handschriften VI, S. 93–101; STOOKER / VERBEIJ, Collecties op orde, S. 293 f.; UBBINK, Receptie van Meister Eckhart, S. 207–209; Handschriftencensus: http://www.handschriftencensus.de/16853 [04.01.2019]; Predigt im Kontext: http://pik.ku-eichstaett.de/3255/ [04.01.2019]

THEBEN ordnet die Handschrift in die Bewegung der Devotio Moderna ein und sieht ihre Zweckbestimmung in der Unterweisung von Laien.[126] Nicht zwangsläufig ein Widerspruch dazu, aber doch auffällig ist allerdings, dass der Codex in erster Linie Texte der großen Mystiker und nicht der zeitlich näheren Autoren der Devotio Moderna überliefert.

---

124 Vgl. TRIEBEL, www.eckhart.de, unter dem Reiter Texte / Legenden / Meister Eckhart und der arme Mensch (letzter Aufruf am 04.01.2019).

125 Eine eindeutige Zuordnung der Handschrift Lo5 zu den Textzeugen des ›Armen Menschen II‹ ist über die im Katalog bei PRIEBSCH zitierten Incipits und Explicits möglich: *Id was eyn groit lesemeister ind begerde van vnsen heren gode te weten … Der meister genc heyn ind was vnderwiset der negester wairheit mit der grotester gelatenheit dey men yn der tyt hebben maich* (fol. 98$^{r}$–99$^{v}$, zitiert nach PRIEBSCH, Deutsche Handschriften in England, S. 49).

126 THEBEN, Die mystische Lyrik, S. 110.

## Ha10: Den Haag / ’s -Gravenhage, Königliche Bibliothek, Cod. 133 F 22

Papier · 93 Blatt · 118 × 89 mm · 1450–1500 · zwei Hände · mittelniederländisch · Venray, Augustinerchorfrauenstift S. Ursula & S. Antonius / Jerusalem

Inhalt: Predigten, *Devote epistelen,* Zitate von Thomas von Kempen; fol. 82$^{v}$–83$^{r}$ ›Sprüche der fünf Lesemeister‹; fol. 84$^{r}$–85$^{v}$ ›Der arme Mensch II‹; fol. 86$^{r}$–88$^{r}$ ›Das Frauchen von 22 (21) Jahren‹; *Goede punten*

Literatur: Catalogus, S. 229–331; Lücker, Devotio Moderna, S. 163; Middelnederlandse preken in handschriften II, S. 1060 f.; Handschriftencensus: http://www.handschriftencensus.de/23053 [04.01.2019]

## M14: München, Bayerische Staatsbibliothek, Cgm 702

Vgl. die Textzeugen zu ›Meister Eckhart und der nackte Knabe‹, S. 138.

## Ka9: Karlsruhe, Badische Landesbibliothek, Cod. Lichtenthal 87

Vgl. die Textzeugen zu ›Der arme Mensch I‹, S. 202 f.

### Gruppe x2:

## Kn2: Köln, Historisches Archiv der Stadt, Best. 7004 (GB 4°) 32

Papier · VII + 178 Blatt · 200 × 135 mm · 2. Hälfte des 15. Jh.s (Handschriftencensus Rheinland) / Anfang 16. Jahrhundert (Mayer) · eine Hand · ripuarisch · Köln, Kloster der unbeschuhten Karmeliter

Inhalt: Die Handschrift versammelt Traktate, Autoritätendicta und Predigten, darunter zahlreiche Stücke von Tauler. Im Kontext dieser Untersuchung sind folgende Texte von besonderem Interesse: fol. 61$^{r}$–61$^{v}$ ›Der arme Mensch II‹; fol. 61$^{v}$–62$^{r}$ ›Der arme Mensch III‹; fol. 72$^{r}$–82$^{v}$ ›Von den wahren Gottesfreunden‹; fol. 82$^{r}$–84$^{r}$.85$^{r}$–86$^{r}$.87$^{r}$ ›Von den drîn fragen‹ (Fragmente); fol. 89$^{r}$–93$^{v}$ ›Vom Grunde aller Bosheit‹; fol. 94$^{r}$–95$^{v}$ ›Meister Eckharts Wirtschaft‹. Für eine detaillierte Inhaltsangabe vergleiche die Beschreibung von Menne.

Literatur: Gattermann, Handschriftencensus Rheinland, S. 1007; Mayer, Vulgata, S. 240 f.; Menne, Handschriften, S. 129–146; Quint, Untersuchungen I, S. 65–70; Handschriftencensus: http://www.handschriftencensus.de/12976 [04.01.2019]; Predigt im Kontext: http://pik.ku-eichstaett.de/1818/ [04.01.2019]

Einige Indizien weisen darauf hin, dass die Handschrift in der Bibliothek der Karmeliter ihren Platz bei den Predigtbüchern hatte: Laut Menne befindet sich auf dem Buchrücken ein Zettel mit der Bezeichnung *Sermones,* darunter ist entweder ein *E* oder ein *F* zu lesen – der Buchstabe ist mit einer späteren Signatur teilweise überklebt und daher nicht genau zu entziffern. Zettel und Inhalt der Handschriften legen aber nahe, dass es sich um ein *F* handeln muss, unter dem nach Röhrigs Rekonstruktion der Beschriftungspraxis im Karmeliterkloster die homiletischen Bände geführt wurden.[127]

Die Handschrift dürfte bereits über hundert Jahre alt gewesen sein, als sie in das erst 1612 gegründete Karmeliterkloster kam, und war mit ihren mystischen Texten wohl eher ein Fremdkörper in der hauptsächlich aus zeitgenössischen Werken bestehenden Bibliothek.[128]

### Mz5: Mainz, Martinus-Bibliothek, Hs. 33

Papier · 228 Blatt · 153 x 100 mm · 15. Jh. · eine Hand · rheinfränkisch

Inhalt: Sammlung geistlicher Kurztexte, Lehren, Gebete und Predigten, darunter: fol. 83v–85r ›Der arme Mensch II‹; fol. 85r–86r ›Der arme Mensch III‹

Literatur: Dörr, Handschriftenkatalog, o. S.; Handschriftencensus: http://www.handschriftencensus.de/24598 [04.01.2019]; Handschriftencensus Rheinland-Pfalz: https://www.blogs.uni-mainz.de/handschriftencensus/mz-mb-hs-33/ [04.01.2019]

### B23: Berlin, Staatsbibliothek zu Berlin – Preußischer Kulturbesitz, Ms. germ. oct. 328

Vgl. die Textzeugen zu ›Der arme Mensch I‹, S. 203 f.

## Gruppe y:

### G11: St. Gallen, Stiftsbibliothek, Cod. 1854

Papier · 151 Blatt · 105 x 65/70 mm · 15. Jh. · eine Hand · alemannisch · St. Gallen, Dominikanerinnenkonvent St. Katharina

Inhalt: Geistliche Sammelhandschrift. Die Dialoge ›Der arme Mensch II‹ (fol. 93v–98r) und ›Der arme Mensch III‹ (fol. 98r–101r) sind Teil einer umfangreichen Sammlung von Autoritätendicta; fol 109v–132 ›Von den drîn fragen‹

Literatur: Mayer, Vulgata, S. 229; Mengis, Schreibende Frauen, S. 354–355; Quint, Untersuchungen I, S. 56 f.; Scarpatetti, St. Gallen Verzeichnis, S. 97–100; Handschriftencensus: http://www.handschriftencensus.de/9447 [04.01.2019]; Predigt im Kontext: http://pik.ku-eichstaett.de/1984/ [04.01.2019]

---

127 Röhrig, Bibliotheca, S. 178.

128 Vgl. das von Röhrig vorgestellte Inventar, S. 180–216.

## M12: München, Bayerische Staatsbibliothek, Cgm 861

Papier · 80 Blatt · 102 × 80 mm · 1504 · eine Hand von fol. $1^r$–$71^r$, dann verschiedene Nachträge · ostschwäbisch · Augsburg, Dominikanerinnenkonvent St. Ursula

Inhalt: fol. $1^r$–$25^r$ ›Die acht inneren Leiden Christi‹; fol. $25^v$–$59^v$ ›Geistlicher Maibaum‹; fol. $60^r$–$65^r$ ›Das Frauchen von 22 (21) Jahren‹; fol. $65^r$–$67^v$ ›Der arme Mensch II‹; fol. $67^v$–$69^v$ ›Der arme Mensch III‹; fol. $69^v$–$71^r$ ›Vom geistlichen Kloster‹; fol. $72^r$–$76^v$ Exzerpte aus Gertrud von Helfta: ›Legatus divinae pietatis‹, Kap. 77 (dt.)

Literatur: Löser, Augsburg, S. 45 (Nr. 42), S. 78–80; Schneider, München 5,5, S. 692 f.; Handschriftencensus: http://www.handschriftencensus.de/6305 [04.01.2019]; Predigt im Kontext: http://pik.ku-eichstaett.de/10502/ [04.01.2019]

### Handschriftenrelation

Es könnte naheliegen, eine Grobgliederung der ›Armer Mensch II‹-Überlieferung danach vorzunehmen, ob die Handschriften den Dialog im Verbund mit dem ›Armen Menschen III‹ bieten oder nicht. Die Untersuchung der Varianz führt jedoch zu dem Ergebnis, dass kein Zusammenhang zwischen den entscheidenden Differenzen in der Textgestalt und der jeweiligen Mitüberlieferung besteht. Es ist also anzunehmen, dass die Verbindung der beiden Dialoge auf eine allen erhaltenen Textzeugen gemeinsame Vorlage zurückgeht und dass sie erst in einem späteren Stadium der Tradierung von einer untergeordneten Gruppe aufgegeben wurde.

Die Überlieferung des ›Armen Menschen II‹ zeigt sich im Vergleich zum ›Armen Menschen I‹ sehr geschlossen und die meisten Fehler lassen sich auf Unachtsamkeiten einzelner Schreiber zurückführen. Die Handschriften teilen sich in eine y-Gruppe mit den Textzeugen G11 und M12 (im Folgenden zitiert nach G11) und in eine x-Gruppe mit den Textzeugen Kn2, Mz5, Nu, Ha10 und M14 (zitiert nach Kn2), wobei die beiden letztgenannten Handschriften nur den ›Armen Menschen II‹ tradieren. Die Unterscheidung beruht auf folgenden Varianten:

Z. 1: *wilche* x] *waz* y
Z. 1 f.: *wairheyt* x] *fo̊lkomenhait* y
Z. 3: *ind in dem eichten yar do* x] *in dem achtenden iar* y
Z. 6 f.: *man moechte eme gerstenkorner hain dar in geleyt* x] *man hett gersten korner* (*gersten korner*] *wol ein gersten koren* M12) *dar in gestossen lait* (!) (*gestossen lait*] *gelegt* M12) y
Z. 8 f.: *wie antwortz du mir also* x] *wie aintwurtest du mir* y
Z. 21: *ich sagen eme* x] fehlt y

Auch wenn die Varianz nur gering ausfällt und inhaltlich nicht von großer Bedeutung sein dürfte, so lässt sich aus dem vorgestellten Material doch mit einiger Wahrscheinlichkeit ableiten, dass der x-Zweig die gemeinsame Vorlage besser bewahrt als der y-Zweig. So verdient die x-Lesart *wairheyt* den Vorzug vor der y-Lesart *fǒlkomenhait* zum einen deswegen, weil am Schluss des Dialogs in allen Handschriften nochmals von der *wairheyt* die Rede ist (Z. 23), zum anderen, weil auch schon im ›Armen Menschen I‹, dem mutmaßlichen Prätext, der *weg der warhait* (dort Z. 3) gesucht wird. Das *also* in Z. 9 mag zwar entbehrlich sein, ist aber mit Blick auf die Wiederholung der Frage in Z. 10 und auf die entsprechenden Fragen in Fassung I (vgl. dort Z. 9 und 10) als Teil einer ursprünglichen formelhaften Formulierungsweise zu verstehen. Die Divergenzen in Z. 6 f. könnten schließlich darauf zurückgehen, dass der Schreiber der y-Vorlage die komplexe Konstruktion *moechte hain geleyt* (»hätte legen können«) nicht verstanden oder zumindest falsch abgeschrieben hat. Die y-Version dieser Stelle *man hett gersten korner dar ein gestossen* wirkt im Satzzusammenhang – gleich ob man die Konstruktion indikativisch als »hatte gestoßen« oder konjunktivisch als »hätte gestoßen« versteht – nicht stimmig.

Die beiden Vertreter des y-Zweiges, die Handschriften G11 und M12, gehen unabhängig voneinander auf eine gemeinsame Vorlage zurück. So sind dem Schreiber von M12 zwei Homoioteleuton-Fehler unterlaufen (vgl. Z. 9–11. und Z. 13 f.), wo G11 den Text in Übereinstimmung mit dem x-Zweig überliefert und daher unabhängig von M12 sein muss. Der umgekehrte Fall, die Unabhängigkeit der Handschrift M12 von G11, ist zwar schwerer zu belegen, doch gibt es einige eindeutig sekundäre Varianten in G11, die sich so in M12 nicht finden: etwa *maister* statt *lesemeyster* in Z. 1, *gesund* statt *arme* in Z. 13 oder – und das ist in diesem Zusammenhang wohl das aussagekräftigste Beispiel – *tag* statt *morgen* in Z. 7.

Der x-Zweig spaltet sich in zwei Untergruppen auf: Der x1-Gruppe mit Nu, M14 und Ha10 (im Folgenden zitiert nach Nu) steht die x2 Gruppe mit Kn2 und Mz5 (im Folgenden zitiert nach Kn2) gegenüber. Die Unterscheidung beruht dabei auf folgenden Lesarten:

Z. 4: *die waerheit segghen* x1] *sagen die wairheyt* x2
Z. 4 f.: *die hevet ane synen lyve dat kume drie peninghe wert is* x1] *der hait an syme lyve kume dryer penninck wert goides* x2

Nu, nach der hier x1 zitiert ist, bietet an dieser Stelle selbst eine Sonderlesart, die wohl als Verbesserungsversuch einer ungewöhnlichen Formulierung des xy-Archetyps zu verstehen ist – was mit großer Wahrscheinlichkeit auch für x2 zutrifft. Im x-Zweig blieb diese Lesart bis in die x3-Vorlage und die von ihr abhängigen Handschriften Ha10 und M14 ebenso wie im y-Zweig erhalten. Sie sei hier nach Ha10 zitiert: *die enheft aen synen lyve niet drier pennynghen weert.*

Z. 14 f.: *reghenet ever in gods name* x1] *is it ungeneytlich weder ever in gotz namen* x2

Die Variante von x2 entstand wohl als Anpassung an das vorausgehende *eest schoen weder* (Z. 14). Dass x2 nicht die ursprüngliche Lesart bietet, beweist die Übereinstimmung von x1 mit y.

Was in den Kommentaren bereits verschiedentlich erwähnt wurde, trifft auf alle hier aufgeführten Beispiele zu: x1 stimmt stets mit y gegen x2 überein und dürfte damit diejenigen Lesarten überliefern, die wir für den xy-Archetyp annehmen können. Der x2-Zweig weicht insgesamt nur geringfügig von seiner Vorlage ab, greift aber in den genannten Fällen textbessernd oder intensivierend ein.

Innerhalb des x1-Zweiges steht Nu der Gruppe x3 mit Ha10 und M14 gegenüber. Diese Unterscheidung kann sich zwar nur auf eine einzige innertextliche Bindevariante stützen – x3 lässt das *mich* (bzw. *mir* in den deutschen Handschriften, vgl. Z. 13) aus – dafür aber noch auf die Mitüberlieferung: Ha10 und M14 sind die einzigen beiden Textzeugen, die den ›Armen Menschen II‹ ohne den ›Armen Menschen III‹ überliefern.

Beide Handschriften der x3-Gruppe überliefern jeweils einen eigenwilligen Text mit zahlreichen individuellen Abweichungen, doch stimmt stets eine der beiden mit Nu überein. Sie dürften also unabhängig voneinander auf dieselbe Vorstufe zurückgehen.

Die Vertreter des x2-Zweiges, Kn2 und Mz5, gehen ebenfalls unabhängig voneinander auf eine gemeinsame Vorlage zurück. Dies lässt sich aus einigen individuellen Lesarten schließen, die sowohl die Unabhängigkeit der Handschrift Kn2 von Mz5 (vgl. die Sonderlesart von Mz5 *er ist mechtich myn also wol in der hellen als in dem hiemelrich* in Z. 18) als auch die Unabhängigkeit der Handschrift Mz5 von Kn2 (vgl. die Sonderlesarten von Kn2 *begerden ind ernst* in Z. 3. oder die geänderte Wortstellung *hain dar in geleyt* in Z. 6 f.) nahelegen.

Die Handschriften B23 und Ka9, die beide zu Beginn, Ka9 auch am Ende ihres ›Der arme Mensch I‹-Textes einzelne Sätze aus Fassung II integriert haben, in die stemmatischen Verhältnisse einzuordnen, fällt aufgrund des begrenzten Textmaterials nicht leicht. Für die Kompilation in B23 dürfte ein Text aus der x2-Gruppe herangezogen worden sein, denn die beiden Kennvarianten dieser Gruppe aus Z. 4 und Z. 4 f. (vgl. oben) kehren hier wieder. In Ka9 dagegen könnte ein Vertreter der x3-Gruppe eingearbeitet worden sein, da sich zum einen die nur hier und in den y-Handschriften erhaltene Lesart *der het an sinem libe kume dryer pfenning wert* (Ka9, vgl. dazu oben die Bemerkung zu Z. 4f.) findet und zum anderen Ka9 eine spezifische Lesart mit M14 teilt: *Ich sage im ains* (Z. 21, zitiert nach Ka9), wobei *ains* als verbindender Zusatz zu gelten hat.

In nachfolgendem Stemma sind die textgeschichtlichen Verhältnisse zusammengefasst und veranschaulicht. Die Handschriften B23 und Ka9 sind, da sie nur einzelne Sätze der zweiten Fassung des ›Armen Menschen‹ überliefern und ihr Verhältnis zu den anderen Textzeugen nicht eindeutig bestimmbar ist, mit gestrichelten Linien bei ihren jeweiligen Gruppen eingezeichnet.

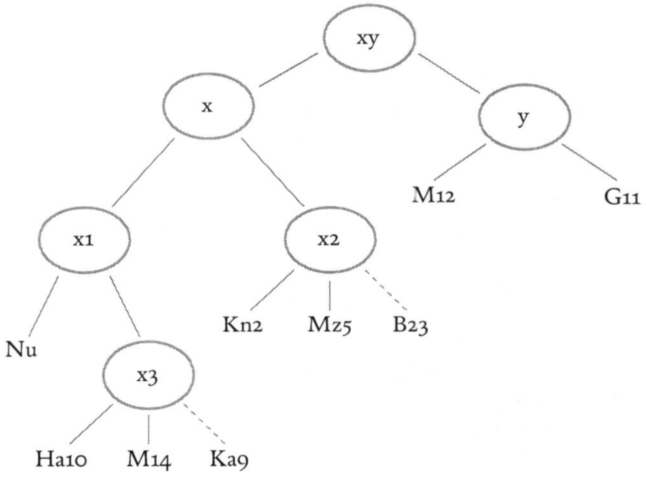


Abb. 4: Stemma des Dialogs ›Der arme Mensch II‹

Als Leithandschrift für eine kritische Edition des ›Armen Menschen II‹ würde sich etwa Nu als einer der Textzeugen anbieten, die den mutmaßlichen Ausgangstext weitgehend treu bewahrt haben und dabei nur wenige individuelle Sonderlesarten aufweisen. Wenn dennoch Kn2 hier der Vorzug gegeben wird, dann deshalb, weil erstens die wenigen Eigenheiten der x2-Gruppe und der Handschrift selbst inhaltlich kaum ins Gewicht fallen und weil zweitens Kn2, wie später zu zeigen sein wird, auch zu den besten Textzeugen des Dialogs ›Der arme Mensch III‹ zählt (vgl. S. 272–278). Kn2 bietet damit die beste Möglichkeit, die Textverbindung der zweiten und dritten Dialogfassung in einer guten und historisch auch belegten Gestalt wiederzugeben – so wie sie in der synoptisch-textgenetischen Darstellung auf S. 182–189 erscheint.

Die Grundlagen der Editionspraxis sind auf S. 78–80 dargestellt.

## Edition: ›Der arme Mensch II‹

Leithandschrift: Kn2

[61r] Id was eyn grois lesemeyster, der begerde van gode zo wissen, wilche die alre neiste wairheyt were, da der mensche zo komen moichte in der zijt. Des begerde hey viij yair mit grosser begerden ind ernst ind in dem eichten yar, do wart eme geantwort van gode: »Du salt gain vur die kirche, da vintzstu eynen armen menschen, der sal dir sagen die wairheyt. Der hait an syme lyve kume dryer penninck wert goides.« Der meyster quam ind van*t* den armen menschen ind do waren eme sine voisse zospalden, man moechte eme gerstenkorner hain dar in geleyt. Der meyster sprach: »Got geve dir guiden morgen.« Der arme mensche sprach: »Ich engewan nye bo̊sen morgen.« Der meyster sprach: »Dat dich got selich mache! Wie antwortz du mir also?« Der arme mensche sprach: »Ich enwart nye unselich.« Der meister sprach: »Dat dir got gelucke geve! Wie antwortz du mir so? Antworde mir recht!« Der arme mensche sprach: »Ich engewan nye ungelucke. Mer, ich hain mich gode also gelaissen, allit, dat hey deit, dat donckt mich goit: Bin ich sieche, in gotz namen. Bin ich gesont, ever in gotz namen. [61v]

---

**1** Id] von der nesten warheit wart ein meister underwist is *Mz5* lesemeyster] maister *G11;* lesemeister und lerer genant hugo *B23* van gode] von unßerem lieben (*fehlt Nu, Ha10*) herrn got *Mz5, Nu, Ha10;* an unsern herrn *M14;* von unserm heren *G11* zo wissen *fehlt M12* wilche] waz *G11, M12* wairheyt] foͤlkomenhait *G11, M12* **2** der zijt] desen leven *Ha10* yair] jaer lanck *Ha10* **3** begerden ind *fehlt Mz5, Nu, Ha10, M14, G11, M12, B23* ind$^{2}$ *fehlt G11, M12* do *fehlt G11, M12* gode] gotte also *Ka9* **4** kirche] kirchtúr *Ka9* vintzstu] suldi vynden *Ha10* menschen *fehlt G11* der sal dir sagen die wairheyt] der sol dir die warheit sagen der sol dir die warheit sagen (!) *G11* sagen die wairheyt] die waerheit segghen *Nu, Ha10, M14, M12, Ka9;* die gantze worheit sagen *Ka9* Der hait *fehlt G11* **4–5** an syme lyve *fehlt M12* **5** lyve] lyve dat *Nu* kume] niet *Ha10* dryer penninck] dreyer d *M14;* fier dn̄ *M12* goides] an seinem leib *M12;* is *Nu; fehlt Ha10, M14, G11* Der meyster ... menschen *fehlt M14, Ka9* quam] quam vor die kirche *Mz5;* gieng für die kürchen *M12* vant *Nu, Ha10, M14, G11, M12, B23*] van *Kn2* **6** ind do] ende *Nu, M14;* doe *Ha10;* und dem *G11;* dem *M12, B23;* an im *Ka9* waren eme] heme waren *Nu;* sind im *M14;* waren *Mz5, G11, M12, B23;* worent ouch *Ka9* zospalden] toe kenen *Ha10;* zerspallten also sere *M14;* also sere zerspalten *Ka9* man moechte eme] das man im möchte *Ka9* moechte] hett *G11, M12* eme] wol *M12; fehlt M14, G11* gerstenkorner] ain gerstenkorn *M14, M12;* gerten *Ka9;* gersten gersten (!) *B23* **6–7** hain dar in geleyt] dar in gelacht han *Mz5, Nu, Ha10;* darein han gelegt *M14, Ka9;* dar in gestossen lait(!) *G11;* dar ein gelegt *M12* **7** Der meyster] hy *Nu, M14, G11* guiden morgen] ainen go̊ten tag *G11;* ain guten morgen *M12* Der arme mensche] er *M14* sprach] antwort *Mz5, Nu, Ha10, G11;* antwurt im und sprach *M12* **8** engewan] enkrech *Ha10* nye] nye keinen *Mz5* bo̊sen] genen quaden *Ha10* Der meyster sprach *fehlt M14* **9** also *fehlt G11, M12* Der arme mensche sprach] er sprach *M14;* da sprach der arm mensch *M12* **9–11** Ich enwart ... Der arme mensche sprach *fehlt M12* (*Hom.*) **9** nye] noch nye *Mz5* Der meister sprach *fehlt M14* **10** Wie ... recht *fehlt G11* mir *fehlt Ha10* Der arme mensche] er *M14* **11** engewan] enkreech *Ha10* nye] noch nye kein *Mz5* Mer *fehlt Nu, Ha10, M14, G11, M12* gelaissen] gegeven *Ha10;* ergeben *M12* **12** Bin ich] ich bin ich (!) *G11* ever *fehlt G11, M12*

Bin ich arme, in gotz namen. Bin ich rich, ever in gotz namen. Sterven mir myne vrunt, in gotz namen. Bliven sy mir leven, ever in gots namen. Is it schone weder, in gots namen. Is it ungeneytlich weder, ever in gotz namen.«
Doe sprach der meyster: »Sage mir, lieve mensche, wulde dich got in die helle haven, wie wuldestu dann dem doin?« Do sprach der arme mensche: »Als mere in der helle as in dem hemel. Wulde got, hey machde mir wail eyn hemelrich in der helle. Ich hain zwene armen: Myt myme lurtzen arme hain ich sine mynnicliche mynscheyt umbvangen also gar, dat ich van eme nyet enmach, ind myt mynem rechten arme sine gotheyt. Ind ich bin myt eme also vereyniget, dat ich nyet enmach willen anders, dan dat got wilt. Mer, ich sagen eme, sal ich in die helle, hey mois ouch dar in.« Der grosse lesemeyster ginck heym ind was underwijset der neister wairheyt myt der grosser gelaissenheyt, so man in der zijt haven mach.

---

**13** arme] ricke *Ha10;* gesund (!) *G11* rich] arme *Ha10* ever *fehlt M12* in gotz[3]] in gads in gads (!) *Ha10* **13–14** Sterven ... namen[1] *fehlt M12* (*Hom.*) mir *fehlt G11* **14** mir *fehlt Ha10, M14* leven] levendich *Ha10, M14; fehlt M12* ever *fehlt G11, M12* weder] weder ever *Ha10; fehlt M14, G11, M12* Is it ... gotz namen *fehlt Ha10* (*Hom.*) **14–15** Is it ungeneytlich weder] reghenet *Nu, M14, G11, M12* ungeneytlich] ungemechlich *Mz5* **15** ever *fehlt M12* **16** Doe sprach der meyster] der lesmaister sprach *M12; fehlt M14* lieve mensche] guͤter mensch *M12; fehlt Mz5* **17** dann *fehlt G11, M12* dem] daer mede *Nu;* daer *Ha10; fehlt Mz5, M14, G11, M12* Do sprach der arme mensche] do sprach er *M14;* der arm mensch sprach *G11* mere] lief *Ha10;* mer waͤr ich *M14* **18** hemel] hiemelrich *Mz5, M14, G11* got] er *Ka9* hey machde ... helle] er ist mechtich myn also wol in der hellen als in dem hiemelrich *Mz5* wail] als wol *M12* helle] helle als im himel *M12* **19** myme] synem *Mz5* hain] so habe *Ka9* ich[1] *fehlt Ha10* mynnicliche *fehlt Ha10* **19–20** also gar ... nyet enmach *fehlt Nu* umbvangen also gar] also gar umbfangen *Ka9* also gar] also vast *Ha10;* also *M12; fehlt M14* **20** enmach] mag geschaiden werden *M12* ind] und haun *M12; fehlt Ka9* arme] arme hab ich *M14* gotheyt] gothait umbfangen *M14;* hailige mynikliche gothait umbfangen *M12* Ind ich bin] und bin *Mz5, Nu, Ha10, G11;* ich bin *M14;* und *M12* also] also gar *Ka9* **21** enmach willen anders] enmach noch enwil anders *Ha10, G11;* mag woͤllen *M14;* anderst will *M12* dat[2] *fehlt Mz5, Nu, Ha10, G11* got] hi *Ha10* Mer *fehlt M14, G11, M12, Ka9* ich sagen eme *fehlt G11, M12* eme] im ains *M14, Ka9* sal] und sol *G11, M12* **22** helle] hell kommen *M12* ouch] mede *Ha10;* ouch mit mir *Ka9* dar in] daer in die *Ha10* grosse lesemeyster] meyster *Ha10* ginck] sprack gynck (!) *Ha10* heym] hynnen toe huus *Ha10* underwijset] bescheiden *Mz5* **23** wairheyt myt der grosser *fehlt M14* der grosser] der (*fehlt M12*) groͤsten *G11, M12* so] die *Nu, Ha10*

## Übersetzung: ›Der arme Mensch II‹

Ein großer Lesemeister begehrte von Gott zu wissen, was die höchste Wahrheit sei, zu der der Mensch in seinem Leben kommen könne. Danach sehnte er sich acht Jahre lang mit großer Inbrunst und großem Ernst. Im achten Jahr antwortete ihm Gott: »Geh vor die Kirche, da triffst du auf einen armen Menschen, der dir die Wahrheit sagen soll. Dieser trägt Kleider am Leib, die kaum drei Pfennig wert sind.«

Der Meister ging dort hin und fand den armen Menschen. Dessen Füße waren voller offener Wunden, in die man Gerstenkörner hätte stecken können. Der Meister sagte: »Gott möge dir einen guten Morgen geben.« Der arme Mensch sagte: »Ich hatte nie einen schlechten Morgen.« Der Meister sagte: »Gott möge dich selig machen! Wie kannst du mir so antworten?« Der arme Mensch sagte: »Ich war nie unselig.« Der Meister sagte: »Gott möge dir Glück schenken! Wie kannst du mir so antworten? Antworte mir wahrheitsgemäß!«

Der arme Mensch sagte: »Mir ist nie Unglück widerfahren. Im Gegenteil, ich habe mich Gott in einer solchen Weise überlassen, dass ich alles für gut erachte, was er tut: Bin ich krank, in Gottes Namen. Bin ich gesund, auch das in Gottes Namen. Bin ich arm, in Gottes Namen. Bin ich reich, auch das in Gottes Namen. Sterben meine Freunde, in Gottes Namen. Leben sie, auch das in Gottes Namen. Ist das Wetter schön, in Gottes Namen. Regnet es, auch das in Gottes Namen.«

Daraufhin sagte der Meister: »Sag mir, lieber Mensch, wenn Gott dich in die Hölle werfen wollte, wie würdest du dann reagieren?« Da antwortete der arme Mensch: »Ich bin genauso gerne in der Hölle wie im Himmel. Würde Gott es wollen, dann könnte er mir genauso gut in der Hölle ein Himmelreich bereiten. Ich habe zwei Arme: Meinen linken Arm habe ich so eng um seine liebenswerte menschliche Seite gelegt, dass ich von ihm nicht wegkomme. Meinen rechten Arm habe ich um seine göttliche Seite gelegt. Dadurch bin ich mit ihm so vereint, dass ich nichts anderes wollen kann, als was Gott will. Mehr noch: Ich sage ihm, wenn ich in die Hölle soll, dann muss er auch dahin.«

Der große Lesemeister ging heim und hatte nun die höchste Wahrheit über die größte Gelassenheit erfahren, die man in diesem Leben erlangen kann.

## *5.3.2 Untersuchungen zum Text*

Der Kurzdialog ›Der arme Mensch II‹ entstand im Gegensatz zu den später zu behandelnden Dialogfassungen nicht durch Kompilation mit anderen Texten, sondern durch einen Akt des Um- oder Neuschreibens. Im Rahmen dessen, was ›Der arme Mensch I‹ als Prätext vorgibt (zur Textgeschichte vgl. S. 172 f.), setzt ›Der arme Mensch II‹ sowohl strukturell als auch inhaltlich neue Akzente und beweist darin in der Terminologie Bumkes einen eigenen »Formulierungs- und Gestaltungswillen«[129]. Die nachfolgende Untersuchung wird sich gezielt auf diese neuen Aspekte konzentrieren und sie, wo es sich anbietet, einer doppelten Betrachtung unterziehen: Zum einen können sie vom Standpunkt eines zeitgenössischen Rezipienten aus synchron als Elemente eines in sich sinnvollen und aus sich heraus verständlichen Textes gelesen werden, zum anderen aber auch vom Standpunkt eines Redaktors aus diachron als kreative Auseinandersetzung mit einem vorgegebenen Text.

### Textanalyse

Struktur: In seiner Makrostruktur folgt ›Der arme Mensch II‹ demselben gedanklichen Aufbau wie sein Prätext ›Der arme Mensch I‹: Nach der Einführung der Dialogpartner kommt es zu einem ersten Redegang, in dem ein Wahrheitssuchender, jetzt näher bestimmt als *lesemeyster*, verschiedene Segenswünsche an einen armen Menschen richtet und dieser sie aus zunächst noch unerfindlichen Gründen zurückweist. Der arme Mensch aber erklärt sich und bezieht dann zu einer wohl wieder als Nagelprobe gemeinten ›Höllenfrage‹ Stellung. Der Dialog schließt mit der auktorialen Bemerkung, dass die gesuchte Wahrheit nun gefunden sei.

An Unterschieden fällt zunächst auf, dass der ›Arme Mensch II‹ den ursprünglich vorhandenen Erzählrahmen auslässt – wahrscheinlich wurde er schlicht für entbehrlich gehalten, wie ja bereits entsprechende Kürzungen in ›Der arme Mensch I‹ zeigen (vgl. etwa die Edition auf S. 215). Die Tatsache, dass der *lesemeyster* nicht mehr in der Rolle des extradiegetischen Erzählers, sondern von dieser Fassung an in der des Wahrheitssuchenden begegnet, ließe sich textgeschichtlich als ein Relikt dieses Rahmens deuten und damit gleichzeitig als Hinweis, dass Fassung II von Fassung I abhängig ist.

Eine bedeutende Umgestaltung erfährt der Dialogteil, in dem nicht einfach nur die Reihenfolge der Wünsche geändert ist, sondern die Selbsterklärung des armen Menschen insgesamt auf den Kopf gestellt scheint: War sie in Fassung I induktiv als Aufstieg von konkreten Einzelbeispielen hin zu einer generali-

129 Vgl. S. 168.

sierten und abstrahierten existentiellen Aussage konzipiert, so leitet der arme Mensch jetzt aus einer vorangestellten These – *ich hain mich gode also gelaissen, allit, dat hey deit, dat donckt mich goit* (Z. 11 f.) – deduktiv diese konkreten Einzelbeispiele ab. Dabei ist auch das für den ›Armen Menschen I‹ und ›Meister Eckharts Tochter‹ charakteristische Strukturprinzip aufgegeben, ›verrätselte‹ Elemente eines ersten Redegangs in einem zweiten erneut aufzugreifen und auszudeuten (vgl. S. 222). Es ergibt sich damit für den Kurzdialog ›Der arme Mensch II‹ folgendes Aufbauschema:

1–7 Einführung der Dialogpartner
7–22 Dialogteil, bestehend aus:
  7–11 Drei Wünsche und ihre Zurückweisung
  11–15 Erklärung des armen Menschen
  16–22 ›Höllenfrage‹
22–23 Auktoriale Schlussbemerkung

Einführung der Dialogpartner (Z. 1–7): Ein *grois lesemeyster* (Z. 1) wird nach acht Jahren inständigen Suchens nach der *alre neiste*[n] *wairheyt* (Z. 1 f.), also dem höchsten Wissen oder der höchsten Weisheit, die es in diesem Leben zu erringen gibt, von Gott endlich zum Ziel gewiesen: Ein Mensch, der in einer göttlichen Audition explizit als arm und heruntergekommen beschrieben wird, soll ihm Antwort auf seine brennenden Fragen geben. Aus diachroner Perspektive ist zu bemerken, dass im Vergleich zur ersten Fassung die Beschreibung des armen Menschen hier in die Gottesrede vorgezogen ist – möglicherweise, um der Irritation vorzubeugen, dass sich ausgerechnet eine ganz und gar erbarmungswürdige Gestalt im Besitz der gesuchten Wahrheit befinden soll. Dass in der neuen Personenkonstellation von suchendem *lesemeyster* und wissendem Laien auch eine Spitze gegen eine hilflose wissenschaftliche Theologie liegt, kann so gesehen werden, wenngleich der Text diesem Moment keine große Beachtung schenkt.

Drei Wünsche und ihre Zurückweisung (Z. 7–11): Die überraschende Zurückweisung der Segenswünsche durch den armen Menschen dürfte wie schon in Fassung I dem Zweck dienen, die Erwartungshaltungen der Rezipienten zu durchbrechen und damit ihr Interesse und ihre Neugier zu wecken (vgl. S. 227 f.). Dabei ist auch der literarisch interessante Zug beibehalten, dass sich das Gespräch nicht aus einer expliziten Fragestellung, einer *quaestio*, heraus entwickelt, sondern sich an einer gewöhnlichen Höflichkeitsfloskel und dem Spiel mit verschiedenen Verständnisebenen entzündet (vgl. S. 228 zu diesem Phänomen im ›Armen Menschen I‹ und S. 98 zu diesem Phänomen in ›Meister Eckharts Tochter‹).

Erklärung des armen Menschen (Z. 11–15): Die Darlegung seines Standpunkts lässt der arme Mensch ohne die im ›Armen Menschen I‹ und ›Meister Eckharts Tochter‹ zwischengeschobene Bitte um Deutung direkt auf die Zurückweisung des letzten Wunsches folgen. Sie kann als eine Explikation des Konzepts der Gelassenheit oder besser – da das mittelhochdeutsche *gelaissen* (Z. 11) entgegen dem modernen Sprachgebrauch ein Objekt, Gott, bei sich hat – als Überlassenheit an Gott verstanden werden. Plakativ vorangestellt ist die Behauptung, jedwedes schicksalshafte Ereignis als Werk Gottes gutzuheißen, was durch die nachfolgende Reihe von vier antithetisch konstruierten Beispielen exemplifiziert wird. Das stereotyp wiederholte *in gotz namen* (Z. 12–15) ist dabei zugleich Bekräftigung wie Begründung dieser Haltung der absoluten Affirmation, die von jeglicher Wertung am Maß des eigenen Wohlergehens absieht. Die antithetische Gegenüberstellung von guten und schlechten Widerfahrnissen dient allein dem Zweck, ihre Überwindung im Habitus einer nicht mehr wertenden Gelassenheit vorzuführen.

Aus diachroner Perspektive verdient zunächst die strukturelle Umbildung dieser Erklärungsrede gegenüber derjenigen aus Fassung I Beachtung: Sie könnte in der Absicht vorgenommen worden sein, das zentrale Konzept des Textes nicht erst umständlich entwickeln zu müssen, sondern es in didaktischer Intention gleich zu Beginn exponieren und anschließend entfalten zu wollen. Im Begriff der Gelassenheit ist dann der zweite textgeschichtlich bedeutsame Eingriff in diesem Abschnitt zu sehen: Der verantwortliche Redaktor interpretierte damit seinen Prätext und führte den Begriff als neues Schlagwort in seinen Text ein. Der ›Arme Mensch II‹ ist in dieser Hinsicht ein rezeptionsgeschichtlich wichtiger Hinweis zu einem historischen Verständnis des ›Armen Menschen I‹.

›Höllenfrage‹ (Z. 16–22): In der Beantwortung der ›Höllenfrage‹ legt der arme Mensch die theologische Tiefenschicht seiner Gelassenheit bzw. Überlassenheit in Gott offen. Zunächst bekräftigt er, dass seine bedingungslose Affirmation des göttlichen Handelns auch im Falle des größt denkbaren Gegensatzes, dem zwischen Erlösung im Himmel und Verdammnis in der Hölle, Geltung habe: *Als mere in der helle as in dem hemel* (Z. 17 f.). Seine Antwort setzt konsequent den Tenor der vorausgegangenen vier Beispielpaare fort und beseitigt – diachron gesehen – den Bruch in Fassung I, in der der arme Mensch an dieser Stelle in einer Art Trotzreaktion gegen Gott zu opponieren scheint (vgl. S. 229–231). Der nächste Satz – *Wulde got, hey machde mir wail eyn hemelrich in der helle* (Z. 18) – hebt die uneingeschränkte Macht Gottes heraus, aus der nicht einmal der heilsferne Raum der Hölle ausgenommen ist. Das Bild des Umschlingens Gottes mit den Armen ist hier in Anlehnung an die Zwei-Naturen-Lehre umgestaltet: Der arme Mensch sieht sich in solcher Weise mit der menschlichen und der göttlichen Natur Gottes vereint, dass er durch nichts mehr von ihr zu trennen ist. Theologisch korrekt dürfte man so nur von Christus als *vere deus vere homo* sprechen, doch möglicherweise stand für den Redaktor schlicht die Absicht im Vordergrund, aus dem vorhandenen Material ein möglichst eindringliches Bild für die Verbundenheit mit Gott zu schaffen. Diese Verbundenheit, der Text gebraucht dafür das Wort *vereyniget* (Z. 21), gipfelt in einer Form der Unio, die sich durch völlige Übereinstimmung des menschlichen mit dem göttlichen Willen auszeichnet. Der Text macht deutlich, dass damit nicht nur ein bloß zufälliger Konsens, sondern eine naturhafte Disposition gemeint ist: Der arme Mensch *enmach willen anders, dan dat got wilt* (Z. 21), er kann nicht anders.

An dieser Stelle lohnt ein Blick auf die Varianz in der Textüberlieferung, die aus theologischer Perspektive von großer Bedeutung sein könnte: Anstelle von »kann nichts anderes wollen, als was Gott will«, der Lesart der Leithandschrift und der übrigen Textzeugen, lesen die Handschriften Mz5, Nu, Ha10 und G11 »kann nicht anders wollen, als Gott will«. Der Unterschied besteht im Mittelhochdeutschen nur in dem Wort *daz* bzw. *dat* in der Schreibsprache der Leithandschrift (Z. 21), das sich genauso leicht übersehen wie ergänzen lässt und für dessen Bedeutung an dieser Stelle manch ein Schreiber vielleicht kein Verständnis besessen haben mag.[130] Faktisch besteht aber ein beachtlicher Unterschied darin, ob ›nur‹ das Objekt des Wollens dasselbe ist – die erstgenannte Option – oder ob noch radikaler gedacht der Akt des Wollens derselbe ist – die letztgenannte Option. Die Thematik der Willensunio ist bereits in Fassung I grundgelegt und hier in Fassung II zwar an anderer, aber durchaus auch prominenter Stelle wieder aufgegriffen.

Am Ende seiner Rede kehrt der arme Mensch schließlich zum Motiv der Hölle zurück und behauptet, dass Gott ihn nicht in den Abgrund stürzen könne, ohne ihm dorthin folgen zu müssen. Ähnliches war schon in Fassung I zu lesen gewesen: Gott kann sich dem demütigen Menschen, so die Interpretation der entsprechenden Stelle dort, nicht entziehen, weil er mit metaphysischer Notwendigkeit dort eingehen muss, wo das Geschöpf aus sich herausgeht. Diese Überlegung dürfte grundsätzlich auch für die zweite Dialogfassung zutreffen, da die Gelassenheit des armen Menschen vor dem Hintergrund eckhartischen Denkens ganz ähnlich zu bestimmen ist wie die Demut in der Vorgängerfassung.[131]

---

130 Die Überlieferung dieses Wortes ist in so hohem Maße Zufälligkeiten ausgesetzt, dass es nicht ratsam scheint, sein Vorhandensein oder auch Nichtvorhandensein als Bindevariante zu behandeln – und in der Tat gibt es auch keinen Zusammenhang zwischen seiner Überlieferung und der in der textgeschichtlichen Untersuchung vorgenommenen Filiation der Handschriften.

131 Zum eckhartischen Konzept der Gelassenheit vgl. das anschließende Kapitel und die dort zitierte Literatur.

Auktoriale Schlussbemerkung (Z. 22–23): Wie in Fassung I so ist auch in Fassung II mit der Beantwortung der ›Höllenfrage‹ alles gesagt, was zu sagen ist, und der Dialog kann unvermittelt enden. Es schließt sich noch ein auktorialer Schlusssatz an, der das spezifische Interpretament des ›Armen Menschen II‹ noch einmal herausstellt: Die *alre neiste wairheyt* (Z. 1 f.), die der Lesemeister so inständig von Gott erfleht hatte, ist nichts anderes als die bedingungslose Ergebenheit des armen Menschen in das gottgegebene Schicksal, seine *gelaissenheyt* (Z. 23) also.

Ubbink schlägt vor, den Schlusssatz als Spitze gegen einen Gelehrten zu lesen, der nach achtjähriger vergeblicher Suche nach der höchsten Wahrheit von einem armen Menschen geradezu beiläufig belehrt wurde und jetzt beschämt nach Hause gehen muss.[132] Der Satz lässt diese ›antihierarchische‹ Lesart zwar prinzipiell zu (vgl. dazu auch die Analyse der Einleitung auf S. 256), doch da es an expliziten Signalen fehlt, könnte er auch schlicht dazu dienen, die zentrale Lehre des Stücks in einer Conclusio nochmals auf den Punkt zu bringen.

## Frömmigkeitsgeschichtliche Einordnung

Es fällt nicht schwer, den ›Armen Mensch II‹ wie schon seinen textgeschichtlichen Vorgänger auf dem Boden eckhartischer Theologie zu lesen: Die Gelassenheit als zentrales Konzept dieser Dialogfassung ist ein bedeutender und häufig wiederkehrender Topos in den deutschen Predigten des Dominikaners.[133] Die einzige Gelassenheit, die nach Eckhart diesen Namen auch wirklich verdient, ist das Lassen seiner selbst, wie er in Predigt 28 unmissverständlich deutlich macht:

> *dû muost dich selben lâzen und gar lâzen, sô hâst du rehte gelâzen. Ez kam einest ein mensche ze mir – des enist niht lanc – und sprach, er haete grôziu dinc gelâzen von ertrîche, von guote, durch des willen, daz er sîne sêle behielte. Dô gedâhte ich: eyâ, wie wênic und kleine hâst dû gelâzen* [...] *Hâst dû dich selben gelâzen, sô hâst dû gelâzen.*[134]

---

132 Ubbink, Receptie van Meister Eckhart, S. 208.

133 Dem Sprachgebrauch des Dominikaners entspricht dabei viel eher das Adjektiv als das Substantiv, das er nur an einer einzigen Stelle, in der ›Rede der underscheidunge‹, gebraucht (Enders, Gelassenheit und Abgeschiedenheit, S. 356).

134 Pr. 28, DW II, S. 61,5–8; Übersetzung S. 650: »du musst dich selbst lassen, und zwar völlig lassen, dann hast du recht gelassen. Es kam einmal ein Mensch zu mir – es ist noch nicht lange her – und sagte, er habe große Dinge hinweggegeben an Grundbesitz, an Habe, um dessentwillen, dass er seine Seele rettete. Da dachte ich: Ach, wie wenig und Unbedeutendes hast du ‹doch› gelassen! [...] Hast du ‹aber› dich selbst gelassen, so hast du ‹wirklich› gelassen.« Zu Eckharts Verständnis von Gelassenheit vgl. auch Pr. 12, DW I, S. 203,2–5: *Der mensche, der gelâzen hât und gelâzen ist und der niemermê gesihet einen ougenblick ûf daz, daz er gelâzen hât, und blîbet stæte, unbeweget in im selber und unwandellîche, der mensche ist aleine gelâzen*; Übersetzung S. 479: »Der Mensch, der gelassen hat und gelassen ist und der niemals mehr nur einen Augenblick auf das sieht,

Wer von allem absieht, was ihm dienlich, angenehm und hilfreich zur Gewinnung seines Heils sein könnte – und das schließt in äußerster Konsequenz auch Gott selbst ein[135] –, der sieht von sich selbst ab und überlässt sich Gott und der Welt, anstatt sie für sich zu instrumentalisieren. ADELTRUD BUNDSCHUH hat in diesem Sinne zwei Aspekte der Bedeutung von ›gelassen‹ und ›Gelassenheit‹ bei Meister Eckhart unterschieden, die sie aber zu Recht als »zwei Seiten der einen Bewegung«[136] verstanden wissen will: Eckharts *gelâzen* kann dem lateinischen *relinquere* entsprechend das Verlassen seiner selbst und das Verlassen der Welt meinen und dem lateinischen *committere* entsprechend das Sich-Überlassen in die Macht Gottes und zwar – so wäre zu ergänzen – was immer sie bringen mag.[137] Der Dialog spricht seinerseits zwar nicht wörtlich von der Selbst-Gelassenheit oder der Überlassenheit, doch in den vier Beispielpaaren des armen Menschen (vgl. Z. 12–15) ist genau der dafür charakteristische Habitus des Nichts-für-sich-Wollens und der uneingeschränkten Ergebenheit in das gottgegebene Schicksal in aller Anschaulichkeit beschrieben. Schließlich findet sich im Predigtouevre Eckharts auch eine Stelle, die man fast als Präfiguration des Dialogs ›Der arme Mensch II‹ begreifen könnte – und das nicht nur ihrem Inhalt nach, sondern mit Blick auf die Beispielpaare auch hinsichtlich ihrer Formulierweise:

> *Aber sô gotes wille dîn wille wirt, bist dû siech – in gotes namen! Stirbet dîn vriunt – in gotes namen! Ez ist ein sicher wârheit und ein nôtwârheit: und wære, daz alliu pîne der helle und alliu pîne des vegeviures und alliu pîne der werlt hienge dar ane, daz wölte er êwiclîche lîden iemer in der pîne der helle mit gotes willen und wölte daz iemer haben vür sîne êwige saelicheit* [...].[138]

---

was er gelassen hat, und beständig bleibt, unbewegt in sich selbst und unwandelbar, – der Mensch allein ist gelassen.«

135 Vgl. etwa Pr. 12, DW I, S. 196,6 f.: *Daz hœhste und daz næhste, daz der mensche gelâzen mac, daz ist, daz er got durch got lâze*; Übersetzung S. 477: »Das Höchste und das Äußerste, was der Mensch lassen kann, das ist, dass er Gott um Gottes willen lasse.«

136 BUNDSCHUH, Gelassenheit, S. 102.

137 Ebd., S. 102, und unter Berufung auf BUNDSCHUH ebenso ENDERS (DERS., Gelassenheit und Abgeschiedenheit, S. 356–362). Zu den im Kontext des ›Armen Menschen II‹ dominant behandelten ethischen Aspekten des Gelassenheitsbegriffs kommen wichtige ontologische Implikationen, die hier über den Untersuchungsgegenstand hinausführen würden. Vgl. dazu etwa die Studie von PANZIG, Gelâzenheit, S. 53–100, und noch immer grundlegend VÖLKER, Gelassenheit, S. 281–285.

138 Pr. 25, DW II, S. 10,3–7; Übersetzung S. 640: »Wird hingegen Gottes Wille dein Wille und bist du dann krank – in Gottes Namen! Stirbt dein Freund – in Gottes Namen! Es ist eine sichere und eine notwendige Wahrheit: Wäre es so, dass alle Pein der Hölle und alle Pein des Fegefeuers und alle Pein der ‹ganzen› Welt daran hinge, – das würde er mit Gottes Willen ewig erleiden wollen immerfort in der Pein der Hölle und würde dies für immer als seine ewige Seligkeit ansehen [...].« Vergleiche dazu auch Pr. 25, DW II, S. 7,10–12: *Minnest dû got, bist dû danne siech – in gotes namen! Stirbet dir dîn vriunt – in gotes namen! Vert dir ein ouge ûz – in gotes namen!*; Übersetzung S. 639: »Liebst du ‹aber› Gott und bist dann krank – in Gottes Namen! Stirbt dir dein Freund – in Gottes Namen! Geht dir dein Auge verloren – in Gottes Namen!« und Pr. 26, DW II,

Diese Vergleichspunkte mögen genügen, um zu zeigen, dass auch der ›Arme Mensch II‹ aus einem von Eckhart grundgelegten Denken schöpft und dass man sich seine Entstehung ohne weiteres in Kreisen vorstellen könnte, die mit der Lehre des Dominikaners vertraut waren. Aber auch hier weisen die literarischen Spuren nicht nur in eine Richtung: Einige Dokumente von mutmaßlich freigeistiger Herkunft[139] zeugen ebenfalls von einer dem ›Armen Menschen II‹ durchaus verwandten Geisteshaltung und gehören damit wie die Eckharttexte zur unmittelbaren gedanklichen Umwelt des Dialogs. Als erstes Beispiel sei hier ein von Ruh abgedrucktes Reimpaargedicht zitiert, das die Haltung der Gleichgültigkeit gegenüber Himmel und Hölle in Verbindung mit der Gelassenheit in Gott explizit den *vrien geisthe*[n, Anm.] zuordnet:

> *Nv vrowent uch vil edeln kint / wo nů dye vryen geysthe sint / Al uf den vlugen von seraphin / Da wonent die vrien geisthe in / Sye sprichen sie sin gewilliclichen arm / Si nement helle vnd hymmelriches war / In got sint si gelasin gar / war er si tuod da wollent sye sin / Dar vmme hant sie kleine pin / Der wek ist en nyt entgangen / Sie stent aller bilde bloz / In gote sint sye fruntlichen erhangen.*[140]

---

S. 33,8–S. 34,1: *Ist er siech, daz er als gerne siech sî als gesunt, gesunt als siech. Stirbet im sîn vriunt – in gotes namen! Wirt im ein ouge ûzgeslagen – in gotes namen!*; Übersetzung S. 644: »Ist er krank, dass er ebenso gern krank wie gesund, gesund wie krank sei. Stirbt ihm sein Freund – in Gottes Namen! Wird ihm ein Auge ausgeschlagen – Gottes Namen!« Zum Gedanken des Höllensturzes sei noch auf Pr. 49, DW II, S. 446,3–6 verwiesen: *Und wölte in got ze nihte lâzen werden oder werfen in die helle, sô ensol er wellen noch begern, daz in got enthalte in sînem ihte oder daz er in behüete vor der helle, sunder er sol got lâzen mit im würken allez, daz er wil, oder als dû niht ensîst* […]; Übersetzung S. 719: »Und wollte ihn Gott zunichte werden lassen oder in die Hölle werfen, so soll er weder wollen noch begehren, dass Gott ihn in seinem Sein erhalte oder dass er ihn vor der Hölle behüte, sondern er soll Gott mit sich machen lassen, was er will oder als ob du gar nicht existiertest.« Dass sich in dieser Art zu nahezu jedem Element des ›Armen Menschen II‹ mehrere Bezugspunkte im Werk Eckharts finden lassen, zeigt deutlich, wie eng der Dialog den Schriften des Dominikaners sprachlich und inhaltlich verwandt ist.

139 Zum Problem, bestimmte Schriften dem Freien Geist zuordnen zu wollen, vgl. S. 127 f. sowie dort Anm. 116.

140 Ruh, Mystische Spekulation, S. 218; eigene Übersetzung: »Nun freut euch, ihr edlen Menschen, darüber, wo die freien Geister leben: Mitten auf den Flügeln der Seraphim, dort wohnen die freien Geister. Sie sagen, sie sind aus eigenem Willen arm. Sie wissen um Hölle und Himmelreich. Sie haben sich ganz Gott überlassen und wollen dort sein, wo er sie hinsetzt. Darum sorgen sie sich nicht. Sie sind nicht vom Weg abgekommen, sie stehen frei von allen (Vorstellungs-)Bildern da. In Gott sind sie als Freunde gekreuzigt.« Ruh entnahm diesen Text der Handschrift Mainz, Stadtbibliothek, Cod. I 221 (Eckhartsigle Mz1) aus dem 3. Viertel des 14. Jahrhunderts mit Provenienz aus der Kartause Mainz (ebd., S. 210). Weitere Textzeugen sind bislang nicht bekannt. Ruh verweist auf eine Parallele der Verse 3–4 zum ›Miroir des simples âmes‹ der Marguerite Porète (ebd. S. 218, Anm. 19); sonst liegen keine Untersuchungen zu diesem Text vor.

Dass der ›Arme Mensch II‹ wie auch schon der ihm textgeschichtlich vorausgehende und ihn inhaltlich vorformende ›Arme Mensch I‹ gewissen häresieverdächtigen Lehren nahestand, kann auch aus dem nachfolgendem Passus der angeblich älteren Fassung des ›Neunfelsenbuchs‹[141] geschlossen werden. Er hat, wie das Werk als Ganzes, die literarische Gestalt eines Dialogs zwischen einem Menschen und der personifizierten Antwort:

> *Der mensch sprach: Liep meins, hănt dis menschen enkain begern ichtes? Die antwurt sprach: Sy enhănt kain begerung, denn das die ere gottes volpracht wird, und nit anders. Sy hant sich got als gar gelaussen, was er mit in und mit allen dingen tůt, das gewelt in ze grund wol; gitt er in, sy laussent es gůt sein; nympt er in, sy laussent es gůt sein; und stănd also in allen dingen unangenomen. Sy schinent mer sůss denn saur, wann sy mynnent das crůcz. Der mensch sprach: Hănt sy noch kain vorcht? Die antwurt sprach: Sy enfůrchtent noch hell, noch fegfiůr, noch vinde, noch tod, noch leben* [...].[142]

Wieder begegnen hier die Motive von der Gelassenheit in Gott, von der Aufgabe des Eigenwillens, von der Gleichgültigkeit gegenüber gutem und schlechtem Geschick und von der Hölle, die ihren Schrecken verloren zu haben scheint. Ob das ›Neunfelsenbuch‹ nun tatsächlich freigeistigen Urpsrungs war oder in anderer Weise die Grenzen der Rechtgläubigkeit überschritt, ist in diesem Zusammenhang nicht zentral – entscheidend ist, dass es als Gesamtwerk und wohl auch im zitierten Passus als häretisch angesehen werden konnte und angesehen wurde. So verlangt beispielsweise ein Interrogatorium für Straßburger Beginen aus dem Jahr 1374 von den Befragten explizite Auskunft über das Buch:

---

141 Vom ›Neunfelsenbuch‹ hat neben der seit STRAUCH als älter angesehenen Kurzfassung auch eine Langfassung aus dem Kreis der Straßburger Gottesfreunde existiert (vgl. DERS., Neunfelsenbuch), die aber erst nach Rulman Merswins Tod 1382 bekannt oder gar geschrieben wurde. Zum ›Neunfelsenbuch‹ vgl. STEER, Merswin, Sp. 427–429, sowie RINGS, Neunfelsenbuch (in erster Linie eine stilistische Untersuchung von Merswins Bearbeitung), und zusammenfassend zur Datierung der beiden Fassungen PATSCHOVSKY, Straßburger Beginenverfolgungen, S. 123. Grundsätzlich gegen die Möglichkeit, der einen oder der anderen Fassung eine zeitliche Priorität einzuräumen, spricht sich KRUSENBAUM-VERHEUGEN mit dem Verweis auf unterschiedliche Kompositionsverfahren aus (vgl. DIES., Figuren der Referenz, S. 421–463, insbesondere die Zusammenfassung auf S. 462 f.).

142 PATSCHOVSKY, Straßburger Beginenverfolgungen, S. 124; eigene Übersetzung: »Der Mensch sagte: ›Meine Liebe, haben diese Menschen kein Begehren nach irgendetwas?‹ Die Antwort sagte: ›Sie haben kein anderes Begehren, als dass Gott Ehre erwiesen wird. Sie haben sich Gott so vollkommen überlassen, dass es ihnen von ganzem Herzen gefällt, egal was er mit ihnen und mit allen Dingen tut. Gibt er ihnen, so halten sie es für gut; nimmt er ihnen, so halten sie es auch für gut; und so bleiben sie von allen Ereignissen unberührt. Sie scheinen eher frohgestimmt als verbittert, denn sie lieben das Kreuz.‹ Der Mensch sagte: ›Kennen sie auch keine Furcht?‹ Die Antwort sagte: ›Sie fürchten weder die Hölle noch das Fegfeuer noch die Feinde noch den Tod noch das Leben‹.«

*Item expedire videtur, ut queratur a qualibet, an habeat vel habuerit vel sciat habentem quendam librum theotunicum, qui intitulatur ›De novem rupibus‹ – vulgariter dicendo; dz bůch von den nún feilsen –, in quo dicuntur multa fidei katholice dissona contineri.*[143]

In der Handschrift Wolfenbüttel, Herzog-August-Bibliothek, Cod. 311 Helmst., die unter anderem eine Reihe von Dokumenten über das Vorgehen der Amtskirche gegen Beginen und Begarden im Straßburg des 14. Jahrhunderts überliefert,[144] hat der mutmaßliche Auftraggeber und Erstbesitzer des Codex, der Basler Domkanoniker Heinrich von Sachsen,[145] in einer Marginalglosse *in nona rupe* (fol. $170^{rb}$) hingewiesen. Diese Glosse gilt einem Artikel aus dem Schreiben des Straßburger Bischofs Johann aus dem Jahr 1317, in dem er in sieben Rubriken die Irrtümer von Frauen und Männern zusammenfasst, *quos vulgus Bêgehardos et swestriones Brot durch got nominat, ipsi vero et ipse se de secta liberi spiritus et voluntarie paupertatis pueros sive fratres vel sorores vocant* [...].[146] Der fragliche Artikel lautet: *Item quod sunt eciam immutabiles quod de nullo gaudent et de nullo turbantur; unde se ipsos nollent a quacumque morte solo verbo – si possent – liberare.*[147] Den hier beschriebenen Zustand unerschütterlichen Gleichmuts

---

143 Ebd., S. 184; eigene Übersetzung: »Ebenso soll von jeder in Erfahrung gebracht werden, ob sie ein deutschsprachiges Buch mit dem Titel ›De novem rupibus‹ – in der Volkssprache: ›Das Buch von den neun Felsen‹ – besitzt oder besessen hat oder jemanden kennt, der es hat. Darin soll viel stehen, was dem katholischen Glauben widerspricht.« Zur Frage, ob es ein freigeistiges ›Neunfelsenbuch‹ gegeben hat und mit welcher der bekannten Fassungen es gegebenenfalls zu identifizieren wäre, vgl. SCHWEITZER, Freiheitsbegriff der deutschen Mystik, S. 182 f., und die Zusammenfassung der Diskussion bei KRUSENBAUM-VERHEUGEN, Figuren der Referenz, S. 433, Anm. 117.

144 Für eine ausführliche Beschreibung der zwischen 1366 und 1374 entstandenen Handschrift mit Hinweisen auf weitere Literatur vgl. PATSCHOVSKY, Straßburger Beginenverfolgungen, S. 58–70.

145 Zu Heinrich von Sachsen als Auftraggeber und Glossator der Handschrift vgl. ebd., S. 70–77.

146 Ebd., S. 134, Z. 21–23; eigene Übersetzung: »die das Volk Begarden und Schwestern ›Brot durch Gott‹ nennt. Sie selbst aber nennen sich zudem Kinder oder Brüder oder Schwestern von der Sekte des freien Geistes und der freiwilligen Armut.« Über den Brief des Straßburger Bischofs von 1317 und seinen Quellenwert vgl. S. 127, Anm. 114. Vgl. auch den im Rahmen der Untersuchung des ›Armen Menschen I‹ zitierten auffallend ähnlichen Satz aus den ›29 articuli de heresi novi spiritu‹ auf S. 243, Anm. 121.

147 Ebd., S. 135, Z. 40–42 mit der Glosse Heinrichs von Sachsen im Variantenapparat; eigene Übersetzung: »Ferner, dass sie durch nichts berührt werden, dass sie sich über nichts freuen und dass sie durch nichts aus der Fassung gebracht werden; deshalb würden sie sich auch nicht mit einem einzigen Wort vom Tode befreien wollen, auch wenn sie es könnten.« Vgl. dazu auch nachfolgende Stelle aus der Liste begardischer Irrtümer, die im Rahmen der Straßburger Verfolgungen von 1317 erstellt wurde: *Item dicunt, quod carent omni mutabilitate, in tantum, quod de nullo, quod eis de quibuscunque aliis – propinquis vel extraneis – posset accidere, perturbantur. Si enim deberent suspendi personaliter vel qualitercunque tribulari corporaliter, nollent se – ut dicunt – per minimum verbum liberare.* (ebd., S. 146; eigene Übersetzung: »Ebenso sagen sie, dass sie frei sind von jeglicher

erkennt PATSCHOVSKY in der oben zitierten Stelle aus dem ›Neunfelsenbuch‹ wieder und vermutet sicher nicht unbegründet, dass sie Heinrich von Sachsen zu seiner Glosse *in nona rupe* bewogen haben könnte. Für die Untersuchung und frömmigkeitsgeschichtliche Einordnung des Dialogs ›Der arme Mensch II‹ wie grundsätzlich auch für seinen Vorgänger folgt daraus, dass die von beiden Texten ins Bild gesetzte Gelassenheit immer auch ein gefährliches, am Rand der Orthodoxie angesiedeltes Thema war oder zumindest als solches angesehen werden konnte. In diesem Zusammenhang sei noch auf den Gedanken der Willensunio hingewiesen, der im ›Armen Menschen II‹ gegenüber der ursprünglichen Dialogfassung deutlich zugespitzt ist: Der arme Mensch behauptet so mit Gott vereint zu sein, dass er nichts anderes bzw. nicht anders wollen kann als Gott (vgl. Z. 20 f.). Auch solche Behauptungen wurden mit der freigeistigen Häresie assoziiert und dienten angeblich dazu – ein Gedanke, der aber in keiner Fassung des ›Armen Menschen‹ ausgesprochen ist –, jedwedes Tun oder Lassen, gleich welcher Art es auch sein mochte, als Wille Gottes zu rechtfertigen. Zum Vergleich noch einmal eine Stelle aus dem Brief Bischof Johanns von Straßburg von 1317: *Item dicunt, quod homo possit sic uniri deo, quod ipsius sit idem posse et velle et operari quodcumque, quod est ipsius dei.*[148]

## Literarhistorische Einordnung

Zu den historischen Entstehungsbedingungen des Kurzdialogs ›Der arme Mensch II‹ lassen sich kaum nähere Angaben machen: Die heute erhaltenen Textzeugen stammen, nach den oft pauschalen Datierungen der Kataloge zu urteilen, fast alle aus dem 15. Jahrhundert und darin wohl eher aus der zweiten Hälfte. Geographisch verteilen sich die Handschriften auf einen weiten Raum angefangen von den Niederlanden im Norden über das ripuarische und rheinfränkische Sprachgebiet nach Süden ins Alemannische und nach Osten ins Schwäbische – ein Überlieferungsgebiet, das sich mit dem der bisher untersuchten Texte deckt. Eine zeitlich gestaffelte Abfolge dieser Räume im Prozess der Texttradierung zeichnet sich nicht ab.

Genausowenig lässt sich die Überlieferung des Dialogs mit einer bestimmten Personengruppe in Verbindung bringen: Die Klosterbibliotheken, die als Provenienzen der Handschriften ermittelt werden konnten, stellen oft nur eine

---

Gemütsregung, insofern, dass sie von nichts berührt werden, was ihnen von irgendwelchen anderen, seien es Nahestehende oder Fremde, widerfahren kann. Denn wenn sie gefoltert werden oder wie auch immer körperlich in Not geraten, würden sie sich – wie sie sagen – auch nicht durch das kleinste Wort befreien wollen.«).

148 Ebd., S. 135, Z. 32–34; eigene Übersetzung: »Ebenso sagen sie, dass der Mensch so mit Gott vereint werden kann, dass das Können und Wollen und Wirken des Menschen und Gottes identisch seien.«

letzte Heimat für die Bücher dar, nachdem sie bereits durch viele Hände gewandert sind. In den Handschriften G11 und M12 mag sich ein gewisser Anteil dominikanischer Frauenklöster an der Überlieferung zeigen – die erste stammt aus St. Katharina in St. Gallen, die zweite aus St. Ursula in Augsburg, im Stemma repräsentieren sie zusammen den y-Zweig –, aber eine besonders herausragende Rolle kommt darin wohl nicht zum Ausdruck.

Es bleibt also nur festzustellen, dass der ›Arme Mensch II‹ in der langen Zeitspanne zwischen der – ihrerseits nur erschließbaren – Entstehung des ›Armen Menschen I‹ bis spätestens zur Mitte des 14. Jahrhunderts (vgl. S. 239 und dem Einsetzen der bekannten Überlieferung in der Mitte des 15. Jahrhunderts geschrieben worden sein muss. Den Redaktor dieser Dialogfassung kann man sich als jemanden vorstellen, der im spekulativ mystischen Denken eckhartischer Prägung durchaus bewandert war – darüberhinaus ist vieles denkbar im weiten Feld von einer Eckhart-Nachfolge in monastischen Kreisen bis hin zu Anhängern freigeistig-häretischer Ansichten.

## *5.4 Der Kurzdialog ›Der arme Mensch III‹ – Mosaikfrömmigkeit*

Die Dialogfassung ›Der arme Mensch III‹ entsteht als Kompilation aus den Texten ›Der arme Mensch I‹ oder ›Der arme Mensch II‹, ›Meister Eckhart und der nackte Knabe‹ sowie verschiedenem Zusatzmaterial (vgl. den Überblick über die Textgeschichte auf S. 173 f.). Der textgeschichtliche Entstehungsprozess spiegelt sich dabei in der inhaltlichen Heterogenität des Stücks, in der Leidenstheologie, aszetische Weltabsage und kontemplatives Streben nach der Einheit mit Gott wie Mosaiksteine zusammengesetzt sind. Die 13 Handschriften, die überwiegend aus der 2. Hälfte des 15. Jahrhunderts stammen, verteilen sich über einen Überlieferungsraum, der das niederländische, alemannische und schwäbische Sprachgebiet umschließt und mit einem Ausläufer noch ins Bairische hineinreicht.

### *5.4.1 Textkonstitution*

Bislang ist der Dialog ›Der arme Mensch III‹ nur als Spruch 67 in PFEIFFERS Eckhartausgabe zugänglich.[149] Der Text dort basiert auf den Handschriften St8 und St9[150] und ist mit allen Eigenheiten behaftet, die diesen stemmatisch eng zusammengehörenden Textzeugen zukommen. Dies hat unter anderem zur Folge, dass dem Stück, wahrscheinlich in Folge eines Homoioteleutonfehlers, eine Frage-Antwort-Verbindung und damit eine wichtige Parallele zum Dialog

149 Spr. Pf. 67, S. 624,7–13.
150 Pf., S. X.

›Meister Eckhart und der nackte Knabe‹ abgeht (vgl. S. 279, Z. 4 f.). Eine Neuedition des Dialogs auf Basis der gesamten bisher bekannten Überlieferung dient also sowohl der Untersuchung des Textes an sich wie der Untersuchung seiner textgeschichtlichen Zusammenhänge.

## Handschriftenbeschreibungen

Die bisher umfangreichste Aufstellung von Textzeugen zum ›Armen Menschen III‹ hat Eckhart Triebel vorgelegt, wobei er das Stück noch als ›Spr. Pf. 67‹ bzw. als ›Meister Eckhart und der arme Mensch‹ überschreibt.[151] Seine Liste bildet den Ausgangspunkt für die nachfolgenden Arbeitsschritte, ist aber auf Basis der hier vorgenommenen textgeschichtlichen Differenzierungen und der Kollation der Textzeugen wie folgt zu modifizieren: Zum Ersten ist die Unterscheidung von zwei Untergruppen, wie sie Triebel wohl in Folge eines Missverständnisses aus Ruhs Verfasserlexikonartikel zu den ›Eckhart-Legenden‹ ableitet,[152] aufzugeben, weil sie keine Anhaltspunkte in der handschriftlichen Überlieferung hat und stemmatisch eng verwandte Textzeugen wie Tr1, St8 und St9 oder Kn2 und Mz5 trennt (vgl. die nachfolgende Untersuchung der Handschriftenrelationen). Zum Zweiten wurden fälschlich dem ›Armen Menschen III‹ zugeordnet die Textzeugen G3 und W12 – beide gehören zum Dialog ›Der arme Mensch I‹ (also Spr. Pf. 66, vgl. S. 195–197) –, Ge3, Le5 und W10 – sie bieten den bisher noch nicht als eigenen Text registrierten ›Vader-Discipel-Dialog‹ (vgl. S. 327 f.) – sowie Lö und Mai11 – sie bieten die bisher ebenfalls kaum bemerkte Textform ›Der arme Mensch IV‹ (vgl. S. 289 f.).

Nachfolgend finden sich nur die Textzeugen beschrieben und untersucht, die tatsächlich Spr. Pf. 67 bzw., in der Terminologie der vorliegenden Arbeit, den Dialog ›Der arme Mensch III‹ überliefern. Die Abfolge der Beschreibungen orientiert sich an der Zugehörigkeit der Textzeugen zu den Hauptgruppen der Überlieferung.

### Gruppe x1:

#### Kn2: Köln, Historisches Archiv der Stadt, Best. 7004 (GB 4°) 32

Vgl. die Textzeugen zu ›Der arme Mensch II‹, S. 246 f.

---

151 Vgl. die von Triebel betreute Internetseite www.eckhart.de unter den Reitern Texte / Eckhart-Legenden / Meister Eckhart und der arme Mensch (letzter Aufruf am 04.01.2019).

152 Triebel unterscheidet zwei Fassungen für Spr. Pf. 67 und beruft sich dabei auf eine Aussage Ruhs, die aber auf die Unterscheidung von Spr. Pf. 66 und 67 bezogen ist.

### Mz5: Mainz, Martinus-Bibliothek, Hs. 33

Vgl. die Textzeugen zu ›Der arme Mensch II‹, S. 247.

### Nu: Maastricht, Regionaal Historisch Centrum Limburg, Ms. 479

Vgl. die Textzeugen zu ›Der arme Mensch II‹, S. 245.

### U2: Utrecht, Universitätsbibliothek, Ms. 8 L 6

Papier · 440 Seiten · 140 × 98 mm · 15./16. Jahrhundert · mittelniederländisch · 's-Hertogenbosch, Jesuitenkloster

Inhalt: S. 1–250 ›Meisterbuch‹; S. 250–429 Lehren und Exempel, darunter: S. 293–295 ›Der arme Mensch III‹

Literatur: Hulshof, Catalogus, S. 132; Handschriftencensus: http://www.handschriftencensus.de/20600 [04.01.2019]

### G11: St. Gallen, Stiftsbibliothek, Cod. 1854

Vgl. die Textzeugen zu ›Der arme Mensch II‹, S. 247.

### M12: München, Bayerische Staatsbibliothek, Cgm 861

Vgl. die Textzeugen zu ›Der arme Mensch II‹, S. 248.

Gruppe x2:

### Tr1: Trier, Stadtbibliothek, Hs. 769/823 8°

Papier · 299 Blatt · 142 × 103 mm · 15. Jahrhundert · lateinisch / westmitteldeutsch · Trier, Kartause St. Alban

Inhalt: Lateinische Traktate, u. a.: fol. 1–24 *De triplici via ad deum*; fol. 25–40 *De regula vere vite*; fol. 41–55 Johannes von Kastl: ›De fine religiosae perfectionis et de modo fruendi deo‹; fol. 57–79 *Excerpta ex stimulo amoris*; fol. 79–137 Auszüge und Exzerpte aus lat. geistlichen Texten; fol. 138$^{r}$ ›Der arme Mensch III‹ (lat./dt.); fol. 141–154 *Excerpta ex libro de spiritualibus ascensionibus*; fol. 154 Exzerpte aus dem ›Buch der Vollkommenheit‹; fol. 163–247 Exzerpte aus Wilhelm von Auvergne: ›De rhetorica‹; Johannes Gerson: ›De monte contemplationis‹; Heinrich Seuse: ›Horologium sapientiae‹; Albertus Magnus: ›De necessaria et salutari sui ipsius cognitione‹; fol. 247–271 *Exercitium mendicandi excerptum ex dictis Johannis Gerson*; fol. 275–282 *De sobrietate contra vitium gulae*; fol. 287–298 Bonaventura: ›Occupatio devotorum sive de quatuor exercitiis spiritualibus‹

Literatur: Bushey, Stadtbibliothek Trier, S. 319 f.; Keuffer, Stadtbibliothek zu Trier, S. 94–96; Stammler, Mystik in Norddeutschland, S. 298; Handschriftencensus: http://www.handschriftencensus.de/8874 [04.01.2019]

›Der arme Mensch III‹ muss sich gut in das Gesamtkonzept des Redaktors von Tr1 gefügt haben, immerhin nimmt er ihn als einen von nur sehr wenigen volkssprachlichen Texten in eine Handschrift mit weit überwiegenden lateinischen Schriften auf. Dass im Dialog dann gelegentlich lateinische Wörter begegnen – der Titel *magister*, immer wieder das Verb *respondit*, eine lateinische Überschrift – zeugt davon, wie der Text an seine Mitüberlieferung und an die Gewohnheiten seiner intendierten Leserschaft angepasst wurde.

## St8: Stuttgart, Württembergische Landesbibliothek, Cod. theol. et phil. 4° 50

Papier · 126 Blatt · 217 / 195 × 145 mm · aus vier Teilen zusammengebunden: fol. 1–77, fol. 78–88, fol. 89–102, fol. 103–126 · fol. 1–73: 1430er Jahre (Wasserzeichen), fol. 90–125: 1460er Jahre · westschwäbisch

Inhalt: fol. 2$^{r}$–73$^{v}$ Marquard von Lindau: ›Eucharistietraktat‹; fol. 78$^{r}$–88$^{v}$ Predigt auf Sonntag Epiphaniae; fol. 90$^{r}$–102$^{r}$ ›Von der Kirche als Wöchnerin‹; fol. 103$^{r}$–103$^{v}$ ›Der arme Mensch III‹; fol. 103$^{v}$–121$^{v}$ ›Vitaspatrum‹ (dt.); fol. 121$^{v}$–125$^{r}$ Spruchsammlung

Literatur: Williams, Vitaspatrum, S. 37*; Handschriftencensus: http://www.handschriftencensus.de/18940 [04.01.2019]

## St9: Stuttgart, Württembergische Landesbibliothek, Cod. theol. et phil. 8° 18

Papier · I + 236 + I Blatt · 142 × 103 mm · 1448 (fol. 174$^{v}$) · eine Hand · südalemannisch

Inhalt: fol. 1$^{r}$–96$^{r}$ Marquard von Lindau: ›Auszug der Kinder Israel‹; fol. 96$^{v}$–99$^{r}$ Richard von St. Viktor: ›De gratia contemplationis‹ (dt.); fol. 99$^{r}$–174$^{v}$ Marquard von Lindau: ›Eucharistietraktat‹; fol. 174$^{v}$–179$^{r}$ ›Von den sechs Früchten der Eucharistie‹; fol. 179$^{r}$–180$^{v}$ Marienlob; fol. 180$^{v}$–204$^{v}$ Exempla aus den ›Vitaspatrum‹ (dt.); fol. 204$^{v}$–205$^{r}$ ›Der arme Mensch III‹; fol. 205$^{r}$–212$^{v}$ ›Von der Geburt des ewigen Wortes in der Seele‹ (entspricht Tr. Pf. 8); fol. 213$^{r}$–236$^{v}$ Predigten, Traktate und Sprüche von Meister Eckhart und seinem Umkreis, meist fragmentarisch, darunter: Pr. 23 (DW I) und Pr. 116B (DW IV,2) sowie Tr. Pf. 11, Tr. Pf. 14, Tr. Pf. 15

Literatur: Williams, Vitaspatrum, S. 38*; Palmer, Sprachproblem bei Marquard von Lindau, S. 110; Handschriftencensus: http://www.handschriftencensus.de/17530 [04.01.2019]; Predigt im Kontext: http://pik.ku-eichstaett.de/11835/ [04.01.2019]

## Gruppe y1:

### M47: München, Bayerische Staatsbibliothek, Cgm 4476

Papier · 153 Blatt · 132 × 95 mm · aus drei Teilen unterschiedlicher Provenienz zusammengebunden: Teil 1: fol. 1–80: Anfang 16. Jahrhundert; Teil 2: fol. 81–84; Teil 3: fol. 85–153: 2. Viertel 16. Jahrhundert · Teil 1: eine Hand; Teil 2: eine Hand; Teil 3: verschiedene Hände von Ingolstädter Terziarinnen des Franziskanerordens und einer Schwester des Pütrichklosters in München · bairisch · Teil 1: München, Pütrichkloster; Teil 3: im Terziarinnenkonvent Ingolstadt für Schwestern des Pütrichklosters geschrieben

Inhalt: fol. $1^r$–$80^v$ Heinrich von St. Gallen: ›Passionstraktat *Extendit manum*‹; fol. $81^r$–$83^r$ Schluss einer Anstandslehre in Dialogform; fol. $85^r$–$153^v$ geistliche Kurztexte, darunter fol. $94^r$–$96^v$ ›Der arme Mensch III‹

Literatur: Löser, Augsburg, S. 45 (Nr. 45); Schneider, Buch der Vollkommenheit, S. XLVI f.; Schneider, München 5,7, S. 134–139; Handschriftencensus: http://www.handschriftencensus.de/9584 [04.01.2019]

### St14: Stuttgart, Württembergische Landesbibliothek, Cod. Don. A III 54

Papier · 262 Blatt · 210 × 155 mm · Mitte des 16. Jh.s · eine Hand (Autograph des Freiherrn Wilhelm Werner von Zimmern) · schwäbisch · vermutlich auf Schloss Herrenzimmern entstanden

Inhalt: Die Handschrift versammelt geistliche Kurztexte zum Thema Vergänglichkeit. ›Der arme Mensch III‹ findet sich auf fol. $32^v$–$33^r$, ihm geht – wie für die ganze Handschrift typisch – eine Illustration voraus.

Literatur: Kiening, Totentanz, S. 173–190; Holznagel, Vergänglichkeitsbuch, S. 143–183; Illustrierte Handschriften 1, S. 307–324; Handschriftencensus: http://www.handschriftencensus.de/7006 [04.01.2019]

Freiherr Wilhelm Werner von Zimmern konnte für sein ›Vergänglichkeitsbuch‹ aus einem reichen Fundus älterer deutscher Literatur schöpfen, darunter viele Texte zur *ars moriendi* aus dem 13. und 14. Jahrhundert. Dass auch im Falle des ›Armen Menschen III‹ sein Interesse der Hinfälligkeit der menschlichen Existenz galt und nicht etwa dem aszetischen oder kontemplativen Gehalt, beweisen einige Unterstreichungen im ersten Teil des Dialogs, in dem vom demütigen und geduldigen Erleiden des gottgegebenen Schicksals die Rede ist.

32

nachreden, Man soll das alter eren, Kynen vnse-
ligen menschen soltu nit verspoten, Was du thun
wilt, soltu nit kund thun, dan wa du es nit volbring-
est, so wurstu verspotet. Deinem freund dem soltu
wol thun, damit er dier noch freuntlicher werde, Du
solt lernen deinen feind zu freund machen, kunst
soltu lieb haben, Du solt vnweisshait fliehen,
Man soll die zungen gezempt halten, Kygen-
schafft der tugend ist, das dem laster frembd ist
Du solt die vngerechtickait fliehen, Du solt herschen
uber den wolnust, Schadlicher und lasterlicher
wort soltu nit meldung thun, Was du versprichst
das soltu halten, Thustu das also, so wurstu allzyt fro,

Abb. 5: Stuttgart, Württembergische Landesbibliothek, Cod. Don. A III 54 (St14), fol. 32r

Das Bildprogramm der Handschrift war zum Teil von den Quellen vorgegeben, zum Teil wurde es wohl erst von Zimmern für seine Handschrift entworfen. Die Illustration zum ›Armen Menschen III‹ sei an dieser Stelle kurz vorgestellt (vgl. dazu die Abbildung von fol. 32r aus St14): Vor einer kahlen Naturlandschaft begegnen sich zwei Männer, von denen der linke klar als armer Mensch zu erkennen ist. Er trägt einen schäbigen Mantel, hat ein Holzbein und stützt sich auf einen Stock – all dies Konkretionen wohl Wilhelms von Zimmern, da der Text selbst keinerlei Details angibt. In anderen Punkten setzt die Illustration Vorgaben aus dem Text um, so etwa in der Krone auf dem Kopf des armen Menschen (Z. 8: *Ich bin eyn konynck*) oder in seinen geschlossenen Augen (Z. 12 f.: *Wanne dat ich die porten mynre vonff synne beslossen hain*). Der (scheinbare) Kontrast zwischen Armut und innerem Königtum ist damit effektvoll ins Bild gesetzt. Der arme Mensch wird von einem Gesprächspartner überragt, dessen äußeres Erscheinungsbild eher auf einen Gelehrten als auf einen Geistlichen hindeutet: Er trägt ein schwarzes Gewand, unter dem im Halsbereich ein weißes Untergewand zu sehen ist. Seine Haare sind voll, dazu hat er einen Bart, der ihm bis auf die Brust reicht. Im Vergleich dazu sind Anghörige des Klerus oft mit weißem Habit dargestellt, über den locker ein schwarzer Mantel gelegt ist (vgl. fol. 4$^v$, 5$^v$, 6$^v$), Mönche tragen zusätzlich die Tonsur (vgl. fol. 11$^v$). Zusammen mit der Tatsache, dass der Gesprächspartner des armen Menschen im Text ein namenloser *maister* (fol. 32$^v$) ist, wird man diese Gestalt also als Gelehrten und nicht als Geistlichen oder gar als ein bewusst angefertigtes Porträt Meister Eckharts zu deuten haben.

Von St14 sind drei wohl im Familienkreis entstandene Abschriften bekannt: Berlin, Staatliche Museen – Kupferstichkabinett Cod. 78 A 19, daneben Stuttgart, Württembergische Landesbibliothek, Cod. Donaueschingen 123 sowie Nürnberg, Germanisches Nationalmuseum, Hs. 86321. Wie die Stichprobe mit der Stuttgarter Handschrift gezeigt hat, stimmen diese Abschriften sowohl was den Text als auch die Illustration des ›Armen Menschen III‹ anbelangt mit St14 überein und brauchen daher im Folgenden nicht berücksichtigt zu werden.

### Gruppe y2:

### Do3: Karlsruhe, Badische Landesbibliothek, Cod. Donaueschingen 365

Papier · 103 Blatt · 210 × 155 mm · 1473 · eine Hand · schwäbisch · Mödingen, Dominikanerinnenkonvent Maria Medingen

Inhalt: fol. 1$^r$–69$^r$ Humbertus de Romanis: ›De tribus votis substantialibus religiosorum‹ (dt.); fol. 70$^r$–78$^r$ Traktat: *Hie ist geschriben der nechst under der behendest weg uff das höhst zewirckent*; fol. 78$^r$–83$^r$ Geistliche Kurztexte und Exempel, darunter fol. 79$^v$–81$^r$ ›Der arme Mensch III‹; fol. 84$^r$–103$^v$ Anweisung über die sieben Tagzeiten

Literatur: Barack, Donaueschingen, S. 268 f.; Quint, Untersuchungen I, S. 20 f.; Handschriftencensus: http://www.handschriftencensus.de/10594 [04.01.2019]

Laut Kolophon (fol. 103$^v$) wurde die Handschrift im Jahre 1473 von Schwester Dorothea Reichingen für das Kloster Medingen geschrieben.

## Wü3: Würzburg, Staatsarchiv, Ms. f. 31

Papier · 47 Blatt · 305×198 mm · 1481–1488 · nordbairisch · Nürnberg, Klarissenkloster

Inhalt: Die geistliche Sammelhandschrift bietet Predigten, Gebete, Exempel und Kurztraktate, aber auch medizinische Anweisungen. ›Der arme Mensch III‹ findet sich auf fol. $11^{v}$. Erwähnenswert ist weiterhin die Abschrift eines Briefes der Äbtissin des Nürnberger Klarissenklosters, Margarete Grundherr, an den Kartäuserprior Georg Pirckheimer aus dem Jahr 1481 auf fol. $39^{v}$–$40^{v}$.$42^{r}$–$43^{r}$.

Literatur: Harmening, Handschrift aus dem Klarakloster, S. 45–54; Jung, Marienbuch, S. *69; Handschriftencensus: http://www.handschriftencensus.de/15053 [04.01.2019]

### Handschriftenrelation

Die Überlieferung des Dialogs ›Der arme Mensch III‹ teilt sich in die Gruppen x mit Kn2, Mz5, Nu, U2, G11, M12, Tr1, St8 sowie St9 (im Folgenden zitiert nach Kn2) und y mit M47, St14, Wü3 sowie Do3 (im Folgenden zitiert nach M47). Die Unterscheidung der beiden Überlieferungszweige beruht dabei auf folgenden Varianten:

Z. 2: *here den hait selver* x] *den hab dir selber* y
Z. 3 f.: *ind duichte mich des unwirdigh sin* x] *und schezet mich des unwurdig* y
Z. 5: *wae vinstu got* x] *wo pist du pey got gewesen* y
Z. 10: *zo wirken ind zo liden* x] *zu volpringen und zu leyden* y
Z. 13: *myt gantzem ernste* x] *von gantzem meinem herczen* y
Z. 19: *ind dat geyt in zijt over alle konynkrich* x] fehlt y

Dass eine der beiden Gruppen nach einem bestimmten inhaltlichen oder stilistischen Prinzip redigiert worden wäre, lässt sich aus diesem Material nicht erschließen. Einige Varianten deuten aber darauf hin, dass mit y eine frei verfahrende Bearbeitung vorliegt. So etwa das Beispiel Z. 5, wo die x-Lesart nicht nur besser zu der in allen Handschriften identisch überlieferten Antwort passt (*da ich alle creaturen liesz da vant ich got*, Z. 6), sondern auch so in ›Meister Eckhart und der nackte Knabe‹ (vgl. dort Z. 3) zu finden ist. Da es sich dabei um einen Quelltext für den ›Armen Menschen III‹ handelt, ist die x-Lesart unbedingt vorzuziehen.

In den anderen Fällen ist es weitaus schwieriger, die Qualität der Varianten einzuschätzen: Für die Vorrangigkeit von *ernste* gegenüber *herczen* in Z. 13 lässt sich immerhin auf den möglichen Quelltext ›Der arme Menschen II‹ verweisen, wo *begern* und *ernste* ebenfalls miteinander verbunden sind (vgl. dort Z. 3). *Wirken* könnte man *volpringen* (vgl. Z. 10) mit Rekurs auf die übliche theologische Terminologie vorziehen, in der *wirken* das aktive Moment gegenüber dem passiven *liden* bezeichnet – wobei das fachsprachlich Richtige natürlich nicht per se das Ursprünglichere sein muss. Die Schlusswendung, wie sie in Z. 19 in x überliefert ist und in y fehlt, ist zwar für das Verständnis des Textes nicht zwingend notwendig, greift aber vorausgehende Aussagen zum inneren Königtum auf und bringt damit einen längeren Gedankengang zum Abschluss – gut möglich also, dass es sich um ursprüngliches Textmaterial handelt.

Soweit die schmale Textgrundlage des Dialogs eine solche Einschätzung zulässt, kann also der y-Zweig als eine sekundäre Textgestalt bestimmt werden. Er teilt sich weiter in eine y1-Gruppe mit M47 und St14 (im Folgenden zitiert nach M47) und eine y2-Gruppe mit Wü3 und Do3 (im Folgenden zitiert nach Wü3). Dabei steht die y1-Gruppe deutlich näher an x, im Speziellen die Handschrift M47, die als einzige aus der Gruppe den Namen des Meisters, ›Eckhart‹ (Z. 1), überliefert. In den anderen drei Handschriften wird er entweder *ain maister* (St14) oder *ein hoher meister* genannt, was allerdings nicht zwingend eine gemeinsame Vorlage voraussetzt, hat doch auch die Gruppe x3 den Namen getilgt. Es bleiben folgende Varianten zur Unterscheidung der beiden y-Untergruppen:

Z. 1: *sprach zu ainem armen menschen* y1] *sprach zu einem frümen armen menschen* y2
Z. 2: *den hab dir selber* y1] *den gutten morgen den du mir peutest den hab dir selber* y2
Z. 4: *unwurdig* y1] *alczeit unwird geschaczt wan ich pin nit wirdig das ich etwas durch gottes willen leiden soll* y2
Z. 4: *und ward dar umb nye treurig noch betrübt* y1] *und umb solches leiden willen wart ich nye betrubt oder trauig* y2
Z. 4: *der maister sprach* y1] *sprach der meister zu dem frümen armen menschen* y2
Z. 7: *in allen rainen lautern herczen* y1] *ich hab gott gelaszen in allen frümen lauttern andechtigen herzen* Wü3; *ich hab got gelossen in allen luttern und reinen herzen* Do3

Die Beispiele lassen auf eine planvolle Umgestaltung des y2-Textes schließen: Die Ergänzung entsprechender Epitheta betont die Vorbildlichkeit des armen Menschen (vgl. Z. 1 und 4) und der elliptische Stil des Dialogs wird durch Wiederholungen syntaktischer Einheiten aufgefüllt, um so Verständlichkeit und katechetischen Nutzen des Dialogs zu verbessern.

Die zwei Handschriften sowohl der y1- als auch der y2-Gruppe sind jeweils voneinander unabhängig: M47 überliefert mit x und gegen St14 den Namen ›Eckhart‹ und umgekehrt bietet St14 an einigen Stellen denselben Text wie x, wo M47 eine Lücke hat.[153] Wäre Do3 die Vorlage für Wü3 gewesen, dann hätte es keinen Grund gegeben, warum Wü3 die Erweiterungen *gütten seligen*

153 Vgl. beispielsweise Z. 6: *da ich alle creaturen liesz* x, St14] *do ich alle ding lies* M47 oder Z. 18 f.: *ind hain raste ind vreden ewiclichen in got* x] *und ruw in im ewigklich* St14; fehlt M47.

*morgen* (Z. 1) oder *der from arm mensch antwurt* (Z. 5) aus Do3 nicht hätte übernehmen sollen. Umgekehrt kann auch Do3 nicht von Wü3 abhängen, weil es klare Übereinstimmungen von Do3 mit x gegen Wü3 gibt.[154]

Der x-Ast gliedert sich in die Untergruppen x1 mit M12, G11, Nu, U2, Kn2 und Mz5 (zitiert nach Kn2) einerseits und x2 mit Tr1, St8 und St9 (zitiert nach Tr1) andererseits. Entscheidend für diese Einteilung ist neben den im Anschluss aufgeführten Bindevarianten unter anderem die Mitüberlieferung: Alle Handschriften des x1-Astes bieten vor dem ›Armen Menschen III‹ die Dialogform ›Der arme Mensch II‹ – einzige Ausnahme bildet dabei die Handschrift U2, die aber aufgrund ihrer Textgestalt sicher zur x1-Gruppe gerechnet werden kann. Die Verbindung der Texte bot sich für den verantwortlichen Redaktor wohl aufgrund des nahezu identischen Guten-Morgen-Wunsches zu Beginn der Stücke an und wird als Vorstufe für den Dialog ›Der arme Mensch IV‹ textgeschichtlich noch von Bedeutung sein.

An den für die Unterscheidung zwischen x1- und x2-Ast maßgeblichen Lesarten lässt sich gut erkennen, dass es sich bei x2 um eine änderungsfreudige Redaktion handelt:

Z. 2: *ich engewan nye geynen boesen morgen* x1] *ich gewan nye keynen argen* x2
Z. 3: *want allet dat mir got zo liden ye gegaiff* x1] *er sprach war umme respondit* (*brůder* St8, St9) *wanne alles daz mir got ie gegaf zo liden* x2
Z. 9: *want alle des myn geist ye begerde* x1] *wanne allez daz myn geist ie begerte von got* x2
Z. 16: *myn stille swigen* x1] *myn stille siczen* x2

In allen diesen Fällen stimmt x1 mit y gegen x2 zusammen. Zudem ist die x1-Formulierung *ich engewan nye boesen morgen* (Z. 2) durch beide in Frage kommenden Vorlagentexte, also sowohl durch den ›Armen Menschen I‹ (dort Z. 8) als auch durch den ›Armen Menschen II‹ (dort Z. 7 f.), als ursprünglicher gesichert. Die anderen Abweichungen sind ausgehend von der bisher entwickelten Handschriftenrelation als Erweiterungen (Z. 3, Z. 9) oder mehr oder weniger willentliche Abweichungen von der Vorlage zu verstehen (Z. 16).

Innerhalb des x2-Astes steht die Handschrift Tr1 den Handschriften St8 und St9 gegenüber, die sich aufgrund einiger Bindefehler und -varianten einer gemeinsamen Vorlage x3 (zitiert nach St8) zuordnen lassen:

---

154 Vgl. beispielsweise Z. 10 *noch behender ind snelre zo wirken ind zo liden dan myn geyst zo ontfangen* x] *behender und sneller ein sollichs ze vollbringent und zelident denn mein gaist ie ward zeenphachen* Do3; *behend und schnell ein solches zu vollpringen und zu leiden und willigklich zu entpfahen* Wü3 oder Z. 13 f.: *in mynre selen* x, Do3] fehlt Wü3.

Z. 4 f.: *er sprach wanen kummestu respondit von gode* Tr1] fehlt x3

Aller Wahrscheinlichkeit nach handelt es sich hier um einen Homoioteleutonfehler in der x3-Vorlage, da die nächste Frage des Meisters in Tr1 wie in St8 und St9 mit *er sprach* (Z. 5) beginnt.

Z. 5: *er sprach wa fundestu god* Tr1, x] *er sprach wo fünde du got aller erstes* x3
Z. 19: *und daz geyt itczijt uber alle koningrich* Tr1, x] *und daz gat in zitt uber alle künigrich kain ußerliche wercke ist so volkomen es hinder die innekeit* x3

Typisch für die x3-Handschriften ist weiterhin die Anrede ›Bruder‹, die der Meister auffallend häufig für den armen Menschen gebraucht (vgl. Z. 1, 2, 7, 8 [nur St8], 11, 15). Innerhalb der x3-Gruppe ist St8 unabhängig von St9, erkennbar an einer individuellen Auslassung in St9.[155] Umgekehrt lässt sich die Unabhängigkeit der Handschrift St9 von St8 zwar nicht mit textlichen, dafür aber mit kodikologischen Argumenten behaupten: Der Teil von St8, der den Dialog überliefert, wird in die 1460er Jahre datiert, während St9 auf fol. 174$^v$ die Jahreszahl 1448 aufweist. ›Der arme Mensch III‹ steht zwar erst nach dieser Datierung, da der Codex aber von einer Hand stammt, kann man eine gewisse zeitliche Nähe durchaus annehmen.

Die weitere Gliederung des x1-Astes gibt besonders große Schwierigkeiten auf: Bei der ohnehin sehr geringen Textsubstanz des Dialogs sind die Varianten der x1-Handschriften oft individueller Natur und eignen sich daher nur in wenigen Fällen für die Feststellung weiterer Untergruppen. Die nachfolgenden Überlegungen müssen sich also auf einige wenige oder gar einzelne Bindevarianten stützen.

Im Bewusstsein dieser Einschränkungen lassen sich drei Gruppen innerhalb des x1-Astes ausmachen: Die beiden mittelniederländischen Handschriften Nu und U2 und die schon aus der Textgeschichte des ›Armen Menschen II‹ bekannten Paare Kn2 und Mz5 sowie M12 und G11 (vgl. dazu S. 248–251).

M12 und G11 lassen sich noch am leichtesten aufgrund ihrer Bindefehler einer gemeinsamen Vorlage zuordnen: Beide beginnen mit *ain ainder maister* (Z. 1), eine Formulierung, die die Verbindung von ›Der arme Mensch II‹ als vorausgehendem und ›Der arme Mensch III‹ als nachfolgendem Text voraussetzt. Beide Handschriften lassen in Z. 8 nach *warover* den Rest der Frage, *bistu eyn konynck,* aus und ersetzen *porten* durch *tor* (Z. 12). Dieser Befund rechtfertigt

155 St9 liest in Z. 8 verkürzend *er sprach war uber* wohingegen St8 mit der gesamten weiteren Überlieferung die Frage in vollständiger Form bietet: *war uber bistu ein kůng brůder*.

die Annahme einer gemeinsamen Vorlage x4, auf die beide Textzeugen, individuellen Lesarten nach zu urteilen, unabhängig voneinander zurückgreifen.[156]

Für die Zusammengehörigkeit von Kn2 und Mz5 sprechen neben den schon für ›Der arme Mensch II‹ aufgeführten Varianten (vgl. insbesondere S. 249 f.) zwei weitere Gemeinsamkeiten: Zum Ersten bieten sie als die einzigen beiden Handschriften in Z. 12 ein *so*, wenn auch – wohl Zeichen unterschiedlicher syntaktischer Auffassungen dieser Stelle – an vertauschten Positionen: *wie hey so antworde* in Kn2 gegenüber *wie so er antwurt* in Mz5, wobei in diesem Fall nach *so* die Satzgrenze liegt. Zum Zweiten enden nur diese beiden Texte mit der Schlussformel *got sy geloeft ewiclichen amen* (Z. 19). Es ist also wieder eine gemeinsame Vorlage, hier x6, für die beiden Handschriften anzunehmen, auf die sie vermutlich unabhängig voneinander zurückgreifen.[157]

Am schwierigsten einzuordnen sind die mittelniederländischen Textzeugen Nu und U2. Ihre Sonderlesarten sind weitgehend individueller Art und eignen sich daher nicht, um genaue Relationen zu anderen Textzeugen der x1-Gruppe zu ermitteln. Allerdings teilen beide Handschriften eine spezifische Abweichung vom Rest der Überlieferung, die möglicherweise auf eine gemeinsame Vorlage x7 hinweisen könnte: Statt *behender ind snelre* in Z. 10 lesen sie *bereyder ende snelre* im Fall von Nu bzw. *snelre ende bereijder* im Fall von U2, obwohl das mittelhochdeutsche Wort *behende* auch im Mittelniederländischen zur Verfügung stünde. Auf diese Vorlage, wenn man sie denn annehmen darf, greifen Nu und U2 jeweils unabhängig voneinander zurück, wobei U2 wesentlich freier verfährt.[158]

---

156 Für die Unabhängigkeit der Handschrift G11 sprechen einige Auslassungen und Besonderheiten, die allein in M12 gegen den Rest der Überlieferung vorkommen: So fehlt dort *luteren* als Attribut zu *hertzen* (Z. 7), *leib* steht anstelle von *vleische* (Z. 9) und am Schluss liest M12 statt *geyt in zijt over alle konynkrich* (Z. 19) ganz individuell: *gůt ist nur in meinem hertzen über alles das gůt das in der zeit ist*. Die Unabhängigkeit der Handschrift M12 von G11 tritt weniger klar hervor, erweist sich aber etwa daran, dass allein in G11 gegen den Rest der Überlieferung in Z. 2 f. *morgen want* oder in Z. 19 *ewiclichen* fehlt. Dieses Ergebnis trat auch schon in der Untersuchung der Handschriftenrelation des ›Armen Menschen II‹ zutage (vgl. S. 249).

157 Die Handschrift Kn2 muss unabhängig vom Mz5-Text sein, andernfalls müsste sie Sonderlesarten wie *hertzen* statt *ernste* (Z. 13), *betraichten* statt *gedencken* (Z. 16) oder *auch* statt *noch* (Z. 10) teilen. Übereinstimmungen von Mz5 mit anderen Überlieferungsträgern gegen Kn2 als Indizien für eine Unabhängigkeit von Kn2 gibt es nur im Bereich der Wortstellung: Mit Handschriften des y- und des x1-Zweiges liest Mz5 in Z. 3 *ye czu lyden gegap* statt wie Kn2 *zo liden ye gegaiff* und in Z. 18 f. mit der ganzen weiteren Überlieferung *freden in got ewanclich* statt *vreden ewiclichen in got* wie Kn2.

158 Die Unabhängigkeit der Handschrift Nu vom U2-Text erweist sich darin, dass Nu typische U2-Sonderlesarten wie *om gods willen* für *durch got* (Z. 3), *in hem* für *in den hemel* (Z. 17) oder die Erweiterung von *konynkrich* in Z. 19 um *in deser verganckliken werlt* nicht teilt. Den umgekehrten Fall, die Unabhängigkeit von U2 von Nu, legen einige Übereinstimmungen von U2 mit dem Rest der Überlieferung gegen Nu zumindest nahe:

Bei der schmalen Textbasis des Dialogs ›Der arme Mensch III‹ sind keine Bindefehler auszumachen, mit deren Hilfe sich zwei der Gruppen x4, x6 und x7 zu einer übergeordneten Gruppe zusammenfassen ließen. Doch ist für die Textgeschichte des ›Armen Menschen III‹ noch ein anderer Punkt zu berücksichtigen: Die Handschriften der x1-Gruppe (mit Ausnahme von U2) überliefern den Dialog im Verbund mit ›Der arme Mensch II‹. Für diesen Text wurde bereits eine Zusammengehörigkeit von Nu, Kn2 und Mz5 gegen M12 und G11 festgestellt (vgl. das Stemma zum ›Armen Menschen II‹ auf S. 251), die auch im hier vorliegenden Fall zu berücksichtigen ist. Für die Gruppen x6 und x7 ist demnach eine Vorstufe x5 anzusetzen – eine insofern auch für den ›Armen Menschen III‹ plausible Annahme, als sich die x4-Gruppe durch zahlreiche Sonderlesarten von den anderen beiden Gruppen deutlich abhebt.

Die beschriebenen textgeschichtlichen Verhältnisse sind in nachfolgendem Stemma veranschaulicht:

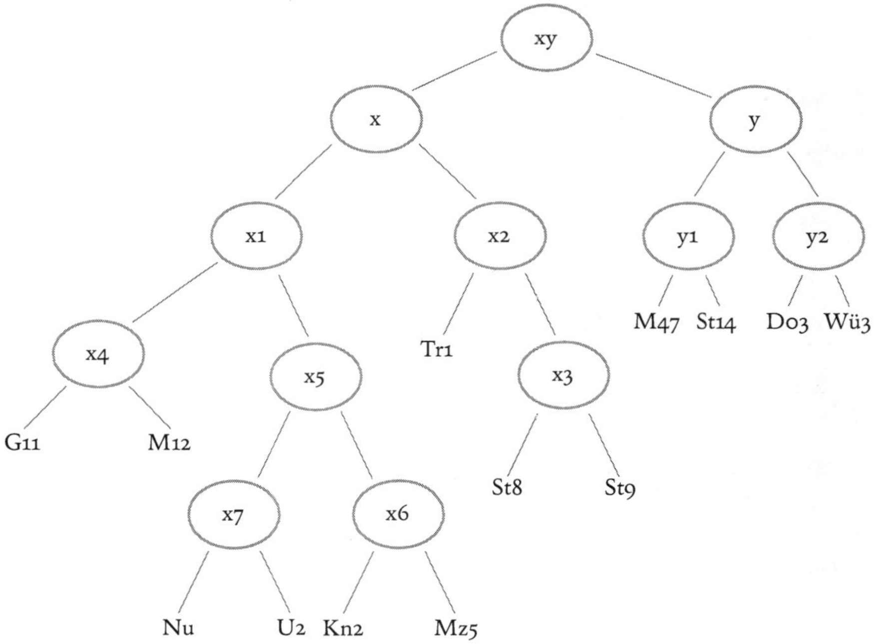


Abb. 6: Stemma des Dialogs ›Der arme Mensch III‹

---

So fehlt in Nu in Z. 19 *in got* bzw. *in hem* und in Z. 16 stimmt U2 mit dem Perfekt *heeft ghemaect* mit dem breit überlieferten *hait gedain* gegen das Präsens *doet* in Nu überein.

Die textgeschichtlichen Untersuchungen haben ergeben, dass die x1-Gruppe den Text des ›Armen Menschen III‹ am treuesten bewahrt und damit maßgebend für die Neuedition sein muss. Die Wahl der Leithandschrift wird dabei auf Kn2 oder Nu fallen, da sowohl die Gruppe x4 als auch die Handschriften Mz5 und U2 aufgrund zahlreicher individueller Varianten ihre Vorlagen nur eingeschränkt repräsentieren können. Der Vorzug wird hier der Handschrift Kn2 gegeben, weil ihre Eigenheiten – wenige bedeutungsindifferente Wortumstellungen und ein offensichtlicher Schreibfehler (vgl. Z. 4) – weniger schwer wiegen als die von Nu. Da auch für die Edition des ›Armen Menschen II‹ Kn2 als Leithandschrift gewählt wurde, kann die Synopse auf S. 182–189 die textgeschichtlich bedeutsame Verbindung der zweiten und dritten Fassung des ›Armen Menschen‹ in einer repräsentativen und gleichzeitig konkret belegten Textform bieten.

Die Grundlagen der Editionspraxis sind auf S. 78–80 dargestellt.

## Edition: ›Der arme Mensch III‹

Leithandschrift: Kn2

[61v] Meyster Eckart sprach zo eyme armen menschen: »Got geve dir guiden morgen.« Der arme mensche sprach: »Here, den hait selver, want ich engewan nye geynen boesen morgen. Want allet, dat mir got zo liden ye gegaiff, dat leyt ich vroilichen durch got ind duichte mich des unwirdigh sin ind darumb wart ich nye *truerich* noch bedroeft.« Der meyster sprach: »Wanne komestu?« Hey antwort: »Van gode.« Hey vraigde: [62r] »Wae vinstu got?« Hey

---

*Überschrift:* der ander lesmaister *M12;* multa edificatoria bene volenti *Tr1;* ain gůt lere *St9;* von maister eckhart wie er fragt einem (!) armen menschen *M47;* von dem gůten morgen *Do3* **1** Meyster Eckart] ain ainder maister *G11;* das ist der ander lesmaister der *M12;* magister echard *Tr1;* ain maister *St14;* ein groszer (*fehlt Do3*) hoher meister *Wü3, Do3* sprach] seijde eens *U2* armen] frümen armen *Wü3, Do3* menschen] man *St14* guiden] ainen gůten *G11, M12, M47, St14, Wü3;* ein güttten seligen morgen *Do3* morgen] morgen brůder *St8, St9* **1–2** Der arme mensche sprach] respondit ille *Tr1;* der arm sprach *M47;* da antwürt im der arm man *St14;* da antwürt im der früm arm mensch und sprach *Wü3, Do3; fehlt St8, St9* **2** sprach] antwoerde *U2* Here *fehlt Mz5, M47, St14, Wü3, Do3* den hait selver] den habt euch selber *M12;* habet yn vch selber *Tr1, St8, St9;* den hab dir (ich *St14*) selber *M47, St14;* den gutten morgen den du mir peutest den hab dir selber *Wü3, Do3* want ich] dann ich *St14, Do3;* ich *Mz5, Tr1, St8, St9; fehlt M47* engewan] enhadde *U2; fehlt St14* nye] noch nye *Mz5* geynen *fehlt U2, M12, M47, St14, Wü3, Do3* boesen] argen *Tr1, St8, St9* morgen] morgen gewan *St14; fehlt G11, Nu, Tr1, St8, St9* **3** Want] er sprach war umme respondit (brůder *St8, St9*) *Tr1, St8, St9;* dan *St14; fehlt G11* dat[1]] was *St8* zo liden ye gegaiff] ye te lyden gaff *Nu, M12, Wü3, Do3;* te liden gaf *U2, M47;* gegaf zo liden *Tr1, St8, St9;* ie zů gab *St14* dat leyt … got] das hab ich durch seinen willen gar frolichen geliden *Wü3, Do3* durch got] om gods willen *U2;* dorch yn *Tr1, St8, St9, M47;* und gedultegklich durch in *St14* **3–4** duichte … sin] mich docht dat ichs onwerdich weer *Nu;* dat docht ic mij wel weerdijch sijn *U2;* hab (ich hab *Do3*) mich denoch des selbigen alczeit unwird geschaczt wan ich pin nit wirdig das ich etwas durch gottes willen leiden soll *Wü3, Do3* duichte] schezet *M47;* ich schetzet *St14* **4** des] sin *G11, M12, Tr1, St8, St9* sin *fehlt G11, M12, M47, St14* ind *fehlt St14* darumb wart] ward dar umb *M47;* darumb so wart *St14;* umb solches leiden willen *Wü3, Do3* ich *fehlt M47* truerich *Nu, U2, Mz5, G11, M12, Tr1, St8, St9, M47, St14*] untrurich *Kn2* truerich noch bedroeft] betrubt oder (noch *Do3*) trauig (!) *Wü3, Do3* noch bedroeft] oder betrüebet *M12, St14;* und betrubet mich nye *Mz5* Der meyster sprach] er sprach *Tr1;* da sprach der meister zu dem frümen armen menschen *Wü3, Do3* **4–5** Der meyster … Van gode *fehlt St8, St9* **5** Wanne] von wannen *St14, Wü3, Do3* komestu] wardestu *Mz5;* kümpt dier diese antwürt *St14* Hey antwort] Die arme mensche antwoerde *U2,* respondit *Tr1;* der arm antwürt und sprach *Wü3;* der from arm mensch antwurt im *Do3;* der arm (arm man *St14*) sprach *M47, St14* Van gode] ic coem van gode *U2, Wü3, Do3* Hey vraigde] der meyster sprack *Nu, Mz5, M47, St14;* dije meijster antwoerde *U2;* er sprach *G11, M12, Tr1, St8, St9;* da fragt in der meister und sprach *Wü3, Do3* Wae *fehlt Wü3* vinstu got] pist du pey got gewesen *M47, St14, Wü3, Do3* got] got aller erstes *St8, St9* **5–6** Hey antwort] respondit *Tr1;* der arm (arm man *St14*) sprach *M47, St14;* da antwürt im der (der from *Do3*) arm mensch (mensch und sprach *Do3*) *Wü3, Do3; fehlt St8, St9*

antwort: »Da ich alle creaturen liesz, da vant ich got.« Hey sprach: »Wa hais du dan got gelaissen?« Hey antwort: »In allen reynen luteren hertzen.« Hey sprach: »Wat mans bistu?« Hey antwort: »Ich bin eyn konynck.« Der meister sprach: »Warover bistu eyn konynck?« Hey antwort: »Over myn vleische, want alle, des myn geist ye begerde, darzo was myn vleische noch behender ind snelre zo wirken ind zo liden, dan myn geyst zo ontfangen.« Der meyster sprach: »Eyn koninck mois eyn konynckrich haven. Wae is dan dyne riche?« Hey antwort: »In myner selen.« Der meister sprach, wie hey so antworde. »Wanne dat ich die porten mynre vonff synne beslossen hain inde also gotz myt gantzem ernste begeren, so vinden ich got in

---

**6** creaturen] ding *M47* got[1]] in *M12* Hey sprach] der meyster sprack (fraget *St14*) *Nu, Mz5, U2, M47, St14;* da sprach der meister *Wü3;* da fraget in der meister und sprach *Do3* dan *fehlt U2, M12, M47, St14, Wü3, Do3* **7** gelaissen] verlassen *M12;* gelaszen brůder *St8, St9* Hey antwort] er sprach *M12;* respondit *Tr1;* der arm sprach *M47;* antwürt der arm man *St14;* da antwürt im der der (!) arm (from arm *Do3*) mensch *Wü3, Do3* In] ich hab gott gelaszen in *Wü3, Do3* reynen luteren] reijnen pueren *U2;* lutren rainen *G11, Tr1, St8, St9;* reynen hertzen und luteren *Mz5;* rainen *M12, St14;* frümen lautтern andechtigen *Wü3;* luttern und reinen *Do3* Hey sprach] der meyster sprac *Nu, U2, M47;* meyster eckart *Mz5;* der maister fragt in weijter *St14;* da fragt in der meister und sprach *Wü3, Do3* Wat mans] wanan *G11;* wer *M12;* was menschen *M47* bistu] bistu brůder *St8, St9;* er wer *St14* **8** Hey antwort] hi sprac *Nu, M12, Mz5;* respondit *Tr1;* der arm (arm man *St14*) sprach *M47, St14;* da antwürt der arm und sprach *Wü3;* da antwurt im der from arm mensch und sprach *Do3; fehlt St8, St9* Der meister sprach] er sprach *Tr1, St8, St9;* da fragt in der meister (meister und sprach *Do3*) *Wü3, Do3* Warover] über was *St14* bistu eyn konynck] bistu ein kůng brůder *St8; fehlt G11, M12, St9* **8–9** Hey antwort] er antwurt im *M12;* respondit *Tr1;* der arm sprach *M47;* der arm man antwürt *St14;* es antwurt der arm *Wü3;* do antwürt im der from arm mensch und sprach *Do3* **9** Over] da bin ich ein *Do3* vleische] eygen fleiß *Mz5, Wü3, Do3* des myn geist] das mein geist und hertz *St14;* das der arm geist *Wü3;* das des mein gaist *Do3* ye begerde] begert ye *M12;* ie begerte von got *Tr1, St8, St9;* ie begert můglichs *St14;* begert *Wü3, Do3* darzo] des *Tr1, St8, St9* vleische] leib *M12* **10** noch] auch *Mz5; fehlt Wü3* behender ind snelre] bereyder ende snelre *Nu;* snelre ende bereijder *U2;* behend und schnell *Wü3* zo wirken] solches (ein solches *Wü3, Do3; fehlt St14*) zu volpringen *M47, St14, Wü3, Do3* dan] mer dann *St14* dan myn geyst] und willigklich *Wü3;* denn mein gaist ie ward *Do3* dan … ontfangen *fehlt M47* Der meyster] er *G11, Tr1, St8, St9* **11** sprach] sprach zu dem frümen armen menschen *Wü3, Do3* Eyn koninck mois] nun můss ain küng *G11* koninck eyn konynckrich] ain rich *G11* Wae is dan dyne riche] is dat (!) *U2* dan] nun *St14, Wü3, Do3; fehlt Nu, U2, G11, M12, M47* riche] riche brůder *St8, St9;* kunigreich *M47, St14, Wü3, Do3* Hey antwort] respondit *Tr1;* der arm sprach *M47;* da antwürt der arm man *St14;* da antwürt im der arm (from arm *Do3*) mensch und sprach mein kunigreich ist *Wü3, Do3; fehlt St8, St9* **12** Der meister sprach] er sprach *G11, Tr1, St8, St9;* der maister fraget *St14;* do fragt der meister und sprach (und sprach] *fehlt Do3*) *Wü3, Do3* wie hey so antworde] als wie hy antworde *Nu, G11;* in wat manieren *U2;* wie *M12;* wie so *Mz5;* als wie (wie brůder *St8, St9*) *Tr1, St8, St9;* wie er also redet *M47* Wanne dat] hy antworde (sprach *M12*) wanne *Nu, U2, M12, Mz5;* wenn *G11, Tr1, St8, St9;* der arm (arm man *St14*) sprach so *M47, St14;* da sprach der arm (from arm *Do3*) mensch so *Wü3, Do3* die porten] das tor *G11, M12;* beslozzen han die porten *Tr1, St8, St9* **13** beslossen hain] verschlossen haun *M12; fehlt Tr1, St8, St9* inde also] ende als ich *Nu;* ende dan *U2, Wü3;* als *M12;* und ich *Tr1, St8, St9;* und *M47;* und ich den *Do3* myt gantzem ernste] von gantzem meinem herczen *M47, St14, Wü3, Do3* ernste] hertzen *Mz5* begeren] begert het *G11, M12* got] hoem *Nu* **13–14** in mynre selen *fehlt Wü3*

mynre selen also cleirlichen inde also vroelichen, als hey is in dem ewigen leven.« Der meyster sprach: »Du machs heilig sin. Wer hait dich heilig gemacht?« Hey antwort: »Dat hait gedain myn stille swigen ind myn hoge gedencken ind myn vereynungen myt gode. Dat hait mich in den hemel getzoegen, want ich enkonde nye gerasten in eynchen dingen, dat mynner was dan got. Nu hain ich got gefonden ind hain raste ind vreden ewiclichen in got ind dat geyt in zijt over alle konynkrich.« Got sy geloeft ewiclichen. Amen.

---

**14** also[2] *fehlt Tr1, St8, St9, St14, Wü3* is *fehlt M47* leven] leben ist *M47* **14–15** Der meyster sprach] er sprach *G11, Tr1, St8, St9;* da sprach der meister zu dem armen (fromen *Do3*) frümen (armen *Do3*) menschen *Wü3, Do3* **15** heilig] wel heilich *Nu, M47, St14, Wü3, Do3* gemacht] gemacht brůder *St8, St9* Hey antwort] respondit *Tr1;* er sprach *M12;* der arm sprach *M47;* der arm man antwürt *St14;* da antwürtt im der früm arm mensch (mensch und sprach *Do3*) *Wü3, Do3; fehlt Mz5* **16** Dat hait gedain] dat doet *Nu; fehlt M12* gedain] ghemaect *U2; fehlt G11, M12, Tr1, St8, St9* swigen] siczen (*am Rand:* nota *St9*) *Tr1, St8, St9* ind *fehlt M47* myn[2] *fehlt St14* gedencken] ghepensen *U2;* betraichten *Mz5* vereynungen] ware vereynunge *Mz5* **17** in den hemel] in hem *U2* nye] nie nie *St8;* in kainen dingen nie (nit nye *Wü3*) *St14, Wü3, Do3* gerasten] gerůwen *Tr1, St8, St9;* rue finden *M47* **17–18** in eynchen dingen] an keime dinghe *Tr1;* an keinen dingen *St8, St9; fehlt St14, Wü3, Do3* **18** dat mynner was dan got] das wider got was *M12* got[1]] got selber *St14* Nu] also *M47;* darumb so *St14;* und dar umb *Wü3, Do3* got[2]] in *Tr1, St8, St9, St14;* got den hern *M47* **18–19** ind hain … konynkrich *fehlt M47* hain raste ind vreden] rast und freu mich in got *M12;* han růwe und fridden *Tr1, St8, St9;* ruw *St14;* pleib mit freud *Wü3;* ruwe mit freuden *Do3* vreden] vrede in hem *U2;* freden in got *Mz5* **19** ewiclichen in got] ewelyck *Nu;* in hem ewelijcken (ewigklich mit fröden *St14*) *U2, Tr1, St8, St9, St14, Wü3, Do3;* in got *G11;* in got ewigklichen *M12* ind dat … konynkrich *fehlt St14, Wü3, Do3* geyt … konynkrich] gůt ist nur in meinem hertzen über alles das gůt das in der zeit ist *M12* in zijt] in der tyt *Nu;* in czit und ewanclich *Mz5;* itczijt *Tr1; fehlt U2* alle] eyn *Nu* konynkrich] conijncrijken in deser vergancliken werlt *U2* Got … Amen] got sy ewanclich gelobet amen etc *Mz5;* kein ußerliche wercke ist so volkomen es hinder die innekeit *St8, St9;* voluntas dei *Tr1;* amen *M12, Wü3, Do3; fehlt Nu, U2, G11, M12, M47, St14*

## Übersetzung: ›Der arme Mensch III‹

Meister Eckhart sagte zu einem armen Menschen: »Gott gebe dir einen guten Morgen.« Der arme Mensch sagte: »Herr, den wünsche ich Euch, denn ich hatte nie einen schlechten Morgen. Denn alles, was mir Gott je auferlegt hat zu erleiden, das habe ich frohen Mutes für Gott ertragen und hielt mich dessen für unwürdig. Darum war ich nie traurig oder betrübt.«
Der Meister fragte: »Woher kommst du?« Der arme Mensch antwortete: »Von Gott.« Der Meister fragte: »Wo hast du Gott gefunden?« Der arme Mensch antwortete: »Dort, wo ich alle Geschöpfe gelassen habe, da fand ich Gott.« Der Meister fragte: »Wo hast du dann Gott gelassen?« Der arme Mensch antwortete: »In allen reinen, unbefleckten Herzen.« Der Meister fragte: »Was für ein Mann bist du?« Der arme Mensch antwortete: »Ich bin ein König.« Der Meister fragte: »Worüber bist du König?« Der arme Mensch antwortete: »Über mein Fleisch. Denn alles, was mein Geist je begehrte, dazu war mein Fleisch noch eifriger und schneller zu wirken und erleiden, als mein Geist zu empfangen.« Der Meister sagte: »Ein König muss ein Königreich haben. Wo ist dann dein Reich?« Der arme Mensch antwortete: »In meiner Seele.« Der Meister fragte, was das bedeuten solle.
»Wenn ich meine Sinne gegenüber der Außenwelt verschließe und Gott dann mit ganzem Ernst begehre, dann finde ich ihn in der Seele so strahlend und so voll Freude, wie es im ewigen Leben sein wird.« Der Meister sagte: »Dich mag man wohl heilig nennen. Wer hat dich heilig gemacht?« Der arme Mensch antwortete: »Das haben mein Schweigen, mein Nachdenken und meine Vereinigung mit Gott bewirkt. Die haben mich in den Himmel gebracht, denn ich konnte in keinen Dingen Ruhe finden, die geringer waren als Gott. Nun habe ich Gott gefunden und habe Ruhe und ewigen Frieden in Gott und das übertrifft jedes irdische Königreich.«

### *5.4.2 Untersuchungen zum Text*

Die dritte Fassung des Dialogs vom armen Menschen hebt sich in erster Linie dadurch von den beiden vorausgegangenen ab, dass sie die konzentrierte Darstellung eines einheitlichen Themas aufgibt und stattdessen unterschiedliche Topoi der gängigen mystisch-aszetischen Literatur additiv aneinanderreiht. Im Ergebnis liegt eine Schlagwort- und Konzeptsammlung vor, die ein zwar unspezifisches, dafür aber umfassenderes Modell geistlichen Lebens vorstellt – eine Fokusverschiebung und -erweiterung, die für die vorliegende Arbeit den Status einer Fassung rechtfertigt. Interesse verdient ›Der arme Mensch III‹ über seine Inhalte hinaus deshalb, weil nur hier in Folge der redaktionellen Verarbeitung eine literarische Meister-Eckhart-Figur als Gesprächspartner des armen Menschen auftritt. Der Text wird damit zu einem Mosaikstein für ein volkssprachliches Eckhartbild und gleichzeitig zu einem Studienobjekt dafür, welche textgeschichtlichen Prozesse und Mechanismen bei der Konstruktion eines solchen Bildes wirksam sein können.

#### Textanalyse

Struktur: Zur Gliederung des ›Armen Menschen III‹ empfiehlt sich folgende Dreiteilung, die sich sowohl mit der Abfolge der Textbausteine als auch mit der dadurch bedingten Abfolge von Themen deckt: Der erste Abschnitt (Z. 1–4) paraphrasiert den Dialogbeginn von Fassung I oder II des ›Armen Menschen‹, indem er ausgehend vom Guten-Morgen-Wunsch den rechten Umgang mit Leid behandelt. Es schließt der Dialogteil aus ›Meister Eckhart und der nackte Knabe‹ an (Z. 4–12) und erweitert damit das Themenspektrum um die in aszetischer Literatur verbreiteten Motive des Lassens der Kreaturen und des Königtums im Inneren der Seele. Im fließenden Übergang folgt der dritte und eigentlich neue Baustein (Z. 12–19), den man als kurze Beschreibung und als Lob einer *vita contemplativa* zusammenfassen könnte. Es resultiert daraus folgendes Strukturschema:

1–4 Paraphrase von ›Der arme Mensch I‹ bzw. ›Der arme Mensch II‹
4–12 Dialogteil aus ›Meister Eckhart und der nackte Knabe‹
12–19 Ausführung über die *vita contemplativa*

Paraphrase von ›Der arme Mensch I‹ bzw. ›Der arme Mensch II‹ (Z. 1–4): Der Dialog beginnt medias in res: Meister Eckhart wünscht einem armen Menschen einen guten Morgen und erhält von seinem Gegenüber zur Antwort, dass dieser Wunsch überflüssig sei: *Durch got* (Z. 3) wolle er jedes Leid in Freude annehmen und es als unverdienten Gnadenerweis auffassen. Möglicherweise liegt dieser Haltung der in der mittelalterlichen Passionsfrömmigkeit verbreitete Gedanke zugrunde, dass Gott selbst zur Erlösung seiner Schöpfung bereitwillig Leid auf sich genommen und dass damit das demütige Leiden auf Erden die Qualität einer heilsbringenden *imitatio* bekommen hat. In der Handschrift St14, dem sog. ›Verwesungsbuch‹ des Wilhelm Werner von Zimmern, finden sich in diesem ersten Teil des Kurzdialogs – und interessanterweise nicht in den nachfolgenden – zahlreiche Unterstreichungen, die aller Wahrscheinlichkeit nach ein persönliches Interesse an der Thematik des Leids bekunden. So dürfte es auch dieser Teil gewesen sein, der dem ›Armen Menschen III‹ die Aufnahme in die Sammlung sicherte, die sich in großer Geschlossenheit der menschlichen Vergänglichkeit, dem Leid und der *ars moriendi* widmet (vgl. dazu die Beschreibung auf S. 269–271).

Die Adaption des Gesprächs zwischen dem armen Menschen und dem Wahrheitssuchenden für den ›Armen Mensch III‹ geht in diachroner Perspektive mit einem Verlust an Tiefgang in verschiedener Hinsicht einher: Zum einen brechen durch die Reduktion auf den Guten-Morgen-Wunsch die Gedanken der Willensunio bzw. der Gelassenheit in Gott weg, die in den vorausgegangenen beiden Fassungen den Gleichmut gegenüber dem Schicksal erst theologisch fundiert hatten. Dem Redaktor scheint es nicht auf die schlüssige Begründung einer Schicksalshaltung angekommen zu sein, sondern auf eine seelsorgerlich bewährte und dogmatisch unverfängliche Ermahnung zu geduldigem Leiden. Zum anderen geht mit dem Vorspann des Dialogs auch die Motivierung des Gesprächs verloren: Der Meister Eckhart des ›Armen Menschen III‹ ist keiner mehr, der wie seine textgeschichtlichen Vorgänger eine höchste Wahrheit sucht und von Gott nach langer Zeit auf den rechten Weg gewiesen wird, sondern einer, der scheinbar zufällig in ein Gespräch gerät und seine Fragen aus reiner Neugier stellt. Das Bild, das hier von dem Dominikaner gezeichnet wird, ist nicht speziell für seine Person entworfen, sondern es ist ein reduzierter Platzhalter, in den er nachträglich eingesetzt wurde.

Dialogteil aus ›Meister Eckhart und der nackte Knabe‹ (Z. 4–12): Die literarische Form des Dialogs macht die Kompilation des paraphrasierten Guten-Morgen-Wunsches mit ›Meister Eckhart und der nackte Knabe‹ leicht: Nachdem der arme Mensch seine Haltung zum Leiden dargelegt hat, stellt Meister Eckhart die Frage *Wanne komestu* (Z. 5), die erste Frage, die er im Prätext dem nackten Knaben gestellt hatte. Dessen Antworten sind nun dem armen Menschen in den Mund gelegt und so spricht er genau wie sein textgeschichtlicher Vorgänger vom Lassen der Kreaturen und den *reynen luteren hertzen* (Z. 7). Während diese Topoi mystisch-aszetischer Literatur von einer Umstellung abgesehen nahezu wörtlich aus ›Meister Eckhart und der nackte Knabe‹ übernommen sind, fügt ›Der arme Mensch III‹ den Fragen zum Stichwort ›König‹ ein neues Element hinzu: Der arme Mensch spricht davon, sich sein *vleische* (Z. 9), seine Körperlichkeit, so unterworfen zu haben, dass es seinem Geist im Tun wie im Erleiden stets vorzüglichen Gehorsam leistet – und das, so könnte man den Zusatz *dan myn geyst zo ontfangen* (Z. 10) deuten, noch bevor der Geist sich seiner Wünsche bewusst ist oder bevor sie ihm von höherer Stelle eingegeben werden. Die aus alter Tradition bekannte Dichotomie von Körper und Geist, wie sie etwa im Jesuswort *Spiritus quidem promptus est caro autem infirma*[159] aufscheint, hat der arme Mensch also zu Gunsten des Geistes entschieden. Bei der Frage, wo denn sein Königreich sei, ersetzt der ›Arme Mensch III‹ die im Prätext vorgegebene Antwort ›Herz‹ (vgl. ›Meister Eckhart und der nackte Knabe‹, Z. 4) durch ›Seele‹ (Z. 12) und schafft so den Übergang zum letzten Gesprächssegment.

Ausführungen über die *vita contemplativa* (Z. 12–19): Die nun folgenden Ausführungen über das Königreich in der Seele und die Heiligkeit des armen Menschen verhandeln grundlegende Elemente einer *vita contemplativa*. Indem er seine Sinne vor der Welt der Dinge verschließt (vgl. Z. 12 f.) und sich ganz auf sein Verlangen nach Gott konzentriert, schafft der arme Mensch die notwendigen Voraussetzungen, um ein im Grunde erst jenseitiges Heilsereignis schon unter den Bedingungen der irdischen Existenz eintreten zu lassen: die Begegnung mit Gott *als hey is in dem ewigen leven* (Z. 14). Man kann hierin den Gedanken einer präsentischen Eschatologie, einer Vorwegnahme der *visio beatifica* im Diesseits, formuliert sehen. Die aus dieser Erfahrung resultierende Heiligkeit führt der arme Mensch wiederum auf sein Schweigen – ein Zeichen der Weltabkehr –, sein *hoge gedencken* (Z. 16) – möglicherweise eine Praxis der meditativen Versenkung oder der Kontemplation – sowie auf seine Vereinigung mit Gott zurück. Diese Dreiheit mag von den in mystischer Literatur immer wieder behandelten und neu konzipierten Stufenwegen inspiriert sein, auch wenn beispielsweise die auf Dionysius Areopagita zurückgehende wirkmächtige Folge von Reinigung, Erleuchtung und Vereinigung[160] nur teilweise darin wiederzuerkennen ist. Auf diesem Weg der Innerlichkeit, so beschließt der arme Mensch seine Erklärungen, sei er, ohne sich durch irgendetwas von seinem Ziel ablenken zu lassen, in den Himmel gekommen und genieße nun dort den Frieden Gottes – wieder eine Vorwegnahme einer endzeitlichen Erwartung im *Nu* (Z. 18).

Ein Zusatz am Textende in den Handschriften St8 und St9 macht sehr schön deutlich, dass die ganze Passage als ein Lob der *vita contemplativa* und der Innerlichkeit vor anderen Lebensmodellen verstanden werden konnte: *kein ußerliche wercke ist so volkomen es hinder die innekeit* (Z. 19, Variante der Hss. St8 und St9).

---

159 Mt 26,41; Übersetzung: »Der Geist ist willig; aber das Fleisch ist schwach.«

160 Für einen Überblick über verschieden konzipierte Stufenwegen von Dionysius über Bonaventura bis zum ›Neunfelsenbuch‹ vgl. Störmer-Caysa, Mittelalterliche Mystik, S. 60–91.

Zumindest in einem Punkt ließe sich fragen, ob dieser hauptsächlich aus gängigen Topoi frömmigkeitsbildender mystischer Literatur konstruierte Text nicht auch ein latentes Konfliktpotential enthalten haben könnte: Die Idee, Gott durch eine bestimmte meditative Praxis in der Seele finden und damit schon unter den Bedingungen der irdischen Existenz Seligkeit erlangen zu können, übergeht die Bedeutung der institutionalisierten Kirche für die Heilsvermittlung. Im Jahr 1312 hatte das Konzil von Vienne im Dekret ›Ad nostrum‹ angebliche Irrtümer der Begarden und Beginen verurteilt, hinter denen eine ähnliche präsentische Eschatologie aufscheint wie im Dialog. Zum Vergleich sei der vierte Artikel des Dekrets zitiert: *Quod homo potest ita finalem beatitudinem secundum omnem gradum perfectionis in praesenti assequi, sicut eam in vita obtinebit beata.*[161]

Ob der sich hier abzeichnende Konflikt von den Rezipienten des Textes aber wahrgenommen wurde, ob er als bewusste Provokation vom Redaktor intendiert war oder ob er im Kontext gerade eckhartischer und pseudo-eckhartischer Literatur gar als banal und unauffällig erschien, dazu lassen sich weder textimmanente noch überlieferungsgeschichtliche Hinweise finden.

## Literarhistorische Einordnung

Die Überlieferung des ›Armen Menschen III‹ zeigt ein ähnlich unspezifisches Bild wie schon die des ›Armen Menschen II‹: Die Textzeugen entstammen alle dem Zeitraum von der Mitte des 15. bis zur Mitte des 16. Jahrhunderts und verteilen sich auf ein Gebiet, das die Niederlande, den deutschsprachigen Westen und Südwesten, sowie Schwaben und Bayern umschließt. Eine zeitliche Staffelung, die man als Hinweis auf eine bestimmte Herkunftsregion und eine von dort ausgehende Verbreitung interpretieren könnte, lässt sich aus den kodikologischen Daten genausowenig ablesen wie eine ordensspezifische Texttradierung. Auffällig ist die mit einzelnen lateinischen Wörtern durchsetzte Textform in der Handschrift Tr1 mit einer Mitüberlieferung ausschließlich lateinischer Traktatliteratur, die eine Wertschätzung des Dialogs auch in gelehrten Kreisen bezeugt. Insgesamt wird man nur sagen können, dass der Text spätestens zur Mitte des 15. Jahrhunderts existiert haben und noch dazu in einem Raum entstanden sein muss, der gut genug vernetzt war, um eine schnelle Ausbreitung in angrenzende Gebiete zu ermöglichen. Man könnte dabei an deutsche Territorien am oberen und mittleren Rhein denken, die über Klosterreform und Handelsrouten sowohl nach Norden als auch nach Osten gute Verbindungen unterhielten.

---

161 Denzinger, Kompendium, S. 362, Nr. 894; eigene Übersetzung: »Dass der Mensch im Diesseits die letzte Glückseligkeit nach dem höchsten Grad der Vollkommenheit in solcher Weise erreichen kann, wie er sie nach dem Tod haben wird.«

Zumindest eine These über die Entstehung des ›Armen Menschen III‹, basierend auf inhaltlicher und textgeschichtlicher Analyse, sei hier noch zur Diskussion gestellt: Während die ersten beiden Teile des Dialogs auf Bearbeitungen von vorgegebenem Material zurückgehen, könnte der dritte Teil eine Neuschöpfung des Redaktors und als solche die beste Informationsquelle zu seiner Person sein. Die dort beschriebene *vita contemplativa* weist nun auf ein monastisches Umfeld hin, in dem ja der Rückzug aus der Welt, die Hinwendung zur Innerlichkeit und die Kultivierung der Kontemplation seit jeher einen zentralen Platz in Lebensideal und Alltag einnehmen. Natürlich sind entsprechende Praktiken grundsätzlich auch in semireligiosen oder weltlichen Lebenszusammenhängen vorstellbar und so soll es hier bei einem vorsichtigen Hinweis bleiben.

## *5.5 Der Kurzdialog ›Der arme Mensch IV‹ – Gelehrtenkultur und Devotio Moderna*

Die handschriftliche Zusammenstellung der beiden Dialogfassungen ›Der arme Mensch II‹ und ›Der arme Mensch III‹ zu einer Überlieferungsgemeinschaft stellt die notwendige Voraussetzung für das Entstehen der Fassung ›Der arme Mensch IV‹ dar. Der Redaktor dieser neuen Textstufe fand in seiner Vorlage zwei aufeinanderfolgende, aber in sich geschlossene Stücke vor, die mit dem Guten-Morgen-Wunsch einen nahezu identischen Anfang boten. Er verschmolz beide Texte zu einer Einheit, indem er den redundant gewordenen Anfang des ›Armen Menschen III‹ überging und das übrige Material an den Dialog ›Der arme Mensch II‹ anfügte. Womöglich schied bei diesem Schritt auch der Name ›Meister Eckhart‹ aus dem Textbestand aus, da er Teil des emendierten Abschnitts war und offensichtlich nicht für wert befunden wurde, an anderer Stelle neu eingefügt zu werden. Diese Ausformung des ›Armen Menschen IV‹ dürfte sich unter dem Einfluss zweier Faktoren vollzogen haben: zum einen der Aufbereitung des Textes für ein gelehrtes Publikum – sie zeigt sich in der Interpolation theologischer Fachbegriffe und noch deutlicher daran, dass für die erhaltene Überlieferung ein lateinischer Archetyp anzusetzen ist – und zum anderen der Anpassung an die Frömmigkeit der Devotio Moderna.

›Der arme Mensch IV‹ ist in fünf Handschriften überliefert: in lateinischer Sprache in der Handschrift Ge9, in mittelniederländischer in *Lü, Lö und Ge2 und in mittelhochdeutscher in Mai11. Der geographische Verbreitungsraum entspricht dem der anderen Fassungen und dokumentiert damit den intensiven literarischen Austausch entlang der Rheinschiene, in den auch das östlich gelegene Schwaben einbegriffen ist. Der Überlieferungszeitraum ist das 15. und 16. Jahrhundert.

## *5.5.1 Textkonstitution*

Der Text dieser Fassung liegt bislang nur in verschiedenen Handschriftenabdrucken vor (vgl. dazu Anm. 5 auf S. 166), die aber von der Forschung bislang weder als zusammengehörend erkannt noch sonst mit einer Untersuchung bedacht wurden. Die nachfolgende Neuedition mit den anschließenden Analysen schafft also erstmals ein Bewusstsein dafür, dass in diesen Handschriften nicht nur zufällige Abweichungen der PFEIFFERschen Sprüche 66 und 67, sondern eine Textform eigenen Rechts vorliegt.

### Handschriftenbeschreibungen

Die im Folgenden aufgelisteten Handschriften wurden bereits als Textzeugen des ›Armen Menschen‹ registriert, bei TRIEBEL aber Spr. Pf. 66 – so Ge2, Ge9 und Lö – oder Spr. Pf. 67 – so Mai11 – zugewiesen.[162] Neu in der Liste ist die bislang nicht mit Eckhart in Verbindung gebrachte Handschrift *Lü, die, einem unspezifischen Hinweis BRETHAUERS folgend,[163] als Zeuge dieser Dialogform gesichert werden konnte.

### **Ge9: Gent, Universitätsbibliothek, Hs. 1376**

Papier und Pergament · 253 Blatt · 145×97 mm · 15. Jahrhundert · mittelniederländisch und lateinisch · St. Maartensbos bij Geraardsbergen, Kartäuserkloster

Inhalt: Die Inhaltsangabe muss sich auf einige unvollständige Mitteilungen aus der Sekundärliteratur beschränken, da die Handschrift noch nicht umfassend beschrieben ist. Fol. 136$^{r}$–138$^{v}$ Nikolaus von Straßburg: ›Predigt vom Goldenen Berg‹; fol. 138$^{v}$–140$^{r}$ *Declaratio sermonis prescripti facta per fratrem Johannem de scoenhovia*; fol. 236 *Van onser vrauwen Maria*; fol. 245$^{r}$–246$^{r}$ ›Der arme Mensch IV‹ (lat.)

Literatur: AXTERS, Preek op den gulden berg, S. 44 f.; DEROLEZ, Universiteitsbibliotheek te Gent, S. 110; DOLCH, Verbreitung oberländischer Mystikerwerke im Niederländischen, S. 46 f.; SCHARPÉ, Anthonis, S. 225–232

SCHARPÉ weist auf mehrere kurze Visionstexte mit Erwähnungen des Kartäuserordens hin, die sich in Ge9 auf fol. 242$^{v}$, also in unmittelbarer Nähe zum ›Armen Menschen IV‹, finden. Man hat damit Grund zur Annahme, dass die Handschrift nicht einfach zufällig in ein Kartäuserkloster gelangte, sondern

162 Vgl. die von TRIEBEL betreute Internetseite www.eckhart.de unter den Reitern Texte / Eckhart-Legenden / Meister Eckhart und der arme Mensch (letzter Aufruf am 04.01.2019).

163 BRETHAUER, Texte, S. 162.

dass es spezifischere Verbindungen gegeben haben könnte – sei es, dass die Handschrift, zumindest in Teilen, in Kartäuserkreisen entstand, sei es, dass Kartäuser als Redaktoren der Texte in Frage kommen.

Johannes von Schönhofen († 1432), der in der Handschrift mit einer Erklärung zur ›Predigt vom Goldenen Berg‹ des Nikolaus von Straßburg vertreten ist, war seit 1377 Augustiner-Chorherr in Groenendaal und gehört ins Umfeld Ruusbroecs, der Windesheimer Kongregation und der Devotio Moderna.[164] Zur Verbindung zwischen Kartäusern und frühen Vertretern der Devotio Moderna vgl. S. 315.

## Ge2: Gent, Universitätsbibliothek, Hs. 1344

Papier · 56 Blatt · 137 × 98 mm · Anfang 16. Jahrhundert · eine Hand · mittelniederländisch

Inhalt: fol. $1^r$–$19^r$ *Hier volghen xij precieuse steenen*; fol. $19^r$–$26^v$ Geschichte von Sarah und Tobias; fol. $26^v$–$27^r$ *Dese vij peynten wilt overdincken dat biddic u om den ghenen die ut mynnen voor ons die bitter doot ghestorven es*; fol. $27^v$–$34^v$ *Van drie peynten die dat herte onpuer maken*; fol. $34^v$–$38^r$ ›Der arme Mensch IV‹; fol. $38^r$–$56^v$ *Hier volghen die xij raden vander heligher euangelien*

Literatur: Dolch, Verbreitung oberländischer Mystikerwerke im Niederländischen, S. 46 f.; Reynaert, Gent, S. 214–216; de Vooys, Nederlandse Mystiek I, S. 89–91 (mit Abdruck); Handschriftencensus: http://www.handschriftencensus.de/19407 [04.01.2019]

## Lö: Löwen, Universitätsbibliothek, Cod. G 71 (1940 verbrannt)

Papier · 175 Blatt · 200 × 137 mm · 15. Jahrhundert · mehrere Hände · mittelniederländisch · Löwen, St. Michielskerk

Inhalt: Es liegen keine Inhaltsverzeichnisse zu dieser Handschrift vor. Laut der Datenbank ›Bibliotheca Neerlandica Manuscripta‹ enthält sie das *boeck van der leeringhe des leeken mensche* und auf fol. $130^v$–$132^v$ den Dialog ›Der arme Mensch IV‹.

Literatur: Axters, Bibliotheca Dominicana, S. 315; Lücker, Devotio Moderna, S. 162; Quint, Untersuchungen I, S. 268 f. (mit Abdruck); Bibliotheca Neerlandica Manuscripta: picarta.pica.nl/xslt/DB=3.48/SET=1/TTL=71/SWH?FRST=72 [04.01.2019]

---

164 Zu Leben und Werk des Johannes von Schönhofen vgl. Gruijs, Schoonhoven, und Ruh, Geschichte 4, S. 124–129. Ruh deutet ihn dort als Vermittlerfigur zwischen Groenendaal und Windesheim.

## *Lü: Lüttich, Universitätsbibliothek, ms. 321

Papier · 145 Blatt · 110 × 70 mm · 15. Jahrhundert · mittelniederländisch und lateinisch

Inhalt: Zu dieser Handschrift sind keine Inhaltsangaben vorhanden. Im Katalog von Fiess / Grandjean heißt es lediglich: »Collectarium ex diversis auctoribus et patribus de rebus religiosis«. ›Der arme Mensch IV‹ befindet sich »am Ende der letzten Lage« (Brethauer, Texte, S. 162; eine Seitenzählung war in den mir zur Verfügung stehenden Scans nicht zu erkennen).

Literatur: Brethauer, Texte, S. 162; Fiess / Grandjean, Liège, S. 239

## Mai11: Augsburg, Universitätsbibliothek, Cod. III.1.4° 36

Papier · III + 184 Blatt · 205 × 150 mm · 1. Hälfte 16. Jahrhundert · eine Hand (Schneider) / mehrere Hände (Quint) · ostschwäbisch · Kirchheim am Ries, Zisterzienserinnenkloster

Inhalt: Es handelt sich um eine geistliche Sammelhandschrift, aus deren reichem Inhalt hier nur einige wenige Stücke genannt werden können: fol. 1ʳ–46ᵛ Johannes von Kastl: ›Spiritualis philosophia‹, Kap. 1–19 (dt.); fol. 86ᵛ–95ʳ Marquard von Lindau: ›Hiob-Traktat‹; fol. 95ᵛ–105ᵛ Konrad Bömlin: Eucharistiepredigt; fol. 158ᵛ–160ʳ ›Der arme Mensch IV‹. Für eine umfassende Inhaltsangabe vergleiche Schneider.

Literatur: Löser, Augsburg, S. 200–207; Quint, Untersuchungen I, S. 110–112; Schneider, Augsburg, S. 341–347; Handschriftencensus: http://www.handschriftencensus.de/4350 [04.01.2019]

Der Codex gehörte der Kirchheimer Nonne Ursula Miller, deren Name sich in weiteren zehn Handschriften und zwei Drucken als Besitzeintrag findet.[165]

Der Dialog ›Der arme Mensch IV‹ schließt in der Handschrift an zwei Kurztraktate *Von demut* (fol. 157ᵛ–158ʳ) und *Von gehorsam* (fol. 158ʳ–158ᵛ) an, mit denen er über die Thematik des Willens und der Gelassenheit in enger inhaltlicher Verbindung steht. Geschrieben wurde er – wie der Vergleich mit einer Schriftprobe bei Schromm gezeigt hat – von der Chorfrau Agnes Bühlerin, die »als die bedeutendste unter den Kirchheimer Schreiberinnen zu gelten«[166] hat.

---

165 Vergleiche die Aufstellung der Handschriften der Ursula Miller bei Schromm, Kirchheim, S. 398. Schromm vermutet, dass sie zeitweise im Amt der Kantorin und Bibliothekarin stand (ebd., S. 122).

166 Schromm, Kirchheim, S. 128.

Handschriftenrelation

Die Überlieferungssituation des ›Armen Menschen IV‹ stellt vor schwierige Aufgaben: Der Dialog ist im Vergleich zu den bisher besprochenen Fassungen nur schmal überliefert, wobei die wenigen Handschriften im Wortlaut stark divergieren. Einen ersten Ansatzpunkt für die Textgeschichte liefern zwei Beobachtungen, die einen lateinischen Text am Anfang der heute noch greifbaren Überlieferung dieser Fassung vermuten lassen.

Bei der ersten Beobachtung handelt es sich um eine lexikalische Auffälligkeit: Wo im ›Armen Menschen II‹ die Worte ›Glück‹ (Z. 10) und ›Unglück‹ (Z. 11) in den jeweils vorliegenden Schreibsprachen stehen, liest man im ›Armen Menschen IV‹ in der schwäbischen Handschrift Mai11 *gutz gelück* bzw. *bös gelück* und in den niederländischen Handschriften *goede aventure* bzw. *quayde aventure*, hier stellvertretend zitiert nach *Lü (Z. 25 f.). Wie ist es im Fall von Mai11 zu der ungewöhnlichen Attribuierung von ›Glück‹ mit ›gut‹ bzw. ›böse‹ und bei den übrigen Handschriften gar zur Ersetzung durch *aventure* gekommen? Man wird dies kaum erklären können, wenn man eine konstante Tradierung des Textes in den Volkssprachen annimmt – es hätte dann keinen Grund gegeben, von der einfachen und in beiden Sprachen möglichen Formulierungsweise aus ›Der arme Mensch II‹ abzuweichen.

Den entscheidenden Hinweis zur Klärung dieser Auffälligkeit liefert die Handschrift Ge9, in der man an entsprechender Stelle *bonam fortunam* (Z. 25) bzw. *malam fortunam* (Z. 26) liest. Es deutet sich hier ein Tradierungsprozess an, in dem die beschriebenen Divergenzen als Ergebnis von Übersetzung ins und Rückübersetzung aus dem Lateinischen entstanden sind: ›Glück‹ und ›Unglück‹, so noch ohne Alternative im ›Armen Menschen II‹, wurden mit dem Wort *fortuna* ins Lateinische übersetzt, das aufgrund seiner neutralen Bedeutung im Sinne von ›Schicksal‹[167] entsprechender Attribute zur Vereindeutigung bedurfte. Als der Text dann wieder in die Volkssprachen zurückgebracht wurde, hielt man sich getreu an den lateinischen Wortlaut und es kam zu den oben genannten teils umständlich oder unnötig kompliziert wirkenden Formulierungen.

Die zweite Beobachtung betrifft das Zitat, das den ›Armen Menschen IV‹ beschließt: In Ge9 heißt es *servire deo regnare est*, in Mai11 *dar umb sprichet augusti-*

---

167 Vgl. etwa die lateinische Paraphrase zum Lemma *fortuna* in der Redaktion I des ›Vocabularius Ex quo‹, die in der Mitte des 15. Jahrhunderts angelegt wurde und damit aus demselben Zeitraum stammt wie die Handschriften des ›Armen Menschen IV‹: *est temporalis euentus rerum* (Grubmüller, Vocabularius, Bd. 3, S. 1072). Diefenbach gibt zu *fortuna* als volkssprachliche Übersetzungen *gelucke, zufall* und *euenture* an (ders., Glossarium, S. 244).

*nus got dienen ist mit jm reigieren* und in *Lü *quia deo servire regnare est want gode te dyenen dat is dat rijcdom der zielen besaten ende te bestyeren te verwaren ende te besorghen ende te reg* (der Text bricht hier ab; das letzte Wort soll wohl *regeren* heißen) (Z. 99). Die Handschrift Lö überliefert das Zitat in freier, aber noch erkennbarer Form als *wilt altoes wel doen soe suldy regneren*, während es in Ge2 nicht vorhanden ist.

Aufschlussreich ist die Textgestalt von *Lü: Der lateinische Fremdkörper im ansonsten volkssprachlichen Text verrät die Benutzung einer lateinischen Vorlage. Die Suche nach einer möglichen Quelle für das Zitat bestätigt den Eindruck, dass wir es mit lateinischem Bildungsgut zu tun haben: Zwar kann ein entsprechender Satz nicht für Augustinus nachgewiesen werden,[168] doch findet sich im ›Liber sacramentorum‹ des Kirchenvaters Gregor des Großen der Ausspruch: *Deus auctor pacis et amor, quem nosse vivere, cui servire regnare est*[169]. Namhafte mittelalterliche Theologen wie Petrus Lombardus[170] oder Alanus ab Insulis[171] tradieren den Satz in verkürzter Form als *servire deo regnare est* weiter. Das Zitat, so die Schlussfolgerung, wurde von einem entsprechend belesenen Redaktor an den Schluss des lateinischen ›Armen Menschen IV‹ angefügt und von den Übersetzern des Dialogs entweder ganz in die Volkssprache gebracht (Mai11) oder – vielleicht aus Hochachtung vor der Tradition – beibehalten und volkssprachlich erläutert (*Lü).

Da also die Überlieferung des ›Armen Menschen IV‹ von einem lateinischen Text auszugehen scheint, liegt die Vermutung nahe, mit der Handschrift Ge9 diesem Ausgangspunkt besonders nahe zu kommen, zumal die im Wortlaut stark divergierenden volkssprachlichen Handschriften abwechselnd Formulierungen bieten, die sich sehr eng an das Lateinische der Handschrift Ge9 anlehnen (vgl. dazu die Beispielkollation auf S. 298). Dass dem aber nicht so ist, ergibt sich aus dem Fehlen eines Satzes in Ge9, der von den anderen Handschriften übereinstimmend tradiert wird: Nach *tam libenter essem in inferno sicut in celo* (Z. 50) lesen alle Textzeugen mit besagter Ausnahme *got ist wol so mechtig er mocht mir geben die ru der seligen in der hell eben so wol alls jm himel* (zitiert nach Mai11). Man könnte annehmen, dass dieser Satz erst in einem späteren Stadium des Tradierungsprozesses eingefügt worden sei, wenn nicht schon die Quelle, ›Der arme Mensch II‹, an gleicher Stelle eine Entsprechung zu bieten hätte: *Wulde got, hey machde mir wail eyn hemelrich in der helle* (Z. 18). Möglicher-

168 Die Zuweisung an Augustinus ist aller Wahrscheinlichkeit nach sekundär. Der Mai11-Redaktor könnte in diesem Zusammenhang insofern eine Rolle spielen, als der in seiner Handschrift unmittelbar vorausgehende Text ebenfalls ein Augustinus zugeschriebenes Zitat enthält (fol. 158$^{r}$).

169 PL 78, Sp. 206.

170 PL 192, Sp. 900.

171 PL 210, Sp. 664.

weise nahm der Redaktor des Ge9-Textes Anstoß an der völligen Nivellierung von Himmel und Hölle und ließ den Gedanken deshalb bewusst aus. Dass solche Sätze durchaus Staunen, vielleicht auch Befremden bei ihren Rezipienten auslösen konnten, beweist die Randbemerkung *nota mirabile* in Ge9 neben *tam libenter essem in inferno sicut in celo* (Z. 50).

Ge9 kommt dem lateinischen Ausgangstext, dem Archetyp der ›Arme Mensch IV‹-Überlieferung, wahrscheinlich also sehr nahe, ist aber auch nicht mit ihm identisch. Wie ist dann das Verhältnis der fünf Handschriften zueinander zu bestimmen? Auf den ersten Blick lassen sich zwei Gruppen unterscheiden: Der relativ homogenen und ursprungsnahen Gruppe aus Ge9, Mai11 und *Lü steht eine änderungsfreudige Gruppe aus Lö und Ge2 gegenüber. Im Vorgriff auf spätere Untersuchungen ist dazu aber Folgendes zu bemerken: Die erstgenannten drei Handschriften zeigen keine eindeutigen Bindefehler, die einer gemeinsamen Vorlage x zuzuschreiben wären, sondern könnten ihre Ähnlichkeit auch einer insgesamt treuen Bewahrung des Archetyps verdanken. Bei der Unterscheidung der beiden Gruppen wird also neben der Sigle y für Lö und Ge2 und x für Mai11 und *Lü die Sigle ›Ge9‹ als Bezeichnung für einen möglichen dritten Ast der Überlieferung weitergeführt. Die Grenzlinie zwischen Ge9 und x einerseits (zitiert nach Ge9) und y andererseits (zitiert nach Lö) verläuft an folgenden Varianten:

Z. 18: *salutavit eum* Ge9, x] fehlt y
Z. 24: *ad quem iterum magister* Ge9, x] *die meester verwonderde seer van alsulcken antwoerden ende seyde noch* y
Z. 35: *ut sim infirmus vel sanus* Ge9, x] *dat ick een coninck oft een scaepherder ben sieck of ghesont* y
Z. 53: *per sinistrum brachium* Ge9, x] fehlt y
Z. 53: *humanitatem* Ge9, x] *mensheyt soe dat ich hem ghelyck bin y*
Z. 55: *per dextrum brachium* Ge9, x] *met mynder zielen y*

Der Vergleich mit dem ›Armen Menschen II‹ zeigt klar, dass die y-Redaktion bereits eine Art Überarbeitung oder Weiterentwicklung des ursprünglichen ›Armen Menschen IV‹ darstellt: Das Motiv, mit Gott über den linken und rechten Arm verbunden zu sein, wurde fallengelassen (Z. 53) bzw. spiritualisierend auf die Seele übertragen (Z. 55). Vielleicht sollte damit der allzu physisch-konkreten Vorstellung gewehrt werden, man könne Gott gewissermaßen mit Händen greifen. An anderer Stelle bringt die y-Redaktion in Worte, was in früheren Textfassungen nur suggeriert wurde: So etwa das Staunen des Meisters über die Behauptung des armen Menschen, es sei ihm noch nie schlecht ergangen (Z. 24) – was angesichts seines äußeren Elends sicher nicht wenig überraschend wirken musste.

Die textkritischen Verhältnisse innerhalb der Gruppe y zu klären, verlangt vor allem eine Aufarbeitung des Ge2-Textes – der Lö-Text ist mit den oben aufgelisteten Varianten bereits weitgehend erfasst –, denn mehr als jedes andere Stück aus der Überlieferungsgeschichte des ›Armen Menschen‹ hat es den Titel eines ›Mosaikdialogs‹ verdient.

Zum einen zeigt Ge2 einige punktuelle Erweiterungen: Nach der Beschreibung des armen Menschen in seinem Elend beispielsweise (vgl. Z. 13 f.) ist vom ungläubigen Staunen des Meisters die Rede, eine Erweiterung, die – wie bereits für die y-Redaktion insgesamt festgestellt (vgl. Z. 24) – die implizite Dramaturgie des Dialogs ausformuliert: *die meester verwondert sijnde besachene peynsde dat dat den man was daer men hem of gheseit hadde ende om die waerheit te wetene hij begonste hem daer vander materie te coutene* (Z. 15–17).

Zum anderen wartet der Ge2-Text mit mehreren Interpolationen und Umformulierungen auf, die eine intensive Verarbeitung anderer ›Armer Mensch‹-Fassungen anzeigen. Bemerkenswerterweise bietet Ge2 etwa Material aus dem ›Armen Mensch III‹, der zweiten Quelle des ›Armen Menschen IV‹, das in keinem anderen Textzeugen des ›Armen Menschen IV‹ vorhanden ist oder nur in gänzlich anderer Gestalt erscheint. Die nachfolgenden beiden Beispiele legen den Schluss nahe, dass der Redaktor des Ge2-Textes selbstständig auf die dritte Fassung des Dialogs zurückgegriffen und daraus ihm gefällige Passagen, teils in bearbeiteter Form, aufgenommen haben muss. Der Einfachheit halber seien die zu vergleichenden Texte hier in kollationierter Form dargeboten.

Das erste Beispiel betrifft eine Passage aus den Zeilen 14–16 des ›Armen Menschen III‹, für die es in keinem Textzeugen der vierten Fassung außer in Ge2 (vgl. Z. 74–78) eine Entsprechung gibt:

| | | | | |
|---|---|---|---|---|
| AM III: | Der | meyster | sprach: | »Du machs heilig sin. |
| Ge2: | De | meester | seide: | »My dynct, ghij spreict van saken, die gheestelic sijn. |

| | | | |
|---|---|---|---|
| AM III: | Wer | hait | dich heilig gemacht?« |
| Ge2: | Waer | hebdyse | gheleert?« |

| | | | | |
|---|---|---|---|---|
| AM III: | Hey antwort: | | »Dat hait gedain | myn stille swigen |
| Ge2: | De man andworde: | »O mijn goede vrient, | | mijn grote begheerte, |

| | | | |
|---|---|---|---|
| AM III: | ind | myn | hoge gedencken |
| Ge2: | | mijn | ruste |

| | | | | | |
|---|---|---|---|---|---|
| AM III: | ind | myn vereynungen myt gode. | Dat hait | mich | |
| Ge2: | ende | mijn dyep onthout | hebben | my | ghestelt ende ghetrocken |

| | |
|---|---|
| AM III: | in den hemel getzoegen [...]« |
| Ge2: | in der glorien.« |

Obwohl sich kaum nennenswerte wörtliche Übereinstimmungen ergeben und der kurze Wortwechsel auch jeweils in unterschiedlichen Kontexten platziert ist – im ›Armen Menschen III‹ folgt er auf die Behauptung, Gott in der Seele finden zu können (dort Z. 13 f.), in Ge2 auf die Behauptung, Gott in reinen Herzen und Menschen eines guten Willens gelassen zu haben (vgl. Z. 72 f.) – weisen analoge Gedankenführung und Formulierungsweise auf eine literarische Abhängigkeit hin.

Das zweite Beispiel betrifft die Erklärung des armen Menschen, was es mit dem Königreich der Seele auf sich habe. Zum Vergleich ist hier auch der Text von Ge9, der im Wesentlichen mit dem der beiden x-Handschriften übereinstimmt, in die Gegenüberstellung aufgenommen:

| ›Der arme Mensch III‹ (Z. 12 f.) | ›Der arme Mensch IV‹ nach Ge2 (Z. 93–95) | ›Der arme Mensch IV‹ nach Ge9 (Z. 93–95) |
|---|---|---|
| wanne dat ich die porten mynre vonff synne beslossen hain | als ic die dueren sluute van mynen vijf synnen | Quia scio sic regere sensus meos tam interiores quam exteriores |
| | ende soucke mynen alder lieften Jhesum christum duert ghelove, alle eertsche saken achter latende | quod omnis appetitus meus et vires anime mee scilicet concupiscibilis irascibilis et rationalis sunt sub me |

Während im Dialog ›Der arme Mensch III‹ die Herrschaft über das eigene Innere mit der Metapher der verschlossenen Sinne beschrieben ist, wartet Ge9 mit theologischer Fachterminologie auf (vgl. die Erläuterungen auf S. 311–313). Ge2, obwohl bisher bei allen individuellen Lesarten immer im Rahmen der ›Armer Mensch IV‹-Überlieferung, schließt sich hier der Vorgängerfassung an und bringt gleichzeitig neues Material mit ein. Möglicherweise nahm der Ge2-Redaktor über den Rückgriff auf die ältere Fassung die Chance wahr, eine sehr voraussetzungsreiche Passage für sein Publikum zu vereinfachen und dabei doch im Rahmen der Überlieferung zu bleiben.

Der Redaktor des Ge2-Textes, so lässt sich aus den beiden Beispielen schließen, benutzte den ›Armen Menschen III‹ über die bereits von der vierten Fassung vorgegebenen Passagen hinaus als Materialvorrat zur Vervollkommnung seines eigenen Textes. Auf diese Weise griff er auch eine Frage-Antwort-Reihe aus dem in der textkritischen Übersicht bereits angesprochenen ›Vader-Discipel-Dialog‹ (vgl. dazu Kap. 5.7) heraus, der ebenfalls mit einem Guten-Morgen-Wunsch beginnt und sich deshalb wohl besonders für eine Erweiterung anbot:

| ›Vader-Discipel-Dialog‹ (Z. 10–15) | ›Der arme Mensch IV‹ nach Ge2 (Z. 79–84) |
|---|---|
| Die vader sprac: »Welck is die meeste vroechde, die men hebben mach in deser tyt?« | De meester vraechde: »Welc es die beste ruste, die de mensche hebben mach up dese weerelt?« |
| Die discipel: »Een suver conciencie.« Die vader: »Waen coemt een suver conciencie?« | De man seide: »Een puer ende suver consciencie.« De meester vraechde: »Waer of comt een puer consciencie?« |
| Die discipel: »Ut groter hueden der sunden.« Die vader sprac: »Waen coemt die grote hoede der sunden?« Die discipel seide: »Ut heiligher vresen, die den mensche dencken doet, dat god altoes teghenwoerdich is ende alle onse werken aensiet.« Die vader: »Waen coemt die heilighe vrese?« Die discipel: »Ut godliker mynen.« | De man andworde: »Van gode te vreesene ende dat men de sonden schuwe ende dat men oec betrauwen hebbe up sijn beloften.« |

Die Sequenz schließt direkt an das erste Zusatzstück aus dem ›Armen Menschen III‹ an und bildet mit ihm einen umfangreichen Erweiterungsblock. Der Ge2-Redaktor greift auch hier wieder stark paraphrasierend in den Text ein und fasst dabei zwei selbstständige Elemente – *hueden der sunden* und *heileghe vreesen* – in einer einzigen Antwort zusammen. Das kurzatmige Staccato von Frage und Antwort, das in ganz ähnlicher Weise schon in ›Meister Eckhart und der nackte Knabe‹ und im ›Armen Menschen III‹ zu beobachten war und ursprünglich wohl als Stilmittel eingesetzt wurde, ging dabei verloren.

Der Ge2-Text bildet mit seinen zahlreichen Versatzstücken so etwas wie die Summe der ›Armer Mensch‹-Überlieferung und führt eindrücklich vor Augen, wie viel Mühe und in gewisser Weise schon philologische Arbeit manch ein Redaktor auch für die Gestaltung geistlicher Kurzprosa zu investieren bereit war.

Für die textkritischen Verhältnisse innerhalb der y-Gruppe ergibt sich aus diesen Beobachtungen, dass die Dialog-Kompilation der Handschrift Ge2 und der Text aus Lö unabhängig voneinander auf eine gemeinsame Vorstufe zurückgehen müssen. Im Fall von Lö gilt dies allein schon deswegen, weil es nicht die zahlreichen Plusstücke und Anleihen bei anderen Textfassungen teilt und damit den y-Text insgesamt treuer bewahrt. Ge2 wiederum überliefert zusammen mit allen anderen Textzeugen eine Passage, die in Lö möglicherweise in Folge eines Homoioteleutonfehlers – die stereotypen Frageformulierungen verleiten dazu – ausgefallen ist: die Frage »Wo ließest du Gott« mit der dazugehörigen Antwort (vgl. Z. 71–73).

Das Verhältnis der verbliebenen drei Handschriften zueinander stellt sich so dar, dass Mai11 und *Lü auf eine gemeinsame Vorlage x zurückgehen, während Ge9 als dritter Ast der Überlieferung eine zwar x-nahe, aber doch unabhängige Textform bietet. Übereinstimmend mit dem y-Zweig überliefert der x-Zweig den Gedanken, Gott könne die Ruhe der Seligen im Himmel ebenso verleihen wie in der Hölle – ein Gedanke, der in Ge9 fehlt (vgl. Z. 51 f.). Daneben stehen zahlreiche Gemeinsamkeiten von x und Ge9 gegen y (vgl. die Aufstellung S. 293) und eine einzige von Ge9 und y gegen x: Allein in den beiden x-Handschriften verlangt die göttliche Stimme, dass der Wahrheitssuchende zu einem bestimmten Zeitpunkt, nämlich am frühen Morgen (vgl. Z. 11 und die nachfolgende Teilkollation), zur Kirche kommen soll. Dabei handelt es sich mit großer Wahrscheinlichkeit um eine sekundäre Erweiterung, abgeleitet aus dem nachfolgenden Guten-Morgen-Wunsch, denn auch keine der Vorgängerfassungen überliefert etwas Vergleichbares. Mai11 und *Lü können also einer gemeinsamen Vorlage zugewiesen werden, während sich keine Bindefehler finden lassen, die Ge9 zwingend mit ihnen verknüpft. Das Stemma des ›Armen Menschen IV‹ muss man sich also dreiästig vorstellen, wobei Ge9 und x den Archetyp mit wenigen Ausnahmen am treuesten bewahren und y ihn stark bearbeitet.

Bleibt also noch das Verhältnis der beiden x-Handschriften Mai11 und *Lü zueinander zu klären. Auch wenn sie sich auf eine gemeinsame Vorlage zurückführen lassen, so sind doch erhebliche Divergenzen in ihrem jeweiligen Wortlaut festzustellen. Dabei hat die Überlieferungsgeschichte der vorausgegangenen Fassungen des ›Armen Menschen‹ gezeigt, dass der Übergang von Mittelniederländisch zu Mittelhochdeutsch und umgekehrt oft nur in der Anpassung an die jeweils herrschenden phonologischen Gegebenheiten und in ihrer Umsetzung in die Graphie, nicht jedoch in einer grundsätzlich anderen Lexik oder Grammatik zum Tragen kommt.[172] Schenkten die Schreiber dem genauen Wortlaut ihrer Vorlage einfach keine Beachtung? Auszuschließen ist das zwar nicht, ebenso denkbar ist aber auch ein anderer Entstehungsprozess: Die Texte von *Lü und Mai11 könnten auf zwei voneinander unabhängige Übersetzungen der gemeinsamen lateinischen Vorlage x zurückgehen, die die Herausforderungen der fremdsprachlichen Lexik und Syntax jeweils unterschiedlich bewältigten. Um dies zu verdeutlichen, sei beispielhaft ein Satz aus Ge9 (vgl. Z. 10–12) herausgegriffen und mit den beiden volkssprachlichen Texten konfrontiert:

---

172 Vgl. dazu in den Editionen der ›Armer Mensch‹-Fassungen oder in der Edition von ›Meister Eckharts Tochter‹ die Varianten der niederländischen Handschriften. Besonders deutlich wird diese Beobachtung auch an der Edition von ›Meister Eckharts Wirtschaft‹, in der eine niederländische Redaktion mit verschiedenen hochdeutschen synoptisch dargeboten ist.

| | | | | | | | | | |
|---|---|---|---|---|---|---|---|---|---|
| *Lü: | | In | dat achte | | jaer | wart hem | gheantwort | an onsen | here, |
| Ge9: | | In | octavo | autem | anno | responsum | accepit | a | deo |
| Mai11: | Nun | in | dem achteten | | iar | hat er ain antwort | empfangen | von | got, |

| | | | | |
|---|---|---|---|---|
| *Lü: | dat hi | des morghens | vroech | ter kerken ghienc. |
| Ge9: | ut | | | iret ante ecclesiam |
| Mai11: | er solt | am morgen | frü | zu der kirchen gan. |

| | | | |
|---|---|---|---|
| *Lü: | Daer solde hi | vinden | eynen armen minsch |
| Ge9: | et ibi | inveniret | hominem pauperem |
| Mai11: | Da werd er | vinden | ainen armen menschen |

| | | | | | | |
|---|---|---|---|---|---|---|
| *Lü: | dy | hem bescheydenisse sagghen sulde | op | siner | begheerten | |
| Ge9: | | | | suum | desiderium | sibi indicaturum |
| Mai11: | der | werd im | | seiner | begird | genůg thon |

Die Handschriften changieren in unterschiedlicher Weise zwischen treuer Bewahrung des lateinischen Wortlauts und Anpassung an die Volkssprache: Mai11 gibt beispielsweise das lateinische *responsum accepit* exakter wieder als *Lü, das wiederum an anderer Stelle mit dem Verb *indicare* oder der Konstruktion *ut iret* genauer verfährt. Im Allgemeinen steht Mai11 näher am lateinischen Text als *Lü und übernimmt auch, um nur einige wenige Beispiele herauszugreifen, das *legitur* (Z. 3), das *in hac vita* (Z. 6) und das *omnino* (Z. 58) seiner Vorlage. Die Eigenständigkeit des Mai11-Textes erweist sich zudem darin, dass er eine Lücke in *Lü, die Frage »Wo hast du Gott gefunden« mit der zugehörigen Antwort (vgl. Z. 67–71), nicht teilt. Ein Beleg für die Unabhängigkeit der Handschrift *Lü von Mai11 liegt dagegen in den Entsprechungen zum Satz *intelligo ab eo omnia bene fieri* (Z. 32), dessen Wortlaut von *Lü mit *ic begripe in my zelven dat ons here al dinc wal ghemaect heeft* präziser bewahrt wird als von Mai 11 mit *ich wais das alle ding von got recht und billich verhengt werden.*

Das Stemma des ›Armen Menschen IV‹ ist demnach folgendermaßen anzusetzen:

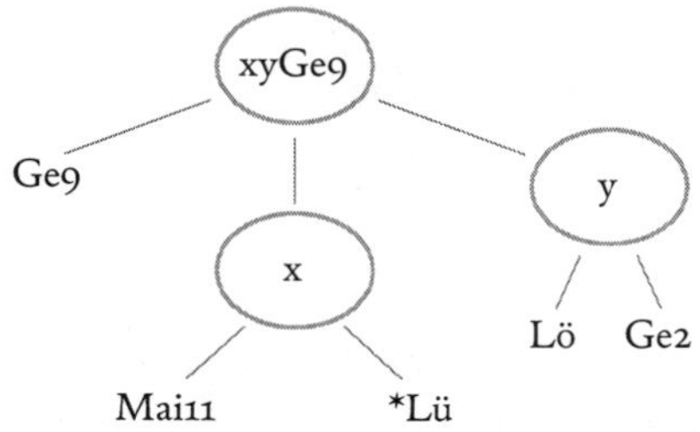


Abb. 7: Stemma des Dialogs ›Der arme Mensch IV‹

Als Leithandschrift für die Edition des ›Armen Menschen IV‹ empfiehlt sich Ge9, weil hier nicht nur die lateinische Sprachgestalt dieser vierten Fassung des Dialogs, sondern weitgehend auch ihre ursprüngliche Textgestalt bewahrt ist. Einzige Ausnahme dabei ist die Auslassung in Z. 51f., die jedoch mit Mai11 als einer zuverlässigen Handschrift gefüllt werden kann.

Besonders nachdrücklich stellt sich angesichts der sprachlichen Diversität der Textzeugen und ihrer sehr änderungsfreudigen Redaktionen die Frage nach dem editorischen Umgang mit der Varianz. Allein schon das Nebeneinander von Latein und verschiedenen Volkssprachen bedingt eine Vielzahl von Wortumstellungen, von lexikalischen und syntaktischen Varianten, ohne dass davon auch der Gehalt des Textes betroffen wäre oder filiatorische Aussagen möglich wären. Die Analyse des Ge2-Textes hat ferner gezeigt, dass die Existenz verschiedener Fassungen und verwandter Stücke die *mouvance* der Texte insofern begünstigt, als Redaktoren bei entsprechender Kenntnis des Materials Passagen leicht austauschen oder ergänzen können.

Um dieser textgeschichtlichen Realität in der Edition gerecht zu werden, wird neben dem Leittext Ge9 (Spalte A) die stark bearbeitete Version von Ge2 (Spalte B) synoptisch dargeboten. So kommt zum einen diese sehr eigenständige Kompilation aus verschiedenen Fassungen zu ihrem Recht, zum anderen ist mit der Gegenüberstellung gewissermaßen die größtmögliche Bandbreite an Variation abgedeckt. Im Apparat der Spalte A werden die Abweichungen aus den Handschriften Mai11 und *Lü verzeichnet, sofern es sich um Auslassungen oder Hinzufügungen handelt oder sofern sie geeignet sind, die unterschiedlichen Übersetzungsweisen zu illustrieren. Der Apparat der Spalte B nimmt die Varianten aus Lö auf – in der Regel Übereinstimmungen mit Ge9 und dem x-Zweig gegen Ge2. So kann im Detail nachvollzogen werden, wo eine Stelle aus Ge2 der y-Gruppe angehört und wo Sondergut der Ge2-Redaktion vorliegt. Wo in Ge2 größere Textpassagen aus anderen Texten interpoliert sind, finden sich entsprechende Verweise auf diese Texte in runden Klammern.

Die Grundlagen der Editionspraxis sind auf S. 78–80 dargestellt.

## Edition: ›Der arme Mensch IV‹

A

Leithandschrift: Ge9

[245r] Exemplum edificativum et mirabile

Legitur quod fuit quedam magister

qui desideravit a deo scire
que via esset conpendiosior ac brevior perveniendi ad deum in hac vita.

Pro hac re octo annis ingenti et ardenti desiderio dominum suppliciter
exoravit ut sibi dignaretur hoc revelare.
In octavo autem anno responsum accepit a deo
ut iret ante ecclesiam et ibi inveniret hominem pauperem suum desiderium
sibi indicaturum.
Venit ergo ille magister ante ecclesiam et invenit ibi pauperem vilissimis vestibus et pauperibus indutum nudum pedibus valde confractis et vulneratis.

Magister ergo salutavit eum dicens: »Deus concedat tibi bonum mane.«
Ad quem pauper: »Ego numquam habui malum mane.«
Magister ait:
»Deus te felicem faciat. Quomodo mihi sic respondes?«
Cui pauper:
»Ego numquam fui miser nec miserabilis.«
Ad quem iterum magister:
»Deus concedat tibi bonam fortunam. Quomodo mihi sic respondes?«
Respondit pauper: »Ego numquam habui malam fortunam

quia scio sic cum deo conversari quod omnia prospera et adver[245v]sa

equanimiter libenter et gratanter sustineo

---

**1** Exemplum ... mirabile] von warer gelassenhait ain klare anweisüng und ain schon exempel *Mai11; fehlt *Lü* **3–5** Legitur ... magister qui] man list von ainem hoch berömbten doctor der *Mai11;* eyn groot wael gheleert meyster **Lü* **5** a deo] van onsen here **Lü* scire] dat hi hem onderwysen wolde **Lü* **6** in hac vita *fehlt *Lü* **11** ut iret ante ecclesiam] er solt am morgen frů zu der kirchen gan *Mai11;* dat hi des morghens vroech ter kerken ghienc **Lü* **18** bonum mane] goeden dach **Lü* **19** malum mane] quayden dach **Lü* **23** miser nec miserabilis] onsalich **Lü* **25** bonam fortunam] gheluc ende goede aventure **Lü;* gutz gelück *Mai11* **26** malam fortunam] bös gelück *Mai11;* quayde aventure **Lü* **30** equanimiter libenter et gratanter sustineo] al even wael ghemoyt lyde ende verduldichlic ende dancbarlic draghe **Lü;* gleich můtiklich auf nim eben ains alls gern und williklich alls das ander empfach und düld *Mai11*

B
Leithandschrift: Ge2

[34v] Een sonder[35r]linghe scoene ende devote leeringhe van paciencien
Men vynt in seker scrijftueren, dat wilent was een meester, een doctuer,
die grote begherte hadde, om van onsen heere te wetene,
welc den curtsten wech ware up dese weerelt, om tot god te commene
ende tsijnder eeweghder glorien,
dwelke hy onsen heere alle daghe badt, viij jaer lanc.

Ten viijsten jaere ontfync hy andworde,
dat hij soude gaen voor die kerke, daer soude hij vynden eenen man,
om de waerheit of te vernemene.
De meester dit hoorende ghijnc vor de kerke, daer hy eenen aermen man vant, seer ghequetst ende ghewont, sonder cousen ende baervoets.
Die meester, verwondert sijnde, besachene, peynsde, dat dat den man was, daer men [35v] hem of gheseit hadde. Ende om die waerheit te wetene, hij begonste hem daer vander materie te coutene,
segghende: »Mijn vrient, god gheve u goeden dach!«
De aerme man andworde: »Ic hebbe altijt goeden dach.«
De meester besach den aermen man ende seide:
»Aerm onghevallich mensche, waer omme andwort ghij soe?«
De aerme man andworde weder ende seide:
»Ic enwas noyt aerm noch onghevallich.«
De meester verwonderde hem seere van sulc een andworde.
Daer omme seide hij hem noch: »God gheve u goede aventuere!«
Waer up die aerme man andworde: »Noynt enquam my quade aventuere tue,
want byder gracien gods: Van allen saken, die my toe commen moghen,
tsij voorspoet of jeghenspoet,
ic verdraecht paciente[36r]lic ende blijdelic, den heere altijts danckende

**1–2** Een sonderlinghe ... paciencien *fehlt Lö* **3–4** Men vynt ... een doctuer] Het was een groot doctoer inder godheyt *Lö* **6** curtsten] den sekersten ende den cortsten *Lö* up dese weerelt] in dit leven *Lö* **7** ende ... glorien *fehlt Lö* **8** viij jaer lanc] acht jaer lanck duerende met grooter nersticheyt ende viericheyt *Lö* **12** om ... vernemene] die hem soude seggen die waerheyt daer af **14** seer ... baervoets] met snoden habyte gecleedt ende bervoet ende seer ghewont *Lö* **15–17** Die meester ... coutene] dese meester besach desen mensche aen oft hyt wesen mochte *Lö* **18** gheve ... dach] verlene u goeden morghen *Lö* **19** Ic ... dach] Ick en hadde noeyt quaden morghen *Lö* **21** Aerm onghevallich mensche] God maeck u salich *Lö* **25** aventuere] aventuere Hoe antwoert ghy my aldus *Lö* **28–29** want ... jeghenspoet] Want ick can alsoe met gode omgaen da tick alle wederspoet ende voerspoet *Lö*

et intelligo ab eo omnia bene fieri.
Quia si voluit

ut sim infirmus vel sanus in nomine domini,

si pauper vel dives in nomine domini,
si vitam dederit vel mortem in nomine domini,
si vixerint amici vel obierint in nomine domini,

sive sit aura serena sive turbida in nomine domini.«

Tunc interrogavit eum magister:
»Quod diceres si deus te vellet ponere in inferno?«
Respondit pauper:
»Tam libenter essem in inferno sicut in celo.
*Dann got ist wol so mechtig, er mocht mir geben die ru der seligen in der hell eben so wol alls jm himel.*
Quia ita coniunctus sum deo per sinistrum brachium ad eius humanitatem quod ab eo separari non possum
et per dextrum brachium ita unitus sum ad eius deitatem
ut omnino aliud velle non possum quam quod deus vult.

Quapropter dico ei fiducialiter si omnino decreverit me ponere in inferno quod oportet eum me sequi et esse mecum ibi.«

Tunc intellexit magister ille quod vera submissio deo in omnibus est via proximior et conpendiosior ad deum perveniendi que possit inveniri in hac vita.

---

**32** et intelligo ab eo omnia bene fieri] ende ic begripe in my zelven dat ons here al dinc wal ghemaect heeft **Lü;* und ich wais das alle ding von got recht und billich verhengt werden *Mai11* **35** ut] *am Rand*: nota bene domini] gods **Lü* **37** domini] gods **Lü* **38** si vitam dederit vel mortem] laet hi mi leven oft sterven **Lü;* er geb mir das leben oder den tod *Mai11* domini] gods **Lü* **41** domini] gods **Lü* **42** sive sit aura serena] het sy schoen weder **Lü;* das wetter sey klar *Mai11* domini] gods **Lü;* herrn es sey nasz oder trucken kalt oder warm jm namen des herren man hass mich oder lieb mich im namen des herren *Mai11* **48** ponere] setten **Lü;* thon *Mai11* **50** Tam] *am Rand*: nota mirabile **51–52** dann got ... alls jm himel] want ons here is zo machtich dy ewyghe vreude mi te gheven in der hellen als in den hemel **Lü; fehlt Ge9* **53** coniunctus] verzament **Lü;* verfugt und verwant *Mai11* per sinistrum brachium] overmits sinen lůchteren arm **Lü;* durch seinen gelincken arm *Mai11* **55** per dextrum brachium] overmits zinen rechten arm der godlichkeit **Lü* unitus sum ad eius deitatem] met hem verenicht **Lü;* gebünden zu seiner gothait *Mai11* **56** omnino *fehlt* **Lü* **62** que possit inveniri *am Rand mit Einfügungszeichen nachgetragen*

van sijnder gracie. Ende aldus heb ic al tijt goe aventuere,
want ic bekende, dat alle dynghen van god commen.
Ende in dyen, dat hem belieft,
dat ic een conync ben of een scaepherdere,
ghesont of siec,
ghequetst of ghewont, ziende of blent, wijs of sot,
rijcke of aerme, ic bem te vreden van dat hem belieft.
Eyst, dat my god dleven verleent, ic neemt, ter eeren gods moet sijn.
Sijn oec mijn maghen doot of levende, ter eeren gods moet sijn.
Bem ic ghetempteert of niet van gode ende van gods weghe, ter eeren gods moet sijn.
In dyen, dat stuer of soete weder es,
en troeren of de vruchten, qualic of wel gheraect sijn: Van gods weghe ende in synen helighen name moet sijn.«
Doe de voorseide meester dit [36v] hoerde, so was hy seer verwondert
van deser groter perfeccien
ende de meester vraechde hem:
»Of u god in de helle stelde, wat soudier of segghen?«
De aerme andworde: »In gods namen ende ter eeren gods moet sijn,
want also lief ware ic in de helle als int paradijs, bekenende,
dat ons lieve heere also machtich es, hy my te verleenen de ruste van den behoudenen in de helle als int paradijs.
Want ic ben met god ghevoucht by sijnder goedertierenheit ende om dat ic hem ghelijc ben, enmach ic nemmer meer van hem scheeden.
In mijnder sielen ben ic ghevoucht met sijnder goddelicheden,
so dat ic gheen ander sake enpeynse noch begheeren enmach, dan dat hij in alder manyeren met mij synen wille doe.
Ende daer omme, mijn [37r] vrient, ic segghe in goeder trauwen: Eist dordynancie gods, dat hij my in de helle stelt, so waert van noede, dat hij my volchde ende daer by my ware.«
Doe verstont die meester, dat datte den curtsten ende den sekersten wech was, die up dees weerelt sijn mach: hem selven te stellen gheheel inden wille gods van wat saken, die den mensche toe commen moghen.

---

**37** rijcke ... belieft] ryck oft aerm inden naem ons heeren *Lö* **38** Eyst ... sijn *fehlt Lö* **39** ter eeren ... sijn] indem naem ons heeren *Lö* **40–41** Bem ... sijn *fehlt Lö* **46** perfeccien] gestadichede **49** In gods namen ... sijn *fehlt Lö* **50** paradijs] hemel *Lö* **52** behoudenen] salighen *Lö* paradijs] hemel *Lö* **53** met god ... goedertierenheit] verenicht met gode overmits der mensheyt *Lö* **56–57** dan ... wille doe] yet anders dan dat godt wilt *Lö* **61–63** dat datte ... toe commen moghen] dat een waerachtich overgheven in allen dinghen es den naesten wech ende den corsten om tot gode te comene diemen in deser werelt vinden mach *Lö*

Tunc interrogavit eum magister:
»Unde huc venisti?«
[246$^{r}$] Respondit pauper: »A deo.«
Dixit ei magister: »Unde invenisti eum?«
Respondit pauper: »Ubi dimisi omnes creaturas ibi inveni deum

quia semper oportet quod homo reperiat creatorem vel creaturam.«
Dicit ei magister: »Ubi dimisisti deum?«
Respondit pauper: »In mundis cordibus
et hominibus bone voluntatis.«

Dicit ei magister: »Qualis homo es tu et cuius conditionis?«

Ad quem pauper: »Ego sum rex.«
Dicit ei magister: »Quomodo es tu rex cum sis ita pauper?

Rex habet regnum. Si ergo es rex ubi est regnum tuum?«
Respondit pauper: »In anima mea.«
Dicit ei magister: »Quomodo?«
Respondit pauper: »Quia scio sic regere sensus meos tam interiores quam exteriores quod
omnis appetitus meus et vires anime mee scilicet concupiscibilis irascibilis et rationalis
sunt sub me
et sic quando quero deum toto affectu reperio eum in anima mea per gratiam et semper
letus sum quando de deo cogito.«

---

**64** Tunc interrogavit] dann der himel nimpt vil ee in sich ain gotleidenden menschen dann ainen der von im selbs zablet mit grossem angstlichen aigen nützigen werken aber fragt *Mai11* **65** venisti] comstu her **Lü;* bistu herkummen *Mai11* **67–71** Unde invenisti ... Dicit ei magister *fehlt *Lü* **85** et cuius conditionis] ende welher ků̊nden **Lü;* was stands bistu *Mai11* **87** rex] *am Rand*: nota bene **90** Rex habet regnum *fehlt *Lü* **93** interiores] *am Rand*: nota **94** vires ... rationalis] mijner zielen crachten **Lü;* kreft meiner sel das ist die begirlich zornig und vernüftig *Mai11* **95** sunt sub me] onder mijn behalten sijn **Lü;* under mir seind dar umb bin ich ain kung *Mai11* **96** toto affectu] met allen mijnen begherten ende crachten mijnrer zyelen **Lü;* mit gantzem herzen und begird *Mai11* in anima mea] in dat bynnenste mijnrer zielen **Lü;* in meiner sel *Mai11* per gratiam] overmits sine gracien gaven ende ghenaden **Lü;* durch die gnad *Mai11* **96–97** semper letus sum] altoes verblije ic im in hem **Lü*

De meester besach desen man ende vraechde hem:
»Van wanen comdy?«
Hij andworde: »Ic comme van gode.«
De meester vraechde: »Waer hebt ghij god ghevonden?«
Die man andworde: »O mijn goede vrient, als ic alle creatueren lyet, doe vant ic gode.«

De meester vraechde: »Waer hebt ghij god ghelaten?«
De man seide: »In allen suveren ende oetmoedeghe herten
ende in allen den ghenen, [37$^{v}$] die van goeden wille sijn.«
(Z. 74–78: vgl. ›Der arme Mensch III‹, Z. 14–17) De meester seide:
»My dynct, ghij spreict van saken, die gheestelic sijn. Waer hebdyse
gheleert? De man andworde: »O mijn goede vrient, mijn grote
begheerte, mijn ruste ende mijn dyep onthout hebben my ghestelt ende
ghetrocken in der glorien.«
(Z. 79–84: vgl. ›Vader-Discipel-Dialog‹, Z. 10–13): De meester vraechde:
»Welc es die beste ruste, die de mensche hebben mach up dese
weerelt?« De man seide: »Een puer ende suver consciencie.« De
meester vraechde: »Waer of comt een puer consciencie?« De man
andworde: »Van gode te vreesene ende dat men de sonden schuwe ende
dat men oec betrauwen hebbe up sijn beloften.«
De meester vraechde noch: »Wat creatuere sijdy ende van wat
gheslachte?«
De man seyde: »Ic ben een conync.«
»Conync?«, seyde die meester, »Hoe muecht ghij een co[38$^{r}$]nync
ghesijn anghesien u aermoede
ende waer es u conyncrijcke?«
De man seide: »Mijn siele, dats mijn rijcke,

als ic die dueren sluute van mynen vijf synnen ende soucke mynen alder
lieften Ihesum christum duert ghelove, alle eertsche saken achter
latende.
Oec vynd ic god int diepe van mijnre sielen duer sijn gracie.

---

**69** doe vant ic gode] hebick gode vonden want het es altoes vannoede dat die mensche vinde den scepper der creatueren *Lö* **71–84** De meester vraechde ... up sijn beloften *fehlt Lö* **91** Mijn siele ... rijcke] myn rycke is in mynder sielen die meester seyde hoe so *Lö* **93–95** als ic die dueren ... achter latende] Ick can also myn vyf sinnen utwendich ende inwendich regeren ende sterven ende alle die last ende cracht van mynder sielen als die begherlyke crachten redelyck ende onredelyck die syn my al onderdanich *Lö* **96** Oec vynd ic ... gracie] Aldus daer ick gode soecke ut mynder begherten soe vindicken in mynder sielen overmits synder gracien ende altyt so ben ick blyde ende vrolyck als ick om hem peyse *Lö*

Et istud est regnum maius omni regno quia numquam corrumpetur unde servire deo regnare est.

---

**98** maius] vele weerder **Lü;* grosser mechtiger und kostlicher *Mai11* quia numquam corrumpetur] want ten sal nummer meer faelgeren (!) noch ynden (!) **Lü;* dann esz wurd nimer mer zerstort oder verherrtz (!) *Mai11* **98–99** unde ... regnare est] quia deo servire regnare est want gode te dyenen dat is dat rijcdom der zielen besaten ende te bestyeren (!) te verwaren ende te besorghen ende te reg (*Text bricht am Zeilenende ab*) **Lü;* dar umb sprichet augustinus got dienen ist mit jm reigieren *Mai11*

Ende also mijn vrient, ic segghe hu inder waerheit, dit conyncrijcke passeert ende gaet te boven alle de rijcken die up eerdrijc sijn, want tes een conyncrijcke, dat nemmer mer hende nemen ensal. Ende also in dien ghij god ontsiet ende bemynt ut goeder herten ende een vast gheloeve hebt in hem, dat sal u een glorie sijn met gode in sijn eewich rijcke altijts duerende sonder hende.«

---

**100–103** Ende also ... sonder hende] daerom hebick u wel geseet wilt altoes wel doen soe suldy regneren Aldus hebdy gehoert hoe simpel ongeachte personen gemint ende vercoren syn van gode daer allen religiosen exempel aennemen moghen Amen *Lö*

Übersetzung: ›Der arme Mensch IV‹ nach Ge9

Ein erbauliches und zugleich wundersames Lehrstück
In einem Buch findet man die Geschichte, wie ein gewisser Meister der Theologie sehnlich von Gott erfahren wollte, auf welchem Weg man in diesem Leben am bequemsten und schnellsten zu Gott kommen könne. Dafür flehte er den Herrn acht Jahre lang mit großem brennenden Verlangen an, dass er dieser Offenbarung für würdig befunden werde. Im achten Jahr aber antwortete ihm Gott, er solle vor die Kirche gehen. Dort werde er einen armen Menschen treffen, der ihm die ersehnten Antworten geben werde.
Der Meister ging also vor die Kirche und fand dort einen armen Menschen, der sehr einfache und ärmliche Kleidung trug. Seine Füße waren nackt, zerschunden und voller Wunden. Der Meister grüßte ihn und sagte: »Gott schenke dir einen guten Morgen.« Der arme Mensch gab zurück: »Ich hatte nie einen schlechten Morgen.« Der Meister sagte: »Gott möge dich selig machen. Wie kannst du mir so antworten?« Der arme Mensch sagte zu ihm: »Ich fühlte mich nie elend oder bedauernswert.« Der Meister sagte wiederum zu ihm: »Gott schenke dir Glück. Wie kannst du mir so antworten?« Der arme Mensch antwortete: »Mir ist nie Unglück widerfahren. Denn ich halte mich gegenüber Gott so, dass ich alles Angenehme und Widrige gleichmütig, gern und dankbar ertrage, und ich weiß, dass von Gott nur Gutes kommt. Egal, was er will: Ob ich krank oder gesund bin, so sei es in Gottes Namen. Ob ich arm oder reich bin, so sei es in Gottes Namen. Ob er Leben oder den Tod schenkt, so sei es in Gottes Namen. Ob meine Freunde leben oder sterben, so sei es in Gottes Namen. Ob das Wetter schön oder schlecht ist, so sei es in Gottes Namen.«
Dann fragte ihn der Meister: »Was würdest du sagen, wenn Gott dich in die Hölle werfen wollte?« Der arme Mensch antwortete: »Ich wäre genauso gern in der Hölle wie im Himmel. Denn durch meinen linken Arm bin ich so mit Gottes Menschlichkeit verbunden, dass ich von ihm nicht getrennt werden kann, und durch meinen rechten Arm bin ich so mit seiner Göttlichkeit vereint, dass ich überhaupt nichts anderes wollen kann als das, was Gott will. Deshalb sage ich ihm ehrlich: Wenn er tatsächlich beschließen sollte, mich in die Hölle zu werfen, dann muss er mir folgen und mit mir dort sein.«
Da begriff der Meister: Der kürzeste und bequemste Weg zu Gott, den man in diesem Leben finden kann, ist die wahre Unterwerfung unter Gott in allen Dingen.
Da fragte ihn der Meister: »Woher kommst du?« Der arme Mensch antwortete: »Von Gott.« Der Meister sagte zu ihm: »Wo hast du ihn gefunden?« Der arme Mensch antwortete: »Dort, wo ich alle Geschöpfe ließ, habe ich Gott gefunden. Denn der Mensch muss stets entweder den Schöpfer oder das Geschöpf finden.« Der Meister sagte zu ihm: »Wo hast du Gott gelassen?« Der arme Mensch antwortete: »In reinen Herzen und bei Menschen mit gutem Willen.« Der Meister sagte zu ihm: »Was für ein Mensch bist du und von wel-

chem Stand?« Der arme Mensch erwiderte: »Ich bin ein König.« Der Meister sagte zu ihm: »Wie kannst du ein König sein, obwohl du doch so arm bist? Ein König hat ein Königreich. Wenn du also ein König bist, wo ist dann dein Reich?« Der arme Mensch antwortete: »In meiner Seele.« Der Meister sagte zu ihm: »Wie ist das zu verstehen?« Der arme Mensch antwortete: »Das heißt, dass ich sowohl meine inneren wie meine äußeren Sinne so beherrschen kann, dass mein ganzes Verlangen und meine Seelenkräfte, die begehrende, die zürnende und die vernünftige Kraft, mir ganz zu Diensten sind. Dadurch finde ich Gott in meiner Seele durch Gnade, wann immer ich ihn mit ganzem Herzen suche, und ich bin immer fröhlich, wann immer ich an Gott denke. Dieses Königreich ist größer als jedes andere, denn es kann nie zerstört werden und Gott dienen, heißt, dort herrschen.«

### *5.5.2 Untersuchungen zum Text*

Die vierte Fassung des ›Armen Menschen‹ dürfte aufgrund ähnlicher Intentionen und unter Anwendung ähnlicher Textbearbeitungsstrategien entstanden sein, wie schon die dritte: Überkommenes Material wurde in der Art von Bausteinen neu zusammengesetzt und kombiniert, wobei die einzelnen Elemente, von kleinen Ergänzungen oder Auslassungen abgesehen, ihre Integrität behielten und damit als selbstständige Einheiten erkennbar blieben. Ziel war offensichtlich nicht die konzentrierte Abhandlung eines zentralen Themas, sondern ein knapper, aber doch facettenreicher Entwurf einer vorbildlichen spirituellen Lebensweise. Sein spezifisches Profil als Textfassung gewinnt der ›Arme Mensch IV‹ aber durch mehr: Mit der den erhaltenen Textzeugen zugrundeliegenden Übersetzung ins Lateinische und einer Reihe sachkundig theologischer Ergänzungen ist der Dialog vom armen Menschen an diesem Punkt seiner Geschichte zu einem Lesestück für einen gelehrten Rezipientenkreis geworden und musste durch Rückübersetzungen einem breiteren Publikum erst wieder zugänglich gemacht werden. Neben einer neuen Bildungsschicht macht sich aber spätestens jetzt auch eine neue Frömmigkeitsbewegung in der Überlieferung des Dialogs bemerkbar: die Devotio Moderna, wie mit Blick auf verschiedene Aspekte zu erläutern sein wird.

Da das überkommene Material des ›Armen Mensch IV‹ bereits durch die vorausgegangenen Untersuchungen erschlossen ist, soll es im Folgenden genügen, gegebenenfalls auf vorliegende Ergebnisse zu verweisen und neue Elemente durch gezielte Kommentare zu erläutern.

#### Textanalyse

Das erste Bauelement des ›Armen Menschen IV‹ ist eine weitgehend wortgetreue Übersetzung des ›Armen Menschen II‹ ins Lateinische (zu Struktur und Inhalt dieses Teils vgl. S. 255–259), die nur an einer Stelle merklich von ihrer Vorlage abweicht: Aus der für die ältere Fassung grundlegenden These *ich hain mich gode also gelaissen, allit, dat hey deit, dat donckt mich goit* (›Der arme Mensch II‹, Z. 11 f.) macht die jüngere *scio sic cum deo conversari quod omnia prospera et adversa equanimiter libenter et gratanter sustineo et intelligo ab eo omnia bene fieri* (Z. 28–32). Auf diese Weise wird ausformuliert und vielleicht auch auf Kosten gewisser Bedeutungsfacetten konkretisiert, was im Konzept der Gelassenheit in Gott (vgl. dazu die frömmigkeitsgeschichtliche Einordnung auf S. 259–264) komprimiert enthalten war: Der arme Mensch hat sich in ein solches Verhältnis zu Gott gesetzt, dass daraus Gleichmut gegenüber dem Schicksal und ein Habitus des dankbaren Annehmens erwachsen sind. Das Loslassen von der Welt der geschaffenen Dinge und vom eigenen Selbst sind demgegenüber in den Hintergrund getreten.

Im Vergleich dazu hat das zweite große Bauelement, der ›Arme Mensch III‹, in der vierten Fassung des Dialogs deutlich mehr Veränderungen erfahren: Die Aussagen über das Verhältnis von Fleisch und Geist (vgl. ›Der arme Mensch III‹, Z. 9 f.) sowie über Heiligkeit und über die *vita contemplativa* (vgl. ›Der arme Mensch III‹, Z. 12–16) sind entfallen, während an anderer Stelle neues Material in prägnanter theologischer Fachsprache zugesetzt wurde. Zu behandeln sind hier drei Ergänzungen:

Die erste generalisiert die Aussage des armen Menschen, Gott durch das Lassen der Kreaturen gefunden zu haben (vgl. Z. 68), zu einer überpersönlichen Gesetzmäßigkeit: *semper oportet quod homo reperiat creatorem vel creaturam* (Z. 70). Mit ihrer dichotomischen Gegenüberstellung von Schöpfer und Geschöpf wirkt diese Aussage trotz ihrer indikativischen Formulierung wie eine Aufforderung oder gar eine Drohung, entweder den rechten Weg zu wählen oder sich von der Scheinwelt der Geschöpfe vom Heil ablenken zu lassen.

Zweitens integriert der Redaktor des ›Armen Menschen IV‹, wahrscheinlich angeregt von der kurzen Bemerkung seines Prätextes über den Rückzug ins Innere (vgl. ›Der arme Mensch III‹, Z. 12–14), einige Schlagwörter zur mittelalterlicher Wahrnehmungs- und Seelenlehre (vgl. Z. 93–95): So spricht sein armer Mensch nicht mehr nur von den *vonff synne*[n] (›Der arme Mensch III‹, Z. 13), sondern differenziert mit Rekurs auf eine alte theologisch-philosophische Tradition zwischen inneren und äußeren Sinnen. Auf welche Ausformung dieser Tradition er sich dabei bezieht, kann bei der Kürze der Passage nur vermutet werden – denkbar ist sowohl eine eher wahrnehmungspsychologische als auch eine eher mystische. Für den ersten Fall[173] ist auf die Vorstellung zu verweisen, dass die fünf äußeren Sinne – also Seh-, Hör-, Geruchs-, Geschmacks- und Tastsinn – ihre Eindrücke zur ersten Verarbeitung an die fünf inneren weiterreichen, die ihrerseits den Intellekt bedienen. Ausgehend von einigen Bemerkungen des Aristoteles hatte vor allem Avicenna diese Lehre von den fünf inneren Sinnen ausgearbeitet und zwischen dem Gemeinsinn, der Vorstellungskraft, der Kombinationsfähigkeit, der Urteilskraft und der Erinnerung unterschieden. Albertus Magnus vermittelte dieses Konzept weiter an die lateinische Gelehrtenwelt, wo es dann verschiedentlich aufgegriffen und fortentwickelt wurde. Die hier behelfsmäßig als ›mystisch‹ umschriebene Traditionslinie[174] dagegen ist wesentlich von Origenes inspiriert und besagt, dass die inneren oder spirituellen Sinne – manchmal ist auch im Singular von ›dem Sinn‹ die Rede – eine besondere Möglichkeit und einen Raum für die Erfahrung Gottes eröffnen. Diese Erfahrung muss den äußeren Sinnen in ihrer Bindung an das immanent Wahrnehmbare verschlossen bleiben und so kommt es

173 Zum Folgenden vgl. Dewender, Wahrnehmung, Sp. 197–203, und Mersch / Schiel, Wahrnehmung und Differenz, S. 37–39.

174 Zum Folgenden vgl. Largier, Inner Senses – Outer Senses, S. 3–15, und Canevet, Sens spirituels, Sp. 598–617.

denn auch darauf an, sich durch beharrliche Übung von ihnen zu lösen. Mittelalterliche Vertreter dieser Lehre sind beispielsweise Bonaventura und in seinem Gefolge vor allem franziskanische Schriftsteller, aber auch noch Thomas von Kempen in ›De imitatione Christi‹. Der Dialog bietet hier kaum genügend Anhaltspunkte für eine eindeutige Festlegung: Für die erste Option spricht die weitgehende Gleichwertung der beiden ›Sinngruppen‹, für die zweite die Verknüpfung mit der Vorstellung einer Gottesbegegnung in der Seele (vgl. Z. 96).

Der arme Mensch behauptet weiter, seine inneren wie auch seine äußeren Sinne in solchem Maße zu beherrschen, dass er sein Begehren und – hier ist wieder gelehrtes Wissen inseriert – seine *vires animae*, seine Seelenkräfte, vollständig kontrollieren könne. Diese Seelenkräfte spezifiziert der Text als *vis concupiscibilis, vis irasciblis* und *vis rationalis* (Z. 94), die sich in dieser Reihenfolge, wie man verschiedentlich etwa bei Eckhart liest, auf das Beste, das Höchste und das Reinste beziehen und nur in Gott als der Erfüllung all dessen zur Ruhe kommen können. So erklärt Eckhart beispielsweise im Johanneskommentar:

> *pater est prima persona in divinis; »primum autem est dives per se«, supremum, optimum et purissimum, utpote ratio praehabens in se omnia. Et propter hoc sufficit animae, cuius irascibilis petit supremum sive arduum, concupiscibilis optimum, rationalis purissimum, rationem scilicet rerum.*[175]

Es ist beachtlich, wie gut sich dieses Wissensfragment in den Kontext einfügt: Wenn der arme Mensch hier – wie schon im entsprechenden Abschnitt des Quelltextes, dem ›Armen Menschen III‹ – davon spricht, Gott aus ganzem Herzen zu begehren, dann sind die drei genannten Seelenkräfte genau jene Vermögen, von denen theologisch gesprochen dieses Begehren ausgeht. Man könnte also mutmaßen, dass der verantwortliche Redaktor seine Vorlage an

175 In. Ioh. n. 573, LW III, S. 501,1–4; Übersetzung S. 501: »der Vater ist die erste Person in Gott; ›das Erste aber ist von Natur reich‹, das Höchste, Beste und Lauterste, da es ja Verstand ist, der von vornherein alles in sich hat. Und deshalb genügt es der Seele, deren zürnendes (Vermögen) das Höchste oder Schwierige, deren begehrendes (Vermögen) das Beste und deren vernünftiges (Vermögen) das Reinste erstrebt, nämlich die Idee der Dinge.« Vgl. auch Sermo 38 n. 387, LW IV, S. 332 f., Sermo 54,2 n. 533, LW IV, S. 448 sowie Pr. 14, DW I, S. 230,6–S. 232,8, wo Eckhart die drei Seelenkräfte neben dem bekannten augustinischen Seelenternar von *memoria, intellectus* und *voluntas* behandelt und auch von ihrer Lokalisierung in verschiedenen Körperorganen spricht. Er greift damit eine auf den griechischen Arzt Galen zurückgehende und von Albertus Magnus in seiner Schrift ›De animalibus‹ dem lateinischen Westen vermittelte Lehre auf (EW I, S. 890 f.). Eine kurze volkssprachliche Abhandlung über die *vis irascibilis* liegt in Tr. Pf. 16 ›Von dem zorne der sêle‹ (vgl. Pf., S. 542 f.) vor, möglicherweise ein Bruchstück aus einem allen drei Seelenkräften gewidmeten Text (Schmitt, Zorne, Sp. 1589 f.). Auch spätere Autoren wie etwa der der Devotio Moderna nahestehende Gerard Zerbolt von Zutphen überliefern das im ›Armen Menschen IV‹ thematisierte Seelenternar (Ruh, Geschichte 4, S. 173).

dieser Stelle für ein entsprechend gebildetes Publikum theologisch explizieren und aufwerten wollte.

Drittens und letztens ist in diesem Kontext auf das Dictum *servire deo regnare est* (Z. 99)[176] hinzuweisen, das, wohl als Assoziation zum Stichwort *regnum* (Z. 98), als Schlusssentenz an den Dialog angebunden wurde. Es lässt sich bereits beim Kirchenvater Gregor dem Großen nachweisen, der in seinem ›Liber Sacramentorum‹ über Gott schreibt: *Deus auctor pacis et amator, quem nosse vivere, cui servire regnare est.* Auch namhafte mittelalterliche Theologen wie Petrus Lombardus oder Alanus ab Insulis kennen ein *servire deo regnare est.* Allerdings weist allein die Handschrift Mai11 den Spruch bewusst als Zitat einer kirchlichen Autorität aus und nennt Augustinus als Quelle – eine Angabe, die sich noch nicht verifizieren ließ.

## Frömmigkeitsgeschichtliche Einordnung

Über den frömmigkeitsgeschichtlichen Ort des Dialogs ›Der arme Mensch IV‹ ist bereits bei der Textanalyse Verschiedenes angemerkt worden: Die Übersetzung der volkssprachlichen Vorlagen ins Lateinische und die überlegte Integration gelehrten Wissens legen den Schluss nahe, dass dieser Text in erster Linie für gebildete Rezipientenkreise gedacht gewesen sein muss. Darüber hinaus sind aber – zumindest solange man den Text nach der Handschrift Ge9 und den zugehörigen volkssprachlichen Rückübersetzungen in Mai11 und *Lü betrachtet – kaum Einsichten in Bezug auf mögliche Tradentengruppen zu gewinnen: Das hinzugefügte Material ist zumindest auf den ersten Blick zu unspezifisch, als dass man es einer bestimmten Form der Spiritualität zuordnen könnte, und so gäbe es in dieser Hinsicht auch nicht mehr über den ›Armen Menschen IV‹ zu sagen, wenn nicht die Handschrift Ge2 in eine bestimmte Richtung weisen würde.

Der ›Arme Mensch IV‹ der Handschrift Ge2 fällt durch einige Schlüsselbegriffe auf, die sonst in keinem Textzeugen zu finden sind: Die Überschrift kündigt den Dialog als eine *devote leeringhe* (Z. 1) an, der arme Mensch trägt sein Leid *pacientelic* (Z. 30) und schließlich zeichnet er sich in den Augen seines Gesprächspartners durch große *perfeccien* (Z. 46) aus. Diese Schlagworte sind in der im letzten Viertel des 14. Jahrhunderts in den Niederlanden aufkommenden und sich von dort rheinaufwärts und nach Osteuropa ausbreitenden Frömmigkeitsbewegung der Devotio Moderna verankert, die sich hier als Rahmen für Rezeption und Weiterbearbeitung des ›Armen Menschen IV‹ ankündigt. In Rückbesinnung auf die Ideale der Urgemeinde und der Väterzeit zielt die ›gegenwärtige Innigkeit‹, wie man den lateinischen Namen deuten könnte,[177]

176 Vgl. dazu S. 292 mit den entsprechenden Nachweisen.

177 Den Begriff ›Devotio Moderna‹ erläutert eingehend Ditsche, Herkunft.

auf die sich in der Praxis bewährende Heiligung des Lebens, auf eine vom Affekt geleitete Hinwendung zu Christus, ein Streben nach Vollkommenheit und auf eine Abkehr von allem Weltlich-Äußerlichem.[178] Während Meditation und Demut einen festen Platz im Alltag der ›modernen Devoten‹ haben, genießen bei ihnen scholastische Subtilität und mystische Spekulation in der Nachfolge Eckharts nur wenig Ansehen, obwohl letztere erwiesenermaßen zu ihren geschichtlichen Wurzeln gehören.[179] Vor diesem Hintergrund lassen sich im Ge2-Text noch weitere Motive erkennen, die man in Zusammenhang mit der Devotio Moderna bringen könnte: Durch die freie Adaption einer Passage aus dem ›Armen Menschen III‹ (vgl. Z. 74–78) werden die Aspekte des meditativen Rückzugs und der Andacht in den Text aufgenommen, durch die Adaption weiteren Guts, das man auch im ›Vader-Discipel-Dialog‹ findet (vgl. Z. 79–84), die Aspekte des reinen Gewissens (vgl. Z. 82) und der Betrachtung der Sünden (vgl. Z. 83)[180]. Ferner könnte man anführen, dass anstelle des theologisch gelehrten Teils über die verschiedenen Sinne und Seelenkräfte in Ge2 vom *alder lieften Ihesum* (Z. 93 f.) und von der Verachtung der Welt, dem *alle eertsche saken achter latende* (Z. 94 f.), die Rede ist – deutlicher könnte sich der Einfluss der Devotio Moderna kaum bemerkbar machen. Zu diesen frömmigkeitsgeschichtlich relevanten Abweichungen und Ergänzungen kommen noch verschiedene Stücke dazu, in denen sich eine Tendenz zur narrativen Ausgestaltung und zur Psychologisierung des Textes andeutet: Erstmals in der Geschichte des Dialogs werden die gedanklichen Reaktionen des Gelehrten auf den armen Menschen zur Sprache gebracht, sein Misstrauen gegenüber der heruntergekommenen Gestalt vor ihm (vgl. Z. 13 f.) und sein Staunen über ihre religiöse Vollkommenheit (vgl. 24.45 f.). Damit weist der Ge2-Text auf eine grundsätzliche Leerstelle im Dialog vom ›Armen Menschen‹ hin, aus der das Stück ganz wesentlich seine Spannung bezieht.

Nimmt man den Spezialfall des Ge2-Textes zum Anlass, auch die ursprungsnahe Handschrift Ge9 und ihren ›Armen Menschen IV‹ auf Verbindungen

---

178 Zur Devotio Moderna und ihrer Spiritualität vgl. Iserloh, Devotio Moderna, S. 516–538; Gerwing, Devotio Moderna, S. 594–615; Ruh, Geschichte 4, S. 150–206; Elm, Devotio Moderna, S. 15–29.

179 Die personalen Verbindungen zwischen Mystik und Devotio Moderna verdichten sich in Jan van Ruusbroec, der einerseits mit dem Eckhart-Nachfolger Tauler und dem Straßburger Gottesfreundekreis in Verbindung stand, andererseits nachhaltig Geert Groote, den späteren Vater der Devotio Moderna, bei dessen Besuch in Groenendaal beeindruckte (vgl. Brouette, Devotio Moderna, S. 605–609). Zur Rezeption Eckharts in der Devotio Moderna vergleiche speziell Lücker, Devotio Moderna, die in ihrem Rückblick vor allem das Weiterleben der aszetischen Momente aus dem Denken des Dominikaners betont (ebd., S. 151).

180 Die Erforschung des Gewissens und die Betrachtung der eigenen Verfehlungen hatten einen festen Platz in der Tagesordnung der Brüder vom gemeinsamen Leben: Sie waren die letzten Aufgaben vor Beginn der Nachtruhe (Iserloh, Devotio Moderna, S. 525).

zur Devotio Moderna zu überprüfen, so findet man hier neben der Überlieferungsgemeinschaft mit Johannes von Schönhofen als ›devotem‹ Autor (vgl. die Handschriftenbeschreibung auf S. 288 f.) auch einige grundlegende inhaltliche Anknüpfungspunkte: Schon das Grundgerüst der Handlung – ein Gelehrter sucht nach Gott, findet ihn aber nicht auf wissenschaftlichem Wege, sondern durch die Anleitung eines einfachen Mannes – könnte dem Impetus der niederländischen Frömmigkeitsbewegung nicht besser entsprechen. Weiterhin dürften Themen wie das affektive Streben nach dem Höchsten (*ingenti et ardenti desiderio*, Z. 8; *toto affectu*, Z. 96), das geduldige Annehmen des Schicksals (vgl. Z. 18–63) und der Rückzug in die Innerlichkeit der Seele (vgl. Z. 91–99) eine kreative Rezeption des Textes in Kreisen der Devotio Moderna begünstigt haben. Dabei passt auch die kartäusische Provenienz der Handschrift ins Bild, wie einige historische Daten veranschaulichen können: Der Prior der Kartause Munnikhuizen bei Arnheim, Heinrich Eger von Kalkar, war Studienfreund Gert Grootes und wesentlich an dessen Bekehrung von einem durchaus weltlichen hin zu einem geistlichen Lebensstil beteiligt. Von 1371 bis 1374 nahm er ihn gar als Donaten in seinem Haus auf.[181] Eger von Kalkars ›Speculum peccatorum‹ sollte später grundlegende spirituelle Bedeutung für die Devotio Moderna bekommen[182] und Groote seinerseits stand über Munnikhuizen hinaus in Korrespondenz mit anderen Kartausen.[183]

Die Brücke zur Devotio Moderna lässt sich aber, insbesondere was den Ge2-Text angeht, nicht nur über Inhalte und Überlieferungsdaten, sondern auch über die Art und Weise der Textkonstitution schlagen. Die Analyse der Handschriftenrelationen hat gezeigt, dass der Ge2-Redaktor den ›Armen Menschen IV‹, der ja selbst schon eine Kompilation aus dem ›Armen Menschen II‹ und dem ›Armen Menschen III‹ ist, wiederum mit neuem Textmaterial anreichert und dabei unter anderem nochmals auf den ›Armen Menschen III‹ zurückgreift (vgl. S. 294 f.). Ein solches Vorgehen setzt nicht nur das Vorhandensein der entsprechenden geistlichen Literatur voraus, sondern ebenso den Willen und die Gewohnheit, an Texten professionell weiterzuarbeiten und sie immer mehr zu vervollkommnen. Genau dies wurde in der ›Buchgemeinschaft‹[184] der Devotio Moderna kultiviert: Einerseits arbeitete man in philologischer Manier an der Verbesserung liturgischer und biblischer Schriften, andererseits sammelte und kompilierte man Texte für den persönlichen Gebrauch in den sog. ›Rapiarien‹.[185] Man kann sich gut vorstellen, dass ein Redaktor mit die-

---

181 Iserloh, Devotio Moderna, S. 521 f.

182 Brouette, Devotio Moderna, S. 606.

183 Elm, Devotio Moderna, S. 24 f.; Van Dijk, Beziehungen.

184 »Kein anderer Begriff wird der Devotio Moderna ähnlich gerecht wie der der Buchgemeinschaft« (Kock, Buchkultur, S. 306).

185 Kock, Buchkultur, S. 306–313.

sem Hintergrund genug Übung im Umgang mit Texten besitzen konnte, um verschiedene Stücke nicht einfach nur – wie bisher in der Textgeschichte zu beobachten war – additiv aneinanderzufügen, sondern sie ineinanderzuschieben und dabei die Gesamtstruktur seines Stücks unangetastet zu lassen.

Die Handschrift Ge2 ist für die Geschichte des ›Armen Menschen‹ also insofern von Bedeutung, als sie besonders deutlich das Interesse von Kreisen der Devotio Moderna an diesem Dialog und das Bemühen um seine kreative Weiterentwicklung zeigt. Wahrscheinlich dürfte die Frömmigkeitsbewegung aus den Niederlanden schon bei früheren Fassungen hinsichtlich ihres Wortlauts und/oder ihrer Verbreitung eine Rolle gespielt haben – hier macht sie sich noch deutlicher bemerkbar.

## Literarhistorische Einordnung

Die Entstehung des Dialogs setzt die Texte ›Der arme Mensch II‹ und ›Der arme Mensch III‹ voraus, die nach Lage der verfügbaren Daten nur sehr vage geographisch und zeitlich eingeordnet werden können und damit kaum weiterführende Hilfestellung leisten.

Der Dialog muss nach Ausweis der – ebenfalls ungenauen – zeitlichen Einordnung seiner Textzeugen wohl im 15. Jahrhundert entstanden sein. Der geographische Schwerpunkt der Überlieferung liegt mit vier Handschriften in den Niederlanden, während mit Mai11 nur eine, noch dazu sehr späte Handschrift die Verbreitung des Textes im oberdeutschen Sprachgebiet bezeugt. Damit hat sich gegenüber dem Beginn der Textgeschichte im Alemannischen mit dem ›Armen Menschen I‹ der Überlieferungsraum des Dialogs deutlich nach Norden verschoben.

Trägergruppen des ›Armen Menschen IV‹ sind zunächst gelehrte Kreise und solche, die der Frömmigkeit der Devotio Moderna anhängen – wobei man hier keinen Gegensatz annehmen muss: Den größten Teil der Brüder vom gemeinsamen Leben, einer der wesentlichen sozialen Organisationsformen der Devotio Moderna, machten Priester und Priesterkandidaten aus, die bei aller Verachtung einer seelenlosen Gelehrsamkeit natürlich einen gewissen Bildungsstand mitbrachten. Von einer weiteren Verbreitung des Textes in Klöstern und unter Weltpersonen ist auszugehen.

## *5.6 Die Druckfassung ›Der arme Mensch V‹*

Nachdem der Dialog vom armen Menschen und dem Guten-Morgen-Wunsch in der Mitte des 14. Jahrhunderts erstmals in der Basler Handschrift Ba2 begegnet war, geht er nach knapp zweihundert Jahren kontinuierlicher handschriftlicher Überlieferung in den Druck ein. Die Bedeutung der gedruckten Armer-Mensch-Texte ist dabei weniger eine inhaltliche, als eine wirkungsgeschichtliche: Während auf textlicher Ebene keine Neuerungen zu verzeichnen sind – im Falle des Basler, Hamburger und Halberstädter Taulerdrucks – oder lediglich tradierte Versatzstücke neu montiert werden – im Falle des Kölner Taulerdrucks und seinen Nachfolgern – erfährt der Dialog jetzt seine zahlenmäßig und geographisch größte Verbreitung. Dabei zeigen die immer neue Integration in andere Textzusammenhänge und die zwar geringfügigen, aber doch überlegten Eingriffe in den Text, dass die Überlieferung des ›Armen Menschen‹ keineswegs erstarrt und an feste Textgemeinschaften gebunden ist, sondern dass dem Dialog ein eigenes, zum Teil konfessionell geprägtes Interesse entgegengebracht wurde. Eine an der Überlieferungsgeschichte eines Textes orientierte Untersuchung hat dies ernst zu nehmen und so rückt im nachfolgenden Kapitel der ›Arme Mensch‹ des Kölner Taulerdrucks als ›Der arme Mensch V‹ in den Mittelpunkt, zeigt sich hier doch am deutlichsten das Weiterleben des Dialogs in der frühen Neuzeit.

Die Geschichte der gedruckten ›Armer Mensch‹-Dialoge[186] beginnt mit dem Basler Taulerdruck, 1521 von Adam Petri im Auftrag Johannes Rynmanns in Basel herausgebracht, in den der ›Arme Mensch I‹ in der Textgestalt der Handschrift Ba3 eingeht (vgl. dazu die Beschreibung zum Basler Druck auf S. 199–201). Dieser Druck erfährt bereits ein Jahr später in Basel eine identische Neuauflage und dient zudem als Grundlage für die Drucke aus Halberstadt (1523) und Hamburg (1621). Konstitutiv für diese Überlieferungslinie ist eine treue Bewahrung der Textgestalt – dafür sei auf die Edition des ›Armen Menschen I‹ mit den entsprechenden Varianten verwiesen – und die Überlieferungssymbiose mit einer Predigt zum Schriftwort *auferte ista hinc nolite facere domum Patris mei domum negociationis*[187] (Io 2,16), die von LÖSER als ›Salzburger Armutstext‹ bezeichnet wurde (zu dieser Symbiose vgl. S. 236 f.).

---

186 Diese Geschichte ist, wie zu zeigen sein wird, an die Geschichte der Taulerdrucke geknüpft. Überblicksdarstellungen dazu geben HAMBERGER, Tauler's Predigten, S. VIII–X.; GNÄDINGER, Johannes Tauler, S. 411–421; SCHMIDT, Johannes Tauler von Straßburg, S. 69–72. Eine Auflistung der Taulerdrucke und -ausgaben ist zu finden bei HOFMANN, Grundlagen zur Tauler-Forschung, S. 474–479. Die folgenden Ausführungen orientieren sich an diesen Darstellungen.

187 Übersetzung: »Tragt das weg und macht nicht meines Vaters Haus zum Kaufhaus!«

Nach der konservativen Überlieferung im Basler Taulerdruck und seinen Nachfolgern muss der ›Arme Mensch‹ umfassend und unter Rückgriff auf die inzwischen reiche Fassungstradition umgebildet worden sein. Dieser Schluss ergibt sich aus der Lektüre des Dialogs nach dem Kölner Taulerdruck, 1543 von Jaspar von Gennep für Petrus Canisius gedruckt (vgl. die Beschreibung auf S. 201 f.), der sich – in dieser Hinsicht der Handschrift Ge2 nicht unähnlich – wie eine Summe der Textgeschichte liest und hier als der ›Arme Mensch V‹ behandelt werden soll. Als Gerüst diente dieser Fassung der ›Arme Mensch IV‹, wobei allerdings der ›Arme Mensch II‹ durch den ›Armen Menschen I‹ als erster Textbestandteil ersetzt wurde. In diese Makrostruktur sind zahlreiche Einsprengsel, einzelne Sätze oder auch nur Teilsätze, interpoliert, die jeweils einer anderen als der gerade zugrundeliegenden Fassung angehören. Alle diese Fälle werden von einem der Edition beigegebenem Apparat verzeichnet und aufgeschlüsselt, so dass hier auf umständliche Beschreibungen verzichtet werden kann. Fest steht, dass in den ›Armen Menschen V‹ aus dem Kölner Taulerdruck die Fassungen I, III und IV unmittelbar eingegangen sind.

Wie kann man sich die Entstehung dieser Dialogkompilation vorstellen? Aller Wahrscheinlichkeit nach ist sie das Werk der Redaktoren des Kölner Taulerdrucks, da sie sowohl über die benötigten Texte verfügten, als auch nachweislich entsprechende Arbeitsweisen pflegten. Wie den Großteil ihrer Texte dürften sie auch den ›Armen Menschen I‹ zunächst aus dem Basler Taulerdruck bezogen haben, wofür neben der einleitenden Bemerkung auch einige spezifische Bindevarianten sprechen.[188] Ihr erklärtes Ziel war es aber, die in ihren Augen vielfach verderbten und verkürzten Texte *nach den alten exemplaren treuwelich helffen besseren*[189] (KT, Vorrede, ohne Seitenangabe), was im Urteil einer am Original orientierten Textkritik gerade zum Gegenteil, zur Entstellung der Stücke führte.[190] Die Redaktoren zogen also weitere Handschriften heran, teils aus dem Dominikanerinnenkonvent St. Gertrud, aber *auch an anderen orten geschreiben bücher*[191] (KT, Vorrede, ohne Seitenangabe), um die überkommenen Stücke ihren Maßgaben entsprechend umzugestalten. Darunter mögen sich auch die Fassungen III und IV des ›Armen Menschen‹ befunden haben, auch wenn sich weder über Lesarten noch über Provenienzen bestimmte Handschriften oder Textgestalten als konkrete Vorlagen wahrscheinlich machen lassen.[192] Neben der Textgestalt selbst veränderten die Re-

---

188 Vergleiche in der Edition des ›Armen Menschen I‹ neben der einleitenden Bemerkung (Z. 0) die Beschreibung des armen Menschen (Z. 6 f.) sowie weitere Bindevarianten in Z. 10 f. und 21.

189 Eigene Übersetzung: »nach alten Abschriften gewissenhaft zu verbessern«.

190 So beispielsweise Schmidt, Johannes Tauler von Straßburg, S. 71.

191 Eigene Übersetzung: »Bücher, die an anderen Orten geschrieben wurden«.

192 Die wenigen bei Ruf für den Konvent St. Gertrud geführten Handschriften kommen nicht in Frage (MBK 5,2, S. 420). Das heute noch über die Bibliothek des Gertrudenklosters verfügbare Wissen ist bei Prieur zusammengestellt (vgl. dies., St. Gertrud,

daktoren des Kölner Taulerdrucks – wohl im Zusammenhang der Neuorganisation der Predigtreihenfolge – auch den Überlieferungszusammenhang des Dialogs: Diente er im Basler Druck noch der Veranschaulichung des unmittelbar vorausgehenden ›Salzburger Armutstextes‹, so wurde er jetzt aus dem Verbund der Predigten herausgenommen und in die Textsammlung *Des erleüchten D. Iohannis Tauleri gͦotliche leren*[193] integriert. Deren erklärtes Ziel war es zu zeigen, *Wie mann durch geystliche übungen und tugenden zu lieblicher vereinung gots kommen sol*[194] (fol. 279$^{ra}$). Der ›Arme Mensch‹ folgt hier auf ›Meister Eckharts Wirtschaft‹ und bildet mit zwei weiteren Kurztraktaten über spirituelle Lebensführung das 77. Kapitel.

In der Nachfolge des Kölner Taulerdrucks steht eine Reihe weiterer Drucke, die den Vorgänger in andere Sprachen übersetzen, ihn ganz oder teilweise neu auflegen und mitunter auch erweitern. Der Dialog ›Der arme Mensch V‹ erfährt dabei immer wieder geringfügige Änderungen im Wortlaut, ohne aber nochmals unter Rückgriff auf ältere Traditionen umgestaltet zu werden. Es zeichnen sich vier Überlieferungslinien ab, die jeweils selbstständig auf den Kölner Druck zurückgreifen:

1. Der Kartäuser Laurentius Surius übersetzte den Kölner Taulerdruck ins Lateinische und folgte damit einem Wunsch seines Freundes Petrus Canisius, den dieser bereits in der Vorrede seines Druckes von 1543 geäußert hatte: *Wͦoll got daz hier nach eyn erleuchter mensch* [...] *disen kostparen selen schatz in Latinsche sprach verander vil menschen die daz begeren (auch frembden nationen) zu trost*[195] (KT, Vorrede, ohne Seitenangabe). Die Übersetzung erschien 1548 im Druck bei Johannes Quentel in Köln und erweiterte die Vorlage um zahlreiche Predigten und einen Brief. Bei seiner Arbeit war Surius weniger auf die Wahrung des genauen Wortlauts, als auf die treffende Wiedergabe des Sinngehalts der Texte und auf die korrekte Einhaltung der katholischen Dogmatik bedacht.[196] Im konkreten Fall des ›Armen Menschen‹ sind es neben einem eleganten und

---

S. 464–475). Da sich das Verbreitungsgebiet aller Fassungen aber von den Niederlanden bis nach Südwestdeutschland erstreckt und Köln mit seiner zentralen verkehrs- wie sprachgeographischen Lage ein wichtiger Umschlagplatz für Literatur war, ist es alles andere als unwahrscheinlich, dass die Redaktoren des Kölner Taulerdrucks vor Ort verschiedene Fassungen zusammenbekamen.

193 Eigene Übersetzung: »Die göttlichen Lehren des erleuchteten Dr. Johannes Tauler«.

194 Eigene Übersetzung: »Wie man durch spirituelle Übungen und Tugenden zur beseligenden Vereinigung mit Gott kommen kann«.

195 Eigene Übersetzung: »Möge es Gott geschehen lassen, dass ein erleuchteter Mensch später diesen kostbaren Seelenschatz ins Lateinische übersetzt, um vielen Menschen, die sich das wünschen (und auch solchen aus anderen Ländern), dadurch Trost zu spenden.«

196 Schmidt will das Werk des Surius nicht als Übersetzung im strengen Sinne, sondern als eine »katholische Paraphrase« verstanden wissen (ders., Johannes Tauler von Straßburg, S. 72, und ähnlich schon Hamberger, Tauler's Predigten, S. X).

abwechslungsreichen Latein vor allem zwei – von konfessionellen Überzeugungen allerdings unberührte – Eingriffe, die diese Textgestalt kennzeichnen. Sie können bereits aus der Überschrift abgelesen werden: *Colloquium Theologi <Si Vetvstis Exemplaribus Creditur; Ioannis Thauleri> Et Mendici*[197] (ST, S. cviii; verwendetes Exemplar: München, Bayerische Staatsbibliothek, 1117437 2 P.lat. 1440). Einerseits wird der bis dahin unbekannte Gesprächspartner des armen Menschen, wenn auch unter Vorbehalt und unter Berufung auf ältere Überlieferungsträger, mit Johannes Tauler identifiziert. Es muss an dieser Stelle offenbleiben, ob Surius sich bei dieser Gleichsetzung tatsächlich auf einen Textzeugen stützen konnte oder ob er sie selbst vornahm[198] – ein analoger Fall wäre in dieser Hinsicht die Figur des Meisters im ›Meisterbuch‹, die erstmals der Leipziger Druck von Konrad Kachelofen ›Johannes Tauler‹ nennt. Die Praxis, anonyme Stücke einem Autor zuzuweisen, ist jedenfalls auch an anderen Stellen des Surius-Tauler nachweisbar.[199] Andererseits ist der arme Mensch hier und an zahlreichen weiteren Stellen innerhalb des Textes zum *mendicus*, zum Bettler, geworden, was darauf hinweist, dass die Anlehnung an die eckhartische Terminologie – wenn sie denn einmal beabsichtigt war – in diesem späten Stadium der Überlieferung nicht mehr verstanden wurde.

Der Surius-Tauler diente im ausgehenden 16. und beginnenden 17. Jahrhundert den französischen und englischen Taulerdrucken als Vorlage. Der französische Druck, der von 1587 bis 1614 insgesamt sechsmal aufgelegt wurde, nimmt den Dialog ›Der arme Mensch V‹ aus seinem bisherigen Zusammenhang mit den Lehren Taulers heraus und setzt ihn als letzten Text an das Ende der Sammlung *epistres de thaulere,* der Briefe Taulers, und damit an das Ende des Druckes überhaupt (fol. 254$^{r}$–255$^{v}$ der ersten Ausgabe aus dem Jahr 1587). Im Inhaltsverzeichnis, das jeden Text mit Überschrift und Folioangabe auflistet, wird es nicht berücksichtigt. Möglicherweise fand der Dialog also als eine Art Nachtrag Aufnahme in die Sammlung und war nicht Teil des ursprünglich geplanten Korpus. Die erste englische Übersetzung des ST wird im Jahr 1613 von Iohn Heigham in Douai gedruckt.

2. Die *Leren/Epistolen/Cantilenen/Prophetien* (Titelblatt des Kölner Taulerdrucks, ohne Seitenzählung), die im Kölner Taulerdruck in 77 Kapiteln auf das Predigtkorpus folgen, wurden im Jahr 1557 von Anthonis van Hemert in Antwerpen in einer niederländischen Übersetzung herausgegeben. Diese jetzt eigenständig gewordene Sammlung erfreute sich einer so großen Beliebtheit,

197 Eigene Übersetzung: »Das Gespräch eines Theologen (bei dem es sich um Johannes Tauler handelt, wenn man den altehrwürdigen Abschriften glaubt) und eines Bettlers«.

198 Für letztere Option spricht, dass der Text des ›Armen Menschen V‹ im Surius-Tauler von individuellen Änderungen abgesehen identisch ist mit dem des Kölner Taulerdrucks und damit nichts auf die Benutzung eines weiteren Textzeugen schließen lässt.

199 Vgl. Schmidt, Johannes Tauler von Straßburg, S. 71, Anm. 2.

dass es zu Neuauflagen in den Jahren 1563, 1607, 1623, 1634 und 1707 kam. Christian Hohburger veranlasste 1644 eine Rückübersetzung ins Deutsche und gab der Sammlung den Titel ›Medulla Animae‹. Die niederländische Übersetzung von 1557 (benutztes Exemplar: Digitalisat der Universität Gent) bewahrt den Text des ›Armen Menschen V‹ sehr treu und weicht nur in einigen wenigen unbedeutenden Formulierungen von ihrer Vorlage ab.

3. Im Jahr 1565 erschien in Frankfurt bei Peter van Dueren eine weitere niederländische Übersetzung des Kölner Taulerdrucks, die diesmal deutlich unter dem Vorzeichen protestantischer Theologie stand (benutztes Exemplar: Halle, Universitäts- und Landesbibliothek, Emden, XA NL 1565).[200] Der Beobachtung HAMBERGERS, dass der Übersetzer sich nur bedingt an den Wortlaut seiner Vorlage hielt,[201] ist mit Blick auf den Dialog vom ›Armen Menschen‹ (dort fol. 261$^{v}$–262$^{r}$) beizupflichten: Gerade zu Beginn des Textes formuliert er öfters ohne erkennbare Notwendigkeit um oder setzt einzelne Wörter hinzu. Die dem Dialog seit dem Basler Druck vorausgehende Einleitungsbemerkung schreibt er neu, so dass der Text fortan unter dem Vorzeichen lutherischer Rechtfertigungslehre steht: *Een schoon voorbeelt Exempel ende leeringhe van eenen lijdsamen mensche die der sonden met Christo gestorven ende nieugheboren is ende hem selven niet meer en leeft maer Godt in hem ende hy in Godt door Christum Jesum*[202] (fol. CCLXI$^{v}$ und in der nachfolgenden Edition Z. 1 f.). An die Stelle der Gelassenheit ist hier Christus in seiner Bedeutung für die Sündhaftigkeit des Menschen und seine Gottesbeziehung getreten. Im Inhalt und in der An-

---

200 HOFMANN meint, diese niederländische Übersetzung folge dem Text von Surius (DERS., Grundlagen zur Tauler-Forschung, S. 475). Dagegen sprechen das Vorwort mit seiner Berufung auf eine hochdeutsche Vorlage (*ut den hoochduytsche in nederlantsche sprake*, Seite ohne Zählung) und – als Detailbeobachtung für den ›Armen Menschen V‹ – das Fehlen der typischen Sonderlesarten der Surius-Redaktion (vgl. dazu die nachfolgende Edition).

201 Vgl. HAMBERGER, Tauler's Predigten, S. XXI.

202 Eigene Übersetzung: »Ein nachahmenswertes und lehrhaftes Beispiel von einem duldsamen Menschen, der der Sünde mit Christus gestorben und neu geboren ist, der nicht mehr für sich selbst lebt, sondern vielmehr Gott in ihm und er in Gott durch Christus Jesus«. Der Druck lehnt sich hier an die Tauftheologie des Paulus nach Rm 6 an, insbesondere an Rm 6,10 f.: *quod enim mortuus est peccato mortuus est semel quod autem vivit vivit deo ita et vos existimate vos mortuos quidem esse peccato viventes autem Deo in Christo Iesu* (Übersetzung: »Denn was er gestorben ist, das ist er der Sünde gestorben ein für alle Mal; was er aber lebt, das lebt er Gott. So auch ihr: Haltet euch für Menschen, die der Sünde gestorben sind und für Gott leben in Christus Jesus.«). Und ähnlich auch Gal 2,19 f.: *ego enim per legem legi mortuus sum ut Deo vivam Christo confixus sum cruci vivo autem iam non ego vivit vero in me Christus* (Übersetzung: »Denn ich bin durchs Gesetz dem Gesetz gestorben, damit ich Gott lebe. Ich bin mit Christus gekreuzigt. Ich lebe, doch nun nicht ich, sondern Christus lebt in mir.«). So wird hier die Figur des armen Menschen auf der Basis paulinischer Theologie interpretiert.

ordnung der Stücke entspricht der niederländische Druck weitgehend seiner Vorlage aus Köln. Neuauflagen folgen in den Jahren 1588 und 1593.[203]

4. Im Jahr 1670 veranstaltete Hermann von Sand eine Taulerausgabe in Frankfurt, in deren Anhang auf den Traktat ›Von abegescheidenheit‹ (S. 445–469) ›Der arme Mensch V‹ in der Textgestalt des Kölner Taulerdrucks folgt (S. 470–473). Neu ist hier die Einleitung, in der der Dialog explizit als Lehre Meister Eckharts ausgewiesen ist: *Meister Eckhard weiset Allhie Ein Exemplarische Form eines vollkommenen Menschen / daß wir gleich stehen / und uns in allen Dingen als es Gott beliebet / lassen lernen*[204] (S. 470).

5. In diesem Zusammenhang ist noch auf die Handschrift B22 hinzuweisen, die als Abschrift des KT ebenfalls den Text ›Der arme Mensch V‹ bezeugt, ohne dabei nennenswerten Abweichungen zu zeigen:

**B22: Berlin, Staatsbibliothek zu Berlin – Preußischer Kulturbesitz, Ms. germ. fol. 243**

Papier · 200 Blatt · 412 x 280 mm · 1550 · eine Hand · mittelniederländisch · Arnheim, Augustinerchorfrauenstift St. Paulus und St. Agnes

Inhalt: Es handelt sich um den zweiten Teil einer Abschrift des Kölner Taulerdrucks. Der erste Band liegt in Berlin, Staatsbibliothek zu Berlin – Preußischer Kulturbesitz, Ms. germ. fol. 242 vor. In B22 findet sich ›Meister Eckharts Wirtschaft‹ auf fol. $60^{va}$–$61^{ra}$ und ›Der arme Mensch V‹ auf fol. $61^{ra}$–$61^{va}$.

Literatur: Axters, Bibliotheca Dominicana, S. 142; Middelnederlandse preken in handschriften IV, S. 105–159; Stooker / Verbeij, Collecties op orde, S. 53; Handschriftencensus: http://www.handschriftencensus.de/12044 [04.01.2019]

Die nachfolgende Skizze fasst die textgeschichtlichen Verhältnisse der gedruckten Armer-Mensch-Dialoge vom Basler Taulerdruck bis zu den Hauptverzweigungen des ›Armen Menschen V‹ nach dem Kölner Taulerdruck zusammen. Die Einflüsse der Fassungen ›Armer Mensch III‹ und ›Armer Mensch IV‹ auf den Text des Kölner Taulerdrucks wird durch unterbrochene Linien von den Drucken abgehoben. Folgende Abkürzungen werden verwendet, wobei der Asterisk für Siglen steht, die nur in der vorliegenden Arbeit gebraucht und so in der Textzeugenaufstellung bei Triebel (letzter Aufruf: 04.01.2019) nicht geführt werden: BT = Basler Taulerdruck, HsT = Halberstädter Tau-

203 Vgl. Hofmann, Grundlagen zur Tauler-Forschung, S. 475 f.
204 Eigene Übersetzung: »Meister Eckhart zeigt hier ein vorbildliches Beispiel eines vollkommenen Menschen, damit wir lernen, gleichmütig zu sein, und uns in alle Lebenslagen, wie sie Gott bestimmt, zu fügen.«

lerdruck, HT = Hamburger Taulerdruck, KT= Kölner Taulerdruck, ST = Surius Tauler, *Ndl. T1 = niederländische Tauler-Übersetzung von 1557, *Ndl. T2 = niederländische Tauler-Übersetzung von 1565, FT² = Zweite Auflage des Frankfurter Taulerdrucks aus dem Jahr 1670, *Frz. T = französische Tauler-Übersetzung 1587, *Engl. T = englische Tauler-Übersetzung von 1613, jeweils einschließlich aller Neuauflagen dieser Drucke.

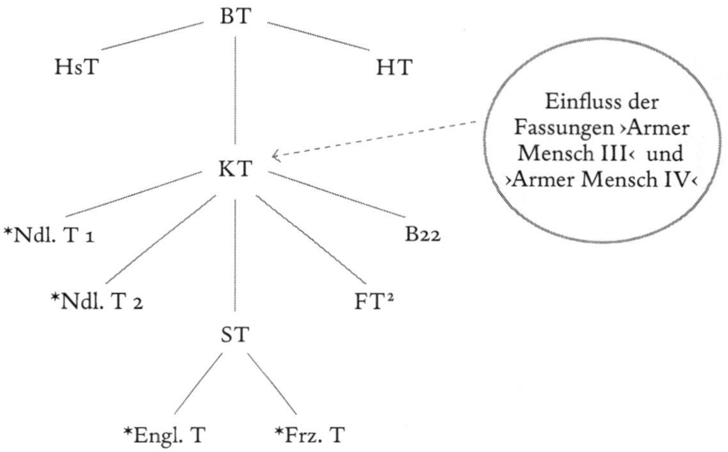


Abb. 8: Stemma des Dialogs ›Der arme Mensch V‹

Die Geschichte der Taulerdrucke wäre noch weiter zu differenzieren und um manchen Druck zu erweitern, doch muss dies einer eigenen Untersuchung vorbehalten bleiben. Im Rahmen der vorliegenden Studie mag dieser Einblick jedoch genügen, um eine Vorstellung vom Weiterleben des ›Armen Menschen‹ vom Beginn des Druckzeitalters bis zur ersten neuzeitlichen Ausgabe durch PFEIFFER zu bekommen.

Der nachfolgenden Edition des ›Armen Menschen V‹[205] sind zwei Apparate beigegeben: Der erste führt auffällige Varianten des Surius Tauler, des *Ndl. T2 und des Frankfurter Taulerdrucks von 1670 an, um rezeptionsgeschichtlich interessante Fakten sichtbar und gegebenenfalls weitere Textzeugen zuordenbar zu machen. Die Varianten beziehen sich dabei in erster Linie auf die Einleitung des Dialogs. Der zweite Apparat schlüsselt zusammen mit der Randspalte die

205 Eine Edition des ›Armen Menschen‹ aus dem Basler Taulerdruck erübrigt sich, da die wenigen Abweichungen bereits in der Edition des ›Armen Menschen I‹ (vgl. S. 215–220) erfasst wurden.

Komposition des Textes auf: Am Rand ist angegeben, welcher Fassung des ›Armen Menschen‹ der Text grundlegend entspricht, während der Apparat Einschübe aus anderen als diesen grundlegenden Fassungen verzeichnet. Im Leittext sind diese Einschübe durch Unterringelung zusätzlich gekennzeichnet. Die betreffenden Texte sind dabei als ›AM‹ für ›Armer Mensch‹ mit Fassungsnummer abgekürzt. Für die Grundlagen der Editionspraxis sei auf die Seiten S. 78–80 verwiesen. Interpunktion und Großschreibung des ST wurden beibehalten. Auf eine Übersetzung wird verzichtet, weil alle Bestandteile des folgenden Textes bereits in den vorausgegangenen Kapiteln ins Neuhochdeutsche gebracht wurden.

## Edition: ›Der arme Mensch V‹

Leitdruck: KT

AM I [338$^{ra}$] Eynn bild reiche form eyns volkomnen menschen, das wir leren gleich stan und uns lassen in allenn dingen, wie es Gott über uns angesehenn het.
MAN lißt vonn einem geleirtten man, der begert woll acht jar, das ihm Got tzeigte eynen menschen, [338$^{rb}$] der in weyßte den weg der warheit. Und do er was in eyner grossen begerung, do kam eyn stimm von Got unnd sprach tzů ihm: »Gang hynn auß fůr die kirchen, so würstu finden einen menschen, der soll dich weyssen den weg der warheytt.« Unnd er gieng unnd fand eynen armen menschen, dem seyn füß zerschrunden waren unnd vol staubs und ungeseüfers und al sein kleider waren kaum dreyer heller wertt.
Er grüßt jn und sprach: »Got geb dir eyn gůten morgen.« Do sprach er: »Ich gewan doch nye kein bꝍsen morgen.« Er sprach: »Das dyr got glück geb! Wie antwůrtestu mir also?« Er sprach: »Ich gewan nye unglück.« Diser sprach: »Das du selig seyest! Wie gibstu mir antwůrtt?« Er sprach: »Ich ward doch nye unselyg.« Dyser sprach aber: »Das dir Got heyl geb! Bericht mich des baß, wan ich kan es nitt versten.«
Er sprach: »Gern. Du sprichs, das mir Gott eyn gůten morgen geb. Do sprach ich, ich gewan nitt bꝍsen morgen. Wan so mich hungert, so lob ich Gott. Freürt mich, es hagel, es schney, es regen, es sei gůt oder bꝍß wetter, so lob ich Got. Byn ich ellend und verschmecht, so lob ich Got. Darumb gewan ich nye kein bꝍsenn morgen. Du sprechs auch, das mir got glück gebe. Do sprach ich, ich gewan nie unglück. Wann ich weiß mit got zů leben und weiß, was er thůt, das ist das beste. Unnd was mir Gott gab oder über mich verhenget, es wer lieb oder leyd, saur oder süß, das namm ich frꝍlich von Gott für das aller best unnd darumb so gewan ich nye unglück.
Du sprechtt [!] auch, das mich Gott selig machte. Do sprach ich, ich ward nye vnselig. Wan ich woltt allein in gotz wyllen seyn und ich håt meinen willen geben in gotz willen also gantz, das was got will, das wil ich auch. Und darumm ward ich nye vnselig, wan ich wolt allein in seynem willen seyn und ich håt mein willen ihm gantz übergeben.«

---

*Variantenapparat:*
**1–2** Eynn bild ... angesehenn het] COLLOQVIUM THEOLOGI <SI VETUSTIS EXEMPLARIBUS CREDITUR; IOANNIS THAULERI> ET MENDICI, CONtinens praeclarissimum quoddam Exemplum hominis perfecti, unde possumus, ut in omnibus pro Dei voluntate ac ordinatione, eodem semper animo ac resignati esse debeamus *ST;* Een schoon voorbeelt Exempel ende leeringhe van eenen lijdsamen mensche die der sonden met Christo gestorven ende nieugheboren is ende hem selven niet meer en leeft maer Godt in hem ende hy in Godt door Christum Jesum **Ndl. T2;* Meister Eckhard weiset Allhie Ein Exemplarische Form eines vollkommenen Menschen / daß wir gleich stehen und uns in allen Dingen als es Gott beliebet lassen lernen *FT*$^{2}$ **7** armen menschen] mendicus *ST* **9–10** Ich gewan ... morgen] Non memini me unusquisquam adversum mane habuisse *ST* **13** wan ... versten] neque enim capio quid dicas *ST* **19** das ist das beste] non posse non esse optimum *ST*

---

*Verzeichnis der Einschübe aus anderen Fassungen:*
**15–16** es hagel ... wetter] Anlehnung an AM II, Z. 14–15, und AM IV, Z. 42 **18–19** Wann ... beste] vgl. AM IV, Z. 28–32

Dyser sprach: »Ob dich aber Gott in die helle wolt werffen, was wo̊ltestu darzů reden?« Do sprach er: »Mich werffen in die hell? Würff er mich in die helle, so hann ich zwen arm, damit ich in umbfahe. Ein arm ist ware demü [338$^{va}$] tigkeit und den leg ich under jn und da mit byn ich vereinet mitt seyner heilige menscheit. Und mitt dem rechten arm der liebe, der vereinicht ist mitt seyn heilige gotheyt, ummfahen ich jm, daz er mit mir můst in die hel. Darumb wil ich liber in der hel sein, daz ich got hab, dan daz ich in dem hymmel wer und got nit het.«

Do verstont diser meister, das ware gelassenheit mit gruntlige demüticheit ist der nåchste weg zů got. Furbas fraget dieser meister: »Wan bistu komen?« Er antwort: »Von got.« Diser fraget: »Wå hastu gott funden?« Der man antwort: »Da ich alle creatürenn verließ.« Der meister sprach: »Wa hastu got gelassen?« Antwort: »Jn reinen hertzen und in gůt willigen menschen.« Der meister fraget: »Waz bistu für eyn man?« Er sprach: »Ich bin eyn künig.« Der meister: »Wae ist dein kunigreich?« Der arm man: »Daz ist in meyn sele. Dan ich kan meyn inwendige und außwendige sinnen also regeren, daz alle meyn begerten und selen krefften myr underdenich sein. Und diß reich ist grosser dan einich künigreich uff erden.« Der mensch sprach: »Waz hatt dich zů diser volkomenheit gefürt?« Er antwort: »Daz hat gethan meyn stille schweigen, mein hohe gedancken und mein vereinunge mit got. Wan ich kunde nye gerüsten in einigen dingen, die minre waren dan got. Nů han ich got funden und han rast und frede ewiglich in Got.« Amen. AM IV

---

*Variantenapparat:*

**26** Dyser sprach] Haec cum mendicus ille retulisset, ita eum rursus magister affatus est *ST* **40** Und diß reich ... uff erden] Quod profecto regnum cunctis mundi huius regnis prestantius esse nullus ambigit *ST*

---

*Verzeichnis der Einschübe aus anderen Fassungen:*

**28–29** und da ... menscheit] vgl. AM II, Z. 19, und AM IV, Z. 53 **30** der vereinicht ... gotheyt] vgl. AM II, Z. 20, und AM IV, Z. 55 **30–31** daz er mit mir můst [!] in die hel] vgl. AM II, Z. 21–22, und AM IV, Z. 58–59 **41–44** Der mensch ... Got] vgl. AM III, Z. 14–19

## *5.7 Der ›Vader-Discipel-Dialog‹ – Textverwertung in neuem Zusammenhang*

Der ›Vader-Discipel-Dialog‹, in drei mittelniederländischen Handschriften des 15. Jahrhunderts überliefert,[206] stellt einen späten Ausläufer der Textgeschichte des ›Armen Menschen‹ dar, der bislang nur als Spruch 67 in »von PFEIFFERS Text stark abweichender Fassung«[207] registriert wurde. Das Stück besteht aus drei selbstständigen Redegängen, die nur durch die beiden gleichbleibenden Dialogpartner, einen *heilich vader* und einen *discipel,* zu einer Einheit zusammengefügt werden. An erster Stelle steht eine freie und stark kürzende Paraphrase des ›Armen Menschen III‹, gefolgt von einer auf die göttliche Minne zielenden Fragesequenz und einer abschließenden Auslegung des Hoheliedwortes *ego dilecto meo et dilectus meus mihi*[208] (Ct 6,2).

Diesen Text nicht als weitere Fassung des Dialogs ›Der arme Mensch‹ zu behandeln, liegt darin begründet, dass die konstitutive Figur des armen Menschen ausgeschieden und der bislang zentrale Guten-Morgen-Wunsch zu einer bloßen Begrüßungsfloskel reduziert ist. Weiterhin fehlen als grundlegende Themen der Umgang mit dem Leiden und die Aufgabe des Eigenwillens, so dass das Stück jenseits der textgeschichtlichen Perspektive und einiger verwandter Formulierungen kaum mehr etwas mit einer Fassung des ›Armen Menschen‹ gemein hat.

Der Dialog soll hier als eigenständiger Text unter dem Titel ›Vader-Discipel-Dialog‹ ediert und kurz vorgestellt werden, zeigt er doch unter wirkungsgeschichtlicher Perspektive, wie durch kontinuierliche Umformung und kreative Weiterarbeit aus alt überliefertem Material ein neuer Text entstehen kann.

### *5.7.1 Textkonstitution*

Der ›Vader-Discipel-Dialog‹ wurde von DE VOOYS nach der Handschrift W10 – dem fehlerhaftesten der drei bekannten Textzeugen – mit den Varianten von Ge3 abgedruckt.[209] Die hier vorgelegte Neuedition kann demgegenüber auf eine verlässlichere Leithandschrift zurückgreifen.

---

206 Als möglicher vierter Textzeuge kommt die niederländische Handschrift Assen, Drents Archief, Oldenhuis Gratama 929 (As), ein Gebetbuch aus der Diözese Utrecht vom Ende des 15. Jahrhunderts, in Betracht. Die bei TRIEBEL unter den Textzeugen zu Spr. Pf. 66 geführte Handschrift überliefert nach dem bei LÜCKER angegebenen Initium nicht den Dialog ›Der arme Mensch I‹, sondern den ›Vader-Discipel-Dialog‹ (DERS., Devotio Moderna, S. 162). Die Handschrift wurde mir leider nicht zugänglich gemacht.

207 QUINT, Untersuchungen II, S. 93 über den Text von W10.

208 Übersetzung: »Mein Freund ist mein und ich bin sein.«

209 DE VOOYS, Nederlandse Mystiek I, S. 87–91.

Die drei Handschriften werden bei TRIEBEL als Textzeugen von Spr. Pf. 67 geführt, wobei bereits in allen drei Fällen auf erhebliche Abweichungen hingewiesen ist.[210]

## Handschriftenbeschreibungen

### Ge3: Gent, Universitätsbibliothek, Hs. 1305

Papier und Pergament · 144 Blatt · 210 × 140 mm · drittes Viertel des 15. Jahrhunderts · mehrere Hände · mittelniederländisch · Hasselt, Franziskanertertiarinnen von St. Katharinenthal

Inhalt: Die Handschrift enthält neben geistlichen Exempeln und Traktaten eine Predigt Taulers, eine Predigt Seuses, Auszüge aus ›De imitatione Christi‹ des Thomas von Kempen und einen Palmbaumtraktat. Der ›Vader-Discipel-Dialog‹ findet sich gemäß der von späterer Hand eingetragenen Paginierung auf Seite 125–126.

Literatur: AXTERS, Bibliotheca Dominicana, S. 147; REYNAERT, Gent, S. 150–154; QUINT, Untersuchungen I, S. 256 f.; Handschriftencensus: http://www.handschriftencensus.de/19408 [04.01.2019]; Predigt im Kontext: http://pik.ku-eichstaett.de/3399/ [04.01.2019]

### Le5: Leiden, Universitätsbibliothek, Cod. Ltk. 261

Papier · 277 Blatt · 139 × 101 mm · 1. Hälfte des 16. Jahrhunderts · eine Hand · mittelniederländisch

Inhalt: Predigten, Texte über das Leben und Leiden Jesu, Erbauliches, Exempel, Dicta; fol. $261^v$–$263^v$ ›Vader-Discipel-Dialog‹

Literatur: AXTERS, Bibliotheca Dominicana, S. 149; LIEFTINCK, Middelnederlandsche Tauler-Handschriften, S. 74–76; SEIDEL, St. Georgener Predigten, S. 140; Middelnederlandse preken in handschriften II, S. 1285–1288; Handschriftencensus: http://www.handschriftencensus.de/5334 [04.01.2019]

### W10: Wien, Österreichische Nationalbibliothek, Cod. Ser. nova 12875

Papier · III + 168 Blatt · 145 × 102 mm · 15. und 16. Jahrhundert · drei Hände (1. Hand: fol. $I^v$–$II^v$.$166^r$–$167^v$, 2. Hand: fol. $1^r$–$165^v$, 3. Hand: fol. $167^v$–$168^r$) · mittelniederländisch und lateinisch · Brüssel, Augustinerchorfrauenstift St. Elisabeth van de berg Sion

Inhalt: Es handelt sich bei dieser Handschrift um das ›Amsterdamer Liederbuch‹ oder – in der neueren Literatur – die ›Wiener Liederhandschrift‹, die Hauptquelle für die Melodien

210 Vgl. www.eckhart.de unter dem Reiter Texte / Legenden / Meister Eckhart und der arme Mensch (letzter Aufruf am 04.01.2019).

des devoten Liedes.[211] Der Inhalt der Handschrift setzt sich folgendermaßen zusammen: fol. $1^r$–$77^v$ Mittelniederländische geistliche Lieder; fol. $77^v$–$151^r$ Lateinische Hymnen; fol. $152^r$–$153^v$ ›Vader-Discipel-Dialog‹; fol. $153^r$–$167^v$ Geistliche Lieder und Sprüche in Mittelniederländisch und Latein

Literatur: Axters, Bibliotheca Dominicana, S. 150 f.; Menhardt, Verzeichnis, S. 1538 f.; Tervooren, Van der Masen, S. 161 f.; Quint, Untersuchungen II, S. 93; Handschriftencensus: http://www.handschriftencensus.de/12259 [04.01.2019]

## Handschriftenrelation

Die Überlieferung des ›Vader-Discipel-Dialogs‹ ist zweigeteilt: Der Handschrift Le5 stehen die Handschriften Ge3 und W10 als Vertreter einer gemeinsamen Textstufe x (im Folgenden zitiert nach Ge3) gegenüber. Diese Unterscheidung beruht unter anderem auf folgenden Varianten:

Z. 7: *alte* Le5] *herde* x
Z. 10: *mach in deser tyt* Le5] *mach* x
Z. 11: *conciencie*[1] Le5] *conciencie wel bereit* x
Z. 17: *bereit* Le5] *betert* x
Z. 18: *mynnen* Le5] *minnen ende begheren* x
Z. 21: *van mynnen* Le5] *van minnen zede* x
Z. 28 f.: *in sijnre doot* Le5] *voer my in sijnre doot* x
Z. 33: *met u selven* Le5] *met hem selven* x

Zudem ist auf den stilistischen Unterschied hinzuweien, dass in Le5 an vielen Positionen verba dicendi stehen, während die Handschriften der x-Gruppe die direkte Rede meist nur durch die Nennung des jeweiligen Sprechers einleiten. In diesem Aspekt stimmt Le5 mit dem Prätext ›Der arme Mensch III‹ überein, so dass hier bereits ein erstes Signal für eine ursprungsnähere Textgestalt zu sehen ist.

Die oben aufgelisteten Varianten bestärken diesen Eindruck oder zeigen zumindest, dass Le5 insgesamt den stimmigeren Text bietet: In Z. 11 bringt diese Handschrift mit *in deser tyt* eine notwendige und in der geistlichen Literatur des späten Mittelalters immer wieder gebrauchte Wendung (vgl. etwa ›Der arme Mensch III‹, Z. 19), um das Irdische – und nur um Irdisches geht es im Zusammenhang – vom Himmlischen zu unterscheiden. In Z. 17 kann die x-Lesart inhaltlich nicht recht überzeugen: Warum sollte das Reine ›gebessert‹ werden? Das *bereit* aus Le5 fügt sich dagegen als finite Form des Verbs *bereiden* im Sinne von ›versorgen, in einen sicheren Zustand bringen‹ sinnvoll in den Kontext.[212]

211 Vgl. Tervooren, Van der Masen, S. 161 f.
212 Vgl. Verwijs/Verdam, Middelnederlandsch Woordenboek, Bd. 1, Sp. 926–929.

Die Unterschiede in Z. 11, 18 und 21 könnten auf Erweiterungen der x-Vorlage, der Unterschied in Z. 33 auf ein Missverständnis der x-Vorlage zurückgehen, in dessen Folge aus ›Frieden mit euch selbst‹ ›Frieden mit ihm ihm selbst‹, also mit Gott, wurde. Plausibler scheint die x-Gruppe dagegen in Z. 7, in der das Adverb *herde* (›sehr‹) besser zum Bezugswort ›heilig‹ passt als *alte* (›allzu‹). Diese Erwägungen sind insofern problematisch, als ein wortgenauer Vergleich mit Quelltexten im ersten Redeabschnitt nur sehr bedingt, in den anderen beiden überhaupt nicht möglich ist und der inhaltlich überzeugendere Text nicht zwingend auch der ursprünglichere sein muss.

Innerhalb des x-Zweiges ist der Ge3-Text, so lassen es einige Übereinstimmungen mit Le5 vermuten, vom W10-Text unabhängig und bietet gleichzeitig die bessere Textqualität.[213] Ob W10 seinerseits von Ge3 unabhängig ist, kann man aus dem vorhandenen Variantenmaterial nicht sicher ablesen; das nachfolgende Stemma geht mit Vorbehalt von gegenseitiger Unabhängigkeit aus:[214]

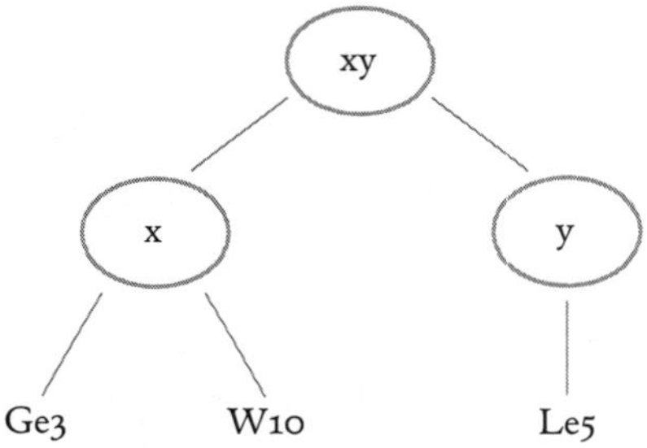


Abb. 9: Stemma des ›Vader-Discipel-Dialogs‹

Die Edition folgt der Leithandschrift Le5 und gibt im Apparat die Varianten der beiden x-Handschriften bei. Die Editionsrichtlinien sind auf S. 78–80 dargelegt.

---

213 So steht W10 allein mit der Lesart *op een tijt* nach *ontmoette* (Z. 1) und mit *ons mede gerecht* statt *ons recht* (Z. 21). Eine Dopplung zeigt die Handschrift in Z. 25: *myn lieff seindt my een cussen der mynnen hi reict my een cussen.*

214 Zwei offensichtliche Fehler von Ge3, ein fehlendes *mensche* in Z. 13 und ein fehlendes *nae* in Z. 32, teilt W10 nicht, doch kann dies letztlich auch auf Verbesserungen eines aufmerksamen Schreibers zurückgehen.

## Edition: ›Vader-Discipel-Dialog‹

Leithandschrift: Le5

[261v] Een heilich vader ontmoette eens enen anderen heilighen vaders discipel ende sprac hem alda toe: »Soen, god gruet u! God gheve u goeden morghen!« Die discipel antwoerde: »Deo gracias.«
Die vader vraechde: »Soen, waen coemstu?« Die discipel antwoerde: »Ic coem van gode.« Die vader seide: »Waer vondestu gode?« Die discipel: »Daer ic alle creatueren liet.« Die vader sprac: »Waer hebstu gode ghelaten?« Die discipel seide: »In allen reynen harten.« Die vader seide: »My dunct, dat ghi alte heilichliken sprect. Waen sy di [262r] aen dese grote heilicheit comen?« Die discipel: »Myn stille sitten ende swighen ende mijn hoghe begheerten hebben my in den hemel ghetoghen.«
Die vader sprac: »Welck is die meeste vroechde, die men hebben mach in deser tyt?« Die discipel: »Een suver conciencie.« Die vader: »Waen coemt een suver conciencie?« Die discipel: »Ut groter hueden der sunden.« Die vader sprac: »Waen coemt die grote hoede der sunden?« Die discipel seide: »Ut heiligher vresen, die den mensche dencken doet, dat god altoes teghen woerdich is ende alle onse werken aensiet.« Die vader: »Waen coemt die heilighe vrese?« Die discipel: »Ut godliker mynen.« Die vader: »Wat is godliker mynen?« Die discipel: »Si is [262v] des hemelschen conincs duve. Si heeft vuerighe vloghelen ende vlieghet doer die harten der goeder menschen af bernende, wat vleisschelike of waerlijc is, ende wat reyn is, dat bereit sy. Sy doet die sunden haten ende die werelt versmaden. Si doet die eer gods mynnen met live ende met siele ende met allen crachten boven alle dinc. Si doet alle ghemac after laten ende alle onghemac aen nemen om gode te ghebruken.«
Die vader seide: »God si met u ende gheef ons recht bekennen van mynnen ende make ons kundich wat dat sy: ›Ic mynen lief ende myn lief my‹, als die bruut seit in Cantica.« Die discipel: »Ghif my vader bedudenis [263r] deser woerden: ›Ic myn lief ende myn lief my‹.« Die vader: »Wie mach tellen die sandekyns der see? Alsoe eest onmoghelijc ut te spreken die syne deser woerden. Myn lief brudegom ihs denct op my ende ic op hem. Hi ghevet mi een cussen, hi smeket met my, hi toe spreket my vriendelic ende ic hem. Myn lief gheeft hem selven mi ende ic weder gheve hem mi selven al gheheel, soe dat ic bin een hart ende een siel *ende* een gheest met hem. Myn lief heeft hem selven ghegheven in een soender verlossijnghe in sijnre doot. Wie en soude hi niet alle ander dinghen ghegheven hebben met hem? Hier om [263v] myn lief wort met my verenicht ende ic met hem, want syn weelden ende ghenuechten syn te wesen metten kynderen der menschen.«

---

**1** ontmoette] ontmode op een tijt *W10* enen *fehlt Ge3, W10* **4** vraechde: »Soen *fehlt Ge3, W10* coemstu] coemstu soen *Ge3, W10* antwoerde *fehlt Ge3, W10* **5** seide *fehlt Ge3, W10* **6** sprac *fehlt Ge3, W10* seide *fehlt Ge3, W10* **7** seide *fehlt Ge3, W10* alte] herde *Ge3, W10* **10** sprac *fehlt Ge3, W10* mach in deser tyt *fehlt Ge3, W10* **11** conciencie[1]] conciencie wel bereit *Ge3, W10* **12** sprac *fehlt Ge3, W10* **13** seide *fehlt Ge3, W10* mensche *fehlt Ge3* **16** ende] sij *Ge3* **17** of] ende *W10* bereit] betert *Ge3, W10* **18** mynnen] minnen ende begheren *Ge3, W10* **18–19** met live ende met siele] met siele met live *Ge3;* mit ziele ende mit live *W10* **21** seide *fehlt Ge3, W10* ons recht] ons mede gerecht *W10* mynnen] minnen zede *Ge3, W10* **22** Cantica] den cantiken *W10* **25** denct] aendenct *Ge3, W10* hi ghevet mi een cussen] Hi reict my een cussen *Ge3*; myn lieff seindt my een cussen der mynnen hi reict my een cussen *W10* **26** met my] mi *Ge3, W10* vriendelic *fehlt Ge3, W10* ende *fehlt Ge3, W10* **27** siel ende *Ge3, W10*] siel *Le5* **28** in[1] *fehlt Ge3, W10* in[2]] voer my in *Ge3, W10* **29** niet] my niet *Ge3;* my *W10*

Hier nae beval die discipel den vader te gode ende sprac: »God sy met u, eerweerdighe vader, ende gheve u troest ende vrede met u selven. Biddende voer my, dat hij syn mynne wil storten in mynre sielen ende synne.« Amen.

---

**32** nae *fehlt Ge3* **33** u] hem *Ge3, W10* **34** sielen ende *fehlt Ge3, W10*

## Übersetzung: ›Vader-Discipel-Dialog‹

Ein heiliger Vater begegnete einst dem Schüler eines anderen heiligen Vaters und sagte zu ihm: »Sohn, Gott grüße Euch! Gott gebe Euch einen guten Morgen!« Der Schüler antwortete: »Dank sei Gott.«

Der Vater fragte: »Sohn, woher kommst du?« Der Schüler antwortete: »Ich komme von Gott.« Der Vater sagte: »Wo hast du Gott gefunden?« Der Schüler sagte: »Dort, wo ich alle Kreaturen ließ.« Der Vater sagte: »Wo hast du Gott gelassen?« Der Schüler sagte: »In allen reinen Herzen.« Der Vater sagte: »Mir scheint, dass du zu sehr wie ein Heiliger sprichst. Wie hast du diese große Heiligkeit erlangt?« Der Schüler sagte: »Mein stilles Sitzen, mein Schweigen und mein hohes Begehren haben mich in den Himmel gehoben.« Der Vater fragte: »Was ist die höchste Freude, die man in diesem Leben erreichen kann?« Der Schüler antwortete: »Ein reines Gewissen.« Der Vater sagte: »Woher kommt ein reines Gewissen?« Der Schüler antwortete: »Daher, dass man sich vor der Sünde stets in Acht nimmt.« Der Vater fragte: »Wie kann man sich stets vor der Sünde in Acht nehmen?« Der Schüler sagte: »Durch heilige Furcht, die den Menschen glauben lässt, dass Gott alle Zeit gegenwärtig ist und alle unsere Werke sieht.« Der Vater fragte: »Woher kommt die heilige Furcht?« Der Schüler antwortete: »Aus göttlicher Liebe.« Der Vater fragte: »Was ist die göttliche Liebe?«

Der Schüler sagte: »Sie ist die Taube des himmlischen Königs. Sie hat feurige Flügel und fliegt durch die Herzen der guten Menschen, um alles Fleischliche und Weltliche zu verbrennen und zu bereiten, was rein ist. Sie hasst die Sünde und verachtet die Welt. Sie liebt die Ehre Gottes mit Leib und mit Seele und mit allen Kräften über alle Dinge. Sie lässt alles Angenehme zurück und nimmt alles Unangenehme auf sich, um sich an Gott zu erfreuen.«

Der Vater sagte: »Gott sei mit Euch und lasse uns die Liebe recht begreifen und lasse uns verstehen, was das bedeutet: ›Ich meinen Liebsten und mein Liebster mich‹, wie die Braut im Hohelied der Liebe sagt.« Der Schüler sagte: »Vater, gib mir eine Erklärung für diese Worte: ›Ich meinen Liebsten und mein Liebster mich‹!« Der Vater sagte: »Wer kann die Sandkörner des Meeres zählen? Genauso unmöglich ist es, die Bedeutung dieser Worte zu erklären. Mein lieber Bräutigam Jesus denkt an mich und ich an ihn. Er gibt mir einen Kuss, er schmeichelt mir, er spricht freundlich zu mir und ich zu ihm. Mein Liebster

gibt sich selbst mir hin und ich gebe mich selbst ihm in gleicher Weise zurück, so dass ich mit ihm ein Herz, eine Seele und ein Geist bin. Mein Liebster gab sich selbst in seinem Tod hin für eine einzigartige Erlösung. Wie sollte er dabei nicht auch alles andere von sich gegeben haben? Dadurch wurde mein Liebster mit mir vereinigt und ich mit ihm, denn sein Vergnügen und seine Freude liegen darin, bei den Kindern der Menschen zu sein.«
Hierauf segnete der Schüler den Vater und sagte: »Gott sei mit Euch, ehrwürdiger Vater, und schenke Euch Trost und Frieden mit Euch selbst. Bittet für mich, dass seine Liebe über meine Seele und Sinne kommen möge.« Amen.

### *5.7.2 Untersuchungen zum Text*

Im ›Vader-Discipel-Dialog‹ setzt sich eine Tendenz fort, die bereits im Zusammenhang mit dem ›Armen Menschen IV‹, insbesondere der Textgestalt der Handschrift Ge2, zu beobachten war (vgl. Kap. 313–316): die Adaption des Dialogs im frömmigkeitsgeschichtlichen Rahmen der Devotio Moderna. In inhaltlicher Hinsicht bedeutet dies eine Reduktion des ›Armer Mensch III‹-Textes auf wenige ausgewählte Elemente und zugleich eine Angliederung solcher Stücke, die in besonderer Weise die Spiritualität der Devotio Moderna transportieren. In überlieferungsgeschichtlicher Hinsicht bedeutet es, dass der ›Vader-Discipel-Dialog‹, anders als die ersten drei Fassungen des ›Armen Menschen‹, speziell mit solchen Texten im Überlieferungsverbund steht, die aus dem Geist der Devotio Moderna erwachsen sind. Beide Perspektiven sollen im Folgenden kurz beleuchtet werden.

#### Textanalyse

Der ›Vader-Discipel-Dialog‹ präsentiert sich als ein geistliches Lehrstück aus drei thematisch unabhängigen Redegängen, die allein durch die kohärenzstiftende Konstante der Dialogpartner zu einem Ganzen verbunden sind.

Der erste dieser Redegänge (Z. 1–9) ist eine Adaption des ›Armen Menschen III‹, wobei der Guten-Morgen-Wunsch auf die Funktion einer Begrüßungsfloskel reduziert wurde und die Ausführungen zum Motiv des Königseins entfallen sind. Zu fragen ist vor allem, warum die in der Vorlage gegebene Personenkonstellation – Meister Eckhart spricht mit einem armen Menschen – aufgegeben und durch das Zusammentreffen eines *heilich vader* und eines *discipel* eines anderen heiligen Vaters (Z. 1) ersetzt wurde. Man mag dabei an die in den Niederlanden zweifellos vorhandenen Ressentiments gegenüber

Eckhart denken,[215] doch hätten allein sie dem Redaktor Schwierigkeiten bereitet, so hätte er sich auch mit der Anonymisierung des Meisters begnügen können. Ein anderer Erklärungsansatz mag hier weiterführen: Im Kontext der Devotio Moderna kommt der Bezeichnung ›Vater‹ im Sinne eines weisen Lehrers und Vorbilds durch die Rückbesinnung auf die weltabgewandte Spiritualität der Wüstenväter eine besondere Aktualität und Bedeutung zu. Deutlich wird dies an dem hohen Ansehen, in dem die ›Collationes Patrum‹ des Johannes Cassian, Gespräche zwischen Cassian, seinem Freund Germanus und ägyptischen Wüstenvätern über das Mönchsleben, standen – speziell auf diese Tradition könnte die Attribuierung des *vader* mit *heilich* hinweisen –,[216] aber auch an der Anrede ›Vater‹, die gelegentlich für Leitfiguren wie Geert Groote oder Florens Radewijns gebraucht wurde.[217] Es liegt also nicht fern, die Neugestaltung der Rollen als einen Akt der Vereinnahmung des Textes durch die Devotio Moderna und als eine Angleichung an das ihr eigene Schrifttum und Denken zu begreifen. Besonderen Gefallen mag in diesem Kontext vor allem der letzte Satz des ersten Redegangs gefunden haben (Z. 8 f.), der mit seinem Lob auf das *stille sitten*, das *swighen* und das *hoghe begheerten* der Wertschätzung der Meditation und der affektiven Hinwendung zu Gott in den Kreisen der Devotio Moderna entspricht.

Der zweite Redegang (Z. 10–20) gestaltet sich als eine Kette von Fragen des Vaters und Antworten des Schülers, in der zentrale Qualitäten einer ethisch und spirituell vorbildlichen Lebensweise in ein Kausalverhältnis gesetzt werden: Freude resultiert aus einem reinen Gewissen, das wiederum aus dem Lassen der Sünde kommt, was wiederum in der Gottesfurcht und diese in göttlicher Liebe, dem letzten Glied der Kette, verankert ist. Dieser göttlichen Liebe kommt ein besonderer Akzent zu: Der Text beschreibt sie als Taube, die in christlicher Tradition für den heiligen Geist steht[218] und der wiederum in einer auf Augustinus zurückgehenden Tradition als Liebesband zwischen

---

215 Zu Kritik an und Ablehnung von Eckhart in Groenendaal und in den Kreisen der Devotio Moderna vgl. Lücker, Devotio Moderna, S. 51–58; Ruh, Geschichte IV, S. 29–82 (zu Jan van Ruusbroec), S. 114–117 (zu Jan van Leeuwen) und S. 165–173 (zu Gerard Zerbolt van Zutphen), und Scheepsma, Eckhart in den Niederlanden, S. 30–42.

216 Iserloh, Devotio Moderna, S. 533. Anfang des 15. Jahrhunderts entstand im Umfeld der Devotio Moderna eine niederländische Übersetzung der ›Collationes Patrum‹, die in über 30 Handschriften erhalten ist (Malm, Cassianus, Sp. 615).

217 So etwa bei Thomas von Kempen in seinem ›Dialogus noviciorum‹ (Ditsche, Herkunft, S. 128).

218 Zentral für die Assoziation des heiligen Geistes mit der Taube ist Mc 1,10: *et statim ascendens de aqua vidit apertos caelos et Spiritum tamquam columbam descendentem et manentem in ipsum* (Übersetzung: »Und alsbald, als er aus dem Wasser stieg, sah er, dass sich der Himmel auftat und der Geist wie eine Taube herabkam auf ihn.«). Mit Blick auf die christliche Ikonographie ist auf den Bildtypus des sog. ›Gnadenstuhls‹ hinzuweisen, eine bestimmte Form der Trinitätsdarstellung, in der der heilige Geist als Taube visualisiert ist.

Gottvater und Christus, den ersten beiden Personen der Trinität, angesehen wird.[219] Diese Taube versinnbildlicht hier die Liebe als eine den Menschen von allem Äußerlichen läuternde und ihn zu Gott hinziehende Kraft. Insgesamt betrachtet zeugt der zweite Redegang von einem Ethos der Weltabkehr und der frommen Entsagung, wie es in der Spiritualität und im Schrifttum der Devotio Moderna fest verankert ist.

Im dritten Redegang (Z. 21–34) übernimmt der *vader* den aktiven Part. Auf Wunsch des *discipel* legt er die Worte der Braut aus dem Hohelied der Liebe *ego dilecto meo et dilectus meus mihi* (Ct 6,2) aus, nachdem er zunächst in topischer Manier ihre Unerklärbarkeit behauptet hatte. Er greift dazu die im biblischen Vers als abstrakte Formel enthaltene Idee einer egalitären Gegenseitigkeit auf und verleiht ihr vor dem Hintergrund brautmystischer Traditionen in mehreren Anläufen eine bildliche Konkretheit: Das als weiblich gedachte Ich und ihr Bräutigam Jesus denken aneinander, sprechen miteinander, geben sich einander und schließlich kommt es zwischen ihnen zur *unio mystica* (vgl. Z. 29–31). Solche Ausformungen einer christozentrischen Liebesmystik sind natürlich längst kein Spezifikum der Devotio Moderna, aber genausowenig sind sie ihr fremd: RUH ordnet etwa die ›Bedudinghe in Cantica Canticorum‹, eine in über 40 Handschriften überlieferte niederländische Hoheliedauslegung aus der ersten Hälfte des 15. Jahrhunderts, eindeutig den Kreisen der Devoten zu – zumindest was ihre Verbreitung und Rezeption anbelangt.[220]

Der ›Vader-Discipel-Dialog‹ stellt sich zusammenfassend als eine gedrungene mystagogische Schrift dar, die in lockerem Aufbau vom Lassen der Welt, von innerer Einkehr und schließlich von einer auf die *unio mystica* zielenden affektiven Hinwendung zu Christus handelt. Eine logische Gedankenführung mag man im Fortschreiten von einer aszetischen Paränese zu einer brautmystischen Gottesbegegnung als deren Folge sehen, obwohl der Text dieses Verhältnis selbst nicht in den Vordergrund stellt.

## Überlieferungsgeschichtliche Beobachtungen

Der Eindruck, dass der ›Vader-Discipel-Dialog‹ unter dem Einfluss der Devotio Moderna entstanden sein könnte, hat neben dem inhaltlichen auch einen überlieferungsgeschichtlichen Anhaltspunkt, speziell was die Mitüberlieferung anbelangt: In Ge3 steht der Text zusammen mit Auszügen aus ›De imitatione Christi‹, einer – wie man inzwischen annehmen darf – von Thomas von Kempen verfassten Erbauungsschrift, die zum berühmtesten Buch der Devotio Moderna avancierte und eine enorme Verbreitung erfuhr. In W10 wurde

---

219 Vgl. HAUSCHILD, Geist, S. 203.
220 RUH, Geschichte IV, S. 195.

das Stück nach Auskunft Menhardts[221] von derselben Hand geschrieben, die auch die großangelegte Liedersammlung schuf und damit den Codex zu einem der wichtigsten Zeugnisse für das devote Lied machte.

Darüberhinaus sind aus den Handschriften nur wenige, weitgehend unspezifische Erkenntnisse über den Dialog zu gewinnen: Der Text dürfte im späteren 15. Jahrhundert entstanden sein und seine Verbreitung beschränkte sich – anders als die der ›Armer Mensch‹-Fassungen – auf die Niederlande.

221 Menhardt, Verzeichnis, S. 1539.

## 6. Der Kurzdialog[1] ›Meister Eckharts Wirtschaft‹ – Auf der Suche nach Armut und Wahrheit

Der Text über das Tischgespräch eines armen Menschen, einer *junckvrouwe* und eines Meisters in Köln erfreute sich von seiner Entstehung spätestens in der Mitte des 14. Jahrhunderts bis zum Ausgang des Mittelalters großer Beliebtheit – davon zeugen 37 Handschriften und zwei Drucke, die sich über die Niederlande sowie das gesamte ober- und mitteldeutsche Sprachgebiet verteilen. Ausgehend von der Suche eines armen Menschen nach Armut und Wahrheit entfaltet der Text ein breites Panorama spätmittelalterlicher Frömmigkeit und ordnet dazu eine Vielzahl von Sentenzen wie Mosaiksteine zu einem komplexen Strukturmuster zusammen. Der Dialog ist als ›Meister Eckharts Wirtschaft‹ bekannt – ein Titel, der an späterer Stelle ausführlich zu besprechen und zu rechtfertigen sein wird – und soll im Folgenden auf Basis der gesamten bekannten Überlieferung textgeschichtlich untersucht, ediert und inhaltlich aufgearbeitet werden.[2]

---

1 Seit der grundlegenden Arbeit von Eva Lüders zu ›Meister Eckharts Wirtschaft‹ ist für diesen Text die Bezeichnung ›Polylog‹ als Konsequenz aus der Dreizahl der Gesprächsteilnehmer verbreitet (dies., Meister Eckehartes Wirtschaft, S. 111 und dort Anm. 1; so übernommen etwa bei Ruh, Eckhart-Legenden, Sp. 353 und Steer, Der Armutsgedanke der deutschen Mystiker). Demgegenüber wird hier der Terminus ›Dialog‹ aus folgenden Gründen vorgezogen: Etymologisch leitet sich das Wort vom griechischen διάλογος (›Hindurch-Rede, Gespräch‹) ab und ist als solches nicht notwendig auf das ›Zwiegespräch‹ eingeschränkt (Kluge, Etymologisches Wörterbuch, Sp. 197). Nach der umfangreichen Studie Cardelle de Hartmanns zum lateinischen Dialog des Mittelalters war die irrtümliche Assoziation mit dem griechischen δύο (›zwei‹) so geläufig, dass man in theoretischen Schriften für Gesprächstexte mit mehr als zwei Teilnehmern durchaus Begriffe wie *trialogus* oder *tetralogus* verwendete, nicht aber *polylogus*. Demgegenüber betonten Autoren wie Isidor von Sevilla, Hugo von St. Viktor und Konrad von Hirsau ausdrücklich, dass an einem Dialog auch mehr als zwei Redner beteiligt sein können (vgl. Cardelle de Hartmann, Lateinische Dialoge, S. 50 f., mit entsprechenden Belegstellen). Die Verwendung des Dialog-Begriffs für ›Meister Eckharts Wirtschaft‹ befindet sich also in Einklang sowohl mit der Etymologie des Wortes als auch mit einer wichtigen Tradition seines mittelalterlichen Gebrauchs.

2 In den folgenden Ausführungen wird verschiedentlich aus der Neuedition zitiert. Dazu vorab einige Hinweise: Aus pragmatischen Gründen wurde keine Zeilenzählung, sondern eine Nummerierung syntaktisch-semantischer Einheiten eingeführt (erscheint als ›Nr.+Zahl‹). Dabei beziehen sich Zitate entweder auf die ›Hauptedition‹ auf S. 382–393 mit der Gegenüberstellung von vier grundlegenden Textredaktionen oder auf die als Anhänge 2–5 beigegebenen Einzeleditionen dieser Redaktionen mit jeweils ausführlicher Dokumentation der Varianz – in beiden Fällen ist die Nummerierung identisch. Verweise auf die ›Hauptedition‹ haben die Form »›Meister Eckharts Wirtschaft‹, Kennbuchstabe der Redaktion (A, B1, B2 oder C), Nummernangabe«, Verweise auf eine Redaktions-Edition geben zusätzlich die Nummer des jeweiligen Anhangs an. Ist nur eine Nummer angegeben, so spielen die Unterschiede der Redaktionen im vorliegenden Fall keine Rolle.

## *6.1 Textkonstitution*

Zur bisherigen Editionslage und Begründung einer Neuedition: ›Meister Eckharts Wirtschaft‹ liegt seit der Mitte des 19. Jahrhunderts in verschiedenen Editionen und Abdrucken vor. Maßgeblich darunter war bis jetzt die von FRANZ PFEIFFER besorgte Ausgabe in seinem zweiten Band ›Deutsche Mystiker des 14. Jahrhunderts‹, in dem er den Dialog als Nummer 70 an das Ende der Abteilung der Sprüche setzte und ihm damit eine herausgehobene Stellung zuwies.[3] Aus dem Verzeichnis der benutzten Handschriften[4] und einer Analyse des Textes selbst kann über diesen Text Folgendes erschlossen werden: PFEIFFER folgte für den ersten Textteil bis S. 626, Z. 31 dem Kölner Taulerdruck und wechselte ab *Daz dritte, daz er mit minne unde mit erneste mê gekêret sî* – mitten in der ersten Redepartie der *junckvrouwe* also – zur wesentlich älteren Handschrift St2, die aufgrund eines Blattverlusts erst hier einsetzt. Daneben standen ihm die Handschriften M4, M19, M20, M21 und M24 zur Verfügung, die er als Korrektiv für deutlich abweichende Stellen des Kölner Taulerdrucks heranzog.[5] Sein Text ist also im Grundbestand eine Kompilation aus zwei – wie später zu zeigen sein wird – immerhin verwandten Textzeugen, in die verschiedentlich nach Handschriften eines anderen Traditionsstranges eingegriffen wurde.

Eine zweite Ausgabe stammt von FRIEDRICH VON DER LEYEN, der in einem Aufsatz aus dem Jahr 1906 den deutschen Text von ›Meister Eckharts Wirtschaft‹ dem lateinischen Text aus der Handschrift Ko synoptisch gegenüberstellte.[6] Überzeugt davon, die Texte der Mystiker »in ihrer alten reinheit herzustellen«[7], bot er einen Mischtext aus den Handschriften M19, St2 und dem KT, die er abschnittweise ineinander einarbeitete. Für die Entscheidung, welcher Handschrift er bei divergierenden Lesarten jeweils folgen sollte, vertraute er sich dem Wortlaut des lateinischen Textes an,[8] ohne eine begründete Vorstel-

---

3 Spr. Pf. 70, S. 625–627.

4 Vgl. die Aufstellung der benutzten Handschriften in Pf., S. VIII–X.

5 Um dafür zumindest zwei Beispiele zu geben: Die Sonderlesart *almissen zů suchen* des Kölner Drucks ersetzt er unter Rückgriff auf die genannten Handschriften durch *armuot ze suochen unde der wârheit ze leben* (Anhang 2: ›Meister Eckharts Wirtschaft‹, A, Nr. 1, und Anhang 5: ›Meister Eckharts Wirtschaft‹, C, Nr. 1) und an die Stelle des *gemeynen menschen* des Drucks setzt er den *gast* aus *Bêheim* nach M21 (Anhang 2: ›Meister Eckharts Wirtschaft‹, A, Nr. 29, und Anhang 5: ›Meister Eckharts Wirtschaft‹, C, Nr. 29).

6 VON DER LEYEN, Lateinische Fassungen, S. 334–354.

7 Ebd., S. 356.

8 Vgl. ebd., S. 348. Die Vorgehensweise VON DER LEYENS, die lateinische Handschrift als Richtschnur einzusetzen, sei an einem Beispiel illustriert: Er entscheidet sich auf S. 348, Z. 2 f. mit Ko für die M19-Lesart *armuot ze suochen und der wârheit ze leben* gegen die KT-Lesart *almoesen zo soichen* und ergänzt an anderer Stelle das in M19 fehlende *und scham dich niht* (S. 348, Z. 7) nach KT, der an dieser Stelle mit Ko übereinstimmt. Er geht so vor, obwohl er Ko für eine durchaus fehlerhafte Übersetzung aus dem Deutschen und die volkssprachliche Fassung für die ursprünglichere hält (ebd., S. 354–356).

lung vom Verhältnis seiner Textzeugen zueinander zu haben. Wo es ihm passend erschien, ›besserte‹ er seinen Text nach den Handschriften M2, M4, M20, M21 und M24, auf die er erst später aufmerksam wurde und deren Varianten er in subjektiver Auswahl in einem Nachtrag sammelte.[9] Er urteilte über seine Ausgabe, dass sie dem »lückenhaften texte Pfeiffers«[10] klar überlegen sei.

De Vooys bot den Text nach der Handschrift Br1, wobei er von den beiden in dieser Handschrift überlieferten Textversionen zu Demonstrationszwecken die nach eigenem Urteil schlechtere Textgestalt von fol. $159^r$–$163^r$ präsentierte und die bessere nur im Variantenapparat berücksichtigte.[11] Weiterhin liegt ein Abdruck von ›Meister Eckharts Wirtschaft‹ nach der Handschrift Fs in Stammlers Mystikanthologie ›Gottsuchende Seelen‹ vor.[12]

Die bisherige Editionslage stellt sich also folgendermaßen dar: Pfeiffer und von der Leyen haben durch Kompilation und selektive Berücksichtigung von Varianten Texte geschaffen, die weder besondere Originalität und noch weniger Historizität für sich beanspruchen können. Die Abdrucke von Stammler und de Vooys mögen dagegen den Vorteil haben, einen handschriftlich verbürgten Text zu präsentieren. Allen Arbeiten aber ist der Nachteil gemein, die erhebliche Varianz in der Überlieferung von ›Meister Eckharts Wirtschaft‹ entweder außer Acht zu lassen oder im Konstrukt eines scheinbar verlässlichen Textes zu kaschieren. Damit ist letztlich die Chance vergeben, aus der Offenheit des Textes Erkenntnisse über sein Bedeutungspotential und die Art und Weise seiner schriftlichen Tradierung zu gewinnen.

Eine neue wissenschaftliche Edition muss ihre Legitimität daraus beziehen, dass sie einerseits das Faktum des unfesten Textes ernst nimmt und andererseits eine Strategie entwickelt, wie trotz Variantenreichtums eine les- und benutzbare Textausgabe geboten werden kann. Vorarbeiten dafür leistete Eva Lüders, indem sie Vorschläge für eine systematische Aufzeichnung der Varianz einbrachte und erstmals den Versuch einer groben Handschriftenfiliation unternahm.[13] An entsprechender Stelle wird darauf zurückzukommen sein.

---

9 Vgl. ebd., S. 356–358. In anderer Weise kritisch äußert sich Lüders, die im Hinblick auf Pfeiffers Text Bedenken gegen die »Übernahme von durch die handschriftliche Tradition nur schwach gestützten, z. T. purgierten Lesarten« anmeldet (Lüders, Meister Eckehartes Wirtschaft, S. 115).

10 von der Leyen, Lateinische Fassungen, S. 356.

11 de Vooys, Nederlandse Mystiek III, vgl. ebd. auch seine Edition auf S. 81–85 und die Erläuterungen dazu auf S. 59.

12 Stammler, Gottsuchende Seelen, S. 53–55.

13 Vgl. Lüders, Meister Eckehartes Wirtschaft, S. 110–121.

## Handschriftenbeschreibungen

Grundlage für die nachfolgende Aufstellung von Textzeugen ist die Liste von Eckhart Triebel zu ›Meister Eckharts Wirtschaft‹.[14] Zur Ergänzung von Triebels Liste tragen hier zwei Hinweise auf bisher unbekannte, aber vermutlich verlorene Textzeugen bei, die in mehrerer Hinsicht noch von Wert sein können (vgl. S. 358 f.). Auf die indirekte Bezeugung einer ausgewählten Passage von ›Meister Eckharts Wirtschaft‹ als Zitat in zwei Schriften Marquards von Lindau wird in der Untersuchung der Handschriftenrelation eingegangen (vgl. S. 372 f.). Die Handschrift St. Gallen, Stiftsbibliothek, Cod. 1014, auf die Steer aufmerksam gemacht hat,[15] konnte als Abschrift dieses Zitats identifiziert werden (vgl. S. 372, Anm. 97). Zu ergänzen ist ferner die Handschrift Eb, die zwar im Katalog der Handschriften des Klosters Ebstorf, nicht aber in der Aufstellung bei Triebel als Zeuge des Dialogs identifiziert ist (vgl. S. 349 f.). Nur durch Eb ist die Bekanntheit von ›Meister Eckharts Wirtschaft‹ im mittelniederdeutschen Sprachraum belegt.

Alle nachfolgend beschriebenen Textzeugen wurden zur Untersuchung der Handschriftenrelation und – mit Ausnahme der Umarbeitung in S6 und der lateinischen Übersetzung in Ko – zur Edition herangezogen. Ihre Aufstellung erfolgt nicht alphabetisch, sondern im Vorgriff auf die Untersuchung der Handschriftenrelation nach der Zugehörigkeit zu den Überlieferungsgruppen A, B1, B2, B3, B4 und C.

### Gruppe A:

### St2: Stuttgart, Württembergische Landesbibliothek, Cod. brev. 88

Pergament · 168 Blatt · 175 × 120 mm · drittes Viertel des 14. Jahrhunderts · fünf Hände: 1. Hand: fol. $1^{r-v}$; 2. Hand: fol. $2^r$–$85^v$; 3. Hand: fol. $85^v$–$86^v$; 4. Hand: fol. $86^v$–$140^v$; 5. Hand: fol. $141^r$–$167^b$ · elsässisch

Inhalt: fol. $1^{r-v}$ ›Meister Eckharts Wirtschaft‹ (frgm.); fol. $2^r$–$49^v$ Predigten Meister Eckharts: Pr. 2 (DW I), Pr. 1 (DW I), Pr. 101 (DW IV,1), Pr. 102 (DW IV,1), Pr. 104A (DW IV,1), Pr. 103 (DW IV,1), Pr. 105B (DW IV,1), Pr. 65 (DW III) mit gelegentlich eingeschobenen Fragmenten anderer Autoren; fol. $50^r$–$53^r$ ›Von abegescheidenheit‹ (frgm.); fol. $53^v$–$86^v$ Sammlung von Sprüchen und Fragen; fol. $86^v$–$140^v$ David von Augsburg: ›Traktat von der Offenbarung und der Erlösung des Menschengeschlechtes‹; fol. $141^r$–$167^v$ ›Schwester Katrei‹ (frgm.)

---

14 Vgl. die von Triebel betreute Internetseite www.eckhart.de unter den Reitern Texte / Eckhart-Legenden / ›Meister Eckharts Wirtschaft‹ (letzter Aufruf am 04.01.2019).

15 Vgl. Steer, Der Armutsgedanke der deutschen Mystiker, S. 289, Anm. 4.

Literatur: FIALA/IRTENKAUF, Landesbibliothek Stuttgart, S. 110–113; RUH, Blume der Schauung, S. 15; SCHNEIDER, Eckhart-Handschrift M1, S. 174; SCHWEITZER, Freiheitsbegriff der deutschen Mystik, S. 305 f.; SIMON, Katrei, S. 24–27; STEER, Schriften Meister Eckharts, S. 247 f.; Handschriftencensus: http://www.handschriftencensus.de/13291 [04.01.2019]; Predigt im Kontext: http://pik.ku-eichstaett.de/4066/ [04.01.2019]

Die erste Seite des Codex mit dem Beginn von ›Meister Eckharts Wirtschaft‹ fehlt.

### Kn2: Köln, Historisches Archiv der Stadt, Best. 7004 (GB 4°) 32

Vgl. die Textzeugen zu ›Der arme Mensch II‹, S. 246 f.

### KT: Kölner Taulerdruck, Jaspar von Gennep (verwendetes Exemplar: München, Bayerische Staatsbibliothek, 2 P. lat. 1448)

›Meister Eckharts Wirtschaft‹ findet sich auf fol. $337^{va}$–$338^{ra}$. Für nähere Informationen vgl. S. 201 f. bei den Textzeugen zu ›Der arme Mensch I‹.

Eine wortgetreue Übersetzung des KT ins Lateinische bietet der Taulerdruck von Laurentius Surius auf S. $cvii^{a}$–$cviii^{b}$.

### B22: Berlin, Staatsbibliothek zu Berlin – Preußischer Kulturbesitz, Ms. germ. fol. 243

Vgl. die Textzeugen zu ›Der arme Mensch V‹, S. 322.

## Gruppe B1:

### Br1: Brüssel, Königliche Bibliothek, ms 3067-73

Pergament · 182 Blatt · 130 x 85–99 mm · 2. Hälfte des 14. Jahrhunderts · zahlreiche Hände verteilt auf zwölf ehemals selbstständige oder teilweise zusammengehörige Faszikel · mittelniederländisch · Oudergem, Augustinerchorherrenstift Rookloster

Inhalt: Die Sammelhandschrift bietet Texte vorwiegend mystischen Inhalts von Eckhart, Ruusbroec, Beatrijs von Nazareth u. a. ›Meister Eckharts Wirtschaft‹ findet sich einmal in Teil VIII (fol. 143–154, entstanden ca. 1350, im Folgenden bezeichnet als ›Br1a‹) auf fol. $151^{v}$–$154^{v}$ und ein weiteres Mal in Teil X (fol. 159–163, entstanden ca. 1350–1400, im Folgenden bezeichnet als ›Br1b‹) auf fol. $159^{r}$–$162^{v}$.

Literatur: KWAKKEL, Dietsche Boeke, S. 227–233; Middelnederlandse preken in handschriften I, S. 359–361, und IV, S. 458–460; SCHEEPSMA, Meister Eckhart in den Niederlanden,

S. 15–19; Scheepsma, Limburg Sermons, S. 313–317; Stooker / Verbeij, Collecties op orde, S. 337 f.; Ubbink, Receptie van Meister Eckhart, S. 112–117; de Vreese, Ruusbroec, S. 639–663; Handschriftencensus: http://www.handschriftencensus.de/7445 [04.01.2019]; Predigt im Kontext: http://pik.ku-eichstaett.de/7475/ [04.01.2019]

Besondere Aufmerksamkeit verdienen einige Randglossen in Teil VIII der Handschrift, die offensichtlich schwer verständliche mittelniederländische Wörter für einen oberdeutschen Rezipientenkreis übersetzen und damit die Mobilität geistlichen Schrifttums erkennen lassen.[16] Diese Randglossen betreffen allerdings nicht ›Meister Eckharts Wirtschaft‹ und anders als man vermuten könnte, ist die mittelniederländische Version des Dialogs (vgl. dazu S. 366 f.) im deutschen Sprachraum auch nicht bezeugt.

### Br9: Brüssel, Königliche Bibliothek, ms. 15131

Pergament · 46 Blatt · 126 x 103 mm · 1350 (Middelnederlandse preken in handschriften I), 1400 (Lücker) · eine Hand · vlämisch

Inhalt: In der Handschrift finden sich neben Eckhartdicta und anderen Texten folgende Stücke: fol. 8r–14r ›Sprüche der zwölf Meister zu Paris‹; fol. 14r–15r Dialog über die Armut zwischen Meister Eckhart und einem armen Menschen; fol. 16r–29v Exzerpt aus ›Schwester Katrei‹; fol. 43r–46r ›Meister Eckharts Wirtschaft‹ (frgm.)

Literatur: Axters, Bibliotheca Dominicana, S. 143.146; van den Gheyn, Bibliothèque Royale, S. 255; Kwakkel / Mulder, Sermones, S. 158; Middelnederlandse preken in handschriften I, S. 613, und IV, S. 503; Scheepsma, Meister Eckhart in den Niederlanden, S. 27–29; Ubbink, Receptie van Meister Eckhart, S. 205 f.; Handschriftencensus: http://www.handschriftencensus.de/19409 [04.01.2019]

Kwakkel / Mulder sehen in Br9 neben Br1 eines der frühesten Zeugnisse für die handschriftliche Eckhartrezeption in den Niederlanden.

### Ha6: Den Haag / ’s-Gravenhage, Königliche Bibliothek, Cod. 73 F 23

Papier · 286 Blatt · 148 x 105 mm · 2. Hälfte des 15. Jahrhunderts · verschiedene Hände · mittelniederländisch · Maaseik, Augustinerchorfrauenstift St. Agnes

Inhalt: Der Codex enthält einige Bernhard von Clairvaux und Augustinus zugeschriebene Predigten sowie geistliche Traktate und Exempel; fol. 138v–143v ›Meister Eckharts Wirtschaft‹

16 Beispielsweise ist auf fol. 143r unterhalb von mittelniederländisch *toten* mittelhochdeutsch *zuo den* zu lesen (Kwakkel, Dietsche Boeke, S. 232).

Literatur: AXTERS, Bibliotheca Dominicana, S. 25; Middelnederlandse preken in handschriften II, S. 846–851; STOOKER / VERBEIJ, Collecties op orde, S. 271 f.; Handschriftencensus: http://www.handschriftencensus.de/17512 [04.01.2019]

### Le2: Leiden, Universitätsbibliothek, Cod. Ltk. 219

Papier · 195 Blatt · 139 x 104 mm · 1476 · eine Hand · mittelniederländisch · Amsterdam, Regularissen von S. Maria Magdalena op het Spui (Middelnederlandse preken in handschriften) / Amsterdam, Terziarinnen von Elfduizend Maagden (STOOKER / VERBEIJ)

Inhalt: Die geistliche Sammelhandschrift bietet vor allem Predigten und katechetische Texte zur Messe, zu den Sakramenten und zur Passion; fol. 111$^{v}$–116$^{r}$ ›Meister Eckharts Wirtschaft‹

Literatur: AXTERS, Bibliotheca Dominicana, S. 141.149; LIEFTINCK, Codicum in finibus Belgarum, S. 30–32; Middelnederlandse preken in handschriften II, S. 1271 f.; STOOKER / VERBEIJ, Collecties op orde, S. 34 f.; http://www.handschriftencensus.de/19406 [04.01.2019]

## Gruppe B2:

### Bre1: Bremen, Staats- und Landesbibliothek, msc 0018

Pergament · 178 Blatt · 125 x 75 mm · um 1370 · zwei Haupthände: 1. Hand: fol. 3$^{r}$–12$^{v}$, 2. Hand: fol. 13$^{r}$–175$^{v}$ · mitteldeutsch (STAHL) / thüringisch (RUH)

Inhalt: Es handelt sich um eine mystisch-aszetische Sammelhandschrift aus zahlreichen Kleinsttexten, darunter thematisch geordnete Spruchsammlungen (u. a. zu Armut und Keuschheit), Quästionen, Traktaten, Predigten, Gebeten und katechetischen Texten. Gesondert zu nennen sind: fol. 12$^{v}$ ›Die fromme (selige) Müllerin‹, fol. 49$^{r}$–50$^{r}$.108$^{v}$–116$^{r}$ ›Die Blume der Schauung‹; fol. 64$^{r}$–66$^{v}$ ›Meister Eckharts Wirtschaft‹; fol. 66$^{v}$–67$^{v}$ ›Schwester Katrei‹; fol. 117$^{v}$–121$^{v}$ ›Von dem überschalle‹; fol. 122$^{r}$–138$^{r}$ Quaestionen, Meister Eckhart zugeschrieben

Literatur: BRETHAUER, Mystikerhandschriften, S. 251–262; BRETHAUER, Nachlese, S. 68–70; RUH, Blume der Schauung, S. 13; RUH, Mystische Reimverse, S. 260 f.; STAHL, Bremen, S. 196–206; Handschriftencensus: http://www.handschriftencensus.de/7411 [04.01.2019]; Predigt im Kontext: http://pik.ku-eichstaett.de/3435/ [04.01.2019]

Für die Herkunft der Texte aus Bre1 ist BRETHAUERS Beobachtung von Interesse, dass sich in die thüringische Sprache gelegentlich westmitteldeutsche Formen mischen,[17] etwa, im Fall von ›Meister Eckharts Wirtschaft‹, das Dehnungs-i in *underlaiz* (›Meister Eckharts Wirtschaft‹, B2, Nr. 16) und die konti-

17 BRETHAUER, Mystikerhandschriften, S. 252.

nuierliche Verwendung der Pronominalform *he* für ›er‹.[18] Vielleicht liegt also eine westmitteldeutsche Vorlage zugrunde.

### Fs: Freising, Dombibliothek, Hs. 20

Pergament · 77 Blatt · 137 × 85 mm · 3. Viertel des 14. Jahrhunderts · eine Hand · südrheinfränkisch · aus dem Besitz einer Frau von Hirschhorn, vermutlich Elisabeth von Hirschhorn, geb. Schauwinburg (fol. 70$^{v}$)

Inhalt: fol. 1$^{v}$–56$^{r}$ *Bihtebuoch*; fol. 56$^{r}$–67$^{v}$ Berthold von Regensburg: ›Von den Zeichen der Messe‹; fol. 67$^{v}$–69$^{v}$ geistliche Sprüche; fol. 69$^{v}$–70$^{v}$ Marienhymnus (lat.); fol. 71$^{v}$–72$^{v}$ ›Goldene Kette St. Bernhards‹; fol. 72$^{v}$–77$^{v}$ ›Meister Eckharts Wirtschaft‹

Literatur: Ruge, Asketische Repräsentation, S. 62 f.; Schneider, Buch der Vollkommenheit S. XIII; Schneider, Die oberdeutschen Schriften, S. 130 f.; Marburger Repertorium: http://www.mr1314.de/3059 [04.01.2019]

Die Handschrift stammt laut Schneider von der selben Hand, die auch M44 (München, Bayerische Staatsbibliothek, Cgm 181), den ältesten erhaltenen Textzeugen des ›Buches der Vollkommenheit‹, geschrieben hat (vgl. S. 137). Elisabeth von Hirschhorn, wenn sie denn mit dem Besitzvermerk gemeint sein sollte, käme als Auftraggeberin oder auch als Schreiberin in Frage. Da keine Person dieses Namens in den umliegenden Klöstern bezeugt ist, ist eine Zweckbestimmung des Codex für Laienhände nicht unwahrscheinlich.[19]

### He3: Heidelberg, Universitätsbibliothek, Cpg 418

Vgl. die Textzeugen zu ›Meister Eckhart und der nackte Knabe‹, S. 137.

### Ko: Koblenz, Landeshauptarchiv, Best. 701 Nr. 149

Papier · 172 Blatt · 205 × 140 mm · Anfang 15. Jahrhundert · Teil 1: fol. 1–99, davon fol. 1$^{r}$–14$^{r}$ von einer Hand, lateinisch, und fol. 14$^{r}$–99$^{r}$ von einer anderen Hand, niederalemannisch-südrheinfränkisch; Teil 2: fol. 100–172 rheinfränkisch-niederdeutsch · Schönensteinbach, Dominikanerinnenkonvent (?)

Inhalt: Genannt seien hier lediglich die Stücke, die zum lateinschen Teil der Handschrift und damit zur unmittelbaren Überlieferungsgemeinschaft von ›Meister Eckharts Wirtschaft‹

---

18 Ab dem 13. Jh. gilt mittelfränkisch durchweg *he*, während literarische Quellen des übrigen mitteldeutschen, auch des thüringisch-hessischen Raumes, *her* und *er* bevorzugen (Paul, Grammatik, § M41, Anm. 1).

19 Schneider, Buch der Vollkommenheit, S. XIII.

gehören: fol. 1ʳ–2ʳ ›Die zwölf Räte Jesu Christi‹ (lat.); fol. 2ᵛ aufgeklebter Zettel mit Gebeten an Dominikus; fol. 3ʳ–4ᵛ ›Meister Eckharts Wirtschaft‹ (lat.); fol. 4ᵛ–7ʳ ›Diu zeichen eines wârhaften grundes‹ (lat.); fol. 7ʳ⁻ᵛ ›Sermo in nativitate domini‹; fol. 7ᵛ–13ᵛ Meister Eckhart: Pr. 52 (DW II) (lat.), Pr. 2 (DW I) (lat.); der Rest von Teil I mit weiteren Eckharttexten, unter anderem Pr. 104A (DW IV,1), Pr. 103 (DW IV,1), Pr. 105B (DW IV,1) sowie Pr. 2 (DW I) in der Volkssprache. Teil II bietet vor allem Exempla, die zu einem großen Teil den ›Vitaspatrum‹ entnommen sind, und eine Reihe katechetischer Kurztexte.

Literatur: Khorkov, Eckhart-Rezeption, S. 125–136; von der Leyen, Unbekannte lateinische Fassungen, S. 177–197.334–358; Meckelnborg, Koblenz, S. 259–271; Meckelnborg, Traktat, S. 306–311; Schaefer, Abegescheidenheit, S. 45–46; Steer / Vogl, *bürgelîn*-Predigt, S. 186–194; Handschriftencensus: http://www.handschriftencensus.de/15499 [04.01.2019]; Predigt im Kontext: http://pik.ku-eichstaett.de/9951/ [04.01.2019]

Meckelnborg nimmt aufgrund von stilistischen Gemeinsamkeiten – Einfügung von Bibelzitaten und Synonymen – einen einzigen Übersetzer für die lateinischen Texte dieser Handschrift an.[20] Beide Beobachtungen treffen auch auf ›Meister Eckharts Wirtschaft‹ zu.[21]

Steer und Vogl halten eine Entstehung des lateinischen Teils der Handschrift im Einflussbereich des Nikolaus von Kues für möglich. Möglicherweise sollte damit eine Auseinandersetzung mit eckhartischem Gedankengut in Gelehrtenkreisen angestoßen werden.[22] Auf Verbindungen der Textsammlung zur dominikanischen Klosterreformbewegung und eine verwandte Handschrift aus dem Straßburger Dominikanerinnenkonvent St. Nikolaus in undis weist Khorkov hin.[23]

## N8: Nürnberg, Stadtbibliothek, Cod. Cent. VI, 59

Papier · V + 245 Blatt · 205 x 150 mm · 1. Hälfte des 15. Jahrhunderts · aus drei Teilen zusammengebunden: Teil I: fol. 1–141.208–215 (mehrere Hände); Teil II: fol. 150–188 (eine Hand); Teil III: fol. 142–149.189–206.217–255 (zahlreiche Hände) · nürnbergisch · Nürnberg, Dominikanerinnenkonvent St. Katharina

Inhalt: Die Handschrift versammelt zahlreiche geistliche Kurztexte verschiedener Gattungen und Inhalte. Teil II überliefert neben ›Meister Eckharts Wirtschaft‹ (fol. 153ᵛ–154ᵛ)

---

20 Meckelnborg, Traktat, S. 311.

21 So beispielsweise das eingefügte Zitat *beati pauperes in spiritu* (Mt 5,3) im Anschluss an die Frage nach der Armut des Geistes (von der Leyen, Unbekannte lateinische Fassungen, S. 349, Sp. IIIb, Z. 20) oder die Erweiterung von *ein volkomen abegescheidenheit* zu *perfecta libertas et absolutio et abstractio ab omni creatura* (ebd., S. 349, Sp. IIIb, Z. 8 f.; eigene Übersetzung: »vollkommene Freiheit und Loslösung und Abwendung von jedem Geschöpf«).

22 Steer / Vogl, *bürgelîn*-Predigt, S. 187.

23 Khorkov, Eckhart-Rezeption, S. 126.

eine kurze Kompilation aus Eckhartsprüchen (fol. 150$^{r-v}$) und die Eckhartpredigt 2 (DW I) (fol. 150$^{v}$–153$^{v}$), bietet aber auch katechetische Texte.

Literatur: Gottschall, Eckhart-Rezeption in Nürnberg, S. 211; Keller, Textgemeinschaften, S. 87–93; Schneider, Stadtbibliothek Nürnberg, S. 198–207; Riedel-Bierschwale, Laiendoctrinal, S. 45 f.; Williams / Williams-Krapp, Offenbarungen der Katharina Tucher, S. 17; Handschriftencensus: http://www.handschriftencensus.de/5534 [04.01.2019]; Predigt im Kontext: http://pik.ku-eichstaett.de/5509/ [04.01.2019]

Die Handschrift erscheint im alten Bibliothekskatalog unter der Sigle M VI. Die dortige Bemerkung *Das vorgeschriben puch das erst teil ist uns worden von der junckfrawen Barbara Kressin*[24] muss sich auf den zweiten (!) Teil von N8 beziehen, da sich der erste nachweislich im Besitz der Katharina Tucher befand.[25] Barbara Kress gehörte der Nürnberger Patrizierfamilie Kress an.

Gruppe B3:

**B28: Berlin, Staatsbibliothek zu Berlin – Preußischer Kulturbesitz, Ms. germ. qu. 1522**

Papier · 310 Blatt · 210 × 154 mm · 1468/1471/1486 · lateinisch und ostmitteldeutsch · Erfurt, Kartause Salvatorberg

Inhalt: Sammelband lateinischer und deutscher theologischer Schriften, u. a.: fol. 11$^{r}$–16$^{r}$ ›Ein verstantlich beschouwunge‹; fol. 18$^{r-v}$ ›Meister Eckharts Wirtschaft‹; fol. 19$^{r}$–24$^{v}$ ›Zwei geistliche Quadranten‹; fol. 28$^{r}$–147$^{v}$ ›Buch von geistiger Armut‹; fol. 149$^{r}$–174$^{r}$ ›Meisterbuch‹; fol. 174$^{r}$–248$^{r}$ ›Decretum Gratiani‹; dazu medizinische und mnemotechnische Schriften auf Latein

Literatur: Degering, Verzeichnis III, S. 249 f.; Handschriftencensus: http://www.handschriftencensus.de/11989 [04.01.2019]

Die Handschrift wird im Bibliothekskatalog der Erfurter Kartause Salvatorberg in der Rubrik D geführt, in der vor allem Werke der *mistica theologia* versammelt sind.[26] In der am Rand des Katalogs nachgetragenen Beschreibung heißt es, der Codex handle *de perfecta evangelica paupertate, de interna conversacione et per que media et per quas vias attingitur sancta et perfecta Christi paupertas.*[27]

---

24 Jostes, Meister Eckhart und seine Jünger, S. 145 f.; eigene Übersetzung: »Der erste Teil des eben genannten Buches kam in unseren Besitz durch die Jungfrau Barbara Kress«.

25 Williams / Williams-Krapp, Offenbarungen der Katharina Tucher, S. 17.

26 MBK 2, S. 242. An späterer Stelle beschreibt der Katalog den Inhalt dieser Rubrik in aller Ausführlichkeit, vgl. ebd., S. 298.

27 Ebd., S. 300; eigene Übersetzung: »Von der vollkommenen Armut gemäß des Evangeliums, über die innere Lebensweise und durch welche Mittel und auf welchen Wegen die heilige und vollkommene Armut Christi erlangt werden kann«.

›Meister Eckharts Wirtschaft‹ ist in der folgenden Inhaltsangabe mit einer relativ ausführlichen Beschreibung bedacht, die weitgehend der volkssprachlichen Einleitung des Textes (vgl. Anhang 4: ›Meister Eckharts Wirtschaft‹, B3, Nr. 0) entspricht und auf diese Weise sicher zugeordnet werden kann: *Pulcra, delectabilis atque magistralis parabola, per quam devotus homo edoceri poterit, quomodo pertingere valeat ad perfectam conversacionem et quid sit saltem instrumentaliter ipsa perfectio.*[28] Am Rand des Katalogs rot nachgetragen ist die Überschrift *ein kolsche gerichte*[29], die man ebenso im Text der Handschriften B28, B42 (vgl. jeweils Anhang 4: ›Meister Eckharts Wirtschaft‹, B3, Nr. 0), Dau (vgl. ebd., Nr. 80) sowie zwei weitere Male im Bibliothekskatalog findet.

## B29: Berlin, Staatsbibliothek zu Berlin – Preußischer Kulturbesitz, Ms. germ. qu. 1524

Papier · 5 Blatt · 215 × 150 mm · Ende 15. Jahrhundert · ostmitteldeutsch und schwäbisch

Inhalt: fol. $1^r$–$2^r$ ›Meister Eckharts Wirtschaft‹; fol. $2^v$–$5^r$ ›Zwei geistliche Quadranten‹

Literatur: Degering, Verzeichnis III, S. 250; Lüders, Meister Eckehartes Wirtschaft, S. 113; Kurt Vogtherr, Archivbeschreibung, 4 Bll (1936); Handschriftencensus: http://www.handschriftencensus.de/11991 [04.01.2019]

Die schreibsprachliche Einordnung Degerings als niederdeutsch ist nicht nachvollziehbar. Die nahezu identische Textgestalt von ›Meister Eckharts Wirtschaft‹ in den Handschriften B28 und B29 und die beide Male gegebene Überlieferungsgemeinschaft mit dem Traktat ›Zwei geistliche Quadranten‹ legen ein direktes Abhängigkeitsverhältnis der beiden Textzeugen nahe.[30] Eine nachträglich ergänzte lateinische Überschrift und lateinische Randglossen lassen an eine Benutzung des Textes in gebildeten Kreisen denken, die man auf-

28 Ebd., S. 300; eigene Übersetzung: »Ein schönes, erfreuliches und lehrreiches Gleichnis, durch das ein demütiger Mensch lernen kann, wie er zu einer vollkommenen Lebensweise gelangen kann und was genau die Vollkommenheit eigentlich ist«.

29 Ebd., S. 300; eigene Übersetzung: »Ein Gastmahl in Köln«.

30 Lüders hält B28 für die direkte Vorlage von B29 und will damit auch den schwäbischen Einschlag der Schreibsprache erklären (dies., Meister Eckehartes Wirtschaft, S. 113). Letzteres wäre nur dann nachvollziehbar, wenn man einen Schreiber aus dem schwäbischen Sprachgebiet annimmt und / oder die Abschrift in einer schwäbischen Schreibstube (in einem Kartäuserkloster?) lokalisiert – zu diesen Voraussetzungen findet sich bei Lüders nichts.

grund enger textlicher Verwandtschaft mit den Handschriften B28, B42 und Dau im Umfeld der (Erfurter) Kartäuser vermuten kann.[31]

## B42: Berlin, Staatsbibliothek zu Berlin – Preußischer Kulturbesitz, Ms. lat. oct. 214

Papier · 15. Jahrhundert · lateinisch und ostmitteldeutsch · Erfurt, Kartause Salvatorberg

Inhalt: Zu dieser Handschrift liegt noch keine eingehende Beschreibung vor. Es seien wenigstens einige Autoren genannt, die sich laut dem Bibliothekskatalog der Kartause in B42 befinden müssen:[32] Johannes Gerson, Thomas von Aquin, Hugo von St. Viktor, Bonaventura, Albertus Magnus. An volkssprachlichen Texten finden sich der Traktat ›Vom Reuer, Wirker und Schauer‹ des Kuttenmanns (fol. $103^r$–$129^v$), ›Meister Eckharts Wirtschaft‹ (fol. $130^v$–$132^v$) und die Eckhartpredigt 52 (DW III) (fol. $149^v$–$152^v$).

Literatur: Hasebrink, Fundbericht, S. 269–275; Handschriftencensus: http://www.handschriftencensus.de/18308 [04.01.2019];

Die Handschrift wird im Bibliothekskatalog wie B28 in der Rubrik D, den Werken der spekulativen Mystik, als Nummer acht geführt. Über ›Meister Eckharts Wirtschaft‹ liest man dort: *Das Kolnische gerichte, est vulgaris tractatulus, enigmatice pulchre docens spiritualem vitam apprehendere.*[33] Der Text ist eng verwandt mit dem der Handschriften B28, B29 und Dau.

## Dau: Dessau, Landesbibliothek, Hs. Georg. 44.8°

Papier · 280 Blatt · 215 × 160 mm · 2. Hälfte des 15. Jahrhunderts · eine Hand · ostmitteldeutsch und lateinisch

Inhalt: Eine geistliche Sammelhandschrift, unter anderem mit folgenden Stücken: fol. $4^r$–$70^v$ ›Der Frankfurter‹; fol. $76^r$–$86^v$ ›Von abegescheidenheit‹; fol. $86^v$–$112^v$ Kuttenmann: ›Vom Reuer, Wirker und Schauer‹; fol. $114^r$–$142^r$ Meister Eckhart: Pr. 101 (DW IV,1), Pr. 102 (DW IV,1), Pr. 103 (DW IV,1), Pr. 104 (DW IV,1); fol. $142^r$–$251^r$ Predigten Taulers; fol. $251^v$–$253^r$ Heinrich Seuse: ›Büchlein der Ewigen Weisheit‹; fol. $263^r$–$265^r$ ›Meister Eckharts Wirtschaft‹; fol. $265^r$–$268^v$ Lateinische Sentenzensammlung

31 Kurt Vogtherr denkt in seiner Archivbeschreibung an einen Schreiber aus dem Straßburger Dominikanerinnenkonvent St. Nikolaus in undis, wofür sich aber weder schreibsprachliche noch textgeschichtliche Indizien finden lassen.

32 Vgl. MBK 2, S. 309 f.

33 Ebd., S. 309 f.; eigene Übersetzung: »›Das Gastmahl in Köln‹ ist ein kurzer Traktat in der Volkssprache, der auf rätselhafte und zugleich schöne Weise lehrt, ein geistliches Leben zu führen.«

Literatur: von Hinten, Franckforter, S. 11.39 f; Mayer, Vulgata, S. 222; Otto, Vorlage, S. 438; Pahncke, Überlieferung, S. 275–280; Pensel, Dessau, S. 35–51; Schaefer, Abegescheidenheit, S. 41–43; Handschriftencensus: http://www.handschriftencensus.de/3668 [04.01.2019]

Die Handschrift ist im Bereich verschiedener Textstücke lateinisch glossiert.[34]

Möglicherweise stammt die Handschrift oder zumindest ihre Vorlage aus der Erfurter Kartause[35]: Ihr Text von ›Meister Eckharts Wirtschaft‹ gehört stemmatisch zu den sicher dorthin lokalisierbaren Handschriften B28 und B42 (vgl. S. 368 f.) – mit letzterer stimmt Dau auch in der Überschrift überein – und zudem ergeben sich Übereinstimmungen mit der größtenteils ebenfalls in der Kartause nachweisbaren Mitüberlieferung. Eine Identifizierung mit den im alten Bibliothekskatalog beschriebenen Handschriften war indes nicht möglich.

## Eb: Ebstorf, Klosterbibliothek, Ms. IV 12

Papier · 492 Blätter · 150 × 108 mm · 3. Viertel 15. Jh. · verschiedene Hände, alle deutschen Texte von einem unbekannten Schreiber · lateinisch, fol. 187$^{r}$ und fol. 279$^{r}$–359$^{v}$ mittelniederdeutsch

Inhalt: fol. 187$^{r}$ ›Goldene Kette St. Bernhards‹; fol. 279$^{r}$–281$^{v}$ ›Diu zeichen eines wârhaften grundes‹; fol. 281$^{v}$–282$^{r}$ Meister Eckhart: Pr. 116B (DW IV,2); fol. 283$^{r}$–284$^{v}$ ›Das Frauchen von 22 (21) Jahren‹; fol 300$^{r}$–332$^{r}$ Meister Eckhart: ›Die rede der underscheidunge‹ (DW V); fol. 349$^{r}$–351$^{v}$ ›Meister Eckharts Wirtschaft‹; fol. 351$^{v}$–357$^{r}$ Meister Eckhart: Pr. 52 (DW 2) mit vorangehendem Dialog über die geistige Armut als Einleitung; fol. 357$^{v}$–358$^{r}$ ›Sprüche der fünf Lesemeister‹; fol. 449$^{v}$ ›Harfenspiel vom Leiden Christi‹

Literatur: Giermann/Härtel, Handschriften Ebstorf, S. 49–60; Hopf, Eckhartrezeption und Eckhartinszenierung, S. 85–93; Stammler, Eckhart in Norddeutschland, S. 204–216; Handschriftencensus: http://www.handschriftencensus.de/3180 [04.01.2019]

Neben den wenigen hier mit Titeln aufgeführten mittelniederdeutschen Texten enthält die Handschrift hauptsächlich lateinische Schriften wie etwa ›De imitatione Christi‹ des Thomas von Kempen, ›Exercitatorium monachale‹ des Heinrich Eger von Kalkar, Auszüge aus der ›Vita Christi‹ des Ludolph von

---

34 So im Traktat ›Von abegescheidenheit‹ (vgl. Schaefer, Abegescheidenheit, S. 41), im ›Frankfurter‹ (vgl. von Hinten, Franckforter, S. 40) und in ›Meister Eckharts Wirtschaft‹ (vgl. Anhang 4: ›Meister Eckharts Wirtschaft‹, B3, Nr. 0, 7, 12, 21).

35 von Hinten hält es für möglich, dass die im Erfurter Bibliothekskatalog als D4 geführte Handschrift (vgl. MBK, 2, 307 f., und in der vorliegenden Arbeit S. 359) als Vorlage für Dau gedient haben könnte (vgl. ders., Franckforter, S. 9, Anm. 2). Sie enthält wie Dau ›Meister Eckharts Wirtschaft‹ und den ›Frankfurter‹, der Traktat des Kuttenmanns findet darüber hinaus verschiedentlich Erwähnung im Bibliothekskatalog (vgl. MBK, 2, S. 309 [als Teil von B42], 314, 329).

Sachsen sowie zahlreiche anonyme katechetische Kurztexte und Texte zum monastischen Leben. Damit spiegelt die Handschrift auch den Geist der Windesheimer und der Bursfelder Kongregation, in deren Sinn das Benediktinerinnenkloster Ebstorf reformiert wurde.[36]

Die Zusammenstellung von ›Meister Eckharts Wirtschaft‹ und der Eckhartpredigt 52, der sog. ›Armutspredigt‹, der hier noch ein Dialog mit einem armen Menschen vorausgeht,[37] lässt sich als intentionales Textkonglomerat zum Thema der geistigen Armut deuten. STAMMLER geht für ›Meister Eckharts Wirtschaft‹ aufgrund einiger sprachlicher Auffälligkeiten von einer hochdeutschen Vorlage aus.[38] Diese Beobachtung lässt sich durch weitere Beispiele stützen, die speziell einen ostmitteldeutschen Einfluss vermuten lassen. So beginnen etwa die Formen des Verbs ›sollen‹ durchgängig mit *sch-* (z. B. *scholle,* fol. 349$^{r}$),[39] die mittelhochdeutsche Vorsilbe *ver-* erscheint in der Form *vor-* (z. B. *vorsmaheit,* fol. 350$^{v}$)[40] und gelegentlich begegnet auch die besonders im Thüringischen verwendete gerundete Form des Personalpronomens *ome*[41] (z. B. fol. 349$^{r}$).

## Gruppe B4:

### N1: Nürnberg, Stadtbibliothek, Cod. Cent. IV, 40

Papier · 96 Blatt · 290 x 205 mm · 2. Hälfte des 14. Jahrhunderts · drei Hände: 1. Hand: fol. 1$^{ra}$–59$^{vb}$, 2. Hand: fol. 59$^{vb}$–61$^{rb}$, 3. Hand: fol. 61$^{va}$–96$^{vb}$ · bairisch · Nürnberg, Dominikanerinnenkonvent St. Katharina

Inhalt: Die Handschrift besteht zu einem Großteil aus Predigten Eckharts, dazu kommt eine Reihe von pseudo-eckhartischen Traktaten; fol. 44$^{va}$–45$^{va}$ ›Meister Eckharts Wirtschaft‹

Literatur: GOTTSCHALL, Eckhart-Rezeption in Nürnberg, S. 201–203; GOTTSCHALL, Eckhart and the Vernacular Tradition, S. 515–518; JOSTES, Meister Eckhart und seine Jünger, S. X f.; SCHNEIDER, Stadtbibliothek Nürnberg, S. 49–56; STEER, Schriften Meister Eckharts, S. 263 f.; THEBEN, Die mystische Lyrik, S. 84 f.; Handschriftencensus: http://www.mr1314.de/5509 [04.01.2019]; Predigt im Kontext: http://pik.ku-eichstaett.de/3811/ [04.01.2019]

---

36 GIERMANN / HÄRTEL, Handschriften Ebstorf, S. VII–XVIII.
37 Zu diesem Dialog vgl. HOPF, Eckhartrezeption und Eckhartinszenierung, mit weiterführender Literatur.
38 STAMMLER, Eckhart in Norddeutschland, S. 208.
39 PAUL, Grammatik, § E 43. Es handelt sich hierbei um eine Eigenart, die im Thüringischen und Bairischen belegt ist, wobei für letztere Schreibsprache keine weiteren Spuren in der Handschrift festzustellen sind.
40 PAUL, Grammatik, § E 42.
41 PAUL, Grammatik, § E 42 und § M 41, Anm. 5.

Der alte Bibliothekskatalog des Katharinenklosters führt die Handschrift unter der Sigle E XIII bei den Predigtbüchern[42] und fasst ihren Inhalt in aller Kürze und ohne Erwähnung einzelner Texte zusammen. Direkt im Anschluss an die Eintragung zu N1 findet sich ein Hinweis zur Geschichte dieser und weiterer Handschriften: *Jtem die vorgeschriben fúnf predigpúcher sint vor der reformirung hynnen gewest.* N1 war also vor Reformierung des Konvents durch die Nonnen von Schönensteinbach 1428 in Nürnberg und ist, wie es einige sprachliche Auffälligkeiten vermuten lassen, auch nicht dort entstanden: Im Text von ›Meister Eckharts Wirtschaft‹ stehen etwa neben einer deutlich überwiegenden Mehrzahl diphthongierter Formen die Wörter *zit* (fol. $44^{vb}$) und *glicheit* (fol. $45^{rb}$) und statt des bairisch üblichen *versten* liest die Handschrift *verstan* (fol. $45^{ra}$).[43]

STEER sieht in N1 ein aus dominikanischen Kreisen stammendes Predigtbuch, das bewusst Texte Eckharts und solche seines geistigen Umfelds zusammenbringt.[44]

## Gi1: Gießen, Universitätsbibliothek, Hs. 879

Pergament · 119 Blatt · 145 x 110 mm · Mitte des 14. Jahrhunderts · eine Hand · bairisch-österreichisch

Inhalt: Mystisch-aszetische Sammelhandschrift; fol. $32^{v}$–$36^{v}$ ›Meister Eckharts Wirtschaft‹

Literatur: JANZ-WENIG, Decem gradus, S. 95–97; KAMBER, Minnebaum, S. 96; SEELBACH, Gießen (o. S.) (Internetdokument: http://geb.uni-giessen.de/geb/volltexte/2007/4951/, zuletzt aufgerufen am 04.01.2019); Handschriftencensus: http://www.handschriftencensus.de/4270 [04.01.2019]

KAMBER sieht die geistliche Minne als Leitthema der Handschrift an.[45]

## Sto: Stockholm, Königliche Bibliothek, Cod. A 192

Papier · 380 Blatt · 460 x 285 mm · Mitte oder zweite Hälfte des 15. Jahrhunderts · eine Hand · bairisch-österreichisch

---

42 Mit GOTTSCHALL ist davon auszugehen, dass die Predigten für die private Lektüre bestimmt waren, sind doch keine liturgischen Anlässe vermerkt und Schriftworte zumeist auf Deutsch angegeben (GOTTSCHALL, Eckhart-Rezeption in Nürnberg, S. 201).

43 Auf sprachliche Unregelmäßigkeiten in N1 wies bereits JOSTES hin (vgl. JOSTES, Meister Eckhart und seine Jünger, S. X f.). Einen anderen Entstehungsort als Nürnberg nimmt auch THEBEN unter Verweis auf die im Wesentlichen bairische – besser aber südbairische – Schreibsprache an (vgl. THEBEN, Die mystische Lyrik, S. 84 f.).

44 Vgl. STEER, Schriften Meister Eckharts, S. 263 f.

45 KAMBER, Minnebaum, S. 96.

Inhalt: fol. $1^{ra}$–$341^{vb}$ Johannes Bischoff: Predigten; fol. $342^{ra}$–$373^{ra}$ Dietrich von Apolda: ›Leben der heiligen Elisabeth‹; fol. $373^{ra}$–$378^{ra}$ geistliche Kurztexte, darunter: fol. $374^{rb}$–$375^{rb}$ ›Meister Eckharts Wirtschaft‹

Literatur: KURRAS, Stockholm, S. 46–48; LÜDERS, Meister Eckehartes Wirtschaft, S. 91–102; ROTH, Quadragesimale des Johannes Bischoff, S. 393–399; SCHULZ, Vita der heiligen Elisabeth, S. 33–37; Handschriftencensus: http://www.handschriftencensus.de/5794 [04.01.2019]

Die Handschrift gehörte, so zwei Besitzvermerke auf den Innenseiten des Vorder- und Hinterdeckels, einer *Anna Thannhäuserin* und einem *Wolfganng Hollprunner*, wobei die Reihenfolge nicht mit letzter Sicherheit zu klären ist. Später ging sie in den Besitz des Olmützer Bischofs Franz von Dietrichstein über.[46] ROTH nimmt eine ursprünglich intendierte Verwendung der Handschrift als Andachtsbuch für Laien an.[47]

### N2: Nürnberg, Stadtbibliothek, Cod. Cent. VI, $46^h$

Papier · 177 Blatt · 215 × 160 mm · 1461 · eine Hand · nürnbergisch · Nürnberg, Dominikanerinnenkonvent St. Katharina

Inhalt: Zahlreiche Eckhartpredigten und pseudo-eckhartische Texte; fol. $165^v$–$168^r$ ›Meister Eckharts Wirtschaft‹

Literatur: GOTTSCHALL, Eckhart-Rezeption in Nürnberg, S. 206–208; GOTTSCHALL, Mystik in ›Zerstreuung‹, S. 253 f.; SCHNEIDER, Stadtbibliothek Nürnberg, S. 158–162; RUH, Blume der Schauung, S. 13; RUH, Traktat von der Minne, S. 208–229; Handschriftencensus: http://www.handschriftencensus.de/10917 [04.01.2019]; Predigt im Kontext: http://pik.ku-eichstaett.de/5471/ [04.01.2019]

Wie RUH gezeigt hat, ist der Hinweis auf einen Klausner als Schreiber der Handschrift aus der Vorlage übernommen. Der Codex dürfte im Katharinenkloster selbst entstanden sein und ging, wohl weil er zur Zeit der Katalogisierung noch in Arbeit war, nicht in das alte Bücherverzeichnis ein.[48]

### B27: Berlin, Staatsbibliothek zu Berlin – Preußischer Kulturbesitz, Ms. germ. qu. 1133

Papier · 366 Blatt · 191 × 140 mm · 1468 · fol. $54^r$–$150^r$ von der Hand eines Vincentius Holzhammer von Traunstein · nordbairisch · Nürnberg

---

46 LÜDERS, Meister Eckehartes Wirtschaft, S. 92.
47 ROTH, Quadragesimale des Johannes Bischoff, S. 398.
48 Vgl. GOTTSCHALL, Eckhart-Rezeption in Nürnberg, S. 206.

Inhalt: Geistliche Sammelhandschrift mit Predigten, Traktaten und Gebeten, darunter: fol. $2^{r}$–$16^{v}$ ›Sendbrief vom Betrug teuflischer Erscheinungen‹; fol. $16^{v}$–$20^{r}$ Ulrich Horant: ›Vom geistlichen Menschen‹; fol. $131^{r}$–$136^{r}$ Marquard von Lindau: ›De corpore Christi et de sex generibus hominum‹ (dt.); fol. $146^{r}$–$149^{r}$ ›Meister Eckharts Wirtschaft‹; fol. $150^{r}$–$246^{r}$ Heinrich von Langenstein: ›Erkenntnis der Sünde‹; fol. $247^{r}$–$301^{v}$ Heinrich von St. Gallen: ›Passionstraktat *Extendit manum*‹; fol. $302^{r}$–$363^{v}$ ›Traktat über den Eigenbesitz im Kloster‹ (dt. nach Humbertus de Romanis)

Literatur: Degering, Verzeichnis III, S. 195 f.; Hohmann, Discretio, S. 3–11; Janz-Wenig, Decem gradus, S. 119–121; Handschriftencensus: http://www.handschriftencensus.de/4520 [04.01.2019]

## N12: Nürnberg, Stadtbibliothek, Cod. Cent. VI, 43[z]

Papier · I + 160 Blatt · 220 × 145 mm · 1. Hälfte des 15. Jahrhunderts · drei Hände: 1. Hand: fol. $1^{r}$–$99^{v}$.$109^{r}$–$144^{r}$.$145^{v}$–$159^{r}$; 2. Hand: fol. $99^{v}$.$104^{v}$–$109^{r}$.$144^{v}$–$145^{r}$.$159^{r-v}$; 3. Hand: fol. $100^{r}$–$104^{v}$.$108^{r}$ · nürnbergisch · Nürnberg, Dominikanerinnenkonvent St. Katharina

Inhalt: fol. $1^{r}$–$98^{v}$ Marquard von Lindau: ›Dekalogerklärung‹; fol. $100^{r}$–$102^{v}$ ›Meister Eckharts Wirtschaft‹; fol. $108^{r}$–$159^{r}$ Friedrich der Karmeliter: ›Buch von der himmlischen Gottheit‹; dazu verschiedene geistliche Kurztexte

Literatur: Gottschall, Eckhart-Rezeption in Nürnberg, S. 211 f.; Schneider, Stadtbibliothek Nürnberg, S. 136–138; Kornrumpf, Überlieferung, S. 159; Handschriftencensus: http://www.handschriftencensus.de/10913 [04.01.2019]; Predigt im Kontext: http://pik.ku-eichstaett.de/7817/ [04.01.2019]

Die Handschrift ist unter der Sigle B XIV im Bibliothekskatalog des Katharinenklosters verzeichnet. Dort ist auch der Titel eines Textes genannt, der wohl als ›Meister Eckharts Wirtschaft‹ zu identifizieren ist: *die peichttochter von Kóln*[49].

## M2: München, Bayerische Staatsbibliothek, Cgm 365

Vgl. die Textzeugen zu ›Der arme Mensch I‹ S. 194.

## S6: Salzburg, Stiftsbibliothek St. Peter, Cod. b III 30

Papier · 188 Blatt · 144 × 106 mm · 1. Drittel des 16. Jahrhunderts · fünf Hände, die z. T. mehrfach begegnen · bairisch-österreichisch · Salzburg, Benediktinerinnenkloster St. Peter (?)

---

49 Jostes, Meister Eckhart und seine Jünger, S. 118.

Inhalt: Die Handschrift bietet neben Thomas Peuntners ›Liebhabung Gottes an Feiertagen‹ (fol. 1r–6r) und ›Meister Eckharts Wirtschaft‹ (fol. 50r–53r) vor allem Gebete, kurze Traktate und Betrachtungen zu Themen wie Passion und Kommunion.

Literatur: HAYER, St. Peter zu Salzburg, S. 205–208; SCHNEIDER, Buch der Vollkommenheit, S. LII; Handschriftencensus: http://www.handschriftencensus.de/9621 [04.01.2019]

›Meister Eckharts Wirtschaft‹ liegt hier in stark paraphrasierter Form vor und ist zu einer bloßen Sequenz von Fragen und Antworten ohne narrative Elemente reduziert.

## Gruppe C:

### S1: Salzburg, Universitätsbibliothek, Cod. M I 476

Vgl. die Textzeugen zu ›Der arme Mensch I‹, S. 198 f.

### M4: München, Bayerische Staatsbibliothek, Cgm 411

Vgl. die Textzeugen zu ›Meister Eckhart und der nackte Knabe‹, S. 140 f.

### M20: München, Bayerische Staatsbibliothek, Cgm 388

Papier · 156 Blatt · 215 × 145 mm · 1. Hälfte des 15. Jahrhunderts · zwei Hände · ostschwäbisch

Inhalt: fol. 1r–137r Marquard von Lindau: ›Dekalogerklärung‹; fol. 137v–139v Dreißig Zeichen der Demut; fol. 140r–148r Predigt von dreierlei Abenden; fol. 148v–152r ›Meister Eckharts Wirtschaft‹

Literatur: LÖSER, Augsburg, S. 92–95; MAYER, Vulgata, S. 246 f.; SCHNEIDER, München 5,3, S. 130–132; Handschriftencensus: http://www.handschriftencensus.de/9675 [04.01.2019]; Predigt im Kontext: http://pik.ku-eichstaett.de/810/ [04.01.2019]

### M24: München, Bayerische Staatsbibliothek, Cgm 447

Papier · 223 Blatt · 155 × 105 mm · Ende 15. Jahrhundert · zehn Hände · nordbairisch · Rebdorf, Augustinerchorherrenstift

Inhalt: Die Handschrift setzt sich aus zahlreichen geistlichen Kurztexten zusammen, darunter auch Auszüge aus den Werken des Jan van Leeuwen und des Thomas von Kempen; fol. 207v–210r ›Meister Eckharts Wirtschaft‹

Literatur: MAYER, Vulgata, S. 249; NEMES, Eckhart lesen, S. 177 f., 191 f.; SCHNEIDER, Buch der Vollkommenheit, S. XLVIII; SCHNEIDER, München 5,3, S. 284–296; Handschriftencensus: http://www.handschriftencensus.de/6141 [04.01.2019]; Predigt im Kontext: http://pik.ku-eichstaett.de/2204/ [04.01.2019]

Das Rebdorfer Augustinerchorherrenstift schloss sich im Jahr 1459 der Windesheimer Kongregation an, was zu einer längeren Phase der Rezeption niederländischer Literatur im oberdeutschen Raum führte.[50] Daneben griff man auch auf Literatur aus dem *oberlant*, insbesondere dem fränkisch-schwäbischen Raum, zurück.[51] M24 könnte eine der Vorlagen für Ei3 gewesen sein (vgl. unten).

### Ei3: Eichstätt, Stiftsbibliothek St. Walburg, Cod. germ. 7

Papier · 247 Blatt · 208 × 153 mm · 15./16. Jahrhundert · drei Hände: 1. Hand: fol. $1^r$–$192^v$.$245^r$–$247^v$; 2. Hand: fol. $192^v$–$206^v$; 3. Hand: fol. $206^v$–$229^v$ · bairisch · Eichstätt, Benediktinerinnenkloster St. Walburg

Inhalt: Geistliche Sammelhandschrift mit Predigten, Gebeten und katechetischen Texten, z. T. mit explizitem Bezug auf klösterliche Frauengemeinschaften; fol. $89^r$–$113^r$ Auszüge aus Werken Jans van Leeuwen; fol. $185^r$–$188^r$ ›Meister Eckharts Wirtschaft‹

Literatur: BRÖSCH, Arnt Buschmanns Mirakel, S. 66–68; LECHNER, St. Walburg, S. 43–61; NEMES, Eckhart lesen, S. 192; Handschriftencensus: http://www.handschriftencensus.de/19368 [04.01.2019]

LECHNER weist darauf hin, dass die Textvorlagen der Handschrift Ei3 zu einem großen Teil aus dem benachbarten Kloster Rebdorf stammen, zu einem anderen Teil aus dem Rheinland, von dem aus das Kloster 1456 reformiert wurde.[52] Seine Annahme, dass eine der wichtigsten Quellen für Ei3 im Rebdorfer Codex München, Bayerische Staatsbibliothek, Cgm 447 (M24, vgl. S. 354 f.) zu suchen sei, wird für ›Meister Eckharts Wirtschaft‹ von den zahlreichen Bindevarianten der beiden Handschriften gestützt (vgl. S. 375 und dort Anm. 100). Auch für die Auszüge aus den Werken Jans van Leeuwen könnte Cgm 447 als Vorlage gedient haben.[53]

---

50 Vgl. WILLIAMS-KRAPP, Rezeption von mystischem Schrifttum, S. 47–52.

51 NEMES, Eckhart lesen, S. 173. NEMES nimmt in seiner Studie die Bibliothek des Rebdorfer Augustinerchorherrenstifts insgesamt als Rezeptions- und Interpretationsraum für die Lektüre eckhartischer Texte in den Blick.

52 LECHNER, St. Walburg, S. 43.

53 Vgl. DESPLENTER, Zukunftsvision eines mystischen Kochs, S. 292 mit Anm. 32.

## M19: München, Bayerische Staatsbibliothek, Cgm 783

Papier · VII + 271 Blatt · 199 × 148 mm · 1477/1492 · mehrere Hände · alemannisch · Unlingen, Konvent der Franziskanerterziarinnen

Inhalt: Neben dem ›Buch von geistiger Armut‹ (fol. $1^r$–$167^v$) vor allem kürzere geistliche Betrachtungen, zum Teil franziskanischen Ursprungs; fol. $180^v$–$182^v$ ›Meister Eckharts Wirtschaft‹

Literatur: Löser, Augsburg, S. 68–70; Schneider, München 5,5, S. 329–333; Stauffacher, Engelberger Prediger, S. 9/14–16; Handschriftencensus: http://www.handschriftencensus.de/10228 [04.01.2019]; Predigt im Kontext: http://pik.ku-eichstaett.de/6734/ [04.01.2019]

Die zahlreichen, oftmals innerhalb einer Lage wechselnden Schreiberhände deuten auf ein klösterliches Entstehungsumfeld. Möglicherweise ist die in der Handschrift als Auftraggeberin erwähnte Elisabeth Schmidin identisch mit einer Schwester gleichen Namens, die im fraglichen Zeitraum im Terziarinnenkonvent Unlingen bezeugt ist.[54]

## M21: München, Bayerische Staatsbibliothek, Cgm 463

Papier · 217 Blatt · 150 × 105 mm · drei zusammengebundene Teile: Teil I (fol. 1–22) und Teil II (fol. 23–173): 3. Viertel des 15. Jahrhunderts, Teil III (fol. 173a–206): 1. Hälfte des 15. Jahrhunderts · Teil I: eine Hand; Teil II: fol. $24^r$–$163^v$: Hand des Konrad Bollstatter, zweite Hand fol. $163^v$–$173^r$; Teil III: mehrere Hände · I: ostalemannisch, II: ostschwäbisch, III: ostschwäbisch, bairisch und schwäbisch · Indersdorf, Augustinerchorherrenstift

Inhalt: Die geistliche Sammelhandschrift setzt sich aus Betrachtungen, Gebeten und Sprüchen zusammen. ›Meister Eckharts Wirtschaft‹ (fol. $163^v$–$171^r$) bildet zusammen mit einem Exzerpt aus dem ›Buch der Vollkommenheit‹ (Fassung C) (fol. $171^r$–$173^r$) den Anteil des zweiten Schreibers in Teil II der Handschrift.

Literatur: Schneider, München 5,3, S. 354–360; Handschriftencensus: http://www.handschriftencensus.de/9602 [04.01.2019]

## Se: Schlettstadt, Stadtbibliothek, Ms. 149

Papier · 187 + II Blatt · 195 × 135 mm · Ende des 14. und Anfang des 15. Jahrhunderts · 1. Hand: fol. 1–147; der Rest von mehreren anderen Händen · lateinisch und elsässisch

Inhalt: fol. $30^r$–$98^r$ Fritsche Closener: Vokabular; fol. $122^{ra}$ ›Meister Eckharts Wirtschaft‹ (Auszug); fol. $148^v$–$175^v$ Sermones (lat.); dazu Exempla, Beichtformeln und eine deutsche Synonymensammlung

---

54 Schneider, München 5,5, S. 329.

Literatur: KIRCHERT / KLEIN, Vokabulare, S. 15*–24*; SAMARAN / MARCHIAL, Catalogue des manuscrits en écriture latine, S. 607; Marburger Repertorium: http://www.mr1314.de/16891 [04.01.2019]

Die Handschrift wurde vermutlich, so KIRCHERT / KLEIN, von einem Straßburger Franziskaner um 1375/77 zum Zweck der Predigtvorbereitung angelegt. Der Text des Dialogs ›Meister Eckharts Wirtschaft‹ ist auf die Aussagen über Armut reduziert und mit lateinischen Zwischenüberschriften und Randglossen versehen. Er verbindet sich mit den beiden unmittelbar vorausgehenden Kurztraktaten ›De caritate et dileccione‹ und ›De patientia‹ zu einer theologischen Stichwortsammlung.

### Mai5: Augsburg, Universitätsbibliothek, Cod. III.1.8° 22

Papier · 238 Blatt · 152 × 105 mm · Teil I (fol. 6–37): 1453, Teil II (fol. 1–5, 38–238): 1460–75 · acht Hände · alemannisch (beide Teile) · erster nachweisbarer Besitzer: Jacob Kurcz; um 1500: Besitzvermerk einer Schwester Katharina Millerin aus dem Kloster Maihingen; später: Kirchheim am Ries, Zisterzienserinnenkloster

Inhalt: Die Handschrift überliefert zahlreiche mystische Textstücke, darunter Exzerpte aus dem ›Frankfurter‹, dem ›Meisterbuch‹, Hermann von Fritzlars ›Heiligenleben‹ sowie Dicta und Predigten Eckharts, zusammen mit katechetischen Texten; fol. $66^{v}$–$67^{v}$ ›Meister Eckharts Wirtschaft‹ (Auszug)

Literatur: GREIFENSTEIN, Hiob-Traktat, S. 15–22; SCHNEIDER, Augsburg, S. 468–476; SEIDEL, St. Georgener Predigten, S. 132; Handschriftencensus: http://www.handschriftencensus.de/4356 [04.01.2019]; Predigt im Kontext: http://pik.ku-eichstaett.de/10133/ [04.01.2019]

### St11: Stuttgart, Württembergische Landesbibliothek, Cod. theol. et phil. 8° 19

Papier · 179 Blatt · 147 × 100 mm · um 1450 · eine Hand · schwäbisch

Inhalt: In der Handschrift finden sich allegorische Stücke, geistliche Lieder, Exempla, katechetische Texte und Auszüge aus Seuses ›Büchlein der Ewigen Weisheit‹; fol. $92^{v}$–$95^{v}$ ›Meister Eckharts Wirtschaft‹

Literatur: EISERMANN, Stimulus amoris, S. 488 f.; Repertorium Sangsprüche, S. 257; SCHANZE, Meisterliche Liedkunst, S. 236 f.; SCHMIDTKE, Erbauungsliteratur, S. 49; Handschriftencensus: http://www.handschriftencensus.de/5961 [04.01.2019]

SCHMIDTKE leitet aus einigen speziell das klösterliche Leben betreffenden Texten und Bemerkungen ab, dass die Handschrift aus monastischem Umfeld, mit großer Wahrscheinlichkeit einer Frauengemeinschaft, stammt.[55] THEBEN erwägt eine Herkunft des Codex aus dem Augustinerchorfrauenstift Inzigkofen oder dessen Umgebung.[56]

### B26: Berlin, Staatsbibliothek zu Berlin – Preußischer Kulturbesitz, Ms. germ. oct. 360

Papier · 390 Blatt · 157×106 mm · 1486 · eine Hand mit Nachträgen anderer Hände · schwäbisch · Besitzvermerk einer Schwester Clara Lewin aus Mödlingen bei Ulm

Inhalt: fol. 3r–317r Passionstraktat ›Do der minnenklich got‹; fol. 322r–327v ›Meister Eckharts Wirtschaft‹; geistliche Lieder, Predigten, Gebete und Betrachtungen zum Thema Leiden

Literatur: DEGERING, Verzeichnis III, S. 121 f.; SCHELB, Passionsliteratur, S. 64–68; Handschriftencensus: http://www.handschriftencensus.de/4585 [04.01.2019]

### St10: Stuttgart, Württembergische Landesbibliothek, Cod. theol. et phil. 4° 52

Papier · 168 Blatt · 208×145 mm · um 1440 · schwäbisch · Wildberg, Dominikanerinnenkonvent Maria Reuthin

Inhalt: fol. 2r–158r Thomas Peuntner: ›Christenlehre‹; fol. 159r–161v ›Meister Eckharts Wirtschaft‹

Literatur: LÜDERS, Meister Eckehartes Wirtschaft, S. 90 f.; SCHNELL, Liebhabung Gottes, S. 107; Handschriftencensus: http://www.handschriftencensus.de/5952 [04.01.2019]

In mittelalterlichen Bibliothekskatalogen waren weiterhin zwei Textzeugen von ›Meister Eckharts Wirtschaft‹ zu finden, die allerdings als verloren gelten müssen oder noch nicht identifiziert wurden:

**Nürnberg, Dominikanerinnen von St. Katharina, alte Signatur E XI**[57]
Die einzige Information über die Handschrift bietet der Katalog: *Jtem ein predigpuch, das helt in im von der andechtigen sel und wie sie mit unserem herren redt und von den stúcken der XII kórb und von dem heiligen gaist und von der mynnenden*

55 Ebenso EISERMANN, Stimulus amoris, S. 488.
56 Vgl. THEBEN, Die mystische Lyrik, S. 77 f.
57 ANTJE WILLING, der ich an dieser Stelle herzlich danken möchte, teilte mir in einer E-mail vom 26.07.2012 mit, dass dieser Codex ihres Wissens nach nicht erhalten sei.

*sel und von einer andern elenden sel und von der wirtschaft von Kóln und vil schóner gepet und ler und manung etc.; und das puch ist pergamen.*[58]

Diese Handschrift muss wie N1 bereits vor der Reformierung im Kloster gewesen sein, wie wenig später im Katalog vermerkt ist.[59]

**Erfurt, Kartause, alte Signatur D4**[60]

Diese Handschrift überliefert laut Bibliothekskatalog *Das Kolnische gerichte*, ein Titel, der auch in den Handschriften B28, B42 und Dau aus der Erfurter Kartause oder ihrem Umfeld für ›Meister Eckharts Wirtschaft‹ belegt ist. In diesem Codex befinden sich weiterhin das ›Neunfelsenbuch‹, ›Der Frankfurter‹ und der ›Kern‹, um nur einige Stücke zu nennen.[61]

## Handschriftenrelation

Problemlage: Die bisher bekannten 39 Textzeugen von ›Meister Eckharts Wirtschaft‹ in ein textgeschichtliches Verhältnis zueinander zu setzen, fällt nicht nur aufgrund ihrer hohen Anzahl schwer: Gleich zu Beginn seiner Edition wies von der Leyen, der seinerzeit acht Handschriften vorliegen hatte, auf »starke abweichungen und verwirrungen«[62] hin und bei noch breiterer Kenntnis der Überlieferungslage sprach Lüders von einem »Gestrüpp« und einer »ungewöhnlichen Widerspenstigkeit, die die hs.-liche Tradition unseres kleinen Polylogs der normalen textkritischen Behandlung entgegenstellt«[63]. Tatsächlich präsentiert sich die Überlieferung von ›Meister Eckharts Wirtschaft‹ als eine nur schwer zu überblickende Ansammlung äußerst divergenter Textzeugen, die mit unterschiedlichen Nuancen und stilistischen Eigenheiten von dem immer gleichen Tischgespräch berichten. Bevor dennoch ein Modell zur Ordnung der Handschriften vorgestellt wird, lohnt sich die Frage, welche spezifischen Bedingungen zu diesem Variantenreichtum geführt haben mögen.

Erklärungsmodelle für die Varianz mittelalterlicher Texte, die hier als Kontrastfolie dienen sollen, setzen etwa bei der möglichen Existenz gleichursprüng-

58 Jostes, Meister Eckhart und seine Jünger, S. 121; eigene Übersetzung: »Ein Predigtbuch mit einem Text von der andächtigen Seele und wie sie mit unserem Herrn spricht, ferner mit Texten vom Inhalt der 12 Körbe, vom Heiligen Geiste, von der liebenden Seele, von einer Seele in Not und vom Gastmahl in Köln, dazu viele schöne Gebete, Lehren und Ermahnugen. Das Buch ist aus Pergament.«

59 Ebd., S. 122.

60 Vgl. zu dieser Handschrift auch den Eintrag zu Dau, S. 348 f.

61 MBK, 2, S. 307 f.

62 von der Leyen, Unbekannte lateinische Fassungen, S. 348.

63 Lüders, Meister Eckehartes Wirtschaft, S. 114.

licher Autorfassungen[64] oder bei der Bedeutung der Mündlichkeit und, damit verbunden, bei der Performanz von Texten an: Ausgehend von einer schriftlichen Fixierung oder gar nur einer Memorierung wird ein ›fester‹ Text im Vortrag oder Abschreibevorgang aktualisiert und kann dabei an die jeweils gegebene Situation angepasst werden – er wird zum ›offenen‹ Text.[65] Dieses hier nur skizzierte Modell ist an bestimmte literarische Gattungen und ihre jeweils dominierenden Rezeptionsformen gebunden: Es bezieht sich in erster Linie auf die verschiedenen Formen höfischer Vortragskunst, den Minnesang oder die erzählende Dichtung des höfischen Romans und der Heldenepik, die man sich zumindest auch als Interaktion eines Sängers oder Erzählers mit seinem Publikum vorstellen darf. Im Bereich der geistlichen Literatur hat man erwogen, dass Predigten, die ja – vom Genre der Lesepredigt abgesehen – zunächst für eine mündliche Vortragssituation konzipiert waren, auf Nachschriften von Hörern zurückgehen könnten. Die gegenwärtige Forschung hält solche Formen der Verschriftlichung allerdings für Ausnahmefälle.[66]

Von dieser älteren Predigtforschung mag LÜDERS ausgegangen sein, als sie die Divergenz der Überlieferung von ›Meister Eckharts Wirtschaft‹ auf »Niederschriften des irgendwo gehörten Stückes«[67] zurückführte. Der Text wurde, so müsste man die Situation in ihrem Sinn konkretisieren, etwa im Rahmen einer klösterlichen Tischlesung vorgetragen und eine gewisse Zeit später schriftlich niedergelegt, wobei die Begrenztheit der Gedächtnisleistung eine zunehmende Verwirrung im Fortgang des Textverlaufs nach sich zog.[68] Gegen ein solches Überlieferungsmodell sind Einwände vorzubringen: Zum Ersten lassen die meist kleinformatigen, eng beschriebenen und kaum mit textgliedernden Elementen, Randglossen oder Registern ausgestatteten Handschriften von ›Meister Eckharts Wirtschaft‹ viel eher an eine Rezeption durch private Lektüre als durch öffentlichen Vortrag denken. In diesem Zusammenhang sind auch die beiden Tischlesungskataloge des Nürnberger Katharinenklosters aufschlussreich, die keine der Handschriften von ›Meister Eckharts Wirtschaft‹ für die Lesung bei Tisch vorsehen.[69] Zum Zweiten scheint es fraglich, ob ein so

64 Vgl. etwa BUMKE, Nibelungenklage, S. 45, mit Beispielen zu möglichen Autorfassungen mittelhochdeutscher Epen.

65 Vgl. etwa BEIN, Der ›offene‹ Text, S. 31; GRUBMÜLLER, Gegebenheiten deutschsprachiger Textüberlieferung, S. 311 f.; HEINEN, Mutabilität im Minnesang, S. V; KÜHNEL, Der ›offene‹ Text, S. 313 f.; CORMEAU, Walther, S. XIV f.

66 Der Regelfall dürfte die nachträgliche redigierte und nicht selten auch vom Prediger autorisierte Abschrift gewesen sein. Zu diesem Problem vgl. VÖLKER, Überlieferungsformen (dort in Auseinandersetzung mit der älteren, prominent von STAMMLER vertretenen Position); RUH, Predigtbücher, und SCHIEWER, Predigtüberlieferung, S. 65–69.

67 LÜDERS, Meister Eckehartes Wirtschaft, S. 121.

68 Ebd., S. 121.

69 MBK 3,3, S. 638–670. Vgl. dazu auch HASEBRINK, der in seiner Untersuchung der Tischlesungskataloge im Fall der mystischen Literatur im Katharinenkloster auf das

komplex aufgebauter Text (vgl. die Ausführungen zur Struktur auf S. 397–399) überhaupt aus dem Gedächtnis rekonstruiert werden konnte, ohne dass es dabei zu einer grundsätzlichen Auflösung seiner Struktur und zu großen inhaltlichen Verlusten kommen musste.

Fruchtbarer dürfte es sein, den Grund für die auffällig starke Varianz im Text selbst, in seiner Form, seiner Struktur und seinem Stil zu suchen. Grundlegend ist hier festzuhalten, dass ›Meister Eckharts Wirtschaft‹ zur Dialogliteratur gehört, die dem Redaktor besondere Freiheiten eröffnet: Solange die Grundstruktur von Rede und Gegenrede gewahrt bleibt, können Textsegmente verschoben, ergänzt, gestrichen und umgestaltet werden, ohne dass der Text zwangsläufig seine Kohärenz verliert. Diese Form der textbedingten Offenheit ließ sich besonders gut an der Textgeschichte des ›Armen Menschen‹ studieren, in der wiederholt selbstständige Stücke als neue Redegänge in einen bereits bestehenden Dialog eingefügt oder zwei Dialoge additiv zu einem neuen verbunden wurden (vgl. S. 170–175). ›Meister Eckharts Wirtschaft‹ setzt einer solchen *mouvance* durch seine strenge Struktur zwar Grenzen, eröffnet dafür aber Spielräume in einem anderen Bereich, in der Ausgestaltung der Redepartien. Denn während die formale Abfolge von Fragen und Antworten festen Gesetzmäßigkeiten unterliegt, bauen die Inhalte mit Ausnahme der Armutsfragen kaum aufeinander auf und beschreiben gänzlich unspezifisch und in loser Fügung, was ein vorbildliches geistliches Leben auszeichnet. Wo keine Notwendigkeit besteht, in standardisierter Terminologie einen Gedanken logisch zu entfalten, da kann sich ein Redaktor die Freiheit nehmen, seinen Text nach eigenen Sprachgewohnheiten und inhaltlichen Vorstellungen umzugestalten. Dabei zeigt sich im Ergebnis, dass die Varianten in der ›Meister Eckharts Wirtschaft‹-Überlieferung meist nur als punktuelle Eingriffe interpretierbar sind und sich kaum übergreifende Redaktionstendenzen ablesen lassen. Die Aussagen des Stücks sind wohl inhaltlich zu vielgestaltig und zu allgemeinverbindlich, als dass sie eine konzeptionelle Umarbeitung – etwa im Sinne einer bestimmten Ordenstheologie – herausgefordert haben könnten.

Neben wenigen als intentional erklärbaren Eingriffen fallen in der Überlieferung von ›Meister Eckharts Wirtschaft‹ häufig Auslassungen, Wiederholungen und Verschiebungen von Redeteilen auf, die willkürlich und zufällig erscheinen. Möglicherweise sind solche Abweichungen der besonderen sprachlichen Gestalt des Textes geschuldet, die mit ihren formelhaften, sich stets wiederholenden Wendungen Verwechslungen, Homoioteleutonfehler und dergleichen geradezu provoziert. Einmal in den Text geraten setzen sich solche Fehler in der weiteren Überlieferung fort und könnten einen guten Indikator

disparate Verhältnis von auffällig breiter Textüberlieferung einerseits und nahezu nicht nachweisbarer Textrezeption andererseits hinweist (DERS., Tischlesung, besonders S. 212–214).

für die Zusammengehörigkeit von Handschriften abgeben, wenn nicht damit zu rechnen wäre, dass gerade solche Fehler auch unabhängig voneinander auftreten oder auch von einem aufmerksamen Schreiber gebessert werden können.

Erschwerend kommt das Phänomen von ›Querverbindungen‹ hinzu: Einzelne Handschriften, die einem bestimmten Traditionsstrang angehören, bieten auffällige Lesarten eines anderen Traditionsstrangs gegen die eigene Gruppe.[70] Man könnte solche Stellen als Hinweise auf eine kontaminierte Textüberlieferung oder auf eine verbindende Vorstufe verstehen oder begreift sie als zufällige Erscheinungen innerhalb eines stark formalisierten und reglementierten Sprachduktus – jeder Einzelfall macht hier Entscheidungen nötig, die sich längst nicht so absichern lassen, wie es angesichts ihrer textgeschichtlichen Konsequenzen wünschenswert wäre.

Diese Schwierigkeiten, die der Überlieferung von ›Meister Eckharts Wirtschaft‹ anhaften, lassen es ratsam erscheinen, vom Versuch einer detaillierten Stemmatisierung der Textzeugen abzusehen. Besser zu bewältigen ist eine Einteilung der Textzeugen in größere Gruppen, die sich durch typische Formulierungen, Umstellungen oder ähnliches voneinander abheben. Es wird so möglich sein, die Handschriften in ihrer Stellung in der Überlieferung zu verorten und damit auch ihren Wert für die Edition festzustellen, ohne sich auf unsichere Konstrukte einlassen zu müssen.

Gruppeneinteilung: Eine erste Einteilung der Überlieferung nahm LÜDERS vor:[71] Sie unterschied zwischen einer Gruppe α mit den Handschriften N1, Sto, B28, B29, Br1a, Br1b sowie St2 und B22 als deren »extremsten Mitgliedern«[72], einer Gruppe β mit den Handschriften M20, M4, M24, M21, M19, St10 und den beiden Handschriften B26 und B27, denen sie eine Mittelstellung zuwies. Dem Überlieferungszweig α attestierte sie eine allgemein höhere Textqualität und nahm anhand einiger Lesarten an, dass er wohl auf eine mitteldeutsche Vorlage zurückgehen müsse. Die angekündigten Belege für diese These blieb LÜDERS allerdings schuldig.

LÜDERS' Gruppeneinteilung liegen richtige Beobachtungen zugrunde, etwa, dass die Handschriften ihres Zweiges α der restlichen Überlieferung deutlich gegenüberstehen. Ob daraus aber zwei Redaktionen α und β abzuleiten sind, die unabhängig voneinander auf denselben Archetyp zurückgehen, ist fraglich – möglicherweise ergeben sich die Kontraste auch erst infolge einer späten redaktionellen Umarbeitung eines Überlieferungszweiges. Die textgeschichtliche Untersuchung setzt eingedenk dieser Unsicherheiten nicht auf der obersten Ebene des Stemmas an, sondern wird zunächst auf mittlerer Ebene drei

70 Als Beispiele wären hier etwa die Handschriften N8, N12 oder Ha6 zu nennen.

71 LÜDERS, Meister Eckehartes Wirtschaft, S. 117 f.

72 Ebd., S. 117.

Gruppen A, B (mit weiteren Untergruppen) und C definieren und abschließend nach denkbaren Ursprungskonstellationen fragen.

Vorbemerkung: Für die nachfolgende Untersuchung der Handschriftenrelation und die dafür diskutierten Lesarten gilt: Gruppe A ist generell nach Kn2, Gruppe B nach Bre1 und Gruppe C nach S1 zitiert. Zusammen mit Br1a als Repräsentant der niederländischen Untergruppe B1 bilden diese Handschriften die Leittexte der synoptischen Edition auf S. 382–393 und können dort als Ganze eingesehen werden. Die Varianz innerhalb der Gruppen wird in vier Redaktionseditionen im Anhang beigegeben: Anhang 2 dokumentiert dabei die Lesarten der Gruppe A, Anhang 3 die der Gruppe B1, Anhang 4 die der Gruppen B2, B3 und B4 und Anhang 5 die der Gruppe C. Die Anhänge dienen der kritischen Überprüfung der nachfolgend diskutierten Varianten und bieten die Untersuchungsgrundlage für spezifische Fragen zu einzelnen Textzeugen. Der Text ist durch eine Nummerierung syntaktisch-semantischer Einheiten erfasst, die in der synoptischen Edition der Leithandschriften und in den Redaktionseditionen identisch ist.

Gruppe A: Den Anfang in der Beschreibung der Überlieferungsgruppen machen die Textzeugen St2, Kn2, KT, ST und B22, die LÜDERS, soweit sie ihr bekannt waren, als »extremste Mitglieder«[73] ihres α-Zweiges beschrieb und die hier als Gruppe A zusammengefasst sind. Die auffälligsten Merkmale dieser Gruppe sind das nur hier tradierte ›Schlusswort‹ *Also dat ewige wort is eyne geborte des hemelschen vaders also ist der wille gotz eyn geboert ind eyn werden alre creaturen* (Nr. 76) und der in St2 am Ende, sonst am Anfang des Stücks überlieferte Titel *Meyster Eckhartz wirtschaff* (Nr. 0)[74]. Hinzu kommt die typische Wendung *dat lijt an dryen dingen* (Nr. 7, sowie Nr. 13 und 21), statt der die weitere Überlieferung meist eine Formulierung mit dem Verb *bekennen* verwendet.

Ein Bindefehler im eigentlichen Sinn liegt in Nr. 1 vor, wo die A-Handschriften *almoesen zo soichen* lesen anstelle von »Armut zu suchen« wie die gesamte weitere Überlieferung. Auf den ersten Blick mag es überzeugend scheinen, dass ein armer Mensch in einer Stadt um Almosen bitten möchte, doch sprechen Zeitgeschichte und Kontext für die andere Lesart: In der ersten Hälfte des 14. Jahrhunderts, der Zeit, in die die Entstehung von ›Meister Eckharts Wirtschaft‹ fällt, blühte das Frömmigkeitsideal der *vita apostolica*, deren integraler Bestandteil ein Leben in Armut war.[75] Dass der arme Mensch noch dazu auf der Suche nach Wahrheit ist, verdeutlicht umso mehr, dass er aus religiösen und nicht materiellen Gründen den Weg nach Köln angetreten ist. Im Textzusammenhang erweist sich »Armut« insofern als die stimmigere

---

73 Ebd., S. 117.

74 Zum textkritischen Status des Titels vgl. S. 377–379.

75 Zum frömmigkeitsgeschichtlichen Hintergrund des Dialogs vgl. S. 415–421.

Lesart, als im weiteren Gesprächsverlauf die spirituellen Implikationen dieses Begriffs entfaltet werden, während das Almosen keine Rolle mehr spielt. Es ist gut vorstellbar, dass in der Mitte des 15. Jahrhunderts, in der Kn2 als ältester Textzeuge mit der Variante »Almosen« anzusiedeln ist, ein solcher Verständnishorizont nicht mehr ohne Weiteres gegeben war und man die Stelle dem Alltagsverständnis anpassen wollte.[76]

Ein ähnlicher Fall liegt in Nr. 29 in der Opposition von *deser geist komet van gemeynen menschen nyt* in Gruppe A und »der Geist kommt nicht aus Böhmen« in der gesamten weiteren Überlieferung vor. Mit Blick auf den Argumentationszusammenhang erscheint die letztere Lesart wieder als die plausiblere: In Nummer 29 spricht die *junckvrouwe* dem armen Menschen ihre Anerkennung für seine tiefe Spiritualität aus und grenzt ihn von den *gemeynen menschen* bzw. den Menschen aus Böhmen ab. Er reagiert darauf mit einem Vergleich der Städte Köln und Prag, der aber nur dann sinnvoll motiviert und verständlich ist, wenn vorher bereits von Böhmen die Rede war. Die A-Lesart erweist sich damit als sekundär und mag in der Absicht entstanden sein, die Aussage der *junckvrouwe* durch eine interpretierende Umschreibung dem Publikum verständlich zu machen (zu möglichen Implikationen der Anspielungen auf Böhmen und Prag vgl. S. 334).

Offen bleiben muss die Frage, welcher Status den Lesarten *almoesen* und *van gemeynen menschen* innerhalb der Gruppe A zukommt: St2, die mit Abstand älteste A-Handschrift, fällt aufgrund eines Blattverlusts für beide Fälle aus und so wäre es durchaus denkbar, dass sie erst in einem späteren Stadium der A-Überlieferung in den Text gelangten.

Zu zwei Vertretern der Gruppe A, KT und St2, sind noch gesonderte Bemerkungen anzufügen: Obgleich der Name ›Eckhart‹ im Titel aller Textzeugen überliefert ist, so identifizieren doch nur der Kölner Taulerdruck und in seinem Gefolge B22 und ST den sonst anonymen Meister mit diesem Namen. Dabei kommt es zu der eigenartigen Konstruktion, dass Eckhart in einer neu geschaffenen Einleitung als Erzählerfigur des Stückes eingeführt wird (vgl. Nr. 1) und dann von sich selbst als ›Meister Eckhart‹ in der dritten Person spricht (vgl. Nr. 33, 34, 58, 72). Man wird annehmen dürfen, dass es sich bei dieser Gleichsetzung des anonymen Meisters mit Eckhart um einen Eingriff der Redaktoren des Kölner Taulerdrucks handelt, die sie möglicherweise auf Basis der ebenfalls nach Köln zu lokalisierenden Handschrift Kn2 vorgenommen haben könnten. Die Identifikation des Meisters mit Eckhart innerhalb des Dialogs, wie sie auch Pfeiffer in seinem Text bietet und damit an die moderne

76 Allein mit einem gewandelten Verständnishorizont lässt sich auch die Ersetzung von »Armut« durch »Almosen« in der Handschrift B29 aus der Gruppe B3 erklären (vgl. Anhang 4: ›Meister Eckharts Wirtschaft‹ B), gibt es doch keinerlei Verbindung dieser Handschrift zur Gruppe A.

Rezeption weitergegeben hat, kann jedenfalls keine Ursprünglichkeit für sich beanspruchen.

St2 fällt durch verschiedene hier singulär überlieferte Lesarten auf, hinter denen ein Bemühen um mystische Terminologie stehen könnte: Zum einen liest die Handschrift in Nr. 44 statt *oefongen* das Wort *einunge,* eine Abweichung, die entweder als Verschreibung oder als sekundärer Eingriff zu deuten ist, da sie sich nicht sinnvoll in den Kontext – die Frage, woran man Gottes Gegenwart im Gebet oder eben der Übung erkennen kann – integrieren lässt. Zum anderen fährt St2 nach *ane underlais in yme gebere* (Nr. 54) mit *in deme ingusze* fort und erweitert damit die Aussage über die Gottesgeburt um einen Gedanken aus dem neuplatonischen Vorstellungsbereich des Fließens, der Emanation. Singulär ist schließlich auch die Lesart *mit wesene besessen habe* für *nyt me besessen enhave* (Z. 74), die mit dem Begriff ›Wesen‹ wieder theologisches Fachvokabular bringt, aber kaum zum nachfolgenden Vergleichspartikel *dan* passt.

Trotz solcher Unterschiede präsentiert sich die Gruppe A als relativ homogene Überlieferungseinheit, die, den Schreibsprachen der Handschriften nach zu urteilen, im Rheingebiet zwischen Elsass und Köln und später auch in den Niederlanden Verbreitung gefunden hat. Nachweisbar ist diese Texttradition über ihren ältesten Textzeugen St2 ab der zweiten Hälfte des 14. Jahrhunderts.

Gruppe B: Von A ist die umfangreiche Gruppe B abzugrenzen, die zwar den Text von ›Meister Eckharts Wirtschaft‹ in derselben Abfolge und mit demselben Inhalt überliefert, sich aber gleichzeitig durch charakteristische Formulierungen von ihr abhebt: Sie liest etwa *den sult ie bekennen* statt *dat lijt an* (Nr. 7)[77], *alle dem, daz creatur geheise mac* statt *alre creaturen* (Nr. 14) und *ußerwelten nachvolger* statt *frúnt* (Nr. 43), um nur einige der wichtigsten Unterschiede zu nennen. Zum Verbund der Gruppe B zählen diejenigen Textzeugen, die Lüders dem nicht ›extremen‹ α-Zweig zurechnete einschließlich einiger seither gemachter Neufunde: Br1a, Br1b, Br9, Le2, Ha6, Bre1, Fs, He3, Ko, N1, Gi1, Sto, N2, B27, N8, N12, M2, S6[78], B28, B29, Dau, B42 und Eb. Die Varianz innerhalb dieser Gruppe fällt zwar beachtlich aus, lässt sich aber durch die Abgrenzung weiterer Untergruppen systematisieren. Sie umfasst hauptsächlich Wortumstellungen, klar erkennbare Fehler und abweichende Formulierungen ohne größere inhaltliche Bedeutung. Die regionale Distribution der Untergruppen – B1 niederländisch, B2 unter anderem südrheinfränkisch, B3 ostmitteldeutsch

---

77 Identische Fälle liegen in den Nummern 13 und 21 vor. In den Nummern 39, 45, 51, 61 und 67 ersparen die Handschriften der A-Gruppe jeweils das Verb *lijt.*

78 Auf eine nähere Einordnung der Handschrift S6 wird im Folgenden verzichtet. Einige Varianten weisen auf eine Zugehörigkeit zu Gruppe B2, die bairische Schreibsprache weist eher auf die Gruppe B4. In jedem Fall ist das Material in dem stark paraphrasierten Text von S6 nicht ausreichend, um zu einem sicheren Urteil zu kommen.

mit Eb als niederdeutschem Ausläufer und B4 nürnbergisch-bairisch – macht diese Textform zu der am weitesten verbreiteten. Sie ist in allen genannten Sprachräumen mit Ausnahme des erst später hinzukommenden Ostmitteldeutschen ab der 2. Hälfte des 14. Jahrhunderts nachweisbar.

Gruppe B1 (falls nicht anders angegeben: zitiert nach Br1a): Zur Gruppe B1 sind die allesamt in mittelniederländischer Schreibsprache verfassten Handschriften Br9, Le2, Ha6 und Br1 zu rechnen, wobei letztere ›Meister Eckharts Wirtschaft‹ doppelt, nämlich in zwei ehemals selbstständigen Faszikeln – hier als Br1a und Br1b bezeichnet – (vgl. S. 341 f.), überliefert. Diese Gruppe konstituiert sich vor allem aufgrund einer charakteristischen Abweichung in der Textreihenfolge einer längeren Redesequenz: Die Nummern 32 bis 37 sind umgestellt zur Abfolge 35 – 36 – 37 – 32 – 33 – 34. Dass es sich dabei um einen Fehler handeln muss, ergibt sich aus dem gestörten Sinn des Abschnitts: Nachdem die Jungfrau versprochen hat, den Wein zu vergelten (Nr. 36 f.), stellt sie hier zuerst eine Frage (Nr. 32), anstatt wie im Rest der Überlieferung gleich ihren Beitrag zu leisten und die Fragen des armen Menschen zu beantworten. Eine weitere Bindevariante liegt in Nr. 57 vor, wo nur in den Handschriften der B1-Gruppe der Meister zum Vergelten des Weines aufgefordert wird – höchstwahrscheinlich ein Fehler, da der Wein in Nr. 36 ja bereits an die Jungfrau vergeben worden war. Die Liste der Gemeinsamkeiten ist schließlich noch um die Nummern 25 – hier zusätzlich *ende sine lere* – und 62 – hier zusätzlich die von Eckhart her bekannte Wendung *sonder alle waeromme* – zu erweitern, allerdings mit der Einschränkung, dass Ha6 keine der beiden Varianten teilt. In der vergleichsweise homogenen Überlieferungsgruppe B1 zeichnet sich damit eine Sonderstellung der Handschrift Ha6 ab, die noch dazu durch gelegentliche Übereinstimmungen mit der bairischen Gruppe B4 gegen die eigene Redaktion auffällt.

Hingewiesen sei noch auf eine Variante in den B1-Handschriften Br1a, Br1b und Br9, in der LÜDERS eine Spur der sog. Sekte des freien Geistes entdeckt haben wollte:[79] *dat hi aneneme naturlec lust ende naturleke lievede van dage te dage* (Nr. 40). Auf den ersten Blick könnte man annehmen, dass hier einer libertinistischen Lebenshaltung, wie sie den Freigeistern – in fast topischer Manier aber auch vielen anderen Ketzerbewegungen – unterstellt wurde,[80] das Wort geredet wird. Aus textkritischer Sicht ist aber vor einer Überbewertung dieser Stelle zu warnen: Schon die nahe verwandten Handschriften Le2 und Ha6 lesen wie die gesamte weitere Überlieferung ›abnehmen‹, was auch besser in den kontrastiven Zusammenhang zum nachfolgenden Satz passt: *dat hi toeneme van godliker genaden* (Nr. 41). Die Variante der drei mittelniederländischen Handschriften könnte schlicht durch Verlesung entstanden sein, denn im Mittelnie-

79 LÜDERS, Meister Eckehartes Wirtschaft, S. 119.
80 Vgl. dazu die Ausführungen zur angeblichen Häresie vom Freien Geist auf S. 126–129.

derländischen liegen die Wörter *annemen* und *avnemen* lautlich und graphisch nah beieinander – gerade in gotischen Buchschriften sind <u> bzw. <v> und <n> oft nicht klar unterscheidbar. Br1a, Br1b und Br9 zeigen also an dieser Stelle mit großer Wahrscheinlichkeit einen auf eine gemeinsame Vorlage zurückgehenden Bindefehler, hinter dem sich eine schlichte Unaufmerksamkeit eines Schreibers verbergen könnte.

Gruppe B2 (falls nicht anders angegeben: zitiert nach Bre1): Die Handschriften Fs, He3, Ko, N8 und Bre1 bilden die Überlieferungsgruppe B2, obwohl sie, was die jeweils vorliegenden Schreibsprachen betrifft, zunächst nicht den Anschein von Zusammengehörigkeit erwecken: Die Codices Fs und He3 gehören dem südrheinfränkischen Gebiet an, Bre1 dem ostmitteldeutschen, N8 dem nürnbergischen und mit Ko liegt eine Übersetzung ins Lateinische vor. Diese Unterschiede lassen sich zumindest zum Teil relativieren: Die Sprache von Bre1 zeigt, gerade auch innerhalb von ›Meister Eckharts Wirtschaft‹, deutlich den Einfluss des Westmitteldeutschen (vgl. S. 343 f.), vielleicht aufgrund einer entsprechenden Vorlage, und der erste Teil von Ko enthält neben lateinischen vor allem niederalemannische Texte (vgl. S. 344 f.), so dass man insgesamt eine mittelrheinische Herkunft für diese Gruppe ansetzen darf. N8 muss in diesem Verbund mit seiner Nürnberger Herkunft als Ausläufer hingenommen werden, da seine Textgestalt weit mehr der von B2 als der später vorzustellenden bairischen Überlieferungsgruppe B4 entspricht.

Als Bindevarianten fungieren Details wie *inbrunstikeit* statt der sowohl in Gruppe A als auch in B üblichen Wendung *inbrunstige ynnicheyt* (Nr. 16, hier nach Gruppe A) und *nicht inhabe da he sin hobit anegeneige* statt *sijn hovet op niemen enhebbe te neigene* (Nr. 64, hier nach Gruppe B1). Dazu kommt die Präposition *zuschen* statt ›in‹ in Nr. 22 (allerdings in Übereinstimmung mit der Untergruppe B4) und das Fehlen des wieder in A und den anderen B-Gruppen überlieferten *ane underlais* (Nr. 54, hier nach Gruppe A), wobei N8 diese beiden Varianten nicht teilt und jeweils mit der Mehrheit der Überlieferung geht.

Die Zugehörigkeit der Handschrift N8 zur Gruppe B2 gegen die von der Schreibsprache und der Provenienz her zu vermutende Option B4 sei noch einmal extra begründet: N8 überliefert mit B1, B2 und B3 *paideu in zeit und in ewigkait* in Nr. 22 sowie *gezeugnusse geben* in Nr. 73 und mit B2 und B3 das Objekt *worhait* in Nr. 74, jeweils gegen Lücken oder anderslautende Lesarten in B4. Man müsste von einer minutiösen Kontamination ausgehen, wollte man bei diesem Befund N8 noch der Gruppe B4 zuordnen.

Die Handschriften Fs und He3 sind innerhalb der Gruppe B2 durch weitere individuelle Lesarten verbunden, so dass hier eine gemeinsame Vorlage wahrscheinlich ist.[81]

---

81 Vgl. etwa die in der gesamten Überlieferung von ›Meister Eckharts Wirtschaft‹ nur in diesen beiden Handschriften verwendeten Wörter – alle Zitate nach He3 – *inwendig*

Gruppe B3 (falls nicht anders angegeben: zitiert nach B28): Der Gruppe B2 stehen vier Handschriften nahe,[82] die durch ihre Verbindung zur Erfurter Kartause, ihre ostmitteldeutsche Sprachform und den häufigen Überlieferungsverbund mit lateinischen Texten (vgl. dazu die entsprechenden Handschriftenbeschreibungen) schon äußerlich eine Einheit bilden: B28, B29, B42 und Dau. Diese Gruppe B3 bietet ein sehr homogenes Bild und lässt sich durch eine Reihe von Lesarten klar definieren: Mit Ausnahme von B29 führen die betreffenden Handschriften für ›Meister Eckharts Wirtschaft‹ den Titel *eyn colnysche gericht*[83] (Nr. 0 bzw. Nr. 76 im Falle von Dau) und stellen dem Text jeweils eine kurze Einleitung um das Schlagwort *volkomenheit* voran (vgl. Nr. 0). Gemeinsam ist ihnen auch die Verschiebung der Nummern 58 und 59 hinter Nummer 33, ein Eingriff, der möglicherweise die Autorität des Meisters stärken sollte: In der üblichen und durch die gesamte weitere Überlieferung gesicherten Form versucht an dieser Stelle der Meister unter Verweis auf sein Alter seiner Redepflicht zu entgehen, woraufhin ihn der arme Mensch ermutigt, sich ganz auf die Kraft der Minne zu verlassen. Die B3-Handschriften ziehen die beiden Nummern zu einer Aussage zusammen und setzen sie an die Stelle, an der der arme Mensch nicht weitersprechen möchte (Nr. 33) und nun in einer Umkehrung der Verhältnisse vom Meister ermahnt werden muss. Diese Umgestaltung mag daher rühren, dass die Handschriften der Gruppe B3 in gelehrten, wahrscheinlich monastischen Kreisen entstanden, in denen man den Repräsentanten des eigenen Standes in einer angemessenen Position sehen wollte.

Ein letztes Beispiel für die Zusammengehörigkeit der B3-Textzeugen ist die Auslassung der Nummern 62 bis 67 mit drei Antworten und einer Frage. Möglicherweise lässt sich dies schlicht als Homoioteleutonfehler erklären, möglicherweise ist aber auch von einem Eingriff auszugehen, durch den das Thema der Gotteskindschaft an den hervorgehobenen Platz am Ende des Dialogs gerückt werden sollte.

---

und *uzwendig* (Nr. 15, 34, 74), die ebenfalls singuläre Wendung *warn* (›wahren‹) *nachvolger* (Nr. 43) oder die Ersetzung von *meister* durch *lerer* (Nr. 25).

82 Die Nähe zwischen den Gruppen B2 – und dabei vor allem der Handschrift Bre1 – und B3 zeigt sich in einigen Formulierungsvarianten (alle nachfolgenden Zitate nach Bre1): Beide Gruppen verwenden das Adjektiv *gebrechelich* (Nr. 5) statt, wie nahezu alle anderen Textzeugen, das entsprechende Substantiv. Des Weiteren lesen beide *zuschen* statt *in* in Nr. 22, beide schließen an das Verb *gunnen* den Genitiv anstelle des sonst verwendeten Akkusativs an (vgl. Nr. 10) und beide verwenden als einzige Gruppen in Nr. 53 das Verb *scheiden*. Speziell Bre1 teilt mit B3 in Nr. 33 den irrtümlich gesetzten Plural *wa dy meister genwortic sin*.

83 Eben diese Überschrift wird auch im Bibliothekskatalog der Erfurter Kartause in der Beschreibung der heute verlorenen Handschrift D4 (alte Signatur, vgl. S. 359) erwähnt, ein Hinweis darauf, dass sie auch der Gruppe B3 angehörte.

Die Handschrift Eb teilt eben diese Auslassung und zeigt über weitere einzelne Übereinstimmungen in der Wortwahl hinaus[84] auch sonst Berührungspunkte mit der Gruppe der kartäusischen Textzeugen: So verrät ihre mittelniederdeutsche Schreibsprache ostmitteldeutschen Einfluss und ebenso wie die Handschrift B42 überliefert sie die Eckhartpredigt 52, die sog. ›Armutspredigt‹, als Texteinheit mit der Kurzversion des ›Armutsdialogs‹.[85] Andererseits stimmt Eb an mehreren Stellen auch mit den Gruppen B4 und B2 gegen die vier Handschriften kartäusischer Provenienz überein,[86] sodass man in ihrer Textform von ›Meister Eckharts Wirtschaft‹ eine frühe Version der Gruppe B3 sehen kann.

Gruppe B4 (falls nicht anders angegeben: zitiert nach N1): Neben der relativ homogenen Gruppe B3 zeigt B4 wieder ein uneinheitliches Bild: Für die bairischen Handschriften N1, Gi1, Sto, N2, B27, N12 und M2 gibt es nur wenige aussagekräftige Lesarten zu benennen, die von allen Textzeugen geteilt werden – es scheitert dies vor allem an den änderungsfreudigen Codices N12[87] und M2. Allein eine Variante vermag alle hier genannten Handschriften zusammenzufassen und sie vom Rest der Überlieferung abzugrenzen: Nur in der Gruppe B4 ist von einem reinen Gewissen *in im selber* (Nr. 52) die Rede,[88] während es sonst ›in der Seele‹ – wie in den Gruppen B2, B3 und C – oder ›an ihm‹ – wie in B1 – oder nicht näher lokalisiert ist wie in A. Des Weiteren lassen sich folgende Varianten anführen, von denen aber M2 jeweils aufgrund singulärer Formulierungen auszunehmen ist: In Nr. 48 bietet die Gruppe B4 die Wendung *neuen wech sunderlichen der worheit* und zeigt sich damit sowohl A – dort *nuwen wech der wairheit* – und der weiteren B-Überlieferung – dort *sunderlichen wec der warheit* – verbunden. Dass er mehr Wahrheit *enpfunden hab* (Nr. 74), ist eine zweite für B4 charakteristische Formulierung, die in Opposition steht zu *ontfaen* (›empfangen‹) *hebbe* in B1[89] sowie *verstanden habe* in B2 und B3. So gut wie nur in der Gruppe B4 ist die Interjektion *eia* überliefert, die besonders ge-

---

84 So lesen die Handschriften B28, B29, B42, Dau und Eb gegen alle anderen Textzeugen in Nr. 38 ›Gnade des Heiligen Geistes‹ statt ›Werke des Heiligen Geistes‹ und stimmen in Nr. 72 auch in der Sonderlesart *wandern* gegenüber *leben* oder *wandeln* überein.

85 Vgl. Hopf, Eckhartrezeption und Eckhartinszenierung, S. 85–93 mit einem Stemma auf S. 91.

86 So sind in Eb die Nummern 58 und 59 nicht hinter Nr. 33 verschoben und in Nr. 44 liest Eb wie die Gruppen A, B1, B2 und B4 ›Gebet und Übung‹ statt ›Übung‹ wie B28, B29, B42 und Dau.

87 N12 zeigt gelegentlich Übereinstimmungen mit Gruppe C, vgl. etwa S. 374, auf der die entsprechenden Lesarten in Nr. 22 und 23 diskutiert sind.

88 Dass diese Lesart in Sto aufgrund einer umfangreicheren Textlücke fehlt, ist für die Zuordnung dieser Handschrift unerheblich – die engen Übereinstimmungen mit Gi1 und N1 lassen an der Zugehörigkeit dieser Handschrift zur Gruppe B4 keinen Zweifel.

89 ›Empfangen‹ bietet auch Sto, was allerdings aus *enpfunden* gebessert worden sein könnte.

häuft in N1, Gi1, Sto und N2 begegnet (vgl. Nr. 12, 38, 50) und seltener auch in B27 und N12 (vgl. Nr. 66, 72).

Die Einbindung von M2 bedarf nach diesem ersten Überblick weiterer Begründung. Sie erfolgt zunächst über solche Lesarten, die zwar für sich genommen nicht spezifisch für die Gruppe B4 sind, allerdings nur dort in der fraglichen Kombination zusammenkommen: Das sind etwa *unser baider vater* (Nr. 25) statt dem häufig zu lesenden ›unser geistlicher Vater‹ oder die Formel *gelobt sey got* (Nr. 71), die an dieser Stelle nur in den Gruppen B1 und B4 anzutreffen ist. Zudem teilt M2 dasselbe Erweiterungsstück wie N2 und B27, das gleich im Anschluss vorzustellen sein wird. Häufig bietet M2 aber nur eine individuelle Paraphrase des Textes von ›Meister Eckharts Wirtschaft‹, so dass die Handschrift in B4 wie in der gesamten Überlieferung eine Sonderrolle behält.

Besonders enge Verwandtschaftsverhältnisse bestehen zwischen den Handschriften N1 und Gi1 einerseits sowie zwischen N2 und B27 andererseits. Die ersten beiden teilen verschiedene Bindefehler im klassischen Sinn und lesen etwa *armut des geistlichen* statt ›des Geistes‹ (Nr. 18), *sunder allen zwivel* statt *zuoval* (Nr. 59) oder brechen in Nr. 20 nach *dervarn* ab (Zitate nach N1).

Im Falle von N2 und B27 zeugt nicht nur eine Reihe vergleichbarer Bindevarianten von der Existenz einer gemeinsamen Vorlage, sondern auch ein charakteristisches Plusstück, das den durchweg anonymen Meister mit Eckhart identifiziert.[90] Ohne die anderen Bindevarianten zu teilen, überliefert auch M2, wie bereits angesprochen, diesen Zusatz, allerdings ist er dort in zwei unabhängige Stücke aufgespalten und in einen anderen Zusammenhang integriert (vgl. Nr. 70 und 72). Der Kontext nach N2 und B27 ist folgender: Als sich der Meister unter Verweis auf sein Alter der Redepflicht entziehen will, ermutigt ihn erst der arme Mensch (vgl. Nr. 58 f.) und dann – hier setzt die Erweiterung der Handschriften ein – auch die *junckvrouwe*. Sie ermahnt ihn bei seiner Ehre als dreimaligem Pariser Meister und der arme Mensch ergänzt fast schon topisch, dass wahre geistliche Größe sich im Leben zu bewähren habe und nicht auf dem Lehrkatheder. Nach N2 stellt sich das Stück folgendermaßen dar:

> *die junckfrau sprach ir seitt ein meister der* (*dez* B27) *kunst ze paryß dreystund ist bewert der arm mensch sprach mir wer lieber der einest in der warheit wer bewert den dreystund zu pariß auf dem stull meister eckhart sprach ist mir ze sagen mir ist geseit.*

M2 integriert dieses Stück in den letzten Fragekomplex von ›Meister Eckharts Wirtschaft‹, der sich mit der rechten Lebensweise des Lehrers auseinandersetzt. Der Textzusammenhang ist dort allerdings so verwirrt, dass es sich kaum um den ursprünglichen Ort der Ergänzung handeln kann.[91]

---

90 LÜDERS' These von der Mittelstellung von B27 (vgl. S. 362) ist also zu korrigieren: Die Handschrift ist ohne Einschränkung Teil der Überlieferungsgruppe B4.

91 In M2 richtet die *junckvrouwe* die Frage nach der rechten Lebensweise des Lehrers an den Meister – in der gesamten weiteren Überlieferung verhält es sich umgekehrt – und

Die unsichere Überlieferung des Textstücks in noch dazu verwandten Handschriften und eine nur oberflächliche Verknüpfung mit dem jeweiligen Dialogzusammenhang lassen keinen Zweifel daran, dass es sich um eine sekundäre Erweiterung handelt. Inhaltlich steht es bestimmten Albertus Magnus zugeschriebenen Dicta von der überlegenen Frömmigkeit der Laien nahe.[92] Meister Eckhart in der Volkssprache als ›Pariser Meister‹ zu betiteln ist bereits vom Melker Laienbruder Lienhart Peuger und der ostfränkischen Handschrift W2 (Wien, Österreichische Nationalbibliothek, Cod. 2728) her bekannt, die, wie Löser gezeigt hat, auf eine gemeinsame mitteldeutsche Vorlage zurückgehen.[93] Längst nicht erwiesen, aber immerhin vorstellbar wäre ein Zusammenhang insofern, als sowohl die fraglichen Handschriften von ›Meister Eckharts Wirtschaft‹ als auch die von Peuger redigierten Predigten dem bairischen Sprachraum angehören. Wenn W2, wie Fechter glaubt, aus Nürnberg stammen sollte,[94] ergäbe sich eine große sprachgeographische Nähe zur Handschrift N2.

In den Handschriften N2, B27 und M2 liegt damit eine der interessantesten Lesarten der Überlieferung von ›Meister Eckharts Wirtschaft‹ vor. Sie wirft verschiedene Fragen auf: Ist die Verbindung des anonymen Meisters mit dem Eckhart-Stück bloß zufällig oder wurde sie vom Text selbst, etwa dem auch in der Gruppe B4 nachweisbaren Titel angeregt (vgl. zum Titel S. 377–379)? Meinte gar ein Redaktor im namenlosen Gesprächspartner des armen Menschen und der *junckvrouwe* aufgrund bestimmter Merkmale Eckhart wieder-

---

spricht ihn dabei als dreimaligen Meister von Paris an. Die erste Antwort gibt dann aber der arme Mensch, indem er die bewährte Wahrheit über die gelehrte stellt (vgl. Nr. 70–72).

92 Vgl. etwa das Stück ›Sprüche der zwölf Meister zu Paris‹, in dem Albertus Magnus als zehnter Redner erklärt: *Will man fragen nach den wisosten pfafen, die vf ertrich sint, die vindet man ze Paris in der schůl. Will man aber fragen nach der heimlich gottes, so frage man nach dem ermsten menschen, der vf ertrich ist, der mit willen gern arm ist dur got: der weis gottes heimlich me denne der wisost pfaffe, der vf ertrich ist* (Stammler, Albert der Große, S. 308, nach der Handschrift Zürich, Zentralbibliothek, Ms. A 131 [Z1]; eigene Übersetzung: »Wenn man nach den gebildetsten Geistlichen sucht, die es auf Erden gibt, so findet man sie an der Universität in Paris. Wenn man aber nach denjenigen sucht, die Gott nahe sind, so muss man nach dem ärmsten Menschen suchen, der auf Erden lebt, der aus eigenem Willen gern für Gott arm ist: Der hat mehr von Gottes Wesen begriffen als der gebildetste Geistliche, den es auf Erden gibt.«).

93 Löser, Meister Eckhart in Melk, S. 270–273. Löser weist außerdem darauf hin, dass die in Melk bislang unikal überlieferten Texte den Pariser Lehrbetrieb selbst thematisieren (vgl. Pr. Pf. 107, S. 352,27 und S. 354, 17–19) und dass aus dem österreichischen Benediktinerstift Kremsmünster der einzig bekannte Textzeuge der Pariser Osterpredigt Eckharts aus dem Jahr 1294 stammt. Er wird dort angesprochen als *fr. Eckhardus lector sententiarum* (Sermo Paschalis, LW V, S. 136,1). Das Bild von Eckhart als Pariser Meister ist also im bairischen Sprachraum durchaus belegt, wenngleich offenbleiben muss, ob zwischen diesen Belegen ein Zusammenhang besteht.

94 Fechter, Paradisus animae, S. 76.

erkannt zu haben? Ist die Rede von der dreimal in Paris bewährten Wahrheit nur ein rhetorischer Gestus der Übertreibung oder schwingt hier die Erinnerung daran mit, dass Eckhart tatsächlich dreimal in Paris gewirkt hat – wenn auch nur zweimal als Magister? Im letzteren Fall läge in dieser Lesart eine biographische Notiz vor, die von einem doch nicht selbstverständlichen biographischen Wissen über Eckhart zeugte.

Überlieferungsgruppe C: Die Handschriften, die LÜDERS zu dem ihrer Einschätzung nach stark bearbeiteten Überlieferungszweig β rechnete, bilden hier die dritte und letzte Überlieferungsgruppe C. Es handelt sich um die Codices S1, M4, M20, Ei3, M24, St11, M21, M19, B26, St10 sowie Se und Mai5, die beide nur die Armutspassage des Dialogs tradieren. Dieser Verbund von Handschriften bietet eine in sich sehr inhomogene Texttradition, die rein zahlenmäßig vor allem im schwäbischen Sprachgebiet mit wenigen Ausläufern ins Bairische (Ei3, M24) verbreitet war. Ihren Ursprung dürfte sie aber im alemannischen, womöglich elsässischen Raum gehabt haben, denn von dort stammt die früheste Bezeugung: Der Franziskaner Marquard von Lindau, der vor allem in Straßburg und im Bodenseeraum wirkte und zu den produktivsten Autoren geistlicher Literatur in der 2. Hälfte des 14. Jahrhunderts zählt,[95] zitiert die Aussagen über die Armut aus ›Meister Eckharts Wirtschaft‹ sowohl in seiner ›Dekalogerklärung‹ im Rahmen des neunten Gebots als auch in lateinischer Übersetzung im Traktat ›De paupertate‹.[96] Die Zitate sind zwar inhaltlich weitgehend identisch, formal aber durchaus unterschiedlich dargeboten: Im deutschen Werk bildet Marquard einen Block aus den Nummern 8–10.14–16.22–24 und verwendet ihn als Antwort eines Meisters auf die Frage seines Jüngers nach innerer und geistiger Armut.[97] Im lateinischen Werk

---

95 Vgl. etwa PALMER, Marquard, Sp. 81–83.

96 Vgl. zum Folgenden die synoptische Darstellung der Armutsaussagen aus ›Meister Eckharts Wirtschaft‹, der Dekalogerklärung und dem Traktat ›De paupertate‹ sowie die entsprechenden Erläuterungen bei STEER, Der Armutsgedanke der deutschen Mystiker, S. 289–294, und die Edition des Traktates ›De paupertate‹ von JOSEF HARTINGER (DERS., De Paupertate, S. 31–35). Zuerst aufmerksam gemacht auf die Verwendung des Dialogs durch Marquard von Lindau hat VON DER LEYEN (vgl. DERS., Unbekannte lateinische Fassungen, S. 348–358). Wie ANTON MAYR festgestellt hat, ist die ›Dekalogerklärung‹ in drei Autorfassungen überliefert (vgl. DERS., Dekalogerklärung), wovon allerdings die Überlieferung der Armutsaussagen unberührt bleibt: Sie finden sich sowohl in Fassung A – STEER zitiert im oben angeführten Aufsatz die zu dieser Gruppe gehörende Handschrift Zürich, Zentralbibliothek, Ms. C 102c – als auch in Fassung C (vgl. etwa die Handschrift München, Bayerische Staatsbibliothek, Cgm 622, fol. $90^{r-v}$, oder den Straßburger Druck vom Jahr 1516, fol. $54^{vb}$–$55^{ra}$). Für Fassung B stand mir kein Textzeuge zur Verfügung.

97 Dieses Zitat aus ›Meister Eckharts Wirtschaft‹ in der ›Dekalogerklärung‹ Marquards liegt in der Handschrift St. Gallen, Stiftsbibliothek, Cod. 1014 aus dem 15. Jahrhundert auf S. 117–119 in einer Abschrift vor. Der Text dort gleicht im Wesentlichen dem Ab-

ist der Zusammenhang des Zitats weitgehend aufgelöst: Die Nummern 8, 15, 10, 16 und 14 stehen in dieser Reihenfolge im Abschnitt *quinta paupertas est interior ipsius anime* und die Nummern 22–24 im Abschnitt *sexta paupertas ipsius spiritus*. Von solchen Unterschieden unberührt bietet er damit den mit Abstand ältesten Beleg der Überlieferungsgruppe C. Die nächstältesten Handschriften, Se mit einer eigenständigen Exzerptüberlieferung der Armutsaussagen und S1 als ältester Volltext, stammen ebenfalls aus dem elsässischen Raum.

Generell bleibt für die Überlieferungssituation der Gruppe C festzuhalten: Durch das Zitat der Armutsaussagen in der ›Dekalogerklärung‹, die zu den »wirkungsmächtigsten dt. Prosatexten des SpätMAs«[98] zählt und in über 100 Handschriften und mehreren Drucken überliefert ist, erfährt eine einzelne Passage aus ›Meister Eckharts Wirtschaft‹ eine enorme Verbreitung und Wirkmacht weit über die Überlieferung des Volltextes hinaus.

Insgesamt konstituiert sich der Überlieferungszweig C vor allem aufgrund von Umformulierungen und Auslassungen, wobei in nahezu allen relevanten Fällen die Gruppen A und B gegen C übereinstimmen. Einige Beispiele mögen diesen Sachverhalt illustrieren. Sie treffen jeweils auch für die Zitate in den beiden Werken Marquards von Lindau zu, soweit sie dort überliefert sind.

Folgende Satzglieder und Teilsätze, die in den Gruppen A und B überliefert sind, hat Gruppe C nicht: *ind enschame dich nyt* (Nr. 4) (dieses und die folgenden Zitate nach der Handschrift Kn2 aus Gruppe A), *in zijt ind in ewicheit* (Nr. 14), *inbrunstige ynnicheyt* (Nr. 16), *ane underlais* (Nr. 16) sowie *dar nach die mynne tuschen eme ind gode grois is* (Nr. 47).

Im Bereich der Umformulierungen stechen folgende Fälle heraus (wo nötig, sind die relevanten Abweichungen gegenüber Abweichungen untergeordneter Bedeutung durch Fettdruck hervorgehoben):

Nr. 4: *da lůd die iungfrow ein lesmeister och das ir drú worent und da sú úber tisch gesassent* C] fehlt A, B

Dieses Stück wurde wohl nachträglich eingefügt, um den unvermittelten Auftritt des Meisters im bereits fortgeschrittenen Tischgespräch erzählerisch besser vorzubereiten. Die Überlieferung dieses Satzes ist sehr uneinheitlich: St11 und B26 bieten nur *da sú úber tisch gesassent*, M21 rückt den Satz an eine spätere Stelle und in M19 fehlt er. Ein vergleichbares Stück gibt es auch in Br1a (vgl. dort ebenfalls Nr. 4), das aber unabhängig davon entstanden sein dürfte.

---

druck Steers aus der ›Dekalogerklärung‹ (vgl. ders., Der Armutsgedanke der deutschen Mystiker, S. 293 f.) und zeigt auch die typische Kommunikationssituation der ›Dekalogerklärung‹: Ein Meister spricht zu einem Schüler.

98 Palmer, Marquard, Sp. 89.

Nr. 22: *nyt enwisse in zijt noch in ewicheyt dan got alleyn* A, B] *von nút wisse denn* ***von im selber und*** *von got* C

Nr. 23: *dat hey usz yme selver got nyet ensoeken (gesuchit wan in dem daz in gevordere mac zu ewiger selikeit* B) A, B] *daz der mensch got nyena sol sůchen uss im selber und allein* ***in im selber sol*** *er sůchen und* ***schöpffen*** *ewige selikeit* C
Die C-Lesarten in Nr. 22 und 23 teilt auch die B4-Handschrift N12.

Nr. 46: *dar myt got sine* ***usz erweilten*** *begavet* A, B] *da mit got* ***sine frúnde*** *begabet hat* ***die im aller liebst sint*** C
Die Mehrheit der C-Handschriften liest *allu liebsten fraind* (M4, M19, M21) oder nur *aller liebsten* (M20, St11, B26, St10) (beide Zitate nach der in Klammern erstgenannten Handschrift). Die Lesart *frúnde* könnte sowohl eine Anspielung auf einen Gottesfreundekreis als auch Bezugnahme auf ein spätmittelalterliches Frömmigkeitsideal sein.[99]

Nr. 63: *alle dinge* ***geliche*** *van got ontfenget* A, B] *alle ding von got enpfahet sur und sůss in einer* ***glichen danckbåre*** C

Nr. 66: *off die doegent in eme* ***wirckende*** *sij* A, B] *das die tugend in dem menschen* ***volbraht*** *sint* C

Nr. 72: *der die wairheit leirt* A, B] *des in die warheit bewiset* C

Nr. 74: *dat hey nyt me* ***besessen enhave*** A, *daz he von binnen me* ***warheit vorste*** B] *daz der mensch* ***me erlúhtet sye und entzúndet*** C

Neben den Varianten, die die Gruppen A und B gegen C verbinden, stehen solche, die B und C gegen A verbinden. Es handelt sich dabei oft um formelhafte Redeeinleitungen oder sonstige Wendungen, die ohne Pendant in A sind:

Nr. 6: *nu sage my gute von minnen* B, *gůter mensch sag uns durch got und von minnen* C] fehlt A

Nr. 10: *daz he* ***ermutes*** *und lidens und alliz, daz* ***smaheit*** *geheise mac* B, *ob er sins ellenden lebens und siner* ***armůt*** *und siner* ***versmeht*** *von der welte* C] *allit dat liden is off heischen mach* A
Statt *ellenden lebens* lesen die C-Handschriften St11 und B26 wie A und B ebenfalls *lyd* (zitiert nach St11).

---

99 Die Problematik des Gottesfreunde-Begriffs ist in der Untersuchung zu ›Meister Eckharts Tochter‹ auf S. 129–133 dargestellt. Zur Frage, ob ›Meister Eckharts Wirtschaft‹ in Gottesfreundekreisen verortet werden kann, vgl. S. 424 f.

Nr. 55: *gelobit sy got* B, C] fehlt A

Nr. 55 fehlt auch in B1 und in den C-Handschriften St11, M19, M21, B26 und St10.

Nr. 66: *sage my gute meister von minnen* B, *gůt meister sag uns durch got und von minnen* C] *vader sage mir* A

Nr. 72: *saget my guten von minnen* B, *gůte kinder sagent mir durch got und von minnen* C] *lieve kint* A

Nr. 73: *daz sal he da by bekenne daz ume alle sine werc ein* ***geczucnisse*** *geben alle der warheit dy he von buzen ie zu worte brathe* B, *das dem menschen alle sine werke ein* ***gezúgniss*** *sient eins warhafftigen lebens* C] *hey sal also leven wat hey leirt myt den worden dat hey dat volnbrenge mit den wercken* A

Welche Folgen sich aus solchen Verbindungen der Gruppen A und B einerseits und B und C andererseits für eine mögliche Stemmakonstellation ergeben, soll nach einem kurzen Blick auf die textgeschichtlichen Verhältnisse innerhalb der Gruppe C erwogen werden.

Eine besonders variantenreiche Textüberlieferung macht es schwer, innerhalb der C-Gruppe genaue Abhängigkeitsverhältnisse zu ermitteln. Es sei wenigstens auf einige näher miteinander verwandte Handschriften hingewiesen: Eine engere Zusammengehörigkeit zeigen S1, M4, M20, Ei3 und M24 durch Bindevarianten wie das Plusstück *gůt mensch du hest uns geseit von armůt des ussern menschen* in Nr. 12, durch die Dopplung *das er geheissen sy und genennet ein kind des himelschen vatters* in Nr. 60, die Attribuierung *die er hat zů got* zum Wort *minne* in Nr. 62 oder die Wendung *an disen vordern stúcken* in Nr. 73 (Zitate nach S1). Eine genauere Differenzierung ist noch für folgende Fälle möglich:

Ei3 könnte, wie LECHNER vermutet hat, direkt von M24 abgeschrieben worden sein oder doch zumindest auf dieselbe Vorlage zurückgehen (vgl. S. 355).[100]

S1, M4 und M20 sind enger verbunden durch Formulierungen wie *ob sin wille sy gerihtet in den willen gottes* in Nr. 53 – die Gruppen A und B sowie be-

100 Zahlreiche Bindefehler und -varianten, von denen hier nur einige wenige Beispiele herausgegriffen werden sollen, belegen dieses enge Textverhältnis: Die Nummern 29 bis 31 fehlen oder sind fragmentarisch an anderer Stelle integriert, die Nummern 44 bis 48 entfallen ganz. Nummer 23 ist erweitert um das Zitat *als do geschriben stett im ewangelio sucht zu dem ersten das reich gottes so werden euch alle ding zu geworffen* (zitiert nach Ei3; eigene Übersetzung: »So wie es im Evangelium nach Lukas geschrieben steht: Sucht zuerst das Reich Gottes, dann fällt euch alles andere zu.«) nach Lc 12,31. Hinzu kommen immer wieder individuelle Umformulierungen, die insgesamt den Eindruck eines sehr freien Umgangs mit der Texttradition machen.

stimmte C-Handschriften sprechen an dieser Stelle von der Vereinigung mit Gott – oder das Bibelzitat *sit got hett gesprochen in dem ewangelio selig sind die armen des geistes* nach Mt 5,3, ergänzt in Nr. 18. Auch das Zitat aus ›Meister Eckharts Wirtschaft‹ in der ›Dekalogerklärung‹ Marquards von Lindau scheint zu dieser Texttradition zu gehören, denn es teilt mit S1 eine markante Erweiterung am Ende der letzten Aussage zur geistigen Armut (Nr. 24): *noch kein creatúrlich bilde in creatúrlicher wise zů bette nider tragen und mit einem ledigen herczen sloffen gon* (zitiert nach S1, vgl. für die ›Dekalogerklärung‹ die Synopse bei Steer, Der Armutsgedanke der deutschen Mystiker, S. 294). Die entsprechende Stelle im lateinischen Traktat ›De paupertate‹ bietet diesen Zusatz allerdings nicht.

Die Exzerptüberlieferung in den Handschriften Se und Mai5 dürfte auf eine gemeinsame Vorlage zurückgehen, da beide Male derselbe Textausschnitt ausgewählt und in derselben Überarbeitung dargeboten ist: die drei Aussagen über Armut, innere Armut und geistige Armut (Nr. 7–10.13–16.21–24) in schlichter Aufzählung ohne Anklänge an die dialogische Struktur von ›Meister Eckharts Wirtschaft‹. Innerhalb der C-Gruppe stehen Se und Mai5 den zuerst vorgestellten fünf Handschriften am nächsten. Obwohl sich dieses Exzerpt inhaltlich mit dem Zitat der Armutspassage bei Marquard von Lindau deckt, besteht hier kein Abhängigkeitsverhältnis: Se und Mai5 bieten mit den anderen C-Handschriften die stereotype Formulierung »das soll man daran erkennen«, die bei Marquard bereits weggefallen ist und damit die Unabhängigkeit der Handschriften von der ›Dekalogerklärung‹ erweist. Umgekehrt lässt sich eine Abhängigkeit des Marquard-Textes von der Exzerptüberlieferung mithilfe des Lesartenmaterials zwar nicht widerlegen, aber die oben beschriebene gemeinsame Erweiterung mit S1 deutet doch auf eine Rezeption des Volltextes von ›Meister Eckharts Wirtschaft‹.

Die Handschriften St11 und B26 weichen zwar häufig voneinander ab und weisen an unterschiedlichen Stellen Lücken auf, teilen aber auch zwei nur hier überlieferte Lesarten, die auf eine nähere Verwandtschaft schließen lassen: *so tůn ich gebresten* statt des sonst üblichen ›wäre‹ oder ›ist‹ (Nr. 5) und die Verbindung der sonst nur getrennt überlieferten Begriffe *stat* und *velt* zu *úber veld trag von ainer stat zů der andren* (Nr. 24) (Zitate nach St11).

Die Überlieferung von ›Meister Eckharts Wirtschaft‹ stellt sich zusammenfassend als ein komplexes Gefüge von drei Hauptgruppen dar: Die kleine homogene Gruppe A, die in einem weiten geographischen Raum überlieferte Gruppe B mit ihren Untergruppen und die in sich sehr divergente Gruppe C. Die überwiegende Zahl der Übereinstimmungen verbindet A und B, aber auch zwischen B und C sind Bindevarianten zu verzeichnen. In welchem Verhältnis diese drei Texttraditionen zueinander stehen, kann nur mit Vorsicht beurteilt werden. Grundsätzlich sind drei Modelle vorstellbar:

Lüders fasst, wie anfangs kurz skizziert, die Handschriften der Gruppen A und B zu einem α-Zweig zusammen und stellt sie dem β-Zweig mit den

C-Handschriften gegenüber. Nach diesem Modell gingen die Übereinstimmungen zwischen B und C als den Hauptästen der Überlieferung auf eine gemeinsame Vorlage zurück und die ›extremen‹ A-Handschriften wären als Redaktion der B-Gruppe zu behandeln. Man müsste dem A-Redaktor dann aber eine Bearbeitungspraxis unterstellen, wie sie erfahrungsgemäß eher unüblich ist: Während Redaktoren üblicherweise zur Ausgestaltung und Erweiterung eines Textes neigen (vgl. etwa die Textgeschichte des ›Armen Menschen‹), so hätte der Verantwortliche für Gruppe A seine Vorlage systematisch entschlackt und den Ballast überflüssiger Formeln weggestrichen, ohne dabei die Struktur des Ganzen anzutasten. Die *lectio brevior* wäre hier nicht die *lectio potior*.

Denkbar wäre auch ein dreiästiges Überlieferungsbild, bei dem die Hauptgruppen unmittelbar auf denselben Ausgangspunkt zurückgingen. In diesem Fall würde man allerdings auch Übereinstimmungen zwischen den Gruppen A und C gegen B erwarten, für die es aber keine aussagekräftigen Beispiele gibt.

Nach den vorausgegangenen Analysen erscheint als wahrscheinlichste Option, dass die Gruppen A und B die beiden Hauptzweige der Überlieferung bilden und als solche noch eine relativ ähnliche Textform bieten. Die C-Gruppe entsteht in diesem Szenario als Bearbeitung der Gruppe B, was die Übereinstimmungen zwischen diesen beiden Redaktionen erklärt. Insgesamt läge damit ein Überlieferungsprozess vor, in dessen Verlauf der Text von ›Meister Eckharts Wirtschaft‹ durch Zusätze und Ergänzungen anschwillt und seine Struktur zunehmend verunklart wird. Im Sinne der klassischen Textkritik könnte man der Gruppe A bei dieser Konstellation eine besonders gute Textqualität bescheinigen, bietet sie doch stets die *lectio brevior* ohne aber je ein Strukturelement auszulassen.

Bei der komplexen Überlieferungslage scheint es sinnvoller, sich mit dieser Perspektive für eine Grobstrukturierung der Überlieferung zu begnügen, als ein auf Annahmen und Erfahrungswerten beruhendes ›exaktes‹ Stemma zu entwerfen. Für die abschließende Diskussion der vielleicht wichtigsten textkritischen Frage, der Frage nach dem Titel und damit nach dem namentlichen Bezug des Dialogs zu Meister Eckhart, mag diese Einteilung jedenfalls genügen.

Der Titel ›Meister Eckharts Wirtschaft‹ wird in dieser Form nur von den Handschriften der Gruppe A überliefert (vgl. S. 363) und so könnte man in ihm sowohl einen redaktionellen Zusatz als auch einen ursprünglichen Textbestandteil sehen. In diesem Zusammenhang sind alle Hinweise auf eine Überlieferung der Überschrift in anderen Textzeugen von besonderer Wichtigkeit und sie lassen sich auch finden.

Zunächst sind verschiedene Belege aus der bairischen Überlieferungsgruppe B4 anzuführen: In Gi1 ist der Dialog überschrieben mit *daz ist die wirtschaft maister eckhartz und seiner geistleichen chinder* (Nr. 0) und N12 setzt ganz ähnlich am Schluss hinzu *daz ist die wirtschaft maister echkart* (!) *und seiner geistleicher chint die sich daz ubent in gaisleichen* (!) *leben mit widersagen aller zerganchleichen dingen und die da habent ein suchen nach dem aller hohsten gut daz unser leben wird vollpracht zu ainem guten ende amen* (Nr. 76). Die Bemerkungen über Eckhart in den Handschriften N2, B27 und M2 (vgl. S. 370–372) stehen zwar in keiner unmittelbaren Verbindung zum Titel, doch ist ein Zusammenhang auch nicht auszuschließen – immerhin war der Titel offensichtlich in B4 verfügbar und könnte einem früheren Redaktor Anregung für eine Bemerkung über Eckhart gewesen sein.

Zum Zweiten überliefern die Handschriften P1, Mai10, St7 und He2 für den Dialog ›Meister Eckharts Tochter‹ die Überschrift *dis bispel ist meister eckarts wurtschaft genant* (›Meister Eckharts Tochter‹, Redaktion B, Z. 79). Dieser Fehler lässt sich am besten dadurch erklären, dass es ausgehend von einer Überlieferungssymbiose der beiden Texte zu einer falschen Zuordnung der Überschrift beim Abschreibevorgang gekommen sein muss.

Die Bezeichnung ›Wirtschaft‹ ohne namentliche Bezugnahme auf Eckhart findet sich schließlich noch in den beiden C-Handschriften St11 (vgl. Nr. 0) und M21 (vgl. Nr. 74), sowie im Bibliothekskatalog des Nürnberger Katharinenklosters als Inhaltsvermerk für die heute verlorene Handschrift E XI (vgl. S. 358 f.).

Diese Indizien weisen darauf hin, dass die Überschrift ›Meister Eckharts Wirtschaft‹ mehr ist als eine individuelle Zutat der Gruppe A: Durch die Bezeugung in Gi1 und N12 ist sie in einer sprachgeographisch wie textgeschichtlich klar getrennten Überlieferungsgruppe und darin wiederum in nicht unmittelbar verwandten Handschriften bezeugt. Die ›Meister Eckharts Tochter‹-Textzeugen berühren sich dagegen enger mit dem Überlieferungsgebiet der A-Gruppe – sowohl St2 als auch P1 (vgl. S. 64) stammen aus dem elsässischen Raum – so dass diese Bezeugung unter Umständen von der A-Gruppe selbst herrühren könnte. Umso interessanter aber, dass in den deutlich abweichenden C-Handschriften St11 und M21 immerhin das Titelelement ›Wirtschaft‹ vorkommt, schließlich ist dieser Terminus durch den Text selbst an keiner Stelle vorgegeben und wie der Vergleich mit anderen Titelgebungen zeigt, auch nicht selbstverständlich.[101] Mit gutem Recht kann also ›Meister Eckharts Wirtschaft‹ als die ursprüngliche Bezeichnung des Dialogs angesehen werden, die später dem Desinteresse, der Unaufmerksamkeit oder auch der bewussten Unterdrückung durch die Schreiber zum Opfer gefallen ist. Aus philologischer Perspektive ist es dann auch legitim zu behaupten, dass der Dialog von Anfang

---

101 Le2 aus Gruppe B1 bietet als Überschrift *een exempel der armoeden*, Ko aus Gruppe B2 *quidam in pauperi et humili habitu*, M21 aus Gruppe C *von ainem armen menschen* (das Wort *wirtschafft* findet sich in M21 im Schlusssatz, vgl. Nr. 74), St10 aus Gruppe C *diß ist der arm mensch von köln* und B28 sowie B42 aus Gruppe B4 *eyn colnysche gericht* (vgl. in den genannten Redaktionen Nr. 0). Offensichtlich wurde das Armutsthema als hervorstechend empfunden.

an mit Meister Eckhart in Verbindung stand und unter Bezugnahme auf den Dominikaner geschaffen wurde.

## Edition: ›Meister Eckharts Wirtschaft‹

Zur Einrichtung der Edition: Aus der Untersuchung der Handschriftenrelation folgt, dass der originale Wortlaut von ›Meister Eckharts Wirtschaft‹ von wenigen Einzelstellen abgesehen nicht mehr erschließbar ist. Der Diversität der Überlieferung wird am besten eine synoptische Edition gerecht, die die Hauptgruppen als eigenständige und historisch verbürgte Rezeptionsformen des Textes gelten lässt und sie durch Gegenüberstellung vergleichbar macht. Der Nutzer kann in dieser Darbietungsform die oft feinen, aber durchaus aufschlussreichen Unterschiede der Redaktionen nachvollziehen, die sonst ohne Kontext in einen unübersichtlichen und überladenen Variantenapparat verbannt werden müssten. Ferner kann er sich ein Urteil darüber bilden, ob eine bestimmte Aussage Gültigkeit für den Text als Ganzes beanspruchen kann oder ob sie ›nur‹ für einen bestimmten Traditionsstrang repräsentativ ist. Nicht zuletzt ist die Diversität der Textüberlieferung, wie sie die Synopse sichtbar macht, ein zentrales Charakteristikum von ›Meister Eckharts Wirtschaft‹, das zu leugnen an einem historischen Verständnis des Dialogs vorbeiführen würde. Welche Erkenntnismöglichkeiten eine solche Zugriffsweise auf ›Meister Eckharts Wirtschaft‹ darüber hinaus noch bietet, soll aus der Beschreibung der Synopse ersichtlich werden:

Die Synopse ist als Gegenüberstellung der Überlieferungsgruppen A, B und C angelegt und gibt damit Zugriff auf wesentliche Ausformungen des Textes, die ab der 2. Hälfte des 14. Jahrhunderts in bestimmten sprachgeographischen Räumen bezeugt sind. Jede Überlieferungsgruppe ist über eine Leithandschrift vertreten:

Für die rheinfränkische Gruppe A empfiehlt sich Kn2. Die Handschrift stammt zwar erst aus der Mitte des 15. Jahrhunderts, doch stimmt sie von wenigen Ausnahmen abgesehen mit der wesentlich älteren, aber unvollständigen Handschrift St2 überein. Die oben besprochenen Fehler werden nicht gebessert, weil sie das historische Verständnis des Textes bzw. Verständnisprobleme dokumentieren und als solche von Interesse sind.

Innerhalb der Gruppe B legt sich eine Trennung der mittelniederländischen (B1) und der mittelhochdeutschen (B2, B3, B4) Tradition nahe. Es ließe sich zwar argumentieren, dass die mittelniederländische Redaktion hauptsächlich durch eine größere Satzvertauschung auffällt und deshalb auch subsumiert werden könnte, doch dominiert sie andererseits einen Raum mit durchaus eigenständiger frömmigkeitsgeschichtlicher Prägung und gewinnt damit ihre Bedeutung unter dem Aspekt der Regionalität. Sie wird nach dem besten Textzeugen Br1a dargeboten.

Die hochdeutsche Überlieferung repräsentiert am besten Bre1 aus der Gruppe B2, da diese Handschrift kaum Sonderlesarten und einen von offensichtlichen Fehlern weitgehend freien Text bietet. Dabei muss aus pragmatischen Gründen in Kauf genommen werden, dass die ostmitteldeutsche (B3) und die bairische (B4) Gruppe nur über den Apparat der Einzeledition zugänglich sind.

Die Gruppe C und damit die elsässisch-schwäbische Textform ist in sich so inhomogen, dass die Wahl einer Leithandschrift schwer fällt. Für die Handschrift S1 spricht zum einen, dass sie trotz einiger Sonderlesarten ›Meister Eckharts Wirtschaft‹ weitgehend vollständig und in der richtigen Abfolge bietet. Zum anderen ist, wie bereits dargelegt wurde, genau diese Textform durch die Werke Marquards von Lindau aus der zweiten Hälfte des 14. Jahrhunderts bezeugt und ragt damit auch aus rezeptionsgeschichtlicher Sicht heraus.

Diese vier Handschriften sind als Repräsentanten ihrer jeweiligen Überlieferungsgruppe also synoptisch angeordnet: Kn2 für Gruppe A links oben, S1 für C links unten, Br1a für B1 rechts oben und Bre1 für die weiteren B-Gruppen rechts unten. Zudem finden sich im Anhang diese vier Gruppen in Einzeledition beigegeben, nach denselben Leithandschriften und mit der gesamten semantischen Varianz und allen Wortumstellungen ihrer jeweiligen Gruppe im Apparat: Anhang 2 bietet die Überlieferung der Gruppe A, Anhang 3 die Überlieferung der Gruppe B1, Anhang 4 die Überlieferung der Gruppen B2, B3 – diese aufgrund ihrer meist wortgetreuen Übereinstimmung mit der Sigle ›z‹ abgekürzt – und B4 und Anhang 5 die Überlieferung der Gruppe C. Damit ist sowohl die Grundlage für eine Makrountersuchung der wesentlichen Traditionsstränge als auch für eine Mikrountersuchung individueller Textzeugen und Lesarten gegeben.

Zur Benutzung der Edition: Um die Arbeit mit der Synopse möglichst effizient zu gestalten, wurden gewisse Kennzeichnungen eingeführt, die die Lektüre strukturieren und die Leittexte für die weitere Überlieferung transparent machen sollen. Die ›Verlinkung‹ von Synopse und Einzeledition soll vor allem der schnellen Bewertung von Varianten dienen und – gemäß der Untersuchung der Handschriftenrelation – zeigen, wo gruppenspezifische, wo individuelle Lesarten und wo Auslassungen vorliegen. Auf diese Art entsteht eine ›transparente‹ Synopse, die einerseits die Varianz systematisiert und gruppiert, andererseits aber immer auf die einzelnen Textzeugen hin durchsichtig bleibt, wo dies zur Beurteilung der Qualität einer Textstelle nötig ist. Im Einzelnen dienen dazu folgende Markierungen:

Die in der Synopse verwendete Nummerierung findet sich in identischer Weise in den Einzeleditionen wieder und macht so die einzelnen Sätze leicht zuordenbar. Besondere Bedeutung haben dabei Nummer 0 – hier ist jede Art von Titelgebung verbucht – Nummer 75 – jede Art von intradiegetischem Schlusssatz – und Nummer 76 – jede Art von extradiegetischem Schlusssatz.

Zur besseren Orientierung im Text ist zudem eine Spalte mit inhaltlichen Schlagwörtern zum jeweiligen Abschnitt eingeführt.

Wenn ein Satz in einer bestimmten Gruppe nicht vorhanden ist, so ist die Nummer in der synoptischen Edition zwar aufgeführt, bleibt an der betreffenden Stelle aber leer. In den Einzeleditionen sind diese nicht besetzten Nummern ausgelassen, so dass die Zählung stets deckungsleich ist (vgl. bspw. Gruppe A, Nummer 11).

Wo eine grammatikalisch falsche Stelle in einer Leithandschrift gebessert wurde, ist dies durch Kursivierung in der Synopse kenntlich gemacht. Die Lesart der Leithandschrift und die handschriftliche Grundlage für den Eingriff sind in der zugehörigen Einzeledition dokumentiert.

Nur auf die Synopse beziehen sich folgende Kennzeichnungen:

Bei nicht besetzten Nummern sind dann Handschriftensiglen in eckigen Klammern und kursiv angegeben (vgl. Gruppe C, Nr. 43: *[vgl. St11, B26, M19, M20]*), wenn diese Textzeugen das ›fehlende‹ Stück bieten.

**Fettdruck** macht auf die Varianten aufmerksam, die für eine Überlieferungsgruppe insgesamt oder zumindest für die überwiegende Zahl ihrer Handschriften konstitutiv sind. Da die B-Gruppe in der Synopse doppelt vertreten ist, sind ihre konstitutiven Varianten in beiden Spalten fett gesetzt.

Unterringelte Wörter sind als Sonderlesarten der Leithandschrift zu verstehen oder sind innerhalb der jeweiligen Gruppen unsicher bezeugt.

Fehlt eine bestimmte Aussage in einer Spalte und ist dieses Fehlen als Bindevariante dieser Gruppe interpretierbar, so ist diese Aussage in den drei anderen Gruppen mit durchgezogener Linie unterstrichen. Kommt das fehlende Stück aber in einer Untergruppe dieser Gruppe vor, so sind die entsprechenden Handschriften in Klammern angegeben und unterstrichen.

Dass mit dieser Methode zwar die wichtigsten, längst aber nicht alle textkritisch auffälligen Stellen hervorgehoben werden können, ist der Komplexität der Überlieferung und der Lesbarkeit der Synopse geschuldet. Dennoch dürfte der Leser sich mit ihrer Hilfe schnell ein Urteil darüber bilden können, welche Textpassagen für die inhaltliche Auseinandersetzung mit dem Dialog belastbar und welche mit Vorsicht zu behandeln sind.

Dem Benutzer, der nach einem Lesetext mit möglichst wenigen Eigenheiten sucht und dazu nicht die Überlieferung als Ganze in den Blick nehmen möchte, sei der Leittext der Gruppe A empfohlen (vgl. dazu die Zusammenfassung der Handschriftenrelation auf S. 377). Er dient auch im nachfolgenden Untersuchungsteil als Textgrundlage.

## Gruppe A nach Kn2

Einleitung

0 **Meyster Eckhartz wirtschaff**
1 Eyns quaem eyn arme mensche zo Coellen up den Ryn, dat **almoesen** zo soichen, der wairheyt zo leven.
2 Do quame eyn jongfrouwe ind sprach: »Lieve kint, wiltu van lieve wegen myt mir essen?«
3 Hey sprach: »Gerne.«
4 Sye sprach:
»Esse vaste ind enschame dich nyt.«
5 Hey sprach: »Essen ich zo vil, dat is eyn gebreche. Essen ich zo wenich, dat is ouch eyn gebreche. Ich sal essen als eyn arme mensche.«

Armer Mensch

6 Sy sprach: »Wat is eyn arme mynsche?«
7 Hey sprach: »Dat **lijt** an dryen dingen.
8 Dat eyn is, dat **hey doit sij** alre naturlicheit.
9 Dat ander, dat hey nyt zo vil begern enmach.
10 Dat iij, allit, dat liden is off heischen mach, dit hey dat nyeman engan also wail als eme selver.«
11

## Gruppe C nach S1

Einleitung

0 *[vgl. St11, M21]*
1 Es kam ein armer mensch gon Kŏln, armůt zu leren und der worheit ze leben.
2 Da bekam im ein iungfrow und bat in und sprach: »Gůt mensch, du solt durch got und von minnen mit mir essen.«
3 Der arme mensche sprach: »Das tůn ich gerne.«
4 **Da lůd die iungfrow ein lesmeister och, das ir drú worent, und da sú über tisch gesassent,**
da sprach die iungfrow: »Gůt mensch, iss vast.«
5 Der arm mensch sprach: »Ich sol einem armen menschen gelich essen. Esse ich ze vast, das wer gebreste. Und esse ich ze lüczel, daz wer och gebreste.«

Armer Mensch

6 Die iungfrow sprach: »Gůter mensch, sag uns durch got und von minnen, woby sol man erkennen einen armen menschen?«
7 Der arm mensch sprach: »Daz sol man tůn an dryn dingen.
8 Daz erste, das alles das an im erstorben sye, das im natúrlich ist.
9 Daz ander, daz er gottes niemer ze vil begeren mag.
10 Daz dritte, ob er sins **ellenden** lebens und siner armůt und siner versmeht von der welte niemant bas gunnet denn im selber.«
11 *[vgl. M19]*

## Gruppe B1 nach Br1a

⁰ *[vgl. Le2]*
¹ *H*et quam een aerm mensche te Coelne, armoede te soekene ende der wareit te levene.

² Doe quam ene ioffrouwe te hem **daer hi op der straten ginc** ende sprac te hem: »Goede kint, du salt noch heden mijn gast sijn.«
³ Hi sprac: »Gerne.«
⁴ Ende die ioffrouwe hadde genoet enen meester vander diviniteit ende si sprac toten armen mensche: »Et ende enscame di niet.«
⁵ Hi sprac: »Etic te vele, dats gebreke. Etic te lettel, dats aver gebreke. Ic sal eten enen armen mensche gelijc.«
⁶ Si sprac: »Goede, sech mi van minnen, wats dat, een arm mensce?«
⁷ Hi sprac: »Dat saltu bekinnen an iij stucken.
⁸ Dat eerste es, dat alle, **dat naturlecheit geheten es**, in hem gestorven si.
⁹ Dat ander es, dat hi gode nemmer meer te vele begeren enmach.
¹⁰ Dat derde es, dat hi armoede ende liden ende al, dat versmaetheit geheten es, niemene also wel eng*ae*n alse hem selven.«
¹¹ **Si sprac: »Vorwaer, dats mi wel becant.«**

## Gruppen B2/B3/B4 nach Bre1

⁰ *[vgl. Gi1, Nr. 74 in N12 sowie B28, B29, B42, Dau, Ko]*
¹ Es quam ein arm mensche zu Kolen an den Rin, daz ermute zu suchen, der warheit zu lebene.
² Do quam ein juncfrowe und sprach: »Gut kint, von minnen, ich bite dich, daz du hute min gast sis.«
³ He sprach: »Gerne.«
⁴ Su sprach: »Nu iz vil vaste und inscheme dich nicht.«

⁵ He sprach: »Eße ich zu vile, daz ist gebrechelich. Eße ich zu wenic, daz were aber gebrechelich. Und ich eße *als ein arm mensche*.«

⁶ Su sprach: »Nu sage my, gute, von minnen, waz ist ein arm mensche?«

⁷ He sprach: »Den sult ie bekennen an drin stuken.
⁸ Daz erste ist, **daz an ume istorben sy alliz**, daz naturliche geheisen mac.
⁹ Daz andere, daz he von gote numer zu vile begere inmac.
¹⁰ Daz dritte, daz *he* ermutes und lidens und alliz, daz smaheit geheise mac, nimande also wole gunne alse ume selber.«
¹¹ **Su sprach: »Vor war, iz ist my harte wol bekannt.«**

| Gruppe A nach Kn2 | |
|---|---|
| Armut des inneren Menschen | [12] Sy sprach: »Eya, lieve kint, sage mir, lief kint, wat is armoit des ynren menschen?« |
| | [13] Hey sprach: »It **lijt** an dryen dingen. |
| | [14] Dat eyn is eyn volnkomen affgescheydenheyt alre creaturen in zijt ind in ewicheit. |
| | [15] Dat ander is eyne ernsthafftige demoedicheit des inren ind usseren **menschen.** |
| | [16] Dat iij is eyn inbrunstige ynnicheyt myt eyme erhaven gemoede van zijt in ewicheit ane underlais.« |
| | [17] Sy sprach: »Vur wair, dat hoeren ich gerne. |
| Armut des Geistes | [18] Eya, lieve kint, nu sage mir doch, wat is armoit des geystes?« |
| | [19] Hey sprach: »Ir vragent zo vil.« |
| | [20] Sy sprach: »Des enkonde ich nye erfaren, wat gehoiret zo godes ere ind zo des menschen selicheyt, dat des zo vil moichte gesin.« |
| | [21] Der arme mensche sprach: »***Ir* saget wair.** It **lijt** an dryn dingen. |
| | [22] Dat yrste is, dat der mensche nyt enwisse in zijt noch in ewicheyt dan got alleyn. |
| | [23] Dat ander is, dat hey usz yme selver got nyet ensoeken. |

| Gruppe C nach S1 | |
|---|---|
| Armut des inneren Menschen | [12] Die iungfrow sprach: »Gůt mensch, du hest uns geseit von armůt des ussern menschen. Sag uns durch got und von minnen, wie sullent wir verston die armůt des innern menschen?« |
| | [13] Der arm mensch sprach: »Daz sol man tůn an dryn dingen. |
| | [14] Zum ersten an einer volkomner abgescheidenheit von allen creaturen. |
| | [15] Zum andern mal an einer ernsthaffter demůt von innen und von ussen. |
| | [16] Zum dritten mal an einem ufferhaben gemůte in ewikeit. |
| | [17] Die iungfröw (!) sprach: »Gůt mensch, ich hőr die rede vast gerne. |
| Armut des Geistes | [18] Sag uns durch got und von minnen, woby sol man verston und erkennen armůt des geistes, sit got hett gesprochen in dem ewangelio: ›Selig sind die armen des geistes.‹« |
| | [19] Der arme mensch sprach: »Du fragest zů vil.« |
| | [20] Die iungfrow sprach: »Das kunde ich nie verston, das des ze vil mohte gesin, daz gottes lobe angehort und des menschen ewige selikeit.« |
| | [21] Der arm mensch liess sich und beriht die frage und sprach: »Man sol an dryn dingen bekennen armůt des geistes. |
| | [22] Zum ersten, daz der mensch von nút wisse denn **von im selber und** von got. *[vgl. Se, M19, M21, B26]* |
| | [23] Daz ander, daz der mensch got nyena sol sůchen uss im selber und allein **in im selber sol er sůchen und schöpffen** ewige selikeit. |

### Gruppe B1 nach Br1a

[12] Si vragede vort: »Sech mi, gode, van minnen, wat es armoede des inres menschen?«

[13] Hi sprac: »Dat saltu bekinnen an iij stucken.
[14] Dat eerste es ene volcomene afgescedenheit van al, **dat creature geheten mach** in tijt ende in ewecheit.
[15] Dat ander es ene erenstachtege oetmoedicheit van buten ende van binnen.

[16] Dat derde es ene inbrusende innecheit ende een verhaven gemuede boven tijt in ewecheit an onderlaet.«
[17] Si sprac: »Vorwaer, dit horic gerne.«
[18] Si vragede vort: »Goede, sech mi, wat es armoede des geests?«
[19] Hi sprac: »Du vrages oec alte vele.«
[20] Si sprac: »Des enconstic noyt geweten, dat des te vele mochte sijn, daer gods ere an gelage ende des menschen salicheit.«
[21] Hi sprac: »Dat saltu bekinnen an iij stucken.
[22] Dat eerste es, dat hi in tijt ende in ewecheit niet enwarde dan god.

[23] Dat ander es, dat hi buten hem niet ensoeke el dan **dat hem gevorderen mach** te sijnre ewegen salicheit.

### Gruppen B2/B3/B4 nach Bre1

[12] Su sprach: »Nu sage my, gute, von minnen, waz ist daz, ermute eins inneren menschen?«

[13] He sprach: »Den sult ie bekennen an drin stuken.
[14] Daz erste ist ein vollenkomene abegescheidenheit von alle dem, **daz creatur geheise mac** *in zit* und in ewikeit.
[15] Daz andere ist ernsthaft demutikeit von binnen und von buszen.
[16] Daz dritte ist ein inbrunstikeit in eime uf erhabin gemute boben zit in ewikeit an underlaiz.«
[17] Su sprach: »Vur war, daz hore ich gerne.«
[18] Su sprach: »Nu sage my von minnen, waz ist daz, ermote *des* geistes?«

[19] He sprach: »Eia gute, du vreges ouch alzu vil.«
[20] Su sprach: »Zwar, daz inkonde ich ouch nie eruar, *daz* des zu vile meche gesy, da gotis lob anelege und des menschen selikeit.«
[21] He sprach: »*Daz* sult ie bekennen an drin stuken.

[22] Daz erste, daz der mensche zuschen zit und ewikeit nicht inwiße wan got.

[23] Daz andere, daz der mensche ußer ume selber nummer gesuchit wan in dem, **daz in gevordere mac** zu ewiger selikeit.

Gruppe A nach Kn2

[24] Dat iij is, dat hey *en*geyn geistlich goit mit eygenschaff endragen van eyner stat in die ander.«

Diskussion

[25] Sy sprach: »Sal dann der meyster, unser beyder vader, syne preitge nyt dragen van der cellen up den stoil?«
[26] Hey sprach: »Neyn.«
[27] Sy sprach: »Warumb?«
[28] Hey sprach: **»Ye tzijtlicher, ye lijfflicher.«**
[29] Sy sprach: »Vur war, deser geist komet van **gemeynen menschen** nyt.«
[30] Hey sprach: »Die selve sonne, die zo Coellen schynet, dye schynet ouch zo Praege in der stat.«
[31]
[32] Sye sprach: »**Berichte mich basz.**«
[33] Hey sprach: »Dat hoirt mir nyt zo, die wile der meyster gegenwoirdich is.«
[34] *Der meister sprach*: »Der die wairheit nyt enhait van **en bynnen**, der leve yr **van buissen**, so vint hey sy **van bynnen.**«
[35] Sy sprach: »Dese kost is wal vergolden.«

[36] Hey sprach: »Iongfer, so gelt yr den win.«
[37] Sy sprach: »Gerne. **Vrage vurbas.**«

Gruppe C nach S1

[24] Das dritte, das er kein geistliche eigenschafft **über veld** nit tragen sol noch kein creatúrlich bilde in creatúrlicher wise zů bette nider tragen und mit einem ledigen herczen sloffen gon.« *[vgl. M20, St11, M21, B26, St10]*

Diskussion

[25] Die iungfrow sprach: »Sag uns durch got von minnen, sol unser geistlicher vatter sine bredige nit tragen von der zelle uncz uff den bredigestůl?«
[26] Der arm mensch sprach: »Neyn.«
[27] Die iungfrow sprach: »Warumb?«
[28] Der arm mensch sprach: »So ye zitlicher, so ye liplicher und so ye liplicher, so ye zitlicher.«
[29] Die iungfrow sprach: »Der geist ist nit von Behem.«
[30] Der arm mensch sprach: »Gůt iungfrow, die sunn, die zů Köln an die muren schinet, die schinet och zů Prag an die muren.«
[31]
[32] Die iungfrow sprach: »Gůt mensch, wie súllent wir dise sunn verston?«
[33] Der arm mensch: »*Der sin behőrt mir* nit ze berihten, so der meister zegegen ist.«
[34] Da sprach der meister: »Gůte kinde, dem der warheit gebreste von ussen, der sůche sú von ynnan **mit ůbung**, so **wúrt** sú im von ussen.«
[35] Die iungfrow sprach: »Die kost ist wol vergolten.«
[36] Der arm mensch sprach: »So gelten öch den tranke.«
[37] Die iungfrow sprach: »Gerne.«

Gruppe B1 nach Br1a

[24] D*at* derde es, dat *hi* geen geestelec goed van dier eer stat op di andre niet dragen ensal.«

[25] Si sprac: »Ensal dan die meester, onse geestelec vader, sine predecacie **ende sine lere** op den stoel niet dragen?«
[26] Hij sprac: »Neni.«
[27] Si sprac: »Waeromme?«
[28] Hi sprac: »*Ia titerliker, ia liefliker ende ia liefliker, ia titeliker*.«
[29] Si sprac: »Vorwaer, die geest enquam van B*ijhem* niet.«
[30] Hi sprac: »Di selve sonne, die te Colne scijnt, die scijnt oec op de Brake.«

[31] ***Si*** **sprac: »Dats waer.**
[35] **Dese cost es wel vergouden.«**
[36] **Der meester sprac: »Ioffrouwe, soe gelt ghi den wijn.«**
[37] **Si sprac: »Gerne.«**

[32] **Doe vragede si vort ende sprac: »Goede, sech mi van minnen, hoe salic dese redene verstaen?«**
[33] **Die arme mensce sprac: »Des enbehort mi niet toe, want die meester hier es.«**
[34] **Die meester sprac: »Die der waerheit gebrect van buten, hi leerse van binnen, soe vint hise van buten.«**

Gruppen B2/B3/B4 nach Bre1

[24] Daz dritte, daz der mensche geistlich gut nicht sal trage mit eigenschaft *von einer stat zu der andern*.«

[25] Su sprach: »Gute, sal danne der meister, unser beider geistlicher vater, nicht trage sine sermonen us der celle uf den predestul?«
[26] He sprach: »Nein.«
[27] »Und warume?«
[28] »Ie liplicher, ie zitlicher und ie zitlicher, ie liplicher.«

[29] Su sprach: »Vor war, der geist inkumt von Behem nicht.«
[30] He sprach: »Dy selbe sunne, dy zu Kolne schinet, dy schinet ouch zu Prage in dy stat.«

[31] **Su sprach: »Du hast alwar.«**
[32] Su sprach: »Nu sage my, gute, von minnen, wie sal ich dise rede vorstan?«
[33] He sprach: »Iz ingehoret my nicht zu, daz ich daz berich*te*, wa dy meister genwortic sin.«
[34] Der meister sprach: »Sweme der warheit gebreche von bußen, der lebe vr von binnen, so vindet he su von bußen.«
[35] Su sprach: »Gelobit sy got, dy kost ist harthe wol vergolden.«
[36] He sprach: »Iuncfrowe, so gelt den win.«
[37] Su sprach: »Gerne.«

## Gruppe A nach Kn2

Werke des Geistes in der Seele

[38] Hey sprach: »Waeby sal der mensche bekennen die wercke des heiligen geistes an siner selen?«
[39] Sy sprach: »An dryn dingen:
[40] Dat yrste is, dat he affneme an **lijfflichen dingen** oder lust ind an naturlicher mynnen van dage zo dage.
[41] Dat ander, dat hey zo neme an gotlicher mynnen ind genaden van zijden zo zijden.
[42] Dat iij, dat hey van mynnen ind myt **ernste** me sij gekeirt zo doinde up sinen **evenen menschen** dan up sich selver.«
[43] *[vgl. St2]*

Gegenwart Gottes in Gebet und Übung

[44] Hey sprach: »Wae an sal eyn geistelich mensche bekennen, off eme got *t*egainwordich sij in syme gebede oder in sinre oefongen?«
[45] Sy sprach: »An dryn dingen.
[46] Dat yerste is an dem gegenworp, dar myt got sine usz erweilten begavet, als van versmaicheit der werelt ind liden des lives.
[47] Dat ander is **zonemen** an genaden, dar nach die mynne tuschen eme ind gode grois is.
[48] Dat iij is, dat got den menschen nummer en **geleist**, hey en wyse eme eynen nuwen wech der wairheit.«
[49] Hey sprach: »Dat mois van noit sin.

## Gruppe C nach S1

Werke des Geistes in der Seele

[38] Der arm mensch fragete dryerhand frag und sprach: »Gůte iungfrow, sag uns durch got und von minnen, wo by súllent wir verston und bekennen, das die werk des heiligen geistes **sient** in der sele?«
[39] Die iungfrow sprach: »Daz sol man verston an dryn dingen.
[40] Zum ersten, das der mensch von tag zů tag abneme an natúrlichen **sachen.**
[41] Daz ander, ob er von zit ze zit zůleit **an tugenden.**
[42] Daz dritte, ob er von minnen **allen menschen** begeren sy ze wúrkende me wenn im selber.
[43] *[vgl. St11, B26, M19, M20]*

Gegenwart Gottes in Gebet und Übung

[44] Der arm mensch fraget die ander frag und sprach: »Gůt iungfrow, sag uns durch got und von minnen, woby sol man bekennen daz got gegenwúrtig sye in des menschen gebette?« *[vgl. M19]*
[45] Die iungfrow sprach: »Daz sol man verston an dryn dingen.
[46] Zum ersten, ob dem menschen der gegenwurff wúrt der gabe, da mit got **sine frúnde** begabet hat, **die im aller liebst sint**, das ist mit ellend vnd mit **armůt** des libes und mit versmeht der welt.
[47] Daz ander, ob er ist **uffgerihtet** mit der gnade gottes.

[48] Daz dritte, ob sich got von dem menschen nit enscheidet, er wise in den uff ein **nehers.**«
[49] *[vgl. M20, St11]*

Gruppe B1 nach Br1a

[38] Doe vragede die arme mensche die ioffrouwen: »Goede, sech mi van minnen, waerbi sal een geestelec kint bekinnen die werke des heilecs geestes in sinre zielen?«
[39] Si sprac: »Dat sal hi bekinnen an iij stucken.
[40] Dat eerste es, dat hi aneneme naturlec lust ende naturleke lievede van dage te dage.

[41] Dat ander es, dat hi toeneme van godliker genaden van tide te tide.

[42] Dat derde es, dat hi met minnen ende met doegden gekeert si te werkene op sinen naesten ende op hem selven.«
[43] Hi sprac: »Vorwaer, dat hebben die **utverweelde navolgeren** ons heren ihu xpi wel bewart.«
[44] Hi vragede vort: »Goede, sech mi van minnen, waerbi sal een geestelec kint bekinnen, oft hem god iegenwordich si in sinen gebede ofte in sire oeffeningen?«
[45] Si sprac: »Dat sal hi bekinnen an iij stucken.
[46] Dat eerste es, dat hem werde gegeven een *i*egenworp der gaven, daer xpi sine verweelde mede vergavet, dat es ene versmaetheit der werelt ende liden des lichamen.
[47] Dat ander es, dat die genade an hem gemeert werd*e* ende di minne tusschen hem ende gode.
[48] Dat derde es, dat god nemer van hem ensceide, hi enwise op enen sonderlingen wech der warijt.«
[49] Hi sprac: »Dat moet van node sijn.«

Gruppen B2/B3/B4 nach Bre1

[38] He sprach: »Nu saget my, gute iuncfrowe, von minnen, wabi sal ein arm mensche bekennen dy werc des heiligen geistes in siner sele?«

[39] Su sprach: »Daz sal he bekennen an drin stuken.
[40] Daz erste, daz der mensche abeneme an naturlicher gelust und an naturlicher libe von tage zu tage.
[41] Daz andere, daz he zuneme an gotlichen gnaden und gotlicher libe von zit ze zit.
[42] Daz dritte, daz he mit minnen [65$^{v}$] und mit tugenden alle wege me sy genegic zu wirkene uf sine nesten wan uf sich selber.«
[43] He sprach: »Daz habin dy **ußerwelten nachvolger** unsis herrin ihs xpi harte wol bewert.«
[44] He *sprach*: »Nu sage my, gute, von minnen, woby sal ein arm mensche bekenne, wan ume got geigewortic sy in syme gebete und in siner ubunge?«

[45] Su sprach: »Daz sal man bekennen an drin stuken.
[46] Daz erste, daz ume wirt gegebin ein gegenworf der gabi cristi, da he sine ußerwelten mite begabit hat, daz ist vorsmaheit der werlde und ist lidunge des lichames.

[47] Daz andere, daz dy gnade in dem menschen gemerit wirt, dar nach, daz dy libe zussen ume und gote ist.
[48] Daz dritte, daz got von dem menschen nummer gescheidit, he inwise en uf ein sunderlichen wec der warheit.«
[49] He sprach: »Iz muz von not sy.«

Gruppe A nach Kn2

Werke und Gotteswillen

[50] Sagent mir, *wo* an sal eyn mensche erkennen off alle sine werke **geschient** na den alre **hoegsten** willen gotz?«
[51] Sy sprach: »An dryn dingen.
[52] Dat yrste ist, dat eme nummer eyner lutern consciencien **engebreche**.
[53] Dat ander is, dat hey uß gotlicher eynungen nummer **engekere**.
[54] Dat iij is, dat der hemelsche vader sinen soen ane underlais in yme gebere.«

[55]

[56] Der meyster sprach: »Wer alle schult also wail vergolden as der win, so were menche sele in dem hemel, die nu is in der hellen pine.«
[57] Do sprach der arme mensch: »Wat hie noch tzo gelden is, dat gehoirt dem meister zo.«
[58] Der meyster sprach: »Man sal den alden des alders laissen genyessen.«
[59] Do sprach der arme mensche: »Laist die mynne wircken, want sij wircket sonder zo valle.«

Gotteskindschaft

[60] Die iongfer sprach: »Saget mir, **vader**, waran sal eyn mensche bekennen, off hey sij eyn kint des ewigen hemelschen vaders?«
[61] Hey sprach: »An dryn dingen.
[62] Dat yrste is, dat der mensche alle sine wercke van mynnen deyt.

Gruppe C nach S1

Werke und Gotteswillen

[50] Der arme mensch fraget die dritte frag und sprach: »Gůt iungfrow, sag uns durch got und von minnen, woby sol man bekennen, daz der mensch wúrcke alle sine wercke in gottes aller liebstem willen?«
[51] Die iungfrow sprach: »An dryn dingen.
[52] Zum ersten an einer **unvermúschter** (!) gewissne (!) in der sele.
[53] Das ander, ob sin wille sy gerihtet in den willen gottes. *[vgl St11, B26, M21]*
[54] Daz dritte, ob der himelsche vatter sinen eingeboren sun geberen sy in siner sele.«
[55] Der meister sprach: »Gelobet sy got, das ist wol geredt. Ich hȯr es gerne.«
[56] *[vgl. B26, St11, M21, St10, M19, M20]*

[57] Die iungfrow sprach: »Was nun hie me zů gelten ist, daz hȯrt dem meister zů.«
[58] Der meister sprach: »Neyn, gůten kind, lont den meister sins alters geniessen.«
[59] Der arm mensch sprach: »Neyn, gůter meister, la die minne wúrken, sú wúrket on allen zůval.«

Gotteskindschaft

[60] Die iungfrow sprach: »Sage uns durch got und von minnen, woby sol der mensch erkennen, das er geheissen sy und gen*n*et ein kind des himelschen vatters?«
[61] Der meister sprach: »An dryn dingen.
[62] Zum ersten, ob der mensch alle sine werke wúrket in einer lutern minne, die er hat zů got.

### Gruppe B1 nach Br1a

50 Hi **vragede vort** ende sprac: »Waerbi sal een geestelec kint bekinnen, dat het alle sine werke werct na den liefsten willen gods?«
51 »Dat sal hi bekinnen an iij stucken.
52 Dat eerste es, dat een lutter **wesen** nemmer an hem engemesse.
53 Dat ander es, dat sijn wille ut godliker eynigen nemmer **engetrede**.
54 Dat derde es, dat de hemelsce vader sijn eyngeborrnen sone in siner zielen bare een onderlaet.«
55 *[vgl. Ha6]*
56 Der meester sprac: »Ware alle scout alse wel vergouden, het waren zielen in den ewegen levene, die noch in den vageviere sijn.«
57 Der arme mensche sprac: **»Goede meister, help ghi gelden den wijn.«**

58 Der meister sprac: »Men sal den ouden laten hars ouders genieten.«
59 Die arme mensce sprac: »Neijn, goede meister, laets minnen werken, **want al, dat si werket**, dat werct si sonder alle toeval.«
60 Die ioncvrowe vragede den meister: »Sech mi, goede meister, waerbi sal een **geestelec** kint bekinnen, dat hi si een kint sijns hemels vaders?«
61 Die meister sprac: »Dat sal hi bekinnen an iij stucken.
62 Dat eerste es, dat hi alle sine werke werct van luttere minnen **sonder alle waeromme.**

### Gruppen B2/B3/B4 nach Bre1

50 He sprach: »Nu saget my, gute, von minnen, wo by sal ein geistlich mensche bekenne, wan iz alle sine werc wirkit nach deme aller libesten willen gotis?«

51 Su sprach: »Daz sal he bekennen an drin stuken.
52 Daz erste, daz he einer lutteren gewissen in siner sele nummer ingemisset.
53 Daz andere, daz sin wille uz gotlicher einunge nummer en gescheidit.

54 Daz dritte, daz der hymelische vater gebirt sinen einen geborn sun in sinder sele.«

55 He sprach: »Gelobit sy got.«
56 Der meister sprach: »Were alle schult alse wole vorgolten alse dy win, iz were vil manich sele in dem ewigen leben, dy in dem vegefure noch ist.«
57 Der arm mensche sprach: »Daz hy noch zu gelden ist, daz gehorit dem meister an.«

58 Der meister sprach: »Man sal dem meister sines alders laze genieße.«

59 Der arme mensche sprach: »Nein, gut meister, lazet dy minne wirke, **wan alles, daz su wirkit**, daz wirkt sy sunder allen zuval.«
60 Dy iuncfrowe sprach: »Saget my, gute meister, von minnen, waby sal ein **geistlich** kint bekenne, daz iz ein kint sy sines hymelischen vateris?«

61 Der meister sprach: »Daz solt ie bekenne an drin stuken.
62 Daz erste, daz der mensche alle sine werc von minnen wirk*e*.

## Gruppe A nach Kn2

[63] Dat ander, dat hey alle dinge geliche van got ontfenget.
[64] Dat iij, dat hey alle sin **hoffen** up nyemant enhave zo neygende dan up got alleyn.«
[65]

Wirken der Tugenden

[66] Der arme mensche sprach: »**Vader**, sage mir, waeby sal eyn mensche erkennen, off die doegent in eme wirckende sij up yren hoegsten adel?«
[67] Hey sprach: »An dryn dingen.
[68] Mynne got umm got,
[69] goit umm goit,
[70] wairheit umm wairheyt.«
[71]

Leben und Wahrheit

[72] Der meyster sprach: »Lieve kint, wie sal der mensche leven, der die wairheit leirt?«
[73] Sy sprach: »Hey sal also leven, wat hey leirt myt den worden, dat hey dat volnbrenge mit den wercken.«
[74] Der arme mensche *sprach*: »Dat is goit. Hey sal also **stain** inwendigh, dat hey nyt me **besessen** enhave, dann hey *zů* worden bringen mach.«
[75]

[76] **Also dat ewige wort is eyne geborte des hemelschen vaders, also ist der wille gotz eyn geboert ind eyn werden alre creaturen. Gotz soen ihus xpus sij geloeft. Amen.**

## Gruppe C nach S1

[63] Daz ander, ob er alle ding von got enpfahet, sur und sůss, in einer **glichen danckbåre**.
[64] Das dritt, ob der mensch in diser zit nit enhat, da er sin hoͧbt uffneiget den allein uff **xpm**.«
[65]

Wirken der Tugenden

[66] Der arm mensch sprach: »Gůt meister, sag uns durch got und von minnen, woby sol man erkennen, das die tugend in dem menschen **volbraht** sint uff iren aller ho̊hsten adel?«
[67] Der meister sprach: »An dryn dingen.
[68] Zum ersten, got minnen um got.
[69] Das ander, gůt minnen umb gůt.
[70] Daz dritt, warheit minnen umb warheit.«
[71]

Leben und Wahrheit

[72] Der meister sprach: »Gůte kinder, sagent mir durch got und von minnen, woby sullent wir bekennen, das der mensch dem lebe, des **in** die warheit bewiset?«
[73] Die iungfrow sprach: »An disen vordern stúcken, das dem menschen alle sine werke ein gezúgniss sient eins warhafftigen lebens.«
[74] Der arm mensch sprach: »Daz ist gar gůt, aber noch vil besser ist, daz der mensch **me erlúhtet sye und entzúndet**, denn er von ussen yemer zů worten kúnne bringen.« Amen.
[75] *[vgl. M4, M20, St11, M21, B26]*
[76]

Gruppe B1 nach Br1a

[63] Dat ander es, dat hi alle dinc in ener gelijckeit van gode ontfange.
[64] Dat derde es, dat hi sijn hovet op niemen enhebbe te neigene dan op gode allene.«

[65] Die ioffrouwe sprac: »Vorwaer, dat horic gerne.«
[66] Der arme mensce vragede: »Goede meister, sech mi van minnen, waerbi sal een **geestelec** kint bekinnen, dat die doegden in hem werken in den hoechsten adel?«
[67] »Dat sal hi bekinnen an iij stucken.
[68] Dat eerste, mint hi god omme god,
[69] goet omme goet,
[70] warde omme warde.«
[71] Die arme mensce sprac: »Geloeft si god.«
[72] Die meister sprac: »Goede kinder, segt mi van minnen, hoe sal die mensche leven, die waerheit leert?«
[73] Die ioffrouwe antworde: »Hi sal also *ordelijc* wandelen, dat alle sine worde ende alle sine werke een getuuch geven der waerheit, die hi van buten uten worde bringende es.«
[74] Die arme mensche sprac: »Dats [154v] goet. Maer dats vele beter, dat men van gode also vele hebbe ontfaen, dat hi metten worde niet utgebringen encan.«
[75] Die meister sprac: »Kinder, hier mede genoege ons wale. Nu laet ons eten ende vroylec sijn van binnen.«
[76]

Gruppen B2/B3/B4 nach Bre1

[63] Daz andere, daz he intpha von gote alle dinc in einer glicheit.

[64] Daz dritte, daz der mensche nicht inhabe, da he sin hobit anegeneige wan uf got alleine.«

[65] *[vgl. N1, Gi1, Sto, N2, B27, N12, M2]*
[66] Der arm sprach: »Sage my, gute meister, von minnen wabi sal ein [66v] arm mensche bekenne, wan dy tugent in ume wirket uf iren hosten adel?«

[67] Der meister sprach: »Daz sal he bekenne an drin stuken.
[68] Daz erste, daz he minnet got umme got.
[69] Daz andere, gute umme gute.
[70] Daz dritte, warheit umme warheit.«
[71] *[vgl. N1, Gi1, Sto, N2, B27, N12, M2]*
[72] Der meister sprach: »Saget my, guten, von minnen, **des ich uch vragen wil.** Wa by sal ein mensche bekenne, daz he wandere, daz he dy warheit lerne?«

[73] Dy iuncvrowe sprach: »Daz sal he da by bekenne, daz ume alle sine werc ein geczucnisse geben alle der warheit, dy he von buzen ie zu worte brathe.«
[74] Der arme mensche sprach: »Daz ist gut, abir daz ist noch beszer, daz he von binnen me warheit vorste, wan hy von buszen ie zu worte brate.«

[75] He sprach: »Gelobit sy got.«
[76]

## Übersetzung: ›Meister Eckharts Wirtschaft‹ nach Redaktion A

[0]Meister Eckharts Wirtschaft

[1]Einst kam ein armer Mensch nach Köln an den Rhein, um Armut[102] zu suchen und gemäß der Wahrheit zu leben. [2]Da kam eine Jungfrau und sagte: »Liebes Kind, willst du um der Liebe willen mit mir essen?« [3]Er sagte: »Gerne.« [4]Sie sagte: »Iss tüchtig und schäme dich nicht dafür.« [5]Er sagte: »Esse ich zu viel, so ist das ein Fehler. Esse ich aber zu wenig, so ist das auch ein Fehler. Ich werde essen wie ein armer Mensch.«

[6]Sie sagte: »Was ist ein armer Mensch?« [7]Er sagte: »Das kann man an drei Aspekten festmachen: [8]Der erste besteht darin, dass der Mensch alles abgelegt haben soll, was zu seiner Natur gehört. [9]Der zweite besteht darin, dass er nicht zu viel[103] begehren kann. [10]Der dritte besteht darin, dass er Leid und alles, was man so nennt, niemandem so sehr gönne wie sich selbst.«

[12]Sie fragte: »Eya, sage mir, liebes Kind, worin besteht die Armut des inneren Menschen?« [13]Er sagte: »Das kann man an drei Aspekten festmachen: [14]Der erste besteht in einer vollkommenen Abgeschiedenheit von allen Geschöpfen in diesem Leben und in der Ewigkeit. [15]Der zweite besteht in einer ernsthaften Demut des inneren und äußeren Menschen. [16]Der dritte besteht in einer hingebungsvollen Innerlichkeit und einem Gemüt, das unablässig von den zeitlichen auf die ewigen Dinge gerichtet ist.«

[17]Sie sagte: »In der Tat, das höre ich gerne. [18]Eya, liebes Kind, nun sage mir doch, worin besteht die Armut des Geistes?« [19]Er sagte: »Ihr fragt zu viel.« [20]Sie sagte: »Ich habe noch nie verstanden, wie etwas von dem zu viel sein kann, was sich auf die Ehre Gottes oder auf das Seelenheil des Menschen bezieht.« [21]Der arme Mensch sagte: »Ihr habt recht. Die Armut des Geistes kann man an drei Aspekten festmachen: [22]Der erste besteht darin, dass der Mensch außer Gott allein in diesem Leben und in der Ewigkeit nichts wissen soll. [23]Der zweite besteht darin, dass er Gott außerhalb seiner selbst nicht suchen soll. [24]Der dritte besteht darin, dass er kein geistliches Gut als sein Eigentum von einem Ort zum anderen tragen soll.«

[25]Sie fragte: »Soll dann also der Meister, unser beider geistlicher Vater, seine Predigt nicht aus seiner Zelle auf die Kanzel tragen?« [26]Er sagte: »Nein.« [27]Sie fragte: »Warum?« [28]Er sagte: »Je zeitlicher etwas ist, desto leiblicher ist es.« [29]Sie sagte: »Du hast recht! Dieser Geist kommt nicht aus Böhmen[104].« [30]Er

---

102 Die Handschriften der Redaktion A lesen hier »Almosen« (vgl. Nr. 1) und überliefern damit einen (späten?) Eingriff in den Text. Um diesen Eingriff durch die Übersetzung nicht über Gebühr hervorzuheben, wird hier auf die wohl ursprüngliche Lesart »Armut« zurückgegriffen (vgl. S. 363 f. zur Diskussion der Stelle).

103 Die Gruppen B und C lesen hier sinngemäß »nicht zu viel von Gott begehren kann« (vgl. Nr. 9), wobei »Gott« syntaktisch als Objekt des Begehrens zu verstehen ist.

104 Hier weicht die Übersetzung vom Wortlaut der A-Handschriften ab, die statt »aus Böhmen« »von gewöhnlichen Menschen« lesen (vgl. Nr. 29). Im Sinne der textkriti-

sagte: »Dieselbe Sonne, die in Köln scheint, scheint auch in der Stadt Prag.« [32]Sie sagte: »Erkläre mir das genauer!« [33]Er sagte: »Das steht mir nicht zu, solange der Meister anwesend ist.« [34]Der Meister sagte: »Wer die Wahrheit nicht in sich trägt, der soll sich von außen an sie halten, dann wird er sie auch im Inneren finden.« [35]Sie sagte: »Diese Speise ist gut bezahlt.« [36]Er sagte: »Jungfrau, so bezahlt nun Ihr den Wein.« [37]Sie sagte: »Gerne. Stelle deine Fragen!«

[38]Er fragte: »Woran soll der Mensch erkennen, ob der Heilige Geist in seiner Seele wirkt?« [39]Sie sagte: »An drei Aspekten: [40]Der erste ist, dass sein Interesse und seine Freude an leiblichen Dingen wie auch seine Liebe zu allem Natürlichen täglich abnehmen. [41]Der zweite ist, dass die göttliche Liebe und Gnade in ihm beständig wachsen. [42]Der dritte ist, dass er aus Liebe und mit Ernst mehr darauf bedacht ist, sich um seinen Nächsten zu sorgen als um sich selbst.«

[44]Er fragte: »Woran soll ein geistlicher Mensch erkennen, ob ihm Gott bei seinem Gebet und bei seiner Andacht gegenwärtig ist?« [45]Sie sagte: »An drei Aspekten: [46]Der erste ist die Gabe, mit der Gott seine Auserwählten beschenkt hat, nämlich die Verachtung der Welt und das Leiden des Körpers. [47]Der zweite ist, dass die Gnade wächst, durch die die Liebe zwischen Gott und dem Menschen groß ist. [48]Der dritte ist, dass Gott vom Menschen niemals ablässt, ohne ihm einen neuen Weg der Wahrheit zu zeigen.«

[49]Er sagte: »Genau so muss es sein. [50]Sagt mir, woran soll ein Mensch erkennen, ob all seine Werke nach dem allerhöchsten Willen Gottes geschehen?« [51]Sie sagte: »An drei Aspekten: [52]Der erste ist, dass er stets ein reines Gewissen hat. [53]Der zweite ist, dass er nie aus der Einheit mit Gott heraustritt. [54]Der dritte ist, dass der himmlische Vater seinen Sohn ohne Unterlass in ihm gebiert.«

[56]Der Meister sagte: »Wäre jede Schuld so gut bezahlt wie dieser Wein, so wäre manche Seele im Himmel, die nun die Qualen der Hölle leidet.« [57]Da sagte der arme Mensch: »Was jetzt noch zu zahlen ist, das müssen wir vom Meister verlangen.« [58]Der Meister sagte: »Man soll die Alten wegen ihres Alters in Ruhe lassen.« [59]Daraufhin sagte der arme Mensch: »Lasst die Liebe wirken, denn sie wirkt, ohne dass von Euch etwas dazukommt.«

[60]Die Jungfrau sagte: »Sagt mir, Vater, woran soll ein Mensch erkennen, ob er ein Kind des ewigen himmlischen Vaters ist?« [61]Er sagte: »An drei Aspekten: [62]Der erste ist, dass der Mensch alle seine Werke aus Liebe vollbringt. [63]Der zweite ist, dass er alle Dinge von Gott gleichmütig annimmt. [64]Der dritte ist, dass er all sein Hoffen auf niemanden richten darf als auf Gott allein.«

[66]Der arme Mensch sagte: »Vater, sage mir, woran soll ein Mensch erkennen, ob die Tugend im Menschen in ihrer höchsten Form wirkt?« [67]Er sagte: »An drei Aspekten: [68]Liebe Gott um Gottes willen, [69]das Gute um des Guten willen [70]und die Wahrheit um der Wahrheit willen.«

---

schen Erwägung, dass die erstere der beiden Lesarten hier vorzuziehen ist (vgl. S. 364), hält sich die Übersetzung hier an die Redaktionen B und C.

[72]Der Meister sagte: »Liebe Kinder, wie soll der Mensch leben, der die Wahrheit lehrt?« [73]Die Jungfrau sagte: »Er soll so leben, dass er das mit seinen Werken vollbringt, was er mit seinen Worten lehrt.« [74]Der arme Mensch sagte: »Das ist wichtig. Um sein Inneres soll es so stehen, dass er nicht mehr [an Wahrheit und Erkenntnis, Anm.] besitzt, als er auch in Worte fassen kann.« [76]Wie das ewige Wort die Geburt des himmlischen Vaters ist, so ist der Wille Gottes die Geburt und das Werden aller Geschöpfe. Gelobt sei Gottes Sohn, Jesus Christus. Amen.

### *6.2 Untersuchungen zum Text*[105]

Über den Dialog ›Meister Eckharts Wirtschaft‹ wurde sehr unterschiedlich geurteilt: Steer sprach von einer »unliterarischen Adaptionsbemühung«[106], dem die Verarbeitung der eckhartischen Armutslehre »nicht ganz gelungen«[107] sei. Ruh dagegen attestierte dem Text »beste Vertrautheit mit dem E.schen Gedankengut«[108] und Lüders wollte aus der äußeren Anlage des Stücks schließen, dass es sich um »ein Produkt aus dem Jüngerkreise des Meisters«[109] handeln müsse. Damit ist der nachfolgenden Untersuchung eine wichtige Richtung aufgezeigt – den Dialog als Zeugnis der Eckhartrezeption zu lesen und zu beurteilen –, wenn auch nicht die einzig mögliche: Im alten Bibliothekskatalog der Erfurter Kartause aus dem 15. Jahrhundert finden sich zwei knappe Beschreibungen von ›Meister Eckharts Wirtschaft‹, jeweils im Kontext unterschiedlicher Handschriftenbeschreibungen angelegt, die einen anderen Blick auf das Stück eröffnen: *Pulcra, delectabilis atque magistralis parabola, per quam devotus homo edoceri poterit, quomodo pertingere valeat ad perfectam conversacionem et quid sit saltem instrumentaliter ipsa perfectio*[110] und *Das Kolnische gerichte, est vulgaris tractatulus, engimatice pulchre docens spiritualem vitam apprehendere*[111]. Der Verfasser dieser Beschreibungen verstand ›Meister Eckharts Wirtschaft‹

105 Im Folgenden ist ›Meister Eckharts Wirtschaft‹ nach Kn2, der Leithandschrift der Gruppe A, zitiert, die nach den Ergebnissen der textkritischen Analyse als besonders verlässlich gelten darf. Der Text einer anderen Gruppe wird nur an den wenigen Stellen herangezogen, wo für A nach eben dieser Analyse eine sinnverstellende sekundäre Lesart anzunehmen ist.

106 Steer, Der Armutsgedanke der deutschen Mystiker, S. 295.

107 Ebd., S. 295.

108 Ruh, Eckhart-Legenden, Sp. 353.

109 Lüders, Meister Eckehartes Wirtschaft, S. 86. Lüders geht nicht näher darauf ein, wie sie sich den Zusammenhang von äußerer Anlage des Dialogs und der ebenfalls unbestimmten Größe eines ›Jüngerkreises‹ Eckharts denkt.

110 MBK 2, S. 300. Die Handschriftenbeschreibung mit dem zitierten Text bezieht sich auf B28 (vgl. S. 347 mit einer Übersetzung des lateinischen Textes).

111 MBK 2, S. 309 f. Die Handschriftenbeschreibung mit dem zitierten Text bezieht sich auf B42 (vgl. S. 348 mit einer Übersetzung des lateinischen Textes).

als eine erbauliche und nützliche Anleitung darüber, wie ein frommes Leben im Streben nach geistlicher Vollkommenheit zu führen sei. In das Lob mischt sich aber auch leise Kritik: Einiges am Text muss dem Verantwortlichen *enigmaticus*, rätselhaft, erschienen sein. Wenngleich wir nicht wissen, worauf er sich damit bezieht, so scheint sein Urteil auch aus heutiger Perspektive bei manch einer ›dunklen‹ Stelle des Dialogs noch begründet, wie in der nachfolgenden Untersuchung zu zeigen sein wird. Neben der Exegese einzelner Passagen werden die Beschreibung der Struktur des Dialogs, seine sprachliche Gestaltung und die Interpretation seines ›Settings‹ die wichtigsten Schwerpunkte bilden. Überlegungen zu Entstehung und Überlieferung von ›Meister Eckharts Wirtschaft‹ runden das Bild ab.

## Textanalyse

Struktur und Sprache: Die artifizielle Struktur von ›Meister Eckharts Wirtschaft‹ wurde bereits früh als ein hervorstechendes Merkmal dieses Textes erkannt und beschrieben.[112] Die wichtigsten Ergebnisse dazu seien im Folgenden kurz zusammengefasst und ergänzt, um dann über den deskriptiven Zugriff hinaus nach möglichen Erklärungsmustern und vergleichbaren literarischen Erscheinungen zu fragen.

Die Nummern 1–5 leiten in das Stück ein, indem sie einen umherziehenden *arme mensche* (Nr. 1) und eine ihn einladende *jongfrouwe* (Nr. 2) als Dialogpartner, *Coellen up den Ryn* (Nr. 1) als Ort des Geschehens und die Suche nach Armut – die A-Lesart *almoesen* dürfte sekundär sein (vgl. S. 363 f.) – und Wahrheit (vgl. Nr. 1) als übergreifende Themen vorstellen. Die rätselhafte Aussage des Gastes, jenseits eines quantifizierenden ›zu viel‹ oder ›zu wenig‹ *als eyn arme mensche* (Nr. 5) essen zu wollen, fungiert schließlich als Initialzündung des Gesprächs.[113]

Diesem Gespräch liegt ein straffes Dispositionsschema zugrunde, das sich aus ineinandergeschobenen Dreiereinheiten zusammensetzt:

Die oberste Ebene bildet dabei eine Folge von drei Frage-Antwort-Sequenzen, wobei in der ersten stets die Jungfrau fragt und der arme Mensch antwortet (vgl. Nr. 6–24), in der zweiten diese Rollen getauscht werden (vgl. Nr. 38–56) und in der dritten armer Mensch, Jungfrau und Meister sowohl als Fragende wie auch als Antwortende auftreten (vgl. Nr. 60–75). Wenigstens ansatzweise lässt sich erkennen, dass dieser formalen Gliederung des Stücks

112 Vgl. dazu vor allem LÜDERS, Meister Eckehartes Wirtschaft, S. 111.

113 Eine Parallele zum ›Buch von geistiger Armut‹ deutet darauf hin, dass diese Aussage des armen Menschen nicht nur als rhetorisch reizvoller Gesprächseinstieg gedacht war, sondern auch auf ein tatsächlich diskutiertes Problem anspielen könnte. Vgl. dazu in der frömmigkeitsgeschichtlichen Verortung S. 419–421.

auch eine thematische entspricht: Der erste Block befasst sich konzentriert mit der Auslegung eines spirituellen Armutsideals, der zweite – schon weniger einheitlich – mit einer von Übungen und Werken bestimmten Glaubenspraxis und der dritte schließlich mit einer weitgehend freien Zusammenstellung der Themen Gotteskindschaft, Tugenden und Übereinstimmung von Lehre und Leben. Zwei eigenständige Diskussionseinheiten (vgl. Nr. 25–37.57–59) fungieren als Bindeglieder zwischen diesen Blöcken.

Jede dieser Sequenzen setzt sich wiederum aus drei Fragen zusammen – in einer hierarchischen Gliederung des Stücks wären sie als zweite Ebene anzusehen –, auf die jeweils drei Antworten gegeben werden – die dritte Ebene. Die letzte Frage des Dialogs schert insofern aus dem Schema aus, als ihr nur zwei Antworten zugeordnet sind und man an dieser Stelle eine Dreiheit nur in der Beteiligung aller Gesprächsteilnehmer – dem Meister als Fragendem und den beiden anderen als Antwortenden – finden kann.[114]

Zur Veranschaulichung und Zusammenfassung des Bauplans von ›Meister Eckharts Wirtschaft‹ dient nachfolgendes Schaubild, das in Absehung konkreter Inhalte die Makroeinheiten des Stücks angibt sowie jede gestellte Frage (F) und jede gegebene Antwort (A) verzeichnet.

| | | | | |
|---|---|---|---|---|
| Nr. 1–5 | Einleitung | | | |
| | | | | A |
| | | | F | A |
| | | | | A |
| | | | | A |
| Nr. 6–24 | Frage-Antwort-Sequenz 1 | *Jungfrau fragt armen Menschen* | F | A |
| | | | | A |
| | | | | A |
| | | | F | A |
| | | | | A |
| Nr. 25–37 | Bindeglied 1 | | | |
| | | | | A |
| | | | F | A |
| | | | | A |
| | | | | A |
| Nr. 38–56 | Frage-Antwort-Sequenz 2 | *Armer Mensch fragt Jungfrau* | F | A |
| | | | | A |
| | | | | A |
| | | | F | A |
| | | | | A |
| Nr. 57–59 | Bindeglied 2 | | | |

114 Ruh beschreibt diese Konstellation als eine »personale« Dreiheit (vgl. ders.: Eckhart-Legenden, Sp. 353).

| | | | | |
|---|---|---|---|---|
| | | | | A |
| | | *Jungfrau fragt Meister (F1)* | F1 | A |
| | | | | A |
| | | | | A |
| Nr. 60–75 | Frage-Antwort-Sequenz 3 | *Armer Mensch fragt Meister (F2)* | F2 | A |
| | | | | A |
| | | *Meister fragt Jungfrau und armen Menschen (F3)* | F3 | A |
| | | | | A |

Ebenso wie der Aufbau erweist sich auch die Sprache von ›Meister Eckharts Wirtschaft‹ als hochgradig formalisiert: Jede Frage setzt sich aus den stereotyp wiederkehrenden Elementen der Anrede des Gegenübers, der Aufforderung zum Sprechen und der spätestens ab der zweiten Sequenz in allen Redaktionen gleichen Phrase »woran soll man erkennen« zusammen. Die Antwortreihen beginnen stets mit einer Einleitung der Gestalt »das soll man an drei Punkten erkennen« und werden in den meisten Fällen von einer bestätigenden Replik des Fragestellers beschlossen (vgl. etwa Nr. 11, 17, 43, 49, 65, 71). Gerade diese formalisierten Wendungen haben den größten Anteil am Variantenreichtum in der Überlieferung von ›Meister Eckharts Wirtschaft‹.

Der für den Dialog ›Meister Eckharts Wirtschaft‹ kennzeichnende Ordnungswille, das inhaltliche Material in ein bis ins Kleinste ausgearbeitetes Dispositionsschema einzupassen, hat in der Forschung die Frage nach vorgängigen Mustern und vergleichbaren literarischen Erscheinungen provoziert. Die Ergebnisse waren geeignet, ›Meister Eckharts Wirtschaft‹ in dieser Hinsicht eine gewisse Einzigartigkeit zu bescheinigen: Lüders etwa gibt unter Berufung auf den Theologiehistoriker Friedrich Stegmüller an, dass ein solches ›Polylogschema‹ in der scholastischen Quästionenliteratur nicht geläufig sei,[115] und Steer bemerkt, dass es zur Struktur des Stücks »keine literarischen Parallelen gibt«[116]. Teils ergänzend, teils relativierend seien dazu einige Beobachtungen vorgestellt, die zum einen aus dem Vergleich von ›Meister Eckharts Wirtschaft‹ mit gängigen Formen der Dialogliteratur, zum anderen mit Strukturmustern anderer Gattungen und Traditionen resultieren.

Innerhalb der Dialogliteratur fällt ›Meister Eckharts Wirtschaft‹ zuerst durch die Dreizahl der Gesprächsteilnehmer auf, wobei dieser Aspekt in bestimmten theoretischen Texten zumindest als Möglichkeit erwähnt[117] und in

115 Lüders, Meister Eckehartes Wirtschaft, S. 111, Anm. 1.

116 Steer, Der Armutsgedanke der deutschen Mystiker, S. 294.

117 Dass die literarische Form des Dialogs auch mehr als zwei Teilnehmer einschließen kann, findet sich etwa bei Isidor von Sevilla in den ›Etymologiae‹ sowie im Anschluss daran auch in Konrads von Hirsau ›Dialogus super auctores‹ und Hugos von St. Victor

anderen Texten auch praktisch umgesetzt ist.[118] Ungewöhnlicher als die Zahl der Gesprächsteilnehmer dürfte die Tatsache sein, dass die Rollenverteilung in ›Meister Eckharts Wirtschaft‹ keine statische, sondern eine dynamische ist: Armer Mensch, *junckvrouwe* und Meister übernehmen nach einem festgeschriebenen Rotationsprinzip jeweils die Funktion des Fragenden bzw. des Antwortenden und lösen damit die starre asymmetrische Kommunikationssituation des verbreiteten Typus des Lehrer-Schüler-Gesprächs in eine Gegenseitigkeit des Gebens und Nehmens auf. Was ›Meister Eckharts Wirtschaft‹ von der Quästionenliteratur unterscheidet, ist neben der strukturellen Organisation der Fragen und Antworten[119] vor allem die Art und Weise ihrer Formulierung: Während die aus der universitären mündlichen Lehrpraxis erwachsenen und nach vorgeschriebenen Mustern redigierten *quaestiones* und *quaestiones disputatae*[120] als Entscheidungsfragen mit der Wendung *utrum … an …* formuliert sind, verwendet der Dialog ausschließlich Ergänzungsfragen. Ziel ist hier nicht die agonale Gegenüberstellung dialektischer Positionen mit einer abschließenden Lösung des Konflikts, sondern die Darlegung allgemeinverbindlicher Glaubens- und Handlungsmaximen und ihre Aneinanderreihung zu einer umfassenden Lebensweisung. Man könnte noch erwägen, ob ›Meister Eckharts Wirtschaft‹ nicht an die verschriftete *quaestio*, sondern an die mündliche Unterrichtsform der *disputatio ordinaria* angelehnt sein könnte, bei der ein Student in der Funktion des *respondens* eine These gegen die Angriffe der ebenfalls studentischen Opponenten zu verteidigen und der vorsitzende Magister schließlich eine Lösung vorzulegen hatte. Der Dialog mag vielleicht in der Art seines Diskursrituals an diese Unterrichtsform erinnern, doch wäre auch hier eine gewisse Konkurrenz der Meinungen zu erwarten, um von mehr als nur einer vagen Ähnlichkeit sprechen zu können. Mit diesen Beobachtungen ist der früheren Forschung beizupflichten, dass ›Meister Eckharts Wirtschaft‹ mehr ist als eine Reproduktion verbreiteter literarischer Dialogformen oder eine Nachahmung institutionalisierter Kommunikationsereignisse.

Dennoch sind die Gestaltungs- und Ordnungsmuster des Dialogs nicht ohne Parallelen, wie ein Blick auf andere Formen der geistlichen Literatur zeigt: Zum Ersten ist auf die in der katechetischen Literatur gängige Praxis hinzuweisen, geistliche Lehrinhalte in einer numerisch strukturierten Abfolge anzuordnen.

---

›Didascalion‹ (vgl. dazu Cardelle de Hartmann, Lateinische Dialoge, S. 30–33 und 50 f.).

118 Vgl. etwa den ›Dialogus inter philosophum, iudaeum et christianum‹ des Petrus Abaelardus.

119 Vgl. das Aufbauschema einer für die schriftliche Fixierung redigierten *quaestio disputata* bei Traninger, Disputation, S. 249.

120 Während die *quaestio* als Erörterung widersprüchlicher Autoritätenworte im Rahmen der universitären Lehrform der *lectio* entwickelt wurde, entstand die *quaestio disputata* als Endprodukt der Lehrform der *disputatio*. Dazu und zu den nachfolgenden Angaben vgl. Traninger, Disputation, S. 242–251.

Mögen solche Verfahren anfangs auf Hauptstücke mittelalterlich christlicher Unterweisung beschränkt gewesen sein – die Zehn Gebote, die Sieben Todsünden oder die Sieben Werke der Barmherzigkeit mit den dazugehörigen Auslegungen – so kann im Spätmittelalter nahezu jegliche Form ethischer oder spiritueller Unterweisung gleich welchen Umfangs und welchen Anspruchs in die Form einer Zahlenliste gebracht werden.[121] Eine Fundgrube solcher Stücke bietet die Spruchsammlung ›Das Buch der Vollkommenheit‹ aus der Mitte des 14. Jahrhunderts, aus dem hier die Einleitungen zweier Sprüche als Beispiele herausgegriffen seien: *Ez sint vier zeichen, bi den der mensche herkennet, ob er in gotes huldin ist* und *An drien dingen sullen wir mŏrken, ob wir gotes ingesinde sin.*[122] Thomas Lentes beschreibt das Phänomen solcher Aufzählungen als »Technik der Ausarbeitung des inneren Menschen«[123] und erkennt darin wie auch Dieter Harmening didaktische Absichten, die gerade bei bedeutungstragenden Zahlen etwa in einer verbesserten Memorierbarkeit liegen sollen.[124] Man könnte sich je nach konkreter Gestalt und Ausarbeitung eines ›Zahlenspruchs‹ auch andere Erklärungen denken: etwa das Bestreben, den Weg zum Heil so weit als möglich zu operationalisieren, die unbestimmte Anforderung eines gottgefälligen Lebens in praktikable Einzelanweisungen zu zerlegen oder sich anhand einer abprüfbaren Liste selbst Rechenschaft über den eigenen Stand im Ringen um das Heil geben zu können – in diesem Zusammenhang verdienen vor allem die Einleitungssätze solcher Lehrstücke Beachtung. Da ›Meister Eckharts Wirtschaft‹ nach seinen Inhalten – einer Mischung aus mystischen Gedankensplittern, Tugendreflexionen und aszetischer Paränese – durchaus zur katechetischen Literatur zu rechnen ist,[125] würde sich die komplexe nume-

---

121 Die Ausweitung der Katechismusliteratur von wenigen Hauptstücken im Hochmittelalter bis hin zu inhaltlich vielgestaltigen Glaubens- und Sittenregeln, sog. ›Katechismustafeln‹, im Spätmittelalter ist beschrieben in Harmening, Katechismusliteratur, S. 93 f. Einen Eindruck solcher Tafeln bieten die Handschriftenbeschreibungen bei Weidenhiller, Untersuchungen zur deutschsprachigen katechetischen Literatur, S. 25–36.

122 Es handelt sich um die Nummern 7 und 210 in der Edition Schneiders (dies., Buch der Vollkommenheit, S. 3 und 94), die zusammen mit einer beachtlichen Masse ähnlich aufgebauter Kurztexte den Großteil der Sammlung bilden. Speziell diese beiden Beispiele machen sich aber auch durch ihre Formulierweise für eine Untersuchung von ›Meister Eckharts Wirtschaft‹ interessant: Sie vermitteln dem Gläubigen, wie er etwas *herkennen* bzw. *mŏrken* (›erkennen‹ bzw. ›merken‹) kann, und ähneln darin dem Frageformular »Woran soll man erkennen« des Dialogs. Vgl. auch das Beispiel der ›Meister Eckharts Tochter‹-Redaktion B, die in einzelnen Handschriften nachträglich numerisch gegliedert wurde (vgl. S. 112 f.).

123 Lentes, Gezählte Frömmigkeit, S. 62.

124 Vgl. ebd., S. 67, und Harmening, Katechismusliteratur, S. 99.

125 Für die Zugehörigkeit von ›Meister Eckharts Wirtschaft‹ zur katechetischen Literatur lässt sich nicht nur inhaltlich, sondern auch überlieferungsgeschichtlich argumentieren: Marquard von Lindau nimmt beispielsweise die Reihe der Armutsfragen in seine ›Dekalogerklärung‹ auf (vgl. S. 372) und dasselbe Exzerpt findet sich auch in der Hand-

rische Struktur des Stücks als Anlehnung an und zugleich als artifizielle Überbietung solcher Ordnungsmuster erklären lassen. Die komplexe Schichtung der Ebenen und die Wiederkehr gleich strukturierter Blöcke mussten zwar der Memorierbarkeit im Wege gestanden oder sie gar völlig unmöglich gemacht haben, dafür aber konnten sie womöglich den Eindruck einer logisch aufgebauten Heilssystematik und einer inhaltlichen Totalität vermitteln.

Zum Zweiten könnte man sich die Struktur von ›Meister Eckharts Wirtschaft‹ als Übernahme bestimmter rhetorischer Verfahren erklären, wie sie in den Lehrbüchern der *ars praedicandi*[126] für die Predigt empfohlen wurden. Als nach 1200 unter dem Einfluss der Scholastik der themenzentrierte *sermo* als zweiter Predigttypus neben die an der Bibelexegese orientierte Homilie tritt, werden zum ersten Mal seit langer Zeit, zuerst von Alanus ab Insulis und dann von zahlreichen Nachfolgern, wieder Handbücher verfasst, die in Anlehnung an die klassische Redekunst über Aufbau, Elemente und Publikumsbezug einer gelungenen Predigt unterrichten. Besondere Aufmerksamkeit erfährt dabei die Technik der *diviso*, der Aufspaltung eines Themas in untergeordnete Teilthemen und deren weitere Zergliederung in der *subdivisio*. Ohne diese beiden Termini explizit zu behandeln, legt Alanus ab Insulis in seiner ›Summa de arte praedicatoria‹ schon allein durch den Aufbau seines Werkes eine solche hierarchische Gliederung der Predigt nahe und seine Nachfolger werden vielfältige Techniken beschreiben, wie sie am besten zu bewerkstelligen sei. Die meisten von ihnen favorisieren dabei die Disposition des Stoffes in einem Dreierschema[127], wie man es etwa zeitgleich zur Enstehung von ›Meister Eckharts Wirtschaft‹ oder wenig später prominent beim Franziskaner Marquard von Lindau in seinen Predigten und Traktaten häufig findet.[128] Solche Muster in ›Meister Eckharts Wirtschaft‹ wiederzuerkennen, fällt nicht schwer: Die Motivation des armen Menschen, nach Köln zu gehen, – Armut zu suchen und der Wahrheit gemäß zu leben (vgl. Nr. 1) – könnte man in der Funktion eines übergeordneten Themas sehen, das dann in einer Reihe von Dreiergruppen mit entsprechenden Untergliederungen aufgearbeitet wird. Möglicherweise kommen

---

schrift Se, die einem franziskanischen Prediger als Handbuch für seine seelsorgerlichen Aufgaben gedient haben dürfte (vgl. dazu die Beschreibung von Se auf S. 356 f.).

126 Für die folgenden Ausführungen über die Tradition der *ars praedicandi* vergleiche etwa den Überblicksartikel von Briscoe, Ars praedicandi, S. 555–558, sowie die umfangreicheren Darstellungen Briscoe, Artes praedicandi, S. 11–76; Kühne, Predigtaufbau, sowie Murphy, Rhetoric in the Middle Ages, S. 269–355.

127 Zu Dreiereinheiten bei Alanus ab Insulis vgl. Murphy, Rhetoric in the Middle Ages, S. 305; allgemein Briscoe, Artes praedicandi, S. 57.

128 Auf diese Parallele der Schriften Marquards zu ›Meister Eckharts Wirtschaft‹ wies bereits Steer hin (ders., Das Armutsideal der deutschen Mystiker, S. 294). Blumrich hat speziell für die Predigten des Franziskaners darauf aufmerksam gemacht, dass in aller Regel eine Gliederung in drei Punkte erfolgt, die dann jeweils in sechs Unterpunkte zerlegt werden (ders., Marquard von Lindau, S. 47).

dabei noch andere Techniken der Predigtausgestaltung zum Einsatz, etwa die *distinctio*[129] bei der Differenzierung des Armutsbegriffs in eine unbestimmte, in einigen Handschriften der Gruppe C nachträglich als ›äußere‹ bezeichnete Armut (vgl. Anhang 5: ›Meister Eckharts Wirtschaft‹, Gruppe C, Nr. 12), eine innere Armut und eine geistige Armut (vgl. Nr. 6–24).

›Meister Eckharts Wirtschaft‹, so ließen sich die vorgetragenen Überlegungen zusammenfassen, ist ein eigenständiger und hoch artifizieller Text, der gleichwohl in Verbindung mit literarischen Gestaltungstechniken der Katechetik und der Predigtrhetorik steht. Für das Profil des Autors ist daraus zu schließen, dass er nicht ohne literarische Vorbildung gewesen sein kann und über Kenntnisse verfügt haben muss, wie sie im Rahmen seelsorgerlicher schriftstellerischer Tätigkeit gebraucht wurden und nützlich waren.

Einleitung (Nr. 1–5): Die Einleitung ist vor allem deshalb für die Untersuchung von ›Meister Eckharts Wirtschaft‹ von Interesse, weil sie dem Dialog ein räumlich-personales Setting gibt. Schwierigkeiten bereitet gleichwohl die Frage, ob dieses Setting in erster Linie symbolisch-literarisch zu verstehen ist oder ob hier Anspielungen auf realhistorische Gegebenheiten im Vordergrund stehen sollen.

Gemäß der ersten Option könnte man die im Dialog auftretenden Figuren als Personifikationen bestimmter Teilaspekte eines komplexen Frömmigkeitskonzepts begreifen: Der arme Mensch stünde in diesem Sinn etwa für ein spirituelles Armutsideal, die *junckvrouwe* für Grundregeln einer frommen Lebenspraxis und der Meister für gewisse denkerische Herausforderungen des Glaubens. Eine zahlenallegorische Lesart von Personal und Struktur des Dialogs ist insofern erwägenswert, als die stets wiederholte Dreizahl nach mittelalterlichem Verständnis auf das Göttliche verweist – man denke an die Trinität, die drei Seelenkräfte, die drei theologischen Tugenden und die Drei als Grundzahl für Stufenwege zur *unio* – und die den Antwortgruppen zugrundeliegende Neunzahl diese Bedeutung noch intensiviert – als Vielfaches der Drei steht sie ebenfalls für die Trinität, aber auch für die neun Engelschöre und für die Todesstunde Jesu.[130] Solche Assoziationen, gleich ob sie vom Autor ursprünglich intendiert waren oder nur von einzelnen Rezipienten hergestellt wurden, mussten dem Stück eine besondere religiöse Dignität und Glaubwürdigkeit

---

129 Eine Liste rhetorischer Strategien für den Predigtgebrauch, unter anderem mit kurzen Bemerkungen zur *distinctio* und zur *divisio*, bietet BRISCOE, Artes praedicandi, S. 30 f., nach einem Wilhelm von Auvergne zugeschriebenen Handbuch aus der Mitte des 13. Jahrhunderts.

130 Zur symbolischen Bedeutung der Drei und der Neun vgl. etwa WEHRLI, Literatur im Deutschen Mittelalter, S. 214–227, und SUNTRUP, Zahlensymbolik, S. 465–468.

verleihen. Eine übertragene Lesart des Settings könnte man schließlich auch von der Metapher der geistlichen Speise aus entwickeln, mit der die stille Rezeption frommer Texte oder gemeinsame Lesungen beschrieben wurden. In diesem Sinne wäre *wirtschaft* dann als eine ›Bewirtung‹ sowohl der fiktiven Gesprächsteilnehmer als auch der Leser mit geistlicher Nahrung zu deuten.[131]

Neben diesen Ansätzen, das Setting des Dialogs auf einer anderen Bedeutungsebene zu lesen, stehen verschiedene Möglichkeiten, es als literarische Anspielung zu begreifen: Naheliegend wäre etwa die neutestamentliche Tradition der Gastmahlserzählungen, in denen Jesus seine Zuhörerschaft über Fragen des Glaubens unterrichtet, wie ja auch im Dialog, wenngleich in einer anderen Form der Interaktion, geistliches Wissen vermittelt wird. In diesem Zusammenhang ist interessant, dass der mittelhochdeutsche Begriff *wirtschaft*, zentraler Bestandteil des ursprünglichen Titels des Stücks, als Benennung für biblische Gastmähler belegt[132] und damit geeignet ist, entsprechende Assoziationen zu wecken. Ebenfalls in die Reihe möglicher biblischer Bezugstexte ist das neunte Kapitel der Sprüche Salomos aufzunehmen, in dem Frau Weisheit in Konkurrenz zu Frau Torheit ihre Mägde ausschickt, um lernwillige Schüler zum Mahl in ihr Haus zu bitten. Ihre Botschaft: *si quis est parvulus veniat ad me et insipientibus locuta est venite comedite panem meum et bibite vinum quod miscui vobis* (Prv 9,4 f.)[133]. Zumindest erwähnt sei noch die Möglichkeit, dass ›Meister Eckharts Wirtschaft‹ an die Tradition der Symposien-Literatur anknüpfen könnte. Typisch dafür ist die Erörterung gerade auch religiöser und philosophischer Themen anlässlich eines gemeinsamen Mahls, wobei die auftretenden Figuren in je eigener Weise zum Gespräch beitragen. Allerdings läuft diese literarische Tradition mit dem Ende der Antike aus und so wäre eine Anlehnung nur mühsam als Rückgriff auf zumeist pagane, gelehrten Kreisen vorbehaltene Texte erklärbar.[134] Es bleibt festzuhalten, dass Setting und Struktur von ›Meis-

---

131 Den Bildbereich der Nahrung auf (geistliche) Unterweisungen anzuwenden, geht bereits auf die Bibel zurück, wie etwa ein bekanntes Paulus-Dictum aus dem ersten Korintherbrief zeigt: *et ego fratres non potui vobis loqui quasi spiritualibus sed quasi carnalibus tamquam parvulis in Christo lac vobis potum dedi non escam nondum enim poteratis* (I Cor 3,1 f.; Übersetzung: »Und ich, Brüder und Schwestern, konnte nicht zu euch reden wie zu geistlichen Menschen, sondern wie zu fleischlichen, wie zu unmündigen Kindern in Christus. Milch habe ich euch zu trinken gegeben und nicht feste Speise; denn ihr konntet sie noch nicht vertragen.«). Zur Tradition der Speisemetaphorik in der mittelalterlichen Exegese vgl. Lange, Speise.

132 Vgl. etwa Eckharts Übersetzung von Lc 14,16 *homo quidam fecit cenam magnam* mit *ein mensche hâte gemachet eine âbentspîse oder eine âbentwirtschaft* in Pr. 20A (DW I, S. 326, 2 f.; Übersetzung S. 505: »Ein Mensch hatte ein Abendessen oder ein Abendmahl bereitet.«) und ähnlich in Predigt 20B (DW I, S. 342, 2, und öfter).

133 Übersetzung: »›Wer noch unverständig ist, der kehre hier ein!‹, und zum Toren spricht sie: ›Kommt, esst von meinem Brot und trinkt von dem Wein, den ich gemischt habe.‹«

134 Vgl. den Überblick bei Gruber, Symposienliteratur, Sp. 369, und die Gesamtdarstellung mit literaturgeschichtlichem Abriss bei Martin, Symposion.

ter Eckharts Wirtschaft‹ ein vielschichtiges Bedeutungspotential anbieten, das ein Rezipient je nach eigenem Wissensstand und eigener Lektüreerfahrung für sich aktualisieren konnte.

Dass zur symbolisch-literarischen Verständnisebene noch eine historische hinzukommen muss, wird besonders an der Nennung Kölns als Schauplatz deutlich: Wenn man nicht von einer willkürlichen Setzung des Autors ausgehen möchte, muss es für diese Referenz auf die außerliterarische Wirklichkeit Anhaltspunkte geben. Sollte damit vielleicht auf den letzten bedeutenden Wirkort des zumindest im Titel genannten Meister Eckhart angespielt werden?[135] Das wäre denkbar, zunächst aber stellt der Text eine andere Assoziation her: Der arme Mensch zieht nach Köln, um dort »Armut zu suchen und der Wahrheit zu leben« (Nr. 1)– es geht also um eine bestimmte Lebensweise, für die sich Köln in besonderer Weise anbietet. Der Schlüssel dazu liegt in einem spezifischen Verständnis des Begriffs ›Armut‹, mit dem weit mehr gesagt ist als ›Besitzlosigkeit‹: Armut war neben der Verkündigung des Evangeliums und der Buße das wesentliche Element der *vita apostolica*, eines im Leben Jesu und seiner Jünger begründeten religiösen Lebensideals, das seit dem 12. Jahrhundert sowohl innerhalb wie außerhalb kirchlich legitimierter Bahnen Menschen in den Bann zog und das der Ketzerei verdächtige Wanderprediger und Laiengemeinschaften ebenso inspirierte wie die großen Bettelorden.[136] Auch im 14. Jahrhundert, der mutmaßlichen Entstehungszeit von ›Meister Eckharts Wirtschaft‹ (vgl. S. 421 f.), hatte die materiell wie spirituell verstandene Armut nichts von ihrer Faszination als religiöser Lebensmaxime eingebüßt und fand gerade auch in den wirtschaftlich blühenden Städten entlang des Rheins Zulauf.[137] Dass Köln hierbei keine Ausnahme bildet, belegt unter anderem der Bericht des Johannes von Brünn, den er in den 1330er Jahren über sein Leben bei einer häresieverdächtigen Vereinigung für den dominikanischen Inquisitor Gallus de Novo Castro verfasste. Darin steht zu lesen, er habe seine Ehe und die Hälfte seines Besitzes aufgegeben, um seine Heimatstadt in Böhmen zu verlassen, nach Köln zu ziehen und einer dort ansässigen Gemeinschaft von in völliger Armut lebenden

135 Zu Eckharts Wirken in Köln vgl. Senner, Meister Eckhart in Köln. Zum textkritischen Status des Titels vgl. S. 377–379.

136 Zur *vita apostolica* vgl. Grundmann, Religiöse Bewegungen, S. 38–50 und 503–513; Werner, Pauperes Christi (Studie speziell zum 11. und 12. Jahrhundert); McGinn, Mystik im Abendland III, S. 25–36, sowie Langer, Christliche Mystik, S. 215–218.

137 Wie dem Schreiben Bischofs Johann I. anlässlich der Straßburger Ketzerverfolgungen von 1317 zu entnehmen ist, war auch die freigeistige Häresie nicht nur mit dogmatischen Irrtümern, sondern ebenso mit einem (verfehlten) Armutsideal assoziiert. In besagtem Schreiben ist zu lesen, die Verfolgten würden sich selbst *secta liberi spiritus et voluntarie paupertatis* (Patschovsky, Beginenverfolgungen, S. 134, Z. 22 f.; eigene Übersetzung: »Gemeinschaft des freien Geistes und der freiwilligen Armut«) nennen.

Begarden beizutreten.[138] Im Lichte dieses Zeugnisses würde die Formulierung des Dialogs verständlich, dass der arme Mensch Armut »suchen« (vgl. Nr. 1) muss: Es geht ihm nicht um schlichte Besitzlosigkeit, sondern möglicherweise auch um den Anschluss an gewisse soziale Strukturen, die eine solche Existenz überhaupt erst lebbar machen, die die nötige spirituelle Führung bieten und die er offensichtlich mit Köln in Verbindung bringt. Diese Parallelen zwischen dem armen Menschen und dem Leben des Johannes von Brünn – Armut als religiöses Ideal, Köln als Ort eines entsprechenden Lebenswandels und die später noch zu beschreibende Bedeutung Böhmens in beiden Texten (vgl. S. 409–412) – zeigen, warum die Möglichkeit von historischen Anspielungen in ›Meister Eckharts Wirtschaft‹ nicht unterschätzt werden sollte.

Solche Anspielungen könnten dabei durchaus über die Figur des armen Menschen noch hinausgehen: Die *junckvrouwe* erinnert in ihrer Lebensform – sie ist wohl als unverheiratete Frau vorzustellen[139] und befindet sich ganz offensichtlich in der Lage, frei über ihren Haushalt verfügen und Gäste einladen zu können – an das in Köln blühende Beginentum[140], möglicherweise auch an

---

138 Zum Inquisitionsprotokoll und den kontroversen Ansichten über seinen Zeugniswert vgl. S. 128, Anm. 117. Die daraus im hiesigen Argumentationszusammenhang benutzten Aspekte scheinen mir aufgrund ihrer biographischen und undogmatischen Natur verlässlich zu sein. Der Zusammenhang von Armut, Wahrheit, apostolischem Ideal und der Lebensform der Begarden wird besonders deutlich in dem Rat des Freundes, der Johannes von Brünn zur Aufgabe seines bisherigen Lebens bewegt und den er in seinem Bericht folgendermaßen wiedergibt: *Qui* [gemeint ist der Freund, Anm.] *instruxit me, quod vita beghardorum in paupertate viventium esset perfeccior omni statu in mundo existentium, quia perfeccius veritatem ewangelicam imitarentur, quam quicunque alii, sive sint clerici sive religiosi sive layci* (Wattenbach, Secte der Brüder vom freien Geist, S. 529; eigene Übersetzung: »Dieser lehrte mich, dass die Lebensweise der in Armut lebenden Begarden vollkommener sei als jeder andere Stand, den Menschen sonst auf der Welt haben, da sie ja vollkommener nach der Armut des Evangeliums leben als alle anderen, seien sie nun Mitglieder des Klerus oder Religiosen oder Laien.«). Eine Skizze des geistlichen Lebens in Köln in der ersten Hälfte des 14. Jahrhunderts gibt Senner, Meister Eckhart in Köln, S. 214–226, mit besonderer Berücksichtigung des Verhörprotokolls des Johannes von Brünn auf S. 222–226.

139 Im stadtbürgerlichen Kontext von ›Meister Eckharts Wirtschaft‹ scheint diese Bedeutung von mittelhochdeutsch *junckvrouwe* plausibler als die in den Texten der klassisch-höfischen Literatur dominierende Bedeutung ›junge, edle Dame‹, wenngleich beides sich natürlich nicht ausschließen muss (vgl. HWB, Bd. 1, Sp. 1488 f.).

140 Zum Beginenwesen in Köln vgl. die zweiteilige Untersuchung von Asen, Beginen in Köln, der gerade für das Köln des beginnenden 14. Jahrhunderts eine beachtliche Zahl alleinlebender Beginen notiert (ebd., erster Teil, S. 93). Interessant im Zusammenhang von ›Meister Eckharts Wirtschaft‹ mag zudem sein, dass in verschiedenen Hausregeln von Beginengemeinschaften die Aufnahme von Gästen und deren Bewirtung im Sinne eines guten Leumunds verboten war (ebd., erster Teil, S. 101). In den Satzungen des oberpfälzischen Beginenhauses Schöntal gilt dieses Verbot explizit für *Peghart, die auf dem Land lauffent* (Reichstein, Beginenwesen in Deutschland, S. 395). Man darf daraus den Schluss ziehen, dass solche Bewirtungen wohl stattgefunden haben müssen.

selbstständige ledige Bürgersfrauen.[141] In diesem Zusammenhang ist auch das Beispiel der Gertrud von Ortenberg von Interesse, die zusammen mit anderen Frauen in Straßburg und Offenburg ein selbstbestimmtes geistliches Leben mit eigenem (Haus-)Besitz in der Welt führte. Nach ANNEKE MULDER-BAKKER steht sie paradigmatisch für die Lebensform in einem ›asketischen Privathaushalt‹, in den Quellen *seelshusen* genannt, der neben dem Beginenstand eine eigene Existenzmöglichkeit für meist begüterte und gebildete Frauen geboten haben muss.[142] Die Annahme GOTTSCHALLS, man könne sich die Szene unter Umständen auch im Refektorium eines Frauenklosters vorstellen, scheint dagegen wenig überzeugend.[143] Nicht zuletzt gibt es auch für die Vorstellung, dass Laien gemeinsam nicht nur über die alltägliche Glaubenspraxis, sondern auch über theologisch anspruchsvolle Fragen diskutierten, historische Anhaltspunkte: Der Franziskaner Simon von Tournai berichtet dem zweiten Konzil von Lyon im Jahr 1274, dass in Frankreich und Belgien Beginen *in conventiculis, in ergastulis* und *in plateis* über theologische Spitzfindigkeiten sprächen.[144] Die Bulle ›Cum de quibusdam mulieribus‹, veröffentlicht im Jahre 1317, verurteilt fromme Frauen, die sich anmaßten, *de summa Trinitate ac divina essentia*[145] zu diskutieren und zu predigen. Und in der Lebensbeschreibung Gertruds von Ortenberg liest man von einem Gespräch der beiden selbstständig lebenden Edelfrauen Gertrud und Heilke über das Vergessen der Kreaturen im Zustand der *unio* und über das Sinken in die Gottheit.[146] Eben solche Phänomene könnte man mit LÜDERS' These von ›Meister Eckharts Wirtschaft‹ als einem literarischen Reflex sog. Laienkollazien, Zusammenkünften von Laien zum

---

141 Zum Hausbesitz von berufstätigen Frauen außerhalb des Beginenstandes vgl. WENSKY, Stellung der Frau, S. 307–314.

142 Vgl. MULDER-BAKKER, Fromme Frauen. Vgl. dazu auch die von MULDER-BAKKER herausgegebene englischsprachige Übersetzung der Vita Gertruds: DIES., Upper Rhine Noble Women, und dort insbesondere den Überblick auf S. 60–62 mit einem Hinweis darauf, dass solche Haushalte auch in Kontakt mit Gelehrten der Bettelorden standen.

143 GOTTSCHALL, Eckhart and the Vernacular Tradition, S. 545, Anm. 152. GOTTSCHALL macht zu diesem Zweck den Vorschlag, *junckvrouwe* als Nonne zu begreifen. Neben lexikalischen stellen sich dabei aber auch sachliche Probleme ein, denn wie könnte man sich bei dem Gebot der Klausur vorstellen, dass eine Nonne nicht nur einen Meister der Theologie, sondern auch einen armen Menschen von der Straße in ihren Konvent zu einem gemeinsamen Gespräch einlädt?

144 Zitiert nach GRUNDMANN, Religiöse Bewegungen, S. 338, Anm. 37; eigene Übersetzung: »in Versammlungsorten, bei der Arbeit, auf den Straßen«. Vgl. dazu auch RUH, Beginenmystik, S. 268.

145 FRIEDBERG / RICHTER, Corpus iuris canonici, Sp. 1169; eigene Übersetzung: »über die Geheimnisse der Trinität und über das göttliche Wesen«.

146 Das Gespräch ist abgedruckt bei MULDER-BAKKER, Fromme Frauen, S. 74, und ins Englische übersetzt in DIES., Upper Rhine Noble Women, S. 236–239. MULDER-BAKKER hält es für ein Zeugnis guter Kenntnis eckhartischer Theologie (vgl. DIES., Fromme Frauen, S. 74).

Zwecke erbaulicher und theologisch anregender Diskussion bei gemeinsamer Mahlzeit,[147] in Verbindung bringen.

Die einleitenden Sätze aus ›Meister Eckharts Wirtschaft‹ eröffnen also mit ihren knappen Aussagen ein Szenario, das durchaus an reale zeitgenössische Umstände angelehnt sein könnte und eine gewisse historische Plausibilität für sich beanspruchen darf. Dass bei der Konstruktion des Settings auch literarisch-symbolische Aspekte mitwirkten und auch mitgedacht werden konnten, bleibt davon unberührt.

Dialogteil (Nr. 6–75): Auf die Einleitung folgt ein disparater Mosaiktraktat in Gesprächsform. Anders als man es bei der Strenge der Struktur erwarten könnte, wird auf inhaltlicher Seite keine logisch-stringente Gedankenführung entwickelt, sondern ein breites Panorama meist in sich abgeschlossener geistlicher Lebensmaximen geboten. Die Inhalte stammen aus dem weiten Gedankengut aszetisch-mystischer Literatur und sind so allgemeinverbindlich gehalten, dass sich über Anspielungen und Ähnlichkeiten hinaus kaum konkrete Bezugspunkte oder gar Quellen ausmachen lassen. Kohärenz stiftet hier allein die Suche des armen Menschen nach Armut und rechter Lebensführung (vgl. Nr. 1) und das darin beschlossene Ideal einer *vita apostolica*, dessen Bedeutungsspektrum sowohl ethische, aszetische wie auch spekulative Gedanken fasst.

*Die Fragen der junckvrouwe an den armen Menschen* (Nr. 6–24). Diese erste Frage-Antwort-Sequenz hat in der Forschungsliteratur zu ›Meister Eckharts Wirtschaft‹ bereits eine gesonderte Betrachtung erfahren,[148] weil sie zum einen als möglicher Reflex der eckhartischen Armutslehre von Interesse war (vgl. dazu S. 416), zum anderen weil Marquard von Lindau sie für wert befand, in zwei seiner Traktate integriert zu werden (vgl. S. 372 f.). Für sich gelesen

---

147 LÜDERS, Meister Eckehartes Wirtschaft, S. 110 und S. 110 f., Anm. 3. Für die Existenz solcher Laienkollazien führt LÜDERS das erstarkende Konventikelwesen in den religiösen Wirren der Regierungszeit Kaiser Ludwigs des Bayern an – allerdings ohne Quellen dafür zu benennen – und verweist zudem auf die Übernahme des lateinischen *collatio* in die Volkssprache als Bezeichnung für eine Abendmahlzeit. Über diese wenigen Hinweise hinaus gibt es bisher kaum Untersuchungen für eine laikale Praxis der *collatio* zur mutmaßlichen Entstehungszeit von ›Meister Eckharts Wirtschaft‹ und auch SENNER gibt in seiner differenzierten Begriffsdarstellung keinen Hinweis dazu (vgl. DERS., Rede der unterscheidunge, S. 110–113), so dass bei der Vorstellung von Laienkollazien Vorsicht angebracht ist. THOM MERTENS beschreibt sehr detailliert verschiedene Kollationspraktiken in den Organisationen der Devotio Moderna, die dem Szenario des Dialogs durchaus ähneln – Verbindung eines religiösen Gesprächs mit einer Mahlzeit, gemeinsame Diskussion eines Themas statt einseitiger Belehrung, sogar Öffnung des Kreises für Stadtbürger (vgl. DERS., Collatio, S. 164–169) –, sich aber erst einige Jahrzehnte nach der Entstehung des Textes und noch dazu in einem anderen Raum (zur zeitlichen und geographischen Einordnung von ›Meister Eckharts Wirtschaft‹ vgl. S. 421–423) herausgebildet haben.

148 Vgl. etwa STEER, Der Armutsgedanke der deutschen Mystiker, S. 292–295.

verbindet ›Meister Eckharts Wirtschaft‹ mit dem Armutsbegriff ein eher konventionelles Programm des Rückzugs aus der Welt und in die Innerlichkeit: Verachtung der Natur des Menschen und bewusst gesuchtes Leid machen die Außenseite (vgl. erste Antwortgruppe, Nr. 7–10), Abgeschiedenheit von der kreatürlichen Welt und Demut die Innenseite dieser Existenz aus (vgl. zweite Antwortgruppe, Nr. 13–16) und ihr Heil sucht sie in einer unvermittelten und exklusiven Begegnung mit Gott (vgl. dritte Antwortgruppe, Nr. 19–24). Die anfängliche Weigerung des armen Menschen, über die geistige Armut zu sprechen, verleiht speziell der dritten Antwortgruppe die Aura des exklusiven, verbotenen, vielleicht sogar häretischen Wissens, die, wenn nicht in der Assoziation mit dem radikaleren Armutskonzept Eckharts, so doch in einem ganz und gar individualistischen Heilskonzept gründen könnte: Nur Gott zu kennen und ihn nur im eigenen Inneren zu suchen, schließt jede Form der Heilsvermittlung durch die Kirche und ihre Sakramente ebenso aus wie das Wissen um ethische Normen oder materielles Glaubenswissen. Geistliches Gut, so die letzte Sentenz, darf der Mensch sich nicht zu eigen machen und sie *van eyner stat in die ander* tragen (Nr. 24), was im Umkehrschluss nur die unmittelbare, momenthafte göttliche Inspiration als Quelle geistlicher Erkenntnis zulässt.

*Bindeglied 1 (Nr. 25–37).* Eine Nachfrage der *junckvrouwe* greift diesen Gedanken auf, konkretisiert ihn und leitet damit das erste der beiden strukturell frei gestalteten Bindeglieder ein: Sie will wissen, was von der Predigt des hier erstmals erwähnten Meisters zu halten ist, die als verschriftetes oder memoriertes geistiges Erzeugnis ja genau ein solches geistliches Gut darstellt, eine Veräußerlichung von Glauben, die man von einer *van eyner stat in die ander* oder eben von der Zelle auf die Kanzel tragen kann (vgl. Nr. 25). Möglicherweise spricht aus dieser Nachfrage Kritik an ihrem Vorredner, dessen Thesen man eine gewisse Radikalität und Realitätsferne unterstellen könnte. Der arme Mensch beharrt auf seiner Position und lehnt diese Predigt ab, weil sie sich in Raum und Zeit vergegenständlicht hat. Die *junckvrouwe* quittiert diesen Einwand mit der Bemerkung *Vor war, der geist inkumt von Behem nicht* (Nr. 29 nach Gruppe B2)[149], einer Bemerkung, die der Erläuterung bedarf. Welche Assoziationen verbinden Böhmen und seine im nächsten Satz genannte Hauptstadt Prag mit den unmittelbar vorausgegangenen Gedanken? Aus der bisherigen Forschung sind zu dieser Stelle des Dialogs zwei Deutungsansätze hervorgegangen. LÜDERS schlägt vor: »Unwillkürlich fühlt man sich durch diese dem Sinn nach dunkle Stelle an gewisse Sätze gemahnt, die man der Sekte des freien Geistes als zu ihrer Irrlehre gehörig etwa 100 Jahre zuvor vorgeworfen hatte«[150]. Ihre These bleibt zwar verschiedene Konkretionen schuldig – etwa wie der geo-

149 Zur Lesart der Gruppe A vergleiche die Diskussion der Stelle auf S. 364.
150 LÜDERS, Meister Eckehartes Wirtschaft, S. 119.

graphische Bezug zu Böhmen und Prag zu denken ist[151] oder wie man von ihrer Annahme ausgehend die fragliche Dialogpassage zu verstehen hat – lohnt aber der genaueren Nachforschung. Böhmen stellt sich in der ersten Hälfte des 14. Jahrhunderts, dem Zeitraum, der für ›Meister Eckharts Wirtschaft‹ den entstehungsgeschichtlichen Horizont bildet, in zweierlei Hinsicht als ein Unruheherd dar. Zum einen liegen Berichte über ernste Probleme mit Ketzern vor, die im Jahr 1339 in offenen Ausschreitungen gegen die kirchentreue Bevölkerung in der Gegend von Neuhaus einen Höhepunkt erreichten. Der dominikanische Inquisitor Gallus de Novo Castro musste sich über den Mangel an Gefängnissen für die große Zahl an Verhafteten beschweren, woraufhin Papst Benedikt XII. die Unterstützung sowohl des Bischofs von Prag als auch des späteren Kaisers Karl IV. für die Zwecke der Inquisition erwirkte.[152] In Brünn, dem Herkunftsort des mutmaßlichen Freigeists und späteren Mitglieds eines Kölner Begardenkreises Johannes von Brünn, konnte Gallus eine ketzerische Gemeinschaft aufspüren und ihre Mitglieder in Haft nehmen. In anderer Hinsicht bedeutete Böhmen für den Dominikanerorden – ein Bezugsrahmen, der dem Dialog über die Nennung Eckharts im Titel eingeschrieben ist – ein Problem:[153] Wie aus den Akten der Generalkapitel hervorgeht, wurde im Jahr 1305 aus unbekannten Gründen verboten, Studenten anderer Provinzen dorthin auf das Generalstudium zu schicken. 1307 wurde der böhmische Provinzialprior seines Amtes enthoben und Eckhart mit der Begründung zum Vikar eingesetzt, *cum multa digna examinacione et correctione audiverimus de provincia Boemie*[154]. Auch in den folgenden Jahrzehnten schwelten die Konflikte weiter, die, wie Koudelka vermutet, auf innere Parteikämpfe in der Ordensprovinz[155] und auf den falschen Umgang mit Missbräuchen zurückgingen und mehrere Male

151 Lüders gibt die Ansicht wieder, ein Hauptsitz der freigeistigen Bewegung sei in Rhätien zu lokalisieren (ebd., S. 119), eine alte römische Provinz, die Gebiete in der heutigen Schweiz, in Schwaben, zum Teil auch in Bayern umfasste, aber nie nach Böhmen reichte. Als einzige tatsächlich böhmische Bewegung nennt sie die als ketzerisch angesehenen Hussiten, die aber, wie sie selbst zu bedenken gibt, aufgrund der Datierung von ›Meister Eckharts Wirtschaft‹ hier nur als spätere Assoziation in Frage kommen können (ebd., S. 120).

152 Koudelka, Geschichte I, S. 86–88. In einer umfangreichen Studie beschreibt Patschovsky, wie es in der ersten Hälfte des 14. Jahrhunderts zur Einrichtung einer ständigen Inquisition in Böhmen kam. Was mögliche Zugehörigkeiten der böhmischen Ketzer angeht, so optiert Patschovsky vorsichtig für Waldenser sowie Beginen und Begarden, die freigeistige und mystische Lehren vertraten (vgl. ders., Inquisition in Böhmen, S. 1–80).

153 Zur Situation der Dominikanerprovinz Böhmen vgl. Koudelka, Geschichte I, und die Zusammenfassung mit Blick auf die Biographie Eckharts bei Senner, Ordensmann, S. 22 f.

154 Reichert, Acta, S. 28; eigene Übersetzung: »weil wir aus der Provinz Böhmen viel hörten, was untersucht und berichtigt werden muss«.

155 Koudelka, Geschichte I, S. 77.

zur Absetzung von Provinzialen führten. Mit Blick auf diese historischen Konstellationen würde die Bemerkung der *junckvrouwe* eine Art Anerkennung oder Inschutznahme des armen Menschen bedeuten, der in ihren Augen eben nichts mit böhmischen Ketzern oder Missständen in der Ordensprovinz zu tun hat. Wie ist dann aber die Gleichsetzung Kölns und Prags in der Replik des armen Menschen zu verstehen? Warum scheint er hier für eine heikle Sache Partei zu ergreifen? Will er sich in irgendeiner Weise mit den Vorgängen in Böhmen sozialisieren? So bleibt die Stelle auch mit dem Wissen um die aufgezeigten Vorgänge eine Herausforderung.

Quint dagegen geht in seiner Deutung von der Annahme aus, dass der arme Mensch aus Böhmen stamme – was im Text allerdings nicht gesagt wird – und dass die Jungfrau nicht glauben könne, aus dem Mund eines Böhmen den »Geist Kölns« sprechen zu hören. Dieser Geist, so Quint weiter, sei als Geist Eckharts zu verstehen und das Bild der Sonne besage, dass man auch in Prag – etwa in Folge von Eckharts Vikariat im Jahr 1307 – davon schon erleuchtet sei.[156] Diese Deutung könnte, wenn man ›Meister Eckharts Wirtschaft‹ die ein oder andere literarische Unschärfe und eine ungewohnt emphatische Ausdrucksweise zu verzeihen bereit ist, durchaus nicht unbegründet sein: Die Assoziation mit Meister Eckhart ist nicht nur über bestimmte Inhalte gegeben, sondern, wie die philologische Untersuchung gezeigt hat, auch über seine namentliche Nennung in einer als ursprünglich anzusehenden Titelgebung. Auch die Ablehnung einer Erkenntnis, die *zîtlich* ist, ist bei Eckhart nachweisbar.[157] Vielleicht muss man aber auch nicht so weit gehen, die Stelle mit dem Dominikaner direkt in Verbindung zu bringen: Aus dem Textzusammmenhang ist zu schließen, dass die Aussagen des armen Menschen als gefährlich – seine Auskünfte zur geistigen Armut – und radikal – seine Ansichten zur Predigt – anzusehen sind. Die *junckvrouwe* traut sie einem in ihren Augen ungebildeten Böhmen offensichtlich nicht zu – hier folge ich Quint – und erhält zur Antwort, dass Prag dem etwa durch das dominikanische Generalstudium in-

156 Quint, Meister Eckehart, S. 530 f.

157 Vgl. etwa folgende Erklärungen Eckharts: *Sæhe ich got ane mit mînen ougen, sô wære mir gar unreht, mit den ougen, dâ mite ich die varwe anesihe, wan ez ist zîtlich; wan allez, daz zîtlich ist, daz ist gote verre und vremde* (Pr. 10, DW I, S. 169,6–8; Übersetzung S. 470: »Wollte ich Gott ansehen mit meinen Augen, mit jenen Augen, mit denen ich die Farbe ansehe, so tät ich gar unrecht daran, denn dieses <Schauen> ist zeitlich; nun ist aber alles, was zeitlich ist, Gott fern und fremd.«) oder: *Ein ieglîchez, daz bekennet, daz muoz bekennen in einem liehte, daz in der zît ist, wan, swaz ich gedenke, daz gedenke ich in einem liehte, daz in der zît ist und zîtlich ist. Aber der engel bekennet in einem liehte, daz über zît ist und êwic ist. Dar umbe bekennet er in einem êwigen nû. Aber der mensche bekennet in einem nû der zît.* (Pr. 77, DW III, S. 335,5–8; Übersetzung S. 566: »Ein jegliches <= jedes Wesen>, das erkennt, das muss erkennen in einem Lichte, das in der Zeit ist, denn, was immer ich denke, das denke ich in einem Lichte, das in der Zeit und zeitgebunden ist. Der Engel aber erkennt in einem Lichte, das über der Zeit und ewig ist. Darum erkennt er in einem ewigen Nun. Der Mensch aber erkennt in einem Nun der Zeit.«).

tellektuell bedeutsamen Köln durchaus das Wasser reichen kann.[158] Dass das *von Behem* als Signum einer gewissen Einfältigkeit verstanden werden konnte, mag man überlieferungsgeschichtlich durch seine spätere Ersetzung durch *gemeynen menschen* (Nr. 29) in Kn2 ersehen, mit der der Redaktor an dieser Stelle wohl für mehr Klarheit sorgen wollte.

Wie diese Äußerungen auch zu verstehen sind, die *junckvrouwe* verlangt weitere Auskunft (vgl. Nr. 32) und erhält sie vom Meister. Der schränkt nun die radikale Aussage des armen Menschen bezüglich der Predigt und des veräußerlichten Glaubenswissens ein: Eine äußere Wahrheit, man wird darunter auch so etwas wie Belehrungen und Predigten verstehen dürfen, ist nicht per se wertlos, sondern kann eine propädeutische Funktion erfüllen und auf der Suche nach der inneren Wahrheit hilfreich sein (vgl. Nr. 34).[159] Zu verweisen ist an dieser Stelle bereits auf das zweite Bindeglied, in dem die Auseinandersetzung zwischen dem armen Menschen und dem Meister über geistliches Wissen eine Fortsetzung findet.

Die Fragen des armen Menschen an die *junckvrouwe* (Nr. 38–56): Die zweite Frage-Antwort-Sequenz befasst sich vornehmlich mit Fragen der Ethik und der Glaubenspraxis. Dabei sind in den ersten beiden Dreiereinheiten, in denen die *junckvrouwe* über die Werke des heiligen Geistes in der Seele (vgl. Nr. 38) und die Gegenwart Gottes in Gebet und Übung (vgl. Nr. 44) spricht, gewisse inhaltliche Parallelen zu erkennen: In beiden Fällen geht es darum, dass der Mensch von seinen natürlichen Befindlichkeiten mehr und mehr absehen (vgl. Nr. 40) bzw. das, was seiner Natur an Leid widerfährt, gar als Zeichen besonderer Erwähltheit begreifen soll (vgl. Nr. 46), um dafür reicher an den inneren Gaben der göttlichen Liebe und Gnade zu werden (vgl. Nr. 41 und 47). Ihren Abschluss finden diese ersten beiden Dreiereinheiten in den wieder klar unterschiedenen Aussagen, dass der vom Heiligen Geist Erfüllte das Wohl seines Nächsten über sein eigenes stellt (vgl. Nr. 42) bzw. dass Gottes Führung den Menschen nie verlässt (vgl. Nr. 48). In seiner letzten Frage bittet der arme Mensch schließlich um Kriterien, die die Übereinstimmung der Werke eines Menschen mit dem Willen Gottes anzeigen, und erhält der Struktur des Tex-

---

158 Dass mit Prag die im Jahr 1348 von Karl IV. gegründete Universität assoziiert werden sollte, ist zwar nicht unmöglich, aber angesichts einer in der Mitte des 14. Jahrhunderts breiten handschriftlichen Bezeugung könnte der Dialog sehr wahrscheinlich schon vor diesem Ereignis entstanden sein. Denkbar wäre auch eine Anspielung auf das dominikanische Studium im Prager St. Klemens Kloster, das im Jahr 1347 in den Rang eines Generalstudiums erhoben wurde (Koudelka, Geschichte II, S. 139).

159 Die Redaktionen B und C bieten den Gedanken in der umgekehrten Form, dass man zuerst die innere Wahrheit befolgen bzw. sie suchen soll, um auf diesem Wege die äußere zu finden. Man wird dies als sekundäre Variante beurteilen, in der die gedankliche Logik gestört scheint und die auch vergleichbare Stellen aus anderen Werken gegen sich hat (vgl. dazu etwa die Ausführungen zum ›Buch von geistiger Armut‹ auf S. 420 f.).

tes entsprechend wieder eine dreifache Antwort: Neben dem reinen Gewissen (vgl. Nr. 52) nennt die *junckvrouwe* die Willenseinheit mit Gott (vgl. Nr. 53) – allein in Gruppe A ist von Einheit mit Gott die Rede – und die ohne Unterlass stattfindende Gottesgeburt in der Seele (vgl. Nr. 54). Die beiden letzten Punkte beschreiben dabei eine bestimmte Grundverfasstheit des Menschen, die dem konkreten Werk vorausgeht und seine Qualität grundlegend bestimmt: Nicht die nach außen hin sichtbare Seite einer Tat, ihre Konsequenzen und Wirkungen auf die Umwelt, macht ihren Wert aus, sondern die unsichtbare Innenseite, das Gottesverhältnis, in dem der Handelnde steht – eine Fundierung der Ethik, die an Grundkonzepte eckhartischen Denkens angelehnt sein könnte (vgl. dazu S. 417 f.).

Bindeglied 2 (Nr. 57–59): Das Bindeglied zwischen zweiter und dritter Frage-Antwort-Sequenz setzt die Reflexion über das geistliche Wissen, seine Gestalt und Herkunft, wie sie im ersten Bindeglied begonnen wurde, fort. Als der Meister darum bittet, ihm mit Rücksicht auf sein Alter den schuldigen Beitrag zum Tischgespräch zu erlassen, gemahnt der arme Mensch ihn an die Kraft der Liebe: Sie wirke *sonder zo valle* (Nr. 59), behauptet er, also ohne dass etwas hinzugegeben werden müsse. Der mittelhochdeutsche Begriff *zůval* dürfte in diesem Kontext dem lateinischen *accidens* entsprechen[160] und bezeichnet damit alles, was Zeit und Raum unterworfen und nicht der ewig unveränderlichen Substanz eines Dinges zugehörig ist. Hat der arme Mensch im ersten Bindeglied noch die Predigt kritisiert, weil sie *zîtlich* und *lîplich* (vgl. Nr. 28), also ein eben solches akzidentielles Erkenntnismittel ist, stellt er nun das komplementäre Konzept dazu vor: Die durch die Liebe unmittelbar eingegebene Erkenntnis, die Inspiration, die den Menschen spontan ergreift und zu dem er nichts Eigenes hinzugeben muss und auch nicht darf.

Der Meister im Gespräch (Nr. 60–75): Auch wenn die dritte Frage-Antwort-Sequenz unter keinem übergreifenden Thema steht, so lassen sich zumindest innerhalb der Dreiereinheiten, insbesondere den letzten beiden, jeweils bestimmte Schwerpunktsetzungen erkennen. Die Gotteskindschaft, der die erste Dreiereinheit gewidmet ist, stellt sich nach den Aussagen des Meisters als ein sehr heterogenes Konzept aus frommen Werken, Schicksalsaffirmation und einem ausschließlich auf Gott gerichteten Hoffen dar (vgl. Nr. 60–65). Seine Antworten auf die Frage nach der vollendeten Tugend bilden dann aber sprachlich und inhaltlich eine deutliche Einheit: Eine gute Tat kann dann als vollkommen gelten, wenn in ihr ein gutes Prinzip – genannt sind hier Minne, Gott und Wahrheit – um seiner selbst willen angestrebt und kein eigennütziger Zweck damit verfolgt wird (vgl. Nr. 66–70). Die letzte Dreiereinheit bereitet insofern

160 Vgl. etwa die bei Diefenbach zu *accidens* angegebenen Formen von *zůval* (ders., Glossarium, S. 7) oder das im ›Vocabularius Ex quo‹ für *Accidens* angegebene Interpretament *ein zu vall* (Grubmüller, Vocabularius, Bd. 2, S. 30) und ebenso den Kommentar Largiers zum Begriff *zuoval* in Predigt 3 (EW II, S. 775).

Schwierigkeiten bei der Analyse, als hier die Textüberlieferung stark gestört ist. Die vom Meister gestellte Ausgangsfrage hat sich noch einigermaßen klar erhalten, eine Frage, mit der er sich selbst und seine Lebensform thematisiert und mit der das Stück in gewisser Weise zu seinem Ausgangspunkt, zum armen Menschen und seinem Wunsch, *der wairheyt zo leven* (Nr. 1), zurückkehrt: Wie soll derjenige leben, der die Wahrheit lehrt (vgl. Nr. 72)?[161] In der ersten Antwort fordert die *junckvrouwe* – und dieser Gedanke bleibt trotz erheblicher Varianz im Wortlaut bei allen Gruppen weitgehend konstant – die Übereinstimmung von Wort und Tat, von Lehre und Leben (vgl. Nr. 73). Damit ist das Konzept des *lebemeisters* berührt, das vor allem bei Tauler und dann auch in der Literatur um Rulman Merswin eine große Rolle in der Abgrenzung gegen ein veräußerlichtes Gelehrtentum spielt.[162] Bei der zweiten Antwort ergibt sich zwischen der Redaktion A einerseits und den Redaktionen B und C andererseits ein glatter Widerspruch, was die Ansichten zur Vermittlung der Wahrheit an andere betrifft: Der ersten Textform gemäß soll *hey* (Nr. 74) nichts in seinem Inneren haben, was er nicht auch mit Worten weitergeben könnte (vgl. Nr. 74) – eine nachvollziehbare Forderung, wenn mit *hey* nach wie vor der Lehrer gemeint ist, dessen Aufgabe ja in der Verbreitung seiner Gaben und Kenntnisse besteht. Dagegen liegt nach der zweiten Textform eine besondere Auszeichnung darin, mit einem solchen Übermaß an Wahrheit begnadet zu sein, dass sie nicht mehr versprachlicht werden kann. Zu denken wäre hierbei, wie es in einigen Handschriften zu lesen ist, an Formen göttlich inspirierten Wissens – so suggeriert es die Formulierung *me erlúhtet sye und entzúndet* in Gruppe C – oder an Glaubensüberzeugungen, die in einer nicht erklärbaren Gewissheit gründen.

Die vorgetragenen Überlegungen zu Struktur und Inhalt von ›Meister Eckharts Wirtschaft‹ erlauben ein kurzes Fazit: Der Dialog ist kein theologisches Lehrstück, das – wie etwa ›Meister Eckharts Tochter‹ oder ›Der arme Mensch I‹ – in systematischer Weise einen bestimmten Gedanken entfaltet, sondern vielmehr ein besonders auffällig strukturiertes Florilegium, bei dem sich immer nur einzelne Sätze zu einer inhaltlichen Einheit zusammenfinden. Die schlag-

---

161 Zur Textkritik der Stelle: Es stehen sich die Fragen »Wie soll einer leben, der die Wahrheit lehrt« – so die Gruppen A, B1 und B4 – und »Wie soll einer leben, damit er die Wahrheit lernt« – so die Gruppen B2 und B3 – gegenüber. Die erste Variante scheint nicht nur aufgrund der Übereinstimmung zweier Hauptgruppen, sondern auch aufgrund inhaltlicher Erwägungen als verlässlicher: Zum einen entspricht sie der Rolle des Meisters, zum anderen setzt schon die erste Antwort auch in den Gruppen B2 und B3 die Position des Lehrenden voraus (vgl. Nr. 73 nach der zur Gruppe B2 gehörenden Handschrift Bre1: *daz ume alle sine werc ein geczucnisse geben alle der warheit, dy he von buzen ie zu worte brathe*). Kaum ursprünglich dürfte die Lesart der generell stark bearbeiteten Redaktion C sein, die die Wahrheit zur Lehrerin des Menschen erklärt.

162 Vgl. Steer, Eckhart der *meister*, S. 720–723.

wortartige Beschreibung des Stücks im Bibliothekskatalog der Erfurter Kartause könnte seinen Charakter nicht besser treffen: Es geht um die Darstellung eines bestimmten Lebensideals, das ethische, aszetische und mystische Ideale mit dem Gedanken einer *vita apostolica* verbindet und vielleicht sogar verbinden muss, um die angestrebte Totalität zu erreichen. Die beiden Bindeglieder eröffnen dazu eine Metaebene, auf der über die Vermittlungswege der verhandelten Wahrheiten und Weisungen – die Predigt als äußeres Kommunikationsinstrument und die Liebe als Kraft innerer Inspiration – reflektiert wird.

Auch wenn das Stück mit Blick auf seine Struktur immer wieder einzigartig genannt wurde und es durchaus auch sein mag, so könnte man es in inhaltlicher Hinsicht geradezu als typisch für die spätmittelalterliche Frömmigkeit ansehen: Wie die zahlreichen geistlichen Sammelhandschriften, in denen es überliefert ist, lässt es sich nicht in die Schablone einer bestimmten theologischen oder frömmigkeitsgeschichtlichen Strömung pressen, sondern verbindet unterschiedliches Material zu einer heterogenen Vielfalt, die die lebenspraktische Nützlichkeit über logische Zwänge und sachliche Einheitlichkeit stellt. In diesem Sinn könnte man ›Meister Eckharts Wirtschaft‹ als kondensierte geistliche Sammelhandschrift oder als geistliche Sammelhandschrift in Form eines einzigen Textes beschreiben.

### Frömmigkeitsgeschichtliche Einordnung

Der kompilatorische Charakter von ›Meister Eckharts Wirtschaft‹ wirft die Frage auf, woher der Autor das Material bezogen haben könnte, das er in seinem Text so kunstvoll zu arrangieren wusste. Den ersten Schritt über die immanente Lektüre hinaus weist dabei der Dialog selbst, indem er einen möglichen Stofflieferanten schon in seinem ursprünglichen Titel beim Namen nennt: Meister Eckhart. Neben dem Dominikaner wird in der anschließenden Untersuchung, einer Anregung aus der Sekundärliteratur folgend, auch das ›Buch von geistiger Armut‹ als intertextuell relevanter Bezugspunkt in den Blick genommen. Mit dem Entwurf eines spirituellen Armutsideals teilt es ein wichtiges Element mit ›Meister Eckharts Wirtschaft‹, in dem man durchaus Übereinstimmungen vermuten könnte.

Methodisch ist bei den nachfolgenden Überlegungen eine durch den sentenzenhaften Stil des Dialogs bedingte Unschärfe einzuräumen: Was dort mit nur wenigen Worten eher angedeutet als ausgeführt wird, mag zwar anderen Texten durchaus ähnlich sehen, oft fehlt es aber an weitergehenden Erläuterungen, um mit Gewissheit über gedankliche Verbindungen oder gar literarische Abhängigkeiten urteilen zu können.[163]

---

163 Auf dieses Problem wurde bereits im Zusammenhang mit dem Dialog ›Der arme Mensch I‹ hingewiesen, in dem RUH ein Zitat aus Sermo 34 entdeckt haben wollte (vgl. S. 231–234).

Den ersten und bislang einzigen eingehenden Versuch, ›Meister Eckharts Wirtschaft‹ in Beziehung zu den Schriften des namengebenden Dominikaners zu setzen, hat STEER unternommen: Er stellt fest, dass manche Formulierungen des Dialogs der Diktion Eckharts gänzlich fremd sind, wobei solche Untersuchungen des konkreten Wortlauts bei der diffusen Textüberlieferung von ›Meister Eckharts Wirtschaft‹ nur mit größter Vorsicht zu behandeln sind.[164] Sein inhaltlicher Vergleich von Eckharts Bestimmungen der inneren Armut nach der ›Armutspredigt‹ 52 und der geistigen Armut des Dialogs (vgl. Nr. 18–24) führt zu einem überwiegend negativen Ergebnis:[165] Eckharts *daz er niht enwizze dehein dinc, weder got noch crêatûre noch sich selben*[166] könnte in der Sentenz *nyt enwisse* [...] *dan got alleyn* (Nr. 22) aufgegriffen sein, auch wenn durch die Ausnahme »außer Gott« Eckharts Intention glatt verfehlt sein dürfte: Solange der Mensch über gegenständliches Wissen verfügt, und sei es auch auf Gott selbst bezogen, so ist er noch in der Subjekt-Objekt-Dissoziation gefangen, auf deren Überwindung es Eckhart doch ankommt. Dem Aspekt er *enhabe deheine stat*[167] wäre die Sentenz *engeyn geistlich goit mit eygenschaff endragen van eyner stat in die ander* (Nr. 24) zuzuordnen, wobei im ersten Fall mit *stat* eine innere Verfasstheit, im zweiten eine konkrete Örtlichkeit gemeint ist. Für das *der niht enwil*[168] bliebe damit nur *usz yme selver got nyet ensoeken* (Nr. 23), zwischen denen nur mit großer interpretatorischer Anstrengung eine Entsprechung gesehen werden kann – etwa in dem Sinn, dass alles objekthaft Äußere nur von Gott abhält. Damit mag ›Meister Eckharts Wirtschaft‹ vielleicht gewisse Wortassoziationen zur Predigt 52 bieten, lässt sich aber kaum als eine ernsthafte oder gar gelungene Reproduktion deuten, falls das überhaupt das Ziel des Dialogs gewesen sein sollte. Die Tiefendimension der Predigt, die Beschreibung des Menschen, wie er war, *dô er niht enwas*[169], erreicht er jedenfalls nicht.

Diskussionswürdige Assoziationen zu Eckhart stellen sich aber auch außerhalb der von STEER untersuchten ersten Frage-Antwort-Sequenz und damit

164 Vgl. STEER, Der Armutsgedanke der deutschen Mystiker, S. 294 f. STEER legt seiner Untersuchung den in hohem Maße willkürlich erstellten ›Meister Eckharts Wirtschaft‹–Text von VON DER LEYEN zugrunde (vgl. dazu S. 338 f.), ohne die mit dieser Edition verbundenen Probleme zu reflektieren. So macht er etwa mit Recht darauf aufmerksam, dass die Formulierung *die êwige sêlikeit schepfen* nicht eckhartisch ist (STEER, Der Armutsgedanke der deutschen Mystiker, S. 295), übersieht dabei aber, dass sie nur in Redaktion C vorkommt und so kaum zur ursprünglichen Gestalt des Dialogs gehört haben dürfte. Dennoch enthält seine Untersuchung viel Richtiges, sollte in dieser Hinsicht aber kritisch benutzt werden.

165 Zu den folgenden Gegenüberstellungen vgl. ebd., S. 295.

166 Pr. 52, DW II, S. 497,7–S. 498,1; Übersetzung S. 729: »so dass er von nichts wisse, weder von Gott noch von Kreatur noch von sich selbst«.

167 Pr. 52, DW II, S. 502,4 f.; Übersetzung S. 730: »keine Stätte [..., Anm.] habe«.

168 Pr. 52, DW II, S. 488,6; Übersetzung S. 727: »der nichts will«.

169 Die Formulierung kommt in Pr. 52 mehrfach vor, z. B. Pr. 52, DW II, S. 494,3 sowie Pr. 52, DW II, 495,4 und Pr. 52, DW II, S. 499,3.

außerhalb der Armutsthematik ein: Die Geburt des Gottessohns im Menschen (vgl. Nr. 54) etwa ist zwar längst kein exklusives, aber doch ein typisches Thema des Dominikaners und erinnert gerade mit dem präpositionalen Zusatz *ane underlais* (Nr. 54) an ihn.[170] Die Sentenz von der Gottesgeburt ist durch die übergeordnete Frage nach der Qualität menschlicher Werke (vgl. Nr. 50) in einen ethischen Kontext gestellt – der ist in der langen theologischen Tradition dieses Theologoumenons bereits seit Origenes präsent und auch bei Eckhart anzutreffen, wenngleich er beim Dominikaner durch das Konzept einer ontologischen Verwandlung des ganzen Menschen überformt – oder besser – fundiert ist.[171]

---

170 Vgl. etwa die folgenden Beispiele: [Jesus Christus] *enpfæhet sich alle zît niuwe âne underlâz und âne zît von sînem himelischen vater und ist sich in dem selben nû âne underlâz wider îngebernde* (Pr. 1, DW I, S. 11,7–9; Übersetzung S. 430: »sich allzeit ohne Unterlass und zeitlos neu empfängt von seinem himmlischen Vater und sich im selben Nun ohne Unterlass vollkommen wieder eingebiert«); *der êwige vater gebirt sînen êwigen sun in dirre kraft âne underlâz* (Pr. 2, DW I, S. 32,6–7; Übersetzung S. 436: »Denn der ewige Vater gebiert seinen ewigen Sohn in dieser Kraft ohne Unterlass«); *der vater gebirt sînen sun âne underlâz* (Pr. 6, DW I, S. 109,7; Übersetzung S. 455: »Der Vater gebiert seinen Sohn ohne Unterlass«); *er muoz diz wort sprechen und gebern âne underlâz* (Pr. 49, DW II, S. 435,5; Übersetzung, S. 716: »er muss dieses Wort sprechen und ohne Unterlass gebären«). Dass sich die Geburt Gottes im Menschen »täglich« oder »immerwährend« ereignet, gehört zu diesem Theologoumenon schon von seinen patristischen Ursprüngen an, aber die Formulierung ›ohne Unterlass‹ darf doch als eckhartische Sprachgestalt dieses Gedankens angesehen werden. Dazu und zu den folgenden Ausführungen zur Gottesgeburtslehre vgl. Rahner, Symbole der Kirche, S. 13–87 (dort insbesondere S. 29–35 zur Grundlegung der sittlichen Gottesgeburtslehre durch Origenes); Mieth, Eckhart, S. 173–191, der in Auseinandersetzung mit Rahner die enge Bezugnahme Eckharts auf Origenes bekräftigt und Eckharts Gottesgeburtslehre unter anderem als Ausdruck einer »durchontologisierten Ethik« (ebd., S. 178) beschreibt; Ruh, Meister Eckhart, S. 140–142.

171 Zum Zusammenhang von Werken und Gottesgeburt vergleiche nachfolgende Stellen aus Eckharts Predigt 39: *Der gerehte lebet in gote und got in im, wan got wirt geborn in dem gerehten und der gerehte in gote; wan von einer ieglîchen tugent des gerehten wirt got geborn und wirt ervröuwet von einer ieglîchen tugent des gerehten, und niht aleine von einer ieglîchen tugent, mêr: von einem ieglîchen werke des gerehten, swie kleine ez sî, daz von dem gerehten in der gerehticheit geworht wirt* (Pr. 39, DW II, S. 252,3–S. 253,1; Übersetzung S. 684: »Der Gerechte lebt in Gott und Gott in ihm, denn Gott wird geboren in dem Gerechten und der Gerechte in Gott; denn durch eine jegliche Tugend des Gerechten wird Gott geboren und wird erfreut durch eine jegliche Tugend des Gerechten. Und nicht nur durch eine jegliche Tugend, sondern auch durch jegliches Werk des Gerechten, wie gering es auch sein mag, das durch den Gerechten und in der Gerechtigkeit gewirkt wird«); *wan alliu diu tugent des gerehten und ein ieglich werk, daz von tugent des gerehten geworht wirt, enist niht anders, dan daz der sun von dem vater geborn wirt* (Pr. 39, DW II, S. 258,3–5; Übersetzung S. 685: »denn alle Tugend des Gerechten und jegliches Werk, das aus der Tugend des Gerechten gewirkt wird, ist nichts anderes, als dass der Sohn von dem Vater geboren wird«); vgl. auch das nachfolgende explizite Origenes-Zitat in Pr. 41: *in einem ieglîchen guoten gedanke oder guter meinunge oder guoten werke werde wir*

Schließlich ist noch auf eine Stelle des Dialogs zu verweisen, in der man einen Grundgedanken eckhartischer Ethik verarbeitet sehen könnte: Die höchste Form der Tugend ist daran zu erkennen, so heißt es in Nr. 68–70, dass man etwas um seiner selbst willen liebt – Gott um Gottes, das Gute um des Guten und die Wahrheit um der Wahrheit willen – ohne sich dabei von zweckrationalen Überlegungen leiten zu lassen. Bei Eckhart begegnet derselbe Gedanke beispielsweise in Predigt 5b, in der er das Leben sagen lässt *ich lebe dar umbe, daz ich lebe*[172] und analog dazu einen Menschen *ich würke dar umbe, daz ich würke*[173]. In diesen Zusammenhang gehört auch seine Formel für ein ganz und gar in sich ruhendes Wirken, das er *sunder warumbe*[174] nennt – eine Wendung, die in der niederländischen Überlieferungsgruppe von ›Meister Eckharts Wirtschaft‹ in der Sentenz über das Wirken aus Liebe zu lesen ist (vgl. Nr. 62 in Gruppe B1).

Neben weiteren Dialogsentenzen mit ungefähren und keinesfalls zwingenden Parallelen bei Eckhart stehen auch solche, die keinen Platz in seinem Denken haben, wie etwa das Lob des Leidens und der sozialen Ächtung als integrale Bestandteile eines frommen Lebens (vgl. Nr. 10 und 46).

Alles in allem wird man dem Verfasser von ›Meister Eckharts Wirtschaft‹ durchaus eine gewisse Kenntnis eckhartischen Denkens und eckhartischer Begrifflichkeit bescheinigen dürfen, wenngleich er mit seinem Text wohl mehr und anderes wollte, als eine Reproduktion davon zu liefern. Die sekundäre Identifikation des anonymen Meisters des Dialogs mit Eckhart in den Handschriften N2, B27 und M2 könnte in diesem Zusammenhang als Indiz gewertet werden, dass auch für den ein oder anderen historischen Rezipienten der Do-

---

*alle zît niuwe geborn in gote* (Pr. 41, DW II, S. 293,5 f.; Übersetzung S. 692: »In einem jeglichen guten Gedanken oder guten Bestreben oder guten Werke werden wir allzeit neu geboren in Gott«; vgl. dazu auch DW II, S. 293, Anm. 2 mit weiteren Belegen für dieses Zitat bei Eckhart). Damit das gute Werk zur Gottesgeburt werden kann, muss der Mensch erst in die Gerechtigkeit eingetreten sein. Zur Ethik Eckharts und ihrer metaphysischen Begründung vgl. Beccarisi, Metaphysische Begründung der Ethik, und Kobusch, Mystik als Metaphysik des moralischen Seins (zum Verhältnis von Gottesgeburt und Moral vgl. ebd. besonders S. 53 und 55).

172 Pr. 5b, DW I, S. 92,1; Übersetzung S. 450: »Ich lebe darum, dass ich lebe.«

173 Pr. 5b, DW I, S. 92,6; Übersetzung S. 451: »Ich wirke darum, dass ich wirke.«

174 Vgl. das von Eckhart in Predigt 1 breit ausgeführte Bild von den Menschen als Kaufleuten, die sich von ihren Werken eine Gegenleistung Gottes erhoffen und mit solchen letztlich egoistischen Motiven eben nicht *sunder warumbe* handeln (Pr. 1, DW I, S. 6, 6–S. 12, 8). Demgegenüber beschreibt Eckhart in Predigt 41 das *sunder warumbe* des gerechten Menschen als göttlichen Handlungsmodus: *wan er enhât kein warumbe, dar umbe er iht tuo alsô als got würket sunder warumbe und kein warumbe enhât* (Pr. 41, DW II, S. 289,3–5; Übersetzung S. 691: »da er kein Warum kennt, um dessentwillen er irgend etwas täte, so wie Gott ohne Warum wirkt und kein Warum kennt«). Für einen Überblick über dieses Motiv christlicher Ethik in volkssprachlicher mittelalterlicher Literatur vgl. McGinn, Mystik im Abendland IV, S. 330–340, und knapper EW I, S. 746.

minikaner in der verwirrenden thematischen Vielfalt des Stücks immer noch erkennbar war (vgl. S. 370–372.

So wahrscheinlich es ist, dass in ›Meister Eckharts Wirtschaft‹ mehr Gedankengut eingeflossen ist als allein das des Dominikanergelehrten, so schwierig fällt es, dieses Gedankengut zu extrahieren und einer Quelle zuzuweisen. Die vorliegende Arbeit kann sich dieser Aufgabe nicht erschöpfend annehmen, will aber mit dem ›Buch von geistiger Armut‹[175] zumindest einen weiteren möglichen Bezugspunkt des Dialogs zur Diskussion stellen. ALOIS WINKLHOFER hat in einer Nebenbemerkung die These formuliert, dass dieser Traktat ›Meister Eckharts Wirtschaft‹ als Vorlage gedient habe, seiner Behauptung aber keine Beweisführung beigegeben.[176] Nachprüfenswert scheint sie aber aus verschiedenen Gründen: Auf inhaltlicher Ebene sind beide Texte durch das Motiv der geistigen Armut verbunden,[177] auf überlieferungs- und rezeptionsgeschichtlicher Ebene durch die Verarbeitung in Marquard von Lindaus ›Dekalogerklärung‹.[178]

Die vergleichende Lektüre der beiden Texte führt zunächst zu einem negativen Befund: Die dominierenden Themen des ›Buches von geistiger Armut‹, die Aufforderung zur Nachfolge Christi, die recht verstandene Freiheit, die an der Tradition negativer Theologie orientierte Bildlehre, die Metapher vom Grund und die breit entfaltete Kontemplationslehre, haben in ›Meister Eckharts Wirtschaft‹ keine vergleichbaren Gegenstücke und auch die Armutsthe-

---

175 Zum ›Buch von geistiger Armut‹ vgl. RUH, Geschichte 3, S. 517–525; MCGINN, Mystik im Abendland III, S. 631–652; KELLEY, The book of the poor spirit (englische Übersetzung mit ausführlicher Einleitung); AUER, Das Buch von geistlicher Armut, Sp. 1082–1085; ABRAMOWSKI, Bemerkungen, S. 92–104; LARGIER, Das Buch von der geistlichen Armut (Neuhochdeutsche Übertragung mit Kommentar). Der Titel ›Buch von geistlicher Armut‹ stammt von DENIFLE, dem bisher maßgeblichen Herausgeber des Buches, und wird hier in der von RUH dem gegenwärtigen Sprachgebrauch angepassten Form ›Buch von geistiger Armut‹ (DERS., Geschichte 3, S. 517, Anm. 80) gebraucht. Zur Kritik dieses in der Forschung etablierten, historisch aber nicht belegten Titels vgl. AMPE, Naevolghinghe des armen leven Christi, S. 16 f.

176 WINKLHOFER, Surius-Übersetzung, S. 323, Anm. 22.

177 Zur Ausgestaltung seines Armutsideals zitiert das ›Buch von geistiger Armut‹ seinerseits, wenn auch mit kritischem Bezug, aus Eckharts Predigt 52 (RUH, Geschichte 3, S. 520). Dieser Fall zeigt wie so viele andere auch, dass Quellenuntersuchungen im Bereich mystischen Schrifttums immer breit angelegt sein sollten, um auch mögliche Vermittlungsstufen erfassen zu können.

178 Vgl. DENIFLE, Buch von geistlicher Armuth, S. LII, mit einer Auflistung möglicher Zitate aus dem ›Buch von geistiger Armut‹ in der ›Dekalogerklärung‹, sowie HARTINGER, De paupertate, S. 161–165. Überlieferungsgemeinschaften der beiden Texte liegen in B28 (vgl. S. 346 f.) und M19 (vgl. S. 356) vor, woraus allerdings keine Rückschlüsse auf eine nähere literarische oder entstehungsgeschichtliche Verwandtschaft gezogen werden können.

matik findet in beiden Texten eine durchaus unterschiedliche Ausgestaltung.[179] Interessante Bezüge ergeben sich dort, wo man auf scheinbar nebensächliche Aspekte achtet: Die ungewöhnliche und etwas rätselhafte Absicht des armen Menschen des Dialogs, weder zu viel noch zu wenig, sondern wie ein armer Mensch essen zu wollen (vgl. Nr. 5), begegnet in verallgemeinerter Form auch im ›Buch von geistiger Armut‹: *Wie sol aber der mensche tůn, so ime zů vil oder zů lútzel zů vellet?*[180] Im Falle eines zu viel rät der Traktat *er sol es also nemen, daz er alle zit ein arm mensche blibe*[181] und warnt gleichzeitig vor der Gefahr, durch äußeren Besitz die innere Freiheit zu verlieren. Im Falle eines zu wenig kann sich der Mensch damit trösten, dass ihn der Mangel vergänglicher Dinge bereit und empfänglich für geistliche Dinge machen wird.[182] Später heißt es über die körperlichen Bedürfnisse des Menschen:

> *Daz erste natúrliche werk ist liplich, als essen, trincken und slaffen. Daz sol der mensche luter machen, daz er gottes dar inne nit geirret werde, und daz geschiht mit drien dingen. Daz erste ist, daz er sol halten masse und daz mittel, und daz ist masse daz nit zů vil ist noch zů wenig.*[183]

Ausgehend von diesen Parallelen liest sich der erste Wortwechsel von *junckvrouwe* und armem Menschen nicht als Rätsel, sondern als eine aufs Äußerste verknappte Ethik des Maßhaltens und als Mahnung, die Tugend in der Mitte zwischen den Extremen zu suchen.[184]

Ähnlichkeiten klingen auch zu der Stelle in ›Meister Eckharts Wirtschaft‹ an, in der der Meister »die Wahrheit von außen« als vorbereitenden Schritt für »die Wahrheit von innen« verteidigt (vgl. Nr. 34) – ein so nur in der Redaktion A überlieferter Gedanke (die anderen Redaktionen kehren das Verhältnis um), zu dem das ›Buch von geistiger Armut‹ eine Parallele und damit auch eine Bestätigung und textkritische Stütze liefert. Dort heißt es im Kontext einer Re-

---

179 Der Traktat entfaltet sein Armutskonzept gerade zu Beginn mit Formulierungen wie *haftet an niht*, *gelicheit gottes* und *sunder allen underscheit* (vgl. Denifle, Buch von geistlicher Armuth, S. 3–5), die im Falle einer bewussten Bezugnahme auch in ›Meister Eckharts Wirtschaft‹ zu erwarten gewesen wären. Auch der Brückenschlag von Armutsbegriff zu Freiheit und reinem Wirken fehlt im Dialog.

180 Ebd., S. 6; eigene Übersetzung: »Wie aber soll sich der Mensch verhalten, wenn ihm zu viel oder zu wenig zufällt?«

181 Ebd., S. 6; eigene Übersetzung: »Er soll es in solcher Weise aufnehmen, dass er stets ein armer Mensch bleibt.«

182 Vgl. ebd., S. 7.

183 Ebd., S. 22 f.; eigene Übersetzung: »Das erste Werk der Natur bezieht sich auf den Körper, wie essen, trinken und schlafen. Das soll der Mensch auf reine Art und Weise verrichten, so dass er dadurch nicht von Gott abgelenkt wird, und dies geschieht mit Hilfe von drei Punkten: Der erste ist, dass er maßvoll handeln und die Mitte halten soll. Und das soll man unter maßvoll verstehen, das weder zu viel noch zu wenig ist.«

184 In diesem Sinn ergänzt der Kölner Taulerdruck die Aussage des armen Menschen, weder zu viel noch zu wenig essen zu wollen, um die Erklärung *daz mittel hie zwuschen ist gůt* (vgl. Anhang 2: ›Meister Eckharts Wirtschaft‹, Gruppe A, Nr. 5).

flexion auf Sinn und Nutzen von Predigten, der so ja auch im Dialog gegeben ist (vgl. Nr. 25–28): *Und die menschen műssent daz usser wort hőren, und da mit műssent sie komen zů dem inren wort, daz got sprichet in dem wesen der selen.*[185]

Man könnte die Liste der Vergleichspunkte zum ›Buch von geistiger Armut‹ wohl noch um einige Aspekte verlängern, ohne dass sich dadurch aber am grundsätzlichen Befund etwas ändern würde: Das Werk bietet eine solch beachtliche Materialfülle, dass einige punktuelle Ähnlichkeiten mit ›Meister Eckharts Wirtschaft‹ die Annahme einer irgendwie gearteten literarischen Abhängigkeit des Dialogs kaum zu rechtfertigen vermögen. Nach Ausweis der Überlieferung scheint noch dazu der kürzere Text chronologisch vor dem längeren anzusetzen zu sein.[186] Wenngleich also bis auf Weiteres offenbleiben muss, wie die genannten Parallelen zustandegekommen sind und was sie über das Verhältnis der beiden Schriften aussagen, so liefern sie zumindest einige wertvolle Hinweise für das Verständnis des Dialogs und einiger seiner dunklen Stellen.

## Literarhistorische Einordnung

Die vorgestellten Erkenntnisse über Handschriften, Struktur, Inhalt und frömmigkeitsgeschichtliche Bezüge von ›Meister Eckharts Wirtschaft‹ sollen abschließend in Überlegungen zur zeitlichen und räumlichen Entstehungssituation des Textes und zum Profil eines möglichen Verfassers einfließen.

Chronologische Einordnung: Die Datierung der Handschriften deutet auf die Mitte des 14. Jahrhunderts und die folgenden zwei Jahrzehnte als *terminus ante quem* für die Entstehung von ›Meister Eckharts Wirtschaft‹ hin. Eine weitergehende Differenzierung dieses Befundes nach Redaktionen zeigt, dass die wesentlichen Ausformungen des Textes in diesem Zeitraum bereits ausgebildet gewesen sein müssen: Redaktion A ist über die Handschrift St2 (vgl. S. 340 f.), Redaktion B1 über Br1 und Br9 (vgl. S. 341 f.), Redaktion B2 über He3 (vgl. S. 137) und Redaktion B4 über Gi1 (vgl. S. 351) um die Mitte des 14. Jahrhun-

185 Denifle, Buch von geistlicher Armuth, S. 66; eigene Übersetzung: »Und die Menschen sollen das äußere Wort hören und damit zum inneren Wort vorankommen, das Gott im Wesen der Seele spricht.«

186 Die in Anm. 175 auf S. 419 genannte Sekundärliteratur datiert das ›Buch von geistiger Armut‹ aufgrund letztlich vager inhaltlicher Überlegungen frühestens in die Mitte des 14. Jahrhunderts – allein Ampe hält eine Entstehung davor für möglich, wenn er einen Zeitgenossen Taulers als Autor annimmt (ders., Beschouwingen, S. 20) –, als ›Meister Eckharts Wirtschaft‹ bereits in mehreren Textzeugen und Redaktionen vorliegt. Dass die Überlieferung des ›Buches von geistiger Armut‹ um einige Jahrzehnte später einsetzt als die des Dialogs, stellt zwar einen Hinweis, aber kein sicheres Kriterium für die chronologische Abfolge der Texte dar.

derts bezeugt, wobei sich den genannten Textzeugen meist noch weitere Beispiele hinzufügen ließen. Der früheste handschriftliche Beleg für Redaktion C stammt mit Se (vgl. S. 356 f.) dann vom Ende des 14. Jahrhunderts, was sich durch die Benutzung des C-Textes durch Marquard von Lindau wohl noch um einige Jahre oder Jahrzehnte nach vorne verschieben lässt: Der Franziskaner integriert diese Redaktion sowohl in seiner volkssprachlichen ›Dekalogerklärung‹ als auch in seine lateinische Schrift ›De paupertate‹ (vgl. S. 372 f.), die beide zwar nicht sicher datiert werden können,[187] aber doch einige Jahre vor seinem Tod 1392 entstanden sein dürften. Damit kann allein die im Umfeld der Erfurter Kartäuser zu situierende Gruppe B3 erst im 15. Jahrhundert, genauer in dessen 2. Hälfte, nachgewiesen werden.

Ein *terminus post quem* ist in der Verarbeitung eckhartischer Theologie und der Nennung seines Namens im ursprünglichen Titel ›Meister Eckharts Wirtschaft‹ gegeben: Man wird davon ausgehen können, dass der Text frühestens nach dem ersten Pariser Magisterium 1302/1303 – als Voraussetzung für den Titel ›Meister‹ – wahrscheinlicher noch nach dem zweiten (1311–1313) entstanden sein muss, als sich Leben und Wirken des Dominikaners zusehends in den oberrheinischen Raum und nach Köln verlagerten.

Räumliche Verbreitung: Der Dialog ›Meister Eckharts Wirtschaft‹ fand in den Niederlanden sowie im hochdeutschen Sprachgebiet Verbreitung, wobei er im Gegensatz zu den bisher besprochenen Texten auch den ostmitteldeutschen und mit Eb auch den niederdeutschen Raum erreichte. Bei der räumlichen Disposition der verschiedenen Redaktionen fällt auf, dass zwar jede von ihnen eine bestimmte Region dominiert – A das Ripuarische, B das Niederländische (B1), Ostmitteldeutsche (B3) und das Bairische (B4) und C das Schwäbische –, dass sie sich aber auch in einer Art Kontaktzone, dem elsässisch-südrheinfränkischen Sprachgebiet, begegnen und gegenseitig überlagern. Dort ist jede Texttradition mit ihren frühesten oder zumindest einigen ihrer frühesten Textzeugen vertreten: A mit St2, B mit He3 und Fs,[188] C mit Se, S1 und den Werken

187 Mossmann, Marquard, S. 2–4.

188 Auch andere frühe Handschriften der Redaktion B rücken bei genauer Betrachtung an dieses Sprachgebiet heran: Bre1, das mit He3 und Fs zur Untergruppe B2 gehört, zeigt in seiner ostmitteldeutschen Sprache gelegentlich westmitteldeutsche Dialektmerkmale (vgl. S. 343 f.) und das Südbairisch von N1, einem frühen Vertreter der bairischen Untergruppe B4, ist von einzelnen, aber doch auffälligen alemannischen Eigentümlichkeiten durchbrochen (vgl. S. 350 f.). Die beiden ältesten niederländischen Textzeugen von ›Meister Eckharts Wirtschaft‹ sind auf andere Weise mit dem deutschen Sprachraum verbunden: Br1 ist in einem seiner Faszikel, in dem auch der Dialog überliefert ist, mit oberdeutschen Marginalglossen versehen (vgl. S. 341 f.) und Br9 enthält hauptsächlich Übertragungen solcher Texte, die sicher in Deutschland entstanden sind (vgl. S. 342).

des in diesem Raum tätigen Marquard von Lindau.[189] Der Eindruck, dass hier der Entstehungsraum des Stücks zu suchen ist, lässt sich durch einige kurze Überlegungen zu seiner Vernetzung mit dem weiteren Verbreitungsgebiet plausibel machen: Den Weg in die Niederlande eröffnen Handelswege entlang des Rheins, aber auch personale Konstellationen wie die Kontakte Taulers und Rulman Merswins zu Jan van Ruusbroec.[190] Den Weg nach Osten könnte man sich durch Heinrich von Nördlingen bereitet denken, der mit verschiedenen schwäbischen Klostergemeinschaften, aber auch mit dem im Nürnberger Umfeld gelegenen Dominikanerinnenkonvent Engelthal in Verbindung und literarischem Austausch stand.[191] Genaue Nachweise über die Beschaffenheit des literarischen Transfers lassen sich aus der erhaltenen Überlieferung zwar nicht erbringen, aber es zeigt sich doch, dass das elsässisch-südrheinfränkische Gebiet die notwendigen Vernetzungen aufweist, um ein Verbreitungsmuster wie das von ›Meister Eckharts Wirtschaft‹ zu generieren.

In diesem Zusammenhang ist auch die textimmanente Lokalisierung des Dialogs nach Köln nicht zu vernachlässigen. Zwar kann natürlich ein Autor unabhängig von seiner eigenen Herkunft für seinen Text einen namhaften Schauplatz wie die rheinische Metropole imaginieren, aber damit er das tut, muss er doch gewisse Assoziationen haben: Köln als Wirkort Eckharts, Köln als Brennpunkt der Armutsbewegung, Köln als intellektuelles Zentrum oder ähnliches. Das scheint nun wahrscheinlicher auf jemanden zuzutreffen, der selbst in einer gewissen räumlichen Nähe zu dieser Stadt steht – also eher auf einen Autor aus dem elsässisch-südrheinfränkischen oder natürlich dem benachbarten ripuarischen Raum als auf einen Baiern oder Schwaben.

Verfasser und Entstehungsumfeld: Über den Verfasser von ›Meister Eckharts Wirtschaft‹ lassen sich ähnlich wie bei den anderen hier untersuchten Texten

---

189 Für 1373 ist Marquard von Lindau urkundlich in Straßburg als Lesemeister bezeugt, einen weiteren Schwerpunkt seines Schaffens bildet Lindau. Die lange als wahrscheinlich angenommenen Kontakte zur Johanniterkommende auf dem Grünenwörth und damit zum Kreis um Rulman Merswin (Palmer, Marquard, Sp. 83) wurden in letzter Zeit stark angezweifelt (vgl. Mossman, Marquard).

190 Zum Literaturaustausch entlang des Rheins vgl. Williams-Krapp, Rezeption von mystischem Schrifttum, S. 41–46, sowie die unter Anm. 101 auf S. 122 genannten Arbeiten.

191 Vgl. Federer, Mystische Erfahrung im literarischen Dialog, S. 295–362. Für eine Übermittlung von ›Meister Eckharts Wirtschaft‹ nach Nürnberg stellt die Klosterreformbewegung, die ebenfalls als ein wichtiger Motor für die Verbreitung geistlichen Schrifttums angesehen wird, keine hinreichende Erklärung dar: Zwar verlaufen die Wege hier ähnlich, nämlich vom elsässischen Schönensteinbach aus nach Osten, aber laut dem Bibliothekskatalog des Katharinenklosters war der Dialog über die Handschrift N1 bereits vor der Reform in Nürnberg angelangt (vgl. zu N1 S. 350 f.; gleiches gilt für die verlorene Handschrift des Katharinenklosters mit der alten Signatur E XI, vgl. S. 358 f.).

nur einige Mutmaßungen anstellen und Punkte aufzeigen, die im Zusammenhang mit dieser Frage Beachtung verdienen. Am sichersten scheinen zwei Beobachtungen zum Wissensstand, den man bei einem möglichen Autor vorauszusetzen hat: Wer einen derart streng und komplex strukturierten Text erschaffen kann, muss mit Gestaltungsverfahren der Gliederung und Stoffeinteilung vertraut sein, wie sie vornehmlich im Bereich katechetisch-homiletischer Literaturproduktion Anwendung gefunden haben (vgl. S. 403). Und wer die Struktur seines Textes mit solchen Inhalten wie denen des Dialogs füllen kann, der muss zumindest über eine vage Kenntnis eckhartischen Denkens verfügt haben.

Der Text liefert nur wenige Ansatzpunkte, um diese Überlegungen zu präzisieren. Ein erster sind die Nennungen des Begriffs ›Freund‹ in Nr. 43 und Nr. 46, die zum einen textkritisch zu hinterfragen sind und zum anderen selbst im Falle ihrer Ursprünglichkeit längst keinen zwingenden Hinweis auf eine bekannte ›Freundesgruppe‹, die sog. Gottesfreunde, darstellen müssen. Von den beiden Belegen ist der erste derjenige, den man am ehesten als ursprünglich ansehen könnte, auch wenn er infolge des konsequenten Verzichts auf rekonstruierende Eingriffe in der synoptischen Edition nicht auftaucht: Er findet sich an besagter Stelle in St2 als der ältesten Handschrift der Redaktion A, in den Textzeugen St11 und M19 der Redaktion C und in M2 der Redaktion B, an der die anderen Handschriften entweder nichts – so alle weiteren Zeugen des A- und die meisten des C-Textes – oder in konventioneller biblischer Terminologie »außerwählte Nachfolger« – so in allen anderen Zeugen des B-Textes und in M20 als einzigem C-Text – bieten. Der zweite Beleg für ›Freund‹, Nr. 46, ist nur in C-Handschriften belegt, während die anderen beiden Redaktionen einstimmig »Auserwählte« lesen. Ein sicheres philologisches Urteil scheint bei den ohnehin nur schwer durchschaubaren textkritischen Verhältnissen der Dialog-Überlieferung kaum möglich. Aber selbst wenn es gelänge, den Begriff ›Freund‹ als ursprünglich zu sichern, so wäre damit noch nichts gewonnen, bezeichnet er doch beide Male eher ein Frömmigkeitsideal als eine Gruppenkonstituente:[192] Nach Nr. 43 dienen Gottesfreunde als Beispiel für ein Leben in Hinwendung zu Gott und zum Nächsten, in Nr. 46 geht es um Leid und soziale Anfeindung, die ein Mensch als Zeichen göttlicher Erwähltheit erfahren muss. Solche Aspekte sind über ›Meister Eckharts Wirtschaft‹ hinaus mit dem Ideal der Gottesfreundschaft verbunden, ohne dass damit die Zugehörigkeit zu einem bestimmten Kreis ausgesagt wäre.[193] Auffällige Überlieferungsgemein-

---

192 Zu diesen beiden Aspekten des Gottesfreunde-Begriffs vgl. S. 129–131.

193 Leiden in der Nachfolge Christi ist beispielsweise eines der hervorstechenden Charakteristika des Gottesfreund-Konzepts bei Seuse (Schiewer, Gottesfreunde des 14. Jahrhunderts, S. 235 f.), bei Tauler findet sich der Aspekt der sozialen Anfeindung durch die Umwelt (ebd., S. 241). Eine bis zu den biblischen Ursprüngen des Gottesfreund-Begriffs zurückreichende Tradition kann der Gedanke der Erwähltheit aufweisen: In

schaften mit Schriften aus Rulman Merswins Gemeinschaft auf dem Grünenwörth, die ja als Exponenten einer gottesfreundlichen Literatur gelten, sind für den Dialog nicht festzustellen.

Die Überlegung, dass der Verfasser von ›Meister Eckharts Wirtschaft‹ und sein Publikum eine gewisse Sympathie für die Armutsbewegung und ihre Ideale hegten, hat dagegen besseren Rückhalt im Text: Auf eine solche Nähe deutet zunächst das *setting* des Dialogs in seiner historischen Lesart (vgl. S. 405–408), dann die in der ersten Frage-Antwort-Sequenz entfaltete Armutstheologie mit ihrem Ethos der Innerlichkeit und der Weltabkehr sowie der Aspekt der willig auf sich genommenen sozialen Ausgrenzung (vgl. Nr. 10 und 46). Ob der Gedanke, dass der wahrhaft arme Mensch sein geistliches Gut nicht *van eyner stat in die ander* (Nr. 24) bzw. *über veld* (Nr. 24 in Gruppe C) tragen darf, auf die Vorstellung eines Wanderlebens abhebt, muss dahingestellt bleiben. Schließlich könnte man in diesen Zusammenhang auch die Beobachtung stellen, dass trotz der großen inhaltlichen Bandbreite des Textes die Praxis institutionalisierter Religionsausübung – sakramentale Heilsvermittlung, Beichte, Messe hören – nicht oder nur am Rande behandelt wird.

Die These eines Zusammenhangs von ›Meister Eckharts Wirtschaft‹ mit der Armutsbewegung ließe sich nun insofern spezifizieren, als der Text primär auf die Lebensrealität eines weltlichen Laienpublikums abzuzielen scheint: Das Gespräch ist in der geistigen und wirtschaftlichen Metropole des hochdeutschen Sprachgebiets, in Köln, lokalisiert und seine Inhalte konstituieren ein Ideal für ein Leben in der Welt. Man könnte mutmaßen, ob zu den ursprünglich vom Autor intendierten Rezipienten vielleicht auch Beginen oder Begarden gezählt haben, freigeistiges Gedankengut in häretischer Ausformung, wie Lüders vermutet,[194] ist aber wohl nicht in den Text eingeflossen. Die wiederholten Bemerkungen über Aszese, fromme Übungen und rechte Werke scheinen einem ethischen Libertinismus, wie man ihn dieser ›Sekte‹ zu unterstellen gewohnt ist, ja geradezu entgegenzulaufen. In auffälligem Kontrast zum Bericht des Johannes von Brünn, zu dem ja durchaus gewisse Parallelen bemerkt wurden, fehlt auch jede Form von Antiklerikalismus und laikalem Überlegenheitsgefühl.

Ein Bezug des Textes zu einer klösterlichen Lebenspraxis ist aus keiner der zahlreichen Sentenzen ablesbar, deutet sich aber in der Figur des Meisters an:

---

der sog. Abschiedsrede im Johannesevangelium nennt Jesus seine Jünger »Freunde« (*vos autem dixi amicos* [Io 15,15]), die er erwählt hat (*non vos me elegistis sed ego eligi vos* [Io 15,16]).

194 Lüders beurteilt zwar die Sentenzen selbst als »völlig orthodoxer Natur und hochscholastischen Lehrinhalts« (dies., Meister Eckehartes Wirtschaft, S. 114), hält aber gleichzeitig die Bindeglieder für »unverkennbar häretisch gefärbt« (ebd., S. 115, und ebd., S. 119, wo sie Spuren freigeistigen Denkens in der niederländischen Überlieferung gefunden zu haben glaubt; vgl. dazu die textkritischen Bemerkungen in der vorliegenden Arbeit auf S. 366 f.). Was Lüders konkret für häretisch hält, sagt sie nicht.

Die Vorstellung, dass ein *meister* eine Predigt von der Zelle auf den Predigtstuhl (vgl. Nr. 25) trägt, setzt eine Verbindung von Klosterleben, öffentlicher Predigttätigkeit und theologischer Wissenschaft voraus, wie sie für die Bettelorden der Franziskaner und Dominikaner kennzeichnend war. Möglicherweise spiegelt die Personenkonstellation des Dialogs die seelsorgerliche Betreuung von Laien durch eben diese Bettelorden wieder, womit ein Ansatzpunkt sowohl für einen Verfasser – einen Mendikanten, vorzüglich einen Dominikaner, mit entsprechender theologischer und literarischer Ausbildung – und ein intendiertes Zielpublikum – weltlich lebende Laien – gefunden wäre. Dies stünde auch in Einklang mit den Überlegungen zu einer historischen Lesart des *settings* des Dialogs (vgl. S. 405–408).

Die Überlieferungsgeschichte von ›Meister Eckharts Wirtschaft‹, so weit sie aus den überkommenen Textzeugen und den über sie noch verfügbaren Daten rekonstruierbar ist, erweist ein solches Szenario als plausibel. Die Überlieferung der Armutsfragen des Dialogs in der ›Dekalogerklärung‹ und im lateinischen Traktat ›De paupertate‹ – beides Arbeiten des Franziskaners Marquard von Lindau (vgl. S. 372 f.) – ebenso wie in der Handschrift Se, die vermutlich einem Franziskaner zur Predigtvorbereitung diente (vgl. S. 356 f.), belegen eine Verwendung des Textes im Rahmen seelsorgerlich-katechetischer Zwecke. Auch Laien aus dem Stadtbürgertum und dem niederen Adel sind als Benutzer des Dialogs nachweisbar, wie die Handschriften N8 (vgl. S. 345 f.), Sto (vgl. S. 351 f.) und Fs (vgl. S. 344) zeigen – von weiteren Handschriften, die sich ursprünglich einmal in Laienhänden befunden haben mögen, sind vielfach nur noch Klöster als sekundäre Bibliotheksheimat bekannt. Darüber hinaus fand ›Meister Eckharts Wirtschaft‹ aber auch in anderen Gruppen Gefallen: Zu nennen sind hier vor allem die unter Kartäusern zirkulierende Textgruppe aus B28, B29, B42 und Dau (vgl. S. 346–349), die sich mit ihren lateinischen Überschriften und Randglossen an ein zumindest elementar gebildetes Publikum richtete, und die lateinische Übersetzung des Textes in Ko, die auf ein gelehrtes dominikanisches Milieu als Zielgruppe schließen lässt (vgl. S. 344 f.).

# 7. Einordnung in übergreifende Forschungszusammenhänge

Nachdem die Kurzdialoge ›Meister Eckharts Tochter‹, ›Der arme Mensch‹, ›Meister Eckhart und der nackte Knabe‹ sowie ›Meister Eckharts Wirtschaft‹ in Einzeluntersuchungen sowohl philologisch wie auch inhaltlich analysiert worden sind, sollen sie nun in übergreifende Zusammenhänge gestellt werden. Dies geschieht unter zwei Leitperspektiven: Zum ersten werden Kurzdialoge als größeres Phänomen innerhalb des mystischen Schrifttums in den Blick genommen und unter Einbeziehung weiterer Texte auf gemeinsame Muster und Traditionslinien hin untersucht. Zum zweiten wird die Bedeutung der Kurzdialoge für die Eckhartrezeption zu reflektieren sein, insbesondere was die Inszenierung der Person des Dominikaners als auch seiner Lehren angeht. Der letztgenannte Aspekt greift Bernard McGinns These von der ›Neuen Mystik‹ als Entwicklungsstadium der abendländischen Mystikgeschichte auf und setzt sie zu den behandelten Texten in Bezug. Insgesamt trennt dieses Kapitel also zwei Fragestellungen – die nach der literarischen Form und Tradition der Texte und die nach ihrer Bedeutung für die Eckhartrezeption –, die bislang oft unsachgemäß miteinander verknüpft wurden.

## *7.1 Mystische Kurzdialoge als literarisches Phänomen*

Die nachfolgende Betrachtung mystischer Kurzdialoge als literarisches Phänomen teilt sich in einen synchronen und einen diachronen Untersuchungsschritt: Zunächst wird zu fragen sein, welche konkreten Texte als Vertreter einer solchen Kategorie angesprochen werden können, welche Gemeinsamkeiten zwischen ihnen bestehen und welche Konsequenzen sich daraus für das Konstrukt der ›Eckhart-Legenden‹ ergeben (vgl. Kap. 7.1.1). Im zweiten Schritt gilt es, diese Texte in ihren literarhistorischen Traditionszusammenhang zu stellen – die ›Vitaspatrum‹ werden dabei eine besondere Rolle spielen – und die vornehmlich entstehungsgeschichtlichen Konsequenzen darzulegen, die damit einhergehen (vgl. Kap. 7.1.2).

### *7.1.1 Statt ›Eckhart-Legenden‹: Neustrukturierung einer Textgruppe*

Den Untersuchungen der Einzeltexte ging die These voraus, dass es keine zwingenden Gründe gibt, die sog. ›Eckhart-Legenden‹ als zusammengehöriges Textkorpus zu behandeln, dass im Gegenteil dieses vielleicht erst durch moderne Eckhartbewunderung entstandene Konstrukt mit irreführenden Vorannahmen verbunden ist (vgl. S. 5–10). Die Analysen haben gezeigt, dass weder literarische Kriterien – etwa ein einheitliches Figurenrepertoire oder eine bestimme Textstruktur – noch inhaltliche Kriterien – ein zentrales Thema etwa –

auf alle fraglichen Stücke gleichermaßen zutreffen. Genausowenig lässt sich die Annahme eines Korpus aus der Überlieferungssituation ableiten, die außer einigen mehr zufällig scheinenden Verbindungen einzelner ›Eckhart-Legenden‹ keine Hinweise auf eine Textgemeinschaft bietet. Wenn die Beschäftigung mit den Dialogen aber nicht mehr unter der Prämisse ihrer Zusammengehörigkeit steht, kann sich der Blick für neue und offenere Textkonstellationen weiten. Zum Teil wurden diese neuen Konstellationen in den Einzeluntersuchungen bereits angedeutet, zum Teil werden sie hier erstmals skizziert. Ziel ist dabei nicht die Konstitution eines neuen Korpus oder einer neuen Gattung, sondern der Entwurf einer offenen literarischen Reihe[1], die von einem Bündel von ähnlichen Merkmalen zusammengehalten wird, ohne dass im konkreten Fall jedes einzelne erfüllt sein müsste. Der Wert eines solchen Versuchs liegt zum einen darin, eine unsachgemäße Einengung auf die literarische Eckhartfigur zu vermeiden, zum anderen darin, auf Aspekte und größere Zusammenhänge aufmerksam zu werden, die bei einer isolierten Betrachtung der Texte verborgen blieben.

Bereits ausführlich dargestellt wurden die literarischen Zusammenhänge des Dialogs ›Meister Eckhart und der nackte Knabe‹: Er hat einerseits Teil an den vor allem in Nonnenviten gehäuft auftretenden Visionsberichten, in denen Gott in der verletzlichen Gestalt eines Kindes oder Knaben erscheint, andererseits verarbeitet er auch das verbreitete Motiv vom Erkennen Gottes im Nachhinein (vgl. S. 158–160). Keine dieser Traditionen steht in Verbindung mit den anderen hier behandelten Dialogen und so verdeckt die bisherige Zuordnung mehr, als sie zum Verständnis des Textes beiträgt. ›Meister Eckhart und der nackte Knabe‹ ist keine auf den Dominikaner gemünzte Neuschöpfung, sondern eine Adaptation vorgeprägter Erzählformen, die unter dem Eindruck einer persönlichen oder auch (literarisch) vermittelten Begegnung mit ihm und seinem Denken entstanden sein dürfte.

Dass ›Meister Eckharts Wirtschaft‹ mit seinem Dispositionsschema zwar durchaus an bekannte Verfahren der Textstrukturierung anknüpft, in seiner

---

1 Der Begriff der ›literarischen Reihe‹ wurde von Grubmüller in Abgrenzung von Hanns Fischers Märe-Definition vorgeschlagen, um ein sich diachron entfaltendes Kontinuum aufeinander bezogener Texte zu beschreiben. Anders als bei einem streng klassifikatorischen Gattungsverständnis lässt es die Idee einer solchen Reihe zu, dass bestimmte Kriterien am Anfang einer Entwicklungslinie von Texten stärker ausgeprägt sind als an ihrem Ende und umgekehrt (vgl. ders., Gattungskonstitution im Mittelalter, S. 200 f., und ders., Ordnung, S. 11–16; vgl. auch Eichenberger, Geistliches Erzählen, S. 21–33, die im Rahmen ihrer Auseinandersetzung mit dem Texttyp der geistlichen Verserzählung auf Grubmüllers Reihen-Konzept eingeht). Ich lehne mich an diese Begrifflichkeit an, um eine Gruppe inhaltlich und formal ähnlicher Texte zu beschreiben, wobei später auch diachrone Aspekte zu berücksichtigen sein werden.

szenischen Rahmung und in seiner Artifizialität aber doch nicht seinesgleichen hat, waren wesentliche Ergebnisse der Textanalyse (vgl. S. 397–403). Über literarische Vorbilder ließen sich in Folge dessen nur vage Vermutungen anstellen: Biblische Gastmahlserzählungen könnten ebenso in Frage kommen wie bestimmte Vertreter der geistlichen Dialogliteratur, wobei solche Überlegungen nur einen Deutungshorizont neben realhistorischen Perspektiven bilden. Bei der Gleichzeitigkeit solcher konkurrierenden Ansätze gibt es für eine Zuordnung von ›Meister Eckharts Wirtschaft‹ zu einer literarischen Reihe zu wenig sichere Anhaltspunkte. Man wird gut daran tun, diesen Text vor allem in formaler Hinsicht als äußerst eigenständigen und im Rahmen der Dialogliteratur als beachtenswert innovatives Stück zu behandeln.

Eine enge Verbindung darf man zwischen den Dialogen ›Meister Eckharts Tochter‹ und ›Der arme Mensch I‹, dem textgeschichtlich betrachtet ersten Glied in einer Kette von Umarbeitungen, annehmen. Sie basiert vor allem auf Beobachtungen zur Struktur der Texte: Beide setzen sich aus zwei Redegängen zusammen, von denen der erste verrätselt und für sich genommen unverständlich scheint, bis der zweite jedes Element dieses Rätsels aufgreift, deutet und daraus schließlich eine Lehre formt. Als Brückenelement fungiert in beiden Stücken eine an der entsprechenden Stelle eingeschaltete Bitte um Erklärung, so dass sich allgemein gefasst eine Folge von Allegorie, ›Deutungssignal‹ und Allegorese ergibt (vgl. dazu die Strukturanalysen auf S. 96 f. für ›Meister Eckharts Tochter‹ und S. 222 f. für ›Der arme Mensch I‹). Man kann hier in jedem Fall einen literarischen, angesichts weiterer Verbindungen – beide Dialoge dürften im 14. Jahrhundert im deutschen Südwesten in Bezugnahme auf eine prominent von Eckhart vertretene Theologie geschaffen worden sein – aber auch einen entstehungsgeschichtlichen Zusammenhang annehmen.

Als einer der Ersten hat Ruh – und andere sind ihm darin gefolgt – darauf hingewiesen, dass die sog. ›Eckhart-Legenden‹ im Zusammenhang mit anderen Texten stehen könnten, etwa mit den Dialogen ›Die fromme seeligeMüllerin‹, ›Das Frauchen von 22 (21) Jahren‹ oder ›Der Bruder mit den sieben Säckchen‹: Von ihnen allen spricht er in ähnlicher Weise als »dialogisierte Beispielerzählung[en, Anm.] aus Mystikerkreisen«, eine Umschreibung, die er auch für die ›Eckhart-Legenden‹ gebraucht.[2] Diese Beobachtung ist insofern einer eingehenderen Untersuchung wert, als darin der Weg zu einer Neugruppierung der Texte in einer Reihe mystischer Kurzdialoge vorgezeichnet sein könnte. Es wird sich zeigen, dass hier vor allem für ›Meister Eckharts Tochter‹ und ›Der arme Mensch I‹ ein Bezugsrahmen gegeben ist, der den beiden Dialogen besser gerecht wird als das problematische Konstrukt der ›Eckhart-Legenden‹. Diese

2 Vgl. dazu S. 10, Anm. 21 mit den entsprechenden Belegen. Eine ähnliche Zusammenstellung findet sich auch bei Janota, Volkssprachliche Schriftlichkeit, S. 85.

Reihe könnte sich ausgehend von RUHS Umschreibung in etwa so darstellen, erweitern und problematisieren lassen:[3]

Alle genannten Stücke stimmen grundlegend darin überein, dass sie ihre wesentlichen Inhalte in der literarischen Form des Dialogs darbieten und dass dieser Dialog jeweils über eine kurze szenische Einfassung zur Vorstellung der Figuren und der Handlungsumstände verfügt. In der Regel begegnen sich ein Vertreter des Laientums und ein Vertreter der Geistlichkeit, wobei ersterer in Wort und Tat eine vorbildliche Frömmigkeit an den Tag legt und letzterer dafür – mitunter staunend – seine Anerkennung ausspricht. Zur Beschaffenheit der dargestellten Frömmigkeit gehören in den meisten Fällen Versatzstücke mystischen Denkens, die zwar über einige Schlagworte oft nicht hinauskommen, aber dennoch ihre Zugehörigkeit zur geistigen Umwelt Eckharts erkennen lassen. Die Darbietung dieser Lehren erfolgt ausschließlich diskursiv im Modus der Figurenrede, ohne dass ein Erzähler oder – wie bei geistlichen Exempeln oft zu beobachten – eine transzendente Instanz an der Sinnstiftung Anteil hätten. Es gibt keine Anzeichen dafür, dass diese Texte miteinander oder mit anderen Texten in einem festen Überlieferungsverbund gestanden haben könnten, was man als Zeichen eines innovativen Charakters und einer gewissen Unabhängigkeit von traditionsreichen (Exempel-)Korpora verstehen könnte.

Wenn im Folgenden einzelne Stücke genauer vorgestellt werden, so geschieht dies zuallererst unter der Zielsetzung, über solche allgemein gehaltenen Merkmale hinaus Verbindendes und Trennendes in dieser Reihe hervorzuheben. Umfassende textgeschichtliche und inhaltliche Untersuchung im Stil des Hauptteils dieser Arbeit müssen dabei späteren Untersuchungen vorbehalten bleiben.

---

3 Vgl. dazu auch die Untersuchung PICKERINGS zu »medieval german tales in praise of docta ignorantia« (DERS., Medieval German Tales, S. 121) und zwar insbesondere zu solchen Erzählungen, die in Dialogform vom Zusammentreffen einer Beichttochter mit ihrem Beichtvater handeln. Dort fasst er unter anderem ›Die fromme (selige) Müllerin‹, ›Das Frauchen von 22 (21) Jahren‹ und ›Schwester Katrei‹ zu einem Texttyp zusammen. Gegenüber PICKERING geht die hier vorgelegte Zusammenstellung von einer breiteren Basis aus – PICKERING erwähnt beispielsweise die ›Eckhart-Legenden‹ nicht – und kommt sowohl in der zeitlichen Einordnung der Texte – PICKERING veranschlagt die zweite Hälfte des 15. Jahrhunderts als Entstehungszeit (ebd., S. 122) – als auch in verschiedenen inhaltlichen Aspekten zu anderen Ergebnissen. Ein ähnliches Textkorpus wie PICKERING nimmt später SARA POOR in den Blick und richtet ihren Fokus dabei vor allem auf die Selbstbehauptung weiblicher Figuren im geistlichen Disput mit männlichen Dialogpartnern (vgl. DIES., Women teaching men). Dagegen kommt die vorliegende Studie zu einer weiter gefassten Textreihe, weil sie neben dem Personal der Erzählungen auch traditionsgeschichtliche Überlegungen und Beobachtungen zu literarischen Gestaltungstechniken miteinbezieht.

›Die fromme (selige) Müllerin‹. ›Die fromme (selige) Müllerin‹[4] ist in einer Größenordnung von 30 und mehr Handschriften überliefert[5] und deckt dabei ein Gebiet ab, das die Niederlande sowie den nieder- und oberdeutschen Sprachraum einschließt. Der Dialog existiert in verschiedenen Fassungen, die, so zeigt der Vergleich der bislang verfügbaren Abdrucke, von einem gemeinsamen Kern ausgehen: Zwei *hoch meister von prediger orden*[6] wollen sich von der angeblich vorbildlichen Frömmigkeit einer Müllersfrau bzw. ihrem Wissen um Gott überzeugen. Sie treffen sie *in eim armen mullin siczen in einem hemde spinnende und ir augen of habende zů himele*[7] und legen ihr in der Manier eines theologischen Examens verschiedene Fragen vor. Nacheinander gibt die Frau Auskunft über Engel, göttliche Liebe und Gott in der Seele, sie spricht über den Lohn, den Gott seinen Freunden zugedacht hat, und was Gott selbst ist. In ihren Antworten entwickelt sie keinen kohärenten Gedankengang, sondern gibt variierende und sich ergänzende Umschreibungen für die vorgelegten Begriffe, wobei immer wieder der Sprach- und Gedankenschatz mystischen Schrifttums anklingt. Zu nennen ist hier etwa die Vorstellung einer *unio* mit Gott[8] und, wohl das komplexeste, was das Stück in dieser Hinsicht zu bieten hat, die Vorstellung von Gott als Einheit von tätigem Subjekt und Objekt, von Ursache und Wirkung und von einer sich selbst konstituierenden und auf sich selbst bezogenen Wesenheit: *got ist ein gabe, die sich selber geben můz, und ist ein frage, dů sich selber vorrihten můz, und ist ein liht, daz sich selber entzůnden můz* [...].[9] Die Quelle

---

4 Warum RUH in seinem Verfasserlexikonartikel den Titel dieses Stücks um ein in Klammern gesetztes ›selig‹ erweitert, konnte ich nicht nachvollziehen – aus der Textüberlieferung, so weit sie bekannt ist, geht jedenfalls keine klare Titelgebung hervor. Für die bisher verfügbaren Informationen zu diesem Stück vgl. DE VOOYS, Middelnederlandse Legenden en Exempelen, S. 345–348, und RUH, Müllerin, Sp. 974–977; spätere Publikationen (WILLIAMS, Müllerin, S. 60 f.; MALM, Müllerin, Sp. 343–346; JANOTA, Volkssprachliche Schriftlichkeit, S. 85) wiederholen weitgehend unkritisch RUHS Beobachtungen.

5 Zu den derzeit im Handschriftencensus gelisteten 21 Textzeugen [http://www.handschriftencensus.de/werke/636, zuletzt eingesehen am 04.01.2019] sind 8 Handschriften des ›Buches der Vollkommenheit‹ zu ergänzen, in dessen Textverbund ›Die fromme (selige) Müllerin‹ fest integriert war (SCHNEIDER, Buch der Vollkommenheit, S. 15 f., Nr. 28). Einen Überblick über die mittelniederländische Überlieferung gibt DE VOOYS, Middelnederlandse Legenden en Exempelen, S. 345, Anm. 4. Von weiteren unbekannten Textzeugen ist auszugehen.

6 Ebd., S. 15, Nr. 28, Z. 1. ›Die fromme (selige) Müllerin‹ wird im Folgenden, sofern nicht anders angegeben, nach der Edition SCHNEIDERS zitiert (DIES., Buch der Vollkommenheit), die die mutmaßlich älteste Fassung des Stücks bietet (vgl. dazu später); eigene Übersetzung: »zwei hohe Gelehrte des Dominikanerordens«.

7 Ebd., S. 15, Nr. 28, Z. 2 f.; eigene Übersetzung: »in einer heruntergekommenen Mühle sitzend, einfach gekleidet und am Spinnrad arbeitend, die Augen zu Gott erhoben«.

8 Ebd., S. 15, Nr. 28, Z. 16.

9 Ebd., S. 16, Nr. 28, Z. 19–21; eigene Übersetzung: »Gott ist eine Gabe, die sich selbst geben muss, und eine Frage, die sich selbst beantworten muss, und ein Licht, das sich selbst entzünden muss.«

einer solchen Formulierung dürfte wohl am ehesten in einem neuplatonisch inspirierten Denken zu suchen sein.[10]

Eine Differenzierung der Überlieferung in Fassungen oder Redaktionen müsste sich neben den Abweichungen innerhalb dieses Kerntextes vor allem an den beiden Segmenten orientieren, die in vielen Textzeugen – und nach den verfügbaren Ausgaben zu urteilen stets gemeinsam – an den Anfang und an den Schluss des Stückes treten: Der ›Kinderdisput‹, der in einigen Handschriften dem Dialog mit der Müllerin vorangeht, und das in verschiedener Weise, etwa als Frage der Müllerin, angeschlossene katechetische Endstück mit Anweisungen zur Passionsbetrachtung.[11] Wenn man mit RUH, DE VOOYS und SCHNEI-

10 Aus der theologischen Tradition, aus der die Gottesdefinition der frommen Müllerin abgeleitet ist, seien hier nur zwei Beispiele gegeben: Der in neuplatonischem Denken gründende Traktat ›Liber XXIV philosophorum‹ aus der 2. Hälfte des 12. Jahrhunderts bietet als erste Gottesdefinition: *Deus est monas monadem gignens, in se unum reflectens ardorem* (FLASCH, Gott, S. 25 mit anschließendem Kommentar; Übersetzung S. 25: »Gott ist die Monade, die eine Monade erzeugt und sie als einen einzigen Gluthauch auf sich zurückbeugt.« Zur theologiegeschichtlichen Einordnung des Textes und seinen wesentlichen Inhalten vgl. auch RUH, Geschichte 3, S. 33–44). Eckhart erklärt unter Verwendung der auch im Dialog gebrauchten Lichtmetaphorik die Selbstoffenbarung Gottes im Buch Exodus »Ich werde sein, der ich sein werde« (Ex 3,14) als Ausdruck absoluter Selbstbezüglichkeit Gottes: *Tertio notandum quod repetitio, quod bis ait: sum qui sum, puritatem affirmationis excluso omni negativo ab ipso deo indicat: rursus ipsius esse quandam in se ipsum et super se ipsum reflexivam conversionem et in se ipso mansionem sive fixionem; adhuc autem quandam bullitionem sive parturitionem sui – in se fervens et in se ipso et in se ipsum liquescens et bulliens, lux in luce et in lucem se toto se totum penetrans, et se toto super se totum conversum, et reflexum undique* [...] (In Ex. n. 16, LW II, S. 21,7–S. 22,1; Übersetzung S. 21 f.: »Drittens ist zu bemerken: die Wiederholung: ich bin, der ich bin zeigt die Lauterkeit der Bejahung unter Ausschluss jeder Verneinung von Gott an. Wiederum auch eine Art Rückwendung des Seins zu sich und auf sich selbst und ein Verharren oder Feststehen in sich, ferner aber gleichsam ein Aufwallen oder Sichselbstgebären – (das Sein ist) in sich brausend und in sich und auf sich fließend und wallend, Licht, das in Licht zu (neuem) Licht (erstrahlt), das sich selbst ganz durchdringt, das von allen Seiten ganz auf sich selbst zurückfließt und -strahlt.«). Möglicherweise begegnet der Gedanke der »Selbstvermittlung des Einen mit sich selbst« (HASEBRINK, Rebdorfer Eckhartkommentar, S. 221) auch in Pr. 52, wie HASEBRINK gegen die Edition QUINTS auf Basis der handschriftlichen Überlieferung wahrscheinlich macht: *sô ist got sîn selbes werk lîdende, und got ist ein eigen stat sîner werke mit dem, daz got ist ein würker in im selben* (HASEBRINK, Rebdorfer Eckhartkommentar, S. 221; eigene Übersetzung: »So ist Gott zugleich das Objekt seines Wirkens und Gott ist ein eigener Ort seines Wirkens, dadurch dass Gott ein in sich selbst Handelnder ist.«).

11 Textfassungen mit ›Kinderdisput‹ und Endstück sind abgedruckt bei TRAUNBAUR, Beiträge zum mystisch-aszetischen Schrifttum, S. 154–160 (nach Wien, Österreichische Nationalbibliothek, Cod. 2969 = W13), DE BRUIN, Geestelijk Proza, S. 103–105 (nach Amsterdam, Universitätsbibliothek, Cod. I G 5) und SAPPLER, Kaufringer, S. 198–206 (Reimpaarfassung nach Heinrich Kaufringer).

DER davon ausgeht,[12] dass im Sinne der *lectio brevior* die Textfassung ohne diese ›Plusstücke‹ die älteste ist – sie findet sich in allen Handschriften des ›Buches der Vollkommenheit‹, nach Vergleich der Incipits und Explicits aber auch in Ba2 und Bre1 – dann lässt sich mit dem Wissen über diese Sammlung bzw. deren Handschriften schließen: ›Die fromme (selige) Müllerin‹ liegt spätestens zur Mitte des 14. Jahrhunderts vor und dürfte im oberen oder mittleren Rheingebiet entstanden sein. Antihierarchische und antiklerikale Elemente sind, wie in der Forschung wiederholt behauptet wird,[13] gerade in dieser mutmaßlich ältesten Fassung nicht zu erkennen: Die Müllerin scheint fromm und dazu theologisch gut unterrichtet, wobei diese Aspekte in keiner Weise polemisch gegen die Dominikaner gewendet werden. Das Staunen der beiden, woher die Frau trotz ihres Fernbleibens von der Messe ihr Wissen bezogen haben mag, ist nur innerhalb der sekundär erweiterten Textfassungen überliefert und wird gelegentlich durch die fromme Behauptung entschärft, sie würde immerzu über eine einmal gehörte Predigt nachdenken.[14] Die These von einer antihierarchischen Stoßrichtung des Dialogs ließe sich also, wenn überhaupt, nur nach eingehenden textgeschichtlichen Studien als eine mögliche Lektüreperspektive aufrechterhalten und wäre zudem mit solchen Varianten zu konfrontieren, die einer antihierarchischen Deutung explizit entgegenstehen.[15]

›Von der seligen Dorfmagd‹. Als ›Dublette‹ zu ›Die fromme (selige) Müllerin‹ bezeichnete RUH den in Reimpaarversen verfassten Dialog ›Von der seligen Dorfmagd‹,[16] den BARTSCH nach einigen Pergamentblättern aus dem 14. Jahrhundert abgedruckt hatte.[17] Eine Parallele zwischen den Texten mag man zurecht darin sehen, dass auch hier zwei Dominikaner mit einer einfachen Frau, einer mit der Sorge um das Vieh betrauten Magd, ins Gespräch kommen, in allem Weiteren zeigt sich dieser Dialog aber eigenständig: Die Frau

---

12 Vgl. RUH, Müllerin, Sp. 975 f.; SCHNEIDER, Buch der Vollkommenheit, S. 15; DE VOOYS, Middelnederlandse Legenden en Exempelen, S. 348.

13 »Laienfrömmigkeit und Laientheologie wird hier in tendenziöser Weise verherrlicht. Die Müllerin scheint zur Vollkommenheit der Vermittlung der Kirche nicht zu bedürfen, sie besucht nur einmal jährlich die Predigt, beichtet selten« (RUH, Müllerin, Sp. 976). Zu späteren Arbeiten, die diese Ansicht von RUH übernehmen, vgl. S. 431, Anm. 6.

14 Vgl. TRAUNBAUER, Beiträge zum mystisch-aszetischen Schrifttum, S. 156: *Herr, ich hab in disem iar nůr ein predig gehört, dis hab ich noch ganncz in meinem herczen vnd han alle tag ler daraẘz genomen, noch hab ich sey chaẘm halb pesůnnen* (eigene Übersetzung: »Herr, ich habe in diesem Jahr nur eine Predigt gehört. Diese trage ich noch ganz in meinem Herzen und ziehe täglich meine Lehre daraus. Ich habe sie mir noch nicht einmal zur Hälfte bewusst gemacht.«).

15 In Kaufringers Reimpaarversion etwa bedankt sich die Müllerin am Ende des Gesprächs in aller Demut für die Weisungen, die ihr die beiden Dominikaner erteilt haben (vgl. SAPPLER, Kaufringer, S. 205 f.).

16 RUH, Müllerin, Sp. 976 f.

17 Vgl. BARTSCH, Sprüche, S. 196 f.

bittet die vorbeikommenden Ordensleute ihrer zu gedenken und differenziert auf deren ablehnende Haltung hin *wîsliche*[18] zwischen innerem und äußerem Gedenken. Diese unerwartete Gelehrsamkeit macht die Dominikaner neugierig und so hören sie sich gern an, wie die Magd ihre tiefe Frömmigkeit in die Verrichtungen des täglichen Lebens integriert: Sie betet die Messe während des Melkens, hält die Prim, während sie die Milch seiht, und so fort. Dieses Schema der Gleichzeitigkeit von geistlichen und weltlichen Werken, von *vita activa* und *vita contemplativa*, findet sich in abweichender Realisierung auch in der Handschrift M4 (vgl. S. 140 f.). Dort kommentiert die Magd beispielsweise ihr morgendliches Aufstehen mit den Worten *so han ich mich got in ain ganczen waren grund glan*[19] (M4, fol. 51$^{ra}$) – nach McGinn ist *grund* eine »Meistermetapher«[20] zur Beschreibung der Beziehung zwischen Mensch und Gott und ein »Urbegriff im Zentrum der Mystik Eckharts«[21] – und lässt im weiteren Verlauf des Gesprächs eine deutliche Passionsfrömmigkeit erkennen. Diese Textfassung verdient auch deshalb ein besonderes Augenmerk, weil es nach den klugen Worten der Magd zu Beginn des Dialogs zu einer Verwischung der Grenze von weltlichem und geistlichem Stand kommt. Ein Dominikaner fragt: *du bist gar ain weiße magt sag mir durch den reichen crist odu* (!) *nit gaistelich bist*[22] (M4, fol. 51$^{ra}$) und sie antwortet: *ich möcht vol gaistelich sein lösen mich die brechen mein*[23] (M4, fol. 51$^{ra}$). Wie im Fall der ›Frommen (seligen) Müllerin‹ könnten auch bei diesem Dialog textkritische Studien also noch manch interessante Beobachtung zu Tage fördern.

›Das Frauchen von 22 (21) Jahren‹. Auch das Frauchen von 22 Jahren begegnet im gleichnamigen, in zwei Fassungen überlieferten Dialog[24] einem an-

---

18 Ebd., S. 197, Z. 8.

19 Eigene Übersetzung: »So habe ich mich für Gott in den tiefsten Grund sinken lassen.«

20 McGinn, Mystik im Abendland IV, S. 152. Die Metapher des Grundes nimmt einen zentralen Platz im Denken Eckharts und Taulers ein, ist aber, wie McGinn anhand des Reimpaartextes ›Sprüche der zwölf Meister‹ nachweist, auch bei anderen, vorwiegend dominikanischen Predigern zu finden. McGinn hält sie für so zentral, dass er die in der Tradition Eckharts und Taulers stehende Mystik als »Mystik vom Grund« bezeichnet (vgl. ebd., S. 148–166).

21 Ebd., S. 152.

22 Eigene Übersetzung: »Du bist wahrlich eine weise Frau. Sag mir im Namen des mächtigen Chistus, ob du nicht dem geistlichen Stand angehörst?«

23 Eigene Übersetzung: »Ich könnte tatsächlich ein geistliches Leben führen, wenn es meine Unzulänglichkeiten zuließen.«

24 Beide Fassungen sind von Pickering als Redaktionen A und B unter Berücksichtigung jeweils mehrerer Textzeugen ediert (ders., Medieval German Tales, S. 125–128). Auch wenn Ruh seiner Annahme, Redaktion A sei die ursprünglichere, keine Begründung beigibt (Ruh, Frauchen, Sp. 858), so scheint sie doch nachvollziehbar: Die Textgestalt von A verfügt über einen klaren und stringenten Aufbau mit einer ausführlichen Einleitung zur Vorstellung des Frauchens, einem in zwei Dreiergruppen geteilten Hauptteil

gesehenen Vertreter der gelehrten Geistlichkeit, einem *meister van der gotheit.* Es dürfte sich bei ihm mit großer Wahrscheinlichkeit um einen Angehörigen eines Bettelordens handeln, wie aus der Kombination von akademischem Rang – *meister* –, Ordenszugehörigkeit – *Jch han die kappe gedragen wail ffunfftzich iare lanck*[25] – und Wanderleben – *Eyn meister* [...] *quam yn eyn stat*[26] – geschlossen werden kann. Anfangs möchte er sich nicht recht zu einem Gespräch mit einer einfachen Frau herablassen, muss aber schließlich eingestehen, nie einen vollkommeneren Menschen getroffen zu haben. Es ist ein Urteil, wie es ganz ähnlich auch Eckhart über die *tohter* ausgesprochen hat (vgl. ›Meister Eckharts Tochter‹, Z. 76–78). Die *junffrauwe,* wie der Text sie nennt, steht in der Ehe, hat Kinder und verfügt über Ansehen und Besitz in der Welt – nichts davon hat sie angestrebt, nimmt es aber als göttliche Fügung bereitwillig an. In die damit verbundenen täglichen Pflichten integriert sie – ganz wie die selige Dorfmagd – ihr geistliches Leben, das aus drei auf die Person Christi fokussierten äußeren und drei mystisch akzentuierten inneren Tugenden besteht. Bei letzteren handelt es sich im Einzelnen um das *scheiden van allen creaturen*[27], um das *ledigen* [...] *van allen vnnutzen ingetzogen hynderlichen dyngen*[28] und um das *vereynigen*[29] mit Gott in der Kirche. Eine »antihierarchische Pointe ohne Schärfe«[30] mag durchaus zum Bedeutungspotential dieses Dialogs gehören, greift aber als alleiniger Deutungsansatz zu kurz: Was das Frauchen so besonders macht, ist nicht zuerst ihre Überlegenheit gegenüber der etablierten Geistlichkeit, sondern die in ihrer Person inszenierte Verschmelzung tätigen weltlichen

zur Charakterisierung ihrer Frömmigkeit und einem kurzen Fazit des Meisters. Der B-Text ist dagegen weniger ausgewogen gestaltet: Die erste Dreiergruppe ist um ein Glied gekürzt, das dafür eher beiläufig im Schlussteil auftaucht. Dieser Schlussteil ist im Vergleich zu A wesentlich umfangreicher, weil er die in der mutmaßlich älteren Fassung kurz angedeuteten Aspekte einer lebensweltlichen Frömmigkeit und einer problematisch betrachteten Geistlichkeit wesentlich breiter ausführt. Ausgehend von diesen Beobachtungen zitiere ich das ›Frauchen von 22 (21) Jahren‹, wo nicht anders angegeben, nach der A-Fassung, auf die auch die Altersangabe ›22‹ zurückgeht. Ruh gibt seiner Benennung des Stücks in Klammern stets auch die Altersangabe der Fassung B, ›21‹, bei.

25 Eigene Übersetzung: »Ich habe das Ordensgewand schon 50 Jahre lang getragen.« Unter *kappe* ist ein »mantelartiges kleid, das mit einer kapuze zugleich den kopf bedeckte u. von männern u. frauen, bes. auf reisen getragen wurde«, aber auch die »kutte der mönche u. nonnen« zu verstehen (vgl. HWB, Bd. 1., Sp. 1513; siehe auch DWB, Bd. 11, Sp. 189, mit entsprechenden Belegen bei Walther von der Vogelweide und Luther). Von einer Ordenszugehörigkeit des Meisters geht auch Janota aus (ders., Volkssprachliche Schriftlichkeit, S. 85).

26 Eigene Übersetzung: »Ein Gelehrter kam in eine Stadt.«

27 Pickering, Medieval German Tales, S. 126, Z. 34; eigene Übersetzung: »die Abwendung von allen Geschöpfen«.

28 Ebd., Z. 36 f.; eigene Übersetzung: »das Freimachen von allen überflüssigen Dingen, die von außen hereinkommen und zum Hindernis warden«.

29 Ebd., Z. 39.

30 Ruh, Frauchen, Sp. 860.

Lebens mit einer weltabgewandten, fast schon monastischen Frömmigkeit.[31] Diese städtisch-bürgerliche Form der Frömmigkeit beschreibt die Fassung B mit dem Leitkonzept der Gottesfreundschaft, wenn dort das Frauchen für alle ihre Werke *ain zügnus vß den freunden Gotes*[32] nehmen möchte.

Da es wie schon bei den anderen Stücken an überlieferungs- und textgeschichtlichen Studien fehlt, können nur einige orientierende Angaben zur historischen Verortung des Dialogs gegeben werden: Die über 30 bekannten handschriftlichen Textzeugen datieren allesamt ins 15. Jahrhundert und die Zeit danach, aber aufgrund der Nähe zu ›Meister Eckharts Tochter‹ – zu ergänzen wären auch ›Die fromme (selige) Müllerin‹ und ›Von der seligen Dorfmagd‹ – hält RUH eine Entstehung schon im 14. Jahrhundert für durchaus vorstellbar.[33] Falls es zutreffen sollte, dass die Redaktion A der Redaktion B textgeschichtlich vorausgeht, dann wäre eine Entstehung des Stücks in den Niederlanden vorstellbar, gibt es doch von A nur niederländische Textzeugen.

Die Texte vom seligen Frauchen. Dem ›Frauchen von 22 (21) Jahren‹ sehr ähnlich ist eine Gruppe von untereinander eng verwandten Dialogen oder Dialogfassungen, die von PICKERING und DE VOOYS abgedruckt wurden.[34] Zahlreiche wörtliche und strukturelle Parallelen zwischen diesen auf jeweils einer einzigen Handschrift beruhenden Abdrucken legen die Annahme eines gemeinsamen Ausgangstextes nahe, der bei derzeitigem Kenntnisstand aber kaum ermittelbar scheint. In Anlehnung an die in den Textzeugen genannten Überschriften könnte man behelfsmäßig von der ›Seligen-Frauchen‹-Gruppe sprechen. Im Zentrum der Dialogfassungen steht eine junge Frau, bei PICKERING eine Begine, die von einem Priester oder Beichtvater nach ihrem Lebenswandel befragt wird. Nach ihren Ausführungen gesteht er ein, dass ihre Frömmigkeit größer sei als die seine. Die Struktur dieser Ausführungen erinnert an die Abfolge von Rätselrede und Auflösung in ›Meister Eckharts Tochter‹ und dem ›Armen Menschen I‹: An jedem Tag der Woche widmet sich die Frau einer speziellen, oft hauswirtschaftlichen Tätigkeit, die sie so sehr in Beschlag nimmt, dass kein Raum für die Messe oder etwas anderes bleibt. Auf die Nachfrage des Priesters hin – die Tätigkeiten scheinen oft genug übertrieben und unwahrscheinlich – deutet sie das Gesagte in einer Allegorese als fromme Übungen, zumeist

---

31 Fassung B problematisiert das Verhältnis von Weltdingen und Frömmigkeit in aller Deutlichkeit: *Gütter here, was schadend mir die ding* (PICKERING, Medieval German Tales, S. 128, Z. 36–47; eigene Übersetzung: »Werter Herr, was können mir diese Dinge anhaben?«), fragt hier das Frauchen und erklärt dann, wie sie Ehe, Kindererziehung und die Führung des Hausgesindes mit ihren religiösen Verrichtungen vereinbart.

32 PICKERING, Medieval German Tales, S. 127, Z. 8 f; eigene Übersetzung: »ein Beispiel an den Gottesfreunden«.

33 RUH, Frauchen, Sp. 858.

34 Vgl. PICKERING, Medieval German Tales, S. 134 f., und DE VOOYS, Nederlands Mystiek III, S. 280–290.

Betrachtungen des Leidenswegs Christi. Die Textzeugen dieses Dialogtyps finden sich sowohl im bairisch-österreichischen als auch im niederländischen Raum und gehören durchweg dem 15. Jahrhundert an.

›Die fromme (selige) Müllerin‹, ›Von der seligen Dorfmagd‹, ›Das Frauchen von 22 (21) Jahren‹ und in gewisser Weise auch die Dialoge um das selige Frauchen kommen überein in der Inszenierung einer laikalen Frömmigkeit, in der der Gegensatz von weltlichem Leben und weltabgewandter Spiritualität, von *vita activa* und *vita contemplativa*, aufgehoben ist.[35] In der Darstellung kann diese Aufhebung so weit gehen, dass nicht nur ein Nach- und Miteinander als möglich gedacht werden, sondern auch eine Gleichzeitigkeit, wie es in der Eingangssequenz der ›Frommen (seligen) Müllerin‹ beschrieben ist: *Zů jungest funden sie sie in eim armen mullin siczen in einem hemde spinnende und ir augen of habende zů himele*[36]. Die Müllerin hat sich von ihrem Tun distanziert und damit einen inneren Freiraum geschaffen, in dem mitten in der täglichen Verrichtung Platz für die Begegnung mit Gott ist. Auf einer theologisch reflektierten Ebene entwickelt Eckhart, verschiedene vorgängige Traditionen aufgreifend und überbietend, ein sehr ähnliches Verhältnis von *vita activa* und *vita contemplativa*: In Predigt 86 legt er die Figur der Martha als Modell dafür aus, wie man *bî den dingen, niht in den dingen*[37] zu stehen und damit »losgelöste Einheit mit Wirken zu verbinden«[38] vermag. Dass man Gott auch *bî dem viure oder in dem stalle*[39] finden kann, wird von Eckhart gepredigt und von den hier besprochenen Kurzdialogen in Szene gesetzt. In Anschluss an de Vooys wurden diese Texte immer wieder »antihierarchisch«[40] genannt, ein kritisches Studium der Text deutet aber in eine andere Richtung: Wohl wird die neue laikale Frömmigkeit von den Geistlichen in den Dialogen anfangs skeptisch beäugt und als

---

35 Weitere Leitmotive der in diesen Texten inszenierten Frömmigkeit sind etwa meditative Versenkung, Kontemplation und Introspektion.

36 Schneider, Buch der Vollkommenheit, S. 15, Nr. 28, Z. 2 f.; eigene Übersetzung: »Schließlich fanden sie sie in einer heruntergekommenen Mühle sitzend, einfach gekleidet und am Spinnrad arbeitend, die Augen zu Gott erhoben.«

37 Pr. 86, DW III, S. 488,12; Übersetzung S. 596: »bei den Dingen, nicht in den Dingen«.

38 Mieth, Predigt 86, S. 160. Mieth widerlegt in dieser Arbeit auch verschiedene Argumente, mit denen Eckhart diese Predigt abgesprochen werden sollte, und macht auf Auslegungen von Augustinus und Albertus Magnus aufmerksam, die Eckhart in der Aufwertung der Martha-Figur vorausgehen. Das Konzept einer Einheit von Wirken nach außen und Gottverbundenheit nach innen bietet Eckhart auch in Predigt 2 über dieselbe Perikope wie Predigt 86 und in Predigt 32 in seinen Aussagen über die heilige Elisabeth von Thüringen. Vgl. zu diesem Themenkomplex auch Mieth, Eckhart, S. 192–196.

39 Pr. 5b, DW II, S. 91,4 f.; Übersetzung, S. 450: »beim Herdfeuer oder im Stalle«.

40 De Vooys hält die Mystik insgesamt für eine antihierarchische Strömung: »De mystiek was van nature anti-hierarchies« (ders., Middelnederlandse Legenden en Exempelen, S. 332) und schreibt diese Tendenz wiederholt auch den hier besprochenen Kurzdialogen zu (ebd., S. 332–349).

Novum registriert, aber zuletzt sind es genau diese Geistlichen, die mit ihren positiven Urteilen das Novum approbieren.

›Van enen rebaut‹. Zum Beschluss dieser Reihe sei noch auf den von DE VOOYS abgedruckten und seitdem kaum beachteten mittelniederländischen Dialog ›Van enen rebaut‹ eingegangen,[41] der in seinem Inhalt und seinen literarischen Gestaltungselementen auffällige Parallelen zu ›Meister Eckharts Tochter‹ und den ersten beiden Fassungen des ›Armen Menschen‹ aufweist. Als Gesprächspartner agieren hier ein Klausner und eine als *rebaut* bezeichnete Person, womit so etwas wie ein ›Landstreicher‹, ›Schurke‹ oder, wie DE VOOYS den Begriff deutet, ein ›fahrender Begarde‹ bezeichnet sein dürfte.[42] Entgegen der üblichen Erwartungshaltung, aber gerade darin mit den hier besprochenen Texten übereinstimmend, legt der *rebaut* eine beachtenswerte Frömmigkeit an den Tag, die der Klausner nach eigenem Eingeständnis nie erreicht hat und der er sich nur fragend annähern kann. Und wie andere mystische Kurzdialoge auch macht ›Van enen rebaut‹ Gebrauch von der Doppeldeutigkeit der Sprache und vom Spiel mit verschiedenen Bedeutungsebenen, um seine Rezipienten zu verblüffen und sich ihre Aufmerksamkeit zu sichern: Schon bei der Begrüßung spricht der *rebaut* den Klausner als *brueder* an und muss erklären, dass er darunter keine leibliche, sondern eine schöpfungstheologisch begründete Verwandtschaft versteht. Noch deutlicher wird das Verfahren, als sich der *rebaut* in widersprüchlicher Weise als armen und zugleich reichen Mann beschreibt und der Klausner in inzwischen bekannter Manier um eine Erklärung bittet. Die nun folgenden Ausführungen gleichen einer Montage selbstständiger Redebausteine, die sich zwar nicht zu einer übergeordneten Gedankenfolge zusammenschließen, aber doch dasselbe Thema umkreisen: die Aufgabe des Eigenwillens. Sie ist ebenso der Grund für die Armut des *rebaut* – sein Reichtum wird nicht aufgegriffen – wie für seine moralische Vollkommenheit: *Ende hebbe mynen wil also verenicht mitten godliken wille dat god niet werken en mach sonder my noch dat ic niet werken en mach sonder god.*[43] Es wäre zu überlegen, ob in diesem Satz nicht nur eine besondere Form mystischen, sondern vielleicht auch freigeistigen Denkens ausgesprochen sein könnte – gehört es doch zu den gängigen Annahmen über die ›Freigeister‹, sie sähen sich selbst in einer Willens- und Wirkeinheit mit Gott,

41 Abgedruckt bei DE VOOYS, Nederlandse Mystiek I, S. 62 f.; zu ersten Deutungsansätzen vgl. ebd., S. 61 f., und DERS., Middelnederlandse Legenden en Exempelen, S. 348 f.

42 DE VOOYS, Nederlandse Mystiek I, S. 61. Das Mittelhochdeutsche Handwörterbuch übersetzt *ribalt* als »landstreicher, bube, schurke« (HWB, Bd. 2, Sp. 414), das ›Middelnederlandsch Woordenboek‹ gibt für *ribaut* unter anderem »zakkendrager, stalboef, landlooper, bedelaar, iemand die van afgeperste aalmoezen leeft, schurk, galgenaas« (VERWIJS / VERDAM, Middelnederlandsch Woordenboek, Bd. 6, Sp. 1321–1326) an.

43 DE VOOYS, Nederlandse Mystiek I, S. 63; eigene Übersetzung: »Und ich habe meinen Willen so mit dem göttlichen Willen vereinigt, dass Gott ohne mich nicht wirken kann und dass ich ohne Gott nicht wirken kann.«

die ihnen etwa das Sündigen unmöglich mache (vgl. dazu S. 126–129).[44] Noch dazu sieht die Forschung gerade in den Begarden, den *rebauts*, wenn DE VOOYS mit seiner Deutung dieses Begriffs Recht haben sollte, eine prominente Trägergruppe freigeistigen Gedankenguts.

Dass auch für die weitere Arbeit am Dialog ›Van enen rebaut‹ eine textkritische Studie interessant wäre, zeigt sich im Vergleich mit dem ebenfalls von DE VOOYS gedruckten mittelniederländischen Dialog ›Exemplum duorum pauperum‹[45], der zahlreiche Redebausteine mit dem erstgenannten Text teilt. Wir sehen hier zwei arme Menschen auf *pelgrimaegde*[46] herumziehen und sich über die Willens- und Wirkeinheit mit Gott unterhalten, aber auch darüber, dass ihr Leben *nutte*[47] ist und dass deshalb alles, was sie zu ihrer *noetdoerft*[48] nehmen, Gott ehrt. Sowohl Inszenierung als auch Inhalt weisen hier wie schon in ›Van enen rebaut‹ auf ein begardisch-freigeistiges Umfeld hin.

Die dargebotene Auswahl mag einen ersten Einblick in die Reihe der mystischen Kurzdialoge geben, einer Gruppe von geistlichen Texten, die sowohl in ihren Inhalten als auch in der Art und Weise von deren Inszenierung eine enge Zusammengehörigkeit zeigen. In die Überlegungen miteinzubeziehen wären Texte wie ›Der Bruder mit den sieben Säckchen‹ (vgl. dazu S. 159), ›Christus und die sieben Laden‹, ›Das Beginchen von Paris‹ und auch der ›Armutsdialog‹, also der in einigen Handschriften vor Eckharts Predigt 52, zum Teil aber auch eigenständig überlieferte Dialog zwischen Meister Eckhart bzw. einem Namenlosen und einem armen Menschen.[49] In engem Anschluss sind sicher auch die um-

---

44 Vgl. dazu ebd., S. 61. Vergleichbar mit der Formulierung des Dialogs ist nachfolgender Punkt aus dem Schreiben des Straßburger Bischofs Johann I. von Zürich gegen Begarden und Beginen aus dem Jahr 1317: *Item dicunt, quod homo possit sic uniri deo, quod ipsius sit idem posse et velle et operari quodcumque, quod est ipsius dei* (PATSCHOVSKY, Straßburger Beginenverfolgungen, S. 135; eigene Übersetzung: »Ebenso sagen sie, dass der Mensch so mit Gott vereint werden kann, dass sein Können und Wollen und Wirken dasselbe sei wie Gottes.«). In diesem Zusammenhang sei auch auf den ähnlich lautenden Satz des armen Menschen in der Dialogfassung ›Der arme Mensch II‹ hingewiesen: *Ind ich bin myt eme also vereyniget, dat ich nyet enmach willen anders, dan dat got wilt* (›Der arme Mensch II‹, Z. 20 f.).

45 Abgedruckt bei DE VOOYS, Nederlandse Mystiek I, S. 63 f., und die knappen Anmerkungen dazu in DERS., Exempelen, S. 349.

46 DE VOOYS, Nederlandse Mystiek I, S. 63; eigene Übersetzung: »Pilgerschaft«.

47 Ebd., S. 64; eigene Übersetzung: »nichts«.

48 Ebd., S. 64; eigene Übersetzung: »Notwendige zum Leben«.

49 Verschiedene Fassungen dieses ›Armutsdialogs‹ sind von QUINT im Anhang zu Predigt 52 ediert (DW II, S. 521–524). Zu Überlieferung und Inhalt des Stücks vgl. QUINT, Dialog, S. 81–87, und ergänzend dazu KURRAS, Eckhart-Fragment, S. 216–218, mit dem Hinweis auf das Fragment N20, in dem der Dialog neben der deutlich abweichenden Fassung in Br9 das einzige Mal mit dem Namen ›Eckhart‹ überliefert ist. LARGIER sieht im dialogischen Aufbau dieses Stücks bereits eine Parallele zu den ›Eckhart-Legenden‹

fangreicheren Dialogtraktate ›Schwester Katrei‹, ›Eckhart und der Laie‹ und das ›Meisterbuch‹ aus dem Kreis um Rulman Merswin zu sehen, die allesamt das Grundthema vom frommen Laien im Gespräch mit einem Geistlichen variierend aufgreifen und mit dem Gedankengut spekulativer Mystik, aber auch mit orthodox katechetischen Inhalten ausgestalten. Die meisten der bloß genannten und der eingehender besprochenen Texte dürften im 14., einige möglicherweise auch erst im 15. Jahrhundert im Rheingebiet von der Schweiz bis in die Niederlande entstanden sein und zeugen auf ihre Weise von der religiösen Lebendigkeit und den vielfältigen Frömmigkeitsbestrebungen in diesem Raum.

### *7.1.2 Die ›Vitaspatrum‹ und die Frage nach der literarischen Tradition der mystischen Kurzdialoge*

Wenn die Parallelen zwischen diesen Kurzdialogen Ausdruck einer gemeinsamen literarischen Tradition sind, dann stellt sich auch die Frage nach der Herkunft dieser Tradition. Die folgenden Ausführungen dazu setzen fort, was bereits an quellenkritischer und intertextueller Arbeit zu ›Meister Eckharts Tochter‹ und zum ›Armen Menschen‹ geleistet wurde, gehen aber von einer weiteren, über diese Einzeltexte hinausreichenden literarhistorischen Perspektive aus.

Den wichtigsten Hinweis für die Suche nach literarischen Vorbildern verdanken wir Ruh, der den Erzähltypus der ›Frommen (seligen) Müllerin‹ in zwei Geschichten aus den ›Vitaspatrum‹, einer über einen langen Zeitraum gewachsenen Sammlung von Viten, Dicta und Beispielerzählungen aus der frühchristlichen Zeit der Wüstenväter, vorgeprägt sah.[50] Beide Erzählungen lassen sich dahingehend abstrahieren, dass eine geistliche Autoritätsperson auf göttliche Anweisung hin bestimmte Laien aufsucht, die sich trotz ihres Lebens in der Welt in Frömmigkeit und Lebenswandel als überlegen erweisen. Im einen

---

(EW I, S. 1050). Vgl. zu diesem Dialog ausführlich Hopf, Eckhartrezeption und Eckhartinszenierung.

50 Ruh, Müllerin, Sp. 976, und ebenso Williams, Müllerin, S. 60 f. Zu den ›Vitaspatrum‹, ihrer Entstehungsgeschichte und ihrer Bedeutung für die Literatur des Mittelalters vgl. den Überblick bei Williams / Hoffmann, Vitaspatrum, Sp. 449–466.

Fall begegnet der heilige Macarius zwei verheirateten Frauen,[51] im anderen begegnen zwei Altväter dem Schäfer Eucharistius und seiner Ehefrau.[52]

Dass die oben skizzierte Reihe mystischer Kurzdialoge in der Traditionslinie solcher Erzählungen aus den ›Vitaspatrum‹ stehen könnte, sahen neben RUH auch KUNZE, WILLIAMS und KAISER in einem gemeinsamen Beitrag zur ›Vitaspatrum‹-Rezeption[53]. Gerade weil vieles für diese These spricht, gilt es einige Aspekte weiterzudenken und andere zu problematisieren. Eine verengende Rückführung der Kurzdialoge auf konkrete Vorbilder ist zunächst insofern problematisch, als die ›Vitaspatrum‹ nicht nur über wenige vereinzelte, sondern über eine ganze Fülle ›laienfreundlicher‹ Texte verfügen und deswegen insgesamt als eines der »Musterbücher sapientialer Lebensweisung«[54] gelten: Immer wieder wird hier in unterschiedlichen literarischen Formen das Verhältnis von Wissen und Weisheit diskutiert, wird die erwartete Rollenverteilung von Lehrer und Schüler umgekehrt, wird einer ungebildeten laikalen

---

51 MIGNE, Patrologia 73, Sp. 778; das Stück ist ebenfalls Teil des Verslegendars ›Der veter buoch‹, der ersten deutschen Übersetzung der ›Vitaspatrum‹, die am Ende des 13. Jahrhunderts im Deutschordensland entstanden sein dürfte (vgl. REIßENBERGER, Väterbuch, V. 13373–13452). Darüberhinaus wurde es auch vielfach unabhängig von der ›Vitaspatrum‹-Tradition als Exempel in unterschiedlichen Zusammenhängen überliefert (vgl. TUBACH, Index Exemplorum, Nr. 3113).

52 MIGNE, Patrologia 73, Sp. 1006; vgl. auch die mittelhochdeutsche Übersetzung bei REIßENBERGER, Väterbuch, V. 24781–24924. Der Name des Schäfers ist dort »Eustochius« (ebd., V. 25797). Auch für diesen Text ist eine breite Überlieferung außerhalb der ›Vitaspatrum‹-Tradition nachweisbar (vgl. TUBACH, Index Exemplorum, Nr. 4171).

53 Vgl. KUNZE / WILLIAMS / KAISER, Information und innere Formung, S. 141, Anm. 59. Dort sind neben der ›Frommen (seligen) Müllerin‹ auch die Dialoge ›Das Frauchen von 22 (21) Jahren‹, ›Von der seligen Dorfmagd‹ und ›Die geistliche Hausmagd‹ der Tradition der ›Vitaspatrum‹ zugeordnet.

54 Ebd., S. 133. Dass diese Einschätzung schon im Mittelalter bestand, belegt beispielsweise die Empfehlung des dominikanischen Ordensgenerals Humbertus de Romanis für den Gebrauch der ›Vitaspatrum‹ im Rahmen der Novizenausbildung, gerade auch im Vergleich mit theologischer Fachliteratur: *Item, instruendi sunt ab ipso circa studium quod saecularibus scientiis neglectis, se totos transferunt ad divinas: et inter illas a principio magis vacent utilibus et planis, quam subtilioribus et obscurioribus, et praecipue illis quae utiliores sunt ad informationem, et inflammationem, et coroborationem ipsorum: ut sunt* [...] *Collationes et Vitae et Dicta patrum* [...] (BERTHIER, Opera de vita regulari, S. 230; eigene Übersetzung: »Ebenso sollen sie von ihm im Bezug auf die Ausbildung darüber unterrichtet werden, dass sie sich von den weltlichen ganz zu den theologischen Wissenschaften hinwenden sollen. Bei diesen sollen sie sich von Anfang an mehr den nützlichen und den klaren widmen als den höheren und den verborgeneren. Und vor allem jenen, die besonders nützlich sind zu ihrer Belehrung, zur Erweckung von Begeisterung und zur Bestärkung, wie etwa die Gespräche, Lebensbeschreibungen und Lehren der Altväter.«). Vergleiche dazu auch den Prolog der im 15. Jahrhundert entstandenen bairischen ›Verba seniorum‹, einer Teilübersetzung der ›Vitaspatrum‹, in dem das Zielpublikum des Werks als *ainuåltig, gůtherczig* und *andachtig* beschrieben ist (vgl. BLUMRICH, Überlieferungsgeschichte, S. 198–202; eigene Übersetzung: »arglos, gutherzig, fromm«).

Frömmigkeit das Wort geredet.[55] Noch dazu reicht die Tradition der Wissenskritik und des Lobs einer *docta ignorantia* oder *sancta simplicitas* in christlicher Prägung schon auf biblische Schriften zurück und bleibt das ganze Mittelalter über lebendig[56] – die ›Vitaspatrum‹ stellen also einen bedeutsamen, aber keineswegs einen einsamen Exponenten dieses Gedankens dar. In diesem Zusammenhang sei nur an einige Dicta solcher Theologen und Prediger erinnert, die in besonderer zeitlicher und gedanklicher Nähe zu den mystischen Kurzdialogen stehen und auf ihre Weise für eine einfache, ehrliche Frömmigkeit Partei ergreifen. Bekannt ist etwa Taulers Lob eines einfachen Ackermanns:

> *Ich weis einen den aller hǒchsten frúnt Gotz, der ist alle sine tage ein ackerman gewesen me denne vierzig jor und noch ist. Und er fragte einest unsern herren ob er wolte das er das begebe und in die kilchen gienge sitzen. Do sprach er: nein, er ensolt es nút tůn; er sollte sin brot mit sinem sweisse gewinnen sinem edelen túren blůte ze eren.*[57]

Dem Dominikanertheologen Albertus Magnus ist in der Spruchkompilation ›Die zwölf Meister von Paris‹ folgendes Dictum in den Mund gelegt:

> *Will man fragen nach den wisosten pfafen, die vf ertrich sint, die vindet man ze Paris in der schůl. Will man aber fragen nach der heimlich gottes, so frage man nach dem ermsten menschen, der vf ertrich ist, der mit willen gern arm ist dur got: der weis gottes heimlich me denne der wisost pfaffe, der vf ertrich ist.*[58]

Solche Aussagen zeigen, dass Lob und Wertschätzung laikaler Frömmigkeit längst nicht immer aus dem Mund oder der Feder eines Laien kommen müssen, und warnen damit vor einem voreiligen Rückschluss von einem ›laienfreundlichen‹ Text auf einen Autor aus dem Laienstand.[59]

---

55 Vgl. Kunze / Williams / Kaiser, Information und innere Formung, S. 135. Vgl. etwa den Disput zwischen den Äbten Evagrius und Arsenius über die ägyptischen *rustici*, Bauern, die durch ihre Arbeit und Mühen mehr Tugend errungen haben als die beiden Geistlichen durch ihre Bildung (Migne, Patrologia 73, S. 912).

56 Vgl. dazu Schreiner, Laienbildung, S. 262–270, und Lehmann, Heilige Einfalt.

57 Vetter, Pr. 42, S. 179, Z. 20–24; eigene Übersetzung: »Ich kenne den größten Gottesfreund. Er hat Zeit seines Lebens auf dem Acker gearbeitet, also vierzig Jahre und tut es noch immer. Er fragte einst unseren Herrn, ob er das aufgeben sollte, um in die Kirche zu gehen und dort zu sitzen. Er erhielt zur Antwort, dass er das nicht tun sollte. Er sollte sein Brot weiterhin mit seinem Schweiß verdienen, um so das edle, kostbare Blut des Herrn zu ehren.«

58 Stammler, Albert der Große, S. 308; eigene Übersetzung: »Sucht man den klügsten Gelehrten, den es auf Erden gibt, so findet man ihn zu Paris auf der Universität. Sucht man allerdings nach jemandem, der Gott nahe ist, so soll man nach dem ärmsten Menschen auf Erden suchen, der aus eigenem Willen gern arm ist, um Gott zu ehren. Der kennt Gottes Wesen besser als der klügste Gelehrte auf Erden.«

59 Ähnliche Fragen stellen sich der Forschung in Bezug auf den Autor des Traktates ›Eckhart und der Laie‹. Scheepsma deutet ein Verständnis der Laienfigur als »eine praktische literarische Konstruktion, die sich nicht immer automatisch mit dem Autor über-

Zudem darf nicht vergessen werden, dass die genannten Erzählungen von Macarius und den zwei Altvätern am Textkorpus der ›Vitaspatrum‹ nur einen verschwindend geringen Anteil einnehmen und in gänzlich unterschiedlichen Zusammenhängen stehen. Ob sie aus dieser Position heraus einen eigenen Rezeptionsprozess anstoßen konnten, bleibt fraglich. Eine spezifische Überlieferungsgemeinschaft einer dieser Erzählungen mit ›Meister Eckharts Tochter‹, einer Fassung des ›Armen Menschen‹ oder sonst einem mystischen Kurzdialog ist jedenfalls genausowenig nachweisbar wie eine engere Überlieferungsgemeinschaft dieser Texte mit den ›Vitaspatrum‹ an sich.[60]

Auch wenn eine direkte literarische Abhängigkeit der mystischen Kurzdialoge von den ›Vitaspatrum‹ nicht nachgewiesen werden kann, so bleibt die *docta ignorantia* als verbindendes Motiv doch ernstzunehmen. Dass es diese Parallele gibt, sollte aber nicht über einen gewissen Variationsspielraum im Umgang mit dem bekannten Konzept hinwegsehen lassen: Manch einer der Laien aus den Dialogen fällt nicht nur durch eine unvermutete Frömmigkeit, sondern ebensosehr oder gar in erster Linie durch ein unvermutetes Wissen in Glaubensdingen auf. Einige Beispiele mögen diesen Sachverhalt veranschaulichen: Meister Eckhart beschreibt die Worte der *tohter* als *behende* (›Meister Eckharts Tochter‹, Z. 39), als subtil (vgl. S. 99, Anm. 53). Die Dorfmagd kontert die Weigerung der Dominikaner, ihrer zu gedenken, mit der in alter anthropologischer Tradition wurzelnden Differenzierung zwischen innerem und äußerem Menschen. Dass sie in dieser Weise *wîslîche*[61] zu reden versteht, obwohl sie doch unter *dorflûten*[62] lebt, versetzt die beiden Geistlichen in Staunen und macht sie zu aufmerksamen Zuhörern. Das Gespräch mit der frommen Müllerin wiederum gleicht einem theologischen Examen, bei dem es auf die korrekte Beantwortung anspruchsvoller Fragen – Was sind Engel? Was ist Gott? usw. – ankommt, nicht aber auf einen vorbildlichen Lebenswandel und ein einfaches Gemüt. In einem weiteren Sinn könnte man hier auch die *tohter*, den armen Menschen und den *rébaut* insofern miteinbeziehen, als sie ihre Erkenntnisse erst in allegorisch-verrätselter Form darbieten, um sie dann einem unverständigen Dialog-

schneiden muss« (DERS., Meister Eckhart in den Niederlanden, S. 38) an und weist – ähnlich wie es in der vorliegenden Arbeit unternommen wurde – auf Bildungsstand und Beherrschung literarischer Techniken als Argumente gegen eine laikale Autorschaft hin (ebd., S. 38).

60 Von allen in dieser Arbeit untersuchten Handschriften versammeln nur *B (vgl. S. 195 f.), Ba2 (vgl. S. 192–194) (jeweils ›Der arme Mensch I‹), St8 (vgl. S. 268), St9 (vgl. S. 268 f.) (jeweils ›Der arme Mensch III‹) und Ko (vgl. S. 344) (›Meister Eckharts Wirtschaft‹) sog. ›Eckhart-Legenden‹ und ›Vitaspatrum‹, wobei in jedem Fall noch zu fragen wäre, ob es sich um zufällige Überlieferungsgemeinschaften oder um intentionale Überlieferungssymbiosen handelt.

61 BARTSCH, Sprüche, S. 197, Z. 8.

62 Ebd., S. 197, Z. 10.

partner auszulegen – ein intellektuelles Spiel, in dem die Laien die Spielleiter sind. Solche Beobachtungen sind bei der Einordnung in die Motivgeschichte der *docta ignorantia* zu bedenken und machen deutlich, dass literarische Traditionen hier nicht einfach nur reproduziert, sondern produktiv aufgegriffen und neu gewendet werden.

Dass es im Laufe einer langen Wirkungsgeschichte zu Modifikationen kommt, ist eine erwartbare Entwicklung und muss einer Zugehörigkeit zur Traditionslinie der ›Vitaspatrum‹ nicht widersprechen. Diese Zugehörigkeit könnte über die rein literarhistorische Beurteilung der Texte hinaus noch andere Perspektiven eröffnen, insbesondere was ihr soziales Entstehungsumfeld anbelangt. Da sie aber nicht über Zweifel erhaben ist und auch die weiterführenden Überlegungen unter Vorbehalten stehen, sei hier nur ein möglicher Gedankengang vorgestellt.

Spätestens seit ihrer Aufnahme in die Benediktsregel zählen die ›Vitaspatrum‹ zur Grundlektüre in Klöstern und fanden dort etwa im Rahmen der gemeinschaftlichen Tischlektüre Verwendung.[63] Erst als am Ende des 13. Jahrhunderts die erste deutsche Versübersetzung entsteht – sie war wohl für die Laienbrüder des Deutschen Ordens gedacht – beginnen die Viten und Dicta der Altväter langsam auch einem größeren Kreis von Lateinunkundigen bekannt zu werden.[64] In der ersten Hälfte des 14. Jahrhunderts erscheinen in alemannischer Sprachform die Hauptbestandteile der ›Vitaspatrum‹ als zunächst voneinander getrennte Werke in Prosa: die Viten der ersten Mönche und Eremiten einerseits, die ›Verba seniorum‹, eine Sammlung von Dicta, Beispielerzählungen und kurzen Dialogen, andererseits.[65] Die ›Verba seniorum‹-Übersetzung könnte, so deutet WILLIAMS vorsichtig an, bereits früh in dominikanischen Kreisen tradiert worden sein – darauf weist der häufige Überlieferungsverbund mit Texten der dominikanischen Mystik – oder gar dort entstanden sein – darauf weist etwa die lateinische Handschrift Basel, Öffentliche Bibliothek der Universität, Cod. B III 23 aus dem Basler Dominikanerkonvent,[66] die

63 Vgl. etwa KLEIN, Frühchristliche Eremiten, S. 688 f., mit Belegen für diese Praxis vom frühen bis ins späte Mittelalter.

64 Vgl. BORCHARDT / KUNZE, Väterbuch, Sp. 164–170.

65 Vgl. WILLIAMS / HOFFMANN, Vitaspatrum, Sp. 453–455; ediert und eingehend untersucht ist die alemannische ›Vitaspatrum‹-Übersetzung durch WILLIAMS, Vitaspatrum, mit einem Überblick über die gesamte deutsche und niederländische Übersetzungstradition auf S. 7*–9*. In einer überlieferungsgeschichtlichen Studie stellt KLAUS KLEIN fest, dass der alemannische Sprachraum seit dem 14. Jahrhundert den Schwerpunkt der volkssprachigen Prosaübersetzungen der ›Vitaspatrum‹ bildet und daran wiederum Dominikanerinnenkonvente einen besonders hohen Anteil haben (vgl. DERS., Vitaspatrum, mit einer Zusammenfassung der Ergebnisse auf S. 308–336).

66 Zu dieser Handschrift vgl. MEYER / BURCKHARDT, Universitätsbibliothek Basel 1, S. 276–288.

der Vorlage der Übersetzung in Textauswahl und -anordnung offensichtlich sehr nahe stand.[67] Eine literarische Nähe von Kurzdialogen wie ›Die fromme (selige) Müllerin‹, ›Von der seligen Dorfmagd‹, ›Meister Eckharts Tochter‹ oder ›Der arme Mensch‹ zu den ›Vitaspatrum‹ zu behaupten, führt in der Folge dazu, monastische Kreise als Entstehungsumfeld dieser Texte verstärkt in den Blick zu nehmen. Hier darf mit großer Wahrscheinlichkeit eine Vertrautheit mit der entsprechenden literarischen Tradition vorausgesetzt werden und was im Speziellen den Dominikanerorden angeht, so könnte man noch weitere günstige Faktoren festmachen: Zum Ersten war also WILLIAMS' Studien zufolge die Tradition der ›Vitaspatrum‹ im Dominikanerorden offensichtlich gerade zu der Zeit und in dem Raum besonders lebendig, in dem auch die Kurzdialoge über die Müllerin, die *tohter* und den armen Menschen entstanden sein dürften: um die Mitte des 14. Jahrhunderts im alemannischen Sprachgebiet.[68] In anderer Weise zeugt der kreative Umgang von Autoren wie Heinrich Seuse oder Johannes Tauler mit Altvätererzählungen und -dicta von der Aktualität und Beliebtheit dieses Materials in dominikanischen Kreisen.[69] Zum Zweiten fällt auf, dass das geistliche Personal der Kurzdialoge, wo es sich irgendwie näher beschreiben lässt, ein dominikanisches ist: Meister Eckhart, zwei wandernde Predigerbrüder im Fall von ›Die fromme (selige) Müllerin‹ und ›Von der seligen Dorfmagd‹. Man kann dies realhistorisch als Anspielung auf die seelsorgerliche Tätigkeit dieses Ordens verstehen oder – im Wissen um literarische Traditionszusammenhänge – als Substitution von Altvätern und Eremiten durch zeitgemäßere Figuren, nämlich solchen des eigenen Ordens. Das ›monastische setting‹ von ›Meister Eckharts Tochter‹ und dem ›Armen Menschen I‹ – im ersten Fall ein Kloster, im zweiten eine Lesung anlässlich einer Kapitelversammlung – wäre ebenso als Folge einer monastischen Aktualisierung eines tradierten Erzählschemas anzusehen. Drittens könnte die Annahme eines dominikanischen Entstehungsumfeldes erklären, warum in den Dialogen teils intensiver, teils in Anspielungen Gedanken verarbeitet sind, wie man sie

---

67 WILLIAMS / HOFFMANN, Vitaspatrum, Sp. 454; WILLIAMS, Verba und Dicta, S. 179–188, und WILLIAMS, Vitaspatrum, S. 16*; die letzten beiden Titel jeweils mit einer kurzen Nennung oder Vorstellung früher Handschriften der alemannischen ›Verba seniorum‹ und ihrer Überlieferungsgemeinschaft mit mystischem Schrifttum.

68 Die grundsätzliche Hochachtung der ›Vitaspatrum‹ bei den Dominikanern ist bereits mit dem Andenken an den Ordensgründer Dominikus verbunden und durch die Texte des Humbertus de Romanis sind die ›Vitaspatrum‹ fest im täglichen Leben – in der Ausbildung der Novizen, in der Lesung während des gemeinsamen Mahls, bei der Pflege der Kranken – verankert (GNÄDINGER, Johannes Tauler, S. 403 f.).

69 Zu Seuse vgl. etwa WILLIAMS, Verba und Dicta, S. 173–178, und WILLIAMS-KRAPP, Altväterspiritualität, wo die intensive Rezeption der ›Vitaspatrum‹ in Seuses ›Vita‹ und im ›Horologium sapientiae‹ aufgearbeitet ist. Sie begegnet dort sowohl in Gestalt expliziter Verweise als auch in der Übernahme von Erzählschemata. Ebenso zu Seuse, vor allem aber zu Tauler vgl. GNÄDINGER, Altväterzitat, S. 256–267, und DIES., Johannes Tauler, S. 403–410.

im Umfeld Meister Eckharts erwarten würde. Als Präzedenzfall für die *relecture* einer ›Vitaspatrum‹-Perikope im Sinne mystisch-spekulativen Denkens kann eine Beispielerzählung in der Taulerpredigt 6 dienen:

> *Man vindet von eime heiligen vatter, der waz also bildelos daz ime kein bilde enbleip; do kloppfete einer an siner túren und hiesch ime ettewaz; er sprach er wolte es ime holen; do er hinin kam, do waz es ime zůmole vergessen; genre kloppfete aber; er sprach: »was wiltu?« Diser hiesch aber; er meinde aber er wolte es ime holen und vergas es aber; zů dem dirten mole gienre kloppfete aber; do sprach diser: »kum und nim selber, ich enkan des bildes also lange in mir nit enthalten, also blos ist min gemute alle bilde«.*[70]

In diesem Exempel interpretiert Tauler einen den ›Vitaspatrum‹ entnommenen Stoff – in Frage kommen zwei Erzählungen über ehrwürdige Väter, deren Weltabgewandtheit sich in einer auffälligen Vergesslichkeit zeigt – im Sinne des in mystischer Literatur gängigen Topos der Bildlosigkeit neu und passt ihn damit seinem spezifischen theologischen Interesse an. In diesem Zusammenhang ist darauf hinzuweisen, dass Eckhart neben Persönlichkeiten wie Johannes Tauler und Heinrich Seuse weitere Anhänger im Dominikanerorden gefunden haben dürfte, die, wie die durch STURLESES Arbeiten bekannt gewordenen ›Kölner Eckhartisten‹, auch nach seiner Verurteilung an seinen Lehren und seiner Person festhielten, ja vielleicht sogar eine Art Eckhart-Kult betrieben.[71]

---

70 VETTER, Pr. 6, S. 27, Z. 2–10; eigene Übersetzung: »Es gibt eine Geschichte von einem heiligen Vater, der so frei von Bildern war, dass er nie ein Bild behalten konnte. Eines Tages klopfte jemand an seine Tür und bat ihn um etwas. Der Vater sagte, er wolle es ihm holen. Als er wieder hineinging, da hatte er es aber schon wieder vergessen. Der andere klopfte wieder und der Vater sagte: ›Was willst du?‹. Der andere bat ihn nochmals. Der Vater sagte wiederum, dass er es holen wolle, und vergaß es abermals. Schließlich klopfte der andere zum dritten Mal. Daraufhin sagte der Vater: ›Komm herein und hole es dir selbst. Ich kann das Bild nicht lange genug in mir behalten, so frei ist meine Seele von allen Bildern.‹« Auf dieses Exempel macht GNÄDINGERS Untersuchung der ›Vitaspatrum‹-Rezeption bei Tauler aufmerksam (DIES., Altväterzitat, S. 261–263; dort auch Hinweise auf mögliche Vorbilder des Exempels in der ›Vitaspatrum‹-Tradition, wobei GNÄDINGER davon ausgeht, dass ein genauer Quellennachweis nicht mehr möglich ist). Eine Anpassung einfacherer Art beobachtet GNÄDINGER in einer anderen ›Vitaspatrum‹-Erzählung, die von Tauler in eine seiner Predigten integriert wurde: Dort ist die Wüste als Lebensraum der Abgeschiedenheit europäischen Verhältnissen entsprechend durch den Wald ersetzt (DIES., Johannes Tauler, S. 407).

71 STURLESE, Kölner Eckhartisten. Die dominikanische Ordensleitung war nach Eckharts Tod bestrebt, gegen Prediger aus den eigenen Reihen vorzugehen, die, wie eine Warnung des Ordensgenerals aus dem Jahr 1328 überliefert ist, *in predicacionibus ad populum conantur tractare quedam subtilia, que non solum mores non proficiunt, quinimo facilius ducunt populum in errorem* (Acta Echardiana 63, LW V, S. 594, 1–3; eigene Übersetzung: »versuchten, in Predigten vor dem Volk subtile Themen zu behandeln, die nicht nur das sittliche Verhalten nicht fördern, sondern sogar das Volk in die Irre führen«). Diese und andere offizielle Aussagen kann man als Hinweise auf eine größere Zahl von Predigern verstehen, die Eckharts Beispiel nachfolgten (STEER, Der Prozess Meister Eckharts,

Eine Verbindung zwischen bestimmten mystischen Kurzdialogen über die Tradition der ›Vitaspatrum‹ zu monastischen Kreisen, insbesondere zu dominikanischen, herzustellen, mag also einiges für sich haben, kann aber nicht mit letzter Sicherheit bewiesen werden. Bei wesentlichen Voraussetzungen bleiben Zweifel bestehen: Können nicht auch Kreise außerhalb klösterlicher Gemeinschaften durch Predigten, Katechese oder gar eigene Lektürepraxis mit den ›Vitaspatrum‹ bekannt geworden sein?[72] Oder muss eine Kenntnis der Altvätererzählungen vielleicht auch gar nicht notwendig vorausgesetzt werden, weil entsprechende literarische Muster auch in anderen Texten und Formen zur Verfügung standen?

Zumindest zu erwägen wäre, ob sich einige der vorgestellten Kurzdialoge aus der reichen Exempelüberlieferung des Hochmittelalters ableiten könnten, die ja weit mehr als die ›Vitaspatrum‹ umfasst. Zu denken wäre an die noch vor der Mitte des 14. Jahrhunderts kompilierte Sammlung der ›Gesta Romanorum‹ oder an die für Predigtgebrauch und Novizenunterweisung erstellten dominikanischen Kompendien aus dem 13. Jahrhundert, den ›Tractatus de diversis materiis praedicabilibus‹ des Stephan von Bourbon, den davon abgeleiteten ›Liber de habundancia exemplorum‹ des Humbertus de Romanis oder das ›Bonum universale de apibus‹ des Thomas von Cantimpré. Auch Caesarius von Heisterbach mit seinem äußerst erfolgreichen ›Dialogus miraculorum‹ und seinen unvollendeten ›Libri miraculorum‹ und die Predigtexempel des Jakob von Vitry gehören in diese Aufstellung. Für diese Exempelsammlungen, die nur eine Auswahl besonders wirkmächtiger Vertreter ihrer Art darstellen,[73] gilt allerdings derselbe negative Befund: Die Durchsicht der dort zusammengetragenen Exempel hat nichts zu Tage gefördert, was als mögliche Quelle für einen der Kurzdialoge in Betracht gezogen werden könnte – zumindest nichts, was nicht schon deutlicher in den ›Vitaspatrum‹ zu finden gewesen wäre. Aus zwei Gründen kommt dieses Ergebnis nicht überraschend: Zum Ersten passen Texte wie ›Meister Eckhart Tochter‹, ›Der Arme Mensch‹ und ihre Verwandten in keine der üblichen thematischen Kategorien der Exempelsammlungen, von denen hier beispielhaft die Gliederung des ›Liber de habundancia exemplorum‹ des Humbertus de Romanis aufgeführt sei:

S. 57). In der Zeit nach 1333 scheint sich mit einem neuen Ordensgeneral das ordensinterne Klima für Eckhart-Anhänger dann wieder gebessert zu haben (Sturlese, Kölner Eckhartisten, S. 211).

72 Zur Rezeption der ›Vitaspatrum‹ außerhalb von Klöstern vgl. Klein, Frühchristliche Eremiten, S. 689 f.

73 Für einen Überblick über hoch- und spätmittelalterliche Exempelsammlungen vgl. Chesnutt, Exempelsammlungen, Sp. 592–604.

*Prima pars de timore continet X capitula; primum de VII speciebus timoris, secundum de IX effectibus timoris diuini, tertium de XI causis timendi Deum, quartum de timore inferni XII, quintum de timore purgatorii XXVII, sextum de timore futuri iudicii, septimum de timore mortis XXXIII, octauum de timore peccati LVI, nonum de timore presentis periculi LXII, decimum de timore dyaboli.*[74]

Zum Zweiten findet sich in der handschriftlichen Überlieferung der Kurzdialoge kein Anzeichen, das einen Bezug zu einer der genannten Exempelsammlungen erkennen ließe.[75] Es fehlt also in jeder Hinsicht an aussagekräftigem Material, um die Kurzdialoge in Verbindung mit der gelehrten Exempeltradition des Hochmittelalters zu bringen.[76]

Man wird sich in der Frage nach den literarischen Vorbildern der Kurzdialoge also vorerst damit begnügen müssen, verschiedene Optionen zur Diskussion zu stellen und das jeweilige Für und Wider zu erwägen. Am aussichtsreichsten scheint die Konzentration auf die Tradition der ›Vitaspatrum‹.

## *7.2 Eckhartrezeption durch Eckhartinszenierung*

Dass die sog. ›Eckhart-Legenden‹ zu den vielen Mosaiksteinen gehören, aus denen sich die Nachwelt ihr Bild von Meister Eckhart zusammensetzen konnte, wurde schon früh von der Forschung erkannt und in ersten Ansätzen auch schon näher expliziert.[77] Zum Beschluss der vorliegenden Untersuchung soll

74 Boyer, De dono timoris, S. 7; eigene Übersetzung: »Der erste Teil enthält zehn Kapitel über die Angst. Das erste davon handelt über die sieben Arten der Angst, das zweite über die neun Wirkungen der Angst vor Gott, das dritte über die elf Gründe, Gott zu fürchten, das vierte über die Angst vor dem Bewohner der Unterwelt mit zwölf Stücken, das fünfte über die Angst vor dem Fegfeuer mit 27 Stücken, das sechste über die Angst vor dem Jüngsten Gericht, das siebte über die Angst vor dem Tod mit 33 Stücken, das achte über die Angst vor der Sünde mit 56 Stücken, das neunte über die Angst vor der gegenwärtigen Gefahr mit 62 Stücken und das zehnte über die Angst vor dem Teufel.«

75 Ausnahmen bilden die Handschriften *B, die den ›Armen Menschen I‹ zusammen mit volkssprachigen Exzerpten aus dem ›Dialogus miraculorum‹ des Caesarius von Heisterbach und dem ›Bonum universale de apibus‹ des Thomas von Cantimpré überliefert (vgl. S. 195 f.), und Lam mit einer lateinischen Abschrift der ›Gesta Romanorum‹ (vgl. S. 203). Es handelt sich dabei jeweils um singuläre, spät entstandene Exempelkompilationen.

76 So brachte auch eine eingehende Recherche in Tubach, Index Exemplorum, keine Beispiele aus der reichen Exempelüberlieferung des Mittelalters ans Licht, die in einen engeren Bezug zu den hier behandelten mystischen Kurzdialogen gestellt werden können. Bei der Suche war unter anderem festzustellen, dass die Personengruppen und Ereignisse, nach denen Tubach sein Material organisiert, kaum Überschneidungen zu den Kurzdialogen aufweisen.

77 Die umfangreichste Auswertung der sog. ›Eckhart-Legenden‹ für die Eckhartrezeption liegt bei Degenhardt vor (vgl. dies., Wandel des Eckhartbildes, S. 25–28). Einzelne Bemerkungen zu diesem Themenkomplex finden sich bereits früher bei de Vooys (vgl. ders., Nederlandse Mystiek I, S. 58–60) und später wieder bei Ruh (vgl. ders., Eckhart, Sp. 339) und Gottschall (vgl. dies., Eckhart and the Vernacular Tradition,

der Themenkomplex der Eckhartrezeption aufgegriffen und die bisher gewonnenen Erkenntnisse in diesem Sinn ausgewertet werden. Die Konzentration auf die Frage der Eckhartinszenierung macht dabei auch den Einbezug anderer Texte in teils kontrastivem, teils in affirmativem Sinn möglich und sinnvoll.

In methodischer Hinsicht wurden bisher vor allem zwei Wege beschritten, um die Wirkungsgeschichte Meister Eckharts für das Mittelalter zu schreiben:[78] Der quellenkritische Zugriff sieht vor, Zitate aus den Schriften des Dominikanertheologen in Werken späterer Autoren ausfindig zu machen und die Art und Weise zu beschreiben, in der diese Zitate jeweils behandelt und eingesetzt sind. Dieser Kategorie können auch solche Untersuchungen zugerechnet werden, die zwar keine Eckhart-Zitate im engeren Sinn, aber doch typisch eckhartische Themen und Sprachfiguren in anderen Schriften nachzuweisen suchen und sie im Vergleich mit dem Denken des Dominikaners darstellen. In diesem Sinn sind die Kapitel zur frömmigkeitsgeschichtlichen Einordnung der Kurzdialoge auch als ein Beitrag zur Erforschung der Eckhartrezeption zu lesen: Die Parallelen zu den Schriften des Dominikaners bezeugen das Weiterleben und das produktive Fortwirken seines Denkens – in ›Meister Eckharts Tochter‹ sind seine Positionen zum Sein und zur Identität des Menschen aufgegriffen, in ›Der arme Mensch I‹ seine Vorstellungen von Gerechtigkeit, Demut und Selbstgelassenheit und in ›Meister Eckharts Wirtschaft‹ finden sich Anspielungen auf seine Ethik, seine Gottesgeburts- und Armutslehre. In methodischer Hinsicht bleibt dabei stets eine gewisse Unschärfe in der Frage bestehen, ob dieses Denken authentischen Eckhartschriften entnommen oder über Umwege vermittelt worden ist.

Neben der quellenkritischen steht die überlieferungsgeschichtliche Methode. Sie zeichnet ihr Bild vom Weiterwirken Eckharts, indem sie die handschriftliche Überlieferung seiner Werke dahingehend untersucht, in welcher Form die Texte tradiert werden, in welchen Textgemeinschaften sie stehen,

---

S. 540). Die Texte werden dabei einheitlich als Dokumente einer vornehmlich in Laienkreisen zu verortenden Eckhartverehrung interpretiert, was sowohl in den Einzeluntersuchungen zu den Kurzdialogen als auch anlässlich der Diskussion möglicher ›Vitaspatrum‹-Bezüge problematisiert wurde.

78 Zur Methodik und den grundlegenden Ergebnissen der Erforschung der Eckhartrezeption vgl. vor allem die Studien von Koch, Meister Eckharts Weiterwirken, und Sturlese, Meister Eckharts Weiterwirken, sowie den jüngeren und zeitlich auf das 14. Jahrhundert konzentrierten Überblick von Nadia Bray, The Reception of Meister Eckhart. Einen Überblick über die Eckhartrezeption speziell in den Niederlanden gibt Scheepsma, Meister Eckhart in den Niederlanden, wobei er wie die vorgenannten Untersuchungen eine Differenzierung in überlieferungsgeschichtliche Zeugnisse – Handschriften – und literarische Zeugnisse – Eckhart bei späteren Autoren und Schriften – vornimmt.

welche Benutzerkreise in Betracht kommen und so fort.[79] Ohne die vielfältigen Ergebnisse dieses Forschungsfeldes hier rekapitulieren zu können, sei auf eine wichtige Differenzierung Hasebrinks hingewiesen. Sie ist zwar unter dem speziellen Eindruck der Eckhart-Überlieferung im Nürnberger Katharinenkloster getroffen, scheint aber doch ein Problem von genereller Bedeutung anzusprechen: Eckhartüberlieferung darf nicht ohne Weiteres mit Eckhartrezeption gleichgesetzt werden,[80] bedeutet das bloße Vorhandensein seiner Schriften in einer Institution doch nicht, dass sie auch gelesen wurden, und wenn sie gelesen wurden, dann ist gerade im Fall der authentischen Schriften die Überlieferung ohne namentliche Nennung des Autors die Regel.[81] Ein Großteil der Eckhartrezeption, gerade im volkssprachlichen Bereich, dürfte sich also als eine unbewusste Rezeption vollzogen haben.

Vor diesem Hintergrund können die hier behandelten Kurzdialoge über ihre konkreten Inhalte hinaus in zweifacher Hinsicht für die Eckhartrezeption von Interesse sein: Zum Ersten überliefern zumindest einige von ihnen den Namen ›Eckhart‹ und erfüllen damit die Voraussetzung für eine bewusste Rezeptionshaltung, die sich durch die Verbindung eines Namens mit bestimmten Assoziationen, Lehren oder Verhaltensweisen auszeichnet. Damit können diese Texte ein Eckhartbild aus sich heraus generieren, sie können einem Leser Eckhart gleichsam vorstellen und bekannt machen, während bei anonymer Zitation oder Texttradierung Eckhart auf Basis vorhandenen Wissens wiedererkannt werden muss, um eine bewusste Rezeption zu ermöglichen. Die textgeschichtliche Frage, ob der Name ›Eckhart‹ zur Ursprungsgestalt eines Textes gehörte oder erst in eine spätere Version eingetragen wurde, spielt dabei nur eine unter-

---

79 Neben den genannten Studien vgl. dazu den Überblick bei Steer, Schriften Meister Eckharts.

80 Hasebrink, Tischlesung, S. 211.

81 Vgl. dazu die generelle Bemerkung von Quint: »Eckharts deutsche Werke nun stehen in solchen Handschriften, deren asketisch-mystischer Inhalt sich aus den verschiedensten Texten, oft in komplizierten Mosaiken, zusammensetzt, und sie stehen dort oft sehr versteckt, ohne deutliche Markierung ihres Beginns und ihres Schlusses und ganz überwiegend anonym« (ders., Untersuchungen I, S. VIII). Ein Beispiel gerade für diese letzte Feststellung ist die Eckhartüberlieferung im Katharinenkloster, die nach Gottschalls Erkenntnissen weitgehend anonym erfolgte: »Eckhart-Predigten bleiben ohne Zuweisung, ebenso die Traktate. Eckharts Name taucht nur im Kontext der Spruchliteratur auf« (dies., Meister Eckhart-Rezeption in Nürnberg, S. 213). Wo Predigten Eckhart namentlich zugewiesen sind, lassen sie ein Wissen um seinen Berufs- und Bildungsstand – *meister* – und seltener auch um seinen Ordensstand – *frater* oder *bruoder* – erkennen (vgl. die Zusammenstellung der entsprechenden Belege bei Steer, Eckhart der *meister*, S. 732 f.). Eine ähnliche Feststellung wie Gottschall für das Katharinenkloster trifft Nemes für das Augustinerchorherrenstift Rebdorf, in dessen Buchbeständen der Name »Eckhart« ausschließlich im Zusammenhang der Spruchliteratur überliefert ist (Nemes, Eckhart lesen, S. 193).

geordnete Rolle, dürften doch mittelalterliche Leser in der Regel weder die Möglichkeit noch das Interesse gehabt haben, sich mit solchen Fragen zu beschäftigen. Zum Zweiten bedingt die literarische Form des Dialogs, dass anders als in Traktat oder verschrifteter Predigt Inhalte nicht von einer gestaltlosen Stimme ins Off gesprochen werden, sondern dass sie in bestimmter Weise inszeniert sind: Die Texte verfügen oft über kurze narrative Einrahmungen, zeigen Akteure miteinander sprechen und aufeinander reagieren und evozieren dadurch beim Leser bestimmte Anschauungen, gleich ob diese nun der historischen Realität entsprechen oder nicht. Was sich aus solcherlei Inszenierungen für ein mittelalterliches Bild von der Person Eckharts und seiner Lehre ergibt, soll nun unter vergleichender Einbeziehung anderer, oft vernachlässigter Rezeptionsdokumente skizziert werden.

### *7.2.1 Die Inszenierung der Person Eckharts*

Bemerkenswert ist die Spannweite der Eckhart-Bilder, deren extreme Pole sich schon bald nach dem Tod des Dominikaners beobachten lassen: Der franziskanische Ordensgeneral Michael von Cesena sieht in ihm einen Häretiker,[82] die Präambel zur Bulle ›In agro dominico‹ einen vom Teufel, *per illum enim patrem mendacii*, verführten[83] und Jan van Leeuwen einen *duvelyc mensche*[84]. Demgegenüber will der Dominikaner und Eckhart-Anhänger Heinrich Seuse eine Erscheinung des *selig meister Eghart*[85] erfahren haben und ein Katalog der deutschen Provinziale aus der Mitte des 14. Jahrhunderts betitelt ihn als *vir sanctus, magister in theologia*[86]. Ganz so widersprüchlich, wie eine solche Sammlung von Rezeptionszeugnissen suggeriert, dürfte das Eckhartbild faktisch aber nicht gewesen sein: Obwohl die zitierten Positionen in etwa dem selben Zeitraum entstammen, darf man sie doch nicht als gleichermaßen präsente Urteile ansehen, sondern als Urteile mit je eigenem Geltungskreis: Die fragliche Schrift Michaels von Cesena und die Bannbulle sind mit ihrem Inhalt, ihrer lateinischen Sprachform und einer sehr überschaubaren zweckgebundenen

---

82 Vgl. Acta Echardiana, Nr. 64, LW V, S. 595.

83 Acta Echardiana, Nr. 65, LW V, S. 597; eigene Übersetzung: »durch jenen Vater der Lüge«.

84 So in Jans van Leeuwen Schrift ›Van meester Eckaerts leere daer hi in doelde‹ (Kok, Jan van Leeuwen, S. 153).

85 Acta Echardiana, Nr. 61, LW V, S. 592. In Seuses ›Vita‹ ist zudem die Rede von einer Begegnung mit dem *heiligen meister Egghart* (›Vita‹, Kap. 21, S. 63, Z. 4).

86 Acta Echardiana, Nr. 32.2, LW V, S. 178. Weitere auffällig positive Urteile bieten verschiedene Handschriften in Einleitungen zu Eckhartpredigten (vgl. die Zusammenstellung bei Steer, Eckhart der *meister*, S. 735) und Ordenschronisten wie Johannes Meyer.

Überlieferung für eine kleine Gruppe ausgewählter Adressaten bestimmt,[87] während Seuses ›Vita‹ einen weitaus größeren Kreis von Ordensleuten und weltlich lebenden Laien erreicht haben dürfte.[88] Das in sich widersprüchliche Eckhartbild löst sich also größtenteils in mehrere einheitliche, getrennt voneinander existierende Eckhartbilder auf, sobald man sich die Perspektive der unterschiedlichen Rezipientengruppen zu Eigen macht.

Eine wichtige Facette des Eckhartbildes, wie es vor allem durch volkssprachliche Texte transportiert wurde, ist das von Meister Eckhart als theologischer Autorität und Seelenführer. Es begegnet vor allem in der literarischen Form des Spruchs oder Dictums, die sich aus einer bestimmten Lehre und ihrer Zuweisung zu einem in aller Regel namentlich genannten Lehrer zusammensetzt.[89] Die inhaltliche Aufarbeitung dieser Sprüche, aus der erst das individuelle Gepräge der Autoritätsfigur Eckhart erkannt werden kann, muss einer anderen Untersuchung vorbehalten bleiben,[90] es sei aber kurz beschrieben, inwiefern die Sprüche Eckhart als Autoritätsfigur überhaupt konstituieren: Zum Ersten kommt der Namensnennung beim Spruch die Funktion einer Beglaubigungsinstanz zu, die den Inhalt einer sentenzenhaften Lehre absichern und beim Leser das Vertrauen begründen soll, sich im Streben nach dem Seelenheil auf die vorgetragene Weisung zu verlassen. Würde dem Namen ›Eckhart‹ weithin das Verdikt des Häretikers anhaften, so wäre diese Funktion geradezu konterkariert. Zum Zweiten erfolgt die Rezeption eines Spruchs in aller Regel kontextuell: in festen Spruchverbindungen wie die ›Sprüche der zwölf Meister zu

---

87 Die Bulle ›In agro dominico‹ war nicht dafür bestimmt, über die Kölner Kirchenprovinz hinaus veröffentlicht zu werden (vgl. die entsprechende Anweisung Johannes XXII. an den Kölner Erzbischof Heinrich II. von Virneburg; ediert als Acta Echardiana, Nr. 66, LW V, S. 602), und drang wohl tatsächlich nicht in andere Bistümer vor (Koch, Meister Eckharts Weiterwirken, S. 136, und Steer, Der Prozess Meister Eckharts, S. 60 f., mit der These, dass die Tradierung eckhartischer Texte im oberdeutschen Raum ohne Kenntnis der Bulle verlief.). Eine deutsche Übersetzung ist zwar belegt, sie ist aber nur in fragmentarischer Form – es handelt sich um verschiedene inkriminierte Artikel – in einer einzigen Handschrift überliefert; vgl. die Edition dieser Übersetzung bei Patschovsky, Straßburger Beginenverfolgungen, S. 195–198.

88 Blumrich weiß von 331 Überlieferungsträgern der deutschen Werke Seuses, eine Zahl, die einen Eindruck von der enormen Verbreitung dieser Werke gibt. Für die ›Vita‹, aus der die hier zitierten namentlichen Erwähnungen Eckharts stammen, nennt er neben zwölf ›Exemplar‹-Handschriften 43 weitere, zum Teil unvollständige handschriftliche Zeugen. Seit 1482 erschienen mehrere ›Exemplar‹-Drucke (vgl. Blumrich, Überlieferung).

89 Eine Zusammenstellung von Eckhart zumeist namentlich zugeschriebenen Dicta findet sich bei Pfeiffer, S. 597–623.

90 Einen vornehmlich quellenkritisch orientierten Überblick über die bei Pfeiffer abgedruckten Eckhart-Sprüche bietet Gottschall, Meister Eckhart and the Vernacular Tradition, S. 535–537.

Paris‹,[91] in je individuell zusammengestellten Florilegien oder zumindest in der Erinnerung an anderswo gelesene Sprüche. Der Name ›Eckhart‹ steht dabei an derselben Stelle und erfüllt dieselbe Funktion, wie andernorts die Namen eines Albertus Magnus, eines Gregor des Großen oder eines Seneca, und wird allein schon durch diese konkrete oder gedachte Nachbarschaft gleichsam mit Autorität ›aufgeladen‹. Der Spruch konstituiert also schon jenseits bestimmter Inhalte allein aufgrund seiner literarischen Form und seiner Funktionsweise ein bestimmtes Eckhartbild.

In diesen Zusammenhang sind auch verschiedene Inszenierungen Eckharts in den hier behandelten mystischen Kurzdialogen einzuordnen. ›Meister Eckharts Tochter‹ etwa zeigt den Dominikaner als Gutachter, der der *tohter* und ihrem ungewöhnlichen Lebens- und Identitätskonzept seine Anerkennung ausspricht (vgl. ›Meister Eckharts Tochter‹, Z. 38 f.) und sie den Klosterinsassen zur Nachahmung anempfiehlt (vgl. ›Meister Eckharts Tochter‹, Z. 76–78). Er lehrt hier zwar nicht – zumindest nicht direkt –, versteht aber, was andere nicht verstehen können. Wo in der Überlieferung von ›Meister Eckharts Wirtschaft‹ der Name ›Eckhart‹ als Bedingung für eine bewusste Rezeption zu finden ist, ergibt sich ein ähnliches Bild: Der Titel stellt die von den drei Gesprächsteilnehmern vorgetragenen Lehren unter die Autorität eines einzigen Meisters und räumt damit die Zweifel aus, die ein Leser gegenüber einem armen Menschen oder einer *junckvrouwe* hegen mochte. Textkritisch sicher sekundär, aber durch die hohe Verbreitung nichtsdestotrotz wirkmächtig ist die Einsetzung Eckharts als Erzählerinstanz des Dialogs durch die Redaktoren des Kölner Taulerdrucks (vgl. ›Meister Eckharts Wirtschaft‹, Gruppe A, Nr. 1): Sie inszenieren ihn damit als Lehrer, der seine Botschaft in die anschauliche Form eines Tischgesprächs kleidet und mit seinem Namen für ihre Wahrheit bürgt.

Man könnte in diesem Zusammenhang noch einige weitere Texte namhaft machen, die in der Forschung bislang nur wenig Beachtung gefunden haben: Autorität und Ansehen Eckharts als Meister der Theologie spielen etwa auch in ›Meister Eckharts Schulbank‹, einer Episode aus dem Rulman Merswin zugeschrieben ›Buoch von den drien durchbrüchen‹[92], eine entscheidende Rolle.

---

91 Vgl. Honemann, Sprüche der zwölf Meister zu Paris, Sp. 201–205. In dieser Spruchverbindung findet sich ebenso wie im Gedicht ›Sprüche der zwölf Meister‹ (vgl. Sturlese, Sprüche, Sp. 197–201) jeweils ein Meister Eckhart namentlich zugeschriebenes Dictum.

92 Das ›Buoch von den drien durchbrüchen‹ (abgderuckt bei Jundt, Histoire du panthéisme, S. 215–230, nach der Handschrift Straßburg, Universitätsbibliothek, ms. 739, dem ›Großen deutschen Memorial‹) ist, wie Denifle erkannt hat (ders., Taulers Bekehrung, S. 38–41), eine Bearbeitung des Traktates ›Von den drîn fragen‹ und enthält eine Episode, die seit ihrer separaten Veröffentlichung durch Schulze-Maizier (ders., Predigten und Traktate, S. 393–396) ein gewisses Eigenleben entwickelt hat: ›Meister Eckharts Schulbank‹ (Jundt, Histoire du panthéisme, S. 220–222; zu diesem Stück vgl. Steer, Merswin, Sp. 429; Scheepsma, Meister Eckhart in den Niederlanden, S. 10; Warnar,

Der Text erzählt, wie ein *pfaffe von der geschrift und ouch von lebende*[93] Eckhart über die rechte Form des Predigens belehrt und ihn davon überzeugt, dass seine Gemeinde moralischer Weisungen dringender bedürfe als der Erörterung subtiler theologischer Fragen. In einer aus heutiger Sicht ironischen Wendung gesteht der literarische Eckhart – *ein gros pfaffe, ein meister der geschrift*[94], wie es andernorts heißt – schließlich ein, dass eine Predigtweise wie die des historischen Eckhart abzulehnen sei. Eckharts Autorität konnte also gar gegen seine eigene Lehre instrumentalisiert werden – ein guter Schachzug, denn wie könnte man eine Lehre besser destruieren, als durch den Widerruf des Lehrers? Ein weiteres Beispiel liefert der niederländische Dialogtraktat ›Eckhart und der Laie‹. Dort begrüßt der Laie seinen dominikanischen Gesprächspartner mit den Wort *Meester Eggaert, een wt genomen licht van hemelscher wijsheit*[95] und nennt ihn später ähnlich enthusiastisch *een sonderlinghe licht vander heileghe scriftuere ende van hemelscher wijsheit ende van godliker bekinnesse*[96].

Einen anderen Aspekt des volkssprachlichen Eckhartbildes vermitteln die Dialoge ›Meister Eckhart und der nackte Knabe‹ und ›Der arme Mensch III‹: Der erste lässt den Dominikaner einer Gotteserscheinung teilhaftig werden, wie sie traditionell nur besonders frommen und gottesfürchtigen Menschen gewährt wird. Der zweite Text, die einzige Fassung des ›Armen Menschen‹, in der Eckhart infolge einer Kompilation namentlich genannt ist, zeigt den Meister in der Position des bescheidenen Zuhörers, der einem einfachen gottergebenen Menschen Fragen stellt. Zumindest kurz erwähnt sei hier auch der bisher nur aus einer Handschrift bekannte Text ›Meister Eckharts Bericht vom Traum des Bruders Eustachius‹, ein Lobtext auf die *sancta simplictas*.[97] Meister Eckhart er-

---

Taulers *Minnenclich Meister*, S. 59 f.). Diese Episode bildet den ersten Teil einer umfangreichen Interpolation, eines Gesprächs zwischen Meister Eckhart und einem namenlosen Pfaffen (JUNDT, Histoire du panthéisme, S. 220–227). Im zweiten Teil dieses Gesprächs legt der Pfaffe vor Eckhart eine Lebensbeichte ab: Ganz wie der Kirchenlehrer Augustinus (vgl. JUNDT, Histoire du panthéisme, S. 224, mit namentlicher Nennung) gab er sich nach einer umfangreichen Schulausbildung den Genüssen der Welt hin, bis er schließlich den *kêr* vollzog und ein demütiges geistliches Leben wählte – eine literarisch stilisierte Biographie, wie sie für das Schrifttum um Rulman Merswin typisch ist. Weil das ›Buoch von den drien durchbrüchen‹ bereits im Prolog ganz exklusiv auf diese Interpolation bezogen ist, wird man annehmen dürfen, dass man diesen Textabschnitt als zentral ansah.

93 JUNDT, Histoire du panthéisme, S. 220; eigene Übersetzung: »ein Geistlicher, der in der Schrift wie auch im Leben bewandert war«.

94 Ebd., S. 221; eigene Übersetzung: »ein großer Geistlicher, ein Meister der Schrift«.

95 SCHWEITZER, Meister Eckhart und der Laie, S. 17, Z. 2; eigene Übersetzung: »Meister Eckhart, ein außergewöhnliches Licht von himmlischer Weisheit«.

96 Ebd., S. 100, Z. 116; eigene Übersetzung: »ein besonderes Licht im Hinblick auf die Heilige Schrift, auf die himmlische Weisheit und auf das Wissen über Gott«.

97 Abgedruckt bei SPAMER, Texte, S. 150 f.

zählt hier vom Pariser Meister Eustachius, der in einem Traum dem Jesuskind nicht geben konnte, was ihm ein einfacher Klosterbruder gab: ein vollkommenes, lauteres Stück Brot, Sinnbild für eine ebenso vollkommene und lautere Frömmigkeit. In diesen Texten bleibt Eckhart stets Gelehrter, stets *meister*, wird als solcher aber als Fürsprecher einer einfachen laikalen Glaubenshaltung vereinnahmt. Er wird zum Kristallisationspunkt eines wissenschaftskritischen Diskurses, in dem er sein Ansehen als frommer Mann behält.

Wo der Name ›Eckhart‹ in volkssprachlichen pseudo-eckhartischen Texten genannt ist, entsteht also das Bild einer hochangesehenen theologischen Autoritätsfigur, die mitunter diffizile Lehren vorträgt, sich aber auch für die Weisheit und die Frömmigkeit der Laien öffnen und sie ermutigen kann. Ernst zu nehmen ist dieses Bild deswegen, weil seine Quellen aufgrund einer zum Teil beachtlichen handschriftlichen Verbreitung weite Kreise erreichen und weil diese Quellen immer wieder neu ausgeschöpft werden konnten. Der spezielle Geltungskreis der hier in den Mittelpunkt gerückten Dialoge hatte sein Zentrum möglicherweise bei Anhängern Eckharts aus dem Dominikanerorden – hier dürfte das literarisch und theologisch vorauszusetzende Wissen am ehesten vorhanden gewesen sein – und erstreckte sich dann in einer breiten handschriftlichen Diffusion auf weltlich lebende Laien und Ordensangehörige, worunter sich, wie verschiedene Bearbeitungen gezeigt haben, nicht nur Ungelehrte befanden.

Die Auseinandersetzung von Gelehrten wie Marquard von Lindau oder Jordan von Quedlinburg mit Eckhart mag zwar mitunter auf höherem Niveau stattgefunden haben, aber da sie ohne namentliche Nennung Eckharts erfolgte, konnte aus ihr kein Eckhartbild generiert werden.[98] Zu fragen wäre weiterhin, wie sich das Bild zu dem verhält, was man heute über den historischen Eckhart zu wissen glaubt: Das verbindende Element zwischen historischer und inszenierter Person könnte die Zuwendung zu Laien sein, die man als Motiv sowohl in den Schriften der Gegner Eckharts – man denke etwa an die Bannbulle oder an Michael von Cesena[99] – als auch in seinen eigenen Texten – man denke etwa an die ›Apologie‹ im ›Buch der göttlichen Tröstung‹[100] – findet.

---

98 Als Autor, der sich mit Eckhart auseinandersetzte, ohne dabei – aus welchen Gründen auch immer – seinen Namen zu nennen, kennen wir außerdem Jan van Ruusbroec (Scheepsma, Meister Eckhart in den Niederlanden, S. 30).

99 Eckhart trug seine Lehren nach der Bulle ›In agro dominico‹ *coram vulgo simplici* (Acta Echardiana, Nr. 65, LW V, S. 597,16; eigene Übersetzung: »vor dem einfachen Volk«) bzw. nach Michael von Cesena *publice et manifeste* (Acta Echardiana, Nr. 64, LW V, S. 595,2 f.; eigene Übersetzung: »öffentlich und deutlich«) vor.

100 Daraus stammt etwa das berühmte Dictum: *ensol man niht lêren ungelêrte liute, sô enwirt niemer nieman gelêret, sô enmac nieman lêren noch schrîben* (BgT, DW V, S. 60,28–30; Übersetzung S. 497: »Soll man nicht ungelehrte Leute lehren, so wird niemals wer gelehrt, und so kann niemand dann lehren oder schreiben«).

### *7.2.2 Die Inszenierung der Lehre Eckharts*

Es muss aber nicht immer Eckhart selbst sein, der in den pseudo-eckhartischen Stücken als Lehrer auftritt: Oft genug ist in diesen Texten sein Denken von seiner Person gelöst und anderen Figuren mit je eigenem Profil in den Mund gelegt. Auf diese Weise kommt es neben der Inszenierung Eckharts auch zu einer Inszenierung mystischer Lehren, die vor allem hinsichtlich der Aspekte ihrer Leb- und Verstehbarkeit Interesse verdient.

Auf den letztgenannten dieser beiden Aspekte, die Verstehbarkeit eckhartischer Lehren, aufmerksam zu machen, ist besonders deshalb wichtig, weil sie in den Kurzdialogen geradezu selbstverständlich vorausgesetzt wird und doch, wie andere Beispiele zeigen, alles andere als selbstverständlich ist. Mit der größten Beiläufigkeit sind hier Laien als Träger mystischen Gedankenguts inszeniert, sei es nun infolge bestimmter literarischer Traditionen, wie sie etwa in den ›Vitaspatrum‹ vorgezeichnet sind, oder aufgrund bewusster Innovation. Eine *tohter* lebt das vor, was nach dem Konzept des *duplex esse* eine Seinsform in absoluter Ununterschiedenheit bedeutet, ein *arm mensch* führt in den gleichnamigen Dialogfassungen das Sich-Lassen bis zu den äußersten Konsequenzen vor Augen und in ›Meister Eckharts Wirtschaft‹ debattiert er mit einer *junckvrouwe* über geistige Armut und andere theologische Problemstellungen. Von vereinzelten Ausnahmen abgesehen[101] wird dieser Aspekt allerdings kaum thematisiert, so dass es bestimmter Kontraste bedarf, um seine Besonderheit zu erkennen. In einem wohl durch Nonnen verfassten Reimpaartext heißt es beispielsweise: *Der wise meister hechart wil vns von nihte san / der des nid enverstat der mag es gode clan*[102]. Ein weiteres Zeugnis dieser Art ist der Text ›Meister Eckharts Schulbank‹, in dem der *pfaffe* gegen die Predigtweise seines Dialogpartners Eckhart einwendet, *es ist eime anevohende menschen nút nutze, wanne er úwere grossen hohen behenden wort nút verstost*[103]. Die Problematik des Verstehens scheint schon dem historischen Eckhart bewusst gewesen zu sein – nur

---

101 Als Beispiele für das Staunen über den hohen Grad geistlicher Perfektion und die Gelehrsamkeit von Laien sei etwa auf die mutmaßlich spätere Fassung der ›Frommen (seligen) Müllerin‹ (vgl. S. 433) oder den ›Armen Menschen IV‹ in der Textgestalt der Handschrift Ge2 hingewiesen: *Doe de voorseide meester dit hoerde, so was hy seer verwondert van deser groter perfeccien* (›Der arme Mensch IV‹, Z. 45 f.).

102 Sturlese, Gedicht auf Meister Eckhart, S. 494, sowie Haas, Meister Eckhart und die Sprache, S. 65 f., der ausgehend von diesem Text von einer Gleichzeitigkeit der Faszination und des Unverständnisses eckhartischer Redeweise spricht; eigene Übersetzung: »Der gelehrte Meister Eckhart will uns über das Nichts belehren. Wer das nicht versteht, der kann es Gott klagen.« Eine Aufstellung von Überlieferung und Literatur dieses Textes bietet Theben, Die mystische Lyrik, S. 461 f.

103 Jundt, Histoire du panthéisme, S. 220 f.; eigene Übersetzung: »Es nützt einem beginnenden Menschen nicht, weil er Eure großen und klugen Worte nicht versteht.«

schien er offenbar bereit, es in Kauf zu nehmen: *Wer dise rede niht enverstât, der enbekümber sîn herze niht dâ mite*[104] ruft er in Predigt 52 seinen Zuhörern zu, ganz so, als wäre das Nichtverstehen der Regelfall. Solche Aussagen erklären etwa die Annahme Haugs, »daß seine [Eckharts, Anm.] Philosophie vom Kirchenvolk kaum verstanden worden sein dürfte, daß er vielmehr rücksichtslos über die Köpfe seiner Zuhörer, seiner Zuhörerinnen hinweggepredigt habe«[105]. Man sollte Vorsicht mit pauschalen Urteilen walten lassen – und Haug sieht durchaus auch Zeichen für ein gelungenes Eckhart-Verstehen gegeben[106] –, dass aber Eckharts Lehre grundsätzlich als anspruchsvoll, ja als zu anspruchsvoll empfunden werden konnte, scheint hinreichend belegt. Vor diesem Hintergrund muss es auffallen, dass in den hier behandelten Kurzdialogen Vertreter des ›einfachen‹ Volkes Eckharts Lehren – oder zumindest solche, die aus seinem Geist kommen – verstanden und verinnerlicht haben.

In der Inszenierung der Kurzdialoge sind diese Lehren aber nicht nur verstehbar – das könnte schließlich auch auf jede Art philosophischer Spekulation zutreffen – sondern vor allem auch lebbar. Besonders deutlich wird dies etwa in den verschiedenen Fassungen des ›Armen Menschen‹, die das Theologoumenon von der (Selbst-)Gelassenheit als Bewältigungsstrategie für leidvolle Erfahrungen konkretisieren. Die heterogene Sammlung mystischer und katechetischer Sentenzen in ›Meister Eckharts Wirtschaft‹ steht als Ganzes unter der Zielvorgabe, die den armen Menschen nach Köln führt: die Armut zu suchen und der Wahrheit gemäß zu leben (vgl. ›Meister Eckharts Wirtschaft‹, Nr. 1). Ob die junge Frau in ›Meister Eckharts Tochter‹ wirklich als Exempel einer Lebenspraxis der Ununterschiedenheit und des Nicht-Seins gemeint war, muss dahingestellt bleiben, andere Frauengestalten aus mystischen Kurzdialogen kommen hier eher in Betracht: Das Frauchen von 22 Jahren, die fromme Müllerin und die selige Dorfmagd (vgl. S. 431–436) verkörpern mustergültig die Verbindung von *vita activa* und *vita contemplativa*, indem sie Gelehrsamkeit und Frömmigkeit in die Verrichtungen des täglichen Lebens zu integrieren wissen. Damit könnte man diese Figuren als Inszenierungen und fiktionale Realisierungen eines Ideals begreifen, das schon früh mit Meister Eckhart, vor

---

104 Pr. 52, DW II, S. 506,1; Übersetzung: »Wer diese Rede nicht versteht, der bekümmere sein Herz nicht damit.« Dass Eckhart die Verkündung seiner Lehre in der ihm angemessen scheinenden Form dem Aspekt ihrer intersubjektiven Mitteilbarkeit, die gegebenenfalls Zugeständnisse an sein Publikum und Rücksichtnahme erfordert hätte, überordnet, spricht aus dem Schlusswort der sog. ›Opferstockpredigt‹: *Swer dise predige hât verstanden, dem gan ich ir wol. Enwære hie nieman gewesen, ich müeste sie disem stocke gepredigt hân* (Pr. 109, DW IV,2, S. 774,69 f.; eigene Übersetzung: »Wer diese Predigt verstanden hat, dem gönne ich sie von Herzen. Wäre niemand da gewesen, dann hätte ich sie doch dem Opferstock hier halten müssen«; vgl. dazu Haas, Sermo mysticus, S. 147–150).

105 Haug, Eckharts deutsches Predigtwerk, S. 524.

106 Ebd., S. 525.

allem aber mit Johannes Tauler verbunden war: das Ideal des *lebemeisters*[107]. Eckharts Forderung nach einer Abwendung von jeglicher Form der Ichbezogenheit und der darauf gegründeten tätigen Hinwendung zum Nächsten[108] mögen dafür den Ausschlag gegeben haben und gipfelten in der Zuschreibung des Dictums *Ez sprichet meister Eckehart: wêger wêre ein lebemeister denne tûsent lesemeister.*[109] Solche *lebemeister* sind die Laien aus den Kurzdialogen zwar nicht alle in ein und derselben Weise, aber doch insofern, als sie die lebenspraktische Relevanz und Umsetzbarkeit einer mystischen Spiritualität exemplifizieren.

Um die Überlegungen dieses Kapitels zusammenzufassen und auf eine allgemeine Ebene zu bringen, sind bei der Inszenierung Eckharts als literarischer Figur also drei Inszenierungsbereiche zu unterscheiden, die sich jeweils als Spannungsfeld zwischen zwei entgegengesetzten Polen beschreiben lassen: zum Ersten die Person Eckharts zwischen geistlicher Autorität und Häretiker, zum Zweiten die Lehre Eckharts zwischen lebenspraktischer Wegweisung und lebensferner unverständlicher Theorie und schließlich die Beziehung Eckharts zu einfachen Menschen zwischen fürsorglichem Gesprächspartner und gefährlichem Verführer. An der literarischen Figur Eckhart verdichten sich dabei bestimmte Diskurse wie der um Nutzen und Zugänglichkeit theologischen Wissens oder der um das Verhältnis zwischen Gelehrsamkeit und gelebter Frömmigkeit.

Ausgehend von den Überlegungen zur Inszenierung der eckhartischen Lehre kann man die Kurzdialoge schließlich auch als Inszenierung eines bestimmten Entwicklungsstadiums der Mystik begreifen: der von McGinn in seiner Mystikgeschichte so bezeichneten ›Neuen Mystik‹. Die Ausführungen dazu werden die hier behandelten Texte in einen größeren frömmigkeitsgeschichtlichen Rahmen einordnen und sind damit geeignet, die vorliegende Arbeit zum Abschluss zu bringen.

---

107 Der Begriff dürfte, wie Steer gezeigt hat, durch Tauler und die Gottesfreunde geprägt und im Nachhinein verschiedentlich auf Eckhart rückprojiziert worden sein. In den authentischen Werken Eckharts ist er nicht belegt (ders., Eckhart der meister, S. 722 f.; zur *lesemeister-lebemeister*-Thematik vgl. Warnar, Taulers *Minnenclich meister*, S. 49–91).

108 Vgl. Langer, Lebemeister.

109 Spr. Pf. 8, S. 599,19 f.; eigene Übersetzung: »Meister Eckhart sagt: Ein Lebemeister wäre besser als tausend Lesemeister.« Eine ähnlich polarisierende Gegenüberstellung findet sich in der Taulerpredigt ›Beati oculi qui vident quod vos videtis‹: *Lieben kinder, die grossen pfaffen und die lesmeister die tispitierent weder bekentnisse merre und edeler si oder die minne. Aber wir wellen nu al hie sagen von den lebemeistern* (Vetter, Pr. 45, S. 196, Z. 28–30; eigene Übersetzung: »Liebe Gemeinde, die großen Geistlichen und Lesemeister disputieren darüber, ob die Erkenntnis oder die Liebe höher und edler sei. Aber lasst uns hier nun von den Lebemeistern sprechen.«).

Mit dem Beginn des 13. Jahrhunderts sieht der amerikanische Theologiehistoriker eine neue Epoche der Mystikgeschichte heraufziehen, deren Charakteristika er in drei Leitkonzepten zusammenfasst: »1. neue Vorstellungen, wie das Verhältnis zwischen Welt und Kloster auszusehen habe; 2. eine neue Beziehung zwischen Männern und Frauen auf dem mystischen Weg und 3. neue Formen der Sprache und Darstellungsweise des mystischen Bewusstseins«[110]. In auffällig deutlicher Weise inszenieren die mystischen Kurzdialoge nun genau das, was McGinn unter dem ersten dieser Leitkonzepte der ›Neuen Mystik‹ versteht: ein wachsendes Bewusstsein dafür, dass jeder Christ gleich welchen Standes mit der Erfahrung der unmittelbaren Gegenwart Gottes begnadet werden kann – McGinn nennt dies ›Demokratisierung‹ – und dass dafür der Rückzug aus der Welt als Bedingung der Möglichkeit nicht vonnöten ist – McGinn nennt dies ›Säkularisierung‹.[111] Als Belege für dieses neue Bewusstsein dienen ihm unter anderem bestimmte Aussagen aus biographischen Dokumenten – den Lebensbeschreibungen Idas von Löwen, einer frühen Begine, oder Katharinas von Siena etwa – aber auch Aussagen von allgemeingültig programmatischem Anspruch, wie sie bei Meister Eckhart zu finden sind:

> *Wan wærlîche, swer gotes mê wænet bekomen in innerkeit, in andâht, in süezicheit und in sunderlîcher zuovüegunge dan bî dem viure oder in dem stalle, sô tuost dû niht anders dan ob dû got næmest und wündest im einen mantel umbe daz houbet und stiezest in under einen bank. Wan*

---

110 McGinn, Mystik im Abendland III, S. 36–67, hier S. 37; es handelt sich hierbei um eine Weiterführung grundlegender Gedanken, die der Autor bereits einige Jahre früher in ders., Changing Shape, S. 197–219, vorgestellt hat.

111 Ders., Mystik im Abendland III, S. 37f. Auch Dinzelbacher bemerkt, wenngleich ohne Rekurs auf McGinn: »Die Mystik wird im Spätmittelalter quasi ›demokratisiert‹« (ders., Mystik des Mittelalters, S. 24) und meint damit die Ausweitung ihrer Trägerschicht auf bislang unbedeutende Gruppen, wie Semireligiosen und Laien, die zunehmend städtischem Umfeld entstammen (ebd., S. 22–24). Von einer ›Popularisierung‹ der Mystik seit dem Beginn des 14. Jahrhunderts spricht auch Wolfgang Riehle in seinem Abriss der englischen Mystikgeschichte (ders.; Englische Mystik, S. 399–427). Berndt Hamm versteht die Demokratisierung der Mystik in erster Linie inhaltlich: Er beschreibt sie als Ablösung gewagter Seinsspekulationen durch die »nicht-elitäre, einfache, den Eigenwillen loslassende und in den Kreuzweg des Leidens einwilligende Christusliebe, die jedem Christenmenschen in der Alltäglichkeit seiner gewohnten Lebensweise möglich ist« (ders., Gott berühren, S. 112f.). Dieser inhaltlich verstandenen Demokratisierung der Mystik kommt Thom Mertens mit seiner Vorstellung einer ›mystieke cultuur‹ im 15. Jahrhundert in den Niederlanden nahe, zu der er ein breites Spektrum von mystischer, aber auch Mystik regulierender und erbaulicher Literatur zählt (ders., Mystieke cultuur, S. 118f.). Eine merkliche Ausweitung mystischen Gedankenguts auf laikale Kreise außerhalb von Klostergemeinschaften und Verbänden der Devotio Moderna sieht Mertens in den Niederlanden für die zweite Hälfte des 15. Jahrhunderts gegeben (ebd., S. 134).

*swer got suochet in wîse, der nimet die wîse und lât got, der in der wîse verborgen ist. Aber swer got suochet âne wîse, der nimet in, als er in im selber ist.*[112]

Gleich welchem entstehungsgeschichtlichen und literarischen Umfeld die untersuchten Kurzdialoge nun entstammen mögen, in dem, was sie inszenieren, sind sie geradezu mustergültige Zeugen dieses neuen Bewusstseins: Als ›Helden‹ präsentieren sie keine Heiligen, keine Angehörigen des Klerus und keine Ordensmitglieder, sondern einen armen Menschen, eine *tohter,* eine *junckvrouwe,* eine verheiratete Bürgersfrau, eine Müllerin, eine Dorfmagd und zeigen damit, dass außergewöhnliche Frömmigkeit und Gottesnähe nicht mehr als exklusives Privileg einer religiösen Elite angesehen wurden. All diese Laienfiguren sind in ganz und gar säkulare Lebenszusammenhänge eingebunden, aus denen sie sich nicht zurückziehen können und es auch gar nicht zu tun brauchen, weil lebenspraktische Tätigkeit und Kontemplation im Sinnentwurf der Texte sich nicht länger ausschließen. Als fiktionale Texte können die Dialoge nicht beweisen, dass es die ›Neue Mystik‹ als historisches Faktum gegeben hat, aber sie können beweisen, dass sie als Entwicklungsstufe im spätmittelalterlichen religiösen Denken, als Denkmöglichkeit, Realität war. Die ›Neue Mystik‹, so wäre McGinns These also mit Rücksicht auf die unterschiedliche Art der Belegtexte zu ergänzen, spielt sich sowohl als eine soziale wie auch als eine ideelle Entwicklung ab, wobei beide Bereiche sich wechselseitig beeinflusst und durchdrungen haben dürften.[113]

---

112 Pr. 5b, DW I, S. 91,3–9; Übersetzung S. 450: »Denn wahrlich, wenn einer wähnt, in Innerlichkeit, Andacht, süßer Verzücktheit und in besonderer Begnadung Gottes mehr zu bekommen als beim Herdfeuer oder im Stalle, so tust du nicht anders, als ob du Gott nähmest, wändest ihm einen Mantel um das Haupt und schöbest ihn unter eine Bank. Denn wer Gott in einer ‹bestimmten› Weise sucht, der nimmt die Weise und verfehlt Gott, der in der Weise verborgen ist. Wer aber Gott ohne Weise sucht, der erfasst ihn, wie er in sich selbst ist.«

113 Eine künftige Aufgabe könnte darin bestehen, nach möglichen Zusammenhängen einer Popularisierung der Mystik mit gleichzeitigen Popularisierungstendenzen in anderen Wissensbereichen, etwa der scholastischen Theologie oder auch des profanen Wissens, zu suchen, und sich zu fragen, inwiefern speziell die Grundgedanken der mystischen Tradition eine Popularisierung begünstigt oder erschwert haben könnten.

## 8. Zusammenfassung zentraler Untersuchungsergebnisse

Die vorliegende Arbeit nimmt sich eine Auswahl von Dialogen vor, in denen ein Gelehrter, bei dem es sich oftmals um Meister Eckhart handelt, mit Vertretern des Laientums, in einem besonderen Fall aber auch Gott selbst, ins Gespräch kommt und mit ihnen Fragen der Lebensführung vor dem Hintergrund eckhartischen Denkens verhandelt. Die Ergebnisse der Untersuchungen zu diesen ›mystischen Kurzdialogen‹ um Meister Eckhart möchten vor allem für zwei übergeordnete Interessenlagen bereichernd und anregend wirken: Dies ist zum Ersten der methodisch-philologische Umgang mit der Varianz spätmittelalterlicher Texte in einem umfassenden Sinn, der die Erklärung ihrer Entstehungsbedingungen ebenso einschließt wie ihre Darstellung in speziellen Editionsmodellen und ihre Deutung im Rahmen der Textanalyse. In diesem Zusammenhang greift die Arbeit die Diskussion um *New Philology* und Überlieferungsgeschichte auf und bindet sie an konkrete Textbeispiele zurück, an deren Überlieferungsbildern sich sowohl diachron erzählbare Text-Geschichten wie auch das synchrone Nebeneinander von Redaktionen ablesen lassen. Zum Zweiten bedienen speziell die inhaltlichen Analysen der Dialoge das Interesse an Meister Eckhart, dem dominikanischen Gelehrten und Prediger, der mit seiner herausfordernden Theologie ein breites Echo in volkssprachlichen Texten fand. Auch wenn der bisher gebräuchliche Terminus der ›Eckhart-Legenden‹ aufgrund seiner problematischen Implikationen abzulehnen ist, so ist es doch richtig, dass die Texte in ihrer Mischung aus narrativen und dramatischen Gestaltungselementen ein Bild Eckharts entwerfen, dass sie ihn selbst, sein Denken und seine Beziehungen zu anderen inszenieren und damit einen lebendigen Beitrag zu seinem Weiterwirken leisten. Eckhart wird hier zu einer literarischen Diskurs-Figur, an der Fragen nach der richtigen Lebensweise und der Rolle von Gelehrsamkeit diskutiert werden. Unsachgemäß wird der Fokus auf den Dominikaner allerdings dann, wenn er zu einer scharfen Abgrenzung der Texte im Sinne eines geschlossenen Corpus gebraucht wird, und so öffnet die Arbeit den Blick auf eine weiter gefasste Reihe ›mystischer Kurzdialoge‹, die mit ihren charakteristischen Inhalten, ihrem typischen Figurenrepertoire und ihren speziellen Gestaltungstechniken ein Zeugnis spätmittelalterlicher Frömmigkeit von eigenem Wert darstellen. Diese beiden Schwerpunktsetzungen der Arbeit, die methodisch-philologische und die inhaltlich-literarische, seien hier kurz zusammengefasst.

Der Leser mit vornehmlich philologischem Interesse wird in der vorliegenden Arbeit grundsätzliche Überlegungen zur Betrachtungsweise variantenreich überlieferter Kurztexte finden, die aus praktischem Studienmaterial gewonnen wurden und wiederum daran veranschaulicht werden. Dabei steht die Idee im Vordergrund, nicht nur die Varianz als Schlüssel zum Text zu begreifen, wie es im Rahmen überlieferungsgeschichtlicher Studien üblich ist, sondern als

Ergänzung dazu auch die umgekehrte Blickrichtung einzunehmen: Der Text kann als Schlüssel und Erklärungshorizont zu seiner Varianz dienen, wenn man seinen spezifischen Stil, seine Inhalte und seinen Aufbau als diejenigen Parameter begreift, die die Entstehung von Varianten überhaupt erst bedingen. So eröffnet etwa die literarische Form des Gesprächs, wie die Dialoggruppe um die Gestalt eines armen Menschen zeigt, zahlreiche Möglichkeiten, Texte zu verschmelzen, fortzuschreiben oder mit Interpolationen zu ergänzen, weil hier eine grundsätzlich offene Form der Kommunikation vorliegt. ›Meister Eckharts Wirtschaft‹ verhindert zwar mit seinem strukturierten Diskursritual und seinen wiederkehrenden Redebausteinen eine Ausweitung des Textes, schafft aber gleichzeitig die Voraussetzung für Homoioteleutonfehler und Umstellungen. Damit kommt also der einzelne Text selbst mit seiner Machart, seinem Inhalt und weiteren Gesichtspunkten als derjenige Faktor in den Blick, der den Rahmen für Art und Umfang seiner Varianz selbst setzt – und zwar vor allen Vorannahmen über die viel beschworene Offenheit mittelalterlicher Textualität.

Die besondere Überlieferungssituation der hier behandelten Kurzdialoge sicht- und auswertbar zu machen, ist dann das Ziel speziell abgestimmter Editionsmodelle: Im Fall von ›Meister Eckharts Tochter‹ sind drei Redaktionen so zu einer Synopse zusammengestellt, dass der Leser das Spektrum der Verständnishorizonte von moralisierenden bis hin zu philosophisch akzentuierten Lesarten überblicken kann. Die Dialoggruppe ›Der arme Mensch‹ wird in einer Kombination mehrerer Editionstypen erschlossen, wobei eine Synopse aufeinander aufbauender Fassungen einen diachronen und die daran anschließenden Fassungseditionen einen synchronen Zugriff auf das Textmaterial ermöglichen. Der Benutzer kann damit sowohl die Position der Redaktoren als auch die der historischen Leser einnehmen. Die nur schwer systematisierbare Varianz in ›Meister Eckharts Wirtschaft‹ wird schließlich so gehandhabt, dass vier etwa gleichzeitig entstandene, aber geographisch unterschiedlichen Räumen zuordenbare Redaktionen über den Text einer jeweils repräsentativen Handschrift gegenübergestellt werden. Spezielle Kennzeichnungen machen dabei die ausgewählten Textformen auf die weitere Überlieferung hin transparent und signalisieren dem Benutzer auf einen Blick, welcher Wortlaut als gesichert gelten kann und welcher Wortlaut über die im Anhang befindlichen Fassungseditionen gegebenenfalls zu hinterfragen ist. Alle hier vorgelegten Editionen von Kurzdialogen verbindet der Gedanke, einerseits handschriftlich belegbare Texte zu präsentieren und andererseits so weit wie möglich das Beziehungsgeflecht sichtbar zu machen, in dem der dargebotene Text eine bestimmte Position einnimmt. In diesem Sinn kann die vorliegende Arbeit auch als Anregung für ähnlich gelagerte Editionsvorhaben dienen.

Die philologische Aufarbeitung des handschriftlichen Materials macht den bisher gängigen Wortlaut der Kurzdialoge, wie ihn Pfeiffer in seinen Sprüchen 66–70 auf einer allzu schmalen Grundlage festgeschrieben hatte, obsolet und schafft erstmals die Voraussetzung für eine wissenschaftlich gesicherte Auseinandersetzung mit den Texten. Damit bedient die vorliegende Arbeit das Interesse an der Erforschung Meister Eckharts und seines Weiterwirkens, darüber hinaus aber auch das Interesse an der spätmittelalterlichen Frömmigkeit sowie an der Emanzipation der Laien und der dabei wirksamen literarischen Traditionen.

In einem ersten Schritt in diese Richtung wird die Annahme widerlegt, die hier behandelten Texte hätten eine Art geschlossenes Korpus von Legenden oder Exempeln gebildet, eine Annahme, die aus dem Ordnungswillen früher Eckhartforscher, nicht aber aus der mittelalterlichen Überlieferung hervorgeht. Mit dem Terminus der ›mystische Kurzdialoge‹ steht dagegen nun ein neuer Zugriff auf die Texte zur Verfügung, der sowohl ihre frömmigkeitsgeschichtliche Tradition als auch ihre literarische Form beschreibt, der offen ist für ähnliche Texte und der nicht von einer oft zweifelhaften Fokussierung auf die Person Eckharts ausgeht. Dieses Programm, das sich mit dem neuen Begriff verbindet, entfaltet die vorliegende Arbeit in einer Abfolge aufeinander aufbauender Untersuchungsschritte:

Zunächst machen Einzeluntersuchungen deutlich, welche inhaltlichen Schwerpunkte die Texte setzen und in welchem zeitlichen, geographischen und sozialen Rahmen sie entstanden sein könnten. Dabei wird unter anderem ein breites Spektrum von Themen deutlich, das mit RUHS pauschalisierendem Verweis auf Eckharts Lebens- und Armutslehre mehr verdeckt als treffend zusammengefasst wurde: ›Meister Eckharts Tochter‹ stellt die Frage nach dem Sein des Menschen in Anlehnung an das eckhartische *duplex esse*, die Dialoggruppe ›Der arme Mensch‹ greift die Theodizeeproblematik auf und stellt ihr die Konzepte der Gelassenheit, der Gerechtigkeit und der Ehre Gottes entgegen, ›Meister Eckhart und der nackte Knabe‹ spielt mit der Metaphorik des Bekleidet- und des Nacktseins und ›Meister Eckharts Wirtschaft‹ entfaltet in einem artifiziellen Diskurs eines armen Menschen, einer jungen Frau und eines Meisters ein Panorama eines geistlichen Lebens vermischt mit kritischen Reflexionen über geistliches Wissen. Dabei bedingt die editorische Aufarbeitung der Vielgestaltigkeit der Texte, dass in der inhaltlichen Analyse auch Umdeutungen, Fortschreibungen, Zuspitzungen und Relativierungen der skizzierten Themen zur Sprache kommen, so dass nicht nur ein mutmaßlicher Originaltext vorgestellt wird, sondern auch der in die Überlieferung eingeschriebene Diskurs um die vorgestellten Themen. Alle hier behandelten Texte dürften etwa um die Mitte des 14. Jahrhunderts im elsässisch-alemannischen Raum entstanden sein.

Die Ergebnisse der Einzeluntersuchungen zu Inhalt, formaler Gestaltung und Personenkonstellation erlauben in einem weiterführenden Schritt, das Korpus der ›Eckhart-Legenden‹ zugunsten einer weiter gefassten Reihe mystischer Kurzdialoge aufzulösen, zu der auch Texte wie ›Die fromme (selige) Müllerin‹, ›Das Frauchen von 22 (21) Jahren‹, ›Von der seligen Dorfmagd‹

und einige weitere, teils auch nur mittelniederländisch überlieferte Texte zu rechnen sind. Viele der in diesem Zusammenhang kurz vorgestellten Dialoge bedürfen noch einer gründlichen editorischen und inhaltlichen Aufarbeitung und versprechen dafür abgesehen von je spezifischen Themen wertvolle Einsichten in die literarische Konstruktion von Laien- und Gelehrtentum oder von einer gelebten *vita contemplativa* inmitten von Alltagsarbeit und städtischem Leben. Die traditionsgeschichtlichen Vorbilder dieser Dialoge sind mit einiger Wahrscheinlichkeit in den ›Vitaspatrum‹ zu suchen, die das Motiv der *sancta simplicitas* im Kontext der monastischen Kultur stets lebendig hielten und die gerade auch im Entstehungszeitraum der fraglichen Kurzdialoge wieder eine produktive Anverwandlung erfuhren.

An den Kurzdialogen lässt sich schließlich auch eine neue Perspektive auf die Eckhartrezeption festmachen, die nicht in erster Linie auf das Weiterwirken des Denkens Eckharts oder auf die handschriftliche Verbreitung seiner Werke abhebt, sondern darauf, wie er als Person in Texten inszeniert wird. Dabei sind literarische Formen wie die des Autsoritätendictums oder des Dialogs mit ihren vorgezeichneten Rollen ebenso zu berücksichtigen wie inhaltliche Aussagen, die der Dominikaner als literarische Figur trifft oder die über ihn getroffen werden. Es entsteht so das Bild eines frommen Menschen und geistlichen Lehrers, der im Kontakt mit Laien einer Übersetzung seiner Lehre in die alltägliche Lebenspraxis begegnet. Die Überlieferungsgeschichte trägt wiederum ihren Teil zur Frage der Inszenierung Eckharts bei, indem sie die räumliche und zeitliche Gültigkeit solcher Bilder feststellt und darauf hinweist, dass sie längst nicht (nur) in einer spontanen Reaktion auf persönliche Begegnungen entstehen, sondern auch als Ergebnisse von rein textuellen Prozessen des Um- und Neuschreibens. Unabhängig aber von der Frage ihrer Entstehung sind die aus den Dialogen gewonnenen Eckhartbilder in der Hinsicht wirksam, dass sie in ihrer Verbindung des Namens ›Eckhart‹ mit bestimmten Inhalten und Zuschreibungen eine bewusste Eckhartrezeption anstoßen, ganz gleich welches Wissen ein Leser mit in die Lektüre einbringt oder welcher Zeit er entstammt. Die künftige Forschung in diesem Bereich könnte sich die hier nur andeutungsweise behandelte Frage vornehmen, inwiefern diese Bilder mit dem übereinstimmen oder auch dem zuwiderlaufen, was der historische Eckhart geschrieben und wie er sich verhalten hat.

# Abkürzungsverzeichnis

## Ausgaben der Werke Eckharts

*Werkausgabe*

| | |
|---|---|
| DW I | Meister Eckhart. Die deutschen und lateinischen Werke, hg. i. A. der Deutschen Forschungsgemeinschaft. Die deutschen Werke, 1. Band: Meister Eckharts Predigten (Pr. 1–24), hg. und übers. von JOSEF QUINT, Stuttgart 1957. |
| DW II | Meister Eckhart. Die deutschen und lateinischen Werke, hg. i. A. der Deutschen Forschungsgemeinschaft. Die deutschen Werke, 2. Band: Meister Eckharts Predigten (Pr. 25–59), hg. und übers. von JOSEF QUINT, Stuttgart 1971. |
| DW III | Meister Eckhart. Die deutschen und lateinischen Werke, hg. i. A. der Deutschen Forschungsgemeinschaft. Die deutschen Werke, 3. Band: Meister Eckharts Predigten (Pr. 60–86), hg. und übers. von JOSEF QUINT, Stuttgart 1976. |
| DW IV, 1 | Meister Eckhart. Die deutschen und lateinischen Werke, hg. i. A. der Deutschen Forschungsgemeinschaft. Die deutschen Werke, 4. Band, Teilband IV,1: Meister Eckharts Predigten (Pr. 87–105), hg. und übers. von GEORG STEER, Stuttgart 2003. |
| DW IV, 2 | Meister Eckhart. Die deutschen und lateinischen Werke, hg. i. A. der Deutschen Forschungsgemeinschaft. Die deutschen Werke, 4. Band, Teilband IV,2: Meister Eckharts Predigten (Pr. 106–117), hg. und übers. von GEORG STEER, Stuttgart 2003 ff. |
| DW V | Meister Eckhart. Die deutschen und lateinischen Werke, hg. i. A. der Deutschen Forschungsgemeinschaft. Die deutschen Werke, 5. Band: Meister Eckharts Traktate, hg. und übers. von JOSEF QUINT, Stuttgart 1963. |
| LW I | Meister Eckhart. Die deutschen und lateinischen Werke, hg. i. A. der Deutschen Forschungsgemeinschaft. Die lateinischen Werke, 1. Band, erster Hauptteil: I. Magistri Echardi Prologi in Opus tripartitum. Expositio libri Genesis. Expositio libri Exodi secundum recensionem codicis Amploniani Fol. 181 [E]. II. Magistri Eckhardi Prologi in Opus tripartitum et Expositio libri Genesis cum Tabulis secundum recensionem Codicis Cusani 21 (C) et Codicis Treverensis 72 / 1056 (T). III. Liber parabolarum Genesis cum Prologo et Tabula, hg. von KONRAD WEIß, Stuttgart 1964, unveränderter Nachdruck 1988. |
| LW I,2 | Meister Eckhart. Die deutschen und lateinischen Werke, hg. i. A. der Deutschen Forschungsgemeinschaft. Die lateinischen Werke, 1. Band, zweiter Hauptteil: II. Magistri Echardi Prologi in Opus tripartitum et Expositio Libri Genesis secundum recensionem cod. Oxoniensis Bodleiani Laud misc. 222 (L). Adiectae sunt recensiones Cod. Amploniani Fol. 181 (E) ac codd. Cusani 21 et Treverensis 72 / 1056 (CT) denuo recognitae, hg. von LORIS STURLESE, Stuttgart 2015. |

LW II — Meister Eckhart. Die deutschen und lateinischen Werke, hg. i. A. der Deutschen Forschungsgemeinschaft. Die lateinischen Werke, 2. Band: I. Expositio libri Exodi, hg. und übers. von Konrad Weiß. II. Sermones et Lectiones super Ecclesiastici c. 24,23–31. III. Expositio Libri Sapientiae. IV. Expositionis Cantici Canticorum quae supersunt, hg. und übers. von Josef Koch und Heribert Fischer, Stuttgart 1964.

LW III — Meister Eckhart. Die deutschen und lateinischen Werke, hg. i. A. der Deutschen Forschungsgemeinschaft. Die lateinischen Werke, 3. Band: Magistri Echardi Expositio sancti Evangelii secundum Iohannem, hg. und übers. von Karl Christ, Bruno Decker, Josef Koch, Heribert Fischer, Loris Sturlese und Albert Zimmermann, Stuttgart 1994.

LW IV — Meister Eckhart. Die deutschen und lateinischen Werke, hg. i. A. der Deutschen Forschungsgemeinschaft. Die lateinischen Werke, 4. Band: Magistri Echardi Sermones, hg. und übers. von Ernst Benz, Bruno Decker und Josef Koch, Stuttgart 1956, unveränderter Nachdruck 1987.

LW V — Meister Eckhart. Die deutschen und lateinischen Werke, hg. i. A. der Deutschen Forschungsgemeinschaft. Die lateinischen Werke, 5. Band: Fratris Echardi Principium. I. Collatio in Libros Sententiarum, hg. und übers. von Josef Koch. II. Magistri Echardi Quaestiones Parisienses una cum quaestione Magistri Consalvi, hg. und übers. von Bernhard Geyer. III. Sermo die b. Augustini Parisius habitus, hg. und übers. von Bernhard Geyer. IV. Tractatus super Oratione Dominica, hg. von Erich Seeberg. V. Magistri Echardi Sermo Paschalis a. 1294 Parisius habitus, hg. und übers. von Loris Sturlese, VI. Acta Echardiana, hg. von Loris Sturlese, Stuttgart 2006.

*Weitere Textausgaben*

EW I — Meister Eckhart. Werke I: Predigten, hg. und kommentiert von Niklaus Largier, Frankfurt am Main 1993 (Bibliothek des Mittelalters 20).

EW II — Meister Eckhart. Werke II: Predigten, Traktate, lateinische Werke, hg. und kommentiert von Niklaus Largier, Frankfurt am Main 1993 (Bibliothek des Mittelalters 21).

Pfeiffer (Pf.) — Meister Eckhart, hg. von Franz Pfeiffer, Erste Abtheilung: Predigten und Traktate, Leipzig 1857, Nachdruck Aalen 1962 (Deutsche Mystiker des vierzehnten Jahrhunderts, Bd. 2).

## Abgekürzt zitierte Schriften Meister Eckharts:

Acta Echardiana — Acta Echardiana (= 1: Acta et regesta vitam magistri Echardi illustrantia; 2: Processus contra magistrum Echardum), hg. von Loris Sturlese, in: LW V, S. 149–617.

BgT — Meister Eckhart, Daz buoch der götlîchen trœstunge, hg. von Josef Quint, in: DW V, S. 1–105.

In Eccli. — Meister Eckhart, Sermones et Lectiones super Ecclesiastici, hg. von Josef Koch und Heribert Fischer, in: LW II, S. 229–300.

| | |
|---|---|
| In Ex. | Meister Eckhart, Expositio Libri Exodi, hg. und übers. von HERBERT ZIMMERMANN, in: LW II, 1–227. |
| In Gen. I | Meister Eckhart, Expositio Libri Genesis, hg. von KONRAD WEIß, in: LW I, S. 185–444 (Rec. CT); Meister Eckhart, Expositio Libri Genesis, hg. von KONRAD WEIß, in: LW I, S. 49–101 (Rec. E); Meister Eckhart, Expositio Libri Genesis, editio altera, hg. von LORIS STURLESE, in: LW I,2, S. 61–329 (Rec. L). |
| In Ioh. | Meister Eckhart, Expositio sancti Evangelii secundum Iohannem, hg. von KARL CHRIST, BRUNO DECKER, HERIBERT FISCHER, JOSEF KOCH, ALBERT ZIMMERMANN und LORIS STURLESE (= LW III). |
| In Sap. | Meister Eckhart, Expositio Libri Sapientiae, hg. von JOSEF KOCH und HERIBERT FISCHER, in: LW II, S. 301–634. |
| Prol. op. prop. | Meister Eckhart, Prologus in Opus propositionum, hg. von KONRAD WEIß, in: LW I, S. 166–182 (Rec. CT); Meister Eckhart, Prologus in Opus propositionum, hg. von KONRAD WEIß, in: LW I, S. 41–48 (Rec. E); Meister Eckhart, Prologus in Opus Propsitionum, editio altera, hg. von LORIS STURLESE, in: LW I,2, S. 40–57. |
| RdU | Meister Eckhart, Die rede der underscheidunge, hg. von JOSEF QUINT, in: DW V, S. 137–376. |

## Abgekürzt zitierte Werke anderer Autoren:

| | |
|---|---|
| Bibel | Die Bibel. Nach Martin Luthers Übersetzung. Lutherbibel revidiert 2017 mit Apokryphen, Stuttgart 2016. |
| VETTER (V) | Die Predigten Taulers, aus der Engelberger und der Freiburger Handschrift sowie aus Schmidts Abschriften der ehemaligen Straßburger Handschriften, hg.von FERDINAND VETTER, Berlin 1910 (Deutsche Texte des Mittelalters 11). |
| Vulgata | Biblia Sacra. Iuxta Vulgatam Versionem, Stuttgart $^{5}$2007. |

## Abgekürzt zitierte Zeitschriften, Serien, Lexika und Wörterbücher:

| | |
|---|---|
| BMZ | Mittelhochdeutsches Wörterbuch. Mit Benutzung des Nachlasses von GEORG FRIEDRICH BENECKE, ausgearbeitet von WILHELM MÜLLER und FRIEDRICH ZARNCKE, 3 Bde., Leipzig 1854–1866. |
| DWB | Deutsches Wörterbuch von JACOB und WILHELM GRIMM, 16 Bde. in 32 Teilbänden, Leipzig 1854–1961 (Quellenverzeichnis Leipzig 1971). |
| FWB | Frühneuhochdeutsches Wörterbuch, hg. von ROBERT R. ANDERSON, ULRICH GOEBEL und OSKAR REICHMANN, 8 Bde., Berlin 1989–2013 (unabgeschlossen). |
| HWB | MATHIAS LEXER, Mittelhochdeutsches Handwörterbuch, 3 Bde. Leipzig 1872–1878. |
| HWPh | Historisches Wörterbuch der Philosophie, hg. von JOACHIM RITTER, KARLFRIED GRÜNDER und GOTTFRIED GABRIEL, 13 Bde., Darmstadt 1971–2007. |

| | |
|---|---|
| Killy | Killy-Literaturlexikon. Autoren und Werke des deutschsprachigen Kulturraumes, 13. Bde., hg. von WALTHER KILLY und WILHELM KÜHLMANN, Berlin 2008–2012. |
| LexMA | Lexikon des Mittelalters, 10 Bde., hg. von ROBERT-HENRI BAUTIER et al., München 1980–1999. |
| MEJb | Meister Eckhart Jahrbuch |
| MTU | Münchener Texte und Untersuchungen zur deutschen Literatur des Mittelalters |
| MBK | Mittelalterliche Bibliothekskataloge Deutschlands und der Schweiz, 5 Bde., hg. von der Bayerischen Akademie der Wissenschaften, München 1918–1990. |
| PBB | (Paul und Braunes) Beiträge zur Geschichte der deutschen Sprache und Literatur |
| PL | Patrologia cursus completus. Series latina, hg. von JACQUES-PAUL MIGNE, 221 Bde., Paris 1844–1865. |
| Reallexikon | Reallexikon der deutschen Literaturwissenschaft. Neubearbeitung des Reallexikons der deutschen Literaturgeschichte, hg. von HARALD FRICKE zusammen mit GEORG BRAUNGART, KLAUS GRUBMÜLLER, JAN-DIRK MÜLLER, FRIEDRICH VOLLHARDT und KLAUS WEIMAR, 3 Bde., Berlin u. a. 1997–2003. |
| TRE | Theologische Realenzyklopädie, hg. von GERHARD KRAUSE, GERHARD MÜLLER u. a., 38 Bde., Berlin 1977–2007. |
| $^{2}$VL | Deutsche Literatur des Mittelalters. Verfasserlexikon, begr. von WOLFGANG STAMMLER, fortgef. von KARL LANGOSCH, hg. von KURT RUH zusammen mit GUNDOLF KEIL, BURGHARD WACHINGER und CHRISTINE STÖLLINGER-LÖSER, 2., völlig neu bearb. Aufl., Berlin u. a. 1978–2008 (Veröffentlichungen der Kommission für Deutsche Literatur des Mittelalters der Bayerischen Akademie der Wissenschaften). |
| ZfdA | Zeitschrift für deutsches Altertum und deutsche Literatur |
| ZfdPh | Zeitschrift für deutsche Philologie |

## Sonstige Abkürzungen:

| | |
|---|---|
| a. | articulus |
| c. | caput |
| d. | distinctio |
| n. | numerus |
| Pr. | Predigt |
| q. | quaestio |
| Spr. | Spruch |
| Tr. | Traktat |

# Literaturverzeichnis

## Hilfsmittel

LORENZ DIEFENBACH, Glossarium Latino-Germanicum mediae et infimae aetatis supplementum Lexici mediae et infimae Latinitatis conditi a Carolo Dufresne domnio Du-Cange, aucti cum ab aliis tum ab Henschelio, itemque glossariorum Germanicorum quae adhuc in lucem prodita sunt, Frankfurt am Main 1857.

FRIEDRICH KLUGE, Etymologisches Wörterbuch der deutschen Sprache, bearbeitet von ELMAR SEEBOLD, Berlin [25]2011.

HERMANN PAUL, Mittelhochdeutsche Grammatik. Neu bearbeitet von THOMAS KLEIN, HANS-JOACHIM SOLMS und KLAUS-PETER WEGERA. Mit einer Syntax von INGEBORG SCHRÖBLER, neu bearbeitet und erweitert von HEINZ-PETER PRELL, Tübingen [25]2007 (Sammlungen kurzer Grammatiken germanischer Dialekte, A. Hauptreihe Nr. 2).

EELCO VERWIJS und JAKOB VERDAM, Middelnederlandsch Woordenboek, 11 Bde., 's-Gravenhage 1885–1941, Fotomechanischer Nachdruck 1969.

## Handschriftenkataloge

STEPHANUS GERARD AXTERS, Bibliotheca Dominicana Neerlandica manuscripta, 1224–1500, Louvain 1970 (Bibliothèque de la Revue d'histoire ecclésiastique 49).

KARL AUGUST BARACK, Die Handschriften der Fürstlich-Fürstenbergischen Hofbibliothek zu Donaueschingen, Tübingen 1865, Nachdruck Hildesheim / New York 1974.

KARL BARTSCH, Die altdeutschen Handschriften der Universitätsbibliothek in Heidelberg, Katalog der Handschriften der Universitätsbibliothek in Heidelberg. Bd. 1, Heidelberg 1887.

ADOLF BECKER, Die deutschen Handschriften der Kaiserlichen Universitäts- und Landesbibliothek zu Straßburg, Straßburg 1914 (Katalog der Kaiserlichen Universitäts- und Landesbibliothek in Straßburg 6).

PETER-JÖRG BECKER, Verzeichnis der an Degering anschließenden Ms. germ. quart.-Handschriften in der damaligen SBPK (Typoskript, unvollendet), Berlin 1986–1989.

GUSTAV BINZ, Die deutschen Handschriften der Öffentlichen Bibliothek der Universität Basel. Bd. 1: Die Handschriften der Abteilung A, Basel 1907.

BETTY C. BUSHEY, Die deutschen und niederländischen Handschriften der Stadtbibliothek Trier bis 1600. Neu beschrieben, Wiesbaden 1996 (Beschreibendes Verzeichnis der Handschriften der Stadtbibliothek zu Trier. Neue Serie 1).

Catalogus codicum manuscriptorum Bibliothecae Regiae, Vol. I: Libri theologici, Hagae Comitum 1922.

HERMANN DEGERING, Kurzes Verzeichnis der germanischen Handschriften der Preußischen Staatsbibliothek II. Die Handschriften im Quartformat, Leipzig 1926, Nachdruck Graz 1970 (Mitteilungen aus der Preußischen Staatsbibliothek VIII).

HERMANN DEGERING, Kurzes Verzeichnis der germanischen Handschriften der Preußischen Staatsbibliothek III. Die Handschriften in Oktavformat und Register zu Band I–III, Leipzig 1932, Nachdruck Graz 1970 (Mitteilungen aus der Preußischen Staatsbibliothek IX).

ALBERT DEROLEZ, Inventaris van de Handschriften in de Universiteitsbibliotheek te Gent, Gent 1977.

MARGARETE DÖRR, Handschriftenkatalog der Bibliothek des Bischöflichen Priesterseminars, Mainz o. J. [vor 1963].

WERNER FECHTER, Deutsche Handschriften des 15. und 16. Jahrhunderts aus der Bibliothek des ehemaligen Augustinerchorfrauenstifts Inzigkofen, Sigmaringen 1997 (Arbeiten zur Landeskunde Hohenzollerns 15).

VIRGIL ERNST FIALA und WOLFGANG IRTENKAUF, Codices brevarii (Cod. brev. 1–167), Wiesbaden 1977 (Die Handschriften der Württembergischen Landesbibliothek Stuttgart, Erste Reihe 3).

MATHIEU GEORGES JOSEPH FIESS und MATHIEU LAMBERT GRANDJEAN, Bibliothèque de l'Université de Liège. Catalogue des manuscrits, Lüttich 1875.

HELLA FRÜHMORGEN-VOSS und NORBERT H. OTT, Katalog der deutschsprachigen illustrierten Handschriften des Mittelalters. 1. ›Ackermann aus Böhmen‹ – 11. Astrologie/Astronomie, begonnen von HELLA FRÜHMORGEN-VOSS, fortgeführt von NORBERT H. OTT zusammen mit ULRIKE BODEMANN und GISELA FISCHER-HEETFELD, München 1991 (Katalog der deutschsprachigen illustrierten Handschriften des Mittelalters 1).

HELLA FRÜHMORGEN-VOSS und NORBERT H. OTT, Katalog der deutschsprachigen illustrierten Handschriften des Mittelalters. 27. Hugo Ripelin von Straßburg, ›Compendium theologicae veritatis‹ – 37. Fabeln, begonnen von HELLA FRÜHMORGEN-VOSS, fortgeführt von NORBERT H. OTT, herausgegeben von ULRIKE BODEMANN, KRISTINA FREIENHAGEN-BAUMGARDT und PETER SCHMIDT, München 2008 (Katalog der deutschsprachigen illustrierten Handschriften des Mittelalters 4,1).

HELLA FRÜHMORGEN-VOSS und NORBERT H. OTT, Katalog der deutschsprachigen illustrierten Handschriften des Mittelalters, 44. Geistliche Lehren und Erbauungsbücher – 57. ›Herzog Ernst‹, begonnen von HELLA FRÜHMORGEN-VOSS und NORBERT H. OTT, herausgegeben von ULRIKE BODEMANN, KRISTINA FREIENHAGEN-BAUMGARDT, NORBERT H. OTT, PIA RUDOLPH, PETER SCHMIDT und NICOLA ZOTZ, München 2005 (Katalog der deutschsprachigen illustrierten Handschriften des Mittelalters 6).

GÜNTER GATTERMANN, Handschriftencensus Rheinland. Erfassung mittelalterlicher Handschriften im rheinischen Landesteil von Nordrhein-Westfalen mit einem Inventar. Bearbeitet von HEINZ FINGER, MARIANNE RIETHMÜLLER u. a., Bd. 2: Köln (Erzbischöfliches Diözesanmuseum) bis Xanten (Stiftsarchiv und -bibliothek) und Historisches Archiv der Stadt Köln, Wiesbaden 1993 (Schriften der Universitäts- und Landesbibliothek Düsseldorf 18,2).

JOSEPH VAN DEN GHEYN, Catalogue des manuscrits de la Bibliothèque Royale de Belgique, Bd. 3: Théologie, Bruxelles 1903.

RENATE GIERMANN und HELMAR HÄRTEL, Handschriften des Klosters Ebstorf, Wiesbaden 1994 (Mittelalterliche Handschriften in Niedersachsen 10).

GEROLD HAYER, Die deutschen Handschriften des Mittelalters der Erzabtei St. Peter zu Salzburg, Wien 1982 (Verzeichnisse der deutschen Handschriften österreichischer Bibliotheken 1).

OTTO VON HEINEMANN, Die Handschriften der Herzoglichen Bibliothek zu Wolfenbüttel. Zweite Abtheilung: Die Augusteischen Handschriften IV, Wolfenbüttel 1900; Nachdruck unter dem Titel: Die Augusteischen Handschriften, Bd. 4: Codex Guelferbytanus 77.4 Augusteus 2° bis 34 Augusteus 4°, Frankfurt am Main 1966 (Kataloge der Herzog-August-Bibliothek Wolfenbüttel 7).

FELIX HEINZER und GERHARD STAMM, Die Handschriften von St. Peter im Schwarzwald. Teil 2: Die Pergamenthandschriften, Wiesbaden 1984 (Die Handschriften der Badischen Landesbibliothek in Karlsruhe 10).

Gédéon Huet, Catalogue des manuscrits allemands de la Bibliothèque Nationale, Paris 1895.

Abraham Hulshof, Catalogus codicum manu scriptorum Bibliothecae Universitatis Rheno-Trajectinae II, Trier 1909.

Anna Jungreithmayr, Die deutschen Handschriften des Mittelalters der Universitätsbibliothek Salzburg, unter Mitarbeit von Josef Feldner und Peter H. Pascher, Wien 1988 (Österreichische Akademie der Wissenschaften, phil.-hist. Klasse, Denkschriften, Bd. 196; Veröffentlichungen der Kommission für Schrift- und Buchwesen des Mittelalters III,2).

Max Keuffer, Die ascetischen Handschriften der Stadtbibliothek zu Trier, Trier 1900 (Beschreibendes Verzeichnis der Handschriften der Stadtbibliothek zu Trier, 5. Heft, 1. Abteilung).

Nilüfer Krüger, Die theologischen Handschriften der Staats- und Universitätsbibliothek Hamburg, Bd. 3: Quarthandschriften und kleinere Formate (Cod. theol. 1751–2228), Stuttgart 1993 (Katalog der Handschriften der Staats- und Universitätsbibliothek Hamburg II,3).

Lotte Kurras, Deutsche und niederländische Handschriften der Königlichen Bibliothek Stockholm. Handschriftenkatalog, Stockholm 2001 (Acta Bibliothecae Regiae Stockholmiensis 67).

Joseph Lechner, Die spätmittelalterliche Handschriftengeschichte der Benediktinerinnenabtei St. Walburg / Eichstätt, Münster 1937 (Eichstätter Studien 2).

Gerard Isaac Lieftinck, Codicum in finibus Belgarum ante annum 1550 conscriptorum qui in bibliotheca universitatis asservantur pars I, Leiden 1948 (Bibliotheca universitatis Leidensis, Codices manuscripti V).

Freimut Löser, Meister Eckhart in Augsburg. Deutsche Mystik des Mittelalters in Kloster, Stadt und Schule. Katalog zur Handschriftenausstellung in der Schatzkammer der Universitätsbibliothek Augsburg (18. Mai bis 29. Juli 2011), unter Mitarbeit von Robert Steinke und Günter Hägele, Augsburg 2011.

Christina Meckelnborg, Die nichtarchivischen Handschriften der Signaturengruppe Best. 701 Nr. 1–190, ergänzt durch die im Görres-Gymnasium Koblenz aufbewahrten Hs. A, B und C, Wiesbaden 1998 (Mittelalterliche Handschriften im Landeshauptarchiv Koblenz; Bd. 1).

Hermann Menhardt, Verzeichnis der altdeutschen literarischen Handschriften der österreichischen Nationalbibliothek, Bd. 2: Cod. 2963–Cod. 7692, Berlin 1960–1961 (Deutsche Akademie der Wissenschaften zu Berlin – Veröffentlichungen des Instituts für deutsche Sprache und Literatur 13).

Karl Menne, Deutsche und niederländische Handschriften, hg. von E. Kuphal, Köln 1937 (Mitteilungen aus dem Stadtarchiv von Köln, Sonderreihe: Die Handschriften des Archivs Heft X, Abt. I, Teil 2).

Gustav Meyer und Max Burckhardt, Die mittelalterlichen Handschriften der Universitätsbibliothek Basel. Beschreibendes Verzeichnis. Abteilung B: Theologische Pergamenthandschriften. 1. Bd.: Signaturen B I 1 – B VIII 26, Basel 1960.

Gustav Meyer und Max Burckhardt, Die mittelalterlichen Handschriften der Universitätsbibliothek Basel. Beschreibendes Verzeichnis. Abteilung B: Theologische Pergamenthandschriften. 2. Bd.: Signaturen B VIII 11 – B XI 26, Basel 1966.

Leo Cunibert Mohlberg, Mittelalterliche Handschriften, Zürich 1952 (Katalog der Handschriften der Zentralbibliothek Zürich I).

Raphael Pavel, Beschreibung der im Stifte Hohenfurt befindlichen Handschriften, in: Xenia Bernhardina 2, Wien 1891, S. 165–461.

Franzjosef Pensel, Verzeichnis der altdeutschen Handschriften in der Stadtbibliothek Dessau, Berlin 1977 (DTM 70,1).

Robert Priebsch, Deutsche Handschriften in England, Bd. 1: Ashburnham-Place – Cambridge – Cheltenham – Oxford – Wigan, Erlangen 1896.

Augustin Rabensteiner, Handschriften-Katalog des Stiftes Lambach (handschriftl., unvollständig), ohne Jahresangabe (Ende 19. Jh.).

Repertorium van middelnederlandse preken in handschriften tot en met 1550, 7 Bde., Bde. 1–3 von Maria Sherwood-Smith und Patricia Stoop, Bde. 4–7 von Daniël Ermens und Willemien van Dijk, Leuven 2003–2008 (Miscellanea Neerlandica 29).

Joris Reynaert, Catalogus van de middelnederlandse handschriften in de bibliotheek van de universiteit Gent, Bd. II/1: De handschriften verworven na 1852 (Deel 1), Gent 1996.

Charles Samaran und Robert Marichal, Catalogue des manuscrits en écriture latine portant des indications de date, de lieu ou de copiste, Tome V: Est de la France, Paris 1965.

Beat Matthias von Scarpatetti, Die Handschriften der Stiftsbibliothek St. Gallen, Bd. 1: Abt. IV, Codices 547–669. Hagiographica, Historica, Geographica. 8.–18. Jahrhundert, Wiesbaden 2003.

Beat Matthias von Scarpatetti, Die Handschriften der Stiftsbibliothek St. Gallen. Beschreibendes Verzeichnis. Codices 1726–1984 (14.–19. Jahrhundert). Mit einer Einleitung zur Geschichte der Katalogisierung von Johannes Duft, St. Gallen 1983.

Beat Matthias von Scarpatetti, Katalog der datierten Handschriften in der Schweiz in lateinischer Schrift vom Anfang des Mittelalters bis 1550, Bd. 1 (A: Text, B: Abbildungen): Die Handschriften der Bibliotheken von Aarau, Appenzell und Basel, bearbeitet von Beat Matthias von Scarpatetti unter Mitwirkung von Paul Bloesch, Martin Germann, Carlos Gilly, Elsanne Gilomen-Schenkel, Hansjörg Gilomen, Nikolaus Meier und Jürg Völlmy, Zürich 1977.

Gustav Scherrer, Verzeichnis der Handschriften der Stiftsbibliothek von St. Gallen, Halle 1875.

Isabella Schiller, Die handschriftliche Überlieferung der Werke des Heiligen Augustinus, Bd. X/2: Ostdeutschland und Berlin. Verzeichnis nach Bibliotheken, Wien 2009 (Sitzungsberichte der phil.-hist. Klasse der Österreichischen Akademie der Wissenschaften 791; Veröffentlichungen der Kommission zur Herausgabe des Corpus der lateinischen Kirchenväter XXVI).

Karin Schneider, Die deutschen mittelalterlichen Handschriften. Beschreibung des Buchschmucks: Heinz Zirnbauer, Wiesbaden 1965 (Die Handschriften der Stadtbibliothek Nürnberg 1).

Karin Schneider, Die deutschen Handschriften der Bayerischen Staatsbibliothek München. Cgm 351–500, Wiesbaden 1973 (Catalogus codicum manu scriptorum Bibliothecae Monacensis 5,3).

Karin Schneider, Die deutschen Handschriften der Bayerischen Staatsbibliothek München. Cgm 691–867, Wiesbaden 1984 (Catalogus codicum manu scriptorum Bibliothecae Monacensis 5,5).

Karin Schneider, Die deutschen Handschriften der Bayerischen Staatsbibliothek München. Cgm 4001–5247, Wiesbaden 1996 (Catalogus codicum manu scriptorum Bibliothecae Monacensis 5,7).

Karin Schneider, Die Deutschen Handschriften der Bayerischen Staatsbibliothek München. Die mittelalterlichen Fragmente Cgm 5249–5250. Mit vier Beschreibungen von Elisabeth Wunderle, Wiesbaden 2005 (Catalogus codicum manu scriptorum Bibliothecae Monacensis 5,8).

KARIN SCHNEIDER, Die Handschriften der Universitätsbibliothek Augsburg. Reihe 2. Die deutschen Handschriften. Bd. 1: Deutsche mittelalterliche Handschriften. Die Signaturgruppen Cod. I.3 und Cod. III.1, Wiesbaden 1988.

ULRICH SEELBACH, Katalog der deutschsprachigen mittelalterlichen Handschriften der Universitätsbibliothek Gießen (2007) (Preprint, aufgerufen am 04.01.2019 auf http://geb.uni-giessen.de/geb/volltexte/2007/4869/).

IRENE STAHL, Katalog der mittelalterlichen Handschriften der Staats- und Universitätsbibliothek Bremen, Wiesbaden 2004 (Die Handschriften der Staats- und Universitätsbibliothek Bremen 1).

KARL STOOKER und THEO VERBEIJ, Collecties op orde. Middelnederlandse handschriften uit kloosters en semi-religieuze gemeenschappen in de Nederlanden, Deel 2: Repertorium, Leuven 1997 (Miscellanea Neerlandica 16).

Tabulae codicum manu scriptorum praeter graecos et orientales in Bibliotheca Palatina Vindobonensi asservatorum; ed. Academia Caesarea Vindobonensis, Wien 1869.

WILLEM DE VREESE, De handschriften van Jan van Ruusbroec's werken, Bd. 1, Gent 1900.

WILFRIED WERNER, Die mittelalterlichen nichtliturgischen Handschriften des Zisterzienserklosters Salem, Wiesbaden 2000 (Kataloge der Universitätsbibliothek Heidelberg V).

RENÉ WETZEL, Deutsche Handschriften des Mittelalters in der Bodmeriana. Mit einem Beitrag von KARIN SCHNEIDER zum ehemaligen Kalocsa-Codex, Cologny-Genève 1994 (Bibliotheca Bodmeriana Kataloge VII).

ERNEST WICKERSHEIMER, Strasbourg, Paris 1923 (Catalogue Général des Manuscrits des Bibliothèques Publiques de France, Départements 47).

## Textausgaben

Biblia Sacra Iuxta Vulgatam Versionem. Adiuvantibus BONIFATIO FISCHER (OSB), IOHANNE GRIBOMONT (OSB), H.F.D. SPARKS, W. THIELE. Recensuit et brevi apparatu instruxit ROBERTUS WEBER (OSB), Tom. I: Genesis–Psalmi, Tom. II: Proverbia–Apocalypsis, Stuttgart ²1975.

JEANNE ANCELET-HUSTACHE (Hg.), Les ›Vitae Sororum‹ d'Unterlinden. Édition critique du ms. 508 de la bibliothèque de Colmar, in: Archives d'histoires doctrinale et littéraire du moyen âge 5 (1931), S. 317–513.

ALBERT BACHMANN und SAMUEL SINGER (Hgg.), Deutsche Volksbücher. Aus einer Zürcher Handschrift des fünfzehnten Jahrhunderts herausgegeben, Hildesheim 1973 (Bibliothek des literarischen Vereins in Stuttgart 185).

JOSPEH BERNHART (Hg.), Deutsche Mystiker. Bd. III: Meister Eckhart (Sammlung Kösel 77), Kempten 1914.

JOACHIM JOSPEH BERTHIER (OP) (Hg.), B. Humberti de Romanis: Opera de vita regulari, Bd. 2: Expositio in Constitutiones. Instructiones de Officiis Ordinis. De Eruditione Praedicatorum. Epistolae Encyclicae, Turin 1956.

KARL BIHLMEYER (Hg.), Heinrich Seuse, Deutsche Schriften. Im Auftrag der Württembergischen Kommission für Landesgeschichte, Nachdruck der Ausgabe Stuttgart 1907, Frankfurt am Main 1961.

Bonaventura: Opera Omnia. Iussu et auctoritate rmi. P. Bernardini a Portu Romatino ... edita studio et cura pp. Collegii a S. Bonaventura ad plurimos codices mss. emendata anecdotis aucta prolegomenis scholiis notisque illustrate. Tom. 3: Commentaria in quatuor libros sententiarum Magistri Petri Lombardi; in tertium librum sententiarum, Quaracchi 1887.

Christine Boyer (Hg.), Humbertus de Romanis: De dono timoris, Turnhout 2008 (Corpus Christianorum. Continuatio Mediaevalis 218).

Cebus Cornelis de Bruin (Hg.), Middelnederlands geestelijk proza, Zutphen u. a. 1940.

Christoph Cormeau (Hg.), Walther von der Vogelweide. Leich, Lieder, Sangsprüche. Völlig neubearbeitete Auflage der Ausgabe Karl Lachmanns mit Beiträgen von Thomas Bein und Horst Brunner, Berlin [14]1996.

Heinrich Seuse Denifle (Hg.), Das Buch von geistlicher Armuth, bisher bekannt als Johann Taulers Nachfolgung des armen Lebens Christi, München 1877.

Heinrich Denzinger, Enchiridion symbolorum definitionum et declarationum de rebus fidei et morum. Kompendium der Glaubensbekenntnisse und kirchlichen Lehrentscheidungen. Lateinisch-Deutsch, hg. von Peter Hünermann, Freiburg im Breisgau [44]2014.

Alfred Ernout (Hg.), Salluste. Catilina, Jugurtha, Fragments des histoires. Texte établi et traduit par Alfred Ernout, Paris 1958 (Collection des universités de France).

Karl Euling (Hg.), Kleinere mittelhochdeutsche Erzählungen, Fabeln und Lehrgedichte, Bd. 2: Die Wolfenbüttler Handschrift 2. 4. Aug. 2°, Berlin 1908 (Deutsche Texte des Mittelalters 14).

Kurt Flasch (Hg.), Was ist Gott? Das Buch der 24 Philosophen; lateinisch - deutsch. Erstmals übersetzt und kommentiert von Kurt Flasch, München 2011 (Beck'sche Reihe 1906).

Emil Friedberg und Emil Ludwig Richter (Hgg.), Corpus iuris canonici. Pars Secunda: Decretalium Collectiones, Leipzig 1881, Nachdruck Graz 1959.

Louise Gnädinger (Hg.), Margareta Porete: Der Spiegel der einfachen Seelen. Wege der Frauenmystik. Aus dem Altfranzösischen übertragen und mit einem Nachwort und Anmerkungen versehen von Louise Gnädinger, Zürich und München 1987.

Dagmar Gottschall (Hg.), Das Geistbuch. Ein Traktat zur Vollkommenheit aus dem Umkreis Meister Eckharts. Kritisch ediert von Dagmar Gottschall, Leiden 2013 (Studies in the History of Christian Traditions 160).

Klaus Grubmüller (Hg.), ›Vocabularius Ex quo‹. Überlieferungsgeschichtliche Ausgabe. Gemeinsam mit Klaus Grubmüller herausgegeben von Bernhard Schnell, Hans-Jürgen Stahl, Erltraud Auer und Reinhard Pawis. Bd. II: A–C und Bd. III: Text D–K, Tübingen 1988 (Texte und Textgeschichte 23 und 24).

Romana Guarnieri (Hg.), Marguerite Porète. Le Mirouer des simples Ames, Turnhout 1986 (Corpus Christianorum Continuatio Mediaevalis 69).

Julius Hamberger (Hg.), Johann Tauler's Predigten. Nach den besten Ausgaben und in unverändertem Text in die jetzige Schriftsprache übertragen, Frankfurt am Main 1864.

Josef Hartinger (Hg.), Der Traktat ›De Paupertate‹ von Marquard von Lindau, Würzburg 1967.

Wolfgang von Hinten (Hg.), Der Franckforter: kritische Textausgabe, München 1982 (MTU 78).

Georg Holzherr (Hg.), Die Benediktsregel. Eine Anleitung zu christlichem Leben; der vollständige Text der Regel, Freiburg in der Schweiz [6]2005.

Franz Jostes (Hg.), Meister Eckhart und seine Jünger. Ungedruckte Texte zur Geschichte der deutschen Mystik. Mit einem Wörterverzeichnis von Peter Schmitt und einem Nachwort von Kurt Ruh, Nachdruck der Ausgabe Freiburg in der Schweiz 1895, Berlin u. a. 1972 (Texte des Mittelalters).

Urs Kamber (Hg.), ›Arbor amoris‹. Der Minnebaum. Ein Pseudo-Bonaventura-Traktat, hg. nach lateinischen und deutschen Handschriften des XIV. und XV. Jahrhunderts, Berlin 1964 (Philologische Studien und Quellen 20).

Christian Kiening (Hg.), Wilhelm Werner von Zimmern: Totentanz, Konstanz 2004 (Bibliotheca Suevica 9).

Klaus Kirchert und Dorothea Klein (Hgg.), Die Vokabulare von Fritsche Closener und Jakob Twinger von Königshofen. Überlieferungsgeschichtliche Ausgabe, Bd. I, Tübingen 1995 (Texte und Textgeschichte 40).

Heinrich Koller (Hg.), Reformation Kaiser Siegmunds, Stuttgart 1964 (Monumenta Germaniae Historica. Staatsschriften des späteren Mittelalters VI).

Niklaus Largier (Hg.), Das Buch von der geistlichen Armut: eine mittelalterliche Unterweisung zum vollkommenen Leben. Aus dem Mittelhochdeutschen übertragen und mit einem Nachwort und Anmerkungen von Niklaus Largier, Zürich 1989 (Unbekanntes Christentum).

Walter Lehmann (Hg.), Meister Eckehart, Göttingen 1919 (Die Klassiker der Religion 14 und 15).

Ludger Lütkehaus (Hg.), Arthur Schopenhauers Werk in fünf Bänden. Nach den Ausgaben letzter Hand. Bd. II: Die Welt als Wille und Vorstellung, Bd. II, Zürich 1988.

Jacques Paul Migne (Hg.), Alani de Insulis Doctoris Universalis Opera Omnia, Paris 1855 (Patrologia Latina 210).

Jacques Paul Migne (Hg.), P. Lombardi magistri sententiarum Parisiensis episcopi Opera Omnia / 2, Paris 1880 (Patrologia Latina 192).

Jacques Paul Migne (Hg.), Sancti Gregorii Papae I cognomento Magni Opera Omnia / 4, Paris 1849 (Patrologia Latina 78).

Jacques Paul Migne (Hg.), Summa theologica. Accuratissime emendata ac annotationibus ex auctoribus probatis et conciliorum pontificumque definitionibus ad fidem et mores pertinentibus illustrata tabulis ac synthética synopti instructa a quibusdam scholae S. Thomae discipulis, 5 Bde., Paris 1886–1924.

Jacques Paul Migne und Heribert Rosweyde (Hgg.), Vita patrum sive historia eremitica. Appendix ad monumenta sex priorum ecclesiae saeculorum; accedit Onomasticon rerum et verborum difficiliorum, cum multiplici indice, etiam concionatorio, Bd. 1, Paris 1849 (Patrologia Latina 73).

Anneke B. Mulder-Bakker (Hg.), The Dedicated Spiritual Life of Upper Rhine Noble Women. A Study and Translation of a Fourteenth-Century Spiritual Biography of Gertrude Rickeldey of Ortenberg and Heilke of Staufenberg. In collaboration with Jaron Lewis and Tilman Lewis (translation) and Michael Hopf and Freimut Löser (edition and annotation), Turnhout 2017 (Sanctimoniales 2).

Richard Newald (Hg.), Dye siben seulein, in: Münchener Museum für Philologie des Mittelalters und der Renaissance 4 (1924), S. 320–322.

Nikolaus Nösges und Horst Schneider (Hgg.), Caesarius Heisterbacensis: Dialogus miraculorum, 5 Bde., Turnhout 2009 (Fontes Christiani 86).

Josef Quint (Hg.), Meister Eckehart: Deutsche Predigten und Traktate. Herausgegeben und übersetzt von Josef Quint, München 1955.

Benedikt Maria Reichert (Hg.), Acta capitulorum generalium ordinis praedicatorum, Bd. II: Ab anno 1304 usque ad annum 1378, Rom 1899.

Benedikt Maria Reichert (Hg.), Johannes Meyer (OP). ›Buch der Reformacio Predigerordens‹, Leipzig 1909 (Quellen und Forschungen zur Geschichte des Dominikanerordens in Deutschland 3).

Karl Reißenberger (Hg.), Das Väterbuch. Aus der Leipziger, Hildesheimer und Straßburger Handschrift, Dublin 1967 (Deutsche Texte des Mittelalters 22).

Ferdinand Wilhelm Emil Roth (Hg.), Aufzeichnungen über das mystische Leben der Nonnen von Kirchberg bei Sulz Predigerordens während des XIV. und XV. Jahrhunderts, in: Alemannia 21 (1893), S. 103–148.

Kurt Ruh (Hg.), ›Die Blume der Schauung‹, München 1991 (Kleine deutsche Prosadenkmäler des Mittelalters 16).

PAUL SAPPLER (Hg.), Heinrich Kaufringer. Werke. Bd. 1: Text, Tübingen 1972.
EDUARD SCHAEFER (Hg.), Meister Eckeharts Traktat ›Von abegescheidenheit‹. Untersuchung und Textneuausgabe, Bonn 1956.
JOHANNES VON SCHLUMBERGER (Hg.), Seraphin Dietler's Chronik des Klosters Schönensteinbach, Gebweiler 1897.
CARL SCHMIDT (Hg.), Nicolaus von Basel: Bericht von der Bekehrung Taulers. Unveränderter Nachdruck der Ausgabe Straßburg 1875, Frankfurt am Main 1981.
KARIN SCHNEIDER (Hg.), Pseudo-Engelhart von Ebrach. Das Buch der Vollkommenheit, Berlin 2006 (Deutsche Texte des Mittelalters 86).
FRIEDRICH SCHULZE-MAIZIER (Hg.), Meister Eckhart: Meister Eckharts deutsche Predigten und Traktate. Ausgewählt, übertragen und eingeleitet von FRIEDRICH SCHULZE-MAIZIER, Leipzig 1934.
FRIEDRICH SCHULZE-MAIZIER (Hg.), Mystische Dichtung aus sieben Jahrhunderten. Gesammelt, übertragen und eingeleitet von FRIEDRICH SCHULZE-MAIZIER, Leipzig 1925.
ADOLF SPAMER (Hg.), Texte aus der deutschen Mystik des 14. und 15. Jahrhunderts, Jena 1912.
WOLFGANG STAMMLER (Hg.), Gottsuchende Seelen: Prosa und Verse aus der deutschen Mystik des Mittelalters, München 1948.
PHILIPP STRAUCH (Hg.), Margareta Ebner und Heinrich von Nördlingen. Ein Beitrag zur Geschichte der deutschen Mystik, Freiburg und Tübingen 1882.
BEATE REGINA SUCHLA (Hg.), Pseudo-Dionysius Areopagita. Die Namen Gottes. Eingeleitet, übersetzt und mit Anmerkungen versehen von BEATE REGINA SUCHLA, Stuttgart 1988 (Bibliothek der Griechischen Literatur 26).
FERDINAND VETTER (Hg.), Die Predigten Taulers, unveränderter Nachdruck der Ausgabe 1910, Dublin und Zürich 1968.
WILHELM WACKERNAGEL (Hg.), Altdeutsche Predigten und Gebete aus Handschriften, gesammelt und zur Herausgabe vorbereitet. Mit Abhandlungen und einem Anhang von M. RIEGER, Fotomechanischer Nachdruck der Ausgabe Basel 1876, Darmstadt 1964.
ULLA WILLIAMS und WERNER WILLIAMS-KRAPP (Hgg.), Die ›Offenbarungen‹ der Katharina Tucher, Tübingen 1998 (Untersuchungen zur deutschen Literaturgeschichte 98).
NORBERT WINKLER (Hg.), Von der wirkenden und möglichen Vernunft. Philosophie in der volkssprachlichen Predigt nach Meister Eckhart. Herausgegeben, übersetzt und kommentiert von NORBERT WINKLER, Oldenbourg 2013.

## Forschungsliteratur

LUISE ABRAMOWSKI, Bemerkungen zur ›Theologia deutsch‹ und zum ›Buch von geistlicher Armut‹, in: Zeitschrift für Kirchengeschichte 97 (1986), S. 85–104.
BERND ADAM, Katechetische Vaterunserauslegungen. Texte und Untersuchungen zu deutschsprachigen Auslegungen des 14. und 15. Jahrhunderts, München 1976 (MTU 55).
KARL ALBERT, Der philosophische Grundgedanke Meister Eckharts, in: Tijdschrift voor filosofie 27 (1965), S. 320–339.
ALBERT AMPE, Kritische beschouwingen bij die naevolghinghe des armen leven Christi, in: Handelingen. Koninklijke Zuidnederlandse Maatschappij voor Taal- en Letterkunde en Geschiedenis 20 (1966), S. 15–37.
CLELIA ARCELLI, The Medieval Legends of Philosophers and Scholars, Florenz 2013 (Micrologus. Nature, Sciences and Medieval Societies XXI).

JOHANNES ASEN, Die Beginen in Köln. Erster Teil, in: Annalen des historischen Vereins für den Niederrhein, insbesondere die alte Erzdiözese Köln 111 (1927), S. 81–180.

JOHANNES ASEN, Die Beginen in Köln. Zweiter Teil, in: Annalen des historischen Vereins für den Niederrhein, insbesondere die alte Erzdiözese Köln 112 (1928), S. 71–148.

JOHANNES AUER, Das Buch von geistlicher Armut, in: $^2$VL, Bd. 1, Sp. 1082–1085.

STEPHANUS GERARD AXTERS (OP), De preek op den gulden berg door den leesmeester van straatsburg, in: Tijdschrift voor taal en letteren 28 (1940), S. 5–58.

FRANZ BÄR, Die Marienlegenden der Straßburger Handschrift Ms. Germ. 863 und ihr literarhistorischer Zusammenhang, Straßburg 1913.

KARL BARTSCH, Sprüche und Verse deutscher Mystiker, in: Germania 18 (1873), S. 195–200.

FRANZ BAUER, Geistliche Prosa im Kloster Tegernsee. Untersuchungen zu Gebrauch und Überlieferung deutschsprachiger Literatur im 15. Jahrhundert, Tübingen 1996 (MTU 107).

ALESSANDRA BECCARISI, *Wie der grünt der werke sî*. Die metaphysische Begründung der Ethik in den ›Reden‹ Meister Eckharts, in: Meister Eckharts Erfurter ›Reden‹ in ihrem Kontext, hg. von DAGMAR GOTTSCHALL und DIETHMAR MIETH, Stuttgart 2013 (MEJb 6), S. 291–304.

PETER JÖRG BECKER, Handschriften und Frühdrucke mittelhochdeutscher Epen. Eneide, Tristrant, Tristan, Erec, Iwein, Parzival, Willehalm, Jüngerer Titurel, Nibelungenlied und ihre Reproduktion und Rezeption im späteren Mittelalter und in der frühen Neuzeit, Wiesbaden 1977.

WERNER BEIERWALTES, Denken des Einen. Studien zur neuplatonischen Philosophie und ihrer Wirkungsgeschichte, Frankfurt am Main 1985.

WERNER BEIERWALTES, Platonismus im Christentum, Frankfurt am Main 1998 (Philosophische Abhandlungen 73).

WERNER BEIERWALTES, Plotins philosophische Mystik und ihre Bedeutung für das Christentum, in: Wege mystischer Gotteserfahrung. Judentum, Christentum und Islam, hg. von PETER SCHÄFER, München 2006 (Schriften des historischen Kollegs. Kolloquien 65), S. 81–95.

THOMAS BEIN, Der ›offene‹ Text – Überlegungen zu Theorie und Praxis, in: Quelle – Text – Edition. Ergebnisse der österreichisch-deutschen Fachtagung der Arbeitsgemeinschaft für germanistische Edition in Graz vom 28. Februar bis 3. März 1996, hg. von ANTON SCHWOB, ERWIN STREITFELD und KARIN KRANICH-HOFBAUER, Tübingen 1997, S. 21–35.

INGRID BENNEWITZ, Alte ›Neue‹ Philologie? Zur Tradition eines Diskurses, in: Philologie als Textwissenschaft. Alte und neue Horizonte, hg. von HELMUT TERVOOREN und HORST WENZEL, Berlin 1997 (Zeitschrift für deutsche Philologie. Sonderheft Bd. 116), S. 46–61.

GÜNTER BERNT, Dialog. IV. Lateinisches Mittelalter, in: LexMA, Bd. 3, Sp. 951–955.

RÜDIGER BLUMRICH, Die Überlieferung der deutschen Schriften Seuses. Ein Forschungsbericht, in: Heinrich Seuses Philosophia spiritualis. Quellen, Konzept, Formen und Rezeption. Tagung Eichstätt 2.–4. Oktober 1991, hg. von PHILIPP KAISER und RÜDIGER BLUMRICH, Wiesbaden 1994 (Wissensliteratur im Mittelalter 17), S. 189–201.

RÜDIGER BLUMRICH, Marquard von Lindau. Deutsche Predigten. Untersuchungen und Edition. Tübingen 1994 (Texte und Textgeschichte 34).

RÜDIGER BLUMRICH, Überlieferungsgeschichte als Schlüssel zum Text. Angewandt auf eine spätmittelalterliche bairische Übersetzung der Vitaspatrum, in: Freiburger Zeitschrift für Philosophie und Theologie 41 (1994), S. 188–222.

WILLIAM R. BONNIWELL (OP), A History of the Dominican Liturgy, New York 1944.

DOROTHEA BORCHARDT und KONRAD KUNZE, ›Väterbuch‹, in: $^2$VL, Bd. 10, Sp. 164–170.

CONRAD BORCHLING, Mittelniederdeutsche Handschriften in Norddeutschland und den Niederlanden. Erster Reisebericht, in: Nachrichten von der Königlichen Gesellschaft der Wissenschaften zu Göttingen, Philol.-hist. Klasse, Geschäftliche Mittheilungen 1898, Göttingen 1899, S. 79–316.

LOUIS BOUYER, ›Mystisch‹ – Zur Geschichte eines Wortes, in: Das Mysterium und die Mystik. Beiträge zur christlichen Gotteserfahrung, hg. von JOSEF SUDBRACK, Würzburg und Stuttgart 1974, S. 57–75.

NADIA BRAY, The reception of Meister Eckhart in 14th-Century Germany, in: A companion to Meister Eckhart, hg. von JEREMIAH HACKETT, Leiden 2013 (Brill's companions to the Christian tradition 36), S. 481–508.

KARL BRETHAUER, Neue Eckharttexte und Mystikerhandschriften, in: ZfdA 69 (1932), S. 241–276.

KARL BRETHAUER, Neue Eckharttexte. Eine Nachlese bei Nikolaus von Landau, in: ZfdA 70 (1933), S. 68–80.

KARL BRETHAUER, Texte aus dem Umkreis Meister Eckharts im Haag, in: ZfdA 92 (1963), S. 158–164.

MARIANNE G. BRISCOE, Ars praedicandi, in: Dictionary of the Middle Ages, hg. von JOSEPH REESE STRAYER, New York u. a. 1988, S. 555–558.

MARIANNE G. BRISCOE und BARBARA H. JAYE, Artes praedicandi and Artes orandi, Turnhout 1992 (Typologie des sources du Moyen Age occidental fasc. 61).

MARCO BRÖSCH, Zur Text- und Überlieferungsgeschichte von Arnt Buschmanns Mirakel - ein Werkstattbericht mit einer Beschreibung aller bisher bekannten Handschriften und Drucke bis 1520, in: Arnt Buschmanns Mirakel. Eine Jenseitsvision des 15. Jahrhunderts. Untersuchungen zu Textentstehung und Verbreitung mit einer Edition der Hamborner Handschrift, hg. von LUDGER HORSTKÖTTER, Münster 2016, S. 19–84.

ÉMILE BROUETTE, Devotio Moderna (I), in: TRE, Bd. 8, S. 605–609.

HORST BRUNNER und BURGHART WACHINGER, Repertorium der Sangsprüche und Meisterlieder des 12. bis 18. Jahrhunderts. Unter Mitarbeit von EVA KLESATSCHKE u. a., Bd. 1: Einleitung, Überlieferung, Tübingen 1994.

CHRISTINE BÜCHNER, Gottes Kreatur – ›ein reines Nichts‹? Einheit Gottes als Ermöglichung von Geschöpflichkeit und Personalität im Werk Meister Eckharts, Innsbruck 2005 (Innsbrucker theologische Studien 71).

JOACHIM BUMKE, Die vier Fassungen der Nibelungenklage. Untersuchungen zur Überlieferungsgeschichte und Textkritik der höfischen Epik im 13. Jahrhundert, Berlin und New York 1996.

ADELTRUD BUNDSCHUH, Die Bedeutung von *gelassen* und die Bedeutung der Gelassenheit in den deutschen Werken Meister Eckharts unter Berücksichtigung seiner lateinischen Schriften, Frankfurt am Main, New York 1990 (Europäische Hochschulschriften. Reihe XX, Philosophie 302).

KONRAD BURDACH, Vorspiel. Gesammelte Schriften zur Geschichte des deutschen Geistes, 1. Bd., 2. Teil: Reformation du Renaissance, Halle 1925 (Deutsche Vierteljahresschrift, Buchreihe 2).

CHRISTOPH BURGER, Gottes Gnadenangebot und der Erziehungsauftrag der christlichen Kirche im Konflikt. Die Predigt über den Goldenen Berg des Nikolaus von Straßburg, in: Frömmigkeit – Theologie – Frömmigkeitstheologie. Contributions to European Church History. Festschrift für Berndt Hamm zum 60. Geburtstag, hg. von GUDRUN LITZ, HEIDRUN MUNZERT und ROLAND LIEBENBERG, Leiden 2005 (Studies in the history of Christian traditions 124), S. 65–79.

HEIKE ANNETTE BURMEISTER, Der ›Judenknabe‹: Studien und Texte zu einem mittelalterlichen Marienmirakel in deutscher Überlieferung, Göppingen 1998 (Göppinger Arbeiten zur Germanistik 654).

Mariette Canevet, Sens spirituels, in: Dictionnaire de spiritualité ascétique et mystique, Bd. 13, hg. von Marcel Viller, Paris 1989, Sp. 598–617.

Carmen Cardelle de Hartmann, Lateinische Dialoge 1200–1400. Literaturhistorische Studie und Repertorium, Leiden 2007 (Mittellateinische Studien und Texte 37).

Bernard Cerquiglini, Éloge de la variante. Histoire critique de la philologie, Paris 1989.

Michael Chesnutt, Exempelsammlungen 1 (Mittelalter), in: Enzyklopädie des Märchens. Handwörterbuch zur historischen und vergleichenden Erzählforschung, Bd. 4, hg. von Kurt Ranke, Berlin u. a. 1984, Sp. 592–604.

Thomas Cramer, Mouvance, in: Philologie als Textwissenschaft. Alte und neue Horizonte, hg. von Helmut Tervooren und Horst Wenzel, Berlin 1997 (Zeitschrift für deutsche Philologie. Sonderheft Bd. 116), S. 150–181.

Ernst Robert Curtius, Europäische Literatur und lateinisches Mittelalter, Tübingen ¹¹1993.

Christoph Daxelmüller, Auctoritas, subjektive Wahrnehmung und erzählte Wirklichkeit. Das Exemplum als Gattung und Methode, in: Germanistik. Forschungsstand und Perspektiven. Vorträge des Deutschen Germanistentages 1984, hg. von Georg Stötzel, Bd. 2, Berlin 1985, S. 72–87.

Christoph Daxelmüller, Narratio, Illustratio, Argumentatio. Exemplum und Bildungstechnik in der frühen Neuzeit, in: Exempel und Exempelsammlungen, hg. von Walter Haug und Burghart Wachinger, Tübingen 1991 (Fortuna vitrea 2), S. 77–94.

Ingeborg Degenhardt, Studien zum Wandel des Eckhartbildes, Frankfurt am Main 1967 (Studien zur Problemgeschichte der antiken und mittelalterlichen Philosophie 3).

Heinrich Seuse Denifle, Taulers Bekehrung. Kritisch untersucht, Straßburg 1879.

Marianne Derron, Des Strickers ernsthafter König: ein poetischer Lachtraktat des Mittelalters. Eine motivgeschichtliche Studie zur ersten Barlaam-Parabel, Frankfurt am Main 2008 (Kultur, Wissenschaft, Literatur 19).

Youri Desplenter, Die verbotene Zukunftsvision eines mystischen Kochs. Fünf ›verdeutscht‹ Schriften Jans van Leeuwen († 1378), in: Dialog mit den Nachbarn. Mittelniederländische Literatur zwischen dem 12. und 16. Jahrhundert, hg. von Bernd Bastert, Helmut Tervooren und Frank Willaert, Berlin 2011 (ZfdPh 130, Sonderheft), S. 285–299.

Thomas Dewender, Wahrnehmung II: Mittelalter, in: Historisches Wörterbuch der Philosophie, Bd. 12, hg. von Joachim Ritter, Karlfried Gründer und Gottfried Gabriel, Basel 2004, Sp. 197–203.

Gerd Dicke, Exempel, in: Reallexikon, Bd. 1, Sp. 534–537.

Cora Dietl, Eckharts Sprache als ein Motiv in spätmittelalterlichen Eckhart-Legenden, in: Sprachbilder und Bildersprache bei Meister Eckhart und in seiner Zeit, hg. von Cora Dietl und Dietmar Mieth, Stuttgart 2015 (MEJb 9), S. 194–210.

Rudolf Th. M. van Dijk (O. Carm.), Geert Grote im Lichte seiner kartäusischen Beziehungen, in: Die Geschichte des Kartäuserordens, hg. von James Hogg, New York 1991 (Analecta Cartusiana 125), S. 113–127.

Peter Dinzelbacher, Deutsche und niederländische Mystik des Mittelalters. Ein Studienbuch, Berlin u. a. 2012.

Magnus Ditsche, Zur Herkunft und Bedeutung des Begriffes *Devotio Moderna*, in: Historisches Jahrbuch 79 (1960), S. 124–145.

Walther Dolch, Die Verbreitung oberländischer Mystikerwerke im Niederländischen. Auf Grund der Handschriften dargestellt, Teil 1, Leipzig, 1909.

Dom Jacques Dubois, Les martyrologes du moyen âge latin, Turnhout 1978 (Typologie des sources du moyen âge occidental 26).

Nicole Eichenberger, Geistliches Erzählen. Zur deutschsprachigen religiösen Kleinepik des Mittelalters, Berlin 2015 (Hermaea / Neue Folge 136).

GERHARD EIS und HANS JOSEF VERMEER, Nichteckhartische Texte in der Eckhart-Handschrift Bra1, in: Xenia medii aevi historiam illustrantia oblata Thomae Kaeppeli, Bd. 1, hg. von RAYMOND CREYTENS und PIUS KÜNZLE, Roma 1978 (Storia e letteratura 141), S. 379–399.
FALK EISERMANN, ›Stimulus amoris‹. Inhalt, lateinische Überlieferung, deutsche Übersetzungen, Rezeption, Tübingen 2001 (MTU 118).
KASPAR ELM, Die ›Devotio moderna‹ und die neue Frömmigkeit zwischen Spätmittelalter und früher Neuzeit, in: Die ›neue Frömmigkeit‹ in Europa im Spätmittelalter, hg. von MAREK DERWICH und MARTIAL STAUB, Göttingen 2004 (Veröffentlichungen des Max-Planck-Instituts für Geschichte 205), S. 15–29.
MARKUS ENDERS, Das mystische Wissen bei Heinrich Seuse, Paderborn u. a. 1993 (Veröffentlichungen des Grabmann-Institutes zur Erforschung der Mittelalterlichen Theologie und Philosophie N.F., 37).
MARKUS ENDERS, Gelassenheit und Abgeschiedenheit. Studien zur deutschen Mystik, Hamburg 2008 (Schriftenreihe Boethiana 82).
GERHARD FADEN, Zur Metaphysik der Gerechtigkeit bei Meister Eckhart, in: Prima Philosophia 13 (2000), S. 243–256.
WERNER FECHTER, Eine Thalbacher Handschrift mit Eckhart-Predigten, Exzerpten aus Seuse, dem Ps.-Albertinischen ›Paradisus Animae‹ und anderem in Pavia, in: ZfdA 103 (1974), S. 311–333.
WERNER FECHTER, Zur handschriftlichen Überlieferung des Ps.-Albertischen ›Paradisus animae‹ und seiner Übersetzungen ins Mittelhochdeutsche, in: ZfdA 105 (1976), S. 66–87.
URBAN FEDERER, Mystische Erfahrung im literarischen Dialog. Die Briefe Heinrichs von Nördlingen an Margaretha Ebner, Berlin und New York 2011 (Scrinium Friburgense 25).
EDITH FEISTNER, Historische Typologie der deutschen Heiligenlegende des Mittelalters von der Mitte des 12. Jahrhunderts bis zur Reformation, Wiesbaden 1995 (Wissensliteratur im Mittelalter Bd. 20).
HANNS FISCHER, Studien zur deutschen Märendichtung, Tübingen 1968.
HERIBERT FISCHER, Grundgedanken der deutschen Predigten, in: Meister Eckhart. Der Prediger. Festschrift zum Eckhart-Gedenkjahr, hg. von UDO NIX (OP) und RAPHAEL ÖCHSLIN (OP), Freiburg im Breisgau 1960, S. 25–72.
KURT FLASCH, Das philosophische Denken im Mittelalter. Von Augustin zu Machiavelli. Unter Mitarbeit von FIORELLA RETUCCI und OLAF PLUTA, Stuttgart $^3$2013.
KURT FLASCH, Meister Eckhart. Die Geburt der ›Deutschen Mystik‹ aus dem Geist der arabischen Philosophie, München $^3$2013.
KURT FLASCH, Meister Eckhart. Philosoph des Christentums, München 2010.
KURT FLASCH, Meister Eckhart und die ›Deutsche Mystik‹. Zur Kritik eines historiographischen Schemas, in: Die Philosophie im 14. und 15. Jahrhundert. In memoriam Konstanty Michalski (1879–1947), hg. von OLAF PLUTA, Amsterdam 1988 (Bochumer Studien zur Philosophie 10), S. 439–463.
KURT FLASCH, Meister Eckhart – Versuch, ihn aus dem mystischen Strom zu retten, in: Gnosis und Mystik in der Geschichte der Philosophie, hg. von PETER KOSLOWSKI, Zürich u. a., S. 94–110.
KURT FLASCH, Predigt 6 ›Iusti vivent in aeternum‹, in: Lectura Eckhardi II. Predigten Meister Eckharts von Fachgelehrten gelesen und gedeutet, hg. von GEORG STEER und LORIS STURLESE, Stuttgart u. a. 2003, S. 40–51.
KURT FLASCH, *Procedere ut imago*. Das Hervorgehen des Intellekts aus seinem göttlichen Grund bei Meister Dietrich, Meister Eckhart und Berthold von Moosburg, in: Abend-

ländische Mystik im Mittelalter. Symposion Kloster Engelberg 1984, hg. von KURT RUH, Stuttgart 1986 (Germanistische Symposien-Berichtsbände 7), S. 125–134.

SUZANNE FLEISCHMAN, Philology, Linguistics and the Discourse of the Medieval Text, in: Speculum 65 (1990), S. 19–37.

SABINA FOIDL, Eckhart-Legenden, in: Deutsches Literatur-Lexikon. Das Mittelalter, Bd. 2: Das geistliche Schrifttum des Spätmittelalters. Mit einem einführenden Essay von REGINA D. SCHIEWER und WERNER WILLIAMS-KRAPP, hg. von WOLFGANG ACHNITZ, Berlin 2011, S. 328–330.

HANS FROMM, Die mittelalterliche Handschrift und die Wissenschaft vom Mittelalter, in: Arbeiten zur deutschen Literatur des Mittelalters, hg. von HANS FROMM, Tübingen 1989, S. 349–366.

CHRISTOPH GERHARDT, Überlegungen zur Überlieferung Konrads von Würzburg ›Der Welt Lohn‹, in: PBB 94 (1972), S. 379–397.

MANFRED GERWING, Devotio Moderna oder: zur Spiritualität des Spätmittelalters, in: Herbst des Mittelalters? Fragen zur Bewertung des 14. und 15. Jahrhunderts, hg. von JAN AERTSEN und MARTIN PICKAVÉ, Berlin 2004, S. 594–615.

LUDWIG GLÜCKERT, Hieronymus von Mondsee (Magister Johannes de Werdea). Ein Beitrag zur Geschichte des Einflusses der Wiener Universität im 15. Jahrhundert, in: Studien und Mitteilungen zur Geschichte des Benediktinerordens 48 (1930), S. 99–201.

LOUISE GNÄDINGER, Das Altväterzitat im Predigtwerk Johannes Taulers, in: Unterwegs zur Einheit. Festschrift für Heinrich Stirnimann, hg. von JOHANNES BRANTSCHEN und PIETRO SELVATICO, Freiburg in der Schweiz, Wien 1980.

LOUISE GNÄDINGER, Johannes Tauler. Lebenswelt und mystische Lehre, München 1993.

BERNARD GORCEIX, Amis de Dieu en Allemagne au siècle de Maître Eckhart, Paris 1984 (Spiritualités vivantes. Série ›Christianisme‹).

DAGMAR GOTTSCHALL, Basel als Umschlagplatz für geistliche Literatur. Der Fall des Fließenden Lichts der Gottheit von Mechthild von Magdeburg, in: University, council, city. Intellectual culture on the Rhine (1300–1550); acts of the XII[th] International Colloquium of the Société Internationale pour l'Étude de la Philosophie Médiévale, Freiburg im Breisgau, 27–29 October 2004, hg. von LAURENT CESALLI, NADJA GERMANN und MAARTEN J. F. M. HOENEN, Turnhout 2007 (Rencontres de philosophie médiévale 13) S. 137–169.

DAGMAR GOTTSCHALL, Eckhart and the Vernacular tradition: Pseudo-Eckhart and the Eckhart Legends, in: A companion to Meister Eckhart, hg. von JEREMIAH HACKETT, Leiden 2013 (Brill's companions to the Christian tradition 36), S. 509–551.

DAGMAR GOTTSCHALL, *Man möhte wunder tuon mit worten* (Predigt 18): Zum Umgang Meister Eckharts mit Wörtern in seinen deutschen Predigten, in: Meister Eckhart in Erfurt, hg. von ANDREAS SPEER und LYDIA WEGENER, Berlin 2005 (Miscellanea mediaevalia 32), S. 427–449.

DAGMAR GOTTSCHALL, Meister Eckhart-Rezeption in Nürnberg, in: ZfdA 138 (2009), S. 199–213.

DAGMAR GOTTSCHALL, Mystik in ›Zerstreuung‹. Die spätmittelalterliche Überlieferung des ›Geistbuchs‹, in: Neuere Aspekte germanistischer Spätmittelalterforschung, hg. von FREIMUT LÖSER, ROBERT STEINKE, KLAUS VOGELGSANG und KLAUS WOLF, Wiesbaden 2012 (Imagines medii aevi 29), S. 247–260.

ECKART GREIFENSTEIN, Der Hiob-Traktat des Marquard von Lindau. Überlieferung, Untersuchung und kritische Textausgabe, München 1979 (MTU 68).

JOACHIM GRUBER, Symposienliteratur, in: LexMA, Bd. 8, Sp. 369.

KLAUS GRUBMÜLLER, Die Ordnung, der Witz und das Chaos. Eine Geschichte der europäischen Novellistik im Mittelalter: Fabliau – Märe – Novelle, Tübingen 2006.

KLAUS GRUBMÜLLER, Exemplarisches Erzählen – im exemplum, im Märe, im Fabliau?, in: Tradition des proverbes et des ›exempla‹ dans l'Occident médiéval. Colloque fribourgeois 2007, hg. von HUGO OSCAR BIZZARRI und MARTIN ROHDE, Berlin 2009 (Scrinium Friburgense 24), S. 67–80.

KLAUS GRUBMÜLLER, Gattungskonstitutionen im Mittelalter, in: Mittelalterliche Literatur und Kunst im Spannungsfeld von Hof und Kloster. Ergebnisse der Berliner Tagung. 9.–11. Oktober 1997, hg. von NIGEL F. PALMER und HANS-JOCHEN SCHIEWER, Tübingen 1999, S. 193–210.

KLAUS GRUBMÜLLER, Gegebenheiten deutschsprachiger Textüberlieferung bis zum Ausgang des Mittelalters, in: Sprachgeschichte. Ein Handbuch zur Geschichte der deutschen Sprache und ihrer Erforschung, hg. von WERNER BESCH, ANNE BETTEN, OSKAR REICHMANN und STEFAN SONDEREGGER, Berlin 1998 (Handbücher zur Sprach- und Kommunikationswissenschaft 2.1), S. 310–320.

KLAUS GRUBMÜLLER, PETER JOHANEK, KONRAD KUNZE, KLAUS MATZEL, KURT RUH und GEORG STEER, Spätmittelalterliche Prosaforschung. DFG-Forschergruppe-Programm am Seminar für deutsche Philologie der Universität Würzburg, in: Jahrbuch für Internationale Germanistik 5 (1973).

ALBERT GRUIJS, Jean de Schoonhoven, sa vie et son oeuvre, in: Archivum Latinitatis Medii Aevi 32 (1962), S. 135–187.

HERBERT GRUNDMANN, Religiöse Bewegungen im Mittelalter. Untersuchungen über die geschichtlichen Zusammenhänge zwischen der Ketzerei, den Bettelorden und der religiösen Frauenbewegung im 12. und 13. Jahrhundert und über die geschichtlichen Grundlagen der deutschen Mystik, Berlin 1935 (Historische Studien 267).

ALOIS MARIA HAAS, Meister Eckhart und die Sprache. Sprachgeschichtliche und sprachtheologische Aspekte seines Werkes, in: Geistliches Mittelalter, hg. von ALOIS MARIA HAAS, Freiburg in der Schweiz 1984 (Dokimion 8), S. 193–214.

ALOIS MARIA HAAS, Mystik im Kontext, München 2004.

ALOIS MARIA HAAS, Sermo mysticus. Studien zu Theologie und Sprache der deutschen Mystik, Freiburg in der Schweiz 1979 (Dokimion 4).

ALOIS MARIA HAAS, Von der Eigenart christlicher Mystik. Meister Eckhart als Maßstab, in: Gottleiden – Gottlieben. Zur volkssprachlichen Mystik im Mittelalter, hg. von ALOIS MARIA HAAS, Frankfurt am Main 1989, S. 45–58.

ALOIS MARIA HAAS, Was ist Mystik?, in: Abendländische Mystik im Mittelalter. Symposion Kloster Engelberg 1984, hg. von KURT RUH, Stuttgart 1986 (Germanistische Symposien-Berichtsbände 7), S. 319–341.

BERNDT HAMM, Gott berühren: Mystische Erfahrung im ausgehenden Mittelalter. Zugleich ein Beitrag zur Klärung des Mystikbegriffs, in: Gottes Nähe unmittelbar erfahren. Mystik im Mittelalter und bei Martin Luther, hg. von BERNDT HAMM und VOLKER LEPPIN, Tübingen 2007 (Spätmittelalter und Reformation, Neue Reihe 36), S. 111–137.

LOUIS L. HAMMERICH, Das Trostbuch Meister Eckeharts, in: ZfdPh 56 (1931), S. 69–98.

DIETER HARMENING, Eine unbekannte Handschrift aus dem Klarakloster zu Nürnberg mit einer Briefnotiz über Charitas Pirckheimer (1481), in: Jahrbuch für fränkische Landesforschung 32 (1972), S. 45–54.

DIETER HARMENING, Katechismusliteratur. Grundlagen religiöser Laienbildung im Spätmittelalter, in: Wissensorganisierende und wissensvermittelnde Literatur im Mittelalter. Perspektiven ihrer Erforschung: Kolloquium 5.–7. Dezember 1985, hg. von NORBERT RICHARD WOLF, Wiesbaden 1987 (Wissensliteratur im Mittelalter 1), S. 91–102.

BURKHARD HASEBRINK, Dialog der Varianten: Untersuchungen zur Textdifferenz der Eckhardpredigten aus dem ›Paradisus anime intelligentis‹, in: ›Paradisus anime intelligentis‹. Studien zu einer dominikanischen Predigtsammlung aus dem Umkreis Meister Eckharts, hg. von Burkhard Hasebrink, Nigel F. Palmer und Hans-Jochen Schiewer, Tübingen 2009, S. 133–182.

Burkhard Hasebrink, Die ›Armutspredigt‹ in der Erfurter Kartause. Ein Fundbericht, in: MEJb 2 (2008), S. 269–275.

Burkhard Hasebrink, Der Rebdorfer Eckhartkommentar. Überlieferung und Kommentierung der Armutspredigt Meister Eckharts in der Rebdorfer Handschrift Cgm 455, in: ZfdPh 113 (1994) (Sonderheft Mystik), S. 207–222.

Burkhard Hasebrink, Tischlesung und Bildungskultur im Nürnberger Katharinenkloster. Ein Beitrag zu ihrer Rekonstruktion, in: Schule und Schüler im Mittelalter. Beiträge zur europäischen Bildungsgeschichte des 9.–15. Jahrhunderts, hg. von Martin Kitzinger, Köln u. a. 1996 (Archiv für Kulturgeschichte / Beihefte 42), S. 187–216.

Walter Haug, Eckharts deutsches Predigtwerk: Mystische Erfahrung und philosophische Auseinandersetzung, in: Die Wahrheit der Fiktion: Studien zur weltlichen und geistlichen Literatur des Mittelalters und der frühen Neuzeit, hg. von Walter Haug, Tübingen (2003), S. 521–537.

Walter Haug und Burghart Wachinger, Exempel und Exempelsammlungen, Tübingen 1991 (Fortuna vitrea 2).

Walter Haug, Zur Grundlegung einer Theorie des mystischen Sprechens, in: Abendländische Mystik im Mittelalter. Symposion Kloster Engelberg 1984, hg. von Kurt Ruh, Stuttgart 1986 (Germanistische Symposien-Berichtsbände 7), S. 494–508 und S. 527–536.

Wolf-Dieter Hauschild, Geist / Heiliger Geist / Geistesgaben. IV: Dogmengeschichtlich, in: TRE, S. 196–217.

Albrecht Hausmann, Mittelalterliche Überlieferung als Interpretationsaufgabe. ›Laudines Kniefall‹ und das Problem des ›ganzen Textes‹, in: Text und Kultur: Mittelalterliche Literatur, 1150–1450, hg. von Ursula Peters, Stuttgart 2001 (Germanistische Symposien. Berichtsbände 23), S. 72–95.

Hildegard Hebenstreit-Wilfert, Wunder und Legenden. Studien zu Leben und Werk von Laurentius Surius (1522–1578), Tübingen 1975.

Peter Heidrich, Mystik, mystisch. I., in: HWPh, Bd. 6, Sp. 268–273.

Hubert Heinen, Mutabilität im Minnesang. Mehrfach überlieferte Lieder des 12. und frühen 13. Jahrhunderts, Göppingen 1989 (Göppinger Arbeiten zur Germanistik 515).

Felix Heinzer, Martyrologium, in: Lexikon des gesamten Buchwesens, Bd. 5, hg. von Severin Corsten, Günther Pflug und Stephan Füssel, Stuttgart 1999, S. 80.

Richard Heinzmann, Philosophie des Mittelalters, Stuttgart 2008 (Kohlhammer-Urban-Taschenbücher Bd. 351).

Wolfgang von Hinten, ›Der Frankfurter‹ (›Theologia Deutsch‹), in: ²VL, Bd. 2, Sp. 802–808.

Rudolf Hirzel, Der Dialog. Ein literarhistorischer Versuch, 2 Bde., Leipzig 1895.

Annelies Julia Hofmann, Der Eucharistie-Traktat Marquards von Lindau, Tübingen 1960 (Hermaea N. F. 7).

Georg Hofmann, Literaturgeschichtliche Grundlagen zur Tauler-Forschung, in: Johannes Tauler – Ein deutscher Mystiker. Gedenkschrift zum 600. Todestag, hg. von Ephrem M. Filthaut, Essen 1961.

Thomas Hohmann, *Discretio spirituum*: Texte und Untersuchung zur ›Unterscheidung der Geister‹ bei Heinrich von Langenstein, Würzburg 1975 (Diss. masch., Teildruck).

Franz-Josef Holznagel, Selbstdarstellung und Montage im ›Vergänglichkeitsbuch‹ des Grafen Wilhelm Werner von Zimmern. Ca. 1550, in: ZfdA 134 (2005), S. 143–182.

Volker Honemann, Engelhart von Ebrach, in: ²VL, Bd. 2, Sp. 555 f.

Volker Honemann, ›Sprüche der zwölf Meister zu Paris‹, in: ²VL, Bd. 9, Sp. 201–205.

MICHAEL HOPF, *Dise lere meister echart sprach von dem höhsten armute*. Eckhartrezeption und Eckhartinszenierung am Beispiel der Armutslehre, in: Meister Eckharts Werk und seine Wirkung: Die Anfänge, hg. von FREIMUT LÖSER, HANS-JOCHEN SCHIEWER und REGINA D. SCHIEWER, Stuttgart 2017 (MEJb 11), S. 81–109.

MICHAEL HOPF, Meister Eckharts Tochter trifft den armen Menschen. Überlieferungsgeschichtliche und philosophische Bemerkungen zu einer Eckhart-Legende, in: Überlieferunsggeschichte transdisziplinär. Neue Perspektiven auf ein germanistisches Forschungsparadigma, hg. von DOROTHEA KLEIN, HORST BRUNNER und FREIMUT LÖSER, Wiesbaden 2016 (Wissensliteratur im Mittelalter 52), S. 135–151.

MICHAEL HOPF, Mystik in Schwaben, in: Perspektiven bayerisch-schwäbischer Literaturgeschichtsschreibung, hg. von THOMAS GROLL und KLAUS WOLF, Lindenberg im Allgäu 2015, S. 32–58.

RONALD HORWEGE, Marquard von Lindau: De Nabuchodonosor (Kritische Ausgabe), Bloomington Indiana 1971.

WERNER HÖVER, Der Übersetzer Wolfgang Walcher, Abt von St. Peter in Salzburg, in: Euphorion 62 (1968), S. 143–148.

ERWIN ISERLOH, Die Devotio Moderna, in: Die mittelalterliche Kirche. Vom kirchlichen Hochmittelalter bis zum Vorabend der Reformation, hg. von HANS-GEORG BECK, KARL AUGUST FINK, JOSEF GLAZIK, ERWIN ISERLOH und HANS WOLTER, Freiburg im Breisgau u. a. 1973 (Handbuch der Kirchengeschichte. Herausgegeben von HUBERT JEDIN. Die mittelalterliche Kirche III. Zweiter Halbband), S. 516–538.

JOHANNES JANOTA, Orientierung durch volkssprachliche Schriftlichkeit (1280/90–1380/90), Tübingen 2004 (Geschichte der deutschen Literatur von den Anfängen bis zum Beginn der Neuzeit, Bd. III: Vom späten Mittelalter zum Beginn der Neuzeit. Teil 1).

KATRIN JANZ-WENIG, Decem gradus amoris deutsch. Entstehung, Überlieferung und volkssprachliche Rezeption einer lateinischen Predigt. Untersuchung und Edition, Berlin 2017 (Texte des späten Mittelalters und der frühen Neuzeit 56).

AUGUSTE JUNDT, Histoire du panthéisme populaire au moyen age et au seizième siècle, Straßburg 1875.

BETTINA JUNG, Das Nürnberger Marienbuch. Untersuchungen und Edition, Tübingen 2004 (Texte und Textgeschichte 55).

HANNES KÄSTNER, Mittelalterliche Lehrgespräche: textlinguistische Analysen, Studien zur poetischen Funktion und pädagogischen Intention, Berlin 1978 (Philologische Studien und Quellen 94).

KARL HEINZ KELLER, Textgemeinschaften im Überlieferungsvorgang. Fallstudie aus der Überlieferung der ›Epistel Rabbi Samuels an Rabbi Isaac‹ in der volkssprachlichen Übertragung Irmhart Ösers, Göppingen 1992 (Göppinger Arbeiten zur Germanistik 527).

CLEMENT FRANCIS KELLEY, Meister Eckhart on Divine Knowledge, New Haven 1977.

CLEMENT FRANCIS KELLEY, The book of the poor in spirit. A guide to rhineland mysticism, London u. a. 1954.

UDO KERN, Der ›Arme‹ bei Meister Eckhart, in: Neue Zeitschrift für systematische Theologie und Religionsphilosophie (1987), S. 1–18.

UDO KERN, »Gottes Sein ist mein Leben«. Philosophische Brocken bei Meister Eckhart, Berlin u. New York 2003 (Theologische Bibliothek Töpelmann, Bd. 121).

MIKHAIL KHORKOV, Zur Meister Eckhart-Rezeption im Spätmittelalter, in: Recherches de Théologie et Philosophie médiévales 77 (2010), S. 125–136.

KLAUS KIRCHERT, Diskussionsbericht zum Abendvortrag von Alois Maria Haas: ›Was ist Mystik?‹, in: Abendländische Mystik im Mittelalter. Symposion Kloster Engelberg

1984, hg. von KURT RUH, Stuttgart 1986 (Germanistische Symposien-Berichtsbände 7), S. 342–346.

JOSEF KLAPPER, Das St. Galler Spiel von der Kindheit Jesu. Untersuchungen und Text, Breslau 1904 (Germanistische Abhandlungen 21).

KLAUS KLEIN, Frühchristliche Eremiten im Spätmittelalter und in der Reformationszeit. Zur Überlieferung und Rezeption der deutschen ›Vitaspatrum‹-Prosa, in: Literatur und Laienbildung im Spätmittelalter und in der Reformationszeit: Symposion Wolfenbüttel 1981, hg. von LUDGER GRENZMANN und KARL STACKMANN, Stuttgart 1984 (Germanistische Symposien 5), S. 686–695.

KLAUS KLEIN, Vitaspatrum. Überlieferungsgeschichtliche Untersuchung zu den Prosaübersetzungen im deutschen Mittelalter (Teildruck der Dissertation), Würzburg 1985, S. 308–336.

EDELTRAUD KLUETING, Die Petersfrauen im Doppelkonvent an St. Peter in Salzburg, in: Frauen – Kloster – Kunst. Neue Forschungen zur Kulturgeschichte des Mittelalters: Beiträge zum internationalen Kolloquium vom 13. bis 16. Mai 2005 anlässlich der Ausstellung ›Krone und Schleier‹, hg. von JEFFREY F. HAMBURGER, Turnhout 2007, S. 413–420.

THEO KOBUSCH, Mystik als Metaphysik des moralischen Seins. Bemerkungen zur spekulativen Ethik Meister Eckharts, in: Abendländische Mystik im Mittelalter. Symposion Kloster Engelberg 1984, hg. von KURT RUH, Stuttgart 1986 (Germanistische Symposien-Berichtsbände 7), S. 49–62.

JOSEF KOCH, Meister Eckharts Weiterwirken im Deutsch-Niederländischen Raum im 14. und 15. Jahrhundert, in: La Mystique Rhénane. Colloque de Strasbourg 16–19 mai 1961, hg. von JEAN DAGENS, Paris 1963, S. 133–156, und wieder in: Kleine Schriften. Bd. 1, hg. von JOSEF KOCH, Rom 1972 (Storia e letteratura 172), S. 429–455.

THOMAS KOCK, Die Buchkultur der Devotio moderna. Handschriftenproduktion, Literaturversorgung und Bibliotheksaufbau im Zeitalter des Medienwechsels, Frankfurt am Main, New York 1999 (Tradition – Reform – Innovation, Bd. 2).

TH. B. W. KOK, Jan van Leeuwen en zijn werkje tegen Eckhart, in: Ons geestelijk erf 47 (1973), S. 129–172.

GISELA KORNRUMPF, Handschriftenkataloge und Überlieferungsgeschichte, in: Beiträge zur Überlieferung und Beschreibung deutscher Texte des Mittelalters. Referate der 8. Arbeitstagung österreichischer Handschriften-Bearbeiter, hg. von INGO REIFFENSTEIN, Göppingen 1983 (Göppinger Arbeiten zur Germanistik 402), S. 1–23.

GISELA KORNRUMPF, Zur Überlieferung der Werke Friedrichs des Karmeliters, in: ZfdA 99 (1970), S. 159–162.

MIKEL MARIO KORS, De Middelnederlandse ›Brieven‹ van Gerlach Peters († 1411). Studie en tekstuitgave, Nijmegen 1991 (Middeleeuwse studies 7).

KURT KÖSTER, Elisabeth von Schönau. Werk und Wirkung im Spiegel der mittelalterlichen handschriftlichen Überlieferung, in: Archiv für mittelrheinische Kirchengeschichte 3 (1951), S. 243–315.

VLADIMIR J. KOUDELKA (OP), Zur Geschichte der böhmischen Dominikanerprovinz im Mittelalter. I: Provinzialprioren, Inquisitoren, Apost. Pönitentiare, in: Archivum Fratrum Praedicatorum 25 (1955), S. 75–99.

VLADIMIR J. KOUDELKA (OP), Zur Geschichte der böhmischen Dominikanerprovinz im Mittelalter. II: Die Männer- und Frauenklöster, in: Archivum Fratrum Praedicatorum 26 (1956), S. 127–160.

ANDREAS KRAß, Stabat mater dolorosa: lateinische Überlieferung und volkssprachliche Übertragungen im deutschen Mittelalter, München 1998 (Forschungen zur Geschichte der älteren deutschen Literatur 22).

ENGELBERT KREBS, Die Mystik in Adelhausen. Eine vergleichende Studie über die ›Chronik‹ der Anna von Munzingen und die Thaumatographische Literatur des 13. und 14. Jahrhunderts als Beitrag zur Geschichte der Mystik im Predigerorden, Münster 1904.

CHRISTIANE KRUSENBAUM-VERHEUGEN, Figuren der Referenz: Untersuchungen zu Überlieferung und Komposition der ›Gottesfreundeliteratur‹ in der Straßburger Johanniterkomturei zum ›Grünen Wörth‹, Tübingen 2013 (Bibliotheca Germanica 58).

HUGO KUHN, Versuch einer Literaturtypologie des deutschen 14. Jahrhunderts, in: Typologia litterarum. Festschrift für Max Wehrli, hg. von STEFAN SONDEREGGER, Zürich 1969, S. 261–280.

UDO KÜHNE, Die Lehre vom Predigtaufbau in frühen Artes praedicandi, in: Mittellateinisches Jahrbuch 2 (2005), S. 171–190.

JÜRGEN KÜHNEL, Der ›offene Text‹. Beitrag zur Überlieferungsgeschichte volkssprachlicher Texte des Mittelalters, in: Akten des 5. Internationalen Germanisten-Kongresses Cambridge 1975, hg. von LEONARD FORSTER und HANS-GERT ROLOFF, Bern u. a. 1976 (Jahrbuch für Internationale Germanistik. Reihe A. Kongressberichte 2), S. 311–321.

KONRAD KUNZE, ULLA WILLIAMS und PHILIPP KAISER, Information und innere Formung. Zur Rezeption der ›Vitaspatrum‹, in: Wissensorganisierende und wissensvermittelnde Literatur im Mittelalter. Perspektiven ihrer Erforschung: Kolloquium 5.–7. Dezember 1985, hg. von NORBERT RICHARD WOLF, Wiesbaden 1987 (Wissensliteratur im Mittelalter 1), S. 123–142.

LOTTE KURRAS, Ein Eckhart-Fragment aus dem Klarissenkloster in Freiburg, in: ZfdA 107 (1978), S. 216–218.

FREDERIK KWAKKEL, *Die dietsche boeke die ons toebehoeren*. De kartuizers van Herne en de productie van Middelnederlandse handschriften in de regio Brussel (1350–1400), Leuven 2002.

FREDERIK KWAKKEL und HERMAN MULDER, *Quidam Sermones*. Mystiek proza van der Ferguut-kopiist, in: Tijdschrift voor Nederlandse Taal- en Letterkunde 117 (2001), S. 151–165.

MALCOLM LAMBERT, Häresie im Mittelalter. Von den Katharern bis zu den Hussiten, Darmstadt 2001.

KLAUS LANGE, Geistliche Speise. Untersuchungen zur Metaphorik der Bibelhermeneutik, in: ZfdA 95 (1966), S. 81–122.

OTTO LANGER, Christliche Mystik im Mittelalter. Mystik und Rationalisierung – Stationen eines Konflikts, Darmstadt 2004.

OTTO LANGER, Meister Eckhart – der Lebemeister, in: Die unbekannte Seite des Islam. Rollen und Positionen des Sufismus, hg. von LIDWINA MEYER, Rehburg-Loccum 2009 (Loccumer Protokolle 66), S. 93–102.

OTTO LANGER, Mystische Erfahrung und spirituelle Theologie. Zu Meister Eckharts Auseinandersetzung mit der Frauenfrömmigkeit seiner Zeit, München 1987 (MTU 91).

OTTO LANGER, *Sich lâzen, sîn selbes vernihten*. Negation und ›Ich-Theorie‹ bei Meister Eckhart, in: Deutsche Mystik im abendländischen Zusammenhang. Neu erschlossene Texte, neue methodische Ansätze, neue theoretische Konzepte. Kolloquium Kloster Fischingen 1998, hg. von WALTER HAUG und WOLFRAM SCHNEIDER-LASTIN, Tübingen 2000, S. 317–346.

OTTO LANGER, Über einige Probleme der Geschichtsschreibung der Mystik, in: ZfdPh 113 (1994), S. 83–115.

NIKLAUS LARGIER, Die ›Deutsche Dominikanerschule‹: zur Problematik eines historiographischen Konzepts, in: Geistesleben im 13. Jahrhundert, hg. von JAN A. AERTSEN und ANDREAS SPEER, Berlin 2000 (Miscellanea mediaevalia 27), S. 202–213.

NIKLAUS LARGIER, Inner Senses – Outer Senses. The practice of emotions in medieval mysticism, in: Codierung von Emotionen im Mittelalter / Emotions and Sensibilities in the Middle Ages, hg. von C. STEPHAN JAEGER und INGRID KASTEN, Berlin und New York 2003 (Trend in Medieval Philology 1), S. 3–15.

NIKLAUS LARGIER, Meister Eckhart. Perspektiven der Forschung. 1980–1993, in: ZfdPh 114 (1995), S. 29–98.

GORDON LEFF, Heresy in the later middle ages: the relation of heterodoxy to dissent; c. 1250–1450, Manchester 1967.

PAUL LEHMANN, Die Heilige Einfalt, in: Erforschung des Mittelalters. Ausgewählte Abhandlungen und Aufsätze von Paul Lehmann, Bd. 3, hg. von PAUL LEHMANN, Stuttgart 1960, S. 213–224.

THOMAS LENTES, Gezählte Frömmigkeit im Spätmittelalter, in: Frühmittelalterliche Studien 29 (1995), S. 62–64.

VOLKER LEPPIN, Die christliche Mystik, München 2007.

ROBERT E. LERNER, The heresy of the Free Spirit in the later middle ages, Berkeley 1972.

GERTRUD JARON LEWIS, By women, for women, about women. The Sister-books of fourteenth-century Germany, Toronto 1996 (Studies and texts 125).

FRIEDRICH VON DER LEYEN, Über einige bisher unbekannte lateinische Fassungen von Predigten des Meisters Eckehart, in: ZfdPh 38 (1906), S. 334–358.

ALAIN DE LIBERA, Introduction à la mystique rhénane. D'Albert le Grand à maître Eckhart, Paris 1984.

GERARD ISAAC LIEFTINCK, De middelnederlandsche Tauler-Handschriften, Groningen 1936.

ROBERT LIEVENS, De mystieke Inhoud van het Handschrift Dr. P. S. Everts, in: Leuvense Bijdragen 51 (1962), S. 1–33.

ROBERT LIEVENS, Het evangelie van de wilde adelaar, Leuven 2003.

FREIMUT LÖSER, *Der niht enwil und niht enweiz und niht enhât*. Drei übersehene Texte Meister Eckharts zur Armutslehre, in: Contemplata aliis tradere. Studien zum Verhältnis von Literatur und Spiritualität. Festschrift für Alois M. Haas zum 60. Geburtstag, hg. von CLAUDIA BRINKER, URS HERZOG, NIKLAUS LARGIER und PAUL MICHEL, Bern 1995, S. 391–439.

FREIMUT LÖSER, Eckhart (Meister Eckhart), in: Gestalten des Mittelalters: ein Lexikon historischer und literarischer Personen in Dichtung, Musik und Kunst, hg. von HORST BRUNNER Stuttgart 2007 (Kröners Taschenausgabe 352), S. 66–69.

FREIMUT LÖSER, Einzelpredigt und Gesamtwerk: Autor- und Redaktortext bei Meister Eckhart, in: Editio 6 (1992), S. 43–63.

FREIMUT LÖSER, Meister Eckhart, die ›Reden‹ und die Predigt in Erfurt. Neues zum sogenannten ›Salzburger Armutstext‹, in: MEJb 6 (2013), S. 65–96.

FREIMUT LÖSER, Meister Eckhart in Melk: Studien zum Redaktor Lienhart Peuger. Mit einer Edition des Traktats ›Von der sel wirdichait vnd aigenschafft‹, Tübingen 1999 (Texte und Textgeschichte 48).

FREIMUT LÖSER, Postmodernes Mittelalter? ›New Philology‹ und ›Überlieferungsgeschichte‹, in: Kulturen des Manuskriptzeitalters. Ergebnisse der amerikanisch-deutschen Arbeitstagung an der Georg-August-Universität Göttingen vom 17. bis 20. Oktober 2002, hg. von ARTHUR GROOS und HANS-JOCHEN SCHIEWER, Göttingen 2004 (Transatlantische Studien zu Mittelalter und Früher Neuzeit = Transatlantic studies on medieval and early modern literature and culture, Bd. 1), S. 215–236.

FREIMUT LÖSER, Predigen in dominikanischen Konventen. ›Kölner Klosterpredigten‹ und ›Paradisus anime intelligentis‹, in: ›Paradisus anime intelligentis‹. Studien zu einer do-

minikanischen Predigtsammlung aus dem Umkreis Meister Eckharts, hg. von BURKHARD HASEBRINK, HANS-JOCHEN SCHIEWER und NIGEL F. PALMER, Tübingen 2009, S. 227–264.
FREIMUT LÖSER, Was sind Meister Eckharts deutsche Straßburger Predigten?, in: MEJb 2 (2008), S. 37–63.
MARIA ALBERTA LÜCKER, Meister Eckhart und die devotio moderna, Leiden 1950 (Studien und Texte zur Geistesgeschichte des Mittelalters 1).
EVA LÜDERS, ›Meister Eckehartes Wirtschaft‹ und eine Stockholmer Handschrift derselben, in: Studier i modern Språkvetenskap, Uppsala 1956 (Stockholm Studies in modern Philology 19), S. 85–123.
MIKE MALM, ›Die fromme (selige) Müllerin‹, in: Deutsches Literatur-Lexikon – das Mittelalter. Das geistliche Schrifttum des Spätmittelalters, hg. von WOLFGANG ACHNITZ, REGINA D. SCHIEWER und WERNER WILLIAMS-KRAPP, Berlin 2011, Sp. 343–346.
MIKE MALM, Johannes Cassianus, in: Deutsches Literatur-Lexikon – das Mittelalter. Das geistliche Schrifttum des Spätmittelalters, hg. von WOLFGANG ACHNITZ, REGINA D. SCHIEWER und WERNER WILLIAMS-KRAPP, Berlin 2011, Sp. 614–617.
JOSEF MARTIN, Symposion. Die Geschichte einer literarischen Form, Paderborn 1931 (Studien zur Geschichte und Kultur des Altertums, Bd. 17).
GEORG MAY, Kapitel (1), in: LThK, Bd. 5, Sp. 1214 f.
JOHANNES GOTTFRIED MAYER, Die ›Vulgata‹-Fassung der Predigten Johannes Taulers. Von der handschriftlichen Überlieferung des 14. Jahrhunderts bis zu den ersten Drucken, Würzburg 1999 (Texte und Wissen 1).
ANTON MAYR, Zur handschriftlichen Überlieferung der Dekalogerklärung Marquards von Lindau. Sonderabdruck aus der Festschrift anlässlich der Hundertjahrfeier des humanistischen Gymnasiums Freising, Freising 1928.
BERNARD MCGINN, Die Mystik im Abendland, Bd. I: Ursprünge, Freiburg im Breisgau 1994.
BERNHARD MCGINN, Die Mystik im Abendland, Bd. III: Blüte. Männer und Frauen der neuen Mystik (1200–1350), Freiburg im Breisgau 1999.
BERNARD MCGINN, Die Mystik im Abendland, Bd. IV: Fülle: die Mystik im mittelalterlichen Deutschland (1300–1500), Freiburg im Breisgau 2008.
BERNARD MCGINN, The changing shape of late medieval mysticism, in: Church History 65,2 (1996), S. 197–219.
CHRISTINA MECKELNBORG, Der Pseudo-Eckhartsche Traktat ›Diu zeichen eines wârhaften grundes‹: Untersuchung und Edition einer lateinischen Fassung, in: Scrinium Berolinense. Tilo Brandis zum 65. Geburstag, Bd. 1, hg. von PETER JÖRG BECKER, Berlin 2000 (Beiträge aus der Staatsbibliothek zu Berlin, Preußischer Kulturbesitz 10), S. 306–319.
SIMONE MENGIS, Schreibende Frauen um 1500. Scriptorium und Bibliothek des Dominikanerinnenklosters St. Katharina St. Gallen, Berlin 2013 (Scrinium Friburgense 28).
MARGIT MERSCH und JULIANE SCHIEL, Wahrnehmung und Differenz in den Schriften des Thomas von Aquin und des Bonaventura, in: Mittelalter im Labor. Die Mediävistik testet Wege zu einer transkulturellen Europawissenschaft, hg. von MICHAEL BORGOLTE, JULIANE SCHIEL, BERND SCHNEIDMÜLLER und ANNETTE SEITZ, Berlin 2008 (Europa im Mittelalter, Bd. 10), S. 30–40.
THOM MERTENS, Collatio und Codex im Bereich der Devotio moderna, in: Der Codex im Gebrauch, hg. von CHRISTEL MEIER, DAGMAR HÜPPER und HAGEN KELLER, München 1996 (Münstersche Mittelalter-Schriften, Bd. 70), S. 163–182.
THOM MERTENS, Mystieke cultuur en literatuur in de late middeleeuwen, in: Grote lijnen. Syntheses over Middelnederlandse letterkunde, hg. von FRITS P. VAN OOSTROM, Amsterdam 1995 (Nederlandse literatuur en cultuur in de middeleeuwen 11), S. 117–135.

VOLKER MERTENS, Zum wissenschaftlichen Werk von Kurt Ruh, in: Das Mittelalter und die Germanisten. Zur neueren Methodengeschichte der Germanischen Philologie. Freiburger Colloquium 1997, hg. von ECKART CONRAD LUTZ, Freiburg in der Schweiz (Scrinium Friburgense 11), S. 49–62.

RUTH MEYER, Das ›St. Katharinentaler Schwesternbuch‹. Untersuchung, Edition, Kommentar, Tübingen 1995 (MTU 104).

DIETMAR MIETH, Meister Eckhart, München 2014.

DIETMAR MIETH, Mystik. B. Theologiegeschichtlich, in: Neues Handbuch theologischer Grundbegriffe, Bd. 3, hg. von PETER EICHER, München 2005, S. 135–145.

DIETMAR MIETH, Predigt 86: ›Intravit Iesus in quoddam castellum‹, in: Lectura Eckhardi II. Predigten Meister Eckharts von Fachgelehrten gelesen und gedeutet, hg. von GEORG STEER und LORIS STURLESE, Stuttgart u. a. 2003, S. 139–176.

AREND MIHM, Überlieferung und Verbreitung der Mährendichtung im Spätmittelalter, Heidelberg 1967 (Germanische Bibliothek: Neue Folge 3).

BURKHARD MOJSISCH, ›Dynamik der Vernunft‹ bei Dietrich von Freiberg und Meister Eckhart, in: Abendländische Mystik im Mittelalter. Symposion Kloster Engelberg 1984, hg. von KURT RUH, Stuttgart 1986 (Germanistische Symposien-Berichtsbände 7), S. 135–144.

BURKHARD MOJSISCH, Meister Eckhart. Analogie, Univozität und Einheit, Hamburg 1983.

PETER VON MOOS, Das argumentative Exemplum und die ›wächserne Nase‹ der Autorität im Mittelalter, in: Exemplum et similitudo. Alexander the Great and other Heroes as Points of Reference in Medieval Literature, hg. von WILLEM J. AERTS und MARTIN GOSMAN, Groningen 1988 (Mediaevalia Groningana 7), S. 55–84, und wieder in: PETER VON MOOS, Rhetorik, Kommunikation und Medialität. Gesammelte Studien zum Mittelalter, Bd. 2, hg. von GERT MELVILLE, Münster 2006 (Geschichte. Forschung und Wissenschaft, Bd. 15), S. 45–68.

PETER VON MOOS, Das Exemplum und die Exempla der Prediger, in: Les exempla médiévaux. Nouvelles perspectives. Actes du Colloque du C.N.R.S. et de l'Ecole normale supérieure. Saint-Cloud 27–28 sept. 1994, hg. von JACQUES BERLIOZ und MARIE-ANNE POLO DE BEAULIEU, Paris 1998, S. 67–82, und wieder in: PETER VON MOOS, Rhetorik, Kommunikation und Medialität. Gesammelte Studien zum Mittelalter, Bd. 2, hg. von GERT MELVILLE, Münster 2006 (Geschichte. Forschung und Wissenschaft, Bd. 15), S. 107–126.

PETER VON MOOS, Geschichte als Topik: das rhetorische Exemplum von der Antike zur Neuzeit und die *historiae* im ›Policraticus‹ Johanns von Salisbury, Köln ²1996 (Ordo. Studien zur Literatur und Gesellschaft des Mittelalters und der frühen Neuzeit 2).

PETER VON MOOS, Gespräch, Dialogform und Dialog nach älterer Theorie, in: Gattungen mittelalterlicher Schriftlichkeit, hg. von BARBARA FRANK, THOMAS HAYE und DORIS TOPHINKE, Tübingen 1997 (Scripta Oralia 99), S. 235–259, und wieder in: PETER VON MOOS, Rhetorik, Kommunikation und Medialität. Gesammelte Studien zum Mittelalter, Bd. 2, hg. von GERT MELVILLE, Münster 2006 (Geschichte. Forschung und Wissenschaft, Bd. 15), S. 205–228.

PETER VON MOOS, Literatur- und bildungsgeschichtliche Aspekte der Dialogform im lateinischen Mittelalter. Der ›Dialogus Ratii‹ des Eberhard von Ypern zwischen theologischer *disputatio* und Scholaren-Komödie, in: Tradition und Wertung. Festschrift für Franz Brunhölzl zum 65. Geburtstag, hg. von GÜNTER BERNT, FIDEL RÄDLE und GABRIEL SILAGI, Sigmaringen 1989, S. 165–209 und wieder in: PETER VON MOOS, Rhetorik, Kommunikation und Medialität. Gesammelte Studien zum Mittelalter, Bd. 2, hg. von GERT MELVILLE, Münster 2006 (Geschichte. Forschung und Wissenschaft, Bd. 15), S. 3–44.

STEPHEN MOSSMAN, Marquard von Lindau, in: Killy, Bd. 8: Marq–Or, S. 2–4.
STEPHEN MOSSMAN und NIGEL F. PALMER, Ulrich der Johanniter vom Grünen Wörth and his Adaptation of the ›Liber amoris‹. A Critical Edition of the ›Hoheliedpredigt‹ and of its German Precursor ›Die Höhenflüge der Seele‹, in: Schreiben und Lesen in der Stadt. Literaturbetrieb im spätmittelalterlichen Straßburg, hg. von STEPHEN MOSSMAN, NIGEL F. PALMER und FELIX HEINZER, Berlin / Boston 2012 (Kulturtopographie des alemannischen Raums 4), S. 469–520.
STEPHEN MOSSMAN, Zu Marquard von Lindau, Konrad von Braunsberg, den Gottesfreunden und dem Gottesfreundschaftsbegriff, in: Oxford German Studies 36,2 (2007), S. 247–267.
ANNEKE B. MULDER-BAKKER, Fromme Frauen in Straßburg und Meister Eckhart: Gertrud von Ortenberg und Heilke von Staufenberg, in: MEJb 8 (2014), S. 55–74.
JAN-DIRK MÜLLER, Neue Altgermanistik, in: Jahrbuch der deutschen Schillergesellschaft 39 (1995), S. 445–453.
JAMES JEROME MURPHY, Rhetoric in the Middle Ages. A history of rhetorical theory from Saint Augustine to the Renaissance, Berkeley 1974.
ANTON NÄF und RENÉ WETZEL, Friedrich Kölner in St. Gallen (1430–1436). Übersetzung und Schreibertätigkeit im Dienst von Reform und Seelsorge, in: Mittelalterliche Literatur im Lebenszusammenhang. Ergebnisse des Troisième Cycle Romand 1994, hg. von ECKART CONRAD LUTZ (Hg.), Freiburg in der Schweiz 1997 (Scrinium Friburgense 8), S. 317–342.
BALÁZS J. NEMES, Der ›entstellte‹ Eckhart. Eckhart-Handschriften im Straßburger Dominikanerinnenkloster St. Nikolaus in undis, in: Schreiben und Lesen in der Stadt. Literaturbetrieb im spätmittelalterlichen Straßburg, hg. von STEPHEN MOSSMAN, NIGEL F. PALMER und FELIX HEINZER, Berlin / Boston 2012 (Kulturtopographie des alemannischen Raums 4), S. 39–98.
BALÁZS J. NEMES, Eckhart lesen – mit den Augen seiner Leser, in: MEJb 11 (2017), S. 165–198.
STEPHEN G. NICHOLS, Introduction: Philology in a Manuscript Culture, in: Speculum 65 (1990), S. 1–10.
STEPHEN G. NICHOLS, Why material philology?, in: Philologie als Textwissenschaft. Alte und neue Horizonte, hg. von HELMUT TERVOOREN und HORST WENZEL, Berlin 1997 (ZfdPh 116, Sonderheft), S. 10–30.
PETER OCHSENBEIN, *der wise heidenische meister Seneca sprichet*: Seneca-Dicta in der deutschen Literatur des Spätmittelalters, in: Florilegien, Kompilationen, Kollektionen. Literarische Formen des Mittelalters, hg. von KASPAR ELM, Wiesbaden 2000 (Wolfenbütteler Mittelalter-Studien 15), S. 30–37.
HANS DETLEF OPPEL, Exemplum und Mirakel. Versuch einer Begriffsbestimmung, in: Archiv für Kulturgeschichte 58 (1976), S. 96–114.
HENRIK OTTO, Die Herkunft der Vorlage zu Luthers Edition der ›Theologia deutsch‹. Ein Fund in London, in: ZfdA 128 (1999), S. 434–443.
HENRIK OTTO, Vor- und frühreformatorische Tauler-Rezeption. Annotationen in Drucken des späten 15. und frühen 16. Jahrhunderts, Gütersloh 2003 (Quellen und Forschungen zur Reformationsgeschichte 75).
MAX PAHNCKE, Zur handschriftlichen Überlieferung des ›Frankfurters‹ (›Theologia deutsch‹), in: ZfdA 89 (1959), S. 275–280.
NIGEL F. PALMER, Beobachtungen zu einer Gruppe von schwäbischen Mystik-Handschriften des 15. Jahrhunderts. Mit dem Textabdruck einer mystischen Spruchsammlung der Handschrift Reading, UL, Ms. 137, in: Deutsche Mystik im abendländischen Zusammenhang. Neu erschlossene Texte, neue methodische Ansätze, neue theoretische Kon-

zepte. Kolloquium Kloster Fischingen 1998, hg. von WALTER HAUG und WOLFRAM SCHNEIDER-LASTIN, Tübingen 2000, S. 605–652.

NIGEL F. PALMER, Die Münchener Perikopenhandschrift Cgm 147 und die Handschriftenproduktion des Straßburger Reuerinnenklosters im späten 15. Jahrhundert, in: Kulturtopographie des deutschsprachigen Südwestens im späteren Mittelalter. Studien und Texte, hg. von BARBARA FLEITH und RENÉ WETZEL, Tübingen 2009 (Kulturtopographie des alemannischen Raums 1), S. 263–289.

NIGEL F. PALMER, Exempla, in: Medieval Latin. An introduction and bibliographical guide, hg. von FRANK A. C. MANTELLO und ARTHUR GEORGE RIGG, Washington 1996, S. 582–588.

NIGEL F. PALMER, Latein, Volkssprache, Mischsprache. Zum Sprachproblem bei Marquard von Lindau, mit einem Handschriftenverzeichnis der ›Dekalogerklärung‹ und des ›Auszugs der Kinder Israel‹, in: Spätmittelalterliche geistliche Literatur in der Nationalsprache, Bd. 1, hg. von JAMES LESTER HOGG, Salzburg 1983 (Analecta Cartusiana 106,1), S. 70–110.

NIGEL F. PALMER, Marquard von Lindau, in: ²VL, Bd. 6, Sp. 81–126.

NIGEL F. PALMER, Rezension zu Rüdiger Blumrich: Marquard von Lindau: Deutsche Predigten. Untersuchungen und Edition (Texte und Textgeschichte 34). Tübingen 1994, in: ZfdA 125 (1996), S. 118–124.

NIGEL F. PALMER, ›Visio Tnugdali‹. The German and Dutch Translations and their Circulation in the Later Middle Ages, München 1982 (MTU 76).

ERIK A. PANZIG, *Gelâzenheit* und *abegescheidenheit*. Eine Einführung in das theologische Denken des Meister Eckhart, Leipzig 2005.

ALEXANDER PATSCHOVSKY, Die Anfänge einer ständigen Inquisition in Böhmen. Ein Prager Inquisitoren-Handbuch aus der ersten Hälfte des 14. Jahrhunderts, Berlin 1975 (Beiträge zur Geschichte und Quellenkunde des Mittelalters 3).

ALEXANDER PATSCHOVSKY, Straßburger Beginenverfolgungen im 14. Jahrhundert, in: Deutsches Archiv für die Erforschung des Mittelalters 30 (1974), S. 56–198.

A. DE PELSEMAEKER, Canisius éditeur de Tauler, in: Revue d'ascétique et de mystique 36 (1960), S. 101–108.

URSULA PETERS, *Vita religiosa* und spirituelles Erleben. Frauenmystik und frauenmystische Literatur im 13. und 14. Jahrhundert, in: Deutsche Literatur von Frauen, Bd. I: Vom Mittelalter bis zum Ende des 18. Jahrhunderts, hg. von GISELA BRINKER-GABLER, München 1988, S. 88–109.

FRANZ PFEIFFER, Predigtmärlein, in: Germania. Vierteljahresschrift 3 (1858), S. 407–444.

RUPERT T. PICKENS, Jaufré Rudel et la poétique de la mouvance, in: Cahiers de civilisation médiévale 20 (1977), S. 323–337.

F. P. PICKERING, Notes on late medieval German tales in praise of Docta Ignorantia, in: Bulletin of the John Rylands Library 24 (1940), S. 121–137.

BODO PLACHTA, Fassung, in: Reallexikon, Bd. 1, S. 567 f.

SARA S. POOR, Women teaching men in the medieval devotional imagination, in: Partners in spirit. Women, men and religious life in Germany 1100–1500, hg. von FIONA J. GRIFFITHS und JULIE HOTCHIN, Turnhout 2014 (Medieval Women. Texts and Contexts 24), S. 339–365.

WILHELM PREGER, Kritische Studien zu Meister Eckhart, in: Zeitschrift für historische Theologie 36 (1866), S. 453–517.

JUTTA PRIEUR, Das Kölner Dominikanerinnenkloster St. Gertrud am Neumarkt, Köln 1983 (Kölner Schriften zu Geschichte und Kultur 3).

SIEGMUND PRILLWITZ, Überlieferungsstudie zum ›Barlaam und Josaphat‹ des Rudolf von Ems. Eine textkritisch-stemmatologische Untersuchung, Kopenhagen 1975.

JOSEF QUINT, Die Überlieferung der Deutschen Predigten Meister Eckeharts. Textkritisch untersucht von Josef Quint, Bonn 1932.
JOSEF QUINT, Ein Dialog über die Armut des Geistes, in: Festgabe Philipp Strauch zum 80. Geburtstage am 23. September 1932, hg. von GEORG BAESECKE und FERDINAND JOSEPH SCHNEIDER, Halle 1932 (Hermaea 31), S. 81–87.
JOSEF QUINT, Fundbericht zur handschriftlichen Überlieferung der deutschen Werke Meister Eckharts und anderer Mystiktexte, Stuttgart u. a. 1969 (Meister Eckhart. Die deutschen und lateinischen Werke. Untersuchungen, 2. Bd.).
JOSEF QUINT, Mystik, in: Reallexikon der deutschen Literaturgeschichte, 2. Bd., hg. von WERNER KOHLSCHMIDT und WOLFGANG MOHR, Berlin [2]1965, Sp. 544–569.
JOSEF QUINT, Mystik und Sprache. Ihr Verhältnis zueinander, insbesondere von der spekulativen Mystik Meister Eckharts, in: Altdeutsche und altniederländische Mystik, hg. von KURT RUH, Darmstadt 1964 (Wege der Forschung 23), S. 113–151.
JOSEF QUINT, Neue Funde zur handschriftlichen Überlieferung Meister Eckharts, in: PBB 82 (1960), S. 352–384.
JOSEF QUINT, Neue Handschriftenfunde zur Überlieferung der deutschen Werke Meister Eckharts und seiner Schule. Ein Reisebericht, Stuttgart 1940 (Meister Eckhart. Die deutschen und lateinischen Werke. Untersuchungen, 1. Bd.).
HUGO RAHNER, Symbole der Kirche. Die Ekklesiologie der Väter, Salzburg 1964.
FRANCIS RAPP, Die Gottesfreunde am Oberrhein, in: Das Elsass und Tirol an der Wende vom Mittelalter zur Neuzeit. Sieben Vorträge, hg. von EUGEN THURNHER, Innsbruck 1994 (Schlern-Schriften 295), S. 55–62.
FRANCIS RAPP, Gottesfreunde, in: TRE, Bd. 14, S. 98–100.
FRANK-MICHAEL REICHSTEIN, Das Beginenwesen in Deutschland. Studien und Katalog, Berlin 2001 (Wissenschaftliche Schriftenreihe Geschichte, Bd. 9).
HEIKE RIEDEL-BIERSCHWALE, Das ›Laiendoctrinal‹ des Erhart Groß. Edition und Untersuchung, Münster 2009 (Studien und Texte zum Mittelalter und zur frühen Neuzeit 15).
KARL RIEDER, Der Gottesfreund vom Oberland. Eine Erfindung des Straßburger Johanniterbruders Nikolaus von Löwen, Innsbruck 1905.
WOLFGANG RIEHLE, Englische Mystik des Mittelalters, München 2011.
SIEGFRIED RINGLER, Anna Ebin, in: [2]VL, Bd. 2, Sp. 295–296.
SIEGFRIED RINGLER, Gertrud von Ortenberg (von Rickeldey/von Rückeldegen), in: [2]VL, Bd. 11, Sp. 522–525.
SIEGFRIED RINGLER, Viten- und Offenbarungsliteratur in Frauenklöstern des Mittelalters. Quellen und Studien, München (MTU 72).
ADOLF MARTIN RITTER, Laie I. Kirchengeschichtlich, in: TRE, Bd. 20, S. 378–385.
ROSEMARIE RODE, Studien zu den mittelalterlichen Kind-Jesu-Visionen, Frankfurt am Main 1957.
HANS-HERMANN RÖHRIG, Bibliotheca Conventus Coloniensis Carmelitarum discalceatorum, in: Jahrbuch des Kölnischen Geschichtsvereins, 36/37 (1961/62), S. 173–223.
CHRISTOPH ROTH, *Gotes mund sind die prediger*. Regesten zum deutschen Quadragesimale des Johannes Bischoff und Einordnung eines ›neuen‹ Textzeugen, in: Vom vielfachen Schriftsinn im Mittelalter. Festschrift für Dietrich Schmidtke, hg. von FREIMUT LÖSER und RALF G. PÄSLER, Hamburg 2005 (Schriften zur Mediävistik 4), S. 393–440.
GUNHILD ROTH, Rezension zu: Karin Schneider: Pseudo-Engelhart von Ebrach: Das Buch der Vollkommenheit, in: ZfdA 137,2 (2008), S. 265–268.
NIKOLAUS RUGE, Asketische Repräsentation und Lektüre. Von der ›Vita S. Elyzabeth‹ zum ›Bihtebuoch‹, in: Askese im Mittelalter. Beiträge zu ihrer Praxis, Deutung und Wirkungsgeschichte, hg. von GOTTFRIED KERSCHER und GERHARD KRIEGER, Berlin 2010 (Das Mittelalter 15,1), S. 52–65.

KURT RUH, Beginenmystik. Hadewijch, Mechthild von Magdeburg, Marguerite Porete, in: ZfdA 106 (1977), S. 265–277.
KURT RUH, Bonaventura deutsch. Ein Beitrag zur deutschen Franziskaner-Mystik und -scholastik, Bern 1956 (Bibliotheca Germanica 7).
KURT RUH, ›Christus und die sieben Laden‹, in: ²VL, Bd. 1, Sp. 1241–1243.
KURT RUH, ›Das Frauchen von 22 (21) Jahren‹, in: ²VL, Bd. 2, Sp. 858–860.
KURT RUH, ›Der Bruder mit den sieben Säckchen‹, in: ²VL, Bd. 1, Sp. 1045–1047.
KURT RUH, Deutsche Predigtbücher des Mittelalters, in: Vestigia Bibliae 3 (1981), S. 11–30.
KURT RUH, ›Die fromme (selige) Müllerin‹, in: ²VL, Bd. 2, Sp. 974–977.
KURT RUH, ›Die zwölf guten Menschen und der Jüngling‹, in: ²VL, Bd. 10, Sp. 1634 f.
KURT RUH, ›Eckhart-Legenden‹, in: ²VL, Bd. 2, Sp. 350–353.
KURT RUH, Geistliche Prosa, in: Neues Handbuch der Literaturwissenschaft, Bd. 8: Europäisches Spätmittelalter, hg. von WILLI ERZGRÄBER, Wiesbaden 1978, S. 565–606.
KURT RUH, Geschichte der abendländischen Mystik, Bd. 1: Die Grundlegung durch die Kirchenväter und die Mönchstheologie des 12. Jahrhunderts, München 1990.
KURT RUH, Geschichte der abendländischen Mystik, Bd. 3: Die Mystik des deutschen Predigerordens und ihre Grundlegung durch die Hochscholastik, München 1996.
KURT RUH, Geschichte der abendländischen Mystik, Bd. 4: Die niederländische Mystik des 14. bis 16. Jahrhunderts, München 1999.
KURT RUH, Hugo von St. Viktor, in: ²VL, Bd. 4, Sp. 282–292.
KURT RUH, Meister Eckhart, in: ²VL, Bd. 2, Sp. 327–348.
KURT RUH, Meister Eckhart. Theologe, Prediger, Mystiker, München ²1989.
KURT RUH, Mystische Reimverse, einem Begarden in den Mund gelegt, in: Diversarum artium studia. Beiträge zu Kunstwissenschaft, Kunsttechnologie und ihren Nachbardisziplinen. Festschrift für Heinz Roosen-Runge, hg. von HELMUT ENGELHART und GERDA KEMPTER, Wiesbaden 1982, S. 257–267.
KURT RUH, Mystische Spekulation in Reimversen des 14. Jahrhunderts, in: Beiträge zur weltlichen und geistlichen Lyrik des 13. bis 15. Jahrhunderts. Würzburger Colloquium 1970, hg. von KURT RUH und WERNER SCHRÖDER, Berlin 1973, S. 205–230.
KURT RUH, Seuse Vita c. 52 und das Gedicht und die Glosse ›Vom Überschall‹, in: KURT RUH, Kleine Schriften, Bd. II: Scholastik und Mystik im Spätmittelalter, hg. von VOLKER MERTENS, Berlin u. a. 1984, S. 145–168.
KURT RUH, Traktat von der Minne. Eine Schrift zum Verständnis und zur Verteidigung von Meister Eckharts Metaphysik (mit Abdruck ›Von der Minne‹ II), in: Philologie als Kulturwissenschaft. Studien zur Literatur und Geschichte des Mittelalters. Festschrift für Karl Stackmann, hg. von LUDGER GRENZMANN, Göttingen 1987, S. 208–229.
KURT RUH, Überlieferungsgeschichte mittelalterlicher Texte als methodischer Ansatz zu einer erweiterten Konzeption von Literaturgeschichte, in: Die Präsenz des Mittelalters in seinen Handschriften. Ergebnisse der Berliner Tagung in der Staatsbibliothek zu Berlin - Preussischer Kulturbesitz, 6.–8. April 2000, hg. von HANS-JOCHEN SCHIEWER, KARL STACKMANN und HANS-JÖRG LEUCHTE, Tübingen 2002, S. 262–272.
KURT RUH, Vorbemerkungen zu einer neuen Geschichte der abendländischen Mystik im Mittelalter, München 1982 (Sitzungsberichte / Bayerische Akademie der Wissenschaften, philosophisch-historische Klasse 7).
KURT RUH, Votum für eine überlieferungskritische Editionspraxis, in: KURT RUH, Kleine Schriften, Bd. II: Scholastik und Mystik im Spätmittelalter, hg. von VOLKER MERTENS, Berlin u. a. 1984, S. 250–253.
FRIEDER SCHANZE, Meisterliche Liedkunst zwischen Heinrich von Mügeln und Hans Sachs, Bd. II: Verzeichnisse, München 1984 (MTU 83).
LODEWIJK SCHARPÉ, Anthonis de Rovere, in: Biekorf IV 15 (1893), S. 225–232.

Wybren Scheepsma, Meister Eckhart in den Niederlanden. Rezeption und Überlieferung im vierzehnten Jahrhundert, in: Exemplar. Festschrift für Kurt Otto Seidel, hg. von Rüdiger Brandt und Dieter Lau, Frankfurt am Main 2008 (Lateres. Texte und Studien zu Antike, Mittelalter und früher Neuzeit Bd. 5), S. 9–54.

Wybren Scheepsma, The Limburg Sermons. Preaching in the Medieval Low Countries at the Turn of the Fourteenth Century. Translated by David F. Johnson, Leiden 2008 (Brill's Series in Church History 34).

Wybren Scheepsma, Überregionale Beziehungen zwischen dem Rheinland und Brabant in der mystischen Literatur des 14. Jahrhunderts, in: University, council, city. Intellectual culture on the Rhine (1300–1550); acts of the XII$^{th}$ International Colloquium of the Société Internationale pour l'Étude de la Philosophie Médiévale, Freiburg im Breisgau, 27.–29. October 2004, hg. von Laurent Cesalli, Nadja Germann und Maarten J. F. M. Hoenen, Turnhout 2007 (Rencontres de philosophie médiévale 13), S. 247–275.

Manuela Scheiba (OSB), Der Dienst an der Klosterpforte: Beobachtungen zur Gestalt der Klosterpförtner in RB und RM, in: Studia monastica 46 (2004), S. 63–86.

Albert Viktor Schelb, Die Handschriftengruppe ›Do der minnenklich got‹. Ein Beitrag zur spätmittelalterlichen Passionsliteratur, Freiburg im Breisgau 1972.

Rudolf Schenda, Stand und Aufgaben der Exemplaforschung, in: Fabula. Zeitschrift für Erzählforschung 10 (1969), S. 69–85.

Hans-Jochen Schiewer, Fassung, Bearbeitung, Version und Edition, in: Deutsche Texte des Mittelalters zwischen Handschriftennähe und Rekonstruktion. Berliner Fachtagung 1.–3. April 2004, hg. von Martin J. Schubert, Tübingen 2005, S. 35–50.

Hans-Jochen Schiewer, Spuren von Mündlichkeit in der mittelalterlichen Predigtüberlieferung. Ein Plädoyer für exemplarisches und beschreibend-interpretierendes Edieren, in: Editio 6 (1992), S. 64–79.

Hans-Jochen Schiewer, *Uslesen*: Das Weiterwirken mystischen Gedankenguts im Kontext dominikanischer Frauengemeinschaften, in: Deutsche Mystik im abendländischen Zusammenhang: Neu erschlossene Texte, neue methodische Ansätze, neue theoretische Konzepte. Kolloquium Kloster Fischingen 1998, hg. von Walter Haug und Wolfram Schneider-Lastin, Tübingen 2000, S. 581–603.

Regina D. Schiewer, Der *zagel* Luzifers und das Paradies in der Hölle. Abstiegs- und Aufstiegsmystik von Mechthild von Magdeburg über Johannes Tauler und Meister Eckhart zu Martin Luther, in: MEJb 13 (2019), S. 221–244.

Regina D. Schiewer, Eine deutschsprachige Überlieferung des ›Miraculum I‹ Wichmanns von Arnstein, in: ZfdA 131 (2002), S. 436–453.

Regina D. Schiewer, »*Vos amici dei estis*«. Die ›Gottesfreunde‹ des 14. Jahrhunderts bei Seuse, Tauler und in den ›Engelberger Predigten‹: Religiöse Elite, Verein oder Literaturzirkel?, in: Oxford German Studies 36/2 (2007), S. 227–246.

Karl Schmidt, Johannes Tauler von Straßburg. Beitrag zur Geschichte der Mystik und des religiösen Lebens im 14. Jh. mit 1 Abb., Neudruck der Ausgabe Hamburg 1841, Aalen 1972.

Wieland Schmidt, Zur deutschen Erbauungsliteratur des späten Mittelalters, in: Altdeutsche und altniederländische Mystik, hg. von Kurt Ruh, Darmstadt 1964 (Wege der Forschung 23), S. 437–461.

Dietrich Schmidtke, Geistliche Schifffahrt. Zum Thema des Schiffes der Buße im Spätmittelalter, in: PBB 92 (1970), S. 115–177.

Dietrich Schmidtke, Studien zur dingallegorischen Erbauungsliteratur des Spätmittelalters am Beispiel der Gartenallegorie, Tübingen 1982 (Hermaea, Germanistische Forschungen N.F. 43).

Peter Schmitt, Dialog. VII: Deutsche Literatur, in: LexMA, Bd. 3, Sp. 958–960.

PETER SCHMITT, ›Von dem zorne der sêle‹, in: ²VL, Bd. 10, Sp. 1589 f.

KARIN SCHNEIDER, Deutsche mittelalterliche Handschriften aus bayerischen Klosterbibliotheken, in: Bibliotheksforum Bayern (1981), S. 44–56.

KARIN SCHNEIDER, Die Eckhart-Handschrift M1 (Cgm 133), in: Mittelhochdeutsch. Beiträge zur Überlieferung, Sprache und Literatur. Festschrift für Kurt Gärtner zum 75. Geburtstag, hg. von RALF PLATE, Berlin 2011, S. 165–176.

KARIN SCHNEIDER, Die oberdeutschen Schriften von 1300 bis 1350, Bd. 1: Textband, Wiesbaden 2009.

KARIN SCHNEIDER, Handschriften aus dem Bayerischen Nationalmuseum jetzt in der Bayerischen Staatsbibliothek München und in der Staatsbibliothek Bamberg, in: Scriptorium 22 (1968), S. 314–323.

BERNHARD SCHNELL, Thomas Peuntner, ›Büchlein von der Liebhabung Gottes‹. Edition und Untersuchungen, München 1984 (MTU 81).

BERNHARD SCHNELL, Überlegungen zur Katalogisierung der deutschen mittelalterlichen Handschriften, in: Zusammenhänge, Einflüsse, Wirkungen. Kongressakten zum ersten Symposium des Mediävistenverbandes in Tübingen 1984, hg. von JOERG O. FICHTE, KARL HEINZ GÖLLER und BERNHARD SCHIMMELPFENNIG, Berlin 1986 (Kongressakten zum Symposium des Mediävistenverbandes 1), S. 438–450.

RÜDIGER SCHNELL, ›Autor‹ und ›Werk‹ im deutschen Mittelalter. Forschungskritik und Forschungsperspektiven, in: Neue Wege der Mittelalter-Philologie. Landshuter Kolloquium 1996, hg. von JOACHIM HEINZLE, PETER JOHNSON und GISELA VOLLMAN-PROFE, Berlin 1998 (Wolfram Studien 15), S. 12–73.

RÜDIGER SCHNELL, Was ist neu an der ›New Philology‹? Zum Diskussionsstand in der germanistischen Mediävistik, in: Alte und neue Philologie, hg. von MARTIN-DIETRICH GLESSGEN und FRANZ LEBSANFT, Tübingen 1997 (Beihefte zu Editio, Bd. 8), S. 61–95.

ROB VAN DE SCHOOR, Canisius als Herausgeber. Die Ausgaben von Tauler (1543), Kyrill (1546) und Leo dem Großen (1546), in: Ons geestelijk erf 82 (2011), S. 161–186.

KLAUS SCHREINER, Laienbildung als Herausforderung für Kirche und Gesellschaft. Religiöse Vorbehalte und soziale Widerstände gegen die Verbreitung von Wissen im späten Mittelalter und in der Reformation, in: Zeitschrift für historische Forschung 11 (1984), S. 257–354.

ARNOLD SCHROMM, Die Bibliothek des ehemaligen Zisterzienserinnenklosters Kirchheim am Ries. Buchpflege und geistiges Leben in einem schwäbischen Frauenstift, Tübingen 1998 (Studia Augustana 9).

SUSANNE SCHULZ, Eine oberdeutsche Übersetzung der Vita der heiligen Elisabeth nach Dietrich von Apolda. Text und Untersuchungen, Marburg 1993.

MARKUS SCHÜRER, Das Exemplum oder: Die erzählte Institution. Studien zum Beispielgebrauch bei den Dominikanern und Franziskanern des 13. Jahrhunderts, Berlin 2005 (Vita regularis. Abhandlungen 23).

JOHANNES SCHÜTZ, Hüter der Wirklichkeit. Der Dominikanerorden in der mittelalterlichen Gesellschaft Skandinaviens, Göttingen 2014.

ALBERT SCHWEITZER, Die Mystik des Apostels Paulus (Unitaschenbücher 1091), Tübingen 1981.

FRANZ JOSEF SCHWEITZER, Der Freiheitsbegriff der deutschen Mystik: seine Beziehung zur Ketzerei der ›Brüder und Schwestern vom Freien Geist‹, mit besonderer Rücksicht auf den pseudoeckartischen Traktat ›Schwester Katrei‹ (Edition), Bern 1981 (Arbeiten zur mittleren deutschen Literatur und Sprache 10).

FRANZ JOSEF SCHWEITZER, Freiheit jenseits von Gut und Böse? Historische und literarische Zeugnisse der Kölner und Straßburger Beginen und Begarden bzw. der Brüder und Schwestern vom Freien Geist, in: MEJb 12 (2018), S. 99–116.

Franz Josef Schweitzer, Meister Eckhart und der Laie. Ein antihierarchischer Dialog des 14. Jahrhunderts aus den Niederlanden, Berlin 1997 (Quellen und Forschungen zur Geschichte des Dominikanerordens. Neue Folge 6).

Franz Josef Schweitzer, ›Schwester Katrei‹, in: ²VL, Bd. 8, Sp. 947–950.

Kurt Otto Seidel, Die St. Georgener Predigten. Untersuchungen zur Überlieferungs- und Textgeschichte, Tübingen 2003 (MTU 121).

Walter Senner (OP), Die ›Rede der underscheidunge‹ als Dokument dominikanischer Spiritualität, in: Meister Eckhart in Erfurt, hg. von Andreas Speer und Lydia Wegener, Berlin 2005 (Miscellanea mediaevalia 32), S. 109–121.

Walter Senner (OP), Johannes von Sterngassen OP und sein Sentenzenkommentar. Teil 1: Studie, Berlin 1995 (Quellen und Forschungen zur Geschichte des Dominikanerordens, Neue Folge 4).

Walter Senner (OP), Meister Eckhart als Ordensmann, in: MEJb 7 (2013), S. 1–30.

Walter Senner (OP), Meister Eckhart in Köln, in: Meister Eckhart: Lebensstationen – Redesituationen, hg. von Klaus Jacobi, Berlin 1997 (Quellen und Forschungen zur Geschichte des Dominikanerordens. Neue Folge 7), S. 207–235.

Walter Senner (OP), Meister Eckharts Straßburger Ordensauftrag, in: MEJb 2 (2008), S. 17–35.

Walter Senner (OP), Meister Eckhart und der ›Freie Geist‹, in: MEJb 12 (2018), S. 81–98.

Walter Senner (OP), Rhineland Dominicans, Meister Eckhart and the Sect of the Free Spirit, in: The Vocation of Service to God and Neighbour. Essays on the Interests, Involvements and Problems of Religious Communities and their Members in Medieval Society. Selected proceedings of the International Medieval Congress. University of Leeds. 14.–17. July 1997, hg. von John Greatrex, Turnhout 1998 (International medieval research 5), S. 121–133.

Wolfram D. Sexauer, Frühneuhochdeutsche Schriften in Kartäuserbibliotheken. Untersuchungen zur Pflege der volkssprachlichen Literatur in Kartäuserklöstern des oberdeutschen Raums bis zum Einsetzen der Reformation, Frankfurt am Main 1978 (Europäische Hochschulschriften 1/247).

Otto Simon, Überlieferung und Handschriftenverhältnis des Traktates ›Schwester Katrei‹. Ein Beitrag zur Geschichte der deutschen Mystik, Halle an der Saale 1906.

Fridolin M. Skutella, Beiträge zum Eckharttext, in: ZfdA 67 (1930), S. 97–107.

Adolf Spamer, Über die Zersetzung und Vererbung in den deutschen Mystikertexten, Halle 1910.

Adolf Spamer, Zur Überlieferung der Pfeiffer'schen Eckharttexte. Ein Versuch, in: PBB 34 (1909), S. 307–420.

Mary B. Speer, Wrestling with change: Old French textual criticism and ›mouvance‹, in: Olifant 7,4 (1980), S. 311–326.

Karl Stackmann, Mittelalterliche Texte als Aufgabe, in: Festschrift für Jost Trier zum 70. Geburtstag, hg. von William Foerste und Karl Heinz Borck, Köln 1964, S. 240–267.

Karl Stackmann, Neue Philologie?, in: Modernes Mittelalter. Neue Bilder einer populären Epoche, hg. von Joachim Heinzle, Frankfurt am Main 1994, S. 398–427.

Wolfgang Stammler, Albert der Große und die deutsche Volksfrömmigkeit des Mittelalters, in: Freiburger Zeitschrift für Philosophie und Theologie 3 (1956), S. 287–319.

Wolfgang Stammler, Meister Eckhart in Norddeutschland, in: ZfdA 59 (1922), S. 181–216.

Wolfgang Stammler, Studien zur Geschichte der Mystik in Norddeutschland, in: Altdeutsche und Altniederländische Mystik, hg. von Kurt Ruh, Darmstadt 1964 (Wege der Forschung XXIII), S. 386–436.

KATHRYN STARKEY und HAIKO WANDHOFF, New Philology. Mouvance – Varianz – Performanz: Der unfeste Text, in: Walther von der Vogelweide und die Literaturtheorie. Neun Modellanalysen von ›Nemt, frouwe, disen kranz‹, hg. von JOHANNES KELLER und LYDIA MIKLAUTSCH, Stuttgart 2008 (Reclams Universalbibliothek 17673), S. 45–75.

MATHIAS STAUFFACHER, Untersuchungen zur handschriftlichen Überlieferung des ›Engelberger Predigers‹, Basel 1982 (Diss. Masch.).

GEORG STEER, Der Armutsgedanke der deutschen Mystiker bei Marquard von Lindau, in: Franziskanische Studien 60 (1978), S. 289–300.

GEORG STEER, Der Prozess Meister Eckharts und die Folgen, in: Literaturwissenschaftliches Jahrbuch 27 (1986), S. 47–67.

GEORG STEER und HEIDEMARIE VOGL, Die *bürgelîn*-Predigt Meister Eckharts. Mutmaßungen zur Entstehung der Predigt und ihrer Beziehung zu Nikolaus von Kues. Neue textgeschichtliche Ausgabe der Predigt und der lateinischen Übersetzung aus der Koblenzer Handschrift, in: MEJb 4 (2011), S. 139–260.

GEORG STEER, Die Schriften Meister Eckharts in den Handschriften des Mittelalters, in: Die Präsenz des Mittelalters in seinen Handschriften. Ergebnisse der Berliner Tagung in der Staatsbibliothek zu Berlin, Preußischer Kulturbesitz, 6.–8. April 2000, hg. von HANS-JOCHEN SCHIEWER, KARL STACKMANN und HANS-JÖRG LEUCHTE, Tübingen 2002, S. 209–302.

GEORG STEER, Die Stellung des ›Laien‹ im Schrifttum des Straßburger Gottesfreundes Rulman Merswin und der deutschen Dominikanermystiker des 14. Jahrhunderts, in: Literatur und Laienbildung im Spätmittelalter und in der Reformationszeit. Symposion Wolfenbüttel 1981, hg. von LUDGER GRENZMANN und KARL STACKMANN, Stuttgart 1984 (Germanistische Symposien 5), S. 643–660.

GEORG STEER, Echtheit und Authentizität der Predigten Meister Eckhart's: Schwierigkeiten und Möglichkeiten einer kritischen Edition, in: Germanistik. Forschungsstand und Perspektiven, Vorträge des Deutschen Germanistentages 1984, Bd. 1, hg. von GEORG STÖTZEL, Berlin 1985, S. 41–50.

GEORG STEER, Eckhart der *meister*, in: Literarische Leben. Rollenentwürfe in der Literatur des Hoch- und Spätmittelalters. Festschrift für Volker Mertens zum 65. Geburtstag, hg. von MATTHIAS MEYER und HANS-JOCHEN SCHIEWER, Tübingen 2002, S. 713–753.

GEORG STEER, Merswin, Rulman, in: ²VL, Bd. 6, Sp. 420–442.

GEORG STEER, Textgeschichtliche Edition, in: Überlieferungsgeschichtliche Prosaforschung. Beiträge der Würzburger Forschergruppe zur Methode und Auswertung, hg. von KURT RUH, Tübingen 1985 (Texte und Textgeschichte 19), S. 37–52 und wieder in: Altgermanistische Editionswissenschaft, hg. von THOMAS BEIN, Frankfurt am Main 1995 (Dokumentation germanistischer Forschung 1), S. 281–297.

GEORG STEER, Textkritik und Textgeschichte. Editorische Präsentation von Textprozessen: Das ›Nibelungenlied‹. Der ›Schwabenspiegel‹. Die Predigten Taulers, in: Methoden und Probleme der Edition mittelalterlicher deutscher Texte. Bamberger Fachtagung 26.–29. Juni 1991. Plenumsreferate, hg. von ROLF BERGMANN und KURT GÄRTNER, Tübingen 1993 (Beihefte zu editio 4), S. 107–119.

GEORG STEER, Zum Begriff ›Laie‹ in deutscher Dichtung und Prosa des Mittelalters, in: Literatur und Laienbildung im Spätmittelalter und in der Reformationszeit. Symposion Wolfenbüttel 1981, hg. von LUDGER GRENZMANN und KARL STACKMANN, Stuttgart 1984 (Germanistische Symposien 5), S. 764–768.

BARBARA CHRISTINE STOCKER, Friedrich Colner. Schreiber und Übersetzer in St. Gallen 1430–1436. Mit Beigabe der deutschen Wiborada-Vita in dynamischer Edition, Göppingen 1996 (Göppinger Arbeiten zur Germanistik 619).

JÜRGEN STOHLMANN, Johannes de Werdea (Hieronymus von Mondsee), in: ²VL, Bd. 4, Sp. 799–811.

UTA STÖRMER-CAYSA, Einführung in die mittelalterliche Mystik, Stuttgart 2004 (Reclams Universalbibliothek 17646).

PHILIPP STRAUCH, Zur Gottesfreundfrage. I: Das ›Neunfelsenbuch‹, in: ZfdPh 34 (1902), S. 235–311.

PETER STROHSCHNEIDER, Rezension zu Joachim Bumke: Die vier Fassungen der ›Nibelungenklage‹. Untersuchungen zur Überlieferungsgeschichte und Textkritik der höfischen Epik im 13. Jahrhundert, Berlin, New York 1996 (Quellen und Forschungen zur Literatur- und Kulturgeschichte 8), in: ZfdA 127 (1998), S. 102–117.

MONIKA STUDER, Antonius der Einsiedler trifft Caesarius von Heisterbach. Zur gemeinsamen Überlieferung von Exempla der ›Alemannischen Vitaspatrum‹ und des ›Dialogus miraculorum‹ in Straßburger Handschriften und Drucken, in: Schreiben und Lesen in der Stadt. Literaturbetrieb im spätmittelalterlichen Straßburg, hg. von STEPHEN MOSSMAN, NIGEL F. PALMER und FELIX HEINZER, Berlin / Boston 2012 (Kulturtopographie des alemannischen Raums 4), S. 167–196.

MONIKA STUDER, Exempla im Kontext. Studien zu deutschen Prosaexempla des Spätmittelalters und zu einer Handschrift der Straßburger Reuerinnen, Berlin u. a. 2013 (Kulturtopographie des alemannischen Raums 6).

LORIS STURLESE, Die Kölner Eckhartisten. Das Studium generale der deutschen Dominikaner und die Verurteilung der Thesen Meister Eckharts, in: Die Kölner Universität im Mittelalter. Geistige Wurzeln und soziale Wirklichkeit, hg. von ALBERT ZIMMERMANN, Berlin 1989 (Miscellanea Mediaevalia. Veröffentlichungen des Thomas-Instituts der Universität zu Köln 20), S. 192–211.

LORIS STURLESE, *Ich wil vch sagen mere*. Das sogenannte ›Gedicht auf Meister Eckhart‹, in: PBB 114 (1992), S. 493–494.

LORIS STURLESE, Meister Eckharts Weiterwirken. Versuch einer Bilanz, in: Eckardus Theutonicus. Homo Doctus et Sanctus. Nachweise und Berichte zum Prozess gegen Meister Eckhart, hg. von HEINRICH STIRNIMANN, Freiburg 1992 (Dokimion 11), S. 169–183 und wieder in: Homo divinus: Philosophische Projekte in Deutschland zwischen Meister Eckhart und Heinrich Seuse, hg. von LORIS STURLESE, Stuttgart 2007, S. 107–118.

LORIS STURLESE, Meister Eckhart und die *cura monialium*: Kritische Anmerkungen zu einem forschungsgeschichtlichen Mythos, in: MEJb 2 (2008), S. 1–16.

LORIS STURLESE, ›Sprüche der zwölf Meister‹, in: ²VL, Bd. 9, Sp. 197–201.

ALMUT SUERBAUM, Es kommt ein Schiff, geladen. *Mouvance* in mystischen Liedern aus Straßburg, in: Schreiben und Lesen in der Stadt. Literaturbetrieb im spätmittelalterlichen Straßburg, hg. von STEPHEN MOSSMAN, NIGEL F. PALMER und FELIX HEINZER, Berlin / Boston 2012 (Kulturtopographie des alemannischen Raums 4), S. 99–116.

RUDOLF SUNTRUP, Zahl/Zahlenspekulation/Zahlensymbolik. III: Kirchengeschichtlich, in: TRE, Bd. 36, S. 465–472.

HELMUT TERVOOREN, Van der Masen tot op den Rijn. Ein Handbuch zur Geschichte der mittelalterlichen volkssprachlichen Literatur im Raum von Rhein und Maas. Unter Mitarbeit von CAROLA KIRSCHNER und JOHANNES SPICKER, Berlin 2006.

JUDITH THEBEN, Die mystische Lyrik des 14. und 15. Jahrhunderts: Untersuchungen – Texte – Repertorium, Berlin 2010 (Kulturtopographie des alemannischen Raums 2).

FRANK J. TOBIN, Meister Eckhart. Thought and language, Philadelphia 1986.

ANITA TRANINGER, Disputation, Deklamation, Dialog. Medien und Gattungen europäischer Wissensvermittlung zwischen Scholastik und Humanismus, Stuttgart 2012 (Text und Kontext 33).

Ingeborg Traunbauer, Beiträge zum mystisch-aszetischen Schrifttum des deutschen Spätmittelalters, Bd. 2, Wien 1955 [Diss. Masch.].

Winfried Trusen, Der Prozess gegen Meister Eckhart. Vorgeschichte, Verlauf und Folgen, Paderborn 1988 (Rechts- und Staatswissenschaftliche Veröffentlichungen der Görres-Gessellschaft Na. F., Heft 54).

Winfried Trusen, Zum Prozess gegen Meister Eckhart, in: Eckardus Theutonicus, Homo Doctus et Sanctus. Nachweise und Berichte zum Prozess gegen Meister Eckhart, hg. von Heinrich Stirnimann, Freiburg 1992 (Dokimion 11), S. 7–30.

Frederic C. Tubach, Index Exemplorum. A handbook of medieval religious tales, Helsinki 1969 (FF Communications 204).

Rijkert Alex Ubbink, De receptie van Meister Eckhart in den Nederlanden gedurende de middeleeuwen, Amsterdam 1978.

Helga Unger, Die Beginen. Eine Geschichte von Aufbruch und Unterdrückung der Frauen, Freiburg 2005 (Herder Spektrum 5643).

Marie-Anne Vannier, Jean Tauler et les Amis de Dieu, in: Revue des sciences religieuses 75 (2001), S. 456–464.

Marie-Anne Vannier, Mystique Rhénane, in: Encyclopédie des mystiques rhénans d'Eckhart à Nicolas de Cues et leur réception, hg. von Marie-Anne Vannier, Paris 2011, S. 827–829.

André Vauchez u. a., Die Geschichte des Christentums. Religion, Politik, Kultur, Bd. 6: Die Zeit der Zerreißproben (1274–1449), hg. von Jean-Marie Mayeur, Charles Piétri, André Vauchez und Marc Venard, Freiburg u. a. 2007.

András Vizkelety, Aspekte zur Entstehung und Funktion spätmittelalterlicher Sammelhandschriften, in: Deutsche Literatur des Spätmittelalters. Ergebnisse, Probleme und Perspektiven der Forschung, hg. von Wolfgang Spiewok, Greifswald 1986 (Wissenschaftliche Beiträge der Ernst-Moritz-Arndt Universität Greifswald / Deutsche Literatur des Mittelalters 3), S. 385–392.

Jörg Voigt, Margarete Porete als Vertreterin eines freigeistig-häretischen Beginentums? Das Verhältnis zwischen den Bischöfen von Cambrai und den Beginen nach dem Häresieprozess gegen Margarete Porete († 1310), in: MEJb 12 (2018), S. 31–54.

Paul-Gerhard Völker, Die deutschen Schriften des Franziskaners Konrad Bömlin. Teil 1: Überlieferung und Untersuchung, München 1964 (MTU 8).

Paul-Gerhard Völker, Die Überlieferungsformen mittelalterlicher deutscher Predigten, in: ZfdA 92 (1963), S. 212–227.

Paul-Gerhard Völker, ›Gelassenheit‹. Zur Entstehung des Wortes in der Sprache Meister Eckharts und seiner Überlieferung in der nacheckhartischen Mystik bis Jacob Böhme, in: *Getempert und gemischet.* Für Wolfgang Mohr zum 65. Geburtstag von seinen Tübinger Schülern, hg. von Franz Hundsnurscher und Ulrich Müller, Göppingen 1972 (Göppinger Arbeiten zur Germanistik Nr. 65), S. 281–312.

Cornelis Gerrit Niclaas de Vooys, Meister Eckart en de Nederlandse Mystiek I, in: Nederlands archief voor kerkgeschiedenis. Nieuwe Serie 3 (1904), S. 50–92.

Cornelis Gerrit Niclaas de Vooys, Meister Eckart en de Nederlandse Mystiek III, in: Nederlands archief voor kerkgeschiedenis. Nieuwe Serie 3 (1905), S. 265–290.

Cornelis Gerrit Niclaas de Vooys, Middelnederlandse Legenden en exempelen. Bijdrage tot de kennis van de prozalitteratuur en het volksgeloof der Middelleeuwen, Groningen 1926.

Herbert Vorgrimler, Geschichte der Hölle, München 1993.

Geert Warnar, Mystik in der Stadt. Jan van Ruusbroec (1293–1381) und die niederländische Literatur des 14. Jahrhunderts, in: Deutsche Mystik im abendländischen Zusammenhang. Neu erschlossene Texte, neue methodische Ansätze, neue theoretische Konzepte. Kolloquium Kloster Fischingen 1998, hg. von WALTER HAUG und WOLFRAM SCHNEIDER-LASTIN, Tübingen 2000, S. 683–702.

GEERT WARNAR, Tauler in Groenendaal. Mystik und Gelehrtheit in der niederländischen Literatur des 14. Jahrhunderts, in: Schnittpunkte. Deutsch-Niederländische Literaturbeziehungen im späten Mittelalter, hg. von ANGELIKA LEHMANN-BENZ, ULRIKE ZELLMANN und URBAN KÜSTERS, Münster 2003 (Studien zur Geschichte und Kultur Nordwesteuropas 5), S. 55–66.

GEERT WARNAR, Taulers *Minnenclich Meister*: Charisma and Authority in the Vernacular Mystical Tradition of the Low Countries and the Rhineland, in: Charisma and religious authority. Jewish, Christian, and Muslim preaching, 1200–1500, hg. von KATHERINE LUDWIG JANSEN und MIRI RUBIN, Turnhout 2010 (Europa sacra 4), S. 49–91.

W. WATTENBACH, Über die Secte der Brüder vom freien Geiste. Mit Nachträgen über die Waldenser in der Mark und in Pommern, in: Sitzungsberichte der Preussischen Akademie der Wissenschaften zu Berlin, Phil.-Hist. Klasse 2 (1887), S. 517–545.

HELMUT WECK, Die ›Rechtssumme‹ Bruder Bertholds. Eine deutsche abecedarische Bearbeitung der ›Summa Confessorum‹ des Johannes von Freiburg. Die handschriftliche Überlieferung, Tübingen 1982 (Texte und Textgeschichte 6).

MAX WEHRLI, Christliches Lachen, christliche Komik?, in: From Wolfram and Petrarch to Goethe and Grass: Studies in Literature in Honour of Leonard Forster, hg. von DENNIS HOWARD GREEN, LESLIE PETER JOHNSON und DIETER WUTTKE, Baden-Baden 1982 (Saecula spiritalia 5), S. 17–31.

MAX WEHRLI, Literatur im Deutschen Mittelalter. Eine poetologische Einführung, Stuttgart 1987.

MARTINA WEHRLI-JOHNS, Eckharts Freiheitsbegriff im Spiegel des ›Büchlein der Wahrheit‹, in: MEJb 12 (2018), S. 247–273.

MARTINA WEHRLI-JOHNS, Mystik und Inquisition. Die Dominikaner und die sogenannte Häresie vom freien Geist, in: Deutsche Mystik im abendländischen Zusammenhang. Neu erschlossene Texte, neue methodische Ansätze, neue theoretische Konzepte. Kolloquium Kloster Fischingen 1998, hg. von WALTER HAUG und WOLFRAM SCHNEIDER-LASTIN, Tübingen 2000, S. 223–252.

EGINO WEIDENHILLER, Untersuchungen zur deutschsprachigen katechetischen Literatur des späten Mittelalters. Nach den Handschriften der Bayerischen Staatsbibliothek, München 1965 (MTU 10).

JEAN THIÉBAUT WELTER, L'exemplum dans la littérature religieuse et didactique du Moyen âge, Paris 1927.

MARGRET WENSKY, Die Stellung der Frau in der stadtkölnischen Wirtschaft im Spätmittelalter, Köln 1981 (Quellen und Darstellungen zur hansischen Geschichte / Neue Folge 26).

ERNST WERNER, Pauperes Christi. Studien zu sozial-religiösen Bewegungen im Zeitalter des Reformpapsttums, Leipzig 1956.

SARAH WESTPHAL, Sammelhandschrift, in: Medieval Germany. An encyclopedia, hg. von JOHN M. JEEP, New York 2001, S. 691–694.

RENÉ WETZEL, *Spricht maister eberhart*. Die Unfestigkeit von Autor, Text und Textbausteinen im Cod. Bodmer 59 und in der Überlieferung weiterer mystischer Sammelhandschriften des 15. Jahrhunderts. Mit einem Exkurs zur Buch- und Bibliotheksgeschichte der Kartause Buxheim, in: Kulturtopographie des deutschsprachigen Südwestens im späteren Mittelalter. Studien und Texte, hg. von BARBARA FLEITH und RENÉ WETZEL, Tübingen 2009 (Kulturtopographie des alemannischen Raums 1), S. 301–326.

OTMAR WIELAND (OSB), Gertrud von Helfta: *ein botte der götlichen miltekeit*, Augsburg 1973 (Studien und Mitteilungen zur Geschichte des Benediktiner-Ordens und seiner Zweige, 22. Ergänzungsband).

ULLA WILLIAMS, Die ›Alemannischen Vitaspatrum‹. Untersuchungen und Edition, Tübingen 1996 (Texte und Textgeschichte 45).

ULLA WILLIAMS, ›Die fromme Müllerin‹, in: Killy, Bd. 4, S. 60 f.

ULLA WILLIAMS, *Vatter ler mich*. Zur Funktion von Verba und Dicta im Schrifttum der deutschen Mystik, in: Heinrich Seuses Philosophia spiritualis. Quellen, Konzept, Formen und Rezeption. Tagung Eichstätt 2.–4. Oktober 1991, hg. von PHILIPP KAISER und RÜDIGER BLUMRICH, Wiesbaden 1994 (Wissensliteratur im Mittelalter 17), S. 173–188.

ULLA WILLIAMS und WERNER J. HOFFMANN, ›Vitaspatrum‹ (›Vitae Patrum‹), in: ²VL, Bd. 11, Sp. 449–466.

WERNER WILLIAMS-KRAPP, Die deutschen und niederländischen Legendare des Mittelalters. Studien zu ihrer Überlieferungs-, Text- und Wirkungsgeschichte, Tübingen 1986 (Texte und Textgeschichte 20).

WERNER WILLIAMS-KRAPP, *Ein puch verschriben ze deutsch in brabantzer zunge*. Zur Rezeption von mystischem Schrifttum aus dem *niderlant* im *oberlant*, in: Schnittpunkte. Deutsch-Niederländische Literaturbeziehungen im späten Mittelalter, hg. von ANGELIKA LEHMANN-BENZ, ULRIKE ZELLMANN und URBAN KÜSTERS, Münster 2003 (Studien zur Geschichte und Kultur Nordwesteuropas 5), S. 41–54.

WERNER WILLIAMS-KRAPP, *Nucleus totius perfectionis*. Die Altväterspiritualität in der ›Vita‹ Heinrich Seuses, in: Geistliche Literatur des späten Mittelalters. Kleine Schriften von Werner Williams-Krapp, hg. von KRISTINA FREIENHAGEN-BAUMGARDT und KATRIN STEGHERR, Tübingen 2012 (Spätmittelalter, Reformation, Humanismus 64), S. 65–82.

WERNER WILLIAMS-KRAPP, Studien zu ›Der Heiligen Leben‹, in: ZfdA 105 (1976), S. 274–303.

EBERHARD WINKLER, Exegetische Methoden bei Meister Eckhart. Dargestellt im Rahmen der Geschichte der Hermeneutik, Rostock 1965 (Beiträge zur Geschichte der biblischen Hermeneutik 6).

ALOIS WINKLHOFER, Johannes vom Kreuz und die Surius-Übersetzung der Werke Taulers, in: Theologie in Geschichte und Gegenwart. Festschrift Michael Schmaus, hg. von JOHANN AUER und HERMANN VOLK, Berlin 1957, S. 317–348.

KARL HEINZ WITTE, Der enthöhte Gott – Zur Demutslehre Meister Eckharts, in: MEJb 1 (2007), S. 43–53.

KARL HEINZ WITTE, Meister Eckhart: Leben aus dem Grunde des Lebens. Eine Einführung, Freiburg und München, ⁴2017.

GREGOR WÜNSCHE, Hadewijch am Oberrhein. Niederländische Mystik in den Händen der sogenannten ›Gottesfreunde‹, in: Kulturtopographie des deutschsprachigen Südwestens im späteren Mittelalter. Studien und Texte, hg. von BARBARA FLEITH und RENÉ WETZEL, Tübingen 2009 (Kulturtopographie des alemannischen Raums 1), S. 83–97.

PAUL ZUMTHOR, Die Stimme und die Poesie in der mittelalterlichen Gesellschaft, München 1995 (Forschungen zur Geschichte der älteren deutschen Literatur 18).

PAUL ZUMTHOR, Essai de poétique médiévale, Paris 1972 (Collection poétique).

PAUL ZUMTHOR, La lettre et la voix. De la ›littérature‹ médiévale, Paris 1987 (Collection Poétique).

## Anhang 1: ›Der arme Mensch I‹

### Transkription nach W12[114]

[123$^{r}$] Quoad tertium inferam exemplum, quod in quodam antiquissimo libro repperi quo haec omnia iam dicta confirmatur.

Fuit quidam simplex homo qui multis annis desideravit ut deus eo dignaretur ei ostendere viam [123$^{v}$] veritatis. Et cum quondam vire esset in desiderio magno huius rei venit ad eum vox de deo dicens: ›Vade ante ecclesiam et invenies hominem qui tibi viam veritatem ostendet.« Et init et invenit pauperem fractos pedes habentem et omnia vestimenta sua vix tres denarios valebant. Tunc salutat eum dicens: »Got geb dir einen guten morgen!« Respondet ille: »Ich gewan nie kein poͤsen morgen.« At ille: »Got geb dir gluck, pruder!« Respondet: »Ich gewun nie kein ungluͤck.« At ille: »Ach daß du muͤst selig sein. Wy antwurst du mir?« Respondet pauper homo: »Ich wurd nye unselig.« Et iterum alius: »Das dir got heyl geb. Bericht mich dyser antwurt, wen ich kan ez nicht versten.« Et respondet: »Hoc sano. Quando dixisti mihi ›bonum mane‹, respondi quod numquam habui malum manum quia si esurio si expulsum si contemptus perpetuum gaudeo et dominum laudo. Ergo semper bonum mane habeo. Quando dixisti ›Got geb dir gluͤck‹, respondi ›ich gewan‹ etc. quia quidquid mihi acciderit, es sey sueß oder sauer, lip oder leyd, daß nym ich auff fur das pest. Ideo etc. Quando dixisti ›daß du muͤst selig sein‹, respondi ›ich ward nie unselig‹ quia sic posui voluntatem meam in voluntatem dei ut quicquid deus velit et ego velim et ob nullum adversum ab eius amore recedo etc. quia hoc felicitas est: idem velle cum domino et nolle.«[115] Dixit ille: »Ach gutter mensch, wan dich dan got in die hell wolt werffen, quid tunc velles facere?« Dixit homo: »Habeo duo brachia quibus eum amplecterer. [124$^{v}$] Brachium humilitatis quid supponerem confitens quod meruissem et brachium caritatis cum quo desuper circumdarem confitendo quod iustum esset.« Et adiunxit: »Potius volo esse in inferno et deum habere quam in celo et deum non habere.«

---

114 Vgl. die Handschriftenbeschreibung auf S. 196 f. Zu den Richtlinien der Transkription vgl. S. 78–80.

115 Zu Belegen für dieses Zitat vgl. S. 211, Anm. 70.

## Anhang 2: ›Meister Eckharts Wirtschaft‹, Gruppe A

Leithandschrift: Kn2

[0]Meyster Eckhartz wirtschaff

[1]Eyns quaem eyn arme mensche zo Coellen up den Ryn, dat almoesen zo soichen, der wairheyt zo leuen. [2]Do quame eyn jongfrouwe ind sprach: »Lieve kint, w*i*ltu van lieve wegen myt mir essen?« [3]Hey sprach: »Gerne.« [4]Sye sprach: »Esse vaste ind enschame dich nyt.« [5]Hey sprach: »Essen ich zo vil, dat is eyn gebreche. Essen ich zo wenich, dat is ouch eyn gebreche. Ich sal essen als eyn arme mensche.«

[6]Sy sprach: »Wat is eyn arme mynsche?« [7]Hey sprach: »Dat lijt an dryen dingen. [8]Dat eyn is, dat hey doit sij alre naturlicheit. [9]Dat ander, dat hey nyt zo vil begern enmach. [10]Dat iij, allit, dat liden is off heischen mach, dit hey dat nyeman engan also wail als eme selver.«

[12]Sy sprach: »Eya, lieve kint, sage mir, lief kint, wat is armoit des ynren menschen?« [13]Hey sprach: »It lijt an dryen dingen. [14]Dat eyn is eyn volnkomen affgescheydenheyt alre creaturen in zijt ind in ewicheit. [15]Dat ander is eyne ernsthafftige demoedicheit des inren ind usseren menschen. [16]Dat iij is eyn inbrunstige ynnicheyt myt eyme erhaven gemoede van zijt in ewicheit ane underlais.« [17]Sy sprach: »Vur wair, dat hoeren ich gerne.

[18]Eya, lieve kint, nu sage mir doch, wat is armoit des geystes?« [19]Hey sprach: »Ir vragent zo vil.« [20]Sy sprach: »Des en[94$^{v}$]konde ich nye erfaren, wat gehoiret zo godes ere ind zo des menschen selicheyt, dat des zo vil moichte gesin.« [21]Der arme mensche sprach: »*Ir* saget wair. It lijt an dryn dingen. [22]Dat yrste is, dat der mensche nyt enwisse in zijt noch in ewicheyt dan got alleyn. [23]Dat ander is, dat hey usz yme selver got nyet ensoeken. [24]Dat iij is, dat hey e*n*geyn geistlich goit mit eygenschaff endragen van eyner stat in die ander.«

---

**0** *Überschrift:* Meyster Eckhartz wirtschaff] Dyß ist Meyster Eckarts wirtschaf Von warer armůt des geistes demütigkeytt liebe gotts gelassenheit und vereinung mit got *KT, B22* **1** Eyns] Meister Eckart spricht daz uff eyn zeit *KT, B22* der wairheyt zo leven *fehlt KT, B22* **2** wiltu] wultu *Kn2* van liebe wegen] auß liebe gottes *KT, B22* **3** Hey sprach: »Gerne.« *fehlt KT, B22* **4** Sye sprach] do si saessen sprach sie *KT, B22* **5** gebreche[2]] gebrech daz mittel hie zwuschen ist gůt *KT, B22* **6** sprach] fraget *KT;* vraechden *B22* **8** naturlicheit] naturlichen dingen *KT, B22* **9** nyt] gůttes nit *KT, B22* **10** iij] dritte ist *KT, B22* is off heischen mach] heischt unnd ist *KT;* heyt ende is *B22* engan also wail] besser gunne *KT, B22* als eme] dan sich *KT;* dan hem *B22* **12** Sy sprach] sie fraget *KT, B22* lief kint *fehlt KT, B22* armoit] leyden *KT, B22* ynren] inwendigen *KT, B22* **13** Hey sprach] er antwort *KT, B22* It lijt] das leit auch *KT, B22* **14** affgescheydenheyt] abscheiden *KT, B22* alre] von allen *KT, B22* creaturen] creaturen die aussen Got seyn *KT, B22* **15** inren ind usseren] inneren unnd des ausseren *KT;* inwendigen ende des inwendigen *B22* **16** inbrunstige] fleissige *KT, B22* myt eyme erhaven] und eyn ufferhaben *KT, B22* van zijt in ewicheit] in Got *KT, B22* ane] sonder *B22* **17** Sy sprach … gerne *fehlt KT, B22* **18** Eya … doch] sie fraget *KT;* sij seyde *B22* **19–20** Hey sprach … Sy sprach *fehlt KT, B22* **20** zo des] des *KT, B22* dat des … gesin *fehlt KT, B22* **21** sprach] antwort *KT, B22* Ir] hey *Kn2;* Ihr *KT;* sy *B22* It lijt] das leit auch *KT, B22* der mensche] eyn mensche *KT, B22* **23** is *fehlt B22* usz … got] Gott ausser sich selbst *KT, B22* **24** is *fehlt B22* engeyn] egeyn *Kn2;* kein *KT, B22* mit eygenschaff] habe noch *KT, B22* in die] zů der *KT, B22*

[25]Sy sprach: »Sal dann der meyster, unser beyder vader, syne preitge nyt dragen van der cellen up den stoil?« [26]Hey sprach: »Neyn.« [27]Sy sprach: »Warumb?« [28]Hey sprach: »Ye tzijtlicher, ye lijfflicher.« [29]Sy sprach: »Vur war, deser geist komet van gemeynen menschen nyt.« [30]Hey sprach: »Die selve sonne, die zo Coellen schynet, dye schynet ouch zo Praege in der stat.« [32]Sye sprach: »Berichte mich basz.« [33]Hey sprach: »Dat hoirt mir nyt zo, die wile der meyster gegenwoirdich is.« [34]*Der meister sprach*: »Der die wairheit nyt enhait van en bynnen, der leve yr van buissen, so vint hey sy van bynnen.« [35]Sy sprach: »Dese kost is wal vergolden.« [36]Hey sprach: »Iongfer, so gelt yr den win.« [37]Sy sprach: »Gerne. Vrage vurbas.«

[38]Hey sprach: »Waeby sal der mensche bekennen die wercke des heiligen geistes an siner selen?« [39]Sy sprach: »An dryn dingen: [40]Dat yrste is, dat he affneme an lijfflichen dingen oder lust ind an naturlicher mynnen van dage zo dage. [41]Dat ander, dat hey zoneme an gotlicher mynnen [95$^r$] ind genaden van zijden zo zijden. [42]Dat iij, dat hey van mynnen ind myt ernste me sij gekeirt zo doinde up sinen evenen menschen dan up sich seluer.«

[44]Hey sprach: »Wae an sal eyn geistelich mensche bekennen, off eme got tegainwordich sij in syme gebede oder in sinre oefongen?« [45]Sy sprach: »An dryn dingen. [46]Dat yerste is an dem gegenworp, dar myt got sine usz erweilten begavet, als van versmaicheit der werelt ind liden des liues. [47]Dat ander is zo nemen an genaden, dar nach die mynne tuschen eme ind gode grois is. [48]Dat iij is, dat got den menschen nummer en geleist, hey en wyse eme eynen nuwen wech der wairheit.« [49]Hey sprach: »Dat mois van noit sin.

---

**25** sprach] fraget *KT;* seyde *B22* meyster] meyster Eckart *KT, B22* beyder *fehlt KT, B22* van der] auß seyner *KT, B22* up den stoil] auff die kanczell *KT;* opten stoel *B22* **26** sprach] antwort *KT, B22* **28** Hey sprach ... lijfflicher *fehlt KT, B22* **29** Sy sprach *fehlt KT, B22* Vur war] dan *KT, B22* van gemeynen menschen nyt] von gemeynen menschen und ye tzeitlicher ye lieblicher sie sprach fürwar du kommes vonn gemeynenn menschen nicht *KT, B22* **30** selve *fehlt KT, B22* praege in der stat] Pareyß *KT, B22* **32** basz] des baß *KT, B22* **33** sprach] antwortt *KT, B22* die wile] naedenmael dat *B22* der meyster] meyster Eckartt *KT, B22* gegenwoirdich] hie gegenwordig *KT, B22* **34** Der meister sprach] der meister sprach der meyster sprach *Kn2;* meyster Eckhart sprag *KT, B22* nyt ... bynnen] von innen nit hatt *KT, B22* leve yr] liebe sie *KT;* mynne *B22* van] auch vonn *KT, B22* **37** vrage vurbas] fraget ich mee *KT, B22* **38** an] in *KT, B22* **39** Sy sprach] er antwort *KT, B22* **40** affneme] von tage zů tage abneme *KT, B22* an lijfflichen] von leiblichen *KT, B22* oder] und *KT, B22* an naturlicher mynnen van dage zo dage] von naturlicher liebe *KT, B22* **41** ander] ander ist *KT, B22* mynnen] liebe *KT, B22* **42** van mynnen ind myt] mit minnen und mit *St2;* von liebe unnd *KT, B22* sij gekeirt] gekert si *St2, KT, B22* zo doinde] zů wirkende *St2;* gůtt czů thůn *KT, B22* up sinen] seynen *KT, B22* dan up] dann *KT, B22* sich selver] sich selben er sprach daz hant die frúnt unsers herren wol bewert *St2* **44** wae an] wa von *KT, B22* geistelich] gůtt *KT* tegainwordich] tgenwordich *Kn2;* gegenwertig *St2, KT, B22* in syne] an sinem *St2* oefongen] einunge *St2* **45** Sy sprach] er antwort *KT, B22* an dryn] auch an drey *KT, B22* **46** Dat yerste is] daz eine daz ist *St2* myt *fehlt KT, B22* begavet] mit begabet *KT, B22* als van ... lives] als die welt zů verschmehen und leyden gerne zů tragen *KT, B22* **47** is *fehlt St2* zo nemen an] eyn zů nemen in *KT, B22* dar nach] nach dem *KT, B22* mynne] liebe *KT, B22* eme ind gode] Gott und ihm *KT, B22* **48** is *fehlt KT, B22* nummer] nummer mer *KT, B22* **49** Hey ... noit sijn *fehlt KT, B22*

[50]Sagent mir, *wo* an sal eyn mensche erkennen off alle sine werke geschient na den alre hoegsten willen gotz?« [51]Sy sprach: »An dryn dingen. [52]Dat yrste ist, dat eme nummer eyner lutern consciencien engebreche. [53]Dat ander is, dat hey uß gotlicher eynungen nummer engekere. [54]Dat iij is, dat der hemelsche vader sinen soen ane underlais in yme gebere.« [56]Der meyster sprach: »Wer alle schult also wail vergolden as der win, so were menche sele in dem hemel, die nu is in der hellen pine.« [57]Do sprach der arme mensch: »Wat hie noch tzo gelden is, dat gehoirt dem meister zo.« [58]Der meyster sprach: »Man sal den alden des alders laissen genyessen.« [59]Do sprach der arme mensche: »Laist die mynne wircken, want sij wircket [95$^{v}$] sonder zo valle.«

[60]Die iongfer sprach: »Saget mir, vader, waran sal eyn mensche bekennen, off hey sij eyn kint des ewigen hemelschen vaders?« [61]Hey sprach: »An dryn dingen. [62]Dat yrste is, dat der mensche alle sine wercke van mynnen deyt. [63]Dat ander, dat hey alle dinge geliche van got ontfenget. [64]Dat iij, dat hey alle sin hoffen up nyemant enhave zo neygende dan up got alleyn.«

[66]Der arme mensche sprach: »Vader, sage mir, waeby sal eyn mensche erkennen, off die doegent in eme wirckende sij up yren hoegsten adel?« [67]Hey sprach: »An dryn dingen. [68]Mynne got umm got, [69]goit umm goit, [70]wairheit umm wairheyt.«

[72]Der meyster sprach: »Lieve kint, wie sal der mensche leven, der die wairheit leirt?« [73]Sy sprach: »Hey sal also leven, wat hey leirt myt den worden, dat hey dat volnbrenge mit den wercken.« [74]Der arme mensche *sprach*: »Dat is goit. Hey sal also stain inwendigh, dat hey nyt me besessen enhave dann hey *zů* worden bringen mach.«

[76]Also dat ewige wort is eyne geborte des hemelschen vaders, also ist der wille gotz eyn geboert ind eyn werden alre creaturen. Gotz soen ihus xpus sij geloeft. Amen.

---

**50** Sagent mir] sye sprach *KT, B22* *wo St2, KT, B22*] *fehlt Kn2* **51** Sy sprach] er antwort daz mirckent *KT, B22* **52** yrste ist] eine *St2* nummer *fehlt St2* consciencien] rein consciencie *KT, B22* engebreche] niemer gebreste *St2* **53** hey] er sich *KT, B22* gotlicher] der gőtlicher *KT* eynungen] vereynnungen *KT, B22* nummer] nummer mee *KT, B22* **54** is *fehlt St2* hemelsche] gőtliche *KT, B22* soen] einigen sunn *KT, B22* ane] sonder *B22* gebere] gebere in deme ingusze *St2* **56** alle] nů alle *KT;* nu dese alle *B22* der] diese *St2;* dyser *KT, B22* win] koste es ist *St2* so were *fehlt St2* hemel ... hellen pine] vegefúre sú were húte in dem ewigen lebene *St2* der hellen *fehlt KT, B22* **57** noch] mer *St2* zo] an *St2* **58** Der meyster] Meister Eckart *KT, B22* des] irs *St2* **59** arme mensche] *durch Umstellungszeichen gebessert aus* mensche arme *Kn2;* arme *St2* mynne] liebe *KT, B22* want] do *St2;* dann *KT* sonder] on *KT* **60** waran] wo inne *St2* hey] es *St2* ewigen *fehlt St2, KT, B22* **61** Hey sprach] hij antwoerden *B22; fehlt KT* **62** yrste] eine daz *St2* van mynnen deyt] von minnen wirke *St2;* thů auß der liebe gotz *KT, B22* **63** geliche van got] von gotte gelich *St2, B22* ontfenget] entfange mit demüttiger gelassenheit *KT, B22* **64** iij] dritte ist *KT, B22* hoffen] zůverlaß unnd hoffen endtlich *KT, B22* enhave ze neygende] setze *KT, B22* **66** mensche *fehlt St2* Vader, sage mir] sage mir vatter *St2* wae by] wa ane *St2* **67–70** Hey sprach ... umm wairheyt *fehlt KT, B22* **72** Der meyster] Meister Eckart *KT, B22* **72–73** wie sal ... Hey sal] ein mensch der die warheyt leret sol *KT, B22* **73** Sy] die jungfrowe *St2* wat] so waz *St2* **74** Der arme ... goit] und *KT, B22* arme mensche] arme *St2* sprach *St2*] *fehlt Kn2* inwendich] von innen *St2; fehlt KT, B22* nyt me] mit wesene *St2* zů *St2*] in *KT, B22; fehlt Kn2* bringen] vollbringen *KT, B22* mach] múge *St2* **76** Also] dis ist maister eckehartes wurtschaft also hemelschen] ewigenn *KT, B22* Gotz soen ... Amen] Da czu helff uns Got Amen *KT, B22; fehlt St2*

## Anhang 3: ›Meister Eckharts Wirtschaft‹, Gruppe B1

Leithandschrift: Br1a

[151$^{v}$] [1]*H*et quam een aerm mensche te Coelne, armoede te soekene ende der wareit te levene. [2]Doe quam ene ioffrouwe te hem daer hi op der straten ginc ende sprac te hem: »Goede kint, du salt noch heden mijn gast sijn.« [3]Hi sprac: »Gerne.« [4]Ende die ioffrouwe hadde genoet enen meester vander diviniteit ende si sprac toten armen mensche: »Et ende enscame di niet«. [5]Hi sprac: »Etic te vele, dats gebreke. Etic te lettel, dats aver gebreke. Ic sal eten enen armen mensche gelijc.«

[6]Si sprac: »Goede, sech mi van minnen, wats dat, een arm mensce?« [7]Hi sprac: »Dat saltu bekinnen an iij stucken. [8]Dat eerste es, dat alle, dat naturlecheit geheten es, in hem gestorven si. [9]Dat ander es, dat hi gode nemmer meer te vele begeren enmach. [10]Dat derde es, dat hi armoede ende liden ende al, dat versmaetheit geheten es, niemene also wel eng*ae*n alse hem seluen.« [152$^{r}$] [11]Si sprac: »Vorwaer, dats mi wel becant.«

[12]Si vragede vort: »Sech mi, gode, van minnen, wat es armoede des inres menschen?« [13]Hi sprac: »Dat saltu bekinnen an iij stucken. [14]Dat eerste es ene volcomene afgescedenheit van al, dat creature geheten mach in tijt ende in ewecheit. [15]Dat ander es ene erenstachtege oetmoedicheit van buten ende van binnen. [16]Dat derde es ene inbrusende innecheit ende een verhaven gemuede boven tijt in ewecheit an onderlaet.« [17]Si sprac: »Vorwaer, dit horic gerne.«

---

**0** *Überschrift:* Een exempel der armoeden *Le2* **1** Het *Br1b, Le2, Ha6*] et *Br1a (Raum für Initiale vorgesehen, aber nicht ausgeführt)* Coelne] collen aen den rijn *Ha6* der wareit te levene] die waerheit te hoerne ende dier te levene *Br1b;* der godliker waerheit te volgen *Ha6* **2** ene ioffrouwe te hem] tot hem een ioncfrouwe *Ha6* daer hi op der straten ginc *fehlt Ha6* sprac] seide *Br1b, Ha6* te hem *fehlt Ha6* noch *fehlt Br1b* **3** Hi] ende hi *Ha6* **4** Ende die ioffrouwe ... diviniteit] sy leyden mit hoer *Ha6; fehlt Br1b, Le2* toten armen mensche *fehlt Br1b, Ha6, Le2* **5** Hi] ende hi *Ha6* te vele] veel *Le2* gebreke[1]] mijn ghebrec *Br1b;* gebrechic *Ha6* Etic te lettel ... gebreke *fehlt Ha6, Le2* dats aver] dat dat es oec *Br1b* enen armen mensche gelijc] als een arm mensche *Ha6* **6** Si] ende si *Ha6* goede] goede broeder *Le2* dat *fehlt Le2* dat ... mensce] behoerlic enen armen mensche *Ha6* **7** Hi] ende hi *Ha6* stucken] poente *Br1b* **8** dat alle, dat] al dat *Le2* naturlecheit ... si] aen hem verstorven sy dat natuerlijc heyten mach *Ha6* es[2]] mach *Br1b, Le2* **9** gode] der mynnen gods *Ha6* nemmer meer] niet *Le2, Ha6* **10** ende liden] ende doghen *Le2; fehlt Ha6* al dat *fehlt Ha6* versmaetheit] versmaet *Br1b* geheten es] heten mach *Br1b, Le2;* ende allet dat op armoede vallen mach *Ha6* niemene] aen nieman *Br1b* wel] veel *Le2, Ha6* engaen] engean *Br1a;* gonnen ensal *Ha6; fehlt Br1b* hem] aen hem *Br1b* **11** wel] herde wael *Ha6* **12** Si vragede] ende sprac Sech mi, gode, van minnen] guede mensche sech my van minnen *Le2; fehlt Ha6* es] es dat *Br9* inres menschen] reins menschen *Br1b;* menschen *Le2;* geestes *Ha6* **13** Hi sprac *fehlt Le2* stucken] poente *Br1b* **14** ene volcomene ... al] dat hie alle des gestorven sy *Ha6* van *fehlt Br1b* tijt] der tijt *Br1b* **15** ene erenstachtege] naerstachtighe *Le2;* diepe *Ha6* oetmoedicheit] oetmodecheit dicheit *Br1b* buten ende van binnen] bynnen ende van buten *Ha6* **16** inbrusende innecheit] inbustige innicheit *Br1b;* brusende innicheit *Br9;* inbrustich ynnicheit *Le2;* eernstige begeerte *Ha6* ende ... gemuede] mit enen eynde verhavente sijn *Ha6* gemuede] armoede *Br1b* an onderlaet] sonder onderlaet *Br9, Le2; fehlt Ha6* **17** Si sprac] doe sprac die vrouwe *Le2* Vorwaer *fehlt Le2*

[18]Si vragede vort: »Goede, sech mi, wat es armoede des geests?«

[19]Hi sprac: »Du vrages oec alte vele.« [20]Si sprac: »Des enconstic noyt geweten, dat des te vele mochte sijn, daer gods ere an gelage ende des menschen salicheit.« [21]Hi sprac: »Dat saltu bekinnen an iij stucken. [22]Dat eerste es, dat hi in tijt ende in ewecheit niet enwarde dan god. [23]Dat ander es, dat hi buten hem niet ensoeke el dan dat hem gevorderen mach te sijnre [152$^{v}$] ewegen salicheit. [24]D*at* derde es, dat *hi* geen geestelec goed van dier eer stat op di andre niet dragen ensal.«

[25]Si sprac: »Ensal dan die meester, onse geestelec vader, sine predecacie ende sine lere op den stoel niet dragen?« [26]Hij sprac: »Neni.« [27]Si sprac: »Waeromme?« [28]Hi sprac: »*Ia titerliker, ia liefliker ende ia liefliker, ia titeliker.*« [29]Si sprac: »Vorwaer, die geest enquam van Bi*jhem* niet.«

[30]Hi sprac: »Di selve sonne, die te Colne scijnt, die scijnt oec op de Brake.« [31]*Si* sprac: »Dats waer. [35]Dese cost es wel vergouden.« [36]Der meester sprac: »Ioffrouwe, soe gelt ghi den wijn.« [37]Si sprac: »Gerne.« [32]Doe vragede si vort ende sprac: »Goede, sech mi van minnen, hoe salic dese redene verstaen?« [33]Die arme mensce sprac: »Des enbehort mi niet toe, want die meester hier es.« [34]Die meester sprac: »Die der waerheit gebrect van buten, hi leerse van binnen, soe vint hise van buten.«

[38]Doe vragede die arme mensche die ioffrouwen: »Goede, sech mi van minnen, waerbi sal een geestelec kint bekinnen die werke [153$^{r}$] des heilecs geestes in sinre zielen?« [39]Si sprac: »Dat sal hi bekinnen an iij stucken. [40]Dat eerste es, dat hi aneneme naturlec lust ende naturleke lievede van dage te dage. [41]Dat ander es, dat hi toeneme van godliker genaden van tide te tide.

---

**18** Si vragede vort] si sprac doe *Br1b;* sie sprac voert *Le2;* doen sprac sy voert *Ha6* mi] mi voert van minnen *Br9;* mi van minnen *Le2, Ha6* wat] welc *Ha6* geests] godliken menschen *Ha6* **19** Hi] ende hi *Ha6* oec] mi oec *Br9; fehlt Br1b* **20** enconstic] const ic ic *Le2* geweten] gheloeven *Br9, Le2;* verstaen *Ha6* ere an gelage] lof ingelegen waer *Ha6* ende *fehlt Br1b* des menschen] der menschen *Le2* **21** Hi] ende hi stucken] poente *Br1b* **22** in tijt ... dan god] niet weten ensal dan god in tijt ende in ewicheit *Ha6* enwarde] enghewete *Br9, Le2* **23** dat hi ... salicheit] al dat hem vorderen mach tot sijnre ewiger salicheit dat hi die nergens te soeken enheb buten hem selven *Ha6* **24** Dat *Br1b, Br9, Le2, Ha6*] den *Br1a* hi *Br1b, Br9, Le2, Ha6*] *fehlt Br1a* van dier eer stat ... ensal] ensal dragen (sal mit eygenscap *Ha6*) van der ere stat op dandere *Br1b, Ha6* niet *fehlt Le2* **25** dan *fehlt Le2* geestelec] beyder *Ha6* ende sine lere *fehlt Ha6* **26** Hij] ende hi *Ha6* **27** Si sprac: »Waeromme« *fehlt Ha6* **28** Hi] ende sy *Ha6* Ia *(soe Ha6)* titerliker, ia *(soe Ha6)* liefliker ende ia *(soe Ha6)* liefliker, ia *(soe Ha6)* titeliker *Br1b, Ha6*] lijflicker ia tijtliker ende ia lijfliker *Br1a;* so *(ia Le2)* lieefliker so *(ia Le2)* tideliker *Br9, Le2* **29** Si] ende sy *Ha6* bijhem *Br1b, Br9, Le2*] binnen *Br1a;* hem *Ha6* **30** die scijnt] scijnt *Br1b* oec] daer buten *Ha6* op] in *Br9* **31** Si *Br1b, Br9, Le2, Ha6*] si si *Br1a* waer] waer geloeft sy god *Ha6* **35** cost] maeltijt *Ha6* **36** meester] arme mensche *Ha6* Ioffrouwe *fehlt Br9* Ioffrouwe ... wijn] goede meyster bidt hoer van mynnen dat sy ons den wijn vergelde die meyster sprac joncfrouwe vergelt ons den wijn ende *Ha6* soe *fehlt Br1b* ghi] mi *Br1b; fehlt Le2* **32** doe vragede si vort ende sprac] sy sprack *Ha6* ende sprac] ende seyde *Br9; fehlt Br1b, Le2* Goede] goede kijnt *Le2* hoe] wie *Ha6* **33** Die arme mensce] hi *Ha6* sprac] seide *Br1b, Br9, Le2* hier] hier teghenwoerdich *Le2, Ha6* **34** gebrect] ghebruuct *Br9* hi leerse] hi levese *Br9;* die leuese *Ha6* **38** die ioffrouwen] der ioffrouwen *Br1b, Br9, Le2, Ha6* waer bi] waer an *Ha6* een] ic *Ha6* des] in des *Br1b* **39** sal hi] saltu *Ha6* **40** dat hi *über der Zeile eingefügt Br1a;* of hi *Ha6* aneneme] ane legge *Br1b;* an em *Br9;* ofneme in *Le2;* afneemt aen *Ha6* naturlec lust] natuerlijc lust heeft *Br9; fehlt Br1b* ende] ende in *Le2; fehlt Br1b, Ha6* ende naturleke ... te dage *fehlt Ha6* lievede] lieeflijchede *Br9* te dage] *unter der Zeile hinzugefügt:* ende dat hi die sonde conne af leggen *Br9* **41** dat hi] of hie *Ha6* van] an *Le2, Ha6* genaden] gracie *Br9* van tide te tide *fehlt Ha6*

[42]Dat derde es, dat hi met minnen ende met doegden gekeert si te werkene op sinen naesten ende op hem selven.«

[43]Hi sprac: »Vorwaer, dat hebben die utverweelde navolgeren ons heren ihu xpi wel bewart.«

[44]Hi vragede vort: »Goede, sech mi van minnen, waerbi sal een geestelec kint bekinnen, oft hem god iegenwordich si in sinen gebede ofte in sire oeffeningen?« [45]Si sprac: »Dat sal hi bekinnen an iij stucken. [46]Dat eerste es, dat hem werde gegeven een *i*egenworp der gaven, daer xpi sine verweelde mede vergavet, dat es ene versmaetheit der werelt ende liden des lichamen. [47]Dat ander es, dat die genade an hem gemeert werd*e* ende di [153v] minne tusschen hem ende gode. [48]Dat derde es, dat god nemer van hem ensceide, hi enwise op enen sonderlingen wech der warijt.« [49]Hi sprac: »Dat moet van node sijn.«

[50]Hi vragede vort ende sprac: »Waerbi sal een geestelec kint bekinnen, dat het alle sine werke werct na den liefsten willen gods?« [51]»Dat sal hi bekinnen an iij stucken. [52]Dat eerste es, dat een lutter wesen nemmer an hem engemesse. [53]Dat ander es, dat sijn wille ut godliker eynigen nemmer engetrede. [54]Dat derde es, dat de hemelsce vader sijn eyngebornen sone in siner zielen bare een onderlaet.«

[56]Der meester sprac: »Ware alle scout alse wel vergouden, het waren zielen in den ewegen levene, die noch in den vageviere sijn.« [57]Der arme mensche sprac: »Goede meister, help ghi gelden den wijn.« [58]Der meister sprac: »Men sal den ouden laten hars ouders genieten.«

---

**42** dat hi] of hi *Ha6* gekeert si te werkene] meer sy gekeert *Ha6* naesten] even kersten *Br1b, Ha6* ende] als *Br1b, Br9, Le2;* dan *Ha6* **43** Hi sprac *fehlt Le2* utverweelde] utevercoerne *Br9, Ha6; fehlt Br1b* navolgeren] die navolghers *Br9* bewart] ghewracht *Br1b* **44** vort] voert ende sprac *Ha6* Goede *fehlt Br1b, Br9* mi *fehlt Br1b* hem god] gode hem *Br1b* ofte … oeffeningen *fehlt Le2* ofte] ende *Ha6* sire *fehlt Br1b* **45** sal hi] saltu *Ha6* stucken] poente *Br1b* **46** es *fehlt Br9* dat] of *Ha6* hem] hi hem *Br1b;* die *Br9* werde gegeven] ghegheven werde *Le2* iegenworp *Br9, Le2*] segenworp *Br1a;* ieghenvorer *Br1b;* voerworp *Ha6* verweelde] vercoerne *Br1b,* utvercoerne *Br9, Ha6* mede vergavet] mede gavet *Br1b;* mede genas *Br9;* mede begavet *Le2;* mede begaeft heeft *Ha6* dat es ene *fehlt Ha6* ene *fehlt Le2* der] deser *Le2* **47** genade] gracie *Br9;* ghenade gods *Ha6* an] in *Ha6* werde *Br9, Le2, Ha6*] werden *Br1a;* wert *Br1b* **48** nemer] nemmermeer *Br1b, Le2, Ha6;* niemen *Br9* van hem *fehlt Br1b* enwise] enwise hem *Le2* **49** van] hem *Br1b* van node] von noede waer *Ha6* **50** Hi … sprac] Doen vragede hi voert *Ha6* sprac] seide *Br1b, Br9, Le2* Waer bi] goede segghe my van mynnen waer by *Ha6* kint] mensche *Le2* het] hi *Br1b, Ha6; fehlt Le2* sine werke] sijn werc *Br1b, Le2* werct] wort *Le2* liefsten] alre liefsten *Ha6; fehlt Br1b* **51** Dat] si sprac dat *Le2, Ha6* sal hi] saltu *Ha6* stucken] poente *Br1b* **52** een lutter wesen] hi luttel wesen *Br1b;* een lutter menische wese *Br9* een lutter … engemesse] hi den voet sijnre begeerten diep sette in gode dat hi en nummermeer van hem en trecke in tijt noch in ewicheit *Ha6* nemmer an hem] aen hem nemmermeer aen hem *Br1b;* an em nemmer *Br9;* nymmermeer *Le2* **53** sijn wille … engetrede] hi een luter weten in hem nummermeer engemisse *Ha6* ut godliker eynigen nemmer] nymmermeer utte godliker enighen *Le2* engetrede] encomen *Le2* **54** es *fehlt Ha6* de] hi den *Ha6* eyngebornen] eenen gheborenen *Br1b;* eninghen gheboerenen *Br9;* enighen *Le2* in siner zielen *fehlt Ha6* een onderlaet] sonder aflaten *Br1b;* sonder ontlaet *Br9;* sonder een onderlaes *Le2;* in sijnre zielen sonder onderlaet hi sprac geloeft sy god *Ha6* **56** Der meester sprac] doen sprac die meester *Ha6* vergouden] vergouden als desen wijn es *Br1b, Br9, Le2, Ha6* zielen] vele zielen *Br1b, Br9, Le2, Ha6* in den ewegen levene] in hemelrijc *Ha6* **57** Der arme mensche sprac] doen sprac die arme mensche *Ha6* help ghi gelden den wijn] geef hoer den wijn *Ha6* ghi] gi oec *Br1b, Br9;* oec *Le2* gelden den wijn] den wijn ghelten *Br1b, Br9* **58** Der meister … genieten *fehlt Ha6* hars ouders genieten] houtheit ghenieten *Br1b;* ghenieten hoers ouders *Le2*

[59]Die arme mensce sprac: »Neijn, goede meister, laets minnen werken, want al, dat si werket, dat werct si sonder alle toeval.« [60]Die ioncvrowe vragede den meister: »Sech mi, goede meister, waerbi sal een geestelec kint bekinnen, dat [154r] hi si een kint sijns hemels vaders?«
[61]Die meister sprac: »Dat sal hi bekinnen an iij stucken. [62]Dat eerste es, dat hi alle sine werke werct van luttere minnen sonder alle waeromme. [63]Dat ander es, dat hi alle dinc in ener gelijckeit van gode ontfange. [64]Dat derde es, dat hi sijn hovet op niemen enhebbe te neigene dan op gode allene.« [65]Die ioffrouwe sprac: »Vorwaer, dat horic gerne.«
[66]Der arme mensce vragede: »Goede meister, sech mi van minnen, waerbi sal een geestelec kint bekinnen, dat die doegden in hem werken in den hoechsten adel?« [67]»Dat sal hi bekinnen an iij stucken. [68]Dat eerste, mint hi god omme god, [69]goet omme goet, [70]warde omme warde.« [71]Die arme mensce sprac: »Geloeft si god.«
[72]Die meister sprac: »Goede kinder, segt mi van minnen, hoe sal die mensche leven, die waerheit leert?« [73]Die ioffrouwe antworde: »Hi sal also *ordelijc* wandelen, dat alle sine worde ende alle sine werke een getuuch geven der waerheit, die hi van buten uten worde bringende es.«

---

**59** Die arme mensce sprac] doe sprac die meyster *Ha6* neijn ... werken] men sal die mynne laten werken *Ha6* neijn goede meister] meen meyster *Le2* minnen] die minne *Le2* al, dat si] si *Le2;* daer die mynne *Ha6* werket] wert *Br1b* dat werct sie] daer werct sy *Ha6; fehlt Le2* alle toeval] toe val *Le2;* myddel *Ha6* **60** Die ioncvrowe vragede] doen vraechde die ioncfrouwe Sech mi, goede meister] ende sprac *Le2;* goede meester segt my van mynnen *Ha6* bekinnen ... kint *fehlt Br1b (Hom.)* hi si] et *Le2* hemels] hemelschen *Br9, Le2, Ha6* vaders] vaders is *Le2* **61** sal hi] saltu *Br9, Ha6;* sel man *Le2* stucken] poente *Br1b* **62** hi] et *Le2* werct van luttere minnen] na gerechte minne werken sal *Br1b;* van mynnen werke *Ha6* sonder alle waeromme *fehlt Ha6* alle] all eene *Br9* **63** hi] et *Le2* van gode ontfange] ontfanghet van gode *Le2;* sal ontfaen *Ha6* **64** hi] et *Le2* hovet] hoepe *Br9* enhebbe te neigene] enhebbe in gheenen dinghen *Br9;* te neyghen enheb *Ha6* **65** die ioffrouwe] sie *Ha6* Vorwaer, dat horic gerne] dat horic gerne *Br1b;* geloeft sy god *Ha6* **66** vragede] sprac *Le2;* vraechde den meister *Ha6* waerbi sal] waerbi dat *Le2* bekinnen] bekennen sel *Le2* die doegden ... werken] dogeden in hem *Br1b;* die doeghet in hem *Le2, Ha6* werken ... hoechsten adel] werke in den hoechsten adel *Le2;* werct op hoeren hoechsten adel naden alre liefsten wille gods *Ha6* **67** Dat] die meyster sprac dat *Le2, Ha6* sal hi] saltu *Ha6* **67–75** bekinnen ... vroylic sijn van binnen] *das folgende teils schwer lesbare Textstück ist unikal in Br9 überliefert:* <...> ende hem wachten van de gehen *<drei oder vier Buchstaben nicht lesbar>* van der werelt ende van de vleesche *< drei oder vier Buchstaben nicht lesbar>* ghenouchten ende in em selven kennen want dat heeft de siele boven den lachamen dat si hare selven mach bekinnen ende bescouwen ende op hare selven keeren want si es een gheestelijc spieghel amen *Br9* **67** stucken] poente *Br1b* **68** dat eerste] dat ierste es *Br1b, Ha6;* ene is *Le2* god omme god] om god *Br1b* **71** sprac] seide *Le2* **72** die meister sprac] die mester vragede *Br1b, Le2;* doe sprac die meyster *Ha6* kinder] lude *Ha6* segt mi van minnen *fehlt Le2* leven] wandelen *Ha6* die waerheit] die de waerheit *Br1b, Le2, Ha6* leert] leert den volke *Ha6* **73** antworde] sprac *Ha6* ordelijc *Br1b, Le2, Ha6*] onderlec *Br1a* wandelen] leven Br1b*;* wanderen *Le2* worde] werken *Ha6* werke] leven *Ha6* der waerheit] dierre lere *Ha6* van buten ... es] leert den volke *Ha6* worde *fehlt Br1b* bringende] voert brenghende *Le2*

[74]Die arme mensche sprac: »Dats [154$^{v}$] goet. Maer dats vele beter, dat men van gode also vele hebbe ontfaen, dat hi metten worde niet utgebringen encan.« [75]Die meister sprac: »Kinder, hier mede genoege ons wale. Nu laet ons eten ende vroylec sijn van binnen.«

---

**74** Die arme mensche] hi *Le2* sprac] seide *Ha6* maer] aver *Br1b* maer ... vroylec sijn van binnen] mer ic will daer meer toe seggen dat die leere altoes riker tusschen hem ende gode sy al in der godliker waerheit dan hi den vollre geseggen can amen *Ha6* vele] u vele *Br1b* men] hi *Br1b, Le2* ontfaen dat] ontfaen hebbe dat *Br1b;* hebbe ontfanghen ende meer dan *Le2* metten worde niet] niet ten worten *Br1b;* mit woerden *Le2* **75** Die meister ... vroylec sijn van binnen] want hi sel daer een ander vijnden eyghentliker dan hi hier verstaet in lichtes wise licht dat hevet wise aen ende verstandenisse *Le2; fehlt Ha6*

## Anhang 4: ›Meister Eckharts Wirtschaft‹, Gruppen B2/B3/B4

Leithandschrift: Bre1

[1]Es quam ein arm mensche zu Kolen an den Rin, daz ermute zu suchen, der warheit zu lebene. [2]Do quam ein juncfrowe und sprach: »Gut kint, von minnen, ich bite dich, daz du hute min gast sis.« [3]He sprach: »Gerne.« [4]Su sprach: »Nu iz vil vaste und inscheme dich nicht.« [5]He sprach: »Eße ich zu vile, daz ist gebrechelich. Eße ich zu wenic, daz were aber gebrechelich. Und ich eße *als ein arm mensche*.«

---

0 *Überschrift:* daz ist die wirtschaft maister eckhartz und seiner geistleichen chinder *Gi1;* eyn colnysche gericht ¶ eyn helliges meisterlichs und lustiges gedicht yn dem der mensche wirt underwißt wo mit mann komet zcu eym volkomen leben und was sie die volkomenheit *B28;* Qualiter quedam virgo pauperque homo una cum magistro in aliorum presentia magistrorum conferebant ¶ Quis sit pauper homo ¶ Que paupertas interna *B29;* das ist das colnische gerichte und lernet den nehsten wegk zu der volkumenheit noch volkumeheit *B42;* disz leret den nehesten wegk czu der hochsten volkomenheit nach mogelikeit sequitur *Dau* 1 arm *fehlt N1, Gi1* mensche] man *Eb, z* zu kolen] hin ze cholen *N1;* von prag gen kolen *N12; fehlt Eb, z* daz ermute] armůt *He3, Fs;* da armůt *M2;* der wolt armůt *N12;* den rechten armud *Eb;* almůsen *B29* zu *fehlt N12* suchen] schauen *Gi1* der warheit] er wolt der warheit *N2, B27;* und der armut *N8;* und ok den warheyt *Eb;* und der warheit *z* zu *fehlt N2, B27* zu lebene] up dat he mochte dar van syn levent sakken *Eb* 2 Do] zu dem *N2, B27;* und do *Eb* quam] engegent im *N12;* quam eme entieghen *Eb* juncfrowe] junckfrau zu im *N8;* junchfrau gůt *N12;* en gheislik iuncvrouwe *Eb* Gut kint] gut mensch *N12;* gute man *Eb, z; fehlt M2* von minnen, ich bite dich] ich bit dich von minnen (gotleicher lieb *N8*) *He3, Fs, N12, N8;* du solt (solt heut *Gi1*) von minnen (liebhait *Sto*) *N1, Gi1, Sto;* wiltu von gotlicher myn (lieb wegen *M2*) *N2, B27, M2;* ich bit dich du wollest *z* daz du hute min gast sis] mein (heut mein *B27, z*) gast (gast heut *N1*) sein *N1, Gi1, Sto, N2, B27, M2, z* min gast sis] willest myn ghast syn *Eb* 3 He] der arm mensch *N2, N12;* und he *Eb* Gerne] gerne sie furt in heim und gab im ze essen und zu trincken *N2, B27;* dy junchfraw fůrt in mit ir haim und saczt in ze tisch *N12;* dat wil ik gherne don *Eb* 4 Su sprach] und sprach *N2, B27, N12;* si (und *N12*) sprach zu im *N8, N12;*do sprack de iuncvrouwe *Eb; fehlt M2* Nu] so *M2;* gut mensch *N12;* leve min nu *Eb;* min frund *z; fehlt N1, Gi1, N2, B27* vil vast] vast *He3, Fs;* sere *Eb, z; fehlt N1, Gi1, Sto, M2* und inscheme dich nicht *fehlt N12* 5 He] der arme mensch *N12;* der arm *z* He sprach] do sprak he *Eb* He ... ist gebrechelich *fehlt M2* eße ich[1]] es ist *Sto* ist] wer *Sto, N2, B27, N8, N12* gebrechlich] prechen *N1;* mein geprechen *Sto;* ein geprech *N2;* gepresten *Gi1, B27, N12;* strefflich *z* zu] ok to *Eb* wenic] lutzel *N8* were] ist *N1, Gi1, Eb, z* aber] aber ein *N2;* ain *M2;* auch *N8, N12; fehlt Eb* gebrechlich[2]] gebrech *N1, Sto, M2;* gepresten *Gi1, N2, B27, N12* Und ich eße] ich (sus ik *Eb;* want ich *z*) sol ezzen (essen ze recht *M2*) *He3, Fs, N1, Gi1, Sto, N2, B27, N8, M2, z;* ich will *N12* als ein arm mensche *He3, Fs, N1, Gi1, Sto, N2, B27, N8, Eb, z*] ainem armen menschen (menschen ezzen *N12*) *Bre1, M2, N12; vgl.* eenen armen mensche gelijc *Br1a;* pauperi homini *Ko*

[6]Su sprach: »Nu sage my, gute, von minnen, waz ist ein arm mensche?« [7]He sprach: »Den sult ie bekennen an drin stuken. [8]Daz erste ist, daz an ume istorben sy alliz, daz naturliche geheisen mac. [9]Daz andere, daz he von gote numer zu vile begere inmac.
[10]Daz dritte, daz *er* ermutes und lidens und alliz, daz smaheit geheise mac, nimande also wole gunne alse [64v] ume selber.« [11]Su sprach: »Vor war, iz ist my harte wol bekannt.« [12]Su sprach: »Nu sage my, gute, von minnen, waz ist daz, ermute eins inneren menschen?«

---

**6** Su] die junckfrau *N2, B27, N12, B28, B29, Dau* Su sprach: »Nu] do sprak de iuncvrouwe *Eb; fehlt M2* nu] eya gut *N1, N2;* eya got *Gi1;* eya guter mensch *Sto;* eya gut pruder *B27;* gut mensch *N12; fehlt He3* sage mir] bericht mich *M2;* sag *N12* gute von minnen] von minne *N1, Gi1, N2, B27, N12;* von lieb *Sto;* gut kint von gotleicher lieb *N8;* von gotleicher lieb *M2;* gude man *Eb;* gut kynt von liebe *z* waz] wels *N8* was ... mensch] bey weu sol ich erkennen ainen armen menschen *M2* ist] ist ist *He3;* iz doch *Eb* **7** He sprach] der arm mensch *N2, B27;* do antwurde he *Eb; fehlt M2, N12* Den sult ie bekennen] den solt du bechennen *N1, Gi1, N2, B27;* daz sult (*am Rand*: paupertas *Dau*) ir bekennen (erkennen *z*) *Sto, Eb, z;* ainen armen menschen soltu bekennen *M2;* daz sult ir merken *N8;* den sol man erchennen *N12* an] bey *M2* stucken] dingen *M2, N12;* saken *Eb* **8** Daz erste *fehlt M2* ist *fehlt He3, Fs, N8, N12, z* daz an ... alliz] allez (im *B27*) daz an im (an im *fehlt B27*) erstarben sei (ist *Gi1*) *N1, Gi1, Sto, B27;* daz eme gestorben sie *z* alliz] allez daz *He3, Fs* daz an ... geheisen mac] dat de mede en recht arm minsche schal syn dem ghestorven sint alle dingk de dar naturlik moghen gheheten werden *Eb* naturliche geheisen mac] naturlichkeit geheissen mag *Fs, Gi1, Sto;* natur gelaisten mag *B27;* natůrleich ist *N12;* geheiszen mach naturliche *B28* **9** Daz andere] daz ander ist *N1, Gi1, Sto, N2, B27;* daz ander *B29;* ij ist *B42* er] der mensch *M2* von got] an got *N1, B27, M2;* gocz *N12;* nummer mere *Eb* numer] nit *M2;* van gode *Eb* zu vile *fehlt Fs* inmac] mach dat dar sine ere angeyt und ok nummer mer to weynich dat den minschen angheyt *Eb* **10** Daz dritte] daz ist daz dritt *Gi1;* das dritt ist *N2, Eb;* und *M2;* iij ist *B42* er *He3, Fs, N1, Gi1, Sto, N2, B27, N8, N12, z*] *fehlt Bre1* daz he ... geheise mac] und daz smachait und armůt vnd ellend *M2* ermutes und lidens] ellent armut arbeit und leiden *N12* alliz daz] was *He3, Fs* mac] ist *He3* nimande] dat he des nemende up erden *Eb;* daz er das nymandes *B28, Dau;* nemandes *B29, B42* also wol] pazz *N12* alse ume] dan mir *N12* selber] sulvest dat syn sur sigen *Eb* **11** Su] die junckfrau *N2, B27, B28, B29, Dau* Su sprach] do sprak de iuncvrouwe *Eb* Su ... bekannt *fehlt N12* Vor war *fehlt Sto, M2* harte] heut *N1;* recht *Gi1, N2, B27, M2; fehlt He3, N8, Eb, z* **12** Su] er *Sto;* dye junckfrau *N12* Su ... nu] do sprack se vor dan so gude man *Eb; fehlt M2* sprach] sprach aber *z* Nu] eia guter *N1, N2;* eya got *Gi1;* eya lieb nu *Sto;* eya gut prueder *B27;* gůt mensch *N12* sage my] bericht mich *M2;* sag *N12* gute von minnen] von minnen *N1, N2, B27;* von gotleicher lieb *M2, N8;* doch nu ok *Eb;* gut kynt von (*fehlt Dau*) liebe *B28, B29, Dau;* liebs kint *B42* waz ist daz] was ist *Fs, N2, B27, N12, Eb, z;* bey weu sol ich bekennen *M2;* wels ist daz *N8* ermut] doch de armut *Eb* ermute eins inneren menschen] dy inner armůt dez menschen *M2* eins *am Rand mit Einfügungszeichen nachgetragen Bre1;* dez *He3, Fs, N1, Gi1, Sto, N2, B27, N8, N12, z* inneren] ynnern (*am Rand:* paupertas interioris hominis *Dau*)

[13]He sprach: »Den sult ie bekennen an drin stuken. [14]Daz erste ist ein vollenkomene abegescheidenheit von alle dem, daz creatur geheise mac *in zit* und in ewikeit. [15]Daz andere ist ernsthaft demutikeit von binnen und von buszen. [16]Daz dritte ist ein inbrunstikeit in eime uf erhabin gemute boben zit in ewikeit an underlaiz.« [17]Su sprach: »Vur war, daz hore ich gerne.«

[18]Su sprach: »Nu sage my von minnen, waz ist daz, ermote *des* geistes?« [19]He sprach: »Eia gute, du vreges ouch alzu vil.« [20]Su sprach: »Zwar, daz inkonde ich ouch nie ervar, *daz* des zu vile meche gesy, da gotis lob anelege und des menschen selikeit.«

---

**13** He] der arm mensch *N2, B27, N12* He sprach *fehlt M2* He sprach] do sprack he *Eb* den sult ir] den solt du (man *N12; ir N8, B28; B29, Dau*) auch *N1, M2, N8, N12, B28, B29, Dau;* daz sult ir (gy ok *Eb*) *Sto, Eb;* soldas soltu *N2, B27;* irkennen auch *B42* an] bey *M2* stuken] dinghen *Eb* **14** Daz erste ist *fehlt M2* ein vollenkomene abegescheidenheit] ob er geschayden sey *M2* abegescheidenheit] bescheidenheit *N1;* abscheidung *z* alle *fehlt B27* alle dem, daz creatur geheise mac] allen creaturen *N12* creatur] creaturleich *M2* geheise mac] mach heten *Eb* mac] ist *B29* in zit *Fs*] ein zit in zit *Bre1* in zit und in ewikeit] und in ewikeit *He3;* paideu in zeit und (und ok *Eb*) in ewigkait *N8, Eb, z; fehlt N1, Gi1, Sto, N2, B27, N12, M2* **15** Daz andere ist] und daz er hab *M2;* daz ander *N12* ernsthaft demutikeit] ein ernsthaft demutikeit *He3, Fs, N1, Gi1, Sto, N2, B27, N8, Eb, z;* ain ernsthaftz gemůt *M2;* ein dimutiger ernst *N12* von binnen und von buszen] inne wendig und uzwendig *He3, Fs;* von innen und von auzzen *N1, Gi1, Sto;* von ausen und von innen auf das aller hochst nach bescheidenheit *N2, B27;* von wainen und von seufzen *N8* **16** Daz dritte ist] daz dritt *Gi1, N12;* und daz er hab *M2* ein *fehlt Eb* ein inbrunstikeit in *fehlt N12* inbrunstikeit] inbrinnende innicheit *N1, Gi1, N2, B27;* inbrunstige lieb *Sto;* inprunstig begerung *M2;* inbernende enicheyt *Eb, z* in eime] mit ainem *N8, Eb, z;* ein *N12;* und ain *M2* uf erhabin] erhaben *N1, Gi1, N2, B27, N8;* uffgehaben *z* boben zit] gegen der zit *Fs;* ob zit *N1, Gi1, N2, B27;* leben zeit *Sto;* in zit *N8;* ober czeit *N2, M2, B42;* alle tud *Eb, B29; fehlt N12* in ewikeit] und ewicheit *Gi1;* und in ewigkait *N8;* in die ewihait *N12* an underlaiz *fehlt N12, M2* **17** Su sprach] do sprack de iuncvrouwe *Eb* Su sprach ... gerne] die jungfrow sprach in liebe (*in die Zeile nachgetragen:* ¶ Que paupertas spiritus *B29*) vor war ich hore das gerne *B28, B29; fehlt Sto, N12, B42, Dau* Vur war ... gerne] gelobt sey got *N12* **18** Su sprach] die junckfrau sprach *N2, B27, N12;* sie sprach aber *z; fehlt M2, Eb* nu sage my] nu sage mir gut *Fs;* eia guter (got *Gi1*) sag mir *N1, Gi1, N2;* du (*fehlt N12*) guter mensch sag mir *Sto, N12;* eya gut pruder *B27;* bericht mich *M2;* myn frundt *B28, B29, Dau; fehlt B42* von minnen] von lieb *Sto;* von gotleicher lieb *N8, M2;* doch vor dan gude man *Eb; fehlt z* waz ist] bey weu sol ich erkennen *M2* daz] doch *Eb; fehlt Sto, N2, B27, N12, M2, z* des *He3, Fs, N1, Gi1, Sto, N2, B27, N8, N12, M2, z*] iz *Bre1* geistes] geistlichen *N1, Gi1* **19** He sprach] der arm mensch sprach *N2, B27, N12;* er antwort *B28, B29, Dau* Eia gute] gut iunchfrau *N12;* eya gůte frau *B29;* ey *B42; fehlt He3, Fs, N1, Gi1, Sto, N2, B27;* soh *Eb* du vreges ouch] es ist *Sto;* ir fraget *N12;* fragestu nit *z* ouch alzu] zů *He3, Fs, N2, B27, M2, N8, z;* alz *N1, Sto;* also *Gi1;* alle ze *N12;* my alto vele *Eb* **20** Su] die iunchfrau *N12;* und se *Eb* Zwar] fur war *B27, N8; fehlt He3, Fs, N1, Gi1, Sto, N2, M2, N12, Eb, z* daz inkonde ... ervar *fehlt M2* ouch] noch *N12, Eb, z; fehlt He3, Fs, N1, Gi1, Sto, N2, B27, N8* ervar] versten *N12* daz des *He3, Fs, Sto, N8, N12, Eb*] des *Bre1;* wie des *N2, B27;* wie mug daz *M2;* daz *z* daz des ... selikeit *fehlt N1, Gi1* zu vile meche] mochte to vele *Eb* gotis lob] die ere gottes *N2, B27;* gotes er *M2;* godes lofe und ere *Eb* anlege] angelegen wer *N2, B27;* angeligen mag *N8;* mocht angeligen *N12* und des ... selikeit *fehlt Eb* selikeit] ewigeu selichait *N12*

[21]He sprach: »*Daz* sult ie bekennen an drin stuken. [22]Daz erste, daz der mensche zuschen zit und ewikeit nicht inwiße wan got. [23]Daz andere, daz der mensche ußer ume selber nummer gesuchit wan in dem, daz in gevordere mac zu ewiger selikeit.[24] Daz dritte, daz der mensche geistlich gut nicht sal trage mit eigenschaft von einer stat zu der andern.«
[25]Su sprach: »Gute, sal danne der meister, unser beider geist [65$^r$] licher vater, nicht trage sine sermonen us der celle uf den predestul?« [26]He sprach: »Nein.« [27]»Und warume?«

---

**21** He sprach] er sprach du host wor *N8;* der arm mensch sprach *N12;* do sprack he ja dat iz war *Eb;* do sprach er du haist recht und sprichest (sagist mir *B42, Dau*) ware *z* daz *He3, Fs, N8*] daz daz *Bre1;* den *N1, Gi1;* armut des geistes *N2, B27;* (*am Rand:* paupertas spiritus *Dau*) nu den (das *z*) armud des gheistes *Eb, z; fehlt Sto, M2* sult ie bekennen] sol man bekennen *He3, Fs;* solt du bechennen *N1, Gi1, N2, B27;* ir sult bekennen *Sto;* es ist auch gelegen *M2;* sult ir auch bekennen *N8;* man sol ez auch erchennen *N12;* scholle gi ok an dren stucken erkennen *Eb;* solt ir (man *B42*) ouch erkenen *z* an drin stuken *fehlt Eb* stuken] dingen *N12, M2* **22** Daz erste] daz erst ist *N1, Gi1, Sto, N2, B27, N8, Eb, B28, B29; fehlt M2* zuschen zit und ewikeit] in zit noch in ewicheit *N1, Sto;* in zeit und ewicheit *Gi1, N2, B27, N8;* in der zeit *N12;* noch in zeit noch in ewikait *M2* zuschen ... got] an allen sachen nicht sůche wanne das in gefůdern mag zů ewiger selekeit *Fs* nicht inwiße] nicht anders wisse *z* wan got] denne got *He3, N1, Gi1, Sto, z;* den got allein *N2, B27;* dann von got *N8;* den sich und got *N12;* den allene god *Eb* **23** Daz andere] daz ander ist *N1, Gi1, Sto, B27, Eb, B28, B29;* und *M2* daz der mensche] er *N12, M2* ußer ume selber] an allen sachen *He3;* im selber *Sto;* userhalb sein selbes und got *N12; fehlt N8, Eb* ußer ... selikeit] zwischen zit und ewekeit nit enwisse denne got *Fs* nummer gesuchit] nit such *He3, Sto;* nicht darf suchen *N1, Gi1, N2, B27;* nit suechen bedarff *M2;* kains dings mag begeren *N8;* nummer mere (*fehlt z*) draf ghesoken *Eb, z* wan in dem, daz] wan daz *He3;* allez daz *N1, Gi1;* denn daz *Sto;* das *N2, B27, N8, Eb, z* wan in ... selikeit] sunder daz er in im selb schopfent sei die ewigen salicheit *N12;* wes er zu seiner ewigen selikait bedarf *M2* in²] den menschen *N1, Gi1* gevordere mac] niht fudert *N8* zu ewiger selikeit] zu (in *Sto*) seiner ewichen selicheit *N1, Gi1, Sto, N2, B27, N8* **24** Daz dritte] daz dritt ist *N1, Gi1, Sto, N2, B27, N8, Eb;* und *M2* der mensche] er *N12, M2* geistlich gut nicht] nen gheystlik ghud *Eb* geistlich gut ... eigenschaft] chein geistleich gut (gab *N12*) mit (*fehlt B27*) eigenschaft *N1, Gi1, Sto, N2, B27, M2, N12;* niht sol tragen gaistleich gut *N8;* geistlich gute nicht sal tragen *z* mit eigenschaft *fehlt Eb* von] trag von *Sto, N12;* ab *M2* zu der] in die *N1;* auf die *Sto, N2, B27;* an dy *M2;* hincz der *N12* andern] andern nicht entreit *N1, Gi1, N2, B27;* nit tragen sol *M2;* anderen vor nym mid eghentschap *Eb;* andern yn eigenschafft *z* **25** Su sprach] dye iunchfraw *N12;* do sprack de iuncvrouwe *Eb;* do sprach sie *z* Gute] gut mensch *N12;* gute frundt *B28, B29, Dau; fehlt He3, Fs, N1, Gi1, Sto, N2, B27, M2, N8, Eb, B42* sal danne der meister] sol denne nit der lerer *He, Fs;* und (*fehlt B27, z*) sol der meister *N1, Gi1, Sto, N2, B27, z;* sol den *N8;* sol *N12, M2* meister] meister und predigher *Eb* unser beider geistlicher vater] unser geistlicher vater *He3, Fs, N8, N12, Eb;* unser beider vater *N1, Gi1, Sto, N2, B27, M2; fehlt z* nicht trage sine sermonen] sin sermon *He3, Fs;* sermones *N1;* sein red (sermon *N12*) niht tragen *Gi1, N12;* sein predig *Sto, M2;* seinen sermon mit im nicht tragen *N2;* seinen sermon mit im *B27;* seinen sermon niht *N8* us der celle] uz der celle tragen *Fs;* aus seiner cell nicht tragen *Sto;* aus seiner sel *M2; fehlt N1, Gi1, N2, B27* den] seinen *N1, M2* predestul] stull *N1;* stul nicht tragen *B27, M2;* predig stul tragen *N8* **26** Er sprach] do sprack he *Eb, B28, B29, Dau* **27** Und warume] wor umb *He3, Fs, M2;* si (und se *Eb*) sprach war um *N1, Gi1, N2, B27, N8, N12, Eb, B42, Dau;* warumb sprach si *Sto;* do sprach sie war vmb *B28, B29*

[28]»Ie liplicher, ie zitlicher und ie zitlicher, ie liplicher.« [29]Su sprach: »Vor war, der geist inkumt von behem nicht.« [30]He sprach: »Dy selbe sunne, dy zu Kolne schinet, dy schinet ouch zu Prage in dy stat.« [31]Su sprach: »Du hast alwar.« [32]Su sprach: »Nu sage my, gute, von minnen, wie sal ich dise rede vorstan?« [33]He sprach: »Iz ingehoret my nicht zu, daz ich daz berich*t*e, wa dy meister genwortic sin.«

[34]Der meister sprach: »Sweme der warheit gebreche von bußen, der lebe ur von binnen, so vindet he su von bußen.«

---

**28** Ie] do antworde he und sprack yo *Eb* Ie liplicher, ie zitlicher und ie zitlicher, ie liplicher] er sprach ie zitlicher ie leiplicher *N1, B27;* er sprach ie zeitleicher ie leipleicher ie leipleicher ie zeitleicher *Gi1, Sto, N2, N12;* so ye zeitleicher so ye leibleicher so ye leibleicher so ye zeitleicher *M2;* do sprach er ye lieb (lieber ye *B29; fehlt B42, Dau*) lieblicher (leiplicher *B42, Dau*) ye czytlicher ye lieblicher *B28, B29, B42, Dau* **29** Su sprach] er sprach *Sto;* die iunchfraw sprach *N12;* do sprack se *Eb, B28, B29, Dau* Su sprach ... Behem nicht *fehlt M2* Vor war *fehlt B27* geist] geist der *He3, Fs, Eb* inkumt] kumt niht *N8, N12* von behem nicht] von chemen nicht *N1;* von dheinen *Gi1;* von ir keim *N2;* von pehaim *B27, N8, N12;* nicht van bemerlant *Eb* **30** He sprach] er *He3;* der arm mensch sprach *N12;* do antworde he *Eb;* do sprach er (er also *B29*) *B28, B29, Dau* He sprach ... stat *fehlt M2* dy selbe sunne dy] die sunn *N1, Gi1;* die sunn die *Sto, N2, B27, N12* zu kolne] ze choln in die (der *N2*) stat *N1, Gi1, Sto, N2, N12;* in bemerlant *Eb;* czu colonien *z* in dy stat] in der stat *He3, Fs, N2, B27, Eb, B28, B29, Dau; fehlt B42* **31** Su sprach] do sprack se *Eb, B28, B29, Dau; fehlt N12* Su sprach ... alwar *fehlt N8* Du hast alwar] das ist war *He3, Fs, N1, Gi1, Sto, N2, B27, N12;* du sagest mir ware (*in die Zeile nachgetragen:* ¶ Quod dilectio operatur sine accidente *B29*) *B28, B29, B42, Dau* **32** Su sprach] die iunchfraw sprach *N12; fehlt Eb, z* Nu sage my, gute] eia guter *N1, N2;* eya got sag mir *Gi1;* eya guter mensch (pruder *B27*) sag mir *Sto, B27;* bericht mich *M2;* nu sag mir *N8;* sunder sgghe my nu *Eb;* nu saghe mir gute bruder *B28, B29, Dau; fehlt B42* Nu sage ... vorstan] dez bericht mich paz *N12* von minnen] von minne sag mir *N1;* von lieb *Sto;* von gotleicher lieb *N8, M2; fehlt N2, Eb, z* diese rede] es paß *M2;* dat *Eb, z* **33** He sprach] der arm mensch *N12; fehlt He3, Fs* Iz] daz *N8, N12, Eb, B28, B29* mir] den iungern *M2* zu] an *N2, M2, fehlt N12* daz ich daz] daz ich ez *N1;* daz ich *Sto;* daz ich uch diß *z; fehlt N2, B27, N12, M2* berehte *He3, Fs, N8, z*] beriche *Bre1;* berchen sol *N1;* verrihten sol *Gi1;* berichten sol *Sto;* zu verichten (berichten *M2;* richten *N12*) *N2, B27, N12;* vorantwurde *Eb* wa dy meister] do von daz (da *He3*) der meister (*fehlt He3*) *Fs, He3;* do di meister *N1, Gi1;* da der meister *N2, B27, N12, M2;* wo die meister *N8;* nu de meister *Eb;* wile (dy weil *B42*) die meister *z* genwortic] selb *N12* sin] ist *He3, Fs, N2, B27;* siczet *N12, M2* **34** Der meister sprach] Da sprach der meister *He3, Fs;* do antwurde de meister und sprak also *Eb;* do sprach eyn (der *B42, Dau*) meister man sal das alder eren und sal die liebe laßen wircken want was sie wircket das wircket sie ane allen zcufall do sprach (do sprach *fehlt B42*) der meister *z* swem der warheit] wem die weisheit *N1;* wem der warheit *Gi1, N2, B27, N8, N12, z* swem ... bußen] der sein nit erkent inbendig *M2* gebreche von bußen] icz gebreche *He3;* ussen gebreche *Fs;* gebricht von auzzen (innen *N8*) *N1, Gi1, z;* geprist von auzzen *Gi1, N2, B27* lebe ur von binnen] sol ir inwendig leben *He3, Fs;* leb ir von (*fehlt N1*) innen *Gi1, N1, Sto, N2, B27, z;* lob in ausbendig *M2;* lep ir auswendig *N8;* ů̊b sij von inan *N12;* belevese mid ghansem herten van binnen *Eb* vindet he su] wirt sy im gegeben *N2, B27;* wirte ez (si *N12*) im *M2, N12* von bußen] uzwendig *H3, Fs;* von auzen *N1, Gi1, Sto, N2, B27;* inbendig wol bekannt sy sprach für war der gast kumbt nit von pechaim er sprach iunckfrau dy sunne ze prag scheint in dy stat; von aussen erchant *N12;* ok wol van buten *Eb;* von ußen wie er sie zcu worten bringen sal *z; fehlt N8*

[35]Su sprach: »Gelobit sy got, dy kost ist harthe wol vergolden.« [36]He sprach: »Iuncfrowe, so gelt den win.« [37]Su sprach: »Gerne.« [38]He sprach: »Nu saget my, gute iuncfrowe, von minnen, wabi sal ein arm mensche bekennen dy werc des heiligen geistes in siner sele?« [39]Su sprach: »Daz sal he bekennen an drin stuken. [40]Daz erste, daz der mensche abeneme an naturlicher gelust und an naturlicher libe von tage zu tage. [41]Daz andere, daz he zuneme an gotlichen gnaden und gotlicher libe von zit ze zit. [42]Daz dritte, daz he mit minnen [65$^{v}$] und mit tugenden alle wege me sy genegic zu wirkene uf sine nesten wan uf sich selber.« [43]He sprach: »Daz habin dy ußerwelten nachvolger unsis herrin ihs xpi harte wol bewert.«

---

**35** Su sprach] die junckfrau sprach *N2, B27, N12;* do sprakt de iuncvrouwe *Eb;* do sprachen (sprach *B29, Dau*) sie *z* Gelobit sy got] daz (nu *Eb*) sei got gelobt *N8, Eb, z; fehlt B27, M2* **35–38** Dy kost ... He sprach *fehlt B42* **35** kost] kost die *He3* harte wol] gar wol *He3;* wol *N1, Sto, N2, B27, M2, N8, N12, Eb, z* vergolden] betalet *Eb* **36** He sprach] der arm mensch sprach (*fehlt B27*) *N2, B27, N12;* do sprakt de meyster *Eb;* do sprachen sy *B28, B29, Dau; fehlt M2* Iuncfrowe] nun frauwe *He3;* gut iunckfrau *B27, N12; fehlt N2* gelt] geltet ir *He3, Fs, z;* gib *Gi1;* nu scholle gy ghelden *Eb* **37** Su sprach: »Gerne«] sy sprach gern so frag an *M2;* und se sprakt (und se sprakt] do sprach sie *z*) dat will ik gherne don *Eb, z* **38** He sprach] eija sprach er *N2;* der arm sprach *N12;* de mester sprakt *Eb;* (*in die Zeile nachgetragen:* ¶ Qualiter presenciam gratie spiritus sancti cognoscat *B29*) do sprachen sie *B28, B29, Dau; fehlt N1, B42* Nu saget my, gute iuncfrowe] sa sagent mir gut *He3, Fs;* eia gut sag mir (*fehlt Gi1*) *N1, Gi1;* eya guter mensch sag mir *Sto;* gut sag mir *N2;* gut iunckfrau sag mir (*fehlt N12*) *N2;* bericht mich *M2;* nu sag mir *N8, Eb;* juncfrau *B42; fehlt B28, B29, Dau* von minnen] von lieb *Sto;* von gotleicher lieb *N8, M2; fehlt Eb, z* wabi] wie *N1, Gi1, Sto, N2, B27, N8, z;* bey wem *M2* mensche] kint *Eb* dy werc des heiligen geistes] ob der heilig geist won *M2;* de gnade des hilghen gheystes an (yn *z*) siner sele *Eb, z* **39** Su sprach] dye iunchfrau sprach *N12;* do sprak se (die iungfrow *B28, B29, Dau*) *Eb, B28, B29, Dau; fehlt M2* Daz sal he bekennen] daz sol er tun *B27;* daz sol er auch bekennen *M2, N8;* daz sol bechenen *N12;* de scholle gi ok erkennen *Eb, B28, B29, Dau; fehlt He3, Fs, B42* an] in *B27;* bey *M2* stucken] dingen *N8, N12, M2* **40** Daz erste] daz erst ist *N1, Gi1, Sto, N2, B27, N8, N12, Eb, z; fehlt M2* daz der mensche] daz er *He3, Fs, Sto, N2, B27, N8;* wenn der mensch *N12;* ob er *M2;* daz eyn mensche *z* an naturlicher gelust] an naturlichen lust *N1, Gi1, N2, B27, N8, B28, B29; fehlt Sto, M2;* vnd *fehlt He3, Fs, Sto, M2* **41** Daz andere] daz ander ist *N1, Gi1, Sto, N2, Eb, B27; fehlt M2* daz he] daz der mensch *N1, Gi1, Sto, N2, B27, N8, N12, Eb, z;* und ob er *M2* zuneme] zunimt *N1, Gi1, Sto, N2, B27, N12* an gotlichen gnaden *fehlt M2, z* gotlichen ... libe] gnaden *Eb* und] an *He3, Fs, M2, B42;* und an *N1, Gi1, N2, B27, N8, N12;* und von *Sto;* yn *B28, B29, Dau* von zit zu zit] von dage zů dage *He3, Fs, N1, Gi1, N12;* und mit tugendten mer genaigt sey auf seinen nagsten von zeit zu zeit *B27;* von tag zu tag von zeite zu zeit *B42* **42** Daz dritte] daz drit ist *N1, Gi1, Sto, N2, Eb, B27;* und *M2* he] der mensch *N1, Gi1, Sto, N2, B27, N8* mit minnen] mit lieb *N1, Gi1, Sto, N2, B27, N8, z* mit minnen ... nesten] von rechter minne allen menschen mer gůt mug getan *N12* und mit] mit *Sto, B28, B42;* und *B29* tugenden] lieb *M2* alle wege] allczeit *N2, B27* alle wege ... werkene *fehlt M2* me sy genegic] si me geneiget *He3;* mer gechart ist *N1;* mer genaigt sei *Gi1, N2, B27;* mer berait *Sto* zu werkene *fehlt N2, B27, z* nesten] nachsten mer kert sey *M2* wan] dan *He3, Fs, N1, Gi1, Sto, N2, B27, M2, N8, N12, z* uf sich] im *N12* **43** He sprach] der arm mensch sprach *M2;* do sprak de meyster *Eb; fehlt z* He sprach ... bewert *fehlt N12* haben] haben uns *He3, Fs; fehlt Gi1* ußerwelten] warn *He3, Fs;* leven *Eb* nachvolger] volger *Gi1, N8;* freunde *M2* herrin] leven heren *Eb* ihs xpi *fehlt Gi1, M2, Eb, z* harte wol] gar wol *He3;* wol *Gi1, N8, Eb, z;* halt wol *Sto;* wol mit in selber *N2;* mit im (!) selber wol *B27;* mit in selben recht wol *M2* bewert] bewiset *Eb*

[44]He *sprach*: »Nu sage my, gute, von minnen, woby sal ein arm mensche bekenne, wan ume got geigewortic sy in syme gebete und in siner ubunge?« [45]Su sprach: »Daz sal man bekennen an drin stuken.

[46]Daz erste, daz ume wirt gegebin ein gegenworf der gabi (!) cristi, da he sine ußerwelten mite begabit hat, daz ist vorsmaheit der werlde und ist lidunge des lichames. [47]Daz andere, daz dy gnade in dem menschen gemerit wirt, darnach, daz dy libe zussen ume und gote ist. [48]Daz dritte, daz got von dem menschen nummer gescheidit, he inwise en uf ein sunderlichen wec der warheit.« [49]He sprach: »Iz muz von not sy.«

---

**44** He] sy *Sto;* der arm mensch *N2, B27, N12* sprach *He3*] *fehlt Bre1* He sprach] (*in die Zeile nachgetragen:* ¶ Qualiter homo cognoscat presenciam dei se cooperantem *B29*) do sprachen sy *B28, B29, Dau;* sy sprochen *B42; fehlt Eb* Nu sage my, gute] eia gut sag mir *N1, Gi1, N2;* eya guter mensch sag mir *Sto;* eya (*fehlt N12*) gut iunckfrau sag mir *B27, N12;* gelobt sey got bericht mich *M2;* nu segghet mi *Eb; fehlt N8, z* von minnen] von liebe *Sto;* von gotleicher lieb *M2;* vor dan *Eb; fehlt N8, N12, z* woby] wie *N1, Gi1, Sto, B27, N12;* bey wem *M2* ein arm mensche] ein mensche *He3, Fs, N12, Eb, z;* ein geistlicher mensch *N1, Gi1, Sto, N2, B27;* der mensch *M2* wan] daz *He3, Fs;* ob *N8, M2, Eb, B28, B29, B42* wan ume ... ubunge *fehlt Dau* in syme gebete] an sinem gebet *He3;* in seiner ubung *M2;* in sinen ynnghen bede *Eb; fehlt z* und in siner ubunge] und siner ubung *He3, Fs;* oder in seiner ubung *N1, Gi1, Sto;* und in seinem gepet *M2;* yn syner ubunge *B28, B29, B42; fehlt N8, N12* **45** Su sprach] die junckfrau sprach *N2, B27, N12;* do sprakt de iuncvrouwe *Eb;* do sprach sie *B28, B29, B42; fehlt N1, Gi1, M2, Dau* Daz sal man bekennen] daz bechen *N1;* daz sol bechennen sprach er *Gi1;* daz sol er bekennen (thun *N2*) *Sto, N2, M2;* daz soltu erkennen *B27;* daz sol (man *N12*) er auch bekennen *N8, N12;* dat scholle gi ok erkennen *Eb, B28, B29; fehlt He3, Fs, B42, Dau* an] yn *B28, B29* stucken] dingen *N12, M2* **46** Daz erste] daz erst ist *N1, Gi1, Sto, N2, B27, N12, Eb, z* Daz ... gegebin *fehlt M2* ume wirt gegebin] dem menschen gegeben wirt *N1, Gi1, Sto, N2, B27, N12;* im daz wirt geben *N8* ein gegenworf] ein gegeber *N1;* gegen *Sto;* an dem gegenwurff *M2;* ainporf *darüber* zelighen *N8;* en ieghenworp l'wedderblick *Eb* gabi cristi da he] gab do christus *N1, Gi1, Sto, N2, B27, N8, z;* gab christus *N12;* gab dy christus *M2;* groten gave dar mede xpc *Eb* mite begabit] gegabet *Gi1;* berait *M2; fehlt Eb* daz[3]] und dat *Eb* vorsmaheit] smeheit *N1, Gi1, Sto, N2, N8, N12, M2* der werlde] diser welt *He3, Fs* der werlde ... lichames] des leibs *N8* ist lidunge] liden *He3, Fs, N2, z;* leidung *N1, Gi1, M2, N12;* peitens *B27;* mannigherleye lidinghe *Eb* lichames] libes *He3, Fs;* fleisches *M2* **47** Daz andere] daz ander ist *N1, Gi1, Sto, N2, N12, Eb, B42, Dau;* daz ist *B27;* und *M2* dy gnade ... wirt] und daz er zu nem an gotleichen genaden alz vil *M2* in dem menschen gemerit wirt] gemert wird in dem menschen *N12;* in eme vormeret werden *Eb, z* darnach, daz] dar nach und *N1, Gi1, N2, B27, N12;* das noch *Sto;* und *M2;* nach dem als *N8;* darmid *Eb;* dar nach *B28* libe *fehlt He3, Fs* zussen ume und gote ist] zwischen got im *B27;* groß ist (*fehlt Eb*) zwischen im und gotes *M2, Eb* ist] groß *N2, B27, B42, Dau;* großer ist *B28, B29* **48** Daz dritte daz] daz drit ist daz *N1, Gi1, Sto, N2, B27, Eb, z;* wan sich *M2;* daz drit daz sich *N12* von dem menschen nummer] nimmer von dem menschen *N1, Gi1, Sto, N2, B27, N12, Eb;* von dem menschen *M2* en uf] denn uf *Fs;* es auf *Sto;* in for auf *N8;* im *N12;* in denn auf *B42* sunderlichen wec der warheit] neuen wech sunderlichen der worheit *N1, Gi1, N12;* neuen weg sunderlicher warheit *N2, B27;* sunderleichen weg ainer rechten bekanntnuß seines gotleichen willen *M2;* sunderleichen wek *N8* **49** He sprach] und *z* der warheit] der rechten vullenkommenheyt und warheyt *Eb* **49** He sprach ... sy *fehlt N1, Gi1, N2, B27, N12, M2* He sprach] do spracht de meyster *Eb* Iz] daz *Sto, N8, Eb, z* not] got *Fs, N8, Eb*

[50]He sprach: »Nu saget my, gute, von minnen, wo by sal ein geistlich mensche bekenne, wan iz alle sine werc wirkit nach deme aller libesten willen gotis?« [51]Su sprach: »Daz sal he bekennen an drin stuken. [52]Daz erste, daz he einer lutteren gewissen in siner sele nummer ingemis [66r] set. [53]Daz andere, daz sin wille uz gotlicher einunge nummer en gescheidit. [54]Daz dritte, daz der hymelische vater gebirt sinen einen geborn sůn in sinder sele.« [55]He sprach: »Gelobit sy got.«

[56]Der meister sprach: »Were alle schult alse wole vorgolten alse dy win, iz were vil manich sele in dem ewigen leben, dy in dem vegefure noch ist.«

---

**50** He sprach] Eia er sprach *N1;* der arm mensch sprach *N2, N8, N12;* (*in die Zeile nachgetragen:* ¶ Qualiter homo cognoscat sua bona deo esse gratia *B29*) do sprachen sie *B28, B29, Dau;* Sy sprochen *B42; fehlt Eb* Nu saget my, gute] eia gut sag mir *N1, Gi1, N2;* eya guter mensch sag mir *Sto;* gut iunckfrau sag mir *B27;* gut iunchfrau *N12;* gelobt sey got bericht mich *M2;* nu sggher my *Eb;* nu saghe uns gute *B28, B29, Dau, B42* von minnen] von liebe *Sto;* von gotleicher lieb *M2, N8;* vord an *Eb; fehlt N12, B42* woby] wie *N1, Gi1, Sto, N2, B27;* pey wem *M2* ein geistlich mensche] ein mensche *He3, Fs, Sto, Eb;* der mensch *M2* bekenne] daz herkennen *He3;* erkennen *Fs, Gi1, B27, N12, M2, z;* benennen *Sto* wan iz] ob er *N1, Gi1, N2, B27, N12, M2;* wenn er *Sto;* daz er *N8, z;* alzo dat he *Eb* wirkit *fehlt He3* nach] efte do na *Eb* libesten willen gotis] liebsten gotes *He3;* pesten willen gotes *N1;* gotes willen *B28;* willen gottes *B29, B42, Dau* **51** Su sprach] die junckfrau sprach *N2, B27, N12;* do sprakt se *Eb, B28, B29, Dau; fehlt M2* Daz ... bekennen *fehlt B42* sal he] sol man *N12;* solt ir *N28, B29, Dau* bekennen] thun *N2, B27;* auch erkennen *M2, N8, N12, B28, B29, Dau* an] bey *M2;* in *B29* stuken] dingen *M2, N12* **52** Daz erste] daz erst ist *N1, Sto, N2, B27, Eb, B28, B29, Dau;* daz ain *Gi1; fehlt M2* he] der mensch *N8, N12, z;* en mensche nummer *Eb; fehlt Fs* einer lutteren] in im selber lautter *M2;* ainer lautern und ersamen *N8* gewissen] consciencie *He3, Fs;* weishait *N8* in siner sele] in im selber *N1, Gi1, N2, B27, N12; fehlt Sto, N8, M2, z* ingemisset] vermizzet *N1, Gi1, Sto, N2, B27, N12, M2;* vermisse in seiner sel *N8, Eb, z* **53** Daz andere] daz ander ist *N1, Gi1, Sto, N2, Eb, B28, Dau* Daz andere ... gescheidit] und daz er all gab von got in ainer geleichait enphach und das er kain ding so liebes hab er mug sein froleich durch got enpern *M2* sin wille] des menschen *N1, Gi1, Sto, N2, N12;* syn wille nummer *Eb* einunge] girung *N1* nummer *fehlt Eb* gescheidit] chumt *N1, Gi1, Sto, N2, B27, N12;* kom noch schaid *N8;* vorscheide *z* **54** Daz dritte ... sele] wan in dem menschen gepiert der himlisch vater seinen aingeboren sun an underloß *M2* dritte] drit ist *N1, Sto, N2, B27, Eb, Dau* der *fehlt He3* vater] gott vatter *B29* gebirt sinen einen geborn sůn] gebirt sinen einbornen sun *He3, Fs, N1, Gi1, Sto, N8, N12;* seinen eingeboren (ghebundyeden *Eb*) sun *N2, B27, Eb, z* in siner sele] an underlaz in (*fehlt Gi1*) seiner sel *N1, Gi1, N12;* in seiner sele an underlos *Sto, N8;* an unterloß gebere in seiner sele *N2, B27;* ane underlat in siner zele ghebere *Eb;* gebere ane underlaß yn siner sele (söle amen *B29*) *z* **55** He sprach] der arm mensch sprach *N2, B27;* (*in die Zeile nachgetragen:* ¶ Qualiter homo cognoscat se filium esse dei *B29*) do sprach der meister *B28, B29, Dau;* der meister sprach *B42* He sprach ... got] do sprakt de meyster nu si god ewickliken ghlovet und ghebundiet *Eb* Gelobit sy got] got sey gelobt *Sto, N8, z* **56** Der meister sprach] der mensch sprach *N2;* der maister sprach dise kost ist wol vergolten *M2; fehlt Eb, z* Were] und warn *N1, Gi1, B27, N12* **56–59** Were alle ... zuval *fehlt B42* **56** schult] kost *M2* als dy win] als disu ist *He3, Fs;* als diser (der *N12*) wein ist *N1, Gi1, Sto, N12;* als diser wein *N2, B27, z; fehlt N8, M2* iz] so *He3, Fs, M2; fehlt B27* iz were] so weren *Eb* vil manich] manig *He3, Fs;* vil sel *N1, Gi1, Sto, N2, B27, N12;* manig tausent *M2;* alzo vele *Eb;* manche *B28, B29, Dau* in dem ... dy *fehlt Sto (Hom.)* ewigen leben] hymerich (!) *He3;* hymelrich *Fs, M2, Eb* in dem vegefure noch ist] noch in dem vegfuer ist *He3, Fs, Dau;* noch (*fehlt Sto*) in dem vegfuer (weiczen *N2, B27, M2*) sint *N1, Gi1, Sto, N2, B27, M2, B28, B29;* noch syn in sware pinen des vegheviures *Eb*

[57]Der arm mensche sprach: »Daz hy noch zu gelden ist, daz gehorit dem meister an.« [58]Der meister sprach: »Man sal dem meister sines alders laze genìße.« [59]Der arme mensche sprach: »Nein, gut meister, lazet dy minne wirke, wan alles, daz su wirkit, daz wirkt sy sunder allen zuval.« [60]Dy iuncfrowe sprach: »Saget my, gute meister, von minnen, waby sal ein geistlich kint bekenne, daz iz ein kint sy sines hymelischen vateris?« [61]Der meister sprach: »Daz solt ie bekenne an drin stuken. [62]Daz erste, daz der mensche alle sine werc von minnen wirke. [63]Daz andere, daz he intpha von gote alle dinc in einer glicheit. [64]Daz dritte, daz der mensche nicht inhabe, da he sin hobit anegeneige wan uf got alleine.«

---

**57** Der arm mensche sprach] do sprach der arm mensch *N1, Gi1 N2, B27, Eb;* die junkhfrau sprach *Sto, N12;* und sie sprachen *B28, B29, Dau* Daz hy noch] waz noch hie *N1, Gi1, Sto, N2, B27, N8;* was noch *M2, N12;* dat hir nu noch *Eb;* das do hir nach *B28, B29, Dau* gelden] geben *B27* daz] der *Sto* gehorit] gilt *M2, N12* gehorit dem meister an] gehőrt den (!) maister an *Gi1, Sto, N2, B27, Dau;* gilt der maister *M2, N12* an] zu *He3, Fs, Eb* 58–59 Der meister ... zuval *fehlt B28, B29, Dau* **58** dem meister sines] den meister sines *He3, Fs;* di alten irs *N1, Gi1, Sto, N2, B27, N8, N12;* dy alten dez *M2;* de olden laten erer *Eb* laze genisze] geniessen lassen *Sto;* gheneten *Eb* **59** Der arme mensche sprach] do sprach der arm mensch *N1, Gi1, Sto, N2, B27, N12;* de arme sprak *Eb* Nein, gut meister] nein meister *N1, Gi1;* mein meister *N2;* gut maister *N12;* eya gude meyster *Eb; fehlt Sto, M2* lazet] la gůt maister *Sto* minne] gotleichen lieb *N8* wan allez, daz] wanne wan allez waz *He3;* wo *M2;* wol als daz *N8; fehlt N12* su wirkit] dy myn wurcket *B27* daz wirkit sy *fehlt N12* sunder allen] sunder an allen *Gi1, N2, B27;* an allen *Sto, N12;* an *M2, N8, Eb* zuval] zu vol von (und *Fs*) buzzen *He3, Fs;* zwivel *N1, Gi1;* zuvall die junckfrau sprach ir seitt ein meister der (dez *B27*) kunst ze paryß dreystund ist bewert (ze paryß ... bewert] drey stundt bewart zu paris *B27*) der arm mensch sprach mir wer lieber der einest (minnsten *B27*) in der warheit wer bewert den dreystund zu pariß auf dem stull meister eckhart sprach ist mir ze sagen mir ist geseit (meister ekchart ... geseit *fehlt B27*) *N2, B27;* underlaß *M2* **60** Dy iuncfrowe sprach] do sprach di iuncfrau *N1;* er sprach *M2* Saget my] nu segghet *Eb* Saget my, gute meister] gut man sag mir *N1;* gůt (eya guter *Sto*) maister sag mir *Gi1, N2, N12;* saget uns *B27;* gut maister nu sag mir *N8;* sag an maister bericht *M2,* nu saghe mir gut meister *B28, B29, Dau;* meister *B42* von minnen] von lieb *Sto, B28, B29, Dau;* von gotleicher lieb *M2, N8; fehlt N12, B42* waby] wi *N1, Gi1, N2, B27, N12;* war an *Sto;* bey weu *M2;* wo pei *N8* ein geistlich kint] ein mensche *He3, Fs, Sto;* ein geistlich mensch *N1, Gi1, N2, B27;* ain gaistleich liep *N8;* ein gut mensch *N12;* der mensch *M2* daz iz ein kint sy] daz er si ein kint *He3, Fs, Sto;* ob er sei ein chint *N1, Gi1, N2, B27, N12, M2;* oft id sy en kint *Eb, z* sines] dez *M2, Eb,z* **61** Der meister sprach] her sprach *B42; fehlt M2* Daz solt ... erkennen *fehlt B42* solt ie] sol er *He3, Fs, N1, Gi1, Sto, N2, B27, N12;* sol er auch *M2, N8;* sollet ir auch (iuch *B29*) *B28, B29, Dau* bekennen] thun *N2, B27; fehlt N8* an] in *N2;* bey *M2* stuken] dingen *M2, N12* **62** Daz erste] daz erst ist *N1, Gi1, Sto, N2, B27, N12; fehlt M2* 62–67 Daz erste ... iij stucken *fehlt Eb, z* **62** daz der mensche] daz er *N1, Gi1, N2, B27, N8;* ob er *M2, N12* werc] werck wurck *N2, B27, M2* von minnen] von lieb *Sto;* von lautter minn alz unser herr ihus christus tet *M2;* von gotleicher lieb *N8* wirke] wirken *Bre1; fehlt N2, B27, M2* **63** Daz andere ... glicheit] daz sein will aus gotleicher ainung nymmer köm *M2* andere] ander ist *N1, Gi1, Sto, N2, B27* intpha ... glicheit] enphah allu ding von got in einer gelicheit *He3, Fs;* dinch von got in einer glicheit enpfech *N1, N2;* daz er alleu seineu dinch von got nimmer (in ainer *M2*) glichait enphahe *Gi1, M2;* ding von got emphecht in ainer gleichait *Sto;* ding in einer geleichait von got enpfach *B27;* enpfoh von got alleu dink in ainer minsamkeit *N8* **64** Daz dritte] daz dritt ist *N1, Gi1, Sto, N2, B27;* und *M2* der mensche] er *M2* nicht inhabe, da he *fehlt N1, Gi1, Sto, N2, B27, N12, M2* ane eneige] of neige *He3, Fs, N8;* auf nimant zeneigen hat *N1, Gi1, N2, N12;* auf (*fehlt B27*) niemand (nichte *M2*) naige *Sto;* auf naig *M2* wan] sunder *N1, Gi1;* denn *Sto, N2, B27, N8, M2;* sunder dan *N12* allein *fehlt M2*

[66]Der arm sprach: »Sage my, gute meister, von minnen wabi sal ein [66v] arm mensche bekenne, wan dy tugent in ume wirket uf iren hosten adel?« [67]Der meister sprach: »Daz sal he bekenne an drin stuken. [68]Daz erste, daz he minnet got umme got. [69]Daz andere, gute umme gute. [70]Daz dritte, warheit umme warheit.«
[72]Der meister sprach: »Saget my, guten, von minnen, des ich uch vragen wil. Waby sal ein mensche bekenne, daz he wandere, daz he dy warheit lerne?« [73]Dy juncvrowe sprach: »Daz sal he da by bekenne, daz ume alle sine werc ein geczucnisse geben alle der warheit, dy he von buzen ie zu worte brathe.«

---

**66** Der arm sprach] der mensche sprach *He3, Fs;* do sprach der arm mensch *N1, Gi1, Sto, N2, B27, N12; fehlt M2, N8* Sage my, gute meister] eia gut meister von minne sag mir *N1;* eya gůt maister sag mir *Gi1, Sto, N2, N12;* sag mir *B27;* bericht uns *M2;* nu sag mir guter maister *N8* von minnen] von lieb *Sto;* von gotleicher lieb *M2, N8; fehlt N1* wabi] wie *N1, Gi1, Sto, N2, B27, N12;* bey weu *M2* ein arm mensche] ein mensche *He3, Fs;* der mensch *N1, Gi1, Sto, N2, N27, N12, M2* dy tugent] si *N1;* er die tugent *N2, B27;* er all sein tugent *M2* in ume wirket] wirchet *N1, Gi1, N2, B27;* geworcht hab *M2;* wůrchet sey *N12* uf *fehlt M2* den] ir *He3, Fs, N1, Gi1, Sto, N2, B27, M2, N8, N12* **67** Der meister] er *M2* bekenne] tun *B27;* auch bekennen *N8* an] in *N2;* bey *M2* stuken] dingen *N12, M2* **68** Daz erste] daz erste ist *N1, Gi1, Sto, N2, B27, N8, Eb, z; fehlt M2* daz he] er *Gi1, N2, N12; fehlt M2* minnet got] liep hab got *N8;* god left *Eb;* got lieb habe *z* ume] in *He3, Fs* **69** Daz andere] das andere ist *N2, Eb; fehlt N1, Gi1, Sto, M2* gute ume gute] gut in gůt mit gute *He3;* gůt in gůt *Fs;* und um gut *N1;* und guet umb gůt *Sto, M2;* er (daz er *B27*) mynne gutt umb gutt *N2, B27;* he god left heumme gud *Eb* **70** Daz dritte] das drit ist (daz *B27*) er mynne *N2, B27, Eb; fehlt N1, Gi1, Sto;* und *M2* warheit[1]] her warheyt *Eb* 70–72 warheit umme ... guten *fehlt aufgrund beschädigter Seite Fs* **70** warheit[2]] worheit er sprach (er sprach] und sprach der arm mensch *Sto;* der arm mensch sprach *N2, B27*) gelobt sei got *N1, Gi1, Sto, N2, B27, N12;* warhait er sprach gelobt sey got die junckfrau sprach ir seit ain maister des warhait bewert ist ze paris auf dem stuel dreystund *M2* **72** Der meister sprach] der meister *N1; fehlt M2* Saget my, guten] saget mir guten kinder *He3;* eia libe (guteu *Sto*) chinder verichtet mich *N1, Gi1, Sto, N2, B27;* bericht uns *M2;* nu sag mir gut kint *N8;* eya lieben chinder wer richtet mich ainez *N12;* sgghet mi iuncvrouwe *Eb* nu saghet mir guten kynder *B28, B29, Dau* Saget my ... will *fehlt B42* von minnen] von lieb *Sto, B28, B29;* von gottlicher mynne *N2, B27;* von gotleicher lieb *N8; fehlt M2, Dau* des ich uch vragen wil *fehlt He3, Fs, Sto, M2* waby] wie *N1, Gi1, Sto, N2, B27, M2, N12;* wo *Eb; fehlt N8* ein mensche] der mensche *N1, Gi1, Sto, N2, B27, M2, N8, z;* doch en minsche *Eb* bekenne, daz he wandere] bekennen daz er wandel also *He3, Fs;* wandeln *N1, Gi1, N2, B27;* leben an den werken *M2;* wandern *N8, Eb, z* daz he dy warheit lerne] der die worheit leret (lern sol *N8*) *N1, Gi1, Sto, N2, B27, N8, N12;* der diese warhait ze worten pracht hat der arm mensch sprach es wer noch pesser ez wer sein maisterschaft ainest in der warhait bewart dann zu paris auf dem stuel dreistund maister ekkart sprach ist mir ze sagen so ist mir gesait *M2;* dat he de rechten warheyt vinde van leve *Eb* **73** Dy juncvrowe ... bekenne *fehlt Eb* Dy juncvrowe sprach] sy sprach *B42* Daz sal he da by bekenne] daz sol er da bi versten *He3, Fs;* er sol alzo ordenlichen wandeln *N1, Gi1, Sto;* er sol ernstlichen wandeln *N2, B27;* mich dunchet also sol er leben *M2;* da sol er alz ordenleichen leben *N12;* do bey *B42* daz ume alle sine werc] daz (daz im *N8*) alle sein wort und alle (alleu seineu *Gi1, Sto, N2;* seineu *N8, N12; fehlt B27*) werch *N1, Gi1, Sto, N2, B27, N8, N12;* das alle seine werck *M2;* eft ome al sine word und wercke *Eb, z* ein geczucnisse geben] ein gezeugenuzzen sein *N1, Sto, N2, N12;* sein *Gi1;* sein ain gezeugnüß *B27;* tuchnisse gheven *Eb, z* alle *fehlt Eb* he[2] *fehlt Sto, Eb* von bußen] von uzen *He3, Fs, N1, Gi1, Sto, N2, B27, N12;* von inen *N8;* ußen *z; fehlt M2* ie *fehlt M2, N12* zu worte] zu war worten *Sto;* zu den worten *N12;* werlde to werken *Eb* brathe] pracht hat *M2, N12;* heft ghebrocht *Eb*

[74]Der arme mensche sprach: »Daz ist gut, abir daz ist noch beßer, daz he von binnen me warheit vorste wan hy von bußen ie zu worte brate.« [75]He sprach: »Gelobit sy got.« Amen.

---

**74** Der arme mensche sprach] do sprach der arm mensch *N1, Gi1, Sto, N2, B27, N12, Eb;* der arme sprach *B42, Dau* Daz] ez *He3;* ja dat *Eb* Daz ist … beßer *fehlt M2* abir daz ist noch beßer] es ist aber pesser *N2, B27* beßer] vele beter *Eb* daz he] daz der mensch *N1, Gi1, Sto, N2, B27, N8, N12, Eb, z;* er sol *M2* von binnen me] inwendig *He3, Fs;* von innen mer (noch mer *Sto*) *N1, Sto, N12;* von minnen *Gi1;* noch mer von innen *N2, B27;* von bunder *N8* von binnen … vorste] noch vil mer haben an den wercken *M2* warheit vorste] warheit vorste und bekenne *He3, Fs;* enpfunden hab *Gi1, N1, N12;* emphangen hat *Sto;* befunden habe *N2, B27;* worhait wisse *N8* wan hy … ie] dan er von auzen (aussen ye *Sto*) *N1, Gi1, Sto, N2, B27;* dan er mit warhait *M2;* dan er von inen nummer *N8;* den er *N12;* wan er (er von *B42, Dau*) ußen ymmer *z* ie zu…brate] ummer me to wercken mach ghebringen *Eb* brate] pringen mach *N1, Gi1, N2, B27, N12, z;* bringen chunn *M2;* mug pringen *N8* **80** He] der meister *He3, Fs* He sprach gelobit sy got] dicz ist maister ekkartz predig und frag wer sy hor oder sag dem geb got ain guet end und nach seinem leben ain froleich urstend *M2;* daz ist die wirtschaft maister eckhart und seiner geistleicher chint die sich da uben in gaisleichen leben mit widersagen aller zerganchleichen dingen und die da habent ein suchen nach dem aller hohsten gut daz unser leben werd voll pracht zu ainem guten ende amen *N12;* wer diß rede vornemet dancke gote wer sie nit vorsteht bitte von got syner heißen großer vorlachtunge *B28;* merckt wer das vernempt danck got ume die gaube wer das nit verstaut bitte gott umbe genaude *B29;* hye endet sich das kolnisch gericht *Dau; fehlt N1, Gi1, Sto, N2, B27, N8, Eb*

## Anhang 5: ›Meister Eckharts Wirtschaft‹, Gruppe C

Leithandschrift: S1

[115r] [1]Es kam ein armer mensch gon Kǒln, armůt zu leren und der worheit ze leben. [2]Da bekam im ein iungfrow und bat in und sprach: »Gůt mensch, du solt durch got und von minnen mit mir essen.« [3]Der arme mensche sprach: »Das tůn ich gerne.« [4]Da lůd die iungfrow ein lesmeister och, das ir drú worent, und da sú über tisch gesassent, da sprach die iungfrow: »Gůt mensch, iss vast.«

---

0 *Überschrift:* von der wirtschafft von köln *St11;* von ainem armen menschen *M21* **1–7** Es kam ... Der arm mensch sprach *fehlt Se, Mai5* **1** kam] gieng *M20, M19, St10* arm] gut arm *M20* mensch] brůder oder mensch *B26* gon] auß gen gen (!) *M20;* von prag gen *M21;* zů *St10* Kǒln] kǒlen an den rin *M4, M20, M19, M21, St11, St10* armůt ze leren] armůt zu suchen *M20, M19, St11, B26;* der wolt armůt suchen *Ei3, M24, M21;* und wolt der warhait leben *St10* der worheit ze leben] der (die *St11*) warhait zů loben *M4, St11;* die warheit des lebens *Ei3, M24, B26;* in warheit leben *M21;* und wolt armůtt sůchen *St10* **2** Da] in dem *M20;* und da er gen köllen kam da *M21* bekam] kam *M4, M20;* begegnet *Ei3, M24, M19, M21, B26, St10* im *fehlt M20* ein] ain gute *M20, M21; fehlt B26* iungfrow] junckfrau zů *M4* und bat in] und lůd den armen menschen *M4; fehlt M20, Ei3, M24, St11, M19, M21, B26* und sprach] die (und die *M21*) sprach zu im *Ei3, M24, M21;* dú sprach *St11, B26, St10;* sy sprach *M19* Gůt mensch] gůt arm mensch *M20, St10;* guter mensch *Ei3, M24;* gůtz kind *St11, B26;* arm mensche *M19; fehlt M4, M21* du solt] wiltu *M20;* ich pit dich *Ei3, M24, St11, M21, B26;* yß *M19, St10* durch got ... minnen] heut von minnen und durch got *M4;* von meinen wegen und durch got *M20;* von lyebin *St11;* durch die liebi gotz *M19;* in aller liebe und tugent *B26; fehlt Ei3, M24, M21* durch got ... essen] hútt mit mir durch got und von minnen *St10* mit mir essen] das du mit mir essest *Ei3, M24;* das du noch hútt wellest mit mir essen *St11;* mitt mir *M19;* daz du noch heut mit mir anpeisest durch gotlicher liebin willen *M21;* du wellest mit mir hiut essen *B26* **3** Der arme mensche sprach] er sprach *M4, St11, M19;* do sprach der arm mensch *Ei3, M24;* der mensch sprach *St10* Das tůn ich gerne] gerne *M4, Ei3, M24, St11, M19, B26;* ja gern *M20;* gern liebu junckfrau *M21;* daß wil ich tůn *St10* **4** Da lůd ... gesassent] die junckfraẘ lůd ain lesmaister dar zů dar zů (!) das ir treẘ warent do sie über tisch komen *M4;* si lut ain leßmaister dar zu daz ir dreu wurden und fürt sy mit ir haim tugentlichen si seczt si nider wirdiclichen und gab in ze essen wirdiclichen *M20;* do luden sy einen lesmaister dar zu do sy nun zu samen saßen und aßen *Ei3, M24;* do sy nun über das essen gesässen *St11;* die junckfrau füret in mit ir haim und saczt in ze tisch *M21;* do sy nun über tisch sassent *B26;* die junckfrow lud ainen lesmaister zů yn daß irú dry wurden *St10* da sprach die iungfrow] die junckfraw sprach *M4, St10;* sy sprach *M19;* und sprach zů im *M21; fehlt M20* Gůt mensch] gůter *M4;* gůt kind *St11, B26;* arm mensch *M19; fehlt St10* Gůt mensch, iss vast] essen man durch meinen und durch got wann die warhait die waiß wol daz ich euch sein wol gan *M20* iss vast] nun iß fast *Ei3, M24;* nu yß vil und vast *St11;* yß woll vast *B26;* yss gůt arm mensch vast durch got *St10*

[5]Der arm mensch sprach: »Ich sol einem armen menschen *gelich* essen. Esse ich ze vast, das wer gebreste. Und esse ich ze lüczel, daz wer öch gebreste.«
[6]Die iungfrow sprach: »Gůter mensch, sag uns durch got und von minnen, woby sol man erkennen einen armen menschen?«
[7]Der arm mensch sprach: »Daz sol man tůn an dryn dingen. [8]Daz erste, das alles das an im erstorben sye, das im natúrlich ist. [9]Daz ander, daz er gottes niemer ze vil begeren mag.

---

5 Der arm mensch sprach] do sprach der arm mensch *Ei3, M24, St11, B26;* er sprach *M19;* der arm mensch *M21* ich sol ... essen *fehlt M4, M20, Ei3, M24, St11, M19, M21, B26, St10* gelich *fehlt S1* vast] vil *M4, M20, St11, M19, M21, St10* das wer] so tůn (ttet *B26*) ich *St11, B26* gebreste[1]] ain brech *M20;* ein geprech *Ei3, M24;* wider got *M21* Und *fehlt M4, M20, Ei3, M24, St11, M19, M21, B26, St10* Und esse ich ... gebreste *fehlt St11* ze lüczel] denn zů lützel *M4;* ze wenig *M20, St10;* aber zu wenig *Ei3, M24;* denn ze wenig *M21* daz wer] so ton ich *B26* öch] auch ain *M20;* aber ein *Ei3;* aber *M24, B26, St10;* denn ain *M21; fehlt M19* gebreste[2]] berst ich sol essen ainen menschen (!) *M4;* brech yß und essent ain armen menschen ain notdurft *M20;* geprech ich sol (wil *M21*) einem armen menschen geleych (*fehlt M24*) essen *Ei3, M24, M21;* gebresten (*fehlt St11*) ich sol essen als (*fehlt M19, St10*) ain (ainem *St10*) arm mensch *St11, B26, M19, St10* **6** Die iungfrow sprach] do sprach die junckfrau *Ei3, M24* **6–7** Die iungfrow ... sprach *fehlt B26* **6** iungfrow] gůt junckfrau *M21* Gůter mensch, sag uns] sag uns *M4, M20;* sag an guter mensch *Ei3, M24;* sag an liebes kind *St11;* sag mir *M19;* guter mensch sag mir *M21;* sag an gůtt arm mensch *St10* durch got ... minnen] von minne durch got *M20, M19;* durch die liebin gotz *M21; fehlt Ei3, M24, St11, St10* woby ... armen menschen] was ist armut oder wo pey soll man einen armen menschen erkennen *Ei3, M24;* waz ist ain arm mentsch *St11, M19;* wie isset denn ain arm mensch *M21* sol man] sullen wir *M20, St10* menschen] menschen von ußnan *St10* **7** Der arm mensch sprach] do sprach der arme mensch *Ei3, M24; fehlt M20* Daz sol man tůn] daz sol man verstan (bekennen *M19;* erkennen *M21*) *M20, St11, M19, M21, B26;* (*Überschrift:* de paupertate spirituali*; am Rand:* de paupertate exterioris hominis) einen armen mönschen sol man bekennen *Se;* armůt dez ussern menschen sol man verstan *Mai5;* daß süllen wir versten *St10; fehlt M4, Ei3, M24* an] bey *M20, Se, M19* an dryn dingen] drwy (!) *B26* **8** Daz erste] an dem ersten *M4;* das erst ding *M20;* zu dem ersten *Ei3, M24, Mai5;* das erst ist *St11, M21* das] das ist das *Se;* ob *St10* – alles das...sye] alles das erstorben si an dem *M4;* in im abgestorben (erstorben *Se, Mai5, St11, B26*) sey *Ei3, M24, Se, Mai5, St11, B26;* alles das inn im erstorben ist sey (!) *M19;* im erstorben ist *M21;* alles daß erstorben sy in dem menschen *St10* alles das ... natúrlich ist] daz du seyest daz alle zeitlicheu leiblichiu ding an dir erloschen sey *M20* das im natúrlich ist] alles das das (im *St11*) naturlich ist *Ei3, M24, St11;* alles das das (*fehlt M21*) ime naturlich sy *Se, M21;* allez daz naturlichen in im ist *Mai5;* das natürlich ist *M19;* alles das im naturlich sy und sint driuerlay armer menschen *B26;* daß dem lib natürlich sy *St10* **9** Daz ander] an dem andren *M4;* zu dem andern mal *Ei3, M24;* das ander daz ist *Se;* das ander ist *M19, M21, St10* er] du *M20;* der mensch *St10* gottes ... vil] gůttes ze vil *B26* gottes ... mag] gőtlicher begerung nit gnůg gehaben mag *Mai5;* gottes frů und spat begern sol und mag sein doch nymmer mer zefil begeren *M21;* ellend und verschmecht und armůtt niemen baß günde denn im selber *St10* begeren mag] machst ayschen solt sein alzeit mer ayschen *M20*

[10]Daz dritte, ob er sins ellenden lebens und siner armůt und siner versmeht von der welte niemant bas gunnet denn im selber.«
[12]Die iungfrow sprach: »Gůt mensch, du hest uns geseit von armůt des ussern menschen. Sag uns durch got und von minnen, wie sullent wir verston die armůt des innern menschen?«
[13]Der arm mensch sprach: »Daz sol man tůn an dryn dingen. [14]Zum ersten an einer volkomner abgescheidenheit von allen creaturen. [15]Zum andern mal an einer ernsthaffter demůt von innen und von ussen.

---

**10** Daz dritte] an dem dritten *M4;* zu dem iij mal *Ei3, M24;* daz dritte das ist *Se;* das dritt ist *M19, M21* ob er] das er *M4, M20, Ei3, M24, Se, Mai5, St11, M19, M21, B26;* daß der mensch *St10* sins ellenden ... welte] smacheit leiden und armůt *M20;* sein armut und sein ellend *Ei3, M24;* armůt liden und versmehte *Se, St11, B26;* sin ellend und sin verschmåchtez armez leben *Mai5;* ellends und armůt und siechtagen und verschmåcht und alle bitterkait *M19;* ellent und armůt arbait verschmächt *M21* sins ellenden ... im selber] nymer gottes ze vil kund begern *St10* bas gunnet] bas beginn (!) *M4;* paß günen soll *Ei3, M24, M21;* bas sol gunnen *Se; fehlt B26* im] du dir *M20;* sich *B26* selber] selb und das er da beleyb unbekant allen menschen *M19* **12** Die iungfrow sprach] die junckfrau die sprach *M20;* do sprach die junckfrau *Ei3, M24* Die iungfrow ... ussern menschen *fehlt Se, Mai5, St11, M21, B26* Gůt mensch] sag an gůtt arm mensch *St10; fehlt M4, M20, Ei3, M24* Gůt mensch ... ussern menschen] das ist mir wol bekannt *M19* uns geseit] uns wol geweiset *M20;* mir gesagt *Ei3, M24;* mich bewyst *St10* von armůt des ussern menschen] um ains ausren menschen *M20;* den armen menschen von ußnan *St10* Sag uns] nun sag mir *Ei3, M24;* du jungckfrowe sprach sag an gůter mentsch *St11, B26;* sag mir *M19;* die junckfrau sprach gůt mensch *M21; fehlt M20, St10* Sag uns ... innern menschen *fehlt Se, Mai5* durch got und von minnen] von innern menschen *M4;* durch got *Ei3, M24; fehlt M20, St11, M19, M21, B26, St10* wie sullent wir verston] wa bei sol man bekennen *M4;* war bey sull wir erkennen *M20, St10;* wo pey soll man *Ei3, M24;* was ist *St11, M21, B26;* von *M19* die armůt ... menschen] armůt des iren (!) menschen *M4;* ainen inneren armen menschen *M20;* armut des yner menschen versten *Ei3, M24;* armůt des indern (ierdischen *B26*) mentschen *St11, M19, M21, B26;* den armen menschen von ynnen *St10* **13** Der arm mensch sprach] do sprach der arm (arm *M24*) mensch *Ei3, M24; fehlt M20* **13–18** Der arm mensch ... armen des geistes *fehlt B26* **13** Daz] (*am Rand:* paupertas interioris hominis *Se*) armůt des innern mönschen *Se, Mai5* Daz sol man tůn] auch *Ei3, M24;* daz ist ouch *Se;* daz sůllen wir verston *St10; fehlt M4* man] man auch *M21* tůn] verstan *M20, Mai5, B26;* bekennen *M19, M21* an] bey *M20, M19, St10; fehlt B26* **14** Zum ersten] an dem ersten *M4;* daz erst *M20;* das erste daz ist *Se;* das erst ist *M19, M21, B26, St10* an einer] ain *M4, Se, M21, B26* an einer ... creaturen] daz du seyest ain abgeschaider mensch deins selbs und aller zeitlicher ding *M20;* ein wåre demůt von ussanan und von innen *M19;* daz der mensch ain volkomne abgeschaidenhaitt hab aller creatur *St10* volkomner] follen *Mai5;* volle *Se, B26* von allen] aller *Ei3, M24, Se, Mai5, B26* creaturen] creatur und got allain lieb haben *Mai5* **15** Zum andern mal] an dem ersten (!) an *M4;* daz ander daz du habest *M20;* zů dem anderen an *M24;* daz ander ist (daz ist *Mai5; fehlt M19, B26*) *Se, Mai5, M19, M21, B26, St10* an einer ernsthaffter] ain gute *M20;* an einer volkumnen ernsthafftigen *Ei3, M24;* ein ernesthafte *Se, Mai5, St10;* ain diemüttiger *M21;* ain ernsthaftig demütigs *B26* an einer ... ussen] ain wolkunne abgeschaidenhait von aller creatur inn zeit und inn ewigkait *M19* demůt] ernst *M21;* leben *B26* von innen ... ussen] von auß und von innen *Ei3, M24, Mai5; fehlt M21, St10* und] und doch *M20*

[16]Zum dritten mal an einem ufferhaben gemůte in ewikeit.

[17]Die iungfröw sprach: »Gůt mensch, ich hőr die rede vast gerne. [18]Sag uns durch got und von minnen, woby sol man verston und erkennen armůt des geistes, sit got hett gesprochen in dem ewangelio: ›Selig sind die armen des geistes.‹« [19]Der arme mensch sprach: »Du fragest zů vil.« [20]Die iungfrow sprach: »Das kunde ich nie verston, das des ze vil mohte gesin, daz gottes lobe angehort und des menschen ewige selikeit.« [21]Der arm mensch liess sich und beriht die frage und sprach: »Man sol an dryn dingen bekennen armůt des geistes. [22]Zum ersten, daz der mensch von nút wisse denn von im selber und von got.

---

**16** Zum dritten mal] an (zu *Ei3, M24, Mai5*) dem dritten *M4, Ei3, M24, Mai5;* daz drit *M20, Se;* das dritt ist *M19, M21, B26, St10* an … gemůte] ain erhebung sins selbs ůber alles das zytlich ist *M19;* ain usßerhaben hercz und gemůt *St10* an … in ewikeit] daz es ainer innikait sey ains erhaben gemůt in der zeit uber zeit sy gericht zu got in ewikait *M20* in ewikeit] uss zeit in ewikait *M4;* zu got in åwigkait *Mai5;* in die ewigkait *M21;* in got und in sin ewig selikait *St10* **17** Die iungfröw sprach] do sprach die iunckfraw *Ei3, M24* Die iungfröw … vast gerne *fehlt M4, M19, M21* **17–21** Die iungfrow … und sprach *fehlt Se, Mai5* **17** Gůt mensch … gerne] du hast uns wol beweyset ains ussren menschen und doch ains innern menschen *M20;* die red hor ich gern *Ei3, M24;* fur war die red her ich gern *B26;* sag an gůtt arm mensch du haust mich bewyst den armen menschen von ußnan vnd innan *St10* **18** Sag uns] die junckfraw sprach sag uns *M4;* nun sag mir *Ei3, M24;* sag mir *M19;* du iunckfraw sprach (sprach gůt mensch *M21*) sag mir *M19, M21;* dar nach sprach sy gůtter mensch sag uns an *B26* Sag uns … minnen *fehlt St10* durch got … minnen] von minnen und durch got *M20;* durch got *Ei3, M24;* durch die liebin gotz *M21;* uß liebe *B26; fehlt M19, St10* woby … erkennen] war bey sull wir erkennen *M20, St10;* wo pey soll man *Ei3, M24;* von *M19;* was ist *M21;* wie ist *B26* armůt des geistes] armut des gaistes versten *Ei3, M24;* den armen menschen des gaistes *St10* sit got … des geistes *fehlt Ei3, M24, M19, M21, B26, St10* sit] sey sprach *M4* **19** Der arme mensch sprach] do sprach der arm mensch *Ei3, M24;* der arm man sprach *M21;* er antwurt und sprach *B26* **19–20** Der arme … ewige selikeit *fehlt M4, St10* **19** du fragest] junckfraw ir forschent *M20;* iungkfrow (*fehlt M19*) ir frågent *St11, M19, M21, B26* zů] gar *Ei3, M24;* alß ze *M19, M21, B26* **20** Die iungfrow sprach] do sprach die junckfrau *Ei3, M24* Das] zwaur das *M19* ich nie verston] ich nitt verstan *St11;* mir noch nye werden *M19;* ich nymmer erfaren *M21* das des … gesin] daz niemant ze vil macht ayschen *M20* des] es *M19; fehlt B26* mohte gesin] wer *Ei3, M24, St11, M19, M21, B26* daz gottes … angehort] dar an die er gocz leg *M20;* das die ere gotes angehort *Ei3, M24;* das got zů gehorte *St10, B26;* da gottes er inne låg *M19;* da gottes lob macht an geligen *M21* und *fehlt B26* ewige *fehlt M20, Ei3* **21** Der arm mensch … sprach] der arm mensch sprach *M4, M20, St11, M19, M21, B26, St10;* do ließ sich der arm mensch und verantwurt die frag und sprach *Ei3, M24* Man sol] daz sol man verstan (bekennen *M19*) *M20, M19, B26;* armut des gaistes soll man versten *Ei3, M24, Mai5;* man sol es auch erkennen *M21;* daz süllen wir verston *St11; fehlt M4* Man sol … geistes *fehlt Se, St10* an] bey *M20, M19, St11* bekennen armůt des geistes *fehlt M4, M20, Ei3, M24, Mai5, M19, M21, B26, St11* **22** Zum ersten] an dem ersten *M4, Mai5;* daz erst *M20, B26;* zu dem ersten *Ei3, M24;* armut des geistes ist *Se;* das erst ist *St11, M19, M21, St10* der mensch] du *M20;* er *Ei3, M24* von nút wisse] nit wiß *M4;* umb nichten solt wissen *M20;* von nicht anders wiß *Ei3, M24;* sy in der zit das er nit wisse *Se, St11, B26;* zwischen zeyt und ewigkait umb nútz wissen *M19;* in der zeit nicht wisse *M21* von nút … von got] usserhalb sin selbs nieman sůch *St10* denn von … got] denn umb dich und umb got *M20;* allein (*fehlt Mai5*) von got und von im selber (selb allain *Mai5*) *Ei3, M24, Mai5;* me dann sin und gottes *Se;* denn sich und gott allain (*fehlt M21*) *St10, M21, B26;* das got nitt sey *M19* selber *fehlt M4*

[23]Daz ander, daz der mensch got nyena sol sůchen uss im selber und allein in im selber sol er sůchen und schöpffen [115[v]] ewige selikeit. [24]Das dritte, das er kein geistliche eigenschafft über veld nit tragen sol noch kein creatúrlich bilde in creatúrlicher wise zů bette nider tragen und mit einem ledigen herczen sloffen gon.«
[25]Die iungfrow sprach: »Sag uns durch got von minnen, sol unser geistlicher vatter sine bredige nit tragen von der zelle uncz uff den bredigestůl?« [26]Der arm mensch sprach: »Neyn.«
[27]Die iungfrow sprach: »Warumb?«

---

**23** Daz ander] an dem andren *M4;* zu dem andern mal (*fehlt Mai5*) *Ei3, M24, Mai5;* das ander ist *M19, M21, St11* der mensch] du *M20;* er *Ei3, M24, Se, Mai5, St11, M21, B26* got ... uss im selber] ausserhalb dein selb nit suchen solt daz in gocz oder ewiger salikait gefudren macht *M20;* got auß im selber nit soll suchen *Ei3, M24, Mai5;* us imme selber got nit sůche *Se;* gott nitt such usserhalb sein selbs *M19;* auserhalb sein selbs und got nichtz anders such *M21;* im gott nit sunder such *B26;* um nichtz wyß denn um gott und vm sin selbs *St10; fehlt St11* nyena] niemant *M4* und allein ... schöpffen] wann sunder in im selber sol sůchen und schőpfen *M4;* sunder du schopfs aus dir selb mer *M20;* sunder das er in in (*fehlt M24*) im selber such und schopf *Ei3, M24;* sunder das er in im selber schöpfe *Se;* er sol suchen und schöpfen in im selber *Mai5;* usser im selber schöpffen syg *St11;* besunder in im selbs *M19;* denn das besunder das er in im selber schepffent sey *M21;* das er im selber schöpffen sy *B26;* und in im schaff *St10* ewige selikeit] dein ewige sålikait *M20, M21;* ewige selligkait als do geschriben stett im ewangelio sucht zu dem ersten das reich gottes so werden euch alle ding zu geworffen *Ei3, M24;* die ewige selikeit *Se, M21;* ain ōwigun sålligkait *Mai5; fehlt M19* **24** Das dritte] an dem dritten *M4;* zu dem iij *Ei3, M24, Mai5;* das drútt ist *M19, M21* er] es *M20;* der mensch *Mai5, M19, St10; fehlt M21* kein geistliche eigenschafft] mit aigenschaft kain gaistlich gůt *Mai5* eigenschafft] gůt mit im *M4, Ei3;* ding dar umb leren sol das es man da mit aygenschaft *M20;* gůt mit aigenschafft *M24, Se, St11;* gůt trag mitt aigenschafft *M19;* gabe mit aigenschafft *M21;* gutt in angesthafft (!) *St10* über veld nit tragen sol] über veld sol tragen *M4, Ei3, M24, Mai5;* von ainer stat zu der andern ze tragen *M20;* über velt trage *Se;* úber veld trag (tragen sol *B26*) von ainer stat zů der andren *St11, B26;* über feld *M19;* trüge (trag *St10*) von ainer stat zů der andern *M21, St10* noch kein ... sloffen gon] dar umb daz es zeitlich gůt lob oder er main ze enpfahen *M20;* dis solt tu wol behalten und solt in geistlichen frőden alten etc *Se; fehlt M4, Ei3, M24, Mai5, St11, M19, M21, B26, St10* **25** Die iungfrow sprach] do sprach die junckfrau *Ei3, M24;* die iunckfrau die sprach *M19* **25–26** Die iungfrow ... neyn *fehlt St10* **25–74** Die iungfrow ... Amen *fehlt Se, Mai5* **25** Sag uns ... minnen] sag uns durch got *M4;* gůt mensch *M21; fehlt M20, Ei3, M24, St10, M19, B26, St10* sol] mocht den nit der maister *M20;* soll dann *Ei3, M24, St11, B26;* mag doch der maister *M19* – vnser] ain *B26* – geistlicher] baider *M20;* beyder gaistlicher *M19* bredige] sermon *M4, M20, St11;* sermon und prődig *M19;* predig und sein ler *M21;* sermon das ist sin predig *B26* nit tragen] nit mit im *M4;* tragen *M20, M19* von] uss *M4, M21* der] siner *M19* uncz uff] an *M4;* uf *M20, Ei3, M24, St11, M19, M21, B26* stůl] stůl tragen *M4* **26** Der arm mensch sprach] do sprach der arm mensch *Ei3, M24;* er sprach *St11, M21* Neyn] nayn mit aigenschaft nit *M20;* nain er *Ei3, M24* **27** Die iungfrow sprach] do sprach die junckfraw *Ei3, M24; fehlt M4* Die iungfrow ... umb *fehlt M20* Warumb] alß wie *M19*

[28]Der arm mensch sprach: »So ye zitlicher, so ye liplicher und so ye liplicher, so ye zitlicher.« [29]Die iungfrow sprach: »Der geist ist nit von Behem.« [30]Der arm mensch sprach: »Gůt iungfrow, die sunn, die zů Köln an die muren schinet, die schinet och zů Prag an die muren.« [32]Die iungfrow sprach: »Gůt mensch, wie súllent wir dise sunn verston?« [33]Der arm mensch: »*Der sin behőrt mir* nit ze berihten, so der meister zegegen ist.« [34]Da sprach der meister: »Gůte kinde, dem der warheit gebreste von ussen, der sůche sú von ynnan mit ůbung, so wúrt sú im von ussen.«

---

**28** Der arm mensch sprach] do sprach der arm mensch *Ei3, M24;* er sprach *St11, M21; fehlt M4* 28–30 Der arm mensch ... an die muren[2] *fehlt St10* **28** So ye zitlicher, so ye liplicher] wann so ie zeitlicher ie leiplicher *M4;* yee zeittlicher yee lieblicher *Ei3, M24;* wann ye leiplicher ye zeitlicher ye zeitleicher zergencklicher *M20;* ye lyplicher ye zytlicher *St11, M19, M21, B26* und so ye liplicher, so ye zitlicher] so ie leiplicher so ie zeitlicher *M4;* vnd (*fehlt M24*) yee lieblicher yee zeittlicher *Ei3, M24;* ye zytlicher ye lyplicher *St11, M21, B26;* ye liplicher *M19* **29–30** Die iungfrow ... an die muren[2] *fehlt Ei3, M24, M19* **29** Der geist] gelobt sey got dieser gayst *M20;* fúr wår der gaist (gast *M21, B26*) *St11, M21, B26* ist] kompt *St11, M21, B26* Behem] unger noch von bechem *M20;* sechen (!) *St11;* kellen *B26* **30** mensch] man *M21* Gůt iungfrow *fehlt M20, St11, M21, B26* zů Köln an die muren schinet] scheint ze kolen an den rein *M20;* zů kőln schinet *St11* die schinet ... muren] und ze brag an daz land *M20* zů Prag ... muren] dacz braband an die stat *M4;* zů bråg an die (der *B26*) statt *St11, B26;* zu prag in der statt die iunckfraw berůfft bald ainen maister der geschrift und was da die wortt des armen mans wider őffnen *M21* **32** Die iungfrow sprach] do sprach die iunckfraw *Ei3, M24;* und sprach zů im *M21; fehlt B26, St10* **32–33** Die iungfrow ... berihten *fehlt M20* **32** Gůt mensch] fúr war *M19; fehlt Ei3, M24, St11, B26, St10* wie ... verston] das kann ich nitt verstån *M19;* der red beschaid mich baß *M21* súllent wir] sol ich *Ei3, M24, St11, B26, St10* diese sunn] den sinn *M4, Ei3, M24;* daz *St11, B26, St10* **33** Der arm mensch] der arem mensch sprach *M4, St11, M19, M21, B26, St10;* do sprach der arm mensch *Ei3, M24* Der sin behőrt mir *M4, Ei3, M24*] die sunne hatt uns S1; daz hőrt mir nit *St11, M21, B26;* so hon ich es *M19;* die red fůgt mir *St10* ze berihten] auß zu richten *Ei3, M24;* zu versprechen *St11, B26;* ze bewyssen *St10* so ... zegegen ist] da der maister ze begegne ist (sútzt *M19*) *M4, M19;* hie siczt der maister gegenwirticlich der beschaid uns disen sin *M20;* wann die sun die zu koln scheint an die maur die scheint auch zu browand in die stat *Ei3, M24;* da der maister selber ist *St11, B26;* da die maister selber siczent *M21;* die wil der leßmaister da sitzet *St10* **34** Da sprach der meister] der maister sprach *M4;* der maister sprach kúnd lond den maister seines allters geniessen der arm mensch sprach gůter maister lond die liebin wircken wann was sú wúrckt das wirkt sú besunder aun zů val der maister sprach *M19;* der leßmaister sprach *St10; fehlt Ei3, M24* Gůte kinde *fehlt M20, Ei3, M24, St11, M19, M21, B26, St10* dem der] dem die *M4;* wan wem *Ei3, M24;* wem der *St11, M19;* wem *M21, St10;* wer die *B26* dem der ... ussen] wer got nit enhat *M20* von ussen] von innen *M19; fehlt St10* sůche sú] üb sich *M4, Ei3, M24;* sol sich uben *M20;* werke sy *M21* von ynnan mit ůbung] von innen *M4, Ei3, M24, St11;* von aussen *M20, St10;* ussen *M19* so wúrt sú im von ussen] daz er (!) im von innen zaiget werd *M20;* so vindet er sich von innen diu iunckfraw sprach fúr waur der gaist ist nitt kummen bethen der arm mensch sprach die súnn die zů behem scheint die schint ouch zů braug und zů keln in die statt *M19;* so wirt im von aussen erkant *M21;* bis im von innan kunt wird der arm mensch sprach ich můß mich laussen wann ye me zittlichers ye me liplichers dú junckfrow sprach der gaist kompt ni von behem der arm mensch sprach daz ist waur dú sunn dú da schwynt zů kőln an dem ryn dú schwynt zů brag in der statt *St10; fehlt St11, B26*

[35]Die iungfrow sprach: »Die kost ist wol vergolten.« [36]Der arm mensch sprach: »So gelten öch den tranke.« [37]Die iungfrow sprach: »Gerne.«
[38]Der arm mensch fragete dryerhand frag und sprach: »Gůte iungfrow, sag uns durch got und von minnen, woby súllent wir verston und bekennen, das die werk des heiligen geistes sient in der sele?« [39]Die iungfrow sprach: »Daz sol man verston an dryn dingen. [40]Zum ersten, das der mensch von tag zů tag abneme an natúrlichen sachen. [41]Daz ander, ob er von zit ze zit zůleit an tugenden.

---

**35** Die iungfrow sprach] do sprach die junckfraw gelobt sey got *Ei3, M24;* die iunckfrau die (*fehlt M21, B26*) sprach gelobt sy got *St11, M19, M21, B26* **35–37** Die iungfrow ... Gerne *fehlt M4, M20* **35** wol] hart wol *M19* vergolten] bezalt *B26* **36** Der arm mensch sprach] do sprach der arm mensch *Ei3, M24;* der leßmaister sprach *St10* So] jungckfrow so *St11, B26;* gůt iunckfrau so *M21;* liebü junckfrow so *St10* öch den tranke] ir den wein *Ei3, M24, St11, M19, M21, B26, St10* **37** Die iungfrow sprach] do sprach die junckfrau *Ei3;* sy sprach *St11, B26* Die iungfrow ... Gerne *fehlt St10* Gerne] gern das sol sein *M21* **38** Der arm mensch ... sprach] der arm mensch fraget dreier hand frag die erst *M4;* der arm mensch sprach *M20, St11, M19, M21, B26;* do antwort (sprach *M24*) der arm mensch *Ei3, M24;* der leßmaister sprach *St10* Gůte iungfrow] junckfraw *M4, St11; fehlt Ei3, M24, B26* sag uns] nun (*fehlt St10*) sag an guete junckfrau *Ei3, M24;* sagent mir *M21; fehlt M19* durch got ... minnen] durch got *M4;* von minnen und durch got *M20;* von (usß *B26*) liebe *St11, B26;* durch die liebin gocz *M21; fehlt Ei3, M24, M19, St10* woby ... bekennen] wa bi send wir verstan *M4;* wenn wirt der mensch begabet *M20;* wo pey soll der mensch versten *Ei3, M24;* wenn (wie *M21*) sol der (ain *M19, M21*) mentsch bekennen *St11, M19, M21, B26;* wau by söllent wir bekennen *St10* das die werk] mit der gnad *M20;* die (das *M19*) werck *Ei3, M24, M19;* wenn *M21;* daz *St10* des heiligen geistes] der hailig gaist *M21, St10* sient in der sele] in siner sel *M19;* wirkent sey in der *M21;* gegenwiritg sy in des menschen sel *St10; fehlt M20, Ei3, M24* **39** Die iungfrow sprach] do sprach die junckfrau *Ei3, M24;* sy sprach *St11* Daz ... verston] das sol man (er *M19;* man auch *M21*) bekennen *St11, M19, M21;* daz söllen wir verston *St10; fehlt M4, Ei3, M24* an] bey *M20, St11, M19* **40** Zum ersten] an dem ersten *M4;* daz erst *M20;* das erst ist *St11, M19, M21, B26, St10* das] ob *Ei3, M24, St10;* wenn *M21* der mensch] er *M19* von tag ... abneme] geng von mensch gi der zeit in zeit *M20;* ab nymbt *Ei3;* ab niem (soll abnemen *B26*) von tag zů tag *St11, B26;* abnympt von ainer zeit nauch der andern *M19;* abnement und ablegent ist von tag zů tag *M21;* von zitt zů zitt zů nement sy *St10* an natúrlichen sachen] von natürlichen sachen *M4;* in ain rechte volkomenhait *M20;* an natürlicher minn *M19;* alles das im natürlich ist *M21;* an allen gotlichen dingen oder tugenden *St10* **41** Daz ander] an (zu *Ei3, M24*) dem andren *M4, Ei3, M24;* das ander ist *M21* ob er] daz (ob *Ei3, M24, St10*) der mensch *M20, Ei3, M24, St11, B26, St10;* er *M19;* das er *M21* von zit ... zůleit] von tag zu tag und all zeitt zu nymbt *Ei3, M24;* zů leg von tag zů tag *St11;* nympt zů unmittelich *M19;* allezeit zů nement sey *M21;* von tag zů tag zů nem *B26;* von zit zu zit ab niemen sy *St10* von zit ... tugenden] ge von der tugent in tugent in rechter volkomenhait *M20* an tugenden] an den tugenden *Ei3, M24;* an gŏttlicher minn *M19;* an allen gůtten dingen *M21;* in allen bresten häfftigen dingen *St10*

[42]Daz dritte, ob er von minnen allen menschen begeren sy ze wúrkende me wenn im selber.« [44]Der arm mensch fraget die ander frag und sprach: »Gůt iungfrow, sag uns durch got und von minnen, wo by sol man bekennen daz got gegenwúrtig sye in des menschen gebette?« [45]Die iungfrow sprach: »Daz sol man verston an dryn dingen. [46]Zum ersten, ob dem menschen der gegenwurff wúrt der gabe, da mit got sine frúnde begabet hat, die im aller liebst sint, das ist mit ellend und mit armút des libes und mit versmeht der welt. [47]Daz ander, ob er ist uffgerihtet mit der gnade gottes.

---

**42** Daz dritte] an (zu *Ei3, M24*) dem dritten *M4, Ei3, M24;* das dryt ist *M19, M21, B26* ob er] daz er *M20, M21;* ob (das *St11, B26*) der mensch *Ei3, M24, St11, B26, St10;* sy *M19* von minnen ... me] von minnen allen menschen nie bekert zů wůrken *M4;* sein eben menschen als treu sey *M20;* mer genaygt ist von lieb zu wúrken allen menschen *Ei3, M24;* me genaigt sy ållú mentschen von liebe me zů dienen *St11;* sint allweg mee genaigt gůtte werck ze wirckent von liebin uff iren nåchsten *M19;* von rechter lieb allen menschen mer guthait gúnne und auch thue *M21;* me genaigt sy allen menschn uß liebe zů denen (!) *B26;* in der not an ainen ieglichen menschen möcht also vil würcken *St10* wenn im selber] denn im selben *M4, Ei3, M24, St11, M21, B26;* als im selb und etwas mer *M20;* den auf ir selbs person *M19;* als in im selbß *St10* *nach 42*: der arm mensch sprach daz hant die waren nachvolger (usserwelten frúnd *St11, M19;* usserwelten *B26*) unsers hern ihu xpi (ihu xpi] *fehlt St11, M19*) dick (wol *St11, M19, B26*) bewårt *M20, St11, M19, B26* **44** Der arm mensch ... sprach] der arm mensch fragot der andren frag *M4;* der arm mensch sprach *M20, M19, M21;* und sprach aber (*fehlt B26*) *St11, B26;* der leßmaister sprach *St10* **44–48** Der arm mensch ... uff ein nehers *fehlt Ei3, M24* **44** Gůt iungfrow, sag uns] iunckfrau sag uns *M4, St11;* gůte iunckfrau *M19;* gůt iunckfrau sagent mir *M21;* sagent an gůttige junckfrow *St10* durch got ... minnen] durch got *M4;* von minnen und durch got *M20;* usß minn und liebin *B26; fehlt M19, M21* woby] wenn *St11, B26;* wann *M19;* wie *M21* sol man bekennen] send wir verstan (bekennen *St10*) *M4, St10;* sol der (ain *St11, M19, M21, B26*) mensch bekennen *M20, St11, M19, M21, B26* daz] ob im *M20;* das im *St11, M19;* wenn im *M21;* ob *St10* got *fehlt B26* gegenwúrtig sye] ist *St10* des menschen] seinem *M20, St11, M19, M21, B26* gebette] gebet und andacht *M20;* und in aller seiner yebung *M19;* sel *St10* **45** Die iungfrow sprach] sy sprach *St11;* die junckfrau *M21* Daz sol man verston] es sol darinn mercken *St11;* das sol man (man auch *M21*) bekennen *M19, M21, B26;* daz so̊llen wir verston *St10; fehlt M4* an dryn dingen] da bey *M20;* dry ding *St11;* bey drey dingen *M19, B26, St10* **46** Zum ersten] an dem ersten *M4;* daz erst ist *St11, M21, St10;* das erst *B26; fehlt M20, M19* ob dem menschen] ob dem *M4;* ob im *M20, St11, M19, B26;* wann im *M21;* ob der mensch *St10* der gegenwurff wúrt der gabe] der gegenwurff wirt die gab cristi *M4;* got geit *M20;* wirt der gegenwurff das ist dú gab *St11;* wirt gegeben du gaͧb xpi *M19;* der gegenwurff wirt des gelaubens xpi *M21;* wurd der wurff die gaub xpus *B26; fehlt St10* da mit got] da mit er *M4, M19, M21, B26;* daz er *M20;* da mit xps *St11* da mit ... begabet hat] begaubet sy mit den aller liebsten gauben ihu cristi *St10* frúnde] allu liebsten fraind *M4, M19, M21;* aller liebsten *M20, St11, B26* begabet hat] het begabet *M4;* hat gegeben *M20;* begaͧbet *St11* die im aller liebst sint *fehlt M4, M20, St11, M19, M21, B26, St10* das] das erst *M19* mit ellend ... welt] ellend und armůt des leibes und versmåcht der welt *M4;* armůt leiden trubsal und versmacht *M20;* armůt dez lybes (leibes und *M21, B26*) verschmåcht von der welt *St11, B26;* ellend und armůt und siechtag und verschmåcht und alle bitterkait *M19;* liden und ellend und verschmecht *St10* **47** Daz ander] an dem andren *M4;* das ander ist *M21, St10* Daz ander ... gottes *fehlt M20* ob er ... gottes] ob (das *M21, B26*) er gerichtet wirt an go̊tlicher gnaͧd *St11, M21, B26;* das er in disem fundet reychayt siner vernunft und gantzen frud deß hertzens *M19;* ob der mensch in tůn und in laussen wúrke alle sine werck in des aller liebsten willen gottes *St10*

[48]Daz dritte, ob sich got von dem menschen nit enscheidet, er wise in den uff ein nehers.« [50]Der arme mensch fraget die dritte frag und sprach: »Gůt iungfrow, sag uns durch got und von minnen, woby sol man bekennen, daz der mensch wúrcke alle sine wercke in gottes aller liebstem willen?« [51]Die iungfrow sprach: »An dryn dingen. [52]Zum ersten an einer unuermúschter gewissne in der sele. [53]Das ander, ob sin wille sy gerihtet in den willen gottes. [54]Daz dritte, ob der himelsche vatter sinen eingeboren sun geberen sy in siner sele.«

---

**48** Daz dritte] an dem dritten *M4;* und ist *M20;* das dryt ist *St11, M21, B26, St10* ob] daz *M20, St11, M21, B26* ob sich got ... nehers] das er nichts aigens habe das er sin houpt daruff genaigen múge wann allain uff cristum *M19;* ob der mensch entphintlich sy ob er ryche an göttlicher gnad so kompt got in die sel und wil sie wisen uff den rechten weg der warhait *St10* got ... menschen] der mensch in den dingen von got *M20;* got nit von dem mentschen *St11, B26* nit enscheidet] nit schaydet got schaidet sich nymmer von dem menschen *M20;* schydet *St11, B26;* nymer kert *M21* er wise ... den] bis daz er in bringt *M20* wise in den] weis in *M4;* wisse *B26* uff ein nehers] auf den (ainen *St11*) weg (nåhern weg *St11*) der warhait der arm mensch sprach daz můß von not sein *M20, St11;* uff ain nåcheren weg der warhait *M21;* noch nacher weg der warhait *B26;* uff den rechten weg der warhait *St10* **50** Der arme ... sprach] der arm mensch fraget der dritten frag *M4;* der arm mensch (brůder *B26*) sprach *M20, St11, M19, M21, B26;* do sprach der arm mensch *Ei3, M24;* der leßmaister *St10* Gůt iungfrow, sag uns] junckfrau sag uns *M4;* nun sag an gutte junckfrau *Ei3, M24;* jungkfrow sagend uns *St11;* gute junckfrau *M19, M21;* sagent an güttige junckfrow *St10* durch got ... minnen] durch got *M4;* von minnen und durch got *M20;* uß liebin *B26; fehlt Ei3, M24, St11, M19, M21, St10* woby] wenn *St11;* wann *M19;* wie *M21, B26* sol] süllen *St10* man bekennen] man verstan *M4;* wir verstan *M20;* der mensch versten *Ei3, M24;* ain mensch bekennen (erkennen *M21, B26*) *St11, M19, M21, B26;* wir bekennen *St10* daz der mensch] das er *Ei3, M24;* ob *M21, St10* wúrcke ... wercke] allu seinu werk wurckt *M4, M20, Ei3, M24, St11;* leb *M19;* die werck volpracht seyen *M21;* alle sine werck *B26;* der hailig gaist würkent sy in des menschen sel *St10* in gottes ... willen] von lauter lieb die er zu got hatt und nach seinem aller liebsten willen *Ei3, M24;* nåch gottes aller liebsten willen *St11;* nauch dem liepsten (pesten *M21*) willen gotz *M19, M21;* nach gottes willen gericht hab *B26; fehlt St10* **51** Die iungfrow sprach] do sprach die junckfrau *Ei3, M24* An] daz sol man verstan bey *M20;* das sol man (er *M19;* man auch *M21*) bekennen (erkennen *M19*) an *St11, M19, M21, B26;* daz süllen wir bekennen und verston by *St10* **52** Zum ersten] an dem ersten sprach (!) *M4;* daz erst daz *M20;* zu dem ersten *Ei3;* das erst ist (*fehlt B26*) *St11, M19, M21, B26, St10* an ... gewissne] an ainer vermischlater gewissen *M20;* das sich eins fleiß einer lautern gewissen *Ei3, M24;* das er (der mensch *M21*) nit vermusch ain luter gewissend (!) *St11, B26;* das er hab ain unuermúst (unvermalgoten *M21*) bekantnüß *M19, M21* an ... sele] der mensch in der sel ainer luttern gewysynn nimer vermiß *St10* in der sele] in allem seinem leben *Ei3, M24* **53** Das ander] an dem andren *M4;* daz ander daz ist *M20;* zu dem andern *Ei3, M24;* das ander ist *M19, M21, St10* ob sin wille] er soll seinen willen *Ei3, M24;* das er sinen willen *St11;* das er sein gemůt *M21;* das sin will *B26;* daß sich der mensch vernünfftiglich *St10* sy gerihtet ... gottes] gericht si in dem willen gotz *M4, M20;* nymer keren von dem gotlichen willen *Ei3, M24;* nymer geschaid von der veraynung gottes *St11, B26;* nienen hab gezogen uß dem willen gottes *M19;* von der naigung gottes nymmer keer *M21;* von got nymmer geschaid *St10* **54** Daz dritte] an dem dritten *M4;* daz drit ist *M20, St11, M19, M21, St10;* zu dem iij *Ei3, M24* ob] das *St11, M19, M21, B26* ob ... sele] er bekenne die geburt des vatters in sinem gaist unvernünftiglichen *M19;* so wirt got sin aingeborner sun in der sel *St10* eingeboren *fehlt St11, B26* geberen sy] gepert *Ei3, M24;* geben ist *St11;* geberen ist *B26* siner sele] der sel *M4, M20, Ei3, M24, St11, M21, B26*

[55]Der meister sprach: »Gelobet sy got, das ist wol geredt. Ich hoͤr es gerne.« [57]Die iungfrow sprach: »Was nun hie me zů gelten ist, daz hoͤrt dem meister zů.« [58]Der meister sprach: »Neyn, gůten kind, lont den meister sins alters geniessen.« [59]Der arm mensch sprach: »Neyn, gůter meister, la die minne wúrken, sú wúrket on allen zůval.«
[60]Die iungfrow sprach: »Sage uns durch got und von minnen, woby sol der mensch erkennen, das er geheissen sy und gene*nn*et ein kind des himelschen vatters?« [61]Der meister sprach: »An dryn dingen. [62]Zum ersten, ob der mensch alle sine werke wúrket in einer lutern minne, die er hat zů got.

---

**55** Der meister sprach] do sprach der maister *Ei3, M24;* der leßmaister sprach *St10* Gelobet sy got] gott sie gelobt *M4, M20, Ei3, M24; fehlt St11, M19, M21, B26, St10* das ist … gerne] wann die speis ist wol bezalt *M4;* dicz essen ist wol vergolten wer als essen als wol vergolten als daz essen so wer manig sel in dem himel die sunst ist in der hell *M20;* wår (der win ist vorgolten wer *St10*) ållú schuld (kunst *St10*) als (so *B26*) wol vergolten als der (diser *M19*) win so wår (wer noch *B26*) menig sel in (zů *M21*) den ewigen froͤden (den … froͤden] dem himel *M19*) dú (die noch *M21;* die sunst *St10*) in dem fegfúr ist *St11, M19, M21, B26, St10* **57** Die iungfrow sprach] do sprach die junckfrau *Ei3, M24;* der arm mentsch sprach (*fehlt M21*) *St11, M19, M21* Die iungfrow … meister zů] das hört den an das (!) *B26* Was nun … meister zů] gůter maister so geltend ir aber (*fehlt M20*) den wein *M4, M20* nun hie me] nun mer *Ei3, M24, St11;* noch *M19;* denn noch *M21* ist] sey *M19, M21, St10* hoͤrt] gehort *Ei3, M24, M19;* geltent *M21;* gelt *St10* dem meister zů] dem meister zu geltten *Ei3, M24;* ir maister *M21;* der leßmaister *St10* **58** Der meister sprach] do sprach der maister *Ei3, M24;* der leßmaister sprach *St10* **58–59** Der meister … zůval *fehlt M4* **58** Neyn, gůten kind] liebe kint redent fur euch von minnen und durch got vnd *M20;* gůtú (liebu *M21, St10*) kind *St11, M21, St10;* künd *M19; fehlt Ei3, M24* lont] ir sullt *Ei3, M24, St11, M21, B26* den meister] den alten *M20;* mich *St10* sins] mins *St10* geniessen] laßen genyeßen *Ei3, M24, St11, M21, B26;* geniessen und uber hebent mich sin *St10* **59** Der arm mensch sprach] do sprach der arm mensch *Ei3, M24* Der arm … zůval *fehlt St11* Neyn, gůter meister] guter maister *M20, M19, M21; fehlt Ei3, M24, B26, St10* la] land ir *M20* minne] lieb *Ei3, M24, M21;* min liebin *B26* sú wúrket] wann si wurckt *M20;* was sy wúrkt das wúrkt sy *M19;* die werck *B26; fehlt Ei3, M24* on allen] besunder aun *M19* **60** Die iungfrow sprach] do sprach die junckfrau *Ei3, M24; fehlt M4* Die iungfrow … vatters *fehlt M19* Sage uns] und saget uns *M4;* guter (guter und lieber *St11*) maister sagent uns (*fehlt M21*) *M20, St11, M21;* sag an gutter maister (leßmaister *St10*) *Ei3, M24, St10;* gůtter maister *B26* durch got … minnen] von minnen und durch got *M4; M20;* durch die liebin gocz *M21; fehlt Ei3, M24, St11, B26* woby] wenn *St11;* wie *M21, B26* sol der mensch] sol ain mentsch *St11, M21, B26;* soͤllen wir *St10* erkennen] verstan *M4, M20, Ei3, M24;* bekennen *St11, M21, B26, St10* das er] das es *St11;* ob er *M21;* daz der mensch *St10* geheissen sy und genennet] geheissen sy und genemmet *S1;* haiß und sei *M4, M20, Ei3, M24;* sy *St11, M21, B26* geheissen … vatters] gesychert sy ewiges liebens *St10* des] sines *St11, B26* **61** Der meister sprach] do sprach der maister *Ei3, M24;* der leßmaister sprach *St10* An dryn dingen] bey drey dingen *M20;* daz sol man verstån (auch erkennen *M21*) an dryn dingen *St11, M21, B26;* kúnd so herent drú ding da bey ain mensch bekennen sol ob er ain kind sey deß himelschen vatters *M19;* daz süllen wir verston by dry dingen *St10* **62** Zum ersten] an dem ersten *M4;* daz erst *M20;* zu dem ersten *Ei3, M24;* daz erst ist *St11, M19, M21, B26, St10* ob der mensch] das der mensch *M4, M21;* der mensch *M20;* das er *St11, B26;* er *M19* alle … wúrket] wirkt allu seine werck *M19;* allu seinu werck sol wircken *M21* wúrket … got] von lutter gottlicher mynn wol würcken müg *St10* in … minne] von ainer lauter minn *M4, M20, Ei3, M24;* von goͤttlicher minne *St11, B26;* auß liebu ån allen arckwån *M19;* in ainer gantzen lauteren lieb *M21* die … got] zu got *Ei3, M24; fehlt St11, M19, M21, B26, St10*

[63]Daz ander, ob er alle ding von got enpfahet, sur und sůss, in einer glichen danckbåre. [64]Das dritt, ob der mensch in diser zit nit enhat, da er sin hőbt uffneiget den allein uff xpm.«
[66]Der arm mensch sprach: »Gůt meister, sag uns durch got und von minnen, woby sol man erkennen, das die tugend in dem menschen volbraht sint uff iren aller hőhsten adel?«
[67]Der meister sprach: »An dryn dingen. [68]Zum ersten, got minnen um got. [69]Das ander, gůt minnen umb gůt. [70]Daz dritt, warheit minnen umb warheit.«

---

**63** Daz ander] an dem andren *M4;* daz ander ist *M20, M21, St10;* zu dem andern *Ei3, M24* ob] das *M4, M20, Ei3, M24, St11, M21; fehlt M19* ob er ... danckbåre] daz liden daz got dem menschen geb daß er daß in ainer gelichen danckperkait entpfach und trag *St10* alle ding] ållú sinú ding *St11, B26;* enphaucht alle ding *M19* von got enpfahet *fehlt M19, M21* sur und sůss *fehlt M4, M20, Ei3, M24, St11, M19, M21, B26* einer glichen] ainer tugentlicher *M4, M20;* einer *Ei3, M24;* glicher *St11, M19, B26;* ainer dultigen *M21* danckbåre] dankperkait das er in lieb und in laid gelich stand *M4, M20;* danckperkait enpfach von got *M21* **64** Das dritt] an dem dritten *M4;* zu dem iij *Ei3, M24;* das dritt ist *M21, St10* ob der mensch] das der mensch *M4, M20, Ei3, M24, St10;* das er *St11, M19, M21, B26* in ... enhat] nymant in der zeit hab *Ei3, M24;* niemant habe *St11, M21, B26;* nit hab *M19;* nit mer aigenschafft hab wenn bloss *St10* da er ... uffneiget] auff den er sein hoffnung leg *Ei3, M24;* uff den (uff den] dar uff *B26*) er sin hőpt nayge *St11, B26;* dar an er hafften *M19;* da er sein hault (!) auff leine und naig *M21;* daz er sin hopt naige *St10* allein uff xpm] auff cristo *M4, M20, Ei3, M24;* uff xpm allain *St11, M21, B26;* allain in got *M19;* uff cristo also tett cristus an dem crücz *St10* **66** Der arm mensch sprach] do sprach der arm mensch *Ei3, M24;* dü junckfrow sprach *St10* Gůt meister, sag uns] sag an gutter maister *Ei3, M24;* lieber (gutter *B26*) maister sagent uns *St11, B26;* gůter maister *M19;* guter maister sagent *M21;* sagent gůtter leßmaister *St10* durch got ... minnen] von minnen *M4;* von minnen und durch got *M20;* durch die liebin gotz *M21; fehlt Ei3, M24, St11, M19, B26, St10* woby] wenn *St11, B26;* wann *M19;* wie *M21* sol man] sol der (ain *M19, M21*) mentsch *St11, M19, M21, B26;* süllen wir *St10* erkennen] verstan *M4, M20, Ei3, M24;* bekennen *St11, M19, B26, St10* das] ob *M21* die] alle *M19; fehlt St10* in dem menschen] in im *St11;* in im selber *B26; fehlt M19, M21, St10* volbraht sint] verpracht worden sein *Ei3;* verprocht sey *M24, B26;* volbraucht sy *St11, M19;* volpracht seyent *M21;* ist kommen *St10* iren ... adel] das hochst *Ei3, M24;* uff iren höchsten adel *St11, M19, M21, B26, St10* **67** Der meister sprach] do sprach der maister *Ei3, M24;* der leßmaister sprach *St10; fehlt B26* An] das sol man (man auch *M21*) verstån an (verstån an] bekennen bey *M19*) *St11, B26, M19, M21;* daz süllen wir verston by *St10* **68** Zum ersten] an dem ersten *M4, M20;* zu dem ersten *Ei3, M24;* das erst ist (*fehlt M19*) *St11, M19, M21, B26, St10* got minnen] minnen um minnen got *M20;* ob der mensch got liebt *Ei3, M24;* das er got minne (min und lieb hab *B26*) *St11, B26;* er haut gott lieb *M19;* wenn der mensch got lieb hat *M21;* das der mensch gott *St10* um got] in got *St11, B26;* um got mynn *St10* **69** Das ander] an dem andren *M4;* zu dem andern *Ei3, M24;* und *M19;* das ander ist *M21, St10* **69–70** Das ander ... Daz dritt *fehlt M20* **69** gůt minnen] ob er (der mensch *M24*) got dyent *Ei3, M24;* das er gott mynne (lieb hab und minn *B26*) *St11, B26;* gut *M19;* das der mensch lieb hab gůt *M21;* daß der mensch tugent *St10* umb gůt] umb sein selbß gut *Ei3, M24;* umb got *St11, B26;* um tugent mynn *St10* **70** Daz dritt] an dem dritten *M4;* zu dem iij *Ei3, M24;* und *M19;* daß dryt ist *St10* warheit minnen] warhait *M20;* ob der mensch die warhait nit versweigt *Ei3, M24;* das er warhait mynne *St11;* wårhait *M19;* das er lieb hab warhait *M21;* das er die warhait lieb hab und die gerechtigkait *B26;* daß der mensch warhait *St10* umb warheit] umb warhait die junckfrau sprach guter maister sagent uns von minnen und durch got wenn wirt der mensch begabet mit der gab dez hailigen gaistes daz sol man verstan bey zway dingen daz erst wer dut die warhait der wirt begabet es ist muglich daz der mensch von innan mer gehabet wirt denn er von aussen ausgesprechen mag *M20;* umb got *Ei3, M24;* durch gott *B26;* um warhait mynn *St10*

[72]Der meister sprach: »Gůte kinder, sagent mir durch got und von minnen, woby sullent wir bekennen, das der mensch dem lebe, des in die warheit bewiset?« [73]Die iungfrow sprach: »An disen vordern stúcken, das dem menschen alle sine werke ein gezúgniss sient eins warhafftigen lebens.« [74]Der arm mensch sprach: »Daz ist gar gůt, aber noch vil besser ist, daz der mensch me erlúhtet sye und entzúndet, denn er von ussen yemer zů worten kúnne bringen.« Amen.

---

**72** Der meister sprach] do sprach der maister *Ei3, M24;* aber sprach er (der maister *B26*) *St11, B26;* der arm mensch sprach *St10* Gůte ... mir] kinder guten sagent mir *M20;* sagt nun (*fehlt M24*) mir gutte kint *Ei3, M24;* kind *M19;* gůtz kind sag mir auch *B26;* sagent an gůtter her leßmaister *St10* durch got ... minnen] durch got *M4;* des ich euch fragen wil durch got *Ei3, M24;* das ich euch frag *M21; fehlt St11, M19, B26* woby] wenn *St11, B26;* wer *M19;* wie *M21* sullent wir] sol man *M4, M20;* soll der mensch *Ei3, M24, B26;* sol ain mentsch *St11, M21;* soll *M19;* můgen wir *St10* bekennen] erkennen *Ei3, M24, M21;* ainen menschen bekennen *M19* das der mensch] ob er *Ei3, M24, M21;* daz er *St11, M19, B26* das der mensch ... bewiset] daß wir der warhait lebin *St10* dem lebe] leb *Ei3, M24, St11, M19, M21, B26* des in ... bewiset] als (das *M19*) in die warhait lert *Ei3, M24, St11, M19, M21;* in der warhaitt *B26* **73** Die iungfrow sprach] do sprach die junckfrau *Ei3, M24;* der leßmaister sprach *St10* An] das sol man an *M4, M20;* das sol man (er *M19, B26*) bekennen (erkennen *M21*) an (da bey *M19*) *St11, M21, M19, B26;* daz můg wir bekennen by *St10* disen vordern stúcken] den vordren stucklin *M20;* dißen fodern stucken soll es der mensch erkennen *Ei3, M24;* disem (dem *M21*) stuck *St11, M21;* dissen stucken *B26;* dry dingen *St10; fehlt M19* das dem menschen] ob dem menschen *Ei3, M24;* daz nun *St11;* das der mensch *M21;* das im *B26* das dem menschen ... lebens] so dú waurhait und sin gewissen zúgnúß geit aller siner werck das dú gott (!) und waur und recht seint *M19;* daß erst ist wie wir ußnan schwynen (!) daz wir ynnan also sien daz ander ist waz wir lernen mit den worten daz wir also leben mit den wercken daz dryt ist daz alle unsere werck unsern worten zügnuß geben *St10* werke] werck von innan *St11, B26;* werck wirkt also das sy im seyen *M21* ein *fehlt Ei3* sient] geben *Ei3, M24, St11, B26; fehlt M21* eins warhafftigen lebens] aller der vorgeschriben ding die in zu der warhait pringen mag *Ei3, M24;* aller ding die er (*fehlt B26*) zů der ler bring (begerent *B26*) *St11, B26;* in allen den dingen die in zů dieser ler pringen *M21* **74** Der arm mensch sprach] do sprach der arm mensch *Ei3, M24* gar *fehlt Ei3, M24, St11, M21, M19, B26, St10* aber *fehlt St11, B26* noch vil besser ist] vil besser ist *M4, M20;* das ist noch vil (*fehlt M21*) peßer *Ei3, M24, M21, St10;* diß ist (ist aber *B26*) besser *St11, B26;* noch besser ist *M21* der mensch] er *St11, B26* der mensch ... bringen] das in diu waurhait und das gewissen und das leben behiettet und enthalltent vor im selb und er doch selber lebe und wissent ist *M19* me ... entzúndet] von innan mer erlůcht und enzůndet sie *M4, M20;* mer erleucht sey von inen *Ei3, M24;* enzúndet und erlúcht sye daz es von innan me bekenne (erkenn *M21*) *St11, M21;* enzint und erlust sy inen mer bekenen *B26;* von innan me bekenn *St10* denn er von ussen] den er da von außen *Ei3;* denn von ussnan er *St11;* denn er ussen *M21;* das er von ussnen *B26;* denn er us ußnan *St10* yemer] nie *M21; fehlt Ei3, M24, St11, B26* zů worten *fehlt M21, St10* kúnne bringen] pringen mag *Ei3, M24, St11, B26;* erkennen kunde *M21;* geüben müg *St10* Amen] got sie gelobt amen deo gracias etc. *M4;* got sey gelobt und alles gůt wenn er spricht in dem ewangelio ich bin daz gůt amen *M20;* merck die ler nach ganczem fleiß *Ei3;* der maister sprach gelobt sy gott der herr (der herr *fehlt B26*) amen *St11, B26;* der maister sprach gelopt sey got diser edlen wirtschafft der selb da gewircket hat nach seinem verhaissen da er sprach wa czwai oder drai gesamlet sind in meinem namen da will ich in der mitt pey in sein amen *M21;* diß ist der arm mensch von kǒln got helff uns zů allen tugenden etc etc *St10*

# Register der Handschriften und Frühdrucke

## Handschriften

## Frühdrucke

# Register der Namen und Werke

# Sachregister